Programming: Principles and Practice Using C++ Second Edition

C++による
プログラミングの
原則と実践

Bjarne Stroustrup 著
江添 亮 監修
株式会社クイープ／遠藤美代子 訳

ASCII
DWANGO

Copyright

Authorized translation from the English language edition, entitled PROGRAMMING: PRINCIPLES AND PRACTICE USING C++, 2nd Edition, ISBN: 0321992784 by STROUSTRUP, BJARNE, published by Pearson Education, Inc., publishing as Addison–Wesley Professional, Copyright © 2014. Addison–Wesley.

All rights reserved. No part of this book may be reproduced or transmitted in any form or by any means, electronic or mechanical, including photocopying, recording or by any information storage retrieval system, without permission from Pearson Education, Inc.

JAPANESE language edition published by DWANGO CO., LTD., Copyright © 2016.

JAPANESE translation rights arranged with PEARSON EDUCATION, INC. through JAPAN UNI AGENCY, INC., TOKYO, JAPAN.

商標

本文中に記載されている社名および商品名は、一般に開発メーカーの登録商標です。
なお、本文中では ™・©・® 表示を明記しておりません。

まえがき

> 機雷がなんだ、全速前進！
> —— ファラガット提督

　プログラミングとは、問題への解決策をコンピューターに実行させるために、そうした解決策を表現する方法のことである。プログラミング作業の大半は、解決策を見つけ出し、それを磨きあげていくことに費やされる。多くの場合、問題が完全に理解されるのは、その解決策をプログラムするときである。

　本書は、プログラミングの経験はないものの、学ぶ意欲は十分にあるという読者を対象としている。ここでは、C++ プログラミング言語を使ったプログラミングの原理を理解し、その実践的なスキルを養うための手助けをする。本書の目標は、最善かつ最新の手法を用いて、単純で便利なプログラミングタスクを実行するのに十分な知識と経験を得ることである。それにはどれくらい時間がかかるのだろうか。大学で平均的な難易度の講義を 4 つとっていると仮定すれば、初年度の課程の一部として 1 年かけて本書に取り組むといったところだろう。独学で取り組む場合は、それよりも短い時間で済むと期待してはならない。おそらく週 15 時間勉強したとして 14 週間（3 か月）はかかるだろう。

　3 か月は長く感じるかもしれないが、学ぶべきことは山ほどある。これから 1 時間後に、読者は最初の簡単なプログラムを記述する。また、ここではすべての内容を少しずつ学んでいく —— 章ごとに新しい有益な概念を紹介し、実際の用途にヒントを得たサンプルを使ってそれらを説明していく。本書を読み進めていくうちに、アイデアをコードで表現する —— つまり、コンピューターを思いどおりに動かす能力が少しずつ着実に身についていく。「1 か月の学習量に相当する理論を習得した後、それを使いこなせるかどうか確かめる」といった表現は使いたくない。

　プログラミングができるようになりたいのはなぜだろうか。この文明社会はソフトウェアで成り立っている。ソフトウェアを理解しないとしたら、「魔法の力」を信じるしかなくなる。そして、最も興味深く、利益を生み、社会に貢献する技術分野の仕事の多くから締め出されることになるだろう。筆者はプログラミングに言及するとき、コンピュータープログラムのすべての領域を視野に入れている。これには GUI を搭載したパーソナルコンピューターアプリケーションから、デジタルカメラ、自動車、携帯電話といった科学技術計算や組み込みシステム制御アプリケーション、さらには多くの人文科学アプリケーションやビジネスアプリケーションで見られるようなテキスト操作アプリケーションまでが含まれる。数学と同様に、プログラミングは —— うまくやれば —— 私たちの思考力を鍛える貴重な知的訓練となる。ただし、コンピューターからのフィードバックのおかげで、プログラミングはほとんどの種類の数学よりも明確であり、それゆえ、誰もが手を出しやすい。プログラミングは世界を —— 理想的にはよい方向へ —— 変えるための方法である。しかも、プログラミングは非常に楽しいかもしれない。

　なぜ C++ なのだろうか。プログラミング言語なしにプログラムを学ぶことはできない。そして、C++ は現実のソフトウェアで使用されている重要な概念や手法を直接サポートしている。C++ は最

も広く使用されているプログラミング言語の1つであり、その適用範囲は他の追従を許さない。海底から火星の表面まで、C++ アプリケーションはそれこそあらゆる場所で使用されている。C++ は国際規格として正確かつ包括的に定義されている。高品質な実装や無償の実装があらゆる種類のコンピューターで提供されている。C++ を使って学ぶプログラミング概念のほとんどは、C、C#、Fortran、Java といった他の言語にも直接応用できる。そして、洗練された効率的なコードを記述するための言語として、筆者は C++ を気に入っている。

本書はプログラミングを始めるための最もやさしい本ではないし、そのようなつもりで書いていない。筆者が目指したのは、現実のプログラミングの基礎を最も簡単に学べる本である。現代のソフトウェアの多くは、ほんの数年前まで先端技術と見なされていたものに基づいている。そう考えると、実に意欲的な目標ではないだろうか。

基本的には、他の人が使用するためのプログラムを作成し、それを責任を持って行い、それなりの品質を維持したいと考えていることが前提となる。つまり、プロとして恥ずかしくないレベルを目指しているものと想定する。そこで、本書では教えたり学んだりするのがやさしいものではなく、現実のプログラミングに取り組むために必要なものがカバーされるように話題を選んでいる。基本的な作業を正しく行うための手法が必要な場合は、その手法を説明し、その手法をサポートするために必要な概念と言語の機能を具体的に示し、そのための練習問題を提供する。そして、読者がそれらの練習問題に取り組むことを期待する。遊び半分のプログラムでよければ、ここまでの内容はとうてい必要ない。とはいうものの、実用面での重要性がほんのわずかしかない話題で読者の時間を無駄にするつもりはない。本書で何らかの見解が示されているとしたら、それは読者にとってほぼ確実に必要なものだからだ。

物事の仕組みを理解することもなければ、コードを自分で書き換える気もなく、他人のコードを利用することが目的であるとしたら、本書を読んでも無駄である。もしそのように考えているなら、他の本や他の言語のほうが自分に合っているかどうか考えてみよう。それが自分のプログラミング観に近いとしたら、どこでそのような考えに至ったのか、それが実際に自分のニーズに適しているかどうかについても考えてほしい。人々はプログラミングの複雑さとその価値を過小評価しがちである。自分が欲するものと本書が説明するソフトウェアの本当の姿の一部にずれがあるからといって、プログラミングを嫌いになってほしくない。「情報テクノロジー」の世界には、プログラミングの知識を必要としない部分がたくさんある。本書は、複雑なプログラムを記述または理解できるようになりたいと考えている人々のためにある。

本書の構造と実践上の目的からすれば、C++ を少しかじっているか、別の言語でプログラミングをしていて、C++ を学びたいと考えている場合は、本書をプログラミングの第2の教科書にしてもよいだろう。これらのカテゴリーのどちらかに当てはまる場合は、本書を読むのにどれくらいかかるかわからないが、練習問題はぜひ解いてほしい。そうすれば、新しい手法に切り替えるほうが妥当であるにもかかわらず、癖になっている古い手法でプログラムを記述してしまうという、よくある問題に歯止めをかけるのに役立つだろう。C++ を従来のスタイルのどれかで学んだことがある場合は、第7章にたどり着くまでに、驚くほど便利なものが見つかるだろう。あなたの名字が Stroustrup でない限り、本書で説明する内容は「あなたの父親譲りの C++」ではない。

プログラミングはプログラムを書くことによって学ぶ。その点では、プログラミングは実用的な要素を持つその他の試みに似ている。本を読むだけでは、泳げるようにはならないし、楽器を演奏できるようにはならないし、車を運転できるようにはならない — 実践あるのみである。多くのコードを読んだり書いたりせずにプログラムを学ぶことはできない。本書には多くのサンプルコードが掲載されているが、それらのコードには説明文や図表を添えてある。プログラミングの理想、概念、原理を理解し、そ

れらを表現するために使用される言語構造を習得するには、そうしたサンプルコードが必要である。それらは必要不可欠だが、それだけではプログラミングの実践的なスキルは身につかない。このため、練習問題を解き、プログラムの記述、コンパイル、実行に必要なツールに慣れる必要がある。何かを間違え、修正することを学ぶ必要がある。コードを記述することに代わるものはない。それに、プログラミングの醍醐味はそこにあるのだ！

その反面、プログラミングで大事なのは、いくつかのルールに従い、マニュアルを読むことだけでない。大事なことは他にもいろいろある。本書は決して「C++ の構文」に重点を置いていない。基本的な理念や原理、手法を理解することこそ、よいプログラマーになるための鍵である。正確さ、信頼性、保守性を備えたシステムの一部になる可能性があるのは、正しく設計されたコードだけである。そして、「本質的なこと」は決して揺るがない — 現在使用されている言語やツールが進化したり置き換えられたりしても、本質は変わらない。

コンピューターサイエンス、ソフトウェア工学、情報テクノロジーなどはどうだろうか。それらはプログラミングだろうか。もちろんそうではない。プログラミングはコンピューター関連分野におけるあらゆることの根底にある基本原理の 1 つであり、コンピューターサイエンスの課程が偏っていなければ、あって当然のものだ。本書では、アルゴリズム、データ構造、ユーザーインターフェイス、データ処理、ソフトウェア工学の重要な概念と手法を手短に紹介する。だがそれは、そうしたテーマを包括的にバランスよく学習することの代わりにはならない。

コードは有益なだけではなく、美しいこともある。本書では、コードが美しいことの意味を理解し、そうしたコードを作成するための原理を理解し、実践的なスキルを身につけるための手助けをする。プログラミングでの成功を祈っている。

学生への覚書

私たちは本書の原稿を片手に、テキサス A&M 大学でこれまでに数千人を超える新入生を指導してきた。新入生の約 60 パーセントは以前にプログラミングをした経験があり、約 40 パーセントは生まれてから 1 行のコードも見たことがなかった。ほとんどの学生はプログラミングができるようになったので、読者にもきっとできるはずだ。

本書を授業の一環として読む必要はない。本書は独学にも広く利用されている。ただし、授業のテキストとして読むのか、独学のために読むのかにかかわらず、誰かと一緒に取り組むようにしよう。プログラミングには孤独な活動という — 不当な — イメージがつきまとっているが、ほとんどの人は同じ目的を持つグループで取り組んだときのほうが成果を上げるし、習得にかかる時間も短くなる。友人とともに学び、問題について話し合うことは、決してずるいことではない。それは最も効率的で、しかも最も楽しい上達の手段である。少なくとも、誰かと一緒にいれば自分の考えを相手に説明しなければならない。それは自分が理解しているかどうかをテストし、記憶していることを確認するための最も効率的な方法である。言語やプログラミング環境についてわからないことがあったとしても、自分だけで答えを見つけ出す必要はない。ただし、教師にそうしろと言われなかったからといって、ドリルや練習問題を放置して自分をごまかすような真似はしないでほしい。プログラミングをマスターするまでは実践を積むしかないことを覚えておこう。コードを書き、各章の練習問題を解かなければ、本書を読んでも机上の訓練で終わるだけだ。

ほとんどの学生、特に優秀でまじめな学生は、猛勉強する価値があるのだろうかと思っていることだろう。そのような疑念がわいたら、「まえがき」を読み、第 1 章と第 22 章を読んでみよう。これらの章

では、筆者がプログラミングの何をおもしろいと感じているのか、なぜプログラミングが世界に積極的に貢献するための重要なツールであると思うのかを説明しようとしている。筆者の指導方針や全般的なアプローチなどについて知りたい場合は、第 0 章を読んでほしい。

本書はずっしりと重いが、たった 1 つの説明を読者に探し回らせるよりも、説明を繰り返したり例を追加したりするほうが重要であると考えていることも、その重さの理由の 1 つであることがわかってもらえるはずだ。もう 1 つの大きな理由は、本章の後半部分が参考資料と追加資料で構成されていることだ。組み込みシステムプログラミング、テキスト解析、数値計算といったプログラミングの特定分野に関する情報に興味がある場合は、そこで調べることができる。

そして、せっかちになるのは禁物だ。新しい価値のあるスキルを身につけるのには時間がかかる。そして、時間をかけるだけの価値がある。

教師への覚書

本書はコンピューターサイエンスの初級講座ではない。本書は実用的なソフトウェアを作成する方法に関する本である。したがって、コンピューターサイエンスの定番であるチューリング完全、状態機械、離散数学、チョムスキーの文法といった内容の多くは割愛してある。学生が幼少時からさまざまな方法でコンピューターを使用してきたという想定で、ハードウェアさえも無視している。本書では、肝心のコンピューターサイエンスにすら触れようとしない。本書はプログラミング ── より一般的にはソフトウェアの開発技法 ── に関する本であり、従来の講義よりも内容を絞り込んで詳細に踏み込んでいる。本書は 1 つのことをうまく行おうとするが、コンピューターサイエンスは 1 つの講義でどうにかなる分野ではない。コンピューターサイエンス、コンピューター工学、電気工学（最初の学生の多くは電気工学を専攻していた）、情報サイエンス、またはその他のカリキュラムの一部として本書を使用する場合は、概論の一部として他の講義と並行して指導されることを望む。

筆者の指導方針や全般的なアプローチなどについて知りたい場合は、第 0 章を読んでほしい。そうした見解をぜひ学生に伝えてほしい。

ISO C++ 規格

C++ は ISO 規格として定義されている。最初の ISO C++ 規格は 1998 年に標準化され、C++98 と呼ばれている。本書の第 1 版は C++11 の策定中に執筆されたが、原理や手法の表現を単純化するために、統一初期化、範囲 for 文、ムーブセマンティクス、ラムダ、コンセプトといった新型の機能を利用できない点で、かなり不満の残る内容だった。ただし、同書は C++11 を念頭に置いて設計されていたため、それらの機能をしかるべきコンテキストに「落とし込む」のは比較的容易だった。本書の執筆時点の最新規格は 2011 年に標準化された C++11 である。そして 2014 ISO 規格である C++14 の機能は主な C++ 実装に組み込まれつつある。本書で使用している言語は C++11 であり、C++14 の機能も若干含まれている。たとえば、以下のコードがコンパイルエラーになる場合は、

```
vector<int> v1;
vector<int> v2 {v1};    // C++14 スタイルのコピーコンストラクター
```

代わりに以下を使用すればよい。

```
vector<int> v1;
vector<int> v2 = v1;    // C++98 スタイルのコピーコンストラクター
```

手持ちのコンパイラーが C++11 をサポートしていない場合は、新しいコンパイラーを手に入れよう。最新の C++ コンパイラーはさまざまな場所[*1] からダウンロードできる。言語のサポートが不十分な古いコンパイラーを使ってプログラミングを習得するのは、無駄な努力に終わる可能性がある。

本書の Web サイト

本書の Web サイト[*2] には、本書を使ったプログラミングの授業や学習を支援するためのさまざまな資料が用意されている。これらの資料は徐々に改善されていく見込みだが、さしあたり、以下の資料が用意されている。

- 本書に基づく講義のスライド
- 指導ガイド
- 本書で使用されているライブラリのヘッダーファイルと実装
- 本書のサンプルコード
- 精選された練習問題の解答
- 役に立つかもしれないリンク
- 正誤表

改善の提案は常に歓迎する。

謝辞

元同僚であり共同で授業を担当していた Lawrence "Pete" Petersen に特に感謝したい。Pete はプログラミングを教えることを勧め、初心者に満足に教えられなかった私に、講義を成功させるための実践的な授業体験を積ませてくれた。Pete がいなかったら、最初の講義は失敗に終わっていただろう。私たちは本書の目的であった最初の講義に共同で取り組み、その内容を繰り返し指導しては経験から学び、講義と本書を改善していった。本書の「私たち」は、最初は Pete と私を指していた。

本書の制作に直接または間接的に協力してくれたテキサス A&M 大学の ENGR 112、ENGR 113、CSCE 121 の学生、指導助手、講師、そして講座で同じく教壇に立ってくれた Walter Daugherity、Hyunyoung Lee、Teresa Leyk、Ronnie Ward、Jennifer Welch に感謝している。また、本書の原稿について建設的な意見を述べてくれた Damian Dechev、Tracy Hammond、Arne Tolstrup Madsen、Gabriel Dos Reis、Nicholas Stroustrup、J. C. van Winkel、Greg Versoonder、Ronnie Ward、Leor Zolman にも感謝している。エンジン制御ソフトウェアについて説明してくれた Mogens Hansen に感謝している。夏休みの間に執筆を終わらせるために私から気が散るものを遠ざけてくれた Al Aho、Stephen Edwards、Brian Kernighan、Daisy Nguyen に感謝している。

[*1] http://www.stroustrup.com/compilers.html を参照。
[*2] http://www.stroustrup.com/Programming/

Art Werschulz には、ニューヨークのフォーダム大学での本書の初版を使用した講義に基づき、建設的なコメントをいろいろ寄せてくれたことに感謝している。Nick Maclaren には、ケンブリッジ大学での本書の初版を使用した講義に基づき、練習問題に関する詳細なコメントを寄せてくれたことに感謝している。Nick の学生のバックグラウンドやキャリアのニーズは、テキサス A&M 大学の新入生とはまるで異なっていた。

Addison–Wesley が手配してくれたレビュー担当者である Richard Enbody、David Gustafson、Ron McCarty、K. Narayanaswamy に感謝している。彼らの批評は、彼らが教壇に立っている大学レベルの C++ またはコンピューターサイエンスの初級講座での経験に基づいており、計り知れないほど貴重なものだった。また、編集を担当してくれた Peter Gordon には、多くの有益な意見と（特に）忍耐に感謝している。Addison–Wesley の制作チームには非常に感謝している。Linda Begley（校正）、Kim Arney（DTP）、Rob Mauhar（イラスト）、Julie Nahil（プロダクションエディター）、そして Barbara Wood（コピーエディター）。彼らは本書の品質を大きく向上させてくれた。

初版の翻訳者には、さまざまな問題に気づき、多くの点を明確にする手助けをしてくれたことに感謝している。特に Loïc Joly と Michel Michaud には、フランス語への翻訳時にさまざまな改善点につながる技術的なレビューを行ってくれたことに感謝している。

プログラミングについて執筆するためのハードルを大きく引き上げてくれた Brian Kernighan と Doug McIlroy、そして実用的な言語設計について貴重な教訓を与えくれた Dennis Ritchie と Kristen Nygaard にも感謝したい。

目次

まえがき iii

第 0 章　読者への覚書 **1**
- 0.1　本書の構造 2
  - 0.1.1　全体的なアプローチ 3
  - 0.1.2　ドリル、練習問題など 4
  - 0.1.3　本書を読み終えた後は 5
- 0.2　指導と学習の理念 5
  - 0.2.1　トピックの順序 8
  - 0.2.2　プログラミングとプログラミング言語 9
  - 0.2.3　移植性 10
- 0.3　プログラミングとコンピューターサイエンス 10
- 0.4　創造性と問題解決 11
- 0.5　読者の意見 11
- 0.6　参考文献 11
- 0.7　著者紹介 12

第 1 章　コンピューター、人、プログラミング **15**
- 1.1　はじめに 16
- 1.2　ソフトウェア 16
- 1.3　人 18
- 1.4　コンピューターサイエンス 21
- 1.5　コンピューターはどこにでもある 22
  - 1.5.1　画面の有無 22
  - 1.5.2　運輸 23
  - 1.5.3　電気通信 24
  - 1.5.4　医学 26
  - 1.5.5　情報 26
  - 1.5.6　垂直視野 28
  - 1.5.7　まとめ 29
- 1.6　プログラマーの基準 30

第 I 部　基礎　　37

第 2 章　Hello, World!　　39
- 2.1　プログラム　　40
- 2.2　最初のプログラム　　40
- 2.3　コンパイル　　43
- 2.4　リンク　　46
- 2.5　プログラミング環境　　47

第 3 章　オブジェクト、型、値　　53
- 3.1　入力　　54
- 3.2　変数　　56
- 3.3　入力と型　　57
- 3.4　演算と演算子　　59
- 3.5　代入と初期化　　62
  - 3.5.1　例：重複する単語を検出する　　64
- 3.6　複合代入演算子　　66
  - 3.6.1　例：重複する単語を検出する　　66
- 3.7　名前　　67
- 3.8　型とオブジェクト　　70
- 3.9　型の安全性　　71
  - 3.9.1　安全な変換　　72
  - 3.9.2　安全ではない変換　　73

第 4 章　コンピュテーション　　81
- 4.1　コンピュテーション　　82
- 4.2　目的とツール　　83
- 4.3　式　　85
  - 4.3.1　定数式　　87
  - 4.3.2　演算子　　88
  - 4.3.3　変換　　90
- 4.4　文　　91
  - 4.4.1　選択　　92
    - 4.4.1.1　if 文　　92
    - 4.4.1.2　switch 文　　95
    - 4.4.1.3　switch 文の特性　　96
  - 4.4.2　イテレーション　　99
    - 4.4.2.1　while 文　　99
    - 4.4.2.2　ブロック　　101
    - 4.4.2.3　for 文　　102
- 4.5　関数　　104
  - 4.5.1　関数を使用する理由　　105

		4.5.2	関数宣言	107
	4.6	vector		108
		4.6.1	vector の走査	109
		4.6.2	vector の拡大	109
		4.6.3	数値の例	110
		4.6.4	テキストの例	113
	4.7	言語の機能		115

第 5 章 エラー 121

	5.1	はじめに		122
	5.2	エラーの原因		123
	5.3	コンパイルエラー		124
		5.3.1	構文エラー	124
		5.3.2	型エラー	125
		5.3.3	エラーではないもの	126
	5.4	リンクエラー		127
	5.5	ランタイムエラー		128
		5.5.1	呼び出す側でのエラー処理	129
		5.5.2	呼び出される側でのエラー処理	131
		5.5.3	エラーの報告	132
	5.6	例外		134
		5.6.1	不正な引数	134
		5.6.2	範囲エラー	135
		5.6.3	不正な入力	137
		5.6.4	縮小エラー	140
	5.7	論理エラー		141
	5.8	概算		144
	5.9	デバッグ		145
		5.9.1	デバッグに関する実践的なアドバイス	146
	5.10	事前条件と事後条件		150
		5.10.1	事前条件	150
		5.10.2	事後条件	152
	5.11	テスト		153

第 6 章 プログラムの記述 159

	6.1	問題		160
	6.2	問題について考える		161
		6.2.1	開発の各段階	161
		6.2.2	戦略	162
	6.3	電卓		164
		6.3.1	最初の試み	164
		6.3.2	トークン	167

	6.3.3	トークンの実装	168
	6.3.4	トークンの使用	170
	6.3.5	振り出しに戻る	171
6.4	文法		173
	6.4.1	回り道：英語の文法	177
	6.4.2	文法の記述	179
6.5	文法からコードへの変換		180
	6.5.1	文法ルールの実装	180
	6.5.2	式（Expression）	181
		6.5.2.1　式：最初の試み	181
		6.5.2.2　式：二度目の試み	182
		6.5.2.3　式：三度目の正直	183
	6.5.3	項（Term）	185
	6.5.4	1次式（Primary）	187
6.6	電卓のテスト：バージョン1		188
6.7	電卓のテスト：バージョン2		193
6.8	トークンストリーム		194
	6.8.1	Token_stream の実装	196
	6.8.2	トークンの読み取り	197
	6.8.3	数字の読み取り	199
6.9	プログラムの構造		200

第7章　プログラムの完成　　207

7.1	はじめに	208
7.2	入力と出力	208
7.3	エラー処理	210
7.4	負の数字	215
7.5	剰余：％	217
7.6	コードのクリーンアップ	218
	7.6.1　シンボル定数	218
	7.6.2　関数の使用	220
	7.6.3　コードのレイアウト	222
	7.6.4　コメント	223
7.7	エラーからの回復	225
7.8	変数	228
	7.8.1　変数と定義	228
	7.8.2　名前の使用	233
	7.8.3　定義済みの名前	237
	7.8.4　完成はまだ？	237

第8章　プログラミング言語の機能：関数、その他　　243

8.1	プログラミング言語の機能	244

8.2	宣言と定義		245
	8.2.1	宣言の種類	249
	8.2.2	変数と定数の宣言	249
	8.2.3	デフォルト初期化	250
8.3	ヘッダーファイル		251
8.4	スコープ		253
8.5	関数の呼び出しと制御の戻し		259
	8.5.1	引数と戻り値の型の宣言	259
	8.5.2	戻り値	261
	8.5.3	値渡し	262
	8.5.4	const 参照渡し	263
	8.5.5	参照渡し	265
	8.5.6	値渡しと参照渡し	268
	8.5.7	引数の確認と変換	271
	8.5.8	関数呼び出しの実装	272
	8.5.9	constexpr 関数	277
8.6	評価の順序		278
	8.6.1	式の評価	279
	8.6.2	グローバル変数の初期化	280
8.7	名前空間		281
	8.7.1	using 宣言と using ディレクティブ	282

第 9 章　プログラミング言語の機能：クラス、その他　　291

9.1	ユーザー定義型		292
9.2	クラスとメンバー		293
9.3	インターフェイスと実装		294
9.4	進化するクラス		296
	9.4.1	struct と関数	296
	9.4.2	メンバー関数とコンストラクター	298
	9.4.3	詳細は内密に	300
	9.4.4	メンバー関数の定義	301
	9.4.5	現在のオブジェクトの参照	304
	9.4.6	エラーの報告	304
9.5	列挙		306
	9.5.1	class なしの列挙	307
9.6	演算子のオーバーロード		309
9.7	クラスのインターフェイス		310
	9.7.1	引数の型	311
	9.7.2	コピー	313
	9.7.3	デフォルトコンストラクター	314
	9.7.4	const メンバー関数	318

	9.7.5	メンバーとヘルパー関数	319
9.8	Date クラス	321

第 II 部　入力と出力 　329

第 10 章　入力ストリームと出力ストリーム 　331

10.1	入力と出力	332
10.2	I/O ストリームモデル	333
10.3	ファイル	335
10.4	ファイルを開く	336
10.5	ファイルの読み込みと書き込み	338
10.6	I/O エラー処理	340
10.7	1 つの値の読み取り	344
	10.7.1 問題を処理しやすいように分割する	345
	10.7.2 対話部分と関数を切り離す	348
10.8	ユーザー定義の出力演算子	349
10.9	ユーザー定義の入力演算子	350
10.10	標準入力ループ	351
10.11	構造化されたファイルの読み込み	353
	10.11.1 メモリー内表現	354
	10.11.2 構造化された値の読み取り	356
	10.11.3 表現の変更	360

第 11 章　入力と出力のカスタマイズ 　365

11.1	規則性と不規則性	366
11.2	出力の書式設定	366
	11.2.1 整数の出力	367
	11.2.2 整数の入力	369
	11.2.3 浮動小数点数の出力	371
	11.2.4 精度	372
	11.2.5 フィールド	373
11.3	ファイルを開いて位置を設定する	375
	11.3.1 ファイルを開くモード	375
	11.3.2 バイナリファイル	376
	11.3.3 ファイル内での位置の指定	379
11.4	文字列ストリーム	380
11.5	行指向の入力	382
11.6	文字の分類	383
11.7	非標準セパレーターの使用	385
11.8	その他の詳細	393

第 12 章　表示モデル　399

- 12.1　なぜグラフィックスなのか　400
- 12.2　表示モデル　401
- 12.3　最初の例　402
- 12.4　GUI ライブラリの使用　406
- 12.5　座標　407
- 12.6　Shape　408
- 12.7　Shape のプリミティブの使用　409
  - 12.7.1　グラフィックスヘッダーと main 関数　409
  - 12.7.2　ほとんど空のウィンドウ　410
  - 12.7.3　Axis　412
  - 12.7.4　関数のグラフ表示　414
  - 12.7.5　Polygon　415
  - 12.7.6　Rectangle　416
  - 12.7.7　塗りつぶし　418
  - 12.7.8　Text　419
  - 12.7.9　Image　420
  - 12.7.10　その他のコード　421
- 12.8　プログラムの実行　423
  - 12.8.1　ソースファイル　424

第 13 章　グラフィックスクラス　429

- 13.1　グラフィックスクラスの概要　430
- 13.2　Point と Line　432
- 13.3　Lines　434
- 13.4　Color　438
- 13.5　Line_style　440
- 13.6　Open_polyline　443
- 13.7　Closed_polyline　444
- 13.8　Polygon　446
- 13.9　Rectangle　448
- 13.10　名前のないオブジェクトの管理　452
- 13.11　Text　454
- 13.12　Circle　457
- 13.13　Ellipse　459
- 13.14　Marked_polyline　461
- 13.15　Marks　463
- 13.16　Mark　464
- 13.17　Image　466

第 14 章　グラフィックスクラスの設計　473

- 14.1　設計原理　474

	14.1.1	型	474
	14.1.2	演算	475
	14.1.3	命名	476
	14.1.4	可変性	478
14.2	Shape		479
	14.2.1	抽象クラス	480
	14.2.2	アクセス制御	481
	14.2.3	図形の描画	485
	14.2.4	コピーと可変性	488
14.3	基底クラスと派生クラス		489
	14.3.1	オブジェクトのレイアウト	491
	14.3.2	派生クラスの作成と仮想関数の定義	492
	14.3.3	オーバーライド	493
	14.3.4	アクセス	496
	14.3.5	純粋仮想関数	497
14.4	オブジェクト指向プログラミングの利点		498

第 15 章 関数とデータのグラフ化　505

15.1	はじめに		506
15.2	単純な関数のグラフ化		506
15.3	Function		510
	15.3.1	デフォルト引数	511
	15.3.2	例	513
	15.3.3	ラムダ式	514
15.4	Axis		515
15.5	近似		518
15.6	データのグラフ化		524
	15.6.1	ファイルの読み込み	525
	15.6.2	一般的なレイアウト	527
	15.6.3	データのスケーリング	528
	15.6.4	グラフの構築	529

第 16 章 GUI　537

16.1	ユーザーインターフェイスの選択肢		538
16.2	［Next］ボタン		539
16.3	単純なウィンドウ		540
	16.3.1	コールバック関数	541
	16.3.2	待機ループ	544
	16.3.3	コールバックとしてのラムダ式	545
16.4	Button とその他の Widget		546
	16.4.1	Widget	546
	16.4.2	Button	548

		16.4.3 In_box と Out_box	548

- 16.4.4 Menu 549
- 16.5 例 550
- 16.6 制御の反転 554
- 16.7 メニューの追加 555
- 16.8 GUI コードのデバッグ 560

第 III 部　データとアルゴリズム　　　　　　　　　　　　　　　　　　567

第 17 章　vector とフリーストア　　　　　　　　　　　　　　　　　　569

- 17.1 はじめに 570
- 17.2 vector の基礎 572
- 17.3 メモリー、アドレス、ポインター 574
  - 17.3.1 sizeof 演算子 576
- 17.4 フリーストアとポインター 577
  - 17.4.1 フリーストアでのメモリーの確保 579
  - 17.4.2 ポインターを通じたアクセス 580
  - 17.4.3 範囲 581
  - 17.4.4 初期化 582
  - 17.4.5 null ポインター 584
  - 17.4.6 フリーストアの解放 584
- 17.5 デストラクター 587
  - 17.5.1 生成されたデストラクター 589
  - 17.5.2 デストラクターとフリーストア 590
- 17.6 要素へのアクセス 592
- 17.7 クラスオブジェクトへのポインター 593
- 17.8 型の操作：void* とキャスト 594
- 17.9 ポインターと参照 596
  - 17.9.1 ポインターパラメーターと参照パラメーター 597
  - 17.9.2 ポインター、参照、継承 599
  - 17.9.3 例：リスト 599
  - 17.9.4 リストの演算 601
  - 17.9.5 リストの使用 603
- 17.10 this ポインター 605
  - 17.10.1 リンクのその他の使用法 607

第 18 章　vector と配列　　　　　　　　　　　　　　　　　　　　　　613

- 18.1 はじめに 614
- 18.2 初期化 615
- 18.3 コピー 617
  - 18.3.1 コピーコンストラクター 618

		18.3.2 コピー代入	620
		18.3.3 コピー用語	622
		18.3.4 ムーブ	623
	18.4	不可欠な演算	626
		18.4.1 explicit コンストラクター	628
		18.4.2 コンストラクターとデストラクターのデバッグ	629
	18.5	vector の要素へのアクセス	632
		18.5.1 const でのオーバーロード	633
	18.6	配列	634
		18.6.1 配列の要素へのポインター	636
		18.6.2 ポインターと配列	638
		18.6.3 配列の初期化	640
		18.6.4 ポインターの問題	641
	18.7	例：回文	644
		18.7.1 string の使用	644
		18.7.2 配列の使用	645
		18.7.3 ポインターの使用	646

第 19 章 vector、テンプレート、例外　　653

19.1	問題				654
19.2	サイズの変更				656
	19.2.1	表現			657
	19.2.2	reserve と capacity			658
	19.2.3	resize			659
	19.2.4	push_back			660
	19.2.5	代入			660
	19.2.6	現時点での vector			662
19.3	テンプレート				664
	19.3.1	テンプレートパラメーターとしての型			664
	19.3.2	ジェネリックプログラミング			667
	19.3.3	コンセプト			669
	19.3.4	コンテナーと継承			672
	19.3.5	テンプレートパラメーターとしての整数			673
	19.3.6	テンプレート引数の推測			674
	19.3.7	vector の一般化			675
19.4	範囲チェックと例外				678
	19.4.1	設計上の注意点			680
		19.4.1.1	互換性		680
		19.4.1.2	効率		680
		19.4.1.3	制約		681
		19.4.1.4	必要に応じたチェック		681

	19.4.2 告白：マクロ	681
19.5	リソースと例外	683
	19.5.1 リソース管理の潜在的な問題	684
	19.5.2 RAII	686
	19.5.3 保証	687
	19.5.4 unique_ptr	688
	19.5.5 ムーブ演算を使って情報を戻す	690
	19.5.6 vector のための RAII	690

第 20 章 コンテナーとイテレーター　　697

20.1	データの格納と処理	698
	20.1.1 データの処理	698
	20.1.2 コードの一般化	700
20.2	STL の理念	702
20.3	シーケンスとイテレーター	706
	20.3.1 例	707
20.4	リンクリスト	709
	20.4.1 リストの演算	711
	20.4.2 イテレーション	712
20.5	vector のさらなる一般化	714
	20.5.1 コンテナーの走査	716
	20.5.2 auto	717
20.6	例：単純なテキストエディタ	718
	20.6.1 行	720
	20.6.2 イテレーション	721
20.7	vector、list、string	725
	20.7.1 insert と erase	727
20.8	STL の vector への適合	729
20.9	組み込み配列の STL への適合	731
20.10	コンテナーの概要	733
	20.10.1 イテレーターの種類	735

第 21 章 アルゴリズムとマップ　　741

21.1	標準ライブラリのアルゴリズム	742
21.2	最も単純なアルゴリズム：find()	743
	21.2.1 一般的な用途	745
21.3	一般的な検索：find_if()	746
21.4	関数オブジェクト	748
	21.4.1 関数オブジェクトの概要	749
	21.4.2 クラスのメンバーを使用する述語	750
	21.4.3 ラムダ式	752
21.5	数値アルゴリズム	753

	21.5.1 累積	754
	21.5.2 accumulate() の一般化	755
	21.5.3 内積	757
	21.5.4 inner_product() の一般化	758
21.6	連想コンテナー	759
	21.6.1 map	759
	21.6.2 map の概要	762
	21.6.3 map のもう 1 つの例	765
	21.6.4 unordered_map	767
	21.6.5 set	769
21.7	コピー	771
	21.7.1 copy()	771
	21.7.2 ストリームイテレーター	772
	21.7.3 set を使って順序を保つ	775
	21.7.4 copy_if()	775
21.8	ソートと検索	776
21.9	コンテナーアルゴリズム	778

第 IV 部　視野を広げる　　785

第 22 章　理想と歴史　　787

22.1	歴史、理想、プロフェッショナリズム	788
	22.1.1 プログラミング言語の目的と哲学	788
	22.1.2 プログラミングの理想	790
	22.1.2.1 私たちが望むものとは	791
	22.1.2.2 一般的な手法	792
	22.1.2.3 アイデアの端的な表現	793
	22.1.2.4 抽象レベル	793
	22.1.2.5 モジュール性	794
	22.1.2.6 一貫性とミニマリズム	795
	22.1.3 スタイルとパラダイム	796
22.2	プログラミング言語の略史	799
	22.2.1 最も初期の言語	800
	22.2.2 現代の言語の起源	802
	22.2.2.1 Fortran	802
	22.2.2.2 COBOL	804
	22.2.2.3 Lisp	806
	22.2.3 Algol ファミリー	807
	22.2.3.1 Algol 60	807
	22.2.3.2 Pascal	810
	22.2.3.3 Ada	811

	22.2.4　Simula	813
	22.2.5　C	815
	22.2.6　C++	818
	22.2.7　現在	821
	22.2.8　参考文献	822

第 23 章　テキストの操作　　　827

23.1	テキスト	828
23.2	文字列	828
23.3	I/O ストリーム	832
23.4	マップ	833
	23.4.1　実装の詳細	839
23.5	問題	841
23.6	正規表現の概念	843
	23.6.1　生の文字列リテラル	845
23.7	正規表現を使った検索	846
23.8	正規表現構文	849
	23.8.1　文字と特別な文字	849
	23.8.2　文字クラス	850
	23.8.3　繰り返し	851
	23.8.4　グループ化	853
	23.8.5　選択	853
	23.8.6　文字セットと範囲	854
	23.8.7　正規表現のエラー	856
23.9	正規表現を使ったマッチング	858
23.10	参考文献	863

第 24 章　数値　　　867

24.1	はじめに	868
24.2	サイズ、精度、オーバーフロー	868
	24.2.1　数値の範囲	872
24.3	配列	873
24.4	C スタイルの多次元配列多次元配列	874
24.5	Matrix ライブラリ	875
	24.5.1　次元とアクセス	876
	24.5.2　1 次元の Matrix	878
	24.5.3　2 次元の Matrix	882
	24.5.4　Matrix の I/O	884
	24.5.5　3 次元の Matrix	885
24.6	例：1 次方程式を解く	886
	24.6.1　伝統的なガウスの消去法	887
	24.6.2　ピボット	889

xxi

	24.6.3	テスト	890
24.7	乱数		891
24.8	標準数学関数		895
24.9	複素数		896
24.10	参考文献		898

第25章 組み込みシステムプログラミング　903

25.1	組み込みシステム		904
25.2	基本概念		907
	25.2.1	予測可能性	909
	25.2.2	理想	909
	25.2.3	障害への対処	910
25.3	メモリー管理		912
	25.3.1	フリーストアの問題	913
	25.3.2	フリーストアに代わるもの	916
	25.3.3	プールの例	917
	25.3.4	スタックの例	918
25.4	アドレス、ポインター、配列		919
	25.4.1	チェックされない型変換	920
	25.4.2	機能不全のインターフェイス	920
	25.4.3	解決策：インターフェイスクラス	924
	25.4.4	継承とコンテナー	927
25.5	ビット、バイト、ワード		930
	25.5.1	ビットとビット演算	930
	25.5.2	bitset	935
	25.5.3	符号付きと符号なし	936
	25.5.4	ビットの操作	941
	25.5.5	ビットフィールド	943
	25.5.6	例：単純な暗号化	944
25.6	コーディング規約		950
	25.6.1	コーディング規約はどうあるべきか	951
	25.6.2	ルールの例	952
	25.6.3	実際のコーディング規約	957

第26章 テスト　963

26.1	私たちが望むもの		964
	26.1.1	注意点	965
26.2	証明		965
26.3	テスト		965
	26.3.1	回帰テスト	966
	26.3.2	ユニットテスト	967
		26.3.2.1 テスト戦略	968

		26.3.2.2 単純なテストハーネス	970

- 26.3.2.2 単純なテストハーネス 970
- 26.3.2.3 ランダムシーケンス 973
- 26.3.3 アルゴリズムとアルゴリズムではないもの 974
  - 26.3.3.1 依存 975
  - 26.3.3.2 リソース管理 976
  - 26.3.3.3 ループ 978
  - 26.3.3.4 分岐 979
- 26.3.4 システムテスト 981
- 26.3.5 有効ではない前提 982
- 26.4 テストのための設計 984
- 26.5 デバッグ 985
- 26.6 パフォーマンス 985
  - 26.6.1 時間の計測 987
- 26.7 参考文献 988

第 27 章　C プログラミング言語　　993

- 27.1 C と C++：同胞 994
  - 27.1.1 C/C++ の互換性 995
  - 27.1.2 C にはない C++ の機能 997
  - 27.1.3 C の標準ライブラリ 998
- 27.2 関数 999
  - 27.2.1 関数名のオーバーロードはない 999
  - 27.2.2 関数の引数の型チェック 1000
  - 27.2.3 関数の定義 1002
  - 27.2.4 C++ からの C の呼び出しと C からの C++ の呼び出し . 1003
  - 27.2.5 関数へのポインター 1005
- 27.3 C と C++ の小さな相違点 1007
  - 27.3.1 構造体タグ名前空間 1007
  - 27.3.2 キーワード 1008
  - 27.3.3 定義 1009
  - 27.3.4 C スタイルのキャスト 1011
  - 27.3.5 void*の変換 1012
  - 27.3.6 enum 1013
  - 27.3.7 名前空間 1013
- 27.4 フリーストア 1014
- 27.5 C スタイルの文字列 1016
  - 27.5.1 C スタイルの文字列と const 1018
  - 27.5.2 バイト演算 1019
  - 27.5.3 例：strcpy() 1020
  - 27.5.4 スタイル 1020
- 27.6 入出力：stdio 1021

	27.6.1 出力	1021
	27.6.2 入力	1023
	27.6.3 ファイル	1024
27.7	定数とマクロ	1025
27.8	マクロ	1026
	27.8.1 関数のようなマクロ	1027
	27.8.2 構文マクロ	1028
	27.8.3 条件付きコンパイル	1029
27.9	例：おしつけがましいコンテナー	1030

第 28 章　C++ と日本語対応　1041

28.1	多言語対応の無理解	1042
28.2	文字を扱う方法	1042
28.3	文字コード	1042
28.4	エンコード	1042
28.5	現実の文字コード	1043
28.6	Unicode のエンコード	1044
28.7	Unicode と可変長エンコード	1044
28.8	Unicode とエンディアン	1045
28.9	OS	1046
28.10	C++ の標準規格	1046
28.11	C++ の標準ライブラリと Unicode	1049

第 V 部　付録　1051

付録 A　言語のまとめ　1053

A.1	概要	1054
	A.1.1 用語	1054
	A.1.2 プログラムの開始と終了	1055
	A.1.3 コメント	1055
A.2	リテラル	1056
	A.2.1 整数リテラル	1056
	A.2.1.1 記数法	1056
	A.2.2 浮動小数点リテラル	1058
	A.2.3 Boolean リテラル	1058
	A.2.4 文字リテラル	1058
	A.2.5 文字列リテラル	1059
	A.2.6 ポインターリテラル	1059
A.3	識別子	1060
	A.3.1 キーワード	1060
A.4	スコープ、ストレージクラス、ライフタイム	1061

	A.4.1	スコープ	1061
	A.4.2	ストレージクラス	1062
	A.4.3	ライフタイム	1063
A.5	式		1065
	A.5.1	ユーザー定義演算子	1069
	A.5.2	暗黙的な型変換	1070
		A.5.2.1　昇格	1070
		A.5.2.2　型変換	1070
		A.5.2.3　ユーザー定義の型変換	1071
	A.5.3	定数式	1071
	A.5.4	sizeof	1072
	A.5.5	論理式	1072
	A.5.6	new と delete	1072
	A.5.7	キャスト	1073
A.6	文		1074
A.7	宣言		1076
	A.7.1	定義	1076
A.8	組み込み型		1077
	A.8.1	ポインター	1078
	A.8.2	配列	1079
	A.8.3	参照	1080
A.9	関数		1081
	A.9.1	オーバーロードの解決	1081
	A.9.2	デフォルト引数	1083
	A.9.3	指定されない引数	1083
	A.9.4	リンク指定	1083
A.10	ユーザー定義型		1084
	A.10.1	演算子のオーバーロード	1084
A.11	列挙		1085
A.12	クラス		1086
	A.12.1	メンバーアクセス	1086
		A.12.1.1　this ポインター	1088
		A.12.1.2　フレンド	1088
	A.12.2	クラスメンバーの定義	1089
	A.12.3	コンストラクター、デストラクター、コピー	1090
		A.12.3.1　デストラクター	1092
		A.12.3.2　コピー	1092
		A.12.3.3　ムーブ	1093
	A.12.4	派生クラス	1094
		A.12.4.1　仮想関数	1095
		A.12.4.2　抽象クラス	1096

目次

- A.12.4.3 生成される演算 1097
- A.12.5 ビットフィールド 1098
- A.12.6 共用体 1099
- A.13 テンプレート 1099
  - A.13.1 テンプレート引数 1100
  - A.13.2 テンプレートのインスタンス化 1101
  - A.13.3 テンプレートのメンバー型 1102
- A.14 例外 1103
- A.15 名前空間 1105
- A.16 エイリアス 1106
- A.17 プリプロセッサディレクティブ 1107
  - A.17.1 #include 1107
  - A.17.2 #define 1107

付録 B 標準ライブラリのまとめ 1109

- B.1 概要 1110
  - B.1.1 ヘッダーファイル 1110
  - B.1.2 std 名前空間 1113
  - B.1.3 説明スタイル 1113
- B.2 エラー処理 1114
  - B.2.1 例外 1114
- B.3 イテレーター 1116
  - B.3.1 イテレーターモデル 1116
  - B.3.2 イテレーターのカテゴリー 1118
- B.4 コンテナー 1120
  - B.4.1 概要 1122
  - B.4.2 メンバー型 1123
  - B.4.3 コンストラクター、デストラクター、代入 1123
  - B.4.4 イテレーター 1124
  - B.4.5 要素へのアクセス 1124
  - B.4.6 スタックとキューの演算 1124
  - B.4.7 リスト演算 1125
  - B.4.8 サイズとキャパシティ 1126
  - B.4.9 その他の演算 1126
  - B.4.10 連想コンテナーの演算 1127
- B.5 アルゴリズム 1128
  - B.5.1 値を変更しないシーケンスアルゴリズム 1128
  - B.5.2 値を変更するシーケンスアルゴリズム 1129
  - B.5.3 ユーティリティアルゴリズム 1132
  - B.5.4 ソートと検索 1132
  - B.5.5 セットアルゴリズム 1134

	B.5.6	ヒープ	1135
	B.5.7	順列	1136
	B.5.8	min と max	1136
B.6	STL ユーティリティ		1137
	B.6.1	インサーター	1137
	B.6.2	関数オブジェクト	1138
	B.6.3	pair と tuple	1139
	B.6.4	initializer_list	1141
	B.6.5	リソース管理ポインター	1142
B.7	I/O ストリーム		1143
	B.7.1	I/O ストリーム階層	1144
	B.7.2	エラー処理	1145
	B.7.3	入力演算	1146
	B.7.4	出力演算	1147
	B.7.5	書式設定	1147
	B.7.6	標準マニピュレーター	1147
B.8	文字列の操作		1149
	B.8.1	文字分類	1149
	B.8.2	文字列	1150
	B.8.3	正規表現マッチング	1151
B.9	数値		1153
	B.9.1	数値の範囲	1153
	B.9.2	標準数学関数	1155
	B.9.3	複素数	1156
	B.9.4	valarray	1157
	B.9.5	汎用数値アルゴリズム	1157
	B.9.6	乱数	1157
B.10	時間		1158
B.11	C の標準ライブラリの関数		1159
	B.11.1	ファイル	1159
	B.11.2	printf() ファミリー	1160
	B.11.3	C スタイルの文字列	1164
	B.11.4	メモリー	1165
	B.11.5	日付と時刻	1166
	B.11.6	その他	1167
B.12	その他のライブラリ		1168

付録 C　Visual Studio の使用　　1169

C.1	プログラムを実行するための準備	1170
C.2	Visual Studio のインストール	1170
C.3	プログラムの作成と実行	1170

C.3.1	新しいプロジェクトの作成	1170
C.3.2	std_lib_facilities.h ヘッダーファイルの使用	1171
C.3.3	プロジェクトへの C++ ソースファイルの追加	1171
C.3.4	ソースコードの入力	1172
C.3.5	実行プログラムのビルド	1172
C.3.6	プログラムの実行	1172
C.3.7	プログラムの保存	1172
C.4	その後	1172

付録 D　FLTK のインストール　1173

D.1	概要	1174
D.2	FLTK のダウンロード	1174
D.3	FLTK のインストール	1174
D.4	Visual Studio での FLTK の使用	1175
D.5	動作テスト	1176

付録 E　GUI の実装　1177

E.1	コールバックの実装	1178
E.2	Widget の実装	1179
E.3	Window の実装	1180
E.4	Vector_ref	1182
E.5	例：Widget の操作	1183

用語集　1187

参考文献　1193

索引　1197

第0章
読者への覚書

地形が地図と一致しないときは、
地形のほうを信用しろ。
（すべての常識を疑ってかかれ）
— スイス軍の格言

本章にはさまざまな情報が含まれている。これらは本書の残りの部分から何が期待できるかに関して参考になる情報である。流し読みして、興味がある部分だけを読んでほしい。教師にとっては、ほとんどの部分がすぐに役立つと感じるだろう。よい指導者についていない状態で本書を読む場合は、本章のすべての内容を読んで理解しようとしてはならない。「本書の構造」と「指導と学習の理念」の最初の部分に目を通すだけでよい。小さなプログラムをすらすら書けるようになり、実行できるようになってから、本章をもう一度読んでみるとよいだろう。

0.1 本書の構造
  0.1.1 全体的なアプローチ
  0.1.2 ドリル、練習問題など
  0.1.3 本書を読み終えた後は
0.2 指導と学習の理念
  0.2.1 トピックの順序
  0.2.2 プログラミングとプログラミング言語
  0.2.3 移植性

0.3 プログラミングとコンピューターサイエンス
0.4 創造性と問題解決
0.5 読者の意見
0.6 参考文献
0.7 著者紹介

0.1 本書の構造

本書は以下の 4 つの部と付録で構成されている。

- 第 I 部では、プログラミングの基本概念と手法に加えて、コードを書き始めるために必要な C++ 言語とライブラリの機能を紹介する。これには、型システム、算術演算、制御構造、エラー処理、設計、実装、そして関数とユーザー定義型を使用する方法が含まれる。
- 第 II 部では、数値データとテキストデータをキーボードやファイルから取得する方法と、対応する出力を画面やファイルに書き出す方法について説明する。その後、数値データ、テキスト、幾何学図形をグラフィカルに出力する方法と、GUI からプログラムへの入力を取得する方法を示す。
- 第 III 部では、C++ 標準ライブラリのコンテナーとアルゴリズムのフレームワークである STL に焦点を合わせる。`vector`、`list`、`map` などのコンテナーが、ポインター、配列、動的メモリー、例外、テンプレートを通じてどのように実装され、使用されるのかを示す。また、`sort`、`find`、`inner_product` といった標準ライブラリのアルゴリズムの設計と使用法を具体的に示す。
- 第 IV 部では、理想と歴史に関する説明と、行列計算、テキスト操作、テスト、組み込みシステムのプログラミングといった例、そして C 言語の簡単な説明を通じて、プログラミングに対する考え方を示す。
- 付録では、本文に収まらなかった有益な情報を示す。これには、C++ 言語と標準ライブラリの機能の調査、IDE や GUI ライブラリを使用するための準備などが含まれる。

残念ながら、プログラミングの世界はこのようにきれいに分かれるわけではない。したがって、本書の各部はテーマを大まかに分類にしたものにすぎない。この分類には意味があると考えているが —— そうでなければ、このように分けたりしない —— 現実には、きれいな分類への逃げ道がある。たとえば、C++ の標準 I/O ストリーム（入出力ストリーム）について詳しく説明するのは、入力演算が必要となるずっと後である。考え方を示すために必要な一連のトピックが全体的な分類と矛盾する場所では、別のどこかにある完全な説明を参照するのではなく、その考え方をうまく示すのにどうしても必要な情報だけを示す。きれいな分類にこだわるなら、チュートリアルよりもマニュアルのほうがはるかに向いている。

トピックの順番は、プログラミング言語の機能ではなく、プログラミングの手法に基づいて決めている（§0.2）。言語の機能を中心とした説明については、付録 A を参照のこと。

左右の余白には、以下の 3 種類の「アイコン」を配置してある。これらのアイコンは、本書の内容を読みやすくすると同時に、1 回目に読んだときにはどれが重要な情報なのかがわからず、ポイントを見逃してしまった場合の目印になる。

- ◆：概念と手法を示す（この段落はその一例）
- ●：ヒントとアドバイス
- ▼：警告

0.1.1 全体的なアプローチ

　本書では、読者に直接話しかける。そのほうが、ほとんどの学術論文に見られるような「もったいぶった」間接的な呼びかけよりも単純で、わかりやすいからだ。「あなた」は読者であるあなたを意味し、「私たち」は筆者と教師を意味する。あなたと私たちが同じ部屋にいて同じ問題に取り組んでいる場合、「私たち」はあなたと私たちを意味する。

　本書は最初から章ごとに読み進めていくことを前提に書かれているが、たびたび前に戻って何かを調べることになるだろう。情報が次から次へと示され、ポイントをつかむどころではなくなり、結局読み返すことを考えると、それが唯一賢明な方法と言えるだろう。索引や相互参照があるといっても、本書はページを適当に開けば何かためになることが書いてある、という本ではない。節と章はそれぞれその前に書かれている内容を理解しているという前提で書かれている。

　各章の内容はほぼ完結しており、一気に読むことを想定している。学生の多忙なスケジュールでは常に実現可能なことではないかもしれないが、理論的には可能である。これが本文を章立てする上での1つの基準となっている。この他の基準としては、ドリルと練習問題を用意するのにふさわしい単位であることと、特定の概念、アイデア、手法を示すものであることがあげられる。この複数の基準のせいでいやになるほど長くなった章もあるため、「一気に読む」をあまり文字どおりに受け取らないでほしい。特に、復習問題について考え、ドリルを行い、いくつかの練習問題を解いたところで、たいていはいくつかの節を読み直す必要があることに気づくが、それだけで数日がかりになるだろう。本書では、複数の章を1つにまとめて、入出力といった重要な話題を取り上げる「部」を構成している。これら4つの部は再確認をするためのよい目安となる。

　教科書をほめるとしたら、「私が思いついた質問にすべて答えている」といったところだろうか。それは技術的な小さな質問に対する理想であり、本書の査読もそうした視点に立って行われた。ただし、それは完全な理想にはなり得ない。私たちは、おそらく初心者には思いつかないような疑問を投げかける。本書では、他の誰かが使用するための高品質なソフトウェアを開発するにあたって検討しなければならない質問をし、それらに答えることを目指している。正しい、そして往々にして難しい質問をする癖を身につけることは、プログラマーのように考えるために不可欠な部分である。簡単でわかりきった質問だけをしていればよい気分でいられるかもしれないが、プログラマーになるのには役立たない。

　私たちは読者の知性を尊重し、読者の時間を思いやることを心がけている。小ぎれいにまとめることよりもプロフェッショナルの精神に徹し、ポイントを誇張するのではなく淡々と示すようにしている。プログラミング手法や言語の機能の重要性を誇張しないように心がけたが、「これはしばしば役立つ」といった単純な表現を軽視してはならない。何かが重要であることを私たちが静かに強調したとしたら、それをマスターしておかないと遅かれ早かれ数日分もの時間を無駄にすることになる。また、もっとユーモアを利かせたかったが、経験上、何がおもしろいかに関して人々の意見は大きく分かれる。ユーモアの利かせどころを誤れば、読者を混乱させる可能性があった。

　私たちの考えや本書で示すツールが完璧であると言うつもりはない。プログラマーはさまざまな難題に直面するが、そのすべてに対して「解決策」となるツール、ライブラリ、言語、または手法が存在するわけではない。よくて、解決策を思いついて表現するのに役立つだけだろう。「たわいのないごまかし」は極力避けたつもりである。つまり、明瞭で理解しやすいものの、本物の言語や現実の問題に照らして正しくない、単純すぎる説明は控えることにした。とはいうものの、本書はリファレンスではない。C++ のより正確で完全な説明については、Bjarne Stroustrup 著 *The C++ Programming Language*

*1 と ISO C++ 規格を参照してほしい。

0.1.2　ドリル、練習問題など

プログラミングは単なる知的活動ではないため、プログラミング技法をマスターするにはプログラムを書く必要がある。本書では、以下の2段階のプログラミング演習を用意した。

- ドリル
  ドリルとは、実用的でほぼ決まり切ったスキルを養うために考え出された、非常に単純な練習問題のことだ。通常、ドリルは1つのプログラムを徐々に修正していく構成になっている。ドリルはすべて行うべきである。ドリルについては、深い理解や、巧みさ、自発性を要求するものではなく、本書の基本構造の一部であると考えている。ドリルを行わないとしたら、本書を読んだことにはならない。

- 練習問題
  練習問題には簡単なものと非常に難しいものがあるが、ほとんどの練習問題は自発性や想像力の余地を残すものにしてある。まじめな読者は練習問題の大部分を解くだろう。少なくとも、どれが難しそうであるかがわかるまで解いてみる。その後、そうした難しそうな問題を少しずつ解いてみる。それが最も効果的な学習法である。練習問題は意地悪なパズルではなく、並外れた知恵がなくても解けるようになっている。とはいうものの、誰にとっても十分に難問で、優秀な学生でさえ持ち時間を使い果たしてしまうような問題になっていることを願っている。すべての問題を解くことは期待していないが、ぜひチャレンジしてほしい。

さらに、読者（すべての学生）に小さなプロジェクトに参加することをお勧めする。時間が許せば、複数のプロジェクトに参加してほしいところだ。プロジェクトの目的は意味のあるプログラムを完成させることにある。理想的には、第III部の各章を読みながら、ひと月かけて少人数（3人など）のグループで取り組むことが望ましい。ほとんどの人はプロジェクトを大いに楽しみ、そこですべてのものが1つにつながるだろう。

章を読みながらいくつかの例を実際に試してみてもよいし、最後まで読んでからコードを動かしてみたいこともあるだろう。先に例を試してみたい人のために、話題が切り替わるところに「TRY THIS」という演習を挟んでおいた。「TRY THIS」は、その前にある内容に焦点を合わせた、範囲の狭いドリルのようなものだ。コンピューターが近くになかったか、本文を読むのに夢中で「TRY THIS」を試さなかった場合は、その章のドリルを行うときに必ず戻るようにしよう。「TRY THIS」はその章のドリルを補うものであるか、その一部である。

また、各章の最後に「復習問題」を用意した。復習問題の目的は、その章で説明した重要な概念を指し示すことにある。復習問題については、練習問題を補うものと考えればよいだろう。練習問題ではプログラミングの実践的な部分に焦点を合わせているが、復習問題を解くことでアイデアや概念を明確に表現できるようになるだろう。その点では、聞き上手な面接官の前に座っているようなものだ。

各章の最後に、プログラミングやC++の基本的な用語を示す「用語集」も用意した。プログラミングに関して人々が何を言っているのかを理解し、自分の考えを表明できるようになりたい場合は、これらの用語の意味を理解しておく必要がある。

---

*1 『プログラミング言語C++ 第4版』、柴田望洋 訳、SBクリエイティブ、2015年

習得には繰り返しが必要である。本書では、重要なポイントを少なくとも2回取り上げ、練習問題で補強したいと考えている。

0.1.3 本書を読み終えた後は

本書を読み終えたらプログラミングやC++のエキスパートになれるのだろうか。もちろん、そうはいかない。プログラミングは奥が深く、さまざまな技能を必要とする、一筋縄ではいかない技術である。たとえば、4か月、いや半年あるいは1年かけたとしても、数学や生物学の専門家になれるとは思えないし、中国語や英語、デンマーク語といった自然言語をぺらぺらしゃべったり、バイオリンを弾けるようになるとは思えない。プログラミングも同じで、たった4か月でどうにかなると期待してはならない。読者が望むべきことは、比較的単純で意味のあるプログラムを記述できるようになることと、より複雑なプログラムを読めるようになること、そして今後の作業に備えて概念と実践的な下地を整えることである。本書にまじめに取り組めば、それは十分に期待できる。

この初級講座の後はどうすればよいだろうか。最も効果的なのは、他の誰かに使ってもらえるような本物のプロジェクトに取り組むことである。その後、または（さらに効果的なのは）本物のプロジェクトと並行して、*The C++ Programming Language* といった上級者向けの教科書や、GUIのためのQtや分散プログラミングのためのACEなどに関する専門書、あるいはC++の特定の部分に焦点を合わせた教科書を読むとよいだろう。C++の教科書としては、*Accelerated C++*、*Exceptional C++*、*Design Patterns* などがあげられる。これらの参考文献については、「§0.6 参考文献」または本書の最後にある「参考文献」を参照してほしい。

最終的には、別のプログラミング言語を学ぶべきである。プログラマーとして活動することは考えていないとしても、ソフトウェア分野においては、複数の言語を知らずしてプロになるのは不可能であると考えている。

0.2 指導と学習の理念

本書は何を学ぶための本なのだろうか。そして、それをどのように教えていくのだろうか。本書では、効果的かつ実用的なプログラミングを行うために最低限必要な概念、手法、ツールを示したいと考えている。これには以下のトピックが含まれる。

- プログラムの構成
- デバッグとテスト
- クラスの設計
- 計算
- 関数とアルゴリズムの設計
- グラフィックス（2Dのみ）
- グラフィカルユーザーインターフェイス（GUI）
- テキストの操作
- 正規表現マッチング
- ファイルおよびストリーム入出力（I/O）
- メモリー管理

- 科学技術計算
- 設計とプログラミングの理想
- C++ 標準ライブラリ
- ソフトウェア開発戦略
- C 言語のプログラミング手法

　これらのトピックに順番に取り組みながら、C プログラミング言語のような手続き型プログラミング、データの抽象化、オブジェクト指向プログラミング、そしてジェネリックプログラミングと呼ばれるプログラミング手法を取り上げていく。本書のメインテーマは**プログラミング**である。プログラミングとは、アイデアをコードで表現するための理想、手法、ツールのことだ。ここでは C++ プログラミング言語が主なツールとなるため、C++ の機能の多くを少し詳細に説明していく。だが、C++ はあくまでもツールであって、本書のメインテーマではないことを覚えておこう。本書は「C++ を使ったプログラミング」の本であって、「C++ とプログラミング理論を少々」の本ではない。

　本書のトピックにはそれぞれ少なくとも 2 つの目的がある。それらは、手法、概念、原理を示すという目的と、言語またはライブラリの実用的な機能を示すという目的である。たとえば、ここでは 2D グラフィックスシステムのインターフェイスを使ってクラスと継承を使用する方法を示す。これなら、紙面も読者の時間も無駄にならず、プログラミングが結果をできるだけすばやく手に入れるための単なるコードの寄せ集めではないことも強調できる。C++ 標準ライブラリには、そうした「2 つ（あるいは 3 つ）の役割」を持つ例がいくつも含まれている。たとえば本書では、標準ライブラリの vector を紹介し、vector を使って広く役立つ設計手法を説明し、vector を実装するためのさまざまなプログラミング手法を示す。本書の目的の 1 つは、標準ライブラリの主な機能がどのように実装され、ハードウェアにどのようにマッピングされるのかを示すことである。職人は自分の道具を知り尽くしていなければならず、それらを「魔法の道具」と考えてはならない。

　トピックによっては、一部のプログラマーにとって特に興味深いものもあるだろう。ただし、自分にはこれが必要だと決めつけるのではなく（将来何が必要になるかわかったものではない）、少なくともすべての章に目を通すことをお勧めする。なお、本書を授業の教科書として読む場合は、教師が指示した部分を読むことになる。

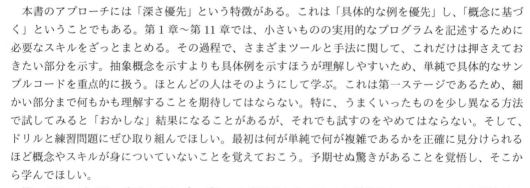

　本書のアプローチには「深さ優先」という特徴がある。これは「具体的な例を優先」し、「概念に基づく」ということでもある。第 1 章〜第 11 章では、小さいものの実用的なプログラムを記述するために必要なスキルをざっとまとめる。その過程で、さまざまツールと手法に関して、これだけは押さえておきたい部分を示す。抽象概念を示すよりも具体例を示すほうが理解しやすいため、単純で具体的なサンプルコードを重点的に扱う。ほとんどの人はそのようにして学ぶ。これは第一ステージであるため、細かい部分まで何もかも理解することを期待してはならない。特に、うまくいったものを少し異なる方法で試してみると「おかしな」結果になることがあるが、それでも試すのをやめてはならない。そして、ドリルと練習問題にぜひ取り組んでほしい。最初は何が単純で何が複雑であるかを正確に見分けられるほど概念やスキルが身についていないことを覚えておこう。予期せぬ驚きがあることを覚悟し、そこから学んでほしい。

　第一ステージでは、意味のあるプログラムを書けるところまでこぎ着けたいので、できるだけ早いペースで進める。「ゆっくり慎重に進まなければならない。走れるようになる前にまず歩けるようにならなければ」という意見もあるだろう。だが、赤ちゃんが歩き出すところを見たことがあるだろうか。赤ちゃんはしっかりした足取りでゆっくり歩くという高度なわざを身につける前に、ひとりで走って

いる。プログラミングも同じことだ。つまずきながらも突進することで、プログラミングがどのようなものであるかを理解するのである。そして、細部を調整したり理解したりするために徐々にペースを落としていけばよい。歩けるようになるためにはまず走らなければならない。

言語の詳細や手法を「何もかも」ものにしようとして行き詰まらないようにすることが肝心だ。たとえば、C++ に組み込まれているすべての型と、それらを使用するためのルールを丸暗記するのは決して無理な話ではない。それはもちろん可能であり、その道の「通」になったような気分になるかもしれない。だが、それではプログラマーにはなれない。細かい部分を後回しにすると知識不足で「痛い目」に遭うこともあるが、それはよいプログラムを書くために必要な物の見方を短期間で身につけるための手段である。本書の手法は子供に言葉を教えるときに使用するものであり、外国語を教えるときの最も効果的な手法でもある。ときには行き詰まってしまうこともあるだろう。そのような場合は、教師、友人、同僚、講師、指導者などに助けを求めてみよう。第一ステージの章には、根本的に難しいものは含まれていない。ただし、聞き慣れないものがいろいろ登場するため、最初は難しく感じるだろう。

第二ステージでは、第一ステージで養ったスキルをもとに、知識とスキルの幅を広げていく。例題と練習問題を使って理解を確かなものにし、プログラミングの概念を頭にたたき込む。

本書では、理想と理由に重きを置いている。現実的な解決策を模索する —— つまり、解決策が有効で理にかなったものであることを判断するには、理想が必要である。それらを理想とすべき理由 —— つまり、それらを目指すことがあなたとあなたのコードのユーザーに役立つ理由を理解するには、それらが理想となった背景を理解する必要がある。「そういうものだから」という説明では誰も納得しない。さらに重要なのは、理想と理由を理解すれば、自分の知識を新しい状況に応用し、アイデアとツールを斬新な方法で組み合わせて新しい問題に対処できるようになることだ。プログラミングのスキルを身につけるには、「理由」を知っていることが欠かせない。逆に言えば、言語の機能やルールを十分に理解せずに暗記したのでは、結果は見えている。それはエラーを招いているようなものであり、時間を無駄にするだけである。私たちは読者の時間が貴重であることを心得ており、無駄にしないように努めている。

C++ 言語の技術的な詳細の多くは付属書やマニュアルにまとめられているため、必要なときにそれらを調べればよい。本書では、読者が必要に応じて自発的に情報を探し求めることを前提としている。目次や索引を活用しよう。コンパイラーの機能はオンラインヘルプに載っている。そして Web を忘れてはならない。ただし、Web で入手した情報については、それを信頼する理由がない限り、すべて疑ってかかるようにしよう。信頼できそうな Web サイトの多くは、プログラミングの初心者や何かを売ろうとしている人々によって運営されているし、単に時代遅れのサイトもある。なお、本書の Web サイト[*2] では、リンク集と情報を提供している。

「現実的な」例に焦って手を出してはならない。本書では理想的な例として、言語の機能、概念、手法を直接的に示す短い単純なコードを用意している。現実的な例のほとんどはそれよりもはるかにやっかいだが、言ってしまえば、本書で示す例をいくつか組み合わせたものにすぎない。ソフトウェア製品に含まれている数十万行ものコードは、本書のあちこちに掲載されている 50 行ほどのプログラムが示している手法に基づいている。現実的なコードを最もすばやく理解する方法は、基礎をしっかり理解することである。

一方で、要点を具体的に示すために「愛らしいキャラをあしらったかわいらしい例」を使用することはない。現実の人々によって使用される現実のプログラムを記述することが目的であるという方針を見失わないよう、言語の機能を示すもの以外のコードはすべて現実的な事例から抜粋している。（将来の）

[*2] http://www.stroustrup.com/Programming/

0.2.1 トピックの順序

プログラミングを教える方法はいろいろあるが、もちろん「自分はこのようにして学んだのだからそれが最もよい方法である」という説には同意しかねる。ここでは、ほんの数年前まで最先端であると見なされていたトピックを先に示しておいたほうが取っつきやすいと考えて、そのようにした。理想的には、プログラミングを学ぶときに直面する問題に応じてトピックを決め、それなりの知識と実践的なスキルが身についてきたところで、次のトピックに移りたいところである。本書の主な流れはストーリー仕立てになっているため、辞書や階層の形式で内容を追っていくのには向いていない。

プログラムを作成するために必要なすべての原理、手法、言語の機能を一度に学ぶのは不可能である。このため、原理、手法、機能のどの部分（サブセット）から始めるのかを選択しなければならない。一般的に考えれば、教科書や講座はサブセットごとに進んでいくのが筋である。トピックを選択し、何が重要かを示すことが、本書の責任であると考えている。何もかも示すというわけにはいかないため、どれかを選択しなければならない。この長旅のあちこちで私たちが省いたものは、残したものと同じくらい重要である。

何かの役に立つかもしれないため、私たちが採用しないことにした手法をまとめてみた。なお、このリストは要約されたものだ。

- C 優先
  この方法で C++ を習得するのは時間の無駄である。機能、手法、ライブラリの問題が十分に取り上げられないため、ろくなプログラミングプラクティスが身につかない。C++ には、C よりも強力な型チェック、初心者にやさしい標準ライブラリ、エラー処理のための例外がある。
- ボトムアップ
  この方法では、効果的なプログラミングプラクティスは身につかない。言語やライブラリで十分にサポートされていない問題の解決を迫られるため、意味のないプログラミングプラクティスが身についてしまう。
- 何かを示すなら完全に示せ
  トピックに触れるたびにそれらを掘り下げていくことになるため、この手法はボトムアップを思わせる。初心者にとっては、興味もなければ、この先必要になるかどうかもわからない技術的な詳細の数々にうんざりすることになるだろう。技術的な詳細はプログラムが書けるようになってからマニュアルで調べればよい。マニュアルは概念を最初に学ぶときにはまったく向いていないが、技術的な詳細を調べるのにはうってつけである。
- トップダウン
  この手法は原理から詳細に向かって進むため、読者の注意がプログラミングの実用面からそれてしまい、高度な概念の重要性を理解する機会も与えられないまま、それらについて考える癖がついてしまう。たとえば、プログラムでミスを犯すのがいかに簡単で、それらを修正するのがいかに難しいかを学ぶまでは、ソフトウェア開発手法の真価を見きわめることはできない。
- 抽象概念優先
  一般原理にこだわり、現実のやっかいな制約から学生を遠ざけたのでは、現実の問題、言語、ツール、ハードウェアの制約を無視することになりかねない。この手法はあとからの使い回しがきかない「教育言語」で採用されることが多く、ハードウェアやシステムの問題から学生を（意

図的に）隔離する。

- **ソフトウェア工学の原理優先**
  この手法と抽象概念優先手法は、トップダウン手法と同じ問題を共有する傾向にある。つまり、具体的な例や実践的な経験がなければ、抽象概念やソフトウェア開発手法の真価を見きわめることはできない。
- **最初の日からオブジェクト指向**
  オブジェクト指向プログラミングは、コードとプログラミング作業を管理するための最も効果的な手法の1つだが、効果的な手法は他にもある。特に、型とアルゴリズム的なコードに関する基礎教育は、クラスとクラス階層の設計を正しく理解するための前提条件であると感じている。本書でもユーザー定義型（オブジェクトとも呼ばれる）を最初の実習から使用するが、クラスを設計する方法には第6章まで踏み込まないし、クラス階層は第12章まで取り上げない。
- **単に魔法の力を信じる**
  この手法は、基本的な手法や機能を初心者に示さないまま、強力なツールや手法をいきなり使用させる。このため、学生はなぜそうなるのか、それらを使用するにはどのようなコストがかかるのか、それらを合理的に応用できるのはどのような状況かを推測するようになり、たいてい推測を誤ってしまう。それにより、よく知っているパターンにしがみつくようになり、学習意欲をそがれる可能性がある。

もちろん、こうした他の手法は無益であると主張しているわけではない。それどころか、それらの長所を生かせる場面では、それらを実際に使用している。ただし、実際に使用することを目的としたプログラミングの習得では、それらを一般的な手法として採用していない。代わりに、概念と手法に重点を置いた上で、「深さ優先」と「具体例優先」の手法を用いている。

0.2.2　プログラミングとプログラミング言語

本書の第一の目的はプログラミングを教えることであり、私たちが選択したプログラミング言語は二次的なもの（ツール）として扱われる。全体的なアプローチは、汎用的なプログラミング言語であれば、どの言語にも応用できる。本書の主な目的は、一般概念、原理、手法を学ぶ手助けをすることにある。ただし、それらはばらばらの状態では意味をなさないものだ。たとえば、構文の詳細、直接表現できるアイデアの種類、そしてツールのサポートは、プログラミング言語によって異なる。ただし、論理的に単純なコードの記述（第5章、第6章）、不変条件の確立（§9.4.3）、インターフェイスと実装上の詳細の分離（§9.7、§14.1～14.2）など、バグのないコードを生成するための基本的な手法の多くは、どのプログラミング言語でもほぼ同じである。

プログラミング手法と設計手法はプログラミング言語を使って習得しなければならない。設計、コードの構成、デバッグは机上で習得できるスキルではない。何らかのプログラミング言語を使ってコードを書き、それにより実地経験を積む必要がある。これはプログラミングの基礎を学ばなければならないことを意味する。「基礎」と書いたのは、主な産業言語のすべてを数週間で習得できた時代は過ぎ去ったからだ。本書で取り上げるC++の機能は、よいコードの生成を最も直接的にサポートする部分として選択されたものである。また、論理的につじつまを合わせるために必要な、あるいはC++コミュニティでよく知られているために避けて通れないC++の機能も示す。

0.2.3 移植性

さまざまなコンピューターで実行するためのコードを記述するのはよくあることだ。よく知られているC++アプリケーションは聞いたこともないようなコンピューター上で動作する。本書では、移植性に加えて、さまざまなアーキテクチャとオペレーティングシステム（OS）を使用することにも重点を置いている。本書に掲載されている例のほとんどは、ISO C++ 規格に準拠しているだけでなく、移植性を備えている。特に明記しない限り、本書に示されているコードはすべてのC++実装で動作し、複数のコンピューターとOSでテストされているものとする。

C++プログラムのコンパイル、リンク、実行の方法はシステムによって異なる。実装上の問題点を指摘するたびにすべてのシステムとすべてのコンパイラーの詳細に言及していたのではきりがないため、Visual Studio と Visual C++ を Windows コンピューターで使い始めるための基本情報を付録Cにまとめてある。

Visual Studio はよく知られている統合開発環境（IDE）の1つだが、かなり複雑なのでうまく使いこなせないかもしれない。そのような場合は、コマンドラインで試してみることをお勧めする。これは驚くほど簡単だ。たとえば、`my_file1.cpp` と `my_file2.cpp` の2つのソースファイルで構成された単純なプログラムがあるとしよう。UNIX または Linux システム上で、このプログラムを GNU C++ コンパイラーを使ってコンパイルし、リンクし、実行するために必要なコマンドは以下のようになる。

```
c++ -o my_program my_file1.cpp my_file2.cpp
./my_program
```

本当にたったこれだけである。

0.3　プログラミングとコンピューターサイエンス

プログラミングはコンピューターサイエンスのためだけにあるのだろうか。もちろんそうではない。なぜこのようなことを聞くのかというと、この点について誤解されている節があるからだ。本書ではアルゴリズムやデータ構造といったコンピューターサイエンスの主なトピックを取り上げるが、本書の目的はあくまでもプログラミングを教えることにある。つまり、プログラムの設計と実装が中心となる。このため、コンピューターサイエンスの一般的なイメージの枠に収まらないことがある。

- プログラミングには、通常はどの科学にも属さないさまざまな技能が要求されるため、「コンピューターサイエンスの概念を超える」ことがある。
- 本書ではコンピューターサイエンスのさまざまな部分をカバーするが、それぞれの基礎を体系的に示さないため、「コンピューターサイエンスの概念とは受け取られない」ことがある。

本書の目的は、コンピューター科学者になることを目指している人にとっては、コンピューターサイエンスの課程の一部になることである。プログラマーまたはソフトウェアエンジニアになることを目指している人にとっては、ソフトウェアの構築とメンテナンスに関する最初の課程の土台になることである。そして一般的には、全体像の一部になることである。

本書全体がコンピューターサイエンスに基づいていて、原理に重点を置いているのは事実だが、本書では科学というよりもむしろ理論と経験に基づく実践的なスキルとしてプログラミングを教えていく。

0.4 創造性と問題解決

本書の主な目的は、アイデアをコードで表現する方法を示すことにあり、肝心のアイデアをどうすれば思いつくかまでは教えられない。ここでは、さまざまな例を用いて問題に対処する方法を示していく。通常は、問題を分析した後、解決策を少しずつ改善していく。私たちはプログラミング自体が一種の問題解決であると考えている。つまり、問題とその解決策を完全に理解してからでなければ、それを正しいプログラムで表現することはできない。そして、完全に理解できたことを確認するには、プログラムを書いてテストしてみるしかない。このように、プログラミングは理解を得るために欠かせない部分である。だからといって、「説教」をしたり、問題解決を事細かに指示したりするつもりはない。本書ではそれを、例を通じて示したいと考えている。

0.5 読者の意見

私たちは完璧な教科書など存在しないと考えている。どのような教科書が必要であるかは人それぞれである。一方で、本書とその参考資料はできるだけよいものにしたいと考えている。そのためには、読者の意見が必要である。読者を無視してよい教科書を書くことはできない。間違い、誤字、あいまいな文章、説明不足などがあれば、ぜひ報告してほしい。練習問題や例の改善、追加すべきトピック、削除すべきトピックなどの提案も歓迎する。建設的な意見は将来の読者の助けになる。正誤表は本書のWeb サイト[*3] で提供している。

0.6 参考文献

ここでは、本章で言及した出版物の一覧と、読者の役に立つかもしれない出版物を示す。

- Becker, Pete, ed. *The C++ Standard.* ISO/IEC 14882:2011.
- Blanchette, Jasmin, and Mark Summerfield. *C++ GUI Programming with Qt 4, Second Edition.* Prentice Hall, 2008. ISBN 0132354160.
- Koenig, Andrew, and Barbara E. Moo. *Accelerated C++: Practical Programming by Example.* Addison–Wesley, 2000. ISBN 020170353X.
『Accelerated C++ ── 効率的なプログラミングのための新しい定跡』、小林健一郎 訳、ピアソンエデュケーション、2001 年
- Meyers, Scott. *Effective C++: 55 Specific Ways to Improve Your Programs and Designs, Third Edition.* Addison–Wesley, 2005. ISBN 0321334876.
『Effective C++ 第 3 版』、小林健一郎 訳、丸善出版、2014 年
- Schmidt, Douglas C., and Stephen D. Huston. *C++ Network Programming, Volume 1: Mastering Complexity with ACE and Patterns.* Addison–Wesley, 2001. ISBN 0201604647.

[*3] http://www.stroustrup.com/Programming/

- Schmidt, Douglas C., and Stephen D. Huston. *C++ Network Programming, Volume 2: Systematic Reuse with ACE and Frameworks.* Addison–Wesley, 2002. ISBN 0201795256.
- Stroustrup, Bjarne. *The Design and Evolution of C++.* Addison–Wesley, 1994. ISBN 0201543303.

  『C++ の設計と進化』、επιστημη 監修、岩谷宏 訳、ソフトバンク クリエイティブ、2005 年
- Stroustrup, Bjarne. "Learning Standard C++ as a New Language." *C/C++ Users Journal,* May 1999.
- Stroustrup, Bjarne. *The C++ Programming Language, Fourth Edition.* Addison–Wesley, 2013. ISBN 0321563840.

  『プログラミング言語 C++ 第 4 版』、柴田望洋 訳、SB クリエイティブ、2015 年
- Stroustrup, Bjarne. *A Tour of C++.* Addison–Wesley, 2013. ISBN 0321958314.

  『C++ のエッセンス』、柴田望洋 訳、SB クリエイティブ、2015 年
- Sutter, Herb. *Exceptional C++: 47 Engineering Puzzles, Programming Problems, and Solutions.* Addison–Wesley, 1999. ISBN 0201615622.

  『Exceptional C++ ― 47 のクイズ形式によるプログラム問題と解法』、浜田光之 監修、浜田真理 訳、ピアソンエデュケーション、2000 年

本書の最後にある「参考文献」でも、さらに参考文献をまとめてある。

0.7 著者紹介

「プログラミングの方法を教えたがっている著者はいったい何者か」と思うのは当然のことかもしれない。ここで著者を紹介することにしよう。本書を執筆したのは私、Bjarne Stroustrup である。私は Lawrence "Pete" Petersen とともに、本書の執筆時期と同じころに開設された大学レベルの初級課程（初年度）で、本書の原稿を使って教壇に立っていた。

Bjarne Stroustrup（ビャーネ・ストラウストラップ）

私は C++ プログラミング言語の設計者であり、最初の実装者である。過去 40 年ほどにわたって、C++ やその他多くのプログラミング言語をさまざまなプログラミングタスクに使用してきた。ロボット制御、グラフィックス、ゲーム、テキスト解析、ネットワーキングなど、能力が試されるアプリケーションで使用されているような、洗練された効率のよいコードに目がない。私はこれまで、それこそさまざまな能力や関心を持つ人々に設計、プログラミング、C++ を教えてきた。私は ISO の C++ 標準化委員会の創設メンバーの 1 人であり、この言語を進化させるためのワーキンググループで議長を務めている。

これは私が初めて書いた入門書である。*The C++ Programming Language* や *The Design and Evolution of C++* といったこれまでの著作はそれなりの経験を持つプログラマー

を対象としたものだった。

　私はデンマークのオーフスで労働者階級の家庭に生まれ、地元の大学で数学とコンピューターサイエンスの修士号を取得した。コンピューターサイエンスの博士号はイギリスのケンブリッジ大学で取得した。その後は約 25 年間 AT&T に勤務していた。最初は UNIX、C、C++ などが考案されたことで有名なベル研究所のコンピューターサイエンスリサーチセンターに在籍し、その後 AT&T Labs Research に移籍した。

　私は全米技術アカデミーの会員であり、ACM と IEEE のフェローである。2005 年にコンピューター科学者として初めて Sigma Xi という科学研究団体から William Procter Prize for Scientific Achievement を贈られた。2010 年には、オーフス大学から *Rigmor og Carl Holst–Knudsens Videnskapspris* を贈られた。これはオーフス大学関係者による科学への功績を称えた最も古く名誉ある賞である。2013 年には、サンクトペテルブルクの ITMO 大学から Honorary Doctor of Computer Science を授与された。

　仕事以外の生活ももちろんある。既婚者であり、2 人の子供がいる。1 人は医師、もう 1 人はポスドクの研究員をしている。歴史、SF、犯罪小説、最新情勢などをテーマとした多くの本を読み、クラシック、ロック、ブルース、カントリーを含め、ほとんどの種類の音楽を聴いている。友人とおいしいものを食べることは人生においてなくてはならない部分であり、世界中の興味深い場所を訪れ、人々に会うことを楽しんでいる。

　詳しくは、私のホームページを見てほしい。これらのページを見れば、特に私の名前の読み方がわかるだろう。

　　URL: http://www.stroustrup.com

Lawrence "Pete" Petersen（ローレンス・ピート・ピーターソン）

2006 年の終わりごろ、Pete は次のように自己紹介していた。

「私は教師である。20 年近くにわたってテキサス A&M 大学でプログラミング言語を教えている。過去に学生の投票による Teaching Excellence Awards に 5 回選出され、1996 年に工学部の同窓会から Distinguished Teaching Award を贈られた。また、Wakonse Program for Teaching Excellence と Academy for Educator Development のフェローである」

「陸軍士官の息子である私は各地を転々としながら育った。ワシントン大学で哲学の学位を取得した後、野戦砲兵隊の士官および運用評価試験の研究アナリストとして 22 年間軍務に服した。1971 年から 1973 年まではオクラホマ州のフォートシルで野戦砲兵隊士官の上級課程の教壇に立っていた。1979 年に試験技官の訓練課程の編成を手伝い、1978 年から 1981 年、そして 1985 年から 1989 年までは全米 9 か所で主任教官として教壇に立っていた」

「1991 年に小さなソフトウェア会社を立ち上げ、1999 年まで大学の学部で使用するための管理ソフトウェアを開発していた。実際に人々が使用できるソフトウェアを教えること、設計すること、プログラムすることに興味がある。ジョージア工科大学で生産工学の修士号、テキサス A&M 大学で教育学の修士号を取得している。また、NTS でマイクロコンピューターの修士課程を修了しており、テキサス

A&M 大学で情報運用管理の博士号を取得している」

「妻の Barbara とテキサス州のブライアンに住んでおり、旅行、庭いじり、趣味を2人で楽しんでいる。そして息子たちとその家族、とりわけ孫の Angelina、Carlos、Tess、Avery、Nicholas、Jordan とできるだけ多くの時間を過ごしている」

悲しいことに、Pete は 2007 年に肺がんで亡くなった。Pete がいなければ、この講義を成功させることはできなかっただろう。

■ 追記

ほとんどの章で短い「追記」を書き、その章で示した情報に対して何らかの見解を示すようにしている。このようにしたのは、たいていは情報に圧倒されてしまうことがわかっていたからだ。それらの情報を完全に理解するのは、練習問題を解き、さらに先の章を読み、あとからもう一度読み返したときだろう。その章の概念は、そうした先の章で応用することになる。まあ慌てないで、落ち着いて。これは当然のことで、予想どおりである。一朝一夕にしてエキスパートになれるわけではないが、本書に取り組めば、かなり優秀なプログラマーになることができる。その過程で、多くのプログラマーがシミュレートしては楽しんでいる大量の情報、多くの例、多くの手法に出合うだろう。

第1章
コンピューター、人、プログラミング

> 専門分化は昆虫に任せておけばよい。
> —— R. A. Heinlein

本章では、プログラミングの重要性やおもしろさ、楽しさについて語る。また、プログラミングの意味や目的についても取り上げる。本章を通じて、「プログラミング」や「プログラマー」に対する思い込みを払拭できることを願っている。本章はざっと読んでもらってかまわない。プログラミングに行き詰まり、こんなことをしても無駄ではないかと感じたら、そのときに読み返してみるとよいだろう。

- 1.1 はじめに
- 1.2 ソフトウェア
- 1.3 人
- 1.4 コンピューターサイエンス
- 1.5 コンピューターはどこにでもある
    - 1.5.1 画面の有無
    - 1.5.2 運輸
    - 1.5.3 電気通信
    - 1.5.4 医学
    - 1.5.5 情報
    - 1.5.6 垂直視野
    - 1.5.7 まとめ
- 1.6 プログラマーの基準

第1章 コンピューター、人、プログラミング

1.1 はじめに

　何かを習うときはたいていそうだが、プログラミング方法の習得は鶏と卵の問題である —— プログラミングを始めたいが、そうすることがなぜ重要なのかも知っておきたい。実践的なスキルを養いたいし、一時の気まぐれに終わらせたくない。時間を無駄にしたくないし、ましてや誇大宣伝や道徳論に振り回されたくない。さしあたり、本章をおもしろそうだと感じたら読んでみよう。そして、技術的な詳細がなぜ重要なのかについて認識を改める必要があると感じたときに、戻ってくればよい。

　本章では、筆者がプログラミングに関して興味深く重要であると感じたものについて、個人的な見解を述べている。私たちが長年にわたってこの分野に携わっている動機を説明する。本章を読めば、最終的な目標がどのようなもので、プログラマーがどのようなタイプの人間なのかがわかるだろう。初心者向けの技術書は基礎の基礎でびっしり埋め尽くされているものだが、本章では、そうした細かいことからいったん目線を離して、全体像について考える —— プログラミングはなぜ価値のある行為なのか。現代文明におけるプログラミングの役割とは何か。プログラマーが立派に貢献できる場所はどこか。プログラミングはソフトウェアの開発、導入、保守のどの工程に位置付けられるのか。「コンピューターサイエンス」「ソフトウェア工学」「情報テクノロジー（IT：Information Technology）」などを話題にするとき、プログラミングはそうした全体像のどこに当てはまるのか。プログラマーは何をするのか。優秀なプログラマーはどのようなスキルを持っているのか。

　あなたが学生であるとしたら、試験で優秀な成績を修めるために、本書に書かれている知識や技術、あるいは章全体を理解する必要に迫られているのかもしれない —— だが、プログラミングを学ぶことの意味はそれだけではないはずだ。ソフトウェア業界に従事している場合は、現在のプロジェクトに役立ち、あなたの査定を行う上司の機嫌を損ねないようにする何かを見つけ出そうと躍起になっているのかもしれない —— だが、プログラミングを学ぶことの意味はそれだけではないはずだ。ささやかながら、私たちの仕事によって世界がより住みやすい場所になると感じるときこそ、私たちの腕の見せどころである。これから何年にもわたって実行するタスク（キャリアを築き上げる何か）には、理想や、より抽象的な概念が不可欠である。

　現代文明はソフトウェアの上に成り立っている。ソフトウェアを改良し、ソフトウェアの新しい用途を見つけ出すことで、多くの人々に貢献できる。それにはプログラミングが不可欠である。

1.2 ソフトウェア

　よいソフトウェアは表に出ない。見ることも、感じることも、評価することも、たたくこともできない。**ソフトウェア**（*software*）はコンピューター上で実行されるプログラムの集まりである。コンピューター自体は見えることがあるが、多くの場合は、電話、カメラ、ホームベーカリー、車、風力タービンなど、コンピューターを含んでいるものしか見えない。私たちに見えるのは、そのソフトウェアが何をするかである。ソフトウェアが正常に動作しないと、私たちは腹を立てたり頭を抱えたりする。ソフトウェアの正常な動作がニーズと合わないときも、やはり腹を立てたり頭を抱えたりする。

　コンピューターは世界中にいくつあるだろうか。確かなことはわからないが、数十億台はあるだろう。全世界の人口を超える数のコンピューターが存在するかもしれない。何しろ、サーバー、デスクトップコンピューター、ラップトップ、タブレット、スマートフォン、そして「ガジェット」に組み込まれたコンピューターまで数に入れなければならないのだ。

あなたは毎日コンピューターをいくつ（多少なりとも直接的に）使用しているだろうか。筆者の車には30あまりのコンピューターが搭載されており、携帯電話に2つ、MP3プレイヤーに1つ、カメラにも1つ搭載されている。それから、（本書を執筆するための）ラップトップとデスクトップコンピューターがある。夏の暑さや湿度をしのぐためのエアコンも、言ってみればコンピューターである。コンピューターサイエンス学部には、エレベーターを制御するコンピューターがある。最近のテレビも、コンピューターがどこかに1つは組み込まれている。ちょっとWebにアクセスしただけで、数千台ものコンピューター、スイッチ、ルーターなどからなる通信システムを通じて、数十台（ひょっとしたら数百台）ものサーバーに直接接続することになる。

もちろん、筆者の車の後部座席に30台のラップトップが積み込まれているわけではない。要するに、ほとんどのコンピューターは、画面、キーボード、マウスなどからなるコンピューターのような外観をしておらず、私たちが使用する機器に埋め込まれた小さな「部品」として提供される。したがって、筆者の車にはコンピューターのように見えるものは何もなく、地図や道案内を表示する画面も付いていない（他の車には、この「カーナビ」なるガジェットが付いているようだが）。ただし、エンジンには結構な数のコンピューターが含まれていて、燃料噴射制御や温度の監視などを行っている。パワーステアリングには少なくとも1つのコンピューターが関与しているし、ラジオやセキュリティシステムにもコンピューターがいくつか含まれている。窓の開け閉めすらコンピューターで制御されているふしがある。最新のモデルには、タイヤの空気圧を継続的に監視するコンピューターまで搭載されている。

1日の生活の中でいったいどれだけのコンピューターに頼っているのだろうか。まずは食事だ。都市部に住んでいるなら、食料の調達は大仕事であり、計画、運搬、保管という小さな奇跡が要求される。流通システムの管理は、それらを1つにまとめる通信システムと同様に、もちろんコンピューター化されている。近代農業もコンピューター化が進んでいる。牛舎の隣には、牛の年齢、健康状態、乳生産量などを監視するためのコンピューターが設置されている。農機具のコンピューター化も進んでおり、さまざまな出先機関が要求してくる書類の山に正直な農場経営者は泣かされているに違いない。事件が起きれば、その一部始終がすぐに新聞に掲載される。もちろん、その記事はコンピューター上で書かれ、コンピューターによってレイアウトされ、（まだ「紙の新聞」を読んでいるなら）多くの場合は印刷所に電子的に送信された後、コンピューター化された印刷機で印刷される。本も同じような方法で出版される。会社に車で通勤している場合は、渋滞を緩和するために（通常は無駄な努力に終わるが）、交通の流れがコンピューターによって監視されている。電車で通勤している場合も、電車はコンピューター化されている。無人で運行される電車まで登場し、車内放送、制動、発券といった電車のサブシステムが多くのコンピューターによって制御されている。音楽、映画、テレビ、舞台といった現代の娯楽産業は、コンピューターを最もよく使用する業界の1つである。アニメではない映画でさえ、コンピューターアニメーションをふんだんに使用している。音楽や写真の世界でも、記録と配信の両方でデジタル化（コンピューターの使用）が進んでいる。病気になった場合、医師が命じる検査にはコンピューターが使用される。カルテの電子化も進んでおり、医療施設に設置されている医療機器のほとんどにコンピューターが組み込まれている。電化製品はおろか電球すらない森の中の小屋に泊まることにならない限り、あなたはエネルギーを消費する。石油の発見、採掘、精製、流通は、地中深くのドリルビットから近くのガソリンスタンドまでのすべての過程が、コンピューターを使用するシステムによって制御される。ガソリン代をクレジットカードで支払う場合は、再び多くのコンピューターを使用することになる。石炭、天然ガス、太陽光発電、風力発電についても同じことが言える。

ここまでの例はすべて「運用上」のことである。つまり、あなたが行うことに直接関連している。その対象から外れたものは、設計という重要かつ興味深い分野に含まれる。あなたが着る服、話をするた

めの電話、好みの味のコーヒーを入れるコーヒーメーカーは、コンピューターを使って設計され、製造されている。現代のレンズの優れた品質や日用品のデザインに見られる精緻な形状は、ほぼすべてが、コンピューターベースの設計/製造方式によるものだ。職人、デザイナー、アーティスト、エンジニアは、これまで乗り越えることができないと思われていた物理的制約という壁を越えて設計を行えるようになった。病気になったときに処方される薬は、コンピューターを使って開発されている。

さらに、研究 ── 科学そのもの ── もコンピューターに大きく依存している。はるか彼方の星の神秘を探る望遠鏡をコンピューターなしに設計、製造、操作することは不可能であり、それらが生成する膨大な量のデータをコンピューターなしで分析し、理解することも不可能だろう。フィールドワークではあまりコンピューターの恩恵を受けない生物学者も（もちろん、カメラ、デジタルテープレコーダー、電話などを使用する場合は別だ）、研究室に戻った後は、データを保存し、分析し、コンピューターモデルと照合した後、同僚の科学者に送信しなければならない。医学研究を含む現代の化学や生物学は、数年前にはまったく予想できなかったほどに、コンピューターを駆使している。それは今もってほとんどの人が思いもよらないほどである。ヒトゲノムの配列はコンピューターによって解析されている。つまり、ヒトの遺伝子の配列は、コンピューターを使って人間が解析している。どの例をとっても、コンピューターなしでは困難だった作業を可能にするものとして、コンピューターを捉えている。

それらのコンピューターはどれもソフトウェアを実行する。ソフトウェアなしでは、コンピューターはシリコン、金属、プラスチックでできた高価なかたまりにすぎず、戸止め、船の錨（いかり）、室内暖房具にしかならない。そのソフトウェアの1行1行が人によって書かれている。実際に実行されるコードのどの行にも、たとえ正しくなかったとしても、何がしかの根拠がある。そのどれもが動くのは驚くべきことだ。ここで述べているのは、数百種類のプログラミング言語で書かれた数十億行ものコード（プログラムの本体）のことだ。それらを動作させるために、信じがたいほどの労力が費やされ、想像を絶する数のスキルが駆使されている。私たちはそれでも、私たちが依存しているほぼすべてのサービスと電化製品がさらに改良されることを望んでいる。あなたが利用しているサービスや電化製品をどれか1つだけ思い浮かべてみよう。何を改善してほしいだろうか。少なくとも、サービスや電化製品の小型化（または大型化）、高速化、信頼性の向上、機能の追加、使いやすさの改善、容量の増加、外観の改善、低価格化を望むだろう。あなたが考えた改善には、何らかのプログラミングが必要になる可能性がある。

1.3　人

コンピューターは人が使用するために人によって構築される。コンピューターは非常に汎用的なツールであり、想像を絶する範囲のタスクに使用できる。コンピューターを人にとって価値のあるものにするには、プログラムが必要だ。つまり、誰か（プログラマー）が何か意味のあることをするプログラムを記述しない限り、コンピューターは単なるハードウェアでしかない。私たちはソフトウェアのことを忘れがちだ。ましてや、プログラマーのことはもっと忘れている。

ハリウッドや同様のガセネタの発信元である「大衆文化」は、おしなべて、プログラマーにマイナスのイメージを抱いている。たとえば、テレビゲームに夢中で、他人のコンピューターに侵入する役どころは決まって、引きこもりで、太っていて、社交性のない、不細工なオタクである。こうした役は必ずと言ってよいほど男性で、彼らが救うべき世界を破壊しようとする。それに近い人がいないわけではないが、私たちの経験では、弁護士や警察官、自動車のセールスマン、ジャーナリスト、アーティスト、政治家の間にそうした人があまりいないのと同様に、ソフトウェア開発者の間にもあまりいない。

普段の生活の中で知っているコンピューターのアプリケーションについて考えてみよう。それらは

暗い部屋の中で孤独な誰かが作成したものだろうか。もちろん違う。売れているソフトウェア、コンピューター化された電子機器、システムの作成には、それこそさまざまな役割をこなす数百あるいは数千もの人々が関わっている。たとえば、プログラマー、（プログラム）設計者、テスト担当者、アニメーター、フォーカスグループマネージャー、実験心理学者、ユーザーインターフェイスデザイナー、アナリスト、システム管理者、顧客関係担当者、音響技師、プロジェクトマネージャー、品質エンジニア、統計学者、ハードウェアインターフェイスエンジニア、要件分析エンジニア、安全管理者、数学者、販売支援担当者、問題解決担当者、ネットワーク設計者、方法論学者、ソフトウェアツールマネージャー、ソフトウェアライブラリアンなど、例をあげればきりがない。ただでさえ途方もない数の役割があるのに、ある組織では「プログラマー」を「エンジニア」と呼び、別の組織では「開発者」「技術スタッフメンバー」「アーキテクト」と呼ぶ。それらの肩書が組織ごとに異なることが、混乱に拍車をかけている。社員に肩書きを選ばせる組織まである。こうした役割のすべてがプログラミングに直接関係するわけではない。だが、職務に不可欠な作業としてコードの読み書きを行うかたわら、上記の役割をこなしている人を個人的に知っている。さらに、これらの役割のいずれか、またはそれ以上をこなすプログラマーは、アプリケーション分野のさまざまな人々と短期間やり取りすることがある。これには、生物学者、エンジンデザイナー、弁護士、自動車のセールスマン、医学研究者、歴史学者、地質学者、宇宙飛行士、航空機エンジニア、資材置き場の管理者、ロケット科学者、ボーリング場建築家、ジャーナリスト、アニメーターなどが含まれる ── もっとも、これは個人的な経験に基づいている。プログラマーとして活躍する一方で、プログラミング以外にもプロとしての顔を持つ人もいる。

　プログラマーは社会から孤立しているという俗説は俗説にすぎない。1人で働くのが好きな人は、それを最もかなえてくれそうな分野の仕事を選び、たいていさまざまな「邪魔」や会議を毛嫌いしている。現代のソフトウェア開発はチーム活動なので、他人と関わることを好む人は苦労しない。つまり、社交術やコミュニケーション能力は不可欠であり、人々が思っている以上に重んじられる。現実の**プログラマー**（*programmer*）の定義はさておき、プログラマーにとって有利なスキルの1つは、端的に言えば、会議の場で、文書を通じて、あるいは職場でのプレゼンテーションにおいて、さまざまな経歴を持つ人々とうまくコミュニケーションをとることだ。チームプロジェクトをいくつか経験するまでは、プログラミングが何であるかも、それが本当に望んでいることかどうかも、皆目見当がつかないだろう。私たちがプログラミングの何を気に入っているかと言えば、すばらしい人々と出会えること、そしてキャリアの一部としてさまざまな場所を訪れる機会に恵まれることだ。

　これには次のような意味合いが含まれている。よいソフトウェアを生み出すには、幅広いスキル、興味、作業心得を持つ人々が不可欠である。私たちの生活の質、ときには生活そのものを、そうした人々が支えている。ここであげた役割をすべて1人でこなすのはとうてい無理であり、分別があれば役割を独り占めしたいとは思わないはずだ。要するに、選択肢の幅はあなたが思っている以上に広く、どれか1つに決める必要はない。個人の能力、才能、興味と一致する分野の仕事に「引き寄せられる」だろう。

　ここでは、「プログラマー」と「プログラミング」について述べているが、当然ながら、プログラミングは全体像の一部にすぎない。船舶や携帯電話を設計する人々は、自分がプログラマーであるとは考えない。プログラミングはソフトウェア開発の重要な部分だが、ソフトウェア開発はそれだけではない。同様に、ほとんどの製品において、ソフトウェア開発は製品開発の重要な部分だが、製品開発はそれだけではない。

　本書では、あなたがプログラマーとして生計を立て、コーディングを仕事にすることを望んでいるとは想定していない。「一流」のプログラマーでさえ、ほとんどの時間はコードを書いていない。じっくり時間をかけて問題を理解し、多くの場合は頭脳労働にいそしんでいる。その頭脳労働こそが、多くの

第1章 コンピューター、人、プログラミング

プログラマーがプログラミングをおもしろいと言うゆえんである。一流のプログラマーの多くは、通常はコンピューターサイエンスの一部と見なされない学位も取得している。たとえば、遺伝子研究のソフトウェアに取り組む場合は、分子生物学の知識があれば断然有利である。中世文学を分析するためのプログラムに取り組む場合は、その文学作品を少し読んでおいたほうが作業がはかどるし、関連する言語を1つ以上知っているとさらに都合がよい。特に、「コンピューターとプログラミング以外には興味がない」という姿勢では、プログラマー以外の同僚と意見を交換することはできない。そのような人は、人と交流すること（人生）の醍醐味を味わえないだけでなく、一流のソフトウェア開発者にもなれない。

では、本書では何を想定しているのだろうか。プログラミングは頭脳労働を伴うスキルであり、多くの重要かつ興味深い技術的分野の一部である。さらに、プログラミングはこの世界において不可欠な部分なので、プログラミングの基礎を知らないのは、物理学、歴史学、生物学、または文学において、その基礎を知らないようなものだ。プログラミングを完全に無視する人は魔法の力を信じてしまい、多くの技術職において危険な存在となる。『ディルバート』を読んだことがあるだろうか。あの髪の毛がとんがった上司を自分が会いたくない、あるいは（絶対に）なりたくない管理者であると考えてみればよい。それに、プログラミングはおもしろそうだ。

では、本書ではプログラミングを何に使用すると想定しているのだろうか。プログラマーを職業としないまでも、研究を進めるための重要なツールとしてプログラミングを使用するのかもしれない。デザイナー、ライター、マネージャー、科学者として、公私において他の人々とやり取りする手段として、プログラミングの基礎知識を活用するのかもしれない。研究や仕事の一部として、プロ顔負けのプログラミングを行うのかもしれない。実際にプログラマーを職業にするとしても、プログラミングだけを行うというのは考えにくい。

コンピューターを扱うエンジニアやコンピューター科学者になったとしても、「常にプログラミングを行う」わけではない。プログラミングは、アイデアをコードで表現する方法、つまり問題の解決を手助けする手段である。それらのアイデアに形にする価値があり、それらの問題に解決する価値があるのでなければ、プログラミングはまったくの時間の無駄だ。

本書はプログラミングについての本であり、プログラミング方法の習得を手助けすることを約束している。それなのに、プログラミング以外のテーマや、プログラミングの限られた役割のことを強調するのはなぜだろうか。優秀なプログラマーは、プロジェクトにおけるコードとプログラミング手法の役割を理解している。優秀なプログラマーは（たいてい）よいチームプレイヤーであり、コードとその結果がどうすればプロジェクト全体を最もうまくサポートするのかを理解しようと努力する。たとえば、筆者が新しいMP3プレイヤー（おそらくスマートフォンやタブレットの一部）の開発に携わっていて、自分のコードがいかにきれいであるか、すばらしい機能をいくつ提供できるのかが関心のすべてであるとしよう。おそらく筆者は最も大きく高性能なコンピューターで自分のコードを実行することにこだわるだろう。サウンドエンコーディング理論は「プログラミングではない」ため、軽視するかもしれない。間違いなく音楽の趣味が合わず、最新のGUIプログラミングを理解していないユーザーに会うのはごめんこうむるとばかりに、自分の研究室に引きこもっている。このプロジェクトは失敗に終わりそうな予感がする。コンピューターが大きくなることは、MP3プレイヤーが高価になることを意味し、たいていバッテリー寿命が短くなる。エンコーディングは音楽のデジタル処理に不可欠な要素であり、その進化に注意を払えないようでは、1曲あたりのメモリー要件を増やしてしまいかねない（場合によっては、まったく異なるエンコーディングで同じ品質の出力が得られる）。ユーザーの好みを無視すれば —— それがいかに奇妙で古くさく思えたとしても —— ユーザーは別の製品を選ぶだろう。ユーザーのニーズとそうしたニーズが実装（コード）に課す制約を理解することは、よいプログラムを記述

する上で欠かせない部分である。これに、細部にこだわりすぎ、十分にテストされていないコードの正確さに絶対の自信を持っているために納期が遅れがちであることを追加すれば、この悪いプログラマー像は完成だ。本書では、読者によいプログラマーになってほしいと考えている。よいプログラマーは、よいソフトウェアを作り出すために必要なものを広い視野で捉えることができる。このことは、社会にとって価値があるだけでなく、読者自身がプログラミングに楽しさを見いだすきっかけになるだろう。

1.4　コンピューターサイエンス

　最も広義に捉えたとしても、プログラミングについては、さらに大きな何かの一部として受け止めるのが賢明である。プログラミングについては、コンピューターサイエンス、コンピューター工学、ソフトウェア工学、情報テクノロジー、またはソフトウェア関連のその他の専門分野の下位区分として捉えることができる。ここでは、科学および工学のコンピューター/情報分野としてはもちろん、物理学、生物学、医学、歴史学、文学、その他の学術/研究分野のイネーブリングテクノロジー（実現技術）として、プログラミングを捉える。

　コンピューターサイエンスについて考えてみよう。1995年のアメリカ政府の報告書では、以下のように定義されている。

> コンピューターシステムおよびコンピューティングの組織的な研究。この研究分野から得られる知識には、「設計方法論、アルゴリズム、ツール」「概念をテストするための手法」「分析と検証の手法」「知識の表現と実装」など、コンピューティングシステムとその手法を理解するための理論が含まれる。

これに対し、Wikipediaの説明は、案の定、先の報告書ほど形式的ではない。

> コンピューターサイエンス、またはコンピューティングサイエンスは、情報およびコンピューティングの理論的基礎と、コンピューターシステムでのそれらの実装と応用に関する研究分野である。コンピューターサイエンスはさまざまな分野に分かれている。（コンピューターグラフィックスのように）特定の結果を計算することに重きを置く分野もあれば、（計算複雑性理論のように）計算問題の特性に関連する分野もある。さらに、計算の実装上の課題に焦点を合わせた分野もある。たとえば、プログラミング言語理論は計算を記述する方法を研究し、コンピュータープログラミングは特定のプログラミング言語を使って特定の計算問題を解決する。

　プログラミングはツールである —— 基礎的かつ実践的な問題への解決策を表現し、テスト、実験による改良、使用を可能にする基本ツールである。プログラミングは、アイデアと理論が現実と交わる場所である。そこでは、コンピューターサイエンスがまったくの理論ではなく実験的な研究分野となり、世界に影響を与える。この状況では、他の多くの状況と同様に、プログラミングが理論であると同時に十分に試された実践の表現であることが重要となる。当座のニーズを満たすからといって、旧態依然の古くさいプログラムでその場をしのいではならないのである。

1.5　コンピューターはどこにでもある

　コンピューターやソフトウェアについて知っておかなければならないことをすべて知っている人はいない。ここでは参考までに例をいくつか示すが、きっと気に入るものがあるだろう。少なくとも、コンピューター — およびコンピューターを通じたプログラミング — の用途が個人の想像をはるかに超えることがわかるだろう。

　ほとんどの人は、コンピューターのことを画面とキーボードに接続された小さな箱であると考えている。そうしたコンピューターは、ゲーム、メッセージング、電子メール、音楽の再生に適している傾向にある。ラップトップと呼ばれる他のコンピューターは、飛行機の中で退屈したビジネスマンが表計算ソフトを見たり、ゲームをしたり、ビデオを見たりするために使用される。この情景は氷山の一角にすぎない。ほとんどのコンピューターは見えないところで動作し、文明生活を維持するシステムの一翼を担っている。部屋いっぱいの大きさのものもあれば、硬貨よりも小さいものもある。最も有益なコンピューターの多くは、キーボードやマウスのような装置を通じて人と直接やり取りするようなものではない。

1.5.1　画面の有無

　コンピューターには、画面とキーボードを備えたそれなりの大きさの四角い箱というイメージがつきまとい、それを振り払うのはなかなか難しい。だが、以下の2つのコンピューターについて考えてみよう。

　ここでは、「ガジェット」としてたまたま腕時計を示しているが、どちらも基本的にはコンピューターである。それどころか、これらは異なるI/O（Input/Output）システムを搭載した本質的に同じモデルのコンピューターであると推測できる。左のコンピューターは、従来のコンピューターの画面に似ているものの、それよりも小さい画面を制御する。右のコンピューターは小さなモーターを作動させ、伝統的な時計の針と、日付情報を表す円盤上の数字を制御する。それらの入力システムは、4つのボタン（右側の時計を見るとわかりやすい）と、非常に精度の高い「原子」時計との同期に使用される電波受信機である。これら2つのコンピューターを制御するプログラムのほとんどは、この2つの腕時計で共通している。

1.5.2　運輸

以下の 2 つの写真は、巨大な船舶用ディーゼルエンジンと、そのエンジンが動力源となる大型船舶を示している。

コンピューターとソフトウェアが重要な役割を果たす場所について考えてみよう。

- 設計
  当然ながら、船舶とエンジンはどちらもコンピューターを使って設計されている。用途はほぼ無限であり、建築的および工学的な製図、計算全般、空間や部品の視覚化、部品のパフォーマンスのシミュレーションなどが含まれる。
- 建造
  近代の造船所ではコンピューター化が進んでいる。船舶の組み立てはコンピューターを使って入念に設計され、コンピューターの指示に従って作業が進められる。溶接を行うのはロボットである。特に現代のダブルハル（二重船体）タンカーは、船体間の隙間から溶接を行う小さな溶接ロボットなしには建造できない。そこには人が入れるような空間はない。船舶用の鋼板を切断することは、世界初の CAD/CAM（Computer–Aided Design/Computer–Aided Manufacture）の用途の 1 つだった。
- エンジン
  エンジンは、電子制御式燃料噴射装置（EFI）を搭載し、数十台のコンピューターによって制御される。（写真にあるような）10 万馬力のエンジンにとって、それは容易なことではない。たとえばエンジンを管理するコンピューターは、環境汚染を最小限に抑えるために、燃料の混合比を絶えず調整する。エンジン（および船舶の他の部分）に接続されるポンプの多くもコンピューター化されている。
- 管理
  船舶は貨物を積む場所から貨物を引き渡す場所まで航海する。天候、需給、港の大きさと積載能力によって航路は変化するため、船隊のスケジューリングは継続的なプロセスとなる。大手商社の商船の位置をいつでも確認できる Web サイトまである。写真の船舶は、全長 397 メートル、幅 56 メートルの世界最大級のコンテナ船だが、その他の近代的な大型船舶も同様の方法で管理される。

- 監視

  外洋航海船はおおむね自律している。つまり、乗組員は次の港に着くまでに発生するであろうほとんどの不測の事態に対処できる。ただし、乗組員は地球規模のネットワークの一部でもある。乗組員はかなり正確な気象情報をコンピューター化された人工衛星から（またはそれを通じて）入手でき、GPS（Global Positioning System）とコンピューター制御のレーダーを持っている。乗組員が休息を必要とする場合は、エンジンやレーダーなどを含むほとんどのシステムを船会社の司令室から（人工衛星を通じて）監視できる。異常が発見された場合、または制御室との接続が切れた場合は、乗組員に通知される。

この簡単な説明の中で明示または暗示された数百台のコンピューターのうち、1 台の故障は何を意味するだろうか。第 25 章では、これを少し詳しく見ていく。現代の船舶のコードを記述することは、それなりのスキルを要する興味深い取り組みの 1 つであり、それは有益でもある。輸送のコストは、実際には驚くほど安い。地元で製造されていないものを購入すると、それを実感する。これまでも海上輸送は常に陸上輸送よりも安価だったが、最近では、コンピューターと情報の本格的な利用がそれを後押ししている。

1.5.3 電気通信

以下の 2 つの写真は、電話交換機と電話機を示している。これらはたまたま、カメラ、MP3 プレイヤー、FM ラジオ、Web ブラウザーなどでもある。

コンピューターとソフトウェアが重要な役割を果たす場面について考えてみよう。電話機を取って番号をダイヤルし、相手が電話に出て話をする。あるいは、留守番電話にメッセージを残すか、携帯電話のカメラから写真を送信するか、テキストメッセージを送信する ——［送信］を押すと、電話が勝手にダイヤルする。明らかに電話はコンピューターである。ほとんどの携帯電話がそうであるように、画面が付いていて、Web アクセスなど「従来の電話サービス」以上のことができる場合、それは特に顕著である。実際、そのような電話には、画面を管理するために 1 つ、電話システムと通信するために 1 つといった具合に、コンピューターが複数搭載されていることが多い。

Web にアクセスしたりする画面を管理する部分は、コンピューターユーザーにとっておそらく最も

なじみが深い部分だろう。その部分は単に「通常の機能」への GUI を実行する。ほとんどのユーザーが知らず、たいてい思いもよらないのは、その小さな電話機がその間に巨大なシステムと通信することだ。テキサス州で電話をかけた相手がニューヨークで休暇中であるとしよう。だが、ものの数秒で相手の電話が鳴り、都会の喧騒とともに「もしもし」という声が聞こえてくる。地球上のどこからどこへ電話をかけても、多くの電話が同じことをやってのけ、私たちはそれを当たり前のことと考えている。電話機は相手をどのようにして見つけ出すのか。音声はどのようにして伝送されるのか。音声はデータパケットにどのようにエンコードされるか ─ その答えは、本書よりもはるかに分厚い何冊もの本に相当する。というのも、これには問題の地域に散在する数百台のコンピューターでのハードウェアとソフトウェアの組み合わせが絡んでいるからだ。運が悪ければ、通信衛星もいくつか巻き込むことになる。それらもコンピューター化されたシステムである。「運が悪い」と言ったのは、宇宙空間への 3 万 km もの遠回りを完全に埋め合わせることはできないからだ。光の速さ、さらには音声の速さには限界がある（光ファイバケーブルのほうが短く、速く、より多くのデータを伝送する）。このほとんどが、驚くほどうまくいく。基幹通信システムの信頼性は 99.9999% である。たとえば、ダウンタイムは 20 年に 20 分、つまり $20 \times 365 \times 24 \times 60$ 分の 20 である。トラブルの多くは、携帯電話と最寄りの主要電話交換機との間の通信で発生する。

電話を接続し、通話をデータパケットに切り刻んでケーブルや無線リンク経由で送信し、それらのメッセージをルーティングし、あらゆる種類のエラーからリカバリーし、サービスの品質と信頼性を絶えず監視し、そしてもちろん課金するためのソフトウェアが存在する。システムの物理的な部分をすべて管理するだけでも、相当な数の高性能なソフトウェアが必要となる。通信するのは何と何か。新しいシステムに追加されるのはどの部分か。予防的なメンテナンスを行う必要があるのはいつか。

世界中の基幹通信システムは、最も巨大にして最も複雑な人工建造物である。それらは、半ば独立しているものの、相互に接続されたシステムで構成されている。これをもう少し現実的にイメージできるよう、新しい機能が追加された単なる古い電話システムとしてではなく、さまざまなインフラストラクチャの融合体として考えてみよう。インターネットと Web が機能するのも、金融/取引システムが稼働するのも、テレビ番組が放送局から届くのも、この融合体のおかげである。電気通信を説明するために、さらに 2 つの写真を見てみよう。

左はニューヨークのウォール街にあるアメリカ証券取引所の「立会場」、右はインターネットのバックボーンの一部を表すマップである（完全なマップはぐちゃぐちゃで役に立たない）。

また、知識を視覚化するために、デジタル写真を使用したり、コンピューターを使って専用の地図を描画したりすることもある。

1.5.4　医学

以下の 2 つの写真は、CT（Computed Tomography）スキャナーとコンピューター外科の手術室を示している。コンピューター外科は、「ロボット外科」または「ロボット手術」とも呼ばれる。

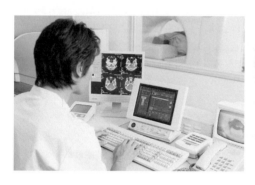 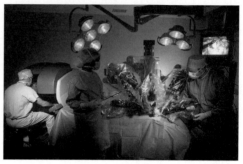

コンピューターとソフトウェアが重要な役割を果たす場面について考えてみよう。CT スキャナーは基本的にコンピューターである。CT スキャナーは、発せられる信号を読み取り、そのままでは人間にとって意味不明なデータに非常に高度なアルゴリズムを適用することで、患部の 3D 画像を出力するコンピューターである。また、コンピューター化された外科手術を行うためには、さらにいくつかの手順を踏む必要がある。執刀医が患者の体内を確認し、ライトを調整したり、映像を拡大したりして患部を特定できるよう、さまざまな画像処理技術が駆使される。執刀医はコンピューターの助けを借りて、人の手では扱えないほど小さな外科器具を使用したり、人の手の届かない部位でツールを使用したりして、無駄な切開を回避できる。その一例である腹腔鏡手術は、数百万人もの患者の痛みや回復時間を最小限に抑えてきた。また、執刀医の「手」をコンピューターに固定させることで、他の方法では不可能な、精巧な作業を行うこともできる。さらに、「ロボット」システムは遠隔操作が可能なので、医師が遠隔地から（インターネット経由で）手助けすることもできる。これらの作業に使用されるコンピューターとプログラミングは、気が遠くなるほど複雑で、興味深いものだ。ユーザーインターフェイス、医療器具の制御、画像処理の課題だけをとっても、数千人もの研究者、エンジニア、プログラマーが数十年にわたって取り組んできた成果である。

新しく導入されたツールのうちどれが最も役に立ったかについて大勢の医師が集まって議論したという話を聞いたことがある。それは CT スキャナーか、MRI スキャナーか、自動血液分析機か、高解像度超音波マシンか、それとも PDA（Personal Digital Assistant）か。しばらく議論が続いた後、この「競争」の意外な「勝者」が明らかとなった。それはカルテにすぐにアクセスできるシステムだった。病歴、以前に試した薬、アレルギー、遺伝上の問題、健康状態、現在服用している薬といった患者の医療記録を調べれば、無駄な診断をなくして、医療ミスの可能性を最小限に抑えることができる。

1.5.5　情報

以下の 2 つの写真は、2 台の一般的な PC とサーバーファームの一部を示している。

ここまでは、ソフトウェアは見たり、聞いたり、触ったりできないという理由で、「ガジェット」に焦点を合わせてきた。すばらしいプログラムを写真で見てもらうことはできないので、それを実行す

1.5 コンピューターはどこにでもある

る「ガジェット」を見てもらった。だが、ほとんどのソフトウェアは「情報」を直接操作する。そこで、「標準的なソフトウェア」を実行する「標準的なコンピューター」の「標準的な用途」について考えてみたい。

「サーバーファーム」は、Webサービスを提供するコンピューターの集まりである。Google、Amazon、Microsoftなど、最先端のサーバーファームを運用している組織は、サーバーの詳細についてあまり多くを語らない。そして、サーバーファームの仕様は絶えず変化しているため、Webで見つかる情報のほとんどは現状に即していない。だが、それらの仕様を読めば、そうしたサーバーでのプログラミングが、単にラップトップでいくつか計算を行うようなものではないことは、誰にでもわかる。

- Googleは、25〜50か所の「データセンター」で、通常のラップトップよりもずっと高性能なサーバーを数百万台規模で稼働させている。
- そうしたデータセンターは、60×100メートル以上の広さを持つウェアハウスに設置される。
- 2011年の *New York Times* の記事では、Googleのデータセンターの消費電力は常時2億6,000万ワットに達する。これはラスベガスの消費電力に匹敵する。
- サーバーのCPUが3GHzクアッドコア、メインメモリーが24GB、ハードディスクが4TBであるとすれば、演算性能は約12×10^{15} Hz（1秒あたり約12,000,000,000,000,000命令）、メインメモリーは24×10^{15}バイト（1バイト＝8ビット*1として約24,000,000,000,000,000バイト）、記憶域は4×10^{18}バイトとなる。

これらの数字は低く見積もられているかもしれない。本書を手に取るころには、確実にそうなっているだろう。特に、エネルギー消費を最小限に抑えようとすると、コンピューターアーキテクチャのサーバーあたりのプロセッサの数やプロセッサあたりのコアの数が増える傾向にあるようだ。GBはギガバイトのことで、10^9バイトに相当する。TBはテラバイトのことで、1,000GB、つまり10^{12}バイトに相当する。10^{15}バイトに相当するPB（ペタバイト）も、より身近な単位になってきている。Googleは非常に極端な例であるとしても、小売大手のAmazonや、航空チケットやレンタカーを扱うAmadeus、オンラインオークションのeBayをはじめ、大手企業はそろってユーザーや顧客とやり取りするためのプログラムをWebで実行している。膨大な数の企業、組織、個人も、Webサイトやブログを作成している。そのほとんどは独自のソフトウェアを実行していないが、多くのWebサイトでそうしたソフトウェアが実行されており、それらの多くはかなり凝ったものになっている。

もう1つの、より従来型のコンピューティング作業は、会計、注文処理、給与計算、記録管理、課金、

---

*1 1バイトは1文字（英数字と記号）を保持するのに必要なメモリーの量を表す。

在庫管理、人事記録、学生記録、カルテなど、営利、非営利、政府、民間を問わず、ほぼすべての組織が管理する記録に関係している。これらの記録は、それぞれの組織の屋台骨である。コンピューターを使用するものとしては、そうした記録の処理は単純に思える。ほとんどの場合は、格納された情報（記録）が取り出されるだけであり、処理はほとんど行われない。例をあげてみよう。

- シカゴへの 12:30 の便は定刻どおりか
- Gilbert Sullivan は麻疹にかかったことがあるか
- Juan Valdez が注文したコーヒーメーカーは発送されたか
- Jack Sprat が 1996 年（あたり）に購入した台所用の椅子の種類
- 2012 年 8 月に 212 の地域から発信された通話の数
- 1 月に販売されたコーヒーポットの数と総売上高

使用されるデータベースの規模からすると、これらのシステムはかなり複雑なものになる。それに加えて、多くの場合は問い合わせに 2 秒以内に応答しなければならず、少なくともほとんどの場合は正確でなければならない。最近では、テラバイト単位のデータが話題に上ることも珍しくない。これが従来の「データ処理」である。最近では、ほとんどのデータベースアクセスが Web インターフェイスを経由するようになっており、「Web」と融合している。

コンピューターのこの種の用途は、よく**情報処理**（*information processing*）と呼ばれており、たいていは大量のデータに照準を合わせている。このため、データの組織化と伝送は難題であり、大量のデータを理解可能な形式で表現する方法が次々に考案されている。「ユーザーインターフェイス（User Interface：UI）」は、データ処理において非常に重要な側面の 1 つである。たとえば、チョーサーの『カンタベリー物語』やセルバンテスの『ドン・キホーテ』といった古典文学を分析し、さまざまな版を比較することで、著者が実際に書いた内容を解明する作業について考えてみよう。分析者が指定したさまざまな条件に基づいて本文を検索し、重要な点を発見しやすいように結果を表示する必要がある。テキスト解析について考えていると、出版事業が頭に浮かぶ。現在では、ほぼすべての記事、書籍、カタログ、新聞などがコンピューターで作成されている。それをうまくサポートするソフトウェアの設計は、ほとんどの人にとって、いまだに決定的な解決策のない問題である。

1.5.6　垂直視野

古生物学者は、ひとかけらの小さな骨から完全な恐竜を復元し、その生態や自然環境を説明できると言われることがある。それは大げさかもしれないが、単純な遺物を調べてそれが意味するものについて考えるという意見には一理ある。以下の写真は、NASA の火星探査機ローバーの 1 つに搭載されたカメラで撮影された火星の風景である。

「ロケット科学」の分野に進みたいなら、よいプログラマーになることは1つの方法である。さまざまな宇宙開発計画に多くのソフトウェア設計者が従事している。特に、有人および無人の宇宙開発計画の根底にある物理学、数学、電気工学、機械工学、医用工学などの素養があるソフトウェア設計者は引っ張りだこである。この「Spirit」と「Opportunity」の2機のローバーを数年間にわたって火星上で活動させることは、人類史上最大の技術的功績の1つである。Spiritは6年間にわたってデータを送信し続けた。本書の執筆時点では、Opportunityは依然として活動を続けており、火星での探査は2014年1月に10年目を迎えている。

この写真は、通信チャンネルを通じて25分の伝送遅延で地球に送信されたものだ。1ビットたりとも失わずに最小限のビット数で写真が伝送されるようにするために、プログラミングと高等数学が駆使されている。地球上では、写真の色を復元し、光学と電子センサーによるゆがみを最小限に抑えるアルゴリズムを使って、写真がレンダリングされる。

ローバーの制御ももちろんプログラムによるものだ。ローバーは24時間自律的に稼働し、加えて前日に地球から送信された命令に従う。この通信はプログラムによって管理される。

ローバー、通信、写真の復元に使用されるさまざまなコンピューターのオペレーティングシステム（OS）は、本章の執筆に使用されたアプリケーションと同様のプログラムである。これらのプログラムを実行するコンピューターは、CAD/CAMプログラムを使って設計および作成されている。これらのコンピューターに組み込まれるチップは、精密機械を使って構築された、コンピューター化された組み立てラインで製造されており、それらの機械の設計と製造にもコンピューター（とソフトウェア）が使用されている。こうした長い構築プロセスの品質管理には、複雑な計算が必要となる。そのコードはすべて人によって高級プログラミング言語で記述され、コンパイラーによって機械語に変換される。このコンパイラーもそうしたプログラムの1つである。こうしたプログラムの多くは、GUIを通じてユーザーとやり取りし、I/Oストリームを通じてデータを交換する。

また、プログラミングの多くは、火星探査機から送られてきた写真の処理といった画像処理、アニメーション、写真の編集（Webは火星人を特集したローバーの写真でいっぱいだ）に関係している。

1.5.7　まとめ

こうした「高度で複雑な」アプリケーションやソフトウェアシステムが、プログラミングの習得やC++の使用とどのように関係しているのだろうか。両者のつながりは単純だ — 大勢のプログラマーがそうしたプロジェクトに従事している。優秀なプログラマーは、そうしたプロジェクトの成功に貢献できる。また、本章の例はすべて、C++と少なくとも本書で説明する手法の一部に関係している。MP3プレイヤー、船舶、風力タービン、火星、ヒトゲノム解析プロジェクトには、C++プログラムが存在する。C++を使用するその他のアプリケーションについては、筆者のWebサイト[*2]で確認できる。

[*2] http://www.stroustrup.com/applications.html

1.6　プログラマーの基準

私たちはプログラムに何を求めるだろうか。特定のプログラムの特定の機能ではなく、一般に何を求めるだろうか。私たちは**正確さ**を求め、その一端として**信頼性**を求める。プログラムが本来の動作をせず、信頼できる動作をしないとしたら、どう考えても非常に迷惑な話であり、最悪の場合は危険である。私たちが望むのは、プログラムがうまく**設計**されていて、実際のニーズにうまく対処することである。つまり、必要なことを行わない、あるいは必要なことを不適切な方法で行うとしたら、プログラムが正しいかどうかなど、どうでもよいことだ。また、プログラムは**手頃な価格**であることが望ましい。通常の交通手段よりもロールスロイスやプライベートジェット機のほうが快適かもしれないが、よほどの大金持ちでなければ、コストも選択肢の1つである。

これらは、プログラマー以外の人々から高く評価される可能性があるソフトウェア（ガジェット、システム）の特徴である。それらはプログラマーにとって基準でなければならない。開発の初期段階では特にそうだが、ソフトウェアの開発を成功させたければ、常にそれらに留意しなければならない。さらに、コード自体の基準についても注意しなければならない。コードは**メンテナンス可能**でなければならない。つまり、コードを書いた本人でなくても理解でき、変更できるような構造になっていなければならない。成功したプログラムの寿命は10年以上におよぶことがあり、そうしたプログラムは絶えず変更される。たとえば、新しいハードウェアに移植され、新しい機能が追加され、新しいI/O機能（画面、ビデオ、音声）を使用したり、新しい自然言語を使ってやり取りしたりするために変更される。変更されないのは失敗したプログラムだけである。メンテナンス可能なプログラムとは、その要件に関して単純で、アイデアがコードで直接表現されているプログラムだ。複雑さは、単純さとメンテナンス可能であることの宿敵である。複雑さは問題に内在していることがあるが — その場合は、それに対処すればよいだけだ — アイデアがコードでうまく表現されていないことも原因の1つである。よいコーディングスタイルを通じて、それを避けるように努力しなければならない。スタイルにこだわろう。

これはそれほど難しいようには思えないが、実際には難しい。なぜだろうか。プログラミングは基本的に単純である — コンピューターにあれこれ命令するだけでよい。では、プログラミングが非常に難しいことがあるのはなぜか。コンピューターは基本的に単純である — 2つの数字を足したり、2つの数字を比較して次に実行する命令を選択するなど、いくつかの演算を実行できるにすぎない。だが、私たちはコンピューターに単純なことをさせたいのではない。私たちがコンピューターに実行させたいのは、手助けが必要なほど難しいことだ。しかし、コンピューターは細かいことにうるさく、容赦のない、愚かな機械である。さらに、世の中は私たちが望む以上に複雑であり、私たちは自分たちが要求するものの意味を実際にはわかっていない。私たちはプログラムに「このようなことをさせたい」だけで、技術的なことなどどうでもよい。また、私たちは「常識」に捉われがちである。残念ながら、常識は人それぞれであり、コンピューターに常識はまったく通用しない — ただし、特定のよく理解されているケースでは、まるで常識があるかのようにプログラムがうまく設計されていることがある。

この線をたどっていくと、**プログラミングとは理解することである**という考えにつながる。つまり、タスクをプログラムできるとしたら、そのタスクを理解している。逆に、タスクを完全に理解していれば、そのタスクを実行するプログラムを記述できる。言い換えるなら、プログラミングはタスクを完全に理解する試みの一部である。プログラムはタスクの理解度を正確に映す鏡である。

プログラミングの際には、自動化しようとしているタスクを理解することに時間をかける。

プログラムの開発は、以下の4つのステージで構成されるプロセスとして説明できる。

- 分析
  問題は何か。ユーザーは何を求めているか。ユーザーは何を必要とするか。ユーザーは何を提供できるか。どのような信頼性が必要か。
- 設計
  問題をどのようにして解決するか。システムの全体的な構造はどのようなものにすべきか。それはどのようなパーツで構成されるか。パーツとパーツはどのようにやり取りするか。システムとユーザーはどのようにやり取りするか。
- プログラミング
  問題への解決策（設計）をコードで表現する。時間、スペース、予算、信頼性といったすべての制約を満たすようにコードを記述する。正確でメンテナンス可能なコードにする。
- テスト
  あらゆる状況下でシステムを体系的に試して、正常に動作することを確認する。

プログラミングとテストはまとめてよく**実装**（*implementation*）と呼ばれる。当然ながら、ソフトウェア開発をこのように4つの部分に分割するのは、一種の単純化である。どの部分についても分厚い本が書かれており、さらにそれらの相互の関係について書かれた本もある。ここで重要となるのは、これらの開発ステージが独立していないことと、この順序で発生するとは限らないことだ。通常は分析から始まるが、テストからのフィードバックがプログラミングの改善に役立つこともある。プログラムが正常に動作しないのは、設計に問題があるからかもしれない。そして、設計を見直したところ、それまでの分析で見落とされていた問題の側面が浮き彫りになるかもしれない。

ここで重要となる概念は、**フィードバック**（*feedback*）である。私たちは経験から学び、学んだことに基づいて行動を変える。効果的なソフトウェア開発には、それが不可欠である。大規模なプロジェクトでは、問題とその解決策についてすべてが事前にわかっているわけではない。プログラミング段階では、アイデアを実際に試してフィードバックを得ることができるが、開発のそれよりも前の段階では、設計案をまとめ、それらを友人に説明して意見を求めるほうが簡単で手っ取り早い。私たちが知っている最高の設計ツールは黒板である（チョークの粉よりも刺激臭がよいならホワイトボードでもよい）。設計はなるべく1人で抱え込まないようにし、自分のアイデアを誰かに説明して試してみるまで、コーディングを開始しないようにする。設計とプログラミング手法を友人、同僚、ユーザー候補と話し合ってからキーボードに向かうようにしよう。アイデアを言葉にしようとするだけで、驚くほど多くのことを学べるものだ。結局のところ、プログラムは何らかのアイデアを（コードで）表現したものにすぎない。

同様に、プログラムの実装で行き詰まったときは、キーボードから目を上げて、不完全な解決策ではなく、問題そのものについて考えてみよう。誰かと話をし、自分が何をしたいのか、なぜそれがうまくいかないのかを説明する。問題を誰かに丁寧に説明するだけで解決策が見つかることは意外に多い。必要がない限り、1人きりでデバッグ（プログラムエラーの検出）を行ってはならない。

本書では、実装、特にプログラミングを重点的に扱う。問題とその解決策の例はふんだんに盛り込まれているが、「問題解決」について指南することはない。問題解決の大半は、既知の問題の認識と、既知の解決手法の適用である。「発想の自由」という刺激的で創造的な時間を楽しめるのは、小さな問題のほとんどがこのようにして処理される場合だけである。そこで本書では、アイデアをコードで明確に表現する方法を示すことに焦点を合わせる。

アイデアをコードで直接表現することは、プログラミングの基本原理である。それはわかりきったことだが、これまではよい例が少し足りなかった。この点については、後で繰り返し取り上げることにする。コードで整数が必要な場合は、基本的な整数演算を提供する `int` 型に格納する。文字列が必要な場合は、ほとんどの基本的なテキスト操作を提供する `string` 型に格納する。突き詰めれば、こういうことだ ── アイデア、概念、エンティティ、「もの」として考える何か、ホワイトボードに描ける何か、言葉で表せる何か、（コンピューターサイエンス以外の）教科書で取り上げている何かがあるときに、その何かをプログラムに名前付きのエンティティ（型）として存在させ、それにふさわしいと思われる演算を提供する。算術演算を行いたい場合、複素数には `complex` 型が必要であり、線形代数には `Matrix` 型が必要だ。グラフィックスを処理したい場合は、`Shape` 型、`Circle` 型、`Color` 型、`Dialog_box` 型が必要だ。たとえば、温度センサーからのデータストリームを処理したい場合は、`istream` 型[3] が必要だ。当然ながら、こうした型はどれも適切な演算を提供するはずであり、適切な演算だけを提供すべきである。これらは本書に含まれている例のほんの一部にすぎない。それだけにとどまらず、本書では、プログラムに必要なあらゆる概念を直接表せるよう、独自の型を作成するためのツールと手法も示す。

　プログラミングには、実践的な部分と理論的な部分がある。実践だけでは、スケーラビリティがなく、メンテナンスが不可能な、付け焼刃なコードを生成することになる。理論だけでは、使いものにならない（あるいは手の届かない）おもちゃを生成することになる。

　プログラミングの理念に関するさまざまな見解や、プログラミング言語への取り組みを通じてソフトウェアに大きく貢献している人々については、第22章で取り上げる。

---

[3] i は入力（input）を意味する。

■ 復習

復習問題は、その章で説明した重要な概念に注意を向けるためのものである。これらについては、練習問題を補うものとして考えることもできる。練習問題がプログラミングの実践面に焦点を合わせているのに対し、復習問題は理念や概念を明確にする手助けをする。

1. ソフトウェアとは何か。
2. ソフトウェアはなぜ重要か。
3. ソフトウェアはどのような場面で重要か。
4. あるソフトウェアが正常に動作しない場合、どのような問題が発生するか。例をいくつかあげる。
5. ソフトウェアはどのような場面で重要な役割を果たすか。例をいくつかあげる。
6. ソフトウェア開発に関連する作業は何か。例をいくつかあげる。
7. コンピューターサイエンスとプログラミングの違いは何か。
8. ソフトウェアは船舶の設計、建造、使用のどこで使用されるか。
9. サーバーファームとは何か。
10. オンラインでの問い合わせはどのようなものか。例をいくつかあげる。
11. 科学におけるソフトウェアの用途は何か。例をいくつかあげる。
12. 医学におけるソフトウェアの用途は何か。例をいくつかあげる。
13. 娯楽産業におけるソフトウェアの用途は何か。例をいくつかあげる。
14. よいソフトウェアに期待する一般的な特性とは何か。
15. ソフトウェア開発者とはどのような人物か。
16. ソフトウェア開発を構成するステージ（段階）は何か。
17. ソフトウェア開発が困難になることがあるのはなぜか。理由をいくつかあげる。
18. 生活を楽にするソフトウェアの用途は何か。
19. 生活をややこしくするソフトウェアの用途は何か。

■ 用語

以下に示すのは、プログラミングと C++ の基本的な用語である。人々がプログラミングについて何を話しているのかを理解し、自分の考えを明確に伝えたい場合は、これらの用語について知っておく必要がある。

CAD/CAM（Computer–Aided Design/Computer–Aided Manufacture）	ソフトウェア（software）
	手頃な価格（affordability）
GUI（Graphical User Interface）	テスト（testing）
顧客（customer）	フィードバック（feedback）
黒板（blackboard）	プログラマー（programmer）
固定観念（stereotype）	プログラミング（programming）
コミュニケーション（communication）	分析（analysis）
実装（implementation）	ユーザー（user）
正確さ（correctness）	理想（ideals）
設計（design）	

第 1 章　コンピューター、人、プログラミング

■　練習問題

1. 学校へ行く、夕食を取る、テレビを見るなど、ほぼ日常的な活動を 1 つ選び、直接的または間接的にコンピューターがどのように関わっているかをリストに書き出す。
2. 興味を持っている職業、または何らかの知識を持っている職業を 1 つ選び、その職業に就いている人々の活動にコンピューターがどのように関わっているかをリストに書き出す。
3. 練習問題 2 で作成したリストを別の職業を選択した友人と交換し、相手のリストを改善する。それが済んだら、互いの結果を比較する。自由形式の練習問題に完全な解答はなく、常に改善の余地があることに注意。
4. 自身の経験をもとに、コンピューターなしでは不可能な活動について説明する。
5. 直接使用したことがあるプログラム（ソフトウェアアプリケーション）のリストを作成する。MP3 プレイヤーで新しい曲を選択するなど、プログラムと明示的にやり取りする例だけを列挙し、車のハンドルを回転させるといった、コンピューターがたまたま関与するかもしれない状況は除外する。
6. 人々が行う活動のうち、たとえ間接的にであっても、コンピューターがまったく関与しない活動を 10 個あげる。この問題は思っている以上に難しいかもしれない。
7. 現時点ではコンピューター化されていないが、いずれそうなると思うタスクを 5 つあげる。選択したタスクについて少し詳しく説明する。
8. コンピュータープログラマーになりたい理由を 100 字以上、500 字以内で説明する。逆に、プログラマーになりたくないと考えている場合は、その理由を説明する。どちらの場合も、よく考えて論理的な意見にまとめる。
9. コンピューター産業において、プログラマー以外で希望する役割を 100 字以上、500 字以内で説明する。「プログラマー」が第一希望であるかどうかは問わない。
10. コンピューターが意思を持ち、人と張り合えるほどの思考体として発達すると思うか。その見解を裏付ける説明を 100 字以上で簡単にまとめる。
11. 一流のプログラマーに共通する特性をいくつかあげる。続いて、一般に考えられているプログラマーの特性をいくつかあげる。
12. 本章で言及したコンピュータープログラムの応用例を少なくとも 5 種類あげ、最も興味を抱き、いつか関わりたいと思えるものを 1 つ選ぶ。それを選択した理由を 100 字以上で簡単にまとめる。
13. (a) このページの文章、(b) 本章の文章、(c) シェークスピアのすべての作品を格納するために必要となるメモリーはどれくらいか。1 バイトのメモリーに 1 文字を格納できると仮定し、およそ 20 パーセントの誤差の範囲内で収めるつもりで推定する。
14. あなたのコンピューターに搭載されている (a) メモリーと (b) ディスクの容量はどれくらいか。

1.6 プログラマーの基準

■ 追記

　現代文明はソフトウェアの上に成り立っている。ソフトウェアは比類なき多様性を持つ分野であり、興味深く、社会的に有益で、収益性の高い仕事の機会をもたらす。ソフトウェアに取り組むときには、信念に基づき、真剣に取り組む。問題を悪化させるのではなく、解決策の一部となることを目指す。

　私たちは当然のこととして、このテクノロジー社会に浸透しているさまざまなソフトウェアに畏敬の念を抱いている。もちろん、すべてのソフトウェアの用途が喜ばしいものであるとは限らないが、それはまた別の話である。ここでは、ソフトウェアがどのように普及したのか、そして私たちが日常生活で依存しているもののうち、ソフトウェアに依存するものがいかに多いかを強調したいと考えた。それはすべて、私たちのような人々によって書かれたものだ。科学者、数学者、技術者、プログラマーなど、ここで簡単に言及したソフトウェアの構築に携わった人々はすべて、あなたと同じような状況からスタートしたのである。

　さて、プログラムに必要なスキルを習得するという現実的なミッションに戻ることにしよう。苦労するだけの価値があるのか不安に思い始めているなら（たいていの思慮深い人々はいつかそう思う）、本章までの部分を読み返してみよう。完全に自分のものにできるかどうかを不安に思い始めているなら、何百万人もの人々が優秀なプログラマー、設計者、ソフトウェアエンジニアなどになっていることを思い出そう。あなたもきっとそうなれるはずだ。

第I部

基礎

第 2 章
Hello, World!

> プログラミングは
> プログラムを書いて学ぶ。
> — Brian Kernighan

本章では、実際に何かを行う最も単純な C++ プログラムを示す。このプログラムを書く目的は以下のとおり。

- プログラミング環境を試してみる
- コンピューターに何かをさせる、ということがどういうことなのか体験してみる

ここではまず、プログラムの概念について説明する。次に、コンパイラーにより、人が読める形式から機械語へプログラムが変換される流れについて説明する。最後に、出来上がった機械語を実行する。

2.1 プログラム
2.2 最初のプログラム
2.3 コンパイル
2.4 リンク
2.5 プログラミング環境

第 2 章 Hello, World!

2.1 プログラム

コンピューターに何かをさせるには、何をするのかを正確に —— 極端なほど詳細に —— 伝える必要がある。そうした「何をするのか」の説明を**プログラム**（*program*）と呼ぶ。**プログラミング**（*programming*）とは、そうしたプログラムを記述し、テストすることである。

ある意味、私たちは皆プログラミングを経験している。「近くの映画館まで車で行く方法」「2 階のトイレに行く方法」「電子レンジで食事を温める方法」など、何をどうすればよいかを説明してもらったことがあるはずだ。そうした説明とプログラムとの違いは精度である。人は常識を働かせて説明の足りない部分を補おうとするが、コンピューターにはそれができない。たとえば、「廊下を右に曲がり、階段を上がって左側」という説明は、2 階にあるトイレの説明としてはおそらく十分である。だが、そうした単純な指示をよく調べてみると、文法がいい加減だし、指示も不完全であることがわかる。人がそれを補うのは簡単だ。たとえば、テーブルに着いていて、トイレがどこにあるか尋ねたとしよう。席を立って廊下に向かい、（テーブルをまたいだりくぐったりせずに）テーブルのまわりを歩き、猫を踏まないようにするなんて、いちいち言われなくてもわかる。ナイフとフォークを持っていかないことや、階段が見えるように電灯をつけることもわかっている。トイレに入る前にドアを開けることだって、おそらく言われるまでもないことだ。

それにひきかえ、コンピューターはまったく要領が悪い。何から何まで正確かつ詳細に説明しなければわからない。「廊下を右に曲がり、階段を上がって左側」についてもう一度考えてみよう。廊下はどこにあるのか。廊下とは何か。「右に曲がる」とは何か。階段とは何か。階段を上がるにはどうすればよいか（1 段ずつ上るのか、2 段ずつ上るのか、手すりをよじ登るのか）。左側には何があるか。それはどうすると左側に来るのか。コンピューターに「物事」を正確に説明するには、特定の文法で正確に定義された言語と（自然言語では構造が大雑把すぎる）、コンピューターに実行させたいアクションを詳細かつ明確に定義した用語が必要である。そのような言語は**プログラミング言語**（*programming language*）と呼ばれる。C++ は、幅広いプログラミングタスクのために設計されたプログラミング言語である。

コンピューター、プログラム、プログラミングに関する哲学的な詳細については、第 1 章で説明した。ここでは、コードを詳しく見ていくことにする。まず、非常に簡単なプログラムと、それを実行するのに必要なツールと手法から見ていこう。

2.2 最初のプログラム

以下に示すのは、昔からいろいろなプログラミング言語で最初に作られてきたプログラムである。このプログラムは画面上に `"Hello, World!"` を出力する。

```
// このプログラムはモニターに "Hello,World!" を出力する

#include "std_lib_facilities.h"

int main()   // C++ プログラムは main 関数から実行を開始する
{
```

2.2 最初のプログラム

```
        cout << "Hello, World!\n";    // "Hello,World!" を出力
        return 0;
    }
```

このテキストを、コンピューターに与えて実行させる一連の命令として考えてみよう。料理をするときのレシピや、新しいおもちゃを動かすための組み立て説明書と同じように考えればよい。このプログラムの各行が何をするのかについて説明しよう。まず、以下の行からだ。

```
    cout << "Hello, World!\n";    // "Hello,World!" を出力
```

この行は、"Hello, World!" という文字列に続いて改行を画面上に出力する。つまり、このプログラムを実行すると、"Hello, World!" がモニターに表示され、カーソルが次の行の先頭へ移動する。カーソル（*cursor*）とは、次の文字の入力位置を示す、点滅する小さなマークまたは線のことだ。

C++ では、文字列リテラルを二重引用符（"）で囲む。つまり、"Hello, World!\n" は文字列であり、"\n" は改行を示す「特殊文字」の1つである。cout は標準出力ストリームを表す。出力演算子 << を使って文字を cout に流し込むと、それらが画面上に表示される。cout は、「**c**haracter **out**put stream」の略で、「シーアウト（see-out）」と発音する。プログラミングでは、このような略語がよく使用される。たとえば、std_lib_facilities.h の std は「standard」の略であり、lib は「library」の略である。当然ながら、略語を覚える必要があるわけだが、繰り返し使っているうちになじんでいく。略語はプログラムを短く扱いやすい状態に保つのに欠かせない。

その行の最後にあるのはコメントである。

```
    // "Hello,World!" を出力
```

二重のスラッシュ（//）の後ろに書かれたものはすべてコメントである。コメントは、コードを読むプログラマーのために書かれるもので、コンパイラーによって無視される。ここでは、コメントを使用して、コメントの前の部分が実際に何を行ったのかを示している。

コメントは、そのプログラムに何をさせたいのかを説明するために書かれる。また、コードで直接表現できない情報を人間に提供する目的でも書かれる。コードのコメントから恩恵を受ける可能性が最も高いのは、おそらくコードを書いた本人である。次の週に、あるいは次の年にそのコードを再び見たときに、コードをそのように書いた理由を思い出せないことがあるからだ。そういうこともあるので、コメントはきちんと書いておこう。よいコメントの条件については、第7章の「§7.6.4 コメント」で説明する。

プログラムは2人の読み手のために書かれる。当然ながら、プログラムはコンピューターが実行するためのコードとして書かれる。一方で、私たちはコードを読んだり修正したりすることに多くの時間を費やす。したがって、プログラマーはプログラムのもう1人の読み手であり、コードの記述は人と人とのコミュニケーションの1つの形態でもある。実際には、コードを読む人を第一の読み手と見なすのが賢明である。人が見てもよくわからないようなコードは正しかった試しがない。このため、コードは読むためのものであるということと、コードを読みやすくするための努力を怠らないことを忘れてはならない。いずれにしても、コメントはあくまでも人が読むためのものである。コンピューターはコメントのテキストを調べたりしない。

このプログラムの1行目は、このプログラムが何をするはずなのかを読み手に伝えるための、一般的なコメントである。

```
// このプログラムはモニターに "Hello,World!" を出力する
```

こうしたコメントが役立つのは、プログラムが実行することはコードを読めばわかるが、プログラマーの意図までは示せないからだ。また、通常は、プログラムが何を実行するはずなのかを、コンピューターへのコードとして表現するときよりもずっと簡潔に説明できる。多くの場合、こうしたコメントはプログラムの最初の部分に記述される。他のことはともかく、自分が何をしようとしているのかを見失わずに済む。

以下の行は、「#include ディレクティブ」と呼ばれる。

```
#include "std_lib_facilities.h"
```

これは、`std_lib_facilities.h`[*1] というファイルの機能を利用可能にする ── インクルードする ── ための命令である。このファイルは、C++ のすべての実装で利用可能な機能（C++ 標準ライブラリ）を使いやすくするために作成されたものだ。このファイルの内容については、これから少しずつ説明していく。`std_lib_facilities.h` の内容は完全に標準的なものだが、10 章ほど先まで進まないと登場しない情報が含まれている。このプログラムでは、C++ の標準のストリーム I/O 機能のうち、標準出力ストリームである `cout` とその出力演算子 `<<` だけを使用している。`#include` を使ってインクルードされたファイルは、**ヘッダー**（*header*）または**ヘッダーファイル**（*header file*）と呼ばれる。ヘッダーには、このプログラムで使用している `cout` などのキーワードの定義が含まれている。

ところで、プログラムの実行を開始する場所をコンピューターはどのようにして知るのだろうか。コンピューターは、`main` という名前の関数を検索し、そこに書かれている命令から実行を開始する。Hello, World! プログラムの `main` 関数は、以下のように書かれている。

```
int main()    // C++ プログラムは main 関数から実行を開始する
{
    cout << "Hello, World!\n"; // "Hello,World!" を出力
    return 0;
}
```

どの C++ プログラムにも、実行を開始する場所を示す `main` という名前の関数が必要である。**関数**（*function*）とは、基本的には、コンピューターへの一連の命令に名前を付けたもので、それらの命令は書かれた順に実行される。関数は以下の 4 つの部分で構成される。

- **戻り値の型**（*return type*）
  実行を要求した側に関数が結果を返す場合に、その結果の種類を指定する。Hello,World! プログラムの `main` 関数の戻り値は `int` 型である。`int` は C++ の予約語、つまり**キーワード**（*keyword*）（§A.3.1）であり、他の何かの名前として使用することはできない。
- **名前**（*name*）
  この場合は `main`。
- **パラメーターリスト**（*parameter list*）
  かっこ（()）で囲まれる（§8.2、§8.6）。この場合、パラメーターリストは空である。

[*1] http://www.stroustrup.com/Programming/PPP2code/std_lib_facilities.h

- **関数の本体**（*function body*）
  関数が実行する一連のアクション（文（*statement*））を中かっこ（{}）で囲んだもの。

したがって、最も小さい C++ プログラムは以下のようになる。

`int main() { }`

ただし、この関数は何もしないため、あまり意味がない。Hello, World! プログラムの `main` 関数の本体には、以下の 2 つの文が含まれている。

`cout << "Hello, World!\n";   // "Hello,World!" を出力`
`return 0;`

画面に "Hello, World!" を書き出した後、呼び出し元に値 0（ゼロ）を返している。`main` 関数は「システム」によって呼び出されるため、ここでは戻り値を使用しない。ただし、特に UNIX/Linux などのシステムでは、プログラムが正常終了したかどうかをチェックするために使用できる。`main` 関数から返される 0 は、プログラムが正常終了したことを示す。

C++ プログラムにおいてアクションを指定する部分のうち、`#include` ディレクティブまたはその他のプリプロセッサディレクティブ（§4.4、§4.7）ではない部分を文（*statement*）と呼ぶ。

2.3 コンパイル

C++ はコンパイル言語である。つまり、プログラムを実行するには、それを人が読める形式からコンピューターが理解できる形式に変換しなければならない。この変換を行うのは**コンパイラー**（*compiler*）と呼ばれるプログラムである。人が読み書きできる形式のものは、**ソースコード**（*source code*）または**プログラムテキスト**（*program text*）と呼ばれる。コンピューターが実行できる形式のものは、**実行ファイル**（*executable*）、**オブジェクトコード**（*object code*）、**機械語**（*machine code*）と呼ばれる。一般に、C++ のソースコードファイルには、`.cpp` または `.h` という拡張子が付いている。たとえば、`hello_world.cpp`、`std_lib_facilities.h` のようになる。オブジェクトコードファイルには、`.obj`（Windows の場合）または `.o`（UNIX の場合）という拡張子が付いている。このため、単に**コード**（*code*）と言ったのでは、ソースコードなのか、それともオブジェクトコードなのかがわからない可能性がある。「コード」という言葉を使用するのは、その意味が通じるときだけにしよう。本書では、特に明記していなければ、「ソースコード」または「コメントを除くソースコード」の意味でコードを使用する。実際のところ、コメントは人が読むためのもので、オブジェクトコードを生成するコンパイラーからは見えないからだ。

コンパイラーは、ソースコードを読み取り、書かれたものの意図を理解しようとする。プログラムが文法的に正しいかどうか、すべての単語の意味が定義されているか、プログラムを実際に実行しなくても検出できる明白な誤りがあるかどうかを確認する。コンパイラーが構文にかなりうるさいことがわか

第 2 章　Hello,World!

るだろう。`#include`ファイル、セミコロン（`;`）、中かっこ（`{}`）など、プログラムの細部に不備があればエラーになる。同様に、コンパイラーはスペルミスにもまったく容赦がない。それぞれ小さな誤りが 1 つ含まれた例をいくつか見てみよう。これらはよくある誤りの見本である。

```
// #include がない
int main()
{
    cout << "Hello, World!\n";
    return 0;
}
```

`cout`が何であるかを示すものがないため、コンパイルエラーになる。これを修正するために、ヘッダーファイルを追加してみよう。

```
#include "std_facilities.h"
int main()
{
    cout << "Hello, World!\n";
    return 0;
}
```

残念ながら、またしてもコンパイルエラーになる。`"std_lib_facilities.h"`のスペルを間違えたからだ。以下のコードもコンパイルエラーになる。

```
#include "std_lib_facilities.h"
int main()
{
    cout << "Hello, World!\n;
    return 0;
}
```

文字列の最後に二重引用符（`"`）がない。以下のコードもコンパイルエラーになる。

```
#include "std_lib_facilities.h"
integer main()
{
    cout << "Hello, World!\n";
    return 0;
}
```

C++ では、`integer`ではなく略語の`int`を使用する。コンパイラーはまだ納得しない。

```
#include "std_lib_facilities.h"
int main()
{
    cout < "Hello, World!\n";
    return 0;
}
```

出力演算子 << ではなく、小なり演算子 < が使用されている。コンパイラーはまだ納得しない。

```
#include "std_lib_facilities.h"
int main()
{
    cout << 'Hello, World!\n';
    return 0;
}
```

文字列を二重引用符（"）ではなく単一引用符（'）で囲んでいる。最後に、以下のコードもコンパイルエラーになる。

```
#include "std_lib_facilities.h"
int main()
{
    cout << "Hello, World!\n"
    return 0;
}
```

出力ストリームをセミコロン（;）で終了するのを忘れている。C++の多くの文はセミコロンで終了する。1つの文が終了し、次の文が開始される場所をコンパイラーが知るには、セミコロンが必要である。セミコロンが必要な場所をうまく要約したいところだが、技術的な用語を使用せずに正確に説明する方法がない。とりあえず、「閉じかっこ（}）で終わらないすべての文の後にはセミコロンが必要である」と覚えておくとよいだろう。

ごく単純なプログラムでわずかな誤りを示すために貴重なページと時間を費やしたのはなぜだろうか。プログラマーなら誰もが経験しているように、読者もソースコードを読んでエラーを探すために多くの時間を費やすことになる。ほとんどの場合は、エラーが含まれているソースコードを調べることになる。結局そのコードが正しいという結論に達したとしても、たいてい、別のコードを調べることになる。コンピューター分野の先駆者たちは、ミスを犯しては、それらを見つけ出そうとしてほとんどの時間がつぶれてしまうことに驚いた。プログラミングを始めたばかりのほとんどの人も、そのことに驚く。

プログラムを書いていると、コンパイラーのあまりの厳格さに腹が立つことがある。セミコロンの欠落といったわずかなことでエラーになることもあれば、「明らかに正しい」と思えることがエラーになることもある。だが、たいていはコンパイラーが正しい。エラーメッセージが出力され、オブジェクト

コードの生成が拒否されるとしたら、プログラムに何か間違いがある。つまり、プログラムに書かれたコードの意味が、C++ 規格の定義と食い違っている。

コンパイラーに常識は通用しないし、コンパイラーは細かいことにうるさい。コードに「問題がなさそうに見えた」としても、C++ の定義に準拠していないとしたら、コンパイラーがその意図をくみ取ってくれると期待しないほうがよい。仮に、コンパイラーがその意図をくみ取ったとして、それがあなたの意図と違っていた場合は、プログラムがなぜ指示どおりに動作しないのかを解明しようとして余計に時間がかかってしまうかもしれない。結局のところ、コンパイラーは自業自得とも言える問題の多くからプログラマーを救ってくれる。したがって、コンパイラーはプログラマーの味方であり、プログラムを記述するときに最も頼りになる存在かもしれない ― このことを忘れないようにしよう。

2.4 リンク

通常、プログラムは複数の人々によって開発された複数の部分で構成される。たとえば Hello, World! プログラムは、私たちが書いた部分と C++ の標準ライブラリの一部で構成されている。こうした複数の部分は、**翻訳単位**（*translation unit*）とも呼ばれる。これらの部分はコンパイルされなければならず、結果として得られたオブジェクトコードファイルをリンクして、実行プログラムを生成しなければならない。これらの部分をリンクするプログラムは、**リンカー**（*linker*）と呼ばれる。

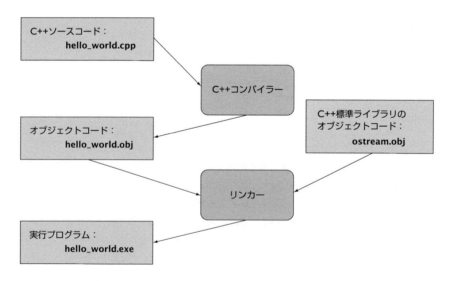

オブジェクトコードと実行プログラムには、システム間での移植性はない。たとえば、Windows コンピューターでコンパイルを実行すると、Linux コンピューターでは動作しない Windows 用のオブジェクトコードが生成される。

ライブラリ（*library*）とは、インクルードファイルに含まれている宣言を使ってアクセスするコードのことであり、通常は他の誰かによって書かれている。**宣言**（*declaration*）とは、コードを使用できる方法を指定するプログラム文のことである。宣言については、第 3 章の「§3.8 型とオブジェクト」で詳しく説明する。

コンパイラーによって検出されたエラーを**コンパイルエラー**（*compile–time error*）と呼び、リン

カーによって検出されたエラーを**リンクエラー**（*link–time error*）と呼ぶ。そして、プログラムを実行するまで検出されないエラーを**ランタイムエラー**（*run–time error*）、**実行時エラー**、または**論理エラー**（*logic error*）と呼ぶ。一般的に言えば、コンパイルエラーはリンクエラーよりも理解して修正するのが容易であり、多くの場合、リンクエラーはランタイムエラーや論理エラーよりも検出して修正するのが容易である。第 5 章では、エラーを取り上げ、それらを処理する方法について詳しく説明する。

2.5　プログラミング環境

　プログラムを記述するには、プログラミング言語を使用する。また、コンパイラーを使ってソースコードをオブジェクトコードに変換し、リンカーを使ってオブジェクトコードをリンクし、実行プログラムを生成する。それに加えて、何らかのプログラムを使ってソースコードをコンピューターに入力し、編集する。これらは、プログラマーのツールセット、すなわち「プログラム開発環境」を構成する最も重要なツールとして真っ先にあげられるものだ。

　コマンドラインウィンドウから作業を行う場合は、コンパイルコマンドとリンクコマンドを自分で実行する必要がある。統合開発環境（IDE）[*2] を使用する場合は、適切なボタンをクリックするだけでよい。どちらも現場で多くのプログラマーが使用している方法だ。C++ 実装でのコンパイルとリンクの方法については、付録 C にまとめてある。

　IDE には、通常は便利な機能を備えたエディタと、コードのデバッグ、コンパイル、実行を手助けするその他の機能が含まれている。IDE のエディタには、ソースコードのコメント、キーワード、その他の部分を区別しやすくするコードの色分け表示といった便利な機能が含まれている。**デバッグ**（*debugging*）は、プログラムからエラーを検出し、それらを取り除く作業であり、この先何度も耳にすることになるだろう。

　本書に取り組む際には、規格に準拠している最新の C++ 実装を提供するシステムであれば、どれを使用してもかまわない。本書の内容のほとんどは、ほんのわずかな変更だけで、C++ のすべての実装で有効となる。コードはどの環境でも動作するはずだ。なお、本書では数種類の実装を使用している。

[*2] 訳注：IDE は、Interactive Development Environment または Integrated Development Environment の略。

■ ドリル

　ここまでは、プログラミング、コード、そしてコンパイラーなどのツールを取り上げてきた。次は、プログラムを動作させる必要がある。これが本書の目的であり、プログラミングを習得するための正念場だ。ここから、実践的なスキルとよいプログラミング習慣を身につけていく。本章の練習問題は、ソフトウェア開発環境に慣れることに焦点を合わせている。Hello, World! プログラムを動かせれば、プログラマーとしての第一歩を踏み出したことになる。

　ドリルの目的は、実践的なプログラミングスキルを習得する、または補強することと、プログラミング環境のツールを体験することにある。一般的なドリルは、1つのプログラムを繰り返し修正しながら、取るに足らないプログラムを現実的なプログラムの一部へと「成長」させる。従来の練習問題は、自発性、聡明さ、創造力をテストすることを目的に設計されている。対照的に、ドリルは創造力をほとんど要求しない。通常は、連続していることが重要なのであって、1つ1つのステップは簡単なものにすることになっている。賢いふりをして手順を飛ばすのは禁物だ。そうした態度は学習速度を低下させ、混乱を招くものと相場が決まっている。

　読んだ内容はすべて理解している、あるいは指導者や講師が教えたことはすべて理解していると思えたとしても、プログラミングスキルを養うには、繰り返しと実践あるのみである。この点に関しては、プログラミングはスポーツ、音楽、ダンス、あるいは職人芸のようなものだ。日頃から練習もせずにそうした分野で競争しようとしている人々を想像してみよう。彼らの腕前はたかが知れている。訓練を怠らないことこそが、高度な実践スキルを養い、維持するための唯一の方法である。そうした訓練は引退する日まで続く。

　したがって、誘惑に負けそうになってもドリルを飛ばしてはならない。ドリルは学習プロセスに欠かせないものだ。最初のステップから順番に取り組み、各ステップをそのつどテストして、間違いがないことを確認しよう。

　使用している構文の詳細を何もかも理解していなくても、心配はいらない。講師や友人に助けを求めることをためらってはならない。すべてのドリルを実行し、練習問題の多くに取り組めば、やがてすべてが明らかになるだろう。

　では、最初のドリルに取りかかろう。

1. 付録 C を読み、プロジェクトのセットアップに必要な手順に従う。`hello_world` という名前の空の C++ コンソールプロジェクトを作成する。
2. `hello_world.cpp` に以下のコードをこのとおりに入力し、それを練習問題用のディレクトリ（フォルダ）に保存して、`hello_world` プロジェクトに追加する。

    ```cpp
    #include "std_lib_facilities.h"

    int main()    // C++ プログラムは main 関数から実行を開始する
    {
        cout << "Hello, World!\n";    // "Hello,World!" を出力
        keep_window_open();            // 1 文字が入力されるまで待機
        return 0;
    }
    ```

keep_window_open 関数の呼び出しが必要なのは、Windows コンピューターによっては、すぐにウィンドウが閉じてしまって出力が読めないことがあるためだ。これは Windows の特性であって、C++ の特性ではない。keep_window_open は、簡単なテキストプログラムの作成を単純にするための関数であり、std_lib_facilities.h で定義されている。

std_lib_facilities.h はどこにあるのか。授業中であれば、講師に尋ねればよい。そうでなければ、本書の Web サイト[*3] からダウンロードすればよい。しかし、誰かに教わっているわけではなく、Web にもアクセスできない場合はどうすればよいか。その場合（に限り）、#include ディレクティブを以下のコードと置き換える。

```
#include<iostream>
#include<string>
#include<vector>
#include<algorithm>
#include<cmath>
using namespace std;
inline void keep_window_open() { char ch; cin >> ch; }
```

このようにすると、標準ライブラリが直接使用されるようになる。第 5 章までは、これでうまくいく。詳細については、第 8 章の「§8.7 名前空間」で説明する。

3. Hello, World! プログラムをコンパイルし、実行する。きっとどこかでうまくいかなくなるはずだ。新しいプログラミング言語や新しいプログラミング環境を試したときに、最初からうまくいくことはめったにない。問題を見つけて修正してみよう。自分よりも経験豊富な誰かに助けてもらうのが賢明だが、先へ進む前に、教えられた内容をきちんと理解して、自力で進めるようにしておこう。

4. おそらく何らかのエラーに遭遇し、それを修正しなければならない状況に陥っているはずだ。コンパイラーのエラー検出機能とエラー報告機能に慣れておく絶好の機会である。「§2.3 コンパイル」で示した 6 つのエラーを試して、プログラミング環境がどのような反応を示すのか確認しておこう。keep_window_open の呼び出しを忘れた、入力時に Caps Lock キーがオンになったままだった、セミコロンの代わりにコンマを入力したなど、プログラムに含まれている可能性があるエラーを少なくとも 5 つあげ、それらのエラーが含まれたコードをコンパイルして実行しようとしたときに何が起きるか確認しよう。

■ 復習

復習問題の目的は、本章の重要なポイントを見抜き、それを理解しているかどうかを確認する機会を設けることにある。これらの問題を解くためには、本文を読み返す必要があるかもしれない。これは想定の範囲内である。いくつかの節を最初から読み返す必要があるかもしれないが、それも想定の範囲内である。ただし、章を最初から読み返す必要がある、あるいは復習問題を 1 つも解けない場合は、学習スタイルが有効かどうかについて見直す必要がある。読むペースが速すぎるのではないだろう

[*3] http://www.stroustrup.com/Programming/PPP2code/std_lib_facilities.h

第 2 章　Hello, World!

か。「TRY THIS」の内容を実行しているだろうか。本文の説明に含まれている問題点を話し合えるよう、友人と一緒に勉強するのもよいだろう。

1. Hello, World! プログラムの目的は何か。
2. 関数を構成する 4 つの部分とは何か。
3. すべての C++ プログラムに含まれていなければならない関数の名前は何か。
4. Hello, World! プログラムに含まれている `return 0;` の目的は何か。
5. コンパイラーの目的は何か。
6. `#include` ディレクティブの目的は何か。
7. ファイル名の最後にある `.h` 拡張子は C++ において何を意味するか。
8. リンカーはプログラムに対して何を行うか。
9. ソースファイルとオブジェクトファイルの違いは何か。
10. IDE とは何か。IDE はプログラマーのために何をしてくれるか。
11. 教科書の内容をすべて理解しているのに、実践が必要なのはなぜか。

ほとんどの復習問題の答えは、その章の中に明記されている。ただし、他の章の関連情報や本書に含まれていない情報を思い出すための問題も含まれている。本書では、これを当然のことと考えている。よいソフトウェアを作成し、そうすることの意味について考えることは、1 つの章や 1 冊の本ではとうてい語り尽くせるものではない。

■ 用語

以下に示すのは、プログラミングと C++ の基本的な用語である。人々がプログラミングについて何を話しているのかを理解し、自分の考えを明確に伝えたい場合は、これらの用語について知っておく必要がある。

`//`	コンパイルエラー（compile-time error）
`<<`	実行プログラム（executable）
`#include`	出力（output）
C++	ソースコード（source code）
`cout`	統合開発環境（IDE）
`main()`	プログラム（program）
オブジェクトコード（object code）	文（statement）
関数（function）	ヘッダー（header）
コメント（comment）	ライブラリ（library）
コンパイラー（compiler）	リンカー（linker）

用語集を自分で作ってみてもよいだろう。各章の練習問題を 4、5 回繰り返せば、用語の数もそろってくるはずだ。

■ 練習問題

本書では、ドリルと練習問題を分けている。常にドリルを終えてから、練習問題に進むようにしよう。そうすれば、時間の節約になる。

1. 以下の 2 行を出力するようにプログラムを書き換える。

   ```
   Hello, programming!
   Here we go!
   ```

2. 本章で学んだことを応用し、コンピューターが 2 階のトイレを探し出すための命令からなるプログラム（§2.1）を記述する。人間にとっては当然であっても、コンピューターにとってはそうではないステップを他にいくつ思いつけるか。それらもリストに追加する。これは「コンピューターのように考える」第一歩である。ほとんどの人にとっては、「トイレに行く」というだけで十分に適切な指示であることに注意。どこからかダイニングルームに現れた、住居やトイレというものを知らない石器時代の人が相手の場合、そうした命令が書かれたリストはかなり長いものになるかもしれない。リストの長さは 1 ページを超えないようにする。簡単な説明として架空の住居の見取り図を添えるのもよいだろう。

3. 学生寮の自分の部屋、アパート、住宅、その他あらゆる場所の入口から教室の入口まで移動する方法を説明する。学校に通っていない場合は、別の目的地を選択する。友人に指示どおりに進んでもらい、その途中でどこを改善すればよいか指摘してもらう。友人をなくさないよう、指示を渡す前に「実地テスト」をしておいたほうがよいだろう。

4. 適当な料理本を探して、ブルーベリーマフィンを焼くためのレシピか、別の料理のレシピを読む。手順とコツがほんの少しわかれば、世界中のほとんどの人がおいしいブルーベリーマフィンを焼くことができる。これは高級な料理でも難しい料理でもない。だが、筆者にしてみれば、これに匹敵するほど難しい練習問題はそうそう見当たらない。ほんの少し練習するだけで、意外なことができるようになるものだ。

   - それらのレシピを書き直し、手順をそれぞれ番号付けされた段落にまとめる。各手順で使用する材料と調理器具をすべてリストアップする。オーブンの温度、オーブンの予熱、クッキングシートの準備、加熱時間の調整、オーブンからマフィンを取り出すときにやけどしないようにすることなど、重要な詳細に注意する。
   - それらのレシピを料理の初心者の視点から考えてみる。初心者でなければ、料理をしたことがない友人に手伝ってもらう。料理本の著者（ほとんどの場合は経験豊富な料理人）がわかりきったこととして省略しているステップを書き加える。
   - 使用されている用語をまとめる。クッキングシートとは何か、予熱とは何をするのか、「オーブン」とはどういう意味か。
   - マフィンを焼き、結果を楽しむ。

5. 先の「用語」に含まれている各用語の定義を書く。まず、本章の本文を見ずに書けるかどうか試してから、本文で定義を探す。自分の最初の定義と本文に書かれている定義との違いは、興味深

いものかもしれない。オンラインで用語集[*4] を探してみるのもよいだろう。自分で定義をまとめてから調べると、読むことから学ぶ力が身につく。定義をまとめるために本文を読み返す必要があるとしたら、それが理解を助ける。自分の言葉で定義をまとめ、これでよいと思えるくらい詳細な内容にする。多くの場合、定義の後に例があると効果的である。それらの定義をファイルに保存し、この後の章の「用語」の定義を追加できるようにしておくとよいだろう。

■ 追記

　Hello, World! プログラムはなぜ重要か。このプログラムの目的は、プログラミングの基本的なツールをしっかりと理解することにある。新しいツールを試してみる場合は、Hello, World! のような単純なプログラムで試してみる。そのようにして、学習プロセスを 2 つの部分に分割する。最初は、単純なプログラムを使ってツールの基本を学ぶ。その後は、ツールに気を取られずに、複雑なプログラムについて学ぶ。ツールと言語を同時に学ぶのは、それらを 1 つずつ学ぶよりもはるかに難しい。複雑なタスクを複数の小さく扱いやすいステップに分割して習得するという方法は、プログラミングやコンピューターに限ったことではない。日常生活を送る上でも、多くの実践的な技能をこのようにして身につけているはずだ。

[*4] http://www.stroustrup.com/glossary.html

第3章
オブジェクト、型、値

> 富は備えある者をひいきする。
> — Louis Pasteur

本章では、プログラムでのデータの格納と使用の基礎について説明する。まず、キーボードからのデータの読み込みについて説明する。オブジェクト、型、値、変数という基本概念を明確にした後、さまざまな演算子を紹介し、`char`、`int`、`double`、`string` 型の変数の使用例を示す。

3.1 入力
3.2 変数
3.3 入力と型
3.4 演算と演算子
3.5 代入と初期化
    3.5.1 例：重複する単語を検出する
3.6 複合代入演算子
    3.6.1 例：重複する単語を検出する
3.7 名前
3.8 型とオブジェクト
3.9 型の安全性
    3.9.1 安全な変換
    3.9.2 安全ではない変換

3.1　入力

　Hello, World! プログラムは、画面にメッセージを書き出すだけである。出力は生成するが、何も読み込まないし、ユーザーからの入力も受け取らない。それはかなりつまらない。現実のプログラムは、実行されるたびに同じことをするだけでなく、多くの場合は、渡された入力に基づいて結果を生成する。

　何かを読み込むには、それを読み込む場所が必要だ。つまり、読み込んだものをコンピューターのメモリーのどこかに配置しなければならない。本書では、そのような場所を**オブジェクト**（*object*）と呼ぶ。オブジェクトとは、メモリー内の領域のことである。オブジェクトには、その中に配置できる情報の種類を指定する**型**（*type*）がある。名前付きのオブジェクトは**変数**（*variable*）と呼ばれる。たとえば、文字列は `string` 型の変数に配置され、整数は `int` 型の変数に配置される。オブジェクトについては、適切な型の値を入れることができる「箱」として考えることができる。

```
              int:
      age:   [ 42 ]
```

　この図は、整数値 42 を含んでいる `int` 型の `age` という名前のオブジェクトを表している。文字列変数を使用して、入力から文字列を読み込み、それを再び書き出す方法は、以下のようになる。

```cpp
// ファーストネームの読み込みと書き出し
#include "std_lib_facilities.h"
int main()
{
    cout << "Please enter your first name (followed by 'enter'):\n";
    string first_name;   // first_name は string 型の変数
    cin >> first_name;   // 文字を first_name に読み込む
    cout << "Hello, " << first_name << "!\n";
}
```

　`#include` と `main` については、第 2 章で説明したとおりである。`#include` は第 12 章までのすべてのプログラムで必要となるため、気を取られないよう、これ以降は省略することにする。同様に、本章では、`main` などの関数に配置された場合にのみ正しく動作するコードを示すことがある。

```cpp
cout << "Please enter your first name (followed by 'enter'):\n";
```

　もうこのようなコードをプログラムに組み込んでテストできるようになっているはずだ。

　`main` 関数の 1 行目は、ユーザーにファーストネームの入力を求めるメッセージを出力する。こうしたメッセージは、ユーザーに行動を起こすように求めることから、一般に**プロンプト**（*prompt*）と呼ばれる。その後の行では、`first_name` という名前の `string` 型の変数を定義し、この変数にキーボードから入力を読み込み、あいさつ文を出力する。これら 3 つの行を順番に見ていこう。

```cpp
string first_name;   // first_name は string 型の変数
```

この行は、文字列を保持するためのメモリー領域を確保し、`first_name` という名前を付けている。

string:
first_name: [　　　　]

新しい名前をプログラムに導入し、変数のためのメモリーを確保する文を、**定義**（*definition*）と呼ぶ。以下の行は、この変数に入力（キーボード）から文字を読み込む。

```
cin >> first_name;   // 文字を first_name に読み込む
```

`cin` という名前は、標準ライブラリで定義されている標準入力ストリームを表す。`cin` は「**c**haracter **in**put」の略で、「シーイン（see–in）」と読む。`>>` 演算子の右オペランドは、入力が送られる場所を指定する。したがって、たとえば Nicholas という名前に続いて改行を入力した場合、`first_name` 変数の値は `"Nicholas"` になる。

string:
first_name: [Nicholas]

改行はコンピューターの注意を引くために必要となる。Enter キーが押されて改行が入力されるまで、コンピューターは文字を集めることだけを考えている。この遅延 — 改行が入力されるまで入力が確定しない — により、Enter キーを押す前に考え直して、文字を修正する機会が得られる。なお、メモリーに格納される文字列には、改行は含まれていない。

入力文字列を `first_name` 変数に読み込んだ後は、それを使用できる。

```
cout << "Hello, " << first_name << "!\n";
```

これにより、`Hello` に続いて、`Nicolas`（`first_name` 変数の値）、`!`、改行（`'\n'`）が画面上に出力される。

```
Hello, Nicholas!
```

繰り返しや余分な入力のほうがよければ、出力文を 3 つに分けることもできる。

```
cout << "Hello, ";
cout << first_name;
cout << "!\n";
```

だが、私たちは特に優秀なタイピストではなく、何よりも、無駄な繰り返しが大嫌いときている。繰り返しはエラーを呼び寄せるようなものだ。そこで、この 3 つの出力操作を 1 つの文にまとめている。

`"Hello, "` では文字が引用符で囲まれているのに対し、`first_name` には引用符がないことに注意しよう。引用符を使用するのは、文字列リテラルを使用したい場合である。引用符を使用しない場合は、名前を持つ何らかの値が参照される。以下の文を見てみよう。

```
cout << "first_name" << " is " << first_name;
```

この場合、"first_name" は first_name という 10 個の文字を出力する。引用符が付いていない first_name は、変数 first_name の値（この場合は "Nicholas"）を出力する。したがって、出力は以下のようになる。

```
first_name is Nicholas
```

3.2 変数

先の例で示したように、基本的には、データをメモリーに格納しなければ、コンピューターで意味のあることは何もできない。データを格納する場所は**オブジェクト**（*object*）と呼ばれる。オブジェクトにアクセスするには、**名前**（*name*）が必要である。名前付きのオブジェクトは**変数**（*variable*）と呼ばれ、オブジェクトに配置できるものと適用できる演算を決定する**型**（*type*）を持つ。たとえば、123 は int 型の変数に格納でき、"Hello, World!\n" は string 型の変数に格納できる。また、int 型は * 演算子を使って掛け合わせることができ、string 型は <= 演算子を使って比較できる。変数に格納するデータアイテムは**値**（*value*）と呼ばれる。変数を定義する文は（当然ながら）**定義**（*definition*）と呼ばれる。定義には初期値を与えることができ、通常はそうすべきである。以下のコードについて考えてみよう。

```
string name = "Annemarie";
int number_of_steps = 39;
```

これらの変数を図解すると、以下のようになる。

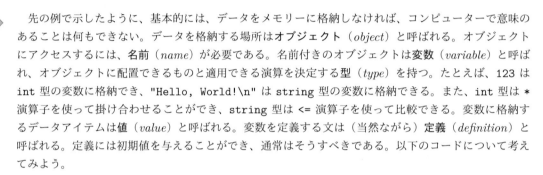

変数に不適切な型の値を格納することはできない。

```
string name2 = 39;                    // エラー：39 は string 型ではない
int number_of_steps = "Annemarie";    // エラー："Annemarie" は int 型ではない
```

コンパイラーは各変数の型を記憶しており、型の定義に指定されているとおりに変数が使用されていることを確認する。

C++ には、かなり多くの型がある（§A.8）。とはいうものの、そのうちの 5 つだけでほぼ完ぺきなプログラムを記述できる。

```
int number_of_steps = 39;      // int は整数
double flying_time = 3.5;      // double は浮動小数点数
char decimal_point = '.';      // char は 個々の文字
```

```
    string name = "Annemarie";   // string は文字列
    bool tap_on = true;          // bool は論理変数
```

`double` という名前が付いた経緯について説明しておこう。`double` は「double–precision floating point」（倍精度浮動小数点数）の略であり、浮動小数点数は数学上の実数の概念に対するコンピューターの近似値である。

これらの型のリテラルにはそれぞれ以下のような特徴がある。

```
39            // int: 整数
3.5           // double: 浮動小数点数
'.'           // char: 単一引用符で囲まれた個々の文字
"Annemarie"   // string: 二重引用符で囲まれた文字列
true          // bool: true または false
```

つまり、1234、2、976 のような連続する数字は整数を表す。1.234、0.12、.98 のような小数点を持つ連続する数字は浮動小数点数を表す。`'1'`、`'@'`、`'x'` のように 1 文字を単一引用符（`'`）で囲んだものは文字を表す。`"1234"`、`"Howdy!"`、`"Annemarie"` のように連続する文字を二重引用符（`"`）で囲んだものは文字列を表す。リテラルについては、付録 A の「§A.2 リテラル」で詳しく説明する。

3.3　入力と型

入力演算子 `>>` は型に敏感であり、データの格納先の変数の型に従って読み込みを行う。

```
// 名前と年齢の読み込み
int main()
{
    cout << "Please enter your first name and age\n";
    string first_name;    // 文字列変数
    int age;              // 整数変数
    cin >> first_name;    // 文字列の読み込み
    cin >> age;           // 整数の読み込み
    cout << "Hello, " << first_name << " (age " << age << ")\n";
}
```

`Carlos 22` と入力した場合、`>>` 演算子は `Carlos` を `first_name` 変数に読み込み、`22` を `age` 変数に読み込む。そして、以下の出力を生成する。

```
Hello, Carlos (age 22)
```

`Carlos 22` 全体を `first_name` 変数に読み込まないのはなぜだろうか。慣例により、文字列の読み込みはホワイトスペース（*whitespace*）で区切られるからだ。ホワイトスペースとは、スペース、改行、

タブ文字のことである。それ以外の部分に関しては、ホワイトスペースはデフォルトで無視される。たとえば、読み込まれる数字の前にスペースがいくつあったとしても、>> 演算子はそれらを読み飛ばして数字を読み込む。

22 Carlos と入力した場合の結果は、意外なものかもしれない。22 は結局のところ連続する文字なので、first_name 変数に読み込まれる。これに対し、Carlos は整数ではないため、読み込まれない。この場合は、22 と age に続いて -96739 や 0 といったでたらめな数字が出力される。なぜだろうか。age 変数に初期値が割り当てられておらず、しかも値の読み込みに失敗するからだ。このでたらめな数字は、実行を開始したときにメモリーのその部分にたまたまあった「ごみ値」なのである。「入力フォーマットエラー」に対処する方法については、第 10 章の「§10.6 I/O エラー処理」で説明する。とりあえず、age 変数を初期化して、入力に失敗した場合にそのことがわかる値にしておこう。

```
// 名前と年齢の読み込み（第 2 バージョン）
int main()
{
    cout << "Please enter your first_name and age\n";
    string first_name = "???";   // 文字列変数（"???" は
                                 // 「名前が不明である」ことを意味する）
    int age = -1;   // 整数変数（-1 は「年齢が不明である」ことを意味する）
    cin >> first_name >> age;    // 文字列に続いて整数を読み込む
    cout << "Hello, " << first_name << " (age " << age << ")\n";
}
```

22 Carlos と入力すると、以下の出力が得られる。

```
Hello, 22 (age -1)
```

1 つの出力文で複数の値を書き出せるのと同様に、1 つの入力文で複数の値を読み込むこともできる。また、>> 演算子と同様に << 演算子も型に敏感なので、string 型の変数 first_name と文字列リテラル "Hello, "、" (age "、")\n" に加えて、int 型の変数 age を出力することもできる。

>> 演算子を使って読み込む string は、デフォルトでは、ホワイトスペースで終了する。つまり、この演算子は単語を 1 つだけ読み込む。だが、複数の単語を読み込みたいこともある。もちろん、そのための方法はいろいろある。たとえば、2 つの単語からなる名前を以下のように読み込むことができる。

```
int main()
{
    cout << "Please enter your first and second names\n";
    string first;
    string second;
    cin >> first >> second;   // 2 つの文字列を読み込む
    cout << "Hello, " << first << ' ' << second << '\n';
```

}

名前ごとに 1 回、合計で 2 回 >> 演算子を使用するだけである。名前を出力に書き出す際には、それらの間にスペースを挿入する必要がある。

TRY THIS
「名前と年齢」の例を実行してみる。続いて、年齢を月齢で書き出すように変更してみる。つまり、入力を年齢として読み込み、(* 演算子を使って) 12 を掛ける。5 歳ではなく 5.5 歳だといって譲らない子供がいるかもしれないので、年齢は `double` に読み込む。

3.4 演算と演算子

変数の型は、変数に格納できる値を指定するだけでなく、変数に適用できる演算とそれらの意味も決定する。例を見てみよう。

```
int count;
cin >> count;                   // >> 演算子は整数を count に読み込む

string name;
cin >> name;                    // >> 演算子は文字列を name に読み込む

int c2 = count + 2;             // + 演算子は整数を足す
string s2 = name + " Jr. ";     // + 演算子は文字を (末尾に) 付け足す

int c3 = count - 2;             // - 演算子は整数を引く
string s3 = name - "Jr. ";      // エラー: - 演算子は文字列で定義されていない
```

「エラー」は、文字列の減算を実行しようとするプログラムがコンパイルエラーになることを意味する。コンパイラーは、各変数に適用できる演算を正確に知っているため、多くのミスを防ぐことができる。ただし、どの演算がどの値で意味をなすのかまでは知らないため、プログラマーにとってばかげた結果であっても、その演算が文法的に正しければ喜んで受け入れる。例を見てみよう。

```
int age = -100;
```

負の年齢なんてあり得ないことは明白だが、コンパイラーはそのように教えられていないため、この定義に対してコードを生成する。

以下に示すのは、一般的に使用される型に対して有効な演算をまとめた表である。

	bool	char	int	double	string
代入	=	=	=	=	=
加算			+	+	
連結					+
減算			-	-	
乗算			*	*	
除算			/	/	
剰余（法）			%		
1つ増やす（インクリメント）			++	++	
1つ減らす（デクリメント）			--	--	
n を足す			+= n	+= n	
乗算代入			*=	*=	
除算代入			/=	/=	
剰余代入			%=		
s から x への読み込み	s >> x	s >> x	s >> x	s >> x	s >> x
s への x の書き出し	s << x	s << x	s << x	s << x	s << x
等しい	==	==	==	==	==
等しくない	!=	!=	!=	!=	!=
より大きい	>	>	>	>	>
以上	>=	>=	>=	>=	>=
より小さい	<	<	<	<	<
以下	<=	<=	<=	<=	<=

　空白部分は、その演算をその型で直接使用できないことを示している。ただし、その演算を間接的に使用できることがある（§3.9.1）。これらをはじめとする演算については、そのつど説明する。ここでは、便利な演算子がそろっていることと、それらが同様の型で同じ意味を持つ傾向にあることを覚えておこう。

　浮動小数点数を使用する例を試してみよう。

```
// 演算子を使用する単純なプログラム
int main()
{
    cout << "Please enter a floating-point value: ";
    double n;
    cin >> n;
    cout << "n == " << n
         << "\nn+1 == " << n+1
         << "\nthree times n == " << 3*n
         << "\ntwice n == " << n+n
```

```
        << "\nn squared == " << n*n
        << "\nhalf of n == " << n/2
        << "\nsquare root of n == " << sqrt(n)
        << '\n';    // 出力における改行（行末）の名前
}
```

通常の算術演算は、小学校で教わった通常の表記と意味を持つ。もちろん、平方根を求めるなど、浮動小数点数で実行する演算がすべて演算子として提供されるわけではない。多くの演算は名前付きの関数として表される。この場合、n の平方根を求めるには、標準ライブラリの sqrt 関数を使用する（sqrt(n)）。この表記は数学でよく見かけるものだ。関数については、第 4 章の「§4.5 関数」および第 8 章の「§8.5 関数の呼び出しと制御の戻し」で詳しく説明する。

TRY THIS

この簡単なプログラムを実行してみる。続いて、double の代わりに int を読み込むように変更する。int 型では sqrt 関数が定義されていないため、n を double に代入し、その sqrt を求めることに注意。また、他の演算も「練習」してみる。int 型では、/ は整数の除算、% は剰余（法）なので、5/2 は 2 であり（2.5 でも 3 でもない）、5%2 は 1 であることに注意。整数の *、/、% の定義は、2 つの正の int である a と b に対して、a/b * b + a%b == a であることを保証する。

文字列の演算はこれよりも少ないが、第 23 章で説明するように、名前付きの演算がそろっている。ただし、それらの演算子は慣例的に使用できる。例を見てみよう。

```
// ファーストネームとセカンドネームの読み込み
int main()
{
    cout << "Please enter your first and second names\n";
    string first;
    string second;
    cin >> first >> second;                 // 2 つの文字列を読み込む
    string name = first + ' ' + second;     // 文字列を連結
    cout << "Hello, " << name << '\n';
}
```

文字列に対する + は連結を意味する。つまり、s1 と s2 が文字列であるとすれば、s1+s2 は s1 の文字の後に s2 の文字が続く文字列を表す。たとえば、s1 の値が "Hello"、s2 の値が "World" である場合、s1+s2 の値は "HelloWorld" になる。特に便利なのは、string の比較だ。

```
// 名前の読み込みと比較
int main()
{
```

```
        cout << "Please enter two names\n";
        string first;
        string second;
        cin >> first >> second;   // 2つの文字列を読み込む
        if (first == second)
            cout << "that's the same name twice\n";
        if (first < second)
            cout << first << " is alphabetically before " << second <<'\n';
        if (first > second)
            cout << first << " is alphabetically after " << second <<'\n';
    }
```

文（§4.4.1.1）を使用することで、条件に基づいてアクションを選択している。

3.5　代入と初期化

いろいろな意味で、最も興味深い演算子は = で表される代入である。この演算子は、変数に新しい値を割り当てる。

```
int a = 3;    // a の最初の値は 3
```

```
                                            a:     3
```

```
a = 4;        // a が 4 の値を取得 (4になる)
```

```
                                            a:     4
```

```
int b = a;    // b の最初の値は a の値のコピー (つまり4)
```

```
                                            a:     4
                                            b:     4
```

```
b = a + 5;    // b が a+5 の値を取得 (つまり9)
```

```
                                            a:     4
                                            b:     9
```

```
a = a + 7;    // a が a+7 の値を取得 (つまり11)
```

```
                                            a:    11
                                            b:     9
```

最後の代入は注目に値する。まず、= が等価を意味しないことがはっきりと示されている。a が a+7 と等しくないことは一目瞭然である。これは代入であり、変数に新しい値を代入する。a=a+7 は以下のように処理される。

1. a の値を取得する。この値は整数の 4 である。
2. その 4 に 7 を足すと、整数 11 が得られる。
3. その 11 を a に挿入する。

代入を文字列でも試してみよう。

```
string a = "alpha";    // a の最初の値は "alpha"
```

a: | alpha |

```
a = "beta";            // a が "beta" の値を取得（"beta" になる）
```

a: | beta |

```
string b = a;          // b の最初の値は a のコピー（つまり "beta"）
```

a: | beta |
b: | beta |

```
b = a + "gamma";       // b が a+"gamma" の値を取得（つまり "betagamma"）
```

a: | beta |
b: | betagamma |

```
a = a + "delta";       // a が a+"delta" の値を取得（つまり "betadelta"）
```

a: | betadelta |
b: | betagamma |

ここでは、「最初の値」と「取得」を使って、よく似ているものの論理的に異なる 2 つの演算を区別している。

- 初期化（変数に最初の値を割り当てる）
- 代入（変数に新しい値を割り当てる）

これらの演算はよく似ているため、C++ では、両方に同じ表記（=）を使用できる。

```
int y = 8;             // y を 8 で初期化
x = 9;                 // x に 9 を代入
```

63

```
string t = "howdy!";    // t を "howdy!" で初期化
s = "G'day";            // s に "G'day" を代入
```

ただし、代入と初期化は論理的に異なる。初期化は常に int や string といった型指定で始まるが、代入の先頭には型指定がないため、これで両者を区別するとよいだろう。原則として、初期化では変数が常に空であると見なされる。これに対し、代入では、（原則として）変数に新しい値を挿入する前に古い値を削除しなければならない。変数については硬貨が 1 つ入るくらいの小さな箱、値については箱に入れる硬貨として考えてみればよい。初期化の前は箱が空っぽだが、初期化の後は常に硬貨が入っている。新しい硬貨を入れるには、代入演算子が先に古い硬貨を取り出さなければならない。コンピューターのメモリーが完全にこのとおり、というわけではないが、状況を想像する方法としては悪くない。

3.5.1 例：重複する単語を検出する

代入が必要となるのは、オブジェクトに新しい値を挿入したい場合である。考えてみると、代入が最も役立つのは、何かを繰り返し行う場合だ。代入が必要となるのは、別の値で何かを行いたい場合である。例として、一連の単語の中から重複した状態で並んでいる単語を検出する簡単なプログラムを見てみよう。ほとんどの文法チェッカーでは、このようなコードが使用されている。

```
int main()
{
    string previous = " ";      // 前の単語を " " で初期化
    string current;              // 現在の単語
    while (cin >> current) {     // 一連の単語を読み込む
        if (previous == current) // 前の単語と同じかどうかを確認
            cout << "repeated word: " << current << '\n';
        previous = current;
    }
}
```

このプログラムは、重複する単語がテキストのどの部分に含まれていたのかを示さないので、それほど役に立たない。だが、この場合はこれで十分である。このプログラムを 1 行ずつ見ていこう。

```
string current;    // 現在の単語
```

これは、以下のコードを使って現在の（最後に読み込まれた）単語を読み込むための文字列変数である。

```
while (cin >> current)
```

この while 文と呼ばれる構造については、第 4 章の「§4.4.2.1 while 文」で詳しく説明する。この while 文は、入力演算である cin >> current が成功する限り、(cin >> current) に続く文が繰り返し実行されることを示している。cin >> current は、標準入力から読み込む文字がなくなるまで成功する。string の >> 演算子がホワイトスペースで区切られた単語を読み込むことを思い出そう。

3.5 代入と初期化

このループを終了するには、プログラムに入力終了文字を渡す。入力終了文字は、通常は EOF（*End of File*）と呼ばれる。Windows コンピューターで入力終了文字を入力するには、Ctrl+Z キーに続いて Enter（Return）キーを押す。UNIX/Linux コンピューターでは、Ctrl+D キーを押す。

ここでは、単語を current に読み込み、それを previous に格納された前の単語と比較している。それらが同じである場合は、それを示すメッセージを出力する。

```
if (previous == current)   // 前の単語と同じかどうかを確認
    cout << "repeated word: " << current << '\n';
```

続いて、次の単語でも同じ処理を繰り返す準備をしなければならない。そこで、current の単語を previous にコピーする。

```
previous = current;
```

ループが開始されたとすれば、これですべてのケースに対処できる。ところで、最初の単語については、比較の対象となる前の単語がない。この問題には、previous の定義で対処する。

```
string previous = " ";   // 前の単語を " " で初期化
```

" " には、文字が 1 つだけ含まれている。この文字は、キーボードの Space キーを押したときに得られるスペース文字である。入力演算子 >> はホワイトスペースを読み飛ばすため、この文字が入力から読み込まれることはあり得ない。このため、while 文の 1 回目のループでは、以下の評価が思惑どおりに失敗する。

```
if (previous == current)
```

プログラムの流れ（フロー）を理解する方法の 1 つは、「コンピューターになってみる」ことである。つまり、プログラムを 1 行ずつ追いかけて、そこに指定されていることを実行してみる。紙に箱を描いて、それらに値を書き込んでいけばよい。箱に入っている値をプログラムに指定したとおりに変更してみよう。

TRY THIS

このプログラムを紙の上で実行してみる。これには、The cat cat jumped という入力を使用する。経験豊富なプログラマーも、コードに完全に納得がいかない部分があれば、この方法でアクションを紙に書いている。

TRY THIS

「単語重複検出プログラム」を実行し、"She she laughed He He He because what he did did not look very very good good" という文章を使ってテストしてみる。重複する単語はいくつあったか。それはなぜか。ここでの「単語」の定義は何か。「重複する単語」の定義は何か。たとえば "She she" は重複か。

3.6 複合代入演算子

プログラムでは、変数のインクリメント、すなわち変数に 1 を足すことがよくある。C++ には、そのための特別な構文が用意されている。たとえば以下のコードは、

```
++counter
```

以下を意味する。

```
counter = counter + 1
```

変数の現在の値に基づいてその値を変更する一般的な方法は他にもいろいろある。たとえば、変数の値に 7 を足し、変数の値から 9 を引き、変数の値に 2 を掛けたいとしよう。こうした演算も C++ によって直接サポートされている。

```
a += 7;    // a = a + 7 を意味する
b -= 9;    // b = b - 9 を意味する
c *= 2;    // c = c * 2 を意味する
```

一般的には、oper を二項演算子であるとすれば、a oper= b は a = a oper b を意味する（§A.5）。このルールから、まず演算子 +=、-=、*=、/=、%= が得られる。これにより、多くの人にとって直観的かつ機能的な表記が提供される。たとえば多くの応用分野では、*= と /= は「スケーリング」と呼ばれている。

3.6.1 例：重複する単語を検出する

先の重複した状態で並んでいる単語を検出する例について考えてみよう。重複している単語の位置がわかるようにすれば、プログラムをさらに改善できる。単純な方法の 1 つは、単語の数を数えていき、重複した単語が検出されたときに、単語の位置として現在の単語の数を出力する、というものだ。

```
int main()
{
    int number_of_words = 0;
    string previous = " ";    // 単語と見なされない値
    string current;
    while (cin >> current) {
        ++number_of_words;    // 単語の数をインクリメント
        if (previous == current)
            cout << "word number " << number_of_words
                 << " repeated: "<< current << '\n';
        previous = current;
    }
```

}

単語を数えるカウンタは 0 始まりである。単語が検出されるたびに、このカウンタをインクリメントする。

```
++number_of_words;
```

よって、1 つ目の単語は 1、2 つ目の単語は 2 といったようになる。これは、

```
number_of_words += 1;
```

という方法や、

```
number_of_words = number_of_words+1;
```

という方法でも実現可能だが、++number_of_words のほうが短いし、インクリメントを直接的に表現している。

このプログラムは「§3.5.1 例：重複する単語を検出する」で示したものとよく似ている。それもそのはずで、これはそのプログラムを新しい目的に合わせて少し書き換えたものにすぎない。これは非常に一般的な手法である。問題を解決する必要がある場合、私たちは同じような問題を探して、その解決策を適切に変更した上で使用する。どうしても必要でない限り、最初からやり直してはならない。プログラムの以前のバージョンを変更のベースとして使用すれば、多くの時間を節約できるだけでなく、元のプログラムに投入された労力をうまく生かせることも多い。

3.7　名前

変数に名前を付けると、それらを記憶しておき、プログラムの別の部分から参照できるようになる。C++ ではどのような名前を使用できるのだろうか。C++ プログラムでは、名前は英字で始まり、英数字とアンダースコア（_）だけで構成される。

```
x
number_of_elements
Fourier_transform
z2
Polygon
```

以下に示すものは名前ではない。

```
2x              // 名前は英字で始まらなければならない
time$to$market  // $ は英数字でもアンダースコアでもない
Start menu      // スペースは英数字でもアンダースコアでもない
```

「名前ではない」とは、C++ コンパイラーがそれらを名前と見なさないことを意味する。

システムコードやコンピューターによって生成されたコードを読むと、_foo のようにアンダースコアで始まる名前を目にすることがある。このような名前は実装およびシステムエンティティのために予約されているものなので、使用してはならない。アンダースコアで始まる名前を使用しないようにすれば、実装時に生成される名前との競合を回避できる。

名前では大文字と小文字が区別される。つまり、x と X は別個の名前である。以下に示すのは簡単なプログラムだが、少なくともエラーが4つある。

```
#include "std_lib_facilities.h"

int Main()
{
    STRING s = "Goodbye, cruel world! ";
    cOut << S << '\n';
}
```

one と One のように、大文字と小文字だけが異なる名前を定義するのは一般によい考えではない。コンピューターは取り違えたりしないが、プログラマーは簡単に取り違えてしまう。

TRY THIS

このプログラムをコンパイルして、エラーメッセージを調べてみる。コンパイラーはすべてのエラーを検出したか。どのような問題が示されたか。コンパイラーが勘違いして他にもエラーを診断したか。語彙のエラーから順にエラーを1つずつ修正し、エラーメッセージがどのように変化するか確認（および改善）する。

C++ 言語は、約85個の名前を「キーワード」として予約している。それらについては、付録Aの「§A.3.1 キーワード」にまとめてある。ユーザー定義の変数、型、関数などの名前にそれらのキーワードを使用することはできない。

```
int if = 7;      // エラー: "if" はキーワード
```

string といった標準ライブラリの機能の名前を使用することは可能だが、それは避けるべきである。こうしたよく知られている名前を再利用すると、標準ライブラリを使用したい場合に問題となる。

```
int string = 7;   // トラブルのもと
```

変数、関数、型などの名前を選択するときには、意味のある名前を選択しよう。つまり、プログラムを理解しやすくなるような名前にする。x1、x2、s3、p7 のように、「入力するのが楽な」名前の変数がプログラムのあちこちにあると、そのプログラムが何をするはずなのかが書いた本人ですら理解しにくくなる。略語や頭文字は混乱のもとなので、控えめに使用するようにしよう。以下のような頭字語は、書いた本人にとってはどれも明白である。だが、理解に苦しむものが少なくとも1つはあるはずだ。

```
mtbf
TLA
myw
NBV
```

数か月もすれば、書いた本人ですら何のことかわからないものが1つは出てくるものだ。

`x` や `i` といった短い名前は、慣例的に使用する分には意味がある。`x` はローカル変数またはパラメーター（§4.5、§8.4）として使用すべきであり、`i` はループのインデックス（§4.4.2.3）として使用すべきである。

名前が長すぎるのもよくない。そのような名前は入力しにくいし、行が長くなって画面からはみ出してしまい、すらすら読めなくなる。以下のような名前なら問題ないだろう。

```
partial_sum
element_count
stable_partition
```

以下の名前はおそらく長すぎる。

```
the_number_of_elements
remaining_free_slots_in_symbol_table
```

これはあくまでも私たちのスタイルだが、`elementCount` や `ElementCount` のようにするのではなく、`element_count` のようにアンダースコアを使って識別子の単語を分離するようにしている。`ALL_CAPITAL_LETTERS` のようなすべて大文字の名前は、慣例としてマクロ（§27.8、§A.17.2）のために取っておき、名前としては使用しないことにしている。型を定義するときには、`Square` や `Graph` のように1文字目を大文字にする。C++ 言語と標準ライブラリでは、`Int` ではなく `int`、`String` ではなく `string` のように、1文字目が大文字のスタイルを使用しない。このため、1文字目を大文字にすると、ユーザー定義の型と標準の型との取り違えを最小限に抑えるのに役立つ。

入力ミスをしやすい名前、読み違えやすい名前、紛らわしい名前は避けるようにする。

```
Name    names   nameS
foo     f00     fl
f1      fI      fi
```

0（数字の0）、o（小文字のO）、O（大文字のO）、1（数字の1）、I（大文字のi）、l（小文字のL）は特にトラブルのもとである。

3.8 型とオブジェクト

C++とその他ほとんどのプログラミング言語の中心には、型の概念がある。型についてもう少し技術的な観点から見てみよう。ここでは特に、計算時にデータを格納するオブジェクトの型に注目する。そうすれば、長い目で見れば時間の節約になり、混乱も少なくなる。

- **型**（*type*）は、オブジェクトに対して、有効な値と演算を定義する。
- **オブジェクト**（*object*）は、特定の型の値を保持するメモリーである。
- **値**（*value*）は、型に従って解釈されるメモリー内の一連のビットである。
- **変数**（*variable*）は、名前付きのオブジェクトである。
- **宣言**（*declaration*）は、オブジェクトに名前を付ける文である。
- **定義**（*definition*）は、オブジェクトのためにメモリーを確保する宣言である。

くだけた言い方をすれば、オブジェクトについては特定の型の値を入れられる箱として考えることができる。`int` 型の箱には、7、42、-399 などの整数を入れることができる。`string` 型の箱には、`"Interoperability"`、`"tokens:  !@#$%^&*"`、`"Old MacDonald had a farm"` などの文字列値を入れることができる。これを図解すると、以下のようになる。

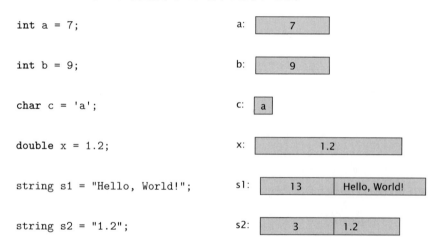

`string` 型の表現は `int` 型の表現よりも少し複雑である。これは、`string` がそこに含まれる文字の個数を追跡するためだ。`double` が数字を格納するのに対し、`string` が文字を格納することに注意しよう。たとえば、`x` が数字の 1.2 を格納するのに対し、`s2` は 3 つの文字 '1'、'.'、'2' を格納する。文字や文字列リテラルの引用符は格納されない。

`int` はすべて同じサイズである。つまり、コンパイラーは `int` ごとに同じ固定サイズのメモリーを確保する。標準的なデスクトップコンピューターでは、そのサイズは 4 バイト（32 ビット）である。同様に、`bool`、`char`、`double` のサイズも固定である。一般的なコンピューターでは、`bool` に 1 バイト（8 ビット）、`double` に 8 バイトを使用する。消費される領域の量がオブジェクトの型によって異なることに注意しよう。具体的には、`char` は `int` よりも領域を消費しない。`string` は、文字列ごとに消費する領域の量が異なる点で、`double`、`int`、`char` とは異なる。

メモリー内のビットの意味は、それにアクセスするために使用される型に完全に依存する。次のように考えてみよう —— コンピューターのメモリーは型のことを知らない。それは単なるメモリーである。メモリーのビットが意味を持つのは、そのメモリーが解釈される方法を私たちが決定するときだけである。これは私たちが数字を使って日々行っていることに似ている。12.5 は何を意味するか。それはわからない。12.5 ドルなのかもしれないし、12.5 センチなのかもしれないし、12.5 ガロンなのかもしれない。単位を与えて初めて、12.5 という表記が何かを意味する。

たとえば、`int` として見たときに 120 の値を表すメモリービットは、`char` として見たときに `'x'` を表す。`string` として見たときにはまったく意味をなさず、それを使用しようとすればランタイムエラーになるだろう。これを図解すると以下のようになる。メモリー内のビットの値は 1 と 0 で示されている。

```
00000000 00000000 00000000 01111000
```

この図は、`int`（120）として、または `char`（右端の 8 ビットだけを見れば `'x'`）として読み込むことができるメモリー内のビットの状態を表している。ビット（*bit*）とは、0 または 1 の値を持つことができるコンピューターメモリーの単位のことだ。2 進数（*binary number*）の意味については、付録 A の「§A.2.1.1 記数法」にまとめてある。

3.9 型の安全性

オブジェクトを定義するときには、オブジェクトに型を割り当てる。プログラム —— またはプログラムの一部 —— の型の安全性が保証される、つまり型セーフとなるのは、オブジェクトがそれらの型のルールに従って使用されるときだけである。残念ながら、型セーフではない演算を実行する方法がいくつかある。たとえば、初期化されていない変数を使用することは、型セーフであるとは見なされない。

```
int main()
{
    double x;            // 初期化を忘れる: x の値は未定義
    double y = x;        // y の値は未定義
    double z = 2.0+x;    // + の意味と z の値は未定義
}
```

初期化されていない x が使用されたらハードウェアエラーを生成することさえ可能な実装もあるほどだ。変数は常に初期化すべきだが、このルールには例外がいくつかある。それらは、入力演算のターゲットとしてすぐに使用するなど、ごく限られたものだ。変数を常に初期化するのはよい習慣であり、多くのトラブルを未然に防ぐ。

完全な型の安全性は理想であり、C++ 言語の原則である。残念ながら、C++ コンパイラーは型の安全性を完全に保証できないが、よいコーディング習慣と実行時のチェックを組み合わせることで、型の安全性への違反を回避できる。理想を言えば、コンパイラーが型の安全性を保証できないような言語の機能は使用しないようにしたいところだが、それでは制限が厳しすぎて、現実的なプログラミングの妨げになってしまう。型の安全性への違反をチェックし、それらをすべて捕捉するコードをコンパイ

ラーに暗黙的に生成させるという方法もあるが、それはC++の域を超えている。安全ではないことを行うとしたら、自分で何らかのチェックを行わなければならない。そうしたケースについては、そのつど説明していく。

型の安全性という目標は、コードを記述するときにきわめて重要となる。この段階でそれを指摘したのは、そのためだ。落とし穴に目を光らせ、それらを避けるようにしよう。

3.9.1 安全な変換

「§3.4 演算と演算子」では、`char` と `char` を足したり、`double` を `int` と比較したりする直接の方法はないことを指摘した。ただし、C++には、その両方を間接的に行う方法がある。`char` は必要に応じて `int` に変換され、`int` は必要に応じて `double` に変換される。

```
char c = 'x';
int i1 = c;
int i2 = 'x';
```

この場合、i1 と i2 の値はどちらも 120 である。120 は、最もよく知られている 8 ビット文字セットである ASCII において、文字 `'x'` の整数値を表す。これは文字の数値表現を単純かつ安全に取得する方法である。情報が失われないことから、これは「char から int への安全な変換」と呼ばれる。つまり、結果として得られた `int` 型の値を `char` にコピーすると、元の値が得られる。

```
char c2 = i1;
cout << c << ' ' << i1 << ' ' << c2 << '\n';
```

出力は以下のようになる。

```
x 120 x
```

値が常に同等の値に変換される、あるいは（`double` の場合は）同等の値に最も近い値に変換されるという意味では、以下の変換は安全だ。

```
bool から char
bool から int
bool から double
char から int
char から double
int から double
```

最も便利な変換は、`int` から `double` への変換である。それにより、`int` と `double` を同じ式で使用できるようになる。

```
double d1 = 2.3;
double d2 = d1+2;    // 2 は加算の前に 2.0 に変換される
```

```
    if (d1 < 0)           // 0 は比較の前に 0.0 に変換される
        cout << "d1 is negative";
```

int 型の値が非常に大きい場合、コンピューターによっては double 型に変換するときに精度が失われることがあるが、この問題はめったに起きない。

3.9.2 安全ではない変換

安全な変換は、通常はプログラマーに対する補助であり、コードの記述を単純にする。残念ながら、C++ では（暗黙的に）安全ではない変換も許可される。「安全ではない」とは、値が別の型に暗黙的に変換されるときに、元の値と等しくない値になる可能性があることを意味する。

```
int main()
{
    int a = 20000;
    char c = a;    // int をそれよりも小さい char に縮小
    int b = c;
    if (a != b)    // != は「等しくない 」を意味する
        cout << "oops!: " << a << "!=" << b << '\n';
    else
        cout << "Wow! We have large characters\n";
}
```

このような変換は、オブジェクトが小さすぎて値を完全に格納できない可能性があることから、「縮小変換」とも呼ばれる。残念ながら、int による char の安全ではない初期化について警告するコンパイラーはほとんど存在しない。問題は、int が一般に char よりもはるかに大きく、char として表せない値を保持できることにある。そして、この場合はそうした値を保持している。各自のコンピューターで、b の値がどうなるか実際に確認してみよう。一般的な結果は 32 である。さらによいのは、以下のコードを試してみることだ。

```
int main()
{
    double d = 0;
    while (cin>>d) {   // 数字を入力している間は、以下の文を繰り返し実行
        int i = d;                      // double から int への変換を試みる
        char c = i;                     // int から char への変換を試みる
        int i2 = c;                     // 文字の整数値を取得
        cout << "d==" << d              // 元の double 値
            << " i=="<< i               // int への変換
            << " i2==" << i2            // char の int 値
            << " char(" << c << ")\n";  // char
```

```
    }
}
```

ここでは、多くの値を試せるように while 文（§4.4.2.1）を使用している。

TRY THIS

このプログラムをさまざまな入力で試してみる。2 や 3 といった小さい値、127 よりも大きい値や 1000 よりも大きい値、負の値、56、89、128、そして 56.9 や 56.2 といった整数ではない値で試してみる。このプログラムは、double から int への変換と int から char への変換が各自のコンピューターでどのように行われるのかを示すだけでなく、特定の整数値に対してコンピューターが出力する文字がある場合はそれも示す。

多くの入力値から「不合理」な結果が生成されることがわかるだろう。要するに、私たちは 500 ミリリットルのグラスに 4 リットルの水を入れようとしている。以下の変換はどれも安全ではないが、コンパイルエラーにはならない。

double から int
double から char
double から bool
int から char
int から bool
char から bool

格納される値が代入された値と異なるかもしれないという意味において、これらは安全ではない。これはなぜ問題なのか。安全ではない変換が行われていても私たちが気づかないことが多いからだ。以下のコードを見てほしい。

```
double x = 2.7;
// この間に大量のコードが挟まれる
int y = x;   // y は 2 になる
```

y を定義するころには、x が double 型であったことを忘れてしまうかもしれない。あるいは、double から int への変換が従来の四捨五入を使用するのでなく、端数を切り捨てることを一時的に忘れてしまっているかもしれない。何が起きるかは完全に予測できるが、情報（.7）が捨てられてしまうことは int y = x; を見てもまったくわからない。

int から char への変換には、切り捨ての問題はない — int も char も整数の端数を表せないからだ。ただし、char が保持できるのは非常に小さい整数値だけである。PC では、char が 1 バイトであるのに対し、int は 4 バイトである。

したがって、情報を失わずに 1,000 のような大きな数を char に格納することはできない — そうした値は「縮小」される。

```
int a = 1000;
char b = a;    // （一部のコンピューターでは）b は -24 になる
```

型のすべての値に、それに相当する char 型の値が存在するわけではない。char 型の値の正確な範囲はその実装による。PC では、char 型の値の範囲は [-128:127] だが、すべてのコンピューターが PC ではないし、char 型の値の範囲はコンピューターによって異なるため（[0:255] など）、おそらく使用できるのは [0:127] だけだろう。

人々はなぜ縮小変換の問題を受け入れるのだろうか。主な理由はその経緯にある — C++ はその原型である C 言語から縮小変換を受け継いでいるため、誕生したその日から、縮小変換に依存するコードがいくらでもある状態だった。また、そうした変換の多くは、使用される値がたまたま範囲内に収まっているために、実際には問題を引き起こさない。そして多くのプログラマーは、コンパイラーに「つべこべ言われたくない」。とりわけ、変換が安全ではないことにまつわる問題は、プログラムが小さい場合や、プログラマーに経験がある場合にはたいてい対処できる。ただし、プログラムが大きい場合はエラーの温床となり、プログラマーに経験がない場合は深刻な問題に発展することがある。とはいうものの、縮小変換についてコンパイラーに警告させることは可能であり、多くのコンパイラーは実際に警告する。

C++11 では、縮小変換をお払い箱にする初期化の表記が導入されている。たとえば、先の問題を抱えているプログラムは、= 表記の代わりに {} リスト表記を使って書き換えることできるので、ぜひそうすべきである。

```
double x {2.7};  // OK
int y {x};       // エラー: double → int は縮小変換の可能性がある

int a {1000};    // OK
char b {a};      // エラー: int → char は縮小変換の可能性がある
```

イニシャライザー（初期化子）が整数リテラルである場合、コンパイラーは実際の値をチェックして、縮小変換を暗示しない値を受け入れることができる。

```
int char b1 {1000};   // エラー: 縮小変換（char が 8 ビットの場合）
char b2 {48};         // OK
```

変換によって不正な値がもたらされる可能性がある場合はどうすればよいだろうか。{} 形式のイニシャライザーを使って問題を未然に防げばよい。そして変換が必要な場合は、本節の最初の例で示したように、値を代入する前にチェックする。こうしたチェックを簡単に行う方法については、第 5 章の「§5.6.4 縮小エラー」と第 7 章の「§7.5 剰余：％」で説明する。{} リストに基づく表記は、**統一した初期化**（*universal and uniform initialization*）として知られている。これについては、後ほど詳しく見ていく。

■ ドリル

各ステップの後にプログラムを実行し、プログラムの動作が期待どおりであることを実際に確認する。どのような間違いを犯したかをリストにまとめて、今後は同じ間違いを犯さないようにする。

1. このドリルでは、ユーザー入力に基づいて手紙の単純なテンプレートを生成するプログラムを記述する。まず、「§3.1 入力」のコードを入力し、ユーザーにファーストネームを入力させるためのプロンプトを表示し、"Hello, <first_name>" を出力する。<first_name> には、ユーザーが入力した名前が入る。これ以降、山かっこ（<>）で囲まれている部分には、その名前の変数の値が入るものとする。次に、コードのプロンプト文を "Enter the name of the person you want to write to" に変更し、出力を "Dear <first_name>," に変更する。最後のコンマ（,）に注意。

2. "How are you? I am fine. I miss you." などのあいさつ文を 1～2 行追加する。最初の行は必ず字下げ（インデント）する。これはあなたの手紙なので、好みの文を何行か追加する。

3. ユーザーに別の友人の名前を入力させるためのプロンプトを表示し、それを friend_name 変数に代入する。"Have you seen <friend_name> lately?" という文章を手紙に追加する。

4. friend_gender という char 型の変数を宣言し、その値を 0 に初期化する。友人が男性であれば m、女性であれば f を入力するためのプロンプトを表示し、入力された値を friend_gender 変数に代入する。次に、2 つの if 文を使って以下のコードを記述する。

   友人が男性である場合は、"If you see <friend_name> please ask him to call me" を出力する。友人が女性である場合は、"If you see <friend_name> please ask her to call me" を出力する。

5. ユーザーに受取人の年齢を入力させるためのプロンプトを表示し、それを age という int 型の変数に代入する。プログラムに "I hear you just had a birthday and you are <age> years old." を出力させる。age 変数の値が 0 以下または 110 以上の場合は、std_lib_facilities.h の simple_error 関数を使って simple_error("you're kidding!") を呼び出す。

6. 手紙に以下のコードを追加する。

   友人が 12 歳未満である場合は、"Next year you will be <age+1>" を出力する。
   友人が 17 歳の場合は、"Next year you will be able to vote" を出力する。
   友人が 70 歳以上の場合は、"I hope you are enjoying retirement" を出力する。

   それぞれの値にプログラムが適切に応答することを確認する。

7. "Yours sincerely" に続いて、署名のための空白行を 2 行追加し、最後に自分の名前を追加する。

■ 復習

1. プロンプトという用語は何を意味するか。
2. 変数への読み込みにはどの演算子を使用するか。
3. `number` という名前の変数に代入する整数値をユーザーに入力させたい場合、ユーザーにそれを要求して値をプログラムに入力するためのコードを 2 行で記述できるとしたら、それはどのようなものになるか。
4. `\n` は何と呼ばれているか。その目的は何か。
5. 文字列への入力は何で終了するか。
6. 整数への入力は何で終了するか。
7. 以下のコードを 1 行で記述するにはどうすればよいか。

    ```
    cout << "Hello, ";
    cout << first_name;
    cout << "!\n";
    ```

8. オブジェクトとは何か。
9. リテラルとは何か。
10. リテラルにはどのような種類があるか。
11. 変数とは何か。
12. `char`、`int`、`double` の標準的なサイズはいくつか。
13. `int` や `string` といったメモリー内の小さなエンティティのサイズに使用する単位は何か。
14. `=` と `==` の違いは何か。
15. 定義とは何か。
16. 初期化とは何か。また、それは代入とどのように異なるか。
17. 文字列の連結とは何か。また、それを C++ で行うにはどうすればよいか。
18. 以下のうち、C++ において有効な名前はどれか。有効ではない名前があるとしたら、それはなぜか。

This_little_pig	This_1_is fine	2_For_1_special
latest thing	the_$12_method	_this_is_ok
MiniMineMine	number	correct?

19. 有効な名前のうち、混同されやすいため使用すべきではないものを 5 つあげる。
20. 名前を選ぶためのよいルールとは何か。
21. 型の安全性とは何か。それはなぜ重要か。
22. `double` から `int` への変換が問題となる可能性があるのはなぜか。
23. 型から型への変換が安全かどうかを判断するのに役立つルールを定義する。

■ 用語

cin	縮小（narrowing）
値（value）	宣言（declaration）
インクリメント（increment）	代入（assignment）
演算（operation）	定義（definition）
演算子（operator）	デクリメント（decrement）
オブジェクト（object）	名前（name）
型（type）	変換（conversion）
型の安全性（type safety）	変数（variable）
初期化（initialization）	連結（concatenation）

■ 練習問題

1. 本章の「TRY THIS」をまだ実行していない場合は実行する。
2. マイルをキロメートルに変換するプログラムを C++ で記述する。このプログラムは、ユーザーがマイル数を入力するための適切なプロンプトを表示する。ヒント：1 マイルは 1.609 キロメートル。
3. 有効な名前が付いた変数と int double = 0; といった無効な名前が付いた変数を宣言するだけで何もしないプログラムを記述し、コンパイラーがどのように反応するか確認する。
4. ユーザーに整数値を 1 つ入力させるプログラムを記述する。これらの値は val1 および val2 という名前の int 型の変数に代入する。それらの値の最小値、最大値、合計、差、積、比率を求め、ユーザーに報告する。
5. 練習問題 4 のプログラムを変更し、ユーザーに浮動小数点数を入力させ、それらを double 型の変数に代入する。2 つのプログラムに適当な数値を入力し、それらの出力を比較する。結果は同じか。同じであるべきか。何が違っているか。
6. ユーザーに整数値を 3 つ入力させ、それらの値をコンマ（,）で区切られた数列として出力するプログラムを記述する。ユーザーが 10 4 6 と入力した場合、出力は 4, 6, 10 になる。2 つの値が同じである場合は一緒に並べる。つまり、4 5 4 という入力から 4, 4, 5 という出力が得られる。
7. 練習問題 6 のプログラムを、文字列値を 3 つ使用するものに書き換える。ユーザーが Steinbeck Hemingway Fitzgerald という値を入力した場合、出力は Fitzgerald, Hemingway, Steinbeck になる。
8. 整数値が偶数か奇数かを判断するプログラムを記述する。この場合も、出力は完全かつ無駄のないものにする。つまり、「はい」または「いいえ」を出力するだけではだめであり、「値 4 は偶数である」といった完全な出力にする。ヒント：剰余（法）演算子（§3.4）。
9. zero や two のように文字で書かれた数字を 0 や 2 に変換するプログラムを記述する。ユーザーが数字を文字で入力したら、それに対応する数字を出力する。これを 0、1、2、3、4 の値に対して行い、ユーザーが stupid computer! といった対応する数字がないものを入力した場合は not a number I know を出力する。

10. 以下に示すように、演算に続いて 2 つのオペランドを受け取り、結果を出力するプログラムを記述する。

```
+ 100 3.14
* 4 5
```

入力された演算は operation という名前の文字列変数に読み込み、たとえば if (operation=="+") のように、if 文を使ってユーザーが望んでいる演算を特定する。オペランドは double 型の変数に読み込む。これを +、-、*、/、plus、minus、mul、div の 8 つの演算に対して実装する。

11. 1 セント硬貨（penny）、5 セント硬貨（nickel）、10 セント硬貨（dime）、25 セント硬貨（quarter）、50 セント硬貨（half dollar）、1 ドル硬貨（dollar）の枚数をユーザーに入力させるプログラムを記述する。たとえば How many pennies do you have? のように、各硬貨の枚数をユーザーに問い合わせる。これに対するプログラムの出力は以下のようになる。

```
You have 23 pennies.
You have 17 nickels.
You have 14 dimes.
You have 7 quarters.
You have 3 half dollars.
The value of all of your coins is 573 cents.
```

このプログラムを改良し、たとえば 14 dimes と 1 dime のように、硬貨が 1 枚だけの場合に出力の文法が正しくなるようにする。また、573 セントではなく 5 ドル 73 セントのように、合計をドルとセントで出力する。

■ 追記

型の安全性という概念の重要性を軽視してはならない。型は正しいプログラムのほとんどの概念の中心に位置している。第 6 章、第 9 章、第 II 部～第 IV 部で示すように、プログラムを構築するための最も効果的な手法の一部は、型の設計と使用に依存している。

第4章
コンピュテーション

> 正しい結果を生成する必要がなければ、
> いくらでも高速化できる。
> —— Gerald M. Weinberg

本章では、コンピュテーション（計算）の基礎を示す。具体的には、一連のオペランドから値を計算する方法（式）、複数の動作の中からどれかを選択する方法（選択）、そして一連の値に対して計算を繰り返す方法（イテレーション）について説明する。また、特定の部分計算に名前を付けて、別個に指定できるようにする方法（関数）についても説明する。ここでの目標は、うまく構成された正確なプログラムになるように計算を表現することにある。より現実的な計算を実行するのに役立つよう、連続する値を格納するための vector 型も紹介する。

- 4.1 コンピュテーション
- 4.2 目的とツール
- 4.3 式
  - 4.3.1 定数式
  - 4.3.2 演算子
  - 4.3.3 変換
- 4.4 文
  - 4.4.1 選択
  - 4.4.2 イテレーション
- 4.5 関数
  - 4.5.1 関数を使用する理由
  - 4.5.2 関数宣言
- 4.6 vector
  - 4.6.1 vector の走査
  - 4.6.2 vector の拡大
  - 4.6.3 数値の例
  - 4.6.4 テキストの例
- 4.7 言語の機能

第4章　コンピュテーション

4.1　コンピュテーション

　見方によれば、プログラムが行うのは計算（computation）だけである。つまり、プログラムは何らかの入力を受け取り、何らかの出力を生成する。何しろ、プログラムを実行するためのハードウェアをコンピューター（computer）と呼ぶくらいだ。この見解は、入力と出力を構成するものを大局的に捉える限りは正確で、筋が通っている。

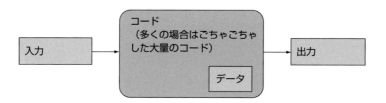

　入力は、キーボード、マウス、タッチスクリーン、ファイル、その他の入力デバイス、他のプログラム、プログラムの他の部分から取得できる。「その他の入力デバイス」には、音楽キーボード、ビデオレコーダー、ネットワーク接続、温度センサー、デジタルカメラのイメージセンサーなど、興味深い入力源のほとんどが含まれる。その種類は基本的に無限である。

　通常、プログラムには、入力を処理するための**データ構造**（*data structure*）やその**状態**（*state*）とも呼ばれるデータが含まれている。たとえばカレンダープログラムには、さまざまな国の休日リストやユーザーの予定リストが含まれているかもしれない。プログラムに最初から含まれているデータもあれば、プログラムが入力を読み込み、そこから有益な情報を収集することによって構築されるデータもある。たとえばカレンダープログラムの場合は、おそらく予定リストを入力から作成することになるだろう。このカレンダープログラムの主な入力は、（おそらくマウスクリックを通じて）指定された月と日を表示するためのリクエストと、（おそらくキーボードを通じて入力された）予定を整理するためのリクエストである。このプログラムの出力は、カレンダーと予定を表示することと、このプログラムが画面上に書き出すボタンと入力プロンプトである。

　入力元となるソースと、出力先となるターゲットはさまざまである。出力については、画面、ファイル、ネットワーク接続、その他の出力デバイス、他のプログラム、およびプログラムの他の部分に書き出すことができる。出力デバイスの例としては、ネットワークインターフェイス、ミュージックシンセサイザー、電気モーター、ライト、ヒーターなどがあげられる。

　プログラミングの観点からすると、最も重要かつ興味深いカテゴリーは、「別のプログラムとやり取りする」ことと、「プログラム内の別の部分とやり取りする」ことである。本書の残りのページは後者に割かれている —— 協調的に動作する部品の集まりとしてプログラムを表現する方法と、それらの部品がデータを共有および交換する方法について説明していると言ってもよいだろう。これらはプログラミングにおける重要な課題であり、図解すると以下のようになる。

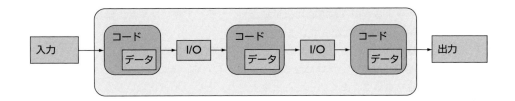

I/O は「Input/Output（入出力）」を意味する。この場合は、コードのある部分からの出力が次の部分への入力となる。こうした「プログラムの各部品」が共有するのは、メインメモリーまたはディスクといった永続記憶装置に格納されたデータか、ネットワーク接続経由で送信されたデータである。「プログラムの各部品」は、一連の入力引数から結果を生成する関数、物体の動きを表現する関数、プログラム内のテーブルを変更する関数といった要素を意味する。たとえば、浮動小数点数から平方根を求める関数や、物体の位置の状態に応じて画面上に線を描く関数、顧客テーブルに名前を追加する関数が考えられる。

ここで**入力**（*input*）および**出力**（*output*）と呼んでいるものは、一般的には、コンピューターに入力される情報とコンピューターから出力される情報を意味するが、プログラムの部品に渡される情報やプログラムの部品によって生成される情報として捉えることもできる。多くの場合、プログラムの部品への入力は**引数**（*argument*）と呼ばれ、プログラムの部品からの出力は**結果**（*result*）と呼ばれる。

ここで**コンピュテーション**（*computation*：計算）と呼んでいるものは、何らかの入力に基づいて何らかの出力を生成する行為のことだ。たとえば、`square` という計算（関数）を使用して、7 という入力から 49 という出力を生成することを意味する（§4.5）。ちなみに 1950 年代までは、「コンピューター」という言葉は、会計士や航海士、物理学者など、計算を行う人を指していた。現在では、ほとんどの計算がさまざまな形状のコンピューター（機械）に任されている。最も単純なコンピューターは電卓だ。

4.2　目的とツール

プログラマーの仕事は、計算を以下のように表現することだ。

- 正しく
- 単純に
- 効率よく

これらの理想の順序に注目しよう。正しくない結果を返すとしたら、プログラムがいくら速くても意味がない。同様に、正しく効率のよいプログラムは複雑であり、新しいバージョン（リリース）を作成するには、それを放棄するか、完全に書き直さなければならない可能性がある。有益なプログラムは、新しいニーズや新しいハードウェアに対応するために絶えず変更されることを思い出そう。したがって、プログラム — およびプログラムのすべての部品 — は、そのタスクの実行が可能な、ぎりぎりまで単純なものでなければならない。たとえば、地元の小学校で子供たちに算数を教えるための完璧なプログラムを書いたが、その内部構造がぐちゃぐちゃであるとしよう。子供たちとのコミュニケーションにはどの言語を使用したのだろうか。英語だろうか、それとも英語とスペイン語だろうか。そのプログラムをフィンランドで使用したい場合はどうするのだろうか。クウェートで使用したい場合はどうするのだろうか。子供たちとのコミュニケーションに使用する（自然）言語を変更したい場合はどうするのだろうか。プログラムの内部構造がぐちゃぐちゃであるとしたら、ユーザーとのコミュニケーションに

使用する自然言語を変更するという論理的には単純な ― だが、実際には非常に難しい場合がほとんどの ― 作業は、手に負えないものになってしまう。

正確さ、単純さ、効率のよさに関心を抱くのは、コードを他人のために記述し、それをうまく行うことに責任を負った瞬間だ。つまり、プロになることを決意したら、その責任を負うのは当然のことだ。現実には、コードを寄せ集めてうまくいったら出来上がり、というわけにはいかない ― プログラマーはプログラムの構造に関心を持たなければならない。逆に言えば、構造と「コードの品質」に配慮することは、何かを成し遂げるための最もすばやい方法であることが多い。プログラミングがうまく行われていれば、プログラミングにおいて最ももどかしい部分である「デバッグ」の必要性が最小限に抑えられる。つまり、開発時にプログラムの構造をうまく整理しておけば、エラーの数やそうしたエラーを見つけて取り除くのに必要な時間を極力短くできる。

プログラムの構造を整理するための ― そして、自分たちの考えをプログラムにまとめるための主な手段は、大きな計算を複数の小さな計算に分割することである。これには、以下の2つの方法がある。

- 抽象化
  機能を使用するにあたって必要のない詳細（実装の詳細）を、便利で一般的なインターフェイスで覆い隠す。たとえば、電話帳の内容を並べ替える方法についてあれこれ考えるのではなく、C++ の標準ライブラリの sort アルゴリズムを呼び出せばよい。ソートを実行するために知っておかなければならないのは、そのアルゴリズムを呼び出す方法だけである。つまり、b が電話帳であるとすれば、sort(b) と記述すればよい。sort() は、標準ライブラリの sort アルゴリズムの一種であり、<algorithm> で定義されている（§21.8、§B.5.4）。もう1つの例は、コンピューターのメモリーを使用する方法だ。メモリーを直接使用するとなるとかなりやっかいなことになるため、型指定された名前付きの変数（§3.2）、標準ライブラリの vector（§4.6、第17章～第19章）、map（第21章）などを通じてアクセスする。

- 分割統治
  大きなプログラムを複数の小さなプログラムに分割する。たとえば、辞書を作成する必要がある場合は、その作業を「データの読み込み」「並べ替え」「出力」の3つに分割できる。結果として得られる問題はそれぞれ元の問題よりもずっと小さい。

これが役立つのはなぜだろうか。結局のところ、それらの部品から構築されたプログラムは、すべてが要領よく結合されたプログラムよりもひとまわり大きくなる可能性がある。このようにするのは、私たちが大きな問題に対処するのがあまり得意ではないためだ。（プログラミングや他の場面で）そうした問題に実際に対処する方法は、それらをより小さな問題に分割し、1つ1つが理解して解決できるくらい単純になるまでさらに分割していくことである。プログラミングに話を戻すと、1,000行のプログラムには、100行のプログラムの10倍を優に超えるエラーが含まれていることがわかるだろう。このため、私たちは1,000行のプログラムを100行未満の部品で構成するようにしている。たとえば1,000万行のプログラムの場合、抽象化と分割統治を適用することはもはや選択肢ではなく、必須条件である。巨大なプログラムを書いてメンテナンスするのはとうてい不可能である。本書の残りの部分については、こう考えることもできる ― 本書の残りの部分は、より小さく分割する必要がある問題と、その分割に必要なツールや手法に関する例で構成されている。

プログラムを分割するときには、さまざまな部品とそれらのやり取りを表現するためにどのようなツールを利用できるかについて常に検討する必要がある。よいライブラリには、アイデアを表現するための便利な機能が含まれている。プログラムのさまざまな部品に機能を分配する方法は、そうしたライ

ブラリに大きく左右されることがある。プログラムを最もうまく分割する方法についてただ「考えて」いてもらちが明かない。さまざまな部品とそれらのやり取りを表現するために利用できるライブラリについて検討しなければならない。C++ の標準ライブラリをはじめ、既存のライブラリを利用できる場合は、プログラミングだけでなく、テストやドキュメントの作成においても、多くの手間が省ける。この段階でそれを言うのは性急かもしれないが、早すぎるということはない。`iostream` を利用すれば、ハードウェアの入出力ポートを直接操作せずに済む。これは抽象化に基づいてプログラムを分割する最初の例である。この後の章で、さらに例を紹介していく。

構造と構成に重点を置くことに注意しよう。文をたくさん書けばよいコードになる、というものではない。ここでそれを指摘するのはなぜだろうか。この段階では、少なくとも多くの読者は、コードとはどのようなものなのかほとんど見当がついていない。そして、人々の生活や暮らしに役立つようなコードを記述できるようになるまでに数か月はかかるだろう。これをあえて指摘するのは、学ぶことの重要性を理解してもらいたいからだ。つい先走ってしまい、本章の残りの部分で説明するような、具体的ですぐに役立つプログラミングの部品に目を奪われるのはよくあることだ。そして、ソフトウェア開発のより「ソフト」で概念的な部分は無視されてしまう。だが、優秀なプログラマーとシステム設計者は、優れたソフトウェアの中心にあるのは構造への配慮であることと、構造を無視すればコードが乱雑になってコストがかさむことを（身をもって）知っている。構造がないのは、たとえて言うなら、泥レンガを積み上げているようなものだ。積み上げていくことはできるが、5 階建てにするのは無理である。レンガには構造的にそれだけの強度がない。長く通用するものを構築しようと意気込んでいる場合は、失敗した後になってコードの構造と構成の重要性を思い知らされることのないよう、注意を怠らないようにしよう。

4.3　式

プログラムの最も基本的な要素は**式**（*expression*）である。式は複数のオペランドから値を計算する。最も単純な式は、`10`、`'a'`、`3.14`、`"Norah"` といったリテラル値である。

変数の名前も式である。変数はその名前のオブジェクトを表す。以下のコードについて考えてみよう。

```
// 面積の計算
int length = 20;          // リテラル整数（変数の初期化に使用）
int width = 40;
int area = length*width;  // 乗算
```

この場合、リテラル 20 と 40 は、変数 `length` と `width` を初期化するために使用されている。続いて、`length` と `width` の掛け算が行われている。つまり、`length` と `width` に含まれている値を掛け合わせている。`length` は、「`length` という名前のオブジェクトに含まれている値」の省略表記である。以下のコードについてはどうだろうか。

```
length = 99;  // 99 を length に代入
```

代入の左オペランドである `length` は、「`length` という名前のオブジェクト」を意味する。よって、この代入式は「99 を `length` という名前のオブジェクトに代入する」という意味になる。代入または初

期化の左辺で使用される `length` は「`length` の lvalue」または「`length` という名前のオブジェクト」として区別される。代入または初期化の右辺で使用される `length` は「`length` の rvalue」「`length` という名前のオブジェクトの値」、または単に「`length` の値」として区別される。この場合は、変数を名前が書かれた箱として図にするとわかりやすい。

```
              int:
length:      |  99  |
```

つまり、`length` は 99 という値を含んだ `int` 型のオブジェクトの名前である。`length` は、lvalue として箱（オブジェクト）を参照することもあれば、rvalue としてその箱の中の値を参照することもある。

算数と同様に、+ や * といった演算子を使って式を結合することにより、さらに複雑な式を作成することもできる。必要であれば、かっこを使って式をくくることもできる。

```
int perimeter = (length+width)*2;   // 加算に続いて乗算を行う
```

かっこを使用しない場合は、以下のように書かなければならない。

```
int perimeter = length*2+width*2;
```

これでは要領が悪いし、以下のようなミスを犯してしまうかもしれない。

```
int perimeter = length+width*2;   // width*2 を length に足す
```

このエラーは論理的なもので、コンパイラーでは検出できない。コンパイラーが確認するのは、`perimeter` という変数が有効な式で初期化されていることだけだ。その式の結果が無意味であったとしても、コンパイラーの知ったことではない。人は周長（perimeter）の数学的な定義を知っているが、コンパイラーは知らない。

演算子の優先順位（§A.5）に関しては数学の通常のルールが適用されるため、`length+width*2` は `length+(width*2)` という意味になる。同様に、`a*b+c/d` は `a*(b+c)/d` ではなく `(a*b)+(c/d)` という意味である。

かっこの使用に関する第一の法則は「迷ったらかっこを付ける」だが、`a*b+c/d` のような簡単な式で迷わないよう、優先順位を理解しておこう。`(a*b)+(c/d)` のようにかっこを使いすぎると読みにくくなる。

読みやすさに配慮するのはなぜだろうか。あなたのコードを読むのはあなただけではなく、他の誰かもあなたのコードを読むからだ。コードが汚いと読んで理解するのに時間がかかる。汚いコードは読みにくいだけでなく、正しく理解するのもかなり難しい。汚いコードは論理的なエラーを覆い隠してしまうことが多い。そうしたコードは読むのに時間がかかり、そのコードが正しいことを自分自身や他人に納得させるのも難しくなる。以下のような話にならないほど複雑な式を書いてはならない。常に意味のある名前を選択するように心がけよう。

```
a*b+c/d*(e-f/g)/h+7   // 複雑すぎる
```

4.3.1 定数式

プログラムでは、たいてい多くの定数が使用される。たとえば、幾何学プログラムで pi を使用することもあれば、インチからセンチメートルへの変換プログラムで 2.54 などの換算率を使用することもある。当然ながら、このような定数には（3.14159 ではなく pi にしたように）意味のある名前を付けたいところだ。同様に、これらの定数を誤って変更してしまうことも避けたい。というわけで、C++ には記号としての定数という概念がある。これは、初期化された後は新しい値を与えることができない名前付きのオブジェクトのことだ。

```
constexpr double pi = 3.14159;
pi = 7;              // エラー: 定数への代入
double c = 2*pi*r;   // OK: pi を読み込むだけで、変更しようとしていない
```

このような定数は、コードを読みやすくするのに役立つ。3.14159 なら pi の近似値であることが何となくわかるが、299792458 が何であるか見当がつくだろうか。たとえば、12 桁の計算精度を持つ pi を使用するようにコードを書き換えることを依頼されたとしよう。コードで 3.14 を探せばよいわけだが、あろうことか 22/7 が使用されていた場合は、おそらく見つからないだろう。より適切な値を使用するように pi 定義を変更するだけのほうが、はるかにましである。

```
constexpr double pi = 3.14159265359;
```

結果として、コードのほとんどの場所では、0 や 1 といったわかりきったものは別として、リテラルを使用しないことが望ましい。私たちは代わりに、わかりやすい名前の定数を使用する。コード中にある自明ではない（記号的な定数として定義されていない）リテラルは、**マジック定数**（*magic constant*）と揶揄されている。

case ラベル（§4.4.1.3）など、一部の場所では、**定数式**（*constant expression*）を使用する必要がある。定数式とは、定数だけで構成された整数値を持つ式のことだ。

```
constexpr int max = 17;   // リテラルは定数式である
int val = 19;

max+2              // 定数式（const int ＋リテラル）
val+2              // 変数を使用しているため、定数式ではない
```

ちなみに、299792458 は宇宙の基礎的な定数の 1 つであり、真空中で光が 1 秒間に何メートル進むかという速度（光速）を表す値である。それがひと目でわからなかったとしたら、コードに埋め込まれている他のリテラルに惑わされて、コードを読むのに時間がかかるのは当然のことではないだろうか。マジック定数は避けるようにしよう。

constexpr 定数を使用できるのは、コンパイル時に判明している値だけである。

```
constexpr int max = 100;
```

```
void use(int n)
{
    constexpr int c1 = max+7;  // OK: c1 は 107
    constexpr int c2 = n+7;    // エラー: c2 の値はわからない
    ...
}
```

「変数」がコンパイル時に判明しない値で初期化され、初期化の後は変更されない、というケースがある。このケースに対処するために、C++ には const という形式の定数が用意されている。

```
constexpr int max = 100;

void use(int n)
{
    constexpr int c1 = max+7;  // OK: c1 は 107
    const int c2 = n+7;        // OK: ただし c2 の値を変更しようとしてはならない
    ...
    c2 = 7;                    // エラー: c2 は const
}
```

こうした const 変数は、以下の 2 つの理由により、非常によく使用される。

- C++98 には constexpr がなかったため、const が使用されていた。
- 定数式ではなく（コンパイル時に値が判明しない）、初期化の後は値を変更できない「変数」には、さまざまな用途がある。

4.3.2 演算子

ここまででは、最も単純な演算子だけを使用してきた。より複雑な演算を表現するようになれば、より複雑な演算子がすぐに必要になる。ほとんどの演算子は慣習的なものだ。それらについてはそのつど説明していくので、必要に応じて詳細を調べればよい。以下に示すのは、最も一般的な演算子である。

	名前	備考
f(a)	関数呼び出し	a を引数として f に渡す
++lval	前置インクリメント	インクリメントし、インクリメントした値を使用する
--lval	前置デクリメント	デクリメントし、デクリメントした値を使用する
!a	否定	結果は bool
-a	単項マイナス	
a*b	乗算	
a/b	除算	
a%b	剰余（法）	整数型にのみ使用

4.3 式

	名前	備考
a+b	加算	
a-b	減算	
out<<b	b を out に書き出す	out は ostream
in>>b	in から b に読み込む	in は istream
a<b	より小さい	結果は bool
a<=b	以下	結果は bool
a>b	より大きい	結果は bool
a>=b	以上	結果は bool
a==b	等しい	= と混同しないこと
a!=b	等しくない	結果は bool
a&&b	論理積（AND）	結果は bool
a||b	論理和（OR）	結果は bool
lval=a	代入	== と混同しないこと
lval*=a	複合代入	lval=lval*a （/、%、+、- にも当てはまる）

この表では、演算子がオペランドを変更する場合に lval を使用している。lval は、代入の左辺に使用できる値の略記である。完全なリストは、付録 A の「§A.5 式」に用意してある。

また、論理積演算子 && （§5.5.1）、論理和演算子 || （§7.7、§7.8.2）、論理否定演算子（§10.4）の例も用意してある。

a<b<c が (a<b)<c を意味することと、a<b が Boolean 値である true または false に評価されることに注意しよう。よって、a<b<c は true<c または false<c のどちらかになる。特に、a<b<c は「b は a と c の間にあるか」を意味するわけでない（そう思うのも無理はないが）。a<b<c は、基本的には意味のない式である。こうした比較演算子を 2 つ使用する式を書いてはならない。誰かのコードでそうした式を見つけたら、疑ってかかるようにしよう。そうした式はたいていエラーである。

インクリメントを表現する方法は少なくとも 3 つある。

```
++a
a+=1
a=a+1
```

どの表記を用いればよいか迷うかもしれない。私たちは、インクリメントをより直接的に表現する 1 つ目の ++a を使用することにしている。これは何かをする方法（a に 1 を足して結果を a に書き出す）ではなく、何をしたいか（a をインクリメントする）を示すからだ。一般的には、プログラムで何かを表現するとしたら、アイデアをより直接的に表現するのがよいとされている。その結果はより簡潔で、読んで理解しやすい。a=a+1 と書いたのでは、1 つインクリメントすることが本当の意図であるかどうかについて疑問が残ってしまう。a=b+1、a=a+2、または a=a-1 と入力するはずが間違えたのかもしれない。++a なら、そうした疑念が入り込む余地はほとんどない。これは読みやすさと正確さに関する論理的な議論であって、効率のよさに関する議論ではない。一般的に信じられていることとは反対に、最近のコンパイラーは、a が組み込み型の 1 つである場合に、a=a+1 でも ++a でもまったく同じコード

を生成する傾向にある。同様に、a=a*scale よりも a*=scale のほうが望ましい。

4.3.3 変換

式には複数の型を「混在」させることができる。たとえば、2.5/2 は double を int で割っている。これは何を意味するのだろうか。整数の除算を行うのだろうか。それとも浮動小数点数の除算を行うのだろうか。整数の除算は余りを捨てる。たとえば 5/2 は 2 になる。これに対し、浮動小数点数の除算には捨てる余りがない。たとえば 5.0/2.0 は 2.5 になる。したがって、「2.5/2 は整数の除算か浮動小数点数の除算か」という質問に対する最も明白な答えは、「もちろん浮動小数点数であり、そうでなければ情報が失われてしまう」である。答えとして望ましいのは 1 ではなく 1.25 であり、私たちが得るのも 1.25 である。演算子のオペランドが double 型である場合は「浮動小数点数の演算を使って double 型の結果を得る」というのが（ここまで見てきた型の）ルールである。それ以外の場合は、整数の演算を使って int 型の結果を得る。

```
5/2 は（2.5 ではなく）2
2.5/2 は 2.5/double(2)（つまり 1.25）を意味する
'a'+1 は int('a')+1 を意味する
```

type(value) および type{value} という表記は、「type 型の変数を value という値で初期化するかのように、value を type に変換する」ことを意味する。つまり、コンパイラーは必要に応じて、int 型のオペランドを double 型に、char 型のオペランドを int 型に変換する（昇格させる）。type{value} 表記は縮小変換（§3.9.2）を阻止するが、type(value) 表記は阻止しない。結果が計算された後、その値をイニシャライザーや代入の右辺として使用するために、コンパイラーがそれを（再び）変換する必要があるとしよう。

```
double d = 2.5;
int i = 2;

double d2 = d/i;    // d2 == 1.25
int i2 = d/i;       // i2 == 1
int i3 {d/i};       // エラー: double → int は縮小変換の可能性あり (3.9.2)

d2 = d/i;           // d2 == 1.25
i2 = d/i;           // i2 == 1
```

浮動小数点数のオペランドが含まれている式では、整数の除算のことを忘れがちである。温度をセ氏からカ氏に変換するための通常の公式（$f = 9/5 \times c + 32$）について考えてみよう。たとえば、以下のようなコードを書いたとしよう。

```
double dc;
cin >> dc;
double df = 9/5*dc+32;    // 注意!
```

残念ながら（当然かもしれないが）、これでは温度尺度の変換を正確に行うことはできない。9/5 の値として 1.8 を期待したかもしれないが、その値は 1 である。このコードを数学的に正しいものにするには、9 または 5（あるいは両方）を double 型に変更する必要がある。

```
double dc;
cin >> dc;
double df = 9.0/5*dc+32;    // こちらのほうがよい
```

4.4 文

　式では、前節で説明したような演算子を使用して、一連のオペランドから値を計算する。複数の値を生成したい場合はどうすればよいだろうか。何かを繰り返し実行したい場合はどうすればよいだろうか。選択肢の中から選択したい場合はどうすればよいだろうか。入力を取得したい場合や出力を生成したい場合はどうすればよいだろうか。多くの言語と同様に、C++ では、文（statement：ステートメント）と呼ばれる言語構造を使用することで、こうしたことを表現する。

　ここまでは、式文と宣言の 2 種類の文を見てきた。式文は、式とそれに続くセミコロン（;）で構成される。

```
a = b;
++b;
```

これらは 2 つの式文である。代入 = は演算子なので、a=b は式である。セミコロンで終端することによって a=b; を文にできる。セミコロンが必要なのはなぜだろうか。その理由は主に技術的なものである。以下のコードを見てみよう。

```
a = b ++ b;    // 構文エラー：セミコロンがない
```

セミコロンがないと、この文が a=b++; b; と a=b; ++b; のどちらを意味しているのかをコンパイラーが判断できない。この種の問題はコンピューター言語に限ったものではない。たとえば「man eating tiger!」という感嘆文について考えてみよう。eating は man を主語とした動詞だろうか。それとも tiger を主語とした形容詞の一部だろうか。句読点は、こうした問題を解決するためにある。「man–eating tiger!」なら「人食い虎」だ。

　文が続いている場合、コンピューターはそれらを書かれた順序で実行する。

```
int a = 7;
cout << a << '\n';
```

この場合は、宣言とその初期化が出力文の前に実行される。
　通常は、文に何らかの効果を持たせたいところだ。効果のない文には一般に使い道がない。

```
1+2;    // 加算を実行するが、和を使用しない
a*b;    // 乗算を実行するが、積を使用しない
```

こうした効果を持たない文は、一般的には、論理的なエラーである。多くの場合はコンパイル時に警告が生成される。よって、式文は一般に代入、I/O、関数呼び出しのどれかになる。

もう 1 つの文についても言及しておこう。それは「空の文」である。以下のコードを見てみよう。

```
if (x == 5);
{ y = 3; }
```

これはエラーのように見えるし、ほぼ確実にエラーである。1 行目の ; は、その場所にあってはならないものだ。だが残念なことに、これは C++ において有効な構造なのである。これは**空の文**（*empty statement*）と呼ばれる何もしない文である。セミコロンの前にある空の文はほとんど役に立たない。この場合は、ほぼ確実にエラーであるものがコンパイルエラーにならないため、開発者がそれを見つけるのにひどく苦労するという不幸な結果につながる。

このコードが実行された場合はどうなるのだろうか。コンパイラーは x を評価し、その値が 5 かどうかを確認する。この条件が満たされた場合は、何の効果もない次の文（空の文）が実行される。そして、プログラムは次の行に進み、3 の値を y に代入する。これは本来なら x が 5 に等しい場合に実行されるものだ。これに対し、x の値が 5 ではない場合、コンパイラーは空の文を実行せず（やはり何の効果もない）、またしても 3 の値を y に代入する。x が 5 に等しくなければ、この代入は実行されないはずだった。言い換えるなら、if 文はどうでもよいことになる。どのみち、y の値は 3 になるからだ。これはプログラマーになりたてのころによくあるミスであり、そう簡単には見つからないことがあるので注意しよう。

次項では、評価の順序を変更するための文について説明する。それにより、文が書かれた順に実行されるときには不可能な、より興味深い計算を表現できるようになる。

4.4.1 選択

人生と同じく、プログラムでも、選択肢の中からどれか 1 つを選ばなければならないことがある。C++ では、この選択に if 文または switch 文を使用する。

4.4.1.1 if 文

最も単純な形式の選択は、2 つの選択肢のどちらかを選ぶ if 文である。

```
int main()
{
    int a = 0;
    int b = 0;
    cout << "Please enter two integers\n";
    cin >> a >> b;

    if (a<b)   // 条件
        // 1 つ目の選択肢（条件が true の場合に選択される）
        cout << "max(" << a << "," << b << ") is " << b << "\n";
    else
```

4.4 文

```cpp
    // 2つ目の選択肢（条件が false の場合に選択される）
    cout << "max(" << a << "," << b << ") is " << a << "\n";
}
```

　if 文では、2つの選択肢のどちらかを選択する。if 文の条件が満たされた場合は1つ目の文が実行され、条件が満たされない場合は2つ目の文が実行される。考え方としては単純だ。ほとんどのプログラミング言語の基本的な機能も単純である。それどころか、プログラミング言語の最も基本的な機能は、小学校かそれ以前に学んだことの新しい表記法にすぎない。たとえば、信号が青になるまで待ってから道路を横断しなければならないことは、おそらく幼稚園で教わっているはずだ ――「信号が青になったら渡りなさい」「信号が赤のときは止まりなさい」。C++ では、以下のようになる。

```cpp
if (traffic_light==green) go();
```

および

```cpp
if (traffic_light==red) wait();
```

　基本的な考え方は単純だが、if 文を安易に使いやすいことも事実である。以下のプログラムの何が問題なのかわかるだろうか。ここまでと同様に、#include は省略してある。

```cpp
// インチとセンチメートルの変換
// サフィックス 'i' と 'c' は入力の単位を示す
int main()
{
    // 1インチあたりのセンチメートル
    constexpr double cm_per_inch = 2.54;
    // インチまたはセンチメートルでの長さ
    double length = 1;
    char unit = 0;
    cout<< "Please enter a length followed by a unit (c or i):\n";
    cin >> length >> unit;

    if (unit == 'i')
        cout << length << "in == " << cm_per_inch*length << "cm\n";
    else
        cout << length << "cm == " << length/cm_per_inch << "in\n";
}
```

　実際には、このプログラムはほぼコメントどおりに動作する。1i と入力すると 1in == 2.54cm が出力され、2.54c と入力すると 2.54cm == 1in が出力される。実際に試してみよう。
　問題は、このプログラムが不正な入力をテストしないことだ。このプログラムはユーザーが正しい値を入力することをあてにしている。unit=='i' という条件は、単位が 'i' の場合とその他すべての場合とを区別するものであり、このプログラムは 'c' を探さない。

第4章　コンピュテーション

試しに 15f（15 フィート）と入力したらどうなるだろうか。条件 unit=='i' は満たされないため、2つ目の選択肢である else 部分が実行され、センチメートルからインチへの変換が行われる。どうみても 'f' が入力されたときの望ましい動作ではない。

プログラムでは常に不正な入力を評価しなければならない。故意か偶然かを問わず、不正な入力がいつかは入力されるからだ。ユーザーが不合理な行動をとったとしても、プログラムは合理的に動作しなければならない。

先のプログラムを改善してみよう。

```
// インチとセンチメートルの変換
// サフィックス 'i' と 'c' は入力の単位を示す
// その他のサフィックスはエラーになる
int main()
{
    // 1インチあたりのセンチメートル
    constexpr double cm_per_inch = 2.54;
    // インチまたはセンチメートルでの長さ
    double length = 1;
    char unit = ' ';   // スペースは単位ではない
    cout<< "Please enter a length followed by a unit (c or i):\n";
    cin >> length >> unit;

    if (unit == 'i')
        cout << length << "in == " << cm_per_inch*length << "cm\n";
    else if (unit == 'c')
        cout << length << "cm == " << length/cm_per_inch << "in\n";
    else
        cout << "Sorry, I don't know a unit called '" << unit << "'\n";
}
```

最初に unit=='i' を評価し、次に unit=='c' を評価して、どちらでもない場合は "Sorry..." を出力している。else-if 文を使用しているように見えるかもしれないが、C++ にはそのようなものは存在しない。ここでは代わりに2つの if 文を組み合わせている。if 文の一般的な形式は以下のとおり。

if（式）文 else 文

つまり、if、それに続くかっこで囲まれた式、それに続く文、それに続く else、それに続く文で構成される。ここでは、if 文を if 文の else 部分として使用している。

if（式）文 else if（式）文 else 文

先のプログラムでは、以下の構造が得られる。

```
    if (unit == 'i')
        ...    // 1つ目の選択肢
    else if (unit == 'c')
        ...    // 2つ目の選択肢
    else
        ...    // 3つ目の選択肢
```

この要領で、いくらでも複雑な評価を記述し、選択肢ごとに文を関連付けることができる。ただし、コードの理想の1つは複雑さではなく単純さであることを思い出そう。この上なく複雑なプログラムを書いて自分の才をてらうのではなく、目的を達成する最も単純なコードを書いて自分の力量を示そう。

TRY THIS

本項の例をモデルとして、円、ユーロ、ポンドをドルに変換するプログラムを作成する。リアリティを出したい場合は、Webで現在のレートを調べてみよう。

4.4.1.2 switch 文

'i'と'c'をunitと比較するのは、最も一般的な選択の形式の一例だ。これは複数の定数に対して値を比較することによる選択である。こうした選択はよく使用されるため、C++には、そのための特別な文としてswitch文が用意されている。前項の例は以下のように書き換えることができる。

```cpp
int main()
{
    // 1インチあたりのセンチメートル
    constexpr double cm_per_inch = 2.54;
    // インチまたはセンチメートルでの長さ
    double length = 1;
    char unit = 'a';
    cout<< "Please enter a length followed by a unit (c or i):\n";
    cin >> length >> unit;
    switch (unit) {
    case 'i':
        cout << length << "in == " << cm_per_inch*length << "cm\n";
        break;
    case 'c':
        cout << length << "cm == " << length/cm_per_inch << "in\n";
        break;
    default:
        cout << "Sorry, I don't know a unit called '" << unit << "'\n";
```

```
        break;
    }
}
```

　switch 文は、構文こそ古めかしいものの、特に多くの定数と比較するときには、入れ子になった if 文よりもわかりやすい。switch に続いてかっこで囲まれた値は、一連の定数と比較される。定数はそれぞれ case ラベルの一部として指定される。かっこで囲まれた値が case ラベルの定数と等しい場合は、その case の文が選択される。case はそれぞれ break で終了する。かっこで囲まれた値がどの case ラベルとも一致しない場合は、default ラベルに指定された文が選択される。default ラベルは指定しなくてもよいが、選択肢が 1 つ残らず列挙されているという確証がない場合は、default ラベルを指定するのが得策である。何についても絶対に確実である（正しい）とは言い切れないことをまだ知らなければ、プログラミングがそれを教えてくれるだろう。

4.4.1.3　switch 文の特性
　ここで、switch 文の特性をまとめてみよう。

1. switch 文で使用する値は、整数、char、列挙（§9.5）のいずれかでなければならない。具体的には、switch 文で string は使用できない。
2. case ラベルの値は定数式（§4.3.1）でなければならない。具体的には、case ラベルで変数は使用できない。
3. 2 つ以上の case ラベルに同じ値は使用できない。
4. 1 つの case で複数の case ラベルを使用できる。
5. 各 case の最後に break を忘れてはならない。それらを忘れてもコンパイラーはおそらく警告しない。

例を見てみよう。

```
int main()          // switch を使用できるのは整数などに限られる
{
    cout << "Do you like fish?\n";
    string s;
    cin >> s;
    switch (s) {    // エラー: 値は整数、char、列挙型のいずれか
    case "no":
        ...
        break;
    case "yes":
        ...
        break;
    }
}
```

string 型に基づく選択には、if 文または map（第 21 章）を使用しなければならない。

switch 文は、一連の定数に対する比較に最適なコードを生成する。定数の数が増えれば増えるほど、通常は if 文を並べるよりも効率的なコードが得られる。ただし、case ラベルの値が定数で、それぞれ異なることが前提となる。

```cpp
int main()          // case ラベルは定数でなければならない
{
    // 選択肢を定義
    int y = 'y';    // これは問題の原因になる
    constexpr char n = 'n';
    constexpr char m = '?';
    cout << "Do you like fish?\n";
    char a;
    cin >> a;
    switch (a) {
    case n:
        ...
        break;
    case y:         // エラー: case ラベルに変数が使用されている
        ...
        break;
    case m:
        ...
        break;
    case 'n':       // エラー: case ラベルが重複している（n の値は 'n'）
        ...
        break;
    default:
        ...
        break;
    }
}
```

switch 文では、複数の値で同じアクションを実行したいことがある。アクションを繰り返し定義するのは手間なので、以下に示すように、1 つのアクションに複数の case ラベルを指定できるようになっている。

```cpp
int main()      // 1 つの文に複数の case ラベルを指定できる
{
    cout << "Please enter a digit\n";
```

第4章　コンピュテーション

```cpp
        char a;
        cin >> a;

        switch (a) {
        case '0': case '2': case '4': case '6': case '8':
            cout << "is even\n";
            break;
        case '1': case '3': case '5': case '7': case '9':
            cout << "is odd\n";
            break;
        default:
            cout << "is not a digit\n";
            break;
        }
    }
```

▽ switch 文を使用するときに最もよくある間違いは、case の最後の break を忘れることだ。

```cpp
    int main()    // 正しくないコードの例（break がない）
    {
        // 1インチあたりのセンチメートル
        constexpr double cm_per_inch = 2.54;
        // インチまたはセンチメートルでの長さ
        double length = 1;
        char unit = 'a';
        cout << "Please enter a length followed by a unit (c or i):\n";
        cin >> length >> unit;

        switch (unit) {
        case 'i':
            cout << length << "in == " << cm_per_inch*length << "cm\n";
        case 'c':
            cout << length << "cm == " << length/cm_per_inch << "in\n";
        }
    }
```

　残念ながら、これはコンパイルエラーにならない。case 'i' が終了すると制御が case 'c' に進むため、2i と入力すると以下の出力が得られる。

```
    2in == 5.08cm
    2cm == 0.787402in
```

だから注意したのに！

TRY THIS

1つ前の TRY THIS の通貨換算プログラムを、switch 文を使って書き換える。また、元、クローネからの変換も追加してみる。どちらのバージョンのほうが書きやすく、理解しやすく、変更しやすいだろうか。それはなぜだろうか。

4.4.2　イテレーション

何かを1回だけ行うことはめったにない。このためプログラミング言語には、何らかの処理を複数回実行するための便利な手段が用意されている。これは**繰り返し**（*repetition*）と呼ばれる。特に、データ構造の一連の要素に対して何かを行う場合は、**イテレーション**（*iteration*）または**反復処理**と呼ばれる。

4.4.2.1　while 文

イテレーションの例として、プログラム内蔵型コンピューター（EDSAC）でかつて実行された最初のプログラムについて考えてみよう。このプログラムの作成者は David Wheeler であり、1949年5月6日にケンブリッジ大学のコンピューター室で実行された。このプログラムは、2乗を次々に計算して出力するものだった。

```
0    0
1    1
2    4
3    9
4    16
    ...
98   9604
99   9801
```

数字、タブ文字（'\t'）、その数字の2乗が1行ごとに出力される。これを C++ で記述すると、以下のようになる。

```
// 0〜99 の2乗を計算して出力
int main()
{
```

第 4 章　コンピュテーション

```
        int i = 0;   // 0 から始める
        while (i<100) {
            cout << i << '\t' << square(i) << '\n';
            ++i;     // i をインクリメント（つまり i+1）
        }
    }
```

square(i) という表記は、i の 2 乗を意味する。なぜそのような意味になるかについては、「§4.5 関数」で説明する。

この最初のプログラムは、実際には C++ で書かれたものではないが、ロジックは以下に示すとおりである。

- 0 から始める。
- 100 に到達したかどうかを確認し、その場合は処理を完了する。
- 100 に到達していない場合は、数字とその 2 乗をタブ（'\t'）で区切って出力し、数字を 1 つ増やして同じことを繰り返す。

当然ながら、これを実現するには以下が必要だ。

- 何らかの文を繰り返す（ループ（*loop*）する）方法
- ループを繰り返した回数を追跡するための変数（**ループ変数**（*loop variable*）または**制御変数**（*control variable*））。この場合は int 型の i という変数を使用
- ループ変数の初期化（この場合は 0）
- 終了条件（この場合はループを 100 回繰り返す）
- ループを繰り返すたびに実行するアクション（ループの**本体**（*body*））

ここで使用した言語構造は、while 文と呼ばれるものだ。その特徴とも言えるキーワード while の直後に条件があり、続いてその本体がある。

```
    while (i<100)    // ループ変数 i を評価するループ条件
    {
        cout << i << '\t' << square(i) << '\n';
        ++i;         // ループ変数 i をインクリメント
    }
```

このループの本体は、行を書き出してループ変数 i をインクリメントするブロックである。ブロックは中かっこ（{}）で囲まれる。ループを繰り返すたびに、まず i<100 が評価される。この条件が満たされた場合、処理はまだ完了しておらず、ループの本体を実行できる。ループ変数 i が 100 に等しい場合は、while 文を抜けて、次にある文を実行する。このプログラムでは、while 文の次にあるのはプログラムの終端なので、プログラムはそこで終了する。

while 文のループ変数は、while 文の外側（手前）で定義され、初期化されなければならない。ループ変数が定義されていない場合は、コンパイルエラーになる。ループ変数は定義されているものの、初期化されていないという場合、ほとんどのコンパイラーでは「ローカル変数 i が設定されていない」と

いった警告が生成されるが、プログラムをどうしても実行したければそうすることもできる。だが、警告を無視してはならない。変数が初期化されていないことをコンパイラーが警告するとしたら、ほぼ確実にコンパイラーが正しい。初期化されていない変数は、エラーの主な原因の1つである。この場合は、以下のように記述しているため、問題はない。

```
int i = 0;   // 0 から始める
```

基本的には、ループを記述するのは簡単だ。しかし、現実の問題に合わせて正しいループを記述するのはそう簡単ではないかもしれない。特に、条件を正しく表現し、すべての変数を初期化して、ループを正しく開始するのは難しいことがある。

TRY THIS

文字 `'b'` は `char('a'+1)` であり、文字 `'c'` は `char('a'+2)` である。ループを使って文字と対応する整数からなる表を書き出してみよう。

```
a    97
b    98
     ...
z    122
```

4.4.2.2　ブロック

while 文を実行したとき、2つの文が1つのグループにまとめられていたことに注目しよう。

```
while (i<100) {
    cout << i << '\t' << square(i) << '\n';
    ++i;    // i をインクリメント (i+1 が i の新たな値となる)
}
```

中かっこ `{` および `}` で囲まれた文は、**ブロック**（*block*）または**複合文**（*compound statement*）と呼ばれる。ブロックは文の一種である。空のブロック `{}` は、何も行わないことを表現するのに役立つことがある。

```
if (a<=b) {     // 何もしない
}
else {          // a と b の値を交換
    int t = a;
    a = b;
    b = t;
}
```

4.4.2.3 for 文

数列の反復処理はよく使用されるため、他のほとんどのプログラミング言語と同様に、C++ にもそのための特別な構文がある。for 文は while 文と似ているが、制御変数が一番上でまとめて管理されるため、読みやすく理解しやすいという特徴がある。先の「最初のプログラム」は以下のように書き換えることができる。

```cpp
// 0～99 の2乗を計算して出力
int main()
{
    for (int i = 0; i<100; ++i)
        cout << i << '\t' << square(i) << '\n';
}
```

このコードは、「i を 0 に初期化し、i<100 が成り立つ限り、本体の実行とその後の i のインクリメントを繰り返す」ことを意味する。for 文には、それに相当する while 文が常に存在する。以下のコードは、

```cpp
for (int i = 0; i<100; ++i)
    cout << i << '\t' << square(i) << '\n';
```

以下のコードと同じ意味である。

```cpp
{
    int i = 0;          // for 文のイニシャライザーに相当
    while (i<100) {     // for 文の条件に相当
        cout << i << '\t' << square(i) << '\n';   // for 文の本体に相当
        ++i;            // for 文のインクリメントに相当
    }
}
```

プログラミングを始めたばかりのころは、while 文を使用するか for 文を使用するかは好みの問題となる。だが、単純なイニシャライザー、条件、インクリメント演算からなる for 文としてループを定義できる場合は、for 文を使用するほうが理解しやすくメンテナンスしやすいコードが得られる。while 文はそれ以外の場合に使用するために取っておこう。

for 文の本体でループ変数を変更してはならない。それはループの仕組みに関する読み手の期待に背くことになる。以下のコードについて考えてみよう。

```cpp
int main()
{
    for (int i = 0; i<100; ++i) {    // i は 0 以上、100 未満
        cout << i << '\t' << square(i) << '\n';
```

```
            ++i;                          // エラーのにおいがする
        }
    }
```

このループを見た人は、本体は 100 回実行されると合理的に判断するだろう。だが、そうではない。++i が本体にあるため、i はループを繰り返すたびに 2 回インクリメントされる。このため、i の 50 個の偶数値に対する出力しか得られない。このようなコードを見たら、私たちは「どうやら while ループの書き換えに失敗したらしい」と見当をつける。実際に 2 ずつインクリメントしたい場合は、以下のように記述する。

```
// 0以上、100未満の偶数値の2乗を計算し、出力する
int main()
{
    for (int i = 0; i<100; i+=2)
        cout << i << '\t' << square(i) << '\n';
}
```

より無駄がなく明示的なコードになるほど、乱雑なコードよりも短くなることに注意しよう。コードとはそういうものだ。

TRY THIS

1 つ前の TRY THIS の文字値の表を出力する例を、for 文を使って書き換える。また、大文字および数字とそれらに対応する整数値も書き出すように変更してみよう。

C++ には、より単純な「範囲 for 文」もある。この文は vector（§4.6）などのデータを順番に処理する。

4.5 関数

前節のプログラムに含まれていた `square(i)` は何だろうか。これは関数の呼び出しである。具体的には、`square` という名前の関数を引数 `i` で呼び出している。**関数**（*function*）とは、一連の文に名前を付けたもののことだ。関数は結果を返すことができ、その結果は**戻り値**（*return value*）と呼ばれる。標準ライブラリには、第 3 章の「§3.4 演算と演算子」で使用した平方根関数 `sqrt` をはじめ、便利な関数がそろっている。ただし、関数の多くはプログラマーによって記述される。`square` の定義はなるほどと思えるものだ。

```
int square(int x)    // x の 2 乗を返す
{
    return x*x;
}
```

この定義の 1 行目は、これが関数であること（かっこがそれを意味する）、`square` という名前であること、そして `int` 型の引数を受け取り（この場合は `x` という名前）、`int` 型の結果を返すことを示している。結果の型は常に関数宣言の先頭にある。この関数は以下のように使用できる。

```
int main()
{
    cout << square(2) << '\n';    // 4 を出力
    cout << square(10) << '\n';   // 100 を出力
}
```

関数の戻り値は使用しなくてもよいが、引数は関数が要求したとおりに渡さなければならない。

```
square(2);                  // おそらく誤り：戻り値を使用していない
int v1 = square();          // エラー：引数が指定されていない
int v2 = square;            // エラー：かっこがない
int v3 = square(1,2);       // エラー：引数の数が多すぎる
int v4 = square("two");     // エラー：引数の型が正しくない（int ではない）
```

多くのコンパイラーでは、関数の結果を使用しないと警告が生成される。そして、すべてのコンパイラーが上記のようなエラーを生成する。文字列 `"two"` が実際には整数の 2 を意味することをコンピューターが察してくれてもよさそうなものだが、C++ のコンパイラーはあえてそこまで利口に作られていない。C++ の定義に従ってコードが適格であることを検証した後、命じられたとおりのことをするのがコンパイラーの役目である。コンパイラーが開発者の意図を推測するとしたら、その推測が間違っていることもあるだろう — プログラマーにとってもユーザーにとってもまったく迷惑な話である。そうなったが最後、コンパイラーがプログラマーの先を読んで「おせっかい」をやいたりしないようにしないと、コードが何をするのか推測することすら難しくなるだろう。

関数本体（*function body*）は、実際に処理を行うブロック（§4.4.2.2）である。

```
    {
        return x*x;    // x の 2 乗を返す
    }
```

square 関数の場合、処理は単純だ。引数の 2 乗を生成し、それを結果として返す。これを C++ で表現するのは、英語で表現するよりも簡単だ。単純なアイデアについては、たいていそうである。プログラミング言語はそもそも、そうした単純なアイデアを単純かつ正確に表現するために設計されている。

関数定義（*function definition*）の構文は、以下のように表すことができる。

型 識別子（ パラメーターリスト ）関数本体

関数は、型、それに続く識別子、それに続くかっこで囲まれたパラメーターのリスト、それに続く関数本体で構成される。型は戻り値の型であり、識別子は関数の名前である。関数が要求する引数のリストは**パラメーターリスト**（*parameter list*）と呼ばれ、その要素は**パラメーター**（*parameter*）または**仮引数**（*formal argument*）と呼ばれる。パラメーターリストは空でもよい。関数から結果を返したくない場合は、戻り値の型として void を指定する。void は「何もない」ことを意味する。

```
    void write_sorry()     // 引数なし、戻り値なし
    {
        cout << "Sorry\n";
    }
```

C++ の関数の技術的な詳細については、第 8 章で取り上げる。

4.5.1　関数を使用する理由

計算に名前を付けて関数として定義することには、以下のようなメリットがある。

- 計算が論理的に分割される。
- 計算に名前を付けることで、プログラムのコードが明確になる。
- プログラムの複数の場所で使用できるようになる。
- テストが容易になる。

それぞれの理由については、そのつど例をあげ、必要に応じてその理由を示す。現実のプログラムでは、数千個もの関数が使用されており、中には数十万個もの関数を使用するものもある。当然ながら、計算といったプログラムの部品を明確に切り分け、名前を付けなければ、プログラムを記述したり理解したりするのはとうてい不可能である。また、多くの関数が繰り返し利用されることはすぐにわかる。そうなると、同じようなコードを繰り返し記述するのはすぐにばからしくなる。たとえば、square(x)、square(7)、square(x+7) と記述するよりも、x*x、7*7、(x+7)*(x+7) と記述するほうが楽かもしれない。だがそれは、square が非常に単純な計算だからにすぎない。平方根について考えてみよう（C++ では sqrt 関数）。この場合は、平方根を計算する（やや複雑で長い）コードを繰り返し記述するよりも、sqrt(x)、sqrt(7)、sqrt(x+7) と記述するほうが楽である。しかも、sqrt(x) が x の平方根を求めることを知っていれば十分なので、平方根の計算について調べる必要もない。

第4章　コンピュテーション

　関数の技術的な詳細については、第 8 章の「§8.5 関数の呼び出しと制御の戻し」で説明する。ここでは、例をもう 1 つ見てみよう。

　`main` 関数のループをもっと単純にしたい場合は、以下のように記述できる。

```
void print_square(int v)
{
    cout << v << '\t' << v*v << '\n';
}

int main()
{
    for (int i = 0; i<100; ++i) print_square(i);
}
```

　`print_square` 関数を呼び出すバージョンを使用しなかったのはなぜだろうか。このバージョンは `square` 関数を呼び出すバージョンほど単純ではなく、以下の点に注意しなければならない。

- `print_square` 関数は、再利用が期待できないかなり特殊な関数である。これに対し、`square` 関数の用途が他にもあることは明らかである。
- `square` 関数の場合は、説明がなくてもよいくらいだが、`print_square` 関数の場合は明らかに説明が必要である。

　いずれにしても、その根底にあるのは、`print_square` 関数が論理的に以下の 2 種類のアクションを実行することだ。

- 出力
- 2 乗の計算

　プログラムが記述しやすく理解しやすいのは、各関数が論理的なアクションを 1 つだけ実行する場合だ。`square` 関数を使用するバージョンのほうが基本的によい設計である。

　最後に、このプログラムの最初のバージョンで単に `i*i` ではなく `square(i)` を使用したのはなぜだろうか。関数の目的の 1 つは、複雑な計算を名前付きの関数として分割することにより、コードを単純化することにある。1949 年当時は、「乗算」を直接実装したハードウェアはなかった。このため、1949 年のバージョンでは、紙を使って手で行うのと同様に、`i*i` は実際にかなり複雑な計算だった。また、David Wheeler に登場してもらったのは、現代のコンピューティングにおける関数の発案者でもあるからだ。関数は、当時は「サブルーチン」と呼ばれていた。

TRY THIS
乗算演算子を使用せずに `square` 関数を実装してみる。つまり、加算を繰り返すことにより x*x を実行する ── `result` 変数を 0 で初期化し、x を x 回足す。次に、作成した `square` 関数を使用して、「最初のプログラム」の何らかのバージョンを実行してみる。

4.5.2 関数宣言

関数を呼び出すのに必要な情報がすべて、その定義の1行目に含まれていることに気づいただろうか。たとえば、以下のコードがあるとしよう。

```
int square(int x)
```

これだけの情報があれば、以下のコードを記述できる。

```
int x = square(44);
```

関数の本体を実際に調べる必要はない。現実のプログラムでは、関数の本体を調べたくない場合がほとんどである。標準ライブラリの sqrt 関数の本体を調べたいとしたら、それはなぜだろうか。この関数が引数の平方根を計算することはわかっている。だとしたら、square 関数の本体を調べたいのはなぜだろうか。もちろん、単なる好奇心かもしれない。だがほとんどの場合、知りたいのは関数を呼び出す方法だけである。その定義を見たところで、注意がそれるだけだ。幸い、C++ には、その情報を完全な関数定義とは別に提供する方法がある。それは**関数宣言**（*function declaration*）と呼ばれる。

```
int square(int);         // square の宣言
double sqrt(double);     // sqrt の宣言
```

最後のセミコロン（;）に注意しよう。セミコロンは、対応する関数定義で使用される本体ではなく、関数宣言で使用される。

```
int square(int x)        // square の定義
{
    return x*x;
}
```

したがって、関数を使用したいだけなら、その宣言を記述すればよい。あるいは、その宣言をインクルード（#include）するという方法もあり、こちらのほうが一般的である。関数定義はどこか別の場所にあればよい。その「別の場所」がどこかについては、第8章の「§8.3 ヘッダーファイル」および「§8.7 名前空間」で説明する。この宣言と定義の区別は、大きなプログラムでは不可欠なものとなる。宣言を使ってコードの大部分を人目に触れないようにしておけば、プログラムの1つ1つの部品に専念できるようになる（§4.2）。

4.6　vector

プログラムで何か興味深いことをするには、操作の対象となるデータの集まりが必要だ。たとえば、電話番号のリスト、フットボールチームのメンバーのリスト、講座のリスト、去年読んだ本のリスト、ダウンロードする曲のカタログ、車の支払い方法の選択肢、来週の天気予報のリスト、複数の Web ショップでのカメラの価格表などが必要となる。可能性は文字どおり無限であり、プログラムがあるところにはデータの集まりがある。データの集まりを格納するさまざまな方法 ── つまりデータのさまざまなコンテナーについては、第 20 章と第 21 章で説明する。ここでは vector について説明する。vector は、データを格納するための最も単純でほぼ間違いなく最も便利な方法の 1 つである。

　vector とは、単純に言えば、データの連続（シーケンス）である。シーケンスの要素にはインデックスを使ってアクセスできる。たとえば、v という名前の vector があるとしよう。

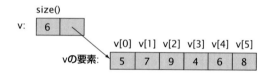

1 つ目の要素のインデックスは 0、2 つ目の要素のインデックスは 1 といったようになる。要素を参照するには、vector の名前に要素のインデックスを添字にする。この場合は、v[0] の値は 5、v[1] の値は 7 といったようになる。vector のインデックスは常に 0 始まりであり、1 ずつ増える。これには見覚えがあるはずだ。標準ライブラリの vector は、よく知られている概念を C++ の標準ライブラリで実装したものにすぎない。先の図では、vector が「そのサイズを知っている」ことがはっきりとわかるようにした。つまり、vector はその値だけでなくサイズも格納する。

この図の vector は以下のように作成する。

```
vector<int> v = {5, 7, 9, 4, 6, 8};   // int 型の 6 つの値からなる vector
```

vector を作成するには、要素の型と最初の一連の要素を指定する必要がある。要素の型は、vector の後に山かっこ（<>）で囲んで指定する。この場合は <int> となる。別の例を見てみよう。

```
// string 型の 4 つの値からなる vector
vector<string> philosopher = {"Kant", "Plato", "Hume", "Kierkegaard"};
```

当然ながら、vector は宣言された要素型の要素しか受け入れない。

```
philosopher[2] = 99;   // エラー: string に int を代入しようとしている
v[2] = "Hume";         // エラー: int に string を代入しようとしている
```

大きさだけを指定して、要素の値を指定せずに vector を定義することもできる。この場合は、(n) という表記を使用する。この場合の n は要素の個数である。この vector の要素には、要素の型に従ってデフォルト値が与えられる。

```
vector<int> vi(6);       // vector の int 型の要素は 0 に初期化される
vector<string> vs(4);    // vector の string 型の要素は "" に初期化される
```

文字を含まない文字列 "" は、「空の文字列」と呼ばれる。
vector の存在しない要素は参照できないので注意しよう。

```
vi[20000] = 44;   // ランタイムエラー
```

ランタイムエラーと添字については、次章で説明する。

4.6.1 vector の走査

vector は自身のサイズを知っているため、vector の要素は以下のように出力できる。

```
vector<int> v = {5, 7, 9, 4, 6, 8};
for (int i=0; i<v.size(); ++i)
    cout << v[i] << '\n';
```

v.size() の呼び出しでは、v という vector の要素の個数が返される。一般に、v.size() の呼び出しは、vector の範囲外の要素を誤って参照することなく、vector の要素にアクセスするための手段となる。vector v の範囲は [0:v.size()) で表される。これは半開区間（半開シーケンス）に対する数学表記である。v の最初の要素は v[0] であり、最後の要素は v[v.size()-1] である。v.size==0 の場合、v は要素を持たないため、v は空の vector である。この半開シーケンスの表記は、C++ および C++ 標準ライブラリ全体で使用されている（§17.3、§20.3）。

C++ では、シーケンスのすべての要素に対するループ処理を単純にするために、半開シーケンスの表記を利用している。

```
vector<int> v = {5, 7, 9, 4, 6, 8};
for (int x : v)        // v の x ごとに処理を繰り返す
    cout << x << '\n';
```

これが範囲 for 文と呼ばれるのは、多くの場合、「範囲（区間）」が「要素のシーケンス」と同じ意味で使用されるからだ。for (int x : v) は、「v の int x ごとに処理を繰り返す」という意味になる。このループの意味は、[0:v.size()) に対する同等のループと同じである。範囲 for 文は、シーケンスのすべての要素を一度に 1 つずつ処理する単純なループで使用する。vector の要素を 3 つおきに調べたり、vector の後半部分だけを調べたり、2 つの vector の要素を比較するといったより複雑なループの場合は、たいてい、より複雑で汎用的な従来の for 文を使用するほうが適している（§4.4.2.3）。

4.6.2 vector の拡大

多くの場合、vector は空の状態で始まり、データの読み込みや計算に応じて必要なサイズに拡大される。ここで重要となるのは、vector に新しい要素を追加する push_back 関数である。新しい要素は vector の最後の要素となる。

```
vector<double> v;        // 空の状態で始まる（v に要素はない）
```

v: | 0 |

```
v.push_back(2.7);        // 2.7 の値を持つ要素を v の最後に追加する
                         // v の要素は 1 つになり、v[0]==2.7 である
```

v: | 1 |→| 2.7 |

```
v.push_back(5.6);        // 5.6 の値を持つ要素を v の最後に追加する
                         // v の要素は 2 つになり、v[1]==5.6 である
```

v: | 2 |→| 2.7 | 5.6 |

```
v.push_back(7.9);        // 7.9 の値を持つ要素を v の最後に追加する
                         // v の要素は 3 つになり、v[2]==7.9 である
```

v: | 3 |→| 2.7 | 5.6 | 7.9 |

`push_back` 関数の呼び出しの構文に注目しよう。これは**メンバー関数呼び出し**（*member function call*）と呼ばれる。`push_back` は `vector` のメンバー関数であり、以下に示すドット表記を使って呼び出さなければならない。

オブジェクトの名前 . メンバー関数の名前 (引数リスト)

`vector` のサイズを取得するには、`vector` の別のメンバー関数である `size` を呼び出す。`v.size()` の初期値は 0 である。`push_back` 関数の 3 つ目の呼び出しの後、`v.size()` の値は 3 になっている。

プログラミングの経験がある場合は、`vector` が C や他の言語の配列に似ていることに気づくだろう。ただし、`vector` のサイズ（長さ）を事前に指定する必要はなく、要素は好きなだけ追加できる。後ほど説明するように、C++ の標準の `vector` には、便利な特性が他にもある。

4.6.3　数値の例

もう少し現実的な例を見てみよう。多くの場合は、プログラムに読み込み、それらを使って何かを行えるようにしたい一連の値がある。「何か」とは、値のグラフの作成、平均値と中央値の計算、最大要素の検出、並べ替え、他のデータとの結合、「興味深い値」の検索、他のデータとの比較などである。それらのデータで実行できる演算の種類に制限はないが、まずデータをコンピューターのメモリーに読み込む必要がある。ここでは、未知の量の（大量かもしれない）データをコンピューターに読み込むための基本的な手法を示す。具体的な例として、温度を表す浮動小数点数を読み込むことにしよう。

```
// 温度を vector に読み込む
int main()
{
    vector<double> temps;            // 温度
```

```
    for (double temp; cin>>temp; )    // 温度を temp に読み込む
        temps.push_back(temp);        // temp を vector に追加
        // 何らかの処理
}
```

ここでは何を行っているのだろうか。まず、データを格納するための vector を宣言している。

```
vector<double> temps;    // 温度
```

入力として期待する型が double であることを指定したので、double 型の値を読み込み、格納できる状態になる。

次は、実際の読み込みループである。

```
for (double temp; cin>>temp; )    // 温度を temp に読み込む
    temps.push_back(temp);        // temp を vector に追加
```

温度を読み込む double 型の変数 temp を定義している。cin>>temp は double 型の値を読み込む。読み込まれた値は vector 型のオブジェクト temps の最後に追加される。個々の演算については、先に説明したとおりである。目新しいのは、入力演算 cin>>temp を for 文の条件として使用していることだ。cin>>temp は、基本的には、値が正常に読み込まれた場合は true、そうでない場合は false になる。この for 文は、入力として渡された double 型の値をすべて読み込み、それ以外のものが渡された時点で処理を終了する。たとえば、以下の値を入力した場合、

```
1.2 3.4 5.6 7.8 9.0 |
```

temps は 1.2、3.4、5.6、7.8、9.0 の 5 つの要素をこの順序で取得する。たとえば、temps[0]==1.2 となる。ここでは、文字 '|' を使って入力を終了しているが、double 型に変換できない値であれば、何でもよい。第 10 章の「§10.6 I/O エラー処理」では、入力を終了する方法と、入力のエラーに対処する方法について説明する。

入力変数 temp のスコープをループに制限するにあたって、ここでは while 文ではなく for 文を使用している。

```
double temp;
while (cin>>temp)              // 温度を temp に読み込む
    temps.push_back(temp);     // vector に追加
// ここで temp が使用されるかもしれない
```

for ループでは何が起きるかが「事前」に示されるため、コードは理解しやすく、エラーが入り込む余地はほとんどない。

データを vector に読み込んだ後、そのデータを操作するのは簡単だ。例として、温度の平均値と中央値を計算してみよう。

```
// 温度の平均値と中央値の計算
int main()
{
    vector<double> temps;              // 温度
    for (double temp; cin>>temp; )     // 温度を temp に読み込む
        temps.push_back(temp);         // temp を vector に追加

    // 温度の平均値を計算
    double sum = 0;
    for (int x : temps) sum += x;
    cout << "Average temperature: " << sum/temps.size() << '\n';

    // 温度の中央値を計算
    sort(temps);                       // 温度を並べ替え
    cout << "Median temperature: " << temps[temps.size()/2] << '\n';
}
```

温度の平均値を計算するには、すべての要素を sum に足した後、sum を要素の個数（temps.size()）で割る。

```
// 温度の平均値を計算
double sum = 0;
for (int x : temps) sum += x;
cout << "Average temperature: " << sum/temps.size() << '\n';
```

`+=` 演算子の便利さに注目しよう。

中央値とは、値の半分がそれよりも小さく、もう半分がそれよりも大きくなるように選択された値のことだ。温度の中央値を計算するには、要素を並べ替える必要がある。これには、標準ライブラリの sort アルゴリズムの一種である sort 関数を使用する。

```
// 温度の中央値を計算
sort(temps);    // 温度を並べ替え
cout << "Median temperature: " << temps[temps.size()/2] << '\n';
```

標準ライブラリについては、第 20 章で説明する。温度を並べ替えた後、中央値を割り出すのは簡単だ。中央値を表すのは、インデックスが temps.size()/2 の要素である。細かいことが気になる場合は —— もしそうなら、プログラマーのように考える癖がつき始めている —— 中央値の定義からすると見つかった値は中央値ではない、と考えるかもしれない。本章の最後にある練習問題 2 は、この小さな問題を解決するために用意されている。

4.6.4 テキストの例

温度の例を示したのは、特に温度に関心があったからではない。気象学者、農学者、海洋学者など、温度データとそれに基づく平均値や中央値といった値に大きな関心を持つ人は大勢いる。ただし、私たちはそうではない。プログラマーの視点に立った場合、この例において興味深いのは汎用性である。vector、そして vector での単純な演算には、それこそさまざまな用途がある。関心の対象が何であれ、データを分析する必要がある場合は、vector（または第 21 章で取り上げる同様のデータ構造）を使用する必要があると言ってよいだろう。例として、単純な辞書を作成してみよう。

```
// 単純な辞書: ソート済みの単語のリスト
int main()
{
    vector<string> words;
    // ホワイトスペースで区切られた単語を読み込む
    for (string temp; cin>>temp; )
        words.push_back(temp);              // vector に追加
    cout << "Number of words: " << words.size() << '\n';

    sort(words);                            // 単語を並べ替え

    for (int i = 0; i<words.size(); ++i)
        if (i==0 || words[i-1]!=words[i])   // これは新しい単語か
            cout << words[i] << "\n";
}
```

このプログラムに単語を入力すると、それらは重複のない状態で順番に書き出される。たとえば、以下の単語を渡した場合、

```
a man a plan a canal panama
```

出力は以下のようになる。

```
Number of words: 7
a
canal
man
panama
plan
```

入力として渡された文字列の読み込みを中止するにはどうすればよいだろうか。言い換えるなら、入力ループを終了するにはどうすればよいだろうか。

```
for(string temp; cin>>temp; )        // 単語を読み込む
    words.push_back(temp);           // vector に追加
```

数値を読み込む例（§4.6.2）では、数字ではない文字を入力すればよかった。だが、通常の文字はすべて string に読み込むことができるため、この場合はそうはいかない。ありがたいことに、「通常の文字」ではない文字が存在する。入力ストリームを終了するには、Windows 環境では Ctrl+Z キー、UNIX 環境では Ctrl+D キーを使用する（§3.5.1）。

このプログラムの大部分は、温度のプログラムと非常によく似ている。「辞書プログラム」は「温度プログラム」を切り貼りしたものなので、当然と言えば当然だ。目新しいのは、その評価の部分だけである。

```
if (i==0 || words[i-1]!=words[i])        // これは新しい単語か
```

この評価を削除した場合、出力は以下のようになる。

```
Number of words: 7
a
a
a
canal
man
panama
plan
```

単語は重複させたくないので、この評価を使って重複を削除している。この評価は何を行うのだろうか。この評価では、1つ前に出力された単語がこれから出力する単語と異なるかどうかを確認し（`words[i-1]!=words[i]`）、異なる場合はその単語を出力し、そうでない場合は出力しない。当然ながら、最初の単語を出力するときには（`i==0`）、前の単語は存在しない。そこで、まず最初の単語かどうかを評価し、それら2つの評価を || (OR) 演算子で結合している。

```
if (i==0 || words[i-1]!=words[i])        // これは新しい単語か
```

文字列の比較が可能であることに注目しよう。ここでは !=（等しくない）を使用しているが、文字列には、==（等しい）、<（より小さい）、<=（以下）、>（より大きい）、>=（以上）も適用できる。<、> などの演算子は通常の辞書式順序を使用するため、"Ape" は "Apple" と "Chimpanzee" の前に来る。

TRY THIS

嫌いな単語を「ビープ音で消す」プログラムを作成する。つまり、cin を使って単語を読み込み、cout を使ってそれらを出力する。単語が定義済みのものに該当する場合は、代わりに BLEEP を書き出す。「嫌いな単語」の定義は以下のように始める。

    string disliked = "Broccoli";

これがうまくいったら、さらに単語を追加してみよう。

4.7　言語の機能

　温度プログラムと辞書プログラムでは、本章で示した C++ 言語の基本的な機能のほとんどを使用した。具体的には、イテレーションとして for 文と while 文を使用し、選択として if 文を使用し、単純な算術演算子として ++ と += を使用し、比較演算子と論理演算子として ==、!=、== を使用し、関数として main、sort、size などを使用したほか、変数も使用した。さらに、標準ライブラリの機能も使用した。これには、要素のコンテナである vector、出力ストリームである cout、アルゴリズムである sort が含まれていた。

　数えてみると、実際にはかなり少ない数の機能で多くのことが成し遂げられている。これは理想的な状況だ。プログラミング言語の機能はそれぞれ基本的なアイデアを表現するために存在する。それらをおびただしい数の（実際には無限とも言える）方法で組み合わせることで、有益なプログラムを作成できる。この考え方は重要だ ── コンピューターは決まった機能を持つ装置ではない。コンピューターは思いつく限りのあらゆる計算を行うためにプログラムできる機械である。コンピューターを外の世界とやり取りする装置に接続できれば、原理的には、何でも実行させることができる。

■ ドリル

このドリルは1つずつ順番に行う。途中のステップを飛ばして時間を稼ごうとしてはならない。少なくとも値のペアを3つ入力することにより、各ステップをテストする。これらの値は多ければ多いほどよい。このドリルは、ステップ1で作成したプログラムをその後の各ステップで変更していくようになっている。

1. `while` ループで構成されたプログラムを作成する。`while` ループでは、ループを繰り返すたびに `int` 型の値を2つ読み込み、それらを出力する。`'|'` が入力されたら、プログラムを終了する。
2. `"the smaller value is: "` に続いて小さいほうの数字を書き出し、`"the larger value is: "` に続いて大きいほうの値を書き出すように変更する。
3. 2つの数字が等しい場合に（のみ）、`"the numbers are equal"` 行を書き出すように変更する。
4. `int` の代わりに `double` を使用するように変更する。
5. 2つの数字の差が 1.0/100 未満である場合に、どちらの数字が大きいかを書き出した後、`"the numbers are almost equal"` を書き出すように変更する。
6. ループの本体を書き換え、`double` 型の値を一度に1つずつ読み込むように変更する。これまでに読み込んだ値のうち最も大きい値と最も小さい値を追跡するための2つの変数を定義する。ループを繰り返すたびに、入力された値を書き出す。その値がそれまでに入力された中で最も小さい場合は、数字に続いて `"the smallest so far"` を書き出し、最も大きい場合は数字に続いて `"the largest so far"` を書き出す。
7. 入力された `double` 型の値に単位を追加する。つまり、10cm、2.5in、5fn、3.33m などの値を入力する。単位として受け入れるのは、`cm`、`m`、`in`、`ft` の4つであり、換算率を 1m == 100cm、1in == 2.54cm、1ft == 12in とする。単位記号は文字列に読み込む。12 m（数字と単位の間にスペースがある）については、12m と同等であると考えてよい。
8. 単位のない値、または単位の表記が「無効」である値（y、yard、meter、km、gallons など）を拒否する。
9. （最小値と最大値に加えて）入力された値の合計と入力された値の個数を追跡する。ループが終了したら、最小値、最大値、値の個数、値の合計を出力する。合計を管理するには、その合計に使用する単位を決定しなければならないことに注意。ここではメートル（m）を使用する。
10. 入力された値をすべて（メートルに変換した上で）`vector` に格納する。最後に、それらの値を書き出す。
11. `vector` から値を書き出す前に、それらを（昇順で）並べ替える。

■ 復習

1. コンピュテーション（計算）とは何か。
2. 計算の入力または出力は何を意味するか。例をあげる。
3. 計算を表現するときに注意しなければならない3つの要件とは何か。
4. 式は何を行うか。
5. 本章で説明した式と文の違いは何か。
6. lvalue とは何か。lvalue を要求する演算子には何があるか。それらの演算子が lvalue を要求す

7. 定数式とは何か。
8. リテラルとは何か。
9. シンボル（記号）定数とは何か。それらを使用するのはなぜか。
10. マジック定数とは何か。例をあげる。
11. 整数値と浮動小数点数値に使用できる演算子は何か。
12. 整数では使用できるが、浮動小数点数では使用できない演算子は何か。
13. `string` 型で使用できる演算子は何か。
14. `if` 文よりも `switch` 文が適しているのはどのような状況か。
15. `switch` 文でよく問題になるのは何か。
16. `for` 文のヘッダー行の各部分はどのような機能を持つか。それらはどのような順序で実行されるか。
17. `for` 文を使用すべきなのはどのような状況か、`while` 文を使用すべきなのはどのような状況か。
18. `char` 型を数値で出力するにはどうすればよいか。
19. 関数定義において `char foo(int x)` 行は何を意味するか。
20. プログラムの部品ごとに別々の関数を定義すべきなのはどのような状況か。その理由は何か。
21. `int` 型では行えるが、`string` 型では行えないことは何か。
22. `string` 型では行えるが、`int` 型では行えないことは何か。
23. `vector` の 3 つ目の要素のインデックスは何か。
24. `vector` のすべての要素を出力する `for` ループを記述するにはどうすればよいか。
25. `vector<char> alphabet(26);` は何をするか。
26. `push_back` 関数は `vector` に対して何をするか。
27. `vector` のメンバー関数 `begin`、`end`、`size` は何をするか。
28. `vector` がこれほどよく使用される、あるいは便利である理由は何か。
29. `vector` の要素を並べ替えるにはどうすればよいか。

用語

`begin()`	`while` 文（while–statement）
`else`	イテレーション（iteration）
`end()`	インクリメント（increment）
`for` 文（for–statement）	関数（function）
`if` 文（if-statement）	繰り返し（repetition）
lvalue	計算（computation）
`push_back()`	式（expression）
rvalue	出力（output）
`size()`	条件文（conditional statement）
`sort()`	宣言（declaration）
`switch` 文（switch–statement）	選択（selection）
`vector`	抽象化（abstraction）

定義（definition）
入力（input）
範囲 for 文（range-for-statement）
文（statement）

分割統治（divide and conquer）
メンバー関数（member function）
ループ（loop）

■ 練習問題

1. 本章の「TRY THIS」をまだ実行していない場合は実行する。
2. 数列の中央値を、「シーケンスにおいてその前にある要素の個数がその後ろにある要素の個数と同じになる値」として定義した場合、温度プログラム（§4.6.3）を修正し、常に中央値が出力されるようにするにはどうすればよいか。ヒント：中央値が数列の要素である必要はない。
3. 一連の double 型の値を vector に読み込み、これらの値を特定のルートに沿った 2 つの都市の間の距離として考える。総距離（すべての距離の合計）を計算して出力する。2 つの隣接する都市の間の最短距離と最長距離、および平均距離を割り出して出力する。
4. 数当てゲームのプログラムを作成する。ユーザーは 1〜100 の数字を思い浮かべ、プログラムはその数字に見当をつけるために「あなたが考えている数字は 50 よりも小さいか」といった質問をする。最大で 7 つの質問で、その数字を特定できるはずだ。ヒント：< 演算子、<= 演算子、if-else 文を使用する。
5. 非常に単純な電卓として機能するプログラムを作成する。この電卓は 2 つの入力値に対して四則演算（加算、減算、乗算、除算）を処理できなければならない。このプログラムでは、ユーザーが引数として 2 つの double 型の値と演算を表す文字を入力する。入力引数が 35.6、24.1、'+' の 3 つである場合、プログラムの出力は "The sum of 35.6 and 24.1 is 59.7" になる。第 6 章では、はるかに高機能な電卓の例を示す。
6. "zero"、"one"、…、"nine" という 10 個の文字列値を格納する vector を作成する。この vector を、入力した数字がそれに対応する単語に変換されるプログラムで使用する。たとえば 7 と入力されたら seven を出力する。数字から単語への変換ができたら、次は逆に単語で表された数字を数字形式に変換する。たとえば seven と入力されたら 7 を出力する。
7. 練習問題 5 の電卓プログラムを書き換え、数字または単語として書かれた 1 桁の数字（のみ）を受け取るように変更する。
8. 「チェス」を考案した者に褒美を与えようと考えた皇帝が、望みは何かと尋ねたという昔話がある。その者は、チェス盤の 1 つ目の升目に 1 グレイン[*1] の米、2 つ目の升目に 2 グレインの米、3 つ目の升目に 4 グレインの米といったように、64 の升目ごとに 2 倍の量の米を所望した。謙虚な申し出のように思えたが、帝国にはそれだけの米がなかった。少なくとも 1,000 グレイン、少なくとも 100 万グレイン、そして少なくとも 10 億グレインの米を褒美として与えるのに必要な升目の数を計算するプログラムを作成する。当然ながら、ループが必要である。また、現在の升目を追跡するための int 型の変数、現在の升目のグレイン量を追跡するための int 型の変数、それまでのすべての升目のグレイン量を追跡するための int 型の変数がおそらく必要になるだろう。ループを繰り返すたびにすべての変数の値を書き出し、現在の状況がわかるようにすると

[*1] グレインは「穀物」を意味するヤードポンド法の重さの単位であり、1 グレインは約 64.80 ミリグラム。

よいだろう。
9. 練習問題 8 で考案者が所望した米のグレイン量を計算する。数字が大きすぎて int または double 型の変数に収まらないことがわかるだろう。int および double 型の値として正確に表せないほど数字が大きくなった場合はどうなるか。（int 型を使って）正確なグレイン量を計算できる升目は最大でいくつになるか。（double 型を使って）おおよそのグレイン量を計算できる升目の数は最大でいくつになるか。
10. 「じゃんけん」ゲームのプログラムを作成する。じゃんけんがどのようなものかわからない場合は（Google を使って Web で）調べる。調査はプログラマーの主な作業の 1 つである。この練習問題は switch 文を使って解く。また、このプログラムでは、ランダムな答えを返す必要がある。つまり、次にグー、チョキ、パーのどれを出すかをランダムに選択する。この段階では、プログラムにランダムな性質を持たせるのは難しすぎるため、「次の値」として使用される一連の値が含まれた vector を用意すればよい。vector をプログラムに組み込む場合は、常に同じゲームをプレイすることになるため、ユーザーに値を入力させたほうがよいかもしれない。コンピューターの次の手を容易に推測できないよう、変化を持たせてみよう。
11. 1〜100 の素数をすべて見つけ出すプログラムを作成する。そのための方法の 1 つは、素数が順番に配置された vector を使用して、数字が素数かどうかをチェックする関数を記述することだ。つまり、この vector が primes という名前であるとすれば、primes[0]==2、primes[1]==3、primes[2]==5 などを使用して、数字がそれよりも小さい素数で割り切れるかどうかをチェックする。次に、1〜100 の各数字が素数かどうかをチェックし、検出された素数を vector に格納するループを記述する。また、検出された素数を一覧表示する別のループも記述する。素数の vector を primes と比較することで、結果をチェックするとよいだろう。最初の素数は 2 である。
12. 練習問題 11 のプログラムを書き換え、入力値 max を受け取り、1 から max までのすべての素数を検出するように変更する。
13. 1〜100 の素数をすべて見つけ出すプログラムを作成する。そのための常とう手段として、「エラトステネスのふるい」と呼ばれる方法がある。この方法を知らない場合は、Web で調べる。この方法を使ってプログラムを作成する。
14. 練習問題 13 のプログラムを書き換え、入力値 max を受け取り、1 から max までのすべての素数を検出するように変更する。
15. 入力値 n を受け取り、最初の n 個の素数を検出するプログラムを作成する。
16. ドリルでは、一連の値から最大値と最小値を検出するプログラムを作成した。数列に最も多く含まれている数字は**最頻値**（$mode$）と呼ばれる。一連の値から正の整数の最頻値を検出するプログラムを作成する。
17. string 型の一連の値から最小値、最大値、最頻値を検出するプログラムを作成する。
18. 2 次方程式を解くプログラムを作成する。2 次方程式の形式は以下のとおり。

$$ax^2 + bx + c = 0$$

2 次方程式の解を求める公式を知らない場合は、何らかの方法で調べる。プログラマーがコンピューターに問題を解決する方法を教えるには、その調査が必要になることがよくある。a、b、c のユーザー入力には double 型を使用する。2 次方程式の解は 2 つあるため、x1 と x2 の両方を出力する。

19. joe 17 と Barbara 22 のように、最初に名前とスコアの組みを入力させるプログラムを作成する。これらの組みごとに、名前を `name` という名前の `vector` に追加し、スコアを `scores` という名前の `vector` に追加する。`names[7]=="Joe"` の場合は、`scores[7]==17` になる。入力は `NoName 0` で終了する。名前がそれぞれ一意であることを確認し、重複する名前が入力された場合はエラーメッセージを出力して終了する。名前とスコアの組みは 1 行に 1 つずつ出力する。
20. 練習問題 19 のプログラムを書き換え、名前を入力したら対応するスコアを出力するか、`"name not found"` を出力するように変更する。
21. 練習問題 19 のプログラムを書き換え、整数を入力したらそのスコアを持つすべての名前を出力するか、`"score not found"` を出力するように変更する。

■ 追記

　達観的な見方をすれば、これで、コンピューターを使ってできることをすべて実行できるようになった。あとは、細部を詰めるだけだ。プログラマーとして歩き出したばかりであることを考えれば、これは「細部」の価値と実践的なスキルの重要性を示している。だが、まじめな話、本章で紹介したツールを利用すれば、あらゆる計算を表現できる。`vector` 型や `string` 型の変数を必要な数だけ使用できるし、四則演算、比較、選択、イテレーションも使用できる。すべての計算をそうしたプリミティブを使って表現できる。テキストと数値の入力と出力もわかったし、すべての入力または出力をテキストで（あるいはグラフィックで）表現することもできる。計算を名前付きの関数にまとめることもできる。あとは、よいプログラムを作成することを学ぶだけだ。つまり、正確で、メンテナンスが可能で、十分に効率的なプログラムを作成する必要がある。重要なのは、それを学ぶための努力を惜しまないことだ。

第5章
エラー

> 人生の大半を私自身が書いたプログラムのミスを見つけて
> 修正することに費やしているのに気づいたときのことを、
> 私はよく覚えている。
> — Maurice Wilkes, 1949

本章では、プログラムの正確さ、エラー、そしてエラー処理について説明する。まったくの初心者にとって、説明が少し抽象的に感じられることもあるだろうし、細かすぎるように感じられることもあるだろう。エラー処理は本当にこれほど重要なのだろうか。もちろん重要である。他人が使いたいと思うようなプログラムを書けるようになるころには、それを実感することになるだろう。ここでは、「プログラマーのように考える」とはどういうことなのかを示したいと考えている。それはきわめて抽象化された戦略的な思考と、詳細と別の可能性について労を惜しまずに分析する姿勢である。

- 5.1 はじめに
- 5.2 エラーの原因
- 5.3 コンパイルエラー
  - 5.3.1 構文エラー
  - 5.3.2 型エラー
  - 5.3.3 エラーではないもの
- 5.4 リンクエラー
- 5.5 ランタイムエラー
  - 5.5.1 呼び出す側でのエラー処理
  - 5.5.2 呼び出される側でのエラー処理
  - 5.5.3 エラーの報告
- 5.6 例外
  - 5.6.1 不正な引数
  - 5.6.2 範囲エラー
  - 5.6.3 不正な入力
  - 5.6.4 縮小エラー
- 5.7 論理エラー
- 5.8 概算
- 5.9 デバッグ
  - 5.9.1 デバッグに関する実践的なアドバイス
- 5.10 事前条件と事後条件
  - 5.10.1 事前条件
  - 5.10.2 事後条件
- 5.11 テスト

5.1　はじめに

エラーについては、ここまでの章でも繰り返し取り上げてきた。そして、ドリルと練習問題を解くうちに、エラーが発生する理由についても何となくわかってきているはずだ。プログラムを開発するにあたって、エラーを避けて通ることはできない。そして最終的なプログラムは、エラーのない状態か、少なくとも容認できないエラーのない状態でなければならない。

以下に示すように、エラーを分類する方法はさまざまだ。

- コンパイルエラー（*compile-time error*）
  コンパイラーによって検出されるエラー。言語のルールへの違反に基づいてさらに分類できる：
    - 構文エラー
    - 型エラー
- リンクエラー（*link-time error*）
  オブジェクトファイルを結合して実行プログラムを生成するときにリンカーによって検出されるエラー。
- ランタイムエラー（*run-time error*）
  実行中のプログラムでのチェックによって検出されるエラー。ランタイムエラーはさらに細かく分類できる：
    - コンピューター（ハードウェア/OS）によって検出されるエラー
    - ライブラリ（標準ライブラリなど）で検出されるエラー
    - ユーザーコードで検出されるエラー
- 論理エラー（*logic error*）
  プログラマーが不正な結果の原因を探った結果として検出されるエラー。

プログラマーの仕事はすべてのエラーを排除することなのだ、と言いたくなる。もちろんそれは理想論であり、多くの場合は実現不可能である。実際には、現実のプログラムにとって「すべてのエラー」が何を意味するのかを正確に理解するのは難しいことがある。プログラムの実行中にコンピューターの電源コードに足を引っ掛けた場合、それはプログラマーが対処すべきエラーだろうか。多くの場合は明らかにそうではないが、医療監視プログラムや電話交換機の制御プログラムの話だったとしたらどうだろうか。そのような場合は、コンピューターの電源が落ちたとしても、プログラムが格納されているメモリーが宇宙線によって破壊されたとしても、そのプログラムが含まれているシステム内の何かがどうにかしてくれることをユーザーは当然のように期待するだろう。問題は、「プログラムがそのエラーを検出すべきかどうか」である。特に明記しない限り、本書ではプログラムに以下の前提を設けることにする。

1. すべての有効な入力に対して望ましい結果を生成する。
2. すべての無効な入力に対して適切なエラーメッセージを出力する。
3. 誤動作しているハードウェアに配慮する必要はない。
4. 誤動作しているシステムソフトウェアに配慮する必要はない。
5. エラーを検出した後は終了してもよい。

基本的に、前提3、4、5が当てはまらないプログラムはすべて高度なプログラムと見なすことがで

き、本書では扱わない。ただし、前提 1、2 はプロとしての基本精神の定義に含まれており、プロとしての自覚は本書が掲げる目標の 1 つである。それを 100% 実現することは無理だとしても、理想はそうでなければならない。

　プログラムの作成にエラーはつきものであり、避けて通ることはできない。問題は、それらにどう対処するかである。筆者が推測するに、本格的なソフトウェアを開発するときの作業量の 90% は、エラーの回避、検出、修正に費やされている。安全性が重視されるプログラムでは、さらに多くの労力が費やされる可能性がある。小さなプログラムではそこまでの労力は必要ないが、油断しているともっとひどいことになるかもしれない。

　基準を満たしたソフトウェアを開発するための手法は、基本的には以下の 3 つである。

- ソフトウェアの構造を整理することで、エラーを最小限に抑える。
- デバッグとテストを通じてエラーのほとんどを取り除く。
- 深刻なエラーを残さないようにする。

どの手法も、それだけではエラーを完全に取り除けない。3 つの手法をすべて使用しなければならない。

　信頼できるプログラム ── 想定された動作を容認できるエラー率で行うことをあてにできるプログラム ── に関しては、経験がものを言う。プログラムが常に正常に動作するのが理想であることを忘れてはならない。通常は、その理想に近づくことしかできないが、それは努力を怠ることの言い訳にはならない。

5.2　エラーの原因

エラーの原因には以下のようなものがある。

- **不十分な仕様**
  プログラムが何をすべきかが明確ではないとしたら、すみずみまで徹底的に調べてすべてのケースに対処できることを確認するのは無理かもしれない。つまり、すべての入力に正しい答えまたは適切なエラーメッセージを提供できることを確認する、というわけにはいかない可能性がある。
- **不完全なプログラム**
  開発段階において明らかに未対応のケースが残っているなら、それに目をつむってはならない。既知のすべてのケースに対処することを目指さなければならない。
- **予想外の引数**
  関数は引数を受け取る。関数が処理できない引数が渡されれば、問題が生じる。たとえば、標準ライブラリの関数 `sqrt` が引数 `-1.2` で呼び出されたとしよう（`sqrt(-1.2)`）。`sqrt` 関数は、`double` が渡されたら `double` を返すため、正しい戻り値が返される可能性はない。この種の問題については、「§5.5.3 エラーの報告」で説明する。
- **予想外の入力**
  一般に、プログラムはキーボード、ファイル、GUI、ネットワーク接続などからデータを読み込む。たとえば数字が入力されるなど、プログラムはそうした入力にさまざまな前提を設ける。整数が想定されている場合に `"aw, shut up!"` が入力されたらどうなるだろうか。この種の問題

については、「§5.6.3 不正な入力」と第 10 章の「§10.6 I/O エラー処理」で説明する。

- 予想外の状態

  ほとんどのプログラムは、住所録、電話帳、計測温度が含まれた vector など、システムのさまざまな部分で使用するためのデータ（状態）を大量に抱えている。そうしたデータが不完全または不正確だった場合はどうなるだろうか。そのような場合も、プログラムのさまざまな部分はうまく対処しなければならない。この種の問題については、第 26 章の「§26.3.5 有効ではない前提」で説明する。

- 論理エラー

  そもそも想定したとおりに動作しない部分があるなら、原因を突き止めて修正しなければならない。そうした問題を突き止める方法については、第 6 章の「§6.6 電卓のテスト：バージョン 1」および「§6.9 プログラムの構造」で説明する。

このリストは、プログラムがどこまで進んだかを判断するときのチェックリストとしても使用できる。こうしたエラーの温床をすべて考慮に入れない限り、プログラムは完成しない。実際には、プロジェクトがスタートした時点からそれらを念頭に置いておくのが得策だ。エラーのことなど考えていない急ごしらえのプログラムでは、コードを大幅に書き直さない限り、エラーを見つけて取り除くことはできないだろう。

5.3　コンパイルエラー

プログラムを作成する際、コンパイラーはエラーに対する最前線の防御となる。コンパイラーはコードを生成する前に、プログラムを分析して構文エラーと型エラーを検出する。プログラムが言語の仕様に完全に準拠していることが確認されるまで、コンパイラーはプログラマーに先へ進むことを許さない。コンパイル時に検出されるエラーの多くは、入力ミスやソースコードの編集ミスが原因の「つまらないエラー」である。それに加えて、プログラムの部品がやり取りする方法を十分に理解できていない場合にもエラーが発生する。初心者にとっては「たかがコンパイラー」かもしれないが、「されどコンパイラー」である。自分のアイデアを形にするために言語の機能や（特に）型システムを使用するようになれば、何時間もかかったかもしれないバグの原因探しを一瞬でやってのけてくれるコンパイラーは、頼もしい存在となるだろう。

ここでは例として、以下の単純な関数呼び出しについて調べることにしよう。

```
int area(int length, int width);   // 四角形の面積を計算
```

5.3.1　構文エラー

area 関数を以下のように呼び出したらどうなるだろうか。

```
int s1 = area(7;       // エラー：）がない
int s2 = area(7)       // エラー：；がない
Int s3 = area(7);      // エラー：Int は型ではない
int s4 = area('7);     // エラー：文字が閉じられていない（ ' がない）
```

すべての行に構文エラーがある。つまり、C++ の文法からすれば適格ではないため、コンパイルエラーになる。残念ながら、プログラマーにとって理解しやすい方法で構文エラーを報告するのは常にたやすいことではない。コンパイラーがエラーの存在を確信するには、エラーとして目星をつけた場所よりも少し範囲を広げてコードを調べなければならない場合があるからだ。構文エラー自体は、見つけてしまえばそのようなミスを犯したことが信じられないほどつまらないものであることが多い。だがそうした事情があるため、その報告は謎めいたものになることが多く、プログラムの先の行を指していることがある。このため、コンパイラーが指摘した行では問題が見つからない場合は、少し手前の行も調べてみるとよいだろう。

コンパイラーは、プログラマーが何をしようとしているのかまでは察してくれない。したがって、コンパイラーがプログラマーの意図をくみ、プログラマーが何をしたのかに基づいてエラーを報告してくれることはない。たとえば、先の s3 の宣言に対して、以下のようなコンパイルエラーが生成される可能性は低い。

「int のつづりが間違っている。i を大文字にしてはならない」

どちらかと言えば、以下のようになるだろう。

「構文エラー：' ; ' は識別子 ' s3 ' の前に必要」
「' s3 '：定義されていない識別子」
「' Int '：定義されていない識別子」

これらは、慣れないうちは意味不明なメッセージであり、理解しにくい言葉でつづられている。また、コンパイラーが異なれば、コードが同じであっても、大きく異なるエラーメッセージが表示されることもある。ただし、こうしたメッセージはすぐに読みこなせるようになる。最終的には、そうした意味不明なメッセージを以下のように読めるようになる。

「s3 の前に構文エラーがあり、
　それは Int または s3 の型に関係している」

このように解釈できれば、問題を見つけ出すのは難しくない。

TRY THIS
これらの例をコンパイルし、コンパイラーがどのように報告するか確認する。

5.3.2　型エラー

構文エラーを取り除くと、型エラーが報告されるようになる。つまり、変数や関数などを宣言した型（または宣言するのを忘れた型）と、引数などとして関数に渡された値や式の型が一致しないことが報告される。

```
    int x0 = arena(7);          // エラー：関数が宣言されていない
```

```
int x1 = area(7);           // エラー: 引数の個数が合わない
int x2 = area("seven",2);   // エラー: 第1引数の型が正しくない
```

これらのエラーについて考えてみよう。

1. `arena(7)` については、`area` を誤って `arena` と入力したために、`arena` という関数を呼び出すのだな、とコンパイラーが考える（そう指定されているのだから、他に考えようがない）。`arena` という関数が存在しない場合は、宣言されていない関数に関するエラーメッセージが出力される。`arena` という関数が存在し、その関数が引数として 7 を受け入れる場合は、さらにややこしいことになる。つまり、プログラムはコンパイルされるが、期待どおりに動作しない。これは論理エラーである（§5.7）。

2. `area(7)` については、引数の個数が正しくないことにコンパイラーが気づく。C++ では、どの関数呼び出しにおいても、期待される個数の正しい型の引数を正しい順序で指定しなければならない。型システムを適切に使用すれば、ランタイムエラーを回避するための強力なツールとなる（§14.1）。

3. `area("seven",2)` については、"seven" を検出したコンパイラーがそれを整数の 7 と解釈するだろうと考えたかもしれない。残念ながら、そうはいかない。整数を要求する関数に文字列を渡すことはできない。C++ は、確かに暗黙的な型変換（§3.9）をサポートしているが、`string` から `int` への変換はサポートしていない。コンパイラーはプログラマーの意図を察してくれない。`area("Hovel lane",2)`、`area("7,2")`、`area("sieben","zwei")` を見て、あなたは何を期待しただろうか。

これらはほんのひと握りの例にすぎない。コンパイラーが検出するエラーは他にもいろいろある。

TRY THIS
これらの例をコンパイルし、コンパイラーがどのように反応するか確認する。自分でもエラーをいくつか考えて、それらも試してみる。

5.3.3 エラーではないもの

プログラマーはコンパイラーを使用しながら、こちらの意図が見抜けるほど賢ければなあ、と考える。コンパイラーがエラーとして報告するものの中には、エラーではないものがあるからだ。そう思うのも無理はないが、意外なことに、プログラマーは経験を積むに従い、コンパイラーに拒絶されるコードを減らすどころか増やすことをいとわなくなる。以下のコードについて考えてみよう。

```
int x4 = area(10,-7);        // OK: だが、幅が -7 の四角形とは何か
int x5 = area(10.7,9.3);     // OK: だが、area(10,9) を呼び出す
char x6 = area(100,9999);    // OK: だが、結果を切り捨てる
```

x4 については、コンパイルエラーにはならない。コンパイラーから見て、`area(10,-7)` に問題はない。`area` 関数は整数を 2 つ要求するが、それらは指定されている。これらの引数が「正でならなけれ

ばならない」とは、どこにも書かれていない。

　x5 については、コンパイラーの出来がよければ、double 型の 10.7 と 9.3 から int 型の 10 と 9 への丸めに関する警告が生成される（§3.9.2）。ただし、言語の（古い）ルールにより、double 型は int 型へ暗黙的に変換できることになっているため、コンパイラーは area(10.7,9.3) の呼び出しを拒否できない。

　x6 の初期化には、area(10.7,9.3) の呼び出しと同じ問題がある。area(100,9999) から返された int（おそらく 999,900）は、char に代入されることになる。x6 にはおそらく「丸められた」値である -36 が設定されるだろう。この場合も、コンパイラーの出来がよければ、言語の（古い）ルールにより拒否できないとしても、警告が生成される。

　経験を積むうちに、コンパイラーの能力をうまく利用してエラーを特定し、その既知の弱点をかわす方法が身についていく。ただし、過信は禁物だ。「プログラムがコンパイルされた」からといって、動作するとは限らない。たとえ動作したとしても、ロジック上の不備を洗い出すまでは、最初から正しい結果が返されることは期待しないほうがよい。

5.4　リンクエラー

　プログラムは個別にコンパイルされた部品で構成される。それらの部品は**翻訳単位**（*translation unit*）と呼ばれる。プログラムを構成する関数はどれも、それらが使用される翻訳単位ごとにまったく同じ型で宣言されなければならない。これを確実にするために、私たちはヘッダーファイルを使用する（§8.3）。また、関数はそれぞれプログラムにおいて 1 回だけ定義されなければならない。どちらかのルールに違反した場合、リンカーはエラーを生成する。リンクエラーを回避する方法については、第 8 章の「§8.3 ヘッダーファイル」で説明する。以下に示すのは、一般的なリンクエラーを含んでいると思われるプログラムの例だ。

```
int area(int length, int width);   // 四角形の面積を計算

int main()
{
    int x = area(2,3);
}
```

area 関数を別のソースファイルで定義し、そのソースファイルから生成されたコードをこのコードにリンクしない限り、area 関数の定義が見つからないことを示すリンクエラーになる。

以下に示すように、area 関数を定義するときの戻り値と引数の型は、このファイルで使用している型とまったく同じでなければならない。

```
int area(int x, int y) { /* ... */ }   // 一致する area 関数の定義
```

名前が同じであっても型が異なる関数は一致せず、無視される。

```
double area(double x, double y) { /* ... */ }    // 一致しない area 関数の定義

int area(int x, int y, char unit) { /* ... */ }   // 一致しない area 関数の定義
```

関数名のつづりが間違っていても、通常はリンクエラーにならない。これに対し、宣言されていない関数の呼び出しが検出された場合は、その時点でコンパイルエラーになる。コンパイルエラーはリンクエラーよりも早い段階で検出され、たいてい修正しやすいため、これは願ってもないことだ。

ここで示した関数のリンクルールは、変数や型など、プログラムのその他すべての要素にも適用される。特定の名前を持つ要素の定義は1つだけでなければならないが、宣言はいくつあってもよい。ただし、それらの型はすべて一致していなければならない（§8.2、§8.3）。

5.5　ランタイムエラー

コンパイルエラーとリンクエラーがなければ、プログラムは実行される。だが、本当におもしろくなるのは、ここからだ。プログラムを記述するときのエラーは検出できることがわかった。だが、エラーが実行時に検出された場合、それに対処する方法がすぐにわかるとは限らない。以下のコードについて考えてみよう。

```
int area(int length, int width)   // 四角形の面積を計算
{
    return length*width;
}
int framed_area(int x, int y)     // フレーム内の面積を計算
{
    return area(x-2,y-2);
}

int main()
{
    int x = -1;
    int y = 2;
    int z = 4;
    ...
    int area1 = area(x,y);
    int area2 = framed_area(1,z);
    int area3 = framed_area(y,z);
    // 浮動小数点数の除算のために double に変換
    double ratio = double(area1)/area3;
}
```

値を引数として直接渡すのではなく、変数 x、y、z を使用している。このようにしたのは、人が見てもそう簡単にはわからないものの、コンパイラーなら簡単に検出できるような問題にしたからだ。一方で、これらの呼び出しは面積として負の値を計算し、それを area1 と area2 に代入している。これは数学と物理学のほとんどの概念に違反しているが、こうした誤った結果を受け入れるべきだろうか。受

け入れるべきではないとしたら、エラーをどこで検出すればよいだろうか。area 関数の呼び出し元だろうか、それとも関数自体で検出すべきだろうか。そして、そうしたエラーの報告を受けるにはどうすればよいだろうか。

これらの質問に答える前に、ratio を計算しているコードを見てみよう。これはまったく無害に思える。問題がどこにあるかわかっただろうか。わからなければ、もう一度見てみよう。area3 は 0 になるため、double(area1)/area3 は 0 による除算になる。これはハードウェアで検出されるエラーを引き起こし、ハードウェアに関連する不可解なメッセージを残してプログラムを終了させてしまう。この種のエラーは、プログラマーがランタイムエラーを検出して良識的に対処することを怠れば、ユーザーが対処するはめになるエラーだ。ほとんどのユーザーにとって、こうした「ハードウェア違反」は耐え難いものである。プログラムに詳しくない人にしてみれば、「どこかで何かがおかしくなった」という情報があるだけだ。この建設的であるとは言えない仕打ちに頭にきたユーザーがプログラムの提供者をどなりつけたくなったとしてもおかしくない。

area 関数の引数のエラーに対処するとしたら、明白な選択肢が 2 つある。

a. area 関数を呼び出す側が不正な引数に対処する。
b. 呼び出される側の area 関数が不正な引数に対処する。

5.5.1 呼び出す側でのエラー処理

1 つ目の「使用する側が用心する」アプローチから試してみよう。このアプローチを選択するのは、area 関数がライブラリに含まれている関数で、手出しできない場合だ。良くも悪くも、これは最も一般的なアプローチである。

```
if (x<=0) error("non-positive x");
if (y<=0) error("non-positive y");
int area1 = area(x,y);
```

実際の問題は、エラーが見つかったらどうするかだけである。ここでは、何が意味のあることをするであろう関数 error を呼び出している。実際には、error は std_lib_facilities.h で提供されている関数であり、デフォルトでは、引数として渡された文字列を使ってシステムエラーメッセージを出力し、プログラムを終了する。独自のエラーメッセージを出力するなど、何か別のことをしたい場合は、runtime_error をキャッチすればよい（§5.6.2、§7.3、§7.8、§B.2.1）。学習用のプログラムであれば、error 関数を呼び出す方法で十分である。runtime_error のキャッチは、より高度なエラー処理に使用できるスタイルの一例だ。

引数ごとに別々のエラーメッセージを使用する必要がない場合は、以下のように書き換えればよい。

```
if (x<=0 || y<=0)      // || は OR を意味する
    error("non-positive area() argument");
int area1 = area(x,y);
```

area 関数を不正な引数から保護するには、framed_area 関数を通じた呼び出しにも対処しなければならない。たとえば以下のように書き換えたとしよう。

```
    if (z<=2)
        error("non-positive 2nd area() argument called by framed_area()");
    int area2 = framed_area(1,z);
    if (y<=2 || z<=2)
        error("non-positive area() argument called by framed_area()");
    int area3 = framed_area(y,z);
```

これは煩雑なだけでなく、根本的に間違っている部分もある。このように記述できるのは、framed_area 関数が area 関数をどのように使用するのかを正確に知っている場合だけだ。つまり、framed_area 関数がそれぞれの引数から 2 を引いた上で area 関数を呼び出すことを知っていなければならない。そうした詳細をプログラマーが知る必要はないはずだ。誰かが framed_area 関数を書き換えて、2 の代わりに 1 を使用するようにしたらどうなるだろうか。その誰かは、この関数の呼び出しを片っ端から調べて、変更に合わせてエラーチェックコードも修正しなければならない。そうしたコードが「脆弱(brittle)」と呼ばれるのは、すぐに動かなくなるからだ。これは「マジック定数」の一例でもある（§4.3.1）。framed_area 関数が引き算する値に名前を付ければ、コードの脆弱性を和らげることができる。

```
    constexpr int frame_width = 2;
    int framed_area(int x, int y)    // フレーム内の面積を計算
    {
        return area(x-frame_width,y-frame_width);
    }
```

そして、framed_area 関数を呼び出すコードで、この名前を使用すればよい。

```
    if (1-frame_width<=0 || z-frame_width<=0)
        error("non-positive argument for area() called by framed_area()");
    int area2 = framed_area(1,z);
    if (y-frame_width<=0 || z-frame_width<=0)
        error("non-positive argument for area() called by framed_area()");
    int area3 = framed_area(y,z);
```

さて、このコードが正しいのは確かだろうか。きれいに見えるだろうか。読みやすいだろうか。実際問題として、このコードは汚い。よってエラーも起きやすい。コードのサイズは 3 倍以上になっているし、framed_area 関数の実装上の詳細が暴露されている。もっとよい方法があるはずだ。

元のコードを見てみよう。

```
    int area2 = framed_area(1,z);
    int area3 = framed_area(y,z);
```

このコードは間違っているかもしれないが、少なくとも、このコードが何をするものなのかは理解できる。framed_area 関数の中にチェックを組み込めば、このコードをそのまま使用できる。

5.5.2 呼び出される側でのエラー処理

`framed_area` 関数の内側で有効な引数をチェックするのは簡単だ。この場合も、`error` 関数を使って問題を報告できる。

```
int framed_area(int x, int y)    // フレーム内の面積を計算
{
    constexpr int frame_width = 2;
    if (x-frame_width<=0 || y-frame_width<=0)
        error("non-positive area() argument called by framed_area()");
    return area(x-frame_width,y-frame_width);
}
```

これはかなりよいコードである。そして、`framed_area` 関数の呼び出しごとにテストを記述する必要がなくなっている。大きなプログラムで 500 回も呼び出されるような便利な関数では、これが大きなアドバンテージとなる可能性がある。しかも、エラー処理に関係するものが変化した場合は、コードを 1 か所修正するだけで済む。

興味深いのは、ほとんど無意識のうちに、「呼び出し元が引数をチェックしなければならない」アプローチから「関数の引数は関数がチェックしなければならない」アプローチへとシフトしていることである。このアプローチが「呼び出される側のチェック」と呼ばれるのは、呼び出された関数がよく「呼び出される側」と呼ばれるためだ。この手法の利点の 1 つは、引数をチェックするコードが 1 つの場所にあり、プログラム全体にわたって呼び出しを探す必要がないことだ。しかも、その場所とはまさに引数が使用される場所なので、チェックを行うために必要な情報はすべてそろっている。

この解決策を `area` 関数に適用してみよう。

```
int area(int length, int width)    // 四角形の面積を計算
{
    if (length<=0 || width <=0) error("non-positive area() argument");
    return length*width;
}
```

これにより、`area` 関数の呼び出し時のエラーがすべて捕捉されるため、`framed_area` 関数でのチェックは不要になる。ただし、エラーメッセージをもう少し具体的なものにしたほうがよいかもしれない。

引数を関数でチェックするのは単純なことに思えるが、それなら誰もがそうしないのはなぜだろうか。エラー処理が軽視されていることや、だらしなさが原因のこともあるが、もっともな理由もある。

- 関数定義を変更できない

    関数が何らかの理由で変更できないライブラリに含まれている。よいエラー処理を構成するものについて見解が異なる誰か別の人によって使用されている。誰か別の人が所有していて、そのソースコードが手元にない。あるいは、定期的にバージョンアップされるライブラリに含まれているため、変更を加えた場合は、ライブラリの新しいリリースごとに変更が必要になってしまう。

第 5 章　エラー

- 呼び出される側の関数ではエラーへの対処の仕方がわからない
  ライブラリ関数はその代表格だ。ライブラリの作成者ならエラーを検出できるが、ライブラリを使用する側には、エラーが発生したときにどうすればよいかはわからない。
- 呼び出される側の関数ではどこから呼び出されたのかわからない
  エラーメッセージが生成された場合、何かがおかしいことはわかるが、どうしてそうなったのかまではわからない。エラーメッセージがもう少し具体的だったらよかったのに、と思うことがある。
- パフォーマンス
  関数が小さい場合、チェックのためのコストが結果を計算するためのコストを上回ることがある。たとえば `area` 関数はまさにそうであり、チェックは関数のサイズの 2 倍以上になる。関数のサイズとは、ソースコードの長さのことではなく、実行しなければならない機械語の数のことだ。プログラムによっては、それが重大な意味を持つことがある。情報がほとんど手つかずの状態でやり取りされる関数の相互呼び出しにおいて、同じ情報が繰り返しチェックされるケースはまさにそうである。

それでは、どうすればよいだろうか。もっともな理由がない限り、引数は関数でチェックするようにしよう。

この後は、関連する項目をいくつか取り上げた後、「§5.10 事前条件と事後条件」で不正な引数に対処する方法に戻ることにする。

5.5.3　エラーの報告

ここで、質問を少し変えてみよう。一連の引数をチェックしていたところ、エラーが見つかった。さて、どうすればよいだろうか。場合によっては、「エラー値」を返せることがある。

```
// ユーザーに yes/no 方式で答えてもらい、
// 答えが正しくない (yes または no ではない) 場合は 'b' を返す
char ask_user(string question)
{
    cout << question << "? (yes or no)\n";
    string answer = " ";
    cin >> answer;
    if (answer =="y" || answer=="yes") return 'y';
    if (answer =="n" || answer=="no") return 'n';
    return 'b';    // 'b' は "bad answer" を表す
}

// 四角形の面積を計算する
// -1 の戻り値は引数が不正であることを示す
int area(int length, int width)
{
```

```
    if (length<=0 || width <=0) return -1;
    return length*width;
}
```

このように、呼び出される側の関数で詳細なチェックを行う一方で、必要に応じて呼び出す側にエラーを処理させることもできる。この手法はうまくいくように思えるが、問題がいくつかあり、多くの場合は使用に適さない。

- 呼び出される側の関数と呼び出す側の両方でテストを実行しなければならない。呼び出す側は簡単なテストを行えば済むが、テストを記述しなければならず、テストにパスしなかった場合にどうすればよいかを決定しなければならないことに変わりはない。
- 呼び出す側がテストを忘れる可能性がある。それがプログラムのさらに先のほうで予想外の振る舞いに発展することがある。
- 多くの関数には、エラーを示すために使用できる「余分」な戻り値はない。たとえば、入力から整数を読み込む関数（cin の演算子 >> など）は、当然ながら、何らかの int 値を返すことができる。このため、エラーを示すために返すことができる int というものは存在しない。

2つ目の「呼び出す側がテストを忘れる」ケースは意外だったかもしれない。以下のコードを見てみよう。

```
int f(int x, int y, int z)
{
    int area1 = area(x,y);
    if (area1<=0) error("non-positive area");
    int area2 = framed_area(1,z);
    int area3 = framed_area(y,z);
    double ratio = double(area1)/area3;
    ...
}
```

エラーがどこにあるかわかるだろうか。見るからに「間違っているコード」を調べるわけではないため、この種のエラーは見つけにくい。この場合のエラーは、テストが含まれていないことだ。

TRY THIS

このプログラムをさまざまな値でテストしてみる。area1、area2、area3、ratio の値を出力し、エラーがすべて見つかるまでテストの数を増やしていく。エラーがすべて捕捉されたことはどうすればわかるか。これは引っかけ問題ではない。この例では、有効な引数を渡すことで、すべてのエラーを捕捉できる。

この問題を解決する方法はもう1つある。それは例外を使用することだ。

5.6 例外

現代のほとんどのプログラミング言語と同様に、C++ には、エラーの処理に役立つメカニズムとして**例外**（*exception*）が用意されている。基本的には、（呼び出される側の関数で行われる）エラーの検出を（呼び出す側の関数で行われる）エラーの処理から切り離す一方で、検出されたエラーを無視できるようにする。つまり、ここまで見てきたエラー処理のさまざまな手法の利点を組み合わせるためのメカニズム ── それが例外である。エラー処理が簡単になるわけではないが、エラーが処理しやすくなる。

基本的には、関数が自分では処理できないエラーを検出した場合に、通常どおりに制御を戻す（return）のではなく、問題が発生したことを示す例外をスロー（throw）する。直接または間接的な呼び出し元であれば、この例外をキャッチ（catch）できる。つまり、呼び出された側のコードが throw を使用した場合にどうするかを指定できる。後ほど説明するように、関数は try ブロックを使用することで例外に関心があることを示し、try ブロックの catch 部分で処理する意思のある例外の種類を列挙する。どの呼び出し元でも例外がキャッチされない場合、プログラムは終了する。

例外については、少し高度な使用法を説明したいので、第 19 章で改めて取り上げる。

5.6.1 不正な引数

area 関数で例外を使用してみよう。

```
class Bad_area { };    // area 関数からエラーを報告するための型

// 四角形の面積を計算する
// 引数が正しくない場合は Bad_area 例外をスローする
int area(int length, int width)
{
    if (length<=0 || width<=0) throw Bad_area();
    return length*width;
}
```

つまり、引数に問題がなければ、これまでと同じように面積を計算して返す。引数に問題がある場合は、throw を使って area 関数から抜け出し、どこかにある catch がうまく対処してくれることをあてにする。Bad_area はユーザー定義の新しい型であり、その唯一の目的は、area 関数からの throw に特別な意味を持たせて、catch がそれを area でスローされた例外として認識できるようにすることだ。ユーザー定義の型（クラスおよび列挙）については、第 9 章で説明する。Bad_area() という表記は「Bad_area 型のオブジェクトをデフォルト値で作成する」ことを意味し、throw Bad_area() という表記は「Bad_area 型のオブジェクトを作成してスローする」ことを意味する。

これにより、以下のコードを記述できる。

```
int main()
try {
    int x = -1;
```

```
        int y = 2;
        int z = 4;
        ...
        int area1 = area(x,y);
        int area2 = framed_area(1,z);
        int area3 = framed_area(y,z);
        double ratio = area1/area3;
    }
    catch (Bad_area) {
        cout << "Oops! bad arguments to area()\n";
    }
```

まず、このコードは area 関数の呼び出しをすべて処理する。area 関数は、main 関数で 1 回、framed_area 関数を通じて 2 回呼び出される。次に、エラーの処理とエラーの検出がきれいに切り離されている。main 関数は、throw Bad_area() を実行したのがどの関数なのかについて何も知らない。area 関数は、スローした Bad_area 例外をキャッチする関数が存在するとしても、それについて何も知らない。この切り分けは、多くのライブラリを使って書かれた大きなプログラムにおいて特に重要となる。そうしたプログラムでは、「コードを必要な場所に挿入してエラーを処理する」というわけにはいかない。なぜなら、アプリケーションとすべてのライブラリの両方でコードを修正することなど誰も望まないからだ。

5.6.2 範囲エラー

現実のコードのほとんどは、データの集まりを扱う。つまり、データ要素で構成されたさまざまな種類のテーブルやリストなどを使って作業を行う。C++ では、「データの集まり」をよく**コンテナー**（*container*）と呼ぶ。標準ライブラリのコンテナーのうち、最も便利でよく使用されるのは vector（§4.6）である。vector には多くの要素が含まれ、その個数を割り出すには vector の size メンバー関数を呼び出す。有効な範囲 [0:v.size()) に含まれていないインデックス（添字）を使って要素にアクセスしようとした場合はどうなるだろうか。一般的な表記である [low:high) は、low から high-1 までのインデックスを意味する。つまり、low は含まれるが、high は含まれない。

その質問に答える前に、別の質問に答えてみる必要がある。

「なぜそんなことをするのか」

v の添字が [0:v.size()) の範囲内でなければならないことはわかっているのだから、そうすればよいではないか。

言うのは簡単だが、実行するのは難しいことがある。以下のプログラムは、もっともらしく見える。

```
    vector<int> v;                              // int 型の vector
    for (int i; cin>>i; )
        v.push_back(i);                         // 値を取得
    for (int i = 0; i<=v.size(); ++i)           // 値を出力
        cout << "v[" << i <<"] == " << v[i] << '\n';
```

エラーがどこにあるかわかっただろうか。続きを読む前にエラーを探してみよう。これは特に珍しいエラーではない。特に夜遅くまで働いていて疲れているときには、こうした間違いを犯すものだ。疲れているときや急いでいるときほど間違いをしやすくなる。ここでは、0 と size 関数を使用して、v[i] を実行するときに i が常に範囲内になるようにしている。

残念ながら、間違いが 1 つある。2 つ目の for ループを見てみよう。終了条件は i<=v.size() になっているが、正しくは i<v.size() である。そのせいで、5 つの整数を読み込む場合に 6 つの整数を書き出そうとする。vector の終端を 1 つ超えて v[5] を読み込もうとしている。これはさまざまな呼び名を持つほど一般的な「よく知られた」エラーである。これは **1 つ違いエラー**（*off-by-one error*）と呼ばれているが、インデックス（添字）が vector の範囲外であるので**範囲エラー**（*range error*）とも呼ばれ、インデックスが vector の制限（境界）を超えているので**境界エラー**（*bounds error*）とも呼ばれる。

このループに範囲 for 文を使用しなかったのはなぜだろうか。範囲 for 文を使用すれば、ループの終端を取り違えることはなかったはずだ。だがこのループでは、各要素の値だけでなく、インデックス（添字）も必要である。範囲 for 文を使用する場合は、余分な作業が必要になってしまう。

同じ範囲エラーを生成するもっと単純なコードを見てみよう。

```
    vector<int> v(5);
    int x = v[5];
```

だが、これを見た読者が、現実のこととして深刻に受け止める価値があると認めるかどうかは疑問である。

こうした範囲エラーが実際に発生した場合はどうなるだろうか。vector の添字演算は vector のサイズを知っているため、それをチェックすればよい。そして、ここで使用している vector はそれをチェックする（§4.6、§19.4）。このチェックが失敗した場合、添字演算は out_of_range 型の例外をスローする。したがって、先の 1 つ違いエラーのコードが例外をキャッチしたプログラムの一部であった場合は、少なくとも、まともなエラーメッセージが返されるはずだ。

```
    int main()
    try {
        vector<int> v;                              // int 型の vector
        for (int x; cin>>x; )
            v.push_back(x);                         // 値を取得
        for (int i = 0; i<=v.size(); ++i)           // 値を出力
            cout << "v[" << i <<"] == " << v[i] << '\n';
    } catch (out_of_range) {
        cerr << "Oops! Range error\n";
```

```
        return 1;
    } catch (...) {    // その他の例外をすべてキャッチ
        cerr << "Exception: something went wrong\n";
        return 2;
    }
```

　範囲エラーは、実際には「§5.5.2 呼び出される側でのエラー処理」で説明した引数エラーの特殊な例である。vector のインデックスの範囲を忘れずにチェックする自信がなかったので、それを vector の添字演算子にチェックさせている。ここで示した理由により、vector の添字関数（vector::operator[]）は例外をスローすることで、エラーが見つかったことを報告する。それ以上何ができるだろう。範囲エラーが発生したときにどうしたいかなど見当もつかない。vector の作成者には、自分のコードがどのようなプログラムの一部になるのかもわからないのだ。

5.6.3 不正な入力

　不正な入力にどう対処するかについては、第10章の「§10.6 I/O エラー処理」で詳しく説明する。ただし、不正な入力が検出された場合は、引数エラーや範囲エラーと同じ手法や言語機能を使って対処する。ここでは、入力演算が成功したかどうかを知らせるにはどうすればよいかについて説明する。たとえば、浮動小数点数を読み込むとしよう。

```
    double d = 0;
    cin >> d;
```

cin を評価することにより、最後の入力演算が成功したかどうかをテストできる。

```
    if (cin) {
        // すべて順調であり、読み込みを再び繰り返すことが可能
    }
    else {
        // 最後の読み込みに失敗したので、何らかの措置を講じる
    }
```

　この入力演算の失敗の原因はいくつか考えられる。ここでは、>> が読み込むはずの double がなかった場合について考えてみよう。

　開発の初期段階でエラーに気づいたものの、まだそれにうまく対処できる段階ではないことを示したい場合がよくある。そこで、エラーを報告してプログラムを終了するだけにしたい。後でもう少し何とかするかもしれない。

```
    double some_function()
    {
        double d = 0;
        cin >> d;
        if (!cin) error("couldn't read a double in 'some_function()' ");
```

```
        // 何らかの処理
    }
```

　!cin という条件は、cin の否定を意味する。つまり、cin での 1 つ前の演算が失敗し、cin が適切な状態ではないことを意味する。

　error 関数に渡された文字列は、デバッグに役立てるために、あるいはユーザーへのメッセージとして出力できる。error 関数を多くのプログラムで役立つように記述するにはどうすればよいだろうか。値を返したところで、それをどうすればよいかはわからないので、そうするわけにはいかない。この関数は代わりに、そのメッセージを書き出した後、プログラムを終了するはずだ。それに加えて、ユーザーがメッセージを読めるようにウィンドウを開いたままにしておくなど、ちょっと気の利いたことをしてからプログラムを終了したいとしよう。それこそ、例外にうってつけの仕事だ（§7.3）。

　標準ライブラリには、vector によってスローされる out_of_range をはじめ、数種類の例外が定義されている。また、ランタイムエラー（runtime_error）も定義されている。runtime_error にはエラーハンドラーで使用できる文字列が含まれているため、ここでのニーズにぴったりだ。このため、以下のような単純な error 関数を記述できる。

```
void error(string s)
{
    throw runtime_error(s);
}
```

　runtime_error に対処したい場合は、それをキャッチすればよい。単純なプログラムでは、runtime_error を main 関数でキャッチするのが理想的である。

```
int main()
try {
    // 何らかの処理
    return 0;      // 0 は成功を示す
}
catch (runtime_error& e) {
    cerr << "runtime error: " << e.what() << '\n';
    keep_window_open();
    return 1;      // 1 は失敗を示す
}
```

　e.what() の呼び出しは runtime_error からエラーメッセージを取り出す。以下に示す & は、「例外を参照渡しにする」ことを示す。

```
catch(runtime_error& e) {
```

何かを参照渡しにする意味については、第 8 章で説明する。

　エラーの出力に cout ではなく cerr を使用したことに注目しよう。cerr は、エラーを出力するためのものであることを除けば、cout とまったく同じだ。デフォルトでは、cerr と cout はどちらも画

面上に出力するが、cerr は最適化されていない分、エラーに強いという特徴がある。一部の OS では、出力先をファイルなどに切り替えることもできる。cerr を使用することには、書き出されるものがエラーに関連していることが文書化される、という単純な効果もある。以上の理由により、私たちはエラーメッセージに cerr を使用する。

out_of_range エラーが発生したのは、vector や標準ライブラリの他のコンテナー型の使い方を誤ったせいかもしれない。out_of_range は runtime_error ではないため、runtime_error をキャッチしても out_of_range エラーは処理されない。ただし、out_of_range と runtime_error はどちらも「例外」なので、exception をキャッチすれば、両方とも処理できる。

```
int main()
try {
    // 何らかの処理
    return 0;      // 0 は成功を示す
}
catch (exception& e) {
    cerr << "error: " << e.what() << '\n';
    keep_window_open();
    return 1;      // 1 は失敗を示す
}
catch (...) {
    cerr << "Oops: unknown exception!\n";
    keep_window_open();
    return 2;      // 2 は失敗を示す
}
```

型を問わずすべての例外を処理するために、ここでは catch(...) を追加している。

ここでは、out_of_range 型と runtime_error 型の両方の例外を、exception という1つの型を通じて処理している。この exception 型のことをそれらの「共有基盤（スーパー型）」と呼ぶ。この非常に効果的かつ一般的な手法については、第13章～第16章で説明する。

この場合も、main 関数の戻り値はプログラムを呼び出した「システム」に渡される。UNIX のように main 関数の戻り値をよく使用するシステムもあれば、Windows のように一般に無視するシステムもある。0 の戻り値は、処理が正常終了したことを示す。0 ではない戻り値は、何らかの失敗を示す。

error 関数を使用するときに、問題を説明するための情報を2つ渡したいことがよくある。その場合は、それら2つの情報を表す文字列を連結すればよい。これはよく使用される手法なので、それに合わせて error 関数をもう1つ定義してみよう。

```
void error(string s1, string s2)
{
    throw runtime_error(s1+s2);
}
```

エラー処理に求められることが大幅に増え、設計者やプログラマーとしてそれなりの知識を身につけるまでは、この単純なエラー処理で間に合うだろう。error 関数は、エラーが発生するまでに完了した関数呼び出しの数とは無関係に使用できる。error 関数は、runtime_error の最も近くのキャッチを探し当てる（たいていの場合は main 関数に含まれている）。例外と error 関数を使用する例については、第 7 章の「§7.3 エラー処理」と「§7.7 エラーからの回復」で示す。例外をキャッチしない場合は、デフォルトのシステムエラーが発生する。これは「キャッチされない例外」エラーである。

TRY THIS

キャッチされない例外エラーがどのようなものであるかを確認するために、例外を 1 つもキャッチせずに error 関数を使用する簡単なプログラムを実行してみる。

5.6.4　縮小エラー

第 3 章の「§3.9.2 安全ではない変換」では、「大きすぎて収まらない」値を変数に代入すると、値が暗黙的に切り捨てられるというエラーを示した。

```
int x = 2.9;
char c = 1066;
```

x は int 型であり、int は整数の端数部を持たない値であるため、x の値は 2.9 ではなく 2 になる。同様に、ASCII 文字セットには 1066 の値を持つ char 型の値は存在しないため、c の値は 1066 ではなく 42（'*' を表す）になる。

第 3 章の説明では、こうした縮小をテストによって未然に防ぐ方法を示した。例外とテンプレート（§19.3）を使用すれば、こうした縮小エラーに対処する関数を記述できる。この関数では、代入または初期化によって値が変更されるかどうかをテストし、値が変更される場合に runtime_error 例外をスローする。

```
int x1 = narrow_cast<int>(2.9);       // スロー
int x2 = narrow_cast<int>(2.0);       // OK
char c1 = narrow_cast<char>(1066);    // スロー
char c2 = narrow_cast<char>(85);      // OK
```

<...> は vector<int> に使用されているものと同じである。これらは値ではなく型を指定する必要があるときに使用されるもので、**テンプレート引数**（*template argument*）と呼ばれる。narrow_cast を使用するのは、値を変換する必要があり、「値が型に収まるかどうか」がわからない場合である。narrow_cast は std_lib_facilities.h で定義されており、error 関数を使って実装されている。キャスト（*cast*）という用語は「型変換」を意味し、けがをした足にはめるギプスのように、完全な状態ではないものを扱う演算の役割を表す。ここで注意しなければならないのは、キャストがオペランドを変更するのではなく、オペランドの値に対応する（<...> で指定された型の）新しい値を生成することだ。

5.7 論理エラー

最初のコンパイルエラーとリンクエラーを取り除いた時点で、プログラムは実行されるようになる。次にどうなるかと言えば、出力が生成されないか、プログラムが生成した出力が間違っている、といったところだろう。理由はいろいろ考えられる。プログラムのロジックを十分に理解できていないのかもしれないし、自分では書いたつもりになっていることが実際には書かれていなかったのかもしれない。あるいは、if 文か何かで「つまらないミス」をしたのかもしれない。こうした論理エラーを見つけて取り除くのは、たいてい最も難しい。というのも、この段階では、コンピューターはプログラマーが要求したとおりのことをしているからだ。なぜ思惑が外れてしまったのかをプログラマーが突き止める番である。基本的に、コンピューターは身のこなしはすばやいものの、頭の回転は悪い。命じられたことしかしないところが、余計にしゃくに障る。

簡単な例を使って説明しよう。以下のコードは、一連のデータから最低気温、最高気温、平均気温を割り出す。

```
int main()
{
    vector<double> temps;                  // 気温

    for (double temp; cin>>temp; )         // 値を読み込み、temp に代入
        temps.push_back(temp);

    double sum = 0;
    double high_temp = 0;
    double low_temp = 0;

    for (double x : temps)
    {
        if(x > high_temp) high_temp = x;   // 最高気温を割り出す
        if(x < low_temp) low_temp = x;     // 最低気温を割り出す
        sum += x;                          // 合計を求める
    }

    cout << "High temperature: " << high_temp<< '\n';
    cout << "Low temperature: " << low_temp << '\n';
    cout << "Average temperature: " << sum/temps.size() << '\n';
}
```

このプログラムのテストでは、2004 年 2 月 16 日のテキサス州ラボックにある気象台で 1 時間おきに計測された気温値を入力した（テキサスでは力氏を使用している）。

第 5 章 エラー

```
   -16.5,  -23.2,  -24.0,  -25.7,  -26.1,  -18.6,   -9.7,   -2.4,
     7.5,   12.6,   23.8,   25.3,   28.0,   34.8,   36.7,   41.5,
    40.3,   42.6,   39.7,   35.4,   12.6,    6.5,   -3.7,  -14.3
```

これにより、以下の出力が得られた。

```
High temperature: 42.6
Low temperature: -26.1
Average temperature: 9.29583
```

経験が浅いと、このプログラムは問題なく動作していると考えるところだ。無責任なプログラマーなら、それを顧客に配布してしまうだろう。慎重なプログラマーは、別のデータでもう一度テストする。次に、2004 年 7 月 23 日の気温値で試してみよう。

```
    76.5,   73.5,   71.0,   73.6,   70.1,   73.5,   77.6,   85.3,
    88.5,   91.7,   95.9,   99.2,   98.2,  100.6,  106.3,  112.4,
   110.2,  103.6,   94.9,   91.7,   88.4,   85.2,   85.4,   87.7
```

今回の出力は以下のようになった。

```
High temperature: 112.4
Low temperature: 0
Average temperature: 89.2083
```

何かがおかしい。7 月のラボックがこんなに寒かったら（カ氏 0 度はだいたいセ氏 −18 度である）、この世の終わりというものだ。エラーがどこにあるかわかっただろうか。`low_temp` は 0 で初期化されているため、気温データのどれかが 0 度を下回るまで 0 のままである。

TRY THIS

このプログラムを実行し、これらの入力からその出力が実際に生成されることを確かめる。別の入力を指定して、プログラムを失敗させてみる。プログラムを失敗させるために指定できる入力値のうち、最小の値は何だろうか。

残念なことに、このプログラムのエラーはこれだけではない。すべての気温が0度を下回る場合はどうなるだろうか。`high_temp` の初期化でも、`low_temp` の場合と同等の問題が発生する。`high_temp` は0度を超えるデータ値を検出するまで0のままである。このプログラムは真冬の南極でもうまくいかない。

これらのエラーは非常に典型的なものだ。プログラムをコンパイルするときにはエラーにならず、「合理的」な入力でしか不正な結果を生成しない。ところで、何を「合理的」と見なすべきかについて考えるのを忘れていた。プログラムを以下のように書き換えてみよう。

```
int main()
{
    double sum = 0;
    double high_temp = -1000;   // あり得ないほど小さい値に初期化
    double low_temp = 1000;     // あり得ないほど大きい値に初期化
    int no_of_temps = 0;

    for (double temp; cin>>temp;) {   // temp に読み込む
        ++no_of_temps;                // 気温値の個数をカウント
        sum += temp;                  // 合計を求める
        if (temp > high_temp) high_temp = temp;   // 最高気温を割り出す
        if (temp < low_temp) low_temp = temp;     // 最低気温を割り出す
    }

    cout << "High temperature: " << high_temp<< '\n';
    cout << "Low temperature: " << low_temp << '\n'
    cout << "Average temperature: " << sum/no_of_temps << '\n';
}
```

これでうまくいくだろうか。どの程度確実だろうか。「うまくいく」の正確な定義は何だろうか。1000 と -1000 の値はどこから来たのだろうか。「マジック定数」（§5.5.1）について警告したことを思い出そう。プログラムの途中で 1000 と -1000 をリテラル値として使用するのは悪いスタイルだが、これらの値も間違っているのだろうか。気温がカ氏 −1000 度（セ氏 −573 度）を下回る場所はあるだろうか。気温がカ氏 1000 度（セ氏 538 度）を上回る場所はあるだろうか。

TRY THIS

このプログラムの `min_temp`（最低気温）定数と `max_temp`（最高気温）定数にふさわしい値を選択するために、情報源をいくつか調べてみる。これらの値により、プログラムの実用性の限界が決まる。

5.8 概算

たとえば六角形の面積を計算するなど、単純な計算を行うプログラムを作成したとしよう。このプログラムを実行したところ、面積として −34.56 が得られた。この答えが正しくないのはわかりきっている。なぜなら、図形の面積が負になることはないからだ。そこで、そのバグを修正したところ、今度は 21.65685 が得られた。答えは合っているだろうか。六角形の面積を求める公式なんて覚えていないので、何とも言えない。おかしな結果を生成するプログラムを配布して恥をかく前に、答えが妥当であることを確認しなければならない。この場合は簡単だ。六角形は正方形とよく似ている。紙に標準的な六角形を描いて、約 3 × 3 サイズの正方形になるように目測する。このような正方形の面積は 9 である。がっかり。21.65685 はどう見ても正しくない。そこでプログラムをもう一度見直したところ、答えは 10.3923 になった。これはいけるかもしれない。

ここでの要点は、六角形とは何の関係もない。要するに、正しい答えがどのようなものであるかが —— 非常に大まかなものであっても —— 見当がつかなければ、結果が妥当であるかどうかはまったくわからない。常に以下のように問いかけてみる必要がある。

1. この問題へのこの答えは妥当か。

より一般的な（多くの場合は答えるのがはるかに難しい）質問についても考えてみる。

2. 妥当な結果を見分けるにはどうすればよいか。

「厳密な答えは何か」、あるいは「正しい答えは何か」を質問しているのではない。それを知るためにプログラムを書いているのである。答えがばかげていないことさえわかれば、それでよい。答えが妥当であることがわからなければ、次の作業に進んでも意味がない。

概算（*estimation*）は、いくつかの事実に適用された非常に単純な演算と常識とを組み合わせる高等な技術である。暗算が得意な人もいるが、計算できるものは計算してしまったほうが早い。ここで概算と呼んでいるものは、ひとつまみの推測（guess）にひとつまみの計算を組み合わせたものなので guesstimation[*1] とも呼ばれる。

TRY THIS
ここで取り上げた六角形は、1 辺が 2cm の標準的なものだった。答えは正しかったのだろうか。紙を 1 枚用意して、ざっと計算してみよう。それほどばかにしたものではない。多くの著名な科学者のすごいところは、紙と鉛筆を使っておおよその答えを出せることだ。これは多くの時間と混乱を省くことができる能力、というか単なる習慣である。

多くの場合、概算では、きちんとした計算に必要であるものの、まだ手元にないデータを推測することになる。都市の間の走行時間を概算するプログラムをテストする必要があるとしよう。15 時間 33 分は、ニューヨークからデンバーまでの走行時間として妥当だろうか。ロンドンからニースではどうだろうか。それが妥当である理由、または妥当ではない理由は何だろうか。これらの質問に答えるために「推測」しなければならないデータは何だろうか。多くの場合は、Web を少し調べてみると参考になる

[*1] 訳注：正当な裏付けがない、推測の域を出ない概算。

だろう。たとえば、3,000km はニューヨークからデンバーまでの走行距離の推測としては悪くない。平均速度として時速 200km を維持するのは難しい（そして違法である）ため、15 時間という数字には信ぴょう性がない（$15 \times 200 = 3,000$）。調べてみると、距離と平均速度の両方を過大評価していることがわかる。ただし、妥当性を確認できればよいので、正確な値である必要はない。十分な値が推測できれば、それでよい。

TRY THIS

これらの走行時間を概算してみる。また、それに対応する（通常の民間機で移動する場合の）飛行時間も概算してみる。続いて、地図や時刻表などの適切な情報源に基づき、概算を検証してみる。オンラインの情報源を使用するとよいだろう。

5.9　デバッグ

　書き上げたばかりのプログラムには、エラーが含まれているはずだ。プログラムが小さい場合は、コンパイルが一発で通り、正しく動作することもたまにある。だが、決して小さいとは言えないプログラムでそんなことが起きた場合は、最初は深く疑ってかかるべきである。本当に一発で動いたのなら、友人に知らせてお祝いしよう ── 何しろ、年に一度もないことだ。

　したがって、コードを書き上げたら、エラーを探して取り除く必要がある。このプロセスは一般にデバッグ（*debugging*）と呼ばれ、エラーはバグ（*bug*）と呼ばれる。バグという用語は、コンピューターが部屋いっぱいの真空管と継電器でできていた時代に、装置に入り込んだ虫がハードウェアを故障させたことに由来するとされている。バグという言葉を思いつき、それをソフトウェアのエラーに当てはめたと言われている人物が何人かいるが、最も有名なのはプログラミング言語 COBOL を考案した Grace Murray Hopper である（§22.2.2.2）。50 年以上も前にその用語を思いついたのが誰かはともかく、バグは喚起的な響きを持ち、どこにでも潜んでいる。エラーをじっくり探してそれらを取り除く作業をデバッグと呼ぶ。

　デバッグの大まかな流れは以下のようになる。

1. プログラムをコンパイルする。
2. プログラムをリンクする。
3. プログラムに想定されている作業を実行させる。

　基本的には、この手順を何度も繰り返す。プログラムがかなり大きい場合は、それこそ数百回、数千回と、何年にもわたって繰り返すことになる。何かがうまくいかなくなるたびに、問題の原因を突き止めて修正する必要がある。筆者に言わせれば、デバッグは手間ばかりかかって時間を無駄にするプログラミングの側面である。だから、設計とプログラミングの際には、バグ探しにかかる時間を最小限に抑えるためならどのような苦労もいとわない。このバグ探しにスリルを感じ、プログラミングの神髄であると考える人もいる。テレビゲームに病みつきになるかのごとく、連日連夜コンピューターにかじりつくことになるだろう（筆者が身をもって保証する）。

第 5 章　エラー

▽　以下に示すのは、デバッグの方法ではない。

```
while ( プログラムが正常に動作しないようだ ) {    // 擬似コード
    「問題がありそうな」ものを適当に調べる
    改善されるように変更する
}
```

わざわざ言われなくても、これが成功する余地のほとんどない出来の悪いアルゴリズムであることは明白である。不幸なことに、「他のすべて」を試してみて、何が起きているのかまったくわからなくなってしまった人々が、深夜に思わずしてしまうことを擬似コードにしてみたまでである。

デバッグの際には、以下の質問が重要となる。

●　「プログラムが正常に動作しているかどうかを判断するにはどうすればよいか」

この質問に答えることができないとしたら、終わりの見えないデバッグ作業は避けられないだろうし、ユーザーを失望させることになるだろう。私たちが絶えずこの点に立ち返るのは、その質問に答えるのに役立つものはすべて、デバッグを最小限に抑え、正確でメンテナンスが可能なプログラムを生成するのに役立つからだ。要するに、私たちはバグがどこにも潜んでいないようなプログラムを設計したいのである。それは求めすぎというものだが、本書が目指しているのはそういうことだ ── エラーの可能性を最小限に抑え、紛れ込んだエラーが見つかる可能性を最大限に高めるようにプログラムを構造化すること、それが本書の目標である。

5.9.1　デバッグに関する実践的なアドバイス

●　コードの 1 行目を書く前に、デバッグについて考え始めるようにしよう。多くのコードを書いてしまってからでは、デバッグを単純にしようにも手遅れである。

エラーを報告する方法を決定しよう。本書のデフォルトの答えは、「error 関数を使って main 関数内の exception を捕捉する」ことである。

●　プログラムを読みやすくすると、バグを特定しやすくなる。

- コードに十分なコメントを付ける。それは単に「多くのコメントを追加する」という意味ではない。コードのほうがうまく表現できることを言葉で言い表すのではなく、コードでうまく表現できないことを（できるだけ簡潔な）コメントにまとめる。
    - プログラムの名前
    - プログラムの目的
    - プログラムの作成者と作成日
    - バージョン番号
    - 複雑なコードブロックが実行するはずの動作
    - 設計の全体的な考え方
    - ソースコードの構成
    - 入力に関する前提
    - まだ欠けているコードとまだ対処していないケース

- 意味のある名前を使用する。
    - 単に「長い名前を使用する」ことではない。
- 一貫性のあるレイアウトを使用する。
    - IDE は助けになるが、何から何まで面倒を見てくれるわけではない。その責任はプログラマーにある。
    - 本書で使用しているスタイルは出発点として妥当である。
- コードをそれぞれ論理的なアクションを表す小さい関数に分割する。
    - 関数の長さが 1〜2 ページを超えないようにする。ほとんどの関数はそれよりもかなり短くなるだろう。
- 複雑なコードシーケンスは避ける。
    - 入れ子のループ、入れ子の if 文、複雑な条件などは避けるようにする。残念ながら、それらが必要になることもあるが、複雑なコードにはバグが紛れ込みやすいことを覚えておこう。
- 可能であれば、独自のコードではなくライブラリの機能を使用する。
    - ライブラリは、プログラマーが主な問題を解決する合間を縫って作成されたものよりも考え抜かれ、十分にテストされている可能性が高い。

この段階ではあまり具体的ではないが、例を見ながら説明しよう。

プログラムがコンパイルを通るようにする。当然ながら、ここではコンパイラーが最大の助けとなる。コンパイラーのエラーメッセージはおおむね参考になる。その道の第一人者ならともかく ― それだけの知識があるなら本書は必要ない ― 常にコンパイラーのほうが正しいと考える。コンパイラーが押しつけてくるルールはばかげていて不要である（そんなことはまずないが）と感じることがあるかもしれない。また、もっと単純にできるし、もっと単純なはずだ（なるほど、だがそうではない）と感じることもあるだろう。だが、よく言うように、「下手な職人に限って道具のせいにする」ものだ。腕の立つ職人は道具の良し悪しを心得ており、それに合わせて手加減をする。一般的なコンパイルエラーを見てみよう。

- すべての文字列リテラルが閉じているか。

    ```
    cout << "Hello, << name << '\n';    // 閉じていない
    ```

- すべての文字リテラルが閉じているか。

    ```
    cout << "Hello, " << name << '\n;    // 閉じていない
    ```

- すべてのブロックが閉じているか。

    ```
    int f(int a)
    {
        if (a>0) { /* 何らかの処理 */     // 閉じていない
        else { /* 何らかの処理 */ }
    }
    ```

- すべてのかっこが対になっているか。

    ```
    int f(int a)
    {
        if (a<=0     // 対になっていない
            x = f(y);
    }
    ```

    一般に、この種のコンパイルエラーは「遅れて」報告される。つまり、0 の後に閉じかっこを入力するつもりだったことなど、コンパイラーにはわからない。

- すべての名前が宣言されているか。
    - 必要なヘッダー（この場合は `#include "std_lib_facilities.h"`）をインクルードしたか。
    - すべての名前が使用される前に宣言されているか。
    - すべての名前のつづりは正しいか。

    ```
    int count; /* ... */ ++Count;    // 名前が宣言されていない
    char ch; /* ... */ Cin>>c;        // 2つもエラーがある
    ```

- 式文をそれぞれセミコロンで終端したか。

    ```
    x = sqrt(y)+2    // セミコロンがない
    z = x+3;
    ```

本章のドリルでもいくつか例を示す。「§5.2 エラーの原因」で示したエラーの分類にも注意しよう。

　プログラムのコンパイルとリンクが終わった後に待ち受けているのは、最大の難関だ — プログラムが想定されたとおりに動作しない理由を突き止めなければならない。そこで、プログラムの出力を調べて、その出力が生成された経緯を明らかにしようとする。実際はどうかというと、たいていは何も表示されない画面またはウィンドウを見て、プログラムが出力の生成にしくじったことにあぜんとする。Windows のコンソールプログラムの場合、最初に問題となるのは、出力を確かめる間もなくコンソールウィンドウが消えてしまうことだろう。解決策の 1 つは、main 関数の最後で std_lib_facilities.h の keep_window_open 関数を呼び出すことだ。そうすると、プログラムが終了する前に入力を要求するようになるため、ウィンドウを閉じるための入力を渡す前に、生成された出力を確認できる。

　バグを調べるときには、正しいことがわかっている最後のポイントからコードの文を 1 つずつ慎重に追っていく。プログラムを実行しているコンピューターに扮してみる。出力は期待どおりのものだろうか。もちろんそうではない。そうだとしたら、そもそもデバッグなどしていない。

- 問題がわからないとしたら、たいていは、自分が書いたものではなく、自分が期待するものを「見ている」からだ。以下のコードは、経験豊富なプログラマーによって書かれた実際のプログラムからの抜粋である（どうも深夜に書いたものらしい）。

    ```
    for (int i=0; i<=max; ++j) {    // エラーが2つも
        for (int i=0; 0<max; ++i);   // v の要素を出力
            cout << "v[" << i << "]==" << v[i] << '\n';
    ```

```
        // ...
    }
```

- 問題がわからないとしたら、たいていは、プログラムが正常な出力を最後に生成してから次の出力を生成する（または出力を生成しない）までの間に実行されるコードが多すぎるからだ。ほとんどのプログラミング環境には、プログラムの文を1つずつ実行する方法（ステップ実行）がある。最終的にはそうした機能を使用するようになるが、単純な問題や単純なプログラムでは、cerr を使用することで、状況を把握するための追加の出力文を一時的に追加すればよい。

```
    int my_fct(int a, double d)
    {
        int res = 0;
        cerr << "my_fct(" << a << "," << d << ")\n";
        // 正常に動作しないコード
        cerr << "my_fct() returns " << res << '\n';
        return res;
    }
```

- バグが潜んでいる疑いがあるコードに不変条件をチェックする文を挿入する。不変条件（§9.4.3）とは、常に有効でなければならない条件のことだ。

```
    int my_complicated_function(int a, int b, int c)
    // 引数は正であり、かつ a < b < c
    {
        if (!(0<a && a<b && b<c))      // ! は NOT、&& は AND を意味する
            error("bad arguments for mcf");
        // ...
    }
```

- それでも効果がなければ、バグが潜んでいる疑いのないコードに不変条件を挿入する。バグが見つからないとしたら、ほぼ確実に見当外れの場所を調べている。

不変条件を指定する文は**アサーション**（*assertion*）または**アサート**（*assert*）と呼ばれる。

興味深いことに、効果的なプログラミング手法はいろいろある。プログラミングの手法は人によってまったく異なる。デバッグ手法における違いの多くは、取り組んでいるプログラムの種類の違いによるものだ。それ以外は、人々の考え方の違いに関係しているように思える。筆者が知る限り、最も効果的なデバッグ手法というものは存在しない。ただし、常に覚えておかなければならないことが1つある。それは、汚いコードには虫（バグ）がつきやすいことだ。コードをできるだけ単純に、論理的に、適格に保てば、デバッグにかかる時間を短縮できる。

第5章 エラー

5.10 事前条件と事後条件

さて、関数への不正な引数に対処する方法に戻ろう。関数の呼び出しは、基本的に、正しいコードについて考え、エラーを捕捉するのにうってつけの場所である —— ここから論理的に別の関数が始まり、制御を戻して終わることになるからだ。

5.10.1 事前条件

前節のアドバイスの内容を振り返ってみよう。

```
int my_complicated_function(int a, int b, int c)
// 引数は正であり、かつ a < b < c
{
    if (!(0<a && a<b && b<c))    // ! は NOT、&& は AND を意味する
        error("bad arguments for mcf");
    ...
}
```

まず、関数が引数として何を要求するかを（コメントで）表明した後、この要件が満たされているかどうかをチェックしている。要件が満たされていなければ、例外をスローする。

基本戦略としてはまずまずである。引数に対する関数の要件は、よく**事前条件**（*pre-condition*）と呼ばれる。関数を正常に動作させるには、事前条件が満たされていなければならない。問題は、事前条件に違反した（条件を満たしていない）場合にどうするかである。基本的に、選択肢は以下の2つである。

1. 無視する（すべての呼び出し元から正しい引数が渡されることを前提とする）。
2. 確認する（そして、何らかの方法でエラーを報告する）。

次のように考えてみよう。引数の型は、最も単純な事前条件をコンパイラーにチェックさせ、それらをコンパイル時に報告させる手段にすぎない。

```
int x = my_complicated_function(1, 2, "horsefeathers");
```

この場合、コンパイラーは第3引数が整数であるという要件（事前条件）に違反していることに気づく。要するに、コンパイラーがチェックできない要件（事前条件）をどうするかが問題となる。

事前条件は常にコメントとして記述することをお勧めする。そうすれば、関数が何を期待しているのかが呼び出し元にわかるようになる。コメントが付いていない関数は、引数の値として考えられるすべてのものに対応すると見なされる。とはいうものの、呼び出し元がそれらのコメントを読み、ルールに従うことを信じてよいものだろうか。そうせざるを得ないこともあるが、「呼び出される側で引数をチェックする」ルールとして、「関数に事前条件をチェックさせる」ことを明記する、という手もある。特に理由がなければ、常にそうすべきである。事前条件をチェックしない理由のほとんどは、以下のようなものだ。

1. 誰も不正な引数を渡さない。
2. そうするとコードが遅くなる。
3. 複雑すぎてチェックできない。

1つ目の理由が妥当であると言えるのは、「誰」が関数を呼び出すのかをたまたま知っている場合に限られる。現実のコードでは、それを知るのはまず無理である。

2つ目の理由は、思っているほど通用しない。ほとんどの場合は、「早まった最適化」の例として無視されるべきものだ。チェックによって負荷が増えるようなら、いつでも削除すればよいだけの話だ。チェックによって保証される正確さを手に入れるのは簡単なことではないし、それらのテストで発見できたはずのバグを探して眠れずに過ごした夜を取り戻すことはできない。

3つ目の理由は深刻である。事前条件のチェックに関数の実行よりもはるかに多くの作業が必要になる例は — プログラマーとして経験を積んでいけば — 簡単に見つかる。そうした例の1つは、辞書の検索である。事前条件は辞書の項目がソートされていることであり、辞書がソートされているかどうかの検証は、辞書の検索よりもはるかに高くつく可能性がある。また、事前条件をコードで表現することや、それを正しく表現することが難しい場合もある。それでも、関数を記述するときには、事前条件の簡単なチェックを記述できるかどうかを常に検討しよう。そして、もっともな理由がなければ、事前条件をチェックしよう。

たとえコメントとしてであっても、事前条件を書いておけば、プログラムの品質も大きく改善される。事前条件が書かれていれば、関数が何を要求するかについて考えざるを得なくなるからだ。数行のコメントで単純かつ正確に説明できないとしたら、おそらく自分が何をしているかについて十分に考えていない証拠である。経験上、こうした事前条件コメントと事前条件テストを記述すれば、設計上の多くの誤りを未然に防ぐことができる。先に述べたように、プログラマーはデバッグを嫌っている。事前条件を明記しておけば、設計上の誤りを回避できるだけでなく、使用上の誤りも早期に発見できる。単に以下のように記述するよりも、

```
int my_complicated_function(int a, int b, int c)
{
    ...
}
```

以下のように記述するほうが時間と手間が省ける。

```
int my_complicated_function(int a, int b, int c)
// 引数は正であり、かつ a < b < c
{
    if (!(0<a && a<b && b<c))     // ! は NOT、&& は AND を意味する
        error("bad arguments for mcf");
    ...
}
```

5.10.2　事後条件

事前条件を明記すれば、設計を改善し、使用上の誤りを早期に発見するのに役立つ。要件を明記するというこのアイデアは、他の場所でも使用できるのだろうか。もちろんである。そうした場所がすぐにいくつか思い浮かぶが、その1つは戻り値である。結局のところ、通常は関数が何を返すのかを明記する必要がある。つまり、関数から値を返す場合は、戻り値に関して常に約束をすることになる（そうでなければ、呼び出し元が関数に何を期待すればよいのかは知りようがない）。area 関数をもう一度見てみよう（§5.6.1）。

```
// 四角形の面積を計算する
// 引数が正しくない場合は Bad_area 例外をスローする
int area(int length, int width)
{
    if (length<=0 || width<=0) throw Bad_area();
    return length*width;
}
```

このコードは事前条件をチェックしているが、それをコメントに明記しておらず、計算が正しいことを前提にしている。このような短い関数ならコメントがなくても問題はないかもしれないし、この程度の計算なら正しいことをあてにしてもおそらく問題はないだろう。だが、試しにもう少し明確にしてみよう。

```
int area(int length, int width)
// 四角形の面積を計算する
// 事前条件: length と width は正
// 事後条件: 面積を表す正の値を返す
{
    if (length<=0 || width<=0) error("area() pre-condition");
    int a = length*width;
    if (a<=0) error("area() post-condition");
    return a;
}
```

事後条件を完全にチェックすることはできないが、「戻り値が正である」という部分はチェックしている。

TRY THIS
この `area` 関数の事前条件を満たし、事後条件を満たさない値のペアを探してみる。

事前条件と事後条件は、コードで基本的な健全性チェックを提供する。このため、それらは不変条件（§9.4.3）、正確さ（§4.2、§5.2）、テスト（第 26 章）の概念と深く関係している。

5.11 テスト

デバッグを終了するタイミングはどのようにして判断するのだろうか。私たちは、すべてのバグが見つかるまでデバッグを続けるか、少なくともそれを試みる。最後のバグが見つかったことはどうすればわかるのだろうか。それはわからない。「最後のバグ」はプログラマーの冗談であり、そんなものは存在しない。大きなプログラムでは、「最後のバグ」は決して見つからない。そのようなものが見つかったとしても、そのころには新しい用途に向けてプログラムを修正する作業に追われている。

デバッグに加えて、エラーを探すための体系的な方法が必要である。これは**テスト**（*testing*）と呼ばれる。これについては、第 7 章の「§7.3 エラー処理」、第 10 章、第 26 章で改めて取り上げる。基本的には、体系的に選択された大量の入力を使ってプログラムを実行し、結果を期待値と比較する。特定の入力を使った実行は**テストケース**（*test case*）と呼ばれる。現実的なプログラムには、テストケースが無数にある。体系的なテストは、人がテストを次々に入力するという方法でどうにかなるものではない。そこで本書では、テストに正しく取り組むために必要なツールを何章かに分けて説明している。ただし、覚えておいてほしいのは、「エラーを探すのはよいことである」という姿勢でテストに取り組む必要があることだ。以下の姿勢はどうだろうか。

姿勢 1：自分はどのプログラムよりも賢い。その @#$%^ コードを解読してみせる。
姿勢 2：このコードを 2 週間かけて磨き上げた。これで完璧だ。

より多くのエラーを見つけるのは誰だろうか。もちろん、その能力に長けているのは、「姿勢 1」をほんの少しだけ持ち、冷静に、落ち着いて、じっくりと、体系的にプログラムの不備に取り組む経験豊富な人物である。優秀なテスト担当者はなくてはならない存在だ。

本書では、テストケースの選択に体系的に取り組み、常に正確な入力と不正確な入力の両方を試すようにしている。第 7 章の「§7.3 エラー処理」では、その最初の例を示す。

第5章　エラー

■ ドリル

ここでは25種類のコードを示す。それらは以下の「足場」に組み込むためのものだ。

```
#include "std_lib_facilities.h"

int main()
try {
    << コードをここに入力 >>
    keep_window_open();
    return 0;
}
catch (exception& e) {
    cerr << "error: " << e.what() << '\n';
    keep_window_open();
    return 1;
}
catch (...) {
    cerr << "Oops: unknown exception!\n";
    keep_window_open();
    return 2;
}
```

以下のコードには、エラーが1つ以上含まれているものと、含まれていないものがある。ここでの課題は、各コードのエラーをすべて見つけ出して取り除くことだ。バグが取り除かれたプログラムは正しくコンパイルされ、実行され、"Success!" を出力する。エラーを見つけたと思っても、（元の改善されていない）コードを入力してテストしてみる必要がある。エラーと思っていたものが実際にはそうではないこともあるし、見つけたもの以外にもエラーがあるかもしれない。また、使用しているコンパイラーがさまざまな種類のエラーにどのように反応するのかを確かめることも、このドリルの目的の1つである。それから、足場コードを25回も入力しないこと。それらは切り取りと貼り付けか、同様の「機械的」な手法に任せればよい。問題を修正する際には、文を削除してしまうのではなく、文字を変更、追加、削除するという方法で修正するようにしよう。

1. `Cout << "Success!\n";`
2. `cout << "Success!\n;`
3. `cout << "Success" << !\n"`
4. `cout << success << '\n';`
5. `string res = 7; vector<int> v(10); v[5] = res; cout << "Success!\n";`
6. `vector<int> v(10); v(5) = 7; if (v(5)!=7) cout << "Success!\n";`
7. `if (cond) cout << "Success!\n"; else cout << "Fail!\n";`
8. `bool c = false; if (c) cout << "Success!\n"; else cout << "Fail!\n";`
9. `string s = "ape"; boo c = "fool"<s; if (c) cout << "Success!\n";`

10. `string s = "ape"; if (s=="fool") cout << "Success!\n";`
11. `string s = "ape"; if (s=="fool") cout < "Success!\n";`
12. `string s = "ape"; if (s+"fool") cout < "Success!\n";`
13. `vector<char> v(5); for (int i=0; 0<v.size(); ++i) ; cout << "Success!\n";`
14. `vector<char> v(5); for (int i=0; i<=v.size(); ++i) ; cout << "Success!\n";`
15. `string s = "Success!\n"; for (int i=0; i<6; ++i) cout << s[i];`
16. `if (true) then cout << "Success!\n"; else cout << "Fail!\n";`
17. `int x = 2000; char c = x; if (c==2000) cout << "Success!\n";`
18. `string s = "Success!\n"; for (int i=0; i<10; ++i) cout << s[i];`
19. `vector v(5); for (int i=0; i<=v.size(); ++i) ; cout << "Success!\n";`
20. `int i = 0; int j = 9; while (i<10) ++j; if (j<i) cout << "Success!\n";`
21. `int x = 2; double d = 5/(x-2); if (d==2*x+0.5) cout << "Success!\n";`
22. `string<char> s = "Success!\n"; for (int i=0; i<=10; ++i) cout << s[i];`
23. `int i = 0; while (i<10) ++j; if (j<i) cout << "Success!\n";`
24. `int x = 4; double d = 5/(x-2); if (d=2*x+0.5) cout << "Success!\n";`
25. `cin << "Success!\n";`

■ 復習

1. エラーの主な種類を4つあげ、それぞれを簡単に定義する。
2. 学習用のプログラムで無視できる種類のエラーは何か。
3. 完成したプロジェクトでは何を保証すべきか。
4. プログラムからエラーを取り除き、容認できるソフトウェアを作成するためのアプローチを3つあげる。
5. プログラマーがデバッグを嫌うのはなぜか。
6. 構文エラーとは何か。例を5つあげる。
7. 型エラーとは何か。例を5つあげる。
8. リンクエラーとは何か。例を4つあげる。
9. 論理エラーとは何か。例を3つあげる。
10. 本文で説明したプログラムエラーの原因として考えられるものを4つあげる。
11. 結果が妥当であることを知るにはどうすればよいか。このような質問に答えるにあたってどのような手法があるか。
12. 関数を呼び出す側にランタイムエラーを処理させることと、呼び出される側の関数にランタイムエラーを処理させることを比較する。
13. エラー値を返すよりも例外を使用するほうがよいのはなぜか。
14. 入力演算が成功したかどうかをテストするにはどうすればよいか。
15. 例外がスローされ、キャッチされる仕組みを説明する。
16. vという名前のvectorがある場合、v[v.size()]が範囲エラーになるのはなぜか。これを呼び出すとどのような結果になるか。
17. 事前条件と事後条件を定義し、(本章のarea関数以外で) ループを必要とする計算の例をあ

18. 事前条件をテストしないのはどのような場合か。
19. 事後条件をテストしないのはどのような場合か。
20. プログラムのデバッグの手順はどのようなものか。
21. デバッグ時にコメントが役立つのはなぜか。
22. テストとデバッグの違いは何か。

■ 用語

catch	テスト（testing）
throw	デバッグ（debugging）
アサーション（assertion）	範囲エラー（range error）
エラー（error）	引数エラー（argument error）
型エラー（type error）	不変条件（invariant）
構文エラー（syntax error）	要件（requirement）
コンテナー（container）	ランタイムエラー（run–time error）
コンパイルエラー（compile–time error）	リンクエラー（link–time error）
事後条件（post–condition）	例外（exception）
事前条件（pre–condition）	論理エラー（logic error）

■ 練習問題

1. 本章の「TRY THIS」をまだ実行していない場合は実行する。
2. 以下のプログラムは、気温をセ氏（C）で受け取り、それをケルビン（K）に変換する。このコードにはエラーが多く含まれている。エラーを探して、それらをリストにまとめ、コードを修正する。

```
double ctok(double c)      // セ氏をケルビンに変換
{
    int k = c + 273.15;
    return int
}
int main()
{
    double c = 0;           // 入力変数を宣言
    cin >> d;               // 気温値を入力変数に取り出す
    double k = ctok("c");   // 気温値を変換
    Cout << k << '\n';      // 気温値を出力
}
```

3. 絶対零度は温度の下限であり、セ氏 -273.15 度または 0 ケルビンを表す。練習問題 2 のプログラムは、修正した後であっても、これよりも低い気温を指定されると不正な結果を生成する。気温がセ氏 -273.15 度を下回る場合にエラーを生成するためのチェックを main プログラムに追加する。
4. 練習問題 3 を、エラーを main ではなく ctok 関数で処理する。
5. 練習問題 4 のプログラムに、ケルビンからセ氏への変換を行うためのコードを追加する。
6. セ氏からカ氏への変換とカ氏からセ氏への変換 (§4.3.3) を行うプログラムを作成する。概算 (§5.8) を使って結果が妥当であるかどうかを確認する。
7. 2 次方程式は以下の形式の式である。

$$ax^2 + bx + c = 0$$

2 次方程式を解くには、2 次方程式の根の公式を使用する。

$$x = \frac{-b \pm \sqrt{b^2 - 4ac}}{2a}$$

ただし、$b^2 - 4ac$ が 0 未満の場合は失敗するという問題がある。2 次方程式の x を計算できるプログラムを作成する。a、b、c が与えられた場合に、2 次方程式の根を出力する関数を作成する。プログラムが根のない方程式を検出した場合は、メッセージを出力させる。結果が妥当であることを知るにはどうすればよいか。それらが正しいことを確認することは可能だろうか。
8. 一連の整数を読み込んで格納し、最初の N 個の整数の合計を求めるプログラムを作成する。たとえば以下のように、最初に N を入力させた後、値を vector に読み込み、最初の N 個の整数の合計を求める。

```
合計したい値の数を入力してください:
3
整数を入力し、最後に垂直バー (|) を入力してください:
12 23 13 24 15 |
最初の 3 個の数字 (12 23 13) の合計は 48 です。
```

9. 練習問題 8 のプログラムを書き換え、結果を int 型で表せない場合はエラーを出力するように変更する。
10. 練習問題 8 のプログラムを書き換え、int 型の代わりに double 型を使用するように変更する。また、隣り合った値の $N-1$ 個の差を含んでいる double 型の vector を作成し、その vector の内容を出力する。
11. フィボナッチ数列の先頭から指定された数の値を出力するプログラムを作成する。フィボナッチ数列とは、1 1 2 3 5 8 13 21 34 で始まる数列のことだ。この数列の次の値は、前の 2 つの値の合計である。また、int 型に収まるフィボナッチ数の最大値も割り出す。
12. 「Bulls and Cows」という名前の簡単な数当てゲームを実装する (名前の由来は定かではない)。このプログラムは、0 から 9 までの 4 つの異なる整数からなる vector を使用する。たとえば、1234 はあり得るが、1122 はあり得ない。ユーザーは勘を働かせて、これらの数字を当てる。プログラムの数字が 1234 で、ユーザーが 1359 と推測した場合、出力は "1 bull and 1 cow" に

なる。"1 bull" は 1 つの桁（1）が当たっていることを意味し、"1 cow" は位置は合っていないものの数字（3）が 1 つ当たっていることを意味する。このゲームは bull が 4 つになるまで（つまり 4 つの数字を正しい順番で当てるまで）続く。

13. 練習問題 12 のプログラムは、答えがハードコーディングされるため、少しつまらない。このプログラムを書き換え、ユーザーがプログラムを一度終了してから再開しなくても、ゲームを繰り返せるようにする。また、そのつどゲームの答えが新しい 4 桁の数字になるようにする。`std_lib_facilities.h` の乱数ジェネレーター `randint(10)` を 4 回呼び出すと、4 つの乱数を取得できる。このプログラムを繰り返し実行すると、プログラムが起動するたびに同じ 4 桁の数字が選択されることがわかる。これを避けるには、ユーザーに任意の数字 n を入力してもらい、`randint(10)` を呼び出す前に `srand(n)` を呼び出す。このような n は**シード**（*seed*）と呼ばれる。異なるシードを与えると、異なる乱数が生成される。

14. 標準入力から以下のような曜日と値のペアを読み込む。

```
Tuesday 23 Friday 56 Tuesday -3 Thursday 99
```

各曜日の値をすべて `vector<int>` に集め、7 つの曜日に対応する vector の値を出力する。各 vector の値を合計して出力する。Funday などの無効な曜日は無視するが、Mon や monday といった一般的な同義語は受け入れるようにする。また、拒否した値の個数も出力する。

■ 追記

エラーを強調しすぎではないかと思っているかもしれない。プログラマーになりたてのころは、私たちもそう思っていた。「そこまでひどいわけがない」というのは当然の反応だ。それが、そこまでひどいのである。世界中の最も優秀な人々の多くが、正しいプログラムを書くことの難しさに仰天し、当惑している。私たちの経験では、優秀な数学者ほどバグの問題を過小評価する傾向にあるが、最初から正しいプログラムを書くための生まれつきの能力などたかが知れている（だから言ったのに）。まあ 50 年もすれば、問題を最小限に抑えるようにコードの構造を整理することをいやというほど経験し、（いかなる努力をもってしても）プログラムを最初に書くときに否応なしに紛れ込むバグをつぶすすべを身につけているだろう。本章で示した手法と例は、そのよい出発点となる。

第6章
プログラムの記述

> プログラミングとは理解することだ。
> — Kristen Nygaard

プログラムを記述するには、何をしたいのか、そしてそれをどのように表現したいのかに関して、自分の考えを徐々にまとめていく必要がある。本章および次章では、最初の漠然としたアイデアから、分析、設計、実装、テスト、設計の見直し、実装の見直しという段階を経て、プログラムを開発していく。ここでの目的は、コードを開発するときの考え方を示すことにある。その過程で、プログラムの構成、ユーザー定義の型、入力処理について説明する。

- 6.1 問題
- 6.2 問題について考える
    - 6.2.1 開発の各段階
    - 6.2.2 戦略
- 6.3 電卓
    - 6.3.1 最初の試み
    - 6.3.2 トークン
    - 6.3.3 トークンの実装
    - 6.3.4 トークンの使用
    - 6.3.5 振り出しに戻る
- 6.4 文法
    - 6.4.1 回り道：英語の文法
    - 6.4.2 文法の記述
- 6.5 文法からコードへの変換
    - 6.5.1 文法ルールの実装
    - 6.5.2 式（Expression）
    - 6.5.3 項（Term）
    - 6.5.4 1次式（Primary）
- 6.6 電卓のテスト：バージョン1
- 6.7 電卓のテスト：バージョン2
- 6.8 トークンストリーム
    - 6.8.1 Token_streamの実装
    - 6.8.2 トークンの読み取り
    - 6.8.3 数字の読み取り
- 6.9 プログラムの構造

第6章 プログラムの記述

6.1 問題

　プログラムの作成では、「初めに問題ありき」である ── つまり、プログラムに解決を手助けさせたい問題がある。その問題を理解することは、よいプログラムを作成する鍵である。結局のところ、間違った問題を解決するプログラムは、いかに洗練されていようと、ほとんど役に立たない。プログラムが何かのはずみでたまたま役に立つといううれしい誤算もあるにはあるが、そうしたまれに見る幸運をあてにしてはならない。ここで必要なのは、解決しようと決めた問題を単純に手際よく解決するプログラムである。

　この段階において、「よいプログラム」とはどのようなものだろうか。それは以下のようなプログラムである。

- 設計とプログラミングの手法を具体的に示す。
- プログラマーが下さなければならない決断の種類と、そうした決断を下すための検討材料を調査する機会を与える。
- 新しいプログラミング言語構造をそれほど要求しない。
- 設計を十分に練る必要があるほど複雑である。
- その解決策には幅がある。
- 容易に理解できる問題を解決する。
- 解決する価値がある問題を解決する。
- 完全に示すことができ、完全に理解できるほど小さな解決策がある。

　ここでは、「入力した式の通常の算術演算をコンピューターに実行させる」ことにした。つまり、単純な電卓を作成したい。こうしたプログラムが役立つことは明らかである。どのデスクトップコンピューターにも、このようなプログラムが含まれている。そうしたプログラムだけを実行するために構築されたコンピューター（ポケット電卓）も販売されている。

　たとえば、以下の式を入力すると、

```
2+3.1*4
```

このプログラムは以下のように応答する。

```
14.4
```

　残念ながら、こうした電卓プログラムが提供する機能はどれも手持ちのコンピューターですでに提供されているものだが、最初のプログラムでそれ以上のものを作成しようとするのは高望みというものだ。

6.2　問題について考える

　では、どのように始めればよいだろうか。基本的には、問題とそれを解決する方法について少し考えてみる。まず、このプログラムは何をするものなのか、このプログラムとのやり取りはどのようなものになるのかについて考える。その後、そのためにプログラムをどのように記述できるかについて考えることができる。解決策について思いついたことを書き留め、その最初の考えのどこが間違っているかについて考える。問題とその解決策について友人と話し合ってもよいだろう。友人に何かを説明しようとすることは、自分の考えの間違っているところを突き止めるためのすばらしい手段となる。それらを紙に書いてみたところで、紙（またはコンピューター）は返事をしないし、ましてや反論してきたりしない。理想を言えば、設計は孤独な作業ではない。

　残念ながら、どのような問題でもうまくいく問題解決のための一般的な戦略というものは存在しない。問題解決の手助けをうたう書籍やプログラムの設計をテーマにした文献は、それこそいくらでも見つかる。ここでは、個人が直面するであろう、より小さな問題への一般的な戦略についてざっと説明する。その後、これらのアドバイスをこの電卓の問題で試してみる。

　電卓プログラムについての説明を読むときには、普段よりも疑い深い態度でのぞむことをお勧めする。現実味を持たせるために、プログラムをバージョン方式で発展させながら、各バージョンに至った論拠を示す。当然ながら、その論拠の大半は不完全であるか、誤っているに違いない。そうでなければ、本章はすぐに終わってしまうだろう。ここでは、設計者やプログラマーが絶えず取り組んでいる懸案や推論の例をそのつど示す。なお、このプログラムの最終バージョンは、次章の最後まで完成しない。

　本章と次章では、プログラムの最終バージョンまでの道のり — 部分的な解決策、思いつき、誤りを乗り越える旅 — が少なくとも最終バージョンと同じくらい重要であること、そしてその途中で出合う言語の技術的な詳細よりも重要であることを念頭に置いておこう。言語の技術的な詳細については、後ほど改めて取り上げる。

6.2.1　開発の各段階

　ここでは、プログラム開発の用語について簡単にまとめる。問題に取り組むときには、以下の段階を繰り返し通過する。

- **分析**（*analysis*）
  何を実行すべきかについて考え、自分なりの（現在の）解釈を書き留める。こうした解釈を**要件**（*set of requirements*）または**仕様**（*specification*）と呼ぶ。こうした要件が洗い出され、書き留められる方法については詳しく説明しない。ただし、問題の規模が大きくなるに従い、要件の重要性は増していく。
- **設計**（*design*）
  システムの全体的な構造を作成し、実装すべき部品とそれらの部品間でのやり取りの方法を決定する。設計の一部として、プログラムの構造を整理するのに役立つと思われるライブラリなどのツールについて検討する。
- **実装**（*implementation*）
  コードを記述し、デバッグし、コードの動作が実際に想定どおりかどうかをテストする。

6.2.2　戦略

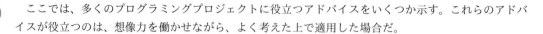

ここでは、多くのプログラミングプロジェクトに役立つアドバイスをいくつか示す。これらのアドバイスが役立つのは、想像力を働かせながら、よく考えた上で適用した場合だ。

- 解決すべき問題は何だろうか。まず、成し遂げようとしていることを明確にするよう努める。一般的には、問題の詳細を定義するか、（誰かがそのように発言したときに）その本当の意味を理解しようとする努力が必要となる。この時点では、（プログラマーや実装者ではなく）ユーザーの視点に立つべきである。つまり、プログラムがそれをどのように行うかではなく、何をすべきかについて考える。「このプログラムは自分に代わって何ができるか」「このプログラムとどのようにやり取りしたいか」について考えてみよう。プログラマーのほとんどが、ここで描こうとしているコンピューターのユーザーとしての経験を積んでいることを思い出そう。
    - 問題設定は明確だろうか。現実の問題が明確に設定されることはまずない。練習問題でさえ、正確性と具体性に欠けることがある。そこで、それを明確にすることを試みる。間違った問題を解決したところで意味はないし、高望みをしないように注意しなければならない。何が必要かをあれこれ考えていると、ついつい欲張りになる。ほとんどの場合、要求は控えめにしたほうがよい。そうすれば、プログラムの仕様が定義しやすくなり、理解しやすく、使いやすく、（願わくば）実装しやすいプログラムになる。それがうまくいったら、あとは経験を生かして、さらに手の込んだ「バージョン 2.0」をいつでも作成できる。
    - 手持ちの時間やスキル、ツールを考えたとき、問題は手に負える範囲だろうか。完成させることが不可能なプロジェクトに着手するのは、ほとんど無意味である。要求されたことをすべて行うプログラムを（テストを含めて）実装するには時間が足りないとしたら、通常は手を出さないのが賢明だ。代わりに、より多くのリソース（特に時間）を確保するか、（何よりも）タスクが単純になるように要件を修正しよう。
- プログラムを扱いやすい部品に分解する。現実の問題を解決するプログラムは、どれほど小さくても、分割するだけの大きさを持つ。
    - 役に立ちそうなツールやライブラリを知っているだろうか。答えはほぼ確実に「はい」である。プログラミングを習い始めたばかりであっても、C++ の標準ライブラリの一部を使用している。標準ライブラリの大部分と、他のライブラリを見つける方法については、後ほど説明する。グラフィックスライブラリ、GUI ライブラリ、行列ライブラリなどがある。少し経験を積めば、Web で検索するだけでライブラリがいくらでも見つかる。覚えておいてほしいのは、実際に使用するためのソフトウェアを開発するにあたって、すでにあるものを一から作成する価値はほとんどない、ということだ。だが、プログラミングの勉強をしているのなら話は別だ ── すでにあるものを一から作成し、その仕組みを理解するのはたいていよい考えである。優れたライブラリを使って節約できる時間は、問題の他の部分や残りの問題に回すことができる。ライブラリがタスクに適していることや、その品質が十分であることはどうすればわかるのだろうか。それは難しい問題だ。同僚に聞いてみる、ディスカッショングループで聞いてみる、試しに簡単なサンプルを作成してみる、などの方法がある。
    - 解決策の中から、単体で説明できる部分、あるいは、プログラムの複数の場所や他のプログラムで使用できそうな部分を探してみる。そうした部分を見つけ出すには経験が必要な

ので、本書ではそのつど例を示している。本書ではすでに `vector`、`string`、`iostream`（`cin`、`cout`）を使用している。本章では、最初の完全な例として、ユーザー定義型（`Token`、`Token_stream`）として提供されるプログラムの部品の設計、実装、使用について見ていく。第8章と第13章～第15章では、さらに多くの例をそれらの設計原理を交えて説明する。さしあたり、これを車の設計にたとえてみよう。車を設計する場合は、ハンドル、エンジン、シート、ドアの取っ手など、完全な車を組み立てる前に別々に作業できる部品を洗い出すことから始める。最近の車には、そうした部品が数え切れないほどある。その点に関しては、現実のプログラムもまったく同じだ。もちろん、プログラムの部品はコードである。鉄、プラスチック、木材などの原料から車を直接作ろうとしないように、言語が提供する式、文、型（だけ）で本格的なプログラムを直接構築しようとは考えないはずだ。そうした部品の設計と実装が、本書およびソフトウェア開発全般の主なテーマである。詳細については、ユーザー定義型（第9章）、クラス階層（第14章）、ジェネリック型（第20章）を取り上げるときに説明する。

- 問題の主要部分を解決するプログラムは、小さく限定的なプログラムとして作成する。問題を最初から完全に理解していることはめったにない。たいていよくわかったつもりになっているが — だって電卓プログラムでしょう？ — 実はよくわかっていない。問題についてよく考え（分析）、そこに実験（設計と実装）が組み合わされて初めて、正しいプログラムを作成するのに必要な、しっかりとした理解が得られる。小さく限定的なプログラムを作成するのは、そのためだ。
    - 自分たちが理解していること、考えていること、そしてツールの問題を明らかにする。
    - 問題を扱いやすくするために、問題設定の詳細を変更する必要があるかどうかについて確認する。問題を分析して最初の設計を行うときに、何もかも予測できていると感じることはまずない。コーディングやテストによって得られるフィードバックをうまく利用すべきである。

  実験目的の最初の限定的なバージョンは、**プロトタイプ**（*prototype*）とも呼ばれる。最初のバージョンがうまくいかないのはよくあることであり、もう使いたくないと思うほど扱いにくいこともある。そのような場合は、その経験を生かして、別の限定的なバージョンを作成する。そして、満足のいくバージョンができるまで、それを繰り返す。混乱した状態のまま先へ進んではならない。時間が経てばますますひどくなるだけだ。

- 完全なソリューションを作成する。最初のバージョンの部品を使用できれば理想的である。要するに、すべてのコードを一度に記述するのではなく、可動部分からプログラムを拡張していく。それとも、テストしていないアイデアが奇跡的にうまくいき、望みどおりに動作することを願うほうがよいだろうか。

6.3 電卓

電卓プログラムとのやり取りはどのようなものにしたいだろうか。簡単だ。cin と cout の使い方ならもうわかっている。ただし、GUI については第 16 章まで説明しないので、それまではキーボードとコンソールウィンドウを使用することにする。キーボードから式が入力されたら、それらを評価して、結果の値を画面上に書き出す。たとえば以下のようになる。

```
Expression: 2+2
Result: 4
Expression: 2+2*3
Result: 8
Expression: 2+3-25/5
Result: 0
```

2+2 や 2+2*3 といった式はユーザーが入力する部分であり、残りの部分はプログラムによって生成される。ここでは、ユーザーへのプロンプトとして "Expression:" を出力することにした。"Please enter an expression followed by a newline" にしてもよかったが無駄に長すぎるし、> といった機能的で短いプロンプトではあまりに謎めいている。こうした使用例を早めに描いてみることは重要だ。それらはプログラムで最低限実行しなければならないことの非常に現実的な定義となる。設計と分析に関する説明では、こうした使用例を**ユースケース**（*use case*）と呼ぶ。

電卓の問題に最初に直面したとき、プログラムのメインロジックとして最初に思い浮かぶのはたいてい以下のようなものだ。

```
read_a_line
calculate    // 計算を行う
write_result
```

この種の「走り書き」は明らかにコードではなく、**擬似コード**（*pseudo code*）と呼ばれるものだ。擬似コードは、表記の正確な意味がまだ確定していない設計の初期段階でよく使用される。たとえば calculate は関数呼び出しだろうか。もしそうであれば、その引数は何か。こうした質問に答えるのはまだ早すぎる。

6.3.1 最初の試み

この時点では、電卓プログラムを作成する準備はまだ整っていない。まだ十分に考えているとは言えない状態だが、考えるのは難しい作業であり、ほとんどのプログラマーはコードが書きたくて仕方がない。そこで試しに単純な電卓を記述してみて、どうなるか見てみよう。最初に思いついたのは以下のようなものだ。

```
#include "std_lib_facilities.h"

int main()
{
    cout << "Please enter expression (we can handle + and -): ";
    int lval = 0;
    int rval;
    char op;
    int res;
    cin>>lval>>op>>rval;    // "1 + 3" などを読み取る

    if (op=='+')
        res = lval + rval;   // 加算
    else if (op=='-')
        res = lval - rval;   // 減算

    cout << "Result: " << res << '\n';
    keep_window_open();

    return 0;
}
```

つまり、2+2 のように演算子で区切られた 2 つの値を読み取り、結果を計算し（この場合は 4）、結果の値を出力する。ここでは、左オペランドの値の変数を lval、右オペランドの値の変数を rval という名前にしている。

このプログラムは、ある程度はうまくいく。何かを動かすのは実に気分がいい。このプログラムが完全ではないとして、だから何だというのか。ひょっとして、このプログラミングやコンピューターサイエンスなるものはうわさに聞くほど難しくないのかもしれない。だが、最初にうまくいったからといって調子に乗るのは禁物だ。次の作業が控えている。

1. コードを少し整理する。
2. 2*3 といった乗算と除算を追加する。
3. 1+2+3 など、複数のオペランドに対処できるようにする。

とりわけ、入力が妥当であることは常にチェックする必要がある。先を急ぐあまり、それを「忘れていた」。そして、値をさまざまな定数と照合する場合は、if 文よりも switch 文を使用するほうがよい。

1+2+3+4 といった演算の「連鎖」は、値を読み取りながら足すという方法で処理する。つまり、1 を読み取り、+2 が検出されたので 2 を 1 に足し（中間結果は 3 になる）、+3 が検出されたので 3 を中間結果（3）に足すといった要領になる。出だしでいくつかつまずき、構文エラーと論理エラーをいくつか修正した後、コードは以下のようになる。

第6章 プログラムの記述

```cpp
#include "std_lib_facilities.h"

int main()
{
    cout << "Please enter expression (we can handle +, -, *, and /)\n";
    cout << "add an x to end expression (e.g., 1+2*3x): ";
    int lval = 0;
    int rval;
    cin >> lval;              // 左端のオペランドを読み取る
    // 演算子と右オペランドの読み取りを繰り返す
    if (!cin) error("no first operand");
    for (char op; cin>>op; ) {
        if (op!='x') cin>>rval;
        if (!cin) error("no second operand");
        switch(op) {
        case '+':
            lval += rval;    // 加算: lval = lval + rval
            break;
        case '-':
            lval -= rval;    // 減算: lval = lval - rval
            break;
        case '*':
            lval *= rval;    // 乗算: lval = lval * rval
            break;
        case '/':
            lval /= rval;    // 除算: lval = lval / rval
            break;
        default:             // 他に演算子はない: 結果を出力
            cout << "Result: " << lval << '\n';
            keep_window_open();
            return 0;
        }
    }
    error("bad expression");
}
```

これは悪くないが、1+2*3 を試してみると、結果は算数の授業で正解として教わった 7 ではなく 9 になる。同様に、1-2*3 も期待した -5 ではなく -3 になる。演算の順序が間違っている。1+2*3 は 1+(2*3) ではなく (1+2)*3 として計算され、1-2*3 も 1-(2*3) ではなく (1-2)*3 として計算され

6.3.2 トークン

さて、気持ちを切り替え、* または / が存在するかどうかを調べる必要がある。それらが存在する場合は、左から右への単純で明白な評価の順序を調整する必要がある。残念ながら、ここで前へ突き進もうとすると、すぐにいくつかの障害にぶつかる。

1. 式を 1 行で入力することは要求されていない。たとえば以下のように入力したとしても、現在のコードではまったく問題ない。

```
1
+
2
```

2. 複数の入力行の数字、+、−、かっこの中から * または / をどのようにして見つけ出すのか。
3. * の場所をどのようにして記憶するのか。
4. 1+2*3 など、左から順に評価されない式をどのように処理するのか。

楽観主義に徹して、まず問題 1〜3 を解決し、問題 4 については後で心配することにしよう。

また、まわりに協力を求めてみよう。数字や演算子といった要素を入力から読み込み、それを調査しやすいように格納する慣例的な方法があり、きっと誰かが知っているはずだ。従来の非常に便利な方法は、「トークン化」することである。最初の入力文字を読み取るときに、それらを**トークン**（*token*）にするのである。以下のように入力すると、

```
45+11.5/7
```

以下の要素を表す一連のトークンが生成される。

```
45
+
11.5
/
7
```

トークンとは、数字や演算子など、1 つの単位と見なされるものを表す文字の連続のことだ。C++ コンパイラーは、そのような方法でソースを処理する。実際、ほとんどのテキスト解析は、テキストを何らかの形式で「トークン化」することから始まる。C++ の式を例にすると、以下の 3 種類のトークンが必要であることがわかる。

- 浮動小数点数リテラル：C++ によって定義されるような 3.14、0.274e2、42 など
- 演算子：+、-、*、/、% など
- かっこ：(、)

浮動小数点数リテラルが問題になりそうな気がする。12 の読み取りは 12.3e-3 の読み取りよりもずっと簡単に思えるが、電卓では浮動小数点数の演算を扱うことが多い。同様に、この電卓に価値を持たせるには、かっこを入力できるようにする必要もあるだろう。

これらのトークンをこのプログラムで表現するにはどうすればよいだろうか。トークンごとに始まりと終わりを追跡してみるという方法もあるが、特に式が複数行にまたがっていてもよいとしたら、手に負えなくなりそうだ。また、数字を文字列として保存する場合は、あとからその値を解読する必要がある。つまり、42 が入力された場合は、4 と 2 の文字をどこかに格納しておき、あとからそれらの文字が数値の 42 を表す（4*10+2 である）ことを突き止めなければならない。従来の解決策は、トークンをそれぞれ (種類, 値) のペアで表すことである。種類（*kind*）は、トークンが数字、演算子、かっこのどれであるかを示す。数字については（この例では数字のみ）、その数値を値（*value*）として使用する。

では、(種類, 値) のペアをコードで表現するにはどうすればよいだろうか。ここでは、トークンを表すための Token 型を定義する。型を使用するのはなぜか覚えているだろうか。型は、必要なデータを保持し、そのデータで演算を実行できるようにする。たとえば、int 型では整数が保持され、加算、減算、乗算、除算、剰余が可能となる。string 型では文字のシーケンスが保持され、連結と添字が可能となる。C++ 言語とその標準ライブラリは、char、int、double、string、vector、ostream をはじめ、多くの型を提供するが、Token 型は提供しない。実際には、プログラマーが使用したいと考える型は数千、数万にもおよぶが、C++ とその標準ライブラリはそれらを提供しない。提供されない型のうち、Matrix（第 24 章）、Date（第 9 章）、多倍長整数[*1] などはよく使用される傾向にある。それらについて少し考えてみれば、C++ が何万種類もの型を提供できないことが理解できるだろう。誰がそれらを定義し、誰がそれらを実装するのか。ユーザーはそれらをどのようにして見つけ出すのか。そのせいでマニュアルはどれだけ分厚くなることか。現代のほとんどの言語と同様に、C++ は必要に応じて独自の型（ユーザー定義型（*user-defined type*））を定義できるようにすることで、この問題を回避している。

6.3.3 トークンの実装

このプログラムのトークンはどのようなものにすればよいだろうか。言い換えれば、Token 型をどのようなものにしたいだろうか。Token 型は、+ や - といった演算子や、42 や 3.14 といった数値を表すことができなければならない。すぐに思い浮かぶのは、トークンの「種類」を表すことができ、数値を持つトークンの場合は数値を格納できる実装だ。

トークン:
種類: プラス
値:

トークン:
種類: 数
値: 3.14

[*1] Web で「Bignum」を検索してみよう。

このアイデアを C++ コードで表す方法はいろいろある。最も単純なのは、以下の方法だ。

```
class Token {    // 非常に単純なユーザー定義型
public:
    char kind;
    double value;
};
```

Token は、int や char と同じように型であり、変数を定義して値を格納するために使用できる。この型は kind と value の 2 つの部分（メンバー（*member*））で構成されている。class キーワードは「ユーザー定義型」を意味し、0 個以上のメンバーを持つ型が定義されることを示す。1 つ目のメンバーである kind は文字（char）なので、+ を表す '+' と * を表す '*' を格納できる。このため、Token を使って以下のようなオブジェクトを作成できる。

```
Token t;             // t は Token
t.kind = '+';        // t は '+' を表す
Token t2;            // t2 は別の Token
t2.kind = '8';       // 数字の '8' を数値の「種類」として使用
t2.value = 3.14;
```

型のメンバーにアクセスするには、

<オブジェクト名>.<メンバー名>

というメンバーアクセス表記を使用する。t.kind は「t の kind」、t2.value は「t2 の value」と読むことができる。Token 型は int 型と同じようにコピーできる。

```
Token tt = t;     // コピー初期化
if (tt.kind != t.kind) error("impossible!");
t = t2;           // 代入
cout << t.value;  // "3.14" を出力
```

Token 型があるとすれば、式 (1.5+4)*11 を 7 つのトークンを使って表すことができる。

'('	'8'	'+'	'8'	')'	'*'	'8'
	1.5		4			11

+ などの単純なトークンには値が必要ないため、value メンバーを使用しないことに注意しよう。「数字」を意味する文字として '8' を選択したのは、明らかに演算子でも句読点でもないからにすぎない。'8' を「数字」という意味で使用するのは少し無理があるが、とりあえずよしとしよう。

Token は C++ のユーザー定義型の一例である。ユーザー定義型では、データメンバーに加えて、メンバー関数（演算）も定義できる。Token について特に関数を定義する必要はない。なぜならば、単純なユーザー定義型のメンバーを読み書きする方法はデフォルトで提供されているからだ。

```
    Token t1 {'+'};         // t1.kind = '+' になるように t1 を初期化
    Token t2 {'8',11.5};    // t2.kind = '8'、t2.value = 11.5 になるように
                            // t2 を初期化
```

クラスオブジェクトを初期化する方法については、第 9 章の「§9.4.2 メンバー関数とコンストラクター」および「§9.7 クラスのインターフェイス」で説明する。

6.3.4　トークンの使用

これでどうやら電卓を完成させるめどがついた。ただし、少し下準備をしておいたほうがよさそうだ。Token 型は電卓でどのように使用されるのだろうか。入力は Token 型の vector に読み込むことができる。

```
    Token get_token();    // cin からトークンを読み込む関数

    vector<Token> tok;    // ここにトークンを配置

    int main()
    {
        while (cin) {
            Token t = get_token();
            tok.push_back(t);
        }
        ...
    }
```

これで、式を読み取った後、式を評価できるようになった。たとえば、入力が 11*12 の場合は以下のようになる。

'8'	'*'	'8'
11		12

これを調べて、乗算とそのオペランドを割り出すことができる。数字の 11 と 12 は文字列ではなく数値として格納されるため、それが済んだらすぐに乗算を実行できる。

もう少し複雑な式を見てみよう。入力が 1+2*3 の場合、tok には Token が 5 つ含まれることになる。

'8'	'+'	'8'	'*'	'8'
1		2		3

あとは、単純なループを使って乗算演算子を見つけ出せばよい。

```
    for (int i = 0; i<tok.size(); ++i) {
        if (tok[i].kind=='*') {    // 乗算演算子を発見
            double d = tok[i-1].value*tok[i+1].value;
            // 次の処理
        }
    }
```

なるほど、だが次はどうするのだろうか。その積である d で何をするのだろうか。部分式を評価する順序はどのように決定するのだろうか。+ は * よりも前にあるため、単に左から右へ評価するわけにはいかない。右から左へ評価するのはどうだろうか。1+2*3 ではうまくいくが、1*2+3 ではうまくいかない。しかも、1+2*3+4 の場合はどうなるだろうか。この場合は 1+(2*3)+4 のように内側から評価しなければならない。そして、最終的にかっこを処理することになった場合、それはどのように扱うのだろうか。どうやら行き詰まってしまったようだ。しばらくプログラミングをやめ、入力文字列を読み取って解釈し、それを演算式として評価する方法について考える必要がある。

さて、電卓の作成という問題を解決しようと意気込んできたが、息切れしてしまった。最初の試みでは、それは珍しいことではない。だがそれは、問題を理解する上で重要な役割を果たしている。この場合はトークンという概念がわかったし、それ自体がこれから繰り返し直面することになる (<名前>, <値>) ペアという概念の一例でもある。ただし、こうしたどちらかと言えば軽率で無計画な「コーディング」に時間をとられすぎないよう常に注意しなければならない。たとえほんのわずかであっても分析（問題を理解する）と設計（解決策全体の構造を決定する）を行うまでは、プログラミングはほんの少しにしておくべきである。

TRY THIS

一方で、この問題への単純な解決策を見つけ出せないはずがない。それほど難しいとは思えない。少なくとも試してみれば、問題と最終的な解決策がもう少し見えてくるはずだ。すぐにできることは何だろうか。12.5+2 という入力について考えてみよう。これをトークン化し、式が単純であると判断し、答えを求めることができるはずだ。少し乱暴かもしれないが、単純明快な方法なので、その線で進めば十分な結果が得られるかもしれない。2+3*4 の行で + と * の両方が検出された場合はどうすればよいだろうか。これも「力ずく」でいけそうだ。1+2*3/4%5+(6-7*(8)) のような複雑な式はどうすればよいだろうか。そして、2+*3 や 2&3? といったエラーにはどのように対処するのだろうか。これについて少し検討し、紙に図を描いてみるなどして、考えられる解決策や重要な入力式の要点をまとめてみよう。

6.3.5 振り出しに戻る

さて、問題について改めて調べてみることにし、またしても不完全な解決策で突進しないようにしよう。1つわかったのは、プログラム（電卓）に式を1つだけ評価させてもつまらない、ということだ。プログラムの1回の呼び出しで複数の式を計算できるようにしたい。つまり、擬似コードは以下のように拡張される。

```
while (not_finished) {
    read_a_line
    calculate      // 計算を行う
    write_result
}
```

見るからに複雑だが、電卓を使用する方法について考えてみれば、複数の計算を行うのが非常に一般的であることがわかる。複数の計算を行うためにプログラムを繰り返し呼び出すことは可能だろうか。それは可能だが、最近の多くのOSでは、残念ながらプログラムの起動に（不当に）時間がかかるため、それに頼らないほうがよさそうだ。

この擬似コードと、最初の解決策と使用例を見比べてみると、いくつかの疑問が浮かぶ ― それらの一部には、暫定的な答えがある。

1. 45+5/7 と入力した場合に、入力の 45、+、5、/、7 の部分をどのようにして見つけ出すのか（トークン化）。
2. 入力式は何で終了するのか。当然、改行である（「当然」は常に疑ってかかるべきである。「当然」は理由にならない）。
3. 45+5/7 をデータとして表現し、評価できるようにするにはどうすればよいか。加算を行う前に、文字 4 と 5 を整数値 45（4*10+5）に変換しなければならない（よって、トークン化は解決策の一部である）。
4. 45+5/7 が (45+5)/7 ではなく 45+(5/7) として評価されるようにするにはどうすればよいか。
5. 5/7 の値は何か。およそ .71 だが、それは整数ではない。電卓を使った経験から言うと、人々が浮動小数点数の結果を期待することはわかっている。浮動小数点数の入力を可能にすべきだろうか。もちろんである。
6. 変数は使用できるか。たとえば、次のように入力できるか。

よいアイデアだが、もう少し後まで待とう。まずは、基本的な部分を動作させることからだ。

おそらく最も重要な決断は、質問 6 に答えることだ。第 7 章の「§7.8 変数」で説明するように、これに「はい」と答えると、プログラムのサイズは最初の 2 倍近くになり、プログラムを実行するために必要な時間は最初の 2 倍以上になるだろう。筆者が思うに、初心者の場合はプロジェクトに必要な作業量が少なくとも 4 倍になるため、おそらく耐えられなくなるだろう。最も重要なのは、プロジェクトの初期段階で**機能を詰め込みすぎないこと**だ。常に、必要不可欠な機能だけを実装した単純なバージョンから構築するようにし、何がかうまくいった時点で、さらに意欲的な取り組みに着手すればよい。プログラム全体を一度に構築するよりも、段階的に構築するほうがずっと簡単である。質問 6 に「はい」と答えることには、別の悪影響もある。それは、「恰好いい機能」を追加したい気持ちを抑えられなくなることだ。通常の数学関数を追加するのはどうだろうか。ループを追加するのはどうだろうか。「恰好い

い機能」を追加し始めたが最後、止まらなくなってしまう。

　プログラマーの観点からすると、最もやっかいな質問は 1、3、4 である。それらは相関関係にある。なぜなら、45 または + が検出された場合に、それらを使って何をするのかが問題になるからだ。つまり、それらはプログラムにどのように格納されるのだろうか。もちろん、トークン化は解決策の一部だが、あくまでも一部である。

　経験豊富なプログラマーならどうするだろうか。技術的な問題にぶつかったとき、多くの場合は標準的な答えがある。少なくともキーボードから記号を入力できるコンピューターが登場して以来、電卓プログラムが記述されてきたことを私たちは知っている。少なくとも 50 年は経っているので、標準的な答えがきっとあるはずだ。こうした状況では、経験豊富なプログラマーは同僚に聞いてみるか、文献を調べてみる。50 年分もの経験を一朝一夕でものにしようと意気込むのは、不遜のそしりを免れない。

6.4　文法

　式の意味を理解する方法という質問には、標準的な答えがある。ここで説明したように、最初の入力文字が読み込まれ、トークンに変換される。したがって、以下のように入力した場合、

```
45+11.5/7
```

プログラムは以下を表すトークンのリストを生成するはずだ。

```
45
+
11.5
/
7
```

　トークンとは、数字や演算子など、1 つの単位と見なされるものを表す文字の連続のことだ。

　トークンが生成された後は、完全な式が正しく解釈されるようにしなければならない。たとえば、45+11.5/7 が (45+11.5)/7 ではなく 45+(11.5/7) を意味することはわかっているが、この「除算は加算よりも優先される」というルールをプログラムに教えるにはどうすればよいだろうか。標準的な答えは、入力の構文を定義する**文法**（*grammar*）を記述してから、その文法を実装するプログラムを記述することである。

```
// 単純な式の文法

Expression:
    Term
    Expression "+" Term      // 加算
    Expression "-" Term      // 減算
```

```
Term:
    Primary
    Term "*" Primary        // 乗算
    Term "/" Primary        // 除算
    Term "%" Primary        // 剰余（法）
Primary:
    Number
    "(" Expression ")"      // グループ化
Number:
    floating-point-literal
```

これは単純なルールを列挙したものだ。最後のルールは、「Number は floating-point-literal である」と書かれている。その 1 つ前のルールは、「Primary は Number または '(' と ')' で囲まれた Expression である」と書かれている。Expression と Term のルールは似ており、どちらもそのルールのいずれかによって定義される。

「§6.3.2 トークン」で説明したように、C++ の定義から拝借した電卓問題のトークンは以下のようになる。

- floating-point-literal：3.14、0.274e2、42 など、C++ によって定義されるもの
- +、-、*、/、%（演算子）
- (、)（かっこ）

最初の暫定的な擬似コードからすると、トークンと文法を使用するこのアプローチは、概念的には大きな飛躍である。この種の飛躍は望むところだが、助けがなければとうてい無理である。これについては経験、文献、よき師に尽きる。

一見すると、文法はまったく無意味に思える。技術的な表記はたいていそうである。だがそれは、（後ほどわかるように）中学生かそれ以前に覚えることの汎用的かつ的確な表記である。1-2*3 や 1+2-3、3*2+4/2 を計算するのは簡単だ。この手の計算は頭にたたき込まれている。だが、それをどのようにして行うのかを説明できるだろうか。算術演算というものを一度も見たことがない人にうまく説明できるだろうか。演算子とオペランドのあらゆる組み合わせについてはどうだろうか。コンピューターが理解できるくらい詳細かつ正確な説明にするには、表記法が必要だ。そして、そのための最も強力な従来のツールは文法である。

文法はどのように読むのだろうか。基本的には、入力が渡されたら、「一番上のルール」（Expression）から順に、読み取ったトークンと一致するルールを探していく。文法に従って一連のトークンを読み取ることを**構文解析**（*parsing*）と呼ぶ。構文解析を行うプログラムはよく**パーサー**（*parser*）あるいは**構文アナライザー**（*syntax analyzer*）と呼ばれる。この場合のパーサーは、人が入力したものを読むときのように、トークンを左から右へ読んでいく。非常に単純なもので試してみよう。2 は式だろうか。

1. Expression は Term であるか、Term で終わらなければならない。その Term は Primary であるか、Primary で終わらなければならない。その Primary は (で始まるか、Number でなければならない。当然ながら、2 は (ではなく floating-point-literal である。それは Number であり、Primary でもある。

2. その Primary（Number 2）の前には /、*、% がないため、それは（/、*、または % 式の終わりではなく）完全な Term である。
3. その Term（Primary 2）の前には + も − もないため、それは（+ または − 式の終わりではなく）完全な Expression である。

したがって、私たちの文法によれば、2 は式である。この文法は以下のように解釈される。

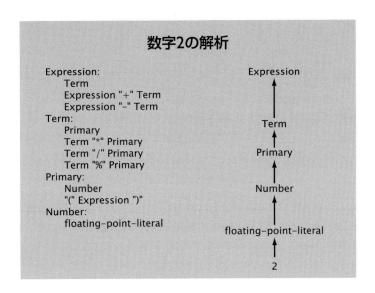

この図は、私たちが定義をたどったときのパスを表している。パスをさかのぼると、2 は floating-point-literal であり、それは Number であり、それは Primary であり、Terms であり、Expression であるため、「2 は Expression である」ということになる。

もう少し複雑なもので試してみよう。2+3 は Expression だろうか。必然的に、推論の多くは 2 の場合と同じになる。

1. Expression は Term であるか、Term で終わらなければならない。その Term は Primary であるか、Primary で終わらなければならない。Primary は (で始まるか、または Number でなければならない。当然ながら、2 は (でなく、floating-point-literal である。それは Number であり、Primary でもある。
2. その Primary（Number 2）の前には /、*、% がないため、それは（/、*、または % 式の終わりではなく）完全な Term である。
3. その Term（Primary 2）には + が続いているため、それは Expression の最初の部分の終わりであり、+ の後で Term を探さなければならない。2 が Term であることを突き止めたのとまったく同じ方法で、3 が Term であることがわかる。3 には + も − も続いていないため、それは（+ または − Expression の最初の部分ではなく）完全な Term である。よって、2+3 は Expression + Term ルールと一致し、Expression である。

この推論も図解してみよう（便宜上、floating-point-literal から Number へのルールは省略している）。

第6章　プログラムの記述

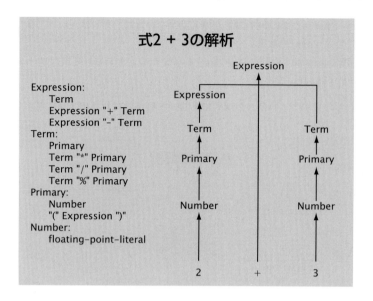

　この図は、私たちが定義をたどったときのパスを表している。パスをさかのぼると、2 は Term であり、それは Expression であり、3 は Term であり、Expression とそれに続く + および Term は Expression であるため、「2+3 は Expression である」ということになる。
　ここで文法を取り上げる本当の理由は、+ と * が両方とも含まれた式を正しく解析する方法という問題を文法で解決できるからだ。今度は 45+11.5*7 を試してみよう。ただし、「コンピューターに扮して」ルールを細かく追っていくのはもう飽きたので、2 と 2+3 ですでに経験した途中のステップの一部は省略することにする。45、11.5、7 はすべて floating-point-literal であり、それらは Number であり、さらに Primary であることはわかっているため、Primary よりも下にあるルールはすべて無視できる。したがって、以下のようになる。

1. 45 は + が続く Expression であるため、Expression+Term ルールを終了するための Term を探す。
2. 11.5 は * が続く Term であるため、Term*Primary ルールを終了するための Primary を探す。
3. 7 は Primary であるため、Term*Primary に従って 11.5*7 は Term である。次に、Expression+Term ルールに従って 45+11.5*7 は Expression であることがわかる。具体的には、45+(11.5*7) と記述されているかのように、乗算 11.5*7 を行った後、加算 45+11.5*7 を行う Expression である。

　この推論も図解してみよう（今回も floating-point-literal から Number へのルールは省略している）。

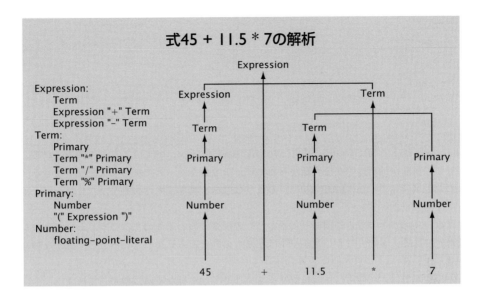

この場合も、私たちが定義をたどったときのパスが示されている。Term*Primary ルールにより、11.5 を 45 に足すのではなく、7 と掛けることに注意しよう。

最初は、このロジックを理解するのは難しく思えるかもしれない。しかし、文法は広く理解されており、単純な文法を理解するのは難しいことではない。ただし本書では、2+2 や 45+11.5*7 を解釈する方法を教えようとしているわけではない。それはもうわかっている。ここでは、45+11.5*7 のような複雑な式をコンピューターに「理解させる」方法を見つけ出そうとしている。実際には、複雑な文法は人が読むのには適していないが、コンピューターはそれを得意とする。コンピューターはそうした文法を瞬時に正しく理解する。コンピューターにとって、それは朝飯前である。厳格なルールに従うことは、まさにコンピューターの得意分野である。

6.4.1 回り道：英語の文法

これまで文法に取り組んだことがなければ、頭がクラクラしていることだろう。もっとも、文法に取り組んだことがあってもクラクラしているかもしれないが。ここで、非常に簡単な英語の文法を見てみよう。

```
Sentence:
    Noun Verb                        // 例: C++ rules
    Sentence Conjunction Sentence    // 例: Birds fly but fish swim
Conjunction:
    "and"
    "or"
    "but"
Noun:
    "birds"
```

```
        "fish"
        "C++"
    Verb:
        "rules"
        "fly"
        "swim"
```

文（Sentence）は、名詞（Noun）、動詞（Verb）、接続詞（Conjunction）などで構成される。どの単語が名詞でどの単語が動詞なのかを判断するために、こうしたルールに従って文を解析できる。この単純な文法には、「C++ fly and birds rules」のような意味不明な文も含まれるが、それを修正するのは文法の本に任せよう。

こうしたルールは、中学校や外国語（英語など）の授業で教わるものだ。こうした文法上のルールは非常に基本的である。実際、こうしたルールは私たちの脳に組み込まれているという確かな神経学的見解があるほどだ。

次に、先の説明では式に使用した解析ツリーを、ここでは単純な英語に使用してみよう。

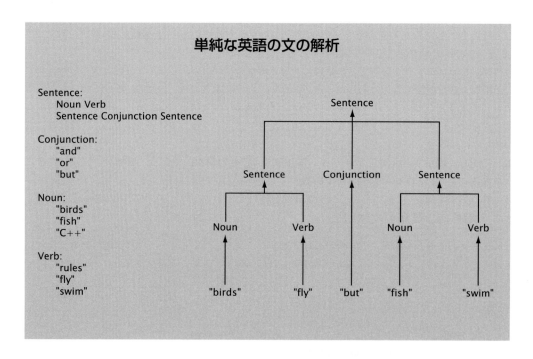

これはそれほど複雑ではない。「§6.4 文法」で苦労した場合は、もう一度最初から読み返してみよう。二度目のほうが、納得がいくかもしれない。

6.4.2 文法の記述

こうした式の文法のルールはどのようにして選択されたのだろうか。「経験」が正直な答えである。普段人々が式の文法を書くように書いただけだ。だが、単純な文法を書くのはとても簡単だ。以下の方法を知っていればよい。

1. ルールをトークンと区別する。
2. ルールを 1 つずつ追加する（連続：*sequencing*）。
3. 代わりのパターンを表現する（代替：*alternation*）。
4. 繰り返しパターンを表現する（繰り返し：*repetition*）。
5. 最初の文法ルールを認識する。

使用する表記法や用語は教科書や構文解析システムによって異なる。たとえば、トークンを**終端記号**（*terminal*）と呼び、ルールを**非終端記号**（*non–terminal*）や**生成記号**（*production*）と呼ぶことがある。ここでは、トークンを（二重）引用符で囲み、最初のルールから開始する。選択肢は 1 行に 1 つずつ配置する。

```
List:
    "{" Sequence "}"
Sequence:
    Element
    Element "," Sequence
Element:
    "A"
    "B"
```

したがって、Sequence は Element か、Element とそれに続く Sequence とその間のコンマ（,）である。Element は文字 A または文字 B のどちらかである。List は中かっこ（{}）で囲まれた Sequence である。以下のような List を生成することが可能である（その方法は?）。

```
{ A }
{ B }
{ A,B }
{A,A,A,A,B}
```

ただし、これらはリストではない（なぜか?）。

```
{ }
A
{ A,A,A,A,B
{A,A,C,A,B }
{ A B C }
```

{A,A,A,A,B, }

これらのルールは、幼稚園で教わったものでも脳に組み込まれているものでもないが、やはり難しいものではない。第 7 章の「§7.4 負の数字」および「§7.8.1 変数と定義」では、構文的なアイデアを表現するために文法を使用する例を示す。

6.5　文法からコードへの変換

コンピューターに文法を理解させる方法はさまざまである。ここでは最も単純なものとして、文法のルールごとに関数を 1 つ記述し、Token 型を使ってトークンを表すという方法を用いる。文法を実装するプログラムはよく**パーサー**（*parser*）と呼ばれる。

6.5.1　文法ルールの実装

電卓を実装するには、4 つの関数が必要である。それらはトークンを読み取るための関数と、文法のルールを実装するための関数だ。

```
get_token()      // 文字を読み取り、トークンを構築
                 // cin を使用
expression()     // '+' と '-' に対処
                 // term 関数と get_token 関数を呼び出す
term()           // '*'、'/'、'%' に対処
                 // primary 関数と get_token 関数を呼び出す
primary()        // 数値とかっこに対処
                 // expression 関数と get_token 関数を呼び出す
```

これらの関数がそれぞれ式の特定の部分を処理し、それ以外の部分はすべて他の関数に任せることに注意しよう。このようにすると、関数はそれぞれまったく単純なものになる。これは問題をグループで解決する方法に似ている —— メンバーはそれぞれ担当する問題に取り組み、他の問題はすべて他のメンバーに任せる。

これらの関数では実際に何をすればよいだろうか。関数はそれぞれ、実装している文法のルールに従って他の文法関数を呼び出し、ルールにおいてトークンが必要な場所で get_token 関数を呼び出す。たとえば primary 関数が (Expression) ルールに従うには、以下の関数を呼び出さなければならない。

```
get_token()      // '(' と ')' に対処
expression()     // 式に対処
```

こうした構文解析関数では、戻り値として何を返せばよいだろうか。実際に求めていた答えはどうだろうか。たとえば expression 関数は、2+3 に対して 5 を返すことができる。結局、情報はすべてそこにある。実際に試してみよう。そうすれば、最も難しい問題の 1 つである「45+5/7 をデータとして表現し、評価できるようにするにはどうすればよいか」に答えずに済む。45+5/7 という表現をメモリーに格納するのではなく、それらを入力から読み取るときに評価すればよい。このちょっとした発想

が、実は大きな突破口となる。expression 関数から後で評価するための何か複雑なものを返すようにしていた場合と比べて、プログラムのサイズを 4 分の 1 に保つことができる。これで作業の約 80% を省くことができた。

「はみだし者」は get_token 関数である。この関数は式ではなくトークンを処理するため、部分式の値を返すことはできない。たとえば、+ と (は式ではない。このため、Token を返さなければならない。よって、以下のようになる。

```
// 文法のルールと照合するための関数
Token get_token()      // 文字を読み取り、トークンを構築
double expression()    // '+' と '-' に対処
double term()          // '*'、'/'、'%' に対処
double primary()       // 数値とかっこに対処
```

6.5.2 式（Expression）

まず、expression 関数を記述しよう。文法は以下のようになる。

```
Expression:
    Term
    Expression '+' Term
    Expression '-' Term
```

これは文法のルールをコードに変換する最初の試みなので、最初からそうすんなりとはいかない。新しい方法にはそうしたことがつきものであり、私たちはそこからためになる何かを学ぶ。特にプログラマーになりたてのころは、似たようなコードのまったく異なる振る舞いから多くのことを学べるかもしれない。コードを読むことはスキルを養うのに役立つ。

6.5.2.1　式：最初の試み

Expression '+' Term ルールを見てみると、最初に expression 関数を呼び出し、次に + （および -）を探し、さらに term 関数を呼び出すことがわかる。

```
double expression()
{
    double left = expression();   // Expression を読み取って評価
    Token t = get_token();        // 次のトークンを取得
    switch (t.kind) {             // トークンの種類を確認
    case '+':
        return left + term();     // Term を読み取って評価し、加算を実行
    case '-':
        return left - term();     // Term を読み取って評価し、減算を実行
    default:
```

```
            return left;            // Expression の値を返す
        }
    }
```

なかなかよさそうだ。これは文法をそのまま書き写したものに近い。非常に単純で、まさにそのものである。Expression を読み取り、それに + または - が続くかどうかを調べ、そうであれば Term を読み取っている。

残念ながら、それではあまり意味がない。+ や - を見つけ出すには式の終わりを認識する必要があるが、それはどうすればよいだろうか。このプログラムは左から右へ読むため、+ が来るかどうかを先にのぞき見することはできない。実際には、この expression 関数は最初の行から先へ進まない。expression 関数は expression 関数を呼び出すことによって始まり、そこからまた expression 関数を呼び出すことによって始まる、ということを「永遠」に繰り返す。これは**無限再帰**（*infinite recursion*）と呼ばれるもので、永遠に終わらない expression 関数呼び出しを保持するためにコンピューターがメモリーを使い果たしたところで終了する。**再帰**（*recursion*）は、関数がそれ自身を呼び出すときにどうなるかを説明するために使用される用語だ。すべての再帰が無限であるとは限らない。再帰は非常に便利なプログラミング手法である（§8.5.8）。

6.5.2.2　式：二度目の試み

では、どうすればよいだろうか。Term はどれも Expression だが、Expression がどれも Term であるとは限らない。つまり、Term を探すことから始めて、+ または - が検出された場合にのみ完全な Expression を探せばよい。たとえば以下のようになる。

```
double expression()
{
    double left = term();               // Term を読み取って評価
    Token t = get_token();              // 次のトークンを取得
    switch (t.kind) {                   // トークンの種類を確認
    case '+':
        return left + expression();     // Expression を読み取って評価し、
                                        // 加算を実行

    case '-':
        return left - expression();     // Expression を読み取って評価し、
                                        // 減算を実行

    default:
        return left;                    // Term の値を返す
    }
}
```

6.5 文法からコードへの変換

実際には、これでだいたいうまくいく。完成したプログラムで試してみたところ、正しい式を入力すると、それらはすべて解析された（そして、不正な式は解析されなかった）。しかも、ほとんどの式が正しく評価される。たとえば 1+2 は、（1 の値を持つ）Term に続く + と Expression（2 の値を持つ Term）として読み取られ、答えとして 3 が得られる。同様に、1+2+3 では答えとして 6 が得られる。うまくいくものをあげていたらきりがないので、手短にまとめてみよう。1-2-3 はどうだろうか。この expression 関数は 1 を Term として読み取り、続いて 2-3 を Expression（Term 2 に続く Expression 3 で構成される）として読み取る。次に、1 から 2-3 の値を引く。つまり、1-(2-3) を評価する。1-(2-3) の値は 2（正の 2）である。だが、1-2-3 は (1-2)-3 を意味し、よって -4（負の 4）の値になると（小学校かそれ以前に）習っている。

このように、これは正しいことを行わないだけで、よくできたプログラムである。ということは危険なプログラムだ。多くの場合は正しい答えを返すので、なおさら危険である。たとえば 1+2+3 なら正しい答え（6）が得られる。なぜなら、1+(2+3) と (1+2)+3 は等しいからだ。プログラミングの観点から見て、基本的に何が間違っていたのだろうか。間違いを見つけた場合は常に自分にそう問いかけてみよう。そうすれば、同じ間違いを何度も繰り返さずに済むかもしれない。

率直に言って、ここではコードを見て推測しているだけだ。それではとても十分であるとは言えない。コードが何をしているのかを理解し、コードがなぜ正しいのかを説明できなければならない。

エラーを分析することは、多くの場合、正しい解決策を見つけ出すための最も効果的な方法である。ここでは、Term を調べた後、その Term に + または - が続く場合は Expression を調べるという expression 関数を定義した。実際には、この関数は少し異なる文法を実装している。

```
Expression:
    Term
    Term '+' Expression    // 加算
    Term '-' Expression    // 減算
```

私たちが想定していた文法と何が違うのだろうか。私たちの文法では、1-2-3 は Expression 1-2 に続く - と Term 3 のはずだが、この文法では Term 1 に - が続き、さらに Expression 2-3 が続く。つまり、1-2-3 は (1-2)-3 になるはずだったのに、1-(2-3) になっている。

デバッグが面倒で、慎重さが要求される上に時間がかかることもあるのは確かだが、この場合は小学校で習ったルールをうまく追跡できている。思わぬ障壁はコンピューターにルールを教えなければならないことであり、人と違ってコンピューターは物覚えが悪い。

1-2-3 が (1-2)-3 ではなく 1-(2-3) を意味するように定義していれば、この議論は最初から存在しなかった。プログラミングにおいて最も手のかかる問題が発生するのは、たいてい、私たちがコンピューターを使い始めるずっと以前から定着している慣習的なルールとつじつまを合わせなければならないときだ。

6.5.2.3　式：三度目の正直

では、次はどうすればよいだろうか。正しい文法（§6.5.2）をもう一度見てみよう。どの Expression も Term で始まり、その Term に + または - が続く可能性がある。そこで、Term を探して、その後に + または - が続くかどうかを確かめ、+ または - がなくなるまでそれを繰り返す必要がある。たとえば以下のようになる。

```
double expression()
{
    double left = term();     // Term を読み取って評価
    Token t = get_token();    // 次のトークンを取得
    while (t.kind=='+' || t.kind=='-') {  // '+' または '-' を探す
        if (t.kind == '+')
            left += term();   // Term を評価して足す
        else
            left -= term();   // Term を評価して引く
        t = get_token();
    }
    return left;   // '+' と '-' はもう残っていない: 答えを返す
}
```

これは少々強引である。+ と - を探し続けるためにループを追加しなければならなかったし、繰り返しも多い。また、+ と - を 2 回評価し、get_token 関数を 2 回呼び出しているのも手際が悪い。コードのロジックがわかりにくくなるため、+ と - の評価の重複をなくしてみよう。

```
double expression()
{
    double left = term();     // Term を読み取って評価
    Token t = get_token();    // 次のトークンを取得
    while(true) {
        switch(t.kind) {
        case '+':
            left += term();   // Term を評価して足す
            t = get_token();
            break;
        case '-':
            left -= term();   // Term を評価して引く
            t = get_token();
            break;
        default:
            return left;   // '+' と '-' はもう残っていない: 答えを返す
        }
    }
}
```

ループをなくしてみると、最初の試み (§6.5.2.1) とかなり似ていることがわかる。ここでは、expression 関数から expression 関数の呼び出しを削除し、それをループに置き換えている。つま

り、Expression の文法ルールにおける Expression を、+ または - が続く Term を検索するループに書き換えている。

6.5.3 項（Term）

Term の文法ルールは、Expression のルールと非常によく似ている。

```
Term:
    Primary
    Term '*' Primary
    Term '/' Primary
    Term '%' Primary
```

結果として、コードもよく似たものになるはずだ。まず、以下のコードを試してみよう。

```
double term()
{
    double left = primary();
    Token t = get_token();
    while(true) {
        switch (t.kind) {
        case '*':
            left *= primary();
            t = get_token();
            break;
        case '/':
            left /= primary();
            t = get_token();
            break;
        case '%':
            left%= primary();
            t = get_token();
            break;
        default:
            return left;
        }
    }
}
```

残念ながら、このコードはコンパイルエラーになる。浮動小数点数では剰余演算子（%）が定義されていないからだ。コンパイラーが親切にもそれを教えてくれる。先の質問 5（§6.3.5）— 浮動小数点数

の入力を可能にすべきか — に胸を張って「はい」と答えたとすれば、実際には問題をよく考えておらず、**機能の詰め込みすぎ**に引っかかってしまっている。これはよくあることだ。では、どうすればよいだろうか。実行時に % の左右のオペランドが整数であることをチェックし、そうでなければエラーにするという方法がある。あるいは単に電卓から % をなくしてしまうこともできる。とりあえず最も単純な選択肢を取ることにしよう。% はあとからいつでも追加できる（§7.5）。

% のケースを削除すると、この関数は正常に動作するようになる — Term は正しく解析され、評価される。だが、経験豊富なプログラマーなら、term 関数に看過できない動作をさせる部分があることに気づくだろう。2/0 と入力したらどうなるだろうか。0 による除算は不可能である。実際に試してみると、コンピューターハードウェアによってそれが検出され、やや不親切なメッセージでプログラムが終了してしまう。それなりの経験がないと、この問題に気づくのは難しい。そこで、これをチェックして、わかりやすいエラーメッセージを表示することにしよう。

```
double term()
{
    double left = primary();
    Token t = get_token();
    while(true) {
        switch (t.kind) {
        case '*':
            left *= primary();
            t = get_token();
            break;
        case '/':
            {
                double d = primary();
                if (d == 0) error("divide by zero");
                left /= d;
                t = get_token();
                break;
            }
        default:
            return left;
        }
    }
}
```

/ を処理する文をブロックに配置したのはなぜだろうか。コンパイルを通すためだ。switch 文の内側で変数を定義して初期化したい場合は、それらをブロックで囲まなければならない。

6.5.4 1次式（Primary）

1次式の文法ルールも単純だ。

```
Primary:
    Number
    '(' Expression ')'
```

構文エラーの機会が増えるため、このルールを実装するコードは少しごちゃごちゃしている。

```
double primary()
{
    Token t = get_token();
    switch (t.kind) {
    case '(':                  // '(' Expression ')' を処理
        {
            double d = expression();
            t = get_token();
            if (t.kind != ')') error("')' expected");
            return d;
        }
    case '8':                  // '8' を使って数字を表す
        return t.value;        // 数字の値を返す
    default:
        error("primary expected");
    }
}
```

基本的には、`expression` 関数や `term` 関数と比べて目新しいことは何もしていない。C++ の同じプリミティブを使用し、`Token` を同じ方法で処理し、同じプログラミング手法を使用している。

6.6　電卓のテスト：バージョン1

　これらの電卓関数を実行するには、`get_token`関数を実装し、`main`関数を提供する必要がある。`main`関数は簡単だ。`expression`関数を呼び出し、その結果を出力し続けるだけである。

```
int main()

try {
    while (cin)
        cout << expression() << '\n';
    keep_window_open();
}
catch (exception& e) {
    cerr << e.what() << '\n';
    keep_window_open();
    return 1;
}
catch (...) {
    cerr << "exception\n";
    keep_window_open();
    return 2;
}
```

　このエラー処理は「定番」コードである（§5.6.3）。`get_token`関数の実装上の詳細は「§6.8 トークンストリーム」で説明することにして、この電卓の最初のバージョン（バージョン1）をテストしてみよう。

TRY THIS

この電卓プログラムのバージョン1（`get_token`関数を含む）は、`calculator00.cpp`として提供されている。このファイルをダウンロードして実際に試してみよう。

http://www.stroustrup.com/Programming/calculator00.cpp

　思ったとおり、バージョン1は期待したほどうまくいかない。私たちは肩をすくめ、「なぜうまくいかないのか」、あるいは「なぜこのように動作するのか」「いったい何をしているのか」と考える。2に続いて改行を入力してみよう。応答はない。もう一度改行を入力し、プログラムが動いているか確かめてみよう。やはり応答はない。3に続いて改行を入力してみよう。応答はない。4に続いて改行を入力しよう。2が返された。この時点で、画面は以下のようになる。

```
2

3
4
2
```

続いて、5+6 と入力する。プログラムは 5 を返すため、画面は以下のようになる。

```
2

3
4
2
5+6
5
```

プログラミングの経験がなければ、当惑するに違いない。それどころか、経験豊富なプログラマーでさえ途方に暮れるかもしれない。いったい何が起きているのだろうか。ここでプログラムをいったん終わらせたいが、どうすればよいのだろうか。終了コマンドのプログラムを「忘れていた」が、エラーが発生すればプログラムは終了する。そこで x と入力すると、プログラムが "Bad token" を出力して終了する。これは計画どおりである。

ただし、画面上で入力と出力を区別することも忘れていた。主要な問題を修正する前に、何をしているのかがわかりやすくなるよう出力を修正しておこう。さしあたり、出力を示すための = を追加しておけばよいだろう。

```
while (cin) cout << "= " << expression() << '\n';   // バージョン 1
```

先ほどとまったく同じ文字を入力していくと、出力は以下のようになる。

```
2

3
4
= 2
5+6
= 5
x
Bad token
```

第 6 章　プログラムの記述

おかしい。プログラムが何をしたのか解明してみよう。他にも例をいくつか試したが、とにかくこれを見てほしい。ふに落ちないのは以下の点だ。

最初の「2 + 改行」と「3 + 改行」にプログラムが応答しなかったのはなぜか。
4 を入力した後に 4 ではなく 2 で応答したのはなぜか。
5+6 を入力した後に 11 ではなく 5 で応答したのはなぜか。

こうした不可解な結果から先へ進む方法はいろいろある。そのうちの一部は第 7 章で取り上げることにして、ここでちょっと考えてみよう。プログラムの算術演算が間違っていた可能性はあるだろうか。それは考えにくい。4 の値は 2 ではないし、5+6 の値は 5 ではなく 11 である。では、1 2 3 4+5 6+7 8+9 10 11 12 に続いて改行を入力したらどうなるだろうか。

```
1 2 3 4+5 6+7 8+9 10 11 12
= 1
= 4
= 6
= 8
= 10
```

どうしたことか、2 も 3 も表示されない。たとえば、なぜ 9（4+5）ではなく 4 が出力されるのか。なぜ 13（6+7）ではなく 6 が出力されるか。よく見てみよう。プログラムはトークンを 2 つおきに出力している。もしかすると、プログラムは入力の一部を評価せずに「食べてしまっている」のではないか。そのとおりである。expression 関数を見てみよう。

```
double expression()
{
    double left = term();      // Term を読み取って評価
    Token t = get_token();     // 次のトークンを取得
    while(true) {
        switch(t.kind) {
        case '+':
            left += term();    // Term を評価して足す
            t = get_token();
            break;
        case '-':
            left -= term();    // Term を評価して引く
            t = get_token();
            break;
        default:
            return left;   // '+' と '-' はもう残っていない：答えを返す
```

6.6 電卓のテスト：バージョン1

             }
         }
     }

　`get_token`関数から返された`Token`が`'+'`または`'-'`でなければ、単に制御を戻している。そのトークンを使用するわけでも、あとから他の関数で使用するためにどこかに取っておくわけでもない。だが、これは得策ではない。入力を、それが何であるかも確認せずに捨ててしまってよいわけがない。慌てて`term`関数を見てみると、まったく同じ問題があることがわかる。これで、電卓を使用するたびにトークンが2つ食べられてしまったことの説明がつく。

　`expression`関数を書き換え、トークンを「食べない」ように修正してみよう。プログラムが次のトークン（`t`）を必要としない場合、それをどこに置いておけばよいだろうか。手の込んだ方法がいろいろ思い浮かぶが、明白な答えに飛びつくことにしよう（理解してしまえば「明白」である）。そのトークンは、入力からトークンを読み取る他の関数によって使用されるものだ。そこで、トークンを入力ストリームに戻して、他の関数が再び読み取れるようにする。実際には、文字を`istream`に戻すことは可能だが、私たちが処理したいのはトークンであって文字ではない。トークンを扱うことができ、すでに読み取られたトークンを戻せるような入力ストリームが必要だ。

　そこで、`ts`という名前のトークンストリーム（`Token_stream`）があると仮定する。さらに、`Token_stream`には、次のトークンを返すメンバー関数`get`と、トークン`t`をストリームに戻すメンバー関数`putback(t)`が定義されている。「§6.8 トークンストリーム」では、`Token_stream`をどのように使用する必要があるかについて説明した後、`Token_stream`を実装する。`Token_stream`があると仮定して、使用しないトークンを`Token_stream`に戻すように`expression`関数を書き換えてみよう。

```
    double expression()
    {
        double left = term();      // Term を読み取って評価
        Token t = ts.get();        // トークンストリームから次のトークンを取得

        while(true) {
            switch(t.kind) {
            case '+':
                left += term();    // Term を評価して足す
                t = ts.get();
                break;
            case '-':
                left -= term();    // Term を評価して引く
                t = ts.get();
                break;
            default:
                ts.putback(t);     // t をトークンストリームに戻す
```

```
            return left;      // '+' と '-' はもう残っていない: 答えを返す
        }
    }
}
```

さらに、 term 関数も同じように変更する必要がある。

```
double term()
{
    double left = primary();
    Token t = ts.get();      // トークンストリームから次のトークンを取得

    while(true) {
        switch (t.kind) {
        case '*':
            left *= primary();
            t = ts.get();
            break;
        case '/':
        { double d = primary();
            if (d == 0) error("divide by zero");
            left /= d;
            t = ts.get();
            break;
        }
        default:
            ts.putback(t);    // t をトークンストリームに戻す
            return left;
        }
    }
}
```

最後の解析関数 primary では、get_token() を ts.get() に変更すればよいだけである。primary 関数は、読み取ったトークンをすべて使用する。

6.7　電卓のテスト：バージョン 2

　これで、バージョン 2 をテストする準備が整った。この Token_stream を含むバージョン 2 の電卓プログラムは、calculator01.cpp というファイル名だ[*2]。入手して実行し、試してみよう。2 に続いて改行を入力する。応答はない。もう一度改行を入力して、プログラムが動いているかどうかを確認する。やはり応答はない。3 に続いて改行を入力すると、2 が返される。2+2 に続いて改行を入力すると、3 が返される。この時点で画面は以下のようになる。

```
2

3
= 2
2+2
= 3
```

　putback 関数を追加して、それを expression 関数と term 関数で使用するようにしたが、それでは問題が解決されなかったのかもしれない。別の入力でテストしてみよう。

```
2 3 4 2+3 2*3
= 2
= 3
= 4
= 5
```

　うまくいった。これらの答えは合っている。だが、最後の答え（6）が出力されていない。トークンの先読みにまだ問題がある。ただし、今回の問題は、コードが文字を「食べてしまう」ことではなく、次の式を入力するまで式の出力が得られないことだ。式の結果はすぐに出力されない —— プログラムが次の式の最初のトークンを検出するまで、出力はおあずけとなる。残念ながら、次の式を入力した後に Enter キーを押すまで、プログラムはトークンを確認しない。プログラムが間違っているわけではない —— ちょっと反応が鈍いだけだ。

　これを修正するにはどうすればよいだろうか。すぐに思い浮かぶのは、「出力コマンド」を要求することである。そこで、式の後にセミコロン（;）が入力されたら、式を終了して出力を開始するようにしてみよう。ついでに「終了コマンド」も追加して、プログラムを正常に終了できるようにしてみよう。終了コマンドとしては q（quit）がよさそうだ。main 関数の以下の部分を、

```
while (cin) cout << "=" << expression() << '\n';   // バージョン 1
```

[*2] http://stroustrup.com/Programming/Programming-code.zip の中の chapter.6.7.cpp として提供されている。

少し乱雑になるものの、より効果的なコードに変更できる。

```
double val = 0;
while (cin) {
    Token t = ts.get();

    if (t.kind == 'q') break;   // 'q' は「終了」を表す
    if (t.kind == ';')          // ';' は「今すぐ出力」を表す
        cout << "= " << val << '\n';
    else
        ts.putback(t);
    val = expression();
}
```

これで、電卓として使用できるようになった。たとえば、出力は以下のようになる。

```
2;
= 2
2+3;
= 5
3+4*5;
= 23
q
```

電卓の最初のバージョンとしては、まずまずである。実際に思い描いていたものではないが、より満足のいくバージョンを作成するための土台となるプログラムが作成できた。重要なのは、プログラムを実際に動く状態に保ちながら、そのつど問題を修正し、機能を1つずつ追加できるようになったことだ。

6.8　トークンストリーム

電卓プログラムをさらに改良する前に、`Token_stream` の実装を見てみよう。結局のところ、正しい入力が得られなければ、何1つうまくいかない。実を言うと、`Token_stream` は真っ先に実装していたのだが、最低限の解決策を示すまでは電卓の問題からあまり脱線したくなかったので、説明は後回しにしていた。

電卓プログラムの入力は、(1.5+4)*11（§6.3.3）で示したようなトークンストリームである。このため、標準入力 cin から文字を読み取り、プログラムの要求に応じて次のトークンを提供するための仕掛けが必要だ。さらに、電卓プログラムではトークンを余分に読み取ることがあるため、それを元に戻してあとから使用できるようにする必要もある。これはきわめて基本的なことだが、1.5+4 を左から右へ読み取るときに、+ を読み取らずに 1.5 が完全に読み取られたことを知るにはどうすればよいだろうか。+ が検出されるまでは、1.55555 を読み取っている途中であってもおかしくないわけであ

6.8 トークンストリーム

る。このため、必要なときに`get`関数を使ってトークンを生成し、`putback`関数を使ってトークンをストリームに戻せるような「ストリーム」が必要だ。C++で使用するものはすべて型を持つため、まず`Token_stream`型を定義しなければならない。

`Token`の定義（§6.3.3）に`public:`が含まれていたことに気づいただろうか。これについては、特に説明していなかった。`Token_stream`型では、これが必要であり、その役割について説明しておかなければならない。C++のユーザー定義型は、多くの場合、公開インターフェイスと実装上の詳細で構成されている。公開インターフェイスには`public:`というラベルが付いており、実装上の詳細には`private:`というラベルが付いている。これは、型を使用する側が便宜的に必要とする情報を、型を実装するために必要な情報から切り離すための仕掛けである。実装上の詳細には、ユーザーにさわらせたくないコードが含まれている。

```
class Token_stream {
public:
    // ユーザーインターフェイス
private:
    // 実装上の詳細
    // (Token_stream のユーザーは直接アクセスできない)
};
```

もちろん、ユーザーと実装者は私たちが「兼任している」わけだが、ユーザー用の公開インターフェイスと実装者だけが使用する`private`な実装上の詳細を区別するのは、コードを構造化するのに非常に有効な手段である。公開インターフェイスには、ユーザーが必要とするもの — 通常は一連の関数だけが含まれていなければならない。`private`実装には、そうした`public`関数を実装するために必要なものが含まれている。一般的には、ユーザーが知る必要も、直接使用する必要もないはずの詳細を扱うデータと関数が含まれている。

`Token_stream`型について少し詳しく見ていこう。ユーザーから見て、この型に必要なものは何だろうか。当然ながら、`get`関数と`putback`関数が必要だ。そもそも、トークンストリームを考案したのはそのためである。`Token_stream`は入力として読み取った文字から`Token`を作成するためのものなので、`Token_stream`を作成する機能が必要であり、`Token_stream`に`cin`から文字を読み取らせなければならない。したがって、最も単純な`Token_stream`は以下のようになる。

```
class Token_stream {
public:
    Token get();         // Token を取得: get() については 6.8.2 を参照
    void putback(Token t);  // Token を戻す
private:
    // 実装上の詳細
};
```

ユーザーが`Token_stream`を使用するために必要なものはこれだけである。経験豊富なプログラマーは、文字のソースとして考えられるのが`cin`だけであるという点に引っかかるだろう。だがここでは、入力はキーボードから受け取ることにした。この決定については、第7章の練習問題で再び取り

上げることにする。

　論理的には put でもよさそうだが、putback という「冗長」な名前にしたのはなぜだろうか。get 関数と putback 関数の非対称性を強調したかったからだ。これは入力ストリームであり、一般的な出力にも使用できるものではない。また、istream 型には putback 関数がある。名前に一貫性を持たせることは、システムの有益な特性の 1 つであり、人の記憶を助け、エラーの回避に役立つ。
　Token_stream を作成して使ってみよう。

```
Token_stream ts;       // ts という名前の Token_stream
Token t = ts.get();    // ts から次の Token を取得
...
ts.putback(t);         // Token t を ts に戻す
```

電卓プログラムの残りの部分を記述するために必要なものは、これですべてそろった。

6.8.1　Token_stream の実装

　次に、Token_stream の 2 つの関数を実装する必要がある。Token_stream を表現するにはどうすればよいだろうか。つまり、Token_stream がその目的を果たすにあたって、Token_stream にどのようなデータを格納する必要があるだろうか。Token_stream にトークンを戻すためのスペースも必要だ。ここでは、一度に戻せるトークンは 1 つまでとしよう。このプログラム（そして、おびただしい数の同様のプログラム）には、それで十分である。要するに、Token 1 つ分のスペースと、そのスペースが埋まっているかどうかを示すフラグがあればよい。

```
class Token_stream {
public:
    Token get();
    void putback(Token t);
private:
    bool full {false};   // バッファーに Token は含まれているか
    Token buffer;        // putback 関数を使って戻す Token をここで保管
};
```

これで、2 つのメンバー関数を定義（記述）する準備が整った。簡単なほうから定義しよう。putback メンバー関数は、その引数を Token_stream のバッファーに戻す。

```
void Token_stream::putback(Token t)
{
    buffer = t;       // t をバッファーにコピー
    full = true;      // バッファーは現在埋まっている
}
```

void キーワードは、putback 関数が値を返さないことを示すために使用されている。

クラス定義の外側でクラスのメンバーを定義するときには、そのメンバーが属しているクラスを示す必要がある。これには、以下の表記を使用する。

> `<クラス名>::<メンバー名>`

この場合は、`Token_stream` のメンバー `putback` を定義している。

メンバーをクラスの外側で定義するのはなぜだろうか。主な理由は、クラスの定義を明確にするためだ。クラスを定義する主な目的は、そのクラスで何ができるかを示すことにある。メンバー関数の定義は、何がどのように行われるかを指定する実装である。これらはどこか紛らわしくない「別の場所」に配置したい。理想的には、プログラムの論理的な要素がすべて 1 つの画面上に収まるようにしたい。メンバー関数の定義がどこか別の場所にある場合は、たいてい、クラスの定義は 1 つの画面に収まる。だが、それらがクラスの内側にあると収まらなくなる。

バッファーに戻したものを（`get` 関数を使って）読み取らずに `putback` 関数を 2 回呼び出すことがないようにしたい場合は、テストを追加すればよい。

```
void Token_stream::putback(Token t)
{
    if (full) error("putback() into a full buffer");
    buffer = t;    // t をバッファーにコピー
    full = true;   // バッファーは現在埋まっている
}
```

`full` のテストでは、「バッファーに `Token` が含まれていない」という前提条件をチェックしている。

当然ながら、`Token_stream` は空の状態で始まるはずだ。つまり、`get` 関数が最初に呼び出されるまで、`full` は `false` のはずである。`Token_stream` の定義で `full` を初期化したのは、そのためだ。

6.8.2　トークンの読み取り

実際の作業はすべて `get` 関数で行われる。`Token_stream::buffer` にまだ `Token` が含まれていない場合、`get` 関数は `cin` から文字を読み取り、それらを `Token` に変換する。

```
Token Token_stream::get()
{
    if (full) {              // Token がすでに含まれているか
        full=false;          // Token をバッファーから削除
        return buffer;
    }

    char ch;
    cin >> ch;               // >> はホワイトスペースを読み飛ばす

    switch (ch) {
```

```
        case ';':                    // 出力
        case 'q':                    // 終了
        case '(': case ')': case '+': case '-': case '*': case '/':
            return Token{ch};    // 文字をそのまま出力
        case '.':
        case '0': case '1': case '2': case '3': case '4':
        case '5': case '6': case '7': case '8': case '9':
            {
                cin.putback(ch);            // 数字を入力ストリームに戻す
                double val;
                cin >> val;                 // 浮動小数点数を読み取る
                return Token{'8', val};     // '8' は「数字」を表す
            }
        default:
            error("Bad token");
        }
    }
```

get 関数を詳しく見ていこう。まず、バッファーに Token がすでに含まれているかどうかをチェックする。すでに含まれている場合は、単にそれを返せばよい。

```
    if (full) {          // Token がすでに含まれているか
        full=false;      // Token をバッファーから削除
        return buffer;
    }
```

文字を処理する必要があるのは、full が false である（バッファーにトークンが含まれていない）場合だけである。その場合は、文字を読み取って適切に処理する。かっこ、演算子、数字を探す。その他の文字が検出されたら、プログラムを終了する error 関数を呼び出す。

```
    default:
        error("Bad token");
```

error 関数については「§5.6.3 不正な入力」で説明した。この関数は std_lib_facilities.h で定義されている。

Token の種類が増えたことに伴い、その表現方法 ── つまり、kind メンバーの値を決める必要があった。コードを単純に保ち、デバッグしやすくするために、ここでは Token の kind をかっこと演算子そのものにしている。これにより、かっこと演算子の処理がとても単純になる。

```
    case '(': case ')': case '+': case '-': case '*': case '/':
        return Token{ch};    // 文字をそのまま出力
```

正直に言うと、バージョン1では、出力用の ';' と終了用の 'q' を忘れていた。これらは、バージョン2でそれらが必要になるまで追加されなかった。

6.8.3 数字の読み取り

あとは、数字を処理するだけである。とはいうものの、それほど簡単ではない。123 の値を実際に検出するにはどうすればよいだろうか。それは 100+20+3 だが、12.34 についてはどうだろうか。また、12.34e5 のような科学表記に対応すべきだろうか。これをどうにかしようとすれば数時間あるいは数日がかりの作業になるが、その必要はない。C++ のリテラルがどのようなもので、それらを double 型の値に変換するにはどうすればよいかは、入力ストリームが知っている。get 関数の中でそれを cin に実行させる方法を考えればよい。

```
case '.':
case '0': case '1': case '2': case '3': case '4':
case '5': case '6': case '7': case '8': case '9':
    {
        cin.putback(ch);         // 数字を入力ストリームに戻す
        double val;
        cin >> val;              // 浮動小数点数を読み取る
        return Token{'8', val};  // '8' は「数字」を表す
    }
```

やや独断的ではあるが、ここでは Token において「数字」を表す文字として '8' を選択している。

次に数字が来ることを知るにはどうすればよいだろうか。経験から、あるいは C++ リファレンス（付録 A）を調べれば、数値リテラルが数字または小数点（.）で始まらなければならないことがわかる。まず、これをテストする。次に、cin に数字を読み取らせたいが、1 文字目（数字またはドット）はすでに読み取っているため、残りの文字を cin の自由にさせると結果が正しくなくなってしまう。1 文字目の値と cin が読み取った「残り」の値を組み合わせればよいのではないだろうか。たとえば 123 と入力された場合は、1 が取り出されていて、cin が 23 を読み取ることになるため、23 に 100 を足す必要がある。げんなりするが、まだましなほうである。ありがたいことに（そして偶然ではなく）、文字を元に戻せる点で、cin は Token_stream とよく似ている。そこで、面倒な算術演算はやめにして、最初の文字は cin に戻してしまい、改めて cin に数字全体を読み取らせればよい。

複雑な作業は避け、より単純な解決策 — たいていはライブラリの機能を利用すること — を模索するという作業を繰り返していることに注目しよう。単純さを追い求めることこそ、プログラミングの神髄である。この姿勢を「優秀なプログラマーは怠惰である」と揶揄する向きもある。上等だ。（あくまでも）単純さを追い求めるという意味であれば、「怠惰」で結構。コーディングがずっと少なくなる方法が見つかるとしたら、わざわざ大量のコードを書く理由などあるだろうか。

6.9 プログラムの構造

「木を見て森を見ず」ということわざにもあるように、プログラムの関数やクラスをすべて調べていると、プログラムの全体像を見失いやすい。そこで、細部を省略したプログラムを見てみよう。

```
#include "std_lib_facilities.h"

class Token { /* ... */ };
class Token_stream { /* ... */ };

void Token_stream::putback(Token t) { /* ... */ }
Token Token_stream::get() { /* ... */ }

Token_stream ts;                   // get 関数と putback 関数を提供
double expression();               // primary 関数から expression 関数を
                                   // 呼び出せるようにするための宣言


double primary() { /* ... */ }     // 数字とかっこを処理
double term() { /* ... */ }        // * と / を処理
double expression() { /* ... */ }  // + と - を処理

int main() { /* ... */ }           // メインループとエラーの処理
```

◆ 宣言の順序は重要である。宣言される前に名前を使用することはできないため、`ts` は `ts.get()` で使用される前に宣言されていなければならない。error 関数はすべての解析関数によって使用されるため、解析関数よりも前に宣言されていなければならない。呼び出しグラフには興味深いループがある — expression 関数は term 関数を呼び出し、term 関数は primary 関数を呼び出し、primary 関数は expression 関数を呼び出す。

これを図解すると以下のようになる（error 関数はすべての関数から呼び出されるため、割愛する）。

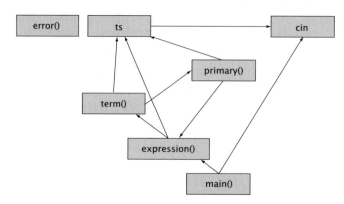

このままでは、これら 3 つの関数を定義できない。各関数が使用される前にそれらを定義できるような順序が存在しないからだ。定義ではない宣言が少なくも 1 つ必要である。ここでは、expression 関数を「先行宣言」することにした。

だが、これでうまくいくのだろうか。それは「うまくいく」が何を意味するかによる。プログラムはコンパイルされ、実行され、式を正しく評価し、適切なエラーメッセージを生成する。だが、プログラムは想定したとおりに動作するのだろうか。予想にたがわず、「そうでもない」というのがその答えである。「§6.6 電卓のテスト：バージョン 1」では、バージョン 1 をテストして、重大なバグを取り除いた。このバージョン 2（§6.7）も大きく変わったわけではないが、それは想定内である。主な目的は十分に果たしており、基本的なアイデアを検証してフィードバックを得ることができるものに仕上がっている。そうした意味では成功だが、試しているとやはりいらいらする。

TRY THIS
電卓プログラムを実際に試して、何を行うのかを確認し、なぜそうなるのかについて考えてみる。

第6章 プログラムの記述

■ ドリル

ここでは、バグのあるプログラムを修正し、役に立たないプログラムからかなり役に立つプログラムに変えていく。

1. `calculator02buggy.cpp` ファイルに含まれている電卓プログラムをコンパイルする。バグを見つけて修正する必要がある。それらのバグは、本文では示していないものである。`calculator02buggy.cpp` ファイルには、わざと論理エラーが 3 つ仕込まれている。それらを取り除き、電卓プログラムが正しい結果を生成するようにする。
2. 終了コマンドとして使用される文字を q から x に変更する。
3. 表示コマンドとして使用される文字を ; から = に変更する。
4. main 関数にあいさつ文を追加する。

    ```
    "Welcome to our simple calculator.
    Please enter expressions using floating-point numbers."
    ```

5. 利用可能な演算子と、表示コマンドと終了コマンドの使用法を追加することで、あいさつ文を改善する。

■ 復習

1. 「プログラミングとは理解することである」とはどういう意味か。
2. 本章では電卓プログラムの作成について説明している。電卓で実行できなければならないことを簡単に分析するとどうなるか。
3. 問題を扱いやすい小さな部品に分割するにはどうすればよいか。
4. 小さく限定的なプログラムを作成するのがよい考えなのはなぜか。
5. 機能の詰め込みすぎがよくないのはなぜか。
6. ソフトウェア開発の主な 3 つの段階とは何か。
7. ユースケースとは何か。
8. テストの目的は何か。
9. 本章の概要に従って、Term、Expression、Number、Primary の違いを説明するとどうなるか。
10. 本章では、入力をその構成要素である Term、Expression、Primary、Number に分解した。これを (17+4)/(5-1) で行うとどうなるか。
11. このプログラムに number という名前の関数がないのはなぜか。
12. トークンとは何か。
13. 文法とは何か。文法ルールとは何か。
14. クラスとは何か。クラスは何のために使用するか。
15. クラスのメンバーのデフォルト値を提供するにはどうすればよいか。
16. expression 関数において、switch 文がデフォルトでトークンを「元に戻す」のはなぜか。
17. 先読みとは何か。
18. putback 関数は何を行うか。それが役立つのはなぜか。
19. 剰余演算子 % を term 関数で実装するのが難しいのはなぜか。

20. Token クラスの 2 つのデータメンバーの用途は何か。
21. クラスのメンバーを private メンバーと public メンバーに分ける（ことがある）のはなぜか。
22. バッファーにトークンが含まれている状態で get 関数を呼び出すと、Token_stream クラスで何が起きるか。
23. Token_stream クラスの get 関数で ';' 文字と 'q' 文字が switch 文に追加されたのはなぜか。
24. プログラムのテストはいつ開始すべきか。
25. ユーザー定義型とは何か。それはなぜ必要か。
26. C++ のユーザー定義型のインターフェイスは何か。
27. コードのライブラリを使用したい理由は何か。

■ 用語

0 による除算（divide by zero）
class
private
public
インターフェイス（interface）
擬似コード（pseudo code）
機能の詰め込みすぎ（feature creep）
クラスメンバー（class member）
構文アナライザー（syntax analyzer）
実装（implementation）

設計（design）
データメンバー（data member）
トークン（token）
パーサー（parser）
プロトタイプ（prototype）
分析（analysis）
文法（grammar）
メンバー関数（member function）
ユースケース（use case）

■ 練習問題

1. 本章の「TRY THIS」をまだ実行していない場合は実行する。
2. {(4+5)*6}/(3+4) が有効な式になるよう、() と {} を使用する機能を電卓プログラムに追加する。
3. 階乗演算子を追加する。後置の ! 演算子を使って「階乗」を表す。たとえば式 7! は 7 * 6 * 5 * 4 * 3 * 2 * 1 を意味する。! の優先度を * や / よりも高く設定し、7*8! が (7*8)! ではなく 7*(8!) を意味するようにする。まず、より高レベルな演算子に対処するよう文法を変更する。階乗の標準的な数学定義に合わせて、0! を 1 に評価させる。ヒント：電卓関数は double に対処するが、階乗演算子は int 型にしか定義されていない。そこで、x! の x を int に代入し、その int の階乗を計算する。
4. 文字列と値を保持する Name_value クラスを定義する。第 4 章の練習問題 19 に手を加えて、vector の代わりに vector<Name_value> を使用する。
5. 「英語の文法」（§6.4.1）に冠詞 the を追加し、「The birds fly but the fish swim」といった文章を記述できるようにする。

6. 「英語の文法」（§6.4.1）に基づき、文章が正しいかどうかをチェックするプログラムを作成する。ここでは、すべての文章がホワイトスペースで囲まれたピリオド（.）で終了することを前提とする。たとえば、「birds fly but the fish swim .」は文章だが、「birds fly but the fish swim」（終端のドットがない）や「birds fly but the fish swim.」（ドットの前にスペースがない）は文章ではない。プログラムでは、入力された文ごとに "OK" または "not OK" のどちらかを返す。ヒント：トークンについては考えず、>> を使って string に読み込むだけでよい。

7. ビット単位の論理式の文法を記述する。ビット単位の論理式は、演算子が！（否定）、~（補数）、&（AND）、|（OR）、^（XOR）であることを除けば、演算式とよく似ている。これらの演算子は、その演算を整数オペランドのビットごとに行う（§25.5）。！と ~ は前置の単項演算子である。(* が + よりも優先されるのと同様に）^ は | よりも優先されるため、x|y^z は (x|y)^z ではなく x|(y^z) を意味する。& 演算子は ^ よりも優先されるため、x^y&z は x^(y&z) を意味する。

8. 第 5 章の練習問題 12 の「Bulls and Cows」ゲームを書き換え、4 つの数字の代わりに 4 つのアルファベットを使用するように変更する。

9. 数字を読み取り、それらを整数として組み立てるプログラムを作成する。たとえば、123 は文字 '1'、'2'、'3' として読み取られ、プログラムは "123 is 1 hundred and 2 tens and 3 ones" を出力する。数字は int 型の値として出力する必要があり、1～4 桁の数字に対処する必要がある。ヒント：文字 '5' から '0' を引いた整数値 5（'5'-'0'==5）を求める。

10. 順列とは、順序を持つ集合の一部のことである。たとえば、数字が 60 個あり、3 つの異なる数字を選んで並べる必要があるとしよう。並べ方は $P(60,3)$ 種類あり、P は以下の式によって定義される。

$$P(a,b) = \frac{a!}{(a-b)!}$$

この場合、! は後置の階乗演算子として使用される。たとえば 4! は 4*3*2*1 である。これらの組み合わせは、オブジェクトの順序が重要ではないことを除けば、順列と似ている。たとえば、バナナサンデーを作っていて、5 種類のアイスクリームの中から 3 種類を使用するとしたら、バニラアイスを最初に使用するか最後に使用するかはともかく、バニラアイスを使用することは譲れない。この組み合わせの公式は以下のとおり。

$$C(a,b) = \frac{P(a,b)}{b!}$$

ユーザーに数字を 2 つ入力してもらい、順列と組み合わせのどちらを計算するのかを問い合わせ、結果を出力するプログラムを設計する。このプログラムは複数の部品で構成される。先の要件を分析し、このプログラムで実行しなければならないことを正確に書き出してみる。それから設計段階に進み、プログラムの擬似コードを作成し、それをさらに細分化する。このプログラムにはエラーチェックを追加する必要がある。入力が正しくない場合は必ず適切なエラーメッセージを生成する。

6.9 プログラムの構造

■ 追記

入力の意味を理解することは、プログラミングの基本的な取り組みの1つである。プログラムはどれも何らかの問題にぶつかる。人が直接作り出したものの意味を理解することは、最も難しい問題の1つである。たとえば、音声認識のさまざまな側面は依然として研究課題である。そうした問題のうち、電卓などの単純なものについては、文法を使って入力を定義することによって対処できる。

第7章
プログラムの完成

> 太った歌い手が歌うまで
> 結末はわからない。
> （最後の最後まで勝負はわからない）
>
> — オペラの格言

プログラムを記述することは、実行したいと考えていることを練り上げ、それを表現する方法を徐々に洗練されたものにしていくことでもある。第6章では、とりあえず動作する電卓プログラムを作成した。本章では、このプログラムをさらに改善する。ユーザーにとって使いやすく、メンテナンスが容易なプログラムを完成させるには、ユーザーインターフェイスを改善し、エラーを適切に処理し、利便性の高い機能を追加し、理解しやすく変更しやすいコードになるようその構造を整理する必要がある。

7.1 はじめに
7.2 入力と出力
7.3 エラー処理
7.4 負の数字
7.5 剰余：%
7.6 コードのクリーンアップ
    7.6.1 シンボル定数
    7.6.2 関数の使用
    7.6.3 コードのレイアウト
    7.6.4 コメント
7.7 エラーからの回復
7.8 変数
    7.8.1 変数と定義
    7.8.2 名前の使用
    7.8.3 定義済みの名前
    7.8.4 完成はまだ?

7.1 はじめに

プログラムが「それなり」に動くようになった時点で、どうにか半分完成といったところだ。大規模なプログラムや、誤動作すると被害が出るようなプログラムなら、完成からはほど遠い状態だ。プログラムが「基本的に動作する」ようになってからが、本当の勝負である。そこでようやく、それを土台としてさまざまなアイデアを試してみることができる。

本章では、第6章で作成した電卓プログラムをプロのプログラマーが改善しようとしたときに検討することをなぞっていく。このプログラムに関してここで検討する疑問や課題が、電卓そのものよりもずっと興味深いことに注目しよう。ここでは、要件や制約のもとで現実のプログラムがどのように進化していくのか、そしてプログラマーがコードをどのように改善していくのかを示す。

7.2 入力と出力

第6章では、以下のプロンプトを表示してユーザーに入力を促すことと、

```
Expression:
```

以下のメッセージに続いて答えを表示することを決定した。

```
Result:
```

プログラムを動かすことに夢中になり、そのことをすっかり忘れていた。これはよくあることだ。何もかも一度に考えるのは無理なので、じっくり考えるために立ち止まったときに、私たちは何かを忘れていることに気づく。

プログラミングタスクによっては、最初の要件を変更することはできない。通常、それはあまりにも厳格なポリシーであり、プログラムの品質を不必要に落としてしまいかねない。そこで、プログラムの機能仕様を変更できると仮定して、どうすればよいかについて考えてみよう。プログラムが `Expression:` と `Result:` を表示するのは本当に適切だろうか。それはどうすれば判断できるのだろうか。ただ考えていてもらちが明かない。実際に試してみて、どうするのが最適なのか調べてみよう。現時点では、以下のように入力すると、

```
2+3; 5*7; 2+9;
```

以下の出力が得られる。

```
= 5
= 35
= 11
```

Expression: と Result: を使用した場合、出力は以下のようになる。

```
Expression: 2+3; 5*7; 2+9;
Result : 5
Expression: Result: 35
Expression: Result: 11
Expression:
```

人によって好みのスタイルが異なることはわかっている。そのような場合は人々に選択肢を与えるという手もあるが、この単純な電卓ではやりすぎなので、私たちが決めなければならない。Expression: と Result: を書き出すのは少し手間がかかるし、気が散ってしまう。それらを使用すると、実際の式と結果が画面上に表示される内容の一部になり下がってしまう。式と結果こそが重要なので、そこから注意がそれるようなものは控えるべきである。一方で、ユーザーが入力するものとコンピューターが出力するものをどうにかして区別しないと、結果がわかりにくくなるおそれがある。最初のデバッグでは、結果の目印として等号（=）を追加した。プログラムが入力を求めていることを示す短い「プロンプト」を追加するのはどうだろうか。> 文字はよくプロンプトとして使用される。

```
> 2+3;
= 5
> 5*7;
= 35
>
```

このほうがずっとよいし、main 関数のメインループに小さな変更を加えるだけで済む。

```
double val = 0;
while (cin) {
    cout << "> ";                    // プロンプトを出力
    Token t = ts.get();
    if (t.kind == 'q') break;
    if (t.kind == ';')
        cout << "= " << val << '\n';  // 結果を出力
    else
        ts.putback(t);
    val = expression();
}
```

残念ながら、複数の式を 1 行で入力した場合、結果はやはりわかりにくくなる。

```
> 2+3; 5*7; 2+9;
> = 5
> = 35
> = 11
```

基本的な問題点は、複数の式が 1 行で入力されることを最初は想定していなかったことだ ── 少なくとも、考えていないふりをしていた。私たちが考えているのは、以下のようなものだ。

```
> 2+3; 5*7; 2+9;
= 5
= 35
= 11
>
```

これはよさそうだが、残念なことに、これを実現する明白な方法がない。まず、`main` 関数を見てみよう。`>` を書き出す前に、続いて `=` が書き出されるかどうかがわかるだろうか。わかるわけがない。`>` の書き出しが必要となるのは `get` 関数を呼び出す前だが、`get` 関数が実際に新しい文字を読み込んでいるのか、それともキーボードからすでに読み込んだ文字から `Token` を提供するだけなのかはわからない。したがって、この最後の改善を加えるには、`Token_stream` をいじる必要がある。

ただしここでは、「現状でよし」とすることにした。`Token_stream` を変更する必要があると感じた場合は、この決定を見直すことにする。ただし、小さな利益を得るために構造に大きな変更を加えるのは賢明ではない。それに、電卓プログラムはまだ十分にテストされていない。

7.3　エラー処理

プログラムが「基本的に動作する」ようになったら、プログラムを誤動作させるような入力を与えてみよう。「誤動作させるような」と言ったのは、ここでの課題が、ユーザーの目に触れる前にできるだけ多くのエラーを見つけ出し、修正することだからだ。この課題に対し、「プログラムは動いているし、自分はミスをしない」という姿勢でのぞんではならない。そんなことでは多くのバグを見つけることはできないし、バグが見つかるたびに嫌な気分になるだろう。頭を切り替えて、「さあかかってこい。たとえ自分が書いたプログラムであっても、自分のほうがプログラムよりも一枚上手だ」という姿勢でテストにのぞむべきである。そこで、以下に示すように、正しい式と正しくない式を混ぜ合わせて電卓プログラムに入力してみよう。

```
1+2+3+4+5+6+7+8
1-2-3-4
!+2
;;;
(1+3;
(1+);
1*2/3%4+5-6;
();
1+;
+1
1++;
1/0
1/0;
1++2;
-2;
-2;;;;
1234567890123456;
'a';
q
1+q
1+2; q
```

TRY THIS

こうした「問題のある」式を電卓プログラムに入力し、電卓プログラムを誤動作させる方法がいくつあるか調べてみる。電卓プログラムをクラッシュさせる — つまり、エラー処理をすり抜けてエラーを発生させることはできるだろうか。それはできないだろう。適切なエラーメッセージを表示せずに終了させることはできるだろうか。それはできるだろう。

専門用語では、これは**テスト**（*testing*）と呼ばれる。テストはソフトウェア開発において非常に重要な役割を果たしており、「プログラムを誤動作させる」ことを仕事にしている人もいる。テストについては、第 26 章でもう少し詳しく説明する。ところで、「プログラムを体系的にテストすれば、すべてのエラーを洗い出せるのだろうか」 — よい質問だ。しかし、すべてのプログラムに当てはまるような一般的な答えはない。だが、テストに真剣に取り組めば、多くのプログラムでかなりよい成果を上げることができる。テストケースは体系的に作成することを心がけたいものだが、テストの選択基準が完全ではない場合に備えて、念のために以下のような「不合理なテスト」を実行してみよう。

```
Mary had a little lamb
srtvrqtiewcbet7rewaewre-wqcntrretewru754389652743nvcqnwq;
!@#$%^&*()~-:;
```

コンパイラーのテストをしていたとき、筆者はコンパイラーの不具合を報告するメールのヘッダーや説明文、またはメール全体をコンパイラーに渡してみるようにしていた。これが「不合理」なのは、「誰もそんなことをしない」からだ。ただし理想を言えば、不合理なものを含め、プログラムではすべてのエラーを捕捉したいところである。件のコンパイラーは、そのうちに「おかしな入力」にも柔軟に対応するようになった。

電卓プログラムをテストしていて最初に気になったのは、以下のような入力を与えるとすぐにウィンドウが閉じてしまうことだった。

```
+1;
()
!+2
```

少し考えれば、あるいはプログラムの実行をトレースすれば、この問題が実際にはエラーメッセージが書き出された直後にウィンドウが閉じてしまうという問題であることがわかる。こうなるのは、ウィンドウを開いておくための仕掛けが文字の入力を待つためのものだからだ。だが、先の3つのケースでは、プログラムが文字をすべて読み取る前にエラーになっていたため、入力行に文字が残っていた。こうした「残り物」の文字を "Enter a character to close window" プロンプトへの応答として入力された文字と区別することなど、プログラムにはできない。ウィンドウを閉じていたのは、その「残り物」の文字である。

この問題に対処するために main 関数（§5.6.3）を修正してみよう。

```
catch (runtime_error& e) {
    cerr << e.what() << '\n';
    // keep_window_open();
    cout << "Please enter the character ~ to close the window\n";
    // '~' が検出されるまで読み取りを繰り返す
    for (char ch; cin >> ch; )
        if (ch=='~') return 1;
    return 1;
}
```

基本的には、keep_window_open 関数を独自のコードと置き換えている。エラーの後に読み取られる文字が '~' である場合はやはり問題があるが、そうなることはまずない。

この問題に気づいたとき、筆者は keep_window_open 関数を書き換えて、引数として文字列を受け取るようにした。そして、プロンプトを表示した後にユーザーがその文字列を入力した場合にのみ、

ウィンドウを閉じようにした。したがって、より明快な解決策は以下のようになる。

```
catch (runtime_error& e) {
    cerr << e.what() << '\n';
    keep_window_open("~~");
    return 1;
}
```

これにより、以下のように入力したとしても、

```
+1
!1~~
()
```

プログラムは適切なエラーメッセージを表示するようになり、"~~" が入力されるまで終了しなくなる。

```
Please enter ~~ to exit
```

このプログラムはキーボード入力しか受け付けないため、テストは面倒である。何かを改善するたびに（またしても）テストケースを山ほど入力して動作に不備がないことを確認しなければならない。テストケースをどこかに保存しておき、コマンド1つで呼び出せるようにしておくほうがはるかに効果的だ。UNIX など一部の OS では、プログラムを変更しなくても、cin / cout でファイルに対する入出力を行うことができる。それ以外の場合は、第 10 章で説明するように、プログラムを変更しなければならない。

次に、以下の入力について考えてみよう。

```
1+2; q
1+2 q
```

どちらの場合も、結果（3）を出力してからプログラムを終了したい。奇妙なことに、以下の入力ではうまくいくが、

```
1+2 q
```

どうみてもましな以下の入力では、"primary expected" エラーになる。

```
1+2; q
```

213

このエラーはどこで生成されるのだろうか。もちろん、';' と 'q' が処理される main 関数である。プログラムを動かすために「出力」コマンドと「終了」コマンドの実装が拙速にすぎた (§6.6)。そのつけが回ってきたのである。以下のコードをもう一度見てみよう。

```
double val = 0;
while (cin) {
    cout << "> ";
    Token t = ts.get();
    if (t.kind == 'q') break;
    if (t.kind == ';')
        cout << "= " << val << '\n';
    else
        ts.putback(t);
    val = expression();
}
```

セミコロンが検出されたら、'q' をチェックせずに expression 関数の呼び出しに進んでいる。expression 関数では、まず term 関数を呼び出す。term 関数はまず primary 関数を呼び出し、そこで 'q' が検出される。文字 'q' は Primary ではないため、エラーメッセージが生成される。このため、セミコロンを評価した後、'q' を評価する必要がある。そのついでにロジックを単純にした結果、main 関数は以下のようになった。

```
int main()
try
{
    while (cin) {
        cout << "> ";
        Token t = ts.get();
        while (t.kind == ';') t=ts.get();    // ';' を食べてしまう
        if (t.kind == 'q') {
            keep_window_open();
            return 0;
        }
        ts.putback(t);
        cout << "= " << expression() << '\n';
    }
    keep_window_open();
    return 0;
}
```

```
    catch (exception& e) {
        cerr << e.what() << '\n';
        keep_window_open("~~");
        return 1;
    }
    catch (...) {
        cerr << "exception \n";
        keep_window_open("~~");
        return 2;
    }
```

これでエラー処理がだいぶ堅牢になった。どうやら電卓プログラムを改善するために他にできることについて検討してもよさそうだ。

7.4　負の数字

電卓プログラムをテストしていると、負の数字をうまく処理できないことがわかる。たとえば、以下の入力がエラーになる。

```
-1/2
```

これは、以下のように入力しなければならない。

```
(0-1)/2
```

これでは電卓として使いものにならない。

こうした問題はよくデバッグとテストの後半で見つかる。この設計が実際に何を行うのかを理解し、アイデアに磨きをかけるためのフィードバックを手に入れる機会は今しかない。プロジェクトの計画を立てるときに、ここで学んだ教訓を生かすための時間と柔軟性を確保しておくのが賢明である。厳しいスケジュールや厳格なプロジェクト管理戦略によって「遅い段階」での仕様変更が阻まれ、「リリース1.0」が荒削りな状態で配布されるケースが多すぎる。「遅い段階」での「機能」の追加は特にいやがられる。現実には、設計者が単純に使用する分には十分であっても、プログラムがまだ配布できる状態にないとしたら、それを開発シーケンスの「遅い段階」とは言わない。それはプログラムでの確かな経験を生かせる「最初の段階」である。現実的なスケジュールは、それを計算に入れている。

このケースでは、基本的には、単項マイナスを受け入れるように文法を変更する必要がある。最も単純な変更点はPrimaryにあるようだ。現時点では以下のように定義されているが、

```
Primary:
    Number
    "(" Expression ")"
```

以下のように定義する必要がある。

```
Primary:
    Number
    "(" Expression ")"
    "-" Primary
    "+" Primary
```

ここでは、C++ の機能に合わせて単項プラスを追加した。単項マイナスがある以上、誰かが単項プラスを試そうとする。それが機能しない理由を説明するよりも、実装してしまったほうが早い。`Primary` を実装するコードは以下のようになる。

```cpp
double primary()
{
    Token t = ts.get();
    switch (t.kind) {
    case '(':              // '(' expression ')' を処理
        {
            double d = expression();
            t = ts.get();
            if (t.kind != ')') error("')' expected");
            return d;
        }
    case '8':              // '8' を使って数字を表す
        return t.value;    // 数字の値を返す
    case '-':
        return - primary();
    case '+':
        return primary();
    default:
        error("primary expected");
    }
}
```

これは非常に単純なので、一発でうまくいった。

7.5 剰余：%

電卓プログラムの理想的な特徴を最初に分析したとき、私たちは剰余（法）演算子 `%` が必要であると考えた。だが、浮動小数点数では剰余演算子が定義されていないのであきらめた。ここで、剰余演算子をもう一度検討してみよう。単純ではないだろうか。

1. `%` を `Token` として追加する。
2. `%` の意味を定義する。

整数オペランドでは、`%` の意味はわかっている。

```
> 2%3;
= 2
> 3%2;
= 1
> 5%3;
= 2
```

しかし、オペランドが整数ではない場合はどうすればよいだろうか。

```
> 6.7%3.3;
```

結果の値は何にするのが適切だろうか。厳密には、完全な答えはない。ただし、浮動小数点数オペランドの法については、次のように定義できる。`x%y` は `x%y=x-y*int(x/y)` として定義できるため、`6.7%3.3==6.7-3.3*int(6.7/3.3)` — つまり 0.1 である。これについては、標準ライブラリの関数 `fmod`（floating–point modulo）を使用すれば簡単だ。この関数は `<cmath>` ヘッダー（§24.8）で定義されている。`'%'` を含むように `term` 関数を変更してみよう。

```
case '%':
{   double d = primary();
    if (d == 0) error("divide by zero");
    left = fmod(left,d);
    t = ts.get();
    break;
}
```

標準数学関数はすべて `<cmath>` ライブラリに含まれている。たとえば、`sqrt(x)`（x の平方根）、`abs(x)`（x の絶対値）、`log(x)`（x の自然対数）、`pow(x,y)`（x の y 乗）が定義されている。

あるいは、オペランドが浮動小数点数の場合は `'%'` を使用できないようにする、という手もある。浮動小数点数のオペランドに小数部があるかどうかをチェックし、小数部がある場合はエラーメッセージ

を生成するのである。`'%'` のオペランドが `int` 型であることを保証するという問題は、縮小変換問題（§3.9.2、§5.6.4）の一種であり、`narrow_cast` を使って解決できる。

```
case '%':
{   int i1 = narrow_cast<int>(left);
    int i2 = narrow_cast<int>(primary());
    if (i2 == 0) error("%: divide by zero");
    left = i1%i2;
    t = ts.get();
    break;
}
```

単純な電卓では、どちらの方法でもうまくいく。

7.6　コードのクリーンアップ

ここまでは、コードにいくつか変更を加えてきた。本書の見解では、これらはすべて改善だが、コードが少し散らかってきた。ちょうどよい機会なので、コードを見直し、より簡潔なコードにできるかどうか、コメントの追加や改善が可能かどうかについて確認してみよう。別の言い方をすれば、誰かがメンテナンスを引き継げる状態になるまで、プログラムは完成しない。コメントがほとんどないことを除けば、電卓プログラムのコード自体はそれほど悪くないが、少し整理してみよう。

7.6.1　シンボル定数

改めて考えてみると、数値が含まれている `Token` を表すために `'8'` を使用するのはおかしい。数値の `Token` を表すために使用される値は、別の種類の `Token` を表すその他すべての値と異なっていれば、実際にはどのようなものでもよい。だが、コードを見て首を傾けることがないよう、常にそのことを思い出せるコメントを付けておく必要があった。

```
case '8':           // '8' を使って数字を表す
    return t.value; // 数字の値を返す
case '-':
    return - primary();
```

正直に言うと、自分でも何度か間違えてしまった。`'8'` と `'0'` のどちらの値にしたのか忘れてしまい、`'8'` と入力するところを `'0'` と入力してしまった。要するに、`Token` を操作するコードで `'8'` を直接使用するのは手抜きであり、覚えにくい上に、1つ間違えればエラーになる。`'8'` はまさに「マジック定数」（§4.3.1）の1つである。数字を表すために使用する定数には、シンボル名（記号名）を割り当てるべきだった。

```
// t.kind==number は、t が数字のトークンであることを意味する
const char number = '8';
```

const 修飾子は、変更できないことを前提とするオブジェクトの定義であることをコンパイラーに伝える。たとえば number='0' という代入はコンパイルエラーになる。number がこのように定義されていれば、もう '8' を明示的に使用する必要はない。先の primary のコードは以下のようになる。

```
case number:
    return t.value;    // 数字の値を返す
case '-':
    return - primary();
```

このコードならコメントは必要ない。コードで明確かつ直接的に示せるものを、コメントで示すべきではない。コメントで何かを繰り返し説明しているとしたら、多くの場合、それはコードの改善が必要であることの表れだ。

同様に、数字を認識する Token_stream::get() のコードは以下のようになる。

```
case '.':
case '0': case '1': case '2': case '3': case '4':
case '5': case '6': case '7': case '8': case '9':
    {
        cin.putback(ch);    // 数字を入力ストリームに戻す
        double val;
        cin >> val;         // 浮動小数点数を読み取る
        return Token{number,val};
    }
```

すべてのトークンについてシンボル名を検討することもできるが、そこまでする必要はないだろう。結局のところ、'(' と '+' は (と + に対して誰でも思いつくほど明白な表記である。トークンを見ていて独断的に思えるのは、「出力」（または「式の終端」）のための ';' と、「終了」のための 'q' くらいである。なぜ 'p'（print）と 'e'（exit）ではないのだろうか。より大きいプログラムでは、こうしたあいまいで独断的な表記が問題の原因となるのは時間の問題だ。そこで、以下の方法を選択する。

```
// t.kind==quit は t が終了のトークンであることを意味する
const char quit = 'q';
// t.kind==print は t が出力のトークンであることを意味する
const char print = ';';
```

これで、main 関数のループを以下のように記述できる。

```
while (cin) {
    cout << "> ";
    Token t = ts.get();
    while (t.kind == print) t=ts.get();
    if (t.kind == quit) {
```

```
            keep_window_open();
            return 0;
        }
        ts.putback(t);
        cout << "= " << expression() << '\n';
    }
```

「出力」と「終了」に対してシンボル名を使用すると、コードが読みやすくなる。さらに、main 関数を読むときに「出力」と「終了」が入力においてどのように表されるのかを推測することもなくなる。たとえば、「出力」の表現を 'e'（exit）に変更することにしたとしても、面倒なことではないはずだ。そのために main 関数を変更する必要はない。

次に、"> " と "= " という文字列が目についた。このようなマジックリテラルをコードで使用しているのはなぜだろうか。main 関数を読んでいる新人プログラマーはそれらの目的をどのように推測するだろうか。コメントを追加すべきだろうか。コメントを追加するのはよい考えかもしれないが、シンボル名を使用するほうが効果的だ。

```
const string prompt = "> ";
const string result = "= ";   // この後に結果が続くことを示す
```

プロンプトや結果を示す記号を変更したい場合は、それらの const 文を変更するだけでよい。ループは以下のようになる。

```
while (cin) {
    cout << prompt;
    Token t = ts.get();
    while (t.kind ==print) t=ts.get();
    if (t.kind == quit) {
        keep_window_open();
        return 0;
    }
    ts.putback(t);
    cout << result << expression() << '\n';
}
```

7.6.2 関数の使用

プログラマーが使用する関数は、プログラムの構造を反映していなければならない。そして、関数の名前は、論理的に分かれているコードの各部分を識別するものでなければならない。基本的に見て、電卓プログラムはこの点に関して今のところはかなりよい ── expression、term、primary の 3 つの関数は式文法に対する私たちの解釈を直接反映しており、get 関数は入力とトークン認識を処理する。その一方で、main 関数を見てみると、論理的に分かれる 2 つの処理を行っていることがわかる。

1. main 関数は全体的な「足場」を提供する。つまり、プログラムを開始し、プログラムを終了し、「致命的」なエラーを処理する。
2. main 関数は計算ループを処理する。

理想的には、各関数が論理的なアクションを1つ実行するようにしたいところだ（§4.5.1）。main 関数に両方のアクションを実行させると、プログラムの構造がわかりにくくなる。明白な解決策は、計算ループを別の関数 calculate として分けることだ。

```
void calculate()    // 式評価ループ
{
    while (cin) {
        cout << prompt;
        Token t = ts.get();
        while (t.kind == print) t=ts.get();    // まず、print をすべて破棄
        if (t.kind == quit) return;
        ts.putback(t);
        cout << result << expression() << '\n';
    }
}

int main()
try {
    calculate();
    keep_window_open();    // Windows のコンソールモードに対処
    return 0;
}
catch (runtime_error& e) {
    cerr << e.what() << '\n';
    keep_window_open("~~");
    return 1;
}
catch (...) {
    cerr << "exception \n";
    keep_window_open("~~");
    return 2;
}
```

このほうが構造をはるかに直接的に反映しているため、理解しやすい。

7.6.3　コードのレイアウト

見苦しいコードがないか調べていると、以下のコードに気づく。

```
switch (ch) {
case 'q': case ';': case '%': case '(': case ')': case '+': case '-':
case '*': case '/':
    return Token{ch};    // 文字をそのまま出力
```

'q'、';'、'%' を追加する前はそれほどひどくなかったが、ごちゃごちゃしてきた。読みにくいコードはバグの温床になりやすい。そしてどうやら、ここにバグが潜んでいそうだ。case を 1 行につき 1 つにし、コメントをいくつか追加すると助けになる。Token_stream の get 関数は以下のようになる。

```
Token Token_stream::get()
// cin から文字を読み取り、Token を作成
{
    if (full) {       // Token がすでに読み込まれているか
        full=false;
        return buffer;
    }

    char ch;
    cin >> ch;     // >> はホワイトスペースを読み飛ばす

    switch (ch) {
    case quit:
    case print:
    case '(':
    case ')':
    case '+':
    case '-':
    case '*':
    case '/':
    case '%':
        return Token{ch};     // 文字をそのまま返す
    case '.':                 // 浮動小数点数はドットで始まることがある
    case '0': case '1': case '2': case '3': case '4':
    case '5': case '6': case '7': case '8': case '9':     // 数値リテラル
        {
            cin.putback(ch);  // 数字を入力ストリームに戻す
```

```
            double val;
            cin >> val;          // 浮動小数点数を読み取る
            return Token{number,val};
        }
    default:
        error("Bad token");
    }
}
```

　もちろん数字の case も別々の行に分けてもよいが、それでコードが明確になるとは思えなかった。また、そのようにすると、get 関数全体を 1 つの画面で表示できなくなってしまう。関数はそれぞれ 1 つの画面に収まるのが理想的である。バグが潜んでいそうなあやしい場所の 1 つは、画面の上下左右にはみ出していて見えないコードだ。コードのレイアウトにこだわろう。

　また、'q' がシンボル名 quit に変更されたことにも注目しよう。これにより、コードが読みやすくなることはもちろん、誤って別のトークン名と競合する値を quit に選択した場合はコンパイルエラーになることも保証される。

　コードを整理しているときにうっかりエラーが紛れ込んでしまうことがある。コードを整理した後は常にプログラムをもう一度テストしよう。小さな改良を加えるたびに少しテストを行って、何かがおかしくなったときに自分が何をしたのか思い出せるようにしておくとさらに効果的である。テストは早めに、頻繁に行うようにしよう。

7.6.4　コメント

　ここまでの間にコメントをいくつか追加した。よいコメントを追加することは、コーディングにおいて重要なことである。プログラミングの最中はコメントのことを忘れがちだ。コードを見直して整理するタイミングで、プログラムの各部品を調べて、最初に書いたコメントが以下の条件に当てはまるかどうかを確認するとよいだろう。

1. 依然として有効である（コメントを書いた後にコードを変更したかもしれない）。
2. 読み手が十分に理解できる（通常は十分に理解できない）。
3. コードから気がそれるほど冗長ではない。

　最後の点は重要だ。コードで表現できることなら、コードに表現させるのが一番である。たとえば以下のような、プログラミング言語を知っている人にとって火を見るよりも明らかな何かを説明するコメントは避けるようにしよう。

```
x = b+c;    // b と c を足し、結果を x に代入
```

　本書にもこうしたコメントが含まれているが、それは読者がまだ理解していないかもしれない言語機能の使用法を説明しようとしているときだけだ。

　コメントの対象となるのは、コードでは十分に表現されないものだ。コードの目的は、その 1 つである。コードは、何のためにそれをするのか（目的）ではなく、何をするかを示す（§5.9.1）。電卓プログラムのコードを調べてみると、足りないものがある。電卓プログラムの関数は式とトークンを処理する

第7章　プログラムの完成

方法を示しているが、式とトークンをどのようなものとして想定しているのかを示すものは（コード以外には）ない。コメントや電卓のドキュメントにふさわしいのは、文法である。

```
/*
    Simple calculator

    Revision history:
        Revised by Bjarne Stroustrup November 2013
        Revised by Bjarne Stroustrup May 2007
        Revised by Bjarne Stroustrup August 2006
        Revised by Bjarne Stroustrup August 2004
        Originally written by Bjarne Stroustrup
            (bs@cs.tamu.edu) Spring 2004.


    This program implements a basic expression calculator.
    Input from cin; output to cout.

    The grammar for input is:

    Statement:
        Expression
        Print
        Quit


    Print:
        ;

    Quit:
        q

    Expression:
        Term
        Expression + Term
        Expression - Term
    Term:
        Primary
        Term * Primary
        Term / Primary
        Term% Primary
```

```
    Primary:
        Number
        ( Expression )
        - Primary
        + Primary
    Number:
        floating-point-literal

    Input comes from cin through the Token_stream called ts.
*/
```

ここでは、/* と */ で囲まれるブロックコメントを使用している。実際のプログラムでは、どのような修正や改善が行われたのかを更新履歴として示す。

コメントはコードではない、ということに注意しよう。実際には、この文法は少し簡略化されている。Statement のルールと実際に起きることを比較してみよう（たとえば、次節のコードをちらっとのぞいてみるとよい）。このコメントは calculate 関数のループのことを説明していない。このループは、プログラムの 1 回の実行で複数の計算を行えるようにするためのものだ。この問題については、「§7.8.1 変数と定義」で改めて取り上げる。

7.7 エラーからの回復

エラーが見つかったら終了するのはなぜだろうか。そのときは、それが単純でわかりきったことに思えたのだが、なぜだろうか。エラーメッセージを表示して実行を継続するだけではだめなのだろうか。結局のところ、小さな入力ミスは四六時中発生するし、計算をしないことにしたという意味でミスをするわけではない。そこで、エラーから回復できるか試してみることにしよう。基本的には、これは例外をキャッチし、後始末をしてから処理を続行しなければならないことを意味する。

ここまでは、すべてのエラーが例外として表され、main 関数で処理されている。エラーから回復したい場合は、calculate 関数で例外をキャッチし、次の式を評価する前に後始末をしなければならない。

```
void calculate()
{
    while (cin)
    try {
        cout << prompt;
        Token t = ts.get();
        while (t.kind == print) t=ts.get();    // まず、print をすべて破棄
        if (t.kind == quit) return;
        ts.putback(t);
        cout << result << expression() << '\n';
    }
```

```
        catch (exception& e) {
            cerr << e.what() << '\n';            // エラーメッセージを出力
            clean_up_mess();
        }
    }
```

whileループのブロックは、エラーメッセージを書き出して後始末をするtryブロックに置き換えられている。それが済んだら、通常どおりに処理を続行する。

「後始末」には何が含まれるのだろうか。エラーが処理された後に実行を再開できる状態にする、ということは、基本的には、すべてのデータが適切かつ予測可能な状態にする、ということだ。電卓プログラムでは、個々の関数の外側で管理するデータはToken_streamだけである。そこで、中断された計算に関するトークンが居座り、次の計算を混乱させることがないようにしなければならない。たとえば、以下の入力はエラーになる。

```
    1**2*3; 4+5;
```

2つ目の * によって例外が発生した後、2*3; 4+5 が Token_stream と cin のバッファーに残る。この場合の選択肢は2つある。

1. Token_stream からトークンをすべて削除する。
2. Token_stream から現在の計算に関するトークンをすべて削除する。

1つ目の選択肢では（4+5;も含めた）すべてのバッファーが削除されるのに対し、2つ目の選択肢では 2*3; だけが削除され、4+5 は評価対象として残される。どちらも妥当な選択肢だが、いずれにしてもユーザーを少々驚かすことになるだろう。また、どちらの実装も同じくらい単純である。今回はテストが容易になるよう、2つ目の選択肢を選んでみた。

したがって、セミコロン（;）を検出するまで入力を読み取る必要がある。それなら簡単だ。get 関数に読み取りを実行させれば、clean_up_mess 関数を以下のように記述できる。

```
    void clean_up_mess()    // 安易な実装
    {
        while (true) {      // print が見つかるまでスキップ
            Token t = ts.get();
            if (t.kind == print) return;
        }
    }
```

残念ながら、この方法はそれほどうまくいかない。なぜだろうか。以下の入力について考えてみよう。

> 1@z; 1+3;

@ により、制御は while ループの catch 句に進む。次に、clean_up_mess 関数が呼び出され、次のセミコロンが検索される。さらに、clean_up_mess 関数が get 関数を呼び出し、'z' を読み取る。それによって別のエラーが発生し（'z' はトークンではない）、制御が main 関数の catch(...) ハンドラーへ移動し、プログラムが終了する。これでは 1+3 を評価する機会が得られない。振り出しに戻ろう。

より複雑な try と catch を試してみることもできるが、基本的には、事態をさらに悪化させるだけである。エラーは処理するのが難しい。エラー処理の最中に発生するエラーはさらに始末に負えない。そこで、例外をスローすることはあり得ない Token_stream から文字をフラッシュする方法について考えてみよう。電卓に入力を渡す唯一の方法は get 関数であり、ここで苦労して発見したように、この関数は例外をスローする。したがって、新しい演算が必要だ。それを配置する場所としてふさわしいのは Token_stream である。

```
class Token_stream {
public:
    Token get();              // Token を取得
    void putback(Token t);    // Token を戻す
    void ignore(char c);      // c までの（c を含む）文字を破棄
private:
    bool full{false};         // バッファーに Token は含まれているか
    Token buffer;             // putback 関数から戻す Token をここで保管
};
```

この ignore 関数は、Token_stream のバッファーを調べる必要があることから、Token_stream のメンバーでなければならない。ここでは「調べるもの」を ignore 関数の引数にしている。結局のところ、電卓プログラムがエラーからの回復に使用するのにふさわしいと考える文字を Token_stream が知っている必要はない。引数が文字でなければならないと判断したのは、Token をあえて組み立てるのは避けたいからだ（実際に試してみて、どうなるかはわかった）。コードは以下のようになる。

```
void Token_stream::ignore(char c)  // c は Token の種類を表す
{
    // まずバッファーを調べる
    if (full && c==buffer.kind) {
        full = false;
        return;
    }
    full = false;

    // 次に入力を調べる
```

```
        char ch = 0;
        while (cin>>ch)
            if (ch==c) return;
    }
```

このコードでは、まずバッファーを調べている。バッファーに c が含まれている場合は、その c を削除すれば完了である。c が含まれていない場合は、c が見つかるまで cin から文字を読み込む必要がある。

これにより、`clean_up_mess` 関数は以下のように単純になる。

```
    void clean_up_mess()
    {
        ts.ignore(print);
    }
```

エラー処理において油断は禁物である。どのようなエラーが発生するのかを推測するのはきわめて難しいため、実験とテストを繰り返す必要がある。プログラムを安全なものにしようとするのは専門性の高い取り組みであり、素人が気にかけるようなことではない。品質のよいエラー処理こそ、プロの証しだ。

7.8 変数

スタイルとエラー処理に取り組んだところで、電卓プログラムの機能を改善する作業に戻ろう。今のところ、プログラムはかなり順調に動作している。どうしたら改善できるだろうか。電卓プログラムの最初の構想には、変数が含まれていた。変数があれば、長い計算をよりうまく表現できるようになる。同様に、関数電卓にあるような pi や e といった名前が付いた値が組み込まれていると、科学計算によさそうである。

変数と定数を追加することは、電卓プログラムへの大きな拡張であり、コードのほとんどの部分がその影響を受ける。もっともな理由や十分な時間がない状態で、この種の拡張に手を出してはならない。ここでは、コードをもう一度見直し、他のプログラミング手法をいくつか試してみるために、変数と定数を追加する。

7.8.1 変数と定義

変数と組み込み定数の両方の鍵となるのは、当然ながら、電卓プログラムで名前と値のペアを管理し、指定された名前の値にアクセスできるようにすることだ。`Variable` を以下のように定義したとしよう。

```
    class Variable {
    public:
        string name;
        double value;
```

    };

　name メンバーを使って Variable を識別し、value メンバーを使ってその name に対応する値を格納する。

　指定された name 文字列を持つ Variable を検索し、その値の取得や新しい値の割り当てを可能にするには、Variable をどのように格納すればよいだろうか。ここまで取り上げてきたプログラミングツールを思い返してみると、よい答えが 1 つだけ見つかる。それは、Variable 型の vector である。

```
vector<Variable> var_table;
```

　var_table には、Variable をいくつでも格納できる。また、vector の要素を順番に調べることで、指定された名前を見つけ出すこともできる。get_value 関数を記述してみよう。この関数は、指定された name 文字列を検索し、それに対応する value を返す。

```
double get_value(string s)   // s という名前の Variable の値を返す
{
    for (const Variable& v : var_table)
        if (v.name == s) return v.value;
    error("get: undefined variable ", s);
}
```

　コードは非常に単純だ。var_table に含まれている Variable を（最初から最後まで）順番に調べて、その name が引数文字列 s と一致するかどうかを確認する。一致する場合は、その value を返す。
　同様に、Variable に新しい value を割り当てるための set_value 関数も定義してみよう。

```
void set_value(string s, double d)   // s という名前の Variable に d を設定
{
    for (Variable& v : var_table)
        if (v.name == s) {
            v.value = d;
            return;
        }
    error("set: undefined variable ", s);
}
```

　これで、var_table に含まれた Variable として表される「変数」の読み書きが可能になった。var_table に新しい Variable を挿入するにはどうすればよいだろうか。電卓プログラムのユーザーが新しい変数を定義し、あとからその値を取得するには、何を記述する必要があるだろうか。C++ の表記が利用できるか検討してみよう。

```
double var = 7.2;
```

　これはうまくいくが、この電卓プログラムの変数はすべて double 型の値を保持するため、double を指定するのは冗長というものだ。以下のようなコードで済ませることは可能だろうか。

```
var = 7.2;
```

おそらく可能だが、新しい変数の宣言なのか、スペルミスなのか区別がつかなくなりそうだ。

```
var1 = 7.2;    // var1 という名前の新しい変数を定義
var1 = 3.2;    // var2 という名前の新しい変数を定義
```

おっと、var2 = 3.2; のつもりが（コメントを除けば）var1 になっていた。これでお茶を濁すこともできるが、C++ などの言語では宣言（および初期化）と代入とを区別するしきたりがある。double を使用することもできるが、電卓では短いもので済ませたいので、これもよく使用されるキーワードである let を選択することにしよう。

```
let var = 7.2;
```

文法は以下のようになるだろう。

```
Calculation:
    Statement
    Print
    Quit
    Calculation Statement

Statement:
    Declaration
    Expression

Declaration:
    "let" Name "=" Expression
```

Calculation は、この文法の新しい最上位仕様（ルール）である。この仕様は、電卓プログラムの 1 回の実行で複数の計算を実行できるようにするための（calculate 関数の）ループを表現している。式と宣言の処理は Statement ルールに任せる。文の処理は以下のようになる。

```
double statement()
{
    Token t = ts.get();
    switch (t.kind) {
    case let:
        return declaration();
    default:
        ts.putback(t);
        return expression();
```

        }
    }

これで、calculate 関数で expression 関数の代わりに statement 関数を使用できるようになった。

```
void calculate()
{
    while (cin)
    try {
        cout << prompt;
        Token t = ts.get();
        while (t.kind == print) t=ts.get();   // まず、print をすべて破棄
        if (t.kind == quit) return;           // 終了
        ts.putback(t);
        cout << result << statement() << '\n';
    }
    catch (exception& e) {
        cerr << e.what() << '\n';             // エラーメッセージを出力
        clean_up_mess();
    }
}
```

次に、declaration 関数を作成する必要がある。この関数では何をすればよいだろうか。let の後に Name、=、Expression が順番に続くようにする必要がある。文法ではそうなっている。name はどうすればよいだろうか。その name 文字列を持つ Variable と式の値を、var_table という名前の vector<Variable> に追加する必要がある。それが済んだら、get_value 関数を使って値を取得し、set_value 関数を使って値を変更できる。ただし、この関数を作成する前に、変数を 2 回定義したらどうなるかについて決めておかなければならない。

```
let v1 = 7;
let v1 = 8;
```

こうした再定義についてはエラーと見なすことにした。一般的には、それは単なるスペルミスである。おそらく次のように入力したつもりだったのだろう。

```
let v1 = 7;
let v2 = 8;
```

名前が var、値が val の Variable の定義は、論理的には以下の 2 つの部分で構成される。

1. var という名前の Variable がすでに var_table に存在するかどうかを確認する。
2. (var, val) を var_table に追加する。

変数は初期化されていなければ意味がない。論理的に区別されるこれら 2 つの処理を表す関数として、is_declared と define_name を定義した。

```cpp
bool is_declared(string var)
// var はすでに var_table に含まれているか
{
    for (const Variable& v : var_table)
        if (v.name == var) return true;
    return false;
}


double define_name(string var, double val)
// (var,val) を var_table に追加
{
    if (is_declared(var)) error(var," declared twice");
    var_table.push_back(Variable{var,val});
    return val;
}
```

新しい Variable を vector<Variable> に追加するのは簡単だ。これには、vector の push_back メンバー関数を使用する。

```cpp
var_table.push_back(Variable{var,val});
```

Variable{var,val} によって適切な Variable が作成され、続いて push_back 関数がこの Variable を var_table の最後に追加する。これを踏まえて、let トークンと name トークンを処理できると仮定すれば、declaration 関数を記述するのは簡単だ。

```cpp
double declaration()
// "let" が検出されていると前提する
// name = expression を処理する
// "name" という名前の変数を初期値 "expression" で宣言する
{
    Token t = ts.get();
    if (t.kind != name)
        error("name expected in declaration");
    string var_name = t.name;
```

```
        Token t2 = ts.get();
        if (t2.kind != '=')
            error("= missing in declaration of ", var_name);

        double d = expression();
        define_name(var_name,d);
        return d;
    }
```

新しい変数に格納された値が返されることに注目しよう。これは、式の初期化が自明ではない場合に役立つ。

```
    let v = d/(t2-t1);
```

この宣言により、v が定義され、かつその値が出力される。さらに、statement 関数はそれぞれ値を返すため、宣言された変数の値を出力すると、calculate 関数のコードが単純になる。コードは原則として単純に保つべきだが、特殊な状況ではコードが複雑になる傾向にある。

Variable を追跡するこのメカニズムは、よくシンボルテーブル（*symbol table*）と呼ばれる。これについては、標準ライブラリ map（§21.6.1）を利用すれば、非常に単純になる可能性がある。

7.8.2　名前の使用

首尾は整ったと言いたいところだが、残念ながら、あまりうまくいかない。今となっては、意外なことではないはずだ。最初からうまくいくことは（まず）ない。しかも、プログラムはまだ完成していないし、コンパイルされてもいない。'=' トークンはないが、Token_stream::get() に case を追加すれば、それを処理するのは簡単だ（§7.6.3）。しかし、let と name をトークンとして表現するにはどうすればよいだろうか。当然ながら、これらのトークンを認識するように get 関数を変更する必要がある。どのように変更すればよいだろうか。1 つの方法は以下のようなものだ。

```
    const char name = 'a';          // 名前トークン
    const char let = 'L';           // 宣言トークン
    const string declkey = "let";   // 宣言キーワード

    Token Token_stream::get()
    {
        if (full) {
            full=false;
            return buffer;
        }
```

```
        char ch;
        cin >> ch;
        switch (ch) {
        ...
        default:
            if (isalpha(ch)) {
                cin.putback(ch);
                string s;
                cin >> s;
                if (s == declkey) return Token{let};   // 宣言キーワード
                return Token{name,s};
            }
            error("Bad token");
        }
    }
```

まず、isalpha(ch) に注目しよう。この呼び出しは、「ch は文字かどうか」を確認する。isalpha 関数は標準ライブラリの一部であり、std_lib_facilities.h に含まれている。他の文字分類関数については、第 11 章の「§11.6 文字の分類」で説明する。名前を認識するロジックは、数字を認識するロジックと同じだ —— 正しい種類（この場合は文字）の最初の文字を見つけ出し、putback 関数を使ってそれを元に戻し、>> を使って名前全体を読み取る。

残念ながら、このコードはコンパイルされない。string を格納できる Token はないため、Token{name,s} はコンパイルエラーになる。この問題に対処するには、Token の定義を書き換え、string または double を保持するように変更しなければならない。また、イニシャライザーの 3 つの形式に対処する必要もある。

- kind のみ：Token'*' など。
- kind と数値：Tokennumber,4.321 など。
- kind と name：Tokenname,"pi" など。

この問題に対処するために、初期化関数を 4 つ追加する。これらはオブジェクトを作成（construct）するため、**コンストラクター**（*constructor*）と呼ばれる。

```
    class Token {
    public:
        char kind;
        double value;
        string name;
        Token( ) : kind{0} { }     // デフォルトコンストラクター、kind の指定がないときに
                                   //            使われる
        Token(char ch) :kind{ch} { }    // kind を ch で初期化
```

```
    Token(char ch, double val) :kind{ch}, value{val}
    { }   // kind と value を初期化
    Token(char ch, string n) :kind{ch}, name{n}
    { }   // kind と name を初期化
};
```

コンストラクターは初期化の制御と柔軟性を大きく向上させる。コンストラクターについては、第9章で詳しく見ていく（§9.4.2、§9.7）。

let トークンの表現として 'L' を選択し、キーワードとして文字列 let を選択している。当然ながら、s を比較する文字列 declkey を変更すれば、そのキーワードを double、var、'#'、またはその他のものに簡単に変更できるはずだ。

さらに、primary 関数に以下の case を追加しておく必要もある。

```
case name:
    return get_value(t.name);   // 変数の値を返す
```

ここで、プログラムを再び試してみよう。以下の入力では、完全にうまくいくことがわかる。

```
let x = 3.4;
let y = 2;
x + y * 2;
```

だが、以下の入力ではうまくいかない。

```
let x = 3.4;
let y = 2;
x+y*2;
```

この2つの入力の違いは何だろうか。何が起きるのか調べてみよう。

問題は、Name の定義がずさんだったことにある。文法で Name ルールを定義することすら「忘れている」（§7.8.1）。名前に使用できる文字は何だろうか。英字は当然として、数字はどうだろうか。1文字目でなければもちろん使用できる。アンダースコア（_）はどうだろうか。プラス記号（+）はどうだろうか。コードをもう一度見てみよう。最初の文字に続く文字を、>> を使って string に読み取っている。これはホワイトスペースが検出されるまですべての文字を受け入れる。したがって、たとえば x+y*2; は1つの名前であり、最後のセミコロンまでが名前の一部として読み込まれる。それは意図に反しており、このままにしておくわけにはいかない。

代わりに何をすればよいだろうか。まず、名前をどのようなものにしたいのかを正確に指定しなければならない。次に、それに合わせて get 関数を変更しなければならない。ここでは、名前の仕様を「英字で始まり、以降は英数字の組み合わせになっているもの」と定義する。この定義からすると、以下の5つは名前であり、

```
a
ab
a1
Z12
asdsddsfdfdasfdsa434RTHTD12345dfdsa8fsd888fadsf
```

以下の 5 つは名前ではない。

```
1a
as_s
#
as*
a car
```

アンダースコアを除けば、これは C++ のルールである。これを get 関数の default ケースとして実装してみよう。

```
default:
    if (isalpha(ch)) {
        string s;
        s += ch;
        while (cin.get(ch) && (isalpha(ch) || isdigit(ch))) s+=ch;
        cin.putback(ch);
        if (s == declkey) return Token{let};   // 宣言キーワード
        return Token{name,s};
    }
    error("Bad token");
```

string s に直接読み取るのでなく、文字を読み取り、それが英字または数字である限り s に格納している。s+=ch 文は、文字 ch を文字列 s の最後に追加する。以下の興味をそそる文は、

```
while (cin.get(ch) && (isalpha(ch) || isdigit(ch))) s+=ch;
```

(cin のメンバー関数 get を使って) 文字を ch に読み取り、それが英字または数字であるかどうかを確認する。英字または数字である場合は、ch を s に追加し、再び読み取りを行う。get メンバー関数は、デフォルトではホワイトスペースをスキップしないことを除けば、>> と同じように動作する。

7.8.3　定義済みの名前

名前の準備が整ったところで、一般的な名前をあらかじめ定義しておくことができる。たとえば、電卓プログラムが科学計算に使用される場面を想像すると、pi と e が思い浮かぶ。それらはコードのどこで定義されるのだろうか。main 関数では calculate 関数呼び出しの前、calculate 関数ではループの前で定義する。それらの定義はどの計算の一部でもないため、ここではそれらを main 関数に配置する。

```
int main()
try {
    // 名前を事前に定義
    define_name("pi",3.1415926535);
    define_name("e",2.7182818284);

    calculate();

    keep_window_open();   // Windows のコンソールモードに対処
    return 0;
}
catch (exception& e) {
    cerr << e.what() << '\n';
    keep_window_open("~~");
    return 1;
}
catch (...) {
    cerr << "exception \n";
    keep_window_open("~~");
    return 2;
}
```

7.8.4　完成はまだ?

まだである。変更の数が多いため、すべてをもう一度テストして、コードを整理し、コメントを見直す必要がある。また、さらに定義を行うことも可能である。たとえば、代入演算子を提供することを「忘れていた」(練習問題 2)。代入を使用する場合は、変数と定数を区別したほうがよいだろう (練習問題 3)。

最初は、電卓で名前付きの変数を使用することをあきらめた。それらを実装するコードを振り返ってみて、以下の 2 つの反応が考えられる。

1. 変数の実装はそれほど悪くなかった。30 行ほどのコードで済んだ。

2. 変数の実装は大きな拡張だった。ほぼすべての関数がその影響を受け、まったく新しい概念が電卓に追加された。電卓のサイズが 45% も増えたが、それでも代入は実装されていない。

かなり複雑な最初のプログラムに対する反応としては、2つ目の反応は正しい。何しろ、プログラムのサイズと複雑さが 50% も増えるような提案である。この提案を受け入れざるを得ないとしたら、元のプログラムに基づいて新しいプログラムを作成するようなものであり、そのつもりで取り組むべきである。特に電卓プログラムで行ったように、プログラムを段階的に構築し、それを各段階でテストできる場合は、プログラム全体を一度に構築するよりも、そのほうがずっと賢明である。

■ ドリル

1. calculator08buggy.cpp ファイル[*1] に含まれている電卓プログラムをコンパイルする。
2. 電卓プログラム全体を見直し、適切なコメントを追加する。
3. コメントを追加していて気づいたエラーを修正する。それらは読者に見つけさせるためにわざと追加してあったエラーであり、本文では示されていない。
4. 一連の入力を準備し、それらを使って電卓プログラムをテストする。コードの完成度は高いだろうか。何を探せばよいだろうか。負の値、0、非常に小さい入力、非常に大きい入力、「ばかげた」入力を試してみる。
5. テストを実行し、コメントを追加したときには見逃していたバグを修正する。
6. 1000 を意味する k という名前を事前に定義する。
7. 平方根関数 sqrt を追加する。この関数は sqrt(2+6.7) のように使用する。sqrt(x) の値は x の平方根であり、sqrt(9) は 3 である。std_lib_facilities.h に含まれている標準ライブラリ関数 sqrt を使用する。文法を含め、コメントを更新するのを忘れないようにする。
8. 負の数字の平方根の計算を求められた場合は、適切なエラーメッセージを出力する。
9. pow(x,i) を、「x を i 回掛ける」という意味で使用できるようにする。たとえば pow(2.5,3) は 2.5*2.5*2.5 である。% で用いた手法に基づき、i が整数であることを要求する。
10. 「宣言キーワード」を let から # に変更する。
11. 「終了キーワード」を q から exit に変更する。そのためには、quit に対する文字列を定義する必要がある (§7.8.2)。

■ 復習

1. プログラムの最初のバージョンが動作した後も作業を続ける目的は何か。理由をいくつかあげる。
2. 電卓プログラムに入力された 1+2; q がエラーになった後、電卓プログラムが終了しないのはなぜか。
3. number という名前の定数文字を作成したのはなぜか。
4. 本章では main 関数を 2 つの関数に分割した。新しい関数は何を行うか。また、main 関数を分割したのはなぜか。
5. コードを複数の関数に分割するのはなぜか。その原理はどのようなものか。
6. コメントを追加する目的は何か。それはどのように行うべきか。
7. narrow_cast は何を行うか。
8. シンボル定数はどのような目的に使用するか。
9. コードのレイアウトに配慮するのはなぜか。
10. 浮動小数点数の %(剰余)はどのように処理するか。
11. is_declared 関数は何を行い、どのような仕組みで動作するか。
12. let の入力表現は複数の文字である。変更されたコードでは、それは 1 つのトークンとしてどのように受け入れられるか。

[*1] http://www.stroustrup.com/Programming/calculator08buggy.cpp

13. 電卓プログラムで使用できる名前と使用できない名前の基準は何か。
14. プログラムを徐々に構築していくのがよい考えなのはなぜか。
15. テストはいつ開始するか。
16. 再テストはいつ行うか。
17. 別の関数にすべきものを判断するにはどうすればよいか。
18. 変数や関数の名前はどのように選択すればよいか。理由をいくつかあげる。
19. コメントを追加するのはなぜか。
20. コメントに含めるべきものと含めるべきでないものは何か。
21. プログラムが完成したと見なされるのはいつか。

■　用語

足場（scaffolding）
エラー処理（error handling）
回復（recovery）
更新履歴（revision history）
コードレイアウト（code layout）

コメント（comment）
シンボル定数（symbolic constant）
テスト（testing）
メンテナンス（maintenance）

■　練習問題

1. 電卓プログラムの変数名でアンダースコアを使用できるようにする。
2. 代入演算子 = を追加し、`let` を使って変数を宣言した後に、その値を変更できるようにする。これがなぜ便利なのか、そしてどのような場合に問題の原因になるかについて話し合う。
3. 実際に値を変更できない名前付き定数を追加する。ヒント：定数と変数を区別するメンバーを `Variable` に追加し、それを `set_value` 関数でチェックする必要がある。単に pi と e を定数として定義するのではなく、ユーザーが定数を定義できるようにしたい場合は、ユーザーがそれを表現するための `const pi = 3.14;` のような表記を追加する必要がある。
4. `get_value`、`set_value`、`is_declared`、`define_name` の 4 つの関数はすべて変数 `var_table` を操作する。`Symbol_table` という名前のクラスを定義し、`vector<Variable>` 型のメンバー `var_table` と、メンバー関数 `get`、`set`、`is_declared`、`declare` を追加する。そして、`Symbol_table` 型の変数を使用するように電卓プログラムを書き換える。
5. 改行が検出されたら `Token(print)` を返すように `Token_stream::get()` を変更する。これは、ホワイトスペース文字を探して、改行（'\n'）を特別に処理することを意味する。ch がホワイトスペース文字である場合に `true` を返す標準ライブラリ関数 `isspace(ch)` が役に立つかもしれない。
6. どのプログラムでも、ユーザーを手助けする何らかの方法を提供すべきである。そこで、ユーザーが H キー（大文字と小文字の両方）を押したら、電卓プログラムの使用法に関する説明を表示する。
7. q コマンドを quit、h コマンドを help に変更する。

8. 「§7.6.4 コメント」の文法は不完全である（そこでは、コメントへの過度の依存について警告した）。この文法は 4+4; 5-6; といった文の連続を定義しておらず、「§7.8 変数」で簡単に説明した文法への変更点を組み込んでいない。この文法を修正する。また、そのコメントに必要であると感じるものを、電卓プログラムの最初のコメントおよびその全体的なコメントとして追加する。
9. 電卓プログラムに対する（本章で言及していない）改良点を 3 つ提案し、そのうちの 1 つを実装する。
10. 電卓プログラムを書き換え、`int` 型（のみを）操作するように変更する。オーバーフローとアンダーフロー[*2] をエラーとして処理する。ヒント：`narrow_cast`（§7.5）を使用する。
11. 第 4 章または第 5 章の練習問題で記述した 2 つのプログラムを見直す。本章で説明したルールに従い、そのコードを整理する。その仮定でバグが見つかるかどうかを確認する。

■ 追記

偶然にも、ここではコンパイラーの動作の仕組みを示す単純な例を見てきた。電卓プログラムは入力をトークンに分解し、文法に従って解釈する。これはまさにコンパイラーが行うことだ。コンパイラーは入力を分析した後、あとから実行できる表現（オブジェクトコード）を生成する。一方、電卓プログラムは分析した式を直ちに実行する。このようなプログラムのことを、コンパイラーではなく「インタープリタ」と呼ぶ。

[*2] 訳注：オーバーフローは演算の結果が数値の上限を超えてしまうことを意味する。アンダーフローは演算の結果が 0 に限りなく近い小さな値になり、精度を保てなくなることを意味する。

第8章
プログラミング言語の機能：関数、その他

> どれほどの天才であっても、
> 細部への執着に打ち勝つことはできない。
> ── 言い伝え

本章および次章では、焦点をプログラミングからプログラミングの主なツールであるC++プログラミング言語へ移す。C++の基本的な機能を少し俯瞰的に捉え、そうした機能をより体系的に示すために、言語の技術的な詳細に取り組む。これらの章では、ここまでに示したプログラミング表記の多くを復習し、新しいプログラミング手法や概念を加えずにツールを調べる機会も得られる。

- 8.1 プログラミング言語の機能
- 8.2 宣言と定義
    - 8.2.1 宣言の種類
    - 8.2.2 変数と定数の宣言
    - 8.2.3 デフォルト初期化
- 8.3 ヘッダーファイル
- 8.4 スコープ
- 8.5 関数の呼び出しと制御の戻し
    - 8.5.1 引数と戻り値の型の宣言
    - 8.5.2 戻り値
    - 8.5.3 値渡し
    - 8.5.4 const 参照渡し
    - 8.5.5 参照渡し
    - 8.5.6 値渡しと参照渡し
    - 8.5.7 引数の確認と変換
    - 8.5.8 関数呼び出しの実装
    - 8.5.9 constexpr 関数
- 8.6 評価の順序
    - 8.6.1 式の評価
    - 8.6.2 グローバル変数の初期化
- 8.7 名前空間
    - 8.7.1 using 宣言と using ディレクティブ

第 8 章　プログラミング言語の機能：関数、その他

8.1　プログラミング言語の機能

　選択の余地があるなら、プログラミング言語の機能について説明するよりも、プログラミングについて話していたい気分だ。つまり、アイデアをコードで表現する方法のほうが、そうしたアイデアを表現するために使用するプログラミング言語の詳細よりもずっと興味深いものに思える。自然言語にたとえるなら、英語の文法や語彙について勉強するよりも、すばらしい小説のプロットやそれらを表現する方法について話すほうが盛り上がる。重要なのは、アイデアとそれらのアイデアをコードで表現する方法であって、言語の個々の機能ではない。

　ただし、常に選択肢が与えられるわけではない。プログラミング言語はいわば**外国語**なので、その**文法と語彙**を調べる必要がある。それが本章と次章のテーマだが、以下の3つの点を忘れないようにしよう。

- 本来の学習目的はプログラミングである。
- 成果はプログラムやシステムである。
- プログラミング言語は（単なる）ツールである。

　これを忘れないようにするのは意外に難しいようだ。多くのプログラマーは、言語の構文やセマンティクスの見るからにささいな点に夢中になってしまう。特に、最初に使ったプログラミング言語での作法が「唯一の正しい作法」であると信じきっている人があまりにも多い。そうしたわなに引っかからないようにしよう。C++はいろいろな意味で非常に優れた言語だが、完璧ではない。それは他のプログラミング言語も同じだ。

　設計やプログラミングに関するほとんどの概念は普遍的なものであり、よく知られているプログラミング言語によって広くサポートされている。つまり、ちゃんとしたプログラミングの授業で教わる基本的な原理や手法は、どの言語でも通用する。それが簡単かどうかはともかく、すべての言語に当てはめることができる。一方で、言語の技法は特定の言語に固有のものである。幸い、プログラミング言語は外部との接触を絶った状態で開発されるわけではないため、ここで説明する内容の多くは、他の言語でも「あれのことだな」とわかるものだ。特に、C++はC（第27章）、Java、C#言語のグループに属しているため、これらの言語と共通する機能がかなりある。

　言語の技法について説明するときには、f、g、X、yといった特徴のない名前をわざと使用している。これは、サンプルの技術的な性質を強調し、サンプルを短く保ち、言語の技法と純粋なプログラムロジックとが混ざり合って読者を混乱させることがないようにするためだ。特徴のない名前（実際のコードでは決して使用すべきでない名前）を目にしたら、コードを読むときに言語の技法に焦点を合わせるようにしよう。サンプルにはたいてい、言語のルールを示すことだけを目的としたコードが含まれている。それらをコンパイルして実行すると、「変数が使用されない」ことを示す警告がいくつも生成される。また、そうした技法を示すためのサンプルには、何か意味のある動作をするコードはほとんど含まれていない。

　ここで説明する内容は、C++の構文やセマンティクス、あるいは本書で説明する機能にとっても完全なものではない。ISO C++規格は1,300ページにおよぶ濃密な技術仕様を定めた文献である。そしてBjarne Stroustrup著 *The C++ Programming Language* [*1] は、経験豊富なプログラマーを対象と

[*1] 『プログラミング言語C++ 第4版』、柴田望洋 訳、SBクリエイティブ、2015 年

した 1,000 ページを超える大著である。どちらも C++ 言語とその標準ライブラリをカバーしている。本書では、完全性や包括性においてそれらと張り合うつもりはなく、理解しやすさと読む価値の大きさに的を絞っている。

8.2 宣言と定義

宣言（*declaration*）は、名前をスコープ（§8.4）に入れるための文である。

- 変数や関数など、名前が付いているものの型を指定する。
- 必要に応じて、初期値、関数本体などのイニシャライザーを指定する。

例を見てみよう。

```
int a = 7;              // int 型の変数
const double cd = 8.7;  // double 型の定数
double sqrt(double);    // double 型の引数を受け取り、
                        // double 型の結果を返す関数
vector<Token> v;        // Token 型の要素を持つ vector 変数
```

C++ プログラムでは、名前は宣言してからでなければ使用できない。

```
int main()
{
    cout << f(i) << '\n';
}
```

このコードでは、コンパイル時に「宣言されていない識別子」エラーが少なくとも 3 つ生成される。cout、f、i は、このプログラムのどこにも宣言されていない。cout を宣言された状態にするには、その宣言が含まれたヘッダー std_lib_facilities.h をインクルードすればよい。

```
#include "std_lib_facilities.h"   // cout の宣言はここで見つかる

int main()
{
    cout << f(i) << '\n';
}
```

これで「未定義」エラーは 2 つになった。実際のプログラムを記述するときには、ほとんどの宣言がヘッダーに含まれていることに気づくだろう。ヘッダーは「別の場所」で定義された便利な機能へのインターフェイスを定義する場所だ。基本的には、宣言は何をどのように使用できるかを定義する。つまり、関数、変数、またはクラスのインターフェイスを定義する。宣言をこのように使用することには、明白であるものの表に出ない利点が 1 つある。それは、cout とその << 演算子の定義の詳細を調べる必要がなかったことだ。ここでは、それらの宣言をインクルード（#include）しただけであり、それ

らの宣言を調べる必要すらなかった。ガイドブック、マニュアル、サンプルコード、またはその他の情報源から、`cout` をどのように使用すればよいかを知っていたからだ。コンパイラーは、このコードを「理解」するために必要な宣言をヘッダーから読み取る。

ただし、`f` と `i` はやはり宣言する必要がある。これは以下のように行うことができる。

```
#include "std_lib_facilities.h"   // cout の宣言はここで見つかる

int f(int);                       // f の宣言
int main()
{
    int i = 7;                    // i の宣言
    cout << f(i) << '\n';
}
```

これですべての名前が宣言されたのでコンパイルは通るが、`f` 関数を定義していないのでリンクは通らない。つまり、`f` 関数が実際に何を行うのかがどこにも指定されていない。宣言された要素を（さらに）完全に指定する宣言がある。これは**定義**（*definition*）と呼ばれる。

```
int a = 7;
vector<double> v;
double sqrt(double d) { /* ... */ }
```

定義はどれも ― 定義上は☺ ― 宣言でもあるが、定義でもある宣言はごく一部である。定義ではない宣言をいくつか見てみよう。宣言している要素が使用される場合は、コードのどこかにある定義と一致していなければならない。

```
double sqrt(double);    // 関数の本体がない
extern int a;           //「イニシャライザーなしの extern」は定義ではない
```

定義と宣言を対比させる場合、本書では、「定義ではない宣言」という意味で**宣言**を使用する。用語としては少し問題があるものの、これが慣例となっている。

定義は、名前が指しているものを正確に指定する。特に、変数の定義では、その変数に対してメモリーが確保される。よって、何かを2回定義することはできない。

```
double sqrt(double d) { /* ... */ }    // 定義
double sqrt(double d) { /* ... */ }    // エラー: 二重の定義

int a;                                  // 定義
int a;                                  // エラー: 二重の定義
```

対照的に、定義ではない宣言は、名前を使用する方法を指定するだけである。それは単なるインターフェイスであり、メモリーを確保することも、関数の本体を指定することもない。よって、その方法に一貫性があれば、何かをいくつ宣言してもよい。

8.2 宣言と定義

```
int x = 7;                              // 定義
extern int x;                           // 宣言
extern int x;                           // 別の宣言

double sqrt(double);                    // 宣言
double sqrt(double d) { /* ... */ }     // 定義
double sqrt(double);                    // sqrt のもう 1 つの宣言
double sqrt(double);                    // sqrt のさらにもう 1 つの宣言

int sqrt(double);                       // エラー: sqrt の宣言が矛盾している
```

最後の宣言がエラーになるのはなぜだろうか。なぜなら、引数が同じで（double）、戻り値だけが異なる（int と double）、同じ名前の関数を 2 つ以上定義することはできないからだ。

x の 2 つ目の宣言で使用されている extern キーワードは、x のこの宣言が定義ではないことを示している。これはそれほど有益ではない。extern キーワードを使用することはお勧めしないが、他の誰かが書いたコード、特にグローバル変数だらけのコードで目にすることがあるだろう（§8.4、§8.6.2）。

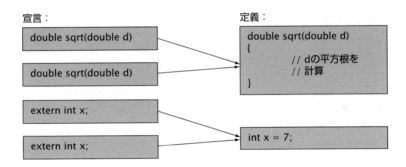

C++ が宣言と定義を両方とも提供しているのはなぜだろうか。宣言と定義の区別は、何かを使用するために必要なもの（インターフェイス）と、その何かが行うはずのことを行うために必要なもの（実装）との根本的な違いを反映している。変数の場合、宣言は型を提供するが、オブジェクト（メモリー）を提供するのは定義だけである。関数の場合、宣言は型（引数の型と戻り値の型）を提供するが、関数の本体（実行可能な文）を提供するのは定義だけである。関数の本体はプログラムの一部としてメモリーに格納されるため、「関数の定義と変数の定義はメモリーを消費するが、宣言はメモリーを消費しない」と言ってよいだろう。

宣言と定義が区別されることを利用して、プログラムを複数の部品に分解し、個別にコンパイルすることが可能である。宣言を利用すれば、プログラムの各部品が他の部品の定義を知らなくてもプログラムの残りの部分を把握できるようになる。（1 つの定義を含む）すべての宣言が一貫したものでなければならないため、プログラム全体にわたって名前は一貫した方法で使用される。これについては、「§8.3 ヘッダーファイル」で詳しく説明する。第 6 章で説明した式パーサーを思い出してみよう。expression 関数は term 関数を呼び出し、term 関数は primary 関数を呼び出し、primary 関数は expression 関数を呼び出す。C++ プログラムでは、すべての名前を宣言してから使用しなければならないため、これら 3 つの関数を単に定義するわけにはいかない。

```
double expression();    // ただの宣言であって、定義ではない

double primary()
{
    ...
    expression();
    ...
}

double term()
{
    ...
    primary();
    ...
}

double expression()
{
    ...
    term();
    ...
}
```

　これら4つの関数は好きな順に並べることができるが、その下で定義される関数への呼び出しが必ず存在するはずである。どこかに「先行宣言」が必要だ。primary 関数の定義の前に expression 関数を宣言したのはそのためであり、それですべてうまくいく。こうした循環呼び出しパターンは非常によく用いられる。

　名前を使用する前に宣言しなければならないのはなぜだろうか。言語の実装にプログラムを読み取らせ、定義を検索させて、関数を呼び出す方法を確認させるわけにはいかないのだろうか。不可能ではないが、「とんでもない」技術問題に発展するため、私たちはそうしないことに決めた。C++ の定義を使用するには、宣言が必要である — ただし、クラスのメンバーを除く（§9.4.4）。いずれにしても、これは通常の（プログラム以外の）文章ではすでに慣例となっている。ガイドブックを読むときには、著者が用語を定義してから使用するだろうと期待する。そうでなければ、そのたびに推測するか、索引を引くはめになる。「使用する前に宣言する」ルールにより、人にとってもコンパイラーにとってもプログラムが読みやすくなる。プログラムでは、「使用する前に宣言する」ルールが重要となる理由がもう1つある。数千行、あるいは数十万行ものプログラムでは、呼び出したい関数のほとんどは「別の場所」で定義されている。その「別の場所」は、たいてい私たちにとって興味のない場所だ。使用するものの宣言さえ知っていれば、私たち（とコンパイラー）は膨大な量のプログラムテキストを調べずに済む。

8.2.1 宣言の種類

プログラマーが C++ で定義できるエンティティ（要素）の種類はさまざまである。最も興味深いものは以下のとおり。

- 変数
- 定数
- 関数（§8.5）
- 名前空間（§8.7）
- 型：クラスと列挙（第 9 章）
- テンプレート（第 19 章）

8.2.2 変数と定数の宣言

変数または定数の宣言では、名前と型を指定することに加え、必要に応じてイニシャライザーを指定する。

```
int a;                      // イニシャライザーなし
double d = 7;               // = 構文を使用するイニシャライザー
vector<int> vi(10);         // () 構文を使用するイニシャライザー
vector<int> vi2 {1,2,3,4};  // {} 構文を使用するイニシャライザー
```

なお、完全な文法は ISO C++ 規格で定義されている。

定数の宣言構文は変数と同じである。違いは、型の一部として const が含まれていることと、イニシャライザーが必要なことだ。

```
const int x = 7;    // = 構文を使用するイニシャライザー
const int x2{9};    // {} 構文を使用するイニシャライザー
const int y;        // エラー：イニシャライザーがない
```

const に対してイニシャライザーが必要な理由は明白だ。値を持たないとしたら、const ははたして定数だろうか。ほとんどの場合は、変数を初期化するのもよい考えである。初期化されていない変数は、そう簡単には見つからないバグの原因となる。たとえば以下のコードは一見無害に思える。

```
void f(int z)
{
    int x;   // 初期化されていない
    // ... ここでは x への代入を行わない ...
    x = 7;   // x に値を代入
    // ...
}
```

だが、最初の // ... で x を使用していた場合はどうなるだろうか。

```
void f(int z)
{
    int x;   // 初期化されていない
    // ... ここでは x への代入を行わない ...
    if (z>x) {
        // ...
    }
    // ...
    x = 7;   // x に値を代入
    // ...
}
```

x は初期化されていないため、z>x を実行したときの振る舞いは未定義となる。比較 z>x の結果はコンピューターごとに異なる。また、同じコンピューター上でプログラムを実行するたびに異なる可能性もある。原則としては、z>x はプログラムをハードウェアエラーで終了させることになっているが、ほとんどの場合はそうならない。どのような結果になるかは予測がつかない。

故意にそうすることはないとしても、変数の初期化に一貫性がなければ、いつか間違いを犯すことは目に見えている。初期化されていない変数を代入しないうちに使用するといった「つまらないミス」のほとんどは、忙しいときや疲れているときに起きることを覚えておこう。コンパイラーは警告しようとするが、そうしたエラーが最も発生しやすい複雑なコードで、そうしたエラーをすべて捕捉できるほど利口ではない。変数を初期化する習慣が身についていない人は、たいてい、初期化を一貫して行えるような仕組みを持たない言語や、そうしたことを奨励していない言語でプログラミングを学んでいる。それなら、他人のコードは反面教師になるだろう。自分で定義した変数の初期化を忘れて、問題を増やさないように注意しよう。

本書では、{} イニシャライザー構文を優先的に使用することにしている。これは最も一般的な構文であり、「イニシャライザー」が最も明示的に表現される。つい = を使ってしまうような非常に単純な初期化や、vector（§17.4.4）の要素の個数を指定するために () を使用する場合を除いて、本書では {} 構文を使用している。

8.2.3　デフォルト初期化

string や vector ではたいていイニシャライザーが指定されていないことに気づいただろうか。

```
vector<string> v;
string s;
while (cin>>s) v.push_back(s);
```

これは決して、「変数を使用する前に初期化しなければならない」というルールの例外ではない。string と vector は、イニシャライザーが明示的に指定されなければ、それらの型の変数がデフォルト値で初期化されるように定義されている。したがって、ループに差しかかるまでは、v は空であり

（要素はない）、s は空の文字列（""）である。デフォルト値での初期化を保証するためのメカニズムは、**デフォルトコンストラクター**（*default constructor*）と呼ばれる（§9.7.3）。

C++ では残念ながら、組み込み型についてはそうした保証はない。グローバル変数（§8.4）はデフォルトで 0 に初期化されるが、グローバル値の使用は最小限に抑えるべきである。最も便利な変数であるローカル変数とクラスメンバーは、イニシャライザー（またはデフォルトコンストラクター）が指定されるまで初期化されないことを覚えておこう。

8.3 ヘッダーファイル

宣言と定義はどのように管理するのだろうか。それらは一貫した状態に保たなければならないわけだが、現実のプログラムでは、宣言が数万個もあるかもしれない。宣言が数十万個も含まれているプログラムも珍しくない。一般に、プログラムを記述するときに使用する宣言のほとんどは、自分で書いたものではない。たとえば、`cout` と `sqrt` 関数の実装は、ずいぶん前に誰かが書いたものである。プログラマーはそれらを使用するだけだ。

「どこか別の場所」で定義された機能に対する宣言を管理するための鍵は、ヘッダーである。基本的には、**ヘッダー**（*header*）は宣言を集めたものであり、通常はファイルとして定義されるため、**ヘッダーファイル**（*header file*）とも呼ばれる。それらのヘッダーは、ソースファイルにインクルード（`#include`）される。たとえば、電卓プログラム（第 6 章、第 7 章）のソースコードの構成を見直し、トークンの管理を別にすることにしたとしよう。この場合は、`token.h` ヘッダーファイルを定義できる。このファイルには、`Token` と `Token_stream` を使用するために必要な宣言が含まれている。

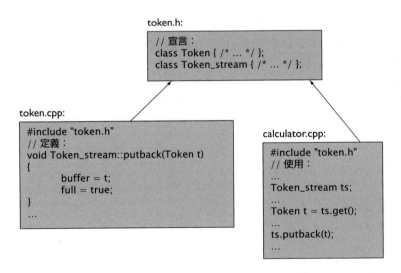

`Token` と `Token_stream` の宣言はヘッダー `token.h` に含まれており、それらの定義は `token.cpp` に含まれている。`.h` は C++ のヘッダーにとって最も一般的な拡張子であり、`.cpp` は C++ のソースファイルにとって最も一般的な拡張子である。実際には、C++ 言語はファイルの拡張子にうるさくないが、一部のコンパイラーとほとんどのプログラム開発環境は拡張子にうるさいため、ソースコードではこの規約を使用するようにしよう。

第8章　プログラミング言語の機能：関数、その他

原理としては、`#include "file.h"` は file.h に含まれている宣言を `#include` がある場所にコピーする。たとえば、ヘッダー f.h を作成し、

```
// ファイル: f.h
int f(int);
```

それを user.cpp ファイルにインクルードしたとしよう。

```
// ファイル: user.cpp
#include "f.h"
int g(int i)
{
    return f(i);
}
```

user.cpp をコンパイルすると、コンパイラーが `#include` を実行し、コンパイルする。

```
int f(int);
int g(int i)
{
    return f(i);
}
```

`#include` は、論理的には、コンパイラーのどの作業よりも先に処理される。`#include` は前処理またはプリプロセッシング（*preprocessing*）と呼ばれるものの一部である（§A.17）。

整合性のチェックを容易にするには、ヘッダー内の宣言を使用するソースファイルと、それらの宣言の定義を提供するソースファイルの両方で、ヘッダーを `#include` する。そうすると、コンパイルのできるだけ早い段階でエラーが捕捉されるようになる。たとえば、Token_stream::putback() の実装が間違っているとしよう。

```
Token Token_stream::putback(Token t)
{
    buffer.push_back(t);
    return t;
}
```

これは間違っているようには見えないが、コンパイラーが（`#include` された）Token_stream::putback() の宣言を調べて、間違いを発見する。コンパイラーは、その宣言をコードの宣言と比較して、putback 関数が Token を返してはならないことと、buffer が vector<Token> ではなく Token であることを突き止める。したがって、push_back 関数を使用することはできない。こうした誤りが発生するのは、コードを改善しようとしてプログラムを変更しているうちに一貫性が失われてしまった場合だ。

同様に、以下の間違いについても考えてみよう。

```
Token t = ts.gett();    // エラー: gett というメンバーは存在しない
...
ts.putback();           // エラー: 引数がない
```

これはすぐにコンパイルエラーになるはずだ。調査に必要な情報はすべて、ヘッダー token.h に含まれている。

本書の std_lib_facilities.h ヘッダーには、cout、vector、sqrt 関数など、本書で使用している標準ライブラリの機能に対する宣言と、error 関数など、標準ライブラリの一部ではない単純なユーティリティ関数がいくつか含まれている。

一般に、ヘッダーは多くのソースファイルでインクルードされる。つまり、ヘッダーに含まれている宣言は、関数宣言、クラス定義、数値定数の定義を含め、複数のファイルで重複していても問題のない宣言でなければならない。

8.4 スコープ

スコープ（*scope*）とは、プログラムテキストの範囲のことだ。名前はスコープ内で宣言され、その宣言からそのスコープの終わりまで有効となる。これを「スコープ内である」と表現する。

```
void f()
{
    g();        // エラー: g() は（まだ）スコープ内ではない
}

void g()
{
    f();        // OK: f() はスコープ内である
}

void h()
{
    int x = y;  // エラー: y は（まだ）スコープ内ではない
    int y = x;  // OK: x はスコープ内である
    g();        // OK: g() はスコープ内である
}
```

スコープ内の名前は、そこに入れ子になっているスコープの中から参照できる。たとえば f 関数の呼び出しは、グローバルスコープに「入れ子」になっている g 関数のスコープ内にある。グローバルスコープは、他のどのスコープにも属さないスコープである。「名前を使用する前に宣言しなければならない」というルールは依然として有効であるため、f 関数から g 関数を呼び出すことはできない。

名前を使用できる場所を制御するために、スコープは何種類かに分かれている。

- グローバルスコープ（*global scope*）
  他のすべてのスコープの外側にあるテキスト領域。
- 名前空間スコープ（*namespace scope*）
  指定された名前のスコープがグローバルスコープまたは別の名前空間に入れ子になっている（§8.7）。
- クラススコープ（*class scope*）
  クラスの内側のテキスト領域（§9.2）。
- ローカルスコープ（*local scope*）
  ブロックの中かっこ（{...}）の内側、または関数の引数リストの中。
- 文スコープ（*statement scope*）
  for 文の内側など。

スコープの主な目的は、名前の局所性を維持し、別の場所で宣言された名前に影響を与えないようにすることだ。

```
void f(int x)       // f はグローバル、x は f に対してローカル
{
    int z = x+7;    // z はローカル
}

int g(int x)        // g はグローバル、x は g に対してローカル
{
    int f = x+2;    // f はローカル
    return 2*f;
}
```

これを図解すると、以下のようになる。

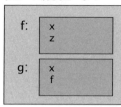

この場合、f 関数の x は、g 関数の x とは異なる。これらが「衝突」しないのは、同じスコープに属していないためだ。f 関数の x は f に対してローカルであり、g 関数の x は g に対してローカルである。同じスコープ内に互換性のない2つの宣言があることを、よく**衝突**（*clash*）と呼ぶ。同様に、g 関数で宣言され、使用されている f は、（明らかに）関数 f ではない。

論理的には同じことだが、より現実的なローカルスコープの使用例を見てみよう。

```
    int max(int a, int b)    // max はグローバル、a と b はローカル
    {
        return (a>=b) ? a : b;
    }

    int abs(int a)           // max 関数の a ではない
    {
        return (a<0) ? -a : a;
    }
```

max 関数と abs 関数は標準ライブラリに含まれているため、それらを自分で記述する必要はない。?: 構文は、**算術 if 文**（*arithmetic if*）または**条件式**（*conditional expression*）と呼ばれるものだ。(a>=b)?a:b の値は、a>=b の場合は a、そうでない場合は b である。条件式を利用すれば、以下のような冗長なコードを書かずに済む。

```
    int max(int a, int b)    // max はグローバル、a と b はローカル
    {
        int m;               // m はローカル
        if (a>=b)
            m = a;
        else
            m = b;
        return m;
    }
```

このように、グローバルスコープ以外のスコープでは、名前の局所性が保たれる。ほとんどの目的からすると、局所性はよいことなので、名前はできるだけローカルに保つようにしよう。筆者が関数、クラス、名前空間などで宣言する変数や関数は、読者が宣言する名前に影響を与えない。実際のプログラムには、名前の付いた要素が数え切れないほど含まれていることを思い出そう。そうしたプログラムを管理しやすい状態に保つには、ほとんどの名前をローカルにする必要がある。

少し大きな例を見てみよう。以下のコードは、文およびブロック（関数本体を含む）の終わりで名前がスコープを抜けることを示している。

```
    // この時点では r、i、v は存在しない
    class My_vector {
        vector<int> v;    // v はクラススコープ
    public:
        int largest()
        {
            int r = 0;    // r はローカル (0 ではない最小の int 値)
            for (int i = 0; i<v.size(); ++i)
```

```
            r = max(r,abs(v[i]));   // i は for 文のスコープ内にある
        // ここで i が消える
        return r;
    }
    // ここで r が消える
};
// ここで v が消える

int x;                  // グローバル変数（なるべく使用しない）
int y;
int f()
{
    int x;              // グローバル変数 x を隠ぺいするローカル変数
    x = 7;              // ローカル x
    {
        int x = y;      // ローカル x をグローバル y で初期化し、
                        // 上記のローカル x を隠ぺい
        ++x;            // 前の行の x
    }
    ++x;                // f 関数の 1 行目の x
    return x;
}
```

こうした複雑な入れ子や隠ぺいはなるべく避けるようにし、「シンプルに保つ」ことを心がけよう。

名前のスコープが大きくなればなるほど、その名前をもっと長く、もっとわかりやすいものにする必要が生じる。s、y、f は、グローバル名としてはひどすぎる。プログラムでグローバル変数を使用しない最大の理由は、どの関数がそれらを変更するのかがわかりにくいことだ。大きなプログラムでは、どの関数がグローバル変数を変更するのかを突き止めるのは基本的に無理である。プログラムをデバッグしようとして、グローバル変数に予想外の値が設定されていることに気づいたとしよう。その値は誰が何のために設定したのだろうか。その値を書き込むのはどの関数だろうか。それはどうすればわかるのだろうか。その変数に不正な値を書き込んだ関数は、一度も見たことのないソースファイルに含まれているかもしれない。よいプログラムには、グローバル変数がたとえ存在したとしても、1 つか 2 つしかない。たとえば電卓プログラム（第 6 章、第 7 章）では、グローバル変数はトークンストリーム ts とシンボルテーブル names の 2 つだった。

スコープを定義する C++ 構造のほとんどは入れ子になっていることに注意しよう。

- クラスの内側の関数：メンバー関数（§9.4.2）

    ```
    class C {
    public:
        void f();
        void g()    // メンバー関数はそのクラスの内側で定義できる
        {
            ...
        }
        ...
    };

    void C::f()    // メンバー定義はそのクラスの外側で定義できる
    {
        ...
    }
    ```

    これは最も一般的で便利なケースである。

- クラスの内側のクラス：メンバークラス

    ```
    class C {
    public:
        class M {
            ...
        };
        ...
    };
    ```

    これは「入れ子のクラス」とも呼ばれる。多くの場合、これが役立つのは複雑なクラスだけである。クラスは小さく単純に保つのが理想的であることを思い出そう。

- 関数の内側のクラス：ローカルクラス

    ```
    void f()
    {
        class L {
            ...
        };
        ...
    }
    ```

第 8 章　プログラミング言語の機能：関数、その他

これは使用しないようにしよう。ローカルクラスの必要性を感じるとしたら、おそらく関数が長すぎる。

- 関数の内側の関数：ローカル関数

```
void f()
{
    void g()    // 正しくない
    {
        ...
    }
    ...
}
```

これは「入れ子の関数」とも呼ばれる。C++ では有効ではないため、使用してはならない。コンパイルエラーになる。

- 関数や他のブロックの内側のブロック

```
void f(int x, int y)
{
    if (x>y) {
        ...
    }
    else {
        ...
        {
            ...
        }
        ...
    }
}
```

これは「入れ子のブロック」とも呼ばれる。入れ子のブロックはやむを得ないとしても、複雑な入れ子は疑ってかかる必要がある。そこにはよくエラーが隠れている。

　C++ には、スコープを表現するための namespace という言語機能もある（§8.7）。
　入れ子であることを示すために一定のインデント（字下げ）を使用していることに注意しよう。以下に示すように、インデントを使用しないと入れ子の構造が判別しにくくなる。

```
// 危険なほど見苦しいコード
struct X {
void f(int x) {
```

```
        struct Y {
        int f() { return 1; } int m; };
        int m;
        m=x; Y m2;
        return f(m2.f()); }
        int m; void g(int m) {
        if (m) f(m+2); else {
        g(m+2); }}
        X() { } void m3() {
        }

        void main() {
        X a; a.f(2);}
        };
```

読みにくいコードにはたいていバグが隠れている。IDE を使用すると、コードが自動的に正しくインデントされるようになる[*2]。また、ソースコードの書式を整える「コード整形」機能もサポートされており、多くの場合は書式を選択できるようになっている。ただし、コードを読みやすくする最終的な責任はプログラマーにある。

8.5 関数の呼び出しと制御の戻し

関数は、アクションと計算を表す手段である。関数を記述するのは、関数と呼ぶにふさわしい何かを実行したい場合だ。C++ 言語には、式のオペランドから新しい値を生成するための + や * といった演算子と、実行順序を制御するための for や if といった文がある。こうしたプリミティブからなるコードをまとめるために、私たちは関数を使用する。

関数がその目的を果たすには、通常は引数が必要となる。また、多くの関数は結果を返す。ここでは、引数を指定して渡す方法について見てみよう。

8.5.1 引数と戻り値の型の宣言

C++ では、計算やアクションに名前を付けて表現するための手段として関数を使用する。関数の宣言は、戻り値の型、それに続く関数の名前、それに続くかっこで囲まれた仮引数のリストで構成される。

```
    double fct(int a, double d);                // fct の宣言（本体はない）
    double fct(int a, double d) { return a*d; } // fct の定義
```

定義には関数の本体が含まれるが、定義ではない宣言にはセミコロン（;）が付いているだけである。関数の本体は、呼び出しによって実行される文で構成される。仮引数はよく**パラメーター**（*parameter*）と呼ばれる。関数に引数を受け取らせたくない場合は、仮引数を省略すればよい。

[*2] 「正しい」の定義にもよるが。

```
int current_power();    // current_power は引数を受け取らない
```

関数から値を返したくない場合は、戻り値の型として void を指定する。

```
void increase_power(int level);   // increase_power は値を返さない
```

この場合、void は「値を返さない」または「何も返さない」ことを意味する。
宣言と定義では、パラメーターに名前を付けてもよいし、付けなくてもよい。

```
// vs で s を検索する
// vs[hint] は検索を開始するのに適した場所を示す
// 見つかった場合はインデックスを返す (-1 は見つからなかったことを示す)
int my_find(vector<string> vs, string s, int hint);   // 引数に名前を付ける

int my_find(vector<string>, string, int);             // 引数に名前を付けない
```

宣言では、仮引数に名前を付けなければならないという決まりはない。単に、よいコメントを書くのに役立つだけである。コンパイラーからすれば、my_find 関数の2つ目の宣言は1つ目の宣言と同じくらい有効であり、my_find 関数を呼び出すのに必要な情報はすべてそろっている。

定義では、通常はすべての引数に名前を付ける。

```
int my_find(vector<string> vs, string s, int hint)
// hint を出発点として vs で s を検索する
{
    if (hint<0 || vs.size()<=hint) hint = 0;
    for (int i = hint; i<vs.size(); ++i)   // hint から検索を開始
        if (vs[i]==s) return i;
    if (0<hint) {                           // hint よりも前で検索を行う
        for (int i = 0; i<hint; ++i)
            if (vs[i]==s) return i;
    }
    return -1;
}
```

hint のせいでコードがかなり複雑になっているが、hint には次のような役割がある ── hint は vector において string が見つかりそうな場所を示すため、呼び出し元はそれをうまく利用できるはずである。しかし、my_find 関数をしばらく使ってみた結果、呼び出し元が hint をうまく利用することはめったになく、かえってパフォーマンスを低下させることが判明したとしよう。hint はもうお払い箱だが、my_find 関数を呼び出して hint を渡すコードがそこら中にある。そうしたコードを書き直したくない、あるいは他人のコードなので書き直せないため、my_find 関数の宣言（1つとは限らない）を変更したくない。代わりに、最後の引数を単に使用しないことにする。最後の引数は使用しないため、名前を付けないでおくことができる。

```
int my_find(vector<string> vs, string s, int)   // 3つ目の引数は使用しない
{
    for (int i = 0; i<vs.size(); ++i)
        if (vs[i]==s) return i;
    return -1;
}
```

なお、関数定義の完全な文法は、ISO C++ 規格で定義されている。

8.5.2 戻り値

関数から値を返すには、return 文を使用する。

```
T f()   // f 関数は T 型の値を返す
{
    V v;
    ...
    return v;
}

T x = f();
```

この場合、返される値は、T 型の変数を V 型の値で初期化することによって得られた値である。

```
V v;
...
T t(v);   // t を v で初期化
```

つまり、値を返すことは、一種の初期化である。

値を返すように宣言された関数は、値を返さなければならない。とりわけ、「関数の最後から抜け落ちる」、つまり「フォールスルー」するのはエラーである。

```
double my_abs(int x)   // 警告：バグがある
{
    if (x < 0)
        return -x;
    else if (x > 0)
        return x;
}   // エラー：x が 0 の場合は値が返されない
```

実際には、x==0 のケースを「忘れている」ことはおそらくコンパイル時に検出されないだろう。原理的には、それくらい見つけてくれてもよさそうなものだが、そこまで賢いコンパイラーはまず存在し

ない。複雑な関数では、値を返すのかどうかをコンパイラーが判断できない可能性があることに注意しよう。「注意する」とは、return 文または error 関数が確実に存在するような措置を講じる、ということだ。error 関数は、関数からの抜け落ちをすべてカバーしていなければならない。

過去の事情により、main 関数は特例である。main 関数からの抜け落ちは 0 の値を返すことに相当し、プログラムの「正常終了」を意味する。

値を返さない関数では、値なしで return を使用すれば、関数から制御を戻すことができる。

```
void print_until_s(vector<string> v, string quit)
{
    for(string s : v) {
        if (s==quit) return;
        cout << s << '\n';
    }
}
```

このように、void 関数が「抜け落ちる」のはかまわない。これは return; に相当する。

8.5.3 値渡し

関数に引数を渡すための最も簡単な方法は、引数として使用する値のコピーを関数に渡すことである。関数 f の引数は f のローカル変数であり、f 関数が呼び出されるたびに初期化される。

```
// 値渡し（関数に渡された値のコピーを与える）
int f(int x)
{
    x = x+1;                // ローカル変数 x に新しい値を割り当てる
    return x;
}

int main()
{
    int xx = 0;
    cout << f(xx) << '\n';   // 出力: 1
    cout << xx << '\n';      // 出力: 0 (f 関数は xx を変更しない)

    int yy = 7;
    cout << f(yy) << '\n';   // 出力: 8
    cout << yy << '\n';      // 出力: 7 (f 関数は yy を変更しない)
}
```

関数に渡されるのはコピーなので、f 関数の x=x+1 によって、2 つの呼び出しで渡される値 xx と yy が変更されることはない。引数の値渡しを図解すると、以下のようになる。

値渡しは非常に単純であり、そのコストは値をコピーするコストである。

8.5.4 const 参照渡し

値渡しは単純で、わかりやすく、int、double、Token（§6.3.2）といった小さな値を渡すときに効率がよい。しかし、値がイメージだったり（たいてい数百万ビット）、大きなテーブルだったり（たとえば数千個の整数）、長い文字列（たとえば数百文字）だったりした場合はどうなるだろうか。その場合、コピーは高くつくだろう。コストばかりを気にしてもしょうがないが、無駄な作業を行うことは自分のアイデアを直接的に表現していないことの表れなので、きまりが悪いかもしれない。たとえば、浮動小数点数型の vector を出力する関数を以下のように記述したとしよう。

```cpp
void print(vector<double> v)    // 値渡しは適切か
{
    cout << "{ ";
    for (int i = 0; i<v.size(); ++i) {
        cout << v[i];
        if (i!=v.size()-1) cout << ", ";
    }
    cout << " }\n";
}
```

この print 関数は、あらゆるサイズの vector で使用できる。

```cpp
void f(int x)
{
    vector<double> vd1(10);        // 小さい vector
    vector<double> vd2(1000000);   // 大きい vector
    vector<double> vd3(x);         // サイズが不明な vector
    // vd1、vd2、vd3 に値を設定
    print(vd1);
    print(vd2);
    print(vd3);
}
```

このコードはうまくいくが、print 関数の 1 つ目の呼び出しでは double を 10 回（おそらく 80 バイト）コピーする必要があり、2 つ目の呼び出しでは double を 100 万回（おそらく 8 メガバイト）コピーする必要がある。3 つ目の呼び出しでは、コピーがどれくらいの量になるかはわからない。ここで、「そもそもなぜコピーするのか」について考えてみる必要がある。vector の要素をコピーしたいのでなく、vector を出力したいだけである。変数をコピーせずに関数に渡す方法がきっとあるはずだ。たとえば、あなたが図書館の蔵書リストを作成する作業を行うことになったとしよう。図書館員は、図書館の建物とその所蔵物すべてのコピーを送付するのではなく、図書館の住所を送付して、あなたが図書館に行って蔵書を調べられるようにするだろう。したがって、print 関数に vector のコピーを渡すのではなく、vector の「住所」を渡す方法が必要だ。こうした住所は参照（*reference*）と呼ばれており、以下のように使用される。

```
void print(const vector<double>& v)   // const 参照渡し
{
    cout << "{ ";
    for (int i = 0; i<v.size(); ++i) {
        cout << v[i];
        if (i!=v.size()-1) cout << ", ";
    }
    cout << " }\n";
}
```

& は参照を意味する。const が指定されているのは、print 関数が誤って引数を変更しないようにするためだ。引数の宣言が変更されたことを除けば、すべて前と同じである。唯一の変更点は、print 関数がコピーを操作するのでなく、参照を通じて引数を参照することだ。「参照する」という表現に注意しよう。こうした引数が「参照」と呼ばれるのは、別の場所で定義されたオブジェクトを「参照する」からだ。この print 関数は以前とまったく同じように呼び出すことができる。

```
void f(int x)
{
    vector<double> vd1(10);        // 小さい vector
    vector<double> vd2(1000000);   // 大きい vector
    vector<double> vd3(x);         // サイズが不明な vector
    // vd1、vd2、vd3 に値を設定
    print(vd1);
    print(vd2);
    print(vd3);
}
```

これを図解すると、以下のようになる。

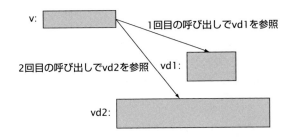

const 参照には、渡されたオブジェクトを誤って変更することは不可能であるという便利な特性がある。たとえば、うっかり print 関数から要素への代入を試みた場合は、コンパイルエラーになる。

```
void print(const vector<double>& v)   // const 参照渡し
{
    ...
    v[i] = 7;   // エラー: v は const（イミュータブル）
    ...
}
```

const 参照渡しは便利なメカニズムであり、よく使用される。ここで、my_find 関数（§8.5.1）についてもう一度考えてみよう。この関数は、string 型の vector で string を検索する。値渡しを使用すると、無駄なコストがかかる可能性がある。

```
int my_find(vector<string> vs, string s);   // 値渡し: コピー
```

vector に含まれている string の個数によっては、高性能なコンピューターでもそれとわかるほど時間がかかることがある。引数を const 参照として渡すようにすれば、my_find 関数を改善できる。

```
// const 参照渡し: コピーなしの読み取り専用アクセス
int my_find(const vector<string>& vs, const string& s);
```

8.5.5 参照渡し

しかし、引数を変更する関数が必要な場合はどうすればよいだろうか。そうした関数が必要になってもおかしくない状況がいくつかある。たとえば、vector の要素に値を代入する init 関数が必要であるとしよう。

```
void init(vector<double>& v)       // 参照渡し
{
    for (int i = 0; i<v.size(); ++i) v[i] = i;
}
```

```
    void g(int x)
    {
        vector<double> vd1(10);         // 小さい vector
        vector<double> vd2(1000000);    // 大きい vector
        vector<double> vd3(x);          // サイズが不明な vector

        init(vd1);
        init(vd2);
        init(vd3);
    }
```

この場合は、init 関数に引数として渡された vector を変更させたいと考えた。コピー（値渡し）や参照の const 宣言（const 参照渡し）を使用するのではなく、vector への「単なる参照」を渡しているのは、そのためだ。

もう少し技術的な角度から見てみよう。参照とは、ユーザーがオブジェクトの新しい名前を宣言できるようにする構造のことである。たとえば int& は int への参照なので、以下のように記述できる。

```
    int i = 7;

    int& r = i;                      // r は i への参照
    r = 9;                           // i は 9 になる
    i = 10;
    cout << r << ' ' << i << '\n';   // 出力: "10 10"
```

```
              i:
    r ──────▶ [  7  ]
```

つまり、r を使用すると実際には i を使用することになる。

参照は省略表記として役立つことがある。たとえば、以下のような宣言があり、要素 v[f(x)][g(y)] を何回か参照する必要があるとしよう。

```
    vector< vector<double> > v;    // double 型の vector の vector
```

v[f(x)][g(y)] は見るからに複雑な式なので、必要以上に繰り返したくない。その値が必要なだけなら、以下のように記述して、val を繰り返し使用すればよい。

```
    double val = v[f(x)][g(y)];    // val は v[f(x)][g(y)] の値
```

しかし、v[f(x)][g(y)] からの読み取りと v[f(x)][g(y)] への書き込みが両方とも必要な場合はどうすればよいだろうか。ここで役立つのが参照である。

```
    double& var = v[f(x)][g(y)];   // var は v[f(x)][g(y)] への参照
```

これで、var を通じて v[f(x)][g(y)] の読み取りと書き込みを行えるようになった。

```
var = var/2+sqrt(var);
```

オブジェクトの便利な省略表記として使用できるという重要な特性を持つ参照は、引数としても便利である。

```
// 参照渡し（関数に渡された変数を参照させる）
int f(int& x)
{
    x = x+1;
    return x;
}

int main()
{
    int xx = 0;
    cout << f(xx) << '\n';   // 出力：1
    cout << xx << '\n';      // 出力：1（f 関数は xx の値を変更する）

    int yy = 7;
    cout << f(yy) << '\n';   // 出力：8
    cout << yy << '\n';      // 出力：8（f 関数は yy の値を変更する）
}
```

引数の参照渡しを図解すると、以下のようになる。

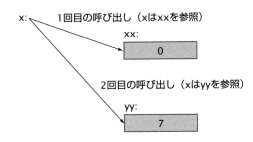

これを、「§8.5.3 値渡し」で示した同様の例と比較してみよう。

参照渡しが非常に強力なメカニズムであることは明らかである。関数に参照元のオブジェクトを直接操作させることができる。たとえば、2つの値の交換は、ソートといった多くのアルゴリズムにおいて非常に重要な演算である。参照を使用すれば、double 型の値を交換する関数を以下のように記述できる。

```cpp
void swap(double& d1, double& d2)
{
    double temp = d1;    // d1 の値を temp にコピー
    d1 = d2;             // d2 の値を d1 にコピー
    d2 = temp;           // d1 の元の値を d2 にコピー
}

int main()
{
    double x = 1;
    double y = 2;
    cout << "x == " << x << " y== " << y << '\n';    // 出力："x==1 y==2"
    swap(x,y);
    cout << "x == " << x << " y== " << y << '\n';    // 出力："x==2 y==1"
}
```

なお、標準ライブラリでは、コピー可能な型ごとに swap 関数が定義されているため、この関数を型ごとに記述する必要はない。

8.5.6 値渡しと参照渡し

値渡し、参照渡し、const 参照渡しはどのような状況で使用すればよいのだろうか。以下の例について考えてみよう。

```cpp
void f(int a, int& r, const int& cr)
{
    ++a;     // ローカル変数 a を変更
    ++r;     // r によって参照されているオブジェクトを変更
    ++cr;    // エラー: cr は const である
}
```

引数として渡されたオブジェクトの値を変更したい場合は、const 参照ではないものを使用しなければならない。値渡しの場合はコピーが渡されるし、const 参照渡しの場合は渡されたオブジェクトの値を変更できなくなる。そこで、以下の方法を試してみよう。

```cpp
void g(int a, int& r, const int& cr)
{
    ++a;            // ローカル変数 a を変更
    ++r;            // r によって参照されているオブジェクトを変更
    int x = cr;     // cr によって参照されているオブジェクトを取得
}
```

```
    int main()
    {
        int x = 0;
        int y = 0;
        int z = 0;

        g(x,y,z);      // x==0; y==1; z==0
        g(1,2,3);      // エラー：参照渡しの引数 r には参照元の変数が必要
        g(1,y,3);      // OK: cr は const なので、リテラルを渡すことができる
    }
```

したがって、参照渡しのオブジェクトの値を変更したい場合は、オブジェクトを渡さなければならない。厳密に言うと、整数リテラル 2 は、値を含んでいるオブジェクトではなく、値そのもの（rvalue）である。g 関数の引数 r に必要なのは、代入の左辺に配置できるもの（lvalue）だ。

const 参照では、lvalue は必要ないことに注意しよう。const 参照では、初期化または値渡しとして変換を行うことができる。基本的には、最後の g(1,y,3) 呼び出しでは、g 関数の引数 cr の参照元である int 型の値がコンパイラーによって確保される。

```
    g(1,y,3);   // 意味: int __compiler_generated = 3;
                //       g(1,y,__compiler_generated);
```

このようにコンパイラーによって生成されるオブジェクトを**一時オブジェクト**（*temporary object*）または**テンポラリ**（*temporary*）と呼ぶ。

大まかなルールをまとめておこう。

1. 非常に小さいオブジェクトを渡すときには、値渡しを使用する。
2. 変更する必要がない大きなオブジェクトを渡すときには、const 参照渡しを使用する。
3. 参照渡しの引数を通じてオブジェクトを変更するのではなく、結果を返す。
4. 参照渡しは必要なときだけ使用する。

これらのルールに従えば、これ以上ないほど単純で、エラーの少ない、効率のよいコードが得られる。上記の「非常に小さい」は、int 型の 1 つの値や、double 型の 1 つか 2 つの値、またはそうしたものを意味する。引数として const 参照を使用しない場合は、呼び出される側の関数でその引数が変更されることを想定しておく必要がある。

3 つ目のルールは、関数を使って変数の値を変更したい場合に選択肢があることを示している。以下のコードについて考えてみよう。

```
    int incr1(int a) { return a+1; }   // 新しい値を結果として返す
    void incr2(int& a) { ++a; }         // 参照として渡されたオブジェクトを変更

    int x = 7;
    x = incr1(x);                       // 自明である
```

```
incr2(x);                              // 自明ではない
```

そもそも const 参照ではない引数を使用するのはなぜだろうか。それらが不可欠な状況があるからだ。

- vector などのコンテナーや他の大きなオブジェクトを操作するために必要。
- 複数のオブジェクトを変更する関数に必要（戻り値は 1 つしかない）。

例を見てみよう。

```
void larger(vector<int>& v1, vector<int>& v2)
// v1 の各要素を v1 と v2 の対応する要素のどちらか大きいほうにする
// 同様に、v2 の各要素を小さいほうにする
{
    if (v1.size()!=v2.size()) error("larger(): different sizes");
    for (int i=0; i<v1.size(); ++i)
        if (v1[i]<v2[i])
            swap(v1[i],v2[i]);
}


void f()
{
    vector<int> vx;
    vector<int> vy;
    // 入力から vx と vy を読み取る
    larger(vx,vy);
    ...
}
```

参照渡しの引数を使用するのは、larger のような関数でのみ妥当な選択である。

複数のオブジェクトを変更する関数は、通常は使用しないのが得策である。理論上は、複数の値を格納するクラスオブジェクトなど、常に代わりの選択肢がいくつかある。ただし、1 つ以上の引数を変更する関数に基づいて表現されたプログラムはいくらでも存在するため、それらを目にする機会があるだろう。たとえば、約 50 年にわたって数値計算に使用されてきた主要なプログラミング言語である Fortran では、引数はすべて参照渡しにするのが慣例となっている。数値を扱うプログラマーの多くは、Fortran の設計にならい、Fortran で書かれた関数を呼び出す。そうしたコードではよく参照渡しや const 参照渡しが使用される。

コピーを避ける目的でのみ参照を使用する場合、私たちは const 参照を使用する。このため、const 参照渡しではない引数を見つけた場合は、その関数がその引数の値を変更するものと想定する。つまり、const 参照渡しではないものに気づいたら、その関数が引数を変更する可能性があることはもちろん、実際にそうすることも計算に入れた上で、その呼び出しが期待どおりに動作することを慎重に確認しなければならない。

8.5.7 引数の確認と変換

引数を渡すことは、関数の仮引数を呼び出しで指定された実際の引数で初期化することである。以下のコードについて考えてみよう。

```
void f(T x);
f(y);
T x=y;   // x を y で初期化 (8.2.2)
```

f(y) 呼び出しは、初期化 T x=y; が有効である場合は常に有効である。その場合は、両方の x に同じ値が設定される。

```
void f(double x);

void g(int y)
{
    f(y);
    double x = y;   // x を y で初期化 (8.2.2)
}
```

x を y で初期化するには、int を double に変換しなければならない。これは f 関数の呼び出しにも当てはまる。f 関数が受け取る double 型の値は、x に格納されるものと同じである。

変換はたいてい有益だが、思わぬ結果をもたらすこともある（§3.9.2）。このため、それらに注意しなければならない。引数として int を要求する関数に double を渡してもうまくいくことはめったにない。

```
void ff(int x);

void gg(double y)
{
    ff(y);       // これが合理的であることはどうすればわかるか
    int x = y;   // 同上
}
```

実際に double 型の値を int 型に丸めたい場合は、それを明示的に指定する。

```
void ggg(double x)
{
    int x1 = x;                       // x を丸める
    int x2 = int(x);
    int x3 = static_cast<int>(x);     // 非常に明示的な変換 (17.8)
```

```
        ff(x1);
        ff(x2);
        ff(x3);

        ff(x);                          // x を丸める
        ff(int(x));
        ff(static_cast<int>(x));        // 非常に明示的な変換 (17.8)
    }
```

このようにすれば、このコードを次に読むプログラマーにも、この問題が考慮されていることがわかるだろう。

8.5.8 関数呼び出しの実装

ところで、コンピューターは実際のところ関数呼び出しをどのように行うのだろうか。第 6 章～第 7 章で取り上げた expression、term、primary の 3 つの関数は、1 つの小さな点を除けば、これを説明するのにうってつけだ — これらの関数は引数を受け取らないため、引数を渡す方法を説明するのには使用できない。だがちょっと待った。それらは何らかの入力を取得するはずだ。そうでなければ、何か意味のあることをできるはずがない。確かにそれらは暗黙的な引数を受け取る。つまり、ts という名前の Token_stream を使って入力を取得する。そして、ts はグローバル変数である。これはちょっとずるい方法だ。これらの関数を改善するために、Token_stream& 型の引数を受け取るようにしてみよう。ここでは、これらの関数に Token_stream& 型のパラメーターを追加して、関数呼び出しの実装に関係がないものをすべて取り除く。

1 つ目の expression 関数は非常に単純であり、引数を 1 つ (ts)、ローカル変数を 2 つ使用する (left、t)。

```
    double expression(Token_stream& ts)
    {
        double left = term(ts);
        Token t = ts.get();
        ...
    }
```

2 つ目の term 関数は expression 関数とほぼ同様だが、'/' の除数の結果を保持するためのローカル変数 (d) が追加されている。

```
    double term(Token_stream& ts)
    {
        double left = primary(ts);
        Token t = ts.get();
        ...
```

8.5 関数の呼び出しと制御の戻し

```
        case '/':
        {
            double d = primary(ts);
            ...
        }
        ...
    }
```

3つ目の primary 関数は term 関数と同様だが、ローカル変数 left を使用しない。

```
double primary(Token_stream& ts)
{
    Token t = ts.get ();
    switch (t.kind) {
    case '(':
        { double d = expression(ts);
            ...
        }
        ...
    }
}
```

これらの関数がグローバル変数を使用しなくなったところで、説明のお膳立てが整った。これらの関数は引数を受け取り、ローカル変数を使用し、互いを呼び出す。この機会に expression、term、primary 関数がどのようなものだったかおさらいしたくなったかもしれないが、ここでは関数呼び出しに関連する主な特徴を示すにとどめる。

関数が呼び出されると、そのすべてのパラメーターとローカル変数のコピーが含まれたデータ構造が言語の実装によって確保される。たとえば expression 関数の最初の呼び出しでは、以下のような構造がコンパイル時に確保される。

expression関数の呼び出し：	ts
	left
	t
	実装内容

「実装内容」は実装ごとに異なるが、基本的には、関数が呼び出し元に制御を戻し、値を返すために必要な情報である。こうしたデータ構造は**関数アクティベーションレコード**（*function activation record*）と呼ばれる。アクティベーションレコードの詳細なレイアウトは関数ごとに異なる。実装上の観点からすれば、パラメーターもローカル変数の1つにすぎないことに注意しよう。

ここまではよいだろう。次に、expression 関数が term 関数を呼び出すと、この term 呼び出しのアクティベーションレコードがコンパイル時に生成される。

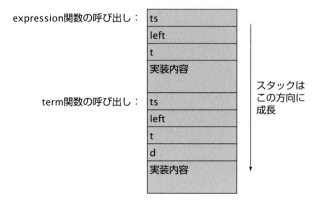

term 関数では、変数 d も格納する必要があることに注意しよう。このため、この変数を使用することがなかったとしても、そのための領域が呼び出し時に確保される。これについては問題ない。本書で直接または間接的に使用しているすべての関数と同様に、関数が適正であれば、関数アクティベーションレコードを作成する実行時のコストがその大きさに左右されることはない。ローカル変数 d が初期化されるのは、その case '/' を実行する場合だけである。

次に、term 関数が primary 関数を呼び出す。

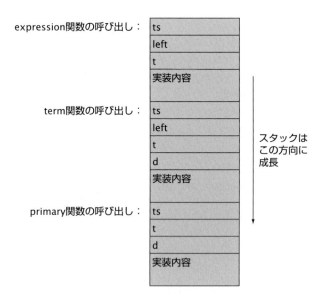

8.5 関数の呼び出しと制御の戻し

ここから少し繰り返しが多くなるが、次に`primary`関数が`expression`関数を呼び出す。

```
expression関数の呼び出し：  ts
                          left
                          t
                          実装内容

term関数の呼び出し：        ts
                          left
                          t
                          d
                          実装内容                スタックは
                                                 この方向に
primary関数の呼び出し：     ts                    成長
                          t
                          d
                          実装内容

expression関数の呼び出し：  ts
                          left
                          t
                          実装内容
```

したがって、`expression`関数のこの呼び出しでは、`expression`関数の最初の呼び出しとは別のアクティベーションレコードが確保される。この2つの呼び出しでは`left`と`t`が異なるため、そうでなければ目も当てられない状況になっていただろう。直接または（ここで示したように）間接的に自身を呼び出す関数を**再帰**（*recursive*）と呼ぶ。関数の呼び出しと制御の戻しに使用される実装手法からすれば、再帰呼び出しは自然な流れである（逆もまた同様だ）。

したがって、関数を呼び出すたびに、**アクティベーションレコードのスタック**（*stack of activation record*）がレコード1つ分増えることになる。逆に、関数が制御を戻すと、そのレコードは使用されなくなる。たとえば、`expression`関数の最後の呼び出しから`primary`関数に制御が戻ると、スタックは以下の状態に戻る。

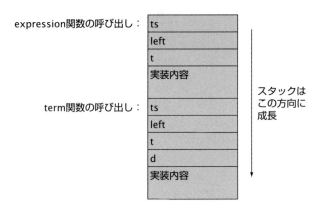

そして、primary 関数の呼び出しから term 関数に制御が戻ると、以下のようになる。

　アクティベーションレコードのスタックは、LIFO (Last In, First Out) 方式でその一端が拡大/縮小するデータ構造であり、通常は単に**スタック**（*stack*）または**コールスタック**（*call stack*）と呼ばれる。
　コールスタックの実装および使用上については、C++ の実装ごとに細かな違いがあることを覚えておこう。だが、基本的な部分についてはここで示したとおりである。もちろん、関数呼び出しを使用するにあたってそれらの実装方法を知る必要はない。「アクティベーションレコード」や「コールスタック」といった用語があることを知っては使いたがるプログラマーが大勢いるため、その意味を説明したまでである。

8.5.9 constexpr 関数

関数は計算を表す。そして、計算をコンパイル時に実行したいことがある。計算をコンパイラーに評価させるのは、通常は実行時に同じ計算が何百万回も繰り返されるのを避けるためだ。私たちは計算を理解しやすくするために関数を使用する。そう考えると、関数を定数式で使用したいと考えたとしてもおかしくない。関数をコンパイル時に評価したいという意思表示をするには、関数を constexpr として宣言する。constexpr 関数がコンパイラーによって評価されるのは、引数として定数式が渡される場合だ。

```
constexpr double xscale = 10;    // 倍率
constexpr double yscale = 0.8;

constexpr Point scale(Point p) { return {xscale*p.x,yscale*p.y}; };
```

Point は x と y の 2 つのメンバーで構成される単純な構造体（struct）であるとしよう。これら 2 つのメンバーは 2D 座標を表す。scale 関数に Point 型の引数を渡すと、倍率 xscale と yscale に従ってスケーリングされた座標が Point として返される[*3]。

```
void user(Point p1)
{
    Point p2 {10,10};

    Point p3 = scale(p1);    // OK: p3 == {100,8}: 実行時の評価は OK
    Point p4 = scale(p2);    // p4 == {100,8}

    constexpr Point p5 = scale(p1);    // エラー: scale(p1) は定数式ではない
    constexpr Point p6 = scale(p2);    // p6 == {100,8}
    ...
}
```

constexpr 関数は、定数が必要な場所で使用されるまでは、通常の関数と同じように動作する。定数が必要な場所では、引数が p2 のような定数式であることを前提としてコンパイル時に評価される。p1 のように引数が定数式ではない場合はエラーになる。これを可能にするには、規格準拠のどのコンパイラーでも評価できるくらい constexpr 関数が単純でなければならない。C++11 では、constexpr 関数の本体が scale 関数のように return 文だけで構成されていなければならないことを意味する。C++14 では、単純なループが含まれていてもよい。constexpr 関数は副作用を持つものであってはならない。つまり、代入や初期化に使用される関数を除いて、関数本体の外側にある変数の値を変更するものであってはならない。

[*3] 訳注：user 関数の最後の文は、環境によってはエラーになることがある。

これらのルールに違反する関数は以下のようなものだ。

```
int gob = 9;

constexpr void bad(int& arg)      // エラー: 戻り値がない
{
    ++arg;      // エラー: 引数を通じて呼び出し元を変更している
    glob = 7;   // エラー: 非ローカル変数を変更している
}
```

constexpr 関数が「十分に単純である」かどうかをコンパイラーが判断できない場合、その関数はエラーと見なされる。

8.6　評価の順序

プログラムは言語のルールに従って文をたどっていくという方法で評価される。これは「プログラムの実行」とも呼ばれる。この「実行パス」が変数の定義に差しかかると、その変数が生成される。つまり、そのオブジェクトのためにメモリーが確保され、オブジェクトが初期化される。変数はスコープを外れたときに削除される。つまり、その変数が参照しているオブジェクトは基本的に削除され、そのメモリーをコンパイラーが何か別のものに使用できるようになる。

```
string program_name = "silly";
vector<string> v;                       // v はグローバル

void f()
{
    string s;                           // s は f 関数に対してローカル
    while (cin>>s && s!="quit") {
        string stripped;     // stripped はループに対してローカル
        string not_letters;
        for (int i=0; i<s.size(); ++i)   // i は文スコープ
            if (isalpha(s[i]))
                stripped += s[i];
            else
                not_letters += s[i];
        v.push_back(stripped);
        ...
    }
    ...
}
```

`program_name` や `v` といったグローバル変数は、`main` 関数の最初の文が実行される前に初期化される。それらはプログラムが終了するまで存続し、その時点で削除される。グローバル変数は定義された順に生成され、その逆の順序で削除される。つまり、`v` の前に `program_name` が生成され、`program_name` の前に `v` が削除される。

`f` 関数が呼び出されると、まず `s` が生成される。つまり、`s` が空の文字列に初期化される。`s` は `f` 関数から制御が戻るまで有効である。

`while` 文の本体であるブロックに入るたびに、`stripped` と `not_letters` が生成される。`stripped` は `not_letters` の前に定義されているため、`stripped` が先に生成される。これらはループが終了するまで有効であり、ループが終了した時点で、生成時とは逆の順序で削除される。つまり、`stripped` の前に `not_letters` が削除され、続いて `while` 文の条件が評価される。したがって、文字列 "quit" を検出する前に 10 個の文字列が検出された場合は、`stripped` と `not_letters` の生成と削除が 10 回ずつ繰り返される。

`for` 文に到達するたびに、`i` が生成される。`for` 文を終了するたびに、`i` が削除され、続いて `v.push_back(stripped);` 文が実行される。

コンパイラー（およびリンカー）は、ここで説明したものと同等の結果が得られる限り、コードを最適化できるほど利口である — そして実際に最適化する。具体的には、メモリーの確保と解放を必要以上に頻繁に行わないようにする。

8.6.1 式の評価

部分式の評価の順序は、プログラマーの作業を楽にするためというよりも、オプティマイザーを喜ばせるために設計されたルールによって制御される。それは残念なことだが、いずれにしても複雑な式は避けるべきであり、トラブルに巻き込まれないようにするための単純なルールがある — 式で変数の値を変更するときには、同じ式でその値の読み取りや書き込みを 2 回以上行わないようにする。

```
v[i] = ++i;                    // 評価の順序が未定義
v[++i] = i;                    // 同上
int x = ++i + ++i;             // 同上
cout << ++i << ' ' << i << '\n';  // 同上
f(++i,++i);                    // 同上
```

残念ながら、このようなひどいコードを書いたとしても、すべてのコンパイラーが警告するとは限らない。このコードがひどいのは、コードを別のコンピューターへ移動したり、別のコンパイラーを使用したり、別のオプティマイザー設定を使用したりした場合に、同じ結果になることをあてにできないからだ。こうしたコードに対する反応はコンパイラーによってまったく異なる。とにかく、このようなコードを書いてはならない。

具体的に言うと、`=`（代入）は式の演算子の 1 つにすぎないため、代入の左辺が右辺よりも先に評価されるという保証はない。`v[++i] = i` が未定義となるのは、このためだ。

8.6.2 グローバル変数の初期化

1つの翻訳単位内では、グローバル変数と名前空間変数（§8.7）は記述された順に初期化される。

```
// ファイル: f1.cpp
int x1 = 1;
int y1 = x1+2;   // y1 は 3 になる
```

この初期化が実行されるのは、論理的には、「main 関数のコードが実行される前」である。

非常に制限された状況以外でグローバル変数を使用することは、通常はよい考えではない。すでに指摘したように、大きなプログラムでは、グローバル変数の読み取りと書き込みを行う部分を突き止める決定的な方法はない（§8.4）。また、別の翻訳単位では、グローバル変数の初期化の順序が未定義になるという問題もある。

```
// ファイル: f2.cpp
extern int y1;
int y2 = y1+2;   // y2 は 2 または 5 になる
```

このようなコードはいくつかの理由から避けなければならない。このコードはグローバル変数を使用しており、グローバル変数に短い名前を付けており、グローバル変数を複雑な方法で初期化している。ファイル `f1.cpp` のグローバル変数がファイル `f2.cpp` のグローバル変数よりも先に初期化された場合、y2 は 5 に初期化される。プログラマーなら当然そのように予測するだろう。だが、`f2.cpp` のグローバル変数が `f1.cpp` のグローバル変数よりも先に初期化された場合、y2 は 2 に初期化される。こうなるのは、複雑な初期化を試みる前に、グローバル変数に使用されるメモリーが 0 に初期化されるためだ。こうしたコードは避けなければならない。そして、グローバル変数のイニシャライザーが単純なものに見えない場合は疑ってかかるようにし、定数式ではないイニシャライザーはすべて複雑なものと見なすようにしよう。

しかし、複雑なイニシャライザーを持つグローバル変数（または定数）が実際に必要になった場合はどうすればよいだろうか。たとえば、商取引をサポートするライブラリに Date 型が含まれていて、そのデフォルト値が必要になったとしよう。

```
const Date default_date(1970,1,1);   // デフォルトの日付は 1970 年 1 月 1 日
```

だが、`default_date` が初期化されないうちは決して使用されないことを知るにはどうすればよいだろうか。基本的にそれを知る方法はないため、このような定義を記述すべきではない。筆者が最もよく使用する手法は、値を返す関数を呼び出す、というものだ。

```
const Date default_date()   // デフォルトの日付を返す
{
    return Date(1970,1,1);
}
```

default_date 関数は、呼び出されるたびに Date を生成する。たいていの場合はそれでよいが、default_date 関数が頻繁に呼び出され、Date の生成にコストがかかる場合は、Date を 1 回だけ生成したい。そのための方法は以下のようになる。

```
const Date& default_date()
{
    static const Date dd(1970,1,1);    // 最初に到達したときに dd を初期化
    return dd;
}
```

static ローカル変数が初期化（生成）されるのは、その関数の最初の呼び出しに限られる。ここでは、無駄なコピーを排除するために参照を返している。特に、呼び出し元の関数が誤って値を変更することがないよう、const 参照を返している。引数を渡す方法について説明した内容（§8.5.6）は、値を返す方法にも当てはまる。

8.7　名前空間

関数本体のコードを整理するには、ブロックを使用する（§8.4）。関数、データ、型を 1 つの型にまとめるには、クラスを使用する（第 9 章）。関数とクラスはどちらも以下の 2 つのことを行う。

- 要素の名前がプログラム内の他の名前と競合する心配せずに、複数の要素を定義できるようにする。
- 定義されている要素を参照するための名前を提供する。

この時点で足りないのは、型を定義せずに、クラス、関数、データ、型をプログラムの識別可能な名前付きの部分にまとめるための方法である。宣言をこのようにグループ化するための言語の機能として、**名前空間**（*namespace*）がある。たとえば、Color、Shape、Line、Function、Text というクラスが含まれたグラフィックスライブラリを提供したいとしよう（第 13 章）。

```
namespace Graph_lib {
    struct Color { /* ... */ };
    struct Shape { /* ... */ };
    struct Line : Shape { /* ... */ };
    struct Function : Shape { /* ... */ };
    struct Text : Shape { /* ... */ };
    ...
    int gui_main() { /* ... */ }
}
```

ほとんどの場合は世界のどこかで誰かが同じ名前を使用しているが、このようにすれば、それは問題ではなくなる。読者が Text という名前の何かを定義したとしても、それは筆者の Text と競合しない。Graph_lib::Text は筆者のクラスの 1 つだが、読者の Text はそうではない。問題が発生するのは、Text をメンバーに持つ Graph_lib::Text というクラスまたは名前空間を読者が定義した場合だ

けである。`Graph_lib` という少し変わった名前を選んだのは、`Graphics` のように「すぐに思い浮かぶ」名前では、すでにどこかで使用されている可能性が高いからだ。

読者の `Text` がテキスト操作ライブラリの一部であるとしよう。筆者がグラフィックス機能を `Graph_lib` 名前空間にまとめたのと同じ理由で、テキスト操作機能も `TextLib` といった名前の名前空間にまとめられるはずだ。

```cpp
namespace TextLib {
    class Text { /* ... */ };
    class Glyph { /* ... */ };
    class Line { /* ... */ };
    ...
}
```

互いにグローバル名前空間を使用していたとしたら、非常に困ったことになっていただろう。誰かが両方のライブラリを使用しようとすれば、`Text` と `Line` の2つの名前が真っ向からぶつかることになる。しかも、これらのライブラリをすでに使用しているユーザーが存在するとしたら、衝突を回避するために `Line` や `Text` といった名前を変更するというわけにはいかない。ここでは名前空間を使用することで、この問題を回避している。つまり、筆者の `Text` は `Graph_lib::Text` であり、読者の `Text` は `TextLib::Text` である。このように名前空間名（またはクラス名）とメンバー名を `::` で連結した名前は**完全修飾名**（*fully qualified name*）と呼ばれる。

8.7.1　using 宣言と using ディレクティブ

完全修飾名を記述するのは面倒かもしれない。たとえば、C++ の標準ライブラリの機能は名前空間 `std` で定義されており、以下のように使用できる。

```cpp
#include<string>     // string ライブラリを取得
#include<iostream>   // iostream ライブラリを取得

int main()
{
    std::string name;
    std::cout << "Please enter your first name\n";
    std::cin >> name;
    std::cout << "Hello, " << name << '\n';
}
```

標準ライブラリの `string` と `cout` はいやというほど見てきたので、それらを「正式」な完全修飾名である `std::string` と `std::cout` で参照するのはそろそろ終わりにしたい。解決策の1つは、「`string` は `std::string` を意味する」「`cout` は `std::cout` を意味する」のように宣言することだ。

```
using std::string;    // string は std::string を意味する
using std::cout;      // cout は std::cout を意味する
...
```

これは using 宣言と呼ばれるものである。この宣言は、同じ部屋に他に Greg がいなければ、Greg Hansen を単に「Greg」と呼ぶようなものだ。

名前空間の名前を使用するためのさらに強力な「省略表記」がほしいことがある。つまり、「このスコープ内で名前の宣言が見つからない場合は std を調べる」ようにしたい。これを指定するには、using ディレクティブを使用する。

```
using namespace std;    // std ライブラリの名前に直接アクセスできるようにする
```

そこで本書では、これを一般的なスタイルとする。

```
#include<string>              // string ライブラリを取得
#include<iostream>             // iostream ライブラリを取得
using namespace std;           // std ライブラリの名前に直接アクセスできるようにする

int main()
{
    string name;
    cout << "Please enter your first name\n";
    cin >> name;
    cout << "Hello, " << name << '\n';
}
```

cin は std::cin、string は std::string といったようになる。std_lib_facilities.h を使用している限り、標準ヘッダーと std 名前空間について心配する必要はない。

通常は、アプリケーション分野で非常によく知られている std などの名前空間を除いて、using ディレクティブを名前空間で使用するのはよい考えではない。using ディレクティブを使いすぎると、どの名前がどこから来たものなのかがわからなくなり、またしても名前が衝突するようになってしまう。名前空間名を使って明示的に修飾したり、using 宣言を使用するようにすれば、そうした問題に悩まされずに済む。このため、（ユーザーにとって避けようのない）ヘッダーファイルに using ディレクティブを配置するのは非常によくない習慣である。ただし本書では、最初のコードを単純にするために、std のための using ディレクティブが std_lib_facilities.h に実際に含まれている。それにより、以下のようなコードの記述が可能になる。

```
#include "std_lib_facilities.h"

int main()
{
    string name;
```

第 8 章　プログラミング言語の機能：関数、その他

```
    cout << "Please enter your first name\n";
    cin >> name;
    cout << "Hello, " << name << '\n';
}
```

std 以外の名前空間では、決してこのようなことはしないことを約束する。

■ ドリル

1. `my.h`、`my.cpp`、`use.cpp` という3つのファイルを作成する。ヘッダファイル `my.h` には、以下のコードが含まれている。

   ```
   extern int foo;
   void print_foo();
   void print(int);
   ```

   ソースコードファイル `my.cpp` では、`my.h` と `std_lib_facilities.h` をインクルード（`#include`）し、`cout` を使って `foo` の値を出力する `print_foo` 関数と、`cout` を使って `i` の値を出力する `print(int i)` 関数を定義する。

   ソースコードファイル `use.cpp` では、`my.h` をインクルードし、`main` 関数を定義する。`main` 関数では、`foo` の値を 7 に設定し、`print_foo` 関数を使ってそれを出力し、`print` 関数を使って 99 の値を出力する。なお、`use.cpp` では、これらの機能が直接使用されることはないため、`std_lib_facilities.h` はインクルードされていない。

   これらのファイルをコンパイルして実行する。Windows では、`use.cpp` と `my.cpp` の両方をプロジェクトに追加し、`use.cpp` で `{ char cc; cin>>cc; }` を使って出力を表示できるようにする必要がある。ヒント：`cin` を使用するには `#include <iostream>` が必要。

2. `swap_v(int,int)`、`swap_r(int&,int&)`、`swap_cr(const int&, const int&)` の3つの関数を記述する。これらの関数の本体は以下のとおり。

   ```
   { int temp; temp=a, a=b; b=temp; }
   ```

   `a` と `b` は引数の名前である。これらの関数をそれぞれ以下のように呼び出す。

   ```
   int x = 7;
   int y = 9;
   swap_?(x,y);      // ? は v、r、または cr と置き換える
   swap_?(7,9);
   const int cx = 7;
   const int cy = 9;
   swap_?(cx,cy);
   swap_?(7.7,9.9);
   double dx = 7.7;
   double dy = 9.9;
   swap_?(dx,dy);
   swap_?(dx,dy);
   ```

   コンパイルが通った関数と呼び出しはどれか。それはなぜか。コンパイルが通った swap 関数ごとに呼び出し後の引数の値を出力し、それらが実際に交換されたかどうかを確認する。意外な結果になった場合は、「§8.6 評価の順序」を読み返してみよう。

3. 3つの名前空間 X、Y、Z が含まれた1つのファイルを使って、以下の main 関数を正しく動作させるプログラムを記述する。

```
int main()
{
    X::var = 7;
    X::print();    // X の var を出力
    using namespace Y;
    var = 9;
    print();       // Y の var を出力
    { using Z::var;
        using Z::print;
        var = 11;
        print();   // Z の var を出力
    }
    print();       // Y の var を出力
    X::print();    // X の var を出力
}
```

これらの名前空間ごとに、var という変数と、cout を使って適切な var を出力する print という関数を定義する必要がある。

■ 復習

1. 宣言と定義の違いは何か。
2. 関数宣言と関数定義を構文的に区別するにはどうすればよいか。
3. 変数宣言と変数定義を構文的に区別するにはどうすればよいか。
4. 第6章の電卓プログラムにおいて、関数を使用する前に宣言しなければならないのはなぜか。
5. `int a;` は定義か、それとも単なる宣言か。
6. 変数を宣言時に初期化するのがよい考えなのはなぜか。
7. 関数宣言の構成要素は何か。
8. インデントの利点は何か。
9. ヘッダーファイルは何のために使用されるか。
10. 宣言のスコープとは何か。
11. スコープにはどのような種類があるか。それぞれ例をあげる。
12. クラススコープとローカルスコープの違いは何か。
13. グローバル変数の数を最小限にすべきなのはなぜか。
14. 値渡しと参照渡しの違いは何か。
15. 参照渡しと const 参照渡しの違いは何か。
16. swap() とは何か。

17. vector<double> を値渡しのパラメーターとして関数を定義したい状況はあるか。
18. 評価の順序が未定義であることが問題になる理由を、評価の順序が未定義となる例をあげて説明する。
19. x&&y と x||y はそれぞれ何を意味するか。
20. 関数の内側の関数、クラスの内側の関数、クラスの内側のクラス、関数の内側のクラスのうち、標準準拠の C++ であるのはどれか。
21. アクティベーションレコードには何が含まれるか。
22. コールスタックとは何か。それが必要なのはなぜか。
23. 名前空間の目的は何か。
24. 名前空間とクラスの違いは何か。
25. using 宣言とは何か。
26. ヘッダーで using ディレクティブを使用すべきでない理由は何か。
27. 名前空間 std とは何か。

■ 用語

const
const 参照渡し（pass-by-const-reference）
constexpr
extern
namespace
return
using 宣言（using declaration）
using ディレクティブ（using directive）
アクティベーションレコード（activation record）
値渡し（pass-by-value）
イニシャライザー（initializer）
入れ子のブロック（nested block）
関数（function）
関数定義（function definition）
クラススコープ（class scope）
グローバルスコープ（global scope）

コールスタック（call stack）
再帰（recursion）
参照渡し（pass-by-reference）
スコープ（scope）
宣言（declaration）
宣言されていない識別子（undeclared identifier）
先行宣言（forward declaration）
定義（definition）
名前空間スコープ（namespace scope）
パラメーター（parameter）
引数（argument）
引数渡し（argument passing）
ヘッダーファイル（header file）
文スコープ（statement scope）
戻り値（return value）
ローカルスコープ（local scope）

■ 練習問題

1. 第 7 章の電卓プログラムを修正し、単に cin を使用するのではなく、入力ストリームを明示的なパラメーターにする（§8.5.8）。また、Token_stream にコンストラクター（§7.8.2）と istream& 型のパラメーターを追加する。それにより、ファイルなどに接続される独自のストリーム（istream）を作成する方法について検討するときに、それらを電卓プログラムで使用できるようにする。ヒント：istream をコピーしない。
2. int 型の vector を cout に出力する関数 print を記述する。この関数は引数として、出力に「ラベルを付ける」ための文字列と vector の 2 つを受け取る。
3. フィボナッチ数列の vector を作成し、練習問題 2 の関数を使ってそれらを出力する。vector を作成するための関数として fibonacci(x,y,v,n) を記述する。この場合、整数 x と y は int 型、v は空の vector<int>、n は v に設定する要素の個数である。v[0] は x になり、v[1] は y になる。フィボナッチ数とは、各要素がその前にある 2 つの要素の和である数列の一部のことだ。たとえば、1 と 2 から始めると、1, 2, 3, 5, 8, 13, 21, ・・・ のようになる。fibonacci 関数は、引数 x と y から始まる数列を作成するものとする。
4. int 型で保持できるのは整数の最大数までである。fibonacci 関数を使ってその最大数の近似値を求める。
5. vector<int> の要素の順序を逆にするリバース関数を 2 つ記述する。たとえば、1, 3, 5, 7, 9 は 9, 7, 5, 3, 1 になる。1 つ目のリバース関数は、要素を逆の順序にした新しい vector を生成し、元の vector を変化させない。2 つ目のリバース関数は、vector の要素を他の vector を使用せずに逆の順序にする。ヒント：swap。
6. 練習問題 5 の関数を、vector<string> を使用するように書き換える。
7. 5 つの名前を vector<string> name に読み込み、それらの名前の人物の年齢をユーザーに入力させ、年齢を vector<double> age に格納する。次に、name[i] と age[i] のペアを 5 つ出力する。名前を並べ替え（sort(name.begin(), name.end())）、name[i] と age[i] のペアを出力する。ここで注意しなければならないのは、age vector の順序をソート済みの name vector と正しく一致させることだ。ヒント：age をソートする前にコピーを作成し、それを使って age をソートした後の正しい順序で age のコピーを作成する。
8. 次に、同じことを繰り返すが、今後は任意の数の名前を使用できるようにする。
9. price および weight という名前の 2 つの vector<double> に基づき、すべての price[i]*weight[i] の合計である値（インデックス）を計算する関数を記述する。weight.size()<=price.size() でなければならないことに注意。
10. 引数として渡された vector の最大の要素を返す関数 maxv を記述する。
11. 引数として渡された vector から最小の要素と最大の要素を割り出し、平均値と中央値も計算する関数を記述する。グローバル変数を使用してはならない。結果が含まれた struct を返すか、参照渡しの引数を通じてそれらを返す。複数の結果を返すこれら 2 つの方法のうち、読者の好みはどちらか。それはなぜか。
12. print_until_s 関数（§8.5.2）を改良してテストする。よいテストケースの条件とは何か。その理由をあげる。次に、quite 引数と一致するものが 2 回検出されるまで出力する print_until_ss 関数を記述する。
13. vector<string> 型の引数を受け取り、各 string の文字数が含まれた vector<int> 型の値を

返す関数を記述する。また、最も長い string と最も短い string、および辞書式順序において最初の string と最後の string を割り出す。これらのタスクに使用する関数はいくつになるか。それはなぜか。
14. たとえば void f(const int); など、参照渡しではない const 引数を宣言することは可能か。それはどのような意味になるか。そのようにしたい理由は何か。それがめったに行われないのはなぜか。小さいプログラムをいくつか作成し、その仕組みを確かめてみる。

■　追記

　本章（および次章）の内容の多くは付録に収めることもできた。ただし、ここで説明した機能のほとんどは、本書の第 II 部で必要となる。また、これらの機能は、読者がいずれ遭遇する問題の大部分をすばやく解決できるように設計されている。これから取り組むであろう単純なプログラミング問題のほとんどで、そうした問題を解決する必要が生じるだろう。時間を節約し、混乱を最小限に抑えるには、マニュアルや付録を「適当」にめくってみるのではなく、少し体系的な手法が必要となる。

第9章
プログラミング言語の機能：クラス、その他

> 何事にも時間が必要だ。
> ― Piet Hein

本章では、プログラミングのメインツールである C++ プログラミング言語に引き続き焦点を合わせる。ここでは、言語の技術的な詳細のうち、主にユーザー定義型に関連する部分であるクラスと列挙を取り上げる。言語の機能については、Date 型を徐々に改良していく形で説明する。この機会に、クラスを設計するための効果的な手法についても説明することにしよう。

9.1	ユーザー定義型	9.5	列挙	
9.2	クラスとメンバー		9.5.1	class なしの列挙
9.3	インターフェイスと実装	9.6	演算子のオーバーロード	
9.4	進化するクラス	9.7	クラスのインターフェイス	
	9.4.1 struct と関数		9.7.1	引数の型
	9.4.2 メンバー関数とコンストラクター		9.7.2	コピー
	9.4.3 詳細は内密に		9.7.3	デフォルトコンストラクター
	9.4.4 メンバー関数の定義		9.7.4	const メンバー関数
	9.4.5 現在のオブジェクトの参照		9.7.5	メンバーとヘルパー関数
	9.4.6 エラーの報告	9.8	Date クラス	

9.1 ユーザー定義型

C++ 言語は、`char`、`int`、`double` といった組み込み型を提供する (§A.8)。型が「組み込み」と呼ばれるのは、プログラマーがソースコードの宣言で示さなくても、その型のオブジェクトを表す方法とその型で実行できる `+` や `*` といった演算がコンパイラーによって認識される場合である。

組み込みではない型は、**ユーザー定義型** (*user-defined type* : UDT) と呼ばれる。ユーザー定義型は、`string`、`vector`、`ostream` のような標準ライブラリの型か (第 10 章)、`Token` や `Token_stream` のように自分で構築する型である (§6.5、§6.6)。標準ライブラリの型は、ISO C++ 規格の実装の一部として提供される。ここで必要な技術を身につけた後は、`Shape`、`Line`、`Text` といったグラフィックス型の構築に進む (第 13 章)。標準ライブラリの型は、言語の一部であるという点では組み込み型と同じである。それらがユーザー定義型と見なされるのは、それらがプリミティブから構築され、その手法が型を独自に構築するときと同じだからだ — 標準ライブラリの開発者が、通常のプログラマーにはない特権や設備を持っているわけではない。組み込み型と同様に、ほとんどのユーザー定義型は演算をサポートする。たとえば、`vector` は `[]` と `size()` をサポートし (§4.6.1、§B.4.8)、`ostream` は `<<` をサポートし、`Token_stream` は `get()` をサポートし (§6.8)、`Shape` は `add(Point)` と `set_color()` をサポートする (§14.2)。

型を構築するのはなぜだろうか。プログラムで使用されるかもしれないすべての型をコンパイラーが知っているかと言えば、それはあり得ない。便利な型は数え切れないほどあり、言語の設計者やコンパイラーの実装者がそれらをすべて把握するのは不可能である。新しい型は日々考案されている。なぜだろうか。型は何に役立つのだろうか。型はアイデアをコードで直接表現するのに役立つ。コードを記述するときには、アイデアをそのままコードとして表現し、その内容を自分自身や同僚、コンパイラーが理解できるようにするのが理想である。整数演算を実行したい場合は、`int` 型が大きな助けとなる。テキストを操作したい場合は、`string` 型が大きな助けとなる。電卓の入力を操作したい場合は、`Token` 型と `Token_stream` 型が大きな助けとなる。こうした助けは、以下の 2 つの形で提供される。

- 表現
  型はオブジェクトで必要となるデータを表す方法を知っている。
- 操作
  型はオブジェクトに適用できる演算を知っている。

多くのアイデアは次のパターンに従う — 「何か」がその現在の値または現在の**状態** (*state*) を表すデータを持ち、そのデータに適用できる一連の演算を持つ。コンピューターファイル、Web ページ、トースター、ミュージックプレイヤー、コーヒーカップ、車のエンジン、携帯電話、電話帳を思い浮かべてみよう。これらはどれも何らかのデータで特徴づけることができ、程度の差はあれ、実行可能な一定の標準演算を備えている。どの場合も、演算の結果はオブジェクトのデータ (現在の状態) に左右される。

そこで、そうした「アイデア」や「概念」をデータ構造と一連の関数として表現したい。問題は、その「正確な方法」である。本章では、それを C++ で行うための基本的な方法を示す。

C++ には、クラスと列挙という 2 種類のユーザー定義型がある。クラスのほうがはるかに汎用的で重要であるため、まずクラスから見ていく。クラスは概念をプログラムで直接表す。**クラス** (*class*) とは、その型のオブジェクトが表される方法、それらのオブジェクトを作成する方法、それらを使用する

方法、そしてそれらを削除する方法を指定する（ユーザー定義）型のことだ（§17.5）。「何か」を別個のエンティティとして捉える場合は、その「何か」をプログラムで表すためのクラスを定義すべきである。例としては、ベクター、行列、入力ストリーム、文字列、高速フーリエ変換（FFT）、バルブコントローラー、ロボットアーム、デバイスドライバー、画面上の画像、ダイアログボックス、グラフ、ウィンドウ、計測温度、時計があげられる。

　C++では（ほとんどの言語と同様に）、クラスは大きなプログラムの重要な構成要素である。そして電卓プログラム（第6章、第7章）で示したように、小さなプログラムでも非常に役立つ。

9.2　クラスとメンバー

クラスはユーザー定義型であり、組み込み型、他のユーザー定義型、および関数で構成される。クラスを定義するために使用される部品をメンバー（*member*）と呼ぶ。クラスは0個以上のメンバーで構成される。

```
class X {
public:
    int m;                                              // データメンバー
    int mf(int v) { int old = m; m=v; return old; }    // 関数メンバー
};
```

メンバーの型はさまざまである。そのほとんどは、クラスのオブジェクトの表現を定義するデータメンバーか、そうしたオブジェクトでの演算を提供する関数メンバーである。メンバーにアクセスするには、`object.member` 表記を使用する。

```
X var;                  // var は X 型の変数
var.m = 7;              // var のデータメンバー m に代入
int x = var.mf(9);      // var の関数メンバー mf を呼び出す
```

`var.m` は「var の m」と読むことができる。ほとんどの人は「var ドット m」または「var の m」と読む。メンバーの型は、そのメンバーで実行できる演算を決定する。たとえば、`int` 型のメンバーの読み取りと書き込みや、関数メンバーの呼び出しなどが可能である。

　`X` の `mf()` などのメンバー関数では、`var.m` 表記を使用する必要はなく、メンバー名だけ（この場合は `m`）で使用できる。メンバー関数の内側では、メンバー名は、そのメンバー関数が呼び出されたオブジェクトのその名前のメンバーを表す。したがって、`var.mf(9)` の呼び出しでは、`mf()` の定義に含まれている `m` は `var.m` を表す。

9.3 インターフェイスと実装

通常、クラスについてはインターフェイスと実装を持つものとして考える。インターフェイスは、クラスの宣言においてそのユーザーが直接アクセスする部分である。実装は、クラスの宣言においてそのユーザーがインターフェイスを通じて間接的にのみアクセスする部分である。公開インターフェイスは `public:` ラベルによって識別され、実装は `private:` ラベルによって識別される。クラスの宣言については、以下のようなものとして考えることができる。

```
class X {   // このクラスの名前は X
public:
    // public メンバー：ユーザーへのインターフェイス
    // （すべてのユーザーからアクセス可能）
    // 関数
    // 型
    // データ（多くの場合は private に保つのが最も効果的）
private:
    // private メンバー：実装上の詳細
    // （このクラスのメンバーだけが使用）
    // 関数
    // 型
    // データ
};
```

クラスのメンバーはデフォルトで `private` である。つまり、以下のコードは、

```
class X {
    int mf(int);
    ...
};
```

以下を意味する。

```
class X {
private:
    int mf(int);
    ...
};
```

よって、以下のようになる。

```
X x;                // X 型の変数 x
int y = x.mf();     // エラー: mf は private（つまり、アクセス不可）
```

ユーザーは private メンバーを直接参照できない。代わりに、それらにアクセスできる public 関数を使用する必要がある。

```
class X {
    int m;
    int mf(int);
public:
    int f(int i) { m=i; return mf(i); }
};

X x;
int y = x.f(2);
```

インターフェイスはユーザーから見たクラスであり、実装上の詳細は実装者から見たクラスである ── 本書では、この重要な区別を表すために、private と public を使い分けている。これについては、そのつど説明し、例を示すことにする。なお、単なるデータであるものについては、この区別が意味をなさないことを指摘しておく。このため、private な実装上の詳細を持たないクラスのための便利な簡易表記が用意されている。struct は、メンバーがデフォルトで public となる class である。以下のコードは、

```
struct X {
    int m;
    ...
};
```

以下を意味する。

```
class X {
public:
    int m;
    ...
};
```

struct は主にメンバーが任意の値を持つことができるデータ構造に使用される。つまり、意味のある不変条件を定義することはできない（§9.4.3）。

295

9.4 進化するクラス

ここでは、単純なデータ構造を private な実装上の詳細とそれらをサポートする演算を持つクラスに進化させる方法と、その理由を示すことにする。それにより、クラスをサポートする C++ の機能と、それらを使用するための基本的な手法を明らかにする。ここでは、プログラムで「1954 年 8 月 14 日」といった日付を表す方法に取り組む。これはありきたりな問題に思えるが、商取引、気象データ、カレンダープログラム、作業記録、在庫管理など、多くのプログラムで日付が必要になることは明らかである。唯一の問題は、それらをどのように表すかである。

9.4.1 struct と関数

日付はどのように表せばよいだろうか。そう質問されると、ほとんどの人は「年、月、日はどうか」と答える。それは唯一の答えではないし、最善の答えであるとも限らないが、ここでは十分なので、そうすることにしよう。最初は単純な struct を定義する。

```
// 単純なDate（単純すぎる?）
struct Date {
    int y;   // 年
    int m;   // 月
    int d;   // 日
};

Date today;   // Date 型の変数（名前付きオブジェクト）
```

today などの Date オブジェクトは、単に 3 つの int で表される。

	Date:
y:	2005
m:	12
d:	24

Date に関して言えば、隠れたデータ構造が種明かしになるような「マジック」はどこにも存在しない — これは本章で示す Date のどのバージョンにも当てはまる。

Date を作成したのはよいとして、それらを使って何ができるだろうか。today（およびその他の Date）のメンバーにアクセスし、それらを自由に読み書きできるという意味では、何でもできる。盲点は、実際には便利でも何でもないことだ。Date を使って何を行うにしても、これらのメンバーの読み書きとして記述しなければならないのだ。

```
// today を 2005 年 12 月 24 日に設定
today.y = 2005;
today.m = 24;
```

```
today.d = 12;
```

これはつまらない作業であり、間違いのもとである。どこに間違いがあるかわかっただろうか。つまらない作業はエラーになりやすいと相場が決まっている。たとえば、これは意味が通るだろうか。

```
Date x;
x.y = -3;
x.m = 13;
x.d = 32;
```

おそらく意味が通らないし、誰もこのように書いたりしない。以下のコードはどうだろう。

```
Date y;
y.y = 2000;
y.m = 2;
y.d = 29;
```

2000年はうるう年だった？　本当に？

そこで、最も一般的な演算を自動的に行うためのヘルパー関数をいくつか定義してみよう。そうすれば、同じコードを繰り返し記述する必要がなくなり、同じ間違いを繰り返してはそれを見つけて修正する、ということもなくなる。ほぼどのような型でも、初期化と代入は最も一般的な演算に含まれる。Dateの場合は、Dateの値を増やすことも一般的な演算の1つなので、以下の関数を定義する。

```
// ヘルパー関数：
void init_day(Date& dd, int y, int m, int d)
{
    // (y,m,d) が有効な日付かどうかを確認
    // そうである場合は、dd を初期化
}

void add_day(Date& dd, int n)
{
    // dd を n 日増やす
}
```

さっそく Date を使ってみることにしよう。

```
void f()
{
    Date today;
    init_day(today, 12, 24, 2005);    // 12年の24月2005日？
    add_day(today,1);
}
```

まず、ここでヘルパー関数として実装されている演算の有用性に着目しよう。日付が有効かどうかを確認するのはかなり面倒である。チェック関数が存在しない場合は、日付をチェックするコードをプログラムごとに記述するはめになる。面倒くさくなってチェックを省いてしまい、プログラムにバグを残してしまうのがおちだ。型を定義するのは、その型に対する何らかの演算が必要だからである。必要となる演算の正確な数や種類はそのときどきで異なる。関数、メンバー関数、演算子など、それらの演算を提供する厳密な方法もさまざまだが、型を提供することに決めたら、「この型に必要になりそうな演算は何か」について常に考えてみよう。

9.4.2 メンバー関数とコンストラクター

`Date` には、`Date` の有効性に関して重要なチェックを行う初期化関数が定義されている。だが、チェック関数があっても使用されなければほとんど意味がない。たとえば、`Date` 用の出力演算子 `<<` を定義したとしよう（§9.8）。

```
void f()
{
    Date today;
    ...
    cout << today << '\n';      // today を使用
    ...
    init_day(today,2008,3,30);
    ...
    Date tomorrow;
    tomorrow.y = today.y;
    tomorrow.m = today.m;
    tomorrow.d = today.d+1;    // today に 1 を足す
    cout << tomorrow << '\n';  // tomorrow を使用
}
```

`today` をすぐに初期化するのを忘れている。そして `init_day` 関数を呼び出すころには、「誰か」がそれを使ってしまっている。「別の誰か」が `add_day` 関数を呼び出す時間を惜しみ — あるいはそれを知らされておらず — わざわざ `tomorrow` を作成している。率直に言って、これは悪いコードである。しかも、非常に悪い。おそらくほとんどの場合はうまくいくが、小さな変更が深刻なエラーに発展する。たとえば、初期化されていない `Date` を出力すると、ごみが出力される。そして、メンバー `d` に単に 1 を足して日付をインクリメントするのは時限爆弾のようなものだ。`today` が月の最後の日だったとしたら、インクリメントによってあり得ない日付が生成されることになる。この「非常に悪いコード」が始末に負えないのは、悪いコードに見えない点だ。

このように考えていくと、「忘れることができない初期化関数」と、「見過ごされる可能性が低い演算」にたどり着く。そのための基本的なツールは**メンバー関数**（*member function*）である。つまり、クラスの本体でクラスのメンバーとして宣言される関数だ。

9.4 進化するクラス

```
// 単純な Date
// コンストラクターによる初期化を保証する
// 表記上の便利さを提供する
struct Date {
    int y, m, d;                        // 年、月、日
    Date(int yy, int mm, int dd);       // 日付の有効性を確認した上で初期化
    void add_day(int n);                // Date を n 日増やす
};
```

クラスと同じ名前が付いたメンバー関数は特別である。そうした関数は**コンストラクター**（*constructor*）と呼ばれ、クラスのオブジェクトの作成（construction）に使用される。クラスに引数を要求するコンストラクターが定義されている場合、そのクラスのオブジェクトを初期化するのを忘れると（コンパイル）エラーになる。そうした初期化を行うための便利な構文がある。

```
Date my_birthday;                       // エラー: my_birthday が初期化されていない
Date today {12,24,2007};                // ランタイムエラー
Date last {2000,12,31};                 // OK（口語スタイル）
Date next = {2014,2,14};                // これも OK（少し冗長なスタイル）
Date christmas = Date{1976,12,24};      // これも OK（冗長なスタイル）
```

`my_birthday` の宣言がエラーになるのは、必要な初期値が指定されていないためだ。初期値とは、`Date` のコンストラクターが要求する引数のことである。`today` の宣言は、コンパイルエラーにはならないものの、コンストラクターのコードによるチェックで、日付が無効であることが実行時に検出される。`{12,24,2007}` は 12 年 24 月 2007 日であり、そのような日付は存在しない。

`last` の定義では、初期値を変数名のすぐ後に `{}` で囲んで指定している。クラスに引数を要求するコンストラクターが定義されている場合、そうしたクラスの変数を初期化する方法としては、これが最も一般的である。また、`christmas` の定義のような、より冗長なスタイルも使用できる。このスタイルでは、オブジェクト（`Date{1976,12,24}`）を明示的に作成し、それを = 初期化構文 で使用することにより、変数を初期化する。だが、入力するのが実際に好きならともかく、すぐに飽きてしまうだろう。

新しく定義した変数を使用してみよう。

```
last.add_day(1);
add_day(2);     // エラー: どの Date か
```

メンバー関数 `add_day` がメンバーアクセス表記を使って特定の `Date` で呼び出されることに注意しよう。メンバー関数を定義する方法については、「§9.4.4 メンバー関数の定義」で説明する。

C++98 では、初期化リストをかっこ（`()`）で区切っていた。このため、以下のようなコードがいくらでも見つかる。

```
Date last(2000,12,31);      // OK（古い口語スタイル）
```

本書では、初期化リストに中かっこ（`{}`）を使用するようにしている。そのほうが、初期化（作成）が完了したことが明白になるからだ。また、こちらの表記のほうが用途も広い。この表記は組み込み型

にも使用できる。

```
int x {7};                    // OK（新しい初期化リストスタイル）
```

必要であれば、{} リストの前に = を置いてもかまわない。

```
Date next = {2014,2,14};   // これも OK（少し冗長）
```

この古い組み合わせよりも新しいスタイルのほうが読みやすいと感じる人もいる。

9.4.3　詳細は内密に

問題はまだ残っている。誰かがメンバー関数 add_day を使用するのを忘れた場合はどうなるだろうか。誰かが月を直接変更しようとした場合はどうなるだろうか。何しろ、そのための機能を提供するのを「忘れて」しまっている。

```
Date birthday {1960,12,31};    // 1960 年 12 月 31 日
++birthday.d;      // 無効な日付（birthday.d==32 なので日が無効）

Date today {1970,2,3};
today.m = 14;      // 無効な日付（today.m==14 なので月が無効）
```

Date の表現に誰でもアクセスできるようにしている限り、故意かどうかはともかく、誰かがそれをめちゃめちゃにしてしまうだろう。つまり、誰かが無効な値を生成する何かを行う。この場合は、暦に存在しない日付で Date を作成している。こうした無効なオブジェクトは時限爆弾のようなものだ。誰かが無効な値を無邪気に使用し、ランタイムエラーや（通常はさらにまずいことに）不正な結果を生成するのは時間の問題である。

こうした懸念から、ここで提供している public メンバー関数を使用する以外に、Date の表現にユーザーがアクセスできないようにすべきであるという結論に達する。最初の試みは以下のようになる。

```
// 単純なDate（アクセスを制御する）
class Date {
    int y, m, d;                // 年、月、日
public:
    Date(int yy, int mm, int dd);  // 日付の有効性を確認した上で初期化
    void add_day(int n);           // Date を n 日増やす
    int month() { return m; }
    int day() { return d; }
    int year() { return y; }
};
```

これは以下のように使用できる。

```
Date birthday {1970, 12, 30};       // OK
birthday.m = 14;                    // エラー: Date::m は private
cout << birthday.month() << '\n';   // m を読み取る方法は提供されている
```

「有効な日付（Date）」という概念は、有効な値という概念の重要にして特殊なケースである。型を設計するときには、値が有効であることが保証されるようにする。つまり、表現を隠ぺいし、有効なオブジェクトだけを作成するコンストラクターを提供し、すべてのメンバー関数が有効な値を期待して有効な値だけを残すように設計する。オブジェクトの値はよくオブジェクトの**状態**（*state*）と呼ばれ、オブジェクトの有効な値はよくオブジェクトの**有効な状態**（*valid state*）と呼ばれる。

これに代わる方法は、オブジェクトを使用するたびに有効性をチェックするか、誰も無効な値を残していかないことを願うかである。経験上、「願うこと」が「かなりよい」プログラムにつながることはわかっている。だが、その「かなりよい」プログラムがたまに不正な結果を生成し、たまにクラッシュしていたのでは、仲間として認められ、プロとして一目置かれることはない。このため、私たちは正しいことを実証できるコードを書くことにしている。

有効な値となるものを定めるルールは、**不変条件**（*invariant*）と呼ばれる。うるう年、グレゴリオ暦、タイムゾーンなどを考えると、Date の不変条件である「Date は過去、現在、未来の日付を表さなければならない」を正確に表現するのはことのほか難しい。ただし、Date の単純かつ現実的な用途に関しては、それは可能である。たとえば、インターネットのログを分析している場合に、グレゴリオ暦、ユリウス暦、あるいはマヤ暦のことで頭を悩ませる必要はない。よい不変条件が思いつかないとしたら、おそらく単純なデータを扱っているからだ。その場合は、struct を使用すればよい。

9.4.4　メンバー関数の定義

ここまでは、インターフェイスの設計者とユーザーの立場から Date を見てきた。しかし、遅かれ早かれ、これらのメンバー関数を実装しなければならない。まず、Date クラスの新しい構成の一部を見てみよう。この Date クラスは、公開インターフェイスを提供するという一般的なスタイルに合わせて定義されている。

```
// 単純なDate（実装上の詳細を最後に定義するスタイル）
class Date {
public:
    Date(int yy, int mm, int dd);   // 日付の有効性を確認した上で初期化
    void add_day(int n);            // Date を n 日増やす
    int month();
    ...
private:
    int y, m, d;                    // 年、月、日
};
```

公開インターフェイスが最初に定義されるのは、ほとんどの人が関心を持つのはインターフェイスだからだ。原則として、ユーザーが実装上の詳細を調べる必要はない。現実には、プログラマーはたいてい知りたがりで、実装が妥当かどうか、実装者が使用している手法の中に参考になるものがあるかどう

かを調べるために、ちょっとのぞいてみたくなる。ただし、実装者でなければ、ほとんどの時間は公開インターフェイスに費やすことになる。コンパイラーはクラスの関数メンバーとデータメンバーの順序に無頓着で、実装者が決めた順序で宣言を取得する。

クラスのメンバーをクラスの外側で定義するときには、それがどのクラスのメンバーであるかを指定する必要がある。これには、`class::member` 表記を使用する。

```
Date::Date(int yy, int mm, int dd)     // コンストラクター
    :y(yy), m(mm), d(dd)               // メンバーイニシャライザー
{
}

void Date::add_day(int n)
{
    ...
}

int month()                            // Date:: を忘れている
{
    return m;      // メンバー関数ではないため、m にアクセスできない
}
```

`:y(yy), m(mm), d(dd)` という表記は、メンバーを初期化する方法を示しており、（メンバー）イニシャライザーリスト（*(member) initializer list*）と呼ばれる。以下のように記述することもできるが、

```
Date::Date(int yy, int mm, int dd)     // コンストラクター
{
    y = yy;
    m = mm;
    d = dd;
}
```

このようにすると、基本的には、メンバーをデフォルト初期化してから値を代入することになる。それにより、メンバーを初期化する前に誤って使用する可能性が生じる。`:y(yy), m(mm), d(dd)` という表記は、ここでの意図をより直接的に表している。その違いは、以下の2つの違いとまったく同じだ。

```
int x;         // 最初に変数 x を定義
...
x = 2;         // 最後に x に代入
```

および

```
int x {2};     // x を定義し、直ちに 2 で初期化
```

また、クラス定義の中でメンバー関数を完全に定義するという方法もある。

```
// 単純なDate（実装上の詳細を最後に定義するスタイル）
class Date {
public:
    Date(int yy, int mm, int dd)
        :y(yy), m(mm), d(dd)
    {
        ...
    }

    void add_day(int n)
    {
        ...
    }

    int month() { return m; }

    ...
private:
    int y, m, d;    // 年、月、日
};
```

最初に気づくのは、クラスの宣言が以前よりも「ごちゃごちゃ」していることだ。この例では、コンストラクターと add_day 関数のコードがそれぞれ十数行になる可能性がある。このため、クラス宣言の大きさが数倍になり、実装上の詳細の中からインターフェイスを見つけ出すのは難しくなる。このため本書では、大きな関数はクラス宣言で定義しないことにする。

ただし、month 関数の定義を見てみると、Date::month() をクラス宣言の外側に配置する場合よりも簡単で短いことがわかる。こうした単純で短い関数であれば、クラス宣言の中で定義することを検討してもよいだろう。

また、m が month 関数よりも後ろ（下）で定義されているにもかかわらず、month 関数が m を参照できることに注意しよう。クラスのメンバーがクラスのどこで宣言されているかに関係なく、クラスのメンバーは他の関数メンバーまたはデータメンバーを参照できる。「名前は使用する前に宣言されていなければならない」というルールは、クラスという限られたスコープの中では緩められるのである。

クラス宣言の中でメンバー関数を定義することには、以下の3つの効果がある。

- 関数がインライン（*inline*）になる。つまり、関数が呼び出される場所ごとに、関数呼び出し命令を実行して同じコードを使用するのではなく、その関数のコードをコンパイラーが生成しようとする。month 関数のように、ほとんど何もしないものの頻繁に呼び出される関数では、これによりパフォーマンスが大幅に改善されることがある。

- インライン関数の本体を変更するたびに、そのクラスを使用しているコードをすべて再コンパイルしなければならない。関数本体がクラス宣言の外側にある場合、そのクラスを使用するコードの再コンパイルが必要になるのは、クラス宣言自体が変更されたときだけである。大きなプログラムでは、本体が変更されたときに再コンパイルせずに済むことが大きな利点となる。
- クラスの定義が大きくなる。結果として、メンバー関数の定義の中からメンバーを見つけ出すのが難しくなる。

よって、原則は次のようになる。小さな関数をインライン化してパフォーマンスを改善しなければならないことがわかっている場合を除いて、メンバー関数の本体をクラス宣言の中に配置してはならない。たとえば5行以上の大きな関数では、インライン化によるメリットはなく、クラス宣言が読みにくくなるだけである。3つ以上の式で構成される関数をインライン化することはめったにない。

9.4.5　現在のオブジェクトの参照

現時点の `Date` クラスの単純な使用法について考えてみよう。

```
class Date {
    ...
    int month() { return m; }
    ...
private:
    int y, m, d;    // 年、月、日
};

void f(Date d1, Date d2)
{
    cout << d1.month() << ' ' << d2.month() << '\n';
}
```

`Date::month()` は、最初の呼び出しでは `d1.m` の値を返し、次の呼び出しでは `d2.m` の値を返すことをどのようにして知るのだろうか。`Date::month()` には、それらしき引数はない。`Date::month()` は、どのオブジェクトで呼び出されたのかをどのようにして突き止めるのだろうか。`Date::month()` などのメンバー関数には、呼び出されたオブジェクトを識別するための暗黙的な引数がある。1つ目の呼び出しで `m` が `d1.m` を表し、2つ目の呼び出しで `d2.m` を表すのは、そのためだ。この暗黙的な引数の詳細については、第17章の「§17.10 this ポインター」で説明する。

9.4.6　エラーの報告

無効な日付が検出された場合はどうすればよいだろうか。無効な日付はコードのどこで調べればよいだろうか。第5章の「§5.6 例外」の説明により、1つ目の質問への答えが例外をスローすることで、最初に調べる場所が `Date` を作成する場所であることがわかる。無効な `Date` を作成せず、メンバー関数を正しく記述すれば、`Date` が無効な値を持つことはない。そこで、無効な状態の `Date` をユーザーが

作成できないようにしてみよう。

```
// 単純なDate（無効な日付を回避する）
class Date {
public:
    class Invalid {};              // 例外として使用
    Date(int yy, int mm, int dd);  // 日付の有効性を確認した上で初期化
    ...
private:
    int y, m, d;                   // 年、月、日
    bool is_valid();               // 日付が有効である場合は true を返す
};
```

有効性の確認と初期化は論理的に異なるものであり、複数のコンストラクターを定義することも考えられるため、ここでは有効性の評価を is_valid という別の関数に配置している。このように、private データだけでなく、private 関数を定義することもできる。

```
Date::Date(int yy, int mm, int dd)
    : y(yy), m(mm), d(dd)          // データメンバーを初期化
{
    if (!is_valid()) throw Invalid();  // 有効性を確認
}

bool Date::is_valid()              // 日付が有効である場合は true を返す
{
    if (m<1 || 12<m) return false;
    ...
}
```

Date の定義に基づき、以下のコードを記述できる。

```
void f(int x, int y)

try {
    Date dxy {2004,x,y};
    cout << dxy << '\n';    // << の宣言については 9.8 を参照
    dxy.add_day(2);
}
catch(Date::Invalid) {
    error("invalid date");  // 5.6.3 で定義した error 関数
}
```

`<<` と `add_day` 関数が有効な `Date` を使用することはこれで確実となった。

`Date` クラスは「§9.7 クラスのインターフェイス」で完成させることにして、少し回り道をしよう。次節では、このクラスを完成させるために必要な、一般的な言語の機能を2つ紹介する。それらは列挙と演算子のオーバーロードである。

9.5 列挙

`enum` は、列挙（*enumeration*）という非常に単純なユーザー定義型を表す。列挙の一連の値は**列挙子**（*enumerators*）と呼ばれ、シンボル定数として指定される。

```
enum class Month {
    jan=1, feb, mar, apr, may, jun, jul, aug, sep, oct, nov, dec
};
```

列挙の「本体」は、その列挙子のリストである。`enum class` の `class` 部分は、列挙子がその列挙のスコープに含まれていることを意味する。つまり、`jan` にアクセスするには、`Month::jan` と指定しなければならない。

この `jan` のように、列挙子に特定の表現値を割り当てることもできるし、適切な値をコンパイラーに選択させることもできる。コンパイラーに選択させる場合、列挙子にはそれぞれ1つ前の列挙子の値に1を足した値が割り当てられる。したがって、先の `Month` 列挙の定義では、1から始まる連続した値が各列挙子に割り当てられる。これは以下のように記述することに相当する。

```
enum class Month {
    jan=1, feb=2, mar=3, apr=4, may=5, jun=6,
    jul=7, aug=8, sep=9, oct=10, nov=11, dec=12
};
```

だが、これでは面倒であり、エラーのきっかけを作っているようなものだ。実際、このコードを正しく入力するのに2回もタイプミスをした。機械的な反復作業はコンパイラーに任せたほうがよい。そうした作業はコンパイラー向きであり、コンパイラーは飽きるということがない。

1つ目の列挙子を初期化しない場合、カウントは0から始まる。

```
enum class Day {
    monday, tuesday, wednesday, thursday, friday, saturday, sunday
};
```

この場合、`monday` は0として表され、`sunday` は6として表される。実際のところ、0から始まるのはたいていよい選択である。

`Month` は以下のように使用できる。

```
Month m = Month::feb;

Month m2 = feb;        // エラー: feb はスコープ外
```

```
m = 7;                    // エラー: Month に int は代入できない
int n = m;                // エラー: int に Month は代入できない
Month mm = Month(7);      // int を Month に変換（チェックなし）
```

Month はそのベースとなっている int 型とは別の型である。Month にはそれぞれ同じ整数値が含まれているが、ほとんどの int には Month に相当するものがないことを考えれば、これは当然のことだ。たとえば、以下のような初期化は確実に失敗させたい。

```
Month bad = 9999;    // エラー: int は Month に変換できない
```

Month(9999) という表記をどうしても使用したい場合は、どうぞご自由に。多くの場合、プログラマーがきっぱりと宣言すれば、それがばかげていたとしても、C++ はそれを止めようとしない —— 結局は、プログラマーのほうがよくわかっているかもしれないのだから。Month{9999} という表記を使用できないのは、Month の初期化に使用できる値しか許可されないからだ。Month の初期化に int は使用できない。

残念ながら、列挙の初期値をチェックするようなコンストラクターは定義できない。だが、単純なチェック関数を記述するのは簡単だ。

```
Month int_to_month(int x)
{
    if (x<int(Month::jan) || int(Month::dec)<x) error("bad month");
    return Month(x);
}
```

ここでは、int(Month::jan) という表記を使って Month::jan の int 表現を取得している。これにより、以下のコードを記述できる。

```
void f(int m)
{
    Month mm = int_to_month(m);
    ...
}
```

列挙にはどのような用途があるのだろうか。基本的には、関連する名前が付いた一連の整数定数が必要な場合に役立つ。up / down、yes / no / maybe、on / off、n / ne / e / se / s / sw / w / nw といった選択肢や、red、blue、green、yellow、maroon、crimson、black といった個々の値を表そうとすれば、そのたびに列挙が必要となる。

9.5.1 class なしの列挙

スコープ付きの列挙（*scoped enumerations*）である enum class に加えて、class が付かない列挙もある。スコープ付きの列挙との違いは、列挙のスコープに列挙子が暗黙的に「エクスポート」され、int への暗黙的な変換が可能になることだ。

```
enum Month {              // "class" がないことに注意
    jan=1, feb, mar, apr, may, jun, jul, aug, sep, oct, nov, dec
};

Month m = feb;            // OK: feb はスコープ内
Month m2 = Month::feb;    // これも OK
m = 7;                    // エラー: int は Month に代入できない
int n = m;                // OK: Month は int に代入できる
Month mm = Month(7);      // int を Month に変換（チェックなし）
```

こうした「単なる列挙」は明らかに `enum class` ほど厳格ではない。そうした列挙の列挙子には、それらが定義されているスコープを「適用」できる。これは便利である反面、意外な結果につながることがある。たとえば、この `Month` 列挙を `iostream` の書式設定メカニズム（§11.2.1）と併用した場合、12 月を表す `dec` が 10 進数を表す `dec` と衝突してしまう。

同様に、列挙値が `int` に変換されることについても、`int` への変換が必要なときに明示的に行う手間が省けるという点では便利かもしれないが、やはり意外な結果につながることがある。

```
void my_code(Month m)
{
    if (m==17) do_something();              // 17 月?
    if (m==monday) do_something_else();     // 月を Monday と比較?
}
```

`Month` が `enum class` である場合は、どちらの条件もコンパイルエラーになる。`monday` が class なしの enum の列挙子である場合は、`m==monday` がエラーにならないため、望ましくない結果になる可能性が高い。

単なる `enum` よりも `enum class` のほうが単純で安全だが、古いコードでは単なる `enum` が見つかることを覚悟しておこう。`enum class` は C++11 で新しく追加されたものだからだ。

9.6 演算子のオーバーロード

オペランドがクラスまたは列挙であれば、C++のほぼすべての演算子を定義できる。これはよく**演算子のオーバーロード**（*operator overloading*）と呼ばれる。演算子をオーバーロードするのは、設計している型に対して慣例的な表記を提供したい場合だ。

```
enum class Month {
    Jan=1, Feb, Mar, Apr, May, Jun, Jul, Aug, Sep, Oct, Nov, Dec
};

Month operator++(Month& m)                    // 前置インクリメント演算子
{
    m = (m==Month::Dec) ? Month::Jan : Month(int(m)+1);   // 最初の月に戻る
    return m;
}
```

`? :` 構文は「算術 `if` 文」である。`(m==Month::Dec)` の場合は `m` が `Jan` になり、それ以外の場合は `Month(int(m)+1)` になる。これは、12月の次に「最初の月に戻る」ことを表す、かなり洗練された方法だ。この場合は、`Month` 型を以下のように使用できる。

```
Month m = Month::Sep;
++m;      // m は Oct になる
++m;      // m は Nov になる
++m;      // m は Dec になる
++m;      // m は Jan になる（最初の月に戻る）
```

特別な演算子が必要になるほど `Month` をインクリメントすることがあるのだろうか、と考えたかもしれない。そうかもしれないが、出力演算子はどうだろうか。これは以下のように定義できる。

```
vector<string> month_tbl;

ostream& operator<<(ostream& os, Month m)
{
    return os << month_tbl[int(m)];
}
```

このコードは、`month_tbl` がどこかで初期化されていて、（たとえば）`month_tbl[int(Month::Mar)]` が `"March"` であるなど、3月を表す名前であることを想定している（§10.11.3）。

ユーザー定義型では C++ が提供している演算子をほぼすべて定義できるが、それは `+`、`-`、`*`、`/`、`%`、`[]`、`()`、`^`、`!`、`&`、`<`、`<=`、`>`、`>=` といった既存の演算子に限られる。演算子を独自に定義することはできない。つまり、プログラムで `**` や `$=` を演算子として使用したいとしても、それを実行に移すこと

はできない。演算子を定義するときのオペランドの個数は慣例的に決まっている。たとえば、単項の - は定義できるが、単項の <= （以下）は定義できない。二項の + は定義できるが、二項の！（否定）は定義できない。基本的には、ユーザー定義型で既存の構文を使用することはできるが、その構文を拡張することはできない。

オーバーロードされた演算子では、オペランドとしてユーザー定義型を少なくとも 1 つ使用しなければならない。

```
int operator+(int,int);     // エラー：組み込みの + はオーバーロードできない
Vector operator+(const Vector&, const Vector &);   // OK
Vector operator+=(const Vector&, int);              // OK
```

コードにとって大きなプラスになるという絶対的な自信がある場合を除いて、型の演算子を定義するのは一般によい考えではない。また、演算子は従来の意味でのみ定義するようにしよう。つまり、+ は加算、二項の * は乗算、[] はアクセス、() は呼び出しを意味しなければならない。これは言語のルールではなく、単なるアドバイスだが、よいアドバイスである。加算の + 演算子など、演算子の従来の使用法はプログラムを理解するのに大きく役立つことがある。結局のところ、こうした使用法は数学表記での数百年におよぶ経験の賜物なのだ。逆に、あいまいな演算子や演算子の型破りな使用法は注意力を散漫にし、エラーの原因になることもある。この点については詳しく述べない。代わりに、この後の章では、適切であると思われる場所で演算子のオーバーロードを使用することにする。

オーバーロードの最も有力な候補となるのは、大方の予想に反して +、-、*、/ ではなく、=、==、!=、<、[]（添字）、()（呼び出し）の 6 つの演算子である。

9.7　クラスのインターフェイス

すでに指摘したように、クラスの公開インターフェイスと実装部分は分けるべきである。POD（Plain Old Data）[*1] である型に struct を使用する可能性が残されている以上、プロとしてこれに同意しない人はほとんどいないだろう。だが、よいインターフェイスを設計するにはどうすればよいのだろうか。公開インターフェイスの良し悪しを決めるのは何だろうか。その答えの一部については例を見てもらうしかないが、原則をいくつかあげることができる。その一部は C++ でサポートされている。

- インターフェイスを完成させる。
- インターフェイスを最小限に保つ。
- コンストラクターを提供する。
- コピーをサポートするかどうかを決める（§14.2.4）。
- 型を使って引数を十分にチェックする。
- 変更を行わないメンバー関数を特定する（§9.7.4）。
- すべてのリソースをデストラクターで解放する（§17.5）。

なお、ランタイムエラーを検出して報告する方法については、第 5 章の「§5.5 ランタイムエラー」で説明している。

[*1] 監注：POD とは、C 言語の構造体のような昔ながらの型で、ユーザー定義のコンストラクターやデストラクター、コピー/ムーブのコンストラクター/代入演算子が存在せず、そのデータメンバーもすべて POD の要件を満たす型のことであり、オブジェクトの内部表現をバイト単位でコピーできる保証が与えられた型のことをいう。

9.7 クラスのインターフェイス

最初の2つの原則を要約すると、「インターフェイスはできるだけ小さく保つが、小さすぎてもいけない」となる。インターフェイスを小さくするのは、そのほうが理解しやすく覚えやすいことに加えて、めったに使用されない無駄な機能の実装で時間を無駄にせずに済むからだ。インターフェイスが小さいということは、何かがおかしくなったときに、問題を突き止めるために調べる関数の数が少ないということもである。平均すると、`public` メンバー関数の数が多いほど、バグを発見するのは難しくなる。そして、`public` データを持つクラスのデバッグはやっかいなので、できれば関わりたくない。だがもちろん、本当に必要なことをすべて実行できる完全なインターフェイスでなければ意味がない。

ここでは、C++ がより具体的にサポートしている機能を見てみよう。

9.7.1 引数の型

`Date` のコンストラクター（§9.4.3）を定義したときには、引数として `int` を3つ使用した。それにより、問題がいくつか生じた。

```
Date d1 {4,5,2005};      // 4年4月2005日?
Date d2 {2005,4,5};      // 4月5日、それとも5月4日?
```

1つ目の問題である「日が無効」については、コンストラクターでのテストを通じて簡単に対処できる。ただし、2つ目の問題である「月と日の混同」は、ユーザーが書いたコードでは捕捉できない。この問題は単に月と日の書き方に関する習慣上の違いである。たとえば「4/5」は、アメリカでは4月5日であり、イギリスでは5月4日である。これを計算で解決することはできないため、何か別の方法が必要だ。すぐに思い浮かぶのは、`Month` 型を使用する方法である。

```
enum class Month {
    jan=1, feb, mar, apr, may, jun, jul, aug, sep, oct, nov, dec
};

// 単純なDate（Month 型を使用する）
class Date {
public:
    Date(int yy, Month mm, int dd);    // 日付の有効性を確認した上で初期化
    ...
private:
    int y;                    // 年
    Month m;                  // 月
    int d;                    // 日
};
```

`Month` 型を使用すると、月と日が入れ替わっていることがコンパイル時に検出されるようになる。列挙を `Month` 型として使用すると、シンボル名も使用できるようになる。通常は、数字をいじくり回すよりも、シンボル名を読み書きするほうが簡単だ。ということは、エラーも少なくなる。

```
    Date dx1 {1998, 4, 3};              // エラー: 第2引数が Month ではない
    Date dx2 {1998, 4, Month::mar};     // エラー: 第2引数が Month ではない
    Date dx2 {4, Month::mar, 1998};     // ランタイムエラー: 1998 日
    Date dx2 {Month::mar, 4, 1998};     // エラー: 第2引数が Month ではない
    Date dx3 {1998, Month::mar, 30};    // OK
```

これにより、ほとんどの「アクシデント」に対処できる。列挙名を使って列挙子 mar を Month::mar のように修飾していることに注目しよう。Month.mar と記述しないのは、Month がオブジェクトではなく、mar がデータメンバーではないからだ。Month は型であり、mar は列挙子、つまりシンボル定数である。:: は、クラス、列挙、名前空間（§8.7）の名前の後に使用する。.（ドット）は、オブジェクトの名前の後に使用する。

どちらかを選択できるなら、エラーは実行時ではなくコンパイル時に捕捉したいところだ。本書では、問題が発生した場所をコードで探し回るのではなく、コンパイラーに検出させるほうを選択する。また、コンパイル時にエラーが捕捉されれば、チェック用のコードを記述して実行する必要もなくなる。

ということは、日と年が入れ替わっていることも捕捉できるのだろうか。不可能ではないが、Month を使用する方法ほど単純でもうまい方法でもない。結局のところ、4 という年は存在するし、それを表現したいことだってあるかもしれない。現代の年に限定したとしても、該当する年の数は列挙するには多すぎるに違いない。

（Date を使用する意図をよく理解していなければ）おそらく以下のようにするのが関の山だろう。

```
    class Year {                        // [min:max) の範囲内の年
        static const int min = 1800;
        static const int max = 2200;
    public:
        class Invalid { };
        Year(int x) : y{x} { if (x<min || max<=x) throw Invalid{}; }
        int year() { return y; }
    private:
        int y;
    };

    class Date {
    public:
        Date(Year yy, Month mm, int dd);    // 日付の有効性を確認した上で初期化
        ...
    private:
        Year y;                         // 年
        Month m;                        // 月
        int d;                          // 日
    };
```

9.7 クラスのインターフェイス

この場合は以下のようになる。

```
Date dx1 {Year{1998}, 4, 3};              // エラー: 第2引数が Month ではない
Date dx2 {Year{1998}, 4, Month::mar};     // エラー: 第2引数が Month ではない
Date dx2 {4, Month::mar, Year{1998}};     // エラー: 第1引数が Year ではない
Date dx2 {Month::mar, 4, Year{1998}};     // エラー: 第2引数が Month ではない
Date dx3 {Year{1998}, Month::mar, 30};    // OK
```

この奇妙にしてあまり起こりそうにないエラーは、やはり実行時まで発見されないだろう。

```
Date dx2 {Year{4}, Month::mar, 1998};     // ランタイムエラー: Year::Invalid
```

年をチェックすることに、その余分な作業と表記に見合うだけの価値はあるのだろうか。当然ながら、それは Date を使って解決しようとしている問題にどのような制約があるかによるが、この場合は疑わしいので、ここから先は Year クラスを使用しないことにする。

プログラミングの際には、目的のアプリケーションにとって十分によいものとは何かについて常に考えてみる必要がある。通常は、十分によいものがすでに見つかった後に、完璧な解決策を「永遠」に探せるような余裕はない。さらに調べているうちに凝った解決策を思いついてしまい、前の単純な解決策のほうがましだった、ということになるかもしれない。これは「最善は善の敵」（ボルテール）の1つの真意である。

min と max の定義で static const を使用していることに注目しよう。これはクラスの内側で整数型のシンボル定数を定義する手段である。クラスのメンバーに static を使用するのは、クラスのオブジェクトごとに値を1つ存在させるのではなく、プログラム全体で値を1つだけ存在させるためだ。この場合は、イニシャライザーが定数式であるため、const の代わりに constexpr を使用することもできた。

9.7.2 コピー

オブジェクトを作成しなければならない以上、常に初期化とコンストラクターについて検討することになる。それらがクラスの最も重要なメンバーであることはほぼ間違いない。それらを記述するには、オブジェクトを初期化するために必要なものと、値が有効であることの意味、つまり不変条件は何かを決定しなければならない。初期化について考えるだけでも、エラーを回避するのに役立つ。

次に検討しなければならないのは、多くの場合、オブジェクトをコピーできるかどうかである。そして、オブジェクトをコピーできるとしたら、どのようにしてコピーすればよいだろうか。

Date または Month の場合は、当然、それらの型のオブジェクトをコピーしたいところだ。そして、コピー（*copy*）の意味は明白である。すべてのメンバーをコピーすればよい。実際には、これはデフォルトのケースである。よって、他に何も指定しなければ、コンパイラーは実際にそのようにする。たとえば、イニシャライザーまたは代入の左辺として Date をコピーすると、Date のメンバーがすべてコピーされる。

```
Date holiday {1978, Month::jul, 4};       // 初期化
Date d2 = holiday;
Date d3 = Date{1978, Month::jul, 4};
```

```
holiday = Date{1978, Month::dec, 24};    // 代入
d3 = holiday;
```

これはすべて予想どおりに処理される。`Date{1978, Month::dec, 24}` という表記では、適切な `Date` オブジェクトが名前なしで作成されるため、あとはそれを適切に使用すればよい。

```
cout << Date{1978, Month::dec, 24};
```

このように使用すると、コンストラクターはクラス型のリテラルと同じように機能する。多くの場合、これは最初に変数または `const` を定義してそれを一度だけ使用することに代わる方法として役立つ。

コピーのデフォルトの意味が望ましくない場合はどうすればよいだろうか。コピーの意味を独自に定義するか（§18.3）、コピーコンストラクターとコピー代入を無効（`delete`）にすればよい（§14.2.4）。

9.7.3　デフォルトコンストラクター

初期化されていない変数は、重大なエラーの原因になる可能性がある。クラスのオブジェクトがすべて初期化されることを保証するコンストラクターの概念は、この問題に対処するためにある。たとえば本章では、`Date::Date(int,Month,int)` というコンストラクターを宣言し、すべての `Date` が正しく初期化されるようにした。`Date` の場合、それはプログラマーが正しい型の引数を3つ指定しなければならないことを意味する。

```
Date d0;                    // エラー：イニシャライザーがない
Date d1 {};                 // エラー：空のイニシャライザー
Date d2 {1998};             // エラー：引数の数が少なすぎる
Date d3 {1,2,3,4};          // エラー：引数の数が多すぎる
Date d4 {1,"jan",2};        // エラー：引数の型が正しくない
Date d5 {1,Month::jan,2};   // OK：引数3つのコンストラクターを使用
Date d6 {d5};               // OK：コピーコンストラクターを使用
```

`Date` のコンストラクターを定義したにもかかわらず、依然として `Date` をコピーできることに注目しよう。

多くのクラスでは、デフォルト値が適切に定義されている。つまり、「イニシャライザーを指定しなかった場合、値はどうなるか」という質問に対する明確な答えが存在する。

```
string s1;              // デフォルト値：空の文字列 ""
vector<string> v1;      // デフォルト値：空の vector（要素なし）
```

これは妥当に思えるし、コメントに示されているとおりに動作する。これは、望ましい初期化を暗黙的に提供するデフォルトコンストラクター（*default constructor*）を `vector` と `string` に与えることによって実現されている。

たとえば `T` という型がある場合、`T{}` はデフォルトコンストラクターによって定義されるデフォルト値の表記であるため、以下のように記述できる。

9.7 クラスのインターフェイス

```
string s1 = string{};                    // デフォルト値: 空の文字列
vector<string> v1 = vector<string>{};    // デフォルト値: 空の vector
```

ただし本書では、それに相当する口語スタイルのほうを使用する。

```
string s1;                // デフォルト値: 空の文字列
vector<string> v1;        // デフォルト値: 空の vector
```

`int` や `double` といった組み込み型の場合、デフォルトコンストラクターは 0 を意味する。したがって、`int{}` は 0 を示すための複雑な方法であり、`double{}` は 0.0 を示すための冗長な方法である。

デフォルトコンストラクターを使用するのは、単なる体裁の問題ではない。仮に、`string` や `vector` を初期化しないでおくことが可能であったとしたらどうなるだろうか。

```
string s;
for (int i=0; i<s.size(); ++i)    // イテレーションの回数が未定義のループ
    s[i] = toupper(s[i]);         // ランダムなメモリー位置の内容を変更

vector<string> v;
v.push_back("bad");               // ランダムアドレスへの書き込み
```

s と v の値が本当に未定義である場合、s と v に含まれる要素の個数や、それらの要素が格納されるはずの場所（§17.5）を表す概念はない。結果として、ランダムアドレスを使用することになり、それは最悪の種類のエラーにつながるおそれがある。基本的には、コンストラクターがなければ、不変条件を確立することはできない。つまり、そうした変数の値が有効であることは保証できない（§9.4.3）。そうした変数が初期化されることを義務づけなければならない。イニシャライザーにこだわり、以下のように記述することもできる。

```
string s1 = "";
vector<string> v1 {};
```

しかし、これはそれほどよい考えには思えない。`""` が `string` にとって「空の文字列」であることはわかりきっているし、`{}` が `vector` にとって空の `vector` であることもわかりきっている。一方で、多くの型では、デフォルト値の妥当な表記を見つけるのは容易ではない。そうした型では、イニシャライザーを明示的に使用しなくてもオブジェクトの作成に意味を与えるようなコンストラクターを定義するほうがよい。これは引数を受け取らないコンストラクターであり、**デフォルトコンストラクター**（*default constructor*）と呼ばれる。

日付に対する明白なデフォルト値はない。ここまで `Date` のデフォルトコンストラクターを定義しなかったのはそのためだが、（あくまでもそれが可能であることを示すために）デフォルトコンストラクターを定義してみよう。

```
class Date {
public:
    ...
```

```
        Date();    // デフォルトコンストラクター
        ...
    private:
        int y;
        Month m;
        int d;
    };
```

デフォルトの日付を選択しなければならない。21 世紀の最初の日を選択するのがよさそうだ。

```
    Date::Date()
        :y{2001}, m{Month::jan}, d{1}
    {
    }
```

メンバーのデフォルト値は、コンストラクターに組み込むのではなく、メンバーを宣言するときに指定できる。

```
    class Date {
    public:
        ...
        Date();             // デフォルトコンストラクター
        Date(int yy, Month mm, int dd);
        Date(int yy);    // yy 年 1 月 1 日
        ...
    private:
        int y {2001};
        Month m {Month::jan};
        int d {1};
    };
```

これにより、すべてのコンストラクターがデフォルト値を利用できるようになる。

```
    Date::Date(int yy)                    // yy 年 1 月 1 日
        :y{yy}
    {
        if (!is_valid()) throw Invalid{};  // 有効性をチェック
    }
```

Date(int) は月 (m) と日 (d) を明示的に初期化しないため、指定されたイニシャライザー (Month::jan と 1) が暗黙的に使用される。クラスのメンバー宣言の一部として指定されるイニシャライザーは、クラス内イニシャライザー (*in-class initializer*) と呼ばれる。

9.7 クラスのインターフェイス

コンストラクターのコードにデフォルト値を組み込みたくない場合は、定数（または変数）を使用することもできる。ここでは、グローバル変数とそれにまつわる初期化の問題を避けるために、第 8 章の「§8.6.2 グローバル変数の初期化」の手法を使用する。

```
const Date& default_date()
{
    static Date dd {2001,Month::jan,1};
    return dd;
}
```

変数（dd）に static を使用したのは、default_date 関数が呼び出されるたびに変数を作成するのではなく、変数を一度だけ作成し、default_date 関数の最初の呼び出しでのみ初期化されるようにするためだ。default_date 関数が定義されたので、Date のデフォルトコンストラクターを定義するのは簡単だ。

```
Date::Date()
    :y{default_date().year()},
    m{default_date().month()},
    d{default_date().day()}
{
}
```

デフォルトコンストラクターでは値をチェックする必要がないことに注意しよう。値のチェックは default_date のコンストラクターがすでに行っている。この Date のデフォルトコンストラクターをもとに、要素の値を指定せずに空ではない vector を定義してみよう。

```
vector<Date> birthdays(10);    // Date のデフォルト値 Date{} が設定された
                               // 10 個の要素
```

デフォルトコンストラクターがない場合は、以下のように明示的に記述しなければならない。

```
vector<Date> birthdays(10,default_date());    // デフォルトの Date × 10

vector<Date> birthdays2 = {                   // デフォルトの Date × 10
    default_date(), default_date(), default_date(), default_date(),
    default_date(), default_date(), default_date(), default_date(),
    default_date(), default_date()
};
```

vector の要素の個数を指定するときに、イニシャライザーリストの表記である {} ではなく、() を使用している。これは、vector<int> のケースと取り違えるのを避けるためだ（§18.2）。

317

9.7.4 const メンバー関数

変数の中には、変更されることを前提とするものと —— だから「変数」と呼ばれるわけだが —— そうではないものがある。つまり、イミュータブル（不変）な値を表す「変数」がある。そうした変数は一般に**定数**（*constant*）または const と呼ばれる。以下のコードについて考えてみよう。

```
void some_function(Date& d, const Date& start_of_term)
{
    int a = d.day();                // OK
    int b = start_of_term.day();    // OK のはず（なぜ?）
    d.add_day(3);                   // 問題ない
    start_of_term.add_day(3);       // エラー
}
```

ここでは、d はミュータブル（可変）、start_of_term はイミュータブル（不変）であると想定されている。つまり、some_function 関数は start_of_term を変更できない。コンパイラーはそれをどのようにして知るのだろうか。コンパイラーがそれを知るのは、start_of_term が const として宣言されているからだ。ここまではよいとしよう。だが、day 関数を使って start_of_term の day を読み取ることが OK なのはなぜだろうか。Date の現在の定義では、start_of_term.day() はエラーである。day 関数が Date を変更しないことをコンパイラーは知らないからだ。そのような指定はないため、コンパイラーは day 関数が Date を変更するかもしれないと考え、エラーとして報告する。

この問題に対処するには、クラスでの演算を、オブジェクトを変更するものと変更しないものに分類すればよい。これはクラスを理解するのに役立つきわめて基本的な分類だが、実際に非常に重要でもある —— オブジェクトを変更しない演算は const オブジェクトで呼び出せるからだ。

```
class Date {
public:
    ...
    int day() const;            // const メンバー: オブジェクトを変更できない
    Month month() const;        // const メンバー: オブジェクトを変更できない
    int year() const;           // const メンバー: オブジェクトを変更できない

    void add_day(int n);        // 非 const メンバー: オブジェクトを変更できる
    void add_month(int n);      // 非 const メンバー: オブジェクトを変更できる
    void add_year(int n);       // 非 const メンバー: オブジェクトを変更できる
private:
    int y;                      // 年
    Month m;                    // 月
    int d;                      // 日
};
```

```
    Date d {2000, Month::jan, 20};
    const Date cd {2001, Month::feb, 21};

    cout << d.day() << " - " << cd.day() << '\n';    // OK
    d.add_day(1);                                     // OK
    cd.add_day(1);                                    // エラー: cd は const
```

ここでは、メンバー関数の宣言のすぐ後ろに const を指定することで、そのメンバー関数を const オブジェクトで呼び出せることを示している。メンバー関数を const として宣言した後、コンパイラーはオブジェクトを変更しないという約束をプログラマーに守らせる。

```
    int Date::day() const
    {
        ++d;    // エラー: const メンバー関数からオブジェクトを変更しようとした
        return d;
    }
```

もちろん、通常はこの方法で「ずる」をしようとはしない。コンパイラーがクラスの実装者に提供するのは、主にアクシデントに対する予防措置である。より複雑なコードでは、これが特に役立つ。

9.7.5 メンバーとヘルパー関数

最小限の（ただし完全な）インターフェイスを設計するときには、単に便利なだけの演算の多くを取り除く必要がある。自立した関数、つまり非メンバー関数として単純に、的確に、効率よく実装できる関数は、クラスの外側で実装すべきである。そうすれば、その関数のバグによってクラスオブジェクトのデータが直接破壊されることはあり得なくなる。通常のデバッグ手法は「容疑者を捜す」ことなので、「表現にアクセスしていない」ことは重要だ。つまり、クラスで何か問題が発生したら、まず表現に直接アクセスする関数を調べる。そのどれかが「下手を打った」ことはほぼ確実だ。そうした関数が10個あったとしても、50個あるよりはずっとましである。

Date クラスの関数が 50 個もあるなんて冗談だろうと思っているに違いない。冗談ではない。数年ほど前、筆者は営利目的で使用されている Date ライブラリをいくつか調べていて、それらが next_Sunday や next_workday といった関数でいっぱいであることに気づいた。理解しやすく、実装しやすく、メンテナンスしやすいことではなく、ユーザーにとって便利であることを目的として設計されたクラスであれば、50 は決して不合理な数字ではない。

また、表現を変更する場合に、その表現に直接アクセスする関数だけを書き換えればよいことにも注目しよう。これはインターフェイスを最小限に保つ最も現実的な理由の 1 つである。たとえば Date の例で、1900 年 1 月 1 日からの日数を表す整数のほうが、「年、月、日」を使用するよりもはるかによい表現であると判断したとしよう。その場合は、メンバー関数だけを変更すればよいことになる。

ここで、**ヘルパー関数**（*helper function*）の例をいくつか見てみよう。

```
Date next_Sunday(const Date& d)
{
    // d.day()、d.month()、d.year() を使って d にアクセス
    // 新しい Date を作成して返す
}

Date next_weekday(const Date& d) { /* ... */ }

bool leapyear(int y) { /* ... */ }

bool operator==(const Date& a, const Date& b)
{
    return a.year()==b.year() && a.month()==b.month()
                            && a.day()==b.day();
}

bool operator!=(const Date& a, const Date& b)
{
    return !(a==b);
}
```

ヘルパー関数は、**簡易関数**（*convenience functions*）や**補助関数**（*auxiliary function*）とも呼ばれる。これらの関数と他の非メンバー関数を区別するのは、考えてみれば当然のことだ。つまり、**ヘルパー関数**は設計上の概念であり、プログラミング言語の概念ではない。多くの場合、ヘルパー関数の引数は、それらがどのクラスのヘルパーであるかを示す。ただし、例外がある。leapyear 関数をよく見てみよう。多くの場合、私たちは名前空間を使ってヘルパー関数のグループを識別する（§8.7）。

```
namespace Chrono {
    enum class Month { /* ... */ };
    class Date { /* ... */ };
    bool is_date(int y, Month m, int d);   // 日付が有効である場合は true
    Date next_Sunday(const Date& d) { /* ... */ }
    Date next_weekday(const Date& d) { /* ... */ }
    bool leapyear(int y) { /* ... */ }       // 練習問題 10 を参照
    bool operator!=(const Date& a, const Date& b) { /* ... */ }
    ...
}
```

== 関数と != 関数に注目しよう。それらは典型的なヘルパーである。多くのクラスでは、== と != の意味は明らかだが、すべてのクラスで意味を持つわけではない。このため、コンパイラーはコピーコ

ンストラクターやコピー代入を書き出すときのようにそれらを書き出すことができない。

また、ヘルパー関数 `is_date` が追加されていることもわかる。日付が有効であるかどうかの確認は、Date の表現とはおおむね無関係であるため、`Date::check()` は `is_date` に置き換えられている。たとえば、「2008年1月30日」が有効で、「2008年2月30日」が有効でないことを知るために、Date オブジェクトがどのように表現されているのかを知る必要はない。「1066年1月30日」を表せるかどうかなど、表現に依存するような側面がデータにあったとしても、Date のコンストラクターでそれに対処すればよい。

9.8 Date クラス

では、すべてを1つにまとめ、すべてのアイデアや関心事を組み合わせたときに Date クラスがどうなるかを確かめてみよう。関数の本体が `...` だけの場合は、実際の実装が複雑であることを示すため、まだそれらの実装を試さないようにしよう。まず、宣言をヘッダー Chrono.h に配置する。

```cpp
// ファイル: Chrono.h

namespace Chrono {

enum class Month {
    jan=1, feb, mar, apr, may, jun, jul, aug, sep, oct, nov, dec
};

class Date {
public:
    class Invalid { };              // 例外としてスロー

    Date(int yy, Month mm, int dd); // 日付の有効性を確認した上で初期化
    Date();                         // デフォルトコンストラクター
    // デフォルトのコピー演算でOK

    // 変更を伴わない演算:
    int day() const { return d; }
    Month month() const { return m; }
    int year() const { return y; }

    // 変更を伴う演算:
    void add_day(int n);
    void add_month(int n);
    void add_year(int n);
private:
```

```cpp
        int y;
        Month m;
        int d;
    };

    bool is_date(int y, Month m, int d);   // 日付が有効である場合は true

    bool leapyear(int y);                  // y がうるう年である場合は true

    bool operator==(const Date& a, const Date& b);
    bool operator!=(const Date& a, const Date& b);

    ostream& operator<<(ostream& os, const Date& d);

    istream& operator>>(istream& is, Date& dd);
}   // Chrono
```

定義は Chrono.cpp に配置する。

```cpp
// ファイル: Chrono.cpp
#include "Chrono.h"

namespace Chrono {
// メンバー関数の定義:

Date::Date(int yy, Month mm, int dd)
    : y{yy}, m{mm}, d{dd}
{
    if (!is_date(yy,mm,dd)) throw Invalid{};
}


const Date& default_date()
{
    static Date dd {2001,Month::jan,1};   // 21 世紀の最初の日
    return dd;
}


Date::Date()
    :y{default_date().year()},
```

```cpp
        m{default_date().month()},
        d{default_date().day()}
{
}

void Date::add_day(int n)
{
    ...
}

void Date::add_month(int n)
{
    ...
}

void Date::add_year(int n)
{
    if (m==Month::feb && d==29 && !leapyear(y+n)) {   // うるう年に注意
        m = Month::mar;    // 2月29日の代わりに3月1日を使用
        d = 1;
    }
    y+=n;
}

// ヘルパー関数:
bool is_date(int y, Month m, int d)
{
    // y は有効であると前提

    if (d<=0) return false;    // d は正の数でなければならない
    if (m<Month::jan || Month::dec<m) return false;

    int days_in_month = 31;    // 月の最大日数は 31

    switch (m) {
    case Month::feb:           // 2月の日数は年による
        days_in_month = (leapyear(y))?29:28;
        break;
```

```cpp
        case Month::apr: case Month::jun: case Month::sep: case Month::nov:
            days_in_month = 30;   // 残りの月の日数は 30
            break;
    }

    if (days_in_month<d) return false;

    return true;
}

bool leapyear(int y)
{
    // 練習問題 10 を参照
}

bool operator==(const Date& a, const Date& b)
{
    return a.year()==b.year() && a.month()==b.month()
                              && a.day()==b.day();
}

bool operator!=(const Date& a, const Date& b)
{
    return !(a==b);
}

ostream& operator<<(ostream& os, const Date& d)
{
    return os << '(' << d.year()
              << ',' << int(d.month())
              << ',' << d.day() << ')';
}

istream& operator>>(istream& is, Date& dd)
{
    int y, m, d;
    char ch1, ch2, ch3, ch4;
    is >> ch1 >> y >> ch2 >> m >> ch3 >> d >> ch4;
```

9.8 Date クラス

```cpp
        if (!is) return is;
        if (ch1!='(' || ch2!=',' || ch3!=',' || ch4!=')') {   // 書式エラー
            is.clear(ios_base::failbit);   // failbit をセット
            return is;
        }

        dd = Date(y,Month(m),d);           // dd を更新

        return is;
    }

    enum class Day {
        sunday, monday, tuesday, wednesday, thursday, friday, saturday
    };

    Day day_of_week(const Date& d)
    {
        ...
    }

    Date next_Sunday(const Date& d)
    {
        ...
    }

    Date next_weekday(const Date& d)
    {
        ...
    }
}   // Chrono
```

Date クラスの >> と << を実装する関数については、第 10 章の「§10.8 ユーザー定義の出力演算子」と「§10.9 ユーザー定義の入力演算子」で説明する。

第9章 プログラミング言語の機能：クラス、その他

■ ドリル

このドリルでは、Date クラスのここまでのバージョンを正常に動作させるための作業を行う。まず、それらのバージョンごとに、1978 年 6 月 25 日に初期化される today という Date を定義する。次に、tomorrow という Date を定義し、today を tomorrow にコピーし、add_day 関数を使って日付を 1 日増やす。最後に、<< 演算子（§9.8）を使って today と tomorrow を出力する。

有効な日付のチェックは非常に簡単なものでもよく、うるう年は無視してかまわない。ただし、[1,12] の範囲外の月、または [1,31] の範囲外の日は無効とする。2004、13、−5 といった無効な日付を少なくとも 1 つテストする。

1. §9.4.1 のバージョン
2. §9.4.2 のバージョン
3. §9.4.3 のバージョン
4. §9.7.1 のバージョン
5. §9.7.4 のバージョン

■ 復習

1. 本章で説明したクラスの 2 つの部分とは何か。
2. クラスのインターフェイスと実装の違いは何か。
3. 本章で作成した最初の Date struct の制限と問題は何か。
4. コンストラクターが init_day 関数ではなく Date 型のために使用されるのはなぜか。
5. 不変条件とは何か。例をあげる。
6. 関数をクラス定義に追加するのはどのようなときか。クラスの外側で定義するのはどのようなときか。それはなぜか。
7. プログラムで演算子のオーバーロードを使用するのはどのようなときか。オーバーロードが必要になるかもしれない演算子はどれか。それぞれ理由をあげる。
8. クラスの公開インターフェイスをできるだけ小さくすべきなのはなぜか。
9. const をメンバー関数に追加するとどうなるか。
10. ヘルパー関数はクラス定義の外側に配置するのが最も適しているのはなぜか。

■ 用語

class	クラス内イニシャライザー（in-class initializer）
const	
enum	構造（structure）
struct	コンストラクター（constructor）
インターフェイス（interface）	実装（implementation）
インライン化（inlining）	デストラクター（destructor）
組み込み型（built-in types）	表現（representation）

不変条件（invariant）
ヘルパー関数（helper function）
有効な状態（valid state）
ユーザー定義型（user-defined types）
列挙（enumeration）
列挙子（enumerator）

■ 練習問題

1. トースターといった現実のオブジェクト（§9.1）の例として考えられる一連の演算をあげる。
2. 名前と年齢のペアを格納する `Name_pair` クラスを設計し、実装する。名前は `string` 型、年齢は `double` 型であり、これを `name` という `vector<string>` 型のメンバーと、`age` という `vector<double>` 型のメンバーとして表す。一連の名前を読み取る演算として `read_names` 関数を提供し、各名前の年齢をユーザーに入力させる演算として `read_ages` 関数を提供する。また、`name` によって決定された順序で `name[i]` と `age[i]` のペアを 1 行に 1 つずつ出力する `print` 関数と、`name` をアルファベット順でソートし、それに合わせて `age` を並べ替える `sort` 関数を提供する。これらの演算をすべてメンバー関数として実装し、クラスをテストする。もちろん、テストは早い段階に、頻繁に行うようにする。
3. `Name_pair::print()` を（グローバルな）演算子 `<<` と置き換え、`Name_pair` 用の `==` と `!=` を定義する。
4. 第 8 章の「§8.4 スコープ」の最後の例をもう一度取り上げ、それを正しくインデントし、各構造の意味を説明する。この例が意味のあることを何もせず、完全に不明瞭であることに注意。
5. 練習問題 5〜9 では、図書館のソフトウェアの一部として想像できるような `Book` クラスを設計し、実装する必要がある。`Book` クラスには、ISBN、本のタイトル、著者、および著作権が発生した日付に対するメンバーが必要である。また、本が貸し出されているかどうかに関するデータも格納する。これらのデータ値を返すための関数と、本の貸し出しと返却のための関数を作成する。また、`Book` に入力されるデータを簡単に検証する。たとえば、n-n-n-x 形式の ISBN だけを有効とする。この場合の n は整数、x は英数字である。
6. `Book` クラスに演算子を追加する。`==` 演算子では、2 冊の本の ISBN 番号が同じであるかどうかをチェックする。`!=` 演算子でも、ISBN 番号を比較する。`<<` 演算子では、タイトル、著者、ISBN を 1 行ずつ出力する。
7. `Book` クラス用に `Genre` という名前の列挙型を作成し、フィクション（fiction）、ノンフィクション（nonfiction）、雑誌（periodical）、伝記（biography）、児童書（children）の 5 つのジャンルを設定する。本ごとに `Genre` を割り当て、`Book` クラスのコンストラクターとメンバー関数を適切に変更する。
8. 図書館用の `Patron` クラスを作成する。このクラスは、利用者の名前、図書館カードの番号、利用料（必要に応じて）に対するメンバーを持つ。これらのデータにアクセスする関数と、利用者の利用料を設定する関数を作成する。利用者が利用料を支払う必要があるかどうかに応じて `bool` 型の値を返すヘルパー関数を作成する。
9. `Library` クラスを作成し、`Book` 型と `Patron` 型の `vector` を追加する。`Transaction` という名前の `struct` を追加し、そのメンバーとして `Book`、`Patron`、および本章の `Date` を追加する。`Transaction` 型の `vector` を作成する。図書館に本を追加するための関数、図書館に利用者を追加するための関数、本を貸し出すための関数を作成する。利用者が本を借りるたびに、利用者

と本の両方が図書館に存在することを `Library` クラスに確認させ、存在しない場合はエラーとして報告させる。続いて、利用者が利用料を支払う必要がないことを確認させ、支払う必要がある場合はエラーとして報告させる。利用者が利用料を支払う必要がない場合は、`Transaction` を作成し、それを `Transaction` 型の `vector` に追加する。また、利用料を支払う必要があるすべての利用者（`Patron`）の名前が含まれた `vector` を返す関数も作成する。

10. `leapyear` 関数（§9.8）を実装する。
11. `next_workday` や `week_of_year` など、`Date` クラスに役立つヘルパー関数を設計し、実装する。`next_workday` は、土曜日と日曜日以外のすべての日を営業日と見なす関数であり、`week_of_year` は、1月1日を含む週を週1とし、週の最初の日を日曜日とする関数である。
12. `Date` の表現を修正し、`long int` 型で表される1970年1月1日（0日目と呼ぶ）からの日数に変更する。これに合わせて、「§9.8 Date クラス」の関数を再実装する。この方法で表せる範囲に含まれない日付は無効とする。なお、0日目よりも前の日付、つまり負の日付は無効にしてよい。
13. 有理数を表すクラス `Rational` を設計し、実装する。たとえば 5/6（6分の5、または約.83333）のように、有理数は分子と分母の2つの部分で構成される。必要であれば、有理数の定義を調べる。代入演算子、加算演算子、減算演算子、乗算演算子、除算演算子、等価演算子を提供する。また、`double` 型への変換をサポートする。`Rational` クラスを使いたくなる理由は何か。
14. ドルとセントを使って計算を行うための `Money` クラスを設計し、実装する。算術演算は四捨五入を使って1セントの単位まで正確でなければならない（0.5セントは切り上げ、0.5未満のものは切り捨て）。金額は `long int` 型のセント数として表すが、入出力は $123.45 のようにドルとセントで行う。`long int` 型に収まらない金額は考慮しなくてよい。
15. `Money` クラスを改善するために通貨を追加する。通貨の種類はコンストラクターに引数として渡される。`long int` 型として正確に表現できる範囲内で浮動小数点数のイニシャライザーを使用できるものとする。不正な演算は無効とする。たとえば `Money*Money` は意味をなさない。また、USD1.23+DKK5.00 が意味をなすのは、米ドル（USD）とデンマーククローネ（DKK）間の為替レートの換算表が定義されている場合に限られる。
16. USD1.23 や DKK5.00 といった通貨単位で金額を読み取り、`Money` 型の変数に格納する入力演算子 `>>` を定義する。また、それに対応する出力演算子 `<<` も定義する。
17. `Rational` のほうが `Money` よりも数学的によい結果が得られる計算の例をあげる。
18. `Rational` のほうが `double` よりも数学的によい結果が得られる計算の例をあげる。

■ 追記

ユーザー定義型の数は、本章で示したものをはるかに超える。ユーザー定義型、特にクラスは C++ の中心であり、最も効果的な設計手法の多くにとって鍵を握る要素である。本書の残りの部分の大半は、クラスの設計と使用に関する内容となっている。クラス — または一連のクラス — は概念をコードで表すためのメカニズムである。ここでは主に言語の技術的な側面からクラスを紹介した。ここからは、有益なアイデアをクラスとして的確に表現する方法に焦点を合わせる。

第II部

入力と出力

第10章
入力ストリームと出力ストリーム

> 科学とは
> 思い違いをしないようにする方法について
> これまで私たちが学んできたことである。
> —— Richard P. Feynman

本章および次章では、I/O ストリームについて説明する。I/O ストリームは、さまざまなソースからの入出力を処理するための、C++ の標準ライブラリの機能である。これらの章では、ファイルを読み書きする方法、エラーに対処する方法、書式設定された入力を処理する方法、そしてユーザー定義型で I/O 演算子を提供し、使用する方法について説明する。本章では、個々の値を読み書きする方法と、ファイル全体を開いて読み書きする方法という、基本的なモデルに着目する。最後の例では、より大きなコードで必要となる注意点を示す。次章では、これらの詳細に取り組む。

- 10.1 入力と出力
- 10.2 I/O ストリームモデル
- 10.3 ファイル
- 10.4 ファイルを開く
- 10.5 ファイルの読み込みと書き込み
- 10.6 I/O エラー処理
- 10.7 1つの値の読み取り
  - 10.7.1 問題を処理しやすいように分割する
  - 10.7.2 対話部分と関数を切り離す
- 10.8 ユーザー定義の出力演算子
- 10.9 ユーザー定義の入力演算子
- 10.10 標準入力ループ
- 10.11 構造化されたファイルの読み込み
  - 10.11.1 メモリー内表現
  - 10.11.2 構造化された値の読み取り
  - 10.11.3 表現の変更

第 10 章　入力ストリームと出力ストリーム

10.1　入力と出力

　データがなければ、計算は無意味である。意味のある計算を行うには、プログラムにデータを入力する必要があり、プログラムから結果を取得する必要がある。第 4 章の「§4.1 コンピュテーション」では、それこそさまざまなデータソースと出力のターゲットに言及した。注意していないと、特定のソースからしか入力を受け取らず、特定の出力デバイスにしか出力できないプログラムを作成してしまうことになる。デジタルカメラやエンジン燃料噴射弁のセンサーといった特殊なアプリケーションならそれでもよいかもしれないが（むしろそのほうがよいかもしれない）、より一般的なタスクでは、実際に使用される入出力デバイスからプログラムの読み書きを切り離す方法が必要となる。デバイスの種類ごとに直接対処していたのでは、新しい画面やディスクが市場に投入されるたびにプログラムを変更しなければならなくなり、プログラマーがたまたま気に入っている画面やディスクでなければプログラムを実行できなくなる。そんなばかな話はない。

　最近のほとんどの OS では、I/O デバイスの詳細な処理はデバイスドライバーとして切り離され、プログラムは I/O ライブラリを通じてデバイスドライバーにアクセスするようになっている。I/O ライブラリは、さまざまなソースでの I/O の違いをできるだけ吸収するようになっている。一般に、デバイスドライバーはほとんどのユーザーの目につかない OS の奥深くにある。I/O ライブラリによって I/O は抽象化されるため、プログラマーはデバイスやデバイスドライバーについて考えずに済むようになる。

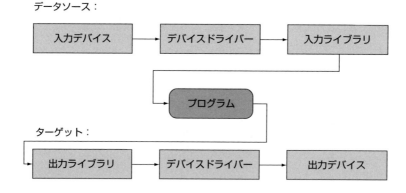

　このようなモデルを使用するときには、I/O ライブラリによって処理されるバイト（キャラクター）ストリームとして入出力を捉えることができる。より複雑な形式の I/O では、より専門的な知識が必要となる（本書では取り上げない）。したがって、アプリケーションのプログラマーとしての役目は以下のようになる。

1. 適切なデータストリームとターゲットに対する I/O ストリームを準備する。
2. それらのストリームとの間で読み書きを行う。

　デバイスとの間で実際にバイトがやり取りされる部分の詳細は、I/O ライブラリとデバイスドライバーによって処理される。本章および次章では、書式設定されたデータストリームで構成される I/O が、C++ の標準ライブラリを通じてどのように処理されるのかについて説明する。

プログラマーから見て、入出力の種類はそれほどさまざまである。ここでは、以下のように分類する。

- （多くの）データアイテムからなるストリーム。通常は、ファイル、ネットワーク接続、記録デバイス、または表示デバイスとの間でやり取りされる。
- キーボードでのユーザーとのやり取り。
- グラフィカルインターフェイスを通じたユーザーとのやり取り。オブジェクトの出力やマウスクリックの受信など。

分類の方法はこれだけではないし、3 種類の I/O の違いはそれほど明確ではない。たとえば、出力文字のストリームがブラウザー向けの HTTP ドキュメントである場合、その結果はユーザーインタラクションとの類似性が高いものになり、グラフィカル要素を含んでいることもある。逆に、GUI を通じたやり取りの結果が文字シーケンスとしてプログラムに渡されることも考えられる。ただし、この分類は私たちのツールにとって都合がよい。最初の 2 種類の I/O は、C++ の標準ライブラリの I/O ストリームによって提供され、ほとんどの OS で直接的にサポートされている。本書では、第 1 章から `iostream` ライブラリを使用している。本章および次章では、この I/O に焦点を合わせる。グラフィカルな出力とグラフィカルなユーザーインタラクションはさまざまなライブラリによって処理される。この種の I/O については、第 12 章～第 16 章で取り上げる。

10.2　I/O ストリームモデル

C++ の標準ライブラリには、入力ストリームを処理する `istream` 型と、出力ストリームを処理する `ostream` 型がある。本書ではすでに、標準ライブラリの `cin` という `istream` と、`cout` という `ostream` を使用しているため、標準ライブラリのこの部分を使用する方法は基本的にわかっている。この部分は、通常は `iostream` ライブラリと呼ばれる。

`ostream` には、以下のような特徴がある。

- さまざまな型の値を文字シーケンスに変換する。
- それらの文字を「どこか」（コンソール、ファイル、メインメモリー、別のコンピューターなど）に送信する。

`ostream` を図解すると、以下のようになる。

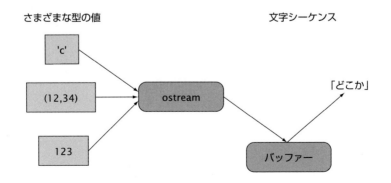

バッファー（*buffer*）とは、ユーザーがOSとのやり取りを通じて受け取るデータを格納するためにostreamが内部で使用するデータ構造（一時的な記憶域）のことだ。文字をostreamに書き込んでからそれらがターゲットに現れるまでに「遅延」があることに気づいたとしたら、通常はそれらがバッファーにとどまっているためだ。バッファリングはパフォーマンスにとって重要である。そして大量のデータを扱う場合、パフォーマンスは重要だ。

istreamには、以下のような特徴がある。

- 文字シーケンスをさまざまな型の値に変換する。
- それらの文字を「どこか」（コンソール、ファイル、メインメモリー、または別のコンピューターなど）から受け取る。

istreamを図解すると、以下のようになる。

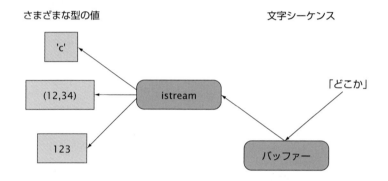

ostreamの場合と同様に、istreamはバッファーを使ってOSとやり取りする。istreamでのバッファリングは、ユーザーにとってかなり明白なことがある。キーボードに関連付けられたistreamを使用する場合、入力した内容はEnterキーを押すまでバッファーに残っているため、「気が変わった」場合は削除（Backspace）キーを使用できる。

出力の主な用途の1つは、人が読むためのデータを生成することだ。電子メールメッセージ、学術論文、Webページ、請求書の控え、営業報告書、連絡先リスト、目次、装置状態情報などを思い浮かべてみよう。ostreamがさまざまな目的に合わせてテキストの書式を設定する機能を提供するのは、そのためである。同様に、大半の入力は人が書いたものであるか、人が読みやすい書式に設定されたものだ。このためistreamには、ostreamによって生成されるような出力を読み取るための機能がある。書式設定（フォーマット）については、第11章の「§11.2 出力の書式設定」で説明する。文字以外の入力を読み取る方法については、「§11.3.2 バイナリファイル」で説明する。入力に関する複雑さのほとんどは、エラーを処理する方法に関係している。ここでは、より現実的な例を示せるよう、iostreamモデルとデータファイルとの関係から見ていこう。

10.3 ファイル

一般に、データはコンピューターのメインメモリーに収まらないほど大量にある。このため、そのほとんどはディスクやその他の大容量記憶デバイスに格納される。こうしたデバイスには、データが永続的であるという特性もある。つまり、電源を切ってもデータは消えない。最も基本的なレベルでは、ファイルは単に0から順番に番号付けされたバイトシーケンス（バイト列）である。

ファイルにはフォーマットがある。つまり、バイトの意味を決定する一連のルールがある。たとえばテキストファイルを使用する場合、最初の4バイトは最初の4文字である。これに対し、整数のバイナリ表現を使用するファイルでは、最初の4バイトは最初の整数の（バイナリ）表現となる（§11.3.2）。フォーマットは、ディスク上のファイルに対してメインメモリー内のオブジェクトに対する型と同じ役割を果たす。ファイルに含まれているビットの意味を理解できるのは、そのフォーマットを知っている場合だけである（§11.2、§11.3）[*1]。

ファイルの場合、ostream はメインメモリー内のオブジェクトをバイトストリームに変換した上でディスクに書き込む。istream は逆のことを行う。つまり、ディスクからバイトストリームを取り出し、それらをオブジェクトとして組み立てる。

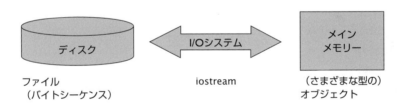

ほとんどの場合は、こうした「ディスク上のバイト」を通常の文字セットの実際の文字であると想定する。常にそうであるとは限らないが、そうした想定にはなかなかたどり着けるものではない。他の表現は、そこまでややこしくない。また、ここではすべてのファイルがディスク（回転する磁気記憶域）上にあるものと想定する。これも常にそうであるとは限らないが（フラッシュメモリーを想像してみよう）、このレベルのプログラミングでは、実際の記憶域は重要ではない。これはファイルとストリームによる抽象化の利点の1つである。

ファイルを読み込むには、以下の作業を行わなければならない。

1. ファイルの名前を知る。
2. ファイルを（読む込むために）開く。
3. 文字を読み取る。

[*1] 監注：1文字を表現するのに必要なバイト数は文字のエンコードによって変わる。文字の種類が多い日本語を表現する文字コードでは、1文字を表現するのにより多くのバイト数が必要である。C++規格は通常の文字列リテラルのエンコードを定めていない。

4. ファイルを閉じる（ただし、通常は暗黙的に閉じられる）。

ファイルに書き込むには、以下の作業を行わなければならない。

1. ファイルの名前を指定する。
2. ファイルを（書き込むために）開くか、その名前で新しいファイルを作成する。
3. オブジェクトを書き出す。
4. ファイルを閉じる（ただし、通常は暗黙的に閉じられる）。

読み書きの基礎については、すでにわかっている。ファイルに関連付けられた ostream は、ここまで実行してきたことに関しては、cout とまったく同じように動作する。ファイルに関連付けられた istream は、ここまで実行してきたことに関しては、cin とまったく同じように動作する。ファイルで実行可能な演算については、第 11 章の「§11.3.3 ファイル内での位置の指定」で説明する。ここでは、ファイルを開く方法について説明した後、すべての ostream とすべての istream に適用される演算と手法について見ていくことにしよう。

10.4　ファイルを開く

ファイルからの読み込みとファイルへの書き込みが必要な場合は、そのファイル専用のストリームを開かなければならない。ifstream はファイルを読み込むための istream であり、ofstream はファイルに書き込むための ostream である。そして fstream は読み込みと書き込みの両方に使用できる iostream である。ファイルストリームは、ファイルに関連付けてからでなければ使用できない。

```
cout << "Please enter input file name: ";
string iname;
cin >> iname;
ifstream ist {iname};   // ist は iname によってファイルに関連付けられた
                        // 入力ストリーム
if (!ist) error("can't open input file ",iname);
```

ifstream に指定されたファイルは読み取りモードで開かれる。!ist という条件式は、ファイルが正常に開かれたことを確認する。その後は、他の istream を使用する場合とまったく同じようにファイルを読み込むことができる。たとえば、入力演算子 >> が Point 型に定義されているとすれば、以下のコードを記述できる。

```
vector<Point> points;
for (Point p; ist>>p; )
    points.push_back(p);
```

ファイルへの出力は、ofstream によって同じような方法で処理される。

```
cout << "Please enter name of output file: ";
string oname;
cin >> oname;
```

```
    ofstream ost {oname};   // ost は oname によってファイルに関連付けられた
                            // 出力ストリーム
    if (!ost) error("can't open output file ",oname);
```

ofstream に指定されたファイルは書き込みモードで開かれる。!ost という条件式は、ファイルが正常に開かれたことを確認する。その後は、他の ostream を使用する場合とまったく同じようにファイルに書き込むことができる。

```
    for (Point p : points)
        ost << '(' << p.x << ',' << p.y << ")\n";
```

ファイルストリームがスコープを外れると、そのファイルストリームに関連付けられていたファイルは閉じられる。ファイルが閉じられると、そのファイルに関連付けられていたバッファーが「フラッシュ」される。つまり、バッファーにたまった文字がすべてファイルに書き出される。

通常は、プログラムの早い段階で、重要な計算が行われる前に、ファイルを開くのが望ましい。さんざん作業した後になって、結果を書き出す場所がないために作業を完了できないことに気づくのでは話にならない。

ファイルを開く作業は ostream または istream の作成の一部として暗黙的に行い、ファイルを閉じる作業はストリームのスコープに任せるのが理想的である。

```
    void fill_from_file(vector<Point>& points, string& name)
    {
        ifstream ist {name};   // ファイルを読み取りモードで開く
        if (!ist) error("can't open input file ",name);
        // ist を使用するコード
        // この関数を抜けるとファイルが暗黙的に閉じられる
    }
```

open 演算と close 演算は明示的に行うこともできる（§B.7.1）。ただし、スコープを利用すれば、ファイルストリームがストリームに関連付けられる前、またはファイルストリームが閉じられた後に、誰かがそれを使用する可能性が最小限に抑えられる。

```
    ifstream ifs;
    ...
    ifs >> foo;   // 成功しない: ifs のファイルは開かれていない
    ...
    ifs.open(name,ios_base::in);   // ファイルを読み取りモードで開く
    ...
    ifs.close();   // ファイルを閉じる
    ...
    ifs >> bar;   // 成功しない: ifs のファイルは閉じている
    ...
```

実際のコードでは、こうした問題を突き止めるのはかなり難しい場合が多い。幸いなことに、ファイルストリームを一度閉じてからでなければ、再び開くことはできない。

```
fstream fs;
fs.open("foo", ios_base::in);    // 入力モードで開く
// close() が抜けている
fs.open("foo", ios_base::out);   // 成功しない: fs はすでに開いている
if (!fs) error("impossible");
```

ストリームを開いた後は、それを忘れずにテストするようにしよう。

`open` 関数や `close` 関数を明示的に使用するのはなぜだろうか。ファイルへの接続のライフタイムがスコープによるオブジェクトのライフタイムと異なっていることがあるためだ。しかし、それは非常にまれなので、ここで心配する必要はない。言語やライブラリによっては、`iostream` をはじめとする C++ の標準ライブラリが用いているスコープという概念を持ち合わせていないことがある。先のようなコードを書いてしまうのは、そうした言語やライブラリのコーディングスタイルを C++ に持ち込むからだ。

ファイルの詳細については第 11 章で説明するが、今のところは、データの入出力先としてファイルを使用する分にはこれで十分である。これで、ユーザーがすべてのデータをそのつど手入力しなければならないような、とんでもないプログラムを記述せずに済むようになった。プログラマーにとっても、ファイルからデータを繰り返し読み込めるようになるため、デバッグに大きく役立つ。

10.5　ファイルの読み込みと書き込み

ファイルから一連の計測結果を読み込み、それらをメモリー内で表す方法について考えてみよう。気象観測所で以下の気温が観測されたとする。

```
0 15.9
1 15.8
2 15.7
3 15.1
...
```

このデータファイルでは、データは時刻と気温のペアとして含まれている。時間は 0 〜 23 のように番号付けされ、気温はセ氏で表されている。それ以上の書式（フォーマット）は想定されていない。つまり、このファイルには、計測地といった特別なヘッダー情報や、値の単位、値のペアを囲むかっことといった句読点、終わりを示す文字（以下、終了文字）などは含まれていない。これは最も単純なケースである。

計測値は `Reading` 型で表すことにしよう。

```
struct Reading {            // 計測値
    int hour;               // 午前 0 時からの時刻 [0:23]
```

```
    double temperature;    // セ氏
};
```

このファイルは以下のように読み込むことができる。

```
vector<Reading> temps;    // 計測値を格納
int hour;
double temperature;
while (ist >> hour >> temperature) {
    if (hour < 0 || 23 <hour) error("hour out of range");
    temps.push_back(Reading{hour,temperature});
}
```

これは典型的な入力ループである。ist という istream は、前節で示したような入力ファイルストリーム（ifstream）、標準入力ストリーム（cin）、またはその他の種類の istream かもしれない。このようなコードでは、istream が実際にどこからデータを取得するかは重要ではない。プログラムの関心は、ist が istream 型であることと、データの書式（フォーマット）が想定どおりであることに絞られる。次節では、入力データからエラーを検出するにはどうすればよいか、そしてフォーマットエラーを検出した後に何ができるという興味深い問題を取り上げる。

ファイルへの書き込みは、通常はファイルからの読み込みよりも単純だ。この場合も、ストリームが初期化された後、ストリームが実際にどのような種類のものであるかを知る必要はない。具体的には、前節の出力ファイルストリーム（ofstream）は、他のすべての ostream と同じように使用できる。たとえば、計測値のペアをそれぞれかっこで囲んで出力したいとしよう。

```
for (int i=0; i<temps.size(); ++i)
    ost << '(' << temps[i].hour << ',' << temps[i].temperature << ")\n";
```

最終的なプログラムは、元の計測値ファイルを読み取り、（時刻,気温）形式のデータが含まれた新しいファイルを生成する。

ファイルストリームはスコープを外れたときにファイルを自動的に閉じるため、完全なプログラムは以下のようになる。

```
#include "std_lib_facilities.h"

struct Reading {             // 計測値
    int hour;                // 午前0時からの時刻 [0:23]
    double temperature;      // セ氏
};

int main()
{
    cout << "Please enter input file name: ";
    string iname;
```

```
    cin >> iname;
    ifstream ist {iname};    // ist は指定された名前のファイルを読み込む
    if (!ist) error("can't open input file ",iname);

    string oname;
    cout << "Please enter name of output file: ";
    cin >> oname;
    ofstream ost {oname};    // ost は指定された名前のファイルに書き込む
    if (!ost) error("can't open output file ",oname);

    vector<Reading> temps;   // 計測値を格納
    int hour;
    double temperature;
    while (ist >> hour >> temperature) {
        if (hour < 0 || 23 <hour) error("hour out of range");
        temps.push_back(Reading{hour,temperature});
    }

    for (int i=0; i<temps.size(); ++i)
        ost << '(' << temps[i].hour << ','
            << temps[i].temperature << ")\n";
}
```

10.6 I/O エラー処理

　入力を処理するときには、エラーを予測し、それらに対処しなければならない。エラーはどのような種類のものだろうか。そしてどのように対処すればよいだろうか。エラーが発生する原因としては、命令を取り違える、入力ミスをする、キーボードの上を猫が歩いたといった人為的なミスや、ファイルが仕様に準拠していない、プログラマーの予想が外れた、などが考えられる。入力エラーの可能性はそれこそ無限にある。一方で、`istream` は**ストリームの状態**（*stream state*）という 4 つのケースに完全に分類される。

ストリームの状態	
good()	演算が成功した
eof()	入力の末尾（EOF）に達した
fail()	数字を調べていたら 'x' が検出されるなど、予想外の事態が発生した
bad()	ディスクが読み取りエラーになるなど、予想外の深刻な事態が発生した

10.6 I/O エラー処理

残念ながら、fail と bad の区別は正確に定義されておらず、新しい型の I/O 演算を定義するプログラマーの間で意見が割れることが多い。ただし、基本的な考え方は単純だ。入力演算で単純なフォーマットエラーが発生した場合は、ストリームを fail 状態にし、入力演算のユーザーが状態を回復できるかもしれないと想定する。これに対し、ディスクの読み取りエラーといった非常にやっかいな問題が発生した場合は、ストリームを bad 状態にし、そのストリームからデータを取得する試みを中止する以外にできることはそれほどないと想定する。bad 状態のストリームは fail 状態でもある。これにより、以下の汎用的なロジックが得られる。

```cpp
int i = 0;
cin >> i;
if (!cin) {   // ここに到達するのは入力演算が失敗した場合（のみ）
    if (cin.bad())              // ストリームが破壊された
        error("cin is bad");    // ここから脱出せよ！
    if (cin.eof()) {
        // もう入力は残っていない
        // 多くの場合は、この方法で入力演算のシーケンスを終了させる
    }
    if (cin.fail()) {   // ストリームで予想外の何かが発生した
        cin.clear();    // この後の入力の準備を整える
        // どうにかして回復する
    }
}
```

!cin については、「cin が有効ではない」「cin で問題が発生した」、または「cin の状態が good ではない」と解釈できる。これは「演算が成功した」の逆である。fail 状態を処理する cin.clear() に注目しよう。ストリームが fail 状態になったら、回復するのは無理かもしれない。回復を試みるには、ストリームを fail 状態から救い出し、そのストリームで再び文字を調べられるようにする必要がある。それが clear 関数の機能である。cin.clear() を実行した後、cin の状態は good になる。

次に、ストリームの状態をどのように利用できるかを示す例として、整数のシーケンスを vector に読み込む方法について考えてみよう。このシーケンスは、終了の合図としてアスタリスク（*）または EOF を使用する。EOF を入力するには、Windows では Ctrl+Z キー、UNIX では Ctrl+D キーを押す。

```
1 2 3 4 5 *
```

このシーケンスを vector に読み込む関数は以下のようになる。

```cpp
void fill_vector(istream& ist, vector<int>& v, char terminator)
// 終了文字が検出されるまで ist から v に整数を読み取る
{
```

341

```
        for (int i; ist >> i; ) v.push_back(i);
        if (ist.eof()) return;       // OK: EOF が検出された

        if (ist.bad())               // ストリームが破壊された
            error("ist is bad");     // ここから脱出せよ!
        if (ist.fail()) {            // できるだけ後始末をし、問題を報告
            ist.clear();             // ストリームの状態をクリアし、
                                     // 終了文字を調査できるようにする
            char c;
            ist>>c;   // 文字を読み取る(終了文字でありますように)
            if (c != terminator) {   // 予想外の文字
                ist.unget();         // その文字を戻す
                ist.clear(ios_base::failbit);  // 状態を fail に設定
            }
        }
    }
```

終了文字が検出されなかった場合でも、制御を戻すことに注意しよう。結局は、ここで何らかのデータが収集されたかもしれないし、`fill_vector` 関数の呼び出し元が `fail` 状態から回復できるかもしれない。文字を調査できるように状態をクリアしたので、ストリームを `fail` 状態に戻さなければならない。その部分が `ist.clear(ios_base::failbit)` である。`clear` 関数のこの呼び出しは少しわかりにくいかもしれない。引数を持つ `clear` 関数は、指定された `iostream` の状態フラグ(ビット)を実際にセットし、指定されなかったフラグ(のみ)をクリアする。状態フラグを `fail` にセットすることで、発生したのはフォーマットエラーで、より深刻なエラーではないことを示している。また、`fill_vector` 関数の呼び出し元が使用するかもしれないので、`unget` 関数を使って文字を `ist` に戻している。`unget` 関数は `putback` 関数(§6.8.2、§B.7.3)の短いバージョンであり、ストリームが最後に生成した文字を覚えていることを利用するため、その文字を指定する必要はない。

`fill_vector` 関数を呼び出していて、読み込みが終了した理由を知りたい場合は、`fail` と `eof` を評価すればよい。`error` 関数がスローした `runtime_error` 例外をキャッチするという方法もあるが、`bad` 状態の `istream` からさらにデータが得られる可能性は低いことがわかっている。ほとんどの呼び出し元は、わざわざそのようなことをしない。つまり、ほぼすべてのケースでは、`bad` 状態が検出されたら例外をスローしたいだけである。これは `istream` に実行させればよい。

```
    // 何か問題が発生した場合は ist にスローさせる
    ist.exceptions(ist.exceptions()|ios_base::badbit);
```

この表記に違和感を覚えるかもしれないが、これにより、それ以降 `ist` は `bad` 状態になった場合に標準ライブラリの例外 `ios_base::failure` をスローするようになる。この `exceptions` 関数呼び出しを実行するのはプログラムにおいて 1 回だけである。それにより、`bad` 状態を度外視して、`ist` の入力ループをすべて単純にできる。

```
void fill_vector(istream& ist, vector<int>& v, char terminator)
// 終了文字が検出されるまで ist から v に整数を読み取る
{
    for (int i; ist >> i; ) v.push_back(i);
    if (ist.eof()) return;       // OK: EOF が検出された

    // good でも bad でも eof ではないため、ist は fail に違いない
    ist.clear();                 // ストリームの状態をクリア

    char c;
    ist>>c;    // 文字を読み取る（終了文字でありますように）

    if (c != terminator) {       // 終了文字ではないため、
                                 // 失敗しなければならない
        ist.unget();   // 呼び出し元がその文字を使用するかもしれない
        ist.clear(ios_base::failbit);   // 状態を fail に設定
    }
}
```

あちこちにある `ios_base` は `iostream` の一部であり、`badbit` などの定数、`failure` などの例外、その他の便利な要素を定義している。それらを参照するには、`ios_base::badbit` のように、`::` 演算子を使用する（§B.7.2）。`iostream` ライブラリのすべてを説明するとなると、それだけで 1 つの講義が成立してしまう。たとえば、`iostream` はさまざまな文字セットに対応しており、さまざまなバッファリング戦略を実装しており、さまざまな言語に合わせて通貨の書式を設定する機能も含んでいる —— ウクライナ通貨の書式に関するバグが報告されたこともある。詳細が知りたい場合は、Bjarne Stroustrup 著 *The C++ Programming Language* [*2]、および Angelika Langer 著 *Standard C++ IOStreams and Locales* が参考になるだろう。

`ostream` でも、`istream` とまったく同じ状態（good、fail、eof、bad）を評価できる。ただし、ここで作成しているようなプログラムでは、入力に比べて出力のエラーはずっと少ないため、そうした評価を行うことは少ない。出力デバイスが利用できなくなる、いっぱいになる、または故障する可能性が高いプログラムでは、入力演算ごとに評価を行うのと同様に、出力演算ごとに評価を行うことになるだろう。

[*2] 『プログラミング言語 C++ 第 4 版』、柴田望洋 訳、SB クリエイティブ、2015 年

10.7　1つの値の読み取り

　これで、EOFまたは終了文字で終わる一連の値を読み込む方法がわかった。さらなる例はそのつど示すことにして、ここでは、条件を満たす値が入力されるまで値を繰り返し入力させるという非常によく使用される手法について考えてみよう。この例では、設計上の一般的な選択肢をいくつか検討できる。そうした選択肢として、「ユーザーから有効な値を取得する方法」という単純な問題に対する解決策をいくつか考えてみよう。そして、憂鬱になるほどごちゃごちゃした「最初の試み」を少しずつ改善していくことにする。基本的には、ユーザーが値を入力し、プログラムからのメッセージを読むという対話型の入力を処理するものと仮定する。まず、1から10までの整数を要求してみよう。

```
cout << "Please enter an integer in the range 1 to 10 (inclusive):\n";
int n = 0;
while (cin>>n) {                    // 読み込み
    if (1<=n && n<=10) break;       // 範囲の確認
    cout << "Sorry "
        << n << " is not in the [1:10] range; please try again\n";
}
// n を使用するコード
```

　見た目はぱっとしないが、「それなり」にうまくいく。break（§A.6）を使用したくない場合は、読み込みと範囲の確認を組み合わせることができる。

```
cout << "Please enter an integer in the range 1 to 10 (inclusive):\n";
int n = 0;
while (cin>>n && !(1<=n && n<=10))   // 読み込みと範囲の確認
    cout << "Sorry "
        << n << " is not in the [1:10] range; please try again\n";
```

▽　ただし、これは表面的な変更にすぎない。これが「それなり」でしかないのはなぜだろうか。これがうまくいくのは、ユーザーが整数を入力するように注意すれば、の話だからだ。ユーザーが6の代わりにtを入力した場合（ほとんどのキーボードではtが6の下にある）、プログラムはnの値を変更せずにループを抜けるため、nに範囲外の値が含まれることになる。私たちはこれを品質のよいコードとは呼ばない。ふざけ半分に、あるいはまじめなテスト担当者が、キーボードからEOFを送信したらどうなるだろうか。この場合も、nに範囲外の値が含まれた状態でループを抜けることになるだろう。つまり、読み込みを堅牢にするには、以下の3つの問題に対処しなければならない。

1. ユーザーが範囲外の値を入力する。
2. 値が取得されない（EOF）。
3. ユーザーが正しくない（この場合は整数ではない）型の値を入力する。

　これら3つのケースでどうしたいか —— プログラムを作成するときには、これがよく問題となる。本当はどうしたいのだろうか。この場合は、これら3つの問題にそれぞれ3つの選択肢がある。

1. 読み込みを実行するコードで問題に対処する。
2. 例外をスローして他の誰かに問題を処理させる（プログラムを終了するかもしれない）。
3. 問題を無視する。

実際のところ、これらはエラー状態に対処するための非常に一般的な選択肢である。これはエラーについて何を考えなければならないかを示すのにもってこいの例だ。

3つ目の選択肢である「問題を無視する」は常にもってのほかであると言いそうになるが、それは横柄な態度というものだ。自分で使用するだけの単純なプログラムを書いている場合は、エラーチェックを忘れたためにひどい結果になろうと、それは個人の自由である。ただし、書いてから数時間以上は使用したいプログラムであれば、そうしたエラーを放っておくのはおそらく愚かな行為である。また、そのプログラムを誰かと共有したい場合は、コードのエラーチェックにそうした落とし穴を残さないようにしなければならない。誤解のないように言っておくと、そのプログラムを使用するのがたった2人であっても、3つ目の選択肢は決して認められない。

正解は、1つ目または2つ目の選択肢を選択することである。つまり、状況に応じてどちらかの選択肢を選ぶ妥当な理由があるはずだ。まず、ほとんどのプログラムでは、キーボードの前に座っているユーザーからの入力がない、という問題にローカルでうまく対処できない。入力ストリームが閉じた後では、ユーザーに数字の入力を要求してもあまり意味がない。（`cin.clear()` を使って）`cin` を再びオープンするという手もあるが、ユーザーがたまたまそのストリームを閉じた、ということは考えにくい — Ctrl+Z キーを偶然押すようなことがあるだろうか。整数を要求しているプログラムが EOF を検出した場合、プログラムの整数を読み取る部分はたいてい処理をあきらめ、プログラムの他の部分が対処してくれることを願う。つまり、ユーザーに入力を要求するこのコードは例外をスローしなければならない。これは、例外をスローするのか、問題をローカルで処理するのかの選択ではない。問題が発生した場合にどの問題をローカルで処理するのかの選択である。

10.7.1 問題を処理しやすいように分割する

まず、範囲外の入力と不正な型の入力をローカルで処理してみよう。

```cpp
cout << "Please enter an integer in the range 1 to 10 (inclusive):\n";
int n = 0;
while (true) {
    cin >> n;
    if (cin) {    // 整数を取得したので、それを確認
        if (1<=n && n<=10) break;
        cout << "Sorry "
            << n << " is not in the [1:10] range; please try again\n";
    }
    else if (cin.fail()) {    // 整数ではないものが検出された
        cin.clear();           // 状態を good に戻す: 調べたいのは文字
        cout << "Sorry, that was not a number; please try again\n";
        for (char ch; cin>>ch && !isdigit(ch); )    // 数字以外は読み飛ばす
```

```
            /* 何もしない */ ;
        if (!cin) error("no input");    // 数字は見つからない: 断念
        cin.unget();   // 数字を戻し、整数として読み取れるようにする
    }
    else {
        error("no input");              // eof または bad: 断念
    }
}
// ここに到達した場合、 n は [1:10] の範囲内の値
```

これはかなりごちゃごちゃした冗長なコードだ。実際、ユーザーに整数を入力させる必要が生じるたびにこうしたコードを記述するのは勧められない、というほどひどい。とはいうものの、誰でも間違えることはあるため、エラーへの準備をしておく必要がある。さて、どうすればよいだろうか。コードがごちゃごちゃしているのは、さまざまな関心に対処するコードがすべて一緒くたになっているせいだ。

- 値を読み取る。
- ユーザーに入力を促す。
- エラーメッセージを書き出す。
- 「不正な」入力文字を読み飛ばす。
- 入力が範囲内か検証する。

コードをより明確にするには、多くの場合、論理的に異なる関心を個々の関数に分割する。たとえば、「不正な」（想定外の）文字が検出された後に回復作業を行うコードは、以下の関数にまとめることができる。

```
void skip_to_int()
{
    if (cin.fail()) {   // 整数ではないものが検出された
        cin.clear();     // 調べたいのは文字
        for (char ch; cin>>ch; ) {   // 数字以外は読み飛ばす
            if (isdigit(ch) || ch=='-') {
                cin.unget();    // 数字を戻し、整数として
                return;         // 読み取れるようにする
            }
        }
    }
    error("no input");          // eof または bad: 断念
}
```

`skip_to_int` という「ユーティリティ関数」が定義されたので、先のコードを以下のように書き換えることができる。

```
    cout << "Please enter an integer in the range 1 to 10 (inclusive):\n";
    int n = 0;
    while (true) {
        if (cin>>n) {    // 整数を取得したので、それを確認
            if (1<=n && n<=10) break;
            cout << "Sorry " << n
                << " is not in the [1:10] range; please try again\n";
        }
        else {
            cout << "Sorry, that was not a number; please try again\n";
            skip_to_int();
        }
    }
    // ここに到達した場合、n は [1:10] の範囲内の値
```

だいぶよくなったが、プログラムで繰り返し使用するには、まだごちゃごちゃしていて長すぎる。これでは（さんざん）テストを行った後でなければ、何をしているのかわからない。

本当に必要な演算は何だろうか。それらしい答えの1つは、「あらゆる int を読み取る関数と、特定の範囲の int を読み取る別の関数」である。

```
    int get_int();                          // cin から int を読み取る
    int get_int(int low, int high);         // [low:high] の範囲内の int を読み取る
```

これらの関数があれば、少なくともそれらを単純かつ正確に使用できるはずだ。それらを記述するのはそれほど難しくない。

```
    int get_int()
    {
        int n = 0;
        while (true) {
            if (cin >> n) return n;
            cout << "Sorry, that was not a number; please try again\n";
            skip_to_int();
        }
    }
```

get_int 関数は、基本的には、整数として解釈できる数字が検出されるまで頑なに読み取りを続ける。get_int 関数から制御を戻したい場合は、整数または EOF を渡さなければならない。そして EOF を渡した場合、get_int 関数は例外をスローする。

この汎用の get_int 関数を使用して、範囲を照合する get_int 関数を記述してみよう。

```
    int get_int(int low, int high)
    {
        cout << "Please enter an integer in the range "
            << low << " to " << high << " (inclusive):\n";
        while (true) {
            int n = get_int();
            if (low<=n && n<=high) return n;
            cout << "Sorry "
                << n << " is not in the [" << low << ':' << high
                << "] range; please try again\n";
        }
    }
```

この get_int 関数も、もう 1 つの get_int 関数と同じくらい頑固であり、想定された範囲内の値が得られるまで、汎用の get_int 関数から int 型の値を取得し続ける。

これで、整数を確実に読み取れるようになった。

```
    int n = get_int(1,10);
    cout << "n: " << n << '\n';

    int m = get_int(2,300);
    cout << "m: " << m << '\n';
```

ただし、get_int 関数がどうしても数値を読み取れない（おそらくまれな）場合に適切なエラーメッセージを生成したい場合は、どこかで例外を忘れずにキャッチしなければならない。

10.7.2　対話部分と関数を切り離す

これらの get_int 関数でも、読み取りとユーザーへのメッセージの書き出しは混在したままである。単純なプログラムならそれでもよいかもしれないが、大きなプログラムでは、ユーザーに書き出すメッセージを変化させたいことも考えられる。get_int 関数を以下のように呼び出したとしよう。

```
    int strength = get_int(1,10,"enter strength","Not in range, try again");
    cout << "strength: " << strength << '\n';

    int altitude = get_int(0,50000,"Please enter altitude in feet",
                        "Not in range, please try again");
    cout << "altitude: " << altitude << "f above sea level\n";
```

この場合、get_int 関数の実装は以下のようになるかもしれない。

```
    int get_int(int low,int high,const string& greeting,const string& sorry)
    {
```

10.8　ユーザー定義の出力演算子

```
            cout << greeting << ": [" << low << ':' << high << "]\n";

            while (true) {
                int n = get_int();
                if (low<=n && n<=high) return n;
                cout << sorry << ": [" << low << ':' << high << "]\n";
            }
    }
```

　任意のメッセージを組み立てるのは難しいため、ここではメッセージの「スタイルを統一」している。多くの場合はこれで十分である。アラビア語、ベンガル語、中国語、デンマーク語、英語、フランス語など、多くの自然言語のサポートで必要になるような本当の意味で柔軟なメッセージの組み立ては、もう少し経験を積んでからにしよう。

　この解決策でもまだ完全ではない。範囲を照合しない `get_int` 関数は依然として「おしゃべり」である。それよりも重要なのは、プログラムのさまざまな部分で使用する「ユーティリティ関数」にメッセージを「組み込む」べきではないことだ。さらに言えば、多くのプログラムで使用するためのライブラリ関数では、そもそもユーザーに何かを書き出すべきではない。結局のところ、そのライブラリを使用するプログラムが、ユーザーが見ているコンピューターで実行されるというアテがライブラリの作成者にあるわけではない。これが、本書の `error` 関数がエラーメッセージを書き出さない理由の1つである（§5.6.3）。概して言えば、どこに書き出すのかを私たちは知らない。

10.8　ユーザー定義の出力演算子

　特定の型に対して出力演算子 `<<` を定義するのは、通常は簡単である。設計上の主な問題点は、人によって好みが異なるため、出力形式を1つに統一するのが難しいことだ。だが、すべての用途に十分な出力形式を1つに絞り込めなかったとしても、ユーザー定義型で `<<` 演算子を定義するのはたいていよい考えである。そうすれば、少なくともデバッグや開発の初期段階で、その型のオブジェクトを簡単に書き出せるようになる。また、ユーザーが書式に関する情報を指定できる、より高度な `<<` 演算子をあとから提供することもできる。さらに、`<<` 演算子が提供するものとは異なる出力が必要な場合は、単に `<<` を使用せず、ユーザー定義型の個々の部分をアプリケーションに適した方法で書き出せばよい。

　例として、`Date` 型（§9.8）の単純な出力演算子を見てみよう。この出力演算子は、コンマ区切りの年月日をかっこで囲んで出力する。

```
    ostream& operator<<(ostream& os, const Date& d)
    {
        return os << '(' << d.year()
                  << ',' << int(d.month())
                  << ',' << d.day() << ')';
    }
```

　これにより、「2004年8月30日」は（2004,8,30）として出力される。この単純な要素リスト表現

349

は、それよりもよい方法やより具体的なニーズがない場合に、メンバーの数が少ない型でよく使用されるものだ。

ユーザー定義の演算子は、その関数を呼び出すことによって処理される（§9.6）。次に、それがどのように行われるのかを示す例を見てみよう。Date 型に << 演算子が定義されているとすれば、以下のコードは（d1 は Date）、

```
cout << d1;
```

以下の呼び出しを意味する。

```
operator<<(cout,d1);
```

operator<<() は、1つ目の引数として ostream& を受け取り、それを戻り値として返している。出力ストリームはこのようにやり取りされるため、出力演算子は「連結」することが可能である。たとえば、2つの日付を以下のように出力できる。

```
cout << d1 << d2;
```

これは、まず1つ目の << を解決し、次に2つ目の << を解決するという方法で処理される。

```
cout << d1 << d2;    // operator<<(cout,d1) << d2; を意味する
                     // operator<<(operator<<(cout,d1),d2); を意味する
```

つまり、まず d1 を cout に出力し、次に d2 を最初の出力演算の結果である出力ストリームに出力する。実際には、d1 と d2 の出力にコメント内のコードを使用してもかまわないが、どれが読みやすいかは見てのとおりである。

10.9 ユーザー定義の入力演算子

特定の型と入力形式に対して入力演算子 >> を定義することは、基本的には、エラー処理の練習である。このため、一筋縄ではいかないことがある。

例として、Date 型（§9.8）の単純な入力演算子を見てみよう。この入力演算子は、前節で定義した << 演算子によって書き出された日付を読み取る。

```
istream& operator>>(istream& is, Date& dd)
{
    int y, m, d;
    char ch1, ch2, ch3, ch4;
    is >> ch1 >> y >> ch2 >> m >> ch3 >> d >> ch4;
    if (!is) return is;
    if (ch1!='(' || ch2!=',' || ch3!=',' || ch4!=')') {   // フォーマットエラー
        is.clear(ios_base::failbit);
        return is;
```

```
    }
    dd = Date{y,Month(m),d};                          // dd を更新
    return is;
}
```

この >> 演算子は、(2004,8,20) のようなデータを読み取り、その 3 つの整数から Date を作成しようとする。例のごとく、入力は出力よりも扱いにくい。とにかく、入力は出力よりもうまくいかなくなる可能性が高く、そしてたびたびそうなる。

この >> 演算子は、(*integer*, *integer*, *integer*) 形式のものが検出されない場合、ストリームを good 以外（fail、eof、bad）の状態にし、ターゲットである Date を変更しない。clear メンバー関数は、istream の状態を設定するために使用されている。当然ながら、ios_base::failbit によってストリームは fail 状態に置かれる。読み取りに失敗した場合は、ターゲットである Date を変更しないでおくほうが、コードがより明瞭になる傾向にある。operator>>() 演算子が使用しなかった文字は読み飛ばすのが理想的だが、この場合はフォーマットエラーを検出するまでに多くの文字を読み取っているかもしれないため、それは難しそうだ。例として、(2004,8,30) について考えてみよう。フォーマットエラーであることは最後の } を検出するまでわからない。一般的に考えて、複数の文字を戻すのには無理がある。どのようなケースでも保証されるのは、1 文字の unget() だけである。この operator>>() 演算子が (2004,8,32) といった不正な Date を読み取った場合は、Date のコンストラクターから例外をスローすることで、この operator>>() から制御を戻す。

10.10　標準入力ループ

「§10.5 ファイルの読み込みと書き込み」では、ファイルの読み書きの方法について説明した。ただし、それはエラーにもっと注意を払う (§10.6) 前だったので、その入力ループは単にファイルを最初から最後まで読み込めることを前提としたものだった。多くの場合、ファイルの有効性を確認するチェックは別に用意されるため、結果的に妥当な前提だったかもしれない。だが、読み取りを行いながらチェックしたいこともよくある。ist が istream 型の変数であるとすれば、一般的な方法は以下のようになる。

```
for (My_type var; ist>>var; )  {   // EOF まで読み取る
    // (必要に応じて) var が有効であることをチェック
    // var を使った何らかの処理
}
// bad からはまず回復できないため、どうしても必要でなければ試さないこと
if (ist.bad()) error("bad input stream");
if (ist.fail()) {
    // 終了文字かどうかチェック
}
// 続行: EOF が検出された
```

つまり、一連の値を変数に読み取り、読み取る値がなくなった時点で、ストリームの状態をチェックしてその理由を調べている。「§10.6 I/O エラー処理」で示したように、問題が発生した場合に istream に failure 型の exception をスローさせれば、状況を少し改善できる。そうすれば、いちいちチェックする手間が省ける。

```
// 問題が発生した場合は、どこかで ist に例外をスローさせる
ist.exceptions(ist.exceptions()|ios_base::badbit);
```

また、終了文字を指定することもできる。

```
for (My_type var; ist>>var; ) {   // EOF まで読み取る
    //（必要に応じて）var が有効であることをチェック
    // var を使った何らかの処理
}
if (ist.fail()) {   // 終了文字またはセパレーターとして '|' を使用
    ist.clear();
    char ch;
    if (!(ist>>ch && ch=='|')) error("bad termination of input");
}
// 続行: EOF または終了文字が検出された
```

終了文字を使用せず、EOF のみを受け入れるようにしたい場合は、error 関数の呼び出しの前にある条件式を削除すればよい。ただし、毎月の情報に毎日の情報が含まれ、毎日の情報に 1 時間ごとの情報が含まれたファイルなど、入れ子の構造を持つファイルを読み込むときには、終了文字が非常に役立つ。このため、終了文字の可能性については引き続き検討することにしよう。

残念ながら、コードはまだ少しごちゃごちゃしている。特に、読み込むファイルの数が多い場合は、終了文字の評価を繰り返すのが面倒である。そこで、この問題に対処する関数を作成することにしよう。

```
// 問題が発生した場合は、どこかで ist に例外をスローさせる
ist.exceptions(ist.exceptions()|ios_base::badbit);

void end_of_loop(istream& ist, char term, const string& message)
{
    if (ist.fail()) {   // 終了文字またはセパレーターとして term を使用
        ist.clear();
        char ch;
        if (ist>>ch && ch==term) return;   // すべて順調
        error(message);
    }
}
```

これにより、入力ループはたったこれだけになる。

```
for (My_type var; ist>>var; ) {    // EOF まで読み取る
    //（必要に応じて）var が有効であることをチェック
    // var を使った何らかの処理
}

// 続行可能かどうかを評価
end_of_loop(ist,'|',"bad termination of file");

// 続行: EOF または終了文字が検出された
```

`end_of_loop` 関数は、ストリームが `fail` 状態になるまで何もしない。多くの目的にはこれで十分であり、しかも十分に汎用的である。

10.11 構造化されたファイルの読み込み

この「標準ループ」を使用する例を使って、応用範囲の広い設計手法とプログラミング手法を具体的に見てみよう。計測値が含まれたファイルがあり、以下のように構造化されているとする。

- ファイルには各年（の各月の計測値）が含まれている。
    - 年は {year で始まり、続いて 1900 などの年を表す整数があり、} で終わる。
- 年には各月（の毎日の計測値）が含まれている。
    - 月は {month で始まり、続いて jan などの 3 文字の月の名前があり、} で終わる。
- 計測値には時刻と気温が含まれている。
    - 計測値は (で始まり、続いて日付、時刻、気温があり、) で終わる。

たとえば、以下のようになる。

```
{ year 1990 }
{year 1991 { month jun }}
{ year 1992 { month jan ( 1 0 61.5) } {month feb (1 1 64) (2 2 65.2) } }
{year 2000
    { month feb (1 1 68 ) (2 3 66.66 ) ( 1 0 67.2)}
    {month dec (15 15 -9.2 ) (15 14 -8.8) (14 0 -2) }
}
```

このフォーマットはちょっと変わっている。ファイルのフォーマットはたいていそうである。業界の流れは、HTML ファイルや XML ファイルといった、より普遍的な階層構造のファイルに向かっている。だが現実はどうかというと、読み込む必要があるファイルの入力フォーマットを制御できることはめったになく、与えられたファイルをそのとおりに読み込むしかない。フォーマットがあまりにもひど

い場合、あるいはファイルに含まれているエラーが多すぎる場合は、フォーマット変換プログラムを記述して、メインプログラムにより適したフォーマットを生成できる。一方で、通常はメモリー内のデータ表現をニーズに合わせて選択することが可能であり、多くの場合はニーズや好みに合わせて出力フォーマットを選択できる。

計測値のフォーマットが上記のように定義されていて、それを受け入れなければならないとしよう。幸い、年や月など、それ自体が識別子となるコンポーネントがある（その点では、HTML や XML に少し似ている）。一方で、個々の計測値のフォーマットは少し不親切である。たとえば、誰かが日付と時刻の値を入れ替えた場合、または気温が力氏で含まれたファイルを誰かが生成していて、プログラムがセ氏のファイルを要求する場合、助けとなるような情報はない。自分でどうにかするしかなさそうだ。

10.11.1 メモリー内表現

このデータをメモリー内で表現するにはどうすればよいだろうか。第一希望はもちろん、入力とそのまま一致する Year、Month、Reading の 3 つのクラスである。Year と Month がデータの操作に役立つことは明白だ。さまざまな年の気温を比較したいし、毎月の平均気温を計算したいし、同じ年のさまざまな月を比較したいし、異なる年の同じ月を比較したいし、気温と日照記録や湿度を照合したい。基本的に見て、Year と Month は気温と天気に関して私たちが考えることとおおむね一致する。Month には 1 か月分の情報が含まれており、Year には 1 年分の情報が含まれている。だが、Reading についてはどうだろうか。これはハードウェア（センサー）と一致する低レベルの表記である。Reading のデータ（日付、時刻、気温）は Month でしか意味をなさない。しかも、それは構造化されていない。つまり、計測値が日付または時刻の順序で提供されるという保証はない。基本的には、計測値で何か意味のあることを実行したい場合は、それらをソートしなければならない。

気温データをメモリー内で表現するために、以下の 2 つの仮説を立ててみよう。

- 1 か月分の計測値がある場合、その月の計測値は多い傾向にある。
- 1 日分の計測値がある場合、その日の計測値は多い傾向にある。

この仮説からすると、Year を 12 個の Month 型の vector として表現し、Month を約 30 個の Day 型の vector として表現し、Day を 24 個の気温（1 時間につき 1 つ）として表現するのが理にかなっている。これなら単純だし、さまざまな用途に合わせて操作しやすい。したがって、Day、Month、Year は単純なデータ構造であり、それぞれコンストラクターを持つ。Month と Day は Year の一部として作成する予定であるため、（まだ）データを読み取っていない時刻の「計測値なし」の表記が必要だ。

```
const int not_a_reading = -7777;    // 絶対零度未満
```

同様に、データがない月が少し目についたので、それを直接表すための「月なし」の表記を追加する。そうすれば、どこかにデータが隠れていないことを確認するためにすべての日をくまなく検索する必要がなくなる。

```
const int not_a_month = -1;
```

3 つの主要なクラスは以下のようになる。

```
struct Day {
    vector<double> hour {vector<double>(24,not_a_reading)};
};
```

つまり、Day は 24 時間で構成され、各時間は not_a_reading に初期化される。

```
struct Month {                    // 1 か月分の計測値
    int month {not_a_month};      // [0:11] 1 月は 0
    vector<Day> day {32};         // [1:31] 1 日につき計測値の vector が 1 つ
};
```

day[0] は「無駄」になるが、おかげでコードが単純に保たれる。

```
struct Year {                     // 1 年分の計測値 （月で構成される）
    int year;                     // 正の数は西暦
    vector<Month> month {12};     // [0:11] 1 月は 0
};
```

基本的に、これらのクラスは「部品」からなる単純な vector である。Month と Year にはそれぞれ識別メンバーである month と year が含まれている。

これらのクラスには、24、32、12 といった「マジック定数」がいくつか含まれている。そうしたリテラル定数をコードで使用するのは避けるべきである。これらは非常に基本的なもので（1 年の月の数が変わることはまずない）、コードの他の部分では使用されていない。ただし、ここではマジック定数の問題を思い出してもらうことを主な目的として、それらをコードに残している。ほとんどの場合は、シンボル定数を使用するほうが望ましい（§7.6.1）。ひと月の日数を表すために 32 を使用することについては、当然ながら説明が必要だ。この場合、32 はまさに「マジック」である。

以下のように書かなかったのはなぜだろうか。

```
struct Day {
    vector<double> hour {24,not_a_reading};
};
```

このほうが単純だが、残念ながら、これでは vector の要素が 24 と −1 の 2 つになってしまう。整数を要素の型に変換できる vector で要素の個数を指定したい場合は、イニシャライザー構文として () を使用しなければならない（§18.2）。

10.11.2　構造化された値の読み取り

Reading クラスが入力を読み取る目的でのみ使用される場合は、さらに単純だ。

```
struct Reading {
    int day;
    int hour;
    double temperature;
};

istream& operator>>(istream& is, Reading& r)
// is から計測値を r に読み込む
// フォーマット: ( 3 4 9.7 )
// フォーマットをチェックするが、データの有効性については無視する
{
    char ch1;
    if (is>>ch1 && ch1!='(') {   // 計測値の可能性はあるか
        is.unget();
        is.clear(ios_base::failbit);
        return is;
    }

    char ch2;
    int d;
    int h;
    double t;
    is >> d >> h >> t >> ch2;
    if (!is || ch2!=')') error("bad reading");   // 読み込み失敗
    r.day = d;
    r.hour = h;
    r.temperature = t;
    return is;
}
```

基本的には、フォーマットがそれらしく始まっているかどうかをチェックし、問題がある場合は、ファイルの状態を fail に設定して制御を戻している。これにより、その情報を他の方法で読み取ることが可能になる。これに対し、データを読み取った後にフォーマットが間違っていることに気づいたので回復のしようがない、という場合は、error 関数を呼び出して撤退する。

10.11 構造化されたファイルの読み込み

　Monthの入力演算もほぼ同じだが、（Readingの >> で行ったように）Readingを決まった数だけ読み込むのではなく、任意の数だけ読み込む必要がある。

```
istream& operator>>(istream& is, Month& m)
// is から月を m に読み込む
// フォーマット: { month feb ... }
{
    char ch = 0;
    if (is >> ch && ch!='{') {
        is.unget();
        is.clear(ios_base::failbit);   // Month の読み込みに失敗
        return is;
    }

    string month_marker;
    string mm;
    is >> month_marker >> mm;
    if (!is || month_marker!="month") error("bad start of month");
    m.month = month_to_int(mm);

    int duplicates = 0;
    int invalids = 0;
    for (Reading r; is >> r; ) {
        if (is_valid(r)) {
            if (m.day[r.day].hour[r.hour] != not_a_reading)
                ++duplicates;
            m.day[r.day].hour[r.hour] = r.temperature;
        }
        else
            ++invalids;
    }
    if (invalids) error("invalid readings in month",invalids);
    if (duplicates) error("duplicate readings in month", duplicates);
    end_of_loop(is,'}',"bad end of month");
    return is;
}
```

　`month_to_int` 関数については後ほど説明するが、この関数は jun といった月の表記を [0:11] の範囲内の数字に変換する。`end_of_loop` 関数（§10.10）を使って終了文字をチェックしていることに注意しよう。誰かが興味を持つかもしれないため、無効なReadingや重複したReadingも数えている。

357

第 10 章　入力ストリームと出力ストリーム

　　Month の >> 演算子は、Reading のフォーマットが適切かどうかを簡単に確認した上でデータを格納する。

```
    const int implausible_min = -200;
    const int implausible_max = 200;

    bool is_valid(const Reading& r)
    // 簡単なテスト
    {
        if (r.day<1 || 31<r.day) return false;
        if (r.hour<0 || 23<r.hour) return false;
        if (r.temperature<implausible_min|| implausible_max<r.temperature)
            return false;
        return true;
    }
```

ようやく Year を読み取ることができる。Year の >> 演算子は、Month の >> 演算子に似ている。

```
    istream& operator>>(istream& is, Year& y)
    // is から年を y に読み込む
    // フォーマット: { year 1972 ... }
    {
        char ch;
        is >> ch;
        if (ch!='{') {
            is.unget();
            is.clear(ios::failbit);
            return is;
        }

        string year_marker;
        int yy;
        is >> year_marker >> yy;
        if (!is || year_marker!="year") error("bad start of year");
        y.year = yy;

        while(true) {
            Month m;   // そのつど新しい m を取得
            if(!(is >> m)) break;
            y.month[m.month] = m;
```

10.11 構造化されたファイルの読み込み

```
    }

    end_of_loop(is,'}',"bad end of year");
    return is;
}
```

単に「似ている」というよりは、「うんざりするほど似ている」と言ったほうがよいだろうが、重大な違いが 1 つある。読み込みループを見てみよう。以下のようなコードを期待していたのではないだろうか。

```
for (Month m; is >> m; )
    y.month[m.month] = m;
```

ここまでは読み込みループをこのように書いてきたので、無理はない。実際、最初はそのように書いたのだが、それは間違いである。問題は、operator>>(istream& is, Month& m) が m に新しい値を代入せず、単に Reading のデータを m に追加するだけであることだ。このため、is>>m を繰り返すと、1 つしかない m にデータがどんどん追加されてしまう。あろうことか、新しい月にその年の前の月までの計測値がすべて設定されるのである。is>>m を実行するたびにデータを読み込むための、まったく新しい Month が必要だ。最も簡単な方法は、m の定義をループの中に入れて、そのつど初期化されようにすることである。あるいは、m に読み込む前に operator>>(istream& is, Month& m) で空の月を割り当てるようにするか、それをループで実行するという方法もある。

```
for (Month m; is >> m; ) {
    y.month[m.month] = m;
    m = Month();    // m を改めて初期化
}
```

実際に使用してみよう。

```
// 入力ファイルを開く
cout << "Please enter input file name\n";
string iname;
cin >> iname;
ifstream ifs {iname};
if (!ifs) error("can't open input file",iname);

ifs.exceptions(ifs.exceptions()|ios_base::badbit);    // bad で例外をスロー

// 出力ファイルを開く
cout << "Please enter output file name\n";
string oname;
cin >> oname;
```

```
    ofstream ofs {oname};
    if (!ofs) error("can't open output file",oname);

    // 任意の数の年を読み込む
    vector<Year> ys;
    while(true) {
        Year y;   // そのつど年を初期化
        if (!(ifs>>y)) break;
        ys.push_back(y);
    }
    cout << "read " << ys.size() << " years of readings\n";

    for (Year& y : ys) print_year(ofs,y);
```

`print_year` 関数については、練習問題として残しておく。

10.11.3 表現の変更

`Month` の `>>` 演算子を正しく動作させるには、月の表記を読み取る方法を指定しなければならない。対称性を持たせるために、ここでは月の表記を使用する対の書き込みを定義する。安直な方法は、`if` 文を使って変換することだろう。

```
    if (s=="jan")
        m = 1;
    else if (s=="feb")
        m = 2;
    ...
```

これは安直なだけでなく、月の名前をコードに埋め込んでいる。それらをテーブルにまとめて、表記を変更する必要が生じてもメインプログラムを変更せずに済むようにしたい。そこで、入力表現を `vector<string>` として表すことに加えて、初期化関数と探索関数を定義することにした。

```
    vector<string> month_input_tbl = {
        "jan", "feb", "mar", "apr", "may", "jun", "jul",
        "aug", "sep", "oct", "nov", "dec"
    };

    int month_to_int(string s)
    // s は月の名前か
    // その場合はそのインデックス [0:11] を返し、そうでない場合は -1 を返す
    {
```

```
    for (int i=0; i<12; ++i) if (month_input_tbl[i]==s) return i;
    return -1;
}
```

念のために付け加えておくと、C++ の標準ライブラリには、探索のためのもっと単純な方法が用意されている。`map<string,int>` については、第 21 章の「§21.6.1 map」で説明する。

出力を生成したい状況では、逆の問題がある。月を表す `int` 型の値があり、表記のほうを出力したいという問題だ。ここでの解決策は基本的に同じようなものだが、テーブルを使って `string` を `int` に変換する代わりに、`int` を `string` に変換する。

```
vector<string> month_print_tbl = {
    "January", "February", "March", "April", "May", "June", "July",
    "August", "September", "October", "November", "December"
};

string int_to_month(int i)
// 月は [0:11]
{
    if (i<0 || 12<=i) error("bad month index");
    return month_print_tbl[i];
}
```

ところで、実際にコードと説明をすべて読んだだろうか。それとも、ぼんやり眺めて読み飛ばしただろうか。よいコードを記述することを学ぶ最も簡単な方法は、多くのコードを読むことだ。この例で使用した手法は単純なものだが、自力で発見するのはそう簡単ではない。データの読み込みは基本的なことである。ループを正しく記述する（使用する変数をすべて正しく初期化する）のは基本的なことである。表現と表現の間の変換は基本的なことである。つまり、そうしたことを学ぶのである。唯一の問題は、それらをうまく行うことを学ぶかどうか、そして不安で眠れなくなる前に基本的な手法を学ぶかどうかである。

ドリル

1. 「§10.4 ファイルを開く」で説明した Point を操作するプログラムを作成する。まず、2 つの座標メンバー x および y を持つ Point データ型を定義する。
2. 「§10.4 ファイルを開く」のコードと説明に基づき、(x, y) 形式の 7 つのデータをユーザーに入力させる。データが入力されたら、それを original_points という Point 型の vector に格納する。
3. original_points のデータを出力し、それがどのようなものか確認する。
4. ofstream を開いて、各 Point を mydata.txt というファイルに出力する。Windows 上では、WordPad といった通常のテキストエディタでデータを確認しやすいよう、.txt 拡張子を使用することをお勧めする。
5. ofstream を閉じた後、mydata.txt のための ifstream を開く。mydata.txt からデータを読み込み、それを processed_points という新しい vector に格納する。
6. 両方の vector からデータ要素を出力する。
7. 2 つの vector を比較し、要素の個数または要素の値が異なる場合は "Something's wrong!" を出力する。

復習

1. 入力と出力を処理する際、最近のほとんどのコンピューターに搭載されているデバイスはどのように扱われるか。
2. istream は基本的に何を行うか。
3. ostream は基本的に何を行うか。
4. ファイルとは基本的にどのようなものか。
5. ファイルフォーマットとは何か。
6. プログラムで I/O を要求する可能性がある 4 種類のデバイスは何か。
7. ファイルを読み込むための 4 つの手順とは何か。
8. ファイルに書き込むための 4 つの手順とは何か。
9. ストリームの 4 つの状態とその定義とは何か。
10. 以下の入力問題はどのように解決できるか。
    a. ユーザーが範囲外の値を入力する。
    b. 値が取得されない（EOF）。
    c. ユーザーが正しくない（この場合は整数でない）型の値を入力する。
11. 通常、入力は出力よりもどのように難しいか。
12. 通常、出力は入力よりもどのように難しいか。
13. （多くの場合）入力と出力を計算から切り離したいのはなぜか。
14. istream のメンバー関数 clear の最も一般的な用途を 2 つあげる。
15. ユーザー定義型 X に対する << と >> の通常の関数宣言はどのようになるか。

10.11 構造化されたファイルの読み込み

■ 用語

bad()
buffer
clear()
close()
eof()
fail()
good()
ifstream
iostream
istream
ofstream
open()

ostream
unget()
構造化されたファイル（structured file）
終了文字（terminator）
出力演算子（ouput operator）
出力デバイス（ouput device）
ストリームの状態（stream state）
デバイスドライバー（device driver）
入力演算子（input operator）
入力デバイス（input device）
ファイル（file）

■ 練習問題

1. 整数がホワイトスペースで区切られた状態で含まれているファイルを読み込み、すべての数値を合計するプログラムを作成する。

2. `raw_temps.txt` というデータファイルを生成する `store_temps.cpp` というプログラムを作成する。このデータファイルには、気温の計測値が Reading 型（§10.5）として含まれている。テストとして、このファイルに少なくとも 50 個の計測値を追加する。

3. 練習問題 2 で作成した `raw_temps.txt` ファイルのデータを vector に読み込み、それらのデータから平均気温と気温の中央値を計算するプログラムを作成する。このプログラムの名前を `temp_stats.cpp` とする。

4. 練習問題 2 の `store_temps.cpp` プログラムを書き換え、セ氏を表すサフィックス c と、カ氏を表すサフィックス f を追加するように変更する。次に、練習問題 3 の `temp_stats.cpp` プログラムを書き換え、気温をそれぞれ評価し、カ氏の計測値をセ氏に変換した上で vector に格納するように変更する。

5. `print_year` 関数（§10.11.2）を記述する。

6. ローマ数字を（int 型として）保持するための `Roman_int` クラスと、その演算子 << および >> を定義する。このクラスに int 型の値を返す `as_int` メンバーを追加し、r が `Roman_int` 型である場合に `cout << "Roman" << r << " equals " << r.as_int() << '\n';` と記述できるようにする。

7. 第 7 章の電卓プログラムを拡張し、通常のアラビア数字ではなく XXI + CIV == CXXV のようなローマ数字に対処できるバージョンを作成する。

8. ファイル名を 2 つ受け取り、1 つ目のファイルの内容に続いて 2 つ目のファイルの内容が含まれた新しいファイルを生成するプログラムを作成する。つまり、このプログラムは 2 つのファイルを連結する。

9. ファイル名を 2 つ受け取り、それらのファイルの内容をマージするプログラムを作成する。これ

らのファイルには、ソート済みの単語がホワイトスペースで区切られた状態で含まれており、それらの単語の順序は維持されるものとする。
10. 第 7 章の電卓プログラムを拡張し、入力をファイル x から受け取るコマンド `from x` を追加する。次に、出力（標準出力とエラー出力）をファイル y に書き出すコマンド `to y` を追加する。「§7.3 エラー処理」の考え方に基づいて一連のテストケースを記述し、それらを使って電卓プログラムをテストする。これらのコマンドをテストに使用する方法について話し合ってみよう。
11. テキストファイルに含まれている整数をすべて合計するプログラムを作成する。これらの整数はホワイトスペースで区切られた状態で含まれている。たとえば、`"bears: 17 elephants 9 end"` から出力 26 が得られるはずだ。

■ 追記

　多くの計算では、ファイル内のテキストを画面上にコピーしたり、コンピューター上の楽曲ファイルを MP3 プレイヤーへ移動するなど、データの多くを別の場所へ移動する必要がある。その途中で、データの変換が必要になることがよくある。`iostream` ライブラリは、データを値のシーケンス（ストリーム）として認識できる場所で、そうした多くのタスクに対処する手段となる。入力と出力は一般的なプログラミングタスクの驚くほど多くの部分を占める可能性がある。プログラマー（またはプログラム）が多くのデータを必要とすることや、データがシステムに入力される場所でさまざまなエラーが発生する可能性があることも、そうした理由の 1 つである。このため、I/O を単純に保ち、不正なデータがシステムに「入り込む」隙を与えないようにする必要がある。

第11章
入力と出力のカスタマイズ

> 物事はできるだけ単純にすること、
> ただし単純すぎてもいけない。
> — Albert Einstein

本章では、前章で示した汎用的な iostream フレームワークを特定のニーズや趣向に合わせて作り変える方法について説明する。これには、読むものへの感性に左右される細かな点や、ファイルの使用に関する現実的な制約も伴う。最後の例では、一連のセパレーターを指定できる入力ストリームの設計を示す。

11.1　規則性と不規則性
11.2　出力の書式設定
　　　11.2.1　整数の出力
　　　11.2.2　整数の入力
　　　11.2.3　浮動小数点数の出力
　　　11.2.4　精度
　　　11.2.5　フィールド
11.3　ファイルを開いて位置を設定する
　　　11.3.1　ファイルを開くモード
　　　11.3.2　バイナリファイル
　　　11.3.3　ファイル内での位置の指定
11.4　文字列ストリーム
11.5　行指向の入力
11.6　文字の分類
11.7　非標準セパレーターの使用
11.8　その他の詳細

11.1　規則性と不規則性

ISO C++ 規格の標準ライブラリの入出力部分である `iostream` は、テキストの入出力を一本化する拡張可能なフレームワークを提供する。この場合の「テキスト」は、文字シーケンスとして表現可能なほぼすべてのものを意味する。したがって、入力と出力に関して言えば、1、2、3、4 の 4 つの文字を使って記述できる整数 1234 はテキストと見なすことができる。

ここまでは、すべての入力ソースを同等に扱ってきたが、それでは不十分な場合がある。たとえばファイルは、個々のバイトに対処できる点で、通信接続といった他の入力ソースとは異なる。同様に、本書では、オブジェクトの型によってその入出力のレイアウトが完全に決定されるという前提で話を進めてきた。それは完全に正しいわけではないし、十分でもないだろう。たとえば、出力において浮動小数点数を表すために使用される桁数（精度）を指定したいことがよくある。本章では、入力と出力をニーズに合わせて調整するためのさまざまな方法を示す。

プログラマーは規則性を好む。メモリ内のすべてのオブジェクトを一律に扱い、すべての入力ソースを同等に扱い、システムを出入りするオブジェクトの表現方法を一本化すれば、最も無駄がなく、単純で、メンテナンス可能な、多くの場合は最も効率のよいコードが得られる。一方で、プログラムは人が使用するためのものであり、人の好みは大きく分かれる。このため、プログラムの複雑さとユーザーの個人的な好みに合わせることの間で、うまく折り合いをつけなければならない。

11.2　出力の書式設定

人々はわずかな出力の違いにうるさい。たとえば物理学者は、1.24670477 と小数点以下 2 桁に四捨五入した 1.25 とでは大きな開きがあると言うかもしれない。会計士は、(1.25) と (1.2467) は法的に異なる可能性があり、1.25 とは完全に別のものであると言うかもしれない —— 帳簿では、かっこは損失（負の値）を示すために使用されることがある。プログラマーは、出力をできるだけ明確にし、プログラムの「コンシューマー」の期待にできるだけ応えようとする。出力ストリーム（`ostream`）は、組み込み型の出力の書式を設定するためのさまざまな方法を提供する。ユーザー定義型に適した << 演算を定義するのは、プログラマーの役目である。

出力に関する詳細、改善点、そしてオプションは無限にあるかのようであり、入力に関しても相当な数に上るように思える。例をあげると、小数点として使用されるドットやコンマといった文字、金額を出力する方法、出力の際に「真」を数字の 1 ではなく `true`、`vrai`、`sandt` といった単語で表す方法、Unicode といった非 ASCII 文字セットに対処する方法、文字列に読み込まれる文字の個数を制限する方法などがある。こうした機能の詳細が知りたい場合は、Angelika Langer 著 *Standard C++ IOStreams and Locales*、Bjarne Stroustrup 著 *The C++ Programming Language* [1] の Chapter 38 と Chapter 39、ISO C++ 規格の Section 22 と Section 27 を調べてみるとよいだろう。ここでは、何かと便利な機能と一般的な概念をいくつか紹介しよう。

---

[1] 『プログラミング言語 C++ 第 4 版』、柴田望洋 訳、SB クリエイティブ、2015 年

11.2.1 整数の出力

整数値は、8 進数、10 進数、16 進数として出力できる。8 進数は 8 を基数とする記数法、10 進数は通常の 10 を基数とする記数法、16 進数は 16 を基数とする記数法である。これらの記数法を知らない場合は、先へ進む前に付録 A の「§A.2.1.1 記数法」を読んでおこう。ほとんどの出力は 10 進数を使用する。16 進数はハードウェア関連の情報の出力によく使用される。これは、16 進数字が 4 ビット値を正確に表すためである。よって、2 つの 16 進数字を使って 8 ビット（1 バイト）の値を表すことができ、4 つの 16 進数字を使って 2 バイトの値を表すことができ、8 つの 16 進数字を使って 4 バイトの値を表すことができる。2 バイトの値はたいていハーフワードであり、4 バイトの値はたいていワードまたはレジスターのサイズを表す。C++ の元祖である C が 1970 年代に設計された当時は、ビットパターンは 8 進数で表すのが主流だったが、現在ではあまり使用されなくなっている。

たとえば、1234 という 10 進数の出力値を、10 進数（dec）、16 進数（hex）、8 進数（oct）として指定できる。

```
cout << 1234 << "\t(decimal)\n"
     << hex << 1234 << "\t(hexadecimal)\n"
     << oct << 1234 << "\t(octal)\n";
```

'\t' 文字は「タブ」であり、以下のように出力される。

```
1234    (decimal)
4d2     (hexadecimal)
2322    (octal)
```

`<< hex` 表記と `<< oct` 表記は値を出力しない。`<< hex` はそれ以降の整数値が 16 進数として表示されるようにし、`<< oct` はそれ以降の整数値が 8 進数として表示されるようにする。たとえば以下のコードから、

```
cout << 1234 << '\t' << hex << 1234 << '\t' << oct << 1234 << '\n';
cout << 1234 << '\n';    // 基数は 8 のまま
```

以下の出力が得られる。

```
1234    4d2  2322
2322         // 基数が変更されるまで整数は 8 進数として表示される
```

最後の出力が 8 進数であることに注目しよう。つまり、oct、hex、dec には持続性があり、それらはストリームに他の命令が出されるまですべての整数値の出力に適用される。hex や oct のように、ストリームの振る舞いを変更するために使用される項を**マニピュレーター**（*manipulator*）と呼ぶ。

TRY THIS

読者が生まれた年を 10 進、16 進、8 進形式で出力してみる。それぞれの値にラベルを付け、タブ文字を使って出力を整列させる。次に、年齢を出力してみる。

基数が 10 ではない値を見ると戸惑ってしまうことがある。たとえば特に明記されていなければ、11 を見たら（10 進）数字の 11 を表していると思い、9（8 進数の 11）や 17（16 進数の 11）を表しているとは思わないだろう。こうした問題を解消するために、`ostream` に出力される各整数の基数を表示させることができる。たとえば以下のコードから、

```
cout << 1234 << '\t' << hex << 1234 << '\t' << oct << 1234 << '\n';
cout << showbase << dec;    // 基数を示す
cout << 1234 << '\t' << hex << 1234 << '\t' << oct << 1234 << '\n';
```

以下の出力が得られる。

```
1234    4d2     2322
1234    0x4d2   02322
```

このように、先頭に何も付いていないのは 10 進数であり、0 が付いているのは 8 進数、`0x` または `0X` が付いているのは 16 進数である。これは C++ ソースコードでの整数リテラルの表記とまったく同じだ。本書では、こうした基数を表すラベルを「プレフィックス」と呼ぶことにする。たとえば以下のコードから、

```
cout << 1234 << '\t' << 0x4d2 << '\t' << 02322 << '\n';
```

10 進表記では以下の出力が得られる。

```
1234    1234    1234
```

気づいているかもしれないが、`showbase` には `oct` や `hex` と同じように持続性がある。`noshowbase` マニピュレーターは `showbase` の逆であり、基数を示さずに各数字を表示するデフォルトの状態に戻す。

整数の出力マニピュレーターをまとめると、以下のようになる。

整数の出力マニピュレーター	
`oct`	8 進表記を使用する
`dec`	10 進表記を使用する
`hex`	16 進表記を使用する
`showbase`	8 進数の先頭に 0、16 進数の先頭に 0x を付ける
`noshowbase`	先頭に何も付けない（プレフィックスなし）

11.2.2　整数の入力

デフォルトでは、`>>` 演算子は数字が 10 進表記であると想定するが、16 進表記や 8 進表記の整数を読み取らせることもできる。

```
int a;
int b;
int c;
int d;
cin >> a >> hex >> b >> oct >> c >> d;
cout << a << '\t' << b << '\t' << c << '\t' << d << '\n';
```

以下のように入力すると、

```
1234 4d2 2322 2322
```

以下の出力が得られる。

```
1234    1234    1234    1234
```

これは、出力の場合と同様に、`oct`、`dec`、`hex` が入力でも持続性を持つことを意味する。

TRY THIS

先のコードを完成させてプログラムにしてみる。先の入力を試した後、以下の入力を試してみる。

```
1234 1234 1234 1234
```

結果について説明する。他の入力を試して、どうなるか確認してみる。

プレフィックス 0 と 0x を >> 演算子に正しく解釈させることもできる。そのためには、すべてのデフォルトを「解除」する。

```
cin.unsetf(ios::dec);   // 10 進数と前提しない：
                        // 0x は 16 進数を意味する可能性がある
cin.unsetf(ios::oct);   // 8 進数と前提しない：
                        // 12 は 12 を意味する可能性がある
cin.unsetf(ios::hex);   // 16 進数と前提しない：
                        // 12 は 12 を意味する可能性がある
```

ストリームのメンバー関数 unsetf は、引数として指定された（1 つ以上の）フラグをクリアする。ここで以下のコードを記述し、

```
cin >> a >> b >> c >> d;
```

以下の値を入力すると、

```
1234 0x4d2 02322 02322
```

以下の出力が得られる。

```
1234    1234    1234    1234
```

11.2.3 浮動小数点数の出力

ハードウェアを直接操作する場合は、16 進数（場合によっては 8 進数）表記が必要となる。同様に、科学計算を扱う場合は、浮動小数点数値の書式に対処しなければならない。それらは、iostream のマニピュレーターを使用することにより、10 進数の場合と非常によく似た方法で処理される。たとえば以下のコードから、

```
cout << 1234.56789 << "\t\t(defaultfloat)\n"   // \t\t で列を整列させる
    << fixed << 1234.56789 << "\t(fixed)\n"
    << scientific << 1234.56789 << "\t(scientific)\n";
```

以下の出力が得られる[*2]。

```
1234.57           (defaultfloat)
1234.567890       (fixed)
1.234568e+003     (scientific)
```

浮動小数点数の書式を選択するには、fixed、scientific、defaultfloat の 3 つのマニピュレーターを使用する。defaultfloat はデフォルトの書式であり、**汎用書式**（*general format*）とも呼ばれる。これにより、以下のようなコードの記述が可能となる。

```
cout << 1234.56789 << '\t'
    << fixed << 1234.56789 << '\t'
    << scientific << 1234.56789 << '\n';
cout << 1234.56789 << '\n';   // 浮動小数点数の書式が維持される
cout << defaultfloat << 1234.56789 << '\t'   // 浮動小数点数を出力するとき
                                             // のデフォルトの書式
    << fixed << 1234.56789 << '\t'
    << scientific << 1234.56789 << '\n';
```

出力は以下のようになる

```
1234.57    1234.567890    1.234568e+003
1.234568e+003                             // 科学表記マニピュレーターが維持される
1234.57    1234.567890    1.234568e+003
```

浮動小数点数の基本的な出力マニピュレーターをまとめると、以下のようになる。

[*2] 訳注：環境によっては、1.234568e+003 ではなく 1.234568e+03 と出力されるかもしれない。この後の科学表記の出力についても同様。

浮動小数点数の出力マニピュレーター	
`fixed`	固定小数点を使用する
`scientific`	仮数表記と指数表記を使用する。仮数の範囲は常に [1:10) であり、小数点の前に0ではない数字が1つある
`defaultfloat`	`defaultfloat` の精度内で、数値的に最も正確な表現が得られる `fixed` または `scientific` を選択する

11.2.4 精度

デフォルトでは、浮動小数点数値は `defaultfloat` を使って合計 6 桁で出力される。最も適切な書式が設定され、`defaultfloat` のデフォルトの精度である 6 桁で出力できる近似値のうち、最もよい値を得るために数値が丸められる。

 1234.567 は 1234.57 として出力される
 1.2345678 は 1.23457 として出力される

この丸めのルールは通常の四捨五入であり、0〜4 を切り捨て、5〜9 を切り上げる。浮動小数点数の書式は浮動小数点数にのみ適用されるため、以下の点に注意しよう。

 1234567 は（整数なので）1234567 として出力される
 1234567.0 は 1.23457e+006 として出力される

後者のケースでは、6 桁の制限がある `fixed` 形式では 1234567.0 を出力できないと `ostream` が判断し、最も正確な表現を維持するために `scientific` 形式に切り替える。基本的には、デフォルトで合計 6 桁という `defaultfloat` の精度内で浮動小数点数値の最も正確な表現を示せるよう、`defaultfloat` が `scientific` と `fixed` のどちらかを選択する。

> **TRY THIS**
> 最初は `defaultfloat`、次に `fixed`、最後に `scientific` を使って、1234567.89 を 3 回出力するコードを書いてみる。最も正確な表現が得られるのはどの出力書式か。それはなぜか。

プログラマーは、`setprecision()` マニピュレーターを使って精度を設定できる。たとえば以下のコードから、

```
cout << 1234.56789 << '\t'
     << fixed << 1234.56789 << '\t'
     << scientific << 1234.56789 << '\n';
cout << defaultfloat << setprecision(5)
     << 1234.56789 << '\t'
```

```
            << fixed << 1234.56789 << '\t'
            << scientific << 1234.56789 << '\n';
    cout << defaultfloat << setprecision(8)
         << 1234.56789 << '\t'
         << fixed << 1234.56789 << '\t'
         << scientific << 1234.56789 << '\n';
```

以下の出力が得られる(丸めに注意)。

```
    1234.57     1234.567890     1.234568e+003
    1234.6      1234.56789      1.23457e+003
    1234.5679   1234.56789000   1.23456789e+003
```

精度は以下のように定義される。

浮動小数点数の精度	
`defaultfloat`	精度は合計桁数
`scientific`	精度は小数点以下の桁数
`fixed`	精度は小数点以下の桁数

特に理由がなければ、デフォルトの精度が 6 の `defaultfloat` を使用するようにしよう。デフォルトを使用しない通常の理由は、「出力をより正確に表す必要がある」ことだ。

11.2.5 フィールド

`scientific` と `fixed` を使用すれば、値が出力に占めるスペースを正確に制御できる。これがテーブルなどの出力に役立つことは明らかだ。整数値でこれに相当するメカニズムはフィールド (*field*) と呼ばれる。整数値または文字列値の文字の位置は、「フィールド幅設定」マニピュレーターである `setw()` を使って正確に指定できる。たとえば以下のコードから、

```
cout << 123456                          // フィールドは使用しない
     << '|' << setw(4) << 123456 << '|' // 123456 は 4 文字のフィールドに
                                        // 収まらない
     << setw(8) << 123456 << '|'        // フィールドの幅を 8 に設定
     << 123456 << "|\n";                // フィールドの幅は維持されない
```

以下の出力が得られる。

```
123456|123456|  123456|123456|
```

まず、3つ目の 123456 の前にスペースが2つ含まれていることに注目しよう。8文字のフィールドに6桁の数字がある場合は、そうなることが期待される。ただし、123456 は4文字のフィールドに収まるように切り捨てられていない。なぜだろうか。4文字のフィールドの出力としては、|1234| や |3456| でもよさそうに思えるかもしれない。ただし、無残に変更された値が出力されることになるし、問題が起きていることが読み手にまったく警告されていない。ostream は代わりにその出力書式を無効にする。ほとんどの場合は、不正な書式のほうが「不正な出力データ」よりもましである。テーブルの出力といったフィールドの最も一般的な使用法では、こうした「はみ出し」が視覚的に目立つため、その場合は修正すればよい。

フィールドは浮動小数点数と文字列でも使用できる。たとえば以下のコードから、

```
cout << 12345 << '|' << setw(4) << 12345 << '|'
     << setw(8) << 12345 << '|' << 12345 << "|\n";
cout << 1234.5 << '|' << setw(4) << 1234.5 << '|'
     << setw(8) << 1234.5 << '|' << 1234.5 << "|\n";
cout << "asdfg" << '|' << setw(4) << "asdfg" << '|'
     << setw(8) << "asdfg" << '|' << "asdfg" << "|\n";
```

以下の出力が得られる。

```
12345|12345|   12345|12345|
1234.5|1234.5|  1234.5|1234.5|
asdfg|asdfg|    asdfg|asdfg|
```

フィールド幅には「持続性がない」ことに注意しよう。どのケースでも、最初と最後の値はデフォルトの「あるだけの文字数」形式で出力されている。言い換えるなら、出力演算の直前にフィールド幅を設定しない限り、「フィールド」は適用されない。

TRY THIS

自分と少なくとも5人の友人の姓、名、電話番号、メールアドレスからなる単純なテーブルを作成する。テーブルがうまく表示されるようになるまで、さまざまなフィールド幅を試してみよう。

11.3 ファイルを開いて位置を設定する

C++ を見てもわかるように、ファイルは OS が提供するものの抽象化である。第 10 章の「§10.3 ファイル」で示したように、ファイルは 0 から順番に番号付けされたバイトシーケンスにすぎない。

問題は、それらのバイトにどのようにしてアクセスするかである。iostream を使用する場合、その方法は主にファイルを開いてそれをストリームに関連付けるときに決定される。ファイルを開いた後に実行できる演算とそれらの意味は、ストリームの特性によって決定される。最も単純な例をあげると、ファイルを istream で開いた場合はファイルからの読み込みが可能であり、ファイルを ostream で開いた場合はファイルへの書き込みが可能である。

11.3.1 ファイルを開くモード

ファイルはさまざまなモードで開くことができる。デフォルトでは、ifstream は読み取りモードでファイルを開き、ofstream は書き込みモードでファイルを開く。ほとんどの一般的なニーズについては、それで対処できる。ただし、複数の選択肢の中からどれか 1 つを選ぶこともできる。

ファイルストリームを開くモード	
ios_base::app	アペンド（ファイルの末尾に追加）
ios_base::ate	ファイルを開いて末尾へ移動
ios_base::binary	バイナリモード（システム固有の振る舞いに注意）
ios_base::in	読み取りモード
ios_base::out	書き込みモード
ios_base::trunc	ファイルの長さを 0 にする

ファイルモードは、必要に応じて、ファイル名の後に指定する。

```
ofstream of1 {name1};                  // デフォルトは ios_base::out
ifstream if1 {name2};                  // デフォルトは ios_base::in

ofstream ofs {name,ios_base::app};     // ofstream はデフォルトで out
fstream fs {"myfile",ios_base::in|ios_base::out};  // in および out
```

最後の例の | はビット演算子（§A.5.5）であり、ここで示しているように、ファイルモードを組み合わせるために使用できる。app オプションは、ログファイルへの書き込みによく使用される。ログファイルでは、新しいログは常に末尾に追加される。

どの場合も、ファイルを開いたら実際にどうなるかは OS によって異なる可能性がある。ファイル

を特定の方法で開くためのリクエストを OS が処理できない場合、ストリームの状態は good ではなくなる。

```
if (!fs)   // エラー: そのファイルをその方法で開くことはできない
```

ファイルを読み取りモードで開くことができない最も一般的な理由は、ファイルが（少なくとも指定された名前では）存在しないことだ。

```
ifstream ifs {"readungs"};
if (!ifs)   // エラー: "readungs" を読み取りモードで開けない
```

この場合は、スペルミスが問題の原因かもしれない。

一般に、存在しないファイルを出力モードで開こうとした場合、OS は新しいファイルを作成する。存在しないファイルを入力モードで開こうとした場合は、（幸いなことに）新しいファイルを作成しない。

```
ofstream ofs {"no-such-file"};   // no-such-file という名前のファイルを作成
ifstream ifs {"no-file-of-this-name"};   // エラー: ifs の状態は good では
                                         // なくなる
```

ファイルを開くモードをうまく利用してやろうなどと考えてはならない。「通常とは異なる」モードを OS が常に処理できるとは限らない。可能な限り、istream として開いたファイルでは読み取りだけを行い、ostream として開いたファイルでは書き込みだけを行うようにしよう。

11.3.2 バイナリファイル

メモリー内では、数字の 123 を整数値または文字列値として表すことができる。

```
int n = 123;
string s = "123";
```

1 つ目のケースでは、123 はその他すべての int と同じ量のメモリーに（バイナリ）数値として格納される。つまり、PC では 4 バイト（32 ビット）が使用される。値が 12345 の場合も、同じく 4 バイトが使用される。2 つ目のケースでは、123 は 3 文字の文字列として格納される。値が文字列 "12345" の場合は 5 文字 — および string を管理するための固定のオーバーヘッド — が使用される。これを図解すると、以下のようになる。ここでは、コピーで実際に使用されるバイナリ表現ではなく、通常の 10 進数と文字表現を使用している。

11.3 ファイルを開いて位置を設定する

```
文字としての123 :     | 1 | 2 | 3 | ? | ? | ? | ? |
文字としての12345 :   | 1 | 2 | 3 | 4 | 5 | ? | ? |
バイナリとしての123 :   |    123    |
バイナリとしての12345 : |   12345   |
```

文字表現を使用するときには、メモリー内で数字の終わりを表すための文字を使用しなければならない。123456 は 1 つの数字であり、123 456 は 2 つの数字である。このように、紙の上では、スペース文字を使って数字の終わりを表す。メモリー内でも同じことができる。

```
文字としての123456 :  | 1 | 2 | 3 | 4 | 5 | 6 | ? |
文字としての123 456 : | 1 | 2 | 3 |   | 4 | 5 | 6 |
```

int などの固定長のバイナリ表現を格納するときと、string などの可変長の文字列表現を格納するときの区別は、ファイルにも当てはまる。デフォルトでは、iostream が扱うのは文字表現である。つまり、istream は文字シーケンスを読み取り、それを適切な型のオブジェクトに変換する。ostream は指定された型のオブジェクトを文字シーケンスに変換し、それを書き出す。ただし、ファイル間でバイトをコピーするよう istream と ostream に要求することが可能である。これはバイナリ I/O (*binary I/O*) と呼ばれる。バイナリ I/O を要求するには、ファイルを ios_base::binary モード で開く。整数のバイナリファイルの読み書きを行う例を見てみよう。

```cpp
int main()
{
    // istream をファイルからのバイナリ入力モードで開く
    cout << "Please enter input file name\n";
    string iname;
    cin >> iname;
    // 注意: ストリームモードとして "binary" を指定すると、
    // ストリームがバイトをいじらなくなる
    ifstream ifs {iname,ios_base::binary};
    if (!ifs) error("can't open input file ",iname);

    // ostream をファイルへのバイナリ出力モードで開く
    cout << "Please enter output file name\n";
    string oname;
    cin >> oname;
    // 注意: ストリームモードとして "binary" を指定すると、
    // ストリームがバイトをいじらなくなる
    ofstream ofs {oname,ios_base::binary};
    if (!ofs) error("can't open output file ",oname);
```

```
        vector<int> v;

        // バイナリファイルからの読み取り
        for(int x; ifs.read(as_bytes(x),sizeof(int)); )   // 注意: バイトの読み取り
            v.push_back(x);

        // v を使った何らかの処理

        // バイナリファイルへの書き込み
        for(int x : v)
            ofs.write(as_bytes(x),sizeof(int));           // 注意: バイトの書き込み
        return 0;
    }
```

ファイルをストリームモードで開くには、`ios_base::binary` を使用する。

```
ifstream ifs {iname,ios_base::binary};

ofstream ofs {oname,ios_base::binary};
```

どちらもバイナリ表現を選択している。より複雑になるものの、たいていよりコンパクトな表現になる。文字指向の I/O からバイナリ I/O へ移行すると、通常の >> 演算子と << 演算子は使用できなくなる。これらの演算子は、デフォルトの変換を使って値を文字シーケンスに変換する。たとえば、文字列 "asdf" を文字 a、s、d、f に変換し、整数 123 を文字 1、2、3 に変換する。それでよければ、デフォルトで十分なので、binary を指定する必要はない。binary を使用するのは、自分（または別の誰か）がデフォルトよりもうまくやれると考えた場合だけだ。ここでは binary を使用することで、ストリームがバイトをいじらないようにしている。

int 型を「うまく処理する」方法として何が考えられるだろうか。当然ながら、4 バイトの int を 4 バイトに格納することが考えられる。つまり、int のメモリー内表現（連続する 4 バイト）を調べて、それらのバイトをファイルに転送できる。そして、それらのバイトを同じ方法で読み取り、int として復元すればよい。

```
ifs.read(as_bytes(x),sizeof(int))          // 注意: バイトの読み取り
ofs.write(as_bytes(v[x]),sizeof(int))      // 注意: バイトの書き込み
```

`ostream::write()` と `istream::read()` は、どちらも `as_bytes()` として提供されるアドレスと演算子 sizeof を使って取得したバイト（文字）数を受け取る。そのアドレスは、ここで読み取りたい値または書き込みたい値が含まれているメモリー内の 1 バイト目を指しているはずである。たとえば、int 型の 1234 という値がある場合は、（16 進数表記を使って）00、00、04、d2 の 4 バイトを取得することになる。

11.3 ファイルを開いて位置を設定する

as_bytes 関数は、オブジェクトの表現の1バイト目のアドレスを取得するために必要となる。これについては、まだ説明していない言語の機能を使って（§17.8、§19.3）以下のように定義できる。

```
template<class T>
char* as_bytes(T& i)    // T をバイトシーケンスとして扱う
{
    void* addr = &i;    // オブジェクトの格納に使用しているメモリーの
                        // 1 バイト目のアドレスを取得
    return static_cast<char*>(addr);    // そのメモリーをバイトとして扱う
}
```

変数のバイト列をそのまま取得するには、static_cast を使った（安全ではない）型変換が必要である。アドレスの概念については、第 17 章と第 18 章で説明する。ここでは、read 関数と write 関数を使用するためにメモリー内のオブジェクトをバイトシーケンスとして扱う方法を示す。

バイナリ I/O はどちらかと言えば複雑で、ごちゃごちゃしているため、エラーになりやすい。だが、ファイルフォーマットを選択する自由が常に与えられるとは限らない。必要なファイルがバイナリフォーマットで書かれているために、バイナリ I/O を使用せざるを得ないこともある。あるいは、文字以外の表現が選択されたもっともな理由があるのかもしれない。代表的な例は、妥当な文字表現がない画像ファイルや音声ファイルである。写真や音楽は基本的にビットの集まりにすぎない。

iostream ライブラリがデフォルトで提供する文字ベースの I/O には移植性がある。また、人が読むことができ、型システムによってかなりサポートされている。選択の余地がある場合はこの I/O を使用するようにし、どうしても必要でなければバイナリ I/O に手を出してはならない。

11.3.3 ファイル内での位置の指定

ファイルの読み書きはなるべくファイルの最初から最後まで実行するようにしよう。これが最も簡単で最もエラーの少ない方法である。ファイルに変更を加える必要があると感じたら、多くの場合は、変更内容が含まれた新しいファイルを生成するほうがよい。

ただし、読み書きする場所を選択しなければならない場合は、ファイル内の位置を指定できる。基本的には、読み取りモードで開かれているファイルには「読み取り/取得位置」があり、書き込みモードで開かれているファイルには「書き込み/配置位置」がある。

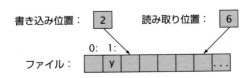

これは以下のように使用できる。

```
fstream fs {name};      // int/out モードで開く
if (!fs) error("can't open ",name);

fs.seekg(5);            // 読み取り位置を 5 (6 文字目) へ移動
char ch;
fs>>ch;                 // 読み取りを行い、読み取り位置をインクリメント
cout << "character[5] is " << ch << '(' << int(ch) << ")\n";

fs.seekp(1);            // 書き込み位置を 1 へ移動
fs<<'y';                // 書き込みを行い、書き込み位置をインクリメント
```

seekg 関数と seekp 関数はそれぞれの位置をインクリメントするため、先の図は実行後のプログラムの状態を表している。

位置を指定する際には、実行時のエラーチェックがないに等しいことに注意しよう。特に、(seekg 関数または seekp 関数を使って) EOF を超える位置へ移動しようとしたときにどうなるかは未定義であり、実際に何が起きるかは OS によって異なる。

11.4　文字列ストリーム

　string は、istream のソースまたは ostream のターゲットとして使用できる。istringstream は string から読み取りを行う istream であり、ostringstream は書き込まれた文字を string に格納する ostream である。たとえば istringstream は string から数値を取り出すのに役立つ。

```
double str_to_double(string s)
// 可能であれば、s の文字を浮動小数点数値に変換する
{
    istringstream is {s};   // s から読み取りを行うためのストリームを作成
    double d;
    is >> d;
    if (!is) error("double format error: ",s);
    return d;
}

double d1 = str_to_double("12.4");      // テスト
double d2 = str_to_double("1.34e-3");
double d3 = str_to_double("twelve point three");   // error() が呼び出される
```

istringstream の文字列の終端を超えて読み取ろうとすると、istringstream は eof 状態になる。これは istringstream に対して通常の入力ループを使用できることを意味する。文字列ストリーム

は、実際には istream の一種である。

逆に言うと、GUI システムなど、単純な文字列引数を要求するシステムの出力の書式を設定する場合に ostringstream が役立つことがある（§16.5）。

```
void my_code(string label, Temperature temp)
{
    ...
    ostringstream os;   // メッセージを組み立てるためのストリーム
    os << setw(8) << label << ": "
       << fixed << setprecision(5) << temp.temp << temp.unit;
    someobject.display(Point(100,100), os.str().c_str());
    ...
}
```

ostringstream の str メンバー関数 は、ostringstream への出力演算によって作成された string を返す。c_str は string のメンバー関数であり、多くのシステムインターフェイスで必要となる C スタイルの文字列を返す。

stringstream が使用されるのは主に実際の I/O 処理から切り離したいときである。たとえば str_to_double 関数の string 型の引数は、通常は Web ログなどのファイルやキーボードから得られる。同様に、my_code 関数で作成されたメッセージは、最終的に画面のどこかに書き出される。たとえば「§11.7 非標準セパレーターの使用」では、stringstream を使って入力から不要な文字を取り除く。このように、stringstream については、特殊なニーズや趣向に合わせて I/O を調整するためのメカニズムと見なすことができる。

ostringstream の単純な用途の 1 つは、連結を通じて文字列を構築することだ。

```
int seq_no = get_next_number();          // ログファイルの番号を取得
ostringstream name;
name << "myfile" << seq_no << ".log";    // 例: myfile17.log
ofstream logfile{name.str()};            // myfile17.log を開く
```

通常は、istringstream を string で初期化した後、入力演算を使ってその string から文字を読み取る。逆に、ostringstream では、空の string で初期化した後、出力演算を使って値を挿入する。stringstream には、文字にアクセスするための直接的な方法があり、それが役立つことがある。ss.str() は ss の文字列のコピーを返し、ss.str(s) は ss の文字列として s のコピーを設定する。「§11.7 非標準セパレーターの使用」では、ss.str(s) が不可欠な例を示す。

11.5　行指向の入力

`>>` 演算子は、特定の型の標準書式に従って、その型のオブジェクトにデータを読み込む。たとえば `int` 型の `>>` 演算子は、数字ではないものが検出されるまで読み込む。`string` 型の `>>` 演算子は、ホワイトスペースが検出されるまで読み込む。標準ライブラリの `istream` には、個々の文字と行全体を読み込むための機能もある。以下のコードについて考えてみよう。

```
string name;
cin >> name;              // 入力: "Dennis Ritchie"
cout << name << '\n';     // 出力: "Dennis"
```

行全体を一度に読み取り、書式設定の方法をあとから決定したい場合はどうすればよいだろうか。`getline` 関数を使用すればよい。

```
string name;
getline(cin,name);        // 入力: "Dennis Ritchie"
cout << name << '\n';     // 出力: "Dennis Ritchie"
```

これで、行全体を読み込めるようになった。そうしたいのはなぜだろうか。「`>>` 演算子ではできないことをしたい」からというのが模範解答である。「ユーザーが行全体を入力したから」という答えしか思いつかないのなら、`>>` 演算子を使用すべきである。なぜなら、行が入力されたら、通常はそれをどうにかして解析しなければならないからだ。たとえば以下のケースでは、`first_name` と `second_name` に直接読み込むほうが簡単だったはずだ。

```
string first_name;
string second_name;
stringstream ss {name};
ss>>first_name;           // 入力: "Dennis"
ss>>second_name;          // 入力: "Ritchie"
```

行全体を読み込む主な理由の 1 つは、ホワイトスペースの定義が常に適切であるとは限らないことだ。場合によっては、改行を他のホワイトスペース文字とは区別したいことがある。たとえば、ゲームのテキストメッセージでは、従来の句読点を使用せずに、行を文として扱うことがある。

> go left until you see a picture on the wall to your right
> remove the picture **and** open the door behind it. take the bag from there

その場合は、まず行全体を読み取り、そこから個々の単語を取り出す。

```
string command;
getline(cin,command);     // 行を読み込む
```

```
stringstream ss {command};
vector<string> words;
for (string s; ss>>s; )
    words.push_back(s);    // 個々の単語を取り出す
```

とはいうものの、選択の余地があるとしたら、ほとんどの場合は改行ではなく適切な句読点を使用したほうがよいだろう。

11.6　文字の分類

通常は、整数、浮動小数点数、単語などを書式の規約に定義されているとおりに読み取る。ただし、抽象化のレベルを下げて、個々の文字を読み取ることも可能であり、それが必要になることもある。個々の文字を読み取るとその分手間がかかるが、処理を完全に制御できるようになる。式のトークン化（§7.8.2）について考えてみよう。たとえば、1+4*x<=y/z*5 を 11 個のトークンに分割したい。

```
1 + 4 * x <= y / z * 5
```

>> 演算子を使って数字を読み取ることは可能である。だが、識別子を文字列として読み取ろうとすると、x<=y が 1 つの文字列として読み取られ、z* が 1 つの文字列として読み取られる。前者については、< と = がホワイトスペース文字ではないためであり、後者については、* もホワイトスペース文字ではないためだ。代わりに、以下のように記述してみよう。

```
for (char ch; cin.get(ch); ) {
    if (isspace(ch)) {   // ch がホワイトスペースである場合
        // ホワイトスペースを読み飛ばすなど、何らかの処理
    }
    if (isdigit(ch)) {
        // 数字を読み取るコード
    }
    else if (isalpha(ch)) {
        // 識別子を読み取るコード
    }
    else {
        // 演算子を処理するコード
    }
}
```

istream::get() は、1 文字をその引数に読み込み、ホワイトスペースを読み飛ばさない。>> 演算子と同様に、istream::get() はその istream への参照を返すため、その状態を評価できる。

個々の文字を読み取るときには、この文字は数字か、大文字かといったように、通常はそれらを分類したいと考える。標準ライブラリには、そのための関数がある。

文字の分類

isspace(c)	c はホワイトスペース（' '、'\t'、'\n' など）か
isalpha(c)	c は文字（'a' .. 'z'、'A' .. 'Z'）か（'_' は文字ではないことに注意）
isdigit(c)	c は 10 進数字（'0' .. '9'）か
isxdigit(c)	c は 16 進数字（10 進数字、'a' .. 'f'、または 'A' .. 'F'）か
isupper(c)	c は大文字か
islower(c)	c は小文字か
isalnum(c)	c は文字または 10 進数字か
iscntrl(c)	c は制御文字（ASCII 0 .. 31 および 127）か
ispunct(c)	c は文字、数字、ホワイトスペース、表示されない制御文字のどれでもないか
isprint(c)	c は印字可能（ASCII ' ' .. '~'）か
isgraph(c)	isalpha(c)、isdigit(c)、または ispunct(c) か（注：スペースは含まれない）

文字の分類は OR 演算子 | を使って組み合わせることができる。たとえば isalnum(c) は、isalpha(c)|isdigit(c) ── c は文字または数字のどちらかであるか ── を意味する。

さらに、標準ライブラリには、大文字と小文字の区別をなくすための便利な関数が 2 つある。

大文字と小文字の区別

toupper(c)	c または c の大文字に相当するもの
tolower(c)	c または c の小文字に相当するもの

これらは大文字と小文字の区別を無視したい場合に役立つ。たとえば、ユーザーからの入力では、Right、right、rigHT はたいてい同じものを意味する（ほとんどの場合、rigHT は Caps Lock キーを誤って押した結果だ）。このような文字列の各文字に tolower 関数を適用すると、right が得られる。これは任意の string で実行できる。

```
void tolower(string& s)    // s を小文字にする
{
    for (char& x : s) x = tolower(x);
}
```

string を実際に変更したい場合は、参照渡し（§8.5.5）を使用する。元の文字列を残しておきたい場合は、小文字のコピーを作成する関数を記述することもできる。自然言語の中には、ドイツ語のようにすべての小文字に大文字があるとは限らない言語がある。tolower 関数は、そうした自然言語のテキストに役立つことから、toupper 関数よりもよく使用される。

11.7 非標準セパレーターの使用

ここでは、`iostream` を使って現実の問題を解決する例として、半現実的な例を見ていく。文字列を読み込む際、デフォルトでは、単語はホワイトスペースで区切られている。残念ながら、`istream` には、ホワイトスペースを構成する文字を定義する機能や、`>>` 演算子が文字列を読み取る方法を直接変更するための手段はない。ホワイトスペースの別の定義が必要な場合はどうすればよいだろうか。第 4 章で示した「単語」を読み取ってそれらを比較する例（§4.6.3）について考えてみよう。それらの単語はホワイトスペースで区切られていたため、以下の行を読み込んだ場合は、

```
As planned, the guests arrived; then,
```

以下の「単語」が得られる。

```
As
planned,
the
guests
arrived;
then,
```

`planned,` や `arrived;` は辞書にない単語である —— 無関係な句読点が単語にくっついている。ほとんどの目的では、句読点はホワイトスペースと同じように扱わなければならない。こうした句読点を取り除くにはどうすればよいだろうか。文字を読み取り、句読点を削除するかホワイトスペースに変換した上で、「句読点が取り除かれた」入力を再び読み取ればよい。

```
string line;
getline(cin,line);              // line に読み込む
for (char& ch : line)           // 句読点をそれぞれスペースに置き換える
    switch(ch) {
    case ';': case '.': case ',': case '?': case '!':
        ch = ' ';
    }

stringstream ss(line);          // istream ss に line を読み取らせる
vector<string> vs;
for (string word; ss>>word; )   // 句読点のない単語を読み取る
    vs.push_back(word);
```

第 11 章　入力と出力のカスタマイズ

このコードを使って行を読み取ると、以下の単語が得られる。

```
As
planned
the
guests
arrived
then
```

残念ながら、先のコードはごちゃごちゃしているし、目的がかなり特化している。句読点の別の定義がある場合はどうなるだろうか。そこで、入力ストリームから不要な文字を取り除くという、より汎用的で便利な方法を提供することにしよう。それはどのようなものだろうか。ユーザーコードはどのようにものにすればよいだろうか。以下のコードはどうだろうか。

```
// セミコロン、コロン、コンマ、ドットをホワイトスペースとして扱う
ps.whitespace(";:,.");
for (string word; ps>>word; )
    vs.push_back(word);
```

`ps` のように動作するストリームを定義するにはどうすればよいだろうか。基本的には、通常の入力ストリームから単語を読み取った後、ユーザーが指定した「ホワイトスペース」文字をホワイトスペースとして扱うことになる。つまり、「ホワイトスペース」文字をユーザーに与えるのではなく、単に単語を区切るために使用する。たとえば以下の行は、

```
as.not
```

以下の 2 つの単語になるはずだ。

```
as
not
```

そのためのクラスを定義してみよう。ホワイトスペースと見なすべき文字を指定できることを除けば、このクラスは `istream` から文字を取り出さなければならず、`istream` の `>>` 演算子と同じように動作する `>>` 演算子を定義しなければならない。単純さを保つため、スペースや改行といった既存のホワイトスペースを「ホワイトスペースではないもの」として扱う方法は提供しないことにし、追加の「ホワイトスペース」文字を指定できるようにするにとどめる。また、指定された文字をストリームから完全に削除するための方法も提供しない。これについても、それらをホワイトスペースに変換するだけにする。このクラスを `Punct_stream` と呼ぶことにしよう。

11.7 非標準セパレーターの使用

```cpp
class Punct_stream {
// istream と似ているが、ユーザーがホワイトスペース文字を追加できる
public:
    Punct_stream(istream& is)
        : source{is}, sensitive{true} { }

    void whitespace(const string& s)    // s をホワイトスペースの
        { white = s; }                  // 集まりとして定義
    void add_white(char c)              // ホワイトスペースの集まりに
        { white += c; }                 // 文字を追加
    bool is_whitespace(char c);         // ホワイトスペースの集まりに
                                        // c は含まれているか

    void case_sensitive(bool b) { sensitive = b; }
    bool is_case_sensitive() { return sensitive; }

    Punct_stream& operator>>(string& s);
    operator bool();
private:
    istream& source;          // 文字ソース
    istringstream buffer;     // buffer に書式を設定させる
    string white;             //「ホワイトスペース」と見なされる文字
    bool sensitive;           // ストリームは大文字と小文字を区別するか
};
```

基本的には、先の例と同様に、`istream` から入力を 1 行ずつ読み込み、「ホワイトスペース」文字をスペースに変換した後、`istringstream` を使って書式を設定する。`Punct_stream` には、ユーザー定義のホワイトスペースに対処することに加えて、関連する機能が追加されている。`case_sensitive` 関数を使用すれば、大文字と小文字を区別する入力を、大文字と小文字を区別しない入力に変換できる。たとえば以下の行を、

```
Man bites dog!
```

`Punct_stream` に以下のように読み取らせることができる。

```
man
bites
dog
```

Punct_stream クラスのコンストラクターでは、文字ソースとして渡された istream に source というローカル名を割り当てている。このコンストラクターは、デフォルトでは通常どおりに大文字と小文字をストリームに区別させる。たとえば、Punct_stream クラスに cin を読み込ませ、セミコロン、コロン、ドットをホワイトスペースとして扱わせ、文字をすべて小文字に変換させることができる。

```
Punct_stream ps {cin};        // ps は cin を読み込む
ps.whitespace(";:.");         // セミコロン、コロン、ドットもホワイトスペース
ps.case_sensitive(false);     // 大文字と小文字を区別しない
```

当然ながら、最も興味深いのは入力演算子 >> である。入力演算子は群を抜いて定義が難しい演算子でもある。常とう手段は、istream から文字列（line）に行全体を読み込むことだ。続いて、ユーザー定義のホワイトスペース文字をすべてスペース文字（' '）に変換する。それが済んだら、line を buffer という名前の istringstream に格納する。あとは、通常のホワイトスペース区切りの >> 演算子を使って buffer を読み取ることができる。この場合は、単に buffer を読み取り、buffer が空の場合にのみ挿入を試みるため、コードはこれよりも少し複雑に見える。

```
Punct_stream& Punct_stream::operator>>(string& s)
{
    while (!(buffer>>s)) {           // buffer からの読み込みを試みる
        if (buffer.bad() || !source.good()) return *this;
        buffer.clear();

        string line;
        getline(source,line);        // source から line を取得

        // 必要に応じて文字を置き換える
        for (char& ch : line)
            if (is_whitespace(ch))
                ch = ' ';            // スペースに置き換える
            else if (!sensitive)
                ch = tolower(ch);    // 小文字に置き換える

        buffer.str(line);            // 文字列をストリームに格納
    }
    return *this;
}
```

このコードを少しずつ見ていこう。まず、あまり見慣れないコードからだ。

```
while (!(buffer>>s)) {
```

bufferという名前のistringstreamに文字が含まれている場合、読み込み（buffer>>s）はうまくいき、「ホワイトスペース」で区切られた単語がsに格納される。それ以上は、何もすることはない。これは読み取る文字がbufferに含まれている場合の話だ。これに対し、buffer>>sがうまくいかなかった（!(buffer>>s)である）場合は、bufferをsourceから補充しなければならない。buffer>>s読み込みがループになっていることに注目しよう。bufferの補充を試みた後は、読み込みを再び試みる必要があるため、以下のようになる。

```
while (!(buffer>>s)) {        // buffer からの読み込みを試みる
    if (buffer.bad() || !source.good()) return *this;
    buffer.clear();

    // buffer を補充
}
```

bufferがbad状態であるか、sourceに問題がある場合は、そこで処理を断念する。それ以外の場合は、bufferを空にして再び処理を試みる。bufferを空にする必要があるのは、「補充ループ」に入るのは（通常はbufferのeofに達したことが原因で）読み込みに失敗した場合だけだからだ。つまり、bufferには読み取る文字がもう残っていない。ストリームの状態は常に扱いに苦慮する部分であり、デバッグを余儀なくされるやっかいなエラーの原因になることが多い。ありがたいことに、補充ループの残りの部分はとても簡単だ。

```
string line;
getline(source,line);         // source から line を取得

// 必要に応じて文字を置き換える
for (char& ch : line)
    if (is_whitespace(ch))
        ch = ' ';             // スペースに置き換える
    else if (!sensitive)
        ch = tolower(ch);     // 小文字に置き換える

buffer.str(line);             // 文字列をストリームに格納
```

行をlineに読み込み、その行の各文字を調べて、それを変更する必要があるかどうかを確認している。is_whitespace関数は、後ほど定義するPunct_streamクラスのメンバーである。tolower関数は、Aをaに変換する作業を行う標準ライブラリの関数である（§11.6）。

lineの処理を完了した後は、それをistringstreamに格納する必要がある。それを行うのがbuffer.str(line)であり、「istringstream bufferのstringにlineを設定する」と読むことができる。

getline関数を使ってsourceを読み取った後、その状態を評価するのを「忘れている」ことに注目しよう。その必要がないのは、最終的にはループの先頭で!source.good()の評価が実行されるためだ。

第 11 章　入力と出力のカスタマイズ

これまでと同様に、`>>` 演算子の結果として、ストリーム自体への参照 `*this` を返している (§17.10)。ホワイトスペースの評価は簡単だ。ユーザー定義のホワイトスペースの集まりが含まれている文字列に対して、その文字を照合すればよい。

```
bool Punct_stream::is_whitespace(char c)
{
    for (char w : white)
        if (c==w) return true;
    return false;
}
```

改行やスペースといった通常のホワイトスペース文字は、`istringstream` で通常どおりに処理される。このため、それらに関して何か特別なことを行う必要はない。

ところで、得体の知れない関数が 1 つ残っている。

```
Punct_stream::operator bool()
{
    return !(source.fail() || source.bad()) && source.good();
}
```

`istream` の慣例的な用途は、`>>` 演算子の結果を評価することだ。

```
while (ps>>s) { /* ... */ }
```

これは、`ps>>s` の結果を Boolean 値として調べる方法が必要であることを意味する。`ps>>s` の結果は `Punct_stream` であるため、`Punct_stream` を `bool` に暗黙的に変換する方法が必要だ。それが、`Punct_stream` クラスの `operator bool()` の機能である。`bool` への変換は `operator bool()` というメンバー関数で定義される。具体的には、`Punct_stream` での演算が成功した場合は `true` を返す。

実際にプログラムを書いてみよう。

```
int main()
// 指定されたテキスト入力から、そのテキストに含まれているすべての
// 単語のソート済みのリストを生成する
// 句読点は無視し、大文字と小文字は区別しない
// 出力から重複する単語を削除する
{
    Punct_stream ps {cin};

    // 文字列では「\"」が「"」を意味することに注意
    ps.whitespace(";:,.?!()\"{}<>/&$@#%^|~");

    ps.case_sensitive(false);
```

```
        cout << "please enter words\n";
        vector<string> vs;
        for (string word; ps>>word; )
            vs.push_back(word);              // 単語を読み取る

        sort(vs.begin(),vs.end());           // 辞書式順序でソート
        for (int i=0; i<vs.size(); ++i)      // 辞書を書き出す
            if (i==0 || vs[i]!=vs[i-1]) cout << vs[i] << '\n';
    }
```

このプログラムは、入力に含まれている単語からソート済みのリストを生成する。以下の評価は、重複を削除するためのものだ。

```
    if (i==0 || vs[i]!=vs[i-1])
```

このプログラムに以下の入力を渡すと、

> There are only two kinds of languages: languages that people complain about, and languages that people don't use.

以下の出力が得られる。

```
about
and
are
complain
don't
kinds
languages
of
only
people
that
there
two
use
```

dontではなくdon'tが出力されたのはなぜだろうか。whitespace関数呼び出しから単一引用符（'）を除外したからだ。

Punct_streamクラスの振る舞いはいろいろな意味でistreamと似ているが、実際にはistreamではないことに注意しよう。たとえば、rdstate関数を使ってPunct_streamの状態を問い合わせることはできず、eof関数は定義されておらず、整数を読み取る>>演算子も提供されていない。ここで重要となるのは、istreamを期待する関数にPunct_streamを渡せないことだ。実際にistreamであるPunct_istreamを定義することは可能だろうか。それは可能だが、その離れ技をやってのけるにはプログラミングの経験が足りないし、そのために必要な設計概念や言語の機能もまだ理解していない。なお、この問題にあとから取り組んでみたい場合は、上級者向けのガイドブックやマニュアルでストリームバッファーについて調べる必要がある。

Punct_streamクラスは読みやすかっただろうか。説明はわかりやすかっただろうか。同じクラスを自分でも書けそうだろうか。数日前までまったくの素人であったとしたら、正直な答えは「絶対無理」だろう。あるいは、「あり得ない、気は確かか」かもしれない。その気持ちはわからないでもない。最後の質問に対する答えは「少なくとも本書ではそう考えていない」である。この例には、以下の目的があった。

- 少し現実的な問題と解決策を示す。
- 比較的控えめな手段で何を実現できるかを示す。
- 簡単そうに見える問題に対して、使い勝手のよい解決策を提供する。
- インターフェイスと実装の違いを明らかにする。

プログラマーになるには、練習問題への模範解答だけでなく、コードを読む必要がある。それは1つの例である。数日あるいは数週間でコードをすらすら読めるようになり、解決策を改善する方法を考えるようになるだろう。

この例については、初心者向けの英会話教室で教師が本場のスラングを披露したりして授業を盛り上げるようなもの、として考えてみることもできる。

11.8　その他の詳細

I/O の詳細は無限にあるように思える。それらを制限するのは人の創造力と気まぐれだけなので、きっとそうなのだろう。たとえば本章では、自然言語が暗示する複雑さを考慮に入れていない。英語で 12.35 と書かれるものは、ヨーロッパの他のほとんどの言語では慣習的に 12,35 と書かれる。当然の流れとして、C++ の標準ライブラリでは、それらをはじめとする自然言語特有の I/O の側面に対処する機能を提供している。中国語の文字はどのように書くのだろうか。マラヤーラム文字で書かれた文字列を比較するにはどうすればよいだろうか。それらの答えを知る必要がある場合は、Angelika Langer 著 *Standard C++ IOStreams and Locales*、Bjarne Stroustrup 著 *The C++ Programming Language* [*3] といった専門書や上級者向けの書籍を読むか、ライブラリやシステムマニュアルなどを調べてみる必要がある。ロケール（locale）について調べてみよう。ロケールは、通常は自然言語の相違に対処する機能に当てはめられる用語である[*4]。

複雑さのもう 1 つの原因はバッファリングである。標準ライブラリの `iostream` は、`streambuf` という概念に依存する。その目的がパフォーマンスなのか、機能なのかに関係なく、`iostream` を使った高度な作業では、これらの `streambuf` を避けて通ることはできない。`iostream` を独自に定義する必要がある、または新しいデータソースやシンクに合わせて `iostream` を調整する必要があると感じた場合は、*The C++ Programming Language* の Chapter 38 を読むか、システムマニュアルを調べてみよう。

C++ を使用するときには、C の標準 I/O 関数である `printf` や `scanf` に遭遇するかもしれない。その場合は、本書の第 27 章の「§27.6 入出力：stdio」と付録 B の「§B.11.2 printf() ファミリー」を読むか、Brian Kernighan、Dennis Ritchie 共著 *The C Programming Language* [*5] を読むか、Web 上にある無数の情報源のどれかを調べてみるとよいだろう。どの言語にも独自の I/O 機能がある。それらはすべて異なっており、ほとんどは奇抜なものだが、たいてい第 10 章と第 11 章で説明した基本的な概念を（さまざまな変わった方法で）示している。

標準ライブラリの I/O 機能は、付録 B にまとめてある。GUI に関連する話題については、第 12 章～第 16 章で説明する。

[*3] 『プログラミング言語 C++ 第 4 版』、柴田望洋 訳、SB クリエイティブ、2015 年

[*4] 監注：マラヤーラム文字のエンコード方法としては UCS のエンコード方法である UTF-8/UTF-16/UTF-32 があり、UTF-32 にも異字体セレクターや合成文字が存在する上、すべてマルチバイト文字である。中国語には UCS のエンコード以外の文字コードも存在するが、いずれもマルチバイト文字である。C++ の locale はマルチバイト文字を扱えるように設計されておらず、本書で参考にすべきとしてあげられている参考書を読んでも中国語の文字やマラヤーラム文字への対応方法は身につかない。

[*5] 『プログラミング言語 C 第 2 版』、石田晴久 訳、共立出版、1994 年

■ ドリル

1. `Test_output.cpp` というプログラムを作成する。まず、整数 `birth_year` を宣言し、自分の生まれた年を代入する。
2. `birth_year` を 10 進数、16 進数、8 進数形式で出力する。
3. 各値を使用した基数の名前でラベル付けする。
4. タブ文字を使って出力を列で整列させたか。そうでない場合は、そうする。
5. 年齢を出力する。
6. 問題は起きたか。何が起きたか。出力を 10 進数に修正する。
7. ドリル 2 に戻り、各出力の基数を表示する。
8. 8 進数、16 進数などとして読み取ってみる。

   ```
   cin >> a >> oct >> b >> hex >> c >> d;
   cout << a << '\t'<< b << '\t'<< c << '\t'<< d << '\n';
   ```

   このコードを以下の入力で実行し、結果について説明する。

   ```
   1234 1234 1234 1234
   ```

9. 数字 `1234567.89` を出力するコードを記述する。1 回目は `defaultfloat` 形式、2 回目は `fixed` 形式、3 回目は `scientific` 形式で出力する。最も正確な表現が得られるのはどの形式か。それはなぜか。
10. 自分と少なくとも 5 人の友人の姓、名、電話番号、メールアドレスからなる単純なテーブルを作成する。テーブルがうまく表示されるようになるまで、さまざまなフィールド幅を試してみる。

■ 復習

1. I/O がプログラマーにとって難題であるのはなぜか。
2. `<< hex` 表記は何を行うか。
3. コンピューターサイエンスにおいて 16 進数は何に使用されるか。それはなぜか。
4. 整数の出力の書式を設定するために実装したいオプションとして何があるか。
5. マニピュレーターとは何か。
6. 10 進数、8 進数、16 進数のプレフィックスは何か。
7. 浮動小数点数値のデフォルトの出力書式は何か。
8. フィールドとは何か。
9. `setprecision` 関数と `setw` 関数は何を行うか。
10. ファイルを開くモードの目的は何か。
11. `hex`、`scientific`、`setprecision`、`showbase`、`setw` のうち、持続性がないマニピュレーターはどれか。
12. 文字 I/O とバイナリ I/O の違いは何か。

13. テキストファイルの代わりにバイナリファイルを使用することにメリットがあると思われるのは、どのような状況か。
14. `stringstream` が役立つ可能性がある状況を2つあげる。
15. ファイル位置とは何か。
16. EOF を超えるファイル位置を選択するとどうなるか。
17. 型指向の入力よりも行指向の入力が望ましいのはどのような状況か。
18. `isalnum(c)` は何を行うか。

■ 用語

10進数（decimal）
16進数（hexadecimal）
8進数（octal）
`defaultfloat`
`fixed`
`noshowbase`
`scientific`
`setprecision`
`showbase`
規則性（regularity）

行指向の入力（line-oriented input）
出力の書式設定（output formatting）
バイナリ（binary）
非標準セパレーター（nonstandard separator）
ファイル位置（file position）
不規則性（irregularity）
マニピュレーター（manipulator）
文字の分類（character classification）

■ 練習問題

1. テキストファイルを読み込み、その入力をすべて小文字に変換した新しいファイルを生成するプログラムを作成する。
2. 指定された名前のファイルを読み込み、指定された単語が含まれている各行を行番号付きで出力するプログラムを作成する。ヒント：`getline()`。
3. ファイルから母音をすべて削除するプログラムを作成する。たとえば "Once upon a time!" は "nc pn tm!" になる。意外なことに、結果の多くはそのまま読んでも意味が通じる。友人に試してみよう。
4. ユーザーに複数の整数を入力させる `multi_input.cpp` というプログラムを作成する。ユーザーは、基数のプレフィックスである `0` と `0x` を使用して、8進数、10進数、16進数の組み合わせで整数を入力する。このプログラムは、数字を正しく解釈し、それらを10進数形式に変換する。以下に示すように、結果の値は適切な間隔が空いた列に出力する。

```
0x43  hexadecimal   converts to   67 decimal
0123  octal         converts to   83 decimal
  65  decimal       converts to   65 decimal
```

5. 文字列を読み込み、文字分類関数（§11.6）によって定義されたとおりに、各文字の分類を出力するプログラムを作成する。文字によっては、複数の分類を持つことに注意。たとえば x は英字と数字の両方に分類される。

6. 句読記号をホワイトスペースに置き換えるプログラムを作成する。このプログラムでは、ドット（.）、セミコロン（;）、コンマ（,）、疑問符（?）、ハイフン（-）、単一引用符（'）を句読記号と見なす。二重引用符（"）で囲まれている文字は変更しない。たとえば "- don't use the as-if rule." は " don t use the as if rule " になる。

7. 練習問題 6 のプログラムを書き換え、don't を do not、can't を cannot といった要領で置き換えるように変更する。単語の間のハイフンはそのままにして（" do not use the as-if rule " になる）、すべての文字を小文字に変換する。

8. 「§11.7 非標準セパレーターの使用」で説明した手法の代わりに練習問題 7 のプログラムを使って辞書を作成する。数ページ分のテキストが含まれたファイルでの実行結果を調べて、プログラムを改善すれば辞書の品質がよくなるかどうかを確認する。

9. 「§11.3.2 バイナリファイル」のバイナリ I/O プログラムを 2 つに分割する。一方のプログラムは通常のテキストファイルをバイナリに変換し、もう一方のプログラムはバイナリを読み取ってテキストに変換する。これらのプログラムのテストは、バイナリに変換した後のファイルとテキストファイルに戻したものを比較するという方法で行う。

10. vector<string> split(const string& s) 関数を記述する。この関数は、引数 s をホワイトスペースに基づいて部分文字列に分割し、それらを格納した vector を返す。

11. vector<string> split(const string& s, const string& w) 関数を記述する。この関数は、引数 s をホワイトスペースに基づいて部分文字列に分割し、それらを格納した vector を返す。この場合のホワイトスペースは、「通常のホワイトスペース」と w に含まれている文字として定義される。

12. テキストファイルに含まれている文字の順序を逆にするプログラムを作成する。たとえば asdfghjkl は lkjhgfdsa になる。警告：ファイルを逆方向に読むための適切な、移植性のある、効率のよい方法というものは存在しない。

13. ファイルに含まれている単語の順序を逆にするプログラムを作成する。これらの単語はホワイトスペースで区切られた文字列として定義される。たとえば "Norwegian Blue parrot" は "parrot Blue Norwegian" になる。ファイルに含まれているすべての文字列がメモリーに一度に収まるものとする。

14. テキストファイルを読み込み、ファイルに含まれている文字の個数を文字分類（§11.6）ごとに出力するプログラムを作成する。

15. ホワイトスペースで区切られた数字が含まれたファイルを読み込み、科学表記を使って数字を出力するプログラムを作成する。8 の精度を使用し、1 行につき 20 文字のフィールドを使用する。

16. ホワイトスペースで区切られた数字が含まれたファイルを読み込み、それらを小さい順に 1 行に 1 つずつ出力するプログラムを作成する。値は一度だけ書き出し、同じ値が複数存在する場合は、その個数を同じ行に書き出す。たとえば "7 5 5 7 3 117 5" は以下のようになる。

```
3
5    3
7    2
117
```

■ 追記

　入力と出力が難題なのは、人の好みや慣習が、単純に定義されたルールや数学の法則に従わないためである。プログラマーがユーザーの好みに注文をつける立場にあることはめったにない。そうであったとしても、時間をかけて築き上げられてきた慣例に代わる何か単純なものを提供できると考えるのは思い上がりというものだ。ゆえに、入力と出力がやっかいであることを計算に入れ、受け入れ、順応すると同時に、プログラムをできるだけ単純に保つように心がけなければならない ― ただし、単純すぎてもいけない。

第12章
表示モデル

> 昔は世の中のほうが白黒だったんだ。
> 1930年代まではカラーじゃなかったんだ。
> — Calvin のパパ

本章では、GUI の出力部分である表示モデルを取り上げ、画面座標、線分、色といった基本概念とそれらの使用例を示す。Line、Lines、Polygon、Axis、Text は、Shape（図形）の例である。Shape とは、画面上に表示して操作できるメモリー内オブジェクトのことだ。次の2つの章では、これらのクラスをさらに詳しく見ていく。第13章ではそれらの実装を取り上げ、第14章では設計上の問題点を取り上げる。

- 12.1 なぜグラフィックスなのか
- 12.2 表示モデル
- 12.3 最初の例
- 12.4 GUI ライブラリの使用
- 12.5 座標
- 12.6 Shape
- 12.7 Shape のプリミティブの使用
  - 12.7.1 グラフィックスヘッダーと main 関数
  - 12.7.2 ほとんど空のウィンドウ
  - 12.7.3 Axis
  - 12.7.4 関数のグラフ表示
  - 12.7.5 Polygon
  - 12.7.6 Rectangle
  - 12.7.7 塗りつぶし
  - 12.7.8 Text
  - 12.7.9 Image
  - 12.7.10 その他のコード
- 12.8 プログラムの実行
  - 12.8.1 ソースファイル

第 12 章　表示モデル

12.1　なぜグラフィックスなのか

グラフィックスに 4 つの章を割き、GUI（Graphical User Interface）に 1 つの章を割くのはなぜだろうか。何しろ、本書はグラフィックスの本ではなく、プログラミングに関する本である。本書で取り上げていないソフトウェア関連の興味深いテーマは無数にあり、グラフィックスについては表面をなぞるのが精一杯だろう。では、なぜグラフィックスなのか。基本的には、グラフィックスを題材にして、ソフトウェアの設計、プログラミング、プログラミング言語の機能という重要な領域を調査できるからだ。

- グラフィックスは便利である。
  プログラミングの大部分はグラフィックス以外のもので構成されており、ソフトウェアの大部分は GUI を通じて操作するもの以外のコードで構成されている。だが、グラフィックスは多くの領域において不可欠であるか、非常に重要である。たとえば、データをグラフ化できないとしたら、科学計算、データ分析、または数量に関することを調査する気になるだろうか。第 15 章では、データをグラフ化するための単純な（だが一般的な）機能を取り上げる。
- グラフィックスは楽しい。
  コンピューティングにおいて、コードの効果がすぐにわかり、バグをつぶしきった喜びを味わえる領域はごく少ない。グラフィックスはそうした領域の 1 つであり、意味もなくあれこれ試してみたくなる。
- グラフィックスには読むとためになるコードがたくさんある。
  プログラミングを学ぶことには、多くのコードを読み、よいコードがどのようなものかを感じ取ることも含まれる。同様に、文章をうまく書けるようになるには、書物、記事、定評ある新聞を読み漁る必要がある。プログラムで記述したことがそのまま画面上に表示されるため、単純なグラフィックスコードは同じ程度に複雑な他の種類のコードよりも読みやすい。本章では、手ほどきを受けてからほんの数分でグラフィックスコードを読めるようになることを証明する。第 13 章では、その数時間後にはグラフィックスコードを記述できるようになることを示す。
- グラフィックスは設計例の宝庫である。
  実際問題として、よいグラフィックスと GUI ライブラリを設計して実装するのは難しい。グラフィックスは、設計上の決断や設計手法の具体的かつ実用的なサンプルの宝庫である。クラスの設計、関数の設計、ソフトウェアの（抽象）層への分割、そしてライブラリの構築に最も役立つ手法の一部は、比較的少ない量のグラフィックス/GUI コードで説明できる。
- グラフィックスは一般にオブジェクト指向プログラミングと呼ばれているものやそれをサポートする言語機能を体験してみるのにうってつけである。
  うわさとは逆に、オブジェクト指向プログラミングはグラフィックスを実行できるようには考えられていなかったが（第 22 章）、すぐにグラフィックスに応用された。オブジェクト指向設計の最も参考になるサンプルの一部はグラフィックスによって提供される。
- 重要なグラフィックス概念の中にはわかりにくいものがいくつかある。
  だからこそ、読者が自発的に（かつ根気強く）情報を探すようになるまで放っておくのではなく、ここで教えるわけである。グラフィックスと GUI がどのように実行されるのかを示さなければ、それらが「魔法」に見えてしまうかもしれない。それは本書の基本目標の 1 つに反する。

12.2　表示モデル

`iostream` ライブラリは、数値のリストや書籍に含まれているような文字のストリームを読み書きすることを目的として設計されている。グラフィカルな位置という概念に関して直接サポートされているのは、改行文字とタブ文字だけだ。色や 2 次元座標といった概念は、1 次元の文字ストリームに埋め込むことができる。それが Troff、TeX、Word、HTML、XML といったレイアウト（マークアップ）言語とそれらに関連するグラフィカルパッケージの機能である。

```
<hr>
<h2>
Organization
</h2>
This list is organized in three parts:
<ul>
    <li><b>Proposals</b>, numbered EPddd, ...</li>
    <li><b>Issues</b>, numbered EIddd, ...</li>
    <li><b>Suggestions</b>, numbered ESddd, ...</li>
</ul>
<p>We try to ...
<p>
```

これは HTML の一部であり、ヘッダー（`<h2>` ... `</h2>`）、リストアイテム（`<li>` ... `</li>`）からなるリスト（`<ul>` ... `</ul>`）、および段落（`<p>`）が指定されている。ここでは、実際のテキストのうち無関係な部分のほとんどを省略している。要するに、レイアウトはただのテキストで表現できるが、書かれた文字と画面上に表示されるものとの関係は間接的であり、そうした「マークアップ」コマンドを解釈するプログラムによって制御される。こうした手法は基本的に単純で非常に便利だが（読者が読むものはほぼすべてそれらを使って生成されている）、それはそれで制限がある。

本章と次の 4 つの章では、これに代わるものとして、グラフィックスの概念と、コンピューター画面を直接の対象とする GUI の概念を示す。基本的な概念は、座標、線分、四角形、円など、本質的にグラフィカルである ─ そして 2 次元であり、コンピューター画面の矩形領域にはめ込まれる。プログラミングでは、メモリー内のオブジェクトと画面上のイメージを直接対応させることが目標となる。

基本的なモデルは、グラフィックスシステムによって提供される線分といった基本的なオブジェクトを使ってオブジェクトを組み立てる、というものだ。そして、これらのグラフィックスオブジェクトをウィンドウオブジェクトに関連付けることで、物理的な画面を表す。プログラムについては、表示そのものとして考えることもできるし、「表示エンジン」として、「グラフィックスライブラリ」として、「GUI ライブラリ」として、あるいは「画面の裏で絵を描いている小人」として考えることもできる。こうしたプログラムは、ウィンドウに関連付けられたオブジェクトを画面上に描画する。

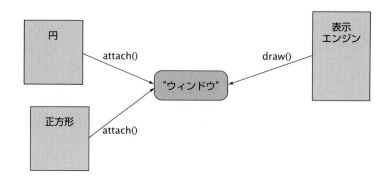

「表示エンジン」は、画面上に直線を描き、画面上にテキスト文字列を配置し、画面の一部に色を付ける。本書の GUI ライブラリはオブジェクトを描画することにとどまらないが、単純さを保つために、ここでは表示エンジンを「GUI ライブラリ」または「システム」と呼ぶことにする。プログラマーのコードが作業の大半を GUI ライブラリに処理させるように、GUI ライブラリは作業の大半を OS に処理させる。

12.3　最初の例

ここでは、画面上に表示したいオブジェクトを作成するためのクラスを定義する。たとえば、直線と直線を結んでグラフを描画したいとしよう。最初の非常に単純なバージョンは以下のようになる。

```cpp
#include "Simple_window.h"    // ウィンドウライブラリにアクセス
#include "Graph.h"            // グラフィックスライブラリの機能にアクセス

int main()
{
    using namespace Graph_lib;    // グラフィックス機能は
                                  // Graph_lib に含まれている

    Point tl {100,100};           // ウィンドウの左上隅を定義

    Simple_window win {tl,600,400,"Canvas"};   // 単純なウィンドウを作成

    Polygon poly;                              // 図形（ポリゴン）を作成

    poly.add(Point{300,200});     // ポイントを追加
    poly.add(Point{350,100});     // 2 つ目のポイントを追加
    poly.add(Point{400,200});     // 3 つ目のポイントを追加

    poly.set_color(Color::red);   // ポリゴンのプロパティを調整
```

```
    win.attach (poly);              // ポリゴンをウィンドウに接続

    win.wait_for_button();          // 表示エンジンに制御を渡す
}
```

このプログラムを実行すると、画面は以下のようになる。

このプログラムを1行ずつ見ていこう。まず、GUIライブラリのためのヘッダーをインクルードしている。

```
#include "Simple_window.h"    // ウィンドウライブラリにアクセス
#include "Graph.h"            // グラフィックスライブラリの機能にアクセス
```

次に、main関数の最初の部分で、グラフィックス機能がGraph_libに含まれていることをコンパイラーに知らせている。

```
using namespace Graph_lib;    // グラフィックス機能は
                              // Graph_lib に含まれている
```

そして、ウィンドウの左上隅として使用する座標を定義している。

```
Point tl {100,100};           // ウィンドウの左上隅を定義
```

次に、画面上にウィンドウを作成している。

```
Simple_window win {tl,600,400,"Canvas"};  // 単純なウィンドウを作成
```

Graph_lib ライブラリに含まれている Simple_window というクラスを使用していることがわかる。これはウィンドウを表すクラスであり、ここでは win という名前を付けている。つまり、win は Simple_window 型の変数である。win のイニシャライザーリストは、左上隅として使用される座標（tl）と、それに続く 600 と 400 で構成されている。これらは画面上に表示されるときのウィンドウの幅と高さをピクセル単位で表したものだ。後ほど詳しく説明するが、ここで重要となるのは、四角形を幅と高さに基づいて指定することである。"Canvas" という文字列は、ウィンドウにラベルを付けるために使用される。よく見てみると、Canvas という単語がウィンドウのフレームの中央に表示されていることがわかる。

次に、オブジェクトをウィンドウに配置している。

```
Polygon poly;                      // 図形（ポリゴン）を作成

poly.add(Point{300,200});          // ポイントを追加
poly.add(Point{350,100});          // 2つ目のポイントを追加
poly.add(Point{400,200});          // 3つ目のポイントを追加
```

ポリゴン poly を定義し、そこにポイントを追加している。本書のグラフィックスライブラリでは、Polygon には最初は何も含まれておらず、ポイントをいくつでも追加できる。ここではポイントを 3 つ追加しているため、三角形が描画される。ポイントとは、ウィンドウ内の x（水平）座標と y（垂直）座標を指定する値のペアのことだ。

試しに、ポリゴンの線分の色を赤にしている。

```
poly.set_color(Color::red);    // ポリゴンのプロパティを調整
```

最後に、poly をウィンドウ win に関連付けている。

```
win.attach(poly);                  // ポリゴンをウィンドウに接続
```

プログラムのコードがここまでの場合は、画面上にまだ何も描画されないはずだ。ウィンドウ — 正確には Simple_window クラスのオブジェクト — を作成し、ポリゴン（poly）を作成し、そのポリゴンの色を赤にし（Color::red）、それをウィンドウ（win）に関連付けたところまではよいが、そのウィンドウを画面上に表示することをまだ要求していないからだ。それを行うのが、プログラムの最後の行である。

```
win.wait_for_button();             // 表示エンジンに制御を渡す
```

GUI システムにオブジェクトを画面上に表示させるには、「システム」に制御を渡さなければならない。wait_for_button 関数は、それを行うと同時に、ユーザーが Simple_window の［Next］ボタンをクリックするまでプログラムを待機させる。これにより、プログラムを終了してウィンドウが消える前に、ウィンドウを見るチャンスが得られる。［Next］ボタンをクリックすると、プログラムが終了し、ウィンドウが閉じる。

ウィンドウだけを切り取ってみよう。

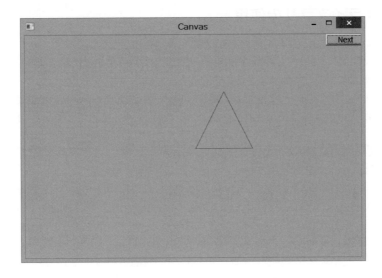

どうやら説明されていないことがあるようだ。「Next」というラベルが付いたボタンはどこから来たのだろうか。このボタンは `Simple_window` クラスに組み込まれている。第 16 章では、`Simple_window` クラスから、あやしげな機能が組み込まれていない `Window` クラスに乗り換え、ウィンドウとのやり取りを制御するコードを記述する方法について説明する。

次の 3 つの章では、情報を段階的（フレームごと）に表示したい場合に、表示から表示への切り替えに［Next］ボタンを使用する。

OS によってフレームが各ウィンドウに配置されるのは当たり前のことで、特に気にしていなかったかもしれない。ただし、本章と次章の画面は Windows システムによって生成されたものなので、右上隅の 3 つのボタンは最初から付いている。（デバッグではよくあるように）プログラムが収拾不能に陥ったとしても、［x］ボタンをクリックすれば強制終了できるため、これは便利である。プログラムを別のシステム上で実行する場合は、そのシステムの規約に合わせて別のフレームが追加されるだろう。ここでフレームに追加しているのはラベル（この場合は `Canvas`）だけである。

12.4　GUI ライブラリの使用

本書では、OS のグラフィックス機能や GUI 機能を直接使用しない。そうするとプログラムが 1 つの OS でしか動作しなくなり、やっかいな詳細の多くに自力で取り組まなければならなくなる。テキスト I/O の場合と同様に、ここではライブラリを使用することで、OS や I/O デバイスの違いを吸収し、コードを単純に保つことにする。C++ では、標準ストリーム I/O ライブラリは提供されているが、残念ながら標準 GUI ライブラリは提供されていない。そこで、C++ で利用可能な GUI ライブラリの 1 つを使用することにした。ここでは、そうした GUI ライブラリのどれかに直接拘束されたり、GUI ライブラリの複雑さをもろに受けたりしないよう、単純なインターフェイスクラスをいくつか使用する。これらのクラスは、どの GUI ライブラリでも数百行のコードで実装できる。

本書で使用している GUI ツールキットは、FLTK（Fast Light Tool Kit）[1] と呼ばれるものだ。本書のコードは、Windows、UNIX、Mac、Linux など、FLTK を使用できる環境であれば、どこにでも移植できる。また、本書のインターフェイスクラスは他のツールキットを使って再実装できるため、それらを使用するコードには思った以上に移植性があるかもしれない。

本書のインターフェイスクラスが表すプログラミングモデルは、一般的なツールキットのものよりもずっと単純だ。たとえば、本書のグラフィックス/GUI ライブラリのコードは全部で約 600 行であるが、FLTK のドキュメントは 1000 ページ近くある。FLTK のドキュメントは www.fltk.org からダウンロードできるが、まだダウンロードしないでおこう。しばらくの間は、そこまでしなくても作業を進めることができる。第 12 章～第 16 章で示す概念は、一般的な GUI ツールキットであれば、どれでも試してみることができる。もちろん、本書のインターフェイスクラスが FLTK にどのようにマッピングされるのかについては必要に応じて説明していくので、最終的には、FLTK などのツールキットを直接使用する方法がわかるだろう。

「グラフィックスの世界」の各部分を図解すると、以下のようになる。

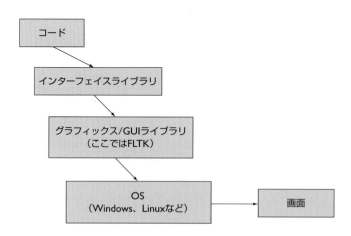

本書のインターフェイスクラスは、色の使用をある程度サポートする 2 次元図形という単純な概念を

---

[1] FLTK は「フルティック」と読む。http://www.fltk.org
　　訳注：検証では、FLTK 1.3.3 を Visual Studio でコンパイルして使用した。

提供する。ユーザーはこの概念をさらに拡張できる。それを示すために、第 16 章では、ユーザー定義のボタンなどを使って呼び出される「コールバック関数」に基づく GUI という概念を紹介する。

12.5　座標

コンピューター画面はピクセルで構成された矩形領域である。ピクセルとは、何らかの色を付けることができる小さな点のことだ。プログラムで画面をモデリングする最も一般的な方法は、ピクセルからなる矩形としてモデリングすることである。ピクセルはそれぞれ x（水平）座標と y（垂直）座標によって識別される。x 座標は左端のピクセルを表す 0 で始まり、右端のピクセルに向かって増えていく。y 座標は一番上のピクセルを表す 0 で始まり、一番下のピクセルに向かって増えていく。

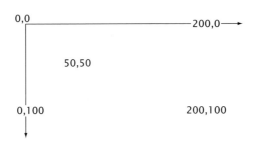

y 座標が「下に向かって大きくなる」ことに注意しよう。特に数学者は違和感を覚えるだろうが、画面（およびウィンドウ）のサイズはさまざまであり、それらにほぼ共通するのは左上の点なのである。

利用可能なピクセルの数は画面によって異なる。1024×768、1280×1024、1400×1050、1600×1200 が一般的な画面サイズである。

画面を使ってコンピューターとやり取りする状況では、ウィンドウは特定の目的を持つ画面上の矩形領域であり、プログラムによって制御される。ウィンドウは画面とまったく同じように処理される。基本的には、ウィンドウを小さい画面と見なすことができる。たとえば以下のように定義すると、幅 600 ピクセル、高さ 400 ピクセルの矩形領域を要求することになり、（左から右へ）0〜599、（上から下へ）0〜399 の指定が可能となる。

```
Simple_window win {tl,600,400,"Canvas"};
```

ウィンドウの描画が可能な領域は**キャンバス**（*canvas*）と呼ばれる。600×400 の領域はウィンドウの「内側」を表す。つまり、システムが提供するフレーム内の領域である。システムがタイトルバーや終了ボタンなどに使用する領域は、これには含まれない。

12.6　Shape

画面上で描画を行うための基本ツールは、以下の 13 個のクラスで構成される。

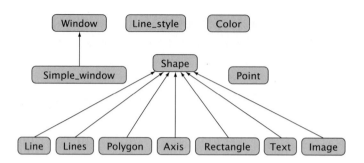

矢印は、矢印の終点のクラスが要求される場所で、矢印の始点のクラスを使用できることを示す。たとえば、Shape が要求される場所で Polygon を使用できる。つまり、Polygon（ポリゴン）は Shape（図形）の一種である。

まず、以下のクラスを説明した後、実際に使用してみよう。

- `Simple_window`、`Window`
- `Shape`、`Text`、`Polygon`、`Line`、`Lines`、`Rectangle`、`Function` など
- `Color`、`Line_style`、`Point`
- `Axis`

第 16 章では、GUI クラスを追加する。

- `Button`、`In_box`、`Menu` など

さらに、以下のようなクラスを追加するのも簡単だ[*2]。

- `Spline`、`Grid`、`Block_chart`、`Pie_chart` など

ただし、すべての機能を搭載した完全な GUI フレームワークを定義または説明するのはまたの機会にする。

[*2]「簡単」の定義にもよるが。

12.7 Shape のプリミティブの使用

ここでは、本書のグラフィックスライブラリのプリミティブである Simple_window、Window、Shape、Text、Polygon、Line、Lines、Rectangle、Color、Line_style、Point、Axis について説明する。ここでの目的は、これらのクラスを使って何ができるのかを大まかに理解することにあるが、ここではまだ詳しく説明しない。これらの設計については、次章で調べることにする。

ここでは、単純なプログラムを追いかけながら、コードを 1 行ずつ説明し、画面上での効果を示す。このプログラムを実行してウィンドウに図形を追加すると、それらを変更するたびに画像がどのように変化するのかがわかる。基本的には、実行中のプログラムを調べることで、コードを通じて進行状況を「アニメーション化」すると考えればよいだろう。

12.7.1 グラフィックスヘッダーと main 関数

まず、グラフィックス機能と GUI 機能へのインターフェイスを定義するヘッダーファイルをインクルードする。

```
#include "Window.h"        // 単純なウィンドウ
#include "Graph.h"
```

または

```
#include "Simple_window.h"   // ［Next］ボタンが必要な場合
#include "Graph.h"
```

おそらく察しがついていると思うが、Window.h には、ウィンドウに関連する機能が含まれている。Graph.h には、図形（テキストを含む）をウィンドウに描画することに関連する機能が含まれている。これらの機能は Graph_lib 名前空間で定義されている。namespace ディレクティブを使って Graph_lib に含まれている名前をプログラムで直接利用できるようにすると、表記が単純になる。

```
using namespace Graph_lib;
```

ここまでと同様に、main 関数には、プログラマーが（直接または間接的に）実行したいコードが含まれる。この main 関数では、例外に対処する。

```
int main ()

try
{
    // 何らかのコード
}
catch(exception& e) {
    // エラーを報告するコード
```

```
        return 1;
    }
    catch(...) {
        // 別のエラーを報告するコード
        return 2;
    }
```

この main 関数をコンパイルするには、例外が定義されている必要がある。例外を定義するには、std_lib_facilities.h をインクルードする。あるいは、標準ヘッダーを直接使用することにして、<stdexcept> をインクルードすることもできる。

12.7.2 ほとんど空のウィンドウ

ここではエラー処理（§5.6.3）について説明せず、さっそく main 関数でグラフィックスに取り組んでみよう。

```
Point tl {100,100};       // ウィンドウの左上隅

Simple_window win {tl,600,400,"Canvas"};
    // 左上隅の画面座標: tl
    // ウィンドウサイズ: 600 × 400
    // タイトル: Canvas
win.wait_for_button();    // 表示!
```

このコードは Simple_window を作成する。つまり、[Next] ボタンを持つウィンドウを作成し、それを画面上に表示する。Simple_window を取得するには、当然ながら、Window.h ヘッダーではなく Simple_window.h ヘッダーがインクルード（#include）されている必要がある。ここでは、画面上でウィンドウを表示する場所を明示的に指定しており、ウィンドウの左上隅を Point{100,100} に設定している。これは画面の左上隅の近くだが、近すぎるというほどではない。Point クラスには、整数を2つ受け取り、それらを (x,y) 座標として解釈するコンストラクターがある。以下のように記述することもできる。

```
Simple_window win {Point{100,100},600,400,"Canvas"};
```

なお、(100,100) の座標は何度か使用したいので、シンボル名を割り当てたほうが便利である。600 はウィンドウの幅、400 はウィンドウの高さ、Canvas はウィンドウのフレームに表示したいラベルである。

ウィンドウを画面上で実際に描画するには、GUI システムに制御を渡さなければならない。win.wait_for_button 関数を呼び出すのは、そのためだ。結果は以下のようになる。

12.7 Shape のプリミティブの使用

このウィンドウの後ろに隠れている黒いコンソールウィンドウは、このプログラムを実行しているコンソールである。コンソールウィンドウは邪魔だが、部分的にデバッグされているプログラムが無限ループに陥って終了できなくなった場合に、ウィンドウを強制終了するのに役立つ。よく見てみると、Microsoft C++ コンパイラーが実行されていることがわかるが、他のコンパイラー（Borland、GNU など）を使用してもよい。

これ以降は、ウィンドウのまわりにある邪魔なものをすべて取り除き、そのウィンドウだけを示すことにしよう。

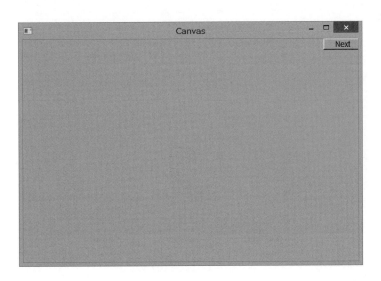

ウィンドウの実際のサイズ（インチ単位）は画面の解像度によって決まる。ピクセルの大きさは画面によって異なる。

12.7.3 Axis

　ほとんど空のウィンドウを見ていてもおもしろくないので、何か情報を追加したほうがよさそうだ。何を表示すればよいだろうか。楽しいばかりがグラフィックスではない、ということを知ってもらうために、何かまじめで少し複雑なものから始めることにしよう。たとえば、軸のないグラフはみっともない。軸がなければ、データが何を表しているのかわからない。いちいちテキストを付けて説明するのもよいが、軸を追加するほうがずっと安全だ。説明はたいてい読んでもらえないし、グラフィックスで飾り立てたのでは本来の趣旨を逸脱してしまう。よって、グラフには軸が必要だ。

```
Axis xa {Axis::x, Point{20,300}, 280, 10, "x axis"};  // Axis を作成
    // Axis は Shape の一種
    // Axis::x は水平を意味する
    // (20,300) から始まる
    // 長さは 280 ピクセル
    // 刻み目は 10 個
    // 軸に "x axis" というラベルを付ける
win.attach(xa);                  // xa をウィンドウ win に関連付ける
win.set_label("Canvas #2");      // ウィンドウのラベルを付け直す
win.wait_for_button();           // 表示！
```

要するに、Axis オブジェクトを作成してウィンドウに追加し、最後に表示している。

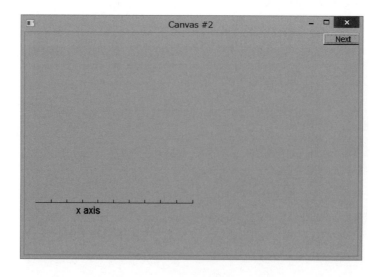

　Axis::x は水平線であることがわかる。指定した数（10）の「刻み目」と"x axis"というラベルが表示されている。通常、ラベルは軸と刻み目が何を表すのかを説明する。ここでは、x 軸をウィンドウの下部の近くに配置することにした。実際には、高さと幅を 300 といった「マジック定数」で表すのではなく、y_max_bottom_margin のようなシンボル定数にして、「底辺のすぐ上」を表せるようにした

いところだ（§4.3.1、§15.6.2）。

出力を見分けるのに役立つよう、Window のメンバー関数 set_label を使用して、ウィンドウのラベルを "Canvas #2" に変更している。

次に、y 軸を追加してみよう。

```
Axis ya {Axis::y,Point{20,300},280,10,"y axis"};
ya.set_color(Color::cyan);              // 色を選択
ya.label.set_color(Color::dark_red);    // テキストの色を選択
win.attach(ya);
win.set_label("Canvas #3");
win.wait_for_button();                  // 表示!
```

機能をいくつか示すために、ここでは y 軸の色をシアン、ラベルの色を暗い赤に設定している。

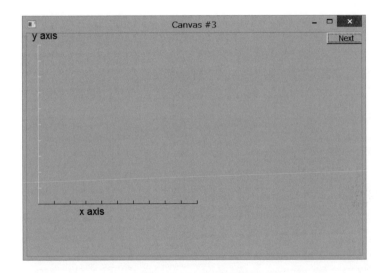

実際には、x 軸と y 軸に異なる色を使用するのがよい考えであるとは思わない。ここでは、図形や図形の要素の色を個別に設定できることを示したかっただけである。色をふんだんに使用するのがよいとは限らない。特に、初心者はセンスを問われるほど色を使用することに夢中になりがちだ。

12.7.4　関数のグラフ表示

次は何だろうか。ウィンドウに軸を表示したので、関数をグラフ化するのがよさそうだ。正弦関数を表す図形を作成し、それを描画してみよう。

```
Function sine {sin,0,100,Point{20,150},1000,50,50};   // 正弦曲線
    // (20,150) の位置を (0,0) として [0:100] の範囲で sin 関数をプロット
    // ポイントを 1,000 個使用: x 値 × 50、y 値 × 50 でスケーリング

win.attach(sine);
win.set_label("Canvas #4");
win.wait_for_button();
```

この sine という Function は、標準ライブラリ関数 sin を使って正弦曲線を描画する。関数をグラフ化する方法については、第 15 章の「§15.3 Function」で詳しく説明する。さしあたり、関数をグラフ化するには、グラフを開始する場所（Point）と、グラフとして表示する一連の入力値（範囲）を指定する必要がある。また、その情報をウィンドウにはめ込む方法（スケーリング）に関する情報を指定する必要もある。

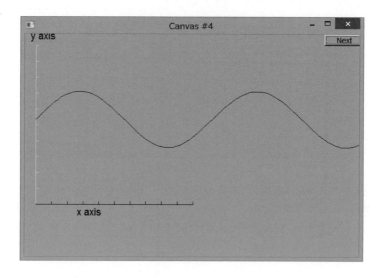

曲線はウィンドウの端に達したところで止まっている。ウィンドウの外側に描画されるポイントは GUI システムによって単に無視され、表示されない。

12.7.5　Polygon

　グラフ化された関数は、データ表現の一例である。それについては、第 15 章で詳しく説明する。これに対し、別の種類のオブジェクトである幾何学図形をウィンドウに描画することもできる。幾何学図形は、ボタンといったユーザーインタラクション要素を示すために、そして一般的には表現をよりおもしろくするために図表で使用される。Polygon は連続するポイントによって特徴付けられ、Polygon クラスはそれらを直線で結ぶ。最初の直線は最初のポイントを 2 つ目のポイントに接続し、2 つ目の直線は 2 つ目のポイントを 3 つ目のポイントに接続し、最後の直線は最後のポイントを最初のポイントに接続する。

```
sine.set_color(Color::blue);    // 正弦曲線の色を変更

Polygon poly;                   // ポリゴン: Polygon は Shape の一種
poly.add(Point{300,200});       // 3 つのポイントから三角形を作成
poly.add(Point{350,100});
poly.add(Point{400,200});
poly.set_color(Color::red);
poly.set_style(Line_style::dash);
win.attach(poly);
win.set_label("Canvas #5");
win.wait_for_button();
```

　今回は正弦曲線（sine）の色を変更しているが、これはその方法を示すためだ。次に、ポリゴンの例として、最初の例（§12.3）と同様に三角形を追加している。この場合も色を設定し、最後にスタイルを設定している。Polygon の線分は「スタイル」を持つ。デフォルトのスタイルは実線だが、必要であれば破線や点線などに変更できる（§13.5）。ウィンドウは以下のようになる。

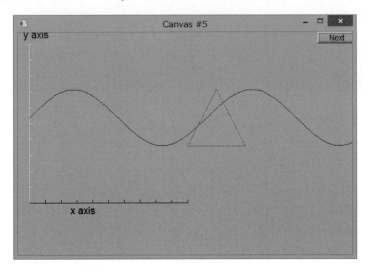

12.7.6 Rectangle

画面は四角形であり、ウィンドウも四角形であり、紙も四角形である。実際のところ、現代の図形は四角形（あるいは少なくとも角の丸い四角形）だらけだ。これは四角形が最も扱いやすい図形だからである。たとえば、四角形を説明するのは簡単だ。四角形は、左上隅と幅と高さ、または左上隅と右下隅で表される。ポイントが四角形の内側にあるかどうかを判断するのも簡単だし、四角形のピクセルをハードウェアにすばやく描画させるのも簡単だ。

このため、高水準のグラフィックスライブラリのほとんどは、他の閉じた図形よりも四角形を扱うほうが得意である。そこで、`Polygon` クラスとは別に `Rectangle` というクラスを提供することにした。`Rectangle` は左上隅と幅および高さによって特徴付けられる。

```
Rectangle r {Point{200,200},100,50};   // 左上隅, 幅, 高さ
win.attach(r);
win.set_label("Canvas #6");
win.wait_for_button();
```

ウィンドウは以下のようになる。

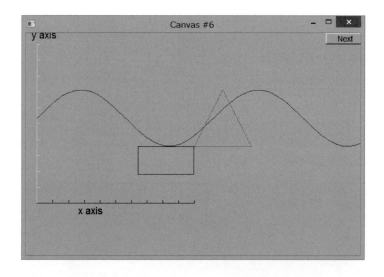

4つのポイントが正しい場所に配置されたポリラインを作成するだけでは、`Rectangle` を作成することはできない。画面上で `Rectangle` のような `Closed_polyline` を作成するのは簡単だ。`Rectangle` にそっくりの `Open_polyline` も作成できる。

```
Closed_polyline poly_rect;
poly_rect.add(Point{100,50});
poly_rect.add(Point{200,50});
poly_rect.add(Point{200,100});
```

```
poly_rect.add(Point{100,100});
win.attach(poly_rect);
```

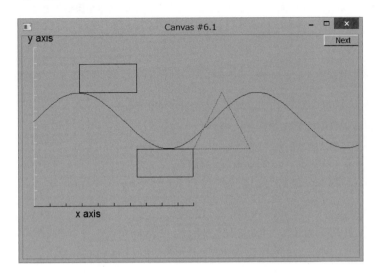

実際、こうした poly_rect の画面上のイメージ（*image*）は四角形である。だが、メモリー内の poly_rect オブジェクトは Rectangle ではなく、四角形のことを何も知らない。それを証明する最も簡単な方法は、新しいポイントを追加してみることだ。

```
poly_rect.add(Point{50,75});
```

5 つのポイントを持つ四角形というものは存在しない。

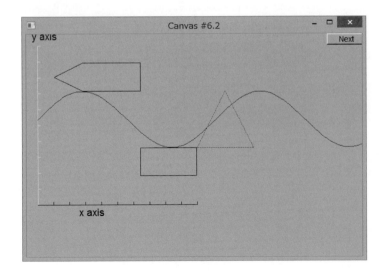

第 12 章　表示モデル

このコードを論証するにあたって重要となるのは、Rectangle が画面上でたまたま四角形に見えるのではない、ということだ ── Rectangle は（幾何学で学んだ）四角形の基本的な約束を守っている。このコードは、Rectangle が画面上で実際に四角形であり、その状態を保つことに依存している。

12.7.7　塗りつぶし

ここまでは、図形を輪郭として描画してきたが、四角形を色で「塗りつぶす」こともできる。

```
r.set_fill_color(Color::yellow);    // 四角形の内部の色
poly.set_style(Line_style(Line_style::dash,4));
poly_rect.set_style(Line_style(Line_style::dash,2));
poly_rect.set_fill_color(Color::green);
win.set_label("Canvas #7");
win.wait_for_button();
```

また、三角形（poly）の線分のスタイルがどうも気に入らないので、その線分のスタイルを「通常の4倍の太さの破線」に設定する。同様に、もはや四角形に見えない poly_rect のスタイルも変更する。

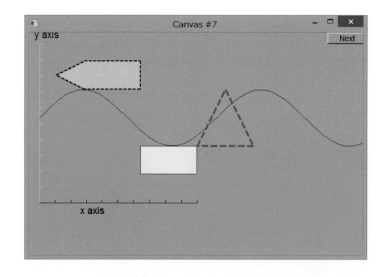

poly_rect をよく見てみると、輪郭が塗りつぶしの上に表示されていることがわかる。

閉じた図形はすべて塗りつぶすことができる（§13.9）。四角形は塗りつぶしが特に簡単で、しかも高速だ。

12.7.8 Text

最後に、テキストを書き出す単純な方法がなければ、完全な描画システムであるとは言えない。文字をいちいち線分の集まりとして描画するわけにはいかない。ここでは、ウィンドウにラベルを付け、軸にもラベルを付けたが、テキストを任意の場所に配置することもできる。これには、Text オブジェクトを使用する。

```
Text t {Point{150,150},"Hello, graphical world!"};
win.attach(t);
win.set_label("Canvas #8");
win.wait_for_button();
```

どれだけ複雑で凝った表示であっても、このウィンドウに表示されている基本的なグラフィックス要素から構築できる。ここで注意しておきたいのは、本章のコードが特異であることだ — ループもなければ、選択文もなく、すべてのデータが「ハードコーディング」されている。出力はこの上なく単純な方法で、プリミティブで構成されている。データとアルゴリズムを使ってこれらのプリミティブを組み立てるようになれば、にわかにおもしろくなってくる。

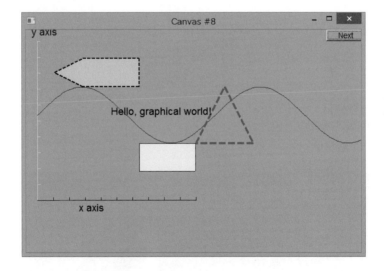

ここでは、テキストの色を制御する方法を示した。Axis のラベル（§12.7.3）は単なる Text オブジェクトである。さらに、フォントを選択し、文字のサイズを設定することもできる。

```
t.set_font(Font::times_bold);
t.set_font_size(20);
win.set_label("Canvas #9");
win.wait_for_button();
```

第 12 章　表示モデル

テキスト文字列 "Hello, graphical world!" の文字サイズを 20 ポイントに拡大し、太字の Times フォントを選択している。

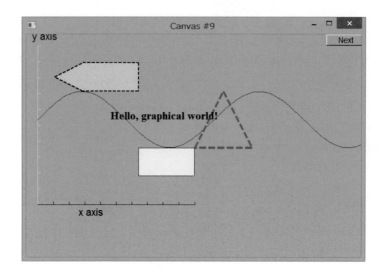

12.7.9　Image

また、ファイルから画像を読み込むこともできる。

```
Image ii {Point{100,50},"image.jpg"};   // 400 × 212 ピクセルの jpg
win.attach(ii);
win.set_label("Canvas #10");
win.wait_for_button();
```

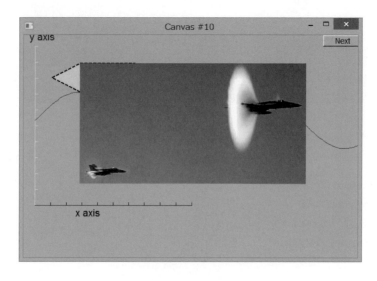

image.jpg というファイルには、2 機の超音速機の写真が含まれている。

この写真は比較的大きく、テキストと図形の真上に配置されている。そこで、ウィンドウを少し整理するために、写真を少し端へ移動することにしよう。

```
ii.move(100,200);
win.set_label("Canvas #11");
win.wait_for_button();
```

ウィンドウに収まりきらなかった部分の写真は単に表示されないことに注意しよう。ウィンドウの外側にはみ出た部分は切り取られる。

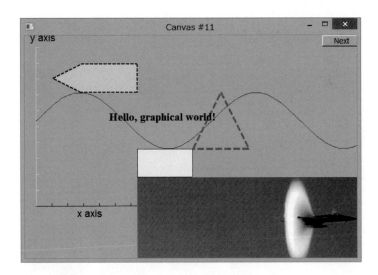

12.7.10　その他のコード

解説は抜きにして、その他のコードを見てみよう。

```
Circle c {Point{100,200},50};
Ellipse e {Point{100,200},75,25};
e.set_color(Color::dark_red);
Mark m {Point{100,200},'x'};

ostringstream oss;
oss << "screen size: " << x_max() << "*" << y_max()
    << "; window size: " << win.x_max() << "*" << win.y_max();
Text sizes {Point{100,20},oss.str()};

Image cal {Point{225,225},"snow_cpp.gif"};   // 320 × 240 ピクセルの gif
```

```
cal.set_mask(Point{40,40},200,150);        // 画像の中心部分を表示

win.attach(c);
win.attach(m);
win.attach(e);

win.attach(sizes);
win.attach(cal);
win.set_label("Canvas #12");
win.wait_for_button();
```

このコードが何をするかわかるだろうか。それはわかりきったことだろうか。

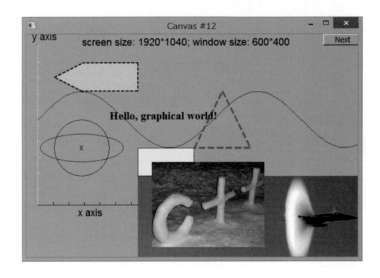

画面上に表示されるものとコードとの間には直接の関連がある。コードがその出力をどのようにして生成したのかがまだわからなくても、すぐに明らかになるはずだ。サイズを表示するテキストオブジェクトの書式を、ostringstream（§11.4）を使って設定していることに注目しよう。

12.8 プログラムの実行

ここまでは、ウィンドウを作成する方法と、ウィンドウ内にさまざまな図形を描画する方法を見てきた。第 13 章からは、これらの Shape クラスを定義する方法と、それらを使用する方法をさらに見ていく。

このプログラムを実行するには、ここで示していないプログラムが必要だ。main 関数のコードに加えて、グラフィックスライブラリのコードをコンパイルしてリンクする必要がある。さらに、FLTK ライブラリ（またはその他の GUI システム）がインストールされ、正しくリンクされるまでは、何 1 つも動作しない。

このプログラムを調べる方法の 1 つは、プログラムを以下の 4 つの部分に分けてみることだ。

- プログラムコード（main 関数など）
- 本書のグラフィックスライブラリ（Window、Shape、Polygon など）
- FLTK ライブラリ
- C++ の標準ライブラリ

間接的には、OS も使用する。OS と標準ライブラリを抜きにすれば、グラフィックスコードの構成は以下のようになる。

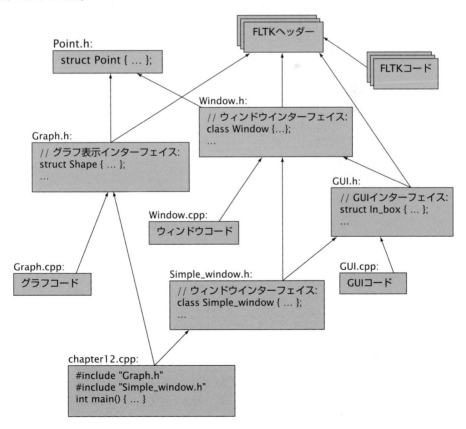

これらをすべてつなぎ合わせる方法については、付録 D で説明する。

12.8.1　ソースファイル

本書のグラフィックス/GUI ライブラリは、以下の 5 つのヘッダーファイルと 4 つのコードファイルで構成されている[*3]。

- ヘッダー:
    - `Point.h`
    - `Simple_window.h`
    - `Window.h`
    - `Graph.h`
    - `GUI.h`
- コードファイル:
    - `Simple_window.cpp`
    - `Window.cpp`
    - `Graph.cpp`
    - `GUI.cpp`

第 16 章までは、GUI ファイルは無視してかまわない。

[*3] http://www.stroustrup.com/Programming/PPP2code/

■ ドリル

このドリルでは、「Hello, World!」プログラムのグラフィカルバージョンを作成する。その目的は、最も単純なグラフィカル出力ツールを示すことにある。

1. 空の `Simple_window` をコンパイルし、リンクし、実行する。このウィンドウのラベルは "My window"、サイズは 600 × 400 である。付録 D で説明しているように、FLTK ライブラリをリンクする必要があることに注意。`Graph.h` と `Simple_window.h` をコードにインクルード (`#include`) し、プロジェクトに `Graph.cpp` と `Window.cpp` を追加する。
2. 「§12.7 Shape のプリミティブの使用」の例を 1 つずつ追加し、例を 1 つ追加するたびに、その前後にテストを実施する。
3. これらの例を 1 つずつ見直し、色、位置、ポイントの数といった小さな変更を加える。

■ 復習

1. グラフィックスを使用するのはなぜか。
2. グラフィックスの使用を控えるのはどのような状況か。
3. グラフィックスがプログラマーにとって興味深いのはなぜか。
4. ウィンドウとは何か。
5. グラフィックスインターフェイスクラス（本書のグラフィックスライブラリ）はどの名前空間に属しているか。
6. 本書のグラフィックスライブラリを使って基本的なグラフィックス処理を実行するために必要なヘッダーファイルは何か。
7. 最も簡単に使用できるウィンドウは何か。
8. 最低限のウィンドウとは何か。
9. ウィンドウのラベルとは何か。
10. ウィンドウにラベルを付けるにはどうすればよいか。
11. 画面座標はどのような仕組みになっているか。ウィンドウの座標や数学の座標についてはどうか。
12. 表示可能な単純な「図形」として何が考えられるか。
13. 図形をウィンドウに関連付けるコマンドは何か。
14. 六角形を描画するために使用する基本図形は何か。
15. ウィンドウのどこかにテキストを記述するにはどうすればよいか。
16. （自分で作成したプログラムを使って）親友の写真をウィンドウに配置するにはどうすればよいか。
17. `Window` オブジェクトを作成したが、画面上に何も表示されない。その理由として何が考えられるか。
18. 図形を作成したが、ウィンドウに表示されない。その理由として何が考えられるか。

第12章 表示モデル

■ 用語

FLTK（Fast Light Tool Kit）
GUI（Graphical User Interface）
GUI ライブラリ（GUI library）
HTML（HyperText Markup Language）
JPEG（Joint Photographic Experts Group）
XML（Extensible Markup Language）
色（color）
ウィンドウ（window）
画像（image）
グラフィックス（graphics）
座標（coordinates）
直線のスタイル（line style）
塗りつぶし色（fill color）
表示（display）

■ 練習問題

以下の練習問題では、`Simple_window` を使用することをお勧めする。

1. 四角形を `Rectangle` および `Polygon` として描画する。`Polygon` の線分の色は赤にし、`Rectangle` の線分の色は青にする。
2. 100 × 30 の `Rectangle` を描画し、その中にテキスト "Howdy!" を配置する。
3. 自分のイニシャルを150ピクセルの高さで描画する。太い線を使用し、イニシャルをそれぞれ異なる色で描画する。
4. 白と赤の正方形が交互に配置された三目並べの表を描画する。
5. 画面の高さの4分の3、幅の3分の2の四角形のまわりに、4分の1インチ（6.35mm）の赤いフレームを描画する。
6. ウィンドウに収まらない大きさの `Shape` を描画した場合はどうなるか。画面に収まらない大きさの `Window` を描画した場合はどうなるか。これら2つの現象を具体的に示す2つのプログラムを作成する。
7. 子供が描くような、正面から見た2次元の家を描画する。この家には、ドアが1つ、窓が2つあり、屋根に煙突が付いている。細部は自由に追加してかまわない。煙突から「煙」が出ているかもしれない。
8. オリンピックの五輪を描画する。色を覚えていない場合は調べる。
9. 画面上に友人の写真などの画像を表示する。この画像のラベルをウィンドウのタイトルとウィンドウ内のキャプションとして表示する。
10. 「§12.8 プログラムの実行」のファイル図を描画する。
11. 一連のポリゴンを規則的に描画する。一番内側のポリゴンは正三角形で、それを囲む正方形があり、さらにそれを囲む五角形があるといった具合になる。数学が得意な場合は、N 角形のすべてのポイントが $(N+1)$ 角形の辺に接するようにしてみる。ヒント：三角関数は `<cmath>`（§24.8、§B.9.2）に含まれている。
12. スーパー楕円とは、以下の方程式によって定義される2次元図形のことである。

$$\left|\frac{x}{a}\right|^m + \left|\frac{y}{b}\right|^n = 1; \quad m, n > 0$$

Webで**スーパー楕円**（*superellispse*）を調べてみれば、このような図形がどのようなものかわかるだろう。スーパー楕円のポイントをつないで「星形」のパターンを描画するプログラムを記述する。引数として a、b、m、n、N を受け取り、a、b、m、n で定義されたスーパー楕円のポイントを N 個選択する。「均等」の定義はあいまいだが、均等な間隔でポイントを作成する。これら N 個のポイントを 1 つ以上の他のポイントに接続する。接続するポイントの数を別の引数にしてもよいし、単に N-1（他のすべてのポイント）を使用してもよい。

13. 練習問題 12 の線分に色を付ける方法について考える。線分ごとに色を変えてみる。

■ 追記

　プログラムの設計では、自分のアイデアをプログラムの要素として直接表現するのが理想的である。多くの場合は、アイデアをクラスとして表し、現実の要素をクラスのオブジェクトとして表し、アクションや計算を関数として表す。グラフィックスはこの考え方が明らかに適用される分野である。円や多角形（ポリゴン）といった概念があり、プログラムではそれらを Circle クラスと Polygon クラスとして表す。グラフィックスには、グラフィックスプログラムを記述するとそれらのクラスのオブジェクトを画面上に表示できるという特徴がある。つまり、プログラムの状態が直接表示され、実際に見ることができる。ほとんどのアプリケーションでは、そうはいかない。グラフィックスプログラミングがこれほど魅力的なのは、アイデア、コード、出力がこのように直接対応しているからだ。ただし、グラフィックスはクラスを使ってアイデアをコードで直接表現するという概念の一例にすぎない。そうした概念はもっと一般的でもっと応用範囲が広い ── 私たちが思いつくものは、ほぼどのようなものでも、クラス、クラスのオブジェクト、または一連のクラスとしてコードで表すことができる。

第13章
グラフィックスクラス

> あなたの考え方を変えないような言語に
> 学ぶ価値はない。
> — 伝承

第12章ではグラフィックスの観点から、単純なインターフェイスクラスを使って何ができるか、そしてそれをどのように実行できるかについて説明した。本章では、Point、Color、Polygon、Open_polyline といった個々のインターフェイスクラスの設計、使用、実装に焦点を合わせる。次章では、関連するクラスの設計を取り上げ、さらに実装手法を示す。

13.1　グラフィックスクラスの概要
13.2　Point と Line
13.3　Lines
13.4　Color
13.5　Line_style
13.6　Open_polyline
13.7　Closed_polyline
13.8　Polygon
13.9　Rectangle
13.10　名前のないオブジェクトの管理
13.11　Text
13.12　Circle
13.13　Ellipse
13.14　Marked_polyline
13.15　Marks
13.16　Mark
13.17　Image

13.1 グラフィックスクラスの概要

グラフィックスライブラリと GUI ライブラリは多くの機能を提供する。この場合の「多く」は数百種類のクラスを意味し、たいてい各クラスに数十種類の関数が適用される。解説書、マニュアル、ドキュメントを読むことは、よくわからない分類特性に従って植物が分類された古くさい植物学の教科書を読むようなものだ。かなり手ごわそうだが、刺激的でもある — 最近のグラフィックス/GUI ライブラリの機能を眺めていると、駄菓子屋にいる子供のような気持ちになる。だが、どこから手をつければよいのか、本当に必要なものはどれなのかを見抜くのはそう簡単ではない。

本書のグラフィックスライブラリの目的の 1 つは、本格的なグラフィックス/GUI ライブラリの複雑さがもたらす衝撃を和らげることにある。ここでは、数えるほどの演算しか含んでいないクラスを 20 個ほど紹介する。だが、これらのクラスを利用すれば、効果的なグラフィカル出力を生成できる。これには、それらのクラスを通じてグラフィックスと GUI の主な概念を紹介するという目的もある。ここまでの内容でも、単純なグラフィックスを表示するプログラムを作成することは可能である。本章を読み終えるころには、ほとんどの人が最初に要求する範囲を超えるようなグラフィックスプログラムを作成できるようになるだろう。そして次章を読み終えるころには、関連する設計手法や考え方のほとんどを理解しているはずだ。そこからさらに理解を深め、グラフィカル表現の応用範囲を広げることもできる。ここで説明している機能を補強するか、C++ の別のグラフィックス/GUI ライブラリを試してみることが、その手段となるだろう。

主なインターフェイスクラスをまとめると、以下のようになる。

グラフィックスインターフェイスクラス	
`Color`	線分、テキスト、図形の塗りつぶしに使用される
`Line_style`	線分の描画に使用される
`Point`	画面上および `Window` 内の位置を表すために使用される
`Line`	2 つの終端（`Point`）によって定義され、画面上に表示される線分
`Open_polyline`	一連の `Point` によって定義される、接続された線分（折れ線）
`Closed_polyline`	`Open_polyline` と似ているが、線分は最後の `Point` を最初の `Point` に接続する
`Polygon`	2 つの線分が交差しない `Closed_polyline`
`Text`	一連の文字
`Lines`	2 つの `Point` によって定義される線分の集合
`Rectangle`	すばやく便利な方法で表示できるように最適化された四角形
`Circle`	中心と半径によって定義される円
`Ellipse`	中心と 2 つの軸によって定義される楕円
`Function`	ある範囲で 1 つの変数をとる任意の関数による描画
`Axis`	ラベル付きの軸
`Mark`	文字（x、o など）によってマークされるポイント
`Marks`	マーク（x、o など）によって示される一連のポイント
`Marked_polyline`	マークによって示されるポイントを持つ `Open_polyline`

グラフィックスインターフェイスクラス

Image	画像ファイルの内容

第15章では、Function と Axis を取り上げる。第16章では、主な GUI インターフェイスクラスを取り上げる。

GUI インターフェイスクラス

Window	グラフィックスオブジェクトを表示する画面領域
Simple_window	［Next］ボタンを持つウィンドウ
Button	関数の1つを実行するために押すことができるウィンドウ内の矩形であり、通常はラベルが付いている
In_box	ユーザーが文字列を入力できるウィンドウ内のボックスであり、通常はラベルが付いている
Out_box	プログラムが文字列を書き込むことができるウィンドウ内のボックスであり、通常はラベルが付いている
Menu	Button 型の vector

ソースコードは以下のファイルにまとめてある。

グラフィックスインターフェイスのソースファイル

Point.h	Point
Graph.h	その他すべてのグラフィックスインターフェイスクラス
Window.h	Window
Simple_window.h	Simple_window
GUI.h	Button とその他の GUI クラス
Graph.cpp	Graph.h に含まれている関数の定義
Window.cpp	Window.h に含まれている関数の定義
Simple_window.cpp	Simple_window.h に含まれている関数の定義
GUI.cpp	GUI.h に含まれている関数の定義

グラフィックスクラスに加えて、Shape または Widget の集まりを保持するのに役立つクラスがある。

Shape または Widge のコンテナー

Vector_ref	名前のない要素を保持するのに役立つインターフェイスを持つ vector

この後の説明を読むときには、あまり先を急がないようにしよう。あいまいな部分はほとんどないが、本章の目的は単にきれいな画像を見てもらうことではない。きれいな画像ならコンピューター画面やテレビで毎日のように見ているはずだ。本章の主な目的は以下のとおり。

- コードと生成される画像がどのように対応するのかを示す。
- コードを読み、その仕組みについて考えることに慣れてもらう。
- コードの設計について考えてもらう。特に、概念をクラスとして表す方法について考える。それらのクラスはなぜそのように見えるのだろうか。他にどのような方法が考えられるだろうか。私たちは設計上の決断を繰り返すが、そのほとんどはもっとうまく作成できる可能性がある。場合によっては根本的に異なる設計にできるかもしれない。

このため、先を急がないようにしよう。そうしないと重要なものを見逃してしまい、練習問題がやけに難しく感じられるだろう。

13.2 Point と Line

どのグラフィックスシステムでも、最も基本的な部分はポイント（点）である。**ポイント**（*point*）を定義することは、幾何学空間をどのようなレイアウトにするのかを定義することだ。ここでは、従来のコンピューター指向のレイアウトを使用する。このレイアウトは、整数の (x, y) 座標で定義された 2 次元のポイントで構成される。第 12 章の「§12.5 座標」で説明したように、x 座標は 0（画面の左端）から始まり、`x_max()`（画面の右端）に向かって増えていく。y 座標は 0（画面の上端）から始まり、`y_max()`（画面の下端）に向かって増えていく。

`Point.h` で定義されているように、`Point` は `int`（座標）のペアで構成される。

```
struct Point {
    int x, y;
};

bool operator==(Point a, Point b) { return a.x==b.x && a.y==b.y; }
bool operator!=(Point a, Point b) { return !(a==b); }
```

`Graph.h` には、第 14 章で詳しく説明する `Shape` と `Line` が含まれている。

```
struct Line : Shape {          // Line は 2 つの Point によって定義される Shape
    Line(Point p1, Point p2);  // 2 つの Point から Line を生成
};
```

`Line` は `Shape`（図形）の一種である。「`: Shape`」は、そのことを意味している。`Shape` は `Line` の**基底クラス**（*base class*）、または単に `Line` の**ベース**（*base*）と呼ばれる。基本的には、`Shape` は `Line` の定義を単純にするために必要な機能を提供する。ここでは、`Line` や `Open_polyline` といった特定の図形がどのようなものなのかを理解した後、第 14 章でそれが意味するものについて説明する。

`Line` は 2 つの `Point` によって定義される。`#include`（§12.3）といった「足場組み」を省略した場合、直線を作成して描画する方法は以下のようになる。

13.2 Point と Line

```
// 2つの直線を描画
constexpr Point x {100,100};

Simple_window win1 {x,600,400,"two lines"};

Line horizontal {x,Point{200,100}};            // 水平線を作成
Line vertical {Point{150,50},Point{150,150}};  // 垂直線を作成

win1.attach(horizontal);    // 2つの線をウィンドウに関連付ける
win1.attach(vertical);

win1.wait_for_button();     // 表示!
```

実行時の画面は以下のようになる。

単純さを目的として設計されたユーザーインターフェイスとしては、**Line** はまずまずである。以下のコードが (150,50) から (150,150) までの垂直線を作成することは、アインシュタインじゃなくてもわかる。

```
Line vertical {Point{150,50},Point{150,150}};
```

もちろん、実装上の細かな点はあるが、それらを知らなくても **Line** は作成できる。**Line** のコンストラクターの実装も同じように単純だ。

```
Line::Line(Point p1, Point p2)    // 2つのポイントから直線を生成
{
    add(p1);                       // p1 をこの図形に追加
    add(p2);                       // p2 をこの図形に追加
}
```

つまり、2つのポイントを「追加」するだけである。それらを何に追加するのだろうか。そして、Line はどのようにしてウィンドウに描画されるのだろうか。その答えは Shape クラスにある。第 14 章で説明するように、Shape は直線を定義する Point を格納することができ、2つの Point によって定義される Line の描画方法を知っており、add 関数を提供する。この関数は、オブジェクトがその Shape に Point を追加するためのものだ。ここで重要となるのは、Line の定義が単純であることだ。実装作業のほとんどは「システム」によって実行されるため、プログラマーは使いやすい単純なクラスを記述することに専念できる。

Simple_window の定義と attach 関数の呼び出しは、実行可能なプログラムに必要不可欠なものだが、特定の図形について考える上でそれほど重要ではないため、以降は省略する。

13.3 Lines

結局のところ、直線を 1 本引くだけで済むことはまずない。三角形、多角形、パス、迷路、グリッド、棒グラフ、数学関数、データのグラフなど、多くの直線で構成されるオブジェクトとして考えることのほうが一般的だ。そうした「複合グラフィカルオブジェクトクラス」の中で最も単純なものの 1 つは Lines である。

```
struct Lines : Shape {             // 関連する直線の集まり
    Lines() {}                     // 空
    Lines(initializer_list<pair<Point,Point>> lst) // リストからの初期化

    void draw_lines() const;
    void add(Point p1,Point p2);   // 2つのポイントによって定義される直線
                                   // を追加
};
```

Lines オブジェクトは直線の集まりであり、直線はそれぞれ 2 つの Point によって定義される。たとえば、Line の例（§13.2）で示した 2 つ直線が 1 つのグラフィカルオブジェクトの一部と見なされる場合は、それらを以下のように定義できる。

```
Lines x;
x.add(Point{100,100},Point{200,100});  // 1つ目の直線: 水平
x.add(Point{150,50},Point{150,150});   // 2つ目の直線: 垂直
```

そうすると、Line の例と（最後のピクセルまで）出力の見分けがつかなくなる。

13.3 Lines

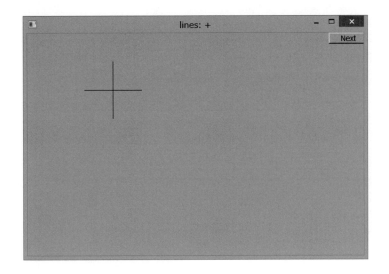

これが別のウィンドウであることを示す唯一の手がかりは、それらに異なるラベルが付いていることだけだ。

一連の Line オブジェクトと Lines オブジェクトの一連の直線との違いこそ、実際に行われていることに対する私たちの見解の 1 つである。Lines を使用することで、私たちは 2 つの直線をひとまとめに操作すべきであるという意思表示をしている。たとえば、Lines オブジェクトの一部であるすべての直線の色は、1 つのコマンドで変更できる。これに対し、個々の Line オブジェクトである直線にはそれぞれ異なる色を付けることができる。もう少し現実的な例として、グリッドを定義する方法について考えてみよう。グリッドは等間隔に並んだ縦線と横線で構成される。ただし、ここではグリッドを「1 つのもの」として捉え、それらの直線を Lines オブジェクトの一部として定義し、grid という名前を付ける。

```
int x_size = win3.x_max();   // ウィンドウのサイズを取得
int y_size = win3.y_max();
int x_grid = 80;
int y_grid = 40;

Lines grid;
for (int x=x_grid; x<x_size; x+=x_grid)
    grid.add(Point{x,0},Point{x,y_size});   // 縦線
for (int y = y_grid; y<y_size; y+=y_grid)
    grid.add(Point{0,y},Point{x_size,y});   // 横線
```

x_max 関数と y_max 関数を使ってウィンドウの大きさを取得している。これは、表示したいオブジェクトを計算するコードを記述する最初の例でもある。グリッド線ごとに名前付きの変数を 1 つ定義するというこのグリッドの定義方法は、耐え難いほど手間がかかりそうだ。このコードから得られる出力は以下のようになる。

第13章　グラフィックスクラス

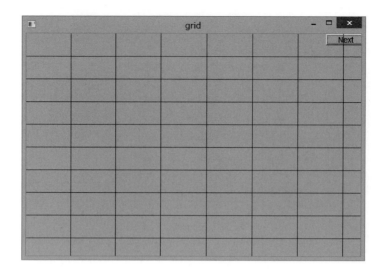

　Lines の設計に戻ろう。Lines クラスのメンバー関数はどのように実装されるのだろうか。Lines クラスのコンストラクターと演算はそれぞれたった2つである。
　add 関数は、ポイントのペアによって定義された直線を画面上に表示される一連の直線に追加する。

```
void Lines::add(Point p1,Point p2)
{
    Shape::add(p1);
    Shape::add(p2);
}
```

Shape:: で修飾する必要があるのは、そうしないとコンパイラーが add(p1) を Shape の add 関数ではなく Lines の add 関数の（不正な）呼び出しと見なすためだ
　draw_lines 関数は、add 関数を使って定義された直線を描画する。

```
void Lines::draw_lines() const
{
    if (color().visibility())
        for (int i=1; i<number_of_points(); i+=2)
            fl_line(point(i-1).x,point(i-1).y,point(i).x,point(i).y);
}
```

　つまり、Lines::draw_lines 関数は、（ポイント0とポイント1で始まる）2つのポイントを一度に受け取り、ライブラリの直線描画関数（fl_line）を使ってそれらの間に直線を描く。visibility は Lines の Color オブジェクト（§13.4）のプロパティであるため、直線が可視として設定されていることを確認してから描画する必要がある。
　第14章で説明するように、draw_lines 関数は「システム」によって呼び出される。ポイントの数が偶数であることをチェックする必要はない — Lines クラスの add 関数ではペアのポイントしか追

436

加できない。number_of_points 関数と point 関数は Shape クラスで定義されており（§14.2）、それらの意味は明白である。これら 2 つの関数は、Shape のポイントに読み取り専用でアクセスできるようにする。draw_lines メンバー関数は図形を変更しないため、const として定義されている（§9.7.4）。

　Lines のデフォルトコンストラクターは、直線を含んでいない空のオブジェクトを作成するだけである — 最初はポインターを持たず、必要に応じてポイントを追加（add()）するモデルのほうが、どのコンストラクターよりも柔軟だからだ。ただし、ここではイニシャライザーリスト（initializer_list）を受け取るコンストラクターを追加している。このイニシャライザーリストは、線分を定義する Point のペアで構成される。このコンストラクターが定義されていれば（§18.2）、最初は 0, 1, 2, 3, … 本の線で Lines を定義すればよくなる。例として、最初の Lines の例を書き換えてみよう。

```
Lines x = {
    {Point{100,100},Point{200,100}},   // １つ目の直線：水平
    {Point{150,50},Point{150,150}}     // ２つ目の直線：垂直
};
Lines x = {
    {{100,100},{200,100}},             // １つ目の直線：水平
    {{150,50},{150,150}}               // ２つ目の直線：垂直
};
```

イニシャライザーリストコンストラクターを定義するのは簡単だ。

```
Lines::Lines(initializer_list<pair<Point,Point>> lst)
{
    for (auto p : lst) add(p.first,p.second);
}
```

　auto は、pair<Point,Point> 型のプレースホルダであり、first と second はペアの１つ目と２つ目のメンバーの名前である。initializer_list 型と pair 型は標準ライブラリで定義されている（§B.6.4）。

13.4 Color

Color は、色を表すために使用する型であり、以下のように使用できる。

```
grid.set_color(Color::red);
```

このコードは grid で定義された直線の色を赤にする。結果は以下のようになる。

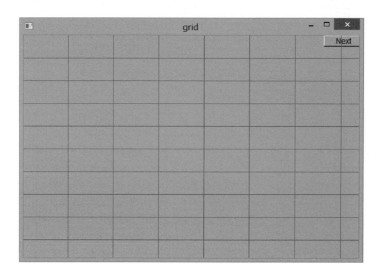

Color は色の概念を定義し、いくつかの主な色にシンボル名を割り当てる[*1]。

```
struct Color {
    enum Color_type {
        red=FL_RED,
        blue=FL_BLUE,
        green=FL_GREEN,
        yellow=FL_YELLOW,
        white=FL_WHITE,
        black=FL_BLACK,
        magenta=FL_MAGENTA,
        cyan=FL_CYAN,
        dark_red=FL_DARK_RED,
        dark_green=FL_DARK_GREEN,
```

[*1] 訳注：Visual Studio 2015 では、enum の定義で縮小変換が必要であることを示すエラーになる。このため、以下のように修正する必要があるかもしれない。

```
enum Transparency :  char { invisible = 0, visible=255 };
```

```
        dark_yellow=FL_DARK_YELLOW,
        dark_blue=FL_DARK_BLUE,
        dark_magenta=FL_DARK_MAGENTA,
        dark_cyan=FL_DARK_CYAN
    };

    enum Transparency { invisible = 0, visible=255 };

    Color(Color_type cc) :c{Fl_Color(cc)}, v{visible} { }
    Color(Color_type cc, Transparency vv) :c{Fl_Color(cc)}, v{vv} { }
    Color(int cc) :c{Fl_Color(cc)}, v{visible} { }
    Color(Transparency vv) :c{Fl_Color()}, v{vv} { }   // デフォルトの色

    int as_int() const { return c; }

    char visibility() const { return v; }
    void set_visibility(Transparency vv) { v=vv; }
private:
    char v;      // 現在、可視か不可視か
    Fl_Color c;
};
```

Color には、以下の目的がある。

- 実装上の色の概念、つまり FLTK の Fl_Color 型を隠ぺいする。
- Fl_Color 型と Color_type 型の値をマッピングする。
- 色定数にスコープを与える。
- 可視または不可視を可能にする。

色を選択する方法として以下の3つがある。

- Color::dark_blue といった名前が付いた色から選択する。
- ほとんどの画面でうまく表示される小さな「色パレット」から選択する。この場合は 0〜255 の値を指定する。たとえば Color(99) は深緑である。「§13.9 Rectangle」で例を示す。
- RGB（Red、Green、Blue）システムの値を選択する。ここでは説明しないので、必要であれば調べてみよう。Web で「RGB」を検索すると、多くの情報源[2] が見つかる。

Color_type または単純な int から Color を作成できるよう、ここではコンストラクターを使用している。メンバー c は、これらのコンストラクターによって初期化される。c という名前は短すぎるし

---

[2] http://en.wikipedia.org/wiki/RGB_color_model
   http://www.rapidtables.com/web/color/RGB_Color.htm

あいまいであると考えたかもしれないが、このメンバーは Color の狭いスコープでのみ使用され、外部で使用されることを想定していないため、おそらく問題ない。ここでは、このメンバーを private にし、ユーザーが直接使用できないようにしている。データメンバー c の表現には、ユーザーには公開したくない FLTK 型である Fl_Color を使用している。ただし、色を RGB（または他の）値を表す int として扱うのは非常に一般的な手法なので、そのための as_int 関数を提供している。この関数が const メンバーとして宣言されているのは、それを使用する Color オブジェクトを変更しないためだ。

可視性はメンバー v によって表される。このメンバーの値は Color::visible（可視）または Color::invisible（不可視）であり、これらの値の意味は明白である。「不可視の色」が役立つ可能性があることに驚いたかもしれない。これが最も役立つのは、複合図形の一部を見えなくしたい場合かもしれない。

13.5　Line_style

ウィンドウに複数の直線を描画するときには、色、スタイル、またはその両方に基づいて直線を区別できる。直線のスタイルとは、直線の輪郭に使用されるパターンのことだ。直線のスタイル（Line_style）は以下のように使用できる。

```
grid.set_style(Line_style::dot);
```

このコードは、grid のグリッド線を実線ではなくドットの連続として表示する。

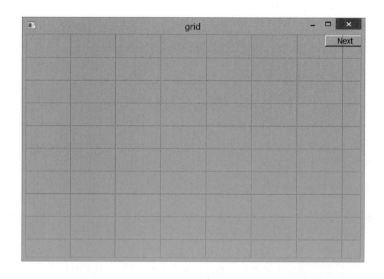

これにより、グリッドが少し「薄く」なり、目立たなくなる。グリッド線を好みや必要に合わせて調整したい場合は、幅（厚さ）を変えてみればよい。

13.5 Line_style

Line_style 型は以下のように定義されている。

```
struct Line_style {
    enum Line_style_type {
        solid=FL_SOLID,              // ----------
        dash=FL_DASH,                // - - - -
        dot=FL_DOT,                  // .......
        dashdot=FL_DASHDOT,          // - . - .
        dashdotdot=FL_DASHDOTDOT,    // -..-..
    };

    Line_style(Line_style_type ss) :s{ss}, w{0} { }
    Line_style(Line_style_type lst, int ww) :s{lst}, w{ww} { }
    Line_style(int ss) :s{ss}, w{0} { }

    int width() const { return w; }
    int style() const { return s; }
private:
    int s;
    int w;
};
```

Line_style を定義するためのプログラミング手法は、Color で使用したものとまったく同じである。ここでは、FLTK が単に int を使って直線のスタイルを表すという事実を隠ぺいしている。それをわざわざ隠ぺいするのはなぜだろうか。それは、そうした詳細がライブラリの進化に伴って変化する可能性があるからだ。FLTK の次のリリースでは Fl_linestyle 型が追加されているかもしれないし、グラフィックスインターフェイスクラスのターゲットを別の GUI ライブラリに変更することになるかもしれない。いずれにしても、直線のスタイルを表すことがたまたまわかっているからといって、ライブラリとユーザーのコードを int だらけにするのは望ましくない。

ほとんどの場合は、スタイルのことは気にせずに、単にデフォルトの幅と実線を使用する。このデフォルトの線幅は、幅が明示的に指定されない場合にコンストラクターによって定義される。コンストラクターはデフォルトを設定するのに適している。そしてデフォルトをうまく定義すると、クラスのユーザーにとって大きな助けになることがある。

Line_style には、破線や実線といった本来のスタイルと、使用する直線の太さである幅という 2 つの「構成要素」がある。幅は整数で指定され、デフォルトの幅は 1 である。太い破線を要求するコードは以下のようになる。

```
grid.set_style(Line_style{Line_style::dash,2});
```

このコードから以下の出力が得られる。

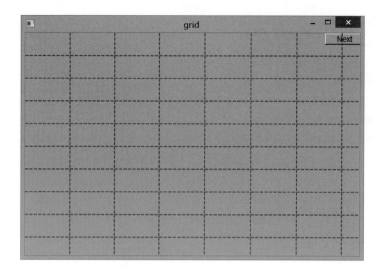

色とスタイルが図形のすべての直線に適用されることに注意しよう。それは複数の直線を Lines、Open_polyline、Polygon といった1つのグラフィックスオブジェクトにまとめる利点の1つである。直線の色やスタイルを個別に制御したい場合は、それらを別の Line として定義しなければならない。

```
horizontal.set_color(Color::red);
vertical.set_color(Color::green);
```

出力は以下のようになる。

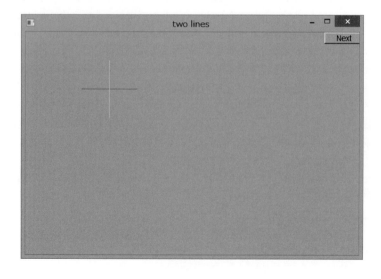

13.6　Open_polyline

Open_polyline は、一連の接続された線分によって定義される図形であり、線分はそれぞれポイントによって定義される。poly はギリシャ語で「多く」を意味し、polyline（ポリライン、多角形）は多くの直線で構成された図形に対する一般名称である。

```
Open_polyline opl = {
    {100,100}, {150,200}, {250,250}, {300,200}
};
```

このコード[*3] は、4 つのポイントを結ぶことによって完成する図形を描画する。

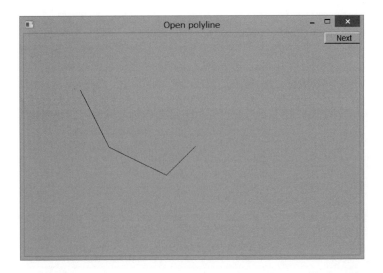

基本的には、Open_polyline は「一筆書き」遊びに対するかしこまった名前である。Open_polyline クラスは以下のように定義されている。

```
struct Open_polyline : Shape {    // 開いたポリライン
    using Shape::Shape;           // Shape のコンストラクターを使用（A.16）
    void add(Point p) { Shape::add(p); }
};
```

Open_polyline は Shape を継承する。Open_polyline の add 関数は、Open_polyline のユーザーが Shape の add 関数（Shape::add()）にアクセスできるようにするためのものだ。デフォルトでは、Shape は追加（add）された Point を接続された一連の直線として解釈するため、draw_lines 関数を定義する必要すらない。

[*3] 訳注：以下の Open_polyline の定義と第 14 章の Shape クラスの定義を使用する場合、このコードはエラーになる。その原因は、Shape(initializer_list<Point>) コンストラクターが protected で宣言されていることにある。このコンストラクターを public で宣言すれば、問題は解決される。

using Shape::Shape は、Shape に定義されているコンストラクターを Open_polyline で使用できるようにするための using 宣言である。Shape には、デフォルトコンストラクター（§9.7.3）とイニシャライザーリストコンストラクター（§18.2）が定義されている。この using 宣言は、この2つのコンストラクターを Open_polyline で定義するための短絡表記である。Lines のときと同様に、イニシャライザーリストコンストラクターは最初の add 関数呼び出しに代わる短絡表記である。

13.7 Closed_polyline

Closed_polyline は、最初のポイントと最後のポイントの間でも直線を引くことを除けば、Open_polyline と同じである。たとえば、前節で Open_polyline に使用したのと同じポイントを Closed_polyline でも使用できる。

```
Closed_polyline cpl = {
    {100,100}, {150,200}, {250,250}, {300,200}
};
```

結果は、最後の閉じる直線を除けば、前節と同じだ。

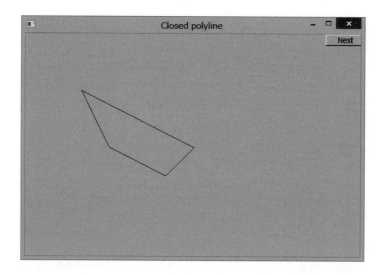

Closed_polyline は以下のように定義されている。

```
struct Closed_polyline : Open_polyline {    // 閉じたポリライン
    using Open_polyline::Open_polyline;     // Open_polyline のコンストラクター
                                            // を使用 (A.16)
    void draw_lines() const;
};
```

13.7 Closed_polyline

```
void Closed_polyline::draw_lines() const
{
    Open_polyline::draw_lines();   // まず「開いたポリライン部分」を描画し、
                                   // 次に閉じる直線を描画
    if (2<number_of_points() && color().visibility())
        fl_line(point(number_of_points()-1).x,
                point(number_of_points()-1).y,
                point(0).x,
                point(0).y);
}
```

この using 宣言 (§A.16) は、Closed_polyline を Open_polyline と同じ方法で生成することを示している。Closed_polyline に draw_lines 関数が必要なのは、最後のポイントと最初のポイントを結ぶ直線を描画するためだ。

Closed_polyline では、Open_polyline が提供する機能と異なる部分にのみ対処すればよい。この点は重要で、「差分プログラミング」とも呼ばれる。プログラミングが必要となるのは、基底クラス (この場合は Open_polyline) が提供するものと比較して、派生クラス (この場合は Closed_polyline) が異なっている部分だけである。

では、その閉じる直線を描画するにはどうすればよいだろうか。これには、FLTK の直線描画関数 fl_line を使用する。この関数は、2 つのポイントを表す int 型の引数を 4 つ受け取る。したがって、ここでも GUI ライブラリが使用される。ただし、他のすべてのケースと同様に、FLTK の存在はユーザーに明かさず、クラスの実装に封じ込める。ユーザーコードは、fl_line 関数を呼び出す必要もなければ、ポイントを整数のペアとして暗黙的に表すインターフェイスについて知る必要もない。このため、FLTK を別の GUI ライブラリに置き換えたとしても、ユーザーコードへの影響は最小限に抑えられる。

13.8 Polygon

Polygon は Closed_polyline と非常によく似ている。唯一の違いは、Polygon では直線の交差が認められないことだ。たとえば、前節の Closed_polyline はポリゴンだが、ポイントをもう 1 つ追加できる。

```
cpl.add(Point{100,250});
```

結果は以下のようになる。

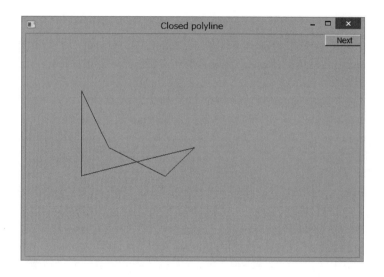

従来の定義によれば、この Closed_polyline はポリゴンではない。幾何学のルールに違反することなく、Closed_polyline との関係が正しく表現されるように Polygon を定義するにはどうすればよいだろうか。先の表現に大きなヒントが含まれている。Polygon とは、直線が交差しない Closed_polyline のことである。図形がポイントから構築されることに目をつければ、これを次のように言い換えることができる —— Polygon とは、Polygon の既存の直線のどれかと交差する線分を定義するような Point を追加できない Closed_polyline のことである。

これを踏まえて、Polygon を以下のように定義してみよう。

```
struct Polygon : Closed_polyline {   // 直線が交差しない閉じたポリライン
    using Closed_polyline::Closed_polyline;  // Closed_polyline の
                                             // コンストラクターを使用
    void add(Point p);
    void draw_lines() const;
};
```

```
void Polygon::add(Point p)
{
    // 新しい直線が既存の直線と交差 (intersect) しないことを確認
    Closed_polyline::add(p);
}
```

この場合、draw_lines 関数の定義は Closed_polyline から継承するため、作業がだいぶ少なくなり、コードの重複を避けることができる。残念ながら、add 関数を呼び出すたびに交差しないことを確認しなればならないため、このアルゴリズムは（$O(N^2)$ のオーダーで）あまり効率的ではない。具体的には、N 個の頂点を持つ Polygon を定義すると、intersect 関数が $N*(N-1)/2$ 回呼び出されることになる。実質的には、「Polygon クラスはポイントの数が少ないポリゴンに使用される」という前提が設けられている。たとえば、24 個の Point で Polygon を作成するとしたら、intersect 関数を $24*(24-1)/2 == 276$ 回呼び出すことになる。それくらいならまだよいが、2,000 個のポイントからポリゴンを作成するとしたら 200 万回の呼び出しが必要になるため、もっとましなアルゴリズムを探すかもしれない。そして、そのためにはインターフェイスの変更が必要になるかもしれない。

イニシャライザーリストコンストラクターを使用する場合は、ポリゴンを以下のように作成できる。

```
Polygon poly = {
    {100,100}, {150,200}, {250,250}, {300,200}
};
```

明らかに（最後のピクセルまで）元の Closed_polyline にそっくりの Polygon が作成される。

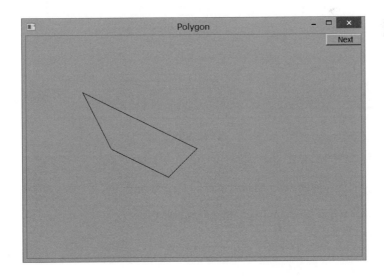

Polygon が実際にポリゴンを表すようにするのは意外に面倒であることが明らかになった。Polygon::add() で省略した交差のチェックがグラフィックスライブラリ全体において最も複雑なものであることはほぼ確実だ。幾何学のやっかいな座標操作に興味がある場合は、コードを調べてみよう。

問題は、「ポリゴンはポイントによって表される」というPolygonの不変条件を、すべてのポイントが定義されるまで検証できないことだ。つまり、（強く推奨されているにもかかわらず）Polygonの不変条件がそのコンストラクターで確立されていない。筆者は、add関数を取り除き、Polygonが少なくとも3つのポイントからなるイニシャライザーリストによって指定されるようにすることを検討したが、一連のポイントをプログラムで生成するという苦し紛れの策になってしまった。

13.9 Rectangle

画面上に最もよく表示される図形は四角形である。それには、文化的な理由と技術的な理由がある。文化的な理由は、ドア、窓、写真、壁、書棚、ページなどのほとんどが四角形であることだ。技術的な理由は、四角い空間に座標を収めるほうが、他の形の空間よりも単純であることだ。とにかく四角形は非常によく使用されるため、GUIシステムは、それらをたまたま4つの直角を持つポリゴンとして扱うのではなく、直接サポートしている。

```
struct Rectangle : Shape {
    Rectangle(Point xy, int ww, int hh);
    Rectangle(Point x, Point y);
    void draw_lines() const;

    int height() const { return h; }
    int width() const { return w; }
private:
    int h;  // 高さ
    int w;  // 幅
};
```

四角形を定義するには、2つのポイント（左上と右下）を指定するか、1つのポイント（左上）と幅および高さを指定する。コンストラクターは以下のように定義できる。

```
Rectangle::Rectangle(Point xy, int ww, int hh)
    : w{ww}, h{hh}
{
    if (h<=0 || w<=0)
        error("Bad rectangle: non-positive side");
    add(xy);
}

Rectangle::Rectangle(Point x, Point y)
    : w{y.x-x.x}, h{y.y-x.y}
{
    if (h<=0 || w<=0)
```

```
        error("Bad rectangle: non-positive width or height");
    add(x);
}
```

これら 2 つのコンストラクターは、メンバー初期化構文（§9.4.4）を使って h と w を適切に初期化し、左上隅のポイントを Rectangle のベースである Shape に格納している。さらに、Rectangle の幅や高さが負であっては困るため、簡単な健全性チェックを行っている。

一部のグラフィックスシステムや GUI システムが四角形を特別なものとして扱う理由の 1 つは、どのピクセルが四角形の内側にあるかを判断するアルゴリズムにある。四角形では、そうしたアルゴリズムが Polygon や Circle といった他の図形のアルゴリズムよりもはるかに単純になる。「塗りつぶしの色」 —— つまり、四角形の内側の領域の色という概念が他の図形よりもよく使用されるのは、そのためだ。塗りつぶしの色は、コンストラクターで設定するか、set_fill_color 関数で設定する。この関数は、色に関連する他のサービスとともに Shape によって提供される。

```
Rectangle rect00 {Point{150,100},200,100};
Rectangle rect11 {Point{50,50},Point{250,150}};
Rectangle rect12 {Point{50,150},Point{250,250}};   // rect11 のすぐ下
Rectangle rect21 {Point{250,50},200,100};          // rect11 のすぐ右
Rectangle rect22 {Point{250,150},200,100};         // rect21 のすぐ下

rect00.set_fill_color(Color::yellow);
rect11.set_fill_color(Color::blue);
rect12.set_fill_color(Color::red);
rect21.set_fill_color(Color::green);
```

出力は以下のようになる。

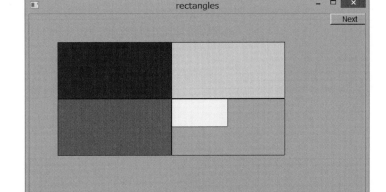

第 13 章　グラフィックスクラス

塗りつぶしの色を設定しない場合、四角形は透明になる。黄色の `rect00` が部分的に表示されているのは、そのためだ。

図形はウィンドウ内で移動できる（§14.2.3）。たとえば以下のコードから、

```
rect11.move(400,0);       // rect21 の右
rect11.set_fill_color(Color::white);
win12.set_label("rectangles 2");
```

以下の出力が得られる。

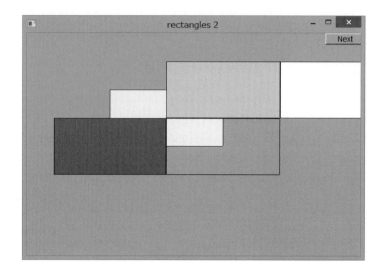

白の `rect11` の一部がウィンドウからはみ出している。ウィンドウに収まらない部分は「クリップ」され、画面上のどこにも表示されない。

図形が重なっていることにも注目しよう。これはテーブルの上に紙を置くようなものであり、最初に置いた紙が一番下になる。本書の `Window` クラス（§E.3）には、図形の順序を入れ替えるための単純な方法が用意されている。たとえば `put_on_top` 関数を使って図形を最前面に配置できる。

```
win12.put_on_top(rect00);
win12.set_label("rectangles 3");
```

これにより、以下の出力が得られる。

13.9 Rectangle

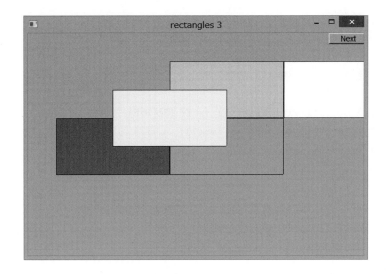

（1つを除いてすべての）四角形を塗りつぶしているにもかかわらず、四角形の輪郭を示す線が表示されていることがわかる。こうした輪郭線を表示したくない場合は、それらを透明にすればよい。

```
rect00.set_color(Color::invisible);
rect11.set_color(Color::invisible);
rect12.set_color(Color::invisible);
rect21.set_color(Color::invisible);
rect22.set_color(Color::invisible);
```

そうすると、以下の出力が得られる。

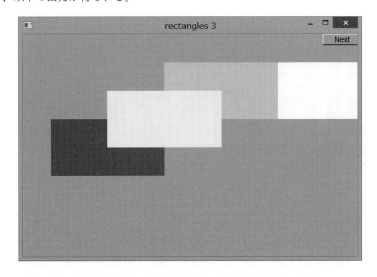

なお、塗りつぶしの色と線分の色がどちらも invisible に設定されている場合は、rect22 が表示されなくなることに注意しよう。

Rectangle の draw_lines 関数は、線分の色と塗りつぶしの色の両方に対処しなければならないため、少しごちゃごちゃしている。

```
void Rectangle::draw_lines() const
{
    if (fill_color().visibility()) {    // 塗りつぶし
        fl_color(fill_color().as_int());
        fl_rectf(point(0).x,point(0).y,w,h);
    }

    if (color().visibility()) {         // 塗りつぶしの上の線
        fl_color(color().as_int());
        fl_rect(point(0).x,point(0).y,w,h);
    }
}
```

このように、FLTK には四角形を塗りつぶす関数（fl_rectf）と四角形の輪郭線（fl_rect）を描画する関数がある。本書では、線分と輪郭線を上にするデフォルトの方式で両方を描画する。

13.10 名前のないオブジェクトの管理

ここまでは、すべてのグラフィックオブジェクトに名前を付けてきた。オブジェクトの数が多い場合、それは現実的ではなくなる。例として、FLTK のパレットに含まれている 256 色を単純なカラーチャートとして描画してみよう。つまり、256 色の正方形を作成し、それらを 16 × 16 の行列として描画することで、同じような色値を持つ色の関係がわかるようにする。まず、結果から見てみよう。

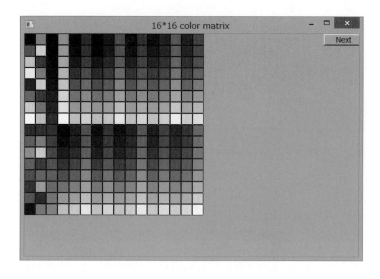

13.10 名前のないオブジェクトの管理

256個の正方形に名前を付けるのは、面倒なだけでなく、ばかげている。左上の正方形にふさわしい「名前」は行列内での位置 $(0,0)$ であり、他の正方形も座標 (i,j) によって同様に識別（命名）される。この例に必要なのは、オブジェクトの行列に相当するものだ。vector<Rectangle> を使用することも考えたが、特に柔軟ではないことがわかった。たとえば、型がまちまちの名前のないオブジェクトがあり、それらを1つにまとめると便利なことがある。この柔軟性の問題については、第14章の「§14.3 基底クラスと派生クラス」で説明することにし、ここでは解決策だけを見てみよう。解決策とは、名前付きのオブジェクトと名前なしのオブジェクトを格納できる vector 型である。

```
template<class T> class Vector_ref {
public:
    ...
    void push_back(T&);    // 名前付きのオブジェクトを追加
    void push_back(T*);    // 名前なしのオブジェクトを追加

    T& operator[](int i);  // 添字の指定: 読み取り/書き込みアクセス
    const T& operator[](int i) const;

    int size() const;
};
```

このクラスは標準ライブラリの vector クラスと同じように使用する。

```
Vector_ref<Rectangle> rect;

Rectangle x {Point{100,200},Point{200,300}};
// 名前付きのオブジェクトを追加
rect.push_back(x);
// 名前なしのオブジェクトを追加
rect.push_back(new Rectangle{Point{50,60},Point{80,90}});

for (int i=0; i<rect.size(); ++i) rect[i].move(10,10);   // rect を使用
```

new 演算子 については第17章で、Vector_ref の実装については付録Eで示す。さしあたり、それを使って名前のないオブジェクトを保持できることだけ知っておけば十分である。new 演算子に続いて型の名前を指定し、必要に応じてイニシャライザーリストを指定する。この場合、型の名前は Rectangle であり、イニシャライザーリストは { Point{50,60},Point{80,90} } である。経験豊富なプログラマーは、この例でメモリーリークが発生しなかったことを聞いて安心するだろう。

Rectangle と Vector_ref を使って色で遊んでみよう。たとえば、先の256色の簡単なカラーチャートを描画するのはどうだろうか。

```
for (int i = 0; i<16; ++i)
    for (int j = 0; j<16; ++j) {
```

```
        rect.push_back(new Rectangle{Point{i*20,j*20},20,20});
        rect[rect.size()-1].set_fill_color(Color{i*16+j});
        win20.attach(rect[rect.size()-1]);
    }
```

256個のRectangleからなるVector_refを作成し、Windowに16×16の行列として表示する。Rectangleに色0、1、2、3、4などを渡す。Rectangleがそれぞれ作成されたら、それをウィンドウに関連付けて表示させる。

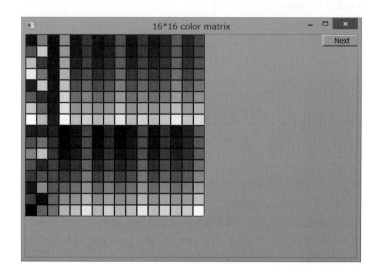

13.11 Text

もちろん、表示にテキストも追加できるようにしたい。たとえば、Closed_polyline（§13.8）にラベルを付けたいとしよう。

```
Text t {Point{200,200},"A closed polyline that isn't a polygon"};
t.set_color(Color::blue);
```

このコードから以下の出力が得られる。

13.11 Text

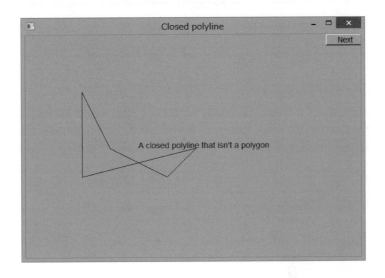

　基本的には、Text オブジェクトは Point を始点とする 1 行のテキストを定義する。この Point はテキストの左下隅になる。文字列を 1 行に限定したのは、システム間での移植性を維持するためだ。改行文字を挿入しようとしてはならない。それがウィンドウで改行として表示されるという保証はない。文字列ストリーム (§11.4) は、Text オブジェクトに表示する string を構成するのに役立つ (§12.7.7、§12.7.8)。Text クラスの定義は以下のとおり。

```
struct Text : Shape {
    // ポイントは最初の文字の左下隅
    Text(Point x, const string& s)
        : lab{s}
        { add(x); }

    void draw_lines() const;

    void set_label(const string& s) { lab = s; }
    string label() const { return lab; }

    void set_font(Font f) { fnt = f; }
    Font font() const { return fnt; }

    void set_font_size(int s) { fnt_sz = s; }
    int font_size() const { return fnt_sz; }
private:
    string lab;      // ラベル
    Font fnt {fl_font()};
```

```
        int fnt_sz {(fl_size()<14)?14:fl_size()};
    };
```

文字のフォントサイズを 14 未満にしたい、あるいは FLTK のデフォルトを超えるサイズにしたい場合は、それを明示的に設定する必要がある。この部分の振る舞いに関しては、ライブラリごとにばらつきがあることが予想される。これはそうしたばらつきからユーザーを保護する例である。FLTK のデフォルトが更新されて文字が小さくなった場合は、既存のプログラムが正しく表示されなくなるかもしれない。ここでは、そうした問題を未然に防ぐことにした。

イニシャライザーについては、コンストラクターのイニシャライザーリストの一部として指定するのではなく、メンバーイニシャライザーとして指定している。これはイニシャライザーをコンストラクターの引数に依存させないためだ。

文字列の格納方法を知っているのは Text クラスだけなので、このクラスには draw_lines 関数が定義されている。

```
    void Text::draw_lines() const
    {
        fl_draw(lab.c_str(),point(0).x,point(0).y);
    }
```

文字の色は、Open_polyline や Circle のような複数の線分で構成される図形の線とまったく同じように決定される。このため、set_color 関数を使って色を選択でき、color 関数を使って現在使用されている色を確認できる。文字のサイズとフォントも同じように処理される。数は限られているが、以下のフォントがあらかじめ定義されている。

```
    class Font {        // 文字フォント
    public:
        enum Font_type {
            helvetica=FL_HELVETICA,
            helvetica_bold=FL_HELVETICA_BOLD,
            helvetica_italic=FL_HELVETICA_ITALIC,
            helvetica_bold_italic=FL_HELVETICA_BOLD_ITALIC,
            courier=FL_COURIER,
            courier_bold=FL_COURIER_BOLD,
            courier_italic=FL_COURIER_ITALIC,
            courier_bold_italic=FL_COURIER_BOLD_ITALIC,
            times=FL_TIMES,
            times_bold=FL_TIMES_BOLD,
            times_italic=FL_TIMES_ITALIC,
            times_bold_italic=FL_TIMES_BOLD_ITALIC,
            symbol=FL_SYMBOL,
            screen=FL_SCREEN,
```

```
            screen_bold=FL_SCREEN_BOLD,
            zapf_dingbats=FL_ZAPF_DINGBATS
        };

        Font(Font_type ff) :f{ff} { }
        Font(int ff) :f{ff} { }

        int as_int() const { return f; }
    private:
        int f;
    };
```

Font を定義するために使用されているクラス定義のスタイルは、Color（§13.4）および Line_style（§13.5）の定義で使用したものと同じである。

13.12　Circle

世の中が四角形だけでできているのではないことを示すために、Circle（円）クラスと Ellipse を提供することにした。Circle クラスは中心と半径によって定義される。

```
    struct Circle : Shape {
        Circle(Point p, int rr);                              // 中心と半径

        void draw_lines() const;

        Point center() const;
        int radius() const { return r; }
        void set_radius(int rr) {
            set_point(0,Point{center().x-rr,center().y-rr});  // 中心を設定
            r = rr;
        }
    private:
        int r;
    };
```

Circle は以下のように使用できる。

```
    Circle c1 {Point{100,200},50};
    Circle c2 {Point{150,200},100};
    Circle c3 {Point{200,200},150};
```

このコードは、中心を水平線上にそろえた、サイズの異なる 3 つの円を生成する。

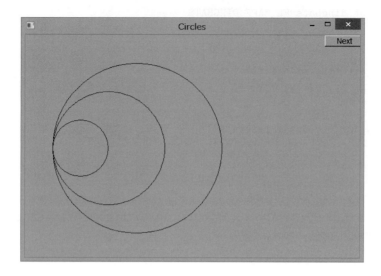

Circle の実装上の主な特性としては、格納されるポイントが中心ではなく、円に外接する正方形の左上隅であることがあげられる。どちらのポイントを格納してもよかったのだが、FLTK の円描画ルーチンは最適化されているため、それに合わせることにした。Circle は、クラスを使って内部実装を隠ぺいし、それとは異なる（よりよいものであるはずの）概念をいかにして提供するかを示すもう 1 つの例である。

```
Circle::Circle(Point p, int rr)    // 中心と半径
    :r{rr}
{
    add(Point{p.x-r,p.y-r});       // 左上隅を格納
}

Point Circle::center() const
{
    return {point(0).x+r, point(0).y+r};
}

void Circle::draw_lines() const
{
    if (color().visibility())
        fl_arc(point(0).x,point(0).y,r+r,r+r,0,360);
}
```

fl_arc 関数を使って円を描画していることに注目しよう。最初の 2 つの引数は左上隅を指定し、次の 2 つの引数は円に外接する四角形の幅と高さを指定し、最後の 2 つの引数は描画を開始する角度と終了する角度を指定する。ここでは 360 度の完全な円を描画しているが、fl_arc 関数を使って円（および楕円）の一部を描画することもできる。

13.13 Ellipse

Ellipse（楕円）は Circle と似ているが、半径ではなく、長軸と短軸で定義される。つまり、楕円を定義するには、中心の座標、中心から x 軸上のポイントまでの距離、中心から y 軸上のポイントまでの距離の 3 つを指定する。

```
struct Ellipse : Shape {
    Ellipse(Point p, int w, int h);    // 中心、長半径、短半径

    void draw_lines() const;

    Point center() const;
    Point focus1() const;
    Point focus2() const;

    void set_major(int ww) {
        set_point(0,Point{center().x-ww,center().y-h});    // 中心を設定
        w = ww;
    }
    int major() const { return w; }

    void set_minor(int hh) {
        set_point(0,Point{center().x-w,center().y-hh});    // 中心を設定
        h = hh;
    }
    int minor() const { return h; }
private:
    int w;
    int h;
};
```

Ellipse は以下のように使用できる。

```
Ellipse e1 {Point{200,200},50,50};
Ellipse e2 {Point{200,200},100,50};
```

```
Ellipse e3 {Point{200,200},100,150};
```

これにより、中心が同じで、軸のサイズが異なる 3 つの円が生成される。

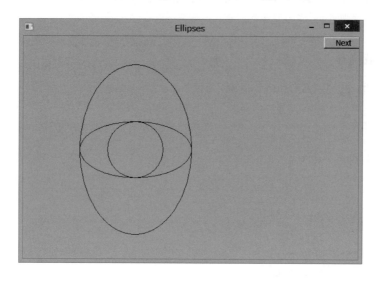

major()==minor() の Ellipse が円とそっくりになることに注意しよう。

楕円はよく、2 つの焦点とポイントから焦点までの距離の合計としても定義される。Ellipse から焦点を計算してみよう。

```
Point focus1() const
{
    if (h<=w)   // 焦点は x 軸上にある
        return {center().x+int(sqrt(double(w*w-h*h))),center().y};
    else        // 焦点は y 軸上にある
        return {center().x,center().y+int(sqrt(double(h*h-w*w)))};
}
```

◆ Circle は Ellipse ではないが、それはなぜだろうか。幾何学的には、円はすべて楕円だが、楕円のすべてが円ではない。具体的には、円とは 2 つの焦点が等しい楕円のことだ。本書の Circle を Ellipse として定義したとしよう。その場合は、楕円として表現するための追加の値が必要となる ── 円はポイントと半径によって定義されるが、楕円には中心と 2 つの軸が必要である。Circle を Ellipse にしなかった最大の理由は、set_major 関数と set_minor 関数をどうにかして無効にしないと円を定義できないことにある。結局のところ、set_major 関数を使って major()!=minor() を成立させることが可能であるとしたら、それは数学者が認めるように円ではない。少なくとも、それを実行した後は円ではなくなっている。その時々で型が変化する（major()!=minor() のときと major()==minor() のときがある）オブジェクトを定義するわけにはいかない。円に見えることがあるオブジェクト（Ellipse）を定義することは可能だが、Circle が 2 つの等しくない軸を持つ楕円に変化することは決してない。

クラスを設計するときには、技巧に走りすぎないよう注意しなければならない。「直観」に惑わされてクラスとして意味をなさないクラスを定義してはならない。逆に言えば、クラスが一貫した概念を表現しているかどうかに注意を払い、単なるデータメンバーと関数メンバーの寄せ集めにならないようにしなければならない。表現しようとしているアイデアや概念を顧みずにコードを寄せ集めるだけでは、「ハッキング」にすぎない。そうしたコードは、説明することも、他の誰かがメンテナンスすることもできない。他の人のことなど構っていられないというなら、その「他の人」が数か月後の自分かもしれないことを覚えておこう。このようなコードはデバッグするのも難しい。

13.14 Marked_polyline

グラフ上のポイントに「ラベル」を付けたいことがよくある。グラフを表示する方法の 1 つは、開いたポリラインとして表示することだ。そのためには、ポイントに「マーク」が付いた、開いたポリラインが必要である。それが `Marked_polyline` である。以下のコードは、

```
Marked_polyline mpl {"1234"};
mpl.add(Point{100,100});
mpl.add(Point{150,200});
mpl.add(Point{250,250});
mpl.add(Point{300,200});
```

以下の出力を生成する。

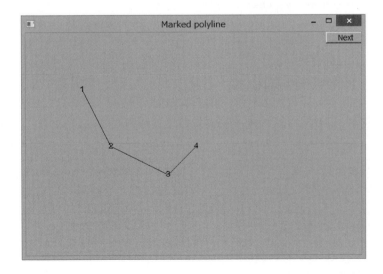

`Marked_polyline` の定義は以下のとおり。

```
struct Marked_polyline : Open_polyline {
    Marked_polyline(const string& m) :mark{m} { if (m=="") mark="*"; }
    Marked_polyline(const string& m, initializer_list<Point> lst);
```

```
        void draw_lines() const;
    private:
        string mark;
    };
```

Open_polyline を継承すると、Point の処理が「ただ」で手に入る。あとは、マークを処理するだけでよい。draw_lines 関数は以下のようになる。

```
    void Marked_polyline::draw_lines() const
    {
        Open_polyline::draw_lines();
        for (int i=0; i<number_of_points(); ++i)
            draw_mark(point(i),mark[i%mark.size()]);
    }
```

「直線」は Open_polyline::draw_lines() 呼び出しによって処理されるため、残っているのは「マーク」を処理することだけである。ここでは、マークを一連の文字として提供し、それらを順番に使用する。mark[i%mark.size()] は、Marked_polyline の作成時に指定された文字を循環させることにより、次に使用する文字を選択する。% は剰余（法）演算子である。この draw_lines 関数は、小さなヘルパー関数 draw_mark を使って文字を特定のポイントに出力する。

```
    void draw_mark(Point xy, char c)
    {
        constexpr int dx = 4;
        constexpr int dy = 4;

        string m(1,c);    //  1 文字（c）の文字列
        fl_draw(m.c_str(),xy.x-dx,xy.y+dy);
    }
```

dx 定数と dy 定数は、文字をポイントの中心に配置するために使用される。string m は、1 文字（c）の文字列として生成される。

イニシャライザーリストを受け取るコンストラクターでは、そのイニシャライザーリストを Open_polyline のイニシャライザーリストコンストラクターに渡すだけである。

```
    Marked_polyline(const string& m, initializer_list<Point> lst)
        :Open_polyline{lst},
        mark {m}
    {
        if (m=="") mark = "*";
    }
```

空の文字列かどうかの評価が必要なのは、`draw_lines`関数が存在しない文字にアクセスするのを避けるためだ。

イニシャライザーリストを受け取るコンストラクターを利用すれば、先の例を以下のように短くできる。

```
Marked_polyline mpl {"1234",{{100,100},{150,200},{250,250},{300,200}}};
```

13.15　Marks

場合によっては、直線を結ばずにマークを表示したいことがある。そこで、`Marks`というクラスを作成する。たとえば、さまざまな例で使用してきた4つのポイントを直線で結ぶのではなく、それらにマークを付けてみよう。

```
Marks pp {"x",{{100,100},{150,200},{250,250},{300,200}}};
```

これにより、以下の出力が得られる。

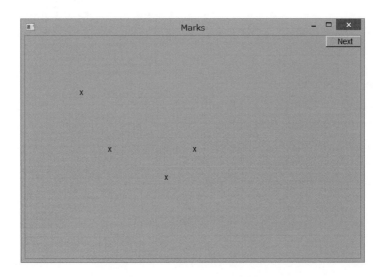

`Marks`のクラスの用途としてすぐに思い浮かぶのは、分散した事象を表すデータの表示である。たとえば、グループ全体の身長と体重のデータがあげられる。そうしたデータの表示では、直線を結ぶのは不適切だ。

`Marks`は単に`Marked_polyline`の直線を不可視（`invisible`）に設定したものだ。

```
struct Marks : Marked_polyline {
    Marks(const string& m)
        : Marked_polyline {m}
    {
        set_color(Color{Color::invisible});
```

```
    }
    Marks(const string& m, initializer_list<Point> lst)
        : Marked_polyline {m,lst}
    {
        set_color(Color{Color::invisible});
    }
};
```

`: Marked_polyline {m}` という表記は、Marks オブジェクトの Marked_polyline 部分を初期化するために使用される。この表記は、メンバーを初期化するために使用される構文の一種である（§9.4.4）。

13.16　Mark

Point は Window 内の位置にすぎない。それらはプログラマーが描画するものでもなければ、見えるものでもない。1 つの Point にマークを付けて見えるようにしたい場合は、2 つの直線で示すか（§13.2）、Marks を使って示すことができる。それは少し冗長なので、ポイントと文字で初期化される Marks の単純なバージョンを用意した。たとえば、円（§13.12）の中心にマークを付けるコードは、以下のようになる。

```
Mark m1 {Point{100,200},'x'};
Mark m2 {Point{150,200},'y'};
Mark m3 {Point{200,200},'z'};
c1.set_color(Color::blue);
c2.set_color(Color::red);
c3.set_color(Color::green);
```

出力は以下のようになる。

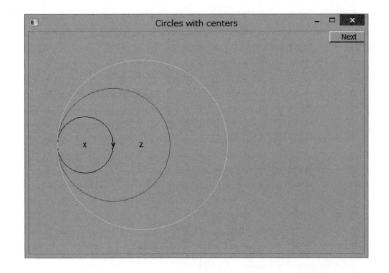

Markは最初のポイントが直ちに指定されるMarksにすぎない。通常は、それが唯一のポイントとなる。

```
struct Mark : Marks {
    Mark(Point xy, char c) : Marks{string(1,c)}
    {
        add(xy);
    }
};
```

string(1,c)はstringのコンストラクターであり、1文字（c）を保持するようにstringを初期化する。

Markは、1つのポイントに1文字のマークを付けるMarksオブジェクトを作成するための便利な表記にすぎない。Markをわざわざ定義する価値はあるのだろうか。それとも、「複雑さとあいまいさを演出している」だけなのだろうか。明白で論理的な答えはない。この質問についてよくよく考えてみたが、ユーザーの役に立つし、それを定義するための労力もごくわずかであるという結論に至った。

「マーク」として文字を使用するのはなぜだろうか。小さな図形であれば何でもよかったのだが、文字は便利で単純なマークとなる。さまざまなポイントを区別するためにさまざまなマークを使用できると便利なことがよくある。x、o、+、* などの文字は、中心のまわりで見事なまでの対称性をなす。

13.17　Image

平均的な PC には、画像ファイルが数えきれないほど含まれている。さらに、Web を通じて膨大な数の画像にアクセスすることもできる。そう考えると、そうした画像の一部を非常に単純なプログラムで表示したくなっても不思議ではない。以下に示すのは、ハリケーン Rita がテキサス州沿岸部に接近したときの予想進路の画像（`rita_path.gif`）である。

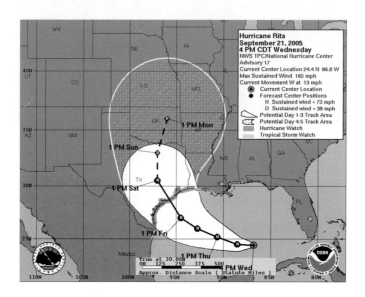

この画像の一部を選択し、Rita の衛星写真（`rita.jpg`）を追加してみよう。

```
Image rita {Point{0,0},"rita.jpg"};
Image path {Point{0,0},"rita_path.gif"};
path.set_mask(Point{50,250},600,400);     // 予想上陸地点を選択

win.attach(path);
win.attach(rita);
```

13.17 Image

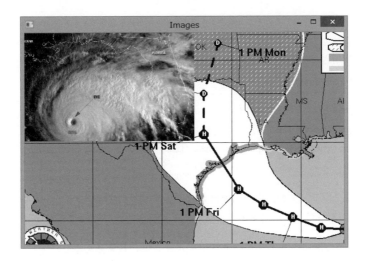

set_mask 関数は、表示される画像のサブピクチャーを選択する。ここでは、(path として読み込まれた) rita_path.gif から 600 × 400 ピクセルの画像を選択し、path のポイント (50, 250) にあるその左上のポイントを選択している。表示する画像の一部だけを選択するのはよくあることなので、それを直接サポートすることにした。

図形は、机の上の紙と同じように、関連付けられた順序で配置される。そこで、path を rita よりも先に関連付けて「一番下」に配置されるようにした。

画像はさまざまなフォーマットでエンコードできる。ここでは最も一般的なフォーマットのうち、JPEG と GIF の 2 つだけを扱っている。

```
enum class Suffix { none, jpg, gif };
```

本書のグラフィックスライブラリでは、メモリー内の画像を Image クラスのオブジェクトとして表す。

```
struct Image : Shape {
    Image(Point xy, string file_name, Suffix e = Suffix::none);
    ~Image() { delete p; }
    void draw_lines() const;
    void set_mask(Point xy, int ww, int hh)
        { w=ww; h=hh; cx=xy.x; cy=xy.y; }
private:
    int w,h;   // 位置（cx,cy）への相対で画像内のマスキングボックスを定義
    int cx,cy;
    Fl_Image* p;
    Text fn;
};
```

第 13 章 グラフィックスクラス

　　Image クラスのコンストラクターは、指定された名前のファイルを開こうとする。このコンストラクターには、必要に応じてファイルの拡張子が渡される。画像を作成する際には、その拡張子に基づくエンコーディングが使用される。ファイルが見つからないなど、画像を表示できない場合は、Bad_image が表示される。Bad_image は以下のように定義される。

```
struct Bad_image : Fl_Image {
    Bad_image(int h, int w) : Fl_Image{h,w,0} { }
    void draw(int x,int y, int, int, int, int) { draw_empty(x,y); }
};
```

　　グラフィックスライブラリでの画像の処理は非常に複雑だが、グラフィックスインターフェイスクラスである Image の複雑さは、主にコンストラクターでのファイルの処理に集中している。

```
// 画像ファイルに関連するエラーのデバッグが難しいことを考えると、
// このコンストラクターは少し手を加えすぎている
Image::Image(Point xy, string s, Suffix e)
    : w{0}, h{0}, fn{xy,""}
{
    add(xy);

    if (!can_open(s)) {              // s を開けるか
        fn.set_label("cannot open \""+s+'"');
        p = new Bad_image(30,20);   // エラー画像
        return;
    }

    if (e == Suffix::none) e = get_encoding(s);

    switch(e) {      // 既知のエンコーディングかどうかを確認
    case Suffix::jpg:
        p = new Fl_JPEG_Image{s.c_str()};
        break;
    case Suffix::gif:
        p = new Fl_GIF_Image{s.c_str()};
        break;
    default:         // サポートされてないエンコーディング
        fn.set_label("unsupported file type \""+s+'"');
        p = new Bad_image{30,20};   // エラー画像
    }
}
```

13.17 Image

画像を格納するために作成するオブジェクトの種類（`Fl_JPEG_Image` または `Fl_GIF_Image`）は拡張子に基づいて選択される。この実装オブジェクトを、`new` を使って作成し、ポインターに代入する。これは FLTK の構成に関連する実装上の詳細であり、基本的に重要ではない。`new` 演算子とポインターについては、第 17 章で説明する。単なる s ではなく `s.c_str()` を使用しているのは、FLTK が C スタイルの文字列を使用するためだ。

あとは、指定されたファイルを開いて読み込めるかどうかをテストするために、`can_open` 関数を実装するだけである。

```
bool can_open(const string& s)
// s という名前のファイルが存在し、読み取りモードで開けるかどうかを確認
{
    ifstream ff(s);
    return ff;
}
```

一度ファイルを開いて閉じることになるため、あまり手際がよいとは言えないが、これは「ファイルを開けない」ことに関連するエラーをファイルのデータのフォーマットに関連するエラーから切り離す方法である。

興味があれば、`get_encoding` 関数を調べてみよう。この関数は、拡張子を探して、それを既知の拡張子のテーブルと照合する。そのテーブルは標準ライブラリの `map` である（§21.6）。

第 13 章　グラフィックスクラス

■　ドリル

1. 800 × 1000 の `Simple_window` を作成する。
2. 8 × 8 のグリッドをそのウィンドウの左端の 800 × 800 部分に（正方形がそれぞれ 100 × 100 になるように）配置する。
3. 左上隅から始まる対角線上の 8 個の正方形の色を赤にする（これには `Rectangle` を使用する）。
4. 200 × 200 ピクセルの画像（JPEG または GIF）を用意し、その 3 つのコピーをグリッド上に配置して、それぞれの画像が 4 つの正方形を覆うようにする。ぴったり 200 × 200 の画像が見つからない場合は、`set_mask` 関数を使って大きい画像から 200 × 200 の部分を選択する。赤い正方形を覆い隠さないように注意。
5. 100 × 100 ピクセルの画像を追加する。［Next］ボタンがクリックされたら、それを次の正方形へ移動させる。`wait_for_button` 関数と画像の移動先となる新しい正方形を選択するコードをループで囲めばよい。

■　復習

1. 商用のグラフィックスライブラリやオープンソースのグラフィックスライブラリを単に使用しないのはなぜか。
2. 単純なグラフィック出力を生成する場合、このグラフィックスライブラリに必要となるクラスの数はだいたいどれくらいか。
3. このグラフィックスライブラリを使用するために必要なヘッダーファイルは何か。
4. 閉じた図形を定義するクラスは何か。
5. すべての図形に単に `Line` を使用しないのはなぜか。
6. `Point` の引数は何を示すか。
7. `Line_style` の構成要素は何か。
8. `Color` の構成要素は何か。
9. RGB とは何か。
10. 2 つの `Line` と 2 つの直線を含んでいる `Lines` との違いは何か。
11. すべての `Shape` に設定できる特性は何か。
12. 5 つの `Point` によって定義される `Closed_polyline` の辺はいくつあるか。
13. `Shape` を定義し、それを `Windows` に関連付けない場合はどうなるか。
14. `Rectangle` は 4 つの `Point`（角）を持つ `Polygon` とどのように異なるか。
15. `Polygon` は `Closed_polyline` とどのように異なるか。
16. 塗りつぶしの色と輪郭線ではどちらが上に来るか。
17. （`Rectangle` は定義したのに）`Triangle` クラスをあえて定義しなかったのはなぜか。
18. `Shape` を `Window` 内の別の場所へ移動するにはどうすればよいか。
19. `Shape` に 1 行のテキストでラベルを付けるにはどうすればよいか。
20. `Text` に含まれているテキスト文字列に設定できる特性は何か。
21. フォントとは何か。フォントに関心を持つのはなぜか。
22. `Vector_ref` の目的は何か。また、どのように使用するか。

23. `Circle` と `Ellipse` の違いは何か。
24. 画像を含んでいないファイルの名前を指定して `Image` を表示しようとした場合はどうなるか。
25. 画像の一部を表示するにはどうすればよいか。

■ 用語

GIF（Graphics Interchange Format）
JPEG（Joint Photographic Experts Group）
`Vector_ref`
色（color）
可視（visible）
画像（image）
画像のエンコーディング（image encoding）
楕円（ellipse）
直線（line）
直線のスタイル（line style）

閉じた図形（closed shape）
名前のないオブジェクト（unnamed object）
塗りつぶし（fill）
開いた図形（open shape）
フォント（font）
フォントサイズ（font size）
不可視（invisible）
ポイント（point）
ポリゴン（polygon）
ポリライン（polyline）

■ 練習問題

以下の練習問題では、クラスを定義する。それらがうまくいくことを実証するために、そのクラスのオブジェクトをいくつか表示する。

1. 楕円の一部を描画する `Arc` クラスを定義する。ヒント：`fl_arc` 関数。
2. 角丸四角形を描画する。4つの直線と4つの弧で構成される `Box` クラスを定義する。
3. 矢印付きの直線を描画する `Arrow` クラスを定義する。
4. `n`、`s`、`e`、`w`、`center`、`ne`、`se`、`sw`、`nw` の9つの関数を定義する。それぞれ `Rectangle` 型の引数を受け取り、`Point` 型の戻り値を返す。これらの関数は四角形の上および中の「接続ポイント」を定義する。たとえば `nw(r)` 関数は `r` という名前の `Rectange` の北西（左上）の角である。
5. 練習問題4の関数を `Circle` と `Ellipse` に対して定義する。接続ポイントは、外接する四角形の内側で、かつ図形の上または外側に配置する。
6. 第12章の「§12.6 Shape」で示したようなクラス図を描画するプログラムを記述する。テキストラベル付きの四角形である `Box` クラスを定義することから始めると簡単だ。
7. RGB カラーチャートを作成する。参考：Web で「RGB color chart（カラーチャート）」を検索する。
8. `Regular_hexagon`（六角形）クラスを定義する。六角形は通常の6つの同じ長さの辺を持つポリゴンである。中心と中心から角までの距離の2つをコンストラクターの引数として使用する。
9. ウィンドウの一部に `Regular_hexagon` をタイル表示する。少なくとも8つの六角形を使用する。
10. `Regular_polygon` クラスを定義する。コンストラクターの引数として、中心、辺の数（3つ以

上)、中心から角までの距離を使用する。

11. 300×200 ピクセルの楕円を描画する。楕円の中心を通る 400 ピクセルの長さの x 軸と 300 ピクセルの長さの y 軸を描画する。焦点はマークで示す。どちらかの軸の上にない楕円上のポイントもマークで示す。焦点とポイントの間に 2 本の直線を描画する。
12. 円を描画し、円上でマークを移動させる。［Next］ボタンをクリックするたびに少し移動させる。
13. 「§13.10 名前のないオブジェクトの管理」の色行列を描画する。ただし、各色のまわりに線分を表示しないようにする。
14. 直角三角形クラスを定義する。色の異なる 8 つの直角三角形で八角形を作成する。
15. ウィンドウに小さい直角三角形をタイル状に並べる。
16. 練習問題 15 を、六角形を使って実行する。
17. 練習問題 16 を、いくつかの色の異なる六角形を使って実行する。
18. ポリゴンを表す Poly クラスを定義する。そのポイントから実際にポリゴンが作成されることをコンストラクターでチェックする。ヒント：それらのポインターをコンストラクターに渡す必要がある。
19. Star クラスを定義する。ポイントの数はパラメーターにする。ポイントの数、直線の色、塗りつぶしの色が異なる星をいくつか描画する。

■ 追記

第 12 章では、クラスのユーザーになる方法を示した。本章では、プログラマーの「食物連鎖」を一段上って、ツールを使用することに加えて、ツールを構築する立場を体験した。

第14章
グラフィックスクラスの設計

　　　　　　　　　　　　　　　　　　　　　　　　　用、強、美。
　　　　　　　　　　　　　　　　　　　　　　　— ウィトルウィウス

グラフィックスの章には二重の目的がある。情報を表示するための便利なツールを提供したいが、一般的な設計手法と実装手法を説明するためにグラフィカルインターフェイスクラスも使用したい。本章では、インターフェイスの設計に関するいくつかの理論と、継承の概念を示す。その途中で、オブジェクト指向プログラミングを最も直接的にサポートする C++ の機能 ─ クラスの派生、仮想関数、アクセス制御 ─ について調べるために、少し回り道をする必要がある。筆者が思うに、設計を使用と実装から切り離して説明することはできないため、ここでの設計に関する説明はかなり具体的である。本章については、「グラフィックスクラスの設計と実装」として捉えたほうがよいかもしれない。

14.1　設計原理
　　　14.1.1　型
　　　14.1.2　演算
　　　14.1.3　命名
　　　14.1.4　可変性
14.2　Shape
　　　14.2.1　抽象クラス
　　　14.2.2　アクセス制御
　　　14.2.3　図形の描画
　　　14.2.4　コピーと可変性

14.3　基底クラスと派生クラス
　　　14.3.1　オブジェクトのレイアウト
　　　14.3.2　派生クラスの作成と仮想関数の定義
　　　14.3.3　オーバーライド
　　　14.3.4　アクセス
　　　14.3.5　純粋仮想関数
14.4　オブジェクト指向プログラミングの利点

第 14 章　グラフィックスクラスの設計

14.1　設計原理

本書のグラフィックスインターフェイスクラスの設計原理は何だろうか。まず、それはどういう種類の質問なのだろうか。「設計原理」とは何だろうか。そして、きれいな図を生成するという実利的な作業に取り組むのではなく、それらを調べる必要があるのはなぜだろうか。

14.1.1　型

グラフィックスはアプリケーションドメインの一例である。したがって、ここで取り上げるのは、アプリケーションの基本的な概念と機能をプログラマーに提供する方法を示す例である。コードで示されている概念がややこしかったり、一貫性がなかったり、不完全であるなどの問題がある場合、グラフィカルな出力を生成するための難易度は高くなる。ここでは、グラフィックスクラスを理解し、使いこなそうとするプログラマーの負担をできるだけ軽くしたいと考えている。

本書が理想として掲げるプログラムの設計は、アプリケーションドメインの概念をコードで直接表すものである。その場合、アプリケーションドメインを理解すればコードを理解したことになり、コードを理解すればアプリケーションドメインを理解したことになる。

- `Window`：OS によって表示されるようなウィンドウ
- `Line`：画面上に表示されるような直線
- `Point`：座標ポイント
- `Color`：画面上に表示される色
- `Shape`：グラフィックス/GUI ビューのすべての図形に共通するもの

最後の例である `Shape`（図形）は、**一般化**であるという点で、他の例とは異なっている。画面上に表示されるのはただの図形ではなく、直線や六角形といった特定の図形である。それは型の定義に反映されている。`Shape` 型の変数を作成しようとすれば、コンパイラーに阻止される。

これらのグラフィックスインターフェイスクラスを集めたものはライブラリである。ライブラリのクラスは、複数のクラスを同時に、そして組み合わせて使用することを想定している。これらのクラスは、他のグラフィカル図形を表すクラスを定義するときの見本として、あるいはそうしたクラスの基本要素として使用するためのものだ。単に無関係なクラスを定義しているわけではないため、設計上の決断をクラスごとに下すわけにはいかない。これらのクラスを 1 つにまとめれば、グラフィックスの実行方法に対する 1 つの見解が示される。この見解はそれなりに的確で首尾一貫したものにしなければならない。ライブラリのサイズとグラフィカルアプリケーションのドメインの大きさを考えると、完全であることは期待できない。そこで、ここでは単純さと拡張性を目指す。

実際問題として、アプリケーションドメインのあらゆる側面を直接モデリングするクラスライブラリというものは存在しない。それは不可能なだけでなく、無意味でもある。地理情報を表示するためのライブラリの作成について考えてみよう。植生を表示したいだろうか。国、州、その他の政治的境界はどうだろうか。道路網、鉄道、河川はどうだろうか。社会/経済データの強調表示はどうだろうか。気温と湿度の季節的変化、大気中の風のパターン、航空路線はどうだろうか。学校の所在地、ファストフード飲食店の所在地、その地域の名所にマークを付けるのはどうだろうか。「何もかも」は、総合的な地理アプリケーションならよい答えかもしれないが、1 つの表示に対する答えではない。それは、こうし

た地理アプリケーションをサポートするライブラリの答えかもしれないが、そうしたライブラリがフリーハンドの描画、画像の編集、科学的な可視化、航空管制表示といった他のグラフィカルアプリケーションに対応できるかというと、その可能性は低い。

そこでいつものように、私たちにとって何が重要かを判断する必要がある。この場合は、うまく処理したいグラフィックス/GUIがどのような種類のものであるかを見きわめる必要がある。欲張るのは失敗のもとだ。よいライブラリとは、そのアプリケーションドメインを特定の観点から直接かつ明確にモデリングし、アプリケーションのいくつかの側面を重視し、他は度外視するものである。

ここで提供するクラスは、単純なグラフィックスと単純なGUIを目的として設計されている。主な対象ユーザーは、数値/科学/工学アプリケーションのデータとグラフィカル出力を表示する必要があるユーザーだ。読者は、これらのクラスに基づいて独自のクラスを構築できる。それでは不十分である場合は、FLTKといった本格的なグラフィックス/GUIライブラリを直接使用する方法を理解する必要がある。ここでは実装においてFLTKの詳細を示すため、必要であれば参考にしてほしい。ただし、その方向に進むことにした場合は、第17章と第18章を読むまで待とう。それらの章には、ポインターやメモリーの管理に関する情報が含まれている。ほとんどのグラフィックス/GUIライブラリを直接使用するには、それらの情報が必要である。

重要な決定事項の1つは、演算をほとんど持たない「小さな」クラスをいくつも提供することである。たとえば本書では、`Open_polyline`、`Closed_polyline`、`Polygon`、`Rectangle`、`Marked_polyline`、`Marks`、`Mark`といったクラスを提供している。さまざまなパラメーターや演算を1つのクラスにまとめ、たとえばポリラインの種類を指定できるようにしたり、ポリラインを別の種類のポリラインに変化させることもできた。突き詰めれば、どのような種類の図形も`Shape`クラスの一部として提供されるわけである。本書では、小さなクラスをいくつも使用することが、本書のグラフィックスドメインを最も厳密かつ効果的にモデリングする方法であると考えている。「何もかも」1つのクラスで提供してしまうと、理解したり、デバッグしたり、パフォーマンスを改善したりするのに役立つフレームワークが提供されず、ユーザーがデータやオプションにかかりきりになってしまう。

14.1.2 演算

ここでは、各クラスの一部として最小限の演算を提供する。理想的には、必要なことを実行できる最低限のインターフェイスを提供したいところである。さらに利便性を追求したい場合は、非メンバー関数や別のクラスを追加するという形で、いつでもそうすればよい。

これらのクラスのインターフェイスは共通のスタイルにしたい。たとえばどのクラスでも、同じような演算を実行する関数には同じ名前を付け、同じ型のパラメーターを定義する。そして可能であれば、それらの引数を同じ順序で要求する。コンストラクターについて考えてみよう。位置を要求する図形は、1つ目の引数として`Point`を受け取る。

```
Line ln {Point{100,200},Point{300,400}};
Mark m {Point{100,200},'x'};      // 1つのポイントを "x" として表示
Circle c {Point{200,200},250};
```

ポイントを扱う関数はすべて、`Point`クラスを使ってポイントを表す。これは当たり前のことに思えるが、多くのライブラリでは、スタイルが混在している。例として、直線を描画する関数を思い浮かべてみよう。この場合は、以下のどちらかのスタイルを使用できる。

```
void draw_line(Point p1, Point p2);   // p1 から p2 （本書のスタイル）
void draw_line(int x1, int y1, int x2, int y2);   // (x1,y1) から (x2,y2)
```

両方のスタイルを使用することも可能だが、一貫性を保ち、型のチェックと読みやすさを向上させるために、ここでは1つ目のスタイルだけを使用する。また、常にPointを使用すれば、座標と他の整数のペアを取り違えずに済む。以下のコードについて考えてみよう。

```
draw_rectangle(Point{100,200}, 300, 400);   // 本書のスタイル
draw_rectangle(100,200,300,400);             // 別のスタイル
```

1つ目の呼び出しは、ポイント、幅、高さを使って四角形を描画する。それは容易に想像できるが、2つ目の呼び出しはどうだろうか。それはポイント（100,200）と（300,400）によって定義される四角形だろうか。ポイント（100,200）と幅300、高さ400によって定義される四角形だろうか。それともまったく別の、見る人が見ればピンとくるものだろうか。Point型を一貫して使用すれば、そうした混乱を避けることができる。

さらに、関数が幅と高さを要求する場合は、x座標がy座標よりも先に指定されるのと同様に、それらは常に幅と高さの順に指定される。こうした細かい点に一貫性があると、使いやすさとランタイムエラーの回避に関して驚くほど大きな差が出る。

論理的に等しい演算には同じ名前が付いている。たとえば図形の種類を問わず、図形にポイントや線分を追加する関数には add という名前が付いており、直線を描画する関数には draw_lines という名前が付いている。このように統一しておくと、覚えておかなければならない情報が少なくなるため、記憶しやすくなる。また、新しいクラスを設計するときも、いつもと同じように行えばよくなる。さまざまな型で演算のパターンがまったく同じであるため、それらの型に合わせてコードを記述することもできる。そうしたコードをジェネリック（*generic*）と呼ぶ（第19章〜第21章）。

14.1.3 命名

論理的に異なる演算には、異なる名前が付いている。この場合も、それは当たり前のことに思えるが、次のように考えてみよう。Line は Shape に「追加する（add）」のに対し、Shape は Window に「関連付ける（attach）」のはなぜだろうか。どちらの場合も「何かを何かに入れる」のだから、その類似性を共通の名前として反映させるべきではないだろうか。そうではない。その類似性には根本的な違いが隠れている。以下のコードを見てみよう。

```
Open_polyline opl;
opl.add(Point{100,100});
opl.add(Point{150,200});
opl.add(Point{250,250});
```

3つのポイントが opl にコピーされている。図形 opl は、add 関数を呼び出した後、「元」のポイントのことは忘れてしまい、コピーしたポイントを維持する。実際には、ポイントのコピーをプログラマーが管理することはまれであり、それは図形に任せる。これに対し、以下のコードはどうだろうか。

```
win.attach(opl);
```

このコードは、ウィンドウ win と図形 opl とを結び付ける。win は opl のコピーを作成するのではなく、opl への参照を維持する。したがって、win が opl を使用する間、opl を有効に保つ責任はプログラマーにある。つまり、win が opl を使用している間は、opl のスコープから抜け出してはならない。opl は更新することが可能であり、その変更は次回 win が opl を描画するときに画面上に反映される。attach 関数と add 関数の違いを図解すると、以下のようになる。

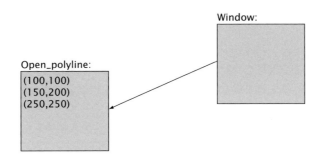

基本的には、add 関数は値渡しを使用し、attach 関数は参照渡しを使用する。つまり、前者はコピーを使用し、後者は 1 つのオブジェクトを共有する。グラフィカルオブジェクトを Window にコピーすることも選択できたが、そうすると attach 関数ではなく add 関数を使用することになるため、異なるプログラミングモデルになっていただろう。とはいうものの、実際にはグラフィックスオブジェクトを Window に「関連付ける」だけである。これは重要な意味を持つ。たとえば、オブジェクトを作成し、それを関連付け、オブジェクトの削除を許可した場合、そのプログラムが正しく動作することは期待できない。

```
void f(Simple_window& w)
{
    Rectangle r(Point{100,200},50,30);
    w.attach(r);
}       // r のライフタイムはここで終了

int main()
{
    Simple_window win(Point{100,100},600,400,"My window");
     ...
    f(win);      // トラブルを招いている
     ...
    win.wait_for_button();
}
```

f 関数を抜けて wait_for_button 関数に到達したときには、win が参照/表示するための r は存在していない。第 17 章では、関数の内側でオブジェクトを作成し、関数から制御を戻した後も、それらを維持する方法について説明する。それまでは、wait_for_button 関数が呼び出される前に消えてし

まうオブジェクトを関連付けるのはやめておこう。これには `Vector_ref` が役立つ（§13.10、§E.4）。

`f` 関数の宣言が `Window` を `const` 参照引数として受け取るように指定されていれば（§8.5.8）、この誤りはコンパイルエラーになっていただろう。`attach` 関数は、`Window` が `r` を参照していることを記録するために `Window` に変更を加える必要があるため、`const Window` に関連付ける（`attach(r)`）わけにはいかないのである。

14.1.4 可変性

クラスを設計するときには、「誰がデータ（表現）を変更できるのか」、そして「どのようにして変更するのか」を意識しなければならない。ここでは、オブジェクトの状態に対する変更が、そのクラスでのみ発生するようにする。その鍵を握るのは主に `public` と `private` だが、後ほどより柔軟な（その分難解な）`protected` というメカニズムを使用する例を示す。これは、たとえば `string` 型の `label` といったデータメンバーをクラスに定義するだけでは済まないことを意味する。つまり、データメンバーが生成された後にそれを変更することが可能かどうか、可能な場合はどのように変更するのかについても検討しなければならない。また、クラスのメンバー関数以外のコードで `label` の値を読み取る必要があるかどうか、その場合はどのように読み取るのかについても検討しなければならない。例として、以下のコードを見てみよう。

```
struct Circle {
    ...
private:
    int r;    // 半径
};

Circle c {Point{100,200},50};
c.r = -9;    // コンパイルエラー: Circle::r は private
```

第 13 章で気づいたかもしれないが、本書では、ほとんどのデータメンバーを公開しないことにした。そうすれば、`Circle` に負の半径を指定するといった「ばかげた」値をチェックする機会が得られるからだ。実装を単純に保つために、そうしたチェックは最小限にとどめているため、値を入力するときには注意しよう。「一貫した完全なチェックを行う」という決定を見送ったのは、掲載するコードを短く保ちたいということもあるが、ユーザーが「ばかげた」値を入力しても画面上におかしな画像が表示されるだけで、貴重なデータが破壊されるわけではないことを知っているからだ。

一連の `Window` として表示される画面については、純粋に出力デバイスとして扱う。新しいオブジェクトを表示して古いオブジェクトを削除することは可能だが、画像が表す情報のうち、私たちが構築したデータ構造からはわからない（あるいは知り得ない）情報を「システム」に要求することはない。

14.2 Shape

Shape クラスは、画面上の Window に表示できる何らかの一般概念を表す。

- Shape クラスは、グラフィカルオブジェクトを Window という抽象概念に結び付け、OS と物理画面への接続を提供する概念である。
- Shape クラスは、直線を描画するために使用される色やスタイルを扱うクラスであり、直線の Line_style と Color に加えて、塗りつぶしの Color を保持する。
- Shape クラスは、一連の Point を保持でき、それらの描画方法を基本的に理解している。

経験豊富な設計者は、これら 3 つのことを行うクラスにおそらく一般性に関する問題があることに気づくだろう。だが、最も一般的な解決策からすると、ここで必要なのはずっと単純なものだ。

まず、Shape クラス全体を見てもらってから詳細を詰めていこう。

```
class Shape {   // 色とスタイルを処理し、一連の直線を保持するクラス
public:
    void draw() const;                      // 色を処理し、直線を描画
    virtual void move(int dx, int dy);      // 図形を +=dx、+=dy だけ移動

    void set_color(Color col);
    Color color() const;

    void set_style(Line_style sty);
    Line_style style() const;

    void set_fill_color(Color col);
    Color fill_color() const;

    Point point(int i) const;    // ポイントへの読み取り専用アクセス
    int number_of_points() const;

    Shape(const Shape&) = delete;            // コピーを阻止
    Shape& operator=(const Shape&) = delete;

    virtual ~Shape() { }
protected:
    Shape() { }
    Shape(initializer_list<Point> lst);   // ポイントをこの図形に追加
    virtual void draw_lines() const;      // 適切な直線を描画
    void add(Point p);                    // p をポイントに追加
```

```
        void set_point(int i, Point p);      // points[i]=p;
    private:
        vector<Point> points;          // すべての図形で使用されるものではない
        Color lcolor {fl_color()};     // 直線と文字の色（デフォルトあり）
        Line_style ls {0};
        Color fcolor {Color::invisible};       // 塗りつぶしの色
    };
```

これは幅広いグラフィッククラスをサポートするかなり複雑なクラスであり、画面上の図形という一般的な概念を表現することを目的として設計されている。とはいうものの、データメンバーは 4 個、関数は 15 個しかない。さらに、それらの関数はかなり単純であるため、私たちは設計の問題に専念できる。ここでは、これらのメンバーを 1 つずつ取り上げ、それらの設計上の役割について説明する。

14.2.1 抽象クラス

Shape の 1 つ目のコンストラクターについて考えてみよう[*1]。

```
    protected:
        Shape() { }
        Shape(initializer_list<Point> lst);    // ポイントをこの図形に追加
```

このコンストラクターは protected で宣言されている。つまり、それらを直接使用できるのは、（:Shape 表記を使って）Shape から派生したクラスだけである。つまり、Shape の用途は、Line や Open_polyline といったクラスのベースとして使用することに限定される。protected: の目的は、Shape オブジェクトを直接作成しないようにすることだ。

```
    Shape ss;    // エラー: Shape は生成できない
```

Shape はあくまでも基底クラスとして設計されている。この場合は、Shape オブジェクトを直接作成できるようにしても特に問題はないが、用途を限定することにより、直接使用するのに適さない Shape に変更を加える余地を残している。また、Shape オブジェクトを直接作成できないようにすることで、表示したり使用したりできるのは一般の図形ではなく、Circle や Closed_polyline といった特定の図形だけであるという考えを直接表現している。それについて考えてみよう。図形とはどのようなものだろうか。妥当な答えがあるとしたら、それは「どの図形か」と逆に質問することだけだろう。Shape によって表される図形の概念は抽象的なものである。それは重要で、多くの場合に有益な設計概念である。このため、本書のプログラムでは、そこは妥協したくない。Shape オブジェクトを直接作成することをユーザーに許可すれば、「概念の直接の表現」であるというクラスの理想に背くことになる。

デフォルトコンストラクターでは、メンバーをデフォルト値に設定する。この場合も、実装に使用されているライブラリである FLTK の存在が垣間見える。ただし、FLTK の色とスタイルの概念に

[*1] 訳注：これらのコンストラクターは第 13 章のコードを実行するために必要だが、Visual Studio 2015 では、Shape(initializer_list<Point>) コンストラクターが protected で宣言されていると第 13 章のコードがエラーになる。このため、検証時はそれを public へ移動した。本項では、コンストラクターを protected で宣言する目的について説明しているため、コードはそのまま掲載している。

直接言及するわけではない。それらは Shape、Color、Line_style クラスの実装の一部にすぎない。vector<Points> は、デフォルトで空の vector になる。

イニシャライザーリストコンストラクターでは、デフォルトイニシャライザーも使用する。そして、引数リストの要素を Shape に追加する。

```
Shape::Shape(initializer_list<Point> lst)
{
    for (Point p : lst) add(p);
}
```

用途が基底クラスに限定されるクラスは**抽象**（*abstract*）クラスである。これを実現するもう 1 つの（より一般的な）方法は、**純粋仮想関数**（*pure virtual function*）と呼ばれる（§14.3.5）。オブジェクトを作成するために使用できるクラス — つまり、抽象クラスの逆のクラスは**具象**（*concrete*）クラスと呼ばれる。**抽象**（*abstract*）と**具象**（*concrete*）は日常的な区別に対する専門用語にすぎない。カメラを買いに店に出かけたとしよう。だが、ただカメラをくれと言ってそれを持ち帰るのは無理である。カメラのメーカーはどこだろうか。どのモデルだろうか。**カメラ**（*camera*）は一般名称であり、抽象的な概念を指している。OLYMPUS E–M5 は特定の種類のカメラを指しており、（大金と引き換えに）その特定のインスタンスを手に入れることができる。特定のインスタンスとは、一意なシリアル番号が振られたカメラのことだ。このように、「カメラ」は抽象（基底）クラスとよく似ており、「OLYMPUS E–M5」は具象（派生）クラスとよく似ている。そして実際に購入したカメラはオブジェクトとよく似ている。

以下の宣言は、仮想デストラクターを定義する。

```
virtual ~Shape() { }
```

ここでは使用しないため、第 17 章の「§17.5.2 デストラクターとフリーストア」でその使用法を示すことにしよう。

14.2.2 アクセス制御

Shape クラスでは、すべてのデータメンバーを private として宣言している。

```
private:
    vector<Point> points;
    Color lcolor {fl_color()};    // 直線と文字の色（デフォルトあり）
    Line_style ls {0};
    Color fcolor {Color::invisible};      // 塗りつぶしの色
```

これらのデータメンバーのイニシャライザーは、コンストラクターの引数に依存しない。このため、それらをデータメンバーの宣言で指定している。vector のデフォルト値は「空」であるため、明示的に指定する必要はなかった。そうしたデフォルト値はコンストラクターによって適用される。

Shape のデータメンバーは private で宣言されているため、アクセス関数を提供する必要がある。そのためのスタイルはいくつか考えられる。ここでは、単純で、便利で、読みやすいと思うものを選

481

第14章　グラフィックスクラスの設計

択した — プロパティ X を表すメンバーが存在する場合は、読み取りのための X と書き込みのための set_X という 2 つの関数を提供する。

```
void Shape::set_color(Color col)
{
    lcolor = col;
}

Color Shape::color() const
{
    return lcolor;
}
```

このスタイルの最大の欠点は、メンバー変数に読み取り関数と同じ名前を使用できないことだ。これらの関数は公開インターフェイスの一部であるため、最もふさわしい名前を選択した。private 変数では、名前の重要度ははるかに低い。読み取り関数では、それらの Shape を変更することはできない。これを示すために const を使用している点に注意しよう（§9.7.4）。

Shape には、その派生クラスをサポートするための Point 型の vector がある。そこで、この points という vector に Point を追加するための関数 add を提供する。

```
void Shape::add(Point p)    // protected
{
    points.push_back(p);
}
```

当然ながら、points は最初は空の状態である。ここでは、Shape の派生クラスのメンバー関数を含め、データメンバーにユーザーを直接アクセスさせる代わりに、完全で機能的なインターフェイスを Shape に持たせることにした。クラスのデータメンバーを public にするのは愚かな設計であると考えている人からすれば、機能的なインターフェイスを提供するのは考えるまでもないことだ。他の人からすれば、派生クラスのどのメンバーでも書き込みアクセスを許可しない点で、この設計は制限が厳しすぎるように思えるだろう。

Circle や Polygon といった Shape の派生クラスは、それらのポイントが何を意味するのかを知っている。基底クラスである Shape は、ポイントを「理解」せず、それらを格納するだけである。このため、ポイントが追加される方法については派生クラスで管理する必要がある。

- Circle と Rectangle では、ポイントを追加する意味がないため、ユーザーはポイントを追加できない。追加のポイントを持つ四角形とはいったいどのようなものか（§12.7.6）。
- Line では、ペアのポイントを 1 つだけ追加できる。ポイントを 1 つだけ追加することはできない（§13.3）。
- Open_polyline と Marks では、ポイントをいくつでも追加できる。
- Polygon では、交差をチェックする add 関数でのみポイントを追加できる（§13.8）。

ここでは、add 関数を protected で宣言し、派生クラスでのみアクセス可能にすることで、ポイントが追加される方法を派生クラスで管理できるようにした。add 関数が public で宣言されていた場合は、誰でもポイントを追加できることになり、private で宣言されていた場合は、Shape だけがポイントを追加できることになる。その場合は、機能と図形の概念がこれほどうまく合致することはなかっただろう。

同様に、set_point 関数も protected で宣言している。一般に、ポイントの意味と、不変条件に違反せずにそれを変更できるかどうかは、派生クラスにしかわからない。たとえば、Regular_hexagon（正六角形）クラスを 6 つのポイントとして定義している場合、ポイントをたった 1 つ変更しただけで、結果として得られる図形は「正六角形」ではなくなる。これに対し、四角形のポイントを 1 つ変更しても、結果は依然として四角形である。本書のサンプルクラスとサンプルコードでは、set_point 関数の必要性を感じなかった。この関数は、Shape のすべての属性の取得と設定が可能であるというルールを保証する目的でのみ提供されている。たとえば、Mutable_rectangle （可変四角形）が必要な場合は、Rectangle を継承させ、ポイントを変更するための演算を提供すればよい。

Point 型の vector である points については、不用意な変更から保護するために private で宣言している。このため、points にもアクセスできるようにしておく必要がある。

```cpp
void Shape::set_point(int i, Point p)   // まだ必要ではない
{
    points[i] = p;
}

Point Shape::point(int i) const
{
    return points[i];
}

int Shape::number_of_points() const
{
    return points.size();
}
```

派生クラスのメンバー関数では、これらの関数は以下のように使用される。

```cpp
void Lines::draw_lines() const     // 2 つのポイントを結ぶ直線を描画
{
    for (int i=1; i<number_of_points(); i+=2)
        fl_line(point(i-1).x,point(i-1).y,point(i).x,point(i).y);
}
```

これらのアクセス関数を見ているうちに心配になってきたかもしれない。効率は悪くないのだろうか。プログラムのパフォーマンスを低下させたりしないだろうか。生成されるコードのサイズが増

えたりしないだろうか。心配はいらない。それらはすべてコンパイルされ、インライン展開される。number_of_points 関数の呼び出しでは、points.size() の呼び出しとまったく同じバイト数のメモリーが使用され、まったく同じ数の命令が実行される。

こうしたアクセス制御に関する検討と決断は重要である。以下に示すような、最小限に近い Shape を提供することもできた。

```
struct Shape {    // 最小限に近い定義（単純すぎて使用されない）
    Shape();
    Shape(initializer_list<Point>);
    void draw() const;        // 色を処理し、draw_lines を呼び出す
    virtual void draw_lines() const;    // 適切な直線を描画
    virtual void move(int dx, int dy);  // 図形を +=dx、+=dy だけ移動
    virtual ~Shape();

    vector<Point> points;             // どの図形でも使用されない
    Color lcolor;
    Line_style ls;
    Color fcolor;
};
```

追加の 12 個のメンバー関数と 2 行のアクセス仕様（private: および protected:）によって、どのような付加価値が得られたのだろうか。基本的な答えは、「表現を保護することにより、クラスの設計者が予想していなかった方法で表現が変更されることがなくなり、より少ない作業でよりよいクラスを記述できるようになる」というものだ。これは**不変条件**（*invariant*）に関する論拠である（§9.4.3）。ここでは、Shape の派生クラスを定義することにより、そうした利点を示す。単純な例の 1 つは、以前に使用した Shape である。

```
Fl_Color line_color;
int line_style;
```

これでは制限が厳しすぎて、粗雑なコードの原因になることがわかっている ── int 型で示される直線のスタイルは直線の幅をうまくサポートしないし、Fl_Color は invisible に対応しない。仮に、これら 2 つの変数が public で宣言されていて、ユーザーのコードで使用されていたとすれば、グラフィックスライブラリを改善するための代償は、（line_color および line_style という名前を使用する）そのコードが動かなくなることだけだった。

さらに、アクセス関数は表記の面でも何かと便利である。たとえば、s.add(p) は読むのも書くのも s.points.push_back(p) よりも簡単だ。

14.2.3 図形の描画

ここまでの説明で、Shape クラスの心臓部を除くほぼすべてを取り上げた。

```
void draw() const;                    // 色を処理し、draw_lines を呼び出す
virtual void draw_lines() const;      // 直線を適切に描画
```

Shape の最も基本的な役割は、図形を描画することである。概念を大きく曲げない限り、Shape から他の機能をすべて削除したり、独自のデータを持たない状態にしたりすることはできなかった (§14.4)。しかし、描画は Shape の最も重要な役割である。これには FLTK と OS の基本的な仕組みを利用しているが、ユーザーから見れば、以下の 2 つの関数が提供されているだけだ。

- draw: スタイルと色を適用した後、draw_lines 関数を呼び出す。
- draw_lines: 画面上にピクセルを表示する。

draw 関数は斬新な手法をいっさい使用しない。FLTK の関数を呼び出して色とスタイルを Shape で指定されたものに設定し、draw_lines 関数を呼び出して画面上で実際に描画を行った後、色とスタイルを呼び出し前の状態に戻すだけである。

```
void Shape::draw() const
{
    Fl_Color oldc = fl_color();
    // 移植性のある方法で現在のスタイルを取得することはできない
    fl_color(lcolor.as_int());              // 色を設定
    fl_line_style(ls.style(),ls.width());   // スタイルを設定
    draw_lines();
    fl_color(oldc);         // 色を元（の色）に戻す
    fl_line_style(0);       // 線分のスタイルをデフォルトに戻す
}
```

残念ながら、FLTK には現在のスタイルを取得する方法がないため、スタイルは単にデフォルトに設定される。単純さや移植性と引き換えに、そうした妥協を受け入れざるを得ないときがある。筆者には、その機能をグラフィックスライブラリに実装することに価値があるようには思えなかった。

Shape::draw() は、塗りつぶしの色や直線の可視性を処理しない。それらの処理は、それらを解釈する方法をもっとよく知っている個々の draw_lines 関数に委ねられる。原理的には、色とスタイルの処理をすべて個々の draw_lines 関数に任せることもできるが、それでは繰り返しが非常に多くなってしまう。

次に、draw_lines 関数を扱う方法について少し考えてみると、どのような種類の図形でも描画しなければならないものを何もかも描画するのは、Shape では難しいだろう、ということがわかる。そのためには、各図形のピクセルを 1 つ残らず Shape オブジェクトにどうにかして格納しなければならない。vector<Point> モデルを維持するとしたら、すさまじい数のポイントを格納することになる。その上、それは画面（グラフィックスハードウェア）がすでに行っていることであり、しかももっとうまく行っ

ている。

　Shapeでは、余計な作業と余分な記憶域を回避するために、別の方法をとる ── Shapeの派生クラスである各図形に、それを描画することの意味を定義する機会を与える。Text、Rectangle、Circleクラスには、それぞれをうまく描画する仕組みが組み込まれるかもしれない。実際には、そうしたクラスのほとんどにそうした仕組みが組み込まれている。結局のところ、そうしたクラスはそれらが表現するはずのものを正確に知っている。たとえばCircleは多くの線分ではなくポイントと半径によって定義される。Circleに必要なビットを必要に応じてポイントと半径から生成するのは、実際にはそれほど難しくないし、それほどコストもかからない。このためCircleでは、Shapeのdraw_lines関数の代わりに呼び出すdraw_lines関数を明示的に定義する。Shape::draw_lines()宣言のvirtualが意味していたのは、このことである。

```
struct Shape {
    ...
    virtual void draw_lines() const;   // 各派生クラスに必要に応じて
                                       // draw_lines 関数を独自に定義させる
    ...
};

struct Circle : Shape {
    ...
    void draw_lines() const;   // Shape::draw_lines() をオーバーライド
    ...
};
```

　よって、Shapeのdraw_lines関数は、ShapeがCircleである場合はCircleの関数の1つをどうにかして呼び出さなければならず、ShapeがRectangleである場合はRectangleの関数の1つを呼び出さなければならない。これを保証するのが、draw_lines宣言のvirtualである。つまり、Shapeの派生クラスがdraw_lines関数を（Shapeのdraw_lines関数と同じ型で）独自に定義している場合は、Shapeのdraw_lines関数ではなく派生クラスのdraw_lines関数が呼び出される。第13章では、Text、Circle、Closed_polylineなどでそれを行う方法を示した。派生クラスで関数を定義し、基底クラスで提供されるインターフェイスを通じてその関数を使用できるようにするというこの手法は、オーバーライド（*overriding*）と呼ばれる。

　draw_lines関数はShapeにおいて中心的な役割を果たすが、protectedで宣言されている。つまり、draw関数とは異なり、draw_lines関数は「一般ユーザー」によって呼び出されることを想定しておらず、単にShapeの派生クラスとdraw関数によって使用される「実装上の詳細」として位置付けられている。

　これで、本書の表示モデル（§12.2）は完成である。画面を制御するシステムはWindowについて知っている。WindowはShapeについて知っており、Shapeのdraw関数を呼び出すことができる。そして、draw関数は図形の種類に応じてdraw_lines関数を呼び出す。ユーザーコードでgui_main関数を呼び出すと、表示エンジンが起動する。

14.2 Shape

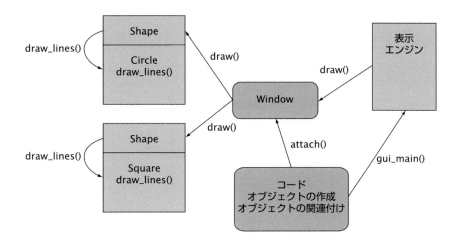

gui_main 関数とは何だろうか。ここまでのコードには、gui_main 関数は実際には登場していない。代わりに、より単純な方法で表示エンジンを起動する wait_for_button 関数が使用されている。

Shape の move 関数は、現在の位置への相対で格納されているすべてのポイントを移動する。

```
void Shape::move(int dx, int dy)    // 図形を +=dx、+=dy だけ移動
{
    for (int i = 0; i<points.size(); ++i) {
        points[i].x+=dx;
        points[i].y+=dy;
    }
}
```

draw_lines 関数と同様に、move 関数も virtual で宣言されているが、これは移動が必要なデータが派生クラスにあるかもしれず、Shape がそのことを知らない可能性があるためだ。Axis（§12.7.3、§15.4）はその例である。

move 関数は、論理的には Shape に必要のない関数である。これは単に、あると便利であるという理由と、仮想関数の例をもう 1 つ示すために提供されている。Shape に格納されないポイントを持つ Shape の派生クラスでは、move 関数を定義しなければならない。

487

14.2.4　コピーと可変性

Shape クラスでは、コピーコンストラクターとコピー代入演算子を delete として宣言した。

```
Shape(const Shape&) = delete;      // コピーを阻止
Shape& operator=(const Shape&) = delete;
```

これには、デフォルトのコピー演算が削除されるという効果がある。

```
void my_fct(Open_polyline& op, const Circle& c)
{
    // エラー：コピーコンストラクターはデリートされている
    Open_polyline op2 = op;
    vector<Shape> v;
    // エラー：コピーコンストラクターはデリートされている
    v.push_back(c);
    ...
    // エラー：コピー代入演算子はデリートされている
    op = op2;
}
```

だが、コピーはそれこそさまざまな場所で役立つ。push_back 関数を見てみよう。コピーがなければ、vector を使用することすらままならない。push_back 関数は、その引数のコピー（*copy*）を vector に代入する。なぜコピーをできなくしてプログラマーを面倒に巻き込むのだろうか。デフォルトのコピー演算が問題を引き起こす可能性がある場合は、その演算を 1 つの型で禁止すればよい。問題の主な例として、my_fct 関数を見てみよう。v の要素は Shape サイズであり、そのサイズの要素に Circle をコピーすることはできない — Circle には半径があるが、Shape にはないため、sizeof(Shape) < sizeof(Circle) である。仮に、v.push_back(c) が許可されたとすれば、Circle からメンバーが削ぎ落とされ、Circle がスライスされてしまう。結果として得られた Shape 要素を使用すれば、プログラムがクラッシュするのはほぼ確実である。Circle の演算では、コピーされなかった半径メンバー（r）の存在が前提となるからだ。

 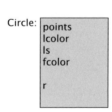

op2 のコピーコンストラクターと op への代入にもまったく同じ問題がある。

```
Marked_polyline mp {"x"};
Circle c(p,10);
my_fct(mp,c);    // Open_polyline 引数は Marked_polyline を参照
```

Open_polyline のコピー演算では、mp の string 型のメンバーである mark がスライスされてしまう。

基本的には、クラス階層と参照渡しはデフォルトのコピーと共存しない。クラス階層で基底クラスとなるクラスを設計するときには、Shape の場合と同様に、=delete を使ってコピーコンストラクターとコピー代入を無効にしておこう。

スライスだけがコピーを回避する理由ではない。コピー演算なしで表現するのが最も効果的な概念はいくつも存在する。グラフィックスシステムが Shape を画面上に表示するには、その格納場所を記憶していなければならないことを思い出そう。Shape を Window にコピーするのでなく関連付けるのは、このためである。たとえば、Window が Shape への参照ではなく Shape のコピーだけを持っている場合、元の Shape が変更されても、その変更はコピーに反映されない。このため、Shape の色が変更されたとしても、Window はその変更に気づかず、そのコピーを元の色のまま表示するだろう。

デフォルトのコピー演算が無効になっている型のオブジェクトをコピーしたい場合は、それを行う関数を明示的に記述すればよい。そうしたコピー関数の名前はたいてい clone になる。当然ながら、clone 関数を記述できるのは、メンバーを読み取るための関数が、コピーを生成するのに必要なものを表現するのに十分なケースに限られる。ただし、Shape の派生クラスはすべてそうしたケースに該当する。

14.3　基底クラスと派生クラス

基底クラスと派生クラスをさらに詳しく見ていこう ── 本節に限り、プログラミング、アプリケーション設計、グラフィックスからプログラミング言語の機能に焦点を移すことにする。グラフィックスライブラリを設計する際には、C++ の重要なメカニズムを 3 つ使用した。

- 派生（*derivation*）
  新しいクラスを別のクラスから構築し、元のクラスの代わりに新しいクラスを使用できるようにする方法。たとえば Circle は Shape から派生する。言い換えれば、「Circle は Shape の一種である」、または「Shape は Circle の基底クラスである」。派生クラスである Circle は、その独自のメンバーに加えて、基底クラスである Shape のメンバーをすべて取得する。派生クラスが基底クラスのメンバーをすべて受け継ぐことから、これはよく**継承**（*inheritance*）と呼ばれる。派生クラスは**サブクラス**（*subclass*）、基底クラスは**スーパークラス**（*superclass*）とも呼ばれる。
- 仮想関数（*virtual function*）
  基底クラスで関数を定義し、ユーザーが基底クラスの関数を呼び出したときに、派生クラスの「型と名前が同じ関数」が呼び出されるようにする機能。たとえば、Circle である Shape クラスの draw_lines 関数を Window が呼び出したときに、Shape の draw_lines 関数ではなく、Circle の draw_lines 関数が呼び出される。要するに、使用されたオブジェクトの型に基づ

いて、呼び出される関数が実行時に決定される。このため、この機能は**実行時ポリモーフィズム**（*run–time polymorphism*）、**動的ディスパッチ**（*dynamic dispatch*）、**実行時ディスパッチ**（*run–time dispatch*）とも呼ばれる。

- `private` メンバーと `protected` メンバー
  本章では、メンテナンスが複雑になるのを避けるために、クラスの実装上の詳細を `private` にし、それらが直接使用されないようにした。これはよく**カプセル化**（*encapsulation*）と呼ばれる。

継承、実行時ポリモーフィズム、カプセル化の使用は、**オブジェクト指向プログラミング**（*object–oriented programming*）の最も一般的な定義である。C++ では、第 20 章～第 21 章で示すジェネリックプログラミングのような他のプログラミングスタイルに加えて、オブジェクト指向プログラミングが直接サポートされている。C++ の主なメカニズムは Simula 67 から拝借したものであり、そのことははっきりと認められている（第 22 章）。Simula 67 は、オブジェクト指向プログラミングを直接サポートした最初の言語である。

専門用語が飛び交っているが、それらは何を意味するのだろうか。そして、私たちのコンピューターで実際にどのような働きをするのだろうか。まず、グラフィックスインターフェイスクラスを簡単な図にまとめて、それらの継承関係を明らかにしてみよう。

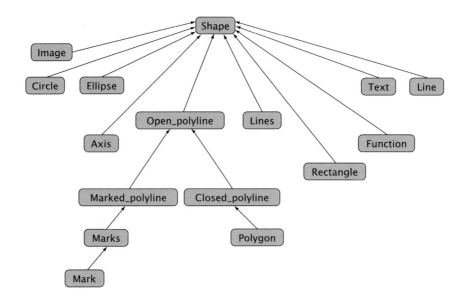

矢印は派生クラスから基底クラスへ向かって伸びている。このような図はクラスの関係を視覚化するのに役立ち、よく開発室の黒板に描かれている。市販のフレームワークと比べると、これはクラスがたった 16 個しかない非常に小さな「クラス階層」である。階層の深さが複数のレベルにおよぶのは、`Open_polyline` の多くの子孫だけだ。共通の基底クラス（`Shape`）は抽象概念を表すため、図形を直接作成することはないものの、ここで最も重要なクラスであることは明らかである。

14.3 基底クラスと派生クラス

14.3.1 オブジェクトのレイアウト

オブジェクトのメモリー内でのレイアウトはどのようになるだろうか。オブジェクトのレイアウトはクラスのメンバーによって定義される（§9.4.1）。データメンバーはメモリー内で連続的に格納される。継承が使用される場合、派生クラスのデータメンバーは単に基底クラスのデータメンバーの後に追加される。

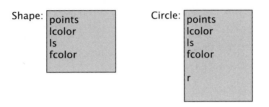

Shape の一種である Circle は、Shape のデータメンバーを持ち、Shape として使用できる。さらに、Circle は継承したデータメンバーの後に「独自」のデータメンバーである r を配置する。

仮想関数呼び出しを処理するには、Shape オブジェクトにデータがもう1つ必要である（そして、それは実際にある）。それは、Shape の draw_lines 関数を呼び出したときに、実際に呼び出される関数がどれになるかを知らせるものだ。通常は、関数のテーブルのアドレスを追加するという方法が用いられる。このテーブルは一般に vtbl と呼ばれ、そのアドレスはよく vptr と呼ばれる。vtbl は「仮想テーブル」または「仮想関数テーブル」を表し、vptr は「仮想ポインター」を表す。ポインターについては、第17章～第18章で説明する。ここでは、それらが参照のような役割を果たすことだけ覚えておこう。実装によっては、vtbl と vptr に別の名前を使用することがある。vtbl と vptr を図に追加すると、以下のようになる。

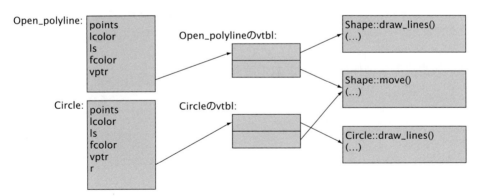

draw_lines は最初の仮想関数なので、vtbl の1つ目のスロットが割り当てられる。2つ目の仮想関数である move には、2つ目のスロットが割り当てられる。クラスには仮想関数をいくつでも定義できる。その vtbl は必要に応じて（1つの仮想関数につき1つのスロットの割合で）拡大する。ここで x.draw_lines() を呼び出すと、コンパイラーは x の vtbl の draw_lines スロットから検出された関数を呼び出す。基本的には、コードは図の矢印に従うだけである。したがって、x が Circle である場合は、Circle::draw_lines() が呼び出される。x の型が Shape で定義されたものとまったく同じ

vtblを使用する型（たとえばOpen_polyline型）である場合は、Shape::draw_lines()が呼び出される。同様に、Circleはmove関数を独自に定義していないため、x.move()ではShape::move()が呼び出される。基本的には、仮想関数呼び出しに対して生成されるコードは、単にvptrを探し、それを使って正しいvtblにアクセスし、そこで適切な関数を呼び出す。そのコストは、2つのメモリーアクセスと通常の関数呼び出しのコストである。これは単純ですばやい方法だ。

Shapeは抽象クラスであるため、単なるShape型のオブジェクトを実際に作成することはできない。だがOpen_polylineでは、データメンバーが追加されておらず、仮想関数が定義されていないため、そのレイアウトは「単なるShape」とまったく同じである。vtblは、オブジェクトごとに1つ存在するのではなく、仮想関数を持つクラスごとに1つ存在するだけなので、vtblによってプログラムのオブジェクトコードのサイズが激増することはない。

この図に非仮想関数が描かれていないことに注意しよう。それらの関数を描く必要がなかったのは、それが呼び出される方法に特別なことは何もなく、それらが型のオブジェクトのサイズを増加させることもないためだ。

Circle::draw_lines()のように、基底クラスの仮想関数と同じ名前と型を持つ関数を定義し、基底クラスの関数ではなく派生クラスの関数がvtblに挿入されるようにする手法は、**オーバーライド**（*overriding*）と呼ばれる。たとえばCircle::draw_lines()はShape::draw_lines()をオーバーライドする。

ここでvtblとメモリーのレイアウトに言及しているのはなぜだろうか。オブジェクト指向プログラミングを利用するためにそれを知っている必要があるのだろうか。そうではないが、筆者のように何がどのように実装されるのかを知りたくてたまらない人は大勢いる。そして人々が何かを理解していないときに都市伝説が生まれる。仮想関数は「コストがかかる」と言って手を出そうとしない人に会ったことがある。なぜそう思ったのだろうか。コストがどれくらいかかるというのだろうか。何と比べてそうなのだろうか。コストはどこで問題になるのだろうか。仮想関数の実装モデルについて説明したのは、そうした不安を抱かないようにするためだ。（実行時に選択肢の中からどれかを選択するために）仮想関数呼び出しが必要である場合、C++の他の機能を使って同じような機能をより高速に実装したり、メモリーの消費を減らしたりすることはできない。自分の目で確かめてみよう。

14.3.2　派生クラスの作成と仮想関数の定義

クラスが派生クラスであることを指定するには、クラス名の後に基底クラスを指定する。

```
struct Circle : Shape { /* ... */ };
```

デフォルトでは、structのメンバーはpublicであり（§9.3）、これには基底クラスのpublicメンバーも含まれる。これは次のように記述することに相当する。

```
class Circle : public Shape { public: /* ... */ };
```

このCircleの2つの宣言は完全に同等だが、どちらのほうがよいかについて不毛な議論が繰り返されるかもしれない。私たちに言わせるなら、話題を変えたほうが生産的だ。

publicが必要な場所では、それを忘れないように注意しよう。

```
class Circle : Shape { public: /* ... */ };   // おそらく間違い
```

14.3 基底クラスと派生クラス

これにより、Shape は Circle の private な基底クラスとして設定される。Shape の public 関数は、Circle では private 扱いとなり、アクセスできなくなる。わざとそうすることは考えにくいため、よいコンパイラーはそれをエラーではないかと考えて警告する。private な基底クラスにも用途はあるが、説明するのはまたの機会にしよう。

仮想関数は、そのクラス宣言において virtual で宣言されなければならない。だが、関数定義をクラスの外側に配置する場合、キーワード virtual は不要であり、そもそもクラスの外側では使用できない。

```
struct Shape {
    ...
    virtual void draw_lines() const;
    virtual void move();
    ...
};


virtual void Shape::draw_lines() const { /* ... */ }   // エラー
void Shape::move() { /* ... */ }                       // OK
```

14.3.3 オーバーライド

仮想関数をオーバーライドしたい場合は、基底クラスのものとまったく同じ名前と型を使用しなければならない。

```
struct Circle : Shape {
    void draw_lines(int) const;   // おそらく間違い（引数が int?）
    void drawlines() const;       // おそらく間違い（名前のスペルミス?）
    void draw_lines();            // おそらく間違い（const がない?）
    ...
};
```

この場合、コンパイラーは Shape::draw_lines() とは無関係な関数を 3 つ検出するだけで、Shape::draw_lines() をオーバーライドしない。それらが無関係であると見なされるのは、それらの名前または型が異なるためだ。よいコンパイラーは、それをエラーではないかと考えて警告する。基底クラスの関数を確実にオーバーライドするにあたって、オーバーライドする側の関数で指定できることや指定しなければならないことは何もない。

draw_lines 関数の例は現実のものなので、すべての詳細を理解するのは難しいかもしれない。そこで、オーバーライドを純粋に技術的な観点から見てみよう。

```
struct B {
    virtual void f() const { cout << "B::f "; }
    void g() const { cout << "B::g "; }   // 仮想関数ではない
```

```cpp
};

struct D : B {
    void f() const { cout << "D::f "; }    // B::f をオーバーライド
    void g() { cout << "D::g "; }
};

struct DD : D {
    void f() { cout << "DD::f "; }         // D::f をオーバーライドしない
    void g() const { cout << "DD::g "; }
};
```

これは、仮想関数（f）が1つだけ含まれた小さなクラス階層である。試しに、仮想関数 f と非仮想関数 g を呼び出してみよう。処理しなければならないオブジェクトの型について g 関数が知っているのは、それが B または B から派生した何かであることだけだ。

```cpp
void call(const B& b)
//  call 関数では、
//      D は B の一種なので、D を受け取ることができる
//      DD は D の一種であり、D は B の一種なので、DD を受け取ることができる
{
    b.f();
    b.g();
}

int main()
{
    B b;
    D d;
    DD dd;

    call(b);
    call(d);
    call(dd);

    b.f();
    b.g();

    d.f();
```

```
    d.g();

    dd.f();
    dd.g();
}
```

このコードは以下の出力を生成する。

```
B::f B::g D::f B::g D::f B::g B::f B::g D::f D::g DD::f DD::g
```

その理由を理解すれば、継承と仮想関数のメカニズムがわかるはずだ。

当然ながら、派生クラスの関数によって基底クラスの関数がオーバーライドされるかどうかを追跡するのは難しい可能性がある。これについては、コンパイラーに助けてもらうことができる。関数がオーバーライド関数であることは明示的に宣言できる。派生クラスの関数がオーバーライド関数である場合は、override を追加すればよい。

```
struct B {
    virtual void f() const { cout << "B::f "; }
    // 仮想関数ではない
    void g() const { cout << "B::g "; }
};

struct D : B {
    // B::f をオーバーライド
    void f() const override { cout << "D::f "; }
    // エラー: オーバーライドする仮想関数 B::g は存在しない
    void g() override { cout << "D::g "; }
};

struct DD : D {
    // エラー: D::f をオーバーライドしない（const ではない）
    void f() override { cout << "DD::f "; }
    // エラー: オーバーライドする仮想関数 D::g は存在しない
    void g() const override { cout << "DD::g "; }
};
```

とりわけ、クラス階層が大きく複雑である場合は、override を明示的に使用すると効果的である。

14.3.4　アクセス

クラスのメンバーに対するアクセスモデルは単純だ。クラスのメンバーは以下のいずれかである。

- private
  メンバーが private である場合、その名前を使用できるのは、それが宣言されたクラスのメンバーだけである。
- protected
  メンバーが protected である場合、その名前を使用できるのは、それが宣言されたクラスのメンバーと、そのクラスから派生したクラスのメンバーだけである。
- public
  メンバーが public である場合は、その名前をすべての関数で使用できる。

これを図解すると、以下のようになる。

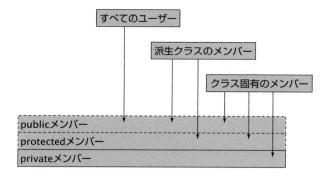

基底クラスも、private、protected、public のいずれかである。

- クラス D の基底クラスが private である場合、その public メンバーと protected メンバーの名前を使用できるのは、D のメンバーだけである。
- クラス D の基底クラスが protected である場合、その public メンバーと protected メンバーの名前を使用できるのは、D のメンバーと D から派生したクラスのメンバーだけである。
- クラス D の基底クラスが public である場合は、その public メンバーの名前をすべての関数で使用できる。

これらの定義では「フレンド」の概念と細かな部分がいくつか無視されているが、それは本書の適用範囲を超えている。言語の達人を目指している場合は、Stroustrup 著 *The Design and Evolution of C++* [*2]、*The C++ Programming Language* [*3]、および ISO C++ 規格を調べてみる必要がある。そこまでして言語の定義を何もかも調べることはお勧めしない。ソフトウェア開発者、エンジニア、ユーザーなど呼び名はさまざまだが、「プログラマー」になるほうがずっと楽しいし、そのほうがずっと社会に貢献できる。

[*2] 『C++ の設計と進化』、επιστημη 監修、岩谷宏 訳、ソフトバンク クリエイティブ、2005 年
[*3] 『プログラミング言語 C++ 第 4 版』、柴田望洋 訳、SB クリエイティブ、2015 年

14.3.5 純粋仮想関数

抽象クラスとは、基底クラスとしてのみ使用できるクラスのことだ。プログラマーは抽象クラスを使って抽象的な概念を表す。つまり、関連する要素に共通する特性を一般化する概念に対して、抽象クラスを使用する。**抽象概念**（*abstract concept*）— あるいは**抽象化**（*abstraction*）、**一般化**（*generalization*）など — を正確に定義しようとして、分厚い哲学書が書かれてきた。哲学的にどう定義されようと、抽象概念はとにかく役に立つ概念である。たとえば、「動物」（特定の種類の動物ではない）、「デバイスドライバー」（特定の種類のデバイスに対するドライバーではない）、「出版物」（特定の種類の本または雑誌ではない）は、抽象概念の例である。プログラムでは、関連するクラスのグループ（**クラス階層**（*class hierarchies*））に対するインターフェイスは一般に抽象クラスによって定義される。

「§14.2.1 抽象クラス」では、クラスを抽象クラスにする方法として、そのコンストラクターを `protected` として宣言する方法を示した。クラスを抽象クラスにする方法はもう1つあり、こちらのほうがはるかに一般的である。それは、クラスの1つ以上の仮想関数を派生クラスでオーバーライドする必要があることを示す、という方法だ。

```
class B {   // 抽象基底クラス
public:
    virtual void f() =0;    // 純粋仮想関数
    virtual void g() =0;
};


B b;        // エラー: B は抽象クラス
```

興味をそそる =0 という表記は、仮想関数 B::f() と B::g() が「純粋」であることを示している。つまり、それらは派生クラスでオーバーライドされなければならない。B は純粋仮想関数を持つため、B クラスのオブジェクトを作成することはできない。純粋仮想関数をオーバーライドすれば、この「問題」は解決される。

```
class D1 : public B {
public:
    void f() override;
    void g() override;
};


D1 d1;      // OK
```

すべての純粋仮想関数がオーバーライドされるまで、結果として得られるクラスは依然として抽象クラスであることに注意しよう。

```
class D2 : public B {
public:
    void f() override;
    // g() がない
};


D2 d2;   // エラー: D2 は (依然として) 抽象クラス


class D3 : public D2 {
public:
    void g() override;
};


D3 d3;   // OK
```

純粋仮想関数を持つクラスは、純粋なインターフェイスであることが多い。つまり、それらはデータメンバーを持たず、よってコンストラクターを持たない傾向にある。この場合、データメンバーは派生クラスに含まれる。そして、初期化の対象となるデータメンバーが存在しないとしたら、コンストラクターが必要になる可能性は低い。

14.4 オブジェクト指向プログラミングの利点

Circle が Shape から派生する、または Circle が Shape の一種であることを指定するのは、以下のどちらかを実現するためだ。

- **インターフェイスの継承**（*interface inheritance*）
  Shape を（通常は参照引数として）期待する関数は、Circle を受け取ることができる。そして、Shape が提供するインターフェイスを通じて Circle を使用できる。
- **実装の継承**（*implementation inheritance*）
  Circle とそのメンバー関数を定義するときに、Shape によって提供されるデータやメンバー関数といった機能を利用できる。

インターフェイスの継承を提供しない設計 ── つまり、派生クラスのオブジェクトをその public 基底クラスのオブジェクトとして使用できない設計には問題があり、エラーが起きやすい。たとえば、Shape を public 基底クラスとして使用する Never_do_this というクラスを定義したとしよう。この場合は、図形を描画する代わりに、その中心を左へ 100 ピクセル移動する関数を使って Shape::draw_lines() をオーバーライドできる。この「設計」には致命的な欠陥がある。なぜなら、Never_do_this は Shape のインターフェイスを提供するにもかかわらず、その実装は Shape に必要なセマンティクス（意味、振る舞い）を維持しないからだ。このような設計にしてはならない。

インターフェイスの継承がそう呼ばれているのは、基底クラスによって提供されるインターフェイスを使用し、派生クラスのことを何も知る必要がないことに、その存在意義があるからだ。この場合、イ

14.4 オブジェクト指向プログラミングの利点

ンターフェイスは基底クラスである `Shape` によって表され、実装は `Circle` といった `Shape` の派生クラスによって表される。

実装の継承がそう呼ばれているのは、基底クラスが提供する機能によって派生クラスの実装が単純になることに、その存在意義があるからだ。

本書のグラフィックスの設計がインターフェイスの継承に大きく依存していることに注意しよう。「グラフィックスエンジン」が `Shape::draw()` を呼び出すと、そこから `Shape` の仮想関数 `draw_lines` が呼び出され、画面上に画像を表示するという実際の作業が行われる。グラフィックスエンジンも、もちろん `Shape` クラスも、どの種類の図形が存在するのかを知らない。具体的には、ここで使用している「グラフィックスエンジン」は FLTK と OS のグラフィックス機能の組み合わせである。それらは本書のグラフィックスクラスよりも何年も前に記述され、コンパイルされたものである。ここでは、特定の図形を定義し、それらを `Window` に `Shape` として関連付けているだけだ —— `Window::attach()` は `Shape&` 型の引数を受け取る（§E.3）。さらに、`Shape` クラスはグラフィックスクラスのことを知らないため、新しいグラフィックスインターフェイスクラスを定義するたびに `Shape` を再コンパイルする必要もない。

言い換えるなら、既存のコードを変更せずに、新しい `Shape` をプログラムに追加できる。これは、システムを変更せずに拡張するという、ソフトウェアの設計、開発、メンテナンスにおける究極目標である。既存のクラスを修正せずに実行できる変更は限られている。たとえば、`Shape` が提供するサービスの範囲はかなり限られている。また、この手法がすべてのプログラミング問題にうまく適用されるわけではない。その例については `vector` を定義する第 17 章〜第 19 章で示すが、それに関して、継承でできることはほとんどない。ただし、インターフェイスの継承は、変更が発生してもうまく乗り切れるシステムを設計して実装するための最も効果的な手法の 1 つである。

同様に、実装の継承にはさまざまな利点があるが、決して万能ではない。`Shape` に便利なサービスを組み込めば、派生クラスで同じ作業を繰り返さずに済む。現実のコードでは、それが最も重要なことになるかもしれない。だが、それには代償が伴う。`Shape` のインターフェイスを変更したり、`Shape` のデータメンバーのレイアウトを変更したりすれば、必然的に、すべての派生クラスとそれらを使用するコードの再コンパイルが必要となる。広く使用されているライブラリの場合は、そうした再コンパイルは単に実行不可能かもしれない。当然の流れとして、問題のほとんどを回避しつつ、利益のほとんどを手にする方法がいくつかある（§14.3.5）。

第 14 章　グラフィックスクラスの設計

■ ドリル

残念ながら、一般的な設計原理を理解するためのドリルを作成することはできなかった。ここでは、オブジェクト指向プログラミングをサポートする C++ の機能に焦点を合わせる。

1. 仮想関数 vf と非仮想関数 f を持つクラス B1 を定義する。これらのクラスを B1 クラスの内部で定義し、それぞれの名前（"B1::vf()" など）を出力するように実装する。これらの関数は public で宣言する。B1 オブジェクトを作成し、これらの関数を呼び出す。
2. B1 の派生クラスとして D1 を作成し、vf 関数をオーバーライドする。D1 オブジェクトを作成し、そこで vf 関数と f 関数を呼び出す。
3. B1 への参照（B1&）を定義し、それを先ほど定義した D1 オブジェクトとして初期化する。その参照を使って vf 関数と f 関数を呼び出す。
4. D1 に f という名前の関数を定義し、問題 1～3 を繰り返し、その結果を説明する。
5. pvf という名前の純粋仮想関数を B1 に追加し、問題 1～4 を繰り返し、その結果を説明する。
6. D1 の派生クラスとして D2 を作成し、D2 で pvf 関数をオーバーライドする。D2 クラスのオブジェクトを作成し、そこで f、vf、pvf 関数を呼び出す。
7. 純粋仮想関数 pvf を持つ B2 クラスを定義する。string 型のデータメンバーと pvf 関数をオーバーライドするメンバー関数を持つ D21 クラスを定義する。D21::pvf() は string 型の値を出力する。データメンバーが int 型であることを除いて D21 と同様の D22 クラスを定義する。B2& 型の引数を受け取り、その引数で pvf 関数を呼び出す関数 f を定義する。f 関数を D21 と D22 で呼び出す。

■ 復習

1. アプリケーションドメインとは何か。
2. 理想的な命名とは何か。
3. 何に名前を付けることができるか。
4. Shape が提供するサービスは何か。
5. 抽象クラスと非抽象クラスはどのように異なるか。
6. クラスを抽象クラスにするにはどうすればよいか。
7. アクセス制御によって何が制御されるか。
8. データメンバーを private にするとどのような効果があるか。
9. 仮想関数とは何か。非仮想関数との違いは何か。
10. 基底クラスとは何か。
11. クラスを派生させるにはどうすればよいか。
12. オブジェクトのレイアウトは何を意味するか。
13. クラスをテストしやすくするにはどうすればよいか。
14. 継承図とは何か。
15. protected メンバーと private メンバーの違いは何か。
16. 派生クラスからアクセスできるクラスのメンバーは何か。
17. 純粋仮想関数と他の仮想関数はどのように異なるか。

18. メンバー関数を仮想にするのはなぜか。
19. 仮想メンバー関数を純粋にするのはなぜか。
20. オーバーライドは何を意味するか。
21. インターフェイスの継承と実装の継承はどのように異なるか。
22. オブジェクト指向プログラミングとは何か。

■ 用語

override	可変性（mutability）
private	基底クラス（base class）
protected	継承（inheritance）
public	サブクラス（subclass）
アクセス制御（access control）	純粋仮想関数（pure virtual function）
オブジェクト指向（object-oriented）	スーパークラス（superclass）
オブジェクトのレイアウト（object layout）	抽象クラス（abstract class）
仮想関数（virtual function）	ディスパッチ（dispatch）
仮想関数テーブル（virtual function table）	派生クラス（derived class）
仮想関数呼び出し（virtual function call）	ポリモーフィズム（polymorphism）
カプセル化（encapsulation）	

■ 練習問題

1. Smiley（笑顔）とFrowny（しかめ面）の2つのクラスを定義する。どちらもCircleの派生クラスであり、2つの目と1つの口を持つ。次に、SmileyとFrownyから派生クラスを作成し、それぞれに似合う帽子を追加する。
2. Shapeをコピーしようとした場合はどうなるか。
3. 抽象クラスを定義し、その型のオブジェクトを定義しようとした場合はどうなるか
4. Circleとそっくりだが、動かすことができないImmobile_Circleクラスを定義する。
5. Striped_rectangleクラスを定義する。このクラスは四角形を塗りつぶすのではなく、四角形の内側に1ピクセル幅の水平線を描画する。たとえば、1つおきに直線をそのように描画する。好みのパターンになるよう、線の幅と間隔をいろいろ試してみる必要があるだろう。
6. Striped_rectangleの手法を使ってStriped_circleを定義する。
7. Striped_rectangleの手法を使ってStriped_closed_polylineを定義する。そのためには、アルゴリズムを少し工夫する必要がある。
8. Octagonクラスを正八角形として定義する。その関数（ユーザー定義関数またはShapeから継承した関数）をすべて使用するテストを作成する。
9. ShapeのコンテナとしてGroupを定義し、Groupのさまざまなメンバーに適切な演算を適用する。ヒント：Vector_ref。Groupを使用して、駒の移動をプログラムから制御できるチェッカー盤を定義する。

10. `Window` とよく似た `Pseudo_window` クラスを定義する。これについては、それほど思いきった作業をしなくても作成できるものにする。`Pseudo_window` は、角が丸く、ラベルと制御アイコンを持つ。画像などの偽の「コンテンツ」を追加してもよいだろう。`Pseudo_window` は、実際には何もしなくてよい。それを `Simple_window` 内に表示してもかまわない（実際にはそれが推奨される）。

11. `Shape` から派生した `Binary_tree`（二分木）クラスを定義する。レベルの数はパラメーターとして渡す。`levels==0` はノードがないことを意味し、`levels==1` は1つのノード、`levels==2` は2つのサブノードを持つ1つのトップノード、`levels==3` はそれぞれ2つのサブノードを持つ2つのサブノードからなる1つのトップノードを意味する。ノードは小さい円で表し、（従来どおりに）ノードを直線で結ぶ。備考：トップノードとは、いわゆる「ルート」のことである。コンピューターサイエンスでは、ツリーはルートから下に向かって伸びる。

12. `Binary_tree` クラスを書き換え、仮想関数を使ってノードを描画するように変更する。次に、`Binary_tree` から新しい派生クラスを作成する。このクラスでは、`Binary_tree` の仮想関数をオーバーライドして、ノードに別の表現を使用する。

13. `Binary_tree` クラスを書き換え、ノードどうしを結ぶ直線の種類をパラメーターで指定できるようにする。たとえば、下向き矢印や赤い上向き矢印を指定できるようにする。この練習問題と最後の練習問題では、クラス階層をより柔軟で便利なものにするための代替策を2つ使用することに注意。

14. `Binary_tree` クラスを書き換え、ノードにテキストを追加する演算を定義する。これをうまく実装するには、`Binary_tree` の設計を修正する必要があるかもしれない。たとえば二分木を左、右、右、左、右下へ移動する場合は文字列 `"lrrlr"` を指定するなど、ノードを識別する方法を選択する。なお、ルートノードは最初の `l` と最初の `r` の両方に一致する。

15. ほとんどのクラス階層は、グラフィックスとは何の関係もない。戻り値が `double*` の純粋仮想関数 `next` を持つクラス `Iterator` を定義する（第17章）。次に、`Iterator` から派生クラス `Vector_iterator` と `List_iterator` を作成する。`Vector_iterator` の `next` 関数では、`vector<double>` の次の要素へのポインターを返すようにする。`List_iterator` では、`list<double>` に対して同じことをする。`Vector_iterator` を `vector<double>` で初期化し、`next` 関数の最初の呼び出しでは、その最初の要素へのポインター（があれば）を返す。次の要素がない場合は、0を返す。これをテストするために、関数 `void print(Iterator&)` を使って `vector<double>` と `list<double>` の要素を出力する。

16. 4つの仮想関数 `on`、`off`、`set_level(int)`、`show` を持つクラス `Controller` を定義する。`Controller` から派生クラスを少なくとも2つ作成する。1つは単純なテストクラスであり、クラスが「オン」に設定されているかどうかと、その現在のレベルを `show` 関数で出力する。もう1つの派生クラスでは、`Shape` の直線の色を制御する。「レベル」の正確な意味は解答者に任せる。こうした `Controller` クラスで制御する3つ目の「もの」を探してみよう。

17. `exception`、`runtime_error`、`out_of_range` といった C++ の標準ライブラリで定義されている例外（§5.6.3）は、クラス階層を構成している。また、問題のおおよその原因を説明する文字列を返す便利な仮想関数 `what` が基底クラスに定義されている。各自の情報源で C++ の標準例外クラス階層を調べ、そのクラス階層図を描画する。

14.4 オブジェクト指向プログラミングの利点

■ 追記

　ソフトウェアの理想とは、何もかも 1 つのプログラムで実行しないことである。自分の考えをほぼ正確に反映するクラスを必要なだけ作成し、それらを組み合わせるのが理想である。それにより、十分なパフォーマンスを実現し、生成された結果が正しいことを確信できるアプリケーションを、タスクの複雑さに比して最小限の作業で手際よく構築できるようにする。特定のジョブを急いで実装するために寄せ集められたコードとは異なり、そうしたプログラムは理解しやすく、管理しやすい。クラス、`private` と `protected` によってサポートされるカプセル化、クラスの派生によってサポートされる継承、`virtual` 関数によってサポートされる実行時ポリモーフィズムは、システムを構造化するための最も強力なツールの一部である。

第 15 章
関数とデータのグラフ化

最善は善の敵。
— ボルテール

実験に基づく分野では、データをグラフに表す必要がある。数学を使って事象をモデリングする分野では、関数をグラフに表す必要がある。本章では、そうしたグラフィックスの基本メカニズムについて説明する。ここまでと同様に、メカニズムの用途を示すほか、それらの設計についても説明する。主な例として、引数が 1 つの関数をグラフ化する方法と、ファイルから読み取った値を表示する方法を示す。

- 15.1 はじめに
- 15.2 単純な関数のグラフ化
- 15.3 Function
    - 15.3.1 デフォルト引数
    - 15.3.2 例
    - 15.3.3 ラムダ式
- 15.4 Axis
- 15.5 近似
- 15.6 データのグラフ化
    - 15.6.1 ファイルの読み込み
    - 15.6.2 一般的なレイアウト
    - 15.6.3 データのスケーリング
    - 15.6.4 グラフの構築

15.1 はじめに

こうしたビジュアル化を担当することになった場合に使用するソフトウェアシステム製品に比べると、ここで示す機能は初歩的なものである。本章の主な目的は、洗練された出力を生成することではなく、そうしたグラフィカル出力を生成する方法と使用するプログラミング手法を理解することにある。ここで示すグラフィックス機能よりも、ここで示す設計手法、プログラミング手法、基本的な数学ツールのほうに長期的な価値があることがわかるだろう。このため、どうかコードを流し読みしないでほしい。コードによって単に描画される図形よりも、コードそのもののほうがずっと重要なのだ。

15.2 単純な関数のグラフ化

それでは始めよう。まず、ここで描画できるものと、それらを描画するために必要なコードの例から見ていこう。ここでは、使用するグラフィックスインターフェイスクラスを調べる。最初に示すのは、放物線、水平線、斜線 だ。

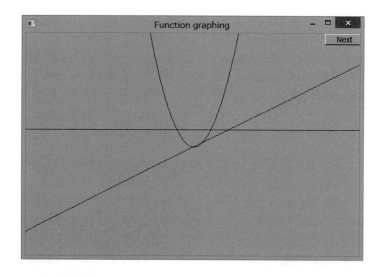

本章の目的は関数のグラフ化であるため、実際には、これは単なる水平線ではなく、以下の関数をグラフ化することによって得られた水平線である。

```
double one(double) { return 1; }
```

これは私たちが思いつく限り最も単純な関数であり、引数を1つ受け取り、どの引数に対しても1を返す。結果を計算するためにその引数は必要ないため、名前を付ける必要はない。one 関数に引数として渡されるどの x についても、y の値は 1 になる。つまり、その直線はすべての x に対して (x,y)==(x,1) と定義される。

数学の初歩的な議論が決まってそうであるように、これは少しつまらない例である。もう少し複雑な関数を見てみよう。

```
double slope(double x) { return x/2; }
```

これは斜線を生成した関数であり、すべての x に対して y の値が x/2 になる。つまり、(x,y)==(x,x/2) である。2 つの直線が交差するポイントは (2,1) である。もう少しおもしろい例として、本書で定期的に見かける 2 乗関数を試してみよう。

```
double square(double x) { return x*x; }
```

高校の幾何学の授業を覚えているだろうか（覚えていなくてもよいが）。この関数は、最も低いポイントが (0,0) で、y 軸を中心に対称をなす放物線を定義する。つまり、(x,y)==(x,x*x) である。よって、放物線が斜線に接する最も低いポイントは (0,0) である。

これら 3 つの関数を描画するコードは以下のようになる[*1]。

```
constexpr int xmax = 600;          // ウィンドウサイズ
constexpr int ymax = 400;

constexpr int x_orig = xmax/2;     // 位置 (0,0) はウィンドウの中心
constexpr int y_orig = ymax/2;
constexpr Point orig {x_orig,y_orig};

constexpr int r_min = -10;         // 範囲 [-10:11)
constexpr int r_max = 11;

constexpr int n_points = 400;      // 範囲内で使用されるポイントの数

constexpr int x_scale = 30;        // 倍率
constexpr int y_scale = 30;

Simple_window win {Point{100,100},xmax,ymax,"Function graphing"};

Function s {one,r_min,r_max,orig,n_points,x_scale,y_scale};
Function s2 {slope,r_min,r_max,orig,n_points,x_scale,y_scale};
Function s3 {square,r_min,r_max,orig,n_points,x_scale,y_scale};

win.attach(s);
```

[*1] 訳注：Visual Studio 2015 では、以下の s、s2、s3 の定義は縮小変換が必要であることを示すエラーになる。このため、以下のように修正する必要があるかもしれない。

```
Function s(one,r_min,r_max,orig,n_points,x_scale,y_scale);
Function s2(slope,r_min,r_max,orig,n_points,x_scale,y_scale);
Function s3(square,r_min,r_max,orig,n_points,x_scale,y_scale);
```

この問題については、以降の Function 型の定義も同様である。

```
win.attach(s2);
win.attach(s3);
win.wait_for_button();
```

まず、定数をひととおり定義し、コードが「マジック定数」だらけにならないようにしている。次に、ウィンドウを作成し、関数を定義し、それらをウィンドウに関連付けている。最後に、実際の描画を行うためにグラフィックスシステムに制御を渡している。

s、s2、s3の3つのFunctionの定義を除いて、これらはすべて繰り返しと「定型コード」である。

```
Function s {one,r_min,r_max,orig,n_points,x_scale,y_scale};
Function s2 {slope,r_min,r_max,orig,n_points,x_scale,y_scale};
Function s3 {square,r_min,r_max,orig,n_points,x_scale,y_scale};
```

各 Function は、その1つ目の引数がウィンドウに描画される方法を指定する。1つ目の引数は、doube 型の引数を1つ受け取り、double 型の戻り値を返す関数である。2つ目と3つ目の引数は、グラフ化する関数への引数である x の範囲を指定する。4つ目の引数 orig は、原点 (0,0) がウィンドウ内のどこになるかを指定する。

引数が多くてややこしいと感じているなら、筆者も同意する。引数が多いと紛らわしいし、バグの温床になるため、引数はできるだけ少なくするのが理想的である。ただし、ここではそれらが必要だ。最後の3つの引数については、「§15.3 Function」で説明する。だがその前に、グラフにラベルを付けておこう。

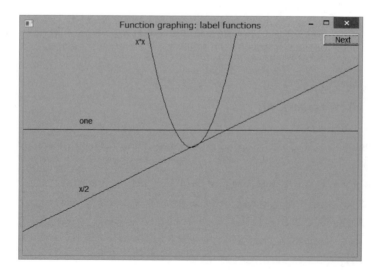

筆者は、見ればすぐにわかるようなグラフを作成することを常に心がけている。グラフのまわりにあるテキストが読まれるという保証はない。また、うまくできた図は使い回されるものだが、まわりにあったテキストも使い回されるとは限らない。図の一部として埋め込まれたものは注目される可能性が高い。それらが妥当なものであれば、たいてい何が表示されているのかを理解するのに役立つ。ここでは、各グラフにラベルを付けただけである。「ラベル付け」のためのコードは、以下の3つの Text オ

ブジェクトだ (§13.11)。

```
Text ts {Point{100,y_orig-40},"one"};
Text ts2 {Point{100,y_orig+y_orig/2-20},"x/2"};
Text ts3 {Point{x_orig-100,20},"x*x"};
win.set_label("Function graphing: label functions");
win.wait_for_button();
```

本章ではこれ以降、図形をウィンドウに関連付け、ウィンドウにラベルを付け、ユーザーが［Next］ボタンをクリックするのを待つためのコードを省略する。

ただし、これで満足しているわけではない。x/2 が (0,0) で x*x に接することと、one が (2,1) で x/2 と交差することはわかっているが、それらは決してわかりやすいとは言えない。何が起きているのかに関する手がかりが得られるようにするには、軸が必要だ。

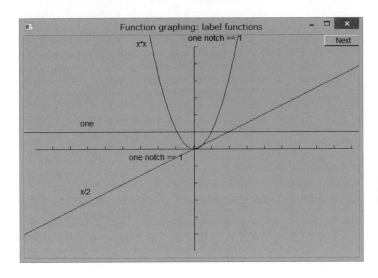

軸のコードは、以下の 2 つの Axis オブジェクトである (§15.4)。

```
constexpr int xlength = xmax-40;   // ウィンドウよりも少し小さい軸を作成
constexpr int ylength = ymax-40;

Axis x {Axis::x,Point{20,y_orig},xlength,xlength/x_scale,
        "one notch == 1"};
Axis y {Axis::y,Point{x_orig,ylength+20},ylength,ylength/y_scale,
        "one notch == 1"};
```

xlength/x_scale を刻みの数として使用すると、刻みが 1、2、3 などの値を表すようになる。軸は (0,0) で交差させるのが慣例となっている。従来のデータの表示のように軸が左端と下端に沿うようにしたい場合は (§15.6)、もちろんそうしてもかまわない。軸をデータと区別するもう 1 つの方法は、

色を使用することだ。

```
x.set_color(Color::red);
y.set_color(Color::red);
```

結果は以下のようになる。

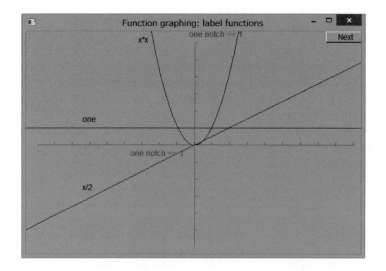

これでもよいが、審美的な理由により、おそらく一番上の部分に少し空間を設けて、一番下と左右の空間にそろえるとよいだろう。また、x軸のラベルを少し左へずらしたほうがよいかもしれない。こうした欠点は、それらに言及できるようにわざと残しておいたものだ。審美的なことを言い出したらきりがない。どこで作業をやめるかを心得て、節約した時間は新しい手法の習得や睡眠といったもっと有意義なことに回すようにする。それもプログラミング術の一部である。「最善は善の敵」であることを思い出そう。

15.3 Function

Function グラフィックスインターフェイスクラスは以下のように定義されている。

```
struct Function : Shape {
    // 関数パラメーターは格納されない
    Function(Fct f, double r1, double r2, Point orig,
            int count = 100, double xscale = 25, double yscale = 25);
};
```

Function は Shape であり、多くの線分を生成し、それらをその Shape 部分に格納するコンストラクターを持つ。それらの線分は、関数 f の値の近似値である。f の値は、範囲 [r1:r2] の等間隔の値に対して count 回計算される。

```
Function::Function(Fct f, double r1, double r2, Point xy, int count,
                   double xscale, double yscale)
// [r1:r2] の範囲の x に対して f(x) をグラフ化する
// (0,0) が xy に表示される count 個の線分を使用する
// x 座標は xscale、y 座標は yscale でスケーリングされる
{
    if (r2-r1<=0) error("bad graphing range");
    if (count<=0) error("non-positive graphing count");
    double dist = (r2-r1)/count;
    double r = r1;
    for (int i = 0; i<count; ++i) {
        add(Point{xy.x+int(r*xscale),xy.y-int(f(r)*yscale)});
        r += dist;
    }
}
```

xscale と yscale の値は、x 座標と y 座標をそれぞれスケーリングするために使用される。一般的には、値がウィンドウの描画領域にうまく収まるようにそれらをスケーリングする必要がある。

Function オブジェクトはコンストラクターに渡された値を格納しない。このため、あとからその原点を関数に問い合わせたり、別の倍率で再描画したりすることはできない。Function オブジェクトは、ポイントを（その Shape に）格納し、自身を画面上に描画するだけである。Function オブジェクトを生成した後に変更できるようにしたい場合は、変更したい値を取っておく必要がある（練習問題 2 を参照）。

関数の引数を表すために使用されている Fct 型とはいったい何だろうか。Fct は標準ライブラリの std::function 型の一種であり、関数をあとから呼び出せるように「記憶」する。Fct の引数は double でなければならず、戻り値の型も double でなければならない。

15.3.1　デフォルト引数

Function の宣言を見ると、コンストラクターの引数 xscale と yscale にイニシャライザーが指定されていることがわかる。こうしたイニシャライザーは**デフォルト引数**（*default argument*）と呼ばれ、呼び出し元が値を指定しない場合にそれらの値が使用される[*2]。

```
Function s {one,r_min,r_max,orig,n_points,x_scale,y_scale};
Function s2 {slope,r_min,r_max,orig,n_points,x_scale};   // yscale がない
Function s3 {square,r_min,r_max,orig,n_points};   // xscale と yscale がない
Function s4 {sqrt,r_min,r_max,orig};   // count、xscale、yscale がない
```

これは以下のコードに等しい。

[*2] 訳注：本節の Function の定義にも、脚注 1 と同じ縮小変換エラーの問題がある。

```
Function s {one,r_min,r_max,orig,n_points,x_scale,y_scale};
Function s2 {slope,r_min,r_max,orig,n_points,x_scale,25};
Function s3 {square,r_min,r_max,orig,n_points,25,25};
Function s4 {sqrt,r_min,r_max,orig,100,25,25};
```

デフォルト引数は、オーバーロードされた関数を提供するもう 1 つの方法として使用される。3 つのデフォルト引数を持つコンストラクターを定義する代わりに、以下の 4 つのコンストラクターを定義するという方法もあった。

```
struct Function : Shape {   // デフォルト引数を使用しない方法
    Function(Fct f, double r1, double r2, Point orig, int count,
            double xscale, double yscale);
    // y のデフォルトのスケーリング
    Function(Fct f, double r1, double r2, Point orig, int count,
            double xscale);
    // x と y のデフォルトのスケーリング
    Function(Fct f, double r1, double r2, Point orig, int count);
    // x または y のデフォルトのカウントとスケーリング
    Function(Fct f, double r1, double r2, Point orig);
};
```

4 つのコンストラクターを定義するほうが手間がかかったことだろう。また、4 つのコンストラクターを使用する場合、コンストラクターの宣言からはデフォルトの性質がうまく読み取れず、コンストラクターの定義に埋もれてしまう。デフォルト引数はコンストラクターでよく使用されるが、あらゆる種類の関数に役立つ可能性がある。以下に示すように、デフォルト引数を持つパラメーターの後ろにデフォルト引数を持たないパラメーターを指定した場合はエラーになる。

```
struct Function : Shape {
    Function(Fct f, double r1, double r2, Point orig, int count = 100,
            double xscale, double yscale);   // エラー
};
```

パラメーターにデフォルト引数を指定する場合は、それ以降のパラメーターでもデフォルト引数を指定しなければならない。

```
struct Function : Shape {
    Function(Fct f, double r1, double r2, Point orig,
            int count = 100, double xscale=25, double yscale=25);
};
```

適切なデフォルト引数を簡単に選び出せることもある。例としては、文字列のデフォルト（空の string）と、vector のデフォルト（空の vector）があげられる。Function など他のケースでは、デ

フォルトを選び出すのはそれほど容易ではない。上記のデフォルト引数は、試行錯誤の末に見つけ出したものだ。デフォルト引数を指定する必要は必ずしもない。デフォルト引数を指定するのが難しいと感じたら、その引数はユーザーに指定させればよい。

15.3.2 例

関数をさらに追加してみよう。1つは標準ライブラリの単純な余弦（cos）であり、もう1つは傾斜が x/2 の余弦である。後者は、関数を組み立てる方法を示すためのものだ。

```
double sloping_cos(double x) { return cos(x)+slope(x); }
```

結果は以下のようになる。

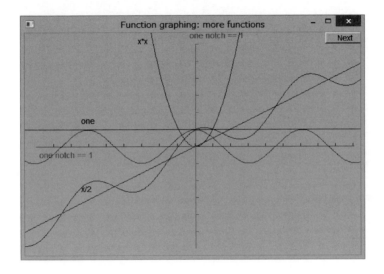

コードは以下のとおり。

```
Function s4 {cos,r_min,r_max,orig,400,30,30};
s4.set_color(Color::blue);
Function s5 {sloping_cos, r_min,r_max,orig,400,30,30};
x.label.move(-160,0);
x.notches.set_color(Color::dark_red);
```

これら2つの関数を追加することに加えて、x 軸のラベルを移動し、（試しに）その刻みの色を少し変更している。

最後に、対数、指数、正弦、余弦のグラフを作成してみよう。

```
Function f1 {log,0.000001,r_max,orig,200,30,30};   // log()
Function f2 {sin,r_min,r_max,orig,200,30,30};      // sin()
f2.set_color(Color::blue);
```

第15章 関数とデータのグラフ化

```
Function f3 {cos,r_min,r_max,orig,200,30,30};    // cos()
Function f4 {exp,r_min,r_max,orig,200,30,30};    // exp()
f4.set_color(Color::green);
```

`log(0)` は未定義 —— 数学的には負の無限大 —— であるため、`log` の範囲を小さい正の数からにしている。結果は以下のようになる。

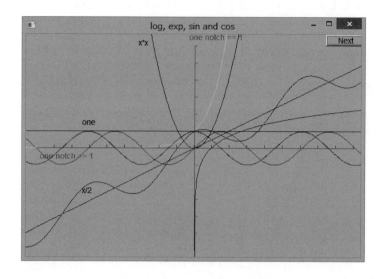

ここでは、これらの関数にラベルを付ける代わりに、色を使用した。

`cos`、`sin`、`sqrt` といった標準的な数学関数は、標準ライブラリの `<cmath>` ヘッダーで宣言されている（§24.8、§B.9.2）。

15.3.3 ラムダ式

`Function` に引数として渡すためだけに関数を定義するのは面倒かもしれない。そこで C++ には、引数として指定された位置で関数として動作するものを定義するための表記が用意されている。たとえば、`sloping_cos` を以下のように定義できる。

```
Function s5 {[](double x) { return cos(x)+slope(x); },
             r_min,r_max,orig,400,30,30};
```

`[](double x) { return cos(x)+slope(x); }` は、ラムダ式（*lambda expression*）である。つまり、引数として要求された場所で直接定義される名前のない関数である。`[]` は、ラムダ導入子（*lambda introducer*）と呼ばれる。ラムダ導入子に続いて指定されるラムダ式は、必要な引数（引数リスト）と実行するアクション（関数本体）を指定する。戻り値の型はラムダの本体から推測される。この場合は、`cos(x)+slope(x)` の型である `double` が戻り値の型になる。そうしたければ、戻り値の型を明示的に指定することもできる。

```
Function s5 {[](double x) -> double { return cos(x)+slope(x); },
         r_min,r_max,orig,400,30,30};
```

ラムダ式の戻り値の型を指定しなければならないことはめったにない。これは主に、エラーや混乱の原因にならないよう、ラムダ式は単純に保つべきだからだ。そのコードが何か重要なことを行うとしたら、コードに名前と（おそらく）コメントを付けて、プログラマー本人だけでなく他の人も理解できるようにしておくべきである。1、2 行に収まるもの以外には、名前付きの関数を使用することをお勧めする。

ラムダ導入子には、ラムダ式がローカル変数にアクセスできるようにするという役割もある。これについては、「§15.5 近似」と第 21 章の「§21.4.3 ラムダ式」で取り上げる。

15.4 Axis

尺度を示す情報が含まれていないグラフはたいてい疑わしいため、データを表示する場所では常に Axis を使用する（§15.6.4）。Axis は、軸線、その軸線上の「刻み」、テキストラベルの 3 つで構成される。Axis のコンストラクターは、軸線と（必要に応じて）その軸線上で刻みとして使用される直線を計算する。

```
struct Axis : Shape {
    enum Orientation { x, y, z };
    Axis(Orientation d, Point xy, int length,
         int number_of_notches = 0, string label = "");

    void draw_lines() const override;
    void move(int dx, int dy) override;
    void set_color(Color c);

    Text label;
    Lines notches;
};
```

label オブジェクトと notches オブジェクトは、ユーザーがそれらを操作できるように public のままにしてある。たとえば、刻みに軸線とは別の色を付けたり、label をもっと都合のよい場所へ移動（move()）したりできる。Axis は、複数の半ば独立したオブジェクトで構成されたオブジェクトの例である。

Axis のコンストラクターは、軸線を配置し、number_of_notches が 0 よりも大きい場合に「刻み」を追加する。

```
Axis::Axis(Orientation d, Point xy, int length, int n, string lab)
    :label(Point{0,0},lab)
{
    if (length<0) error("bad axis length");
```

```cpp
        switch (d){
        case Axis::x:
        {
            Shape::add(xy);                         // 軸線
            Shape::add(Point{xy.x+length,xy.y});

            if (0<n) {                              // 刻みを追加
                int dist = length/n;
                int x = xy.x+dist;
                for (int i=0; i<n; ++i) {
                    notches.add(Point{x,xy.y},Point{x,xy.y-5});
                    x += dist;
                }
            }

            label.move(length/3,xy.y+20);           // 軸線の下にラベルを配置
            break;
        }
        case Axis::y:
        {
            Shape::add(xy);                         // y 軸は上に伸びる
            Shape::add(Point{xy.x,xy.y-length});

            if (0<n) {                              // 刻みを追加
                int dist = length/n;
                int y = xy.y-dist;
                for (int i=0; i<n; ++i) {
                    notches.add(Point{xy.x,y},Point{xy.x+5,y});;
                    y -= dist;
                }
            }
            label.move(xy.x-10,xy.y-length-10);     // ラベルを先頭に配置
            break;
        }
        case Axis::z:
            error("z axis not implemented");
        }
    }
```

15.4 Axis

現実のコードと比べて、このコンストラクターは非常に単純である。だが、特に単純というわけではなく、便利な手法をいくつか示している。それらをよく見てみよう。Shape::add() を使って Axis の Shape 部分に軸線を格納しているが、刻みは別のオブジェクト notches に格納している。このようにすれば、軸線と刻みを別々に操作できるようになる。たとえば、それぞれに別の色を付けることができる。同様に、ラベルはその軸を基準とした位置で固定されるが、それは別個のオブジェクトなので、もっと都合のよい場所へいつでも移動できる。また、Orientation 列挙を使用することで、ユーザーにとって便利でミスをしにくい表記を提供している。

Axis は 3 つの部分で構成されるため、Axis をひとまとめに操作するための関数を提供する必要もある。

```
void Axis::draw_lines() const
{
    Shape::draw_lines();
    notches.draw();   // 刻みには軸線とは別の色を付けることができる
    label.draw();     // ラベルには軸線とは別の色を付けることができる
}
```

draw_lines 関数ではなく draw 関数を使用しているのは、notches と label に格納されている色を使用できるようにするためだ。軸線は Axis::Shape 自体に格納され、そこに格納されている色を使用する。

軸線、刻み、ラベルの色は個別に設定できるが、スタイル的には、通常はそうしないほうがよい。そこで、3 つとも同じ色に設定するための関数を定義してみよう。

```
void Axis::set_color(Color c)
{
    Shape::set_color(c);
    notches.set_color(c);
    label.set_color(c);
}
```

同様に、Axis::move() は Axis のすべての部分を同時に移動する。

```
void Axis::move(int dx, int dy)
{
    Shape::move(dx,dy);
    notches.move(dx,dy);
    label.move(dx,dy);
}
```

15.5 近似

関数をグラフ化する方法を示すもう1つの簡単な例として、指数関数の計算を「アニメーション化」してみよう。ここでの目的は、数学関数がどのようなものであるかを（まだ理解していない場合に）感じとってもらい、グラフィックスを使って計算を図解する方法を示し、コードを読み、計算にまつわる一般的な問題について警告することにある。

指数関数を計算する方法の1つは、級数を計算することだ。

$$e^x = 1 + x + x^2/2! + x^3/3! + x^4/4! + \cdots$$

計算する数列の項が多いほど、e^x の値は正確になる。つまり、計算する項の数が多いほど、結果の数字は数学的に正しいものとなる。ここでは、この数列を計算し、各項の後に結果をグラフ化する。感嘆符（!）は一般的な数学の意味（階乗）で使用される。つまり、これらの関数を順番にグラフ化する。

```
exp0(x) = 0         // 項はなし
exp1(x) = 1         // 項は1つ
exp2(x) = 1+x       // 項は2つ: pow(x,1)/fac(1)==x
exp3(x) = 1+x+pow(x,2)/fac(2)
exp4(x) = 1+x+pow(x,2)/fac(2)+pow(x,3)/fac(3)
exp5(x) = 1+x+pow(x,2)/fac(2)+pow(x,3)/fac(3)+pow(x,4)/fac(4)
    ...
```

各関数は、1つ前の関数よりも少し正確な e^x の近似値である。ここでは、pow(x,n) は x^n を返す標準ライブラリ関数である。標準ライブラリには階乗関数がないため、独自に定義しなければならない。

```
int fac(int n)      // factorial(n):n!
{
    int r = 1;
    while (n>1) {
        r*=n;
        --n;
    }
    return r;
}
```

fac 関数のもう1つの実装については、練習問題1で取り組んでもらうことにしよう。fac 関数がこのように定義されているとすれば、数列の n 番目の項を以下のように計算できる。

```
double term(double x, int n)
    { return pow(x,n)/fac(n); }   // 数列の n 番目の項
```

term 関数を使用すれば、指数関数を n 項の精度まで計算するのは簡単だ。

```
double expe(double x, int n)   // x の n 個の項の合計
{
    double sum = 0;
    for (int i=0; i<n; ++i) sum += term(x,i);
    return sum;
}
```

これを使ってグラフィックスを生成してみよう。まず、軸と本物の指数（標準ライブラリの exp()）を指定して、expe 関数を使った近似がどれくらい正確であるかがわかるようにしておこう[*3]。

```
Function real_exp {exp,r_min,r_max,orig,200,x_scale,y_scale};
real_exp.set_color(Color::blue);
```

だが、expe 関数を使用するにはどうすればよいだろうか。プログラミングの観点から問題となるのは、次の点だ — グラフ作成クラスである Function は引数が 1 つの関数を受け取るが、expe 関数は引数を 2 つ受け取る。ここまで見てきたように、C++ にはこの問題をうまく解決する方法がない。ただし、ラムダ関数を使用するという方法[*4]がある（§15.3.3）。

```
for (int n=0; n<50; ++n) {
    ostringstream ss;
    ss << "exp approximation; n==" << n;
    win.set_label(ss.str());
    // 次の近似値を取得
    Function e {[n](double x) { return expe(x,n); },
                r_min,r_max,orig,200,x_scale,y_scale};
    win.attach(e);
    win.wait_for_button();
    win.detach(e);
}
```

ラムダ導入子 [n] は、ラムダ式がローカル変数 n にアクセスすることを宣言する。これにより、expe の Function が作成されたときに expe(x,n) の呼び出しが n を取得し、Function 内での呼び出しごとに x を取得する。

[*3] 訳注：本節の Function の定義にも、脚注 1 と同じ縮小変換エラーの問題がある。
[*4] 訳注：環境によっては、Function e {[n](double x)... の定義が「インスタンスと引数リストが一致しない」というエラーになることがある。解決策としては、たとえば代わりにグローバル変数を使用する方法がある。
```
int number_of_terms = 0;  // グローバル変数を定義
int main() {
    ...
    number_of_terms = n;
    Function e {[](double x) { return expe(x,number_of_terms); }, ...};
}
```

第15章 関数とデータのグラフ化

ループの最後にある `detach(e)` に注目しよう。Function オブジェクトである e のスコープは、for 文のブロックである。このブロックに入るたびに、e という名前の新しい Function が生成される。ブロックを出るたびに、その e は削除され、次のものと置き換えられる。古い e は削除されるため、ウィンドウがそれを記憶するわけにはいかない。そこで、`detach(e)` は削除されたオブジェクトをウィンドウが描画しないようにする。

最初は、軸と青で示される「本物」の指数関数だけがウィンドウに表示される。

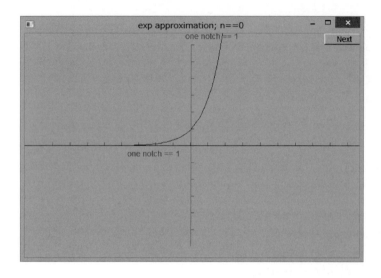

`exp(0)` が 1 であることがわかる。よって、青で示されている「本物の指数関数」は (0,1) で y 軸と交差する。

実際の画面をよく見てみると、0 項の近似値（`exp0(x)==0`）が x 軸の上に黒い線で描画されていることがわかる。[Next] ボタンをクリックすると、項を 1 つだけ使った近似値が得られる。近似に使用された項の数がウィンドウのラベルに表示されていることに注意しよう。

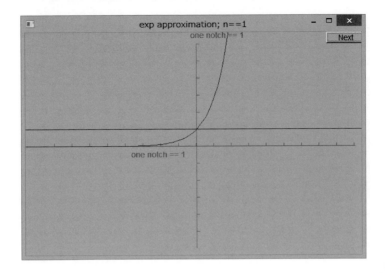

それは関数 exp1(x)==1 であり、数列の項を 1 つだけ使った近似である。これは (0,1) で指数関数と完全に一致するが、もっとよい方法がある。

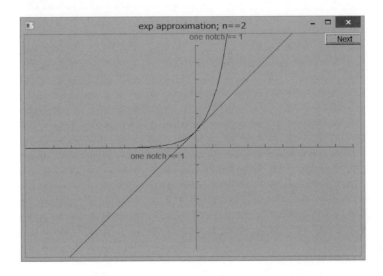

2 つの項（1+x）を使って斜線を (0,1) で y 軸と交差させる。項が 3 つ（1+x+pow(x,2)/fac(2)）の場合は、収束の始まりを確認できる。

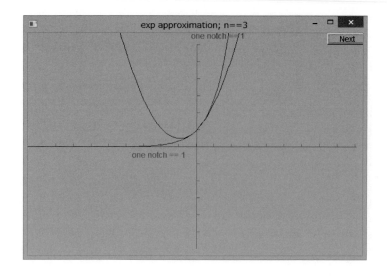

項が 10 個の場合は、特に値が -3 よりも大きい場合にうまくいくことがわかる。

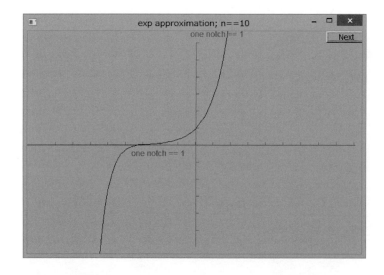

あまり深く考えなければ、使用する項の数が増えるほど、よい近似値が得られると思うかもしれない。だが、それには限界があり、項の数が 13 を超えると奇妙なことが起こり始める。まず、近似値が少しずつ遠ざかり始め、18 項目で垂直線が表示される。

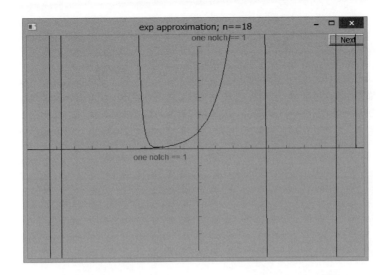

コンピューター上での算術演算は純粋数学ではないことを覚えておこう。浮動小数点数は固定の桁数で得られる実数の近似値である。整数が int 型に収まらないほど大きい場合はオーバーフローが発生するが、double 型は近似値を格納する。大きな数値を使用すると出力がおかしくなることに気づいたとき、最初は、この計算によって double 型で表せない値が生成されたために、結果が数学的に正しい答えからずれ始めたのではないかと考えた。あとになって、fac 関数が生成した値を int 型に格納できなかったことが判明した。fac 関数を修正して double 型の値を生成するようにしたところ、問題は解決した。詳細については、第 5 章の練習問題 11 と第 24 章の「§24.2 サイズ、精度、オーバーフロー」で取り上げている。

この最後の図は、「問題はなさそう」が「テスト済み」と同じ意味ではないという原理の象徴でもある。プログラムを誰かに渡して使用させる前に、最初に妥当に思えた範囲を超えるテストを実施しておこう。プログラムを少し長めに実行したり、データの種類を少し増やしたりするだけで、(この場合のように) とんでもない問題が判明するかもしれない。

15.6 データのグラフ化

データの表示は、非常に高度で非常に価値の高い技術である。やり方次第では、技術とアートを融合させ、複雑な現象をはるかに理解しやすいものにすることができる。だが裏を返せば、グラフ化はその大部分がプログラミング手法とは無関係な、広大な分野でもある。ここでは、ファイルから読み込んだデータを表示するという単純な例を示すにとどめる。ここで示すデータは、約1世紀分の日本人の年齢層を表している。2008年を示す直線の右側にあるデータは予測データである。

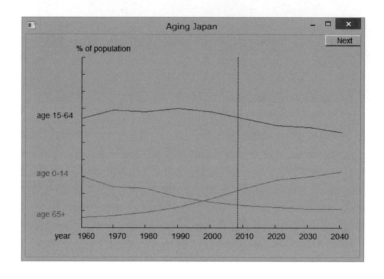

この例をもとに、こうしたデータの表示に関連するプログラミング問題について説明する。

- ファイルの読み込み
- データをウィンドウに収めるためのスケーリング
- データの表示
- グラフのラベルの表示

ここでは、アートの世界には踏み込まない。基本的には、これは「グラフィックアート」ではなく「ギークのためのグラフ」である。当然ながら、必要ならアートなグラフに改善してもかまわない。

データがそろったら、それを最も効果的に表示する方法について検討しなければならない。ここでは例を単純に保つために、2次元で表示するのに都合のよいデータだけを扱うことにするが、それはほとんどの人が扱うデータの大部分を占める。棒グラフ、円グラフ、および同様の一般的な表示は、実際には2次元データを装飾的に表示したものにすぎない。3次元のデータについては、2次元の画像を次々に生成するか、（この例のように）いくつかの2次元グラフを1つのウィンドウ上で重ねるか、個々のポイントを情報でラベル付けするという方法で（多くの場合は）処理できる。それ以上のことがしたい場合は、新しいグラフィックスクラスを作成するか、別のグラフィックスライブラリを導入する必要があるだろう。

したがって、この場合のデータは基本的に（年，子供の数）といった値のペアである。（年，子供の

数，成人の数，高齢者の数）のようにさらに別のデータがある場合は、単にどの（または1つ以上の）ペアを描画するのかを決定すればよい。この例では、（年，子供の数）、（年，成人の数）、（年，高齢者の数）の3つをグラフにしてみよう。

(x, y) ペアの集まりを調べる方法はいろいろある。こうした集まりをグラフ化する方法について検討するときには、ある値が他の値の何らかの関数であるかどうかを検討することが重要となる。たとえば、（年，鉄鋼生産量）のペアの場合、年間の鉄鋼生産量を関数と見なし、データを実線で表示するのは、きわめて妥当なことに思える。Open_polyline（§13.6）がこうしたデータをグラフ化するための候補であることはすぐにわかる。たとえば（国民1人あたりのGDP，国の人口）のように、y を x の関数と見なすべきではない場合は、Marks（§13.15）を使ってポイントを接続せずに描画すればよい。

日本人の年齢分布の例に戻ろう。

15.6.1 ファイルの読み込み

年齢分布のファイルは、以下のような行で構成されている。

```
( 1960 : 30 64 6 )
(1970 : 24 69 7 )
(1980 : 23 68 9 )
```

コロン（:）に続く1つ目の数字は人口に占める子供（0～14歳）の割合、2つ目の数字は成人（15～64歳）の割合、3つ目の数字は高齢者（65歳以上）の割合を示している。ここでの作業は、それらを読み取ることである。データのフォーマットが若干不規則であることに注意しよう。いつものように、こうした詳細に対処する必要がある。

このタスクを単純にするために、まずデータアイテムを保持するための Distribution という型を定義し、データアイテムを読み取るための入力演算子を定義する。

```
struct Distribution {
    int year, young, middle, old;
};

istream& operator>>(istream& is, Distribution& d)
// フォーマットが (year : young middle old) であると前提
{
    char ch1 = 0;
    char ch2 = 0;
    char ch3 = 0;
    Distribution dd;

    if (is >> ch1 >> dd.year
            >> ch2 >> dd.young >> dd.middle >> dd.old
```

```
            >> ch3) {
        if (ch1!= '(' || ch2!=':' || ch3!=')') {
            is.clear(ios_base::failbit);
            return is;
        }
    }
    else
        return is;
    d = dd;
    return is;
}
```

これは第 10 章のアイデアを直接応用したものだ。このコードがよくわからない場合は、第 10 章を読み返そう。Distribution 型と >> 演算子を定義する必要はなかったが、それらを定義したことによって、「単に数字を読み取ってそれらをグラフ化する」という強引な手法をとる場合よりもコードが単純になる。ここでは、Distribution を使ってコードを論理的に分割し、コードを理解しやすくデバッグしやすいものにしている。「コードをより明確にするだけ」でも、型を追加する立派な理由となる。クラスを定義するのは、概念に関する考え方とコードをより直接的に対応させるためだ。年間の年齢分布を表す 1 行のデータといった、コードの非常に限られた部分でしか使用されない「小さな」概念であっても、そうするのが最も効果的かもしれない。

Distribution がこのように定義されているとすれば、読み取りループは以下のようになる。

```
string file_name = "japanese-age-data.txt";
ifstream ifs {file_name};
if (!ifs) error("can't open ",file_name);
...

for (Distribution d; ifs>>d; ) {
    if (d.year<base_year || end_year<d.year)
        error("year out of range");
    if (d.young+d.middle+d.old != 100)
        error("percentages don't add up");
    ...
}
```

つまり、japanese-age-data.txt ファイルを開こうとして、そのファイルが見つからない場合は、プログラムを終了する。多くの場合、このようにファイル名をソースコードに「ハードコーディング」するのはよい考えではないが、この場合は「1 回限り」のプログラムであると考えているため、長く使用されるプログラムにふさわしい機能を組み込んだところで無駄である。一方で、japaneseage-data.txt は string 型の名前付き変数に格納している。これは、このプログラム（またはコードの一部）を何か他の目的に使用したい場合に、簡単に変更できるようにするためだ。

読み取りループでは、読み取った年が想定された範囲内であることと、パーセンテージが合計で 100 になることをチェックしている。これはデータに対する基本的な健全性チェックである。個々のデータアイテムのフォーマットは >> 演算子でチェックするため、メインループではそれ以上チェックしないことにした。

15.6.2 一般的なレイアウト

さて、画面上に表示したいものは何だろうか。筆者の答えは本節（§15.6）の最初の部分に示されている。このデータでは、年齢グループごとに 1 つ、合計 3 つの `Open_polyline` が必要になるようだ。これらのグラフにはラベルを付ける必要があり、ウィンドウの左側に折れ線ごとに「キャプション」を書き出すことにした。この場合は、グラフの実際の線にラベルを付けるという一般的な方法よりも、そのほうが見やすいと思ったからだ。さらに、グラフを色で区別し、ラベルの色もそれに合わせることにした。

x 軸のラベルは「年」にしたい。2008 年を通る垂直線は、グラフが信頼できるデータから予測データに切り替わる場所を示している。

ここでは、グラフのタイトルとしてウィンドウのラベルを使用するだけにした。

グラフ作成コードを正しく、それでいて見やすいものにしようとすると、驚くほど手間がかかることがある。その主な理由は、サイズとオフセットの面倒な計算を大量に行わなければならないことにある。この計算を単純にするために、まず画面領域の使用法を指定するシンボル定数を定義する。

```
constexpr int xmax = 600;        // ウィンドウサイズ
constexpr int ymax = 400;

constexpr int xoffset = 100;  // ウィンドウの左端から y 軸までの距離
constexpr int yoffset = 60;   // ウィンドウの下端から x 軸までの距離

constexpr int xspace = 40;    // 軸の向こう側の領域
constexpr int yspace = 40;

constexpr int xlength = xmax-xoffset-xspace;   // 軸の長さ
constexpr int ylength = ymax-yoffset-yspace;
```

基本的には、（軸で定義された）別の四角形を含んでいる矩形領域（ウィンドウ）が定義される。

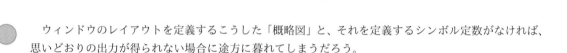

ウィンドウのレイアウトを定義するこうした「概略図」と、それを定義するシンボル定数がなければ、思いどおりの出力が得られない場合に途方に暮れてしまうだろう。

15.6.3　データのスケーリング

次に、データをその領域内に収める方法を定義する必要がある。そこで、データをスケーリングし、軸によって定義された領域に収まるようにする。そのためには、データの範囲と軸の範囲の比率を示す倍率が必要だ。

```
constexpr int base_year = 1960;
constexpr int end_year = 2040;

constexpr double xscale = double(xlength)/(end_year-base_year);
constexpr double yscale = double(ylength)/100;
```

この場合は、倍率（`xscale`、`yscale`）を浮動小数点数にしたい。そうしないと、計算で深刻な丸め誤差が発生しやすくなる。除算に先だって長さを `double` に変換しているのは（§4.3.3）、整数の除算を避けるためだ。

データポイントを x 軸に配置するには、ベース値（1960）を差し引き、`xscale` でスケーリングし、`xoffset` を足せばよい。y 値を処理する方法も同様である。これを繰り返そうとすると、正しい手順をすぐに忘れてしまうことがわかる。取るに足らない計算かもしれないが、手間がかかる上に冗長である。コードを単純にし、エラー（およびなかなか結果が出ないデバッグ）を最小限に抑えるために、私たちに代わって計算を行う小さなクラスを定義してみよう。

```
class Scale {      // データ値から座標への変換
    int cbase;     // 座標のベース
    int vbase;     // 値のベース
```

```
        double scale;
    public:
        Scale(int b, int vb, double s) :cbase{b}, vbase{vb}, scale{s} { }
        int operator()(int v) const { return cbase + (v-vbase)*scale; }
    };
```

クラスを定義したのは、計算に使用する 3 つの定数値を無駄に繰り返したくなかったからだ。このクラスが定義されているとすれば、倍率は以下のようになる。

```
Scale xs {xoffset,base_year,xscale};
Scale ys {ymax-yoffset,0,-yscale};
```

通常は、大きな値ほどグラフの高いポイントとして表されるようにするが、y 座標が下に向かって伸びることを反映させるために、ys の倍率を負にしている。これで、xs を使って年を x 座標に変換できるようになった。同様に、ys を使ってパーセンテージを y 座標に変換できるようになった。

15.6.4　グラフの構築

グラフ作成コードをかなり洗練された方法で記述するための前提条件がこれですべてそろった。まず、ウィンドウを作成し、軸を配置してみよう。

```
Window win {Point{100,100},xmax,ymax,"Aging Japan"};

Axis x {Axis::x, Point{xoffset,ymax-yoffset}, xlength,
    (end_year-base_year)/10,
    "year    1960    1970    1980    1990    "
    "2000    2010    2020    2030    2040"};
x.label.move(-100,0);

Axis y {Axis::y,Point{xoffset,ymax-yoffset},ylength,10,"% of population"};

Line current_year {Point{xs(2008),ys(0)},Point{xs(2008),ys(100)}};
current_year.set_style(Line_style::dash);
```

軸は (1960,0) を表す Point(xoffset,ymax-yoffset) で交差する。刻みがデータを反映するように配置されることに注意しよう。y 軸には、それぞれ人口の 10% を表す 10 個の刻みがある。x 軸では、各刻みが 10 年を表し、刻みの正確な数は base_year と end_year から計算される。このため、その範囲を変更すると、軸が自動的に再計算される。これはコードで「マジック定数」を避ける利点の 1 つである。x 軸のラベルはそのルールに違反している。これは単に、数字が刻みの下の正しい位置に来るまでラベル文字列をいじくりまわした結果だ。これを改善するには、「刻み」ごとに別のラベルを使用する必要があるだろう。

第15章　関数とデータのグラフ化

ラベル文字列のフォーマットは少し変わっている。ここでは、2つの連続する文字列リテラルを使用している。

```
"year    1960    1970    1980    1990    "
"2000    2010    2020    2030    2040"
```

連続する文字列リテラルはコンパイラーによって連結されるため、以下のリテラルに等しくなる。

```
"year    1960    1970    1980    1990    2000    2010    2020    2030    2040"
```

これは、長い文字列リテラルのレイアウトを工夫してコードを読みやすくするのに便利である。

current_year は、信頼できるデータと予測データの境目となる垂直線である。xs と ys を使って垂直線をちょうどよい大きさに設定する方法に注目しよう。

軸が配置されたところで、データの処理に取りかかろう。Open_polyline を3つ定義し、それらを読み取りループで設定する。

```
Open_polyline children;
Open_polyline adults;
Open_polyline aged;

for (Distribution d; ifs>>d; ) {
    if (d.year<base_year || end_year<d.year) error("year out of range");
    if (d.young+d.middle+d.old != 100)
        error("percentages don't add up");
    const int x = xs(d.year);
    children.add(Point{x,ys(d.young)});
    adults.add(Point{x,ys(d.middle)});
    aged.add(Point{x,ys(d.old)});
}
```

xs と ys を使用すると、データのスケーリングと配置がとても簡単になる。Scale のような「小さなクラス」は、表記を単純にし、無駄な繰り返しを避けるために非常に重要となる可能性がある。それにより、読みやすさが改善され、正確である見込みが高まる。

これらのグラフがさらに読みやすくなるよう、それぞれにラベルと色を付ける。

```
Text children_label {Point{20,children.point(0).y},"age 0-14"};
children.set_color(Color::red);
children_label.set_color(Color::red);

Text adults_label {Point{20,adults.point(0).y},"age 15-64"};
adults.set_color(Color::blue);
adults_label.set_color(Color::blue);
```

```
Text aged_label {Point{20,aged.point(0).y},"age 65+"};
aged.set_color(Color::dark_green);
aged_label.set_color(Color::dark_green);
```

最後に、さまざまな Shape を Window に関連付け、GUI システムを起動する必要がある（§14.2.3）。

```
win.attach(children);
win.attach(adults);
win.attach(aged);

win.attach(children_label);
win.attach(adults_label);
win.attach(aged_label);

win.attach(x);
win.attach(y);
win.attach(current_year);

gui_main();
```

すべてのコードを main 関数に配置することもできたが、ヘルパークラスである Scale と Distribution は Distribution の入力演算子とともに外に出すことにした。

何を作成していたのか忘れてしまったかもしれないので、出力をもう一度示す。

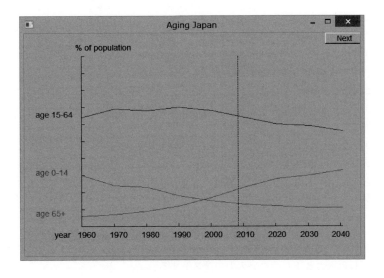

■ ドリル

関数のグラフ化。

1. 600×600 の空の Window を作成し、Function graphs というラベルを付ける。
2. Web サイト上の「FLTK のインストール方法」で指摘されているようにプロジェクトを作る際に適切な設定をする必要があることに注意。
3. Graph.cpp と Window.cpp をプロジェクトに追加する必要がある。
4. x 軸と y 軸を追加する。それぞれ長さが 400 で、1==20 pixels というラベルが付いており、20 ピクセルごとに刻みが入っている。2 つの軸は (300,300) で交差する。
5. 両方の軸の色を赤にする。

以下のドリルでは、グラフ化する関数ごとに別の Shape を使用する。

1. double one(double x) { return 1; } という関数をグラフ化する。(300,300) を (0,0) とし、範囲を [-10,11] とし、400 個のポイントを使用し、スケーリングを行わない。
2. これを、x スケーリングとして 20、y スケーリングとして 20 を使用するように変更する。
3. これ以降は、この範囲やスケーリングなどをすべてのグラフで使用する。
4. double slope(double x) { return x/2; } をウィンドウに追加する。
5. 斜線の左下の端点のすぐ上のポイントに Text "x/2" というラベルを付ける。
6. double square(double x) { return x*x; } をウィンドウに追加する。
7. ウィンドウに余弦を追加する（新しい関数は記述しない）。
8. 余弦の色を青にする。
9. （上記で定義したように）slope 関数に余弦を追加する sloping_cos 関数を記述し、それをウィンドウに追加する。

クラスの定義。

1. string 型の name と int 型の age を含んでいる struct Person を定義する。
2. Person 型の変数を定義し、それを "Goofy" と 63 で初期化し、画面（cout）に書き出す。
3. Person の入力演算子（>>）と出力演算子（<<）を定義する。キーボードから Person を読み取り（cin）、それを画面に書き出す（cout）。
4. Person に name と age を初期化するコンストラクターを追加する。
5. Person の表現を private にし、name と age を読み取るための const メンバー関数 name と age を追加する。
6. Person の新しい定義に対応するように >> と << を変更する。
7. コンストラクターを書き換え、age が [0:150] であることと、name に以下の文字が含まれていないことをチェックするように変更する。エラーの場合は error 関数を使用する。そして、コンストラクターをテストする。

    ; : " ' [ ] * & ^ % $ # @ !

8. 入力から一連の Person を vector<Person> に読み取る（cin）。それらを再び画面に書き出す（cout）。正しい入力と正しくない入力でテストする。

9. Person の表現を書き換え、name の代わりに first_name と second_name を使用するように変更する。first_name と second_name を両方とも指定しない場合はエラーとして扱う。>> と << も変更し、テストする。

■ 復習

1. 引数が 1 つの関数とは何か。
2. データを表すために（連続する）直線を使用するのはどのようなときか。（接続していない）個々のポイントを使用するのはどのようなときか。
3. 傾斜を定義する関数（数式）は何か。
4. 放物線とは何か。
5. x 軸を作成するにはどうすればよいか。y 軸はどうか。
6. デフォルト引数とは何か。デフォルト引数を使用するのはどのようなときか。
7. 関数を合計するにはどうすればよいか。
8. グラフ化された関数に色とラベルを付けるにはどうすればよいか。
9. 数列で関数を近似するとはどのような意味か。
10. グラフを描画するコードを記述する前に、グラフのレイアウトを図に表すのはなぜか。
11. 入力値が収まるようにグラフをスケーリングするにはどうすればよいか。
12. 試行錯誤を行わずに入力をスケーリングするにはどうすればよいか。
13. ファイルに数字を入力するだけでなく、入力をフォーマットするのはなぜか。
14. グラフの全体的なレイアウトを計画するにはどうすればよいか。そのレイアウトをコードに反映させるにはどうすればよいか。

■ 用語

画面レイアウト（screen layout）　　　　デフォルト引数（default argument）
関数（function）　　　　　　　　　　　　ラムダ（lambda）
近似（approximation）　　　　　　　　　ラムダ導入子（lambda introducer）
スケーリング（scaling）

■ 練習問題

1. 以下に示すのは、階乗機能を定義するもう 1 つの方法である。

    ```
    int fac(int n) { return n>1 ?  n*fac(n-1) :  1; } // factorial n!
    ```

    fac(4) を解く方法は次のようになる —— まず、4 > 1 であるため、4*fac(3) でなければならない。当然ながら、それは 4*3*fac(2) であり、さらにそれは 4*3*2*fac(1) であり、それは 4*3*2*1 である。これがうまくいくことを実際に確かめてみる。関数がそれ自身を呼び出すことは再帰と呼ばれる。「§15.5 近似」のもう 1 つの実装は、（while を使って）値を反復的に処理

することから、反復またはイテレーションと呼ばれる。0、1、2、3から20までの階乗を計算することにより、再帰のfac関数が正しく動作することと、反復のfac関数と同じ結果を返すことを確認する。好ましいのはfac関数のどちらの実装か。それはなぜか。
2. コンストラクターの引数を格納することを除けば、FunctionとそっくりのFctクラスを定義する。Fctに「リセット」演算を追加し、さまざまな範囲や関数などで繰り返し使用できるようにする。
3. 練習問題2のFctクラスを書き換え、精度などを制御する追加の引数を受け取るように変更する。柔軟性をさらに向上させるために、その引数の型をテンプレートパラメーターにする。
4. 正弦（sin()）、余弦（cos()）、それらの合計（sin(x)+cos(x)）、それらの2乗の合計sin(x)*sin(x)+cos(x)*cos(x)を1つのグラフに表示する。このグラフには、軸とラベルを表示する。
5. $1 - 1/3 + 1/5 - 1/7 + 1/9 - 1/11 + \cdots$ を「アニメーション」にする（§15.5）。これは「ライプニッツの級数」と呼ばれ、$pi/4$に収束する。
6. 棒グラフクラスを設計し、実装する。その基本データはN個の値を含むvector<double>であり、それぞれの値は高さが値を表す長方形の「棒」によって表される。
7. 棒グラフクラスを拡張し、棒グラフ自体と個々の棒のラベル付けを可能にする。また、色も使用できるようにする。
8. 以下に示すのは、cm単位の身長とその身長グループ（5cm単位で四捨五入される）に属する人の数をまとめたものだ。

    (170,7), (175,9), (180,23), (185,17), (190,6), (195,1)

このデータをグラフ化するにはどうすればよいか。他によい案が思いつかない場合は、棒グラフを使用し、軸とラベルを表示する。データをファイルに保存し、そのファイルからデータを読み取るようにする。
9. 別の身長データを検索し、練習問題8のプログラムを使ってそれらをグラフ化する。たとえば、Webで「身長分布」などを検索するとよいだろう。理想的には、新しいデータセットに合わせて何かを変更せずに済むようにしたい。ここで重要となるのは、データからスケーリングを計算することだ。入力からラベルを読み取ることも、コードを再利用したい場合に変更を最小限に抑えるのに役立つ。
10. 折れ線グラフや棒グラフに適さないのはどのような種類のデータか。例を見つけ出し、たとえばラベル付きのポイントの集まりとしてそれを表示する方法について考える。
11. たとえばイギリスのケンブリッジとマサチューセッツ州のケンブリッジなど、複数の場所で観測された1年間の各月の平均最高気温を調べ、それらを1つのグラフに表示する。ここまでと同様に、軸、ラベル、色の使用などに注意する。

15.6 データのグラフ化

■ 追記

　データをグラフィカルに表現することは重要である。出来のよいグラフは、それを作成するために使用された一連の数字よりも理解しやすい。これに関して、議論の余地はない。ほとんどの人は、グラフを描画する必要がある場合は他人のコード（ライブラリ）を利用する。そうしたライブラリはどのように構築されているのだろうか。それが手元にない場合はどうすればよいのだろうか。「通常のグラフ作成ツール」の根底にある原理は何だろうか。もうわかっていると思うが、それは魔法でもなければ、脳外科手術でもない。ここでは、2次元のグラフだけを取り上げた。科学、工学、マーケティングなどの分野では、3次元のグラフも非常に役立ち、もっとおもしろいかもしれない。いつか試してみよう。

第 16 章
GUI

> コンピューティングは
> もはやコンピューターのためではなく、
> 生活のためにある。
> — Nicholas Negroponte

グラフィカルユーザーインターフェイス（Graphical User Interface：GUI）により、ユーザーはボタンを押し、メニューを選択し、さまざまな方法でデータを入力し、画面上にテキストやグラフィックを表示することで、プログラムとやり取りできる。これはコンピューターや Web サイトとやり取りするときの操作として定着している。本章では、GUI アプリケーションを定義して制御するためのコーディングの基礎を示す。具体的には、コールバックを使って画面上のエンティティとやり取りするコードを記述する方法を示す。本書の GUI 機能は、システム機能の上に位置付けられる。低レベルの機能やインターフェイスについては付録 E で取り上げるが、そこでは第 17 章～第 18 章で説明する機能と手法を使用している。ここでは、使用法に焦点を合わせる。

- 16.1 ユーザーインターフェイスの選択肢
- 16.2 ［Next］ボタン
- 16.3 単純なウィンドウ
  - 16.3.1 コールバック関数
  - 16.3.2 待機ループ
  - 16.3.3 コールバックとしてのラムダ式
- 16.4 Button とその他の Widget
  - 16.4.1 Widget
  - 16.4.2 Button
  - 16.4.3 In_box と Out_box
  - 16.4.4 Menu
- 16.5 例
- 16.6 制御の反転
- 16.7 メニューの追加
- 16.8 GUI コードのデバッグ

第 16 章　GUI

16.1　ユーザーインターフェイスの選択肢

　プログラムにはユーザーインターフェイスがある。入力は 2 つのプッシュボタンだけで、出力は LED の光だけといった単純な構成で動作するプログラムもあれば、ケーブルでのみ外部と接続されるコンピューターもある。ここでは、プログラムがユーザーとやり取りする一般的なケースについて考える。このユーザーは画面を見つめ、キーボードとマウスなどのポインティングデバイスを使用する。この場合、プログラマーの選択肢は主に以下の 3 つである。

- コンソール入出力を使用する。
  これは技術的または専門的な作業に最適である。この場合、入力は単純なテキスト形式であり、ファイル名や単純なデータ値といった短いデータアイテムとコマンドで構成される。出力がテキスト形式である場合は、それを画面上に表示するか、ファイルに保存できる。C++ の標準ライブラリの `iostream`（第 10 章～第 11 章）は、この方法にうってつけのメカニズムを提供する。グラフィカル出力が必要な場合は、グラフィックス表示ライブラリを使用できる（第 12 章～第 15 章）。そのためにプログラミングスタイルが大きく変化することはない。
- GUI ライブラリを使用する。
  この方法を選択するのは、ポイント、クリック、ドラッグ&ドロップ、ホバーなど、画面上でのオブジェクトの操作を象徴するものをユーザーインタラクションのベースにしたい場合である。多くの場合（常にではないが）、このスタイルでは情報がかなりグラフィカルに表示される。最近のコンピューターを使用したことがあれば、それが便利であることを示す例をいくつか知っているはずだ。Windows/Mac アプリケーションの「雰囲気」に合わせたいと考えるなら、GUI スタイルのユーザーインタラクションを使用しなければならない。
- Web ブラウザーインターフェイスを使用する。
  これには、HTML などのマークアップ言語と、通常はスクリプティング言語が必要である。その方法を示すことは本書の適用範囲を超えているが、多くの場合は、リモートアクセスを必要とするアプリケーションに最適である。その場合のプログラムと画面の間のやり取りも（一連の文字を使用する）テキスト形式である。ブラウザーとは、テキストをグラフィカル要素に変換し、マウスクリックなどをテキストデータに変換してプログラムに送信できるようにする GUI アプリケーションのことだ。

　多くの人にとって、GUI を使用することは現代のプログラミングの核心部分である。画面上のオブジェクトとのインタラクションが、プログラミングの主な課題と見なされることもある。筆者はこれに同意しない ― GUI は I/O の 1 つの形式であり、アプリケーションのメインロジックを I/O から切り離すことは、筆者が考えるソフトウェアの主な理想の 1 つである。可能であれば、プログラムのメインロジックと、入力を取得して出力を生成する部分との間に、クリーンなインターフェイスがあることが望ましい。このように切り離しておけば、プログラムがユーザーに提示される方法を変更したり、別の I/O システムを使用するようにプログラムを移植したり、（そしてこれが最も重要だが）プログラムのロジックとユーザーインタラクションを別のものとして捉えたりすることが可能になる。

　とはいうものの、GUI はいろいろな意味で重要であり、興味深い。本章では、グラフィカル要素をプログラムに組み込む方法と、インターフェイスのことで頭がいっぱいにならないようにする方法について説明する。

16.2　[Next]ボタン

　第 12 章～第 15 章でグラフィックスサンプルを制御するために使用した[Next]ボタンは、どのようにして提供されたのだろうか。そこでは、ボタンを使ってウィンドウ内のグラフィックスを制御した。当然ながら、これは単純な形式の GUI プログラミングである。それどころか、「本物の GUI」ではないと言われても仕方のない代物だ。だが、それは誰が見ても GUI プログラミングに見えるものなので、それがどのようにして実行されたのか調べてみよう。

　第 12 章～第 15 章で示したコードは、以下のような都合のよい構造になっている。

```
// オブジェクトを作成または操作し、それらをウィンドウ（win）に表示
win.wait_for_button();

// オブジェクトを作成または操作し、それらをウィンドウ（win）に表示
win.wait_for_button();

// オブジェクトを作成または操作し、それらをウィンドウ（win）に表示
win.wait_for_button();
```

　`wait_for_button` 関数に到達するたびに、ボタンがクリックされてプログラムの次の部分から出力が取得されるまで、画面上にオブジェクトが表示される。プログラムロジックの観点からすると、これは出力行を画面（コンソールウィンドウ）に書き出し、そこで停止した後、キーボードから入力を受け取るプログラムと何ら変わらない。

```
// 変数を定義するか値を計算し、出力を生成
cin >> var;     // 入力を待つ

// 変数を定義するか値を計算し、出力を生成
cin >> var;     // 入力を待つ

// 変数を定義するか値を計算し、出力を生成
cin >> var;     // 入力を待つ
```

　実装上の観点からすると、この 2 種類のプログラムはまったく異なっている。プログラムは `cin>>var` を実行した時点で停止し、ユーザーが入力した文字を「システム」が持ってきてくれるのを待つ。ただし、画面の管理とユーザーのマウス操作の追跡を行う GUI システムの動作モデルは、これとはかなり異なる。GUI システムは、マウスの位置と、ユーザーがマウスを使って何を行っているのか（クリックなど）を追跡する。プログラムがアクションを望む場合は、以下の作業が必要となる。

- 誰かが[Next]ボタンをクリックしたなど、期待するものを GUI に伝える。
- 誰かがそれを行ったら何を実行するかを伝える。
- プログラムが関心を持っているアクションを GUI が検出するまで待機する。

ここで注目すべき点は、GUI が単にプログラムに制御を戻すわけではないことだ。ボタンの 1 つをクリックしたり、ウィンドウのサイズを変更したり、別のウィンドウに隠れていたウィンドウを再描画したり、ポップアップメニューを表示したりするなど、ユーザーアクションはさまざまである。GUI はそうしたアクションに異なる方法で応答するように設計されている。

手始めに、「誰かがボタンをクリックしたら起こしてほしい」と伝えたいとしよう。つまり、誰かがマウスボタンをクリックし、ボタンの画像が表示されている矩形領域内にカーソルがある場合は、プログラムの実行を再開したい。筆者が思いつく限り、これは最も単純なアクションに近いものだ。ただし、そうしたアクションは「システム」によって提供されないため、それは自分で記述する必要がある。それがどのように行われるのかを理解することは、GUI プログラミングを理解する上での第一歩である。

16.3　単純なウィンドウ

ここで言う「システム」は、GUI ライブラリと OS の組み合わせであり、基本的には、マウスの位置とボタンが押されたかどうかを継続的に追跡する。プログラムでは、画面の一部に関心があることと、「何か興味深いこと」が起きたら呼んでほしいことをシステムに表明できる。この場合は、「ボタンの上」でマウスボタンがクリックされたら、システムに関数の 1 つを呼び出してもらう。こうした関数は「コールバック関数」と呼ばれる。そのためには、以下の作業が必要だ。

- ボタンを定義する。
- ボタンを表示する。
- GUI が呼び出す関数を定義する。
- ボタンと関数のことを GUI に伝える。
- GUI が関数を呼び出すのを待つ。

さっそく試してみよう。[Next] ボタンは Window の一部であるため、next_button メンバーを持つ Simple_window クラスを Simple_window.h で定義する。

```
struct Simple_window : Graph_lib::Window {
    Simple_window(Point xy, int w, int h, const string& title);

    void wait_for_button();    // 単純なイベントループ
private:
    Button next_button;        // [Next] ボタン
    bool button_pushed;        // 実装上の詳細

    static void cb_next(Address,Address);  // next_button のコールバック
    void next();   // next_button が押されたときに実行するアクション
};
```

Simple_window が Graph_lib の Window を継承していることがわかる。Graph_lib::Window は本書のウィンドウの概念をシステムのウィンドウ実装に（FLTK を通じて）結び付けるクラスである。このため、本書のウィンドウはすべて Graph_lib::Window から直接または間接的に派生しなければ

ならない。Windowの実装上の詳細については、付録Eの「§E.3 Windowの実装」にまとめてある。
　[Next]ボタンはSimple_windowのコンストラクターで初期化される。

```
Simple_window::Simple_window(Point xy, int w, int h, const string& title)
    :Window{xy,w,h,title},
    next_button{Point{x_max()-70,0},70,20,"Next",cb_next},
    button_pushed{false}
{
    attach(next_button);
}
```

予想どおり、Simple_windowのコンストラクターは、その位置（xy）、サイズ（w,h）、タイトル（title）をGraph_libのWindowに渡して処理させている。次に、next_buttonを位置（Point{x_max()-70,0}、右上隅のあたり）、サイズ（70, 20）、ラベル（"Next"）、コールバック関数（cb_next）で初期化している。最初の4つのパラメーターは、Windowで行うことと正確に一致する。つまり、画面上に四角形を配置し、その四角形にラベルを付ける。

最後に、next_buttonをSimple_windowに関連付けている（attach()）。つまり、[Next]ボタンをその位置に表示しなければならないことをウィンドウに伝え、そのことをGUIシステムに認識させている。

button_pushedメンバーはかなりわかりにくい実装上の詳細である。このメンバーを使用することで、最後にnext関数を実行してからボタンが押されているかどうかを追跡する。実際には、ここにあるものはほぼすべて実装上の詳細であり、privateとして宣言されているのはそのためである。実装上の詳細を無視すれば、以下のようになる。

```
struct Simple_window : Graph_lib::Window {
    Simple_window(Point xy, int w, int h, const string& title);

    void wait_for_button();   // 単純なイベントループ
    ...
};
```

つまり、ユーザーがウィンドウを作成し、そのボタンが押されるのを待てばよい。

16.3.1　コールバック関数

ここで新しく登場したのは、cb_next関数である。この関数は、ボタンのクリックが検出されたときにGUIシステムから呼び出される関数だ。GUIが「折り返し呼び出す」関数として指定されることから、こうした関数は一般にコールバック（*callback*）関数と呼ばれる。ここでは、「callback」を意味するcb_というプレフィックスを付けることで、cb_next関数の使用目的を示している。このプレフィックスはわかりやすいから選んだだけで、言語やライブラリの命名規則がそうなっているわけではない。cb_nextという名前にしたのは、もちろん[Next]ボタンのコールバックになるからだ。cb_next関数の定義は、いわゆる「定型」コードである。

第16章　GUI

そのコードを示す前に、ここで何が行われているのかについて考えてみよう。

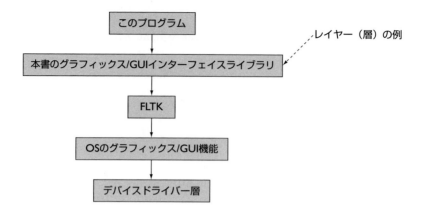

このプログラムはコードの複数の「レイヤー（層）」の一番上で実行される。このプログラムはFLTKライブラリを使って実装されたグラフィックスライブラリを使用しており、FLTKライブラリはOSの機能を使って実装されている。システム自体にレイヤーやサブレイヤーがさらに含まれていることもある。マウスのデバイスドライバーによってクリックが検出されたら、どうにかして cb_next 関数が呼び出されるようにしなければならない。そこで、cb_next 関数のアドレスと Simple_window のアドレスがソフトウェアのレイヤーからレイヤーへ渡されるようにする。[Next] ボタンがクリックされると、「下のほう」のレイヤーのコードから cb_next 関数が呼び出される。

　GUI システムと OS はさまざまな言語で書かれたプログラムによって使用されるため、C++ のスタイルがいくら秀逸であっても、それをすべてのユーザーに押し付けることはできない。とりわけ、GUI システムは Simple_window クラスや Button クラスのことを知らない。それどころか、クラスやメンバー関数のこともまったく知らない。コールバック関数に必要となる型については、Cやアセンブラーを含め、最も低いレベルのプログラミングから使用できるものが選択される。コールバック関数は値を返さず、引数としてアドレスを2つ受け取る。これらのルールに従うメンバー関数は以下のように宣言できる。

```
static void cb_next(Address,Address);   // next_button のコールバック
```

static キーワードは、特定のオブジェクトで呼び出せる C++ のメンバー関数ではなく、通常の関数として呼び出せるように cb_next 関数を定義する。適切な C++ メンバー関数をシステムに呼び出させるほうがずっとよかっただろう。だが、コールバックインターフェイスはさまざまな言語で使用できなければならない ─ static メンバー関数として定義されているのは、そのためだ。Address 型の引数は、cb_next 関数が「メモリー内の何か」のアドレスである引数を受け取ることを示している。C++ の参照はほとんどの言語で認識されないため、それらを使用するわけにはいかない。そうした「何か」の型がコンパイラーに知らされることはない。ハードウェアに近いこの場所では、言語からの通常の助けは得られない。「システム」はコールバック関数を呼び出し、コールバックの引き金となった GUI エンティティ（Widget）のアドレスを1つ目の引数として渡す。ここでは、この引数を使用しないため、あえて名前は付けていない。2つ目の引数は、その Widget を含んでいるウィンドウのアドレスであり、それは Simple_window になる。この情報は以下のように使用できる。

16.3 単純なウィンドウ

```
void Simple_window::cb_next(Address, Address pw)
// pw にあるウィンドウで Simple_window::next() を呼び出す
{
    reference_to<Simple_window>(pw).next();
}
```

`reference_to<Simple_window>(pw)` から、コンパイラーは `pw` のアドレスが `Simple_window` のアドレスであると考える。つまり、`reference_to<Simple_window>(pw)` を `Simple_window` への参照として使用できる。メモリーのアドレス指定の問題については、第 17 章～第 18 章で改めて取り上げる。`reference_to` の定義については、付録 E の「§E.1 コールバックの実装」で示す。ここでは、`Simple_window` への参照がようやく手に入り、データや関数にいつもの方法で自由にアクセスできるようになったことでよしとしよう。最後に、メンバー関数 `next` を呼び出し、このシステム依存のコードから早々に退散する。

`cb_next` 関数で実行したかったコードをすべて記述するという手もあったが、せっかくのユーザーコードに低レベルの詳細が含まれるのは避けたいと考えた。ほとんどの優秀な GUI プログラマーは、これに同意するだろう。そこで、コールバックを以下の 2 つの関数で処理することにした。

- `cb_next` 関数は単にコールバックのシステム規約を通常のメンバー関数（`next()`）の呼び出しにマッピングする。
- `next` 関数は（コールバックのやっかいな規約を知ることもなく）ここで実行したいことを実行する。

これら 2 つの関数を使用する根本的な理由は、「関数は論理的なアクションを 1 つだけ実行すべきである」という原則にある。`cb_next` 関数はシステムに依存する低レベルな部分から私たちを解放し、`next` 関数は私たちが望んでいるアクションを実行する。ウィンドウのいずれかに（システムから）コールバックしたい場合は、常に、こうしたペアの関数を定義する（§16.5～§16.7）。先へ進む前に、ここで何を行うのかをまとめておこう。

- `Simple_window` を定義する。
- `Simple_window` のコンストラクターで、その `next_button` ボタンを GUI システムに登録する。
- 画面上で `next_button` の画像がクリックされると、GUI が `cb_next` 関数を呼び出す。
- `cb_next` 関数が低レベルのシステム情報をウィンドウのメンバー関数 `next` の呼び出しに変換する。
- ボタンのクリックに応じて、`next` 関数が指定されたアクションを実行する。

関数を呼び出す方法としては、これはかなり複雑である。だが、ここではマウス（または他のハードウェアデバイス）のアクションをプログラムに伝えるための基本的なメカニズムに取り組んでいることを思い出そう。

- 通常は複数のプログラムが実行されている。
- プログラムが記述されるときには、OS が開発されてからかなり時間が経っている。
- プログラムが記述されるときには、GUI ライブラリが開発されてからかなり時間が経っている。
- プログラムは OS で使用されているものとは異なる言語で記述される可能性がある。

- この手法は、小さなボタンのプッシュだけでなく、あらゆる種類のインタラクションに対処する。
- ウィンドウは多くのボタンで構成されることがあり、プログラムは複数のウィンドウで構成されることがある。

ただし、next 関数がどのように呼び出されるのかを理解してしまえば、GUI を持つプログラムであらゆるアクションに対処する方法はわかったも同然だ。

16.3.2　待機ループ

さて、この最も単純なケースにおいて、ボタンが「押される」たびに Simple_window の next 関数で何が実行されるようにすればよいだろうか。基本的には、何らかの時点でプログラムの実行を止め、それまでに何が行われたのかを確認する機会を設けたい。そして、その後は next 関数にプログラムの実行を再開させたい。

```
// 何らかのオブジェクトを作成または操作し、それらをウィンドウに表示
win.wait_for_button();   // ここで next() がプログラムの実行を再開
// 何らかのオブジェクトを作成または操作
```

実際には、これを実行するのは簡単だ。まず、wait_for_button 関数を定義してみよう。

```
void Simple_window::wait_for_button()
// すべてのイベントを(デフォルトで)処理し、
// button_pushed が true になった時点で終了する
// これにより、制御の反転を使用しないグラフィックスが可能となる
{
    while (!button_pushed) Fl::wait();
    button_pushed = false;
    Fl::redraw();
}
```

ほとんどの GUI システムと同様に、FLTK には何かが起きるまでプログラムを停止させる wait という関数がある。実際には、このプログラムに影響を与える何かが発生するたびにプログラムが呼び起こされるため、wait 関数はいろいろなことを処理する。たとえば Microsoft Windows では、ウィンドウが移動したり、別のウィンドウの裏に隠れていたウィンドウが見えるようになったときにウィンドウを再描画するのは、プログラム(Window クラス)の役目である。また、ウィンドウサイズの変更を処理するのもプログラムの役目である。Fl::wait() は、こうしたタスクをすべてデフォルトの方法で処理し、何かを処理するたびにプログラムに制御を戻して何かを行う機会を与える。

したがって、[Next] ボタンがクリックされると、wait 関数が cb_next 関数を呼び出し、(待機ループに)制御を戻す。wait_for_button 関数 で処理を再開するには、next 関数で bool 型の変数 button_pushed を true に設定するだけでよい。

```cpp
void Simple_window::next()
{
    button_pushed = true;
}
```

もちろん、`button_pushed` をどこかで定義する必要もある。

```cpp
bool button_pushed;    // コンストラクターで false に初期化
```

待機の後、`wait_for_button` 関数では、`button_pushed` をリセットし、ウィンドウを再描画（`redraw()`）して、変更が画面上に反映されるようにする必要がある。

16.3.3 コールバックとしてのラムダ式

したがって、Widget のアクションごとに関数を 2 つ定義する必要がある。1 つは、システムによるコールバックの定義をマッピングする関数であり、もう 1 つは、目的のアクションを実行する関数である。

```cpp
struct Simple_window : Graph_lib::Window {
    Simple_window(Point xy, int w, int h, const string& title);
    void wait_for_button();   // 単純なイベントループ
private:
    Button next_button;       // ［Next］ボタン
    bool button_pushed;       // 実装上の詳細
    static void cb_next(Address, Address);  // next_button のコールバック
    void next();   // next_button のクリック時に実行するアクション
};
```

ラムダ式（§15.3.3）を利用すれば、マッピング関数 `cb_next` を明示的に宣言せずに済む。代わりに、このマッピングを `Simple_window` のコンストラクターで定義する。

```cpp
Simple_window::Simple_window(Point xy, int w, int h, const string& title)
    :Window{xy,w,h,title},
    next_button{Point{x_max()-70,0},70,20,"Next",
        [ ] (Address, Address pw)
        { reference_to<Simple_window>(pw).next(); }
    },
    button_pushed{false}
{
    attach(next_button);
}
```

16.4　Buttonとその他のWidget

Buttonは以下のように定義されている。

```
struct Button : Widget {
    Button(Point xy, int w, int h, const string& label, Callback cb);
    void attach(Window&);
};
```

見てのとおり、Buttonは位置（xy）、サイズ（w、h）、テキストラベル（label）、コールバック（cb）を持つWidgetである。基本的には、画面上に表示され、アクション（コールバック）が関連付けられているものはすべてWidgetである。

16.4.1　Widget

ウィジェット（*widget*）は、実際には技術用語であり、わかりやすく言い換えるならコントロール（*control*）である。ここでは、GUIを通じたプログラムとのインタラクションを定義するためにウィジェットを使用する。Widgetインターフェイスクラスは以下のように定義されている。

```
class Widget {
    // WidgetはFl_widgetへのハンドルであり、Fl_widgetではない
    // インターフェイスクラスとFLTKの間に一定の距離を置くようにする
public:
    Widget(Point xy, int w, int h, const string& s, Callback cb);

    virtual void move(int dx,int dy);
    virtual void hide();
    virtual void show();
    virtual void attach(Window&) = 0;

    Point loc;
    int width;
    int height;
    string label;
    Callback do_it;

protected:
    Window* own;       // WidgetはすべてWindowに属する
    Fl_Widget* pw;     // FLTK Widgetとの連結
};
```

16.4 Button とその他の Widget

Widget には、Button に使用できる興味深い関数が 2 つある。Menu など、Widget の他の派生クラスでもこれらを使用できる（§16.7）。

- hide 関数は Widget を非表示にする。
- show 関数は Widget を再び表示する。

Widget は表示された状態で始まる。

Shape と同様に、Widget はその Window 内で移動（move()）できる。Widget を使用するには、まずそれを Window に関連付けなければならない（attach()）。attach 関数を純粋仮想関数として宣言したことに注意しよう（§14.3.5）。Widget の派生クラスでは、それらが Window に関連付けられることの意味を定義しなければならない。実際には、システムレベルのウィジェットは attach 関数で作成される。attach 関数は、Window 固有の attach 関数の一部として Window から呼び出される。基本的には、ウィンドウとウィジェットを結び付けることは、呼吸を合わせるのが難しいダンスのようなものであり、それぞれが決まったパートをこなさなければならない。その結果、ウィンドウはそのウィジェットのことを知り、ウィジェットはそれぞれそのウィンドウのことを知る。

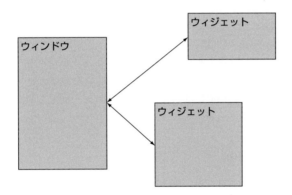

Window はどのような種類の Widget を扱うのかを知らない。ここでは基本的なオブジェクト指向プログラミングを使用することで（§14.4）、Window があらゆる種類の Widget に対処できるようにしている。同様に、Widget もどのような種類の Window を扱うのかを知らない。

不注意なことに、ここまではデータメンバーをアクセス可能な状態のままにしていた。own メンバーと pw メンバーは完全に派生クラスの実装のためのものであるため、protected で宣言されている。

Widget とここで使用する Button や Menu といったウィジェットの定義は、GUI.h に含まれている。

16.4.2 Button

ここで扱う Widget のうち、最も単純なのは Button である。Button の役割は、クリックされたときにコールバックを呼び出すことだけだ。

```
class Button : public Widget {
public:
    Button(Point xy, int ww, int hh, const string& s, Callback cb)
        :Widget{xy,ww,hh,s,cb} { }

    void attach(Window& win);
};
```

（比較的）面倒な FLTK コードはすべて attach 関数に含まれている。これについては付録 E にまとめてあるが、それを読むのは第 17 章～第 18 章を読み終えてからにしよう。現時点では、単純な Widget を定義するのがそれほど難しくないことがわかれば、それで十分である。

ボタンをはじめとする Widget の外観に関するややこしい議論はパスする。選択肢はほぼ無限にあるし、システムによっては一部のスタイルが決まっている。また、プログラミング手法の観点からすれば、ボタンの外観を表現するにあたって、これといって目新しいものは必要ない。ちなみに、Shape をボタンの上に配置しても、ボタンの機能には影響しない。それに、図形を何かに見えるようにする方法なら、すでに知っているはずだ。

16.4.3 In_box と Out_box

ここでは、2 つ目の Widget を定義する。この Widget は、プログラムにテキストを入力し、プログラムからテキストを出力するためのものだ。

```
struct In_box : Widget {
    In_box(Point xy, int w, int h, const string& s)
        :Widget{xy,w,h,s,0} { }
    int get_int();
    string get_string();

    void attach(Window& win);
};

struct Out_box : Widget {
    Out_box(Point xy, int w, int h, const string& s)
        :Widget{xy,w,h,s,0} { }
    void put(int);
    void put(const string&);
```

```
        void attach(Window& win);
    };
```

In_box は入力されたテキストを受け取ることができる。入力されたテキストは、`get_string` 関数を使って文字列として読み取るか、`get_int` 関数を使って整数として読み取ることができる。テキストが入力されたかどうかを知りたい場合は、`get_string` 関数を使ってテキストを読み取り、文字列が空かどうかを確認すればよい。

```
    string s = some_inbox.get_string();
    if (s =="") {
        // テキストが入力されていない場合の処理
    }
```

Out_box はユーザーにメッセージを表示するために使用される。In_box と同様に、整数または文字列を出力（`put()`）できる。In_box と Out_box の使用例は次節で示す。

`get_floating_point` や `get_complex` といった関数を提供することもできたが、文字列を取得し、それを `stringstream` に挿入し、入力の書式を自由に設定できることを考えれば（§11.4）、そこまでする必要はないだろう。

16.4.4 Menu

ここでは、非常に単純なメニューを提供する。

```
    struct Menu : Widget {
        enum Kind { horizontal, vertical };
        Menu(Point xy, int w, int h, Kind kk, const string& label);
        Vector_ref<Button> selection;
        Kind k;
        int offset;
        int attach(Button& b);        // ボタンを Menu に関連付ける
        int attach(Button* p);        // 新しいボタンを Menu に関連付ける

        void show()                   // すべてのボタンを表示
        {
            for (int i=0; i<selection.size(); ++i)
                selection[i].show();
        }
        void hide();                  // すべてのボタンを非表示にする
        void move(int dx, int dy);    // すべてのボタンを移動
        void attach(Window& win);     // すべてのボタンを Window win に関連付ける
```

```
};
```

　Menu は、基本的には Button の vector である。ここまでと同様に、Point xy は左上隅である。幅（w）と高さ（h）は、ボタンがメニューに追加されるときに、それらのサイズを変更するために使用される（§16.5、§16.7）。各メニューボタンは、attach 関数の引数として Menu に差し出された別個の Widget であり、メニューアイテム（*menu item*）と呼ばれる。Menu には、その Button をすべて Window に関連付けるための attach 関数がある。Menu は Vector_ref を使ってその Button を追跡する（§13.10、§E.4）。ポップアップメニューが必要な場合は、自分で作成する必要がある（§16.7）。

16.5　例

　ここでは、GUI の基本的な機能がどのようなものであるかがわかるよう、単純なアプリケーションのウィンドウについて考えてみよう。このアプリケーションは、入力と出力に加えて、グラフィックスをほんの少しだけ使用する。

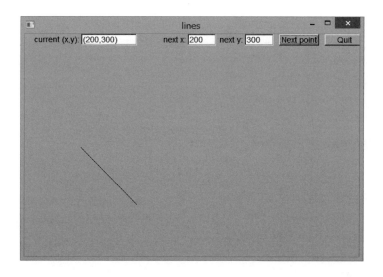

　このプログラムのユーザーは、ペアの座標として指定された直線を表示できる。それらは開いたポリライン（§13.6）である。ユーザーは、［next x］ボックスと［next y］ボックスに (x, y) 座標を入力し、［Next point］ボタンをクリックする。

　［current (x,y)］ボックスには、最初は何も含まれていない。このプログラムは、ユーザーが最初のペアの座標（始点）を入力するのを待つ。ユーザーが始点を入力すると、［current (x,y)］ボックスに始点が表示され、座標が入力されるたびに新しい直線が描画される。現在のポイント（［current (x,y)］ボックスに表示されている座標）から新しく入力されたポイントに直線が引かれ、新しいポイントの (x, y) が現在のポイントの座標となる。

　これにより、開いたポリラインが描画される。また、ユーザーがこの操作を終了するための［Quit］ボタンもある。すべてが非常に単純だ。このプログラムは、テキストの入出力、直線の描画、複数のボタンといった便利な GUI 機能を利用する。先のウィンドウは、ポイントを 2 つ入力した結果を示している。ポイントを 7 つ入力した後、ウィンドウは以下のようになる。

16.5 例

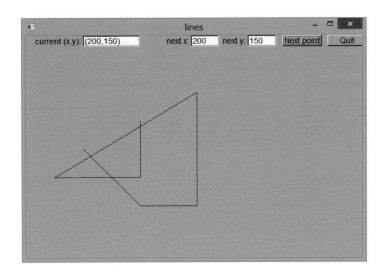

このようなウィンドウを表すためのクラスを定義してみよう。これは非常に単純だ。

```
struct Lines_window :Window {
    Lines_window(Point xy, int w, int h, const string& title);
    Open_polyline lines;
private:
    Button next_button;   // (next_x,next_y) を lines に追加
    Button quit_button;
    In_box next_x;
    In_box next_y;
    Out_box xy_out;

    void next();
    void quit();
};
```

直線は Open_polyline として表される。ボタンは Button として宣言され、ボックスは In_box および Out_box として宣言される。そしてこれらのボタンごとに、目的のアクションを実装するメンバー関数とそのコールバック関数が定義される。ここでは、「お決まり」のコールバック関数を使用するのはやめ、代わりにラムダを使用することにした。

Lines_window のコンストラクターでは、これらをすべて初期化する。

```
Lines_window::Lines_window(Point xy, int w, int h, const string& title)
    :Window{xy,w,h,title},
    next_button{Point{x_max()-150,0},70,20,"Next point",
        [](Address, Address pw)
```

551

```
                {reference_to<Lines_window>(pw).next();}},
        quit_button{Point{x_max()-70,0},70,20,"Quit",
            [](Address, Address pw)
                {reference_to<Lines_window>(pw).quit();}},
        next_x{Point{x_max()-310,0},50,20,"next x:"},
        next_y{Point{x_max()-210,0},50,20,"next y:"},
        xy_out{Point{100,0},100,20,"current (x,y):"}
{
    attach(next_button);
    attach(quit_button);
    attach(next_x);
    attach(next_y);
    attach(xy_out);
    attach(lines);
}
```

つまり、ウィジェットがそれぞれ生成され、ウィンドウに関連付けられる。

[Quit] ボタンは、`Window` を削除する。これには、`Window` を単に非表示にする FLTK のイディオムを使用する。

```
void Lines_window::quit()
{
    hide();    // ウィンドウを削除するための FLTK のイディオム
}
```

実際の作業はすべて [Next point] ボタンで実行される。このボタンは、座標を読み取り、`Open_polyline` を更新し、読み取り位置を更新し、ウィンドウを再描画する。

```
void Lines_window::next()
{
    int x = next_x.get_int();
    int y = next_y.get_int();

    lines.add(Point{x,y});

    // 現在の読み取り位置を更新
    ostringstream ss;
    ss << '(' << x << ',' << y << ')';
    xy_out.put(ss.str());

    redraw();
```

}

あいまいな点はまったくない。get_int 関数を使って In_box から整数座標を取得し、ostringstream を使って Out_box に配置する文字列の書式を設定している。ostringstream の文字列には、str メンバー関数を使ってアクセスできる。最後の redraw 関数呼び出しは、結果をユーザーに表示するために必要となる —— Window の redraw 関数が呼び出されるまで、画面上には古い画像が表示されたままである。

では、このプログラムの違いはどこにあるのだろうか。main 関数を見てみよう。

```
#include "GUI.h"

int main()

try {
    Lines_window win {Point{100,100},600,400,"lines"};
    return gui_main();
}
catch(exception& e) {
    cerr << "exception: " << e.what() << '\n';
    return 1;
}
catch (...) {
    cerr << "Some exception\n";
    return 2;
}
```

基本的には何も変わっていない。main 関数の本体には、ウィンドウ（win）の定義と gui_main 関数の呼び出しがあるだけだ。別の関数、if、switch、ループなど、第 6 章〜第 7 章で取り上げたような種類のコードはまったく含まれていない。変数の定義と gui_main 関数の呼び出しがあるだけで、gui_main 関数自体は FLTK の run 関数の呼び出しにすぎない。さらによく見てみると、run 関数は無限ループにすぎないことがわかる。

```
while(wait());
```

付録 E に先送りした実装上の詳細を除けば、この直線描画プログラムを動作させるコードはこれですべてである。基本的なロジックは以上である。さて、次は何だろうか。

16.6 制御の反転

次はどうなるかというと、実行制御がプログラムからウィジェットに移る。つまり、ユーザーがアクティブ化するウィジェットが実行される。たとえばボタンをクリックすると、そのコールバックが実行される。そのコールバックから制御が戻ると、プログラムはユーザーが何か他のことをするのを待つ。基本的には、wait 関数は「システム」にウィジェットを見張らせ、適切なコールバックを呼び出させる。理論的には、wait 関数はどのウィジェットが注意を喚起したのかをプログラマーに教え、適切な関数の呼び出しをプログラマーに任せることができる。ただし、FLTK やその他ほとんどの GUI システムでは、wait 関数が適切なコールバックを呼び出してくれるため、コールバックを選択するためのコードをプログラマーが記述する必要はない。

「従来のプログラム」は、以下のような構成になっている。

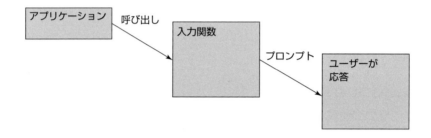

「GUI プログラム」は、以下のような構成になっている。

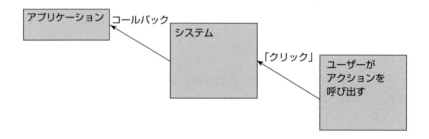

この「制御の反転」には、実行順序がユーザーのアクションによって完全に決定されるという意味合いがある。これにより、プログラムの構成とデバッグの両方が難しくなる。ユーザーの行動を推測するのは困難であり、コールバックがランダムに呼び出されたときの結果をすべて予測するのも困難である。このため、テストを体系的に行おうとするとどつぼにはまる（第 26 章）。これに取り組む方法について説明するのはまたの機会にするが、ユーザーアクションによるコールバックによって呼び出されるコードには十分な注意を払うようにしよう。制御フローの問題については言うまでもないが、可視性の問題や、どのウィジェットがどのデータに結び付けられるのかを追跡することの難しさもある。問題を最小限に抑えるには、プログラムの GUI 部分を単純に保つことと、GUI プログラムを少しずつ構築しながら段階的にテストを行うことがきわめて重要となる。GUI プログラムに取り組むときには、必ずと言ってよいほど、オブジェクトとそれらのインタラクションを簡単な図に表してみる必要もある。

さまざまなコールバックによって呼び出されるコードはどのようにやり取りするのだろうか。最も単純な方法は、「§16.5 例」で示したように、ウィンドウに格納されたデータを関数で操作することだ。その例では、［Next point］ボタンのクリックによって呼び出された `Lines_window` の `next` 関数が、`In_box`（`next_x` および `next_y`）からデータを読み取り、`lines` メンバー変数と `Out_box`（`xy_out`）を更新していた。もちろん、コールバックによって呼び出される関数では、何を実行してもかまわない。ファイルを開いてもよいし、Web に接続してもよい。だがここでは、ウィンドウにデータを格納する単純なケースについて検討するにとどめる。

16.7　メニューの追加

「制御の反転」によって引き起こされる制御とやり取りの問題について調べるために、直線描画プログラムにメニューを追加してみよう。まず、`lines` メンバー変数に含まれているすべての直線の色を変更できるよう、そのためのメニューを提供する。`color_menu` メニューとそのコールバックを追加することから始めよう。

```
struct Lines_window :Window {
    Lines_window(Point xy, int w, int h, const string& title);

    Open_polyline lines;
    Menu color_menu;

    // コールバック:
    static void cb_red(Address,Address);      // [red]ボタン
    static void cb_blue(Address,Address);     // [blue]ボタン
    static void cb_black(Address,Address);    // [black]ボタン

    // アクション:
    void red_pressed()   { change(Color::red); }
    void blue_pressed()  { change(Color::blue); }
    void black_pressed() { change(Color::black); }

    void change(Color c) { lines.set_color(c); }

    // 以前と同じ
};
```

ほぼ同一のコールバック関数や「アクション」関数をいちいち入力するのは面倒である。だが、概念的には単純だ。入力の手間がもっと少ないものもあるが、本書では取り上げていない。ラムダを使って `cb_` 関数を削除するという手もあるので、試してみるとよいだろう。メニューボタンが押されると、直線が要求された色に変更される。

第16章　GUI

color_menu メンバーを定義した後は、それを初期化する必要がある。

```
Lines_window::Lines_window(Point xy, int w, int h, const string& title)
    :Window{xy,w,h,title},
    // 以前と同じ
    color_menu{Point{x_max()-70,40},70,20,Menu::vertical,"color"}
{
    // 以前と同じ
    color_menu.attach(new Button{Point{0,0},0,0,"red",cb_red});
    color_menu.attach(new Button{Point{0,0},0,0,"blue",cb_blue});
    color_menu.attach(new Button{Point{0,0},0,0,"black",cb_black});
    attach(color_menu);
}
```

これらのボタンは（attach() を通じて）メニューに動的に関連付けられ、必要に応じて削除または置換できる。Menu::attach() は、ボタンのサイズと位置を調整し、それらをウィンドウに関連付ける。ウィンドウは以下のようになる。

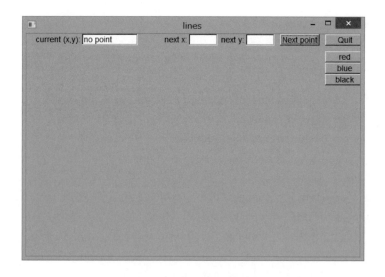

しばらく試してみて、「ポップアップメニュー」が必要であると判断したとしよう。つまり、メニューを使用するとき以外は、貴重な画面領域をメニューに費やしたくない。そこで、[color menu] ボタンを追加することにした。このボタンをクリックすると、色のメニューが表示される。選択が完了すると、メニューは再び非表示となり、ボタンが表示される。

556

以下に示すのは、直線をいくつか追加した後のウィンドウだ。

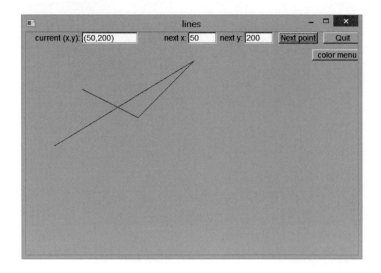

新しい［color menu］ボタンと（黒の）直線が表示されている。［color menu］ボタンをクリックすると、ウィンドウの右側にメニューが表示される。

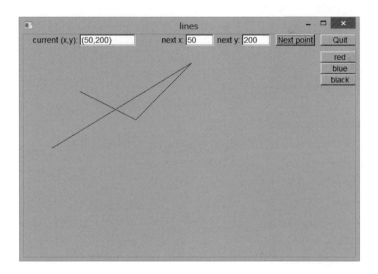

［color menu］ボタンが消えたことがわかる。メニューの選択が完了するまで、このボタンは必要ない。［blue］ボタンをクリックすると、以下のようになる。

第16章 GUI

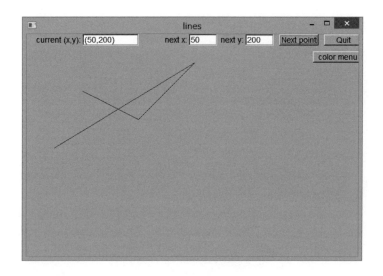

直線の色が青に変わり、[color menu] ボタンが再び表示されている。

これを実現するにあたって、[color menu] ボタンを追加し、pressed 関数を変更してメニューとボタンの表示を調整した。変更がすべて完了した後の完成した Lines_window は以下のようになる。

```
struct Lines_window : Window {
    Lines_window(Point xy, int w, int h, const string& title);
private:
    // データ:
    Open_polyline lines;

    // ウィジェット:
    Button next_button;     // (next_x,next_y) を lines に追加
    Button quit_button;     // プログラムを終了
    In_box next_x;
    In_box next_y;
    Out_box xy_out;
    Menu color_menu;
    Button menu_button;

    void change(Color c) { lines.set_color(c); }

    void hide_menu() { color_menu.hide(); menu_button.show(); }

    // コールバックによって呼び出されるアクション:
    void red_pressed() { change(Color::red); hide_menu(); }
```

558

```
    void blue_pressed() { change(Color::blue); hide_menu(); }
    void black_pressed() { change(Color::black); hide_menu(); }
    void menu_pressed() { menu_button.hide(); color_menu.show(); }
    void next();
    void quit();

    // コールバック関数:
    static void cb_red(Address,Address);
    static void cb_blue(Address,Address);
    static void cb_black(Address,Address);
    static void cb_menu(Address,Address);
    static void cb_next(Address,Address);
    static void cb_quit(Address,Address);
};
```

コンストラクターを除くすべてが private であることに注意しよう。基本的には、この Window クラスが「プログラム」である。すべてがそのコールバックを通じて発生するため、ウィンドウの外側からのコードは必要ない。クラスを読みやすくするために、宣言を少し並べ替えてみた。コンストラクターでは、そのサブオブジェクトのすべてに引数を提供し、それらをウィンドウに関連付ける。

```
Lines_window::Lines_window(Point xy, int w, int h, const string& title)
    :Window{xy,w,h,title},
    next_button{Point{x_max()-150,0},70,20,"Next point",cb_next},
    quit_button{Point{x_max()-70,0},70,20,"Quit",cb_quit},
    next_x{Point{x_max()-310,0},50,20,"next x:"},
    next_y{Point{x_max()-210,0},50,20,"next y:"},
    xy_out{Point{100,0},100,20,"current (x,y):"},
    color_menu{Point{x_max()-70,30},70,20,Menu::vertical,"color"},
    menu_button{Point{x_max()-90,30},90,20,"color menu",cb_menu}
{
    attach(next_button);
    attach(quit_button);
    attach(next_x);
    attach(next_y);
    attach(xy_out);
    xy_out.put("no point");
    color_menu.attach(new Button{Point{0,0},0,0,"red",cb_red});
    color_menu.attach(new Button{Point{0,0},0,0,"blue",cb_blue});
    color_menu.attach(new Button{Point{0,0},0,0,"black",cb_black});
    attach(color_menu);
```

```
        color_menu.hide();
        attach(menu_button);
        attach(lines);
    }
```

イニシャライザーがデータメンバーの定義と同じ順序であることに注意しよう。それがイニシャライザーを記述するときの正しい順序である。実際には、メンバーイニシャライザーは常にそれらのデータメンバーが宣言された順序で実行される。コンパイラーによっては、基底またはメンバーコンストラクターの順序が正しくない場合に（助け舟として）警告を生成することがある。

16.8 GUI コードのデバッグ

GUI プログラムが動作するようになったら、デバッグするのはたいてい簡単である。ただし、最ももどかしい期間は、多くの場合、プログラミングを開始してから最初の図形やウィジェットがウィンドウに表示されるようになる前か、ウィンドウが画面に表示されるようになる前である。以下の main 関数を試してみよう。

```
int main()
{
    Lines_window {Point{100,100},600,400,"lines"};
    return gui_main();
}
```

間違いに気づいただろうか。それに気づいたかどうかはともかく、まず試してみよう。プログラムはコンパイルされ、実行されるが、Lines_window が直線を描画する機会を与えるどころか、画面が一瞬点滅するのが落ちだ。このようなプログラムの間違いを見つけ出すにはどうすればよいだろうか。

- クラス、関数、ライブラリなど、プログラムの十分にテストされている部分を慎重に使用する。
- 新しいコードはすべて単純なものにし、コードを 1 行ずつ慎重に調べることで、プログラムを最も単純なバージョンから少しずつ「拡張」していく。
- すべてのリンカー設定をチェックする。
- すでに動作しているプログラムと比較してみる。
- そのコードを友人に説明してみる。

プログラマーが難しいと感じることの 1 つは、コードの実行をトレースすることだろう。デバッガの使い方を心得ていればうまくいくかもしれないが、この場合は「出力文」を挿入するだけではうまくいかない ── 問題はそもそも出力が表示されないことだ。デバッガ自体にも、一度に複数のことが行われるという問題がある。プログラマーのコード以外にも、画面とのやり取りを試みるコードが存在する。コードを単純に保ち、コードを理解するために体系的に取り組むことが鍵となる。

16.8 GUIコードのデバッグ

では、何が問題だったのだろうか。正しいバージョンは以下のようになる。

```
int main()
{
    Lines_window win{Point{100,100},600,400,"lines"};
    return gui_main();
}
```

`Lines_window`の名前（`win`）を忘れていたのである。その名前が実際には不要だったことを考えるとそれは妥当なことに思えるが、プログラムがそのウィンドウを使用しなかったために、コンパイラーがそれを直ちに削除してもよいと判断したのである。そのウィンドウは約1ミリ秒ほど存在していた。見逃したのも無理はない。

あるウィンドウが別のウィンドウの上に「ぴったり」重なることも、よくある問題の1つである。当然ながら ── あるいはちっとも当然ではないかもしれないが ── これではウィンドウが1つしかないように見える。もう1つのウィンドウがどこかへ行ってしまったと考え、存在しないバグを探して時間を無駄にする可能性がある。ある図形を別の図形の上に重ねたときにも、同じ問題が発生するかもしれない。

そして最後に ── さらに悪いことに ── GUIライブラリを使用するときには、例外が望みどおりに機能するとは限らない。このコードはGUIライブラリによって管理されるため、プログラムからスローした例外がハンドラーに届かないことがある。ライブラリやOSがその例外を「食べて」しまうことがあるからだ ── つまり、それらがC++の例外とは異なるエラー処理メカニズムを使用していて、C++のことはすっかり忘れ去られているかもしれない。

デバッグ中に見つかる主な問題としては、`Shape`と`Widget`が関連付けられていないためにそれらが表示されないことや、オブジェクトがスコープを外れたために誤動作することなどがあげられる。プログラマーがメニューボタンの作成と関連付けを外に出した場合について考えてみよう。

```
// ボタンをメニューに追加するためのヘルパー関数
void load_disaster_menu(Menu& m)
{
    Point orig {0,0};
    Button b1 {orig,0,0,"flood",cb_flood};
    Button b2 {orig,0,0,"fire",cb_fire};
    ...
    m.attach(b1);
    m.attach(b2);
    ...
}

int main()
{
    ...
```

```
        Menu disasters {Point{100,100},60,20,Menu::horizontal,"disasters"};
        load_disaster_menu(disasters);
        win.attach(disasters);
        ...
    }
```

これはうまくいかない。それらのボタンはすべて `load_disaster_menu` 関数に対してローカルである。それらをメニューに関連付けたとしても、それは変わらない。これについては、第 18 章の「§18.6.4 ポインタの問題」と第 8 章の「§8.5.8 関数呼び出しの実装」で説明している。要するに、`load_disaster_menu` 関数から制御が戻った後、そうしたローカルオブジェクトは削除されており、`disasters` メニューは存在しない（削除された）オブジェクトを参照している。結果として、うれしくない驚きが待っていることだろう。この問題を解決するには、名前付きのローカルオブジェクトを使用する代わりに、`new` によって作成された名前のないオブジェクトを使用する必要がある。

```
    // ボタンをメニューに追加するためのヘルパー関数
    void load_disaster_menu(Menu& m)
    {
        Point orig {0,0};
        m.attach(new Button{orig,0,0,"flood",cb_flood});
        m.attach(new Button{orig,0,0,"fire",cb_fire});
        ...
    }
```

正しい解決策は（よくありがちな）バグよりも単純なほどだ。

ドリル

1. FLTK のリンカー設定（付録 D）を使用して、新しいプロジェクトを作成する。
2. `Graph_lib` の機能を使用して、「§16.5 例」の直線描画プログラムを入力して実行する。
3. 「§16.7 メニューの追加」で説明したポップアップメニューを使用するようにプログラムを変更し、実行する。
4. 直線のスタイルを選択するための 2 つ目のメニューをプログラムに追加し、実行する。

復習

1. GUI が必要となるのはなぜか。
2. グラフィカルではない UI が必要となるのはどのような状況か。
3. ソフトウェアレイヤー（層）とは何か。
4. ソフトウェアをレイヤー状にするのはなぜか。
5. C++ から OS とやり取りするときの根本的な問題は何か。
6. コールバックとは何か。
7. ウィジェットとは何か。
8. ウィジェットの別名は何か。
9. FLTK という頭字語の意味は何か。
10. FLTK はどのように発音するか。
11. 他に聞いたことがある GUI ツールキットは何か。
12. どのシステムが「ウィジェット」という用語を使用し、どのシステムが「コントロール」という用語を使用するか。
13. ウィジェットの例は何か。
14. 入力ボックスを使用するのはどのような状況か。
15. 入力ボックスにはどのような種類の値が格納されるか。
16. ボタンを使用するのはどのような状況か。
17. メニューを使用するのはどのような状況か。
18. 制御の反転とは何か。
19. GUI プログラムをデバッグするための基本的な手法は何か。
20. GUI プログラムのデバッグが I/O ストリームを使用する通常のプログラムのデバッグよりも難しいのはなぜか。

用語

GUI（Graphical User Interface）
ウィジェット（widget）
コールバック（callback）
コンソール I/O（console I/O）

コントロール（control）
制御の反転（inversion of control）
ソフトウェアレイヤー（software layer）
ダイアログボックス（dialog box）

第 16 章　GUI

待機ループ（wait loop）
入力待ち（waiting for input）
表示と非表示（visible/hidden）
ボタン（button）
メニュー（menu）
ユーザーインターフェイス（user interface）

■　練習問題

1. `My_window` を作成する。このウィンドウは `Simple_window` に少し似ているが、`next` と `quit` の 2 つのボタンを持つ。
2. 正方形のボタンが 4 × 4 のチェッカーボードのように並んでいるウィンドウを `My_window` に基づいて作成する。ボタンが押されたら、その座標を出力ボックスに表示するといった単純なアクションを実行するか、別のボタンが押されるまでボタンの色を少し変化させる。
3. `Button` の上に `Image` を配置する。ボタンが押されたら、両方とも移動する。`std_lib_facilities.h` の以下の乱数ジェネレーターを使って「イメージボタン」の新しい位置を選択する。この乱数ジェネレーターは [min,max] の範囲内の乱数値を `int` 型で返す。

    ```
    #include<random>
    
    inline int rand_int(int min, int max)
    {
        static default_random_engine ran;
        return uniform_int_distribution<>{min,max}(ran);
    }
    ```

4. 円、正方形、正三角形、六角形をそれぞれ作成するアイテムが含まれたメニューを作成する。座標を指定するための入力ボックスを（1 つまたは 2 つ）作成し、メニューアイテムを押すことによって作成された図形をその座標に配置する。ドラッグ&ドロップはサポートしない。
5. 選択された図形を描画し、[Next] ボタンがクリックされるたびにその図形を新しいポイントへ移動するプログラムを作成する。新しいポイントは、入力ストリームから読み取った座標によって決定される。
6. アナログ時計（針を持つ時計）を作成する。時刻はライブラリ呼び出しを通じて OS から取得する。この練習問題の大部分は、手元にある資料を調べて、時刻を提供する関数と短時間だけ（たとえば時計が時を刻む 1 秒間など）待機する方法を突き止め、それらの使い方を覚えることに費やされる。ヒント：`clock()`、`sleep()`。
7. ここまでの練習問題で培った手法を用いて、ウィンドウ内を「飛び回る」飛行機の画像を作成する。[Start] ボタンと [Stop] ボタンを配置する。
8. 為替プログラムを作成する。為替レートは起動時にファイルから読み取る。入力ウィンドウに金額を入力し、換算前と換算後の通貨を 2 つのメニューなどで選択できるようにする。
9. 第 7 章の電卓プログラムを書き換え、その入力を入力ボックスから取得し、その結果を出力ボックスに出力するように変更する。
10. `sin()` や `log()` といった関数を選択し、選択した関数の引数を提供し、それらをグラフ化するプログラムを作成する。

16.8 GUI コードのデバッグ

■ 追記

GUI は広大なテーマである。その大半は、スタイルと既存のシステムとの互換性に関係している。さらにその大半は、さまざまなボタンスタイルをサポートする GUI ライブラリなど、目が回るほどさまざまなウィジェットに関係している。ただし、基本的なプログラミング手法に関係するものはほとんどないため、その方向には進まないことにする。スケーリング、回転、モーフィング、3 次元オブジェクト、シャドーイングなどを扱うには、本書では前提としていないグラフィックス分野と数学分野の高度な知識が必要となる。

1 つ知っておいてほしいのは、ほとんどの GUI システムが「GUI ビルダー」を提供していることだ。GUI ビルダーを利用すれば、ウィンドウのレイアウトをグラフィカルにデザインし、コールバックやアクションをグラフィカルに指定されたボタンやメニューに関連付けることができる。多くのアプリケーションでは、コールバックといった「足場組みコード」を記述する手間を省くために、そうした GUI ビルダーを使用する価値は十分にある。ただし、完成したプログラムの動作の仕組みを理解することを常に心がけよう。本章で説明したものに相当するコードが生成されることもあるし、より複雑でコストのかかるメカニズムが使用されることもある。

第III部

データとアルゴリズム

第17章
vector とフリーストア

> vector をデフォルトとして使用せよ！
> — Alex Stepanov

本章と次の 4 つの章では、C++ の標準ライブラリのうち、コンテナーとアルゴリズムに関する STL（Standard Template Library）と呼ばれる部分を取り上げ、STL の重要な機能とそれらの使用法について説明する。さらに、STL を実装するために使用された重要な設計/プログラミング手法と、それらに使用されている低レベルの言語機能を紹介する。これには、ポインター、配列、フリーストアが含まれる。本章と次の 2 つの章では、vector の設計と実装に焦点を合わせる。vector は、最も便利で、最もよく使用される STL コンテナーである。

- 17.1 はじめに
- 17.2 vector の基礎
- 17.3 メモリー、アドレス、ポインター
    - 17.3.1 sizeof 演算子
- 17.4 フリーストアとポインター
    - 17.4.1 フリーストアでのメモリーの確保
    - 17.4.2 ポインターを通じたアクセス
    - 17.4.3 範囲
    - 17.4.4 初期化
    - 17.4.5 null ポインター
    - 17.4.6 フリーストアの解放
- 17.5 デストラクター
    - 17.5.1 生成されたデストラクター
    - 17.5.2 デストラクターとフリーストア
- 17.6 要素へのアクセス
- 17.7 クラスオブジェクトへのポインター
- 17.8 型の操作：void*とキャスト
- 17.9 ポインターと参照
    - 17.9.1 ポインターパラメーターと参照パラメーター
    - 17.9.2 ポインター、参照、継承
    - 17.9.3 例：リスト
    - 17.9.4 リストの演算
    - 17.9.5 リストの使用
- 17.10 this ポインター
    - 17.10.1 リンクのその他の使用法

第17章 vector とフリーストア

17.1 はじめに

C++ の標準ライブラリにおいて最も便利なコンテナは vector である。vector は、特定の型を持つ一連の要素を提供する。それらの要素はインデックス（添字）を使って参照できる。vector を拡張するには push_back 関数を使用し、vector の要素の個数を取得するには size 関数を使用する。vector では、範囲外の要素へのアクセスも確認できる。標準ライブラリの vector は、便利で、柔軟で、（時間とスペースの両面で）効率的で、静的に型付けされた、型セーフなコンテナである。標準の string にも同様の特性があり、list や map といった標準ライブラリの他のコンテナにも同様の特性がある（第 20 章）。ただし、コンピューターのメモリーでは、そうした便利な型は直接サポートされない。ハードウェアが直接サポートするのはバイトシーケンスだけである。たとえば vector<double> v が定義されているとすれば、v.push_back(2.3) は double 型の一連の要素からなる v に 2.3 を追加し、v の要素カウント（v.size()）を 1 つ増やす。最も低いレベルにあるコンピューター（CPU）は、push_back 関数のような高度なものについては何も知らない。コンピューターが知っているのは、一度に数バイトを読み書きする方法だけである。

本章と次の 2 つの章では、すべてのプログラマーに提供される基本的な言語機能を使って vector を構築する方法を示す。そうすることで、有益な概念やプログラミング手法を具体的に示し、C++ 言語の機能を使ってそれらを表現する方法を明らかにする。ここで vector の実装に使用する C++ の機能とプログラミング手法は一般的に利用価値の高いもので、非常に広く使用されている。

vector を設計し、実装し、使用する方法について説明した後は、map といった他の標準ライブラリのコンテナを取り上げ、それらを使用するために C++ の標準ライブラリが提供している洗練された効率的な機能を調べる（第 20 章〜第 21 章）。それらの機能は「アルゴリズム」と呼ばれる。アルゴリズムにより、データ関連の一般的なタスクをプログラムする手間が省ける。すべての C++ 実装の一部として提供されるアルゴリズムを利用すれば、ライブラリの作成やテストが容易になる。本書では、標準ライブラリの最も便利なアルゴリズムの 1 つである sort() をすでに取り上げ、使用してきた。

ここでは、vector の実装レベルを徐々に引き上げながら、標準ライブラリの vector に近づけていく。まず、非常に単純な vector を構築する。次に、その vector の問題点を理解し、修正する。修正を何度か繰り返すうちに、標準ライブラリの vector にほぼ匹敵する実装になる。標準ライブラリの vector とは、C++ のコンパイラーとともに配布され、ここまでの章で使用してきたもののことだ。このように少しずつ改善していくプロセスは、新しいプログラミングタスクに取り組むときの一般的な手法にほぼ相当する。その過程で、メモリーやデータ構造の使用に関する古くからの問題に次々に直面し、それらを調べることになる。基本的な計画は以下のようになる。

- 第 17 章（本章）
  さまざまな量のメモリーにどのように対処できるか。具体的には、vector ごとに異なる数の要素を格納するにはどうすればよいか。1 つの vector にそのときどきで異なる数の要素を格納するにはどうすればよいか。ここでは、フリーストア（ヒープ記憶域）、ポインター、キャスト（明示的な型変換）、参照について調べる。
- 第 18 章
  vector をコピーするにはどうすればよいか。それらの添字演算を提供するにはどうすればよいか。ここでは、配列を導入し、それらとポインターとの関係を調べる。

17.1 はじめに

- 第 19 章

  さまざまな要素型の vector を定義するにはどうすればよいか。範囲外エラーに対処するにはどうすればよいか。こうした質問に答えるために、C++ のテンプレート機能と例外機能を調べる。

ここでは、柔軟で、効率的で、型セーフな vector の実装に対処するための C++ の新しい機能や手法に加えて、すでに取り上げてきた C++ の機能やプログラミング手法の多くを再利用する。この機会に、それらのより形式的で技術的な定義も示すことにしよう。

そしてようやく、メモリーを直接扱えるようになる。メモリーを直接扱う必要があるのはなぜだろうか。非常に便利で有益な vector と string があるではないか。vector と string の目的はそもそも物理メモリーの扱いにくさからプログラマーを解放することにある。そうした「魔法を信じる」というならそれでもよいが、魔法を魔法のままにしておきたくなければ、最も低いレベルのメモリー管理を調べなければならない。「魔法を信じる」だけではだめなのだろうか — 肯定的に解釈するなら、「vector の実装が状況を把握していることをあてにしてはならない」のはなぜだろうか。何も、コンピューターのメモリーを機能させているデバイス物理学を調べろと言っているのではない。

私たちは物理学者ではなく、コンピューター科学者やソフトウェア開発者といったプログラマーである。デバイス物理学を専攻しているなら、コンピューターのメモリーの設計がどうなっているかについて調べる必要があるだろう。だが、私たちが学んでいるのはプログラミングであるため、私たちが調べなければならないのはプログラムの設計がどうなっているかである。理論的には、デバイス物理学と同じように、低レベルのメモリーアクセスとメモリー管理の「実装の詳細」について思考できる。だが、それなら「魔法を信じる」必要はないはずだ。魔法を信じるというなら、新しいコンテナーを実装するのは無理だろうし、メモリーを直接使用する大量の C/C++ コードを読むこともできないだろう。次の数章にわたって見ていくように、ポインター — オブジェクトを参照する低レベルの直接的な方法 — はメモリーの管理とは関係なくさまざまな理由で有益である。ポインターを使用しなければ、C++ をうまく使いこなせないこともある。

もう少し哲学的に言えば、コンピューターの専門家の多くは次のように考えている — コンピューターのメモリーや演算にプログラムがどのようにマッピングされるのかについての基本的かつ実践的な知識がなければ、データ構造やアルゴリズム、OS といったより高いレベルの話題をきちんと理解することはできない。筆者もそう考えている 1 人である。

17.2 vectorの基礎

vectorの非常に単純な使用法について考えることから始めて、vectorを少しずつ設計していくことにしよう。

```
vector<double> age(4);   // double 型の 4 つの要素からなる vector
age[0]=0.33;
age[1]=22.0;
age[2]=27.2;
age[3]=54.2;
```

このコードは、double型の4つの要素からなるvectorを作成し、それら4つの要素に0.33、22.0、27.2、54.2の値を割り当てる。4つの要素には、0、1、2、3の番号が振られる。C++の標準ライブラリのコンテナでは、要素のナンバリングは常に0（ゼロ）始まりである。こうした0始まりのナンバリングは非常に一般的で、C++プログラマーの間では世界共通の規約である。vectorの要素の個数は「サイズ」と呼ばれる。したがって、ageのサイズは4である。vectorの要素には、0〜（サイズ-1）の番号（インデックス）が振られる。ageを図解すると、以下のようになる。

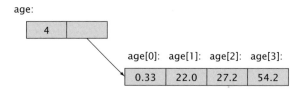

この「図面」をコンピューターのメモリーで再現するにはどうすればよいだろうか。値をこのとおりに格納し、このとおりにアクセスするにはどうすればよいだろうか。当然ながら、クラスを定義する必要がある。このクラスをvectorと呼ぶことにしよう。さらに、vectorのサイズを格納するデータメンバーと、その要素を格納するデータメンバーが必要だ。しかし、要素の個数が変化することがあるとしたら、それらの要素をどのように表せばよいだろうか。標準ライブラリのvectorを使用するという手もあるが、この状況では、それはさすがにまずい ── vectorを構築することがここでの目的なのだから。

では、先の図の矢印を表現するにはどうすればよいだろうか。矢印なしで済ませるとしたら、以下に示すような固定長のデータ構造を使用できるはずだ。

```
class vector {
    int size, age0, age1, age2, age3;
    // ...
};
```

表記上の詳細を無視すれば、これは以下のようになる。

	age:			
size:	age[0]:	age[1]:	age[2]:	age[3]:
4	0.33	22.0	27.2	54.2

これは単純でよくできているが、最初に push_back 関数を使って要素を追加しようとした時点でもうためである ── 要素を追加する方法がない。要素の個数はコードで 4 に固定されている。固定の個数の要素を格納するデータ構造を超えるものが必要だ。push_back 関数のように vector の要素の個数を変更する演算は、要素の個数が固定の vector を定義した場合は実装できない。基本的には、別の要素を指すデータメンバーが必要である。そうすれば、さらに領域が必要になったときに別の要素を指せるようになる。そのためには、最初の要素のメモリーアドレスのようなものが必要である。C++ では、アドレスを保持できるデータ型を**ポインター**（*pointer*）と呼ぶ。構文的には、ポインターは * というサフィックスで区別され、double* は「double へのポインター」を意味する。したがって、vector クラスの最初のバージョンの定義は以下のようになる。

```
// 非常に単純な (vector<double>と同様の) double 型の vector
class vector {
    int sz;            // サイズ
    double* elem;      // 最初の (double 型の) 要素へのポインター
public:
    vector(int s);     // コンストラクター: double を確保し、
                       // elem がそれらを指すようにし、sz に s を格納
    int size() const { return sz; }   // 現在のサイズ
};
```

vector の設計に進む前に、「ポインター」の概念について少し詳しく説明しよう。ポインターの概念は、ポインターと深い関係にある「配列」の概念とともに、C++ の「メモリー」の概念を解く手がかりとなる。

17.3 メモリー、アドレス、ポインター

コンピューターのメモリーはバイトシーケンス（バイト列）である。それらのバイトには 0 始まりの番号を振ることができる。そうしたメモリー内での位置を示す番号は**アドレス**（*address*）と呼ばれる。アドレスについては、一種の整数値として考えることができる。メモリーの 1 バイト目のアドレスは 0、2 バイト目は 1 になる。1 メガバイトのメモリーを図解すると、以下のようになる。

メモリーに格納されるすべてのものにアドレスがある。以下のコードは、var のために「int サイズ」のメモリーをどこかで確保し、そのメモリーに 17 の値を格納する。

```
int var = 17;
```

このメモリーのアドレスを取っておいて操作することもできる。アドレス値を保持するオブジェクトは**ポインター**（*pointer*）と呼ばれる。たとえば、int のアドレスを保持するのに必要な型は「int へのポインター」または「int ポインター」と呼ばれ、int* と表記される。

```
int* ptr = &var;   // ptr は var のアドレスを保持
```

「アドレス演算子」である単項 & は、オブジェクトのアドレスを取得するために使用される。したがって、var がたまたまアドレス 4096（2^{12}）で始まる場合、ptr には 4096 の値が格納される。

基本的には、コンピューターのメモリーを 0 ～（メモリーサイズ −1）の番号が振られたバイトシーケンスとして捉えている。コンピューターによっては端折りすぎだが、メモリーの最初のプログラミングモデルとしては十分だろう。

型にはそれぞれ対応するポインター型がある。

```
int x = 17;
int* pi = &x;      // int へのポインター

double e = 2.71828;
double* pd = &e;   // double へのポインター
```

ポインターが指しているオブジェクトの値を確認したい場合は、「間接参照演算子」である単項 * を使用する。

```
cout << "pi==" << pi << "; contents of pi==" << *pi << '\n';
cout << "pd==" << pd << "; contents of pd==" << *pd << '\n';
```

17.3 メモリー、アドレス、ポインター

`*pi` の出力は整数の 17、`*pd` の出力は浮動小数点数の 2.71828 になる。`pi` と `pd` の出力は、変数 x と e がメモリーのどこで確保されるかによって異なる。ポインター値（アドレス）に使用される表記も、システムが使用する規約に応じて異なることがある。ポインター値にはよく 16 進表記（§A.2.1.1）が使用される。

逆参照演算子（*deference operator*）とも呼ばれる**間接参照演算子**（*contents of operator*）は、代入の左辺でも使用できる。

```
*pi = 27;         // OK: pi が指している int に 27 を代入できる
*pd = 3.14159;    // OK: pd が指している double に 3.14159 を代入できる
*pd = *pi;        // OK: int (*pi) は double (*pd) に代入できる
```

ポインター値は整数として出力できるが、ポインターは整数ではないことに注意しよう。「int は何を指すか」は質問としておかしい。int が指すのではなく、ポインターが指すのである。ポインター型はアドレスに適した演算を提供するが、int 型は整数に適した（算術および論理）演算を提供する。したがって、ポインターと整数が暗黙的に混用されることはない。

```
int i = pi;       // エラー: int* は int に代入できない
pi = 7;           // エラー: int は int* に代入できない
```

同様に、char へのポインター（char*）は、int へのポインター（int*）ではない。

```
char* pc = pi;    // エラー: int* は char* に代入できない
pi = pc;          // エラー: char* は int* に代入できない
```

pc を pi に代入するとエラーになるのはなぜだろうか。1 つの答えについて考えてみよう。char はたいてい int よりもずっと小さい。そう考えると、以下のコードはどうなるだろうか。

```
char ch1 = 'a';
char ch2 = 'b';
char ch3 = 'c';
char ch4 = 'd';
int* pi = &ch3;   // ch3 (char サイズのメモリー) を指す
                  // エラー: char* は int* に代入できないが、
                  // 代入できると仮定した場合
*pi = 12345;      // int サイズのメモリーに書き込む
*pi = 67890;
```

コンパイラーがメモリー内で変数を確保する正確な方法は実装上の詳細だが、以下のようになると仮定してみよう。

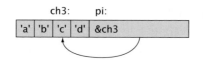

このコードがコンパイルエラーにならないとすれば、&ch3 から始まるメモリーに 12345 が書き込まれることになる。その場合、ch2 や ch4 といった隣接するメモリーの値は確実に変更されている。本当に運が悪ければ（まあそういうものだ）、pi の一部も上書きされてしまっているだろう。その場合、次の代入 *pi=67890 では、メモリーのまったく異なる部分に 67890 が書き込まれることになる。こうした代入がコンパイルエラーになるのはありがたいことだが、これは、この低レベルプログラミングにおいてコンパイラーが提供する数少ない安全装置の 1 つである。

めったにないが、int をポインターに変換する、またはポインター型を別のポインター型に変換する必要に迫られることがある。そのような場合は、reinterpret_cast を使用すればよい（§17.8）。

これはハードウェアに非常に近い場所であり、プログラマーにとってそれほど居心地のよい場所ではない。プリミティブな演算をいくつか使用できるだけで、C++ や標準ライブラリからのサポートはほとんど受けられない。だが、vector などの高レベルな機能がどのように実装されるのかを知るには、ここに来る必要があった。このレベルでコードを記述する方法を理解する必要があるのは、すべてのコードが「高レベル」であるとは限らないためだ（第 25 章）。また、高レベルのソフトウェアが存在しない状態を一度体験しておけば、その便利さや相対的な安全性をよく理解できるかもしれない。ここでの目的は、問題とその解決策の制約に照らして、できるだけ高い抽象レベルで作業を行うことにある。本章〜第 19 章では、vector を実装しながら、より適切な抽象レベルに戻す方法を示す。

17.3.1　sizeof 演算子

int は実際にどれだけのメモリーを占めるのだろうか。ポインターではどうだろうか。こうした質問に答えるのが sizeof 演算子である。

```
void sizes(char ch, int i, int* p)
{
    cout << "the size of char is " << sizeof(char)
        << ' ' << sizeof (ch) << '\n';
    cout << "the size of int is " << sizeof(int)
        << ' ' << sizeof (i) << '\n';
    cout << "the size of int* is " << sizeof(int*)
        << ' ' << sizeof (p) << '\n';
}
```

このように、sizeof 演算子は型名と式のどちらにも適用できる。型の場合はその型のオブジェクトのサイズを返し、式の場合は結果として得られる型のサイズを返す。sizeof 演算子の結果は正の整数であり、単位は sizeof(char) であり、それは 1 として定義される。一般に、char はバイト単位で格納されるため、sizeof 演算子はバイト数を返す。

TRY THIS

先の例を実行し、何が出力されるか確認してみる。次に、この例を拡張し、`bool`、`double`、その他の型のサイズを割り出してみる。

ある型のサイズが C++ のすべての実装において同じであるという保証はない。`sizeof(int)` は、最近のノート PC やデスクトップ PC では一般に 4 である。1 バイトを 8 ビットとすれば、それは `int` 型が 32 ビットであることを意味する。ただし、16 ビットの `int` 型を使用する組み込みシステムプロセッサや、64 ビットの `int` 型を使用するハイパフォーマンスアーキテクチャもよく見られる。

`vector` によって使用されるメモリー量はどれくらいだろうか。以下のコードを試してみよう。

```
vector<int> v(1000);     // int 型の 1,000 個の要素からなる vector
cout << "the size of vector<int>(1000) is " << sizeof (v) << '\n';
```

著者の環境では、出力は以下のようになった。

```
the size of vector<int>(1000) is 20
```

これが何を意味するかは、本章および次章を読み進めていくうちに明らかになるが (§19.2.1)、`sizeof` 演算子が要素の個数を数えないことは明らかである。

17.4　フリーストアとポインター

「§17.2 vector の基礎」の最後の vector 実装について考えてみよう。vector は要素のための領域をどこから取得するのだろうか。ポインター `elem` がそれらを指すようにするにはどうすればよいのだろうか。C++ プログラムを起動すると、コード用のメモリーとプログラマーが定義するグローバル変数用のメモリーがコンパイラーによって確保される。コード用のメモリーは**コード記憶域** (*code storage*) や**テキスト記憶域** (*text storage*) と呼ばれ、グローバル変数用のメモリーは**静的記憶域** (*static storage*) と呼ばれる。また、関数の呼び出し時に使用されるメモリーも確保されるほか、関数の引数とローカル変数用の領域も必要となる。それらは**スタック記憶域** (*stack storage*) や**自動記憶域** (*automatic storage*)、あるいは単に**スタック** (*stack*) と呼ばれる。コンピューターのメモリーの残りは、他の用途に利用できる可能性がある。つまり、それらは**フリー** (空き領域) である。これを図解すると、以下のようになる。

第 17 章　vector とフリーストア

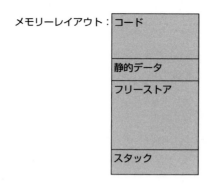

C++ は、このフリーストア（*free store*）を new という演算子を通じて提供する。フリーストアはヒープ（*heap*）とも呼ばれる。

```
double* p = new double[4];   // フリーストアで double を 4 つ確保
```

これにより、C++ のランタイムシステムがフリーストアで double を 4 つ確保し、最初の double へのポインターを返す。そのポインターを使ってポインター変数 p を初期化する。これを図解すると、以下のようになる。

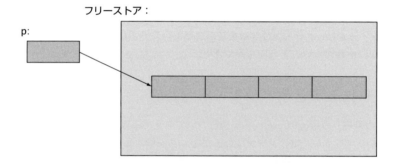

new 演算子は、作成したオブジェクトへのポインターを返す。複数のオブジェクト（配列）を作成した場合は、最初のオブジェクトへのポインターを返す。そのオブジェクトが X 型である場合、new 演算子によって返されるポインターは X* 型である。

```
char* q = new double[4];   // エラー: double* を char* に代入している
```

new 演算子は double へのポインターを返す。double は char ではないため、それを char 型の変数 q へのポインターに代入すべきではないし、実際には代入できない。

17.4 フリーストアとポインター

17.4.1 フリーストアでのメモリーの確保

フリーストア（*free store*）でのメモリーの確保を要求するには、new 演算子を使用する。

- new 演算子は確保されたメモリーへのポインターを返す。
- ポインター値はメモリーの 1 バイト目のアドレスである。
- ポインターは指定された型のオブジェクトを指す。
- ポインターはそれが指している要素の個数を知らない。

new 演算子では、個々の要素または一連の要素（配列）を確保できる。

```
int* pi = new int;          // int を 1 個確保
int* qi = new int[4];       // int を 4 個確保（4 個の int からなる配列）

double* pd = new double;    // double を 1 個確保
double* qd = new double[n]; // double を n 個確保（n 個の double からなる配列）
```

確保するオブジェクトの個数が可変であることに注意しよう。確保するオブジェクトの個数を実行時に選択できるようになるため、これは重要である。n が 2 の場合は、以下のようになる。

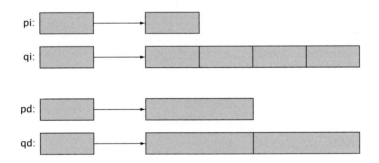

ポインターの型は、そのポインターが指すオブジェクトの型に応じて異なる。

```
pi = pd;  // エラー: double* は int* に代入できない
pd = pi;  // エラー: int* は double* に代入できない
```

int を double に代入し、double を int に代入することは可能であるのに、なぜエラーになるのだろうか。その理由は [] 演算子にある。この演算子は、要素型のサイズに基づいて要素の位置を割り出す。たとえば、qi[2] はメモリーにおいて qi[0] よりも int 2 つ分先にあり、qd[2] は qd[0] よりも double 2 つ分先にある。これは多くのコンピューターに言えることだが、int のサイズが double のサイズと異なる場合、qd に確保されたメモリーを qi で参照できるようにすると、かなりおかしな結果になる可能性がある。

これは「実践的な説明」である。「異なる型へのポインターの代入を認めれば、型エラーを認めることになるから」というのが理論的な説明だ。

17.4.2 ポインターを通じたアクセス

ポインターでは、間接参照演算子 * に加えて、添字演算子 [] も使用できる。

```
double* p = new double[4];   // フリーストアで double を 4 つ確保
double x = *p;      // p が指している (1つ目の) オブジェクトを読み取る
double y = p[2];    // p が指している3つ目のオブジェクトを読み取る
```

予想どおり、vector の添字演算子と同様に添字演算子も 0 から数えるため、p[2] は 3 つ目の要素を指している。p[0] は 1 つ目の要素を指しているため、p[0] は *p とまったく同じ意味である。[] 演算子と * 演算子は書き込みにも使用できる。

```
*p = 7.7;      // p が指している (1つ目の) オブジェクトに書き込む
p[2] = 9.9;    // p が指している3つ目のオブジェクトに書き込む
```

ポインターはメモリー内のオブジェクトを指す。
ポインター p が指しているオブジェクトを読み書きするには、間接参照演算子を使用する。

```
double x = *p;   // p が指しているオブジェクトを読み取る
*p = 8.8;        // p が指しているオブジェクトに書き込む
```

ポインターに適用された添字演算子 [] は、メモリーをオブジェクトのシーケンスとして扱う。それらのオブジェクトの型はポインター宣言によって指定される。そして、ポインター p は 1 つ目のオブジェクトを指す。

```
double x = p[3];   // p が指している 4 つ目のオブジェクトを読み取る
p[3] = 4.4;        // p が指している 4 つ目のオブジェクトに書き込む
double y = p[0];   // p[0] は *p と同じ
```

それだけである。チェックもなければ、実装に細工があるわけでもない。コンピューターのメモリーにアクセスするだけだ。

p[0]:	p[1]:	p[2]:	p[3]:
8.8		9.9	4.4

これは、vector を実装するために必要なメモリーにアクセスするための、まさに単純でこれ以上ないほど効率的なメカニズムである。

17.4.3 範囲

ポインターの主な問題点は、指している要素の個数を「知らない」ことだ。以下のコードについて考えてみよう。

```
double* pd = new double[3];
pd[2] = 2.2;
pd[4] = 4.4;
pd[-3] = -3.3;
```

この場合、pd は 3 つ目の要素 pd[2] を持っているのだろうか。5 つ目の要素 pd[4] は持っているのだろうか。pd の定義を見れば、プログラマーには一目瞭然だが、コンパイラーにはわからない。つまり、コンパイラーはポインターの値までは追跡しない。このコードは、あたかも十分なメモリーが確保されているかのようにメモリーにアクセスするだけだ。それどころか、pd が指しているメモリーの double 3 つ分手前の位置が、まるで確保された領域の一部であるかのように、pd[-3] にアクセスする。

pd[-3] および pd[4] として指定されたメモリー位置が何に使用されるのかはまったくわからない。だが、pd が指している double 型の配列の一部として使用されるものではないことはわかる。それらは他のオブジェクトの一部である可能性が高く、そこにごちゃごちゃ書き込んだ、ということになる。それはよい考えではない。それどころか、通常は破滅的にまずい考えである。「破滅的」とは、「プログラムがどういうわけかクラッシュする」とか、「プログラムが誤った出力を生成する」といった意味である。どうにかしてこれを回避してみよう。範囲外のアクセスは、プログラムの無関係に思える部分に影響がおよぶ点で、特にやっかいである。範囲外の読み取りによって得られる「ランダム」な値は、まったく無関係な計算に基づいていることがある。範囲外の書き込みは、オブジェクトを「あり得ない」状態にしたり、まったく想定外の値や不正な値をオブジェクトに与えたりすることがある。そうした書き込みはそのずっと後になるまで気づかれないことが多く、特に見つけるのが難しい。それだけならまだしも、範囲外エラーを含んでいるプログラムを少し異なる入力で 2 回実行すると、異なる結果になることがある。こうした「再現性のない」バグは、見つけるのが最も難しいバグの 1 つである。

こうした範囲外アクセスが発生しないようにしなければならない。ここでは、new 演算子によって確保されたメモリーを直接使用するのではなく、vector を使用している。その理由の 1 つは、vector のサイズは vector が知っているため、範囲外アクセスを回避しやすいことだ。

範囲外アクセスの回避が難しくなる要因の 1 つは、double* を別の double* に代入できることだ。この場合、それらが指しているオブジェクトの個数は考慮されない。ポインターはそれが指しているオブジェクトの個数を実際には知らない。

```
double* p = new double;             // double を 1 個確保
double* q = new double[1000];       // double を 1,000 個確保
q[700] = 7.7;                       // OK
q = p;                              // q は p と同じものを指す
double d = q[700];                  // 範囲外アクセス
```

この場合は、たった 3 行のコードの中で q[700] が 2 つの異なるメモリー位置を指している。2 つ目の使用は範囲外アクセスであり、大惨事になりかねない。

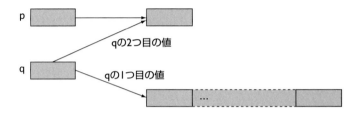

ここまでの内容から、「だが、ポインターがサイズを記憶できないのはなぜか」という疑問を抱いていればしめたものだ。もちろん、そうした「ポインター」を設計することは可能である。vector はそれに近いものだ。また、C++ の文献やライブラリを調べてみれば、低レベルの組み込みポインターの弱点を補う「スマートポインター」がいくつも見つかるだろう。だが、どこかでハードウェアレベルに足を踏み入れ、オブジェクトのアドレスがどのように指定されるのかを理解する必要がある。また、現実のコードの多くを理解するには、ポインターを理解することが不可欠である。

17.4.4　初期化

ここまでと同様に、オブジェクトを使用する前にオブジェクトに値が割り当てられているようにしたい。つまり、ポインターが初期化され、それらのポインターが指しているオブジェクトが初期化されている状態にしたい。

```
double* p0;                         // 初期化されていない
double* p1 = new double;            // 初期化されていない double が得られる
double* p2 = new double{5.5};       // double を 5.5 に初期化
double* p3 = new double[5];         // 初期化されていない 5 つの double が得られる
```

言うまでもないが、p0 を初期化せずに宣言するのは災いを招いているようなものだ。

```
*p0 = 7.0;
```

このコードは、メモリー内のどこかに 7.0 を割り当てる。それがメモリー内のどこになるかはまったくわからない。害がなかったとしても、決してこのようにしてはならない。遅かれ早かれ、範囲外アクセスと同じ結果になる ── つまり、「プログラムがどういうわけかクラッシュする」か、「プログラムが誤った出力を生成する」ことになる。古いスタイルの C++ プログラム（C スタイルプログラム）での深刻な問題は、おそろしいほどの割合で、初期化されていないポインターを通じたアクセスと範囲外

アクセスが原因となって引き起こされる。プロとしての自覚を持ち、この種のエラーを探して時間を無駄にしないためにも、そうしたアクセスを避けることに全力を注がなければならない。この種のバグを探し回ることほど、もどかしくうんざりする作業はそうはない。バグを探し回るくらいなら、バグを回避するほうがずっと楽しいし生産的である。

　new 演算子によって確保されたメモリーは、組み込み型の場合は初期化されない。1 つのオブジェクトでそれをどうにかしたい場合は、p2 の場合のように、値を指定すればよい。たとえば、*p2 は 5.5 である。初期化に {} を使用することに注意しよう。これは「配列」を表す [] の用途とは対照的だ。

　new 演算子を使ってオブジェクトの配列を確保するときには、イニシャライザーリストを指定できる。

```
double* p4 = new double[5] {0,1,2,3,4};
double* p5 = new double[] {0,1,2,3,4};
```

これにより、p4 は 0.0、1.0、2.0、3.0、4.0 の値を含んだ double 型のオブジェクトを指すようになる。p5 も同様だ。一連の要素が指定されている場合は、要素の個数を省略してもよい。

　この場合も、初期化されていないオブジェクトの存在を忘れないようにし、それらを読み取る前に値を割り当てるようにしなければならない。コンパイラーにはたいてい「デバッグモード」があり、デフォルトですべての変数が予測可能な値（多くの場合は 0）に初期化される。これは、プログラムを配布するためにデバッグ機能を無効にしたり、オプティマイザーを実行したり、あるいは単に別のコンピューターでコンパイルしただけでも、初期化されない変数が含まれているプログラムが突如として異なる動きをする可能性があることを意味する。初期化されない変数でつまずくことがないよう注意しよう。

　型を独自に定義するときには、初期化をより厳密に制御できる。X という型にデフォルトコンストラクターが定義されている場合は、以下のようになる。

```
X* px1 = new X;        // デフォルトコンストラクターで初期化された 1 個の X
X* px2 = new X[17];    // デフォルトコンストラクターで初期化された 17 個の X
```

コンストラクターは定義されているものの、デフォルトコンストラクターが定義されていない Y という型では、初期化を明示的に行う必要がある。

```
Y* py1 = new Y;           // エラー：デフォルトコンストラクターはない
Y* py2 = new Y{13};       // OK: Y{13} に初期化
Y* py3 = new Y[17];       // エラー：デフォルトコンストラクターはない
Y* py4 = new Y[17] {0,1,2,3,4,5,6,7,8,9,10,11,12,13,14,15,16};
```

　new 演算子にイニシャライザーリストを長々と指定するのは現実的ではないが、要素の個数が限られている場合は非常に便利かもしれない。イニシャライザーリストはたいていそのように使用される。

17.4.5　null ポインター

ポインターを初期化するためのポインターが他にない場合は、null ポインター（nullptr）を使用する。

```
double* p0 = nullptr;   // null ポインター
```

ポインターに代入される 0 の値は null ポインター（*null pointer*）と呼ばれる。多くの場合は、ポインターが nullptr であるかどうかをチェックすることにより、そのポインターが有効か（何かを指しているか）どうかを評価する。

```
if (p0 != nullptr)   // p0 は有効か
```

p0 が（初期化を忘れるなどして）0 ではない値を含んでいる場合や、デリート（delete）されたオブジェクトのアドレスを含んでいる場合があることを考えると、この評価は完璧ではない（§17.4.6）。だが、多くの場合はそれで精一杯である。実際には、if 文では条件が nullptr かどうかがチェックされるため、nullptr を明示的に指定する必要はない。

```
if (p0)   // p0 は p0!=nullptr に相当
```

どちらかと言えば、個人的には短い形式のほうが好みであり、「p0 が有効である」という見解をより直接的に表現していると考えているが、意見は分かれる。

null ポインターを使用する必要があるのは、ポインターがオブジェクトを指しているときと指していないときがある場合だ。それは多くの人が思っているよりもずっとまれな状況である。次のように考えてみよう ── ポインターが指しているオブジェクトが存在しないとしたら、そのポインターを定義したのはなぜだろうか。オブジェクトが作成されるまで待てばよかったのではないだろうか。

null ポインターに対する nullptr という名前は C++11 で新たに採用されたものなので、古いコードでは、nullptr の代わりに 0 や NULL がよく使用されている。これらは混乱やエラーにつながりかねないため、より具体的な nullptr を使用するようにしよう。

17.4.6　フリーストアの解放

new 演算子は、メモリーをフリーストアで確保する。コンピューターのメモリーには限りがあるため、使い終えたメモリーはフリーストアに戻すのが通常は望ましい。そうすれば、そのメモリーを新しい確保に再利用できる。大きなプログラムや長時間にわたって実行されるプログラムでは、こうしたメモリーの解放が不可欠である。

```
double* calc(int res_size, int max)   // メモリーリーク
{
    double* p = new double[max];
    double* res = new double[res_size];
    // p を使って res に格納する結果を計算するコード
    return res;
```

17.4 フリーストアとポインター

```
}

double* r = calc(100,1000);
```

コメントに書かれているように、calc 関数の呼び出しごとに、p に確保された double がリークする。たとえば calc(100,1000) の呼び出しにより、double 1,000 個分の領域がプログラムの残りの部分で使用不可となる。

メモリーをフリーストアに戻すための演算子は delete である。new 演算子によって返されたポインターに delete を適用すると、メモリーがフリーストアに戻され、それ以降の確保に使用できるようになる。先の例を修正してみよう。

```
double* calc(int res_size, int max)
// res に確保されたメモリーは呼び出し元が管理しなければならない
{
    double* p = new double[max];
    double* res = new double[res_size];
    // p を使って res に格納する結果を計算するコード
    delete[] p;   // このメモリーはもう必要ないので解放
    return res;
}

double* r = calc(100,1000);
// r を使用するコード
delete[] r;      // このメモリーはもう必要ないので解放
```

ついでながら、この例はフリーストアを使用する主な理由の 1 つを具体的に示している。それは、関数でオブジェクトを作成し、それらを呼び出し元に返せることだ。

delete には、以下の 2 つの形式がある。

- delete p は、new 演算子によって個々のオブジェクトに確保されたメモリーを解放する。
- delete[] p は、new 演算子によってオブジェクトの配列に確保されたメモリーを解放する。

必要に応じて正しいバージョンを使い分けるのは、プログラマーの役目である。

オブジェクトを 2 回デリートするのは大きな間違いである。

```
int* p = new int{5};
delete p;   // OK: p は new によって作成されたオブジェクトを指している
// ここでは p を使用しない
delete p;   // エラー: p はフリーストアマネージャーが所有しているメモリーを
            // 指している
```

2つ目の delete p には、以下の 2 つの問題がある。

- プログラムは p が指していたオブジェクトをもう所有していない。このため、フリーストアマネージャーがその内部データ構造を書き換えている可能性があり、delete p を正常に実行できなくなっているかもしれない。
- p が指していたメモリーをフリーストアマネージャーが「再利用」していて、p が現在は別のオブジェクトを指しているかもしれない。その別の（プログラムの他の部分によって所有されている）オブジェクトをデリートすれば、プログラムでエラーが発生するだろう。

どちらの問題も、現実のプログラムで発生するものであり、単なる理論上の可能性ではない。

null ポインターはオブジェクトを指していないため、null ポインターをデリートしても何も行われない。したがって、null ポインターのデリートは無害である。

```
int* p = nullptr;
delete p;    // OK: アクションは必要ない
delete p;    // OK: 依然としてアクションは必要ない
```

メモリーをわざわざ解放する必要があるのはなぜだろうか。メモリーの一部が不要になったことをコンパイラーが突き止め、それを勝手に再利用するというわけにはいかないのだろうか。これは可能であり、**自動ガベージコレクション**（*automatic garbage collection*）、または単に**ガベージコレクション**（*garbage collection*）と呼ばれている。残念ながら、ガベージコレクションはただで手に入るわけではなく、あらゆる種類のアプリケーションにとって理想的であるとは言えない。ガベージコレクションがどうしても必要な場合は、ガベージコレクターを C++ プログラムに組み込むことができる。よいガベージコレクターは存在する (www.stroustrup.com/C++.html)。だが本書では、自分の「ごみ」（garbage）は自分で始末することを前提とし、それを都合のよいタイミングで効率よく実行する方法を示す。

メモリーをリークさせないことが重要となるのはどのような状況だろうか。「永遠」に実行する必要があるプログラムでは、メモリーリークを 1 つたりとも見逃すわけにはいかない。OS は「永遠に実行される」プログラムの一例であり、ほとんどの組み込みシステムもそうである（第 25 章）。ライブラリはメモリーリークが許されないシステムの一部として使用される可能性があるため、ライブラリでもメモリーをリークさせるわけにはいかない。概して言えば、単にリークさせなければよい。多くのプログラマーはメモリーリークを手抜きの証拠であると見なす。だが、それはちょっと言いすぎだ。プログラムを UNIX や Windows といった OS で実行すると、そのプログラムが使用したメモリーはすべてプログラムの終了時にシステムに自動的に返却される。したがって、プログラムが使用するのは利用可能なメモリーだけであることがわかっている場合、「OS によって自動的に解放されるまでメモリーをリークさせる」という判断は合理的かもしれない。だがそうすることにした場合は、メモリー使用量の推定値が正しいことを確認しなければならない。そうでなければ、手抜きをしていると思われても仕方がない。

17.5 デストラクター

これで、vector の要素を格納する方法がわかった。あとは、要素を格納するのに十分な領域をフリーストアで確保し、それらの要素にポインターを通じてアクセスするだけだ。

```
// 非常に単純な double 型の vector
class vector {
    int sz;                              // サイズ
    double* elem;                        // 要素へのポインター
public:
    vector(int s)                        // コンストラクター
        :sz{s}, elem{new double[s]}     // sz と elem を初期化
    {
        for (int i=0; i<s; ++i) elem[i]=0;   // 要素を初期化
    }
    int size() const { return sz; }      // 現在のサイズ
    ...
};
```

sz は要素の個数であり、それをコンストラクターで初期化している。vector のユーザーは、size 関数を呼び出すことで、要素の個数を取得できる。要素のための領域は、コンストラクターで new 演算子を使って確保されている。そしてフリーストアから返されたポインターは、メンバーポインター elem に格納されている。

これらの要素はデフォルト値である 0.0 に初期化されている。標準ライブラリの vector もこのようにするため、最初から同じことをするのが得策であると考えた。

残念ながら、この初歩的な vector はメモリーをリークさせる。コンストラクターでは、new 演算子を使って要素のメモリーを確保している。前節で説明したルールに従い、このメモリーが delete 演算子で解放されるようにしなければならない。

```
void f(int n)
{
    vector v(n);    // n 個の double を確保
    ...
}
```

f 関数を抜ける際、v によってフリーストアで作成された要素は解放されない。そこで、vector 用の clean_up 関数を定義し、それを呼び出すことにしよう。

```
void f2(int n)
{
    vector v(n);      // vector を定義 (n 個の int を別に確保)
```

第 17 章　vector とフリーストア

```
    // v を使用するコード
    v.clean_up();   // clean_up() が elem をデリート
}
```

これはうまくいくだろう。ただし、フリーストアの最も一般的な問題の 1 つは、人々が `delete` を忘れることである。`clean_up` 関数も例外ではなく、人々はそれを呼び出すのを忘れるだろう。もっとうまい方法があるはずだ。基本的な考え方は次のようになる ── コンパイラーがコンストラクターのことを知っているのと同様に、コンストラクターの逆のことを行う関数をコンパイラーに知らせるのである。必然的に、そうした関数は**デストラクター**（*destructor*）と呼ばれる。クラスのオブジェクトが作成されるときにコンストラクターが暗黙的に呼び出されるように、オブジェクトがスコープを外れたときにデストラクターが暗黙的に呼び出される。コンストラクターはオブジェクトが正しく作成され、初期化されるようにする。逆に、デストラクターはオブジェクトが正しくクリーンアップされてから削除されるようにする。

```cpp
// 非常に単純な double 型の vector
class vector {
    int sz;                              // サイズ
    double* elem;                        // 要素へのポインター
public:
    vector(int s)                        // コンストラクター
        :sz{s}, elem{new double[s]}     // メモリーを確保
    {
        for (int i=0; i<s; ++i) elem[i]=0;  // 要素を初期化
    }

    ~vector()                            // デストラクター
        { delete[] elem; }               // メモリーを解放
    ...
};
```

これにより、f 関数は以下のようになる。

```cpp
void f3(int n)
{
    double* p = new double[n];   // n 個の double を確保
    vector v(n);                 // vector を確保（n 個の double を別に確保）
    // p と v を使用するコード
    delete[] p;                  // double を解放
}   // vector が v を自動的にクリーンアップ
```

17.5 デストラクター

なんだか急に、この `delete[]` がどちらかと言えば単調で、エラーになりやすいように思えてきた。`vector` に関して言えば、関数の最後に `delete[]` を使って解放するためだけに `new` 演算子を使ってメモリーを確保する理由はどこにもない。それは `vector` が行っていることであり、`vector` のほうがうまく行っている。`vector` なら、要素に使用されたメモリーを解放するためにデストラクターを呼び出すことを忘れたりしない。

ここではデストラクターの使用に関する詳細には踏み込まないが、最初に確保する必要があるリソースを処理するのにデストラクターはうってつけだ。そうしたリソースはどこかから取得されるファイル、スレッド、ロックなどである。`iostream` が後始末を自分ですることを思い出そう。`iostream` はバッファーをフラッシュし、ファイルを閉じ、バッファー領域を解放する。それを行うのは `iostream` のデストラクターである。リソースを「所有する」クラスでは常にデストラクターが必要である。

17.5.1 生成されたデストラクター

クラスのメンバーにデストラクターが定義されている場合、そのデストラクターはそのメンバーを含んでいるオブジェクトが削除されるときに呼び出される。

```
struct Customer {
    string name;
    vector<string> addresses;
    ...
};

void some_fct()
{
    Customer fred;
    // fred を初期化するコード
    // fred を使用するコード
}
```

`some_fct` 関数を抜けて `fred` がスコープを外れると、`fred` は削除される。つまり、`name` と `addresses` のデストラクターが呼び出される。そうでなければデストラクターの存在は無意味である。これは「コンパイラーが `Customer` のデストラクターを生成し、そのデストラクターがメンバーのデストラクターを呼び出す」と表現されることがある。実際のところ、デストラクターが呼び出されることの明確かつ必然的な保証は、このようにして実装されることが多い。

メンバー（および基底クラス）のデストラクターは、派生クラスのデストラクターから暗黙的に呼び出される。この場合、派生クラスのデストラクターがユーザー定義のデストラクターなのか、生成されたものなのかは重要ではない。基本的には、デストラクターが呼び出されるのは、オブジェクトがスコープを外れたか、`delete` されたか、またはその他の理由で削除されるときである。

17.5.2 デストラクターとフリーストア

デストラクターは、理論的には単純であるものの、最も効果的な C++ プログラミング手法の多くの基盤となるものだ。基本的な考え方は、以下のように単純だ。

- クラスオブジェクトが機能するために必要なリソースは何であれ、コンストラクターで取得する。
- オブジェクトのライフタイム中にリソースを解放して新しいリソースを取得することがある。
- オブジェクトのライフタイムの終わりに、オブジェクトがまだ所有しているリソースをすべてデストラクターが解放する。

vector がフリーストアから確保するメモリーを処理するコンストラクターとデストラクターの組み合わせは、その典型的な例である。これについては第 19 章の「§19.5 リソースと例外」で改めて取り上げ、さらに例をいくつか紹介する。ここでは、ある重要なアプリケーションについて考える。このアプリケーションは、フリーストアとクラス階層の組み合わせによって実現される。

```
Shape* fct()
{
    Text tt {Point{200,200},"Annemarie"};
    ...
    Shape* p = new Text{Point{100,100},"Nicholas"};
    return p;
}

void f()
{
    Shape* q = fct();
    ...
    delete q;
}
```

これはもっともらしく見えるし、実際にそうである。これは完全にうまくいくが、その仕組みを調べてみると、重要にして単純な洗練された手法が浮き彫りとなる。fct 関数の内側では、Text オブジェクト tt (§13.11) は関数を抜けるときに正しく削除される。Text クラスには string 型のメンバーがあり、当然ながら、そのデストラクターが呼び出されなければならない。string がメモリーを確保して解放する方法は、vector とまったく同じである。tt の場合は簡単で、Text の生成されたデストラクターをコンパイラーが呼び出すだけである (§17.5.1)。だが、fct 関数から返された Text オブジェクトはどうなるのだろうか。呼び出し元の関数である f には、q が Text を指していることはわからない。f が知っているのは、q が Shape を指していることだけだ。となると、delete q は Text のデストラクターをどのようにして呼び出すのだろうか。

第 14 章の「§14.2.1 抽象クラス」では、Shape にデストラクターがあることにさらっと触れた。実際には、Shape のデストラクターは virtual である ── それが鍵だ。delete q と記述すると、delete

17.5 デストラクター

演算子は q の型を調べてデストラクターを呼び出す必要があるかどうかを確認し、その必要がある場合はデストラクターを呼び出す。したがって、delete q は Shape のデストラクター ~Shape() を呼び出す。しかし、~Shape() は virtual であるため、Shape の派生クラスのデストラクターが呼び出される。具体的には、virtual 呼び出しメカニズム (§14.31) に基づいて派生クラスのデストラクターである ~Text() が呼び出される。仮に、Shape::~Shape() が virtual ではなかったとしたら、Text::~Text() が呼び出されることはなかっただろうし、Text の string メンバーが正しく削除されることもなかっただろう。

　原則として、virtual 関数を持つクラスがある場合は、以下の理由により、virtual デストラクターが必要だ。

1. vritual 関数を持つクラスは基底クラスとして使用される可能性がある。
2. そのクラスが基底クラスである場合、その派生クラスは new 演算子を使って確保される可能性がある。
3. 派生クラスのオブジェクトは、new 演算子を使って確保され、その基底クラスへのポインターを使って操作される可能性がある。
4. 派生クラスのオブジェクトは、その基底クラスへのポインターを通じて delete される可能性がある。

デストラクターは delete 演算子を通じて暗黙的または間接的に呼び出される。デストラクターが直接呼び出されることはない。これにより、面倒な作業の多くが省かれる。

TRY THIS

基底クラスとメンバーを使って簡単なプログラムを作成し、コンストラクターとデストラクターを定義する。このコンストラクターとデストラクターは、呼び出されたときに 1 行の情報を出力する。続いて、オブジェクトをいくつか作成し、それらのコンストラクターとデストラクターが呼び出されるかどうか確認してみる。

第17章 vectorとフリーストア

17.6 要素へのアクセス

vectorを利用価値のあるものにするには、要素を読み書きする方法が必要だ。手始めに、単純なgetメンバーとsetメンバーを定義してみよう。

```cpp
// 非常に単純な double 型の vector
class vector {
    int sz;                                     // サイズ
    double* elem;                               // 要素へのポインター
public:
    vector(int s) :sz{s}, elem{new double[s]}  // コンストラクター
        { /* ... */ }
    ~vector() { delete[] elem; }                // デストラクター

    int size() const { return sz; }             // 現在のサイズ

    double get(int n) const { return elem[n]; } // 読み取りアクセス
    void set(int n, double v) { elem[n]=v; }    // 書き込みアクセス
};
```

get関数とset関数はどちらも要素にアクセスする。要素にアクセスするときは、elemポインターで[]演算子を使用する。

さっそくdouble型のvectorを作成して使用してみよう。

```cpp
vector v(5);
for (int i=0; i<v.size(); ++i) {
    v.set(i,1.1*i);
    cout << "v[" << i << "]==" << v.get(i) << '\n';
}
```

出力は以下のようになる。

```
v[0]==0
v[1]==1.1
v[2]==2.2
v[3]==3.3
v[4]==4.4
```

このvectorでもまだ単純すぎる。また、get関数とset関数を使用するコードは、通常の添字表記よりも少し面倒である。だが、ここで目指しているのは、単純で小さなものから始めて、プログラム

をテストしながら徐々に発展させていくことだ。これまでと同様に、この発展とテストの繰り返しにより、エラーとデバッグが最小限に抑えられる。

17.7　クラスオブジェクトへのポインター

「ポインター」は一般的な概念であるため、メモリーに配置できるものはすべてポインターで指し示すことができる。たとえば、char へのポインターを使用するのとまったく同じように、vector へのポインターを使用できる。

```
vector* f(int s)
{
    vector* p = new vector(s);   // フリーストアで vector を確保
    // *p にデータを設定するコード
    return p;
}

void ff()
{
    vector* q = f(4);
    // *q を使用するコード
    delete q;                    // フリーストアで vector を解放
}
```

vector をデリートすると、そのデストラクターが呼び出されることに注意しよう。

```
vector* p = new vector(s);   // フリーストアで vector を確保
delete p;                    // vector を解放
```

フリーストアで vector を作成する際、new 演算子は以下の作業を行う。

1. vector のメモリーを確保する。
2. vector のコンストラクターを呼び出し、vector を初期化する。コンストラクターは vector の要素用のメモリーを確保し、それらの要素を初期化する。

vector をデリートする際、delete 演算子は以下の作業を行う。

1. vector のデストラクターを呼び出す。デストラクターは（要素がデストラクターを持つ場合は）要素のデストラクターを呼び出し、vector の要素に使用されていたメモリーを解放する。
2. vector に使用されていたメモリーを解放する。

これが再帰的に行われることに注目しよう（§8.5.8）。実際の標準ライブラリの vector を使用する場合は、これを以下のように行うこともできる。

```
vector<vector<double>>* p = new vector<vector<double>>(10);
delete p;
```

この場合、`delete p` は vector<vector<double>> のデストラクターを呼び出す。このデストラクターは、その vector<double> 要素のデストラクターを呼び出す。そして、すべてのリソースが正しくクリーンアップされ、すべてのオブジェクトが削除され、メモリーはリークしない。

`delete` 演算子は、vector のようにデストラクターが定義されている型ではデストラクターを呼び出すため、オブジェクトを解放するだけでなく「破壊する（destroy）」と表現されることがある。

▽ コンストラクターの外側に「裸」の new 演算子があると、その new 演算子が作成したオブジェクトのデリートを忘れやすいことを思い出そう。オブジェクトをデリートするためのよい方法（§13.10、§E4）がある場合を除いて、`new` 演算子はコンストラクターの中だけで使用するようにし、`delete` 演算子はデストラクターの中だけで使用するようにしよう。

ここまではよいとして、手元にあるのがポインターだけであるとしたら、vector のメンバーにどのようにアクセスすればよいだろうか。オブジェクトに名前が付いている場合は、メンバーにアクセスするためのドット演算子（.）がすべてのクラスでサポートされることに注意しよう。

```
vector v(4);
int x = v.size();
double d = v.get(3);
```

同様に、オブジェクトへのポインターがある場合は、メンバーにアクセスするためのアロー演算子（->）がすべてのクラスでサポートされる。

```
vector* p = new vector(4);
int x = p->size();
double d = p->get(3);
```

ドット演算子（.）とアロー演算子（->）は、データメンバーと関数メンバーの両方で使用できる。`int` や `double` などの組み込み型はメンバーを持たないため、アロー演算子は組み込み型には適用されない。ドット演算子とアロー演算子は**メンバーアクセス演算子**（*member access operator*）と呼ばれる。

17.8　型の操作：void*とキャスト

ポインターとフリーストアで確保された配列を使用したので、ハードウェアにぐっと近づいてきた。ポインターでの初期化、代入、`*`、`[]` といった演算は、基本的には、機械語に直接マッピングされる。このレベルでは、C++ によって提供される表記上の便利さや、型システムによって提供されるコンパイル時の一貫性はごく限られている。そして、その最後の砦すら放棄しなければならないこともある。

型システムの保護を受けたいのはやまやまだが、C++ の型を知らない別の言語とやり取りする必要があるなど、論理的な選択肢が他にないこともある。また、静的な型の安全性を念頭に置いて設計されたものではない古いコードとやり取りしなければならないケースも不幸にして存在する。そこで、以下の 2 つが必要だ。

17.8 型の操作：void*とキャスト

- メモリー内に存在するオブジェクトの種類を知ることなく、そのメモリーを指すようなポインター。
- そうしたポインターの1つが指しているメモリーに対して（根拠なく）想定される型をコンパイラーに伝える演算。

`void*` 型 は、「コンパイラーが型を知らないメモリーへのポインター」を意味する。`void*` を使用するのは、互いの型のことを知らないコードの間でアドレスをやり取りしたい場合だ。例としては、コールバック関数のアドレス引数（§16.3.1）や、`new` 演算子の実装といった最も低いレベルのメモリーアロケーターがあげられる。

`void` 型のオブジェクトというものは存在しないが、ここまで見てきたように、`void` は「値が返されない」という意味で使用する。

```
void v;       // エラー: void 型のオブジェクトは存在しない
void f();     // f() は何も返さない: f() は void 型のオブジェクトを返さない
```

`void*` には、任意のオブジェクト型のポインターを代入できる。

```
void* pv1 = new int;          // OK: int* は void* に変換される
void* pv2 = new double[10];   // OK: double* は void* に変換される
```

`void*` が何を指しているのかをコンパイラーは知らないため、それを教えてやらなければならない。

```
void f(void* pv)
{
    void* pv2 = pv;   // コピーは OK（コピーは void* の目的である）
    double* pd = pv;  // エラー: void* は double* に変換できない
    *pv = 7;          // エラー: void* は間接参照できない
                      // (void* が指しているオブジェクトの型はわからない)
    pv[2] = 9;        // エラー: void* は添字で参照できない
    int* pi = static_cast<int*>(pv);   // OK: 明示的な変換
    ...
}
```

`void*` と `double*` といった関連するポインター型の間で明示的に変換を行うには、`static_cast` を使用する（§A.5.7）。`static_cast` というひどい名前をあえて付けたのは、これが危険な演算だからだ。`static_cast` を使用するのはどうしても必要な場合だけにしよう。`static_cast` が必要になることがあったとしても、そう頻繁にはないはずだ。`static_cast` のような演算は、**明示的な型変換**（*explicit type conversion*）または**キャスト**（*cast*）と呼ばれる。

C++ には、`static_cast` よりもさらに問題になりそうなキャストが2つある。

- `reinterpret_cast` は、`int` と `double*` など、関連のない型の間での変換を可能にする。
- `const_cast` は、「`const` をキャストによって取り去る」ことを可能にする。

例を見てみよう。

595

```
    Register* in = reinterpret_cast<Register*>(0xff);

    void f(const Buffer* p)
    {
        Buffer* b = const_cast<Buffer*>(p);
        ...
    }
```

1つ目の例は、従来より必要とされている reinterpret_cast の正しい使用法であり、メモリーの特定の部分（0xFF の位置から始まるメモリー）が Register と見なされることをコンパイラーに伝える。こうしたコードは、デバイスドライバーのようなものを記述するときに必要となる。

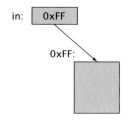

2つ目の例では、p という名前の const Buffer* から const_cast が const を取り去っている。きっと、何をしているのかは承知の上だ。

少なくとも static_cast はポインターと整数の区別や「const の性質」には手出しできないため、キャストが必要であると感じた場合は、static_cast を選択するようにしよう。キャストが必要であると思う場合は、もう一度よく考えてみよう。キャストを使用せずにコードを記述する方法はあるだろうか。プログラムのその部分の設計を見直し、キャストを不要にする方法はあるだろうか。他人のコードやハードウェアとやり取りする場合を除いて、通常は何か方法がある。他に方法がない場合は、そう簡単には見つからないやっかいなバグを覚悟しておこう。reinterpret_cast を使用しているコードには、移植性を期待してはならない。

17.9　ポインターと参照

参照については、自動的に間接参照されるイミュータブルなポインターとして考えることができる。あるいは、オブジェクトの別名として考えることもできる。ポインターと参照には、以下のような違いがある。

- ポインターへの代入では、（指している値ではなく）ポインターの値が変更される。
- ポインターを取得するには、一般に、new または & を使用する必要がある。
- ポインターが指しているオブジェクトにアクセスするには、* または [] を使用する。
- 参照への代入では、（参照そのものではなく）参照先のオブジェクトの値が変更される。
- 参照を初期化した後、別のオブジェクトを参照させることはできない。
- 参照の代入では、ディープコピーが実行される。つまり、参照先のオブジェクトが代入の対象となる。ポインターの代入では、ディープコピーは実行されず、ポインターオブジェクト自体が代

入の対象となる。
- null ポインターに注意。

例を見てみよう。

```
int x = 10;
int* p = &x;      // ポインターを取得するには & が必要
*p = 7;           // p を通じて x に代入するには * を使用
int x2 = *p;      // p を通じて x を読み取る
int* p2 = &x2;    // 別の int へのポインターを取得
p2 = p;           // p2 と p はどちらも x を指している
p = &x2;          // p が別のオブジェクトを指すようになる
```

これに相当する参照の例は以下のようになる。

```
int y = 10;
int& r = y;       // & はイニシャライザーではなく型に付ける
r = 7;            // r を通じて y に代入（* は必要ない）
int y2 = r;       // r を通じて y を読み取る（* は必要ない）
int& r2 = y2;     // 別の int への参照を取得
r2 = r;           // y の値が y2 に代入される
r = &y2;          // エラー：参照の値は変更できない
                  // （int* から int& への代入はない）
```

最後の例に注目しよう。これは単に、この構造がうまくいかないのではなく、初期化済みの参照に別のオブジェクトを参照させる方法がないのである。何か別のものを指す必要がある場合は、ポインターを使用する。ポインターの使用法については、「§17.9.3 例：リスト」で説明する。

参照とポインターはどちらもメモリーアドレスを使って実装される。それらは、プログラマーに少し異なる機能を提供するために、メモリーアドレスを異なる方法で使用する。

17.9.1　ポインターパラメーターと参照パラメーター

変数の値を関数によって計算された値に変更したい場合、選択肢は 3 つある。

```
int incr_v(int x) { return x+1; }    // 新しい値を計算して返す
void incr_p(int* p) { ++*p; }        // ポインターを渡す（それを間接参照し、
                                     // 結果をインクリメント）
void incr_r(int& r) { ++r; }         // 参照を渡す
```

どれを選択すればよいのだろうか。多くの場合、コードが最も明確になり、よってエラーが起きにくくなるのは、値を返す方法のようだ。

```
int x = 2;
```

```
x = incr_v(x);    // x を incr_v() にコピーした後、結果を x に代入
```

int などの小さなオブジェクトでは、筆者はこのスタイルを選択することにしている。また、「大きなオブジェクト」にムーブコンストラクター (§18.3.4) が定義されている場合は、そうしたオブジェクトを効率よくやり取りできる。

さらに、参照引数を使用するのか、ポインター引数を使用するのかの選択もある。残念ながら、それぞれに長所と短所があるため、これについても明確な答えはない。それぞれの関数と、それらにどのような用途が考えられるかに基づいて、判断を下さなければならない。

ポインター引数の使用は、プログラマーにとって何かが変化するかもしれないという警告になる。

```
int x = 7;
incr_p(&x);    // & が必要
incr_r(x);
```

incr_p(&x) で & を使用する必要があることは、ユーザーにとって x が変化するかもしれないという警告になる。対照的に、incr_r(x) は無害に思える。このため、ポインターバージョンを選択するほうに気持ちが少し傾く。

一方で、関数の引数としてポインターを使用する場合は、関数が null ポインター (nullptr) で呼び出される可能性があることを覚悟しなければならない。

```
incr_p(nullptr);  // クラッシュ: incr_p() は null ポインターの間接参照を試みる
int* p = nullptr;
incr_p(p);        // クラッシュ: incr_p() は null ポインターの間接参照を試みる
```

これはどうみてもやっかいである。この問題は incr_p 関数の記述時に防ぐことができる。

```
void incr_p(int* p)
{
    if (p==nullptr) error("null pointer argument to incr_p()");
    ++*p;  // ポインターを間接参照し、
           // ポインターが指しているオブジェクトをインクリメント
}
```

こうなると、incr_p 関数は以前ほどシンプルでも魅力的でもなくなる。不正な引数に対処する方法については、第 5 章で説明した。対照的に、incr_p 関数のような参照を使用する側には、参照がオブジェクトを指していることを前提とする権利がある。

何も渡さないこと —— つまり、オブジェクトを渡さないことが関数のセマンティクスにおいて容認される場合は、ポインター引数を使用しなければならない。注意しなければならないのは、インクリメント演算にはそれが当てはまらないことだ。よって、p==nullpt に対して例外をスローする必要がある。したがって、「関数の性質によって選択が決まる」というのが実際の答えである。

- オブジェクトが小さい場合は値渡しを選択する。
- 「オブジェクトなし」が有効な引数である関数では、ポインターパラメーターを使用する。オブジェクトがないことは nullptr によって表されるため、nullptr を忘れずに評価する。

- それ以外の場合は、参照パラメーターを使用する。

第 8 章の「§8.5.6 値渡しと参照渡し」も読み返しておこう。

17.9.2 ポインター、参照、継承

第 14 章の「§14.3 基底クラスと派生クラス」で説明したように、Circle などの派生クラスは、その public 基底クラスである Shape のオブジェクトが要求される場所で使用できる。この考えをポインターまたは参照に置き換えて表現すると、「Shape は Circle の public 基底クラスであるため、Circle* は Shape* に暗黙的に変換できる」となる。

```
void rotate(Shape* s, int n);   // *s を n 度回転させる

Shape* p = new Circle{Point{100,100},40};
Circle c {Point{200,200},50};
rotate(p,35);
rotate(&c,45);
```

参照を使用する場合も同様だ。

```
void rotate(Shape& s, int n);   // s を n 度回転させる

Shape& r = c;
rotate(r,55);
rotate(*p,65);
rotate(c,75);
```

これは、ほとんどのオブジェクト指向プログラミング手法にとってきわめて重要である（§14.3、§14.4）。

17.9.3 例：リスト

リストは、最も便利で一般的なデータ構造の 1 つである。通常、リストは「リンク」で構成され、リンクはそれぞれ何らかの情報と他のリンクへのポインターを保持する。これはポインターの典型的な使用法の 1 つである。たとえば、北欧神話の神々を短いリストで表すと、以下のようになる。

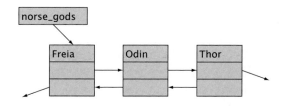

第17章　vectorとフリーストア

このようなリストは、リンクに基づいて前の要素と次の要素を見つけ出せることから、**双方向リスト**（*doubly-linked list*）と呼ばれる。次の要素だけを検出できるリストは**単方向リスト**（*singly-linked list*）と呼ばれる。双方向リストを使用するのは、要素を簡単に削除できるようにしたい場合だ。これらのリンクは以下のように定義できる。

```
struct Link {
    string value;
    Link* prev;
    Link* succ;
    Link(const string& v, Link* p = nullptr, Link* s = nullptr)
        : value{v}, prev{p}, succ{s} { }
};
```

Link では、succ ポインターを使って次の要素にアクセスでき、prev ポインターを使って前の要素にアクセスできる。Link が前の要素または次の要素を持たないことを示すには、null ポインターを使用する。北欧神話の神々のリストは、以下のように構築できる。

```
Link* norse_gods = new Link{"Thor",nullptr,nullptr};
norse_gods = new Link{"Odin",nullptr,norse_gods};
norse_gods->succ->prev = norse_gods;
norse_gods = new Link{"Freia",nullptr,norse_gods};
norse_gods->succ->prev = norse_gods;
```

このリストは、Link を作成し、それらを図のように関連付けるという方法で構築されている。まず、Thor を作成し、次に Thor の前の要素として Odin を作成し、最後に Odin の前の要素として Freia を作成している。succ と prev がそれぞれ正しい神を指していることは、ポインターをたどればわかる。ただし、挿入演算を明示的に定義していないため、このコードは少しわかりにくい。

```
Link* insert(Link* p, Link* n)    // n を p の前に挿入（不完全）
{
    n->succ = p;              // p が n の次の要素になる
    p->prev->succ = n;        // n が p の前の要素の次の要素になる
    n->prev = p->prev;        // p の前の要素が n の前の要素になる
    p->prev = n;              // n が p の前の要素になる
    return n;
}
```

この場合は、p が Link を実際に指していることと、p が指している Link が実際に前の要素を持っていることが前提となる。実際にそうであることをきちんと確認しておこう。ポインターや Link で構成されるリストといったリンク構造について考えるときには、筆者は常に小さな四角形と矢印からなる図を紙に描き、そのコードがうまくいくことを簡単な例で確かめることにしている。いくら効果的でもそんなローテクな設計手法には頼れない、といった変なプライドは捨てよう。

600

この insert 関数は、n、p、または p->prev が nullptr であるケースには対処しないため、不完全である。null ポインターに対する適切な評価を追加して、少し複雑だが正しいバージョンにしてみよう。

```
Link* insert(Link* p, Link* n)   // n を p の前に挿入し、n を返す
{
    if (n==nullptr) return p;
    if (p==nullptr) return n;
    n->succ = p;                 // p が n の次の要素になる
    if (p->prev) p->prev->succ = n;
    n->prev = p->prev;           // p の前の要素が n の前の要素になる
    p->prev = n;                 // n が p の前の要素になる
    return n;
}
```

これをもとに、以下のコードを記述できる。

```
Link* norse_gods = new Link{"Thor"};
norse_gods = insert(norse_gods,new Link{"Odin"});
norse_gods = insert(norse_gods,new Link{"Freia"});
```

prev ポインターと succ ポインターをいじくりまわすエラーになりやすいコードはすべて消えた。ポインターの操作は単調でエラーになりやすいため、関数に封じ込めるべきである。そうした関数はうまく書かれ、きちんとテストされていなければならない。とりわけ、従来のコードのエラーの多くは、ポインターが 0 かどうかを評価し忘れることが原因である。最初の insert 関数はその（意図的な）見本である。

なお、ここではデフォルト引数（§15.3.1、§A.9.2）を使用することで、ユーザーがコンストラクターを使用するたびに前の要素と次の要素を指定せずに済むようにしている。

17.9.4　リストの演算

標準ライブラリには、list クラス（§20.4）が含まれている。このクラスはすべてのリスト操作を隠ぺいするが、ここではリストクラスの「内部」で何が行われているのかを理解するために、Link クラスに基づいてリンクの詳細に踏み込み、ポインターの使用例をさらに見ていくことにしよう。

Link クラスのユーザーが「ポインターをいじくる」必要をなくすには、どのような演算を提供すればよいだろうか。それは好みの問題でもあるが、以下のような演算があると便利である。

- コンストラクター
- insert　：要素の前に挿入する
- add　　：要素の後に挿入する
- erase　：要素を削除する
- find　　：特定の値を持つ Link を検索する

- advance: n 個先の要素を取得する

これらの演算は以下のように記述できる。

```
Link* add(Link* p, Link* n)    // n を p の後に挿入し、n を返す
{
    // insert とだいたい同じ（練習問題 11 を参照）
}

Link* erase(Link* p)           // リストから *p を削除し、p の次の要素を返す
{
    if (p==nullptr) return nullptr;
    if (p->succ) p->succ->prev = p->prev;
    if (p->prev) p->prev->succ = p->succ;
    return p->succ;
}

Link* find(Link* p, const string& s)   // リストで s を検索
                                       // 見つからない場合は 0 を返す
{
    while(p) {
        if (p->value == s) return p;
        p = p->succ;
    }
    return nullptr;
}

Link* advance(Link* p, int n)    // リストを n 位置分移動
                                 // 見つからない場合は 0 を返す
// n が正の場合は次に進み、負の場合は前に戻る
{
    if (p==nullptr) return nullptr;
    if (0<n) {
        while (n--) {
            if (p->succ == nullptr) return nullptr;
            p = p->succ;
        }
    }
    else if (n<0) {
```

```
        while (n++) {
            if (p->prev == nullptr) return nullptr;
            p = p->prev;
        }
    }
    return p;
}
```

後置インクリメント n++ を使用していることに注意しよう。この形式のインクリメントは、インクリメントする前の値をその値として使用する。

17.9.5 リストの使用

簡単な練習問題として、リストを 2 つ構築してみよう。

```
Link* norse_gods = new Link("Thor");
norse_gods = insert(norse_gods,new Link{"Odin"});
norse_gods = insert(norse_gods,new Link{"Zeus"});
norse_gods = insert(norse_gods,new Link{"Freia"});

Link* greek_gods = new Link("Hera");
greek_gods = insert(greek_gods,new Link{"Athena"});
greek_gods = insert(greek_gods,new Link{"Mars"});
greek_gods = insert(greek_gods,new Link{"Poseidon"});
```

残念ながら、間違いが 2 つある。Zeus（ゼウス）は北欧神話の神ではなくギリシャ神話の神であり、ギリシャ神話の戦いの神は Mars（マルス）ではなく Ares（アレース）である。これを修正してみよう。

```
Link* p = find(greek_gods,"Mars");
if (p) p->value = "Ares";
```

find 関数が nullptr を返すことに注意を払っている。この場合は Mars を greek_gods に挿入しただけなので、nullptr が返されるはずがないことはわかっている。だが現実の例では、誰かがそのコードを変更することも考えられる。

同様に、Zeus を正しい神殿へ移動することもできる。

```
Link* p = find(norse_gods,"Zeus");
if (p) {
    erase(p);
    insert(greek_gods,p);
}
```

バグに気づいただろうか。リンクを直接操作することに慣れていないと、非常に発見しにくいバグだ。削除（erase()）する Link が、norse_gods が指しているものである場合はどうなるだろうか。この場合も、それが実際に起きているわけではない。だが、メンテナンスしやすいよいコードを記述するには、その可能性を考慮に入れる必要がある。

```
Link* p = find(norse_gods,"Zeus");
if (p) {
    if (p==norse_gods) norse_gods = p->succ;
    erase(p);
    greek_gods = insert(greek_gods,p);
}
```

それと同時に、2つ目のバグも修正されている。Zeus を最初のギリシャ神の前に挿入するときには、greek_gods が Zeus の Link を指すようにする必要がある。ポインターは非常に便利で柔軟だが、油断ならない。

最後に、これらのリンクを出力してみよう。

```
void print_all(Link* p)
{
    cout << "{ ";
    while (p) {
        cout << p->value;
        if (p=p->succ) cout << ", ";
    }
    cout << " }";
}

print_all(norse_gods);
cout<<"\n";

print_all(greek_gods);
cout<<"\n";
```

出力は以下のようになる。

```
{ Freia, Odin, Thor }
{ Zeus, Poseidon, Ares, Athena, Hera }
```

17.10　this ポインター

リスト関数の 1 つ目の引数として `Link*` を受け取り、そのオブジェクトのデータにアクセスしていることに注目しよう。この種の機能は、メンバー関数として定義されることが多い。演算をメンバー関数にすれば、`Link`（またはリンクの使用法）は単純になるだろうか。ポインターを `private` にし、メンバー関数だけがアクセスできるようにすることは可能だろうか。もちろんだ。

```
class Link {
public:
    string value;

    Link(const string& v, Link* p = nullptr, Link* s = nullptr)
        : value{v}, prev{p}, succ{s} { }

    Link* insert(Link* n);          // n をこのオブジェクトの前に挿入
    Link* add(Link* n);             // n をこのオブジェクトの後に挿入
    Link* erase();                  // リストからこのオブジェクトを削除
    Link* find(const string& s);    // リストで s を検索
    const Link* find(const string& s) const;   // const リストで
                                               // s を検索（18.4.1）
    Link* advance(int n) const;     // リストを n 個先へ移動

    Link* next() const { return succ; }
    Link* previous() const { return prev; }
private:
    Link* prev;
    Link* succ;
};
```

これは有望に思える。`Link` の状態を変更しない演算を `const` メンバー関数として定義している。（`Link` の状態を変更しない）`next` 関数と `previous` 関数を追加して、ユーザーが（`Link` の）リストを順番に処理できるようにしている。これらが必要になったのは、`succ` と `prev` に直接アクセスできなくなったためだ。`value` が `public` メンバーのままなのは、（現時点では）変更する必要がないためだ（それはただのデータである）。

次に、`Link::insert()` を実装してみよう。先のグローバルな `insert` 関数をコピーし、それを適切に変更する。

```
Link* Link::insert(Link* n)     // n を p の前に挿入し、n を返す
{
    Link* p = this;             // このオブジェクト（this）へのポインター
```

```
        if (n==nullptr) return p;    // 何も挿入しない
        if (p==nullptr) return n;    // 何も挿入しない
        n->succ = p;                 // p は n の次の要素になる
        if (p->prev) p->prev->succ = n;
        n->prev = p->prev;           // p の前の要素が s の前の要素になる
        p->prev = n;                 // n は p の前の要素になる
        return n;
    }
```

◆ だが、Link::insert() が呼び出されたオブジェクトへのポインターを取得するにはどうすればよいだろうか。それには言語の助けが必要だ。ただし、どのメンバー関数においても、this という識別子はメンバー関数が呼び出されたオブジェクトを指すポインターである。このため、p の代わりに単に this を使用することもできる。

```
    Link* Link::insert(Link* n)    // n を this オブジェクトの前に挿入し、n を返す
    {
        if (n==nullptr) return this;
        if (this==nullptr) return n;
        n->succ = this;              // this は n の次の要素になる
        if (this->prev) this->prev->succ = n;
        n->prev = this->prev;        // this の前の要素が n の前の要素になる
        this->prev = n;              // n は this の前の要素になる
        return n;
    }
```

コードは少し冗長だが、メンバーにアクセスするにあたって this を指定する必要はないため、以下のコードに縮小できる。

```
    Link* Link::insert(Link* n)    // n を this オブジェクトの前に挿入し、n を返す
    {
        if (n==nullptr) return this;
        if (this==nullptr) return n;
        n->succ = this;              // this は n の次の要素になる
        if (prev) prev->succ = n;
        n->prev = prev;              // this の前の要素が n の前の要素になる
        prev = n;                    // n は this の前の要素になる
        return n;
    }
```

言い換えるなら、これまではメンバーにアクセスするたびに this ポインター（現在のオブジェクトへのポインター）を暗黙的に使用してきたのである。オブジェクト全体を参照する必要があるのは、そ

17.10 this ポインター

れを明示的に指定する必要がある場合だけだ。
　this には特別な意味がある。this はメンバー関数が呼び出されたオブジェクトを指しており、古いオブジェクトは指していない。コンパイラーはメンバー関数において this の値が変更されないことを確認する。

```
struct S {
    ...
    void mutate(S* p)
    {
        this = p;   // エラー: "this" は変更不能
        ...
    }
};
```

17.10.1　リンクのその他の使用法

実装の問題に取り組んできたところで、その使用法を見てみよう。

```
Link* norse_gods = new Link{"Thor"};
norse_gods = norse_gods->insert(new Link{"Odin"});
norse_gods = norse_gods->insert(new Link{"Zeus"});
norse_gods = norse_gods->insert(new Link{"Freia"});

Link* greek_gods = new Link{"Hera"};
greek_gods = greek_gods->insert(new Link{"Athena"});
greek_gods = greek_gods->insert(new Link{"Mars"});
greek_gods = greek_gods->insert(new Link{"Poseidon"});
```

先のコードとよく似ている。ここでも「間違い」を修正しよう。まず、戦いの神の名前を訂正する。

```
Link* p = greek_gods->find("Mars");
if (p) p->value = "Ares";
```

Zeus を正しい神殿へ移動する。

```
Link* p2 = norse_gods->find("Zeus");
if (p2) {
    if (p2==norse_gods) norse_gods = p2->next();
    p2->erase();
    greek_gods = greek_gods->insert(p2);
}
```

最後に、リストを出力する。

```
void print_all(Link* p)
{
    cout << "{ ";
    while (p) {
        cout << p->value;
        if (p=p->next()) cout << ", ";
    }
    cout << " }";
}

print_all(norse_gods);
cout<<"\n";

print_all(greek_gods);
cout<<"\n";
```

この場合も、出力は以下のようになる。

```
{ Freia, Odin, Thor }
{ Zeus, Poseidon, Ares, Athena, Hera }
```

どちらのバージョンが好みだろうか。`insert` などの関数がメンバー関数になっているバージョンだろうか、それとも、それらが独立した関数になっているバージョンだろうか。この場合は、どちらを選んでも特に問題はないが、第 9 章の「§9.7.5 メンバーとヘルパー関数」をもう一度確認しておこう。

ここで注目すべき点は、まだリンククラスがあるだけで、リストクラスがないことだ。このため、どのポインターが最初の要素へのポインターであるかを追跡しなければならない。`List` クラスを定義すれば状況は改善されるが、ここで示した設計は非常に一般的なものである。標準ライブラリの `list` クラスについては、第 20 章の「§20.4 リンクリスト」で取り上げる。

17.10 this ポインター

■ ドリル

このドリルは 2 部構成になっている。前半部では、フリーストアで確保された配列を理解し、配列と vector を対比させる。

1. new 演算子を使って int 型の配列をフリーストアで確保する。
2. int 型の 10 個の値を cout に出力する。
3. （delete[] を使って）配列を解放する。
4. print_array10(ostream& os, int* a) 関数を記述する。この関数は a の値を os に出力する。a は 10 個の要素を持つものとする。
5. int 型の 10 個の要素からなる配列をフリーストアで確保する。この配列を 100、101、102 などの値で初期化し、その値を出力する。
6. int 型の 11 個の要素からなる配列をフリーストアで確保する。この配列を 100、101、102 などの値で初期化し、その値を出力する。
7. print_array(ostream& os, int* a, int n) 関数を記述する。この関数は a の値を os に出力する。a は n 個の要素を持つものとする。
8. int 型の 20 個の要素からなる配列をフリーストアで確保する。この配列を 100、101、102 などの値で初期化し、その値を出力する。
9. 配列のデリートを忘れていないか確認し、忘れていた場合はデリートする。
10. 配列の代わりに vector を使用し、print_array 関数の代わりに print_vector 関数を使用して、ドリル 5、6、8 を実行する。

後半部では、ポインターと、ポインターと配列との関係に焦点を合わせる。前半部の print_array 関数を使用する。

1. int 型の値を確保し、7 に初期化し、そのアドレスを変数 p1 に代入する。
2. p1 の値と、p1 が指している int 型の値を出力する。
3. int 型の 7 個の要素からなる配列を確保し、この配列を 1、2、4、8 などの値で初期化する。そのアドレスを変数 p2 に代入する。
4. p2 の値と、p2 が指している配列の値を出力する。
5. p3 という名前の int* を宣言し、それを p2 で初期化する。
6. p1 を p2 に代入する。
7. p3 を p2 に代入する。
8. p1 と p2 の値と、それらが指している値を出力する。
9. フリーストアで確保したメモリーをすべて解放する。
10. int 型の 10 個の要素からなる配列を確保し、この配列を 1、2、4、8 などの値で初期化する。そのアドレスを変数 p1 に代入する。
11. int 型の 10 個の要素からなる配列を確保し、そのアドレスを変数 p2 に代入する。
12. p1 が指している配列の各要素を p2 が指している配列にコピーする。
13. 配列の代わりに vector を使用して、ドリル 10～12 を繰り返す。

復習

1. 要素の個数が変化するデータ構造が必要なのはなぜか。
2. 標準的なプログラムで使用する4種類のストレージとは何か。
3. フリーストアとは何か。フリーストアに対して一般的に使用される別の名前は何か。それをサポートする演算子は何か。
4. 間接参照演算子とは何か。それが必要なのはなぜか。
5. アドレスとは何か。C++ ではメモリーアドレスをどのように操作するか。
6. ポインターには、ポインターが指しているオブジェクトに関してどのような情報が含まれるか。ポインターに欠けている有益な情報とは何か。
7. ポインターで指すことができるのは何か。
8. リークとは何か。
9. リソースとは何か。
10. ポインターを初期化するにはどうすればよいか。
11. null ポインターとは何か。それが必要になるのはどのようなときか。
12. （参照または名前付きのオブジェクトではなく）ポインターが必要になるのはどのようなときか。
13. デストラクターとは何か。それが必要になるのはどのようなときか。
14. virtual デストラクターが必要になるのはどのようなときか。
15. メンバーのデストラクターはどのようにして呼び出されるか。
16. キャストとは何か。それが必要になるのはどのようなときか。
17. ポインターを通じてクラスのメンバーにアクセスするにはどうすればよいか。
18. 双方向リストとは何か。
19. this とは何か。それが必要になるのはどのようなときか。

用語

delete	間接参照（dereference）
delete[]	間接参照演算子 *（contents of *）
new	キャスト（cast）
null ポインター（null pointer）	コンテナー（container）
nullptr	添字（subscripting）
this	添字演算子 []（subscript []）
virtual デストラクター（virtual destructor）	デストラクター（destructor）
	範囲（range）
void*	フリーストア（free store）
アドレス（address）	ポインター（pointer）
アドレス演算子 &（address of &）	メモリー（memory）
解放（deallocation、free）	メモリーリーク（memory leak）
確保（allocation）	メンバーアクセス演算子 ->（member access ->）
型変換（type conversion）	

メンバーデストラクター（member destructor）
リスト（list）
リソースリーク（resource leak）
リンク（link）

■ 練習問題

1. 独自に実装するときのポインター値の出力形式は何か。ヒント：マニュアルを読まないこと。
2. `int` は何バイトか。`double` は何バイトか。`bool` は何バイトか。答えが合っているかどうかを確認する場合を除いて、`sizeof` を使用せずに解いてみる。
3. `void to_lower(char* s)` 関数を記述する。この関数は C スタイルの文字列 s で大文字をすべて小文字に置き換える。たとえば、"Hello, World!" は "hello, world!" になる。標準ライブラリの関数は使用しないようにする。C スタイルの文字列は 0 で終端する文字配列であるため、値が 0 の `char` が検出されたら、文字列はそこで終わりである。
4. `char* strdup(const char*)` 関数を記述する。この関数は C スタイルの文字列をフリーストアで確保したメモリーにコピーする。標準ライブラリの関数は使用しないようにする。
5. `char* findx(const char* s, const char* x)` 関数を記述する。この関数は s から最初の C スタイルの文字列 x を検出する。
6. 本章では、`new` 演算子を使用していてメモリーを使い果たしたらどうなるかについては説明しなかった。これはメモリー枯渇と呼ばれる。メモリー枯渇で何が起きるかを突き止めるには、マニュアルを調べるか、メモリーを確保したまま解放しない無限ループが含まれたプログラムを記述する。それらを両方とも試してみる。メモリーの確保に失敗するまでにメモリーをどれくらい確保できたか。
7. フリーストアで確保した配列に `cin` から文字を読み込むプログラムを記述する。感嘆符（!）が入力されるまで 1 文字ずつ読み取る。`std::string` は使用しないようにする。メモリーの枯渇については無視する。
8. 練習問題 7 をもう一度実行するが、今回は、フリーストアで確保したメモリーの代わりに `std::string` に読み込む（`string` はフリーストアに自動的に対応する）。
9. スタックは上（上位のアドレス）に向かって拡大するか、それとも下（下位のアドレス）に向かって拡大するか。フリーストアが最初に（つまり、`delete` を使用する前に）拡大する向きはどちらか。答えを突き止めるためのプログラムを記述する。
10. 練習問題 7 の解決策について調べる。入力が配列からはみ出すことはあるか。つまり、確保した領域に収まらないほど文字を入力できる方法はあるか（深刻なエラーである）。確保した領域を超える文字を入力しようとした場合に何か適切な措置を講じることはできるか。
11. 「神々のリスト」の例（§17.10.1）を完成させ、実行する。
12. `find` 関数の 2 つのバージョンを定義したのはなぜか。
13. `Link` クラス（§17.10.1）を書き換え、`struct God` の値を格納するように変更する。`struct God` には、`string` 型の `name`（名前）、`mythology`（神話）、`vehicle`（乗り物）、`weapon`（武器）の 4 つのメンバーがあり、たとえば `God{"Zeus","Greek","","lightning"}`、`God{"Odin","Norse","Eight-legged flying horse called Sleipner","Spear called Gungnir"}` のようになる。神々とその属性を 1 行に 1 つずつ出力する `print_all` 関

数を記述する。new 要素を辞書式順序で正しい位置に配置する add_ordered メンバー関数を追加する。God 型の値を持つ Link を使用し、3 つの神話に登場する神々のリストを作成し、そのリストの要素（神）を辞書式順序で並んだ 3 つのリスト（神話ごとに 1 つ）へ移動する。

14. 「神々のリスト」の例（§17.10.1）を、単方向リストを使って記述することは可能か。つまり、Link から prev メンバーを除外することは可能か。そうしたい理由として何が考えられるか。単方向リストを使用するのにふさわしい例は何か。この例を、単方向リストだけを使って実装し直してみる。

■ 追記

　単に vector を使用すればよい状況で、ポインターやフリーストアといった低レベルの機能をわざわざ使用するのはなぜだろうか。1 つの答えは、誰かが vector や同様の抽象概念を設計して実装しなければならず、それがどのようにして行われるのかを知りたいからだ。ポインターに相当する低レベルのプログラミング機能をあえて提供しないプログラミング言語もある。そうした言語のプログラマーは、ハードウェアへの直接のアクセスを必要とするタスクを、C++ や低レベルのプログラミングに適した言語を使用するプログラマーに任せる。だが筆者が思うに、ソフトウェアがハードウェアとどのように接触するのかを理解しない限り、コンピューターとプログラミングを理解したとはとても言えない。ポインターやメモリーアドレスなどを知らない人は、プログラミング言語の機能がどのような仕組みで動作するのかについて妄想を抱いていることがある。そうした誤った考えが「興味深いほどひどい」コードにつがなることもある。

第18章
vector と配列

> 買い手は注意せよ。
> （Caveat emptor!）
> ― よいアドバイス

本章では、vector をコピーし、添字を使ってアクセスする方法について説明する。その過程で、コピー全般について説明し、配列という低レベルの概念と vector との関係について考える。配列とポインターとの関係を示し、それらの使用に起因する問題について検討する。また、すべての型で検討しなければならないコンストラクター、デフォルトコンストラクター、コピーコンストラクター、コピー代入、デストラクターの5つの基本演算も取り上げる。さらに、コンテナーにはムーブコンストラクターとムーブ代入も必要である。

- 18.1 はじめに
- 18.2 初期化
- 18.3 コピー
    - 18.3.1 コピーコンストラクター
    - 18.3.2 コピー代入
    - 18.3.3 コピー用語
    - 18.3.4 ムーブ
- 18.4 不可欠な演算
    - 18.4.1 explicit コンストラクター
    - 18.4.2 コンストラクターとデストラクターのデバッグ
- 18.5 vector の要素へのアクセス
    - 18.5.1 const でのオーバーロード
- 18.6 配列
    - 18.6.1 配列の要素へのポインター
    - 18.6.2 ポインターと配列
    - 18.6.3 配列の初期化
    - 18.6.4 ポインターの問題
- 18.7 例：回文
    - 18.7.1 string の使用
    - 18.7.2 配列の使用
    - 18.7.3 ポインターの使用

第18章　vectorと配列

18.1　はじめに

　飛行機が飛び立つためには、「離陸」するのに十分な速度になるまで滑走路で加速する必要がある。滑走路をのろのろと進んでいるときの飛行機は、変な形をした巨大なトラックとほとんど変わらない。空中に飛び立つやいなや、飛行機は優雅で効率的な乗り物となる。それでこそ飛行機だ。

　本章はまさに「滑走路」の途中にあり、コンピューターメモリーの制約や問題から逃れるのに十分なプログラミング言語の機能や手法を集めている最中である。論理的なニーズに基づき、本当に必要なプロパティを正しく提供する型を使ってプログラムできる段階までこぎ着けたい。そのためには、以下に示すような、コンピューターそのものへのアクセスに関連する根本的な制約を克服しなければならない。

- メモリー内のオブジェクトのサイズは固定である。
- メモリー内のオブジェクトは 1 つの特定の場所にある。
- コンピューターがそうしたオブジェクトに提供する演算は、ワードのコピーや 2 つのワードからの値の足し算など、ほんのわずかである。

　基本的には、それらは C++ の組み込み型や演算の制約であり、ハードウェアから C を経由して引き継がれたものだ（§22.25、第 27 章）。前章では、vector 型の最初の定義を示した。その vector 型は、その要素へのアクセスをすべて制御し、ハードウェアの観点ではなくユーザーの観点から「自然」に思える演算を提供するものだった。

　本章では、コピーに焦点を合わせる。コピーは重要であるものの、かなり技術的な概念である。オブジェクトをコピーするとはどういう意味だろうか。コピー演算の後、コピーされたものはどの程度まで独立しているのだろうか。コピー演算にはどのようなものがあり、それらを指定するにはどうすればよいのだろうか。それらは初期化やクリーンアップといった他の基本的な演算とどのような関係にあるのだろうか。

　vector や string のような高レベルの型を使用できない場合は、必然的に、メモリーが操作される仕組みについて検討することになる。ここでは、配列とポインター、それらの関係、それらの使用法、それらの使用におけるわなや落とし穴について調べる。C/C++ コードを低レベルで使用するプログラマーにとって、これは不可欠な情報である。

　vector の詳細は、vector はもちろん、低レベルの型から高レベルの新しい型を構築する C++ の手法に特有のものだ。しかし、どのような言語においても、string、vector、list、map といった「より高いレベル」の型はコンピューターの同じプリミティブから構築されており、ここで説明する根本的な問題へのさまざまな解決策を反映するものとなっている。

18.2 初期化

第17章の最後に示したvectorを振り返ってみよう。

```
class vector {
    int sz;          // サイズ
    double* elem;    // 要素へのポインター
public:
    vector(int s)                                 // コンストラクター
        :sz{s}, elem{new double[s]} { /* ... */ } // メモリーを確保
    ~vector()                                     // デストラクター
        { delete[] elem; }                        // メモリーを解放
    ...
};
```

これはよいとして、デフォルト以外の値でvectorを初期化したい場合はどうなるだろうか。

```
vector v1 = {1.2, 7.89, 12.34 };
```

このようにすることは可能であり、デフォルト値で初期化した後、本当に必要な値を代入するよりもずっとよい。

```
vector v2(2);   // 面倒でエラーになりやすい
v2[0] = 1.2;
v2[1] = 7.89;
v2[2] = 12.34;
```

v1と比較すると、v2の初期化は面倒でエラーになりやすい。要素の個数を間違えているのはわざとである。push_back関数を使用すれば、サイズを指定せずに済む。

```
vector v3;      // 面倒で繰り返しが多い
v3.push_back(1.2);
v3.push_back(7.89);
v3.push_back(12.34);
```

だが、これでもまだ繰り返しが多い。引数としてイニシャライザーリストを受け取るコンストラクターを定義するのはどうだろうか。{}で囲まれたT型の要素のリストは、標準ライブラリのinitializer_list<T>型のオブジェクトとしてプログラマーに提供される。initializer_list<T>はTのリストである。したがって、以下のように記述できる。

```
class vector {
    int sz;                          // サイズ
```

```
            double* elem;                          // 要素へのポインター
        public:
            vector(int s)                          // コンストラクター（s は要素の個数）
                :sz{s}, elem{new double[s]}       // 要素のメモリーは初期化されていない
            {
                for (int i=0; i<sz; ++i) elem[i] = 0.0;  // 初期化
            }
            // イニシャライザーリストコンストラクター
            vector(initializer_list<double> lst)           // 要素のメモリーは
                :sz{lst.size()}, elem{new double[sz]}      // 初期化されていない
            {
                copy(lst.begin(),lst.end(),elem);   // std::copy() を使った初期化
            }
            ...
        };
```

ここでは標準ライブラリの copy アルゴリズム（§B.5.2）を使用している。このアルゴリズムは、最初の 2 つの引数として指定された要素のシーケンスを、3 つ目の引数として指定された要素のシーケンスにコピーする。この場合、最初の 2 つの引数は initializer_list の最初と最後であり、3 つ目の引数は elem から始まるこの vector の要素である。したがって、以下のように記述できる。

```
        vector v1 = {1,2,3};   // 3 つの要素: 1.0、2.0、3.0
        vector v2(3);          // 3 つの要素: それぞれ（デフォルトの）1.0
```

要素の個数に ()、要素のリストに {} を使用していることに注目しよう。それらを区別するための表記が必要だ。

```
        vector v1 {3};    // 値が 3.0 の要素が 1 つ
        vector v2(3);     // 値が（デフォルトの）1.0 の要素が 3 つ
```

見た目はともかく、これは有効な表記である。選択の余地がある場合、コンパイラーは {} で囲まれたリストを要素の値として解釈し、initializer_list の要素としてイニシャライザーリストコンストラクターに渡す。

ほとんどの場合（本書に登場するすべてのケースを含め）、{} イニシャライザーリストの手前の = は省略してもよい。したがって、以下のように記述できる。

```
        vector v11 = {1,2,3};   // 3 つの要素: 1.0、2.0、3.0
        vector v12 {1,2,3};     // 3 つの要素: 1.0、2.0、3.0
```

これは純粋にスタイルの違いである。

initializer_list<double> が値渡しであることに注意しよう。これは C++ のルールによって要求される意図的なものだ。initializer_list は「どこか」で確保された要素へのハンドルにすぎない（§B.6.4）。

18.3 コピー

本書の不完全な vector をもう一度見てみよう。

```
class vector {
    int sz;                                     // サイズ
    double* elem;                               // 要素へのポインター
public:
    vector(int s)                               // コンストラクター
        :sz{s}, elem{new double[s]} { /* ... */ }   // メモリーを確保
    ~vector()                                   // デストラクター
        { delete[] elem; }                      // メモリーを解放

    ...
};
```

これらの vector の 1 つをコピーしてみよう。

```
void f(int n)
{
    vector v(3);        // 要素が 3 つの vector を定義
    v.set(2,2.2);       // v[2] を 2.2 に設定
    vector v2 = v;      // ここで何が起きるか
    ...
}
```

理想的には v2 は v のコピーになる。つまり、= はコピーを作成する。よって、v2.size()==v.size() であり、[0:v.size()) の範囲のすべての i に対して v2[i]==v[i] となる。さらに、f 関数を抜けると、すべてのメモリーがフリーストアに戻される。標準ライブラリの vector は（もちろん）そうなっているが、ここまで定義してきた vector はまだ単純そのものであり、そうなっていない。そこで、そうした例に正しく対処するように vector を改善する必要があるが、まず、現在のバージョンが実際に何を行うのかをはっきりさせておこう。正確には、何を間違えるのだろうか。どのようにして、どのような理由でそうなるのだろうか。それがわかれば、おそらく問題を解決できるはずだ。さらに重要なのは、他の状況で同じような問題が発生したときに、それらを見分けて回避できるようになることだ。

クラスに対するコピーのデフォルトの意味は、「すべてのデータメンバーをコピーする」ことである。多くの場合、これは完全に理にかなっている。たとえば Point をコピーする場合は、その座標をコピーする。だが、ポインターメンバーに関しては、メンバーを単にコピーすれば問題が生じる。具体的に言うと、本書の vector の場合は、コピー後に v.sz==v2.sz および v.elem==v2.elem になることを意味する。したがって、vector は以下のようになる。

つまり、v2 は v の要素のコピーを持つのではなく、v の要素を共有する。以下のように記述した場合はどうなるだろうか。

```
v.set(1,99);    // v[1] を 99 に設定
v2.set(0,88);   // v2[0] を 88 に設定
cout << v.get(0) << ' ' << v2.get(1);
```

結果として 88 99 が出力される。それは思惑とは異なる。v[0] や v2[1] には書き込んでいないため、v と v2 の間に「隠れた」関係がなかったとすれば、0 0 が出力されるはずだ。この振る舞いについて「興味深い」とか、「巧妙である」とか、「役に立つことがあるかも」と弁護することもできるが、それは意図したものではないし、標準ライブラリの vector の振る舞いとも異なる。また、f 関数から制御を戻すときに起きることは災難としか言いようがない。f 関数から制御を戻すと、v と v2 のデストラクターが暗黙的に呼び出される。v のデストラクターは、要素に使用されていた記憶域を、以下のコードを使って解放する。v2 のデストラクターもそれにならう。

```
delete[] elem;
```

elem は v と v2 の両方で同じメモリーアドレスを指しているため、そのメモリーは 2 回解放されることになる。その結果は悲惨なものだろう（§17.4.6）。

18.3.1 コピーコンストラクター

では、どうすればよいだろうか。わかりきったことを行うまでだ ── 要素をコピーするコピー演算を提供し、vector を別の vector で初期化するときにこのコピー演算が呼び出されるようにする。

クラスのオブジェクトの初期化はコンストラクターによって実行される。このため、コピーを実行するコンストラクターが必要である。当然ながら、そうしたコンストラクターは**コピーコンストラクター**（*copy constructor*）と呼ばれ、引数としてコピー元のオブジェクトへの参照を受け取るように定義される。したがって、vector クラスの場合は、以下のコピーコンストラクターが必要だ。

```
vector(const vector&);
```

このコンストラクターは、vector を別の vector で初期化しようとしたときに呼び出される。（もちろん）コピーを定義しているコンストラクターの引数はコピーしたくないため、参照渡しにする。参照渡しを const にしているのは、引数を変更したくないからだ（§8.5.6）。そこで、vector を以下のように改良する。

```
class vector {
    int sz;
    double* elem;
```

18.3 コピー

```
public:
    vector(const vector&);    // コピーコンストラクター: コピーを定義
    ...
};
```

このコピーコンストラクターでは、要素の個数（sz）を設定し、要素用のメモリーを確保（elem を初期化）した後、引数として渡された vector から要素の値をコピーする。

```
vector::vector(const vector& arg)
// 要素を確保した後、それらをコピーにより初期化
    :sz{arg.sz}, elem{new double[arg.sz]}
{
    copy(arg.elem,arg.elem+sz,elem);    // std::copy() (B.5.2)
}
```

コピーコンストラクターを定義したところで、先の例をもう一度見てみよう。

```
vector v2 = v;
```

このコードは、vector のコピーコンストラクターを引数 v で呼び出すことにより、v2 を初期化する。ここでも 3 つの要素からなる vector を使用する場合は、以下のようになる。

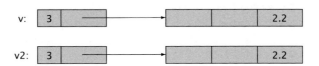

このように定義されていれば、デストラクターで正しい処理を実行できるようになり、どちらの要素も正しく解放されるようになる。もちろん、2 つの vector はこの時点で独立しているため、v の要素の値を変更しても v2 に影響はおよばず、逆もまた同様である。

```
v.set(1,99);      // v[1] を 99 に設定
v2.set(0,88);     // v2[0] を 88 に設定
cout << v.get(0) << ' ' << v2.get(1);
```

これにより、0 0 が出力される。

以下のように記述する代わりに、

```
vector v2 = v;
```

以下のように記述しても同じである。

```
vector v2 {v};
```

v（イニシャライザー）とv2（初期化される変数）の型が同じで、その型のコピーコンストラクターまたはコピー代入の定義がオーバーライドされていなければ、2つの表記のどちらを使用してもかまわない。

18.3.2　コピー代入

コピーコンストラクター（初期化）について説明したが、vectorは代入に基づいてコピーすることもできる。コピーコンストラクターと同様に、コピー代入のデフォルトの意味は「メンバーごとのコピー」である。このため、ここまでのvectorの定義では、コピーコンストラクター（§18.3.1）の場合とまったく同じように、代入によって二重のデリートが発生するだけでなく、メモリーリークも発生する。

```
void f2(int n)
{
    vector v(3);      // vector を定義
    v.set(2,2.2);
    vector v2(4);
    v2 = v;           // 代入：ここで何が起きるか
    ...
}
```

標準ライブラリのvectorの場合と同じように、v2をvのコピーにしたいが、このvectorでは代入の意味が何も指定されていないため、デフォルトの代入が使用される。デフォルトの代入はメンバーごとのコピーであるため、v2のszとelemはそれぞれvのszとelemと同じになる。これを図解すると、以下のようになる。

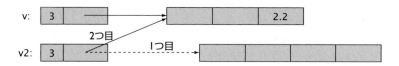

f2関数を抜けるときに、コピーコンストラクターを追加する前のf関数（§18.3）を抜けるときと同じ問題が発生する。つまり、vとv2の両方によって参照されている要素が（delete[]を通じて）2回解放される。さらに、v2の4つの要素に最初に確保されたメモリーもリークしている。それらを解放するのを「忘れていた」からだ。このコピー代入に対する改善措置は、コピー初期化（§18.3.1）に対するものと基本的には同じである。コピーを正しく行う代入を定義してみよう。

```
class vector {
    int sz;
    double* elem;
public:
    vector& operator=(const vector&);   // コピー代入
    ...
```

18.3 コピー

```
};

vector& vector::operator=(const vector& a)
// この vector を a のコピーにする
{
    double* p = new double[a.sz];   // 新しい領域を確保
    copy(a.elem,a.elem+a.sz,p);     // 要素をコピー
    delete[] elem;                   // 古い領域を解放
    elem = p;                        // ここで elem をリセットできる
    sz = a.sz;
    return *this;                    // 自己参照を返す（17.10）
}
```

古い要素を処理しなければならない点で、代入はコンストラクターよりも少し複雑である。基本的には、コピー元の vector の要素のコピーを作成する。

```
double* p = new double[a.sz];   // 新しい領域を確保
copy(a.elem,a.elem+a.sz,p);     // 要素をコピー
```

次に、コピー先の vector の古い要素を解放する。

```
delete[] elem;   // 古い領域を解放
```

最後に、elem が新しい要素を指すようにする。

```
elem = p;        // ここで elem をリセットできる
sz = a.sz;
```

結果は以下のようになる。

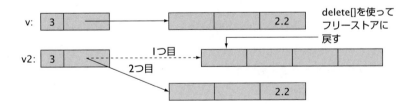

これで、メモリーをリークしたり、メモリーを 2 回解放（delete[]）したりしない vector が定義された。

代入を実装する際には、コピーを作成する前に古い要素のメモリーを解放することで、コードの単純化を図ることもできた。だが通常は、情報の置き換えが可能であることが判明するまで、情報はそのままにしておくのが賢明である。また、メモリーを先に解放していたとしたら、vector を自己代入した場合に奇妙なことが起きていただろう。

```
vector v(10);
v=v;      // 自己代入
```

この実装が —— 最も効率的とはいかないまでも —— そうした状況に正しく対処することを確認しておこう。

18.3.3 コピー用語

コピーは、ほとんどのプログラムやほとんどのプログラミング言語において論点となる。基本的には、ポインター（または参照）をコピーするのか、それともポインターが指している先（参照先）をコピーするのかが問題となる。

- シャローコピー（*shallow copy*）
  ポインターだけをコピーする「浅いコピー」であり、2 つのポインターが同じオブジェクトを指すようになる。ポインターと参照のコピーはこのようになる。
- ディープコピー（*deep copy*）
  ポインターが指しているものをコピーする「深いコピー」であり、2 つのポインターが異なるオブジェクトを指すようになる。vector や string などのコピーはこのようになる。独自に定義したクラスでディープコピーが必要な場合は、コピーコンストラクターとコピー代入を定義する。

シャローコピーの例を見てみよう。

```
int* p = new int{77};
int* q = p;    // ポインター p をコピー
*p = 88;       // p と q が指している int の値を変更
```

これを図解すると、以下のようになる。

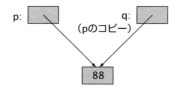

対照的に、ディープコピーを行うこともできる。

```
int* p = new int{77};
int* q = new int{*p};   // 新しい int を確保した後、p が指している値をコピー
*p = 88;                // p が指している値を変更
```

これを図解すると、以下のようになる。

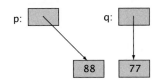

最初の vector では、その elem ポインターが指している要素をコピーするのではなく、シャローコピーを実行したことが問題だったと言える。改良された vector は、標準ライブラリの vector と同様に、ディープコピーを実行する。つまり、要素のための新しい領域を確保し、それらの値をコピーする。ポインターや参照のようにシャローコピーを実行する型は、アドレスをコピーすることから、**ポインターセマンティクス**（*pointer semantics*）または**参照セマンティクス**（*reference semantics*）に基づく型と呼ばれる。string や vector のようにディープコピーを実行する型は、参照先の値をコピーすることから、**値セマンティクス**（*value semantics*）に基づく型と呼ばれる。ユーザーから見た場合、値セマンティクスに基づく型は、ポインターは無関係で、コピー可能な値しかないかのような振る舞いをする。値セマンティクスに基づく型については、コピーに関する限り、「整数と同じように動作する」と考えることができる。

18.3.4 ムーブ

vector の要素の個数が多い場合、コピーは高くつくかもしれない。このため、vector をコピーするのは、それが必要なときだけにすべきである。以下のコードについて考えてみよう。

```
vector fill(istream& is)
{
    vector res;
    for (double x; is>>x; ) res.push_back(x);
        return res;
}

void use()
{
    vector vec = fill(cin);
    // vec を使用するコード
}
```

ここでは、ローカル変数 res に入力ストリームを読み込み、use 関数に返している。fill 関数の res を vec にコピーすると、高くつく可能性がある。だが、なぜコピーするのだろうか。制御を戻した後、コピー元の res を使用するわけにはいかないため、コピーしたくない。それどころか、fill 関数から制御を戻すときに res は削除される。コピーを回避する方法はないだろうか。vector がメモリーで表現される方法についてもう一度考えてみよう。

第18章　vectorと配列

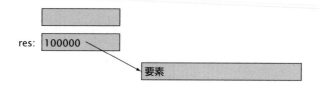

res の表現を盗んで vec に使用したい。つまり、コピーをいっさい行わずに、res の要素を vec が参照するようにしたい。

res の要素ポインターと要素カウントを vec へ移動した後、res の要素は空になる。fill 関数から res の値を vec へ移動することに成功した後は、res が削除されたとしても望ましくない副作用は発生しない。

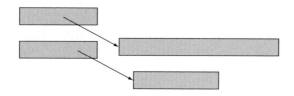

10万個の double が、シングルワードの代入4つ分のコストで、fill 関数から呼び出し元へ移動されている。

こうした移動を C++ コードで表現するにはどうすればよいだろうか。コピー演算を補う移動（ムーブ）演算を定義してみよう。

```
class vector {
    int sz;
    double* elem;
public:
    vector(vector&& a);              // ムーブコンストラクター
    vector& operator=(vector&&);     // ムーブ代入
    ...
};
```

&& という見慣れない表記は「rvalue 参照」と呼ばれるもので、ムーブ演算を定義するために使用されている。このムーブ演算の引数が const ではないことに注意しよう。つまり、(const vector&&) ではなく (vector&&) である。ムーブ演算の目的の1つは、移動元を変更して「空」にすることだ。ムーブ演算の定義は単純になる傾向にある。ムーブ演算はコピー演算よりも単純で、より効率的である場合が多い。vector のムーブ演算は以下のようになる。

```
vector::vector(vector&& a)
        :sz{a.sz}, elem{a.elem}      // a の elem と sz をコピー
{
    a.sz = 0;                        // a を空の vector にする
```

```
        a.elem = nullptr;
    }

    vector& vector::operator=(vector&& a)    // a を vector へ移動
    {
        delete[] elem;                       // 古い領域を解放
        elem = a.elem;                       // a の elem と sz をコピー
        sz = a.sz;
        a.elem = nullptr;                    // a を空の vector にする
        a.sz = 0;
        return *this;                        // 自己参照を返す（17.10）
    }
```

ムーブコンストラクターを定義すれば、要素の個数が多い vector など、大量の情報を移動するのが容易になり、コストが抑えられる。

```
    vector fill(istream& is)
    {
        vector res;
        for (double x; is>>x; ) res.push_back(x);
        return res;
    }
```

ムーブコンストラクターは、return を実装するために暗黙的に使用される。res をコピーするのではなく移動できるのは、戻り値として返されたローカルの値（res）がスコープを外れることをコンパイラーが理解するためだ。

ムーブコンストラクターが重要となるのは、関数から大量の情報を取り出すためにポインターや参照を使用する必要がないためだ。以下の従来のコードには欠陥がある。

```
    vector* fill2(istream& is)
    {
        vector* res = new vector;
        for (double x; is>>x; ) res->push_back(x);
        return res;
    }

    void use2()
    {
        vector* vec = fill2(cin);
        // vec を使用するコード
        delete vec;
```

}
```

この場合は、vector をデリートすることを覚えておかなければならない。フリーストアで確保されたオブジェクトのデリートは必ずしも容易ではなく、それを正確に行うのは思ったほど簡単ではない（§17.4.6）。

## 18.4　不可欠な演算

これで、クラスに必要なコンストラクターはどれか、デストラクターを定義すべきかどうか、そしてコピー演算とムーブ演算を定義する必要があるかどうかを判断する方法について説明するお膳立てが整った。ここでは、クラスに不可欠な演算として、以下の 7 つを取り上げる。

- 1 つ以上の引数を持つコンストラクター
- デフォルトコンストラクター
- コピーコンストラクター（同じ型のオブジェクトをコピー）
- コピー代入（同じ型のオブジェクトをコピー）
- ムーブコンストラクター（同じ型のオブジェクトを移動）
- ムーブ代入（同じ型のオブジェクトを移動）
- デストラクター

通常は、オブジェクトを初期化するために必要な引数を受け取るコンストラクターが 1 つ以上必要となる。

```
// s を "cat.jpg" という文字列に初期化
string s {"cat.jpg"};
// Point を座標 {200,300} に初期化した後、
// その Point にファイル cat.jpg の内容を表示
Image ii {Point{200,300},"cat.jpg"};
```

このように、イニシャライザーの意味と使用法は完全にコンストラクター次第である。標準ライブラリの `string` のコンストラクターは文字列を初期値として使用するが、`Image` のコンストラクターは開くファイルの名前として文字列を使用する。通常、コンストラクターは不変条件（§9.4.3）を確立するために使用される。クラスのコンストラクターで確立できる有効な不変条件を定義できないとしたら、クラスが正しく設計されていないか、データ構造が単純すぎることが原因だろう。

引数を受け取るコンストラクターも、クラスと同様にさまざまである。コンストラクター以外の演算のパターンはもう少し規則的だ。

クラスにデフォルトコンストラクターが必要かどうかを判断するにはどうすればよいだろうか。イニシャライザーを指定せずにクラスのオブジェクトを作成できるようにしたい場合は、デフォルトコンストラクターが必要である。最も典型的な例は、クラスのオブジェクトを標準ライブラリの `vector` に格納したい場合である。以下のコードがうまくいくのは、`int`、`string`、`vector<int>` のデフォルト値が指定されている場合に限られる。
```

```
// double 型の 10 個の要素からなる vector: それぞれ 0.0 に初期化される
vector<double> vi(10);
// string 型の 10 個の要素からなる vector: それぞれ "" に初期化される
vector<string> vs(10);
// vector 型の 10 個の要素からなる vector: それぞれ vector() に初期化される
vector<vector<int>> vvi(10);
```

したがって、多くの場合はデフォルトコンストラクターがあると都合がよい。では、「デフォルトコンストラクターを定義することに意味がある状況」とは、どのような状況だろうか。答えは、「意味のある明白なデフォルト値でクラスの不変条件を確立できる状況」である。`int` や `double` といった値型の場合、明白なデフォルト値は 0（`double` では 0.0）である。`string` の場合は、空の文字列（`""`）が明白な選択肢である。`vector` の場合は、空の `vector` が適している。どの型 T についても、デフォルト値が存在するとしたら、それは `T{}` である。たとえば、`double{}` は 0.0 であり、`string{}` は `""` であり、`vector<int>{}` は `int` 型の空の `vector` である。

クラスがリソースを確保する場合はデストラクターが必要である。リソースは「どこかから取得する」ものであり、使い終えたら戻さなければならない。たとえば、（`new` を使って）フリーストアからメモリーを確保したら、（`delete` または `delete[]` を使って）フリーストアに戻さなければならない。本書の `vector` は要素を格納するためのメモリーを確保するため、そのメモリーを戻さなければならない。したがって、デストラクターが必要だ。プログラムが野心的になり、洗練されていけば、ファイル、ロック、スレッドハンドル、ソケットなどを扱うことになるだろう。ファイルは開いたら閉じる必要がある。ソケットはプロセスやリモートコンピューターとの通信に使用される。

メンバーがポインターや参照であることも、クラスにデストラクターが必要であることの目印となる。クラスにポインターメンバーや参照メンバーが存在する場合は、たいてい、デストラクターとコピー演算が必要となる。

デストラクターが必要となるクラスでは、ほぼ決まってコピーコンストラクターとコピー代入も必要となる。その理由は単純だ。オブジェクトがリソースを確保していて、それを指しているポインターメンバーが存在するとしたら、コピー（メンバーごとのシャローコピー）のデフォルトの意味はほぼ確実に間違いだからだ。`vector` はその典型的な例でもある。

同様に、デストラクターが必要となるクラスでは、ほぼ確実にムーブコンストラクターとムーブ代入も必要となる。その理由は単純だ。オブジェクトがリソースを確保していて、それを指しているポインターメンバーが存在するとしたら、コピー（メンバーごとのシャローコピー）のデフォルトの意味はほぼ確実に間違いであり、通常の措置（オブジェクトの状態を完全に複製するコピー演算）は高くつく可能性がある。この場合も、`vector` はその典型的な例である。

さらに、派生クラスがデストラクターを持つ可能性がある場合、基底クラスには `virtual` デストラクターが必要である（§17.5.2）。

18.4.1 explicit コンストラクター

引数が 1 つだけのコンストラクターは、その引数の型からクラスへの変換を定義する。以下に示すように、これは非常に役立つ可能性がある。

```
class complex {
public:
    complex(double);    // double から complex への変換を定義
    complex(double,double);
    ...
};

complex z1 = 3.14;    // OK: 3.14 を (3.14,0) に変換
complex z2 = complex{1.2,3.4};
```

ただし、暗黙的な変換は予想外の望ましくない効果をもたらす可能性があるため、慎重かつ控え目に使用すべきである。たとえば、ここまで定義してきた vector には、int 型の引数を持つコンストラクターがある。これにより、このコンストラクターが int から vector への変換を定義することを意味する。

```
class vector {
    ...
    vector(int);
    ...
};

vector v = 10;    // double 型の 10 個の要素からなる vector を作成
v = 20;           // double 型の 20 個の要素からなる新しい vector を v に代入

void f(const vector&);
f(10);            // double 型の 10 個 の要素からなる新しい vector で f を呼び出す
```

どうやら思いがけないものが手に入ったようだ。幸い、コンストラクターの暗黙的な変換としての使用を抑制するのは簡単だ。explicit として定義されたコンストラクターは、通常のコンストラクターのセマンティクスのみを提供し、暗黙的な変換を提供しない。

```
class vector {
    ...
    explicit vector(int);
    ...
};
```

```
vector v = 10;      // エラー: int から vector への変換はない
v = 20;             // エラー: int から vector への変換はない
vector v0(10);      // OK

void f(const vector&);
f(10);              // エラー: int から vector<double> への変換はない
f(vector(10));      // OK
```

予想外の変換を回避するために、引数が1つだけのコンストラクターを explicit として定義している。標準ライブラリの vector もこのように定義されている。このコンストラクターがデフォルトで explicit になっていればよかったのだが。疑わしい場合は、単一の引数で呼び出せるコンストラクターをすべて explicit にするとよいだろう。

18.4.2 コンストラクターとデストラクターのデバッグ

コンストラクターとデストラクターは、プログラムの実行において明確かつ予測可能なタイミングで呼び出される。ただし、vector(2) のような明示的な呼び出しが常に記述されるとは限らない。実際には、vector を宣言したり、vector を値渡しの引数として使用したり、new 演算子を使って vector をフリーストアで作成したりする。これは構文的な見地から考える人々を混乱させることがある。コンストラクターが呼び出されるきっかけとなる構文は1つではない。コンストラクターとデストラクターについては、以下のように考えるとわかりやすい。

- X 型のオブジェクトが作成されるたびに X のコンストラクターの1つが呼び出される。
- X 型のオブジェクトが削除されるたびに X のデストラクターが呼び出される。

デストラクターは、そのクラスのオブジェクトが削除されるたびに呼び出される。オブジェクトが削除されるのは、名前がスコープを外れたときか、プログラムが終了するときか、オブジェクトへのポインターで delete 演算子が使用されたときである。コンストラクター（何らかの適切なコンストラクター）は、そのクラスのオブジェクトが作成されるたびに呼び出される。オブジェクトが作成されるのは、変数が初期化されるときか、new 演算子を使ってオブジェクトが作成されるときか（組み込み型を除く）、オブジェクトがコピーされるときである。

だが、それはいつ起きるのだろうか。コンストラクター、代入演算、デストラクターに出力文を追加した上で試してみれば、だいたいのタイミングがつかめる。

```
struct X {    // 単純なテストクラス
    int val;
    void out(const string& s, int nv)
        { cerr << this << "->" << s << ": " << val
               << " (" << nv << ")\n"; }

    X() { out("X()",0); val=0; }    // デフォルトコンストラクター
```

```
        X(int v) { val=v; out("X(int)",v); }
        X(const X& x)              // コピーコンストラクター
            { val=x.val; out("X(X&) ",x.val); }
        X& operator=(const X& a)   // コピー代入
            { out("X::operator=()",a.val); val=a.val; return *this; }
        ~X() { out("~X()",0); }    // デストラクター
    };
```

この X で行われることはすべて足跡を残すため、それらを調べればよい。

```
    X glob(2);                  // グローバル変数

X copy(X a) { return a; }
X copy2(X a) { X aa = a; return aa; }
X& ref_to(X& a) { return a; }
X* make(int i) { X a(i); return new X(a); }

struct XX { X a; X b; };

int main()
{
    X loc {4};              // ローカル変数
    X loc2 {loc};           // コピーコンストラクター
    loc = X{5};             // コピー代入
    loc2 = copy(loc);       // 引数と戻り値は値渡し
    loc2 = copy2(loc);
    X loc3{6};
    X& r = ref_to(loc);     // 引数と戻り値は参照渡し
    delete make(7);
    delete make(8);
    vector<X> v(4);         // デフォルト値
    XX loc4;
    X* p = new X{9};        // フリーストア上の X
    delete p;
    X* pp = new X[5];       // フリーストア上の X の配列
    delete[] pp;
}
```

実際に試してみよう。

TRY THIS

もちろん本気である。この例を実行し、結果を確実に理解しておく。そうすれば、オブジェクトのコンストラクションとデストラクションについて知っておかなければならないことの大部分を理解できるだろう。

コンパイラーの性能によっては、copy 関数と copy2 関数の呼び出しで**消えたコピー**があることに気づくかもしれない。人間の目には、それらは何もしないように見える。それらは入力から出力へ値をそのままコピーするだけである。それを認識できるほど性能のよいコンパイラーは、コピーコンストラクターの呼び出しを取り除くことができる。言い換えるなら、コンパイラーでは、コピーコンストラクターがコピーの他には何もしないことを想定してもよい。不要なコピーの多くを取り除くコンパイラーまで存在する。ただし、コンパイラーがそこまでの性能を持つという保証はないため、どのコンパイラーでも一定のパフォーマンスを確保したい場合は、ムーブ演算を検討しよう（§18.3.4）。

ここで、この「つまらない X クラス」に時間を割く理由について考えてみよう。これはミュージシャンになるための指さばきの練習のようなものだ。練習を行った後は、他の（肝心な）ことが上手になる。また、コンストラクターとデストラクターに問題がある場合は、実際のクラスのコンストラクターに出力文を挿入し、それらが意図したとおりに動作するかどうかを確認すればよい。プログラムが大きい場合、こうした追跡には手間がかかるが、やはり同じような手法が用いられる。たとえば、コンストラクターが呼び出された回数からデストラクターが呼び出された回数を引くと 0 になるかどうかを調べれば、メモリーリークが発生しているかどうかを判断できる。メモリーを確保するクラスやオブジェクトへのポインターを保持するクラスでは、コピーコンストラクターとコピー代入を定義するのを忘れることがある。これは問題の主な原因の 1 つであり、回避するのは簡単だ。

問題が大きくなりすぎて、こうした単純な方法では対処できない場合は、そうした問題を特定するための専用のツールを利用すればよい。それらはよく「リークディテクター」と呼ばれる。もちろん理想を言えば、メモリーリークを回避するための措置を講じて、メモリーリークを発生させないことが望ましい。

18.5 vectorの要素へのアクセス

ここまでは、setメンバー関数とgetメンバー関数を使って要素にアクセスしてきた（§17.6）。こうした方法は冗長で、手際が悪い。v[i]といった通常の添字表記を使用したい。そこで、operator[]というメンバー関数を定義する。最初の試みは以下のようなものであるとしよう。

```
class vector {
    int sz;           // サイズ
    double* elem;     // 要素へのポインター
public:
    ...
    double operator[](int n) { return elem[n]; }    // 要素を返す
};
```

なかなかよさそうであり、特に単純に見えるが、残念なことに単純すぎる。添字演算子operator[]()から値を返すようにした場合、要素の読み取りは可能だが、書き込みは不可能になる。

```
vector v(10);
int x = v[2];    // OK
v[3] = x;        // エラー: v[3] は lvalue ではない
```

この場合、v[i]はv.operator[](i)呼び出しとして解釈され、その呼び出しからvの要素番号iの値が返される。この単純すぎるvectorでは、v[3]は浮動小数点数型の変数ではなく浮動小数点数型の値である。

TRY THIS

このvectorをコンパイルにかけられる状態にし、コンパイラーがv[3]=x;に対して生成するエラーメッセージを確認してみる。

次の試みでは、operator[]演算子から適切な要素へのポインターを返すようにする。

```
class vector {
    int sz;           // サイズ
    double* elem;     // 要素へのポインター
public:
    ...
    double* operator[](int n) { return &elem[n]; }    // ポインターを返す
};
```

18.5　vector の要素へのアクセス

この定義に基づき、以下のコードを記述できる。

```
vector v(10);
for (int i=0; i<v.size(); ++i) {   // うまくいくが、まだ改善の余地がある
    *v[i] = i;
    cout << *v[i];
}
```

この場合、`v[i]` は `v.operator[](i)` 呼び出しとして解釈され、その呼び出しから v の要素番号 i へのポインターが返される。問題は、このポインターを間接参照して要素にアクセスするには、* を記述する必要があることだ。これでは、set メンバー関数と get メンバー関数を記述するのとほとんど変わらない。添字演算子から参照を返すようにすれば、この問題は解決される。

```
class vector {
    ...
    double& operator[](int n) { return elem[n]; }   // 参照を返す
};
```

コードは以下のようになる。

```
vector v(10);
for (int i=0; i<v.size(); ++i) {   // うまくいく
    v[i] = i;                       // v[i] は参照要素 i を返す
    cout << v[i];
}
```

これで、従来の表記が使用できるようになった。`v[i]` は `v.operator[](i)` 呼び出しとして解釈され、その呼び出しから v の要素番号 i への参照が返される。

18.5.1　const でのオーバーロード

前項で定義した `operator[]()` には、const vector では呼び出せないという問題がある。

```
void f(const vector& cv)
{
    double d = cv[1];   // エラー（でも OK のはず）
    cv[1] = 2.0;        // エラー（これはもともとエラー）
}
```

原因は、`vector::operator[]()` が vector を変更する可能性があることだ。実際には変更しないが、それをコンパイラーに伝えていなかったため、コンパイラーはそれを知らない。この問題を解決するには、メンバー関数の const バージョンを提供すればよい（§9.7.4）。これは簡単だ。

```
class vector {
    ...
    double& operator[](int n);         // 非 const vector 用
    double operator[](int n) const;    // const vector 用
};
```

もちろん、const バージョンから double& を返すことはできないため、double 型の値を返している。同じように const double& を返すこともできたが、double は小さなオブジェクトなので、参照を返しても意味がなく（§8.5.6）、値渡しで返すことにした。これにより、以下のコードを記述できるようになる。

```
void ff(const vector& cv, vector& v)
{
    double d = cv[1];   // OK (const [] を使用)
    cv[1] = 2.0;        // エラー (const [] を使用)
    double d = v[1];    // OK (非 const [] を使用)
    v[1] = 2.0;         // OK (非 const [] を使用)
}
```

vector はよく const 参照として渡されるため、この const バージョンの operator[]() を追加することは必要不可欠である。

18.6 配列

ここまでは、フリーストアで確保された一連のオブジェクトを参照するために配列（*array*）を使用してきた。配列は他の場所で名前付きの変数として確保することもできる。実際には、それらは以下の変数としてよく使用される。

- グローバル変数（ただし、グローバル変数はたいていよい考えではない）
- ローカル変数（ただし、その配列には重大な制限がある）
- 関数引数（ただし、配列は自身のサイズを知らない）
- クラスメンバー（ただし、メンバー配列を初期化するのは難しいことがある）

本書が配列よりも vector をあからさまに支持していることに気づいているかもしれない。選択の余地がある場合は、std::vector を使用するようにしよう。そして、ほとんどの状況では選択の余地がある。ただし、配列は vector よりもずっと以前から存在しており、C をはじめとする他の言語で提供されている配列とほぼ同等である。このため、古いコードや vector の利点を理解していない人々によって書かれたコードに対処するには配列を知っていなければならず、しかもよく知っていなければならない。

では、配列とは何だろうか。配列はどのように定義するのだろうか。配列はどのように使用するのだろうか。配列とは、連続するメモリーで確保された同種のオブジェクトのシーケンスのことだ。つまり、配列の要素はすべて同じ型を持ち、オブジェクトとオブジェクトの間に隙間はない。配列の要素に

は0始まりの番号が振られる。宣言では、配列は角かっこ（[]）で識別される。

```
const int max = 100;
int gai[max];         // （100 個の int からなる）グローバル配列：永遠の存在

void f(int n)
{
    char lac[20];     // ローカル配列：スコープの終わりまで存続
    int lai[60];
    double lad[n];    // エラー：配列のサイズが定数ではない
    ...
}
```

名前が付いた配列の要素の個数はコンパイル時に判明していなければならない、という制限に注意しよう。要素の個数を変数にしたい場合は、配列をフリーストアで確保し、ポインターを通じてアクセスしなければならない。それが、vector が要素の配列を使って行うことだ。

フリーストアで確保された配列と同様に、名前付きの配列には添字と間接参照演算子 [] および * を使ってアクセスする。

```
void f2()
{
    char lac[20];     // ローカル配列：スコープの終わりまで存続

    lac[7] = 'a';
    *lac = 'b';       // lac[0]='b' に相当

    lac[-2] = 'b';    // 間違い
    lac[200] = 'c';   // 間違い
}
```

この関数はコンパイルされるが、知ってのとおり、「コンパイルされた」からといって「正しい動作」が保証されるわけではない。[] 演算子の使用法は明白だが、範囲のチェックは行われない。f2 関数がコンパイルエラーにならないのはそのためであり、lac[-2] および lac[200] への書き込みは — すべての範囲外アクセスがそうであるように — 通常は悲惨な結果となる。配列は範囲のチェックを行わない。この場合も物理メモリーを直接操作しているため、「システムのサポート」は期待できない。

しかし、lac の要素は 20 個しかないというのに、lac[200] がエラーであることをコンパイラーは見抜けなかったのだろうか。コンパイラーはそれを見抜けるかもしれないが、筆者が知る限り、既製のコンパイラーでそれを見抜くものはない。問題は、コンパイル時に配列の範囲を追跡するのは一般に不可能であることだ。このような最も単純なケースでのみエラーを検出できたところで、それほど役に立つとは言えない。

635

18.6.1　配列の要素へのポインター

ポインターは配列の要素を指すことができる。以下のコードについて考えてみよう。

```
double ad[10];
double* p = &ad[5];   // ad[5] を指している
```

この場合は、`ad[5]` である `double` 型の値へのポインター `p` がある。

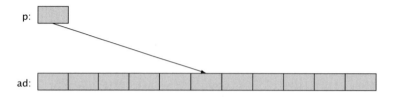

このポインターに添字でアクセスすると、間接参照が可能となる。

```
*p =7;
p[2] = 6;
p[-3] = 9;
```

これは以下のようになる。

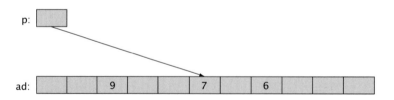

つまり、正の数と負の数の両方を使ってポインターに添字でアクセスできる。結果として得られる要素が範囲内である限り、すべてうまくいく。ただし、ポインターが指している配列の範囲を超えるアクセスは、フリーストアで確保された配列と同様に、文法的に正しくない（§17.4.3）。一般に、配列への範囲外アクセスはコンパイル時に検出されず、（遅かれ早かれ）惨事を招く。

ポインターが配列を指している場合は、加算と添字を使って配列の別の要素を指すことができる。

```
p += 2;   // p を要素 2 つ分右へ移動
```

これを図解すると、以下のようになる。

18.6 配列

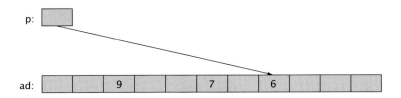

そして、以下のように記述した場合は、

```
p -= 5;    // p を要素 5 つ分左へ移動
```

以下のようになる。

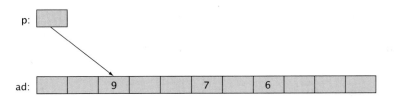

+、-、+=、-= を使ってポインターを移動させているが、これは**ポインター算術**（*pointer arithmetic*）と呼ばれる。当然ながら、ポインター算術を使用する場合は、結果が配列の範囲外のメモリーへのポインターにならないよう、細心の注意を払う必要がある。

```
p += 1000;        // ばかげている：p が指している配列の要素は 10 個
double d = *p;    // 文法的に正しくない：おそらく不正な値が得られる
                  // （間違いなく予測不能な値）
*p = 12.34;       // 文法的に正しくない：おそらく未知のデータを書き換える
```

残念ながら、ポインター算術に関連するひどいバグを簡単に発見できるとは限らない。通常は、ポインター算術は使用しないようにするのが得策だ。

ポインター算術の最も一般的な用途は、++ を使ってポインターを次の要素へ進めることと、-- を使ってポインターを前の要素に戻すことである。たとえば、ad の要素の値を出力する方法は以下のようになる。

```
for (double* p=&ad[0]; p<&ad[10]; ++p) cout << *p << '\n';
```

逆方向では、以下のようになる。

```
for (double* p=&ad[9]; p>=&ad[0]; --p) cout << *p << '\n';
```

ポインター算術をこのように使用するのは珍しいことではない。だが、最後の（逆方向の）例は間違いのもとである。&ad[10] ではなく &ad[9] なのはなぜだろうか。> ではなく >= なのはなぜだろうか。これらの例は、添字を使って同じようにうまく（同じように効率よく）処理できる。こうした例は vector と添字を使って同じように処理することが可能であり、そのほうが範囲チェックも楽である。

637

ポインター算術を実際に使用するときには、ポインターはたいてい関数の引数として渡される。その場合、そのポインターが指している配列の要素の個数は、コンパイラーにはわからない。それはプログラマーが責任を持って管理しなければならない。こうした状況にはなるべく近づかないようにしよう。

C++ がそもそもポインター算術を許可しているのはなぜだろうか。ポインター算術は何かとやっかいであり、添字アクセスと比べて目新しい点は何もない。

```
double* p1 = &ad[0];
double* p2 = p1+7;
double* p3 = &p1[7];
if (p2 != p3) cout << "impossible!\n";
```

その理由は主に歴史的なものである。これらのルールは何十年も前に C で策定されたものであり、それらが削除されれば多くのコードが動かなくなる。もう1つの理由は、メモリーマネージャーといった低レベルの重要なアプリケーションでポインター算術を使用すると、利便性が少し改善される可能性があることだ。

18.6.2 ポインターと配列

配列の名前は、配列のすべての要素を指す。

```
char ch[100];
```

ch のサイズである sizeof(ch) は 100 である。ただし、配列の名前はほとんど断りもなくポインターに変化（退化）する。

```
char* p = ch;
```

この場合、p は &ch[0] に初期化され、sizeof(p) は 100 ではなく 4 のようなものになる。

これが役立つケースとして、strlen 関数について考えてみよう。この関数は、0 で終端する文字配列の文字の個数を数える。

```
int strlen(const char* p)    // 標準ライブラリの strlen() と同様
{
    int count = 0;
    while (*p) { ++count; ++p; }
    return count;
}
```

この関数は、strlen(&ch[0]) および strlen(ch) として呼び出すことができる。表記上の利点はそれほどないと指摘されれば、それは同意せざるを得ない。

配列の名前をポインターに変化させる理由の1つは、大量のデータを誤って値渡しにしないためである。以下のコードについて考えてみよう。

18.6 配列

```
int strlen(const char a[])   // 標準ライブラリの strlen() と同様
{
    int count = 0;
    while (a[count]) { ++count; }
    return count;
}
char lots [100000];
void f()
{
    int nchar = strlen(lots);
    ...
}
```

この呼び出しにより、strlen 関数の引数として指定された 10 万個の文字がコピーされると考えたかもしれないが（そう考えたとしても無理はない）、そうはならない。実際には、引数宣言 char p[] は char* p と同等と見なされ、strlen(lots) 呼び出しは strlen(&lots[0]) と同等と見なされる。これにより、コストのかかるコピー演算が省略されるが、それは意外なことに違いない。なぜ意外なのだろうか。他のすべてのケースでは、オブジェクトを渡すときに引数が参照渡しになることを明示的に宣言しなければ（§8.5.3〜§8.5.6）、そのオブジェクトはコピーされるからだ。

配列の名前をその最初の要素へのポインターとして扱うことによって得られるポインターは、変数ではなく値である。このため、代入は不可能であることに注意しよう。

```
char ac[10];
ac = new char [20];         // エラー：配列名への代入は不可能
&ac[0] = new char [20];     // エラー：ポインター値への代入は不可能
```

ここでようやく、コンパイラーが問題に気づく。

配列の名前がポインターに暗黙的に変換されるということは、代入を使った配列のコピーも不可能であるということだ。

```
int x[100];
int y[100];
...
x = y;              // エラー
int z[100] = y;     // エラー
```

これは一貫しているが、多くの場合は悩ましい。配列をコピーする必要がある場合は、少し冗長なコードを書かなければならない。

```
for (int i=0; i<100; ++i) x[i]=y[i];    // 100 個の int をコピー
memcpy(x,y,100*sizeof(int));            // 100*sizeof(int) バイトをコピー
copy(y,y+100,x);                        // 100 個の int をコピー
```

C言語はvectorのようなものをサポートしないため、Cでは広範囲にわたって配列を使用しなければならない。これは多くのC++コードで配列が使用されるということだ（§27.1.2）。とりわけ、Cスタイルの文字列（§27.5）は非常によく使用される。Cスタイルの文字列とは、0で終端する文字配列のことだ。

代入が必要な場合は、標準ライブラリのvectorのようなものを使用する必要がある。先のコピーコードに相当するvectorは以下のようになる。

```
vector<int> x(100);
vector<int> y(100);
...
x = y;    // 100 個の int をコピー
```

18.6.3　配列の初期化

char型の配列は文字列リテラルを使って初期化できる。

```
char ac[] = "Beorn";    // 6 つの char からなる配列
```

これらの文字を数えてみると5文字あるが、文字列リテラルの最後にコンパイラーが終端の0文字を追加するため、acは6文字の配列になる。

ac: | 'B' | 'e' | 'o' | 'r' | 'n' | 0 |

0で終端する文字列は、Cや多くのシステムで標準となっている。本書では、このように0で終端する文字列を**Cスタイルの文字列**（*C-style string*）と呼んでいる。文字列リテラルはすべてCスタイルの文字列である。

```
char* pc = "Howdy";    // pc は 6 つの char からなる配列を指している
```

これを図解すると、以下のようになる。

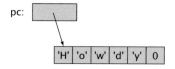

数値0を持つcharは、文字'0'でもなければ、その他の文字や数字でもない。この終端の0の目的は、関数が文字列の終端を検出できるようにすることだ。配列が自身のサイズを知らないことを思い出そう。終端の0の規約に従って、以下のコードを記述できる。

```
int strlen(const char* p)    // 標準ライブラリの strlen() と同様
{
    int n = 0;
```

```
    while (p[n]) ++n;
    return n;
}
```

strlenは<string.h>ヘッダーで定義されている標準ライブラリの関数であるため、実際には、それを定義する必要はない（§27.5、§B.11.3）。strlen関数は文字を数えるが、終端の 0 はカウントしない。つまり、Cスタイルの文字列に n 文字を格納するには、$n+1$ 個の char が必要となる。

リテラル文字列で初期化できるのは文字配列だけだが、配列はすべてそれらの要素型の値のリストで初期化できる。

```
int ai[] = {1,2,3,4,5,6};                  // int 型の 6 個の要素からなる配列
int ai2[100] = {0,1,2,3,4,5,6,7,8,9};      // 残りの 90 個の要素は 0 に初期化
double ad[100] = { };                      // すべての要素を 0.0 に初期化
char chars[] = {'a','b','c'};              // 0 で終端しない
```

ai の要素の個数が（7 ではなく）6 であることと、chars の要素の個数が（4 ではなく）3 であることに注意しよう。「最後に 0 を追加する」ルールが当てはまるのは、リテラル文字の文字列だけである。配列のサイズが指定されない場合、そのサイズはイニシャライザーのリストから推測される。これはかなり便利な機能である。ai2 と ad の定義のように、配列の要素よりもイニシャライザーの値のほうが少ない場合、残りの要素は要素型のデフォルト値で初期化される。

18.6.4　ポインターの問題

配列と同様に、ポインターは正しく使用されないことがよくある。多くの場合、人々が直面する問題にはポインターと配列の両方が関与するため、ここで問題をまとめてみよう。ポインター絡みの深刻な問題はどれも、期待される型のオブジェクトではないものにアクセスしようしたことに関連している。そして、そうした問題の多くに配列への範囲外アクセスが関係している。ここでは、以下の問題について考える。

- null ポインターを通じたアクセス
- 初期化されていないポインターを通じたアクセス
- 配列の終端を超えるアクセス
- 解放されたオブジェクトへのアクセス
- スコープを外れたオブジェクトへのアクセス

どのケースにおいても、プログラマーにとって実際に問題となるのは、実際のアクセスが完全に無害に思えることだ ── ポインターに値が割り当てられていないために、そのように使用できないだけのことである。さらに悪いことに、ポインターを通じた書き込みでは、かなり後になって明らかに無関係なオブジェクトが破壊されるまで、問題が露呈しないことがある。以下の例について考えてみよう。

null ポインターを通じてアクセスしない：

```
int* p = nullptr;
*p = 7;   // 間違い!
```

当然ながら、この問題が現実のプログラムで発生するのは、たいてい、初期化と使用の間にコードが存在する場合である。たとえば、p を関数に渡したり、関数から結果として受け取ったりする場合だ。そもそも null ポインターをあちこちに渡すべきではないが、その必要がある場合は、null ポインターを使用する前に評価するようにしよう。

```
int* p = fct_that_can_return_a_nullptr();
if (p == nullptr) {
    // 何らかの処理
}
else {
    // p を使用するコード
    *p = 7;
}
```

および

```
void fct_that_can_receive_a_nullptr(int* p)
{
    if (p == nullptr) {
        // 何らかの処理
    }
    else {
        // p を使用するコード
        *p = 7;
    }
}
```

null ポインターを回避する主な手段は、参照を使用することと（§17.9.1）、例外を使ってエラーを知らせることだ（§5.6、§19.5）。

● ポインターを初期化する：

```
int* p;
*p = 9;   // 間違い！
```

特にクラスメンバーであるポインターは忘れずに初期化するようにしよう。

▼ 存在しない配列の要素にアクセスしない：

```
int a[10];
int* p = &a[10];
*p = 11;       // 間違い！
a[10] = 12;    // 間違い！
```

ループの最初の要素と最後の要素に注意し、配列を最初の要素へのポインターとして渡さないようにし、代わりに vector を使用するようにしよう。配列を 2 つ以上の関数でどうしても使用する（それらを引数として渡す）必要がある場合は、特に注意が必要だ。その場合は、そのサイズも渡すようにしよう。

デリートされたポインターを使ってアクセスしない：

```
int* p = new int{7};
...
delete p;
...
*p = 13;   // 間違い！
```

delete p またはその後のコードが、*p にごちゃごちゃと書き込んでいるかもしれないし、それを別の何かに使用しているかもしれない。こうした問題の中でも、この問題は体系的に回避するのが最も難しいものの 1 つと見なされる。この問題に対する最も効果的な防御策は、裸の delete を要求する裸の new を使用しないことである。つまり、new と delete はコンストラクターとデストラクターで使用するか、Vector_ref（§E.4）などのコンテナーを使って delete に対処するようにしよう。

ローカル変数へのポインターを返さない：

```
int* f()
{
    int x = 7;
    ...
    return &x;
}
...
int* p = f();
...
*p = 15;   // 間違い！
```

f 関数からの return またはその後のコードが *p にごちゃごちゃと書き込んでいるかもしれないし、それを別の何かに使用しているかもしれない。その理由は、関数に入るときにその関数のローカル変数が（スタックで）確保され、関数を抜けるときに解放されることにある。具体的には、ローカル変数のクラスにデストラクターが定義されていれば、そのローカル変数に対してデストラクターが呼び出される（§17.5.1）。ローカル変数へのポインターが返されることに関連する問題のほとんどはコンパイル時に特定できるかもしれないが、そのようなコンパイラーはまれである。同等の問題を論理的に検証してみよう。

```
vector& ff()
{
    vector x(7);
```

643

```
        ...
        return x;
    }   vector x はここで削除される
    ...
    vector& p = ff();
    ...
    p[4] = 15;      // 間違い！
```

この return 問題はかなり多くのコンパイラーによって検出される。

プログラマーはこれらの問題を軽視しがちである。だが、こうした単純な配列やポインターの問題はさまざまな形で現れる。その組み合わせは無数にあるため、経験豊富なプログラマーの多くが苦しめられてきた。解決策は、コードをポインター、配列、new、delete だらけにしないことだ。そのようなコードを記述した場合、プログラムの現実的なサイズを考えると、「注意する」だけでは済まなくなる。そうではなく、vector や RAII（§19.5）など、メモリーやその他のリソースを体系的に管理する手段を利用するようにしよう。

18.7 例：回文

技術的な例はこれくらいにして、簡単なパズルを解いてみよう。回文（*palindrome*）とは、前から読んでも後ろから読んでも同じ言葉のことだ。たとえば、*anna*、*petep*、*malayalam* は回文だが、*ida* と *homesick* は回文ではない。単語が回文かどうかを判断する基本的な方法として、以下の2つがある。

- 文字の順序を逆にしたコピーを作成し、そのコピーを元の単語と比較する。
- 最初の文字が最後の文字と同じかどうかを調べ、次に2つ目の文字が最後から2つ目の文字と同じかどうかを調べるといった要領で、これを単語の真ん中の文字に達するまで繰り返す。

ここでは2つ目の方法を使用する。これをコードで表現する方法は、単語を表現する方法と、文字の比較がどこまで進んだかを追跡する方法による。C++ のさまざまな機能がコードの見た目や動作にどのような影響をおよぼすのかを確認できるよう、ここでは単語が回文かどうかを数種類の方法でテストする簡単なプログラムを作成することにしよう。

18.7.1 string の使用

まず、標準ライブラリの string と int を使用して、比較がどこまで進んだのかを追跡してみよう。

```
    bool is_palindrome(const string& s)
    {
        int first = 0;              // 最初の文字のインデックス
        int last = s.length()-1;    // 最後の文字のインデックス
        while (first < last) {      // まだ真ん中ではない
            if (s[first]!=s[last]) return false;
            ++first;                // 次に進む
```

```
            --last;                    // 前に戻る
    }
    return true;
}
```

相違点が検出されないまま真ん中に到達した場合は true を返す。このコードを調べて、文字列に文字が含まれていない場合、1 文字しか含まれていない場合、2 文字以上が含まれている場合、奇数個の文字が含まれている場合に、コードが正しく動作することを確かめてみよう。もちろん、コードが正しいことをロジックで裏付けるだけでなく、テストする必要もある。この is_palindrome 関数は以下のように使用できる。

```
int main()
{
    for (string s; cin>>s;) {
        cout << s << " is";
        if (!is_palindrome(s)) cout << " not";
        cout << " a palindrome\n";
    }
}
```

string を使用した基本的な理由は、「string が単語の扱いを得意とする」からだ。ホワイトスペースで区切られた単語を文字列に読み込むのは簡単であり、string は自身のサイズを知っている。ホワイトスペースが含まれた文字列で is_palindrome 関数をテストしたい場合は、getline 関数を使って読み取ることもできる（§11.5）。それにより、*ah ha* と *as df fd sa* が回文であることが示されるはずだ。

18.7.2 配列の使用

文字の格納に string（または vector）を使用できず、配列を使用しなければならないとしたらどうなるだろうか。試してみよう。

```
bool is_palindrome(const char s[], int n)
// s は n 個の文字からなる配列の 1 文字目を指している
{
    int first = 0;            // 最初の文字のインデックス
    int last = n-1;           // 最後の文字のインデックス
    while (first < last) {    // まだ真ん中ではない
        if (s[first]!=s[last]) return false;
        ++first;                              // 次に進む
        --last;                               // 前に戻る
    }
    return true;
```

}
```

この is_palindrome 関数を使用するには、まず文字を配列に読み込まなければならない。これを安全に行う方法 — つまり、配列からはみ出す危険がない方法の1つは、以下のようになる。

```
istream& read_word(istream& is, char* buffer, int max)
// is から最大で max-1 個の文字を buffer に読み込む
{
    is.width(max);     // 次の >> で、最大で max-1 個の文字を読み込む
    is >> buffer;      // ホワイトスペースで区切られた単語を読み取り、
                       // buffer の最後の文字の後ろに 0 を追加
    return is;
}
```

istream の幅を適切に設定すれば、次の >> 演算でバッファーオーバーフローを回避できる。それは残念ながら、読み取りがホワイトスペースで終了したのか、それともバッファーがいっぱいになったために終了したのかがわからないことも意味する。バッファーがいっぱいになったとしたら、読み取られていない文字がまだ残っているかもしれない。また、入力に対して width 関数がどのように動作したのかを誰が覚えているのだろうか。標準ライブラリの string と vector は入力の量に合わせて拡大するため、入力バッファーとしてはそれらのほうが優れている。終端の 0 が必要なのは、文字配列（Cスタイルの文字列）でよく使用される演算のほとんどが「0 での終端」を前提としているためだ。この read_word 関数は以下のように使用できる。

```
int main()
{
    constexpr int max = 128;
    for (char s[max]; read_word(cin,s,max); ) {
        cout << s << " is";
        if (!is_palindrome(s,strlen(s))) cout << " not";
        cout << " a palindrome\n";
    }
}
```

strlen(s) 呼び出しは、read_word 関数の呼び出しの後に配列の文字の個数を返す。cout<<s は、終端の 0 が検出されるまで配列の文字を出力する。

この「配列による解決策」は、「string による解決策」よりもずっとごちゃごちゃしているように思える。長い文字列を使用する可能性に真剣に対処しようとすれば、もっとひどいことになる（練習問題10を参照）。

18.7.3 ポインターの使用

インデックスを使って文字を識別する代わりに、ポインターを使用することもできる。
```

18.7 例：回文

```
bool is_palindrome(const char* first, const char* last)
// first は最初の文字、last は最後の文字を指している
{
    while (first < last) {   // まだ真ん中ではない
        if (*first!=*last) return false;
        ++first;             // 次に進む
        --last;              // 前に戻る
    }
    return true;
}
```

ポインターを実際にインクリメント/デクリメントできる点に注目しよう。ポインターはインクリメントによって配列の次の要素を指し、デクリメントによって配列の前の要素を指す。配列内にそうした次の要素や前の要素が存在しないとしたら、重大な範囲外エラーが見逃されている。これもポインターを使用するときの問題の1つである。

この is_palindrome 関数は以下のように呼び出す。

```
int main()
{
    const int max = 128;
    for (char s[max]; read_word(cin,s,max); ) {
        cout << s << " is";
        if (!is_palindrome(&s[0],&s[strlen(s)-1])) cout << " not";
        cout << " a palindrome\n";
    }
}
```

試しに、is_palindrome 関数を以下のように書き換えてみよう。

```
bool is_palindrome(const char* first, const char* last)
// first は最初の文字へのポインター、last は最後の文字へのポインター
{
    if (first<last) {
        if (*first!=*last) return false;
        return is_palindrome(first+1,last-1);
    }
    return true;
}
```

回文の定義を言い換えてみれば、このコードの意味が明らかとなる ── 最初と最後の文字が同じで、最初と最後の文字を取り除いた後の部分文字列が回文である場合、その単語は回文である。

■ ドリル

本章のドリルは2つである。1つは配列を使用するドリルであり、もう1つはvectorをほぼ同じ方法で使用するドリルである。両方のドリルを実行し、それぞれに要した作業量を比較してみよう。

配列のドリル:

1. `int`型のグローバル配列`ga`を定義し、10個の`int`(1, 2, 4, 8, 16, ...)で初期化する。
2. 関数`f`を定義する。この関数は、`int`型の配列と、この配列の要素の個数を示す`int`型の値を引数として受け取る。
3. `f`関数で以下の処理を行う。
    a. `int`型の10個の要素からなるローカル配列`la`を定義する。
    b. `ga`から`la`に値をコピーする。
    c. `la`の要素を出力する。
    d. `int`へのポインター`p`を定義し、引数として渡された配列と同じ数の要素を持つ配列をフリーストアで確保し、それを使って`p`を初期化する。
    e. 引数として渡された配列からフリーストアで確保した配列に値をコピーする。
    f. フリーストアで確保した配列の要素を出力する。
    g. フリーストアで確保した配列を解放する。
4. `main`関数で以下の処理を行う。
    a. `ga`を引数として`f`関数を呼び出す。
    b. 10個の要素からなる配列`aa`を定義し、最初の10個の階乗値(1, 2×1, 3×2×1, 4×3×2×1など)で初期化する。
    c. `aa`を引数として`f`関数を呼び出す。

標準ライブラリのvectorのドリル:

1. `vector<int> gv`をグローバル変数として定義し、10個の`int`(1, 2, 4, 8, 16, ...)で初期化する。
2. 引数として`vector<int>`を受け取る`f`関数を定義する。
3. `f`関数で以下の処理を行う。
    a. 引数として渡された`vector`と同じ数の要素を持つ`vector<int> lv`をローカルで定義する。
    b. `gv`から`lv`に値をコピーする。
    c. `lv`の要素を出力する。
    d. `vector<int> lv2`をローカルで定義し、引数として渡された`vector`のコピーになるように初期化する。
    e. `lv2`の要素を出力する。
4. `main`関数で以下の処理を行う。
    a. `gv`を引数として`f`関数を呼び出す。
    b. `vector<int> vv`を定義し、最初の10個の階乗値(1, 2×1, 3×2×1, 4×3×2×1など)で初期化する。
    c. `vv`を引数として`f`関数を呼び出す。

■ 復習

1. 「買い手は注意せよ」とはどのような意味か。
2. クラスオブジェクトのコピーのデフォルトの意味は何か。
3. クラスオブジェクトのコピーのデフォルトの意味が適切なのはどのようなときか。不適切なのはどのようなときか。
4. コピーコンストラクターとは何か。
5. コピー代入とは何か。
6. コピー代入とコピー初期化の違いは何か。
7. シャローコピーとは何か。ディープコピーとは何か。
8. `vector` のコピーをそのコピー元と比較するにはどうすればよいか。
9. クラスに「不可欠な 5 つの演算」とは何か。
10. `explicit` コンストラクターとは何か。（デフォルト）コンストラクターよりもそれを使用するのが望ましいのはどのようなときか。
11. クラスオブジェクトに対して暗黙的に呼び出せる演算は何か。
12. 配列とは何か。
13. 配列をコピーするにはどうすればよいか。
14. 配列を初期化するにはどうすればよいか。
15. 参照引数よりもポインター引数を使用するのが望ましいのはどのようなときか。それはなぜか。
16. C スタイルの文字列とは何か。
17. 回文とは何か。

■ 用語

`explicit` コンストラクター（explicit constructor）	デフォルトコンストラクター（default constructor）
回文（palindrome）	配列（array）
コピーコンストラクター（copy constructor）	配列の初期化（array initialization）
コピー代入（copy assignment）	不可欠な演算（essential operations）
シャローコピー（shallow copy）	ムーブコンストラクター（move constructor）
ディープコピー（deep copy）	ムーブ代入（move assignment）

■ 練習問題

1. `char* strdup(const char*)` 関数を記述する。この関数はフリーストアで確保したメモリーに C スタイルの文字列をコピーする。標準ライブラリの関数は使用しない。添字を使用するのではなく、間接参照演算子 `*` を使用する。
2. `char* findx(const char* s, const char* x)` 関数を記述する。この関数は s に含まれている最初の C スタイルの文字列 x を検索する。標準ライブラリの関数は使用しない。添字を使

用するのではなく、間接参照演算子 * を使用する。

3. `int strcmp(const char* s1, const char* s2)` 関数を記述する。この関数は C スタイルの文字列を比較し、辞書式順序において、`s1` が `s2` の前にある場合は負の数字、`s1` と `s2` が等しい場合は 0、`s1` が `s2` の後にある場合は正の数字を返す。標準ライブラリの関数は使用しない。添字を使用するのではなく、間接参照演算子 * を使用する。

4. `strdup`、`findx`、`strcmp` の 3 つの関数に C スタイルの文字列ではない引数を渡したらどうなるかについて考え、実際に試してみる。まず、0 で終端する文字配列を指していない `char*` を取得し、それを使用する方法について考える（これを実験用ではない実際のコードで試してはならない。悲惨な結果が待っている）。フリーストアで確保した「偽の C スタイルの文字列」と、スタックで確保した「偽の C スタイルの文字列」で試してみる。結果が依然として妥当と思える場合は、デバッグモードを無効にしてみる。これら 3 つの関数の設計を見直し、引数として渡された文字列の要素の最大数を別の引数として受け取るように書き換える。その後、正しい C スタイルの文字列と「不正な」文字列でテストする。

5. `string cat_dot(const string& s1, const string& s2)` 関数を記述する。この関数は 2 つの文字列をドット（.）で連結する。たとえば、`cat_dot("Niels","Bohr")` は `"Niels.Bohr"` が含まれた文字列を返す。

6. 練習問題 5 の `cat_dot` 関数を書き換え、（ドットの代わりに）区切り文字として使用する文字列を 3 つ目の引数として受け取るように変更する。

7. 練習問題 5〜6 の `cat_dot` 関数を書き換え、引数として C スタイルの文字列を受け取り、戻り値としてフリーストアで確保した C スタイルの文字列を返すように変更する。標準ライブラリの関数や型は使用しない。これらの関数をさまざまな文字列でテストしてみる。フリーストアで (`new` を使って) 確保したメモリーは必ず (`delete` を使って) 解放する。この練習問題での作業量と練習問題 5〜6 での作業量を比較してみる。

8. 「§18.7 例：回文」の関数をすべて書き換え、文字列を後ろからコピーして比較するように変更する。たとえば、`"home"` から `"emoh"` を生成し、これら 2 つの文字列を比較し、それらが異なっていて *home* が回文ではないことを確認する。

9. 第 17 章の「§17.4 フリーストアとポインター」のメモリーレイアウトについて考える。静的記憶域、スタック、フリーストアのメモリー上でのレイアウトを示すプログラムを記述する。スタックはどちらの方向に（上位のアドレスに向かって、または下位のアドレスに向かって）拡大するか。配列がフリーストアで確保された場合、より大きなインデックスを持つ要素は上位のアドレスと下位のアドレスのどちらで確保されるか。

10. 回文問題に対する「配列による解決策」(§18.7.2) について考える。(a) 入力文字列が長すぎる場合はそれを報告し、(b) 任意の長さの文字列を許可することで、より長い文字列を扱えるように修正する。2 つのバージョンの複雑さについて解説する。

11. (Web などで) **スキップリスト** (*skip list*) を調べて実装する。この練習問題は簡単ではない。

12. 「Hunt the Wumpus」ゲームを実装する。「Hunt the Wumpus」（または単に「Wumpus」）は、Gregory Yob によって考案された単純な（非グラフィック）コンピューターゲームである。基本設定では、悪臭を放つ怪物（Wumpus）がいくつもの部屋が続く暗い洞窟に住んでいる。プレイヤーは弓矢を放って Wumpus を退治する。Wumpus の他にも、洞窟内では底なし穴や巨大コウモリが待ち構えている。底なし穴がある部屋に入った場合はゲームオーバーである。巨大コウモリがいる部屋に入った場合はコウモリに捕まって別の部屋に運ばれてしまう。Wumpus がいる

部屋に入るか、Wumpusが部屋に入ってきたら、Wumpusに食べられてしまう。危険が迫っているかどうかは、部屋に入るときにわかる。

「Wumpusのにおいがする」：Wumpusが隣の部屋にいる。
「風が吹いている」：続き部屋のどれかに底なし穴がある。
「コウモリの音が聞こえる」：巨大コウモリが隣の部屋にいる。

便宜上、部屋には番号が振られているものとする。すべての部屋は他の3つの部屋とトンネルでつながっている。部屋に入ると、「12番の部屋です。1番、13番、4番の部屋へのトンネルがあります。移動しますか、矢を射ますか。」といったメッセージが表示される。この場合の答えは、m13（13番の部屋へ移動する）か、s13-4-3（13番、4番、3番の部屋に矢を射る）である。矢の届く範囲は部屋3つ分である。ゲームを開始した時点では、矢は5本ある。矢を射るとWumpusが目を覚まし、隣の部屋へ移動する。それはプレイヤーがいる部屋かもしれない。

おそらく最もやっかいな部分は、どの部屋がどの部屋とつながっているかを選択して洞窟を作成することだろう。おそらく、`std_lib_facilities.h`の`randint`関数といった乱数ジェネレーターを使用して、プログラムを実行するたびに異なる洞窟を選択し、コウモリとWumpusを適当に移動させる必要があるだろう。ヒント：洞窟の状態をデバッグ出力として生成する方法を必ず用意しよう。

■ 追記

標準ライブラリの`vector`は、ポインターや配列といった低レベルのメモリー管理機能に基づいて構築されている。`vector`の主な役割は、そうした機能の複雑さを回避する手助けをすることである。クラスを設計する際には、常に、コンストラクター、コピー、デストラクターを考慮に入れなければならない。

第19章
vector、テンプレート、例外

> 成功は決してゴールではない。
> — Winston Churchill

本章では、vector の設計と実装を完成させる。vector は最も便利で最もよく使用される STL コンテナーである。ここでは、要素の個数を変更できるコンテナーを実装する方法、要素の型がパラメーターであるコンテナーを実装する方法、そして範囲エラーに対処する方法を示す。ここで使用する手法も、vector の実装やコンテナーの実装に限定されるわけではなく、広く応用できるものだ。基本的には、さまざまな型のさまざまな量のデータを安全に処理する方法を示す。さらに、設計のレッスンとして少し現実味を加える。ここで示す手法はテンプレートと例外に基づいているため、テンプレートを定義する方法と、リソースを管理するための基本的な手法を示す。これらは例外をうまく利用するための鍵となる。

- 19.1 問題
- 19.2 サイズの変更
    - 19.2.1 表現
    - 19.2.2 reserve と capacity
    - 19.2.3 resize
    - 19.2.4 push_back
    - 19.2.5 代入
    - 19.2.6 現時点での vector
- 19.3 テンプレート
    - 19.3.1 テンプレートパラメーターとしての型
    - 19.3.2 ジェネリックプログラミング
    - 19.3.3 コンセプト
    - 19.3.4 コンテナーと継承
    - 19.3.5 テンプレートパラメーターとしての整数
    - 19.3.6 テンプレート引数の推測
    - 19.3.7 vector の一般化
- 19.4 範囲チェックと例外
    - 19.4.1 設計上の注意点
    - 19.4.2 告白：マクロ
- 19.5 リソースと例外
    - 19.5.1 リソース管理の潜在的な問題
    - 19.5.2 RAII
    - 19.5.3 保証
    - 19.5.4 unique_ptr
    - 19.5.5 ムーブ演算を使って情報を戻す
    - 19.5.6 vector のための RAII

第 19 章　vector、テンプレート、例外

19.1　問題

第 18 章を終えた段階で、本書の vector は以下の演算が可能な状態となっている。

- 指定された個数の倍精度浮動小数点数型の要素を持つ vector（vector クラスのオブジェクト）を作成する。
- 代入と初期化を使って vector をコピーする。
- vector はスコープを外れるとメモリーを正しく解放する。
- （代入の左辺と右辺で）従来の添字表記を使って vector の要素にアクセスできる。

ここまではよいが、標準ライブラリの vector を使った経験からすると、期待されるレベルにまで引き上げるには、以下の 3 つの問題に取り組む必要がある。

- vector のサイズ（要素の個数）を変更する方法
- vector への範囲外アクセスを捕捉して報告する方法
- vector の要素の型を引数として指定する方法

たとえば、以下のコードが有効になるように vector を定義するにはどうすればよいだろうか。

```
vector<double> vd;        // double 型の要素
for (double d; cin>>d; )
    vd.push_back(d);      // すべての要素を保持できるように vd を拡大
vector<char> vc(100);     // char 型の要素
int n;
cin>>n;
vc.resize(n);             // vc に n 個の要素を持たせる
```

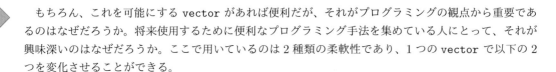

もちろん、これを可能にする vector があれば便利だが、それがプログラミングの観点から重要であるのはなぜだろうか。将来使用するために便利なプログラミング手法を集めている人にとって、それが興味深いのはなぜだろうか。ここで用いているのは 2 種類の柔軟性であり、1 つの vector で以下の 2 つを変化させることができる。

- 要素の個数
- 要素の型

こうした種類の可変性は、かなり基本的な意味で有益である。私たちは常にデータを集めている。筆者の机を見回すと、銀行取引明細書、クレジットカードの請求書、電話代の請求書が山積みになっている。それらはどれも、基本的にはさまざまな種類の情報のリストであり、文字と数値が並んでいる。筆者の目の前には電話が置かれており、電話には電話番号と名前のリストが登録されている。部屋の向こう側にある書棚には、数架分もの本が収まっている。私たちのプログラムも似たようなものであり、さまざまな型の要素からなるコンテナがある。コンテナの種類はさまざまであり ── vector は単に最も広く利用されるコンテナである ── それらは電話番号、名前、取引金額、文書などの情報を含んでいる。基本的には、筆者の机と筆者の部屋にあるすべての例は、何らかのコンピュータープログラム

の産物だ。明らかな例外は電話であり、電話はコンピューターである。電話で番号を調べることは、私たちが書いているものと同様のプログラムの出力を見ていることに相当する。実際、そうした番号はvector<Number> にうまく格納できる可能性がある。

　もちろん、すべてのコンテナーに同じ個数の要素が含まれるわけではない。最初の定義でサイズが固定となる vector を受け入れることは可能だろうか。つまり、push_back 関数、resize 関数、および同等の演算を持たないコードを記述することは可能だろうか。もちろん可能だが、そうするとプログラマーに余計な負担がかかることになる。固定長のコンテナーで作業する場合のこつは、基本的には、要素の個数が増えすぎて最初のサイズに収まらなくなったら、より大きなコンテナーへ要素を移動することだからだ。たとえば以下に示すように、vector のサイズを変更しなくても、vector に要素を読み込むことは可能である。

```
// push_back を使用せずに要素を vector に読み込む
vector<double>* p = new vector<double>(10);
int n = 0;    // 要素の個数
for (double d; cin>>d; ) {
    if (n==p->size()) {
        vector<double>* q = new vector<double>(p->size()*2);
        copy(p->begin(),p->end(),q->begin());
        delete p;
        p = q;
    }
    (*p)[n] = d;
    ++n;
}
```

　見た目はよくない。これが正しいことに納得がいくだろうか。どうしてそう思えるのだろうか。ポインターと明示的なメモリー管理が突然使われ出したことに注意しよう。これは「コンピューターに近い」状態で使用しなければならないプログラミングのスタイルをまねたもので、配列（§18.6）などの固定長のオブジェクトを操作する基本的なメモリー管理手法のみを使用している。vector などのコンテナーを使用する理由の 1 つは、それをもっとうまく行うことだ。つまり、ユーザーの手を煩わせるのではなく、そうしたサイズの変化を vector に処理させることで、ミスの可能性を減らしたい。言い換えるなら、必要な個数の要素を格納するために拡張できるコンテナーがほしい。例を見てみよう。

```
vector<double> vd;
for (double d; cin>>d; ) vd.push_back(d);
```

　こうしたサイズの変更はよくあることなのだろうか。そうではないとしたら、サイズを変更する機能はそれほど便利ではない。ただし、そうしたサイズ変更はしょっちゅう発生する。最も顕著な例は、入力から読み込む値の個数がわからないことだ。他にも、検索の結果を集めたり（結果の数は事前にわからない）、コレクションから要素を 1 つずつ削除するといった例がある。したがって、問題はコンテナーのサイズの変更に対処するかどうかではなく、その方法である。

そもそもサイズの変更に頭を悩ませるのはなぜだろうか。「十分な領域を確保し、それで済ませる」わけにはいかないのだろうか。それは最も単純で最も効率のよい方法に思えるが、十分な領域を確実に確保することが可能で、無駄な領域を確保しないことが条件となる。そして、その条件を満たすことはできない。そうしたところで、コードを書き直すはめになるのが落ちだ。しかも、コードを書き直せるのはオーバーフローを入念かつ体系的にチェックしている場合であり、チェックを怠れば大惨事が待ち受けている。

当然ながら、すべての vector が同じ型の要素を持つわけではない。double 型、計測温度、（さまざまな種類の）レコード、string 型、演算、GUI ボタン、図形、日付、ウィンドウへのポインターなど、さまざまな vector が必要であり、可能性はそれこそ無限にある。

コンテナーの種類はさまざまである — これは重要なポイントであり、重要な意味を持つため、よく考えずに受け入れるわけにはいかない。すべてのコンテナーを vector にできないのはなぜだろうか。vector など 1 種類のコンテナーで済ませることができれば、コンテナーをプログラムする方法について頭を悩ませる必要はなくなり、それを言語の一部にしてしまうことができる。1 種類のコンテナーで済ませることができれば、さまざまな種類のコンテナーについて学ぶ必要はなくなる — 常に vector を使用すればよい。

データ構造はほとんどの重要なアプリケーションにとって鍵となる。データを構成する方法に関しては、ためになる分厚い本が何冊も書かれている。そこに書かれている情報のほとんどは、「データを最も効果的に格納するにはどうすればよいか」という質問への答えである、と言ってよいだろう。そして、「さまざまな種類のコンテナーが必要である」というのがその答えだが、ここでそれを十分に取り上げることはできない。ただし、本書ではすでに広い範囲にわたって vector と string を使用してきた（string は文字のコンテナーである）。この後の章では、list、map（値のペアの二分木）、行列を取り上げる。プログラマーにはさまざまな種類のコンテナーが必要であるため、コンテナーを構築して使用するために必要な C++ の機能とプログラミング手法は広く役立つ。実際のところ、ここでデータの格納とアクセスに使用する手法は、重要なコンピューティングのすべてにおいて最も基本的で最も便利なものの 1 つである。

最も基本的なメモリーレベルでは、すべてのオブジェクトが固定のサイズで、型というものは存在しない。本章では、さまざまな種類のオブジェクトのコンテナーを提供するための C++ の機能とプログラミング手法について説明する。ここでは、それらのコンテナーの要素の個数を変更できるようにする。それによって得られる柔軟性と利便性は根本的に有益なものである。

19.2　サイズの変更

標準ライブラリの vector でサイズを変更するための仕掛けはどのようなものだろうか。vector は単純な演算を 3 つ提供する。以下の vector が定義されているとしよう。

```
vector<double> v(n);   // v.size()==n
```

この vector のサイズは以下の 3 つの方法で変更できる。

```
v.resize(10);          // v の要素は 10 個
```

```
v.push_back(7);        // 7 の値を持つ要素を v の最後に追加
```

```
                        // v.size() の値が 1 増える
v = v2;                 // 別の vector を代入: v は v2 のコピーとなる
                        // v.size() は v2.size() に等しくなる
```

　標準ライブラリの vector は、erase 関数や insert 関数など、vector のサイズを変更できる演算を他にも提供しているが（§B.4.7）、ここでは、これら 3 つの演算を本書の vector に実装する方法について見ていこう。

19.2.1　表現

　前節では、サイズを変更するための最も単純な方法として、新しい個数の要素を格納するための領域を確保し、古い要素を新しい領域にコピーするという方法を示した。だが、サイズを頻繁に変更するとしたら、それでは効率が悪い。現実問題として、サイズを一度でも変更するとしたら、通常は何度も変更することになる。特に、push_back 関数の呼び出しが 1 回で済むことはまずないだろう。

　そこで、そうしたサイズ変更を見越して、プログラムを最適化しておくことができる。実際には、どの vector 実装でも、要素の個数と、「将来の拡張」のために確保された「空き領域」の量の 2 つが管理されている。

```
class vector {
    int sz;           // 要素の個数
    double* elem;     // 最初の要素のアドレス
    int space;        // 要素の個数 + 新しい要素用の空き領域（スロット）
                      // つまり、現在確保されている領域
public:
    ...
};
```

これを図解すると、以下のようになる。

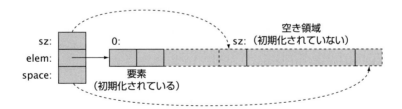

　要素は 0 から数えるため、sz（要素の個数）は最後の要素の 1 つ先を指すものとして表され、space は確保された最後のスロットの 1 つ先を指すものとして表される。ここで示されているポインターは、実際には elem+sz と elem+space である。

第19章　vector、テンプレート、例外

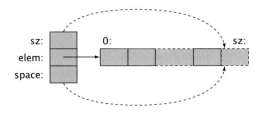

vector が最初に生成された時点では、space=sz であり、「空き領域」は存在しない。要素の個数を変更するようになるまで、余分なスロットは確保されない。通常は space==sz であるため、push_back 関数を使用するまでは、メモリーのオーバーヘッドはない。

空の vector を作成するデフォルトコンストラクターでは、3つのメンバーをすべて 0 に設定する。

```
vector::vector() :sz{0}, elem{nullptr}, space{0} { }
```

これは以下のように表すことができる。

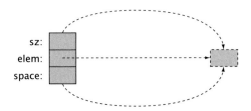

「最後の1つ先」の要素は、完全に想像上の要素である。デフォルトコンストラクターは、フリーストアでメモリーを確保せず、最小限の記憶域を使用する（練習問題16を参照）。

本書の vector は、標準ライブラリの vector や他のデータ構造の実装に使用できる手法を具体的に示すものとなっているが、標準ライブラリの実装については裁量の余地がかなりある。このためシステムによっては、std::vector が別の手法で実装されているかもしれない。

19.2.2　reserve と capacity

vector のサイズを変更する — つまり、要素の個数を変更するときの最も基本的な演算は、vector::reserve() である。これは新しい要素のための領域を追加するときに使用する演算だ。

```
void vector::reserve(int newalloc)
{
    if (newalloc<=space) return;    // 確保した領域は決して減らない
    double* p = new double[newalloc];           // 新しい領域を確保
    for (int i=0; i<sz; ++i) p[i] = elem[i];    // 古い要素をコピー
    delete[] elem;                               // 古い領域を解放
    elem = p;
    space = newalloc;
}
```

予約された領域の要素は初期化されないことに注意しよう。要するに、領域を確保しているだけである。その領域を要素のために使用するのは、push_back 関数と resize 関数の役目である。

vector で利用可能な空き領域はどれくらいあるのか — これはユーザーの興味の的になるかもしれない。そこで標準ライブラリと同様に、その情報を取得するためのメンバー関数を定義してみよう。

```
int vector::capacity() const { return space; }
```

v が vector の名前であるとすれば、v.capacity()-v.size() は、確保した領域を変更せずに、v に push_back() できる要素の個数を表す。

19.2.3 resize

reserve 関数が定義されていれば、resize 関数を実装するのはとても簡単だ。この関数では、以下のケースに対処する必要がある。

- 新しいサイズは古い領域よりも大きい。
- 新しいサイズは古いサイズよりも大きいが、古い領域よりも小さいか同じである。
- 新しいサイズは古いサイズと同じである。
- 新しいサイズは古いサイズよりも小さい。

reserve 関数は以下のようになる。

```
void vector::resize(int newsize)
// vector に newsize 個の要素を持たせる
// 新しい要素をそれぞれデフォルト値 0.0 で初期化
{
    reserve(newsize);
    for (int i=sz; i<newsize; ++i) elem[i] = 0;  // 新しい要素を初期化
    sz = newsize;
}
```

メモリーの処理という面倒な作業は reserve 関数に任せる。ループでは（必要に応じて）新しい要素を初期化する。

ここでは、特定のケースに明示的に対処していないが、それでも、すべてが正しく処理されることを確認できる。

TRY THIS

この resize 関数が正しいことを確認したい場合、どのようなケースについて検討（およびテスト）する必要があるか。newsize == 0 についてはどうか。newsize == -77 についてはどうか。

19.2.4 push_back

最初に考えたときには、push_back 関数の実装は複雑に思えるかもしれない。ただし、reserve 関数があればとても簡単だ。

```
void vector::push_back(double d)
// vector のサイズを 1 つ増やす: 新しい要素を d で初期化
{
    if (space==0)
        reserve(8);            // 最初は要素 8 つ分の領域を確保
    else if (sz==space)
        reserve(2*space);      // さらに領域を確保
    elem[sz] = d;              // d を最後に追加
    ++sz;                      // サイズを増やす (sz は要素の個数)
}
```

つまり、予備の領域がない場合は、確保する領域のサイズを 2 倍にする。実際には、これは vector の大半の用途で非常によい選択であることが判明する。標準ライブラリの vector の実装のほとんどは、この手法を用いている。

19.2.5 代入

vector の代入については、何種類かの方法で定義することができた。たとえば、2 つの vector の要素の個数が同じである場合にのみ代入が有効であると判断することもできた。しかし、vector の代入の意味については、最も一般的で、ほぼ間違いなく最も明白なものでなければならないと結論付けた (§18.3.2)。つまり、代入 v1=v2 を実行した後、v1 は v2 のコピーとなる。

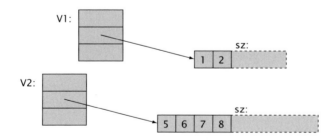

もちろん、要素をコピーする必要があるが、予備の領域についてはどうすればよいだろうか。最後の「空き領域」はコピーするのだろうか。それはコピーしない。新しい vector は要素のコピーを取得するが、新しい vector がどのように使用されるのかはまったくわからないため、最後の余分な領域のことは考えない。

19.2 サイズの変更

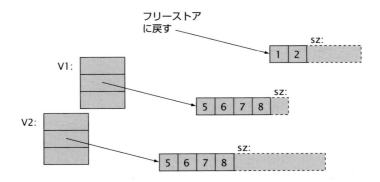

最も単純な実装は以下のようになる。

- コピーのためのメモリーを確保する。
- 要素をコピーする。
- 古い領域を解放する。
- `sz`、`elem`、`space` を新しい値に設定する。

コードは以下のようになる。

```
vector& vector::operator=(const vector& a)
// コピーコンストラクターに似ているが、古い要素の処理が必要
{
    double* p = new double[a.sz];   // 新しい領域を確保
    for (int i=0; i<a.sz; ++i)
        p[i] = a.elem[i];           // 要素をコピー
    delete[] elem;                  // 古い領域を解放
    space = sz = a.sz;              // 新しいサイズを設定
    elem = p;                       // 新しい要素を設定
    return *this;                   // 自己参照を返す
}
```

慣例として、代入演算子は代入先のオブジェクトへの参照を返すことになっている。それに対する表記は *this である（§17.10）。

この実装は正しいが、よく見てみると、冗長な確保と解放が繰り返されていることがわかる。代入先のvectorの要素の個数が代入元のvectorよりも多い場合はどうなるだろうか。代入先のvectorの要素の個数が代入元のvectorと同じである場合はどうなるだろうか。多くのアプリケーションでは、後者のケースは非常に一般的だ。どちらのケースでも、代入先のvectorですでに確保されている領域に要素をコピーするだけでよい。

```
vector& vector::operator=(const vector& a)
{
    if (this==&a) return *this;     // 自己代入なので、作業は必要ない
```

```
        if (a.sz<=space) {              // 領域は十分なので、新たな確保は不要
            for (int i=0; i<a.sz; ++i)
                elem[i] = a.elem[i];    // 要素をコピー
            sz = a.sz;
            return *this;
        }

        double* p = new double[a.sz];   // 新しい領域を確保
        for (int i=0; i<a.sz; ++i)
            p[i] = a.elem[i];           // 要素をコピー
        delete[] elem;                  // 古い領域を解放
        space = sz = a.sz;              // 新しいサイズを設定
        elem = p;                       // 新しい要素を設定
        return *this;                   // 自己参照を返す
    }
```

ここでは、まず自己代入（v=v など）かどうかを評価している。自己代入である場合は何もしない。その評価は必然的に冗長だが、これが大きな最適化になることもある。だがこれは、引数がメンバー関数の呼び出し元のオブジェクトと同じオブジェクトであるかどうかをチェックするという、this ポインターの一般的な使用法を示している。この場合、引数は a であり、メンバー関数は operator=() である。this==&a 行を削除したとしても、このコードが実際に正しく動作することを確認しておこう。a.sz<=space も最適化の 1 つである。a.sz<=space 行を削除したとしても、このコードが実際に正しく動作することも確認しておこう。

19.2.6　現時点での vector

この時点で、本物そっくりの double 型の vector が完成している。

```
// 本物そっくりの double 型の vector
class vector {
/*
    不変条件:
        0<=n<sz の場合、elem[n] は要素 n
        sz<=space
        sz<space の場合、elem[sz-1] の後に (space-sz) 個の double 分の領域がある
*/
    int sz;             // サイズ
    double* elem;       // 要素へのポインター（または 0）
    int space;          // 要素の個数 + 空きスロットの個数
```

```
public:
    vector() : sz{0}, elem{nullptr}, space{0} { }
    explicit vector(int s) :sz{s}, elem{new double[s]}, space{s}
    {
        for (int i=0; i<sz; ++i) elem[i]=0;    // 要素を初期化
    }

    vector(const vector&);                      // コピーコンストラクター
    vector& operator=(const vector&);           // コピー代入

    vector(vector&&);                           // ムーブコンストラクター
    vector& operator=(vector&&);                // ムーブ代入

    ~vector() { delete[] elem; }                // デストラクター
    double& operator[ ](int n)
        { return elem[n]; }                     // アクセス：参照を返す
    const double& operator[](int n) const { return elem[n]; }

    int size() const { return sz; }
    int capacity() const { return space; }

    void resize(int newsize);                   // 拡大
    void push_back(double d);
    void reserve(int newalloc);
};
```

不可欠な演算（§18.4）であるコンストラクター、デフォルトコンストラクター、コピー演算、デストラクターがそろっている。データにアクセスするための演算（添字 []）と、そのデータに関する情報を提供するための演算（`size()`、`capacity()`）、そしてサイズ変更を制御するための演算（`resize()`、`push_back()`、`reserve()`）もある。

19.3 テンプレート

ただし、必要なのは double 型の vector だけではない。以下に示すように、vector の要素の型を自由に指定できるようにしたい。

```
vector<double>
vector<int>
vector<Month>
vector<Window*>         // Window へのポインターの vector
vector<vector<Record>>  // Record の vector の vector
vector<char>
```

そのためには、テンプレートを定義する方法を理解しなければならない。本書では 1 日目からテンプレートを使用してきたが、ここに至るまでそれを定義する必要はなかった。これまでは、必要なものは標準ライブラリによって提供されていたが、もう「魔法」に頼るわけにはいかない。標準ライブラリの設計者と実装者が vector 型や sort 関数（§21.1、§B.5.4）などの機能をどのように提供しているのかを調べる必要がある。これは単なる理論的な興味ではない —— 標準ライブラリで使用されているツールや手法は、プログラマーのコードに最も役立つものの 1 つである。たとえば第 21 章と第 22 章では、標準ライブラリのコンテナーとアルゴリズムの実装にテンプレートをどのように使用できるかについて説明する。第 24 章では、科学計算用の行列を設計する方法について説明する。

テンプレート（*template*）とは、基本的には、プログラマーがクラスや関数のパラメーターとして型を使用できるようにするメカニズムのことだ。その後、特定の型を引数として指定すると、コンパイラーが特定のクラスまたは関数を生成する。

19.3.1 テンプレートパラメーターとしての型

ここでは、要素の型を vector へのパラメーターにしたい。そこで、vector の double を T に置き換える。この場合の T は、double、int、string、vector<Record>、Window* などの「値」を指定できるパラメーターである。型パラメーター T を導入するための C++ の表記は template<typename T> プレフィックス であり、数学的には「すべての型 T に対して」を意味する。

```
// T の本物そっくりの vector
template<typename T>
class vector {   //「すべての型 T に対して」と読む
    int sz;        // サイズ
    T* elem;       // 要素へのポインター
    int space;     // サイズ + 空き領域
public:
    vector() : sz{0}, elem{nullptr}, space{0} { }
    explicit vector(int s) :sz{s}, elem{new T[s]}, space{s}
    {
```

19.3 テンプレート

```
        for (int i=0; i<sz; ++i) elem[i]=0;    // 要素を初期化
    }

    vector(const vector&);                      // コピーコンストラクター
    vector& operator=(const vector&);           // コピー代入

    vector(vector&&);                           // ムーブコンストラクター
    vector& operator=(vector&&);                // ムーブ代入

    ~vector() { delete[] elem; }                // デストラクター

    T& operator[](int n) { return elem[n]; }    // アクセス: 参照を返す
    const T& operator[](int n) const { return elem[n]; }

    int size() const { return sz; }             // 現在のサイズ
    int capacity() const { return space; }

    void resize(int newsize);                   // 拡大
    void push_back(const T& d);
    void reserve(int newalloc);
};
```

「§19.2.6 現時点での vector」で示した double 型の vector の double をテンプレートパラメーター T に置き換えただけである。このクラステンプレート vector は以下のように使用できる。

```
vector<double> vd;          // T は double
vector<int> vi;             // T は int
vector<double*> vpd;        // T は double*
vector<vector<int>> vvi;    // T は vector<int>、その T は int
```

テンプレートを使用したときにコンパイラーが実行することについて考える方法の 1 つは、コンパイラーがテンプレートパラメーターの代わりに実際の型を使ってクラスを生成する、というものだ。実際の型はテンプレート引数として指定される。たとえば、コードから vector<char> を検出すると、コンパイラーは（どこかで）以下のようなコードを生成する。

```
class vector_char {
    int sz;                 // サイズ
    char* elem;             // 要素へのポインター
    int space;              // サイズ + 空き領域
public:
```

```cpp
    vector_char() : sz{0}, elem{nullptr}, space{0} { }
    explicit vector_char(int s) :sz{s}, elem{new char[s]}, space{s}
    {
        for (int i=0; i<sz; ++i) elem[i]=0;        // 要素を初期化
    }

    vector_char(const vector_char&);               // コピーコンストラクター
    vector_char& operator=(const vector_char&);    // コピー代入

    vector_char(vector_char&&);                    // ムーブコンストラクター
    vector_char& operator=(vector_char&&);         // ムーブ代入

    ~vector_char ();                               // デストラクター

    char& operator[] (int n)
        { return elem[n]; }                        // アクセス：参照を返す
    const char& operator[] (int n) const { return elem[n]; }

    int size() const;                              // 現在のサイズ
    int capacity() const;

    void resize(int newsize);                      // 拡大
    void push_back(const char& d);
    void reserve(int newalloc);
};
```

vector<double> に対して、コンパイラーは double 型の vector（§19.2.6）にほぼ相当するものを — vector<double> を意味する適切な内部名を使って — 生成する。

クラステンプレートは型ジェネレーター（*type generator*）とも呼ばれる。テンプレート引数に基づいて型（クラス）をクラステンプレートから生成するプロセスは、**特殊化**（*specialization*）または**テンプレートのインスタンス化**（*template instantiation*）と呼ばれる。たとえば vector<char> と vector<Poly_line*> は vector の特殊化である。この vector のような単純なケースでは、テンプレートのインスタンス化は非常に単純なプロセスである。最も一般的な高度なケースでは、テンプレートのインスタンス化はおそろしいほど複雑だ。テンプレートのユーザーにとって幸いなことに、その複雑さに対処するのはコンパイラーの作成者である。テンプレートがインスタンス化される — つまり、テンプレートが特殊化されるのは、実行時ではなくコンパイル時またはリンク時である。

もちろん、こうしたクラステンプレートでもメンバー関数を使用できる。

```
void fct(vector<string>& v)
{
    int n = v.size();
    v.push_back("Norah");
    ...
}
```

クラステンプレートのメンバー関数が使用されると、コンパイラーが適切な関数を生成する。たとえば v.push_back("Norah") を検出したコンパイラーは、以下のテンプレート定義から、

```
template<typename T> void vector<T>::push_back(const T& d) { /* ... */ };
```

以下の関数を生成する。

```
void vector<string>::push_back(const string& d) { /* ... */ }
```

このようにして、v.push_back("Norah") が呼び出す関数が生成される。言い換えるなら、特定の引数型に対する関数が必要な場合、コンパイラーはそのテンプレートに基づいてその関数を記述する。

template<typename T> と記述する代わりに、template<class T> と記述することもできる。2つの構文の意味はまったく同じだが、typename が好まれることもある。なぜなら、typename のほうが「より明瞭」であり、「int などの組み込み型をテンプレート引数として使用できないと誤解されることがない」からだ。class は前々から型を意味するため、違いはないというのが本書の見解だ。しかも、class のほうが短い。

19.3.2 ジェネリックプログラミング

テンプレートはC++におけるジェネリックプログラミングの基盤である。実際、C++での「ジェネリックプログラミング」の最も単純な定義は、「テンプレートを使用する」ことである。ただし、この定義は少々単純すぎる。プログラミングの基本概念をプログラミング言語の機能に置き換えて定義するのは考えものだ。プログラミング言語の機能は、プログラミング手法をサポートするために存在するのであって、その逆ではない。よく知られているほとんどの表記と同様に、「ジェネリックプログラミング」には多くの定義がある。最も意味があると筆者が考える定義は、以下のようなものだ。

> ジェネリックプログラミング（*generic programming*）：引数として表されるさまざまな型に対応するコードを記述すること。ただし、それらの引数型が特定の構文上の要件と意味的な要件を満たすことが前提となる。

たとえば、vector の要素の型は（コピーコンストラクターまたはコピー代入によって）コピーできる型でなければならない。第20章〜第21章では、引数での算術演算を要求するテンプレートを示す。パラメーター化の対象がクラスである場合は、クラステンプレート（*class template*）を使用する。このようなクラスは、よくパラメーター化された型（*parameterised type*）またはパラメーター化されたクラス（*parameterised class*）と呼ばれる。パラメーター化の対象が関数である場合は、関数テンプレート（*function template*）を使用する。このような関数は、パラメーター化された関数（*parameterized function*）と呼ばれることが多いが、アルゴリズム（*algorithm*）と呼ばれることもある。このため、

第 19 章　vector、テンプレート、例外

ジェネリックプログラミングは「アルゴリズム指向のプログラミング」とも呼ばれる。設計の焦点は、アルゴリズムが使用するデータ型ではなく、アルゴリズムそのものにある。

パラメーター化された型という概念はプログラミングの中心にあるため、あまり聞き慣れない用語について少し説明しておこう。そうすれば、別の状況でそうした概念に直面してもうろたえずに済む。

この明示的なテンプレートパラメーターに依存する形式のジェネリックプログラミングは、よく**パラメトリックポリモーフィズム**（*parametric polymorphism*）と呼ばれる。対照的に、クラス階層と仮想関数を使用することによって得られるポリモーフィズムは**アドホックポリモーフィズム**（*ad hoc polymorphism*）と呼ばれ、そのスタイルのプログラミングは**オブジェクト指向プログラミング**（*object-oriented programming*）と呼ばれる（§14.3～§14.4）。両方のプログラミングスタイルが**ポリモーフィズム**（*polymorphism*：多相性）と呼ばれるゆえんは、どちらのスタイルもプログラマーが1つのインターフェイスで複数のバージョンの概念を表すことに依存するためだ。**ポリモーフィズム**（*polymorphism*）はギリシャ語で「多くの形態」を意味し、共通のインターフェイスを通じて操作できる数種類の型を表す。第 16 章～第 19 章の `Shape` の例では、`Shape` によって定義されるインターフェイスを通じて、`Text`、`Circle`、`Polygon` など、まさに複数の図形にアクセスした。`vector` を使用するときには、`vector` テンプレートによって定義されるインターフェイスを通じて、`vector<int>`、`vector<double>`、`vector<Shape*>` など、さまざまな `vector` にアクセスする。

クラス階層と仮想関数を使用するオブジェクト指向プログラミングと、テンプレートを使用するジェネリックプログラミングの間には、相違点がいくつかある。最も顕著なのは、次の点だ —— ジェネリックプログラミングを使用するときには、呼び出される関数はコンパイル時に決定されるが、オブジェクト指向プログラミングでは、呼び出される関数は実行時まで決定されない。

```
v.push_back(x);   // x を vector x に追加
s.draw();         // Shape s を描画
```

`v.push_back(x)` に対しては、コンパイラーは `v` の要素型を決定し、適切な `push_back` 関数を使用する。だが、`s.draw()` に対しては、`s` の `vtbl` を使って（§14.3.1）何らかの `draw` 関数を間接的に呼び出す。このため、オブジェクト指向プログラミングにはある程度の自由があるが、一般的なジェネリックプログラミングのほうが規則的で理解しやすく、パフォーマンスがよい。「アドホック」や「パラメトリック」といった名前が付いているのは、そのためだ。

まとめてみよう。

- **ジェネリックプログラミング**（*generic programming*）
  テンプレートによってサポートされ、コンパイル時の決定に依存する。
- **オブジェクト指向プログラミング**（*object-oriented programming*）
  クラス階層と仮想関数によってサポートされ、実行時の決定に依存する。

これら 2 つを組み合わせることは可能であり、効果的である。

```
void draw_all(vector<Shape*>& v)
{
    for (int i=0; i<v.size(); ++i) v[i]->draw();
}
```

仮想関数を使用することにより、基底クラス（Shape）で仮想関数（draw()）を呼び出している。これは間違いなくオブジェクト指向プログラミングである。ただし、vector にパラメーター化された型である Shape* が含まれているため、（単純な）ジェネリックプログラミングも使用している。

さて、哲学的な話はこれくらいにして、実際のところ、人はテンプレートを何のために使用するのだろうか。比類なき柔軟性とパフォーマンスを得るには、以下の条件が満たされなければならない。

- 数値やハードリアルタイムなど、パフォーマンスが重要な場面では、テンプレートを使用する（第 24 章～第 25 章）。
- C++ の標準ライブラリなど、数種類の情報を組み合わせる柔軟性が不可欠である場面では、テンプレートを使用する（第 20 章～第 21 章）。

19.3.3　コンセプト

テンプレートには、柔軟性の高さや最適に近いパフォーマンスなどさまざまな特性があるが、残念ながら完璧ではない。いつものことながら、長所には短所がつきものである。テンプレートの主な問題点は、柔軟性とパフォーマンスの代償として、テンプレートの内部（定義）とそのインターフェイスが十分に切り離されないことだ。これはエラーの診断の甘さとなって現れ、しばしば目を疑うほど粗末なエラーメッセージが表示される。こうしたエラーメッセージがコンパイルプロセスの予想よりもずっと後のほうで生成されることもある。

テンプレートを使用しているコードをコンパイルするときには、テンプレートとテンプレートの引数の型が詳しく調べられる。それにより、最適なコードを生成するための情報が得られる。そうした情報をすべて利用可能にするために、現在のコンパイラーは、テンプレートがどこで使用されようと完全に定義されていなければならないことを要求する傾向にある。これには、テンプレートのすべてのメンバー関数と、それらのメンバー関数から呼び出されるすべてのテンプレート関数が含まれる。このため、テンプレートの作成者はテンプレートの定義をヘッダーファイルに配置する傾向にある。これが規格で実際に要求されているわけではないが、改善された実装が広く普及するまでは、各自のテンプレートでそうすることをお勧めする。複数の翻訳単位で使用されるテンプレートの定義は、ヘッダーファイルに配置するようにしよう。

最初は、非常に単純なテンプレートを自分で記述してみて、慎重に作業を進めながら経験を積んでいくとよいだろう。効果的な開発手法の 1 つは、vector で行ったようにすることだ ― まず、特定の型を使ってクラスを開発し、テストする。それがうまくいったら、その型をテンプレートパラメーターに置き換える。汎用性、型の安全性、パフォーマンスを考慮して、C++ の標準ライブラリなど、テンプレートベースのライブラリを使用する。第 20 章～第 21 章では、標準ライブラリのコンテナーとアルゴリズムを詳しく取り上げ、テンプレートの使用例を示す。

C++14 では、テンプレートのインターフェイスのチェックを大幅に改善するメカニズムが導入されている。たとえば C++11 では、テンプレートを以下のように定義する。

```
template<typename T>    // すべての型 T に対して
class vector {
    ...
};
```

第 19 章　vector、テンプレート、例外

引数型 T として何が期待されるのかを正確に指定することはできない。C++11 では、これらの要件が何であるかは示されているが、英語で説明されているだけで、コンパイラーが理解できるコードとして示されていない。テンプレート引数の一連の要件は**コンセプト**（*concept*）と呼ばれる。テンプレート引数は、それらが適用されるテンプレートの要件、すなわちコンセプトを満たさなければならない。たとえば vector の要件は、その要素のコピーまたは移動が可能であることと、それらのアドレスを指定できること、（必要であれば）デフォルトコンストラクターで生成できることだ。つまり、要素はこれらの要件を満たさなければならない。それらを Element と呼ぶことにしよう。Concept TS では、これを明示的に指定できる [*1]。

```
template<typename T>          // T が Element であるような
    requires Element<T>()     // すべての型 T に対して
class vector {
    ...
};
```

これは、コンセプトが実際には型述語であることを示している。つまり、これはコンパイル時に評価される（constexpr）関数であり、コンセプト（Element）が要求する特性が型引数（T）にある場合は true を返し、そのような特性がない場合は false を返す。少し要領を得ないかもしれないが、省略表記は以下のようになる。

```
template<Element T>   // Element<T>() が true であるようなすべての型 T に対して
class vector {
    ...
};
```

コンセプトをサポートする C++14 準拠のコンパイラーがない場合は、要件を名前とコメントで指定すればよい。

```
template<typename Elem>   // Element<Elem>() を要求
class vector {
    ...
};
```

これらの名前やコメントがコンパイラーによって理解されるわけではないが、コンセプトが明示的に指定されていれば、コードについて考える助けになり、ジェネリックコードの設計がよくなり、他のプログラマーがコードを理解するのに役立つ。本書では、一般的で有益なコンセプトをいくつか使用する。

[*1] 監注：本書で説明されているコンセプトは、本書の執筆時点では C++14 に入ることが期待されていたが、結果的に入らなかった C++ 標準規格に対する提案である。コンセプトは TS（Technical Specification）として、C++ 標準規格とは別の補助的な規格書として発行されている。コンセプト提案は将来的には、C++ 標準規格に入ることが強く期待されている。ただし、正式なコンセプトは、本書で説明されているものとは異なる可能性がある。GCC 6.0 はコンセプト TS に基づくコンセプトを実装している。

コンセプト	
Element<E>	E はコンテナーの要素として使用できる
Container<C>	C は、Element を保持でき、シーケンス [begin():end()] としてアクセスできる
Forward_iterator<For>	For は、リンクリスト、vector、配列と同様に、シーケンス [b:e] の走査に使用できる
Input_iterator<In>	In は、入力ストリームと同様に、シーケンス [b:e] の 1 回限りの読み込みに使用できる。
Output_iterator<Out>	シーケンスは Out を使って出力できる
Random_access_iterator<Ran>	Ran は、シーケンス [b:e] の読み込みと書き込みに繰り返し使用でき、[] を使った添字アクセスをサポートする
Allocator<A>	A は、フリーストアと同様に、メモリーの確保と解放に使用できる
Equal_comparable<T>	== を使って 2 つの T が等しいかどうかを比較し、結果を Boolean で取得できる
Equal_comparable<T,U>	== を使って T が U と等しいかどうかを比較し、結果を Boolean で取得できる
Predicate<P,T>	P を T 型の引数で呼び出し、結果を Boolean で取得できる
Binary_predicate<P,T>	P を T 型の 2 つの引数で呼び出し、結果を Boolean で取得できる
Binary_predicate<P,T,U>	P を T 型と U 型の引数で呼び出し、結果を Boolean で取得できる
Less_comparable<L,T>	L と < を使って 2 つの T のどちらが小さいかを比較し、結果を Boolean で取得できる
Less_comparable<L,T,U>	L と < を使って T が U よりも小さいかどうかを比較し、結果を Boolean で取得できる
Binary_operation<B,T,U>	B を使って 2 つの T で演算を実行できる
Binary_operation<B,T,U>	B を使って T と U で演算を実行できる
Number<N>	N は数値のように動作し、+、-、*、/ をサポートする

標準ライブラリのコンテナーとアルゴリズムでは、これらをはじめとするコンセプトがかなり詳しく指定されている[*2]。第 20 章と第 21 章では、コンテナーとアルゴリズムを文書化するために、それらを略式で使用する。

コンテナー型とイテレーター型 T は、値型（Value_type<T>）を持つ。Value_type<T> は要素型である。多くの場合、Value_type<T> はメンバー型 T::value_type である。詳細については、vector と list の説明で取り上げる（§20.5）。

[*2] 監注：このライブラリはまだ C++ 標準規格に入っていない。

19.3.4 コンテナーと継承

オブジェクト指向プログラミングとジェネリックプログラミングの組み合わせには、誰もが試してみるものの、いつもうまくいかない組み合わせが1つある。それは、派生クラスのオブジェクトのコンテナーを基底クラスのオブジェクトのコンテナーとして使用することだ。

```
vector<Shape> vs;
vector<Circle> vc;
vs = vc;   // エラー: vector<Shape> が必要
void f(vector<Shape>&);
f(vc);     // エラー: vector<Shape> が必要
```

だが、うまくいかないのはなぜだろうか。Circle は Shape に変換できると説明したではないか。実際には、それはできない。Circle* を Shape* に変換し、Circle& を Shape& に変換することは可能だが、Shape の代入はわざと無効にしてある。このため、半径を持つ Circle を半径を持たない Shape 型の変数に代入したらどうなるかについては、考えるまでもないだろう（§14.2.4）。それが可能であったならば、「スライス」と呼ばれるものが発生していただろう。それはクラスオブジェクトにおいて整数の切り捨てに相当する（§3.9.2）。

そこで、ポインターを使ってもう一度試してみよう。

```
vector<Shape*> vps;
vector<Circle*> vpc;
vps = vpc;  // エラー: vector<Shape*> が必要
void f(vector<Shape*>&);
f(vpc);     // エラー: vector<Shape*> が必要
```

またしても型システムの抵抗に遭う。なぜだろうか。f 関数が何を行ったかについて考えてみよう。

```
void f(vector<Shape*>& v)
{
    v.push_back(new Rectangle{Point{0,0},Point{100,100}});
}
```

もちろん、Rectangle* を vector<Shape*> に変換することは可能である。ただし、その vector<Shape*> がどこかで vector<Circle*> と見なされていたとしたら、誰かがびっくり仰天するだろう。具体的には、先のコードがコンパイルエラーにならないとしたら、Rectangle* は vpc で何をするだろうか。継承は強力で難解なメカニズムであり、テンプレートがその範囲を暗黙的に拡張することはない。テンプレートを使って継承を表現する方法はいくつかあるが、説明するのはまたの機会にしよう。ここでは、「D が B である」からといって、任意のテンプレート C に対して「C<D> が C<B> である」わけではない、ということだけ覚えておこう。そして、偶発的な型の違反に対する安全装置として、それを評価する必要がある（§25.4.4）。

19.3.5 テンプレートパラメーターとしての整数

クラスを型でパラメーター化することが便利であるのは明らかである。クラスを整数値や文字列値といった「他のもの」でパラメーター化することについてはどうだろうか。基本的には、どのような種類の引数も便利であることが考えられるが、ここでは型パラメーターと整数パラメーターだけを取り上げる。他の種類のパラメーターが役立つ状況は限られている。そして、他の種類のパラメーターに対するC++のサポートは、それを使用できるのは言語の機能を隅々まで理解している場合だけ、といった程度である。

整数をテンプレート引数として使用する最も一般的な例として、要素の個数がコンパイル時に確定するコンテナーについて考えてみよう。

```cpp
template<typename T, int N> struct array {
    T elem[N];                  // 要素をメンバー配列で保持

    // デフォルトコンストラクター、デストラクター、代入を使用
    T& operator[] (int n);      // アクセス: 参照を返す
    const T& operator[] (int n) const;

    T* data() { return elem; }  // T* に変換
    const T* data() const { return elem; }

    int size() const { return N; }
};
```

array（§20.7）は以下のように使用できる。

```cpp
array<int,256> gb;              // 256 個の整数
array<double,6> ad = { 0.0, 1.1, 2.2, 3.3, 4.4, 5.5 };
const int max = 1024;

void some_fct(int n)
{
    array<char,max> loc;
    array<char,n> oops;     // エラー: n の値がコンパイラーに知らされていない
    ...
    array<char,max> loc2 = loc;  // バックアップコピーを作成
    ...
    loc = loc2;                  // リストア
    ...
}
```

array は見るからに単純である。vector よりもずっと単純で、それほど強力ではない。では、vector ではなく array を使用したいと考えるのはなぜだろうか。1 つの答えは「効率性」である。array のサイズはコンパイル時に判明するため、コンパイラーはフリーストアを使用するのでなく、gb といったグローバルオブジェクトに対しては静的メモリーを確保し、loc といったローカルオブジェクトに対してはスタックメモリーを確保できる。範囲チェックの際には、定数（サイズパラメーター N）と照合できる。ほとんどのプログラムにとって、効率性の改善はそれほど重要ではないが、ネットワークドライバーといったきわめて重要なシステムコンポーネントを記述している場合は、わずかな違いもばかにできない。さらに重要なのは、プログラムによってはフリーストアを使用するわけにはいかないことだ。これに該当するのは、主に組み込みシステムプログラムや安全性が重視されるプログラムである（第 25 章）。そうしたプログラムにおいて、array は重大な制限（フリーストアを使用しない）に違反することなく、vector の利点の多くを提供する。

「vector を使用できないのはなぜか」ではなく、逆の質問をしてみよう。組み込みの配列を使用しないのはなぜだろうか。配列はかなり無作法である（§18.6）。自分のサイズを知らないし、ちょっとしたことでポインターに変換されてしまうし、コピーをちゃんと行わない。vector と同様に、array にはそうした問題がない。

```
double* p = ad;          // エラー：ポインターへの暗黙的な変換はない
double* q = ad.data();   // OK：明示的な変換

template<typename C> void printout(const C& c)   // 関数テンプレート
{
    for (int i=0; i<c.size(); ++i) cout << c[i] <<'\n';
}
```

この printout 関数は、vector はもちろん array からも呼び出すことができる。

```
printout(ad);    // array での呼び出し
vector<int> vi;
...
printout(vi);    // vector での呼び出し
```

これはジェネリックプログラミングをデータアクセスに適用した単純な例である。これがうまくいくのは、array と vector に使用されるインターフェイス（size 関数と添字）が同じだからだ。このプログラミングスタイルについては、第 20 章～第 21 章で少し詳しく取り上げる。

19.3.6　テンプレート引数の推測

クラステンプレートでは、特定のクラスのオブジェクトを作成するときにテンプレート引数を指定する。

```
array<char,1024> buf;   // buf では、T は char、N は 1024
array<double,10> b2;    // b2 では、T は double、N は 10
```

関数テンプレートでは、通常、コンパイラーは関数引数からテンプレート引数を推測する。

```
template<class T, int N> void fill(array<T,N>& b, const T& val)
{
    for (int i=0; i<N; ++i) b[i] = val;
}

void f()
{
    fill(buf, 'x');   // buf は array<char,1024> なので、T は char、N は 1024
    fill(b2,0.0);     // b2 は array<double,10> なので、T は double、N は 10
}
```

技術的には、`fill(buf,'x')` は `fill<char,1024>(buf,'x')` の省略表現であり、`fill(b2,0)` は `fill<double,10>(b2,0)` の省略表現である。ただし、多くの場合はそこまで具体的である必要はない。それはコンパイラーが私たちに代わって解いてくれる。

19.3.7 vector の一般化

vector を「double 型の vector」クラスから「T 型の vector」テンプレートに一般化したときには、push_back()、resize()、reserve() の定義を見直さなかった。それらは double 型で有効であることを前提としているが（§19.2.2、§19.2.3）、vector の要素型として使用される可能性があるすべての型で有効なわけではない。このため、ここで見直す必要がある。

- X がデフォルト値を持たない場合、vector<X> はどのように扱えばよいか。
- 使い終えた要素が確実に削除されるようにするには、どうすればよいか。

これらの問題は解決しなければならないのだろうか。「デフォルト値を持たない型で vector を作成しようとしてはならない」とか、「デストラクターを持つ型の vector を、問題を引き起こすような方法で使用してはならない」といった取り決めをすることもできた。「汎用目的」の機能にとって、こうした制限はユーザーを悩ませるものであり、設計者が問題について考え抜いていない、あるいはユーザーのことをあまり気にかけていないという印象を与える。多くの場合、そうした疑いは正しいが、標準ライブラリの設計者はそうした欠点を放置しなかった。標準ライブラリの vector を忠実に再現するには、これら 2 つの問題を解決しなければならない。

「デフォルト値」を持たない型に対処するには、デフォルト値が必要な場合に使用される値をユーザーが指定できるようにすればよい。

```
template<typename T> void vector<T>::resize(int newsize, T def=T());
```

つまり、ユーザーが指定しない限り、T() をデフォルト値として使用する。

```
vector<double> v1;
v1.resize(100);         // double (0.0) を 100 個追加
```

```
v1.resize(200, 0.0);    // 0.0 を 200 個追加 (0.0 を指定するのは冗長)
v1.resize(300, 1.0);    // 1.0 を 300 個追加

struct No_default {
    No_default(int);    // No_default の唯一のコンストラクター
    ...
};

vector<No_default> v2(10);      // エラー: No_default() を 10 個作成
vector<No_default> v3;

v3.resize(100, No_default(2));  // No_default(2) を 100 個追加
v3.resize(200);                 // エラー: No_default() を 200 個作成
```

デストラクターの問題に対処するのはもっと難しい。基本的には、初期化されたデータと初期化されていないデータで構成されたデータ構造という、この上なくやっかいな問題に取り組む必要がある。ここまでは、初期化されていないデータとそれにつきもののプログラミングエラーをどうにか回避してきた。vector のユーザーがアプリケーションでその問題に直面することがないよう、vector の実装者がここでその問題に立ち向かう必要がある。

まず、初期化されていない記憶域を取得し、操作する方法を見つけ出す必要がある。幸い、標準ライブラリには初期化されていないメモリーを提供する allocator クラスがある。少し単純化したバージョンは以下のようになる。

```
template<typename T> class allocator {
public:
    ...
    // T 型のオブジェクト n 個分の領域を確保
    T* allocate(int n);
    // p で始まる T 型のオブジェクト n 個分の領域を解放
    void deallocate(T* p, int n);
    // p に T 型のオブジェクトを作成し、値 v で初期化
    void construct(T* p, const T& v);
    // p の T 型のオブジェクトを削除
    void destroy(T* p);
};
```

詳細については、Bjarne Stroustrup 著 *The C++ Programming Language* [*3]、<memory>（§B.1.1）、または ISO C++ 規格を調べる必要がある。ここで示したバージョンは、以下の操作を可能にする 4 つの基本演算を示している。

[*3] 『プログラミング言語 C++ 第 4 版』、柴田望洋 訳、SB クリエイティブ、2015 年

- T 型のオブジェクトを格納するのに適したサイズのメモリーを確保するが、初期化しない。
- 初期化されていない領域で T 型のオブジェクトを作成する。
- T 型のオブジェクトを削除し、その領域を初期化されていない状態に戻す。
- T 型のオブジェクトに適したサイズの、初期化されていない領域を解放する。

当然かもしれないが、allocator は vector<T>::reserve() を実装するためにまさに必要なものだ。まず、vector のパラメーターとして allocator を与える。

```
template<typename T, typename A = allocator<T>> class vector {
    A alloc;    // アロケーターを使って要素のメモリーを処理
    ...
};
```

allocator を提供することと、new を使用する代わりにデフォルトで標準のものを使用することを除けば、すべてこれまでどおりである。要素のメモリーを変わった方法で管理する vector が必要になるまで、vector のユーザーである私たちは allocator を無視してもよい。vector の実装者であり、基本的な問題を理解し、基本的な手法を学ぼうとしている私たちは、初期化されていないメモリーを vector がどのように扱い、正しく作成されたオブジェクトをユーザーにどのように提供するのかを理解しなければならない。これに関係するコードは、vector<T>::reserve() など、メモリーを直接処理する vector のメンバー関数だけである。

```
template<typename T, typename A>
void vector<T,A>::reserve(int newalloc)
{
    if (newalloc<=space) return;        // 確保した領域は決して減らない
    T* p = alloc.allocate(newalloc);    // 新しい領域を確保
    for (int i=0; i<sz; ++i) alloc.construct(&p[i],elem[i]);  // コピー
    for (int i=0; i<sz; ++i) alloc.destroy(&elem[i]);         // 削除
    alloc.deallocate(elem,space);       // 古い領域を解放
    elem = p;
    space = newalloc;
}
```

新しい領域に要素を移動するには、初期化されていない領域でコピーを作成した後、元の要素を削除する。string などの型では、代入先の領域が初期化されていることが前提となるため、代入は使用できない。

reserve 関数が定義されていれば、vector<T,A>::push_back() を記述するのは簡単だ。

```
template<typename T, typename A>
void vector<T,A>::push_back(const T& val)
{
    if (space==0) reserve(8);           // 最初は要素 8 つ分の領域を確保
```

```
        else if (sz==space) reserve(2*space);   // さらに領域を確保
        alloc.construct(&elem[sz],val);         // val を最後に追加
        ++sz;                                    // サイズを増やす
    }
```

同様に、vector<T,A>::resize() もそれほど難しくない。

```
    template<typename T, typename A>
    void vector<T,A>::resize(int newsize, T val=T())
    {
        reserve(newsize);
        for (int i=sz; i<newsize; ++i) alloc.construct(&elem[i],val);   // 作成
        for (int i=newsize; i<sz; ++i) alloc.destroy(&elem[i]);          // 削除
        sz = newsize;
    }
```

デフォルトコンストラクターを持たない型もあるため、この場合も、新しい要素の初期値として使用される値を指定できるようにしている。

目新しい点がもう 1 つある。それは、vector のサイズを小さくする場合に「余った要素」を削除することだ。デストラクターを、型指定されたオブジェクトを「生のメモリー」に戻すものとして考えてみよう。

▽ 「アロケーターの操作」は非常に高度で難解である。達人になる準備が整うまで、手を出さないほうがよさそうだ。

19.4　範囲チェックと例外

現時点の vector をよく見てみると、（ぞっとすることに）アクセスの範囲がチェックされていないことに気づく。operator[] の実装は単純だ。

```
    template<typename T, typename A> T& vector<T,A>::operator[](int n)
    {
        return elem[n];
    }
```

そこで、以下のコードについて考えてみよう。

```
    vector<int> v(100);
    v[-200] = v[200];   // 問題がある
    int i;
    cin>>i;
    v[i] = 999;         // メモリーのどこかに書き込まれる
```

19.4 範囲チェックと例外

このコードはコンパイルされ、実行され、vector が所有していないメモリーにアクセスする。大きなトラブルの予感がする。実際のプログラムでは、このようなコードを見逃すわけにはいかない。この問題に対処するように vector を改善してみよう。最も単純な方法は、チェック付きのアクセス演算 at() を追加することだ。

```cpp
struct out_of_range { /* ... */ };    // 範囲アクセスエラーを報告するクラス

template<typenames T, typename A = allocator<T>> class vector {
    ...
    T& at(int n);                        // チェック付きのアクセス
    const T& at(int n) const;            // チェック付きのアクセス
    T& operator[](int n);                // チェックなしのアクセス
    const T& operator[](int n) const;    // チェックなしのアクセス
    ...
};

template<typename T, typename A> T& vector<T,A>::at(int n)
{
    if (n<0 || sz<=n) throw out_of_range();
    return elem[n];
}

template<typename T, typename A> T& vector<T,A>::operator[](int n)
// 以前と同じ
{
    return elem[n];
}
```

これにより、以下のコードを記述できる。

```cpp
void print_some(vector<int>& v)
{
    int i = -1;
    while(cin>>i && i!=-1)
    try {
        cout << "v[" << i << "]==" << v.at(i) << "\n";
    }
    catch(out_of_range) {
        cout << "bad index: " << i << "\n";
    }
```

679

```
}
```

ここでは、`at` 関数を使って範囲チェックされたアクセスを可能にし、不正なアクセスが発生した場合は `out_of_range` をキャッチしている。

大まかには、インデックスが有効であることがわかっている場合は `[]` と添字を使用し、インデックスが範囲外の可能性がある場合は `at` 関数を使用する。

19.4.1　設計上の注意点

ここまではよいとして、単に範囲チェックを `operator[]()` に追加しなかったのはなぜだろうか。ここで示したように、標準ライブラリの `vector` は、チェック付きの `at()` とチェックなしの `operator[]()` を提供する。それがなぜ合理的なのかを説明しよう。基本的には、以下の 4 つの理由がある。

1. 互換性
   C++ が例外を使用するようになるずっと以前から、チェックなしの添字が使用されてきた。
2. 効率
   チェックなしの高速なアクセス演算子に基づいてチェック付きのアクセス演算子を構築することは可能だが、チェック付きのアクセス演算子に基づいて高速なアクセス演算子を構築することは不可能である。
3. 制約
   環境によっては、例外を容認できない。
4. 必要に応じたチェック
   規格には、「`vector` の範囲チェックは不可能である」とは書かれていない。このため、チェックが必要であれば、チェックする実装を使用すればよい。

19.4.1.1　互換性

人々は古いコードが動かなくなることを心の底から嫌っている。たとえば 100 万行のコードがある場合、例外を正しく使用するためにそれをすべて見直すとしたら、途方もないコストがかかる可能性がある。余分な作業と引き換えにコードがよくなるとも言えるが、時間と費用を投資するのは私たちではない。さらに、既存のコードのメンテナンス担当者はたいてい「チェックされていないコードは原則として安全ではない」と主張するが、そのコードは数年間にわたってテストされ、使用されてきたものであり、バグはすでに出尽くしている。その主張に関して懐疑的であることはかまわないが、実際のコードでそうした決断を下す必要に迫られたことがない人は、それほど手厳しいことを言える立場にない。当然ながら、標準ライブラリの `vector` が C++ 規格に追加される前は、それを使用するコードは存在しなかったが、例外を使用しない非常によく似た `vector` を使用するコードは何百万行も存在していた。そうしたコードの大半は、規格に準拠するようにあとから書き換えられた。

19.4.1.2　効率

ネットワークインターフェイスのバッファーやハイパフォーマンスな科学計算用の行列といった極端なケースでは、範囲チェックが負担になることがある。ただし、ほとんどのプログラマーがほとんどの時間を費やす「通常の計算」において、範囲チェックのコストが懸念されることはまずない。このため本書では、可能であれば、`vector` の範囲チェック付きの実装を常に使用することをお勧めする。

19.4.1.3 制約

これも、一部のプログラマーやアプリケーションにとって有効な言い分である。実際には、多くのプログラマーにとって理にかなった主張であり、安易に無視すべきではない。ただし、ハードリアルタイム（§25.2.1）とは無縁の環境で新しいプログラムに着手する場合は、例外ベースのエラー処理と範囲チェック付きの vector で十分である。

19.4.1.4 必要に応じたチェック

ISO C++ 規格には、単にこう書かれている ―「vector では、範囲外アクセスが何らかの具体的な意味を持つことはなく、そうしたアクセスは避けるべきである」。プログラムが範囲外アクセスを試みたときに例外をスローすることは完全に規格に準拠している。このため、vector に例外をスローさせることにし、かつ最初の 3 つの理由に基づいて特定のアプリケーションに配慮する必要がない場合は、vector の範囲チェック実装を使用するようにしよう。本書でもそれにならうことにする。

要するに、現実の設計は思った以上にやっかいなものになることがあるが、それでもうまく対処する必要がある、ということだ。

19.4.2 告白：マクロ

標準ライブラリの vector の実装のほとんどは、本書の vector と同様に、添字演算子（[]）の範囲チェックを保証しないが、範囲チェックを行う at 関数を提供する。では、プログラムに含まれている std::out_of_range 例外はいったいどこで発生したのだろうか。要するに、私たちが選択したのは「オプション 4」（§19.4.1.4）である ― vector の実装では、[] の範囲チェックは義務付けられていないが、禁じられているわけでもないため、チェックが行われるようにしてみた。読者が使用しているのは、[] をチェックする Vector というデバッグバージョンかもしれない。それは筆者がコードを開発するときに使用するもので、パフォーマンスをほとんど低下させずにエラーの数とデバッグ時間を削減する。

```
struct Range_error : out_of_range {   // 拡張された vector の範囲エラー報告
    int index;
    Range_error(int i) :out_of_range("Range error"), index(i) { }
};

template<typename T> struct Vector : public std::vector<T> {
    using size_type = typename std::vector<T>::size_type;
    using vector<T>::vector;   // vector<T> のコンストラクターを使用（20.5）

    T& operator[](size_type i)
    {
        if (i<0 || this->size()<=i) throw Range_error(i);
        return std::vector<T>::operator[](i);
    }
```

```
        const T& operator[](size_type i) const
        {
            if (i<0 || this->size()<=i) throw Range_error(i);
            return std::vector<T>::operator[](i);
        }
    };
```

Range_error を使用することで、無効なインデックスをデバッグに利用できるようにしている。std::vector を継承すると、vector のメンバー関数をすべて Vector で利用できるようになる。1 つ目の using 文により、std::vector の size_type の便利な同義語が定義される（§20.5）。2 つ目の using 文により、vector のコンストラクターをすべて Vector で利用できるようになる。

この Vector クラスは、それなりに複雑なプログラムのデバッグに役立っている。標準ライブラリの vector の実装には体系的なチェックが組み込まれているため、代わりにそれを使用するという手もある。実際にそのようにしてきた読者もいるだろう。コンパイラーとライブラリが ─ 規格が保証する域を超えて ─ 実際にどの程度のチェックを行うのかは知りようがない。

std_lib_facilities.h では、vector が Vector を意味するように再定義するマクロ置換を使用している。

```
// 範囲チェック付きの vector を手に入れるためのいやらしいマクロハック
#define vector Vector
```

つまり、vector と記述すると、それは常にコンパイラーによって Vector と認識される。このハックがいやらしいのは、ユーザーがコードで見ているものとコンパイラーが見ているものが異なるからだ。現実のコードでは、マクロはわかりにくいエラーの温床である（§27.8、§A.17）。

string でも、範囲チェック付きのアクセスを提供するために同じことを行った。

残念ながら、vector の [] の実装から範囲チェックを取り出すことに関しては、標準的な、移植性のある、うまい方法はない。とはいうものの、範囲チェック付きの vector（および string）を、ここで行った方法よりもはるかに無駄なく完全に実現することは可能である。だが通常は、ベンダーの標準ライブラリの実装を置き換えるか、インストールオプションを調整するか、標準ライブラリのソースコードに手出しする必要がある。どの方法も、初心者が最初の週に行うプログラミングにはふさわしくない。そして第 2 章では、string を使用している。

19.5　リソースと例外

　というわけで、vectorでは例外をスローできる。関数が要求されたアクションを実行できない場合は、例外をスローしてそのことを呼び出し元に伝えればよい（第5章）。さて、vectorの演算によってスローされた例外や、私たちが呼び出す他の関数によってスローされた例外を処理するコードで、何を行う必要があるかについて検討するときがやってきた。単純に言えば「tryブロックを使って例外をキャッチし、エラーメッセージを書き出し、プログラムを終了する」となるが、ほとんどの重要なシステムにとって、それではあまりに大ざっぱである。

　プログラミングの原則の1つは、リソースを確保する場合は、システムにおいてそのリソースを管理する部分に — 直接または間接的に — それを戻さなければならないことだ。リソースの例としては、以下があげられる。

- メモリー
- ロック
- ファイルハンドル
- スレッドハンドル
- ソケット
- ウィンドウ

　要するに、リソースは確保され、解放されなければならないものとして定義される。あるいは、「リソースマネージャー」によって回収されなければならないものだ。最も単純な例は、new演算子を使って確保され、delete演算子を使ってフリーストアに戻されるフリーストアメモリーである。

```
void suspicious(int s, int x)
{
    int* p = new int[s];    // メモリーを確保
    ...
    delete[] p;             // メモリーを解放
}
```

　メモリーを解放することを覚えておかなければならないが、それが常に容易であるとは限らない（§17.4.6）。この状況に例外を追加すれば、リソースのリークが頻繁に発生するようになるかもしれない — それは単に無知であるか、配慮が欠けているだけのことだ。たとえばsuspicious関数のようなコードはかなり疑わしい。new演算子を明示的に使用し、結果として得られたポインターをローカル変数に代入している。

　vectorのようにリソースの解放に責任を持つオブジェクトは、そのリソースの*所有者*（*owner*）または*ハンドル*（*handle*）と呼ばれる。

19.5.1 リソース管理の潜在的な問題

無害に思えるポインター代入が疑わしい理由の 1 つは、`new` に対応する `delete` の有無を確認しにくいことだ。

```
int* p = new int[s];    // メモリーを確保
```

少なくとも `suspicious` 関数にはメモリーを解放できる `delete[] p;` 文があるが、その解放が行われなくなる原因をいくつか考えてみよう。`...` 部分に何を挿入したらメモリーリークが発生するだろうか。ここでは問題を含んでいる例を示すが、それらが考えるきっかけとなって、そうしたコードを疑うようになるだろう。また、そうしたコードに対する単純で効果的な代替策がどのようなものであるかも理解できるはずだ。

`delete` 文に差しかかったとき、`p` はもうオブジェクトを指していない可能性がある。

```
void suspicious(int s, int x)
{
    int* p = new int[s];    // メモリーを確保
    ...
    if (x) p = q;           // p が別のオブジェクトを指すようにする
    ...
    delete[] p;             // メモリーを解放
}
```

`if (x)` 文がそこにあると、`p` の値が変更されたかどうかがわからなくなる。次に、`delete` にたどり着けない可能性がある。

```
void suspicious(int s, int x)
{
    int* p = new int[s];    // メモリーを確保
    ...
    if (x) return;
    ...
    delete[] p;             // メモリーを解放
}
```

さらに、例外をスローしたために、`delete` にたどり着けない可能性がある。

```
void suspicious(int s, int x)
{
    int* p = new int[s];    // メモリーを確保
    vector<int> v;
    ...
```

19.5 リソースと例外

```
        if (x) p[x] = v.at(x);
        ...
        delete[] p;              // メモリーを解放
}
```

ここで最も関心があるのは、この最後の可能性である。この問題に初めて直面したときには、リソース管理の問題ではなく例外絡みの問題であると考えがちだ。このため、根本原因の特定を誤り、例外のキャッチに関連する解決策を考え出してしまう。

```
void suspicious(int s, int x)   // 問題のあるコード
{
    int* p = new int[s];         // メモリーを確保
    vector<int> v;
    ...
    try {
        if (x) p[x] = v.at(x);
        ...
    } catch (...) {              // すべての例外をキャッチ
        delete[] p;              // メモリーを解放
        throw;                   // 例外を再びスロー
    }
    ...
    delete[] p;                  // メモリーを解放
}
```

この解決策は、コードの追加とリソース解放コードの重複という代償を払って問題を解決する。この場合、リソース解放コードは delete[] p; である。言ってみれば、これはみっともない解決策であり、それどころか一般化にしくじっている。さらにリソースを取得したらどうなるだろうか。

```
void suspicious(vector<int>& v, int s)
{
    int* p = new int[s];
    vector<int>v1;
    ...
    int* q = new int[s];
    vector<double> v2;
    ...
    delete[] p;
    delete[] q;
}
```

フリーストアで確保するメモリーが見つからない場合、`new`演算子は標準ライブラリの`bad_alloc`例外をスローする。この場合は`try...catch`手法でもうまくいくが、複数の`try`ブロックが必要であり、繰り返しが多い見苦しいコードになる。「繰り返しが多い」ことは、コードのメンテナンスに危険が伴うことを意味する。「見苦しい」ことは、きちんと理解するのが難しく、読みにくく、メンテナンスを危険にさらすことを意味する。このため、そうしたコードは望ましくない。

TRY THIS

この最後の例に`try`ブロックを追加して、例外がスローされる可能性があるすべてのケースで、すべてのリソースが正しく解放されるようにしてみる。

19.5.2 RAII

リソースがリークする可能性に対処するために、複雑な`try...catch`文でコードを埋め尽くす必要はない。

```
void f(vector<int>& v, int s)
{
    vector<int> p(s);
    vector<int> q(s);
    ...
}
```

このほうがよい。さらに重要なのは、このほうが明らかによいことだ。リソース（この場合はフリーストアのメモリー）はコンストラクターによって確保され、対応するデストラクターによって解放される。この「例外問題」は、実際には、`vector`のメモリーリーク問題を解決したときにすでに解決されている。その解決策は汎用的で、あらゆる種類のリソースに適用される ― リソースは、それを管理するオブジェクトのコンストラクターで確保され、対応するデストラクターで解放される。このように対処するのが一般に望ましいリソースの例としては、データベースのロック、ソケット、I/Oバッファーがあげられる。I/Oバッファーの場合は`iostream`が処理してくれる。この手法は、通常はRAII（Resource Acquisition Is Initialization）と呼ばれる。

先の例について考えてみよう。`f`関数をどちらの方法で抜けたとしても、`p`と`q`のデストラクターが適切に呼び出される。`p`と`q`はポインターではないため、それらに代入することは不可能である。`return`文はデストラクターの呼び出しを妨げない。そしてどちらも例外をスローしない。この汎用的なルールでは、実行スレッドがスコープを外れると、完全に作成されたオブジェクトとサブオブジェクトごとにデストラクターが呼び出される。オブジェクトが作成されたと見なされるのは、そのコンストラクターが完了したときである。この2つの文章は、端的に言えば、コンストラクターとデストラクターが必要に応じて呼び出されることを意味する。

特に、スコープ内で必要となる記憶域の量がまちまちである場合は、`new`演算子や`delete`演算子を明示的に使用するのではなく、`vector`を使用するようにしよう。

19.5.3 保証

vectorを1つのスコープ（およびそのサブスコープ）内に収めることができない場合はどうすればよいだろうか。

```cpp
vector<int>* make_vec()                    // vector にデータを設定
{
    vector<int>* p = new vector<int>;      // フリーストアで確保
    // vector にデータを設定：これにより例外がスローされるかもしれない
    return p;
}
```

これは一般的なコードの例である。関数を呼び出して複雑なデータ構造を生成し、そのデータ構造を結果として返している。このコードの問題点は、vectorを設定している最中に例外がスローされた場合、make_vec関数がそのvectorをリークすることだ。それとは別に、この関数が正常終了した場合、make_vec関数から返されたオブジェクトを誰かがデリートしなければならないという問題もある（§17.4.6）。

throwの可能性に対処するには、tryブロックを追加すればよい。

```cpp
vector<int>* make_vec()                    // vector にデータを設定
{
    vector<int>* p = new vector<int>;      // フリーストアで確保
    try {
        // vector にデータを設定：これにより例外がスローされるかもしれない
        return p;
    }
    catch (...) {
        delete p;    // ローカルクリーンアップを実行
        throw;       // make_vec() が要求されたことを実行できなかったという
                     // 事実に呼び出し元が対処できるよう、再びスロー
    }
}
```

このmake_vec関数は非常に一般的なスタイルのエラー処理を示している — ジョブを実行しようとして失敗した場合は、ローカルリソースをすべて解放し、例外をスローすることにより失敗を示している。この場合、ローカルリソースはフリーストアのvectorである。スローされる例外は、vector::at()といった他の関数がスローしたものであり、make_vec関数はthrowを使ってそれを再びスローするだけである。これはエラーに対処するための単純で効果的な方法であり、体系的に使用できる。

第 19 章　vector、テンプレート、例外

- **基本的な保証**（*basic guarantee*）
  `try...catch` コードの目的は、リソースをリークすることなく、`make_vec` 関数を成功させるか、または例外をスローさせることである。これはよく**基本的な保証**と呼ばれる。プログラムにおいて例外の `throw` からの回復が期待される部分のコードはすべて、基本的な保証を提供すべきである。標準ライブラリのコードはすべて基本的な保証を提供する。
- **強い保証**（*strong guarantee*）
  基本的な保証を提供することに加えて、観察可能なすべての値が、関数が失敗した後も関数の呼び出し時と同じであることを保証する場合、その関数は**強い保証**を提供する。この場合、観察可能な値とは、関数にとってローカルではないすべての値のことである。強い保証は関数を記述するときの理想であり、関数が要求されたことをすべて完了したか、または失敗を示すために例外がスローされたこと以外は何も起きなかったかのどちらかになる。
- **例外をスローしない保証**（*no-throw guarantee*）
  失敗や例外のスローという危険を伴わずに単純な演算を実行できる場合を除いて、基本的な保証と強い保証を満たすコードを記述することはできない。原則として、C++ に組み込まれている機能はすべて、**例外をスローしない保証**を提供する。つまり、それらは例外を決してスローできない。スローを回避するには、`throw` そのもの、`new`、そして参照型の `dynamic_cast` を回避すればよい（§A.5.7）。

基本的な保証と強い保証は、プログラムの正確さについて考えるのにうってつけである。これらの理念に従って書かれたコードを単純に、そしてよいパフォーマンスが得られるように実装する上で、RAII は不可欠である。

必然的に、0 の間接参照、0 による除算、配列への範囲外アクセスなど、未定義の（通常は致命的な）演算は常に避けるべきである。例外をキャッチしたからといって、言語の基本的なルールへの違反がなくなるわけではない。

19.5.4　unique_ptr

`make_vec` は、例外が発生する状況においてリソースをうまく管理するための基本ルールに従う点で、有益な関数である。そして、よい関数がすべてそうであるように、基本的な保証を提供する。例外のスローから回復したい場合は、基本的な保証を提供すべきである。「vector にデータを設定する」部分で、ローカル以外のデータを使って何かやっかいなことが行われない限り、`make_vec` 関数は強い保証さえも提供する。とはいうものの、その `try...catch` コードが見苦しいことは否めない。解決策は明らかであり、どうにかして RAII を使用しなければならない。つまり、例外が発生した場合に vector をデリートできるよう、その vector<int> を格納しておくオブジェクトを用意する必要がある。標準ライブラリの `<memory>` には、そのための `unique_ptr` が含まれている。

```
vector<int>* make_vec()    // vector にデータを設定
{
    unique_ptr<vector<int>> p{new vector<int>};   // フリーストアで確保
    // vector にデータを設定: これにより例外がスローされるかもしれない
    return p.release();    // p に格納されているポインターを返す
}
```

unique_ptrはポインターを保持するためのオブジェクトであり、newから取得したポインターを使って初期化されている。unique_ptrでは、p->at(2)、(*p).at(2)のように、->と*を組み込みポインターとまったく同じように使用できる。このため、unique_ptrをポインターの一種として考えることができる。ただし、unique_ptrは指しているオブジェクトを所有するため、unique_ptrが削除されると、unique_ptrが指しているオブジェクトもデリートされる。このため、vector<int>にデータが設定されている最中に例外がスローされた場合、またはmake_vecの途中で制御が戻された場合、vector<int>は正しく削除される。pに含まれている（vector<int>への）ポインターを返せるのは、p.release()がそれを取り出すためである。また、p.release()はpにnullptrを設定することで、(returnによって) pが削除されても何も破壊されないようにする。

unique_ptrを使用すると、make_vec関数がかなり単純になる。基本的には、安易で危険なバージョンと同じくらい単純になる。ここで重要となるのは、unique_ptrにより、明示的なtryブロックに疑いの目を向けるという本書のアドバイスを実践できるようになることだ。それらのほとんどは、make_vecと同様に、RAII手法の一種に置き換えることができる。

unique_ptrを使用するmake_vec関数に問題があるとすれば、依然としてポインターを返すことだろう。そのポインターをデリートすることをやはり誰かが覚えていなければならない。unique_ptrを返すようにすれば、この問題は解決される。

```
unique_ptr<vector<int>> make_vec()    // vector にデータを設定
{
    unique_ptr<vector<int>> p {new vector<int>};    // フリーストアで確保
    // vector にデータを設定: これにより例外がスローされるかもしれない
    return p;
}
```

unique_ptrは通常のポインターとほぼ同じだが、重大な制限が1つある。unique_ptrを別のunique_ptrに代入し、同じオブジェクトを指すunique_ptrを2つにすることはできない。そうしないと、どちらのunique_ptrがそのオブジェクトを所有していて、そのオブジェクトをデリートしなければならないのかがわからなくなる。

```
void no_good()
{
    unique_ptr<X> p { new X };
    unique_ptr<X> q {p};    // 幸いにも、これはエラー
    ...
}   // ここで p と q の両方が X をデリート
```

デリートとコピーの両方を保証する「スマートポインター」が必要な場合は、shared_ptrを使用するようにしよう（§B.6.5）。ただし、最後に削除されるコピーに参照先のオブジェクトを確実に削除させるにはカウントを使用する必要があるため、解決策としては少し複雑である。

unique_ptrには、通常のポインターと比べてオーバーヘッドがないという興味深い特性がある。

19.5.5　ムーブ演算を使って情報を戻す

多くの情報を返す手法としては、それらをフリーストアに配置し、そのポインターを返すという手法はかなり一般的である。この手法は、多くの複雑さの原因であると同時に、メモリー管理のエラーの主な原因の 1 つでもある。関数から返されたフリーストアへのポインターは誰がデリートするのだろうか。例外が発生したときにフリーストアのオブジェクトへのポインターが正しくデリートされるのは確かだろうか。ポインターの管理に体系的に取り組むか、unique_ptr や shared_ptr といった「スマートポインター」を使用しない限り、答えは「そう思う」といったものになるだろう。そして、それでは不十分である。

vector にムーブ演算を追加したところ、vector ではこの問題が解決された。この場合は、ムーブコンストラクターを使って関数から要素の所有権を取得しただけである。

```
vector<int> make_vec()    // vector にデータを設定
{
    vector<int> res;
    // vector にデータを設定：これにより例外がスローされるかもしれない
    return res;    // ムーブコンストラクターにより、所有権を効率よく移動
}
```

この make_vec 関数（の最終バージョン）はこれまでで最も単純であり、本書が推奨するものである。ムーブ演算を使った解決策は、すべてのコンテナーはもちろん、すべてのリソースハンドルに適用できる。たとえば fstream は、この手法を使ってファイルハンドルを追跡している。ムーブ演算を使った解決策は単純で汎用的である。リソースハンドルを使用すれば、コードが単純になり、主なエラーの原因が取り除かれる。ポインターを直接使用する方法と比べて、リソースハンドルを使用する場合の実行時のオーバーヘッドは皆無であるか、ごくわずかであり、しかも予測可能である。

19.5.6　vector のための RAII

unique_ptr などのスマートポインターを使用することすら、その場しのぎに思えるかもしれない。保護を必要とするポインターを 1 つも見逃していないという確証はあるだろうか。スコープを外れたときに削除されないオブジェクトへのポインターがすべて解放されたことはどうすればわかるだろうか。reserve 関数（§19.3.7）をもう一度見てみよう。

```
template<typename T, typename A>
void vector<T,A>::reserve(int newalloc)
{
    if (newalloc<=space) return;         // 確保した領域は決して減らない
    T* p = alloc.allocate(newalloc);     // 新しい領域を確保
    for (int i=0; i<sz; ++i) alloc.construct(&p[i],elem[i]);   // コピー
    for (int i=0; i<sz; ++i) alloc.destroy(&elem[i]);          // 削除
    alloc.deallocate(elem,space);        // 古い領域を解放
```

```
            elem = p;
            space = newalloc;
        }
```

古い要素のコピー演算 alloc.construct(&p[i],elem[i]) によって例外がスローされる可能性がある。したがって、p は「§19.5.1 リソース管理の潜在的な問題」で警告した問題の一例である。unique_ptr の解決策を適用することもできるが、一歩下がってみると、「vector のメモリー」がリソースであることに気づく。つまり、ここまで使用してきた基本概念を表す vector_base クラスを定義すればよい。以下の図は、vector のメモリー使用を定義する 3 つの要素を示している。

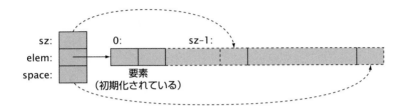

これをコードで表すと、以下のようになる（完全を期して、アロケーターを追加した後のコードを示す）。

```
    template<typename T, typename A>
    struct vector_base {
        A alloc;       // アロケーター
        T* elem;       // 確保の開始
        int sz;        // 要素の個数
        int space;     // 確保した領域の量

        vector_base(const A& a, int n)
            : alloc{a}, elem{alloc.allocate(n)}, sz{n}, space{n}{ }
        ~vector_base() { alloc.deallocate(elem,space); }
    };
```

vector_base は（型指定された）オブジェクトではなくメモリーを扱う。本書の vector 実装では、目的の要素型のオブジェクトを保持するために vector_base を使用できる。基本的には、vector は vector_base への便利なインターフェイスにすぎない。

```
    template<typename T, typename A = allocator<T>>
    class vector : private vector_base<T,A> {
    public:
        ...
    };
```

したがって、reserve関数をより単純で正確なものに書き直すことができる。

```
template<typename T, typename A>
void vector<T,A>::reserve(int newalloc)
{
    if (newalloc<=this->space) return;   // 確保した領域は決して減らない
    vector_base<T,A> b(this->alloc,newalloc);   // 新しい領域を確保
    uninitialized_copy(b.elem,&b.elem[this->sz],this->elem);   // コピー
    for (int i=0; i<this->sz; ++i)
        this->alloc.destroy(&this->elem[i]);   // 削除
    swap<vector_base<T,A>>(*this,b);   // 表現を交換
}
```

標準ライブラリ関数 uninitialized_copy を使って b の要素のコピーを作成している。これには、要素のコピーコンストラクターで発生した例外を正しく処理するという理由もあるが、ループを記述するよりも関数を呼び出すほうが楽だからである。コピー演算が正常終了した場合は、reserve 関数を抜けるときに vector_base のデストラクターによって古い領域が自動的に解放される。そうでない場合は、コピー演算が例外をスローしたために reserve 関数を抜けることになるため、新しい領域が解放される。swap 関数は標準ライブラリの（<algorithm> の）アルゴリズムであり、2 つのオブジェクトの値を交換する。*this と b は型が異なるため（それぞれ vector と vector_base）、どちらの交換の特殊化が必要なのかを明示的に指定する必要があった。より単純な swap(*this,b) ではなく、swap<vector_base<T,A>>(*this,b) を使用したのは、そのためだ。同様に、vector<T,A>::reserve() といった vector_base<T,A> の派生クラスのメンバーから基底クラス vector_base<T,A> のメンバーを参照するときには、this-> を明示的に使用しなければならない。

TRY THIS

unique_ptr を使用するように reserve 関数を書き換えてみる。制御を戻す前に解放することを忘れてはならない。その解決策を vector_base のものと比較してみる。どちらが記述しやすく、どちらが正確に表現しやすいだろうか。

■ ドリル

1. `template<typename T> struct S { T val; };` を定義する。
2. コンストラクターを追加し、T を使って初期化できるようにする。
3. `S<int>`、`S<char>`、`S<double>`、`S<string>`、`S<vector<int>>` 型の変数を定義し、それらを選択した値で初期化する。
4. それらの値を読み取り、出力する。
5. `val` への参照を返す関数テンプレート `get()` を追加する。
6. `get()` の定義をクラスの外に出す。
7. `val` を `private` にする。
8. `get()` を使ってドリル 4 を再び実行する。
9. 関数テンプレート `set()` を追加し、`val` を変更できるようにする。
10. `set()` を `S<T>::operator=(const T&)` と置き換える。ヒント：§19.2.5 よりもずっと簡単。
11. `get()` の `const` バージョンと非 `const` バージョンを提供する。
12. `cin` から `v` に読み込む `template<typename T> read_val(T& v)` 関数を定義する。
13. `read_val()` を使ってドリル 3 の変数にそれぞれ値を読み込む。ただし、`S<vector<int>>` 型の変数を除く。
14. おまけ：`vector<T>` の `>>` 演算子と `<<` 演算子を定義する。どちらの演算でも `{ val, val, val }` 形式を使用する。これにより、`read_val()` でも `S<vector<int>>` 型の変数を扱えるようになる。

ドリルを実行した後はテストを忘れずに実行しよう。

■ 復習

1. `vector` のサイズを変更したい場合があるのはなぜか。
2. `vector` ごとに異なる要素型を使用したい場合があるのはなぜか。
3. あらゆる状況に十分な大きさの `vector` を定義するだけでは済まない場合があるのはなぜか。
4. 新しい `vector` では、余分な領域をどれくらい割り当てるか。
5. `vector` の要素を新しい場所にコピーしなければならないのはどのようなときか。
6. `vector` を生成した後にそのサイズを変更できる `vector` の演算は何か。
7. コピーした後の `vector` の値は何か。
8. `vector` のコピーを定義する 2 つの演算は何か。
9. クラスオブジェクトのコピーのデフォルトの意味は何か。
10. テンプレートとは何か。
11. テンプレート引数に最も役立つ 2 つの型は何か。
12. ジェネリックプログラミングとは何か。
13. ジェネリックプログラミングとオブジェクト指向プログラミングはどのように異なるか。
14. `array` は `vector` とどのように異なるか。
15. `array` は組み込み配列とどのように異なるか。
16. `resize()` は `reserve()` とどのように異なるか。

17. リソースとは何か。定義して例をあげる。
18. リソースのリークとは何か。
19. RAII とは何か。それはどのような問題を解決するか。
20. `auto_ptr` は何に役立つか。

■ 用語

`#define`
`at()`
`push_back()`
RAII（Resource Acquisition Is Initialization）
`resize()`
`shared_ptr`
`this`
`throw`
`unique_ptr`
インスタンス化（instantiation）
基本的な保証（basic guarantee）
コンセプト（concept）

再スロー（re-throw）
自己代入（self-assignment）
所有者（owner）
強い保証（strong guarantee）
テンプレート（template）
テンプレートパラメーター（template parameter）
特殊化（specialization）
ハンドル（handle）
保証（guarantees）
マクロ（macro）
リソース（resource）
例外（exception）

■ 練習問題

練習問題ごとに、定義済みのクラスのオブジェクトを 2 つ作成し、（出力を使って）テストし、設計と実装が実際に想定どおりに動作することを検証する。例外が関与する場所では、エラーがどこで発生するのかについてよく考える必要がある。

1. テンプレート関数 `f()` を記述する。この関数は `vector<T>` 型の要素を別の `vector<T>` 型の要素に追加する。たとえば、`f(v1,v2)` は v1 の要素ごとに `v1[i]+=v2[i]` を実行する。
2. 引数として `vector<T> vt` と `vector<U> vu` を受け取るテンプレート関数を記述する。この関数はすべての `vt[i]*vu[i]` の合計を返す。
3. テンプレートクラス Pair を記述する。このクラスは任意の型の値のペアを格納できる。このクラスを使って電卓プログラム（§7.8）で使用したような単純なシンボルテーブルを実装する。
4. Link クラス（§17.9.3）を書き換え、テンプレート引数として値の型を使用するテンプレートに変更する。そして、`Link<God>` を使って第 17 章の練習問題 13 を再び実行する。
5. Int クラスを定義する。このクラスには、`int` 型のクラスメンバーが 1 つだけ含まれている。コンストラクター、代入、演算子 +、-、*、/ を定義する。このクラスをテストし、I/O を実行しやすくなるように `<<` 演算子と `>>` 演算子を定義するなど、必要に応じて設計を改善する。
6. 練習問題 5 を、`Number<T>` クラスを使って再び実行する。T には任意の数値型を使用できる。Number に % を追加して、`Number<double>` と `Number<int>` に % を使用したらどうなるか確

認する。

7. 練習問題 2 の解決策をいくつかの Number で試してみる。
8. 基本的な領域確保関数である malloc() と free()（§B.11.4）を使ってアロケーター（§19.3.7）を実装する。「§19.4 範囲チェックと例外」の終わりまでに定義された vector をいくつかの単純なテストケースに対応させる。ヒント：C++ リファレンスで「配置 new」と「デストラクターの明示的な呼び出し」を調べる。
9. メモリー管理のためのアロケーター（§19.3.7）を使って vector::operator=()（§19.2.5）を再実装する。
10. コンストラクター、デストラクター、->、*、release() のみをサポートする単純な unique_ptr を実装する。代入またはコピーコンストラクターを実装しようとしてはならない。
11. counted_ptr<T> を設計し、実装する。counted_ptr は、T 型のオブジェクトへのポインターと、「使用カウント」（int）へのポインターを保持する型である。使用カウントは、T 型の同じオブジェクトへのすべてのカウントポインター（カウントされるポインター）によって共有され、特定の T を指しているカウントポインターの個数を保持する。counted_ptr のコンストラクターでは、引数として T 型の要素の初期値を受け取り、T 型のオブジェクトと使用カウントをフリーストアで確保する。T に対する最後の counted_ptr が削除されたら、counted_ptr のデストラクターで T をデリートする。また、counted_ptr に対して、counted_ptr をポインターとして使用できるようにする演算を追加する。これはオブジェクトの最後のユーザーがオブジェクトの使用をやめるまでオブジェクトが削除されないようにするスマートポインターの一例である。counted_ptr のテストケースをいくつか作成し、counted_ptr を呼び出しの引数やコンテナーの要素などとして使用する
12. File_handle クラスを定義する。このクラスのコンストラクターでは、引数としてファイル名を表す文字列を受け取り、そのファイルを開く。そして、そのファイルをデストラクターで閉じる。
13. Tracer クラスを定義する。このクラスのコンストラクターでは、引数として文字列を受け取り、それを出力する。デストラクターでも、その文字列を出力する。このクラスを使用して、RAII 管理オブジェクトがそれらの役割をどこで果たすのかを確認する。つまり、ローカルオブジェクト、メンバーオブジェクト、グローバルオブジェクト、new によって確保されたオブジェクトなどとして Tracer クラスを試してみる。続いて、コピーコンストラクターとコピー代入を追加し、Tracer オブジェクトを使ってコピーが実行されるタイミングを確認できるようにする。
14. 第 18 章の練習問題 12 の Hunt the Wumpus ゲームに GUI と簡単なグラフィカル出力を追加する。入力ボックスで入力を受け取り、プレイヤーが現在把握している洞窟部分の地図をウィンドウに表示する。
15. 練習問題 14 のプログラムを書き換え、「きっとコウモリがいる」や「底なし穴」など、プレイヤーが知識と推測に基づいて部屋に印を付けられるように変更する。
16. 空の vector はできるだけ小さくするのが望ましいことがある。たとえば、誰かが vector<vector<vector<int>>> をいくつも使用するが、要素である vector のほとんどは空であるとしよう。この場合は、sizeof(vector<int>)==sizeof(int*) になるように vector を定義する。つまり、vector 自体は、要素、要素の個数、space ポインターで構成される表現へのポインターだけで構成される。

第19章 vector、テンプレート、例外

■ 追記

　テンプレートと例外は非常に強力な言語機能である。それらは主に関心の分離（問題に 1 つずつ対処すること）を可能にすることにより、プログラミング手法をとても柔軟にサポートする。たとえば、テンプレートを使用することにより、`vector` などのコンテナーを要素型の定義から切り離して定義できる。同様に、例外を使用することにより、エラーを検出して通知するコードを、エラーを処理するコードから切り離して記述できる。本章の第 3 のテーマである `vector` のサイズ変更についても、同じように考えることができる。つまり、`push_back()`、`resize()`、`reserve()` を使用することで、`vector` の定義をそのサイズの仕様から切り離すことができる。

第 20 章
コンテナーとイテレーター

> 1 つのことを行い、それをうまく行うプログラムを記述する。
> 協調的に動作するプログラムを記述する。
> — Doug McIlroy

本章と次章では、STL を取り上げる。STL は C++ の標準ライブラリのコンテナーとアルゴリズムに関係する部分であり、C++ プログラムでデータを処理するための拡張可能なフレームワークである。最初に単純な例を示した後、一般的な理念と基本的な概念を示し、イテレーション、リンクリストの操作、STL のコンテナーについて説明する。重要な概念であるシーケンスとイテレーターは、コンテナー（データ）をアルゴリズム（処理）と結び付けるために使用される。本章では、次章で説明する効率的で、効果的で、一般的なアルゴリズムの下準備を整える。また、サンプルアプリケーションとしてテキストを編集するためのフレームワークも示す。

20.1 データの格納と処理
    20.1.1 データの処理
    20.1.2 コードの一般化
20.2 STL の理念
20.3 シーケンスとイテレーター
    20.3.1 例
20.4 リンクリスト
    20.4.1 リストの演算
    20.4.2 イテレーション
20.5 vector のさらなる一般化
    20.5.1 コンテナーの走査
    20.5.2 auto

20.6 例：単純なテキストエディタ
    20.6.1 行
    20.6.2 イテレーション
20.7 vector、list、string
    20.7.1 insert と erase
20.8 STL の vector への適合
20.9 組み込み配列の STL への適合
20.10 コンテナーの概要
    20.10.1 イテレーターの種類

第 20 章 コンテナーとイテレーター

20.1 データの格納と処理

　大量のデータアイテムの処理について詳しく見ていく前に、さまざまなデータ処理問題に対処する方法を示す簡単な例を見てみよう。Jack と Jill は、それぞれ車のスピードを測定し、それらを浮動小数点数値として記録している。C プログラマーをしていた Jack は、それらの値を配列に格納している。一方で、Jill はそれらの値を vector に格納している。Jack と Jill のデータを本書のプログラムで使用したいが、どうすればよいだろうか。

　Jack と Jill のプログラムでデータをファイルに書き出すようにし、それらのファイルを私たちのプログラムに読み込むという方法がある。そうすれば、Jack と Jill が選択したデータ構造やインターフェイスの影響をまったく受けずに済む。多くの場合、そうした切り離しはよい考えである。そうすることにした場合、入力には第 10 章〜第 11 章で説明した手法を使用でき、計算には vector<double> を使用できる。

　しかし、実行しようとしているタスクにとって、ファイルを使用することはよい選択肢ではないかもしれない。その場合はどうすればよいだろうか。データを収集するコードが、新しいデータセットを 1 秒おきに生成する関数呼び出しとして実行される設計になっているとしよう。そこで、Jack と Jill の関数を 1 秒おきに呼び出し、本書のプログラムで処理するデータを生成させる。

```
double* get_from_jack(int* count);    // Jack は double を配列に格納し、
                                      // 要素の個数を *count で返す
vector<double>* get_from_jill();      // Jill は double を vector に格納

void fct()
{
    int jack_count = 0;
    double* jack_data = get_from_jack(&jack_count);
    vector<double>* jill_data = get_from_jill();
    // 何らかの処理を行うコード
    delete[] jack_data;
    delete jill_data;
}
```

　ここでは、データがフリーストアに格納されることと、それらを使い終えたらデリートしなければならないことを前提としている。また、Jack と Jill のコードを書き直すことはできない、または書き直したくないことも前提としている。

20.1.1 データの処理

　これは見るからに単純化された例だが、現実の膨大な数の問題に似ていなくもない。この例にうまく対処できれば、膨大な数の一般的なプログラミング問題にも対処できる。ここで焦点となるのは、「データを提供する側」がデータの格納に使用する方法を私たちが制御できないことだ。取得したままの形式

で処理するか、都合のよい形式に格納してから処理しなければならない。

そのデータを使って実行したいことは何だろうか。ソートしたいのだろうか。最高値を検索したいのだろうか。平均値を検索したいのだろうか。65 以上の値をすべて検索したいのだろうか。Jill のデータを Jack のデータと比較したいのだろうか。それとも、データの個数を調べたいのだろうか。可能性は無限にあるが、実際のプログラムでは、要求されたことを行うだけである。ここでは、データを処理する方法を学ぶために何かを行い、大量のデータを使った計算を実行したい。各データセットで最も大きな値を持つ要素を検索するという非常に単純な作業から始めることにしよう。まず、`fct` 関数の「何らかの処理を行うコード」コメントを、以下のコードに置き換える。

```
...
double h = -1;
double* jack_high;    // jack_high は最も大きな値を持つ要素へのポインター
double* jill_high;    // jill_high は最も大きな値を持つ要素へのポインター
for (int i=0; i<jack_count; ++i)
    if (h<jack_data[i]) {
        jack_high = &jack_data[i];      // 最も大きな要素のアドレスを保存
        h = jack_data[i];               // 「最も大きな要素」を更新
    }

h = -1;
for (int i=0; i<jill_data->size(); ++i)
    if (h<(*jill_data)[i]){
        jill_high = &(*jill_data)[i];   // 最も大きな要素のアドレスを保存
        h = (*jill_data)[i];            // 「最も大きな要素」を更新
    }

cout << "Jill's max: " << *jill_high << "; Jack's max: " << *jack_high;
...
```

Jill のデータにアクセスするために使用されている `(*jill_data)[i]` という表記に注目しよう。`get_from_jill` 関数は、vector へのポインターである `vector<double>*` を返す。データを取得するには、まず vector にアクセスするためにポインターを間接参照し（`*jill_data`）、次に添字演算を行えばよい。ただし、`[]` は `*` よりも結合性が強いため、`*jill_data[i]` とすると `*(jill_data[i])` という意味になってしまう。`*jill_data` をかっこで囲んで `(*jill_data)[i]` にしたのは、そのためだ。

TRY THIS

仮にJillのコードを変更できるとしたら、そのインターフェイスをどのように設計すれば見た目がよくなるだろうか。

20.1.2　コードの一般化

この方法では、データの提供方法が少しでも違っていたら、別のコードを記述しなければならない。それは煩わしいため、データにアクセスして操作するための一貫した方法がほしいところだ。本書のコードをより抽象的で一貫したものにする例として、JackとJillのコードを調べてみよう。

Jackのデータを処理する方法は、Jillのデータを処理する方法と明らかに似ている。ただし、jack_countとjill_data->size()、jack_data[i]と(*jill_data)[i]というやっかいな相違点がある。後者の相違点を取り除くために、参照を導入してみよう。

```
vector<double>& v = *jill_data;
for (int i=0; i<v.size(); ++i)
    if (h<v[i]) {
        jill_high = &v[i];
        h = v[i];
    }
```

これはJackのデータを処理するコードと興味深いほど似ている。Jackのデータだけでなく Jillのデータでも計算を行える関数を記述するにはどうすればよいだろうか。いくつかの方法が考えられるが（練習問題3を参照）、ここではポインターに基づく解決策を選択することにした。その理由は、次の2つの章にわたって徐々に明らかになっていく汎用性にある。

```
double* high(double* first, double* last)
// 最も大きな値を持つ [first,last) の範囲の要素へのポインターを返す
{
    double h = -1;
    double* high;
    for(double* p=first; p!=last; ++p)
        if (h<*p) { high = p; h = *p; }
    return high;
}
```

この関数が定義されているとすれば、以下のように記述できる。

```
double* jack_high = high(jack_data,jack_data+jack_count);
vector<double>& v = *jill_data;
```

```
double* jill_high = high(&v[0],&v[0]+v.size());
```

こちらのほうがよさそうである。変数の数もほどほどで、ループとループの本体を（high 関数で）1 回記述するだけで済む。最も大きな値を知りたい場合は、*jack_high と *jill_high を調べればよい。

```
cout << "Jill's max: " << *jill_high << "; Jack's max: " << *jack_high;
```

high 関数は、vector の要素が配列に格納されていることを想定している。したがって、この「最も大きな値を持つ要素を検索する」アルゴリズムを、配列へのポインターに基づいて表現できる。

TRY THIS

この小さなプログラムには、ともすれば深刻なエラーが 2 つ残っている。1 つはクラッシュを引き起こす可能性があり、もう 1 つは他のプログラムで high 関数を使用した場合に間違った答えを返す。後ほど説明するように、それらを明らかにし、体系的に回避する方法を示す一般的な手法がある。さしあたり、それらを特定して救済措置を提案してみよう。

---

high 関数は、1 つの具体的な問題への解決策であるという点で、制限されている。

- 配列にしか対応しない。ここでは vector の要素が配列に格納されていることを想定しているが、list や map など、データを格納する方法は他にもいろいろある（§20.4、§21.6.1）。
- double 型の vector や配列には使用できるが、vector<double*> や char[10] といった他の要素型の vector や配列には使用できない。
- 最も大きな値を持つ要素を検索しているが、そうしたデータで実行したい単純な計算は他にもいろいろある。

この種の計算をより汎用的にサポートする方法について見ていこう。

「最も大きな値を持つ要素を検索する」アルゴリズムをポインターに基づいて表現することにしたせいで、図らずも、求めている以上に一般化してしまったことに注目しよう — 当初の目的どおりに、配列または vector において最も大きな値を持つ要素を検索できるだけでなく、配列の一部または vector の一部において最も大きな値を持つ要素も検索できる。

```
...
vector<double>& v = *jill_data;
double* middle = &v[0]+v.size()/2;
double* high1 = high(&v[0],middle);            // 前半分の最大の要素
double* high2 = high(middle,&v[0]+v.size());   // 後半分の最大の要素
...
```

この場合、high1 は vector の前半分で最も大きな値を持つ要素を指し、high2 は後半分で最も大きな値を持つ要素を指す。これを図解すると以下のようになる。

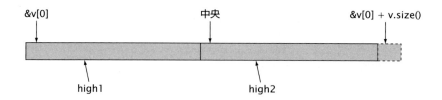

high 関数の引数はポインターである。これは少し低レベルであり、エラーを招くおそれがある。多くのプログラマーにとって、vector において最も大きな値を持つ要素を検索する関数は、以下のようなものではないだろうか。

```
double* find_highest(vector<double>& v)
{
    double h = -1;
    double* high = 0;
    for (int i=0; i<v.size(); ++i)
        if (h<v[i]) { high = &v[i]; h = v[i]; }
    return high;
}
```

ただし、high 関数から「図らずも」得られていた柔軟性は失われることになる。つまり、find_highest 関数を使って vector の一部において最も大きな値を持つ要素を検索することはできなくなる。配列と vector の両方で使用できる関数に「実益」があったのは、「ポインターをいじった」からこそである。一般化により、より多くの問題に役立つ関数の作成が可能になることを覚えておこう。

20.2 STL の理念

C++ の標準ライブラリは、データを要素のシーケンスとして扱うための STL というフレームワークを提供する。STL は、通常は「Standard Template Library」の頭字語とされている。STL は ISO C++ 標準ライブラリの一部であり、vector、list、map といったコンテナーと、sort、find、accumulate といったジェネリックアルゴリズムを提供する。したがって、vector などの機能については「STL」と「標準ライブラリ」の一部と見なすことができ、実際にそう見なされている。ostream（第 10 章）や C スタイルの文字列関数（§B.10.3）といった標準ライブラリの他の機能は、STL の一部ではない。STL への理解を深めるために、まずデータを扱うときに対処しなければならない問題について考え、解決策に対する理念を調べてみよう。

コンピューティングには、主な側面として計算とデータの 2 つがある。計算に照準を合わせて if 文、ループ、関数、エラー処理などの話をすることもあれば、データに照準を合わせて配列、vector、文字列、ファイルなどの話をすることもある。ただし、有益な作業をやり遂げるためには、両方が必要だ。分析、可視化、「興味深いデータ」の検索を行わずして、大量のデータを理解することはできない。逆に言えば、計算はいくらでもできるが、その計算を何か現実のものと結び付けるためのデータがなければ、ただの骨折り損である。さらに、プログラムの「計算部分」は「データ部分」と手際よくやり取りしなければならない。

20.2 STLの理念

　この話から想像するのは、数十個のShape、数百点の温度測定データ、数千行のログ、数百万点の位置データ、数十億のWebページといった大量のデータである。つまり、ここで説明しているのはデータのコンテナーやデータのストリームの処理である。特に言えば、複素数や測定温度、円といった小さなオブジェクトを表す値を選択するための最も効率的な方法のことではない。そうした型については、第9章、第11章、第14章で取り上げた。

　「大量のデータ」を使って実行したいこととして何が思い浮かぶだろうか。

- 単語を辞書式順序でソートする。
- 名前をもとに電話帳で電話番号を検索する。
- 最高気温を検索する。
- 8800よりも大きい値をすべて検索する。
- 17に等しい最初の値を検索する。
- テレメトリ（遠隔測定）レコードをユニット番号でソートする。
- テレメトリレコードをタイムスタンプでソートする。
- 「Petersen」よりも大きい最初の値を検索する。
- 最高金額を検索する。
- 2つのシーケンスの最初の相違点を検索する。
- 2つのシーケンスの要素のペアごとの積を求める。
- その月の最高気温が観測された日を検索する。
- 売上レコードで最もよく売れている商品を上位10品目検索する。
- Webで「Stroustrup」のヒット数を調べる。
- 要素の合計を求める。

　データが格納される方法に実際に言及しなくても、これらのタスクをそれぞれ説明できることに注目しよう。これらのタスクを意味のあるものにするには、当然ながら、listやvectorといったコンテナー、ファイル、入力ストリームなどに対処しなければならない。だが、データを使って何を行うかを話し合うにあたって、データが格納または収集される方法について詳しく知る必要はない。重要なのは、値またはオブジェクトの型（要素型）、それらの値またはオブジェクトにアクセスする方法、そしてそれらを使って何がしたいかである。

　こうした種類のタスクは非常に一般的なものであり、そうしたタスクを単純かつ効率よく実行するコードを記述したいと考えるのは当然のことだ。逆に言えば、プログラマーにとって問題となるのは以下の点である。

- データ型（データの種類）は無数にある。
- データ要素の集まりを格納する方法は戸惑うほどある。

- データの集まりを使って実行したいタスクは山ほどある。

こうした問題による影響を最小限に抑えるために、型の間での共通性、データの格納方法の間での共通性、タスクの処理の間での共通性を利用するようなコードを記述したい。言い換えるなら、こうした多様性に対処できるようにコードを一般化したい。解決策をそのつど一から作り上げるのは何としても避けたい。それでは手間ばかりかかって時間の無駄である。

そうしたコードを記述するために必要なサポートはどのようなものだろうか。それを理解するために、データを使って行うことをもっと抽象的に捉えてみよう。

- データをコンテナーに格納する。
    - `vector`、`list`、配列など
- データを整理する。
    - 出力に合わせて
    - 高速アクセスに合わせて
- データを取得する。
    - インデックスにより… 42 番目の要素など
    - 値により… age フィールドが 7 である最初のレコードなど
    - 特徴により… temperature フィールドが 33 以上 100 未満であるすべてのレコードなど
- コンテナーを変更する。
    - データを追加する
    - データを削除する
    - 何らの条件に基づいてソートする
- すべての要素に 1.7 を掛けるなど、単純な数値演算を実行する。

これらを実行するにあたって、コンテナー間の違い、要素にアクセスする方法の違い、そして要素型の間での違いに関する詳細で行き詰まることがないようにしたい。そうした問題をクリアできれば、大量のデータを単純かつ効率よく使用するという目標を達成できるだろう。

ここまでの章で説明してきたプログラミングツールやプログラミング手法を振り返ってみると、使用されるデータ型とは無関係に同じようなプログラムを（すでに）記述できることがわかる。

- `int` 型を使用することは、`double` 型を使用することとさほど変わらない。
- `vector<int>` を使用することは、`vector<string>` を使用することとさほど変わらない。
- `double` 型の配列を使用することは、`vector<double>` を使用することとさほど変わらない。

コードの構造については、新しいコードを記述するのは、何かまったく新しいことを行いたい場合だけで済むようなものにしたい。一般的なプログラミングタスクに合わせたコードを提供し、データを格納する新しい方法やデータを解釈するまったく異なる方法が見つかるたびに書き直さずに済むようにしたい。

- `vector` での値の検索は、配列での値の検索とさほど変わらない。
- 大文字と小文字を区別しない `string` の検索は、大文字と小文字を区別する `string` の検索とさほど変わらない。
- 正確な値を使った実験データのグラフ化は、四捨五入された値を使ったデータのグラフ化とさほど変わらない。

20.2 STL の理念

- ファイルのコピーは、`vector` のコピーとさほど変わらない。

これらの見解を踏まえて、以下のようなコードを記述したい。

- 読みやすい
- 変更しやすい
- 規則的である
- 短い
- 速い

プログラミング作業を最小限に抑えるには、以下のようなものが必要だ。

- 一貫したデータアクセス
    - 格納方法に依存しない
    - 型に依存しない
- データへの型セーフなアクセス
- 簡単なデータ走査
- コンパクトなデータ記憶域
- 速さ
    - データの検索
    - データの追加
    - データの削除
- 最も一般的なアルゴリズムの標準バージョン
    - コピー、検索、ソート、合計など

STL は、こうした機能を提供するだけでなく、他にも機能を提供する。STL は、こうした非常に便利な機能を集めたものであることはもちろん、最大限の柔軟性とパフォーマンスを目的として設計されたライブラリの例でもある。STL は、データ構造を操作するための一般的で、正確で、効率的なアルゴリズムのフレームワークを提供するために Alex Stepanov によって設計された。その理想として掲げられたのは、数学の単純さ、汎用性、正確さだった。

　理想と原理が明確に示されたフレームワークに基づくデータの処理 ― これに代わる方法は、各プログラマーがその時点でよさそうに思えたアイデアに基づき、言語の基本機能を使ってプログラムを作り上げることである。それは多くの余分な作業を伴うものであり、しかも結果は無節操なものになりがちだ。設計した本人でなくても簡単に理解できるプログラムが完成することはめったになく、そのコードを他のコンテキストでも使用できるとしたら、それは偶然にほかならない。

　動機と理念について説明したところで、STL の基本的な定義を調べてみよう。そして最後に、そうした理念に近づく方法 ― データを処理するためのよりよいコードを書き、それをとても簡単に行う方法 ― を示す例を紹介する。

20.3　シーケンスとイテレーター

 STLの中心にある概念はシーケンスである。STLの観点からすると、データの集まりはシーケンスである。シーケンスには先頭と末尾があり、先頭から末尾まで移動しながら、必要に応じてそれぞれの要素を読み書きできる。シーケンスの先頭と末尾はイテレーターのペアによって識別される。**イテレーター**（*iterator*）とは、シーケンスの要素を識別するオブジェクトのことであり、「反復子」とも呼ばれる。シーケンスについては以下のように考えることができる。

この場合、`begin`と`end`はイテレーターであり、シーケンスの先頭と末尾を識別する。STLのシーケンスは一般に「半開（half-open）」と呼ばれるものである。`begin`によって識別される要素はシーケンスの一部だが、`end`はシーケンスの末尾の1つ先を指している。こうしたシーケンス（区間）を数学的には`[begin:end)`と表現する。次の要素を指す矢印は、ある要素へのイテレーターがある場合、その次の要素へのイテレーターを取得できることを示す。

イテレーターはやや抽象的な概念である。

- イテレーターはシーケンスの要素を指しているか、最後の要素の1つ先を指している。
- `==`と`!=`を使って2つのイテレーターを比較できる。
- 単項`*`演算子を使ってイテレーターが指している要素の値を参照できる。この演算子は「間接参照演算子」とも呼ばれる。
- `++`を使って次の要素へのイテレーターを取得できる。

たとえば、`p`と`q`が同じシーケンスの要素へのイテレーターであるとしよう。

標準ライブラリのイテレーターの基本演算	
`p==q`	`p`と`q`が同じ要素を指しているか、どちらも最後の要素の1つ先を指している場合に`true`となる
`p!=q`	`!(p==q)`
`*p`	`p`が指している要素を参照する
`*p=val`	`p`が指している要素に書き込む
`val=*p`	`p`が指している要素を読み取る
`++p`	`p`がシーケンスの次の要素または最後の要素の1つ先を指すようにする

イテレーターの概念がポインター（§17.4）の概念に関連していることは明らかである。それどころか、配列の要素へのポインターはイテレーターである。ただし、多くのイテレーターは単なるポインターではない。たとえば、範囲チェック付きのイテレーターを定義し、`[begin:end)`シーケンスの範囲を外れた場合や`end`を間接参照しようとした場合に例外をスローさせることができる。イテレー

20.3 シーケンスとイテレーター

ターを特定の型ではなく抽象概念として扱えば、途方もない柔軟性と汎用性が得られる。本章および次章では、その例をいくつか示す。

TRY THIS

`void copy(int* f1, int* e1, int* f2)` 関数を記述する。この関数は、`[f1:e1]` によって定義される `int` 型の配列の要素を、別の `[f2:f2+(e1-f1)]` にコピーする。先に示したイテレーター演算のみを使用する（添字は使用しない）。

イテレーターはコード（アルゴリズム）をデータに接続するために使用される。コードの作成者はイテレーターのことを知っているが、イテレーターが実際にデータを取得する詳しい方法は知らない。データの提供者は、データの格納方法をユーザー全員に公開するのではなく、イテレーターを提供する。結果は小気味よいほどに単純であり、アルゴリズムとコンテナーの間に重要な独立性をもたらす。Alex Stepanov の言葉を借りるなら、「STL アルゴリズムとコンテナーが協調的に動作するのは、それらが互いのことを何も知らないから」である。一方で、アルゴリズムとコンテナーはどちらもイテレーターのペアによって定義されるシーケンスを理解する。

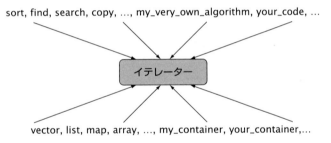

つまり、困惑するほど多様性に富んだデータの格納方法とアクセス方法をアルゴリズムが理解する必要はなくなっている。このアルゴリズムはイテレーターのことだけ知っていればよい。逆に言えば、データの提供者がさまざまなユーザーに対処するためのコードを書く必要もなくなっている。データの提供者は、そのデータのイテレーターを実装するだけでよい。最も基本的なレベルでは、イテレーターは `*`、`++`、`==`、`!=` の4つの演算子だけで定義される。イテレーターが単純で高速なのは、そのためだ。

STL フレームワークは、イテレーターによって接続される10種類ほどのコンテナーと60種類ほどのアルゴリズムで構成されている（第 21 章）。それに加えて、さまざまな組織や個人によって STL スタイルのコンテナーとアルゴリズムが提供されている。STL はおそらく、現時点において最もよく知られ、最も広く使用されているジェネリックプログラミングの一例である（§19.3.2）。基本的な概念といくつかの例を知っていれば、残りの部分を利用できる。

20.3.1 例

STL のシーケンスを使って「最も大きな値を持つ要素を検索する」アルゴリズムを表現する方法について見てみよう。

```
template<typename Iterator>
```

```
    Iterator high(Iterator first, Iterator last)
    // [first:last) の範囲で最も大きな値を持つ要素へのイテレーターを返す
    {
        Iterator high = first;
        for (Iterator p=first; p!=last; ++p)
            if (*high<*p) high = p;
        return high;
    }
```

　ここまでのコードで最も大きな値を保持するために使用されていたローカル変数 h が消えている。シーケンスの要素の実際の型がわからないとしたら、−1 による初期化にはまったく根拠がないように思える。それはそうだろう。実際根拠はないのだから。−1 でうまくいったのは、たまたま負の速度がなかったからであり、エラーを招いているようなものだった。−1 のような「マジック定数」がコードのメンテナンスにとってよくないことはわかっている（§4.3.1、§7.6.1、§10.11.1）。この場合、それらは関数のユーザビリティを制限するかもしれないし、解決策の検討が不完全であることの表れかもしれない。つまり、「マジック定数」は検討がおろそかであるというサインかもしれない。そして多くの場合は実際にそうである。

　この「ジェネリック」な high 関数は、< を使って比較できるすべての要素型で使用できる。たとえば high 関数を使用すれば、vector<string> から辞書式順序において最後の文字列を見つけ出すことができる（練習問題 7 を参照）。

　high テンプレート関数は、イテレーターのペアによって定義されるすべてのシーケンスで使用できる。例として、先のサンプルプログラムを再現してみよう。

```
    double* get_from_jack(int* count);   // Jack は double を配列に格納し、
                                         // 要素の個数を *count で返す
    vector<double>* get_from_jill();     // Jill は double を vector に格納する

    void fct()
    {
        int jack_count = 0;
        double* jack_data = get_from_jack(&jack_count);
        vector<double>* jill_data = get_from_jill();

        double* jack_high = high(jack_data,jack_data+jack_count);
        vector<double>& v = *jill_data;
        double* jill_high = high(&v[0],&v[0]+v.size());
        cout << "Jill's high " << *jill_high << "; Jack's high "
             << *jack_high;
        ...
        delete[] jack_data;
```

```
        delete jill_data;
    }
```

この場合、`high` 関数のテンプレート引数型である `Iterator` はどちらの呼び出しでも `double*` である。`high` 関数のコードを（最終的に）理解することはさておき、見たところ以前の解決策との違いはない。正確に言えば、実行されるコードに違いはないが、コードの一般性に最も重要な違いがある。テンプレート化された `high` 関数は、イテレーターのペアによって表せるあらゆる種類のシーケンスで使用できる。STL の規約の詳細と、プログラマーをいつもの複雑なコードの記述から解放する便利な標準アルゴリズムについて調べる前に、データ要素の集まりを格納する方法をもう少し見ておこう。

TRY THIS

この場合も、プログラムに重大なエラーが残されている。それらを見つけ出して修正し、その種の問題に対する一般的な救済措置を提案してみよう。

20.4　リンクリスト

シーケンスの概念を表す図をもう一度見てみよう。

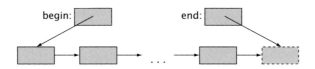

これを、メモリー内での `vector` を表す図と比較してみよう。

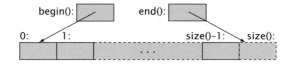

基本的には、添字 0 はイテレーター `v.begin()` によって識別されるものと同じ要素を示し、添字 `v.size()` はイテレーター `v.end()` によって識別される最後の要素の 1 つ先を示す。

`vector` の要素はメモリー上で連続的に配置される。これは STL が定義しているシーケンスで要求されている仕様ではない。実際、多くのアルゴリズムでは、既存の要素を動かさずに、2 つの要素の間に要素を挿入したいことがよくある。先の抽象的な説明図を見ると、他の要素を動かさずに、要素の挿入や削除を行うことができるように思える。STL が定義しているイテレーターは、そうした振る舞いをサポートしている。

STL シーケンスの概念図によって真っ先に浮かび上がるデータ構造は、**リンクリスト**（*linked list*）と呼ばれるものだ。概念図の矢印は、通常はポインターとして実装される。リンクリストの要素は、要素と 1 つ以上のポインターで構成される「リンク」の一部である。リンクが（次のリンクへの）ポイン

第20章　コンテナーとイテレーター

ターを1つだけ持つリンクリストは**単方向リンクリスト**（*singly-linked list*）と呼ばれる。リンクが前のリンクと次のリンクの両方へのポインターを持つリンクリストは**双方向リンクリスト**（*doubly-linked list*）と呼ばれる。ここでは、C++の標準ライブラリが`list`という名前で提供している双方向リンクリストの実装について簡単に説明する。これを図解すると、以下のようになる。

コードでは、以下のようになる。

```
template<typename Elem> struct Link {
    Link* prev;        // 手前のリンク
    Link* succ;        // 次のリンク
    Elem val;          // 値
};


template<typename Elem> struct list {
    Link<Elem>* first;
    Link<Elem>* last;  // 最後のリンクの1つ先
};
```

`Link`のレイアウトは以下のようになる。

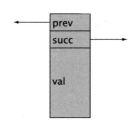

リンクリストを実装してユーザーに提供する方法はさまざまである。標準ライブラリのリンクリストの詳細については、付録Bにまとめてある。ここでは、「既存の要素に悪影響をおよぼさずに要素の挿入や削除を行うことができる」というリストの重要な特性について簡単に説明した後、リストをループで処理する方法とリストを使用する例を示すことにしよう。

　リストについて考えるときには、検討している演算を簡単な図に描いてみることをお勧めする。リンクリストの操作に関しては、まさに「百聞は一見にしかず」である。

20.4.1 リストの演算

リストにはどのような演算が必要だろうか。

- vector で定義した添字以外の演算（コンストラクター、サイズなど）
- 挿入（要素の追加）と削除（要素の削除）
- 要素の参照とリストの走査に使用できるもの（イテレーター）

STL では、イテレーター型はそのクラスのメンバーであるため、ここでもそれにならうことにしよう。

```cpp
template<typename Elem>
class list {
    // 表現および実装上の詳細
public:
    class iterator;     // メンバーの型: iterator

    iterator begin();   // 最初の要素へのイテレーター
    iterator end();     // 最後の要素の1つ先へのイテレーター

    iterator insert(iterator p, const Elem& v);  // p の後に v を挿入
    iterator erase(iterator p);                   // p を削除

    void push_back(const Elem& v);   // v を最後に挿入
    void push_front(const Elem& v);  // v を最初に挿入
    void pop_front();    // 最初の要素を削除
    void pop_back();     // 最後の要素を削除

    Elem& front();       // 最初の要素
    Elem& back();        // 最後の要素
    ...
};
```

「本書」の vector が標準ライブラリの vector と完全に同じではないように、この list は標準ライブラリの list の完全な定義ではない。この list の定義は不完全なだけで、間違ってはいない。「本書」の list の目的は、リンクリストがどのようなもので、list がどのように実装され、主な機能をどのように使用するのかを理解できるようにすることだ。詳細が知りたい場合は、付録 B を参照するか、C++ の上級書を読むとよいだろう。

イテレーターは STL の list の定義にとって中心的な存在であり、要素を挿入する位置と削除する要素を識別するために使用される。イテレーターは添字を使用せずにリストを「ナビゲート」する目的でも使用される。イテレーターをこのように使用する方法は、ポインターを使って配列と vector を走

査する方法によく似ている（§20.1、§20.3.1）。このスタイルのイテレーターは、標準ライブラリのアルゴリズムへの鍵となる（§21.1〜21.3）。

list で添字を使用しないのはなぜだろうか。そうすることもできたが、処理速度が驚くほど低下する。lst[1000] を使用すると、最初の要素から要素番号 1000 までの過程で各リンクにアクセスする必要が生じる。そうしたければ明示的にそうすればよいし、advance 関数を使用するという手もある（§20.6.2）。標準ライブラリの list が見た目は問題がなさそうな添字構文をサポートしないのは、そのためだ。

list のイテレーター型をメンバー（入れ子のクラス）にしたのは、それをグローバルにしておく理由がなかったからだ。このイテレーター型は list でしか使用されない。また、このようにすると、すべてのコンテナーのイテレーター型に iterator という名前を付けることが可能になる。標準ライブラリには、list<T>::iterator、vector<T>::iterator、map<K,V>::iterator などが含まれている。

20.4.2 イテレーション

list イテレーターは、*、++、==、!= を提供しなければならない。また、標準ライブラリの list は双方向リンクリストであるため、リストの先頭に向かって「逆方向」に移動するための -- もサポートしている。

```
template<typename Elem>    // Element<Elem>() を要求 (19.3.3)
class list<Elem>::iterator {
    Link<Elem>* curr;      // 現在のリンク
public:
    iterator(Link<Elem>* p) :curr{p} { }

    iterator& operator++() { curr=curr->succ; return *this; }   // 前方
    iterator& operator--() { curr=curr->prev; return *this; }   // 後方
    Elem& operator*() { return curr->val; }   // 値を取得（間接参照）

    bool operator==(const iterator& b) const { return curr==b.curr; }
    bool operator!=(const iterator& b) const { return curr!=b.curr; }
};
```

これらの関数は短く単純で、明らかに効率的である。ループも、複雑な式も、「不審な」関数呼び出しもない。この実装がわかりにくいと感じる場合は、先の図を見てみよう。この list イテレーターは、要求された演算を持つリンクへのポインターにすぎない。list<Elem>::iterator の実装（コード）は、ここまで vector や配列のイテレーターとして使用してきた単純なポインターとはまったく異なるものの、演算の意味（セマンティクス）はまったく同じである。基本的に、list イテレーターは Link ポインターに適した ++、--、*、==、!= を提供する。

high 関数をもう一度見てみよう。

```
template<typename Iterator>    // Input_iterator<Iter>() を要求 (19.3.3)
Iterator high(Iterator first, Iterator last)
```

```
// [first,last) の範囲で最も大きな値を持つ要素へのイテレーターを返す
{
    Iterator high = first;
    for (Iterator p=first; p!=last; ++p)
        if (*high<*p) high = p;
    return high;
}
```

これを list に使用できる。

```
void f()
{
    list<int> lst;
    for (int x; cin >> x; ) lst.push_front(x);
    list<int>::iterator p = high(lst.begin(),lst.end());
    cout << "the highest value was " << *p << '\n';
}
```

この場合、Iterator 引数の「値」は list<int>::iterator である。++、*、!= の実装は配列のものとは大きく異なっているが、意味は同じままである。テンプレート関数 high は、この場合もデータ（list）を走査して最も大きな値を見つけ出す。要素は list のどこに挿入してもよいため、要素を先頭に追加できることを示すために push_front 関数を使用している。vector の場合と同様に、push_back 関数を使用することもできる。

TRY THIS
標準ライブラリの vector は push_front 関数をサポートしていない。それはなぜか。vector に push_front 関数を実装し、それを push_back 関数と比較してみる。

ここでようやく、「list が空だったらどうするのか」、つまり、「lst.begin()==lst.end() だったらどうするのか」について考えるときがきた。その場合、*p は最後の要素の1つ先（lst.end()）を間接参照しようとするため、大惨事を引き起こすだろう。あるいはもっと悪いことに、正しい答えと勘違いしてしまいそうなランダムな値が返されるかもしれない。

先の「lst.begin()==lst.end()」という式が、解決策への大きなヒントとなる ─ リストが空であるかどうかを評価するには、begin() と end() を比較すればよい。実際には、どの STL シーケンスでも、先頭と末尾を比較することでそれが空であるかどうかを評価できる。

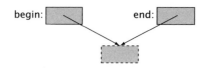

end に最後の要素ではなくその1つ先を参照させるのには、こうしたわけがある。空のシーケンスは特殊なケースではない。特殊なケースは嫌われる ── 建前上、そのためのコードを忘れずに記述しなければならないからだ。

この例では、この比較を以下のように使用できる。

```
list<int>::iterator p = high(lst.begin(), lst.end());
if (p==lst.end())   // 末尾に到達したか
    cout << "The list is empty";
else
    cout << "the highest value is " << *p << '\n';
```

これは STL アルゴリズムで体系的に使用されている比較である。

リストは標準ライブラリで提供されているため、ここではその実装には踏み込まない。代わりに、リストが何に適しているかについて簡単に説明する。リストの実装に興味がある場合は、練習問題12～14を解いてみるとよいだろう。

20.5 vector のさらなる一般化

「§20.3 シーケンスとイテレーター」と「§20.4 リンクリスト」の例から、標準ライブラリの vector が（std::list のように）メンバー型 iterator とメンバー関数 begin および end を持つことは明らかである。だが第19章では、それらを vector に定義しなかった。STL のジェネリックプログラミングスタイル（§20.3）でさまざまなコンテナを同じような方法で使用できるようにするには、実際に何が必要だろうか。その前に、まず解決策をざっと示しておこう（便宜上、アロケーターは無視する）。

```
template<typename T>    // Element<T>() を要求 (19.3.3)
class vector {
public:
    using size_type = unsigned long;
    using value_type = T;
    using iterator = T*;
    using const_iterator = const T*;
    ...
    iterator begin();
    const_iterator begin() const;
    iterator end();
    const_iterator end() const;
    size_type size();
```

20.5 vectorのさらなる一般化

```
        ...
    };
```

using宣言は、型のエイリアスを作成する。つまり、このvectorのiteratorは、イテレーターとして使用するために選択された型（T*）の同義語、つまり別名である。vという名前のvectorがあるとすれば、以下のコードを記述できる。

```
    vector<int>::iterator p = find(v.begin(),v.end(),32);
```

および

```
    for (vector<int>::size_type i=0; i<v.size(); ++i) cout << v[i] << '\n';
```

このコードを記述するにあたって、iteratorとsize_typeによって指定された型が何であるかを実際に知る必要はない。このコードはiteratorとsize_typeに基づいて表現されているため、size_typeがunsigned longではなく、かつiteratorが単純なポインターではなくクラスであるvectorでうまくいく。実際、多くの組み込みシステムプロセッサでは、size_typeはunsigned longではない。そして、多くのよく知られているC++では、iteratorは単純なポインターではなくクラスである。

C++規格では、listと他の標準コンテナーは同じように定義されている。

```
    template<typename Elem>      // Element<T>() を要求 (19.3.3)
    class list {
    public:
        class Link;
        using size_type = unsigned long;
        using value_type = T;
        class iterator;          // 20.4.2 を参照
        class const_iterator;    // iterator と似ているが、
                                 // 要素への書き込みを許可しない
        ...
        iterator begin();
        const_iterator begin() const;
        iterator end();
        const_iterator end() const;
        size_type size();
        ...
    };
```

このようにして、listとvectorのどちらが使用されても問題のないコードを記述できる。標準ライブラリのアルゴリズムはすべてiteratorやsize_typeといったメンバー型の名前に基づいて定義されているため、コンテナーの実装やそれらが操作するコンテナーの正確な種類に不必要に依存することはない（第21章）。

715

多くの場合は、コンテナー C の C::iterator と指定する代わりに、Iterator<C> を使用する。これは単純なテンプレートエイリアスを使って実現できる。

```
template<typename C>
using Iterator = typename C::iterator;   // Iterator<C> は C::iterator
                                         // という型名を意味する
```

言語の技術的な理由により、iterator が型であることを示すには、C::iterator の前に typename を付ける必要がある。これも、Iterator<C> が好まれる理由の 1 つである。同様に、以下の型エイリアスを定義すると、Value_type<C> と記述できるようになる。

```
template<typename C>
using Value_type = typename C::value_type;
```

これらの型エイリアスは標準ライブラリの一部ではないが、std_lib_facilities.h で定義されている。

using 宣言は、C/C++ で typedef（§A.16）と呼ばれていたものを一般化するための C++11 の表記である。

20.5.1　コンテナーの走査

size 関数を使用すれば、本書の vector の 1 つを最初の要素から最後の要素まで走査できる。

```
void print1(const vector<double>& v)
{
    for (int i=0; i<v.size(); ++i)
        cout << v[i] << '\n';
}
```

list は添字をサポートしないため、これは list ではうまくいかない。ただし、標準ライブラリの vector と list は、それよりも単純な範囲 for 文を使って走査できる（§4.6.1）。

```
void print2(const vector<double>& v, const list<double>& lst)
{
    for (double x : v)
        cout << x << '\n';
    for (double x : lst)
        cout << x << '\n';
}
```

20.5 vector のさらなる一般化

これは標準ライブラリのコンテナーと、「本書」の vector と list の両方でうまくいく。どのような仕組みになっているのだろうか。範囲 for 文が begin と end に基づいて定義されている点に「秘密」がある。これらの関数は、vector の最初の要素へのイテレーターと最後の要素の 1 つ先を指すイテレーターを返す。範囲 for 文は、言ってみれば、イテレーターを使ってシーケンスをループで処理するための「糖衣構文」である。「本書」の vector と list で begin と end を定義したときに、図らずも、範囲 for 文に必要なものが提供されたというわけだ。

20.5.2 auto

ジェネリックな構造に対するループを記述するときには、イテレーターに名前を付けるのが煩わしいことがある。

```
template<typename T>   // Element<T>() を要求
void user(vector<T>& v, list<T>& lst)
{
    for (vector<T>::iterator p=v.begin(); p!=v.end(); ++p)
        cout << *p << '\n';
    list<T>::iterator q = find(lst.begin(),lst.end(),T{42});
}
```

何よりもじれったいことに、list の iterator 型と vector の size_type をコンパイラーがすでに知っていることは明らかである。コンパイラーがすでに知っていることをなぜわざわざ教えなければならないのだろうか。ただでさえ入力は苦手だというのに、間違えるきっかけを作っているようなものではないか。ありがたいことに、その必要はない —— 変数を auto として宣言すると、変数の型として iterator の型を使用するという意味になる。

```
template<typename T>   // Element<T>() を要求
void user(vector<T>& v, list<T>& lst)
{
    for (auto p=v.begin(); p!=v.end(); ++p)
        cout << *p << '\n';
    auto q = find(lst.begin(),lst.end(),T{42});
}
```

この場合、p は vector<T>::iterator であり、q は list<T>::iterator である。イニシャライザーを含んでいる定義であれば、auto をほぼどこででも使用できる。

```
auto x = 123;   // x は int
auto c = 'y';   // c は char
auto& r = x;    // r は int&
auto y = r;     // y は int (参照は暗黙的に間接参照される)
```

文字列リテラルは const char* 型であるため、文字列リテラルに auto を使用すると、不意打ちを食らうことになるかもしれない。

```
auto s1 = "San Antonio";          // s1 は const char* （意外だった?）
string s2 = "Fredericksburg";     // s2 は string
```

必要な型が正確にわかっている場合は、auto を使ってそれを表明できることが多い。
auto の一般的な用途の 1 つは、範囲 for 文でのループ変数の指定である。

```
template<typename C>   // Container<T> を要求
void print3(const C& cont)
{
    for (const auto& x : cont)
        cout << x << '\n';
}
```

ここで auto を使用したのは、コンテナー cont の要素の型を指定するのがそう簡単ではないからだ。const を使用したのは、コンテナーの要素に書き込まないからであり、&（参照）を使用したのは、要素が大きい場合はコピーすると高くつくためだ。

20.6　例：単純なテキストエディタ

リストの本質は、リストの他の要素を動かさずに、要素の追加や削除を行えることにある。それを具体的に示す簡単な例として、単純なテキストエディタでテキストドキュメントの文字を表す方法について考えてみよう。ドキュメントでの演算が単純でかなり効率的になるような表現にする必要がある。

どのような演算が必要だろうか。ドキュメントがコンピューターのメインメモリーに収まるとしよう。そうすれば、適切な表現をどれでも選択できるし、それをファイルに保存したい場合はバイトストリームに変換するだけで済む。同様に、ファイルからバイトストリームを読み込み、それらをメモリー内表現に変換することもできる。そうと決まれば、テキストエディタにとって都合のよいメモリー内表現の選択に専念できる。基本的には、以下の 5 つの演算をうまくサポートするような表現にする必要がある。

- 入力のバイトストリームから生成される。
- 1 つ以上の文字を挿入する。
- 1 つ以上の文字を削除する。
- 文字列を検索する。
- ファイルまたは画面上に出力するためのバイトストリームを生成する。

最も単純な表現は vector<char> だろう。ただし、文字を追加または削除するには、ドキュメントにおいてその後ろにある文字をすべて移動しなければならない。以下のようなドキュメントがあるとしよう。

```
This is he start of a very long document.
There are lots of ...
```

"he" に 't' を追加した場合は以下のようになるはずだ。

```
This is the start of a very long document.
There are lots of ...
```

だが、それらの文字が 1 つの vector<char> に格納されている場合は、'h' の後ろにある文字をすべて右へ 1 つずらさなければならない。そうするとコピーが山ほど発生することになるかもしれない。実際問題として、（スペースを数に入れて）70,000 文字の長さのドキュメントでは、1 文字を挿入または削除するために平均して 35,000 文字を移動しなければならない。結果として生じるリアルタイムの遅延は目に見えるものであり、ユーザーをうんざりさせるだろう。そこで、表現を「チャンク」に「分解」し、大量の文字を移動せずにドキュメントの一部を変更できるようにする。ドキュメントは「行」のリスト list<Line> として表す。この場合の Line は vector<char> である。たとえば、以下のようになる。

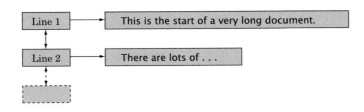

このようにすれば、't' を挿入したときに、その行の残りの文字を移動するだけで済む。しかも、必要であれば、文字をいっさい動かさずに新しい行を追加することもできる。たとえば、"document." の後に "This is a new line." を挿入できる。

```
This is the start of a very long document.
This is a new line.
There are lots of ...
```

その場合は、新しい「行」を間に挿入するだけでよい。

第 20 章　コンテナとイテレーター

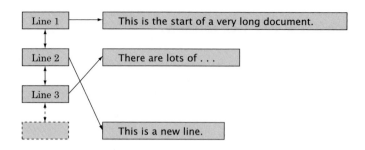

既存の行へのリンクを変更せずに新しい行をリストに挿入できることが重要となるが、これには論理的な理由がある。すなわち、それらの行を指しているイテレーターや、そうしたリンクのオブジェクトを指しているポインター（および参照）が存在するかもしれないからだ。そうしたイテレーターとポインターは行の挿入や削除による影響を受けない。たとえば、ワードプロセッサが現在の Document に含まれているタイトルとサブタイトルの先頭へのイテレーターをすべて vector<list<Line>::iterator> で管理しているとしよう。

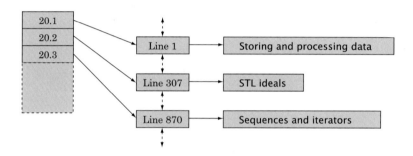

「セクション 20.2」に行を追加したとしても、「セクション 20.3」へのイテレーターは無効にならない。

結論として、論理的な理由とパフォーマンス上の理由により、ここでは行の vector またはすべての文字の vector ではなく、行の list を使用することにする。こうした理由が適用される状況はかなりまれであり、「デフォルトで vector を使用する」原則は依然として有効であることに注意しよう。データを要素のリストとして捉える場合であっても、vector ではなく list を選択するには具体的な理由が必要だ（§20.7）。リストはプログラムにおいて list（リンクリスト）または vector として表現できる論理的な概念である。日常生活でのリスト（備忘録、買い物リスト、スケジュール）に最も近い STL の概念はシーケンスであり、ほとんどのシーケンスは vector として表現するのが最も効果的である。

20.6.1　行

ドキュメントの「行」を判断するにはどうすればよいだろうか。選択肢としてすぐに思い浮かぶのは以下の 3 つである。

1. ユーザー入力に含まれている改行インジケーター（'\n' など）に基づいて判断する。
2. ドキュメントをどうにかして解析し、「自然」な句読点（．など）を使用する。
3. 50 文字など、特定の長さを超える行を 2 つに分割する。

もちろん、それほど明白ではない選択肢もいくつかある。ここでは単純に、1の選択肢を使用することにしよう。

テキストエディタでは、ドキュメントを Document クラスのオブジェクトとして表す。すべての改良点を取り除いた Document 型は以下のようになる。

```cpp
using Line = vector<char>;    // 行は文字の vector

struct Document {
    list<Line> line;          // ドキュメントは行の list
    Document() { line.push_back(Line{}); }
};
```

どの Document も1つの空の行で始まる。Document のコンストラクターは、空の行を作成し、それを行のリストに挿入する。

文字を読み込んで行に分割する方法は以下のようになる。

```cpp
istream& operator>>(istream& is, Document& d)
{
    for (char ch; is.get(ch); ) {
        d.line.back().push_back(ch);    // 文字を追加
        if (ch=='\n')
            d.line.push_back(Line{});   // 別の行を追加
    }
    if (d.line.back().size())
        d.line.push_back(Line{});       // 最後に空の行を追加
    return is;
}
```

vector と list には、最後の要素への参照を返すメンバー関数 back がある。この関数を使用するには、back 関数の参照先となる最後の要素が実際に存在するようにしなければならない。つまり、この関数を空のコンテナーで使用してはならない。ドキュメントの最後に空の Line を追加したのは、そのためだ。改行文字（'\n'）を含め、入力からの文字を1つ残らず格納している点に注目しよう。改行文字を格納すれば出力が大幅に単純になるが、文字の数を定義する方法に注意しなければならない。文字の数を単純に数えると、スペースと改行が含まれた数になる。

20.6.2　イテレーション

ドキュメントが単なる vector<char> であったとしたら、それをループで処理するのは単純なことだっただろう。行のリストをループで処理するにはどうすればよいだろうか。もちろん、list<Line>::iterator を使って処理するという方法がある。ただし、改行のことを考えずに文字に次々にアクセスしたい場合はどうすればよいだろうか。この Document に合わせて設計されたイテレーターを提供すればよい。

第20章　コンテナーとイテレーター

```cpp
class Text_iterator {   // 行および行内での文字の位置を追跡
    list<Line>::iterator ln;
    Line::iterator pos;
public:
    // 行 ll の文字位置 pp でイテレーターを開始
    Text_iterator(list<Line>::iterator ll, Line::iterator pp)
        :ln{ll}, pos{pp} { }

    char& operator*() { return *pos; }
    Text_iterator& operator++();
    bool operator==(const Text_iterator& other) const
        { return ln==other.ln && pos==other.pos; }
    bool operator!=(const Text_iterator& other) const
        { return !(*this==other); }
};

Text_iterator& Text_iterator::operator++()
{
    ++pos;       // 次の文字に進む
    if (pos==(*ln).end()) {
        ++ln;    // 次の行へ進む
        pos = (*ln).begin();
    }
    return *this;
}
```

Text_iterator を有益なものにするには、Document クラスに従来の begin 関数と end 関数を追加する必要がある。

```cpp
struct Document {
    list<Line> line;
    Text_iterator begin()   // 最初の行の1文字目
        { return Text_iterator(line.begin(),(*line.begin()).begin()); }
    Text_iterator end()     // 最後の行の最後の文字の1つ後
    {
        auto last = line.end();
        --last;             // ドキュメントが空でないことはわかっている
        return Text_iterator(last,(*last).end());
    }
```

};

(*line.begin()).begin() という表記が必要なのは、line.begin() が指しているものの先頭が必要だからだ。標準ライブラリのイテレーターは -> をサポートしているため、代わりに line.begin()->begin() を使用するという手もある。

これにより、ドキュメント内の文字をループで処理する方法は以下のようになる。

```
void print(Document& d)
{
    for (auto& p : d) cout << p;
}
print(my_doc);
```

ドキュメントを文字のシーケンスとして表現すれば何かと便利だが、通常は文字よりも具体的なものを探すためにドキュメントを走査する。例として、行 n を削除するコードを見てみよう。

```
void erase_line(Document& d, int n)
{
    if (n<0 || d.line.size()-1<=n) return;
    auto p = d.line.begin();
    advance(p,n);
    d.line.erase(p);
}
```

advance(p,n) 呼び出しは、イテレーター p を要素 n 個分だけ先（前方）へ移動させる。advance は標準ライブラリの関数だが、独自に実装することもできる。

```
template<typename Iter>   // Forward_iterator<Iter> を要求
void advance(Iter& p, int n)
{
    while (0<n) { ++p; --n; }
}
```

advance 関数を使って添字をシミュレートできることに注目しよう。実際には、v という名前の vector があるとすれば、p=v.begin; advance(p,n); *p=x; はほぼ v[n]=x; に相当する。「ほぼ」と言ったのは、advance 関数が最初から n-1 個目の要素まで 1 つずつ前進していくのに対し、v[n] は n 番目の要素に直接アクセスすることを意味するからだ。list の場合は骨の折れる方法を使用しなければならない。それは list のより柔軟なレイアウトに支払わなければならない対価である。

list のイテレーターのように、イテレーターが前方にも後方にも移動できる場合、標準ライブラリの advance 関数に負の引数を指定すると、イテレーターは手前（後方）に移動する。vector のイテレーターのように、イテレーターが添字に対処できる場合、標準ライブラリの advance 関数は ++ を使ってゆっくりと移動するのではなく、正しい要素に直接アクセスする。どうも標準ライブラリの

advance 関数のほうが本書の関数よりも少し利口なようだ。これを見逃す手はない — 標準ライブラリの機能には私たちが費やせる以上の思考と時間が注ぎ込まれているため、一般的には、「手製」の機能よりも標準ライブラリの機能を選択するようにしよう。

TRY THIS
負の引数を指定したら「手前へ進む」ように advance 関数を書き直してみる。

おそらく、検索はユーザーによって最も自明なイテレーションだろう。私たちは、`milkshake` や `Gavin` といった個々の単語を検索したり、`secret\nhomestead` のように単語かどうかの判断がつきにくい文字の連続を検索したり、`[bB]\w*ne` といった正規表現を検索したりする（第 23 章）。2 つ目の `secret\nhomestead` は、`secret` で終わる行とそれに続く `homestead` で始まる行を意味する。正規表現 `[bB]\w*ne` は、大文字または小文字の B、それに続く 0 個以上の文字、それに続く `ne` を意味する。ここでは 2 つ目のケースを取り上げ、Document のレイアウトに基づいて文字列を検索する方法について見てみよう。これには、以下の単純な（最適ではない）アルゴリズムを使用する。

- ドキュメント内で検索文字列の最初の文字を検索する。
- その文字とそれに続く文字が検索文字列とマッチするかどうかを確認する。
- マッチする場合は完了、マッチしない場合は次に該当するその最初の文字を検索する。

汎用性を考慮して、ここでは STL の規約を取り入れる。そうすれば、完全なドキュメントだけでなく、ドキュメントの一部でも検索関数を使用できるようになる。STL では、検索範囲のテキストをイテレーターのペアによって定義されるシーケンスとして定義する。ドキュメントから該当する文字列が検出された場合は、その最初の文字へのイテレーターを返す。文字列が検出されなかった場合は、シーケンスの終端へのイテレーターを返す。

```
Text_iterator find_txt(Text_iterator first, Text_iterator last,
                       const string& s)
{
    if (s.size()==0) return last;   // 空の文字列は検索できない
    char first_char = s[0];
    while (true) {
        auto p = find(first,last,first_char);
        if (p==last || match(p,last,s)) return p;
        first = ++p;                 // 次の文字を調べる
    }
}
```

「見つからない」ことを示すためにシーケンスの終端へのイテレーターを返すのは、STL の重要な規約の 1 つである。match 関数は単純で、2 つの文字シーケンスを比較するだけである。この関数は自分

で記述してみよう。文字シーケンスでの文字の検索に使用される `find` 関数は、標準ライブラリの最も単純なアルゴリズムと言ってもよいだろう（§21.2）。`find_txt` 関数は以下のように使用できる。

```
auto p = find_txt(my_doc.begin(),my_doc.end(),"secret\nhomestead");
if (p==my_doc.end())
    cout << "not found";
else {
    // 何らかの処理を行うコード
}
```

この「テキストプロセッサ」とその演算は非常に単純だ。もちろん、ここでの目的は「機能的な」テキストエディタを提供することではなく、単純さと適度な効率を実現することにある。だからといって、文字シーケンスでの「効率的な」挿入、削除、検索を軽く見てもよい、ということにはならない。この例を選択したのは、STL のシーケンス、イテレーター、そして `list` や `vector` といったコンテナーの威力と汎用性を具体的に示す一方で、失敗を示すためにシーケンスの終端を返すといった STL プログラミングの規約（手法）を示すためである。必要であれば、`Document` を STL コンテナーに発展させることもできる。ここでは、`Text_iterator` を提供することにより、`Document` を値のシーケンスとして表現するときの基本を示した。

20.7　vector、list、string

ところで、行に `list` を使用し、文字に `vector` を使用したのはなぜだろうか。より正確には、行のシーケンスに `list` を使用し、文字のシーケンスに `vector` を使用したのはなぜだろうか。さらに言えば、行の格納に `string` を使用しなかったのはなぜだろうか。

もう少し一般的な言い回しにしてみよう。ここまでは、文字のシーケンスを格納する 4 つの方法を見てきた。

- `char[]`（文字の配列）
- `vector<char>`
- `string`
- `list<char>`

特定の問題に合わせてそれらの中から 1 つを選択するにはどうすればよいだろうか。タスクが非常に単純であれば、どれも選択しても同じことだ。つまり、どのインターフェイスも似たり寄ったりである。たとえばイテレーターがあるとすれば、`++` と `*` を使ってそれぞれの文字にアクセスできる。`Document` のコードを見ると、`vector<char>` を `list<char>` または `string` に置き換えても、論理的には問題がないことがわかる。そうした互換性はパフォーマンスに基づく選択を可能にするため、基本的には望ましいものである。ただし、パフォーマンスを検討する前に、これらの型の論理的な特性について調べる必要がある。つまり、その型で行えて、他の型で行えないことは何だろうか。

- `Elem[]`
  自身のサイズを知らない。`begin()` や `end()` といったコンテナーの便利なメンバー関数はいっさいない。体系的な範囲チェックは行えない。C で書かれた関数と C スタイルの関数に渡すこ

とができる。要素はメモリー内で連続的に確保される。配列のサイズはコンパイル時に確定する。比較（== および !=）と出力（<<）には、要素ではなく配列の最初の要素へのポインターが使用される。

- vector<Elem>
insert() や erase() を含め、ほぼあらゆる機能を備えている。添字をサポートしている。insert() や erase() といったリスト演算では、通常は要素の移動が必要となるため、要素が大きい場合や要素の個数が多い場合は効率が悪い可能性がある。範囲チェックは可能である。要素はメモリー内で連続的に確保される。vector は push_back() を使用するなどして拡張することが可能である。vector の要素は配列に（連続的に）格納される。比較演算子（==、!=、<、<=、>、>=）では要素が比較される。

- string
一般的で有益なすべての演算に加えて、結合（+ および +=）といった特定のテキスト演算をサポートしている。要素がメモリー内で連続することは保証されない。string は拡張可能である。比較演算子（==、!=、<、<=、>、>=）では要素が比較される。

- list<Elem>
添字を除いて、一般的で有益な演算をすべてサポートしている。他の要素を移動せずに insert() と erase() を実行できる。リンクポインターを維持するため、要素ごとにポインター 2 つ分のメモリーが余分に必要となる。list は拡張可能である。比較演算子（==、!=、<、<=、>、>=）では要素が比較される。

最も低いレベルでのメモリーの操作と C で書かれたコードとのやり取りには配列が便利であり（§17.2、§18.5）、実際に必要となる（§27.1.2、§27.5）。この点を除けば、vector のほうが使いやすく、柔軟で、安全であり、こちらのほうがよく使用される。

TRY THIS
上記の相違点のリストは、実際のコードでは何を意味するか。char 型の配列、vector<char>、list<char>、string を使用して、それぞれに値 "Hello" を定義し、関数の引数として渡す。この関数では、渡された引数が本当に "Hello" であるかどうかを比較で確認し、また "Howdy" と比較した場合にどちらが辞書式順序で先になるかも確認する。さらに、関数に渡された引数を同じ型の別の変数にコピーしてみる。

TRY THIS
1 つ前の「TRY THIS」を、それぞれ {1, 2, 3, 4, 5} の値を持つ int 型の配列、vector<int>、list<int> で試してみる。

20.7.1 insert と erase

標準ライブラリの vector は、コンテナーが必要なときに最初に検討すべき選択肢である。vector はプログラムに必要な機能のほとんどを備えているため、他の選択肢を使用するのはそうせざるを得ない場合に限られる。vector の主な問題点は、リスト演算（insert()、erase()）を使用するときに要素を移動する習性があることだ。vector の要素の個数が多い、あるいは vector の要素が大きい場合、それは高くつく可能性がある。だが、それについてはあまり心配しなくてよい。push_back 関数を使って 50 万個の浮動小数点数値を vector に読み込んでみたが、結果は上々だった。パフォーマンスを計測した結果、要素を事前に確保してもそれほど顕著な差は生じないことが確認された。パフォーマンスのことを考えて大きな変更を加える前に、必ずパフォーマンスを計測するようにしよう。その道の達人であっても、パフォーマンスについて推測するのは非常に難しい。

「§20.6 例：単純なテキストエディタ」で指摘したように、要素の移動は論理的な制約があることも意味する。vector の要素へのイテレーターやポインターは、vector の要素が移動すれば無効になってしまう。このため、insert()、erase()、push_back() といった要素の移動を引き起こしかねない演算を実行した後は、イテレーターやポインターを保持してはならない。これは vector に対する list や map（§21.6）の主なアドバンテージである。大きなオブジェクトの集まりや、プログラムのあちこちから参照するオブジェクトの集まりが必要な場合は、list を使用することを検討しよう。

vector と list で insert() と erase() を比較してみよう。ここで使用する例は、その要点を明らかにするために設計されたものだ。

```
vector<int>::iterator p = v.begin();   // vector を使用
++p; ++p; ++p;                          // その 4 番目の要素を参照
auto q = p;
++q;                                    // その 5 番目の要素を参照
```

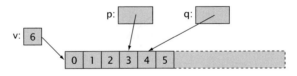

```
p = v.insert(p,99);   // p は挿入された要素を指す
```

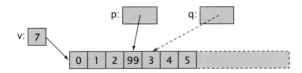

この時点で q は無効になっている。vector のサイズが拡大する過程で、要素が確保し直されている可能性がある。v に確保されたメモリーに余裕があれば同じ場所で拡大されるが、その場合、q はおそらく 4 の値を持つ要素ではなく 3 の値を持つ要素を指している。だが、これを利用しようと考えてはならない。

```
p = v.erase(p);    // p は削除された要素の後ろの要素を指す
```

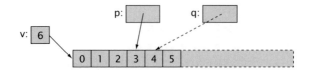

つまり、挿入（insert()）に続いて挿入された要素を削除（erase()）すると、最初の場所に戻るが、q は無効になる。ただしその間に、挿入ポイントの後ろの要素がすべて移動され、おそらく v の拡大に伴ってすべての要素が確保し直されている。

比較のために、list を使ってまったく同じことをしてみよう。

```
list<int>::iterator p = v.begin();   // list を使用
++p; ++p; ++p;                       // その 4 番目の要素を参照
auto q = p;
++q;                                 // その 5 番目の要素を参照
```

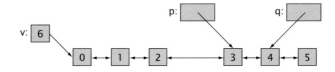

```
p = v.insert(p,99);   // p は挿入された要素を指す
```

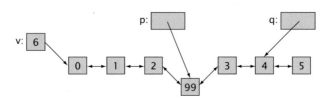

q は依然として 4 の値を持つ要素を指している。

```
p = v.erase(p);    // p は削除された要素の後ろの要素を指している。
```

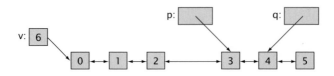

この場合も、最初の場所に戻ることになる。だが vector とは対照的に、list では要素が 1 つも移動しておらず、q は常に有効なままである。

list<char> は、他の 3 つの選択肢の約 3 倍のメモリーを消費する。PC では、list<char> は要素 1 つあたり 12 バイトを使用する。vector<char> は要素 1 つあたり 1 バイトを使用する。文字の数が増えれば、かなりの量になる可能性がある。

vector はどのような点で string よりも優れているのだろうか。それらの特性を調べてみると、string は vector で行えるすべてのことに加えて、他のことも行えるようだ。それは問題の一部である — より多くのことを行わなければならない string は、最適化が難しい。実際のところ、vector は push_back() といった「メモリー演算」に合わせて最適化される傾向にあるが、string はというと、コピーの処理、短い文字列の処理、C スタイルの文字列とのやり取りに合わせて最適化される傾向にある。テキストエディタの例では、insert() と erase() を使用していたので、vector を選択した。ただし、それはパフォーマンス上の理由によるものだ。論理的な違いは主に、ほぼあらゆる要素型の vector を使用できることにある。選択の余地があるのは、文字について考えているときだけである。結論として、連結やホワイトスペースで区切られた単語の読み取りといった文字列演算が必要な場合を除いて、string よりも vector を選択することが望ましい。

20.8 STL の vector への適合

「§20.5 vector のさらなる一般化」では、vector に begin()、end()、型エイリアスを追加した。vector を std::vector に必要なだけ近づけるために足りないのは、insert() と erase() だけである。

```
template<typename T, typename A = allocator<T>>
// Element<T>() と Allocator<A>() を要求 (19.3.3)
class vector {
    int sz;              // サイズ
    T* elem;             // 要素へのポインター
    int space;           // 要素の個数 + 空き領域スロットの個数
    A alloc;             // アロケーターを使って要素のメモリーを処理
public:
    // 第 19 章と 20.5 で示したその他のコード
    using iterator = T*;  // T* は最も単純と思われるイテレーター
    iterator insert(iterator p, const T& val);
    iterator erase(iterator p);
};
```

ここでも、イテレーター型として要素型へのポインター T* を使用している。これは最も単純と思われる解決策である。範囲チェック付きのイテレーターの提供については、練習問題 18 として残しておく。

一般に、vector のように要素を連続した状態でメモリーに格納するデータ型では、insert() や erase() といったリスト演算を提供しない。ただし、vector が短い場合や要素の個数が少ない場合、insert() や erase() といったリスト演算は非常に有益であり、驚くほど効率がよい。本書では、リストに関連付けられてきたもう 1 つの演算である push_back() がいかに便利であるかを繰り返し見てきた。

vector<T,A>::erase() の実装では、基本的には、削除する要素の後ろの要素をすべてコピーする。第 19 章の vector の定義（§19.3.7）を使用する場合は、以下のようになる。

```
template<typename T, typename A>
// Element<T>() と Allocator<A>() を要求 (19.3.3)
vector<T,A>::iterator vector<T,A>::erase(iterator p)
{
    if (p==end()) return p;
    for (auto pos=p+1; pos!=end(); ++pos)
        *(pos-1) = *pos;              // 要素を「1 つ左の位置」へコピー
    alloc.destroy(&*(end()-1));       // 余った最後の要素のコピーを削除
    --sz;
    return p;
}
```

このようなコードは図解したほうがわかりやすい。

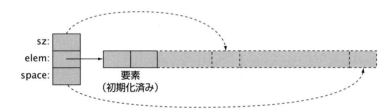

erase() のコードはかなり単純だが、例をいくつか紙に描いて試してみるとよいだろう。空の vector は正しく処理されるだろうか。p==end() の評価はなぜ必要なのだろうか。vector の最後の要素を削除したらどうなるだろうか。添字表記を使用していたとしたら、このコードはもっと読みやすくなっていただろうか。

vector<T,A>::insert() の実装はもう少し複雑だ。

```
template<typename T, typename A>
// Element<T>() と Allocator<A>() を要求 (19.3.3)
vector<T,A>::iterator vector<T,A>::insert(iterator p, const T& val)
{
    int index = p-begin();
    if (size()==capacity())
        reserve(size()==0?8:2*size());   // スペースがあることを確認

    // まず最後の要素を初期化されていない領域にコピー
    alloc.construct(elem+sz,*back());
    ++sz;
    iterator pp = begin()+index;         // val の配置先
    for (auto pos=end()-1; pos!=pp; --pos)
        *pos = *(pos-1);                 // 要素を 1 つ右の位置へコピー
```

```
            *(begin()+index) = val;              // val を挿入
            return pp;
    }
```

注意しなければならない点は以下のとおり。

- イテレーターは `elem+sz` のようにコンテナーの外側を指すことはできないため、ポインターを使用することにした。これは、アロケーターがイテレーターではなくポインターで定義されている理由の 1 つである。
- `reserve` 関数を使用すると、要素が新しいメモリー領域へ移動される可能性がある。このため、挿入される要素へのイテレーターではなくインデックスを覚えておかなければならない。`vector` が要素のメモリーを確保し直した場合、その `vector` のイテレーターは無効になる。その場合は、それらが古いメモリーを指していると見なすことができる。
- アロケーター引数 A をこのように使用するのは、直観的ではあるものの、正確ではない。コンテナーを実装する必要が生じた場合は、ISO C++ 規格をよく読んでみる必要がある。
- このように難解な点があるため、低レベルのメモリーの問題には手を出さないに越したことはない。標準ライブラリの `vector` などのコンテナーは、当然ながら、そうしたセマンティクス上の重要な点に正しく対処する。それは「手製」の機能よりも標準ライブラリを選択する理由の 1 つである。

パフォーマンス上の理由により、10 万個の要素を持つ `vector` の途中で `insert()` と `erase()` を使用するのは避けるようにしよう。そうした演算には、`list` や `map`（§21.6）のほうが適している。とはいうものの、`insert()` と `erase()` はすべての `vector` で利用できるし、数ワード、あるいは数十ワード分のデータを移動するだけなら、パフォーマンスは圧倒的にそれらのほうが上だ。これは、最近のコンピューターがこの手のコピーを得意とするためである（練習問題 20）。要素の個数が少ないリストを `list`（リンクリスト）で表現するのは避けるようにしよう。

20.9 組み込み配列の STL への適合

組み込み配列の弱点は、ここまで指摘してきたとおりである。それらはちょっとしたことで勝手にポインターに変換されてしまうし、代入を使ってコピーできないし、自分のサイズを知らない（§18.6.2）。一方で、物理メモリーをほぼ完璧に表現するという利点もある。

両方の利点を併せ持つコンテナー —— つまり、配列の長所だけを備えた（短所のない）`array` コンテナーを作成してみよう。ISO C++ 規格では、C++11 の一部として `array` が追加されている。ただし、その考え方は単純で、有益だ。

```
    template <typename T, int N>        // Element<T>() を要求
    struct array {                      // 組み込み配列とまったく同じではない
        using value_type = T;
        using iterator = T*;
        using const_iterator = const T*;
        using size_type = unsigned int;  // 添字の型
```

```
        T elems[N];
        // 明示的なコンストラクター、コピー、デストラクターは不要

        iterator begin() { return elems; }
        const_iterator begin() const { return elems; }
        iterator end() { return elems+N; }
        const_iterator end() const { return elems+N; }

        size_type size() const;

        T& operator[](int n) { return elems[n]; }
        const T& operator[](int n) const { return elems[n]; }

        const T& at(int n) const;         // 範囲チェック付きのアクセス
        T& at(int n);                     // 範囲チェック付きのアクセス

        T * data() { return elems; }
        const T * data() const { return elems; }
    };
```

この定義は完全なものではなく、規格に完全に準拠していないが、考える上で参考になるだろう。また、読者が使用している実装が Technical Report の array をまだサポートしていない場合は、その代わりに利用することもできる。array がサポートされている場合は、<array> で定義されている。array<T,N> はそのサイズが N であることを「知っている」ため、vector の場合と同様に、代入や ==、!= などのサポートが可能であり、実際にサポートする。

例として、この配列を STL バージョンの high 関数（§20.4.2）で使用してみよう。

```
    void f()
    {
        array<double,6> a = { 0.0, 1.1, 2.2, 3.3, 4.4, 5.5 };
        array<double,6>::iterator p = high(a.begin(),a.end());
        cout << "the highest value was " << *p << '\n';
    }
```

high 関数を記述した時点では、array のことは考えていなかった。high 関数で array を使用できるのは、どちらも規格の規約に従っているからにほかならない。

20.10 コンテナーの概要

STL は多くのコンテナーをサポートしている。

標準コンテナー	
`vector`	連続的に確保された要素のシーケンス。デフォルトのコンテナーとして使用される
`list`	双方向リンクリスト。既存の要素を移動せずに要素の挿入や削除を行う必要がある場合に使用する
`deque`	`list` と `vector` の中間のコンテナー。アルゴリズムとアーキテクチャを専門家レベルで理解するまで使用してはならない
`map`	平衡順序木（balanced ordered tree）。要素に値でアクセスする必要がある場合に使用する（§21.6.1〜§21.6.3）
`multimap`	キーのコピーを 2 つ以上持つことができる平衡順序木。要素に値でアクセスする必要がある場合に使用する（§21.6.1〜§21.6.3）
`unordered_map`	ハッシュテーブル。`map` を最適化したバージョン。高いパフォーマンスが必要で、有効なハッシュ関数を考え出せる場合に、大きなマップで使用する（§21.6.4）
`unordered_multimap`	キーのコピーを複数持つことができるハッシュテーブル。`multimap` を最適化したバージョン。高いパフォーマンスが必要で、有効なハッシュ関数を考え出せる場合に、大きなマップで使用する（§21.6.4）
`set`	平衡順序木。個々の値を追跡する必要がある場合に使用する（§21.6.5）
`multiset`	キーのコピーを 2 つ以上持つことができる平衡順序木。個々の値を追跡する必要がある場合に使用する（§21.6.5）
`unordered_set`	`unordered_map` と似ているが、キーと値のペアではなく値だけを持つ
`unordered_multiset`	`unordered_multimap` と似ているが、キーと値のペアではなく値だけを持つ
`array`	組み込み配列に関連する問題のほとんどが解消された固定長の配列（§20.9）

これらのコンテナーとその使用法に関する膨大な量の情報を書籍やオンラインドキュメントで調べることができる。以下の文献は質の高い情報を提供する。

- Josuttis, Nicholai M. *The C++ Standard Library: A Tutorial and Reference. Second Edition.* Addison–Wesley, 2012. ISBN 978-0321623218.
- Lippman, Stanley B., Josèe Lajoie, and Barbara E. Moo. *The C++ Primer. Fifth Edition.* Addison–Wesley, 2013. ISBN 0321714113.
『C++ プライマー 第 5 版』、神林靖 監修、株式会社クイープ 訳、翔泳社、2016 年
- Stroustrup, Bjarne. *The C++ Programming Language. Fourth Edition.* Addison–Wesley, 2012. ISBN 978-0321714114.
『プログラミング言語 C++ 第 4 版』、柴田望洋 訳、SB クリエイティブ、2015 年

- STL および `iostream` ライブラリの SGI 実装のドキュメント：
  http://www.sgi.com/tech/stl

だまされた気分だろうか。コンテナーとその使用法を説明するのが筋だと思っているだろうか。それは無理というものだ。標準の機能の数も、便利な手法の数も、便利なライブラリの数も多すぎて、それらを一度に理解しようとするのは無茶である。プログラミングはあまりにも内容が豊富な分野であるため、すべての機能や手法を全員が理解しているわけではない。プログラマーである読者は、言語の機能、ライブラリ、手法に関する新しい情報を常に追い求めなければならない。プログラミングは動的で急速に発展している分野であるため、自分が知っていることや慣れていることで満足していると、すぐに取り残されてしまう。「調べること」は多くの問題に対するまったく理にかなった答えである。自分のスキルが向上し、成熟するに従い、それが答えとなる状況はますます増えていくだろう。

一方で、`vector`、`list`、`map` の 3 つのコンテナーと、第 21 章で説明する標準アルゴリズムを理解すれば、STL の他のコンテナーや STL スタイルのコンテナーを簡単に利用できるようになるだろう。また、STL 以外のコンテナーとそれらを使用するコードを理解するための基礎知識も身につくはずだ。

コンテナーとは何だろうか。STL コンテナーの定義は、上記の情報源のすべてで見つかる。ここでは、STL コンテナーの簡単な定義を示すにとどめる。

- STL コンテナーは要素のシーケンス [`begin()`:`end()`] である。
- コピー演算では要素がコピーされる。コピーは代入またはコピーコンストラクターを使って実行できる。
- 要素型は `value_type` として指定する。
- `iterator` および `const_iterator` という名前のイテレーター型を使用する。イテレーターは `*`、`++`（前置および後置）、`==`、`!=` を適切なセマンティクスで提供する。`list` のイテレーターはシーケンスを手前（後方）へ移動するための `--` もサポートしており、**双方向イテレーター**（*bidirectional iterator*）と呼ばれる。`vector` のイテレーターも `--`、`[]`、`+`、`-` をサポートしており、**ランダムアクセスイテレーター**（*random-access iterator*）と呼ばれる（§20.10.1）。
- `insert()` と `erase()`、`front()` と `back()`、`push_back()` と `pop_back()`、`size()` などを提供する。`vector` と `map` は添字（演算子 `[]` など）もサポートしている。
- 要素を比較する比較演算子（`==`、`!=`、`<`、`<=`、`>`、`>=`）を提供する。コンテナーは `<`、`<=`、`>`、`>=` で辞書式順序を使用する。つまり、それらは要素を最初から順番に比較する。

このリストは大まかなものであり、詳細については付録 B にまとめてある。より正確な仕様と完全なリストについては、*The C++ Programming Language* [1] または ISO C++ 規格で調べる必要がある。

標準コンテナーに要求される機能のほとんどを提供するデータ型もあるが、すべてを提供するわけではない。本書では、それらを「ほぼコンテナー」と呼ぶことがある。最も興味深いものをあげてみよう。

---

[1] 『プログラミング言語 C++ 第 4 版』、柴田望洋 訳、SB クリエイティブ、2015 年

20.10 コンテナーの概要

ほぼコンテナー	
T[n] 組み込み配列	size() などのメンバー関数を提供しない。選択の余地がある場合は、組み込み配列ではなく vector、string、array などのコンテナーを選択する
string	文字のみを格納するが、連結（+、+=）などのテキスト処理に役立つ演算を提供する。他の文字列ではなく標準の文字列を選択することが望ましい
valarray	vector の演算をサポートするが、パフォーマンスのよい実装を促進するために多くの制限を持つ数値ベクター。ベクター算術を多用する場合にのみ使用する

　これに加えて、多くの個人や組織によって、標準コンテナーの要件を満たしている、あるいはほぼ満たしているコンテナーが作成されている。

　疑わしい場合は vector を使用するようにしよう。確かな理由がない限り、vector を使用しよう。

20.10.1 イテレーターの種類

　ここまでは、すべてのイテレーターを同じ方法で使用できるかのように説明してきた。イテレーターを同じ方法で使用できるのは、シーケンスを走査しながらそれぞれの値を1回だけ読み取るなど、かなり単純な演算を行う場合だけである。逆方向のイテレーションや添字演算などを行いたい場合は、より高度なイテレーターが必要だ。

イテレーターの種類	
入力イテレーター	++ を使って前方へのイテレーションを行い、* を使って要素の値を読み取ることができる。これは istream がサポートする種類のイテレーターである（§21.7.2）。(*p).m が有効である場合は、p->m を省略表記として使用できる
出力イテレーター	++ を使って前方へのイテレーションを行い、* を使って要素の値を書き出すことができる。これは ostream がサポートする種類のイテレーターである（§21.7.2）
前方イテレーター	++ を使って前方へのイテレーションを繰り返し、* を使って要素の値を読み書きできる。もちろん、要素が const ではないことが前提となる。(*p).m が有効である場合は、p->m を省略表記として使用できる
双方向イテレーター	++ を使って前方へのイテレーションを行い、-- を使って後方へのイテレーションを行い、（要素が const でない限り）* を使って要素の値を読み書きできる。これは list、map、set がサポートする種類のイテレーターである。(*p).m が有効である場合は、p->m を省略表記として使用できる

イテレーターの種類	
ランダムアクセスイテレーター	`++` を使って前方へのイテレーションを行い、`--` を使って後方へのイテレーションを行い、(要素が const でない限り) `*` または `[]` を使って要素の値を読み書きできる。添字を使用でき、`+` を使ってイテレーターに整数を足すことができ、`-` を使って整数を引くことができる。同じシーケンスに対する 2 つのランダムアクセスイテレーター間の距離を割り出すには、一方のイテレーターからもう一方のイテレーターを引く。これは vector がサポートする種類のイテレーターである。`(*p).m` が有効である場合は、`p->m` を省略表記として使用できる

サポートされている演算から、出力イテレーターまたは入力イテレーターを使用できるかどうか、前方イテレーターを使用できるかどうかがわかる。双方向イテレーターは前方イテレーターでもあり、ランダムアクセスイテレーターは双方向イテレーターでもある。イテレーターの種類を図解すると、以下のようになる。

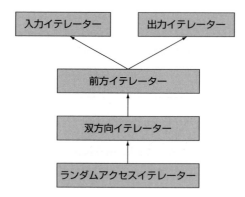

イテレーターの種類はクラスではないため、この階層が派生を使って実装されるクラス階層ではないことに注意しよう。

20.10 コンテナーの概要

■ ドリル

1. 10 個の要素 { 0, 1, 2, 3, 4, 5, 6, 7, 8, 9 } を持つ int 型の配列を定義する。
2. 同じ 10 個の要素を持つ `vector<int>` を定義する。
3. 同じ 10 個の要素を持つ `list<int>` を定義する。
4. 1 つ目の配列、`vector`、`list` のコピーとしてそれぞれ初期化される 2 つ目の配列、`vector`、`list` を定義する。
5. 配列の各要素の値を 2 ずつ増やす。`vector` の各要素の値を 3 ずつ増やす。`list` の各要素の値を 5 ずつ増やす。
6. 標準ライブラリのコピー関数と同じように [f1,e1) を [f2,f2+(e1-f1)) にコピーし、f2+(e1-f1) を返す単純な copy 関数を記述する。f1==e1 の場合はシーケンスが空であるため、コピーするものがないことに注意。

    ```
    template<typename Iter1, typename Iter2>
    // Input_iterator<Iter1>() と Output_iterator<Iter2>() を要求
    Iter2 copy(Iter f1, Iter1 e1, Iter2 f2);
    ```

7. copy 関数を使って配列を `vector` にコピーし、`list` を配列にコピーする。
8. 標準ライブラリの find 関数を使って `vector` に 3 の値が含まれているかどうかを調べ、含まれている場合はその位置を出力する。find 関数を使って `list` に 27 の値が含まれているかどうかを調べ、含まれている場合はその位置を出力する。1 つ目の要素の「位置」は 0、2 つ目の要素の位置は 1 である。find 関数がシーケンスの終端を返す場合は、値が検出されなかったことを示す。

各ステップの後に忘れずにテストを行うようにしよう。

■ 復習

1. 書く人によってコードが異なるのはなぜか。例をあげる。
2. データにする単純な質問とは何か。
3. データを格納する何種類かの方法とは何か。
4. データアイテムの集まりに対して実行できる基本演算は何か。
5. データを格納する方法の理念とは何か。
6. STL シーケンスとは何か。
7. STL イテレーターとは何か。それはどのような演算をサポートするか。
8. イテレーターを次の要素へ移動するにはどうすればよいか。
9. イテレーターを手前の要素へ移動するにはどうすればよいか。
10. シーケンスの終端を超えてイテレーターを移動しようとした場合はどうなるか。
11. 手前の要素へ移動できるイテレーターはどのような種類のものか。
12. データをアルゴリズムから切り離すことが有益なのはなぜか。
13. STL とは何か。
14. リンクリストとは何か。基本的に `vector` とはどのように異なるか。

15. （リンクリストの）リンクとは何か。
16. `insert()` は何をするか。`erase()` は何をするか。
17. シーケンスが空であることはどうすればわかるか。
18. `list` に対してイテレーターがサポートする演算は何か。
19. STL を使ってコンテナーをループで処理するにはどうすればよいか。
20. `vector` ではなく `string` を使用するのはどのようなときか。
21. `vector` ではなく `list` を使用するのはどのようなときか。
22. コンテナーとは何か。
23. `begin()` と `end()` はコンテナーに対して何を行うべきか。
24. STL がサポートしているコンテナーは何か。
25. イテレーターの種類とは何か。STL はどのような種類のイテレーターを提供するか。
26. ランダムアクセスイテレーターではサポートされるが、双方向イテレーターではサポートされない演算は何か。

■ 用語

`array` コンテナー（array container）	イテレーター（iterator）
`auto`	型エイリアス（type alias）
`begin()`	空のシーケンス（empty sequence）
`end()`	コンテナー（container）
`erase()`	シーケンス（sequence）
`insert()`	走査（traversal）
`size_type`	双方向リンクリスト（doubly-linked list）
STL（Standard Template Library）	単方向リンクリスト（singly-linked list）
`using`	要素（element）
`value_type`	リンクリスト（linked list）
アルゴリズム（algorithm）	連続（contiguous）
イテレーション（iteration）	

■ 練習問題

1. 本章の「TRY THIS」をまだ実行していない場合は実行する。
2. Jack と Jill の例（§20.1.2）を動作させる。いくつかの小さなファイルからの入力を使ってテストする。
3. 回文の例（§18.7）を調べ、そのさまざまな手法を用いて Jack と Jill の例（§20.1.2）をもう一度実行する。
4. STL の手法を全面的に用いて Jack と Jill の例（§20.3.1）からエラーを見つけ出し、修正する。
5. `vector` の入力演算子（`>>`）と出力演算子（`<<`）を定義する。
6. 「§20.6.2 イテレーション」の内容に基づいて `Document` の検索置換演算を記述する。

7. ソートされていない vector<string> で、辞書式順序で最後にマッチする文字列を検索する。
8. Document の文字の数を数える関数を定義する。
9. Document の単語の数を数えるプログラムを定義する。単語を「ホワイトスペースで区切られた文字のシーケンス」として定義するバージョンと、単語を「連続するアルファベット文字のシーケンス」として定義するバージョンを作成する。たとえば 1 つ目の定義では、alpha.numeric と as12b はどちらも 1 つの単語だが、2 つ目の定義では、どちらも 2 つの単語である。
10. 単語カウントプログラムのホワイトスペース文字をユーザーが指定できるようにする。
11. list<int> が（参照渡しの）パラメーターとして指定されると仮定して、vector<double> を作成し、リストの要素をコピーする。コピーが完全で正しいことを確認し、昇順でソートした値を出力する。
12. 本章の list の定義（§20.4.1〜20.4.2）を完成させ、high 関数の例を動作させる。終端の 1 つ先を表す Link を確保する。
13. 実は、list では、終端の 1 つ先を表す Link は必要ない。練習問題 12 の解決策を修正し、（存在しない）終端の 1 つ先を表す Link（list<Elem>::end()）へのポインターを 0 で表すようにする。そうすれば、空のリストのサイズを 1 つのポインターのサイズと同じにできる。
14. std::list スタイルの単方向リンクリスト slist を定義する。slist が back ポインターを持たないことを考えると、slist から除外してもよい list の演算は何か。
15. ポインターの vector と同様の pvector を定義する。pvector はオブジェクトへのポインターを保持し、そのデストラクターは各オブジェクトをデリート（delete）する。
16. pvector と同様の ovector を定義する。pvector の [] 演算子と * 演算子は、ポインターを返すのではなく、要素が指しているオブジェクトへの参照を返す。
17. ownership_vector を定義する。ownership_vector は pvector と同様にオブジェクトへのポインターを保持するが、ownership_vector によって所有されるオブジェクトをユーザーが決定するためのメカニズムを提供する。つまり、デストラクターによってデリート（delete）されるオブジェクトはユーザーが決める。ヒント：第 13 章をよく読んでいれば、この練習問題は簡単だ。
18. vector の範囲チェック付きのイテレーター（ランダムアクセスイテレーター）を定義する。
19. list の範囲チェック付きのイテレーター（双方向イテレーター）を定義する。
20. vector と list を使用するコストを比較するために、簡単な計測実験を行う。プログラムの実行時間を計測する方法については、第 26 章の「§26.6.1 時間の計測」で説明する。$[0:N)$ の範囲で N 個の int 型の乱数値を生成する。int 型の値が生成されるたびに、それを vector<int> に挿入する（そのたびに要素が 1 つ増える）。vector はソートされた状態に保つ。つまり、新しい値が挿入される位置は、新しい値と同じかそれよりも小さい値の後ろで、かつ新しい値よりも大きいすべての値の前である。次に、int 型の値を格納するために list<int> を使って同じ実験を行う。list が vector よりも高速なのは N がいくつのときか。この実験は John Bentley によって最初に提案されたものである。

■ 追記

　データのコンテナーが N 種類あり、それらを使って行いたいことが M 種類ある場合は、$N \times M$ 種類のコードを記述することになるかもしれない。データが K 種類ある場合は、$N \times M \times K$ 種類のコードを記述することになるかもしれない。STL はこの増殖に対処するために、要素型をパラメーターとして使用（K 係数を処理）することで、データへのアクセスをアルゴリズムから切り離す。イテレーターを使って任意のアルゴリズムから任意の種類のコンテナーのデータにアクセスすれば、それを $N + M$ 個のアルゴリズムで済ませることができる。これはかなりの単純化である。たとえば、12 種類のコンテナーと 60 種類のアルゴリズムがある場合、強引な手法では 720 個の関数が必要になるが、STL 手法ではたった 60 個の関数とイテレーターの 12 個の定義で済む。つまり、作業の 90% を省くことができる。さらに、STL には正しいコードと組み立て可能なコードの記述を容易にするアルゴリズムを定義するための規約があるため、さらに多くの作業が省かれる。

第 21 章
アルゴリズムとマップ

> 理論上は、実践は簡単だ。
> —— Trygve Reenskaug

STL の基本概念を明らかにし、STL が提供する機能を調べる作業は本章で完了する。ここではアルゴリズムに焦点を合わせる。本章の主な目的は、数か月とはいかないまでも、数日分の労力を省くことができる最も便利なアルゴリズムを紹介することである。ここでは、各アルゴリズムの使用法とそれらがサポートしているプログラミング手法を、例を交えて説明する。本章には、標準ライブラリや他のライブラリが提供していないものが必要になった場合に、洗練された効率のよいアルゴリズムを独自に作成するのに十分なツールを示す、という目的もある。それに加えて、map、set、unordered_map の 3 つのコンテナーも紹介する。

- 21.1 標準ライブラリのアルゴリズム
- 21.2 最も単純なアルゴリズム：find()
  - 21.2.1 一般的な用途
- 21.3 一般的な検索：find_if()
- 21.4 関数オブジェクト
  - 21.4.1 関数オブジェクトの概要
  - 21.4.2 クラスのメンバーを使用する述語
  - 21.4.3 ラムダ式
- 21.5 数値アルゴリズム
  - 21.5.1 累積
  - 21.5.2 accumulate() の一般化
  - 21.5.3 内積
  - 21.5.4 inner_product() の一般化
- 21.6 連想コンテナー
  - 21.6.1 map
  - 21.6.2 map の概要
  - 21.6.3 map のもう 1 つの例
  - 21.6.4 unordered_map
  - 21.6.5 set
- 21.7 コピー
  - 21.7.1 copy()
  - 21.7.2 ストリームイテレーター
  - 21.7.3 set を使って順序を保つ
  - 21.7.4 copy_if()
- 21.8 ソートと検索
- 21.9 コンテナーアルゴリズム

第 21 章　アルゴリズムとマップ

21.1　標準ライブラリのアルゴリズム

標準ライブラリでは、約 60 個のアルゴリズムが提供されており、どれも誰かの役に立つことがある。ここでは、多くのプログラムに役立つアルゴリズムと、場合によっては非常に役立つアルゴリズムを取り上げる。

標準ライブラリの主なアルゴリズム	
r=find(b,e,v)	r は [b:e) に最初に含まれている v を指す
r=find_if(b,e,p)	r は [b:e) において p(x) が true である最初の要素 x を指す
x=count(b,e,v)	x は [b:e) に含まれている v の個数を表す
x=count_if(b,e,p)	x は [b:e) において p(x) が true となる要素の個数を表す
sort(b,e)	< を使って [b:e) をソートする
sort(b,e,p)	p を使って [b:e) をソートする
copy(b,e,b2)	[b:e) を [b2:b2+(e-b)) にコピーする。b2 の後に十分なスペースがあることが前提となる
unique_copy(b,e,b2)	[b:e) を [b2:b2+(e-b)) にコピーする。隣り合わせに配置された重複する要素はコピーしない
merge(b,e,b2,e2,r)	ソート済みの 2 つのシーケンス [b2:e2) と [b:e) を [r:r+(e-b)+(e2-b2)) にマージする
r=equal_range(b,e,v)	r はすべての要素が v の値を持つソート済みのサブシーケンス [b:e) を表す。基本的には v の二分探索
equal(b,e,b2)	[b:e) と [b2:b2+(e-b)) の要素がすべて等しいかどうかを比較する
x=accumulate(b,e,i)	x は i と [b:e) の要素の合計
x=accumulate(b,e,i,op)	もう 1 つの accumulate と同様だが、op を使って「合計」を求める
x=inner_product(b,e,b2,i)	x は [b:e) と [b2:b2+(e-b)) の内積
x=inner_product(b,e,b2,i,op,op2)	もう 1 つの inner_product と同様だが、+ と * の代わりに op と op2 を使用する

　デフォルトでは、等価の比較には == が使用され、順序付けには <（小なり）が使用される。標準ライブラリのアルゴリズムは <algorithm> で定義されている。詳細は、付録 B の「§B.5 アルゴリズム」および「§21.2 最も単純なアルゴリズム：find()」～「§21.5 数値アルゴリズム」に示されている情報源で見つかる。これらのアルゴリズムはシーケンスを 1 つ以上使用する。入力シーケンスはイテレーターのペアによって定義され、出力シーケンスはその最初の要素へのイテレーターによって定義される。通常、アルゴリズムは関数オブジェクトまたは関数として定義できる 1 つ以上の演算によってパラメー

ター化され、入力シーケンスの終端を返すことによって「失敗」を報告する。たとえば find(b,e,v) は、v が見つからない場合に e を返す。

21.2 最も単純なアルゴリズム：find()

最も単純で便利なアルゴリズムは、ほぼ間違いなく find() である。find() はシーケンスから特定の値を持つ要素を見つけ出す。

```
template<typename In, typename T>
// Input_iterator<In>() と Equality_comparable<Value_type<T>>() を要求
In find(In first, In last, const T& val)   // [first,last) の範囲で val に
{                                           // 等しい最初の要素を検索
    while (first!=last && *first!=val) ++first;
    return first;
}
```

find() の定義を見てみよう。もちろん、find() の正確な実装方法がわからなくても、それを使用することは可能である。実際、本書ではすでに find() を使用している（§20.6.2 など）。ただし、find() の定義には有益な設計理念が多く込められているため、調べてみる価値がある。

まず、find() はイテレーターのペアによって定義されるシーケンスを使用する。ここでは、半開区間 [first:last) で定義されるシーケンスで値 val を検索している。find() の戻り値の型はイテレーターであり、シーケンスにおいて val の値を持つ最初の要素を指しているか、last を指している。last はシーケンスの最後の要素の 1 つ先を指すイテレーターである。last を返すことは、「見つからなかった」ことを報告する STL の最も一般的な方法である。このため、find() を以下のように使用できる。

```
void f(vector<int>& v, int x)
{
    auto p = find(v.begin(),v.end(),x);
    if (p!=v.end()) {
        // v から x が検出された
    }
    else {
        // v から x が検出されなかった
    }
    ...
}
```

このシーケンスは、コンテナー（STL の vector）のすべての要素で構成されている。find() から返されたイテレーターを end() と比較することで、値が検出されたかどうかを確認している。

戻り値の型を指定する代わりに auto 型指定子を使用していることがわかる。auto で定義されたオブジェクトの型は、そのイニシャライザーの型になる。

```
auto ch = 'c';    // ch は char
auto d = 2.1;     // d は double
```

autoは特にfind()のようなジェネリックコードで役立つ。こうしたコードでは、実際の型（この場合はvector<int>::iterator）を指定するのが煩わしいことがある。

find()を使用する方法がわかれば、find()と同じ規約に従う他のアルゴリズムを使用する方法もわかる。他の使用法やアルゴリズムの説明に進む前に、その定義を少し詳しく見てみよう。

```
template<typename In, typename T>
// Input_iterator<In>() と Equality_comparable<Value_type<T>>() を要求
In find(In first, In last, const T& val)   // [first,last) の範囲で val に
{                                           // 等しい最初の要素を検索
    while (first!=last && *first!=val) ++first;
    return first;
}
```

このループの意味がひと目でわかっただろうか。筆者にはわからなかった。実際には、これは基本アルゴリズムの効率的で、端的な、最小限の表現だが、例をいくつか見てみないとどういうことかわからないだろう。これを「平凡な方法」で記述したものと比較してみよう。

```
template<typename In, typename T>
// Input_iterator<In>() と Equality_comparable<Value_type<T>>() を要求
In find(In first, In last, const T& val)   // [first,last) の範囲で val に
{                                           // 等しい最初の要素を検索
    for (In p=first; p!=last; ++p)
        if (*p==val) return p;
    return last;
}
```

これら2つの定義は論理的に同等であり、本当に出来のよいコンパイラーならどちらの定義でも同じコードを生成するだろう。だが、現状のほとんどのコンパイラーには、必要のない変数（p）を取り除き、すべての評価が1か所で行われるようにするほどの能力はない。これをわざわざ説明するのはなぜだろうか。1つには、最初の（望ましい）バージョンのfind()はかなり定着してきたため、他人のコードを読むにはそれを理解しなければならないからだ。また、大量のデータを扱い、頻繁に使用される小さな関数でこそ、パフォーマンスが重要だからでもある。

21.2 最も単純なアルゴリズム：find()

TRY THIS

これら 2 つの定義が論理的に同等であることに納得がいくだろうか。どのようにすれば納得がいくだろうか。それらが同等であることを論理立てて説明してみる。それが済んだら、同じデータで両方を試してみる。ある有名なコンピューター科学者（Donald Knuth）がかつて述べたように、「アルゴリズムが正しいことを証明しただけで、テストしたことにはならない」。数学的な証明にもエラーが含まれている可能性がある。確信を得るには、論証とテストの両方が必要だ。

21.2.1 一般的な用途

find() アルゴリズムはジェネリックであり、さまざまなデータ型で使用できる。実際には、このアルゴリズムは以下の 2 つの点でジェネリックであり、それらに使用できる。

- STL スタイルのあらゆるシーケンス
- あらゆる要素型

例をいくつか見てみよう。わかりにくい場合は、第 20 章の「§20.4 リンクリスト」の図が参考になるだろう。

```
void f(vector<int>& v, int x)   // int 型の vector に対応
{
    vector<int>::iterator p = find(v.begin(),v.end(),x);
    if (p!=v.end()) { /* x が検出された */ }
    ...
}
```

この場合、find() が使用するイテレーター演算は vector<int>::iterator のものである。つまり、(++first の) ++ は単にポインターをメモリーの次の位置へ移動し、(*first の) * はそうしたポインターを間接参照する。メモリーの次の位置とは、vector の次の要素が格納されている位置である。(first!=last の) イテレーターの比較はポインターの比較であり、(*first!=val の) 値の比較は単に 2 つの整数を比較する。

list で試してみよう。

```
void f(list<string>& v, string x)   // string 型の list に対応
{
    list<string>::iterator p = find(v.begin(),v.end(),x);
    if (p!=v.end()) { /* x が検出された */ }
    ...
}
```

745

この場合、find() が使用するイテレーター演算は list<string>::iterator のものである。これらの演算子の意味は決まっているため、ロジックは先の vector<int> のものと同じである。ただし、実装は大きく異なる。(++first の) ++ は単に要素の Link 部分で list の次の要素が格納されている場所へのポインターをたどり、(*first の) * は Link の値部分を検索する。(first!=last の) イテレーターの比較は Link* のポインターの比較であり、(*first!=val の) 値の比較は string の != 演算子を使った string の比較である。

このように find() はきわめて柔軟である。イテレーターの単純なルールに従っている限り、思いつく限りのシーケンスやコンテナで要素の検索に find() を使用できる。たとえば find() を使用することにより、第 20 章の「§20.6 例：単純なテキストエディタ」で定義したように Document の文字を検索できる。

```
void f(Document& v, char x)    // char を含んでいる Document に対応
{
    Text_iterator p = find(v.begin(),v.end(),x);
    if (p!=v.end()) { /* x が検出された */ }
    ...
}
```

この種の柔軟性は STL アルゴリズムの大きな特徴であり、それらはほとんどの人が最初に想像する以上に有益である。

21.3　一般的な検索：find_if()

実際には、特定の値を検索するケースはそれほど多くない。それよりも、何らかの条件を満たす値を検索するケースのほうが多い。検索条件を明示的に定義できれば、find() はもっと便利になるはずだ。42 よりも大きい値を検索したいこともあれば、大文字と小文字を区別せずに文字列を比較したいこともあるし、最初の奇数の値を検索したいこともあるし、住所フィールドが "17 Cherry Tree Lane" であるレコードを検索したいこともある。

ユーザーが指定した条件に基づいて検索を行う標準アルゴリズムは、find_if() である。

```
template<typename In, typename Pred>
// Input_iterator<In>() と Predicate<Pred,Value_type<In>>() を要求
In find_if(In first, In last, Pred pred)
{
    while (first!=last && !pred(*first)) ++first;
    return first;
}
```

ソースコードを比較してみると、*first!=val の代わりに !pred(*first) を使用していることを除けば、find() と同様であることがわかる。つまり、検索を終了するのは要素が値と等しいときではなく、述語 pred() が成功したときである。

21.3 一般的な検索：find_if()

述語（*predicate*）とは、true または false を返す関数のことだ。find_if() は引数を 1 つ要求する述語を使用するため、pred(*first) と指定できる。「文字列に文字 x が含まれているか」「値が 42 よりも大きいか」「数字は奇数か」といった値の特性をチェックできる述語を記述するのは簡単だ。たとえば、int 型の vector から最初の奇数の値を検索するコードは以下のようになる。

```
bool odd(int x) { return x%2; }   // % は剰余演算子

void f(vector<int>& v)
{
    auto p = find_if(v.begin(),v.end(),odd);
    if (p!=v.end()) { /* 奇数が検出された */ }
    ...
}
```

この呼び出しに応じて、find_if() は最初の奇数が検出されるまで各要素で odd() を呼び出す。引数として関数を渡すときには、() まで書くと関数が呼び出されてしまうため、関数名の後に () を書かないように注意しよう。

同様に、リストから 42 よりも大きい値を持つ最初の要素を検索するコードは以下のようになる。

```
bool larger_than_42(double x) { return x>42; }

void f(list<double>& v)
{
    auto p = find_if(v.begin(),v.end(),larger_than_42);
    if (p!=v.end()) { /* 42 よりも大きい値が検出された */ }
    ...
}
```

だが、この方法はあまり芳しくない。たとえば、41 よりも大きい要素や 19 よりも大きい要素を検索したい場合はどうするのだろうか。そのつど新しい関数を記述するのだろうか。それはばかげている。もっとよい方法があるに違いない。

任意の値 v と比較したい場合は、どうにかして v を find_if() の述語の暗黙的な引数にする必要がある。実際に試してみよう。ここでは、他の名前と衝突する可能性が低い v_val という名前を使用する。

```
double v_val;      // larger_than_v() がその引数と比較する値
bool larger_than_v(double x) { return x>v_val; }

void f(list<double>& v, int x)
{
    v_val = 31;   // larger_than_v の次の呼び出しに対して v_val を 31 に設定
```

```
    auto p = find_if(v.begin(),v.end(),larger_than_v);
    if (p!=v.end()) { /* 31 よりも大きい値が検出された */ }

    v_val = x;    // larger_than_v の次の呼び出しに対して v_val を x に設定
    auto q = find_if(v.begin(),v.end(),larger_than_v);
    if (q!=v.end()) { /* x よりも大きい値が検出された*/ }
    ...
}
```

やれやれ、こんなコードを書いているといつかひどい目に遭うに違いない。だが、本当にかわいそうなのは、こんなプログラムを使用するはめになったユーザーと、そのコードをメンテナンスすることになった人である。繰り返すが、もっとよい方法があるはずだ。

TRY THIS

v をそのように使用することをなぜそこまで嫌悪するのか。これがそう簡単には見つからないエラーの原因になり得る状況を少なくとも3つあげてみる。また、このようなコードが含まれていてはならないアプリケーションの例を3つあげてみる。

21.4 関数オブジェクト

そこで、`find_if()` に述語を渡せるようにし、その述語に何らかの引数として指定した値が要素と比較されるようにしたい。具体的には、以下のようなコードを記述したい。

```
void f(list<double>& v, int x)
{
    auto p = find_if(v.begin(),v.end(),Larger_than(31));
    if (p!=v.end()) { /* 31 よりも大きい値が検出された */ }

    auto q = find_if(v.begin(),v.end(),Larger_than(x));
    if (q!=v.end()) { /* x よりも大きい値が検出された */ }
    ...
}
```

`Larger_than` が以下のようなものでなければならないことは明らかだ。

- `pred(*first)` のように、述語として呼び出せる。
- 31 や x など、呼び出されたときに使用する値を格納できる。

21.4 関数オブジェクト

そのためには「関数オブジェクト」が必要である。つまり、関数のように振る舞うことができるオブジェクトが必要だ。オブジェクトが必要なのは、比較する値などのデータをオブジェクトに格納できるからだ。

```
class Larger_than {
    int v;
public:
    Larger_than(int vv) : v(vv) { }            // 引数を格納
    bool operator()(int x) const { return x>v; }   // 比較
};
```

興味深いことに、この定義により、先の例が指定されたとおりに動作するようになる。あとは、それがなぜうまくいくのかを解明すればよい。`Larger_than(31)` を指定すると、(当然ながら) `Larger_than` クラスのオブジェクトが生成される。このオブジェクトのデータメンバー v には、31 の値が含まれている。

```
find_if(v.begin(),v.end(),Larger_than(31))
```

この場合は、そのオブジェクトを `pred` という名前のパラメーターとして `find_if()` に渡している。`find_if()` は v の要素ごとに以下を呼び出す。

```
pred(*first)
```

これにより、関数オブジェクトの `operator()` という関数呼び出し演算子が引数 `*first` を使って呼び出される。結果として、要素の値 (`*first`) が 31 と比較される。

このように、関数呼び出しは他の演算子と同じように演算子(() 演算子)と見なすことができる。() 演算子は、**関数呼び出し演算子** (*function call operator*) または**関数適用演算子** (*application opetator*) とも呼ばれる。`vector::operator[]` を定義することで `v[i]` のような添字演算が可能になるのと同様に、`Larger_than::operator()` を定義すれば、`pred(*first)` のような (関数呼び出しそっくりの) 演算も可能になる。

21.4.1 関数オブジェクトの概要

ここでは、必要なデータを「関数が持ち運ぶ」ためのメカニズムを示す。関数オブジェクトは非常に一般的で、強力で、便利なメカニズムを提供する。関数オブジェクトのより一般的な概念から見ていこう。

```
class F {    // 関数オブジェクトの抽象的な例
    S s;     // 状態
public:
    F(const S& ss) :s(ss) { /* 初期状態を設定 */ }
    T operator() (const S& ss) const
    {
```

```
            // ss を使って s に何かをするコード
            // T 型（たいてい void、bool、S）
        }

        const S& state() const { return s; }   // 状態を公開
        void reset(const S& ss) { s = ss; }    // 状態をリセット
    };
```

　F クラスのオブジェクトは、そのメンバー s にデータを格納する。関数オブジェクトは必要に応じてデータメンバーをいくつでも持つことができる。このように何かがデータを保持することを、「状態を持つ」とも表現する。F を作成するときには、その状態を初期化できる。その状態はいつでも読み取ることができる。F クラスには、その状態を読み取るための state() と、それを書き込むための reset() が定義されている。ただし、関数オブジェクトを設計するときには、適切であると思える方法で、その状態に自由にアクセスできる。そしてもちろん、通常の関数呼び出し表記を使って関数オブジェクトを直接または間接的に呼び出すことができる。ここでは、呼び出し時に引数を 1 つだけ要求するように F を定義しているが、関数オブジェクトは必要な個数のパラメーターで定義できる。

　関数オブジェクトの使用は、STL におけるパラメーター化の主な手法である。関数オブジェクトは、検索するものを指定したり（§21.3）、ソートの条件を定義したり（§21.4.2）、数値アルゴリズムで算術演算を指定したり（§21.5）、値が等しいことの意味を定義するなど（§21.8）、さまざまな目的で使用される。関数オブジェクトを使用することは、柔軟性と汎用性の大きな源である。

　関数オブジェクトはたいてい非常に効率がよい。特に、小さな関数オブジェクトをテンプレート関数に値渡しにすれば、通常はパフォーマンスの最適化につながる。その理由は単純だ —— 引数として関数を渡すことに慣れている人は意外に思うかもしれないが、関数オブジェクトを渡す場合のほうが、関数を渡す場合よりもコードがはるかに小さく高速になるのである。これが当てはまるのは、オブジェクトが小さい（0〜2 ワード分のデータしかない）か参照渡しになっていて、関数呼び出し演算子が < を使った単純な比較といった小さなものであり、インラインで定義されている（クラスの中にその定義がある）場合に限られる。本章 —— および本書 —— の例のほとんどは、このパターンに従っている。小さく単純な関数オブジェクトのパフォーマンスがよい基本的な理由は、コンパイラーが最適化されたコードを生成するのに十分な型情報がそれらに含まれていることにある。最適化が貧弱な古いコンパイラーであったとしても、Larger_than の中で行われる比較のために関数を呼び出す代わりに、単純な比較命令を生成できる。一般に、関数呼び出しには、単純な比較演算を実行する 10〜50 倍の時間がかかる。さらに、関数呼び出しのコードは単純な比較を行うコードの数倍の大きさになる。

21.4.2　クラスのメンバーを使用する述語

　標準アルゴリズムは、int や double といった基本的な型の要素からなるシーケンスにうまく対応する。ただし、適用する分野によっては、クラス型の値からなるコンテナーのほうがはるかに一般的である。多くの分野での適用の鍵となる例を見てみよう。以下のコードはレコードをいくつかの条件でソートする。

```
    struct Record {
        string name;    // 使いやすさを考慮して、標準の string を使用
```

```
        char addr[24];    // データベースレイアウトと適合する古いスタイル
        ...
    };

    vector<Record> vr;
```

vr を名前でソートしたいこともあれば、住所でソートしたいこともある。両方を的確に効率よく行うことができなければ、実装対象としての興味を失うことになる。幸い、それを実現するのは簡単だ。

```
    ...
    sort(vr.begin(),vr.end(),Cmp_by_name());    // name でソート
    ...
    sort(vr.begin(),vr.end(),Cmp_by_addr());    // addr でソート
    ...
```

Cmp_by_name は、name メンバーを比較することにより 2 つの Record を比較する関数オブジェクトである。Cmp_by_addr は、addr メンバーを比較することにより 2 つの Record を比較する関数オブジェクトである。標準ライブラリの sort アルゴリズムでは、こうした比較条件をユーザーが指定できるよう、3 つ目のパラメーターがオプションとして定義されている。Cmp_by_name() は、sort() が Record の比較に使用する Cmp_by_name を作成する。それは問題ないように思える。つまり、そのようなコードをメンテナンスするのはそれほど苦にならない。あとは、Cmp_by_name と Cmp_by_addr を定義するだけだ。

```
    // Record オブジェクトの比較
    struct Cmp_by_name {
        bool operator()(const Record& a, const Record& b) const
            { return a.name<b.name; }
    };

    struct Cmp_by_addr {
        bool operator()(const Record& a, const Record& b) const
            { return strncmp(a.addr,b.addr,24) < 0; }    // !!!
    };
```

Cmp_by_name クラスは非常に明白である。関数呼び出し演算子 operator() は、標準の string の < 演算子を使って name 文字列を比較するだけである。これに対し、Cmp_by_addr での比較はやっかいだ。よりによって、住所の表現として（0 で終端しない）24 文字の配列を選択したからだ。この表現を選択したのは、関数オブジェクトを使用することでエラーになりやすいコードを隠ぺいできることを示したかったのと、この表現がかつて筆者が抱えていた難題でもあったからだ。それは「STL では解決できないやっかいで重大な現実の問題」だった ── まあ、実は STL で解決できたのだが。この比較関数は、C（および C++）の標準ライブラリの strncmp 関数を使用している。strncmp 関数は、固定長の文字配列を比較し、辞書式順序において 2 つ目の「文字列」が 1 つ目の「文字列」よりも後ろに

来る場合に負の値を返す。このようなわかりにくい比較関数を使用するときには、必ず前もって調べておこう（§B.10.3）。

21.4.3　ラムダ式

プログラムのある場所で定義された関数オブジェクト（または関数）を別の場所で使用するのが少し面倒なことがある。特に、実行したいアクションが理解しやすく非常に簡単に指定できるもので、必要なのはその1回だけであるとしたら、ちょっと悩んでしまう。そのような場合は、ラムダ式を使用すればよい（§15.3.3）。ラムダ式については、関数オブジェクト（演算子()を持つクラス）を定義するための省略表記として考えてみるのが最も効果的かもしれない。たとえば、以下のように記述できる。

```
...
sort(vr.begin(), vr.end(),    // name でソート
    [ ] (const Record& a, const Record& b)
        { return a.name < b.name; }
);
...
sort(vr.begin(), vr.end(),    // addr でソート
    [ ] (const Record& a, const Record& b)
        { return strncmp(a.addr,b.addr,24) < 0; }
);
...
```

コードのメンテナンスのことを考えると、この場合は名前付きの関数オブジェクトを使用するほうがよいのではないだろうか。Cmp_by_name と Cmp_by_addr には、他の使い道もあるかもしれない。

だがここで、find_if() の例（§21.4）について考えてみよう。その際には、演算を引数として渡す必要があり、その演算を渡すときにデータを指定する必要があった。

```
void f(list<double>& v, int x)
{
    auto p = find_if(v.begin(),v.end(),Larger_than(31));
    if (p!=v.end()) { /* 31 よりも大きい値が検出された */ }

    auto q = find_if(v.begin(),v.end(),Larger_than(x));
    if (q!=v.end()) { /* x よりも大きい値が検出された */ }
    ...
}
```

これは以下のように記述しても同じである。

```
void f(list<double>& v, int x)
{
    auto p = find_if(v.begin(),v.end(),[](double a) { return a>31; });
    if (p!=v.end()) { /* 31 よりも大きい値が検出された */ }
    auto q = find_if(v.begin(),v.end(),[&](double a) { return a>x; });
    if (q!=v.end()) { /* x よりも大きい値が検出された */ }
    ...
}
```

ローカル変数 x の比較では、ラムダ式を使用するほうがよさそうだ。

21.5　数値アルゴリズム

標準ライブラリのアルゴリズムのほとんどは、コピー、ソート、検索など、データの管理に関する問題に対処する。一方で、数値の計算に役立つアルゴリズムもいくつかある。そうした数値アルゴリズムが重要となるのは計算を行うときであり、それらは STL フレームワークで数値アルゴリズムを表現する方法の見本となる。

標準ライブラリで提供されている STL スタイルの数値アルゴリズムは以下の 4 つである。

数値アルゴリズム	
x=accumulate(b,e,i)	シーケンスの値を足し合わせる。たとえば {a,b,c,d} に対して i+a+b+c+d を生成する。結果 x の型は初期値 i の型となる
x=inner_product(b,e,b2,i)	2 つのシーケンスの値を掛け合わせ、結果を合計する。たとえば {a,b,c,d} と {e,f,g,h} に対して i+a*e+b*f+c*g+d*h を生成する。結果 x の型は初期値 i の型となる
r=partial_sum(b,e,r)	シーケンスの最初の n 個の要素の合計からなるシーケンスを生成する。たとえば {a,b,c,d} に対して {a, a+b, a+b+c, a+b+c+d} を生成する
r=adjacent_difference(b,e,b2,r)	シーケンスの要素どうしの差からなるシーケンスを生成する。たとえば {a,b,c,d} に対して {a, b-a, c-b, d-c} を生成する

これらのアルゴリズムは <numeric> で定義されている。ここでは最初の 2 つを説明するが、残りの 2 つについても、必要であると感じた場合は調べてみるとよいだろう。

21.5.1　累積

`accumulate()` は最も単純で最も有益な数値アルゴリズムであり、基本的には、シーケンスの値を足し合わせる。

```
template<typename In, typename T>
// Input_iterator<T>() と Number<T>() を要求
T accumulate(In first, In last, T init)
{
    while (first!=last) {
        init = init + *first;
        ++first;
    }
    return init;
}
```

[first:last) シーケンスの値をそれぞれ初期値 `init` に足した後、合計を返すだけである。合計を求めるために使用される変数はよく**アキュムレーター**（*accumulator*）と呼ばれる。

```
int a[] = { 1, 2, 3, 4, 5 };
cout << accumulate(a, a+sizeof(a)/sizeof(int), 0);
```

このコードは $0+1+2+3+4+5=15$（0 は初期値）を出力する。もちろん、`accumulate()` はどのような種類のシーケンスでも使用できる。

```
void f(vector<double>& vd, int* p, int n)
{
    double sum = accumulate(vd.begin(),vd.end(),0.0);
    int sum2 = accumulate(p,p+n,0);
}
```

結果（合計）の型は、`accumulate()` がアキュムレーターを保持するために使用する変数の型である。これにより、ある程度の柔軟性が得られるが、それがものを言うことがある。

```
void g(int* p, int n)
{
    int s1 = accumulate(p,p+n,0);           // int で合計
    long sl = accumulate(p,p+n,long{0});    // int を long で合計
    double s2 = accumulate(p,p+n,0.0);      // int を double で合計
}
```

コンピューターによっては、`long` の有効桁数が `int` よりも多いことがある。`double` は `int` よりも大きい（および小さい）数を表せるが、精度が低いことがある。数値計算における範囲と精度の役割については、第 24 章で改めて説明する。

結果を格納する変数をイニシャライザーとして使用する手法は、アキュムレーターの型を指定するためのイディオムとしてよく利用される。

```
void f(vector<double>& vd, int* p, int n)
{
    double s1 = 0;
    s1 = accumulate(vd.begin(),vd.end(),s1);
    int s2 = accumulate(vd.begin(),vd.end(),s2);   // エラー
    float s3 = 0;
    accumulate(vd.begin(),vd.end(),s3);   // 無意味（結果を捨てている）
}
```

アキュムレーターを初期化することと、`accumulate()` の結果を変数に代入することを忘れてはならない。この例では、`s2` は初期化される前にイニシャライザーとして使用されているため、結果は未定義となる。また、`s3` は `accumulate()` に値渡しされているが（§8.5.3）、結果はどこにも代入されていない。それを計算したところで時間の無駄である。

21.5.2 accumulate() の一般化

このように、引数を 3 つ要求する基本的な `accumulate()` は加算を実行する。一方で、乗算や減算など、シーケンスで実行したい便利な演算は他にもいろいろある。このため STL には、使用する演算を 4 つ目の引数として指定できる `accumulate()` も定義されている。

```
template<typename In, typename T, typename BinOp>
// Input_iterator<In>()、Number<T>()、
// Binary_operator<BinOp,Value_type<In>,T>() を要求
T accumulate(In first, In last, T init, BinOp op)
{
    while (first!=last) {
        init = op(init,*first);
        ++first;
    }
    return init;
}
```

`op` には、引数を 2 つ要求する二項演算を指定できる。これらの引数はアキュムレーターの型を持つ。

```
vector<double> a = { 1.1, 2.2, 3.3, 4.4 };
cout << accumulate(a.begin(),a.end(),1.0,multiplies<double>());
```

このコードは 1.0 * 1.1 * 2.2 * 3.3 * 4.4 = 35.1384（1.0 は初期値）を出力する。二項演算として指定されている `multiplies<double>()` は、乗算を行う標準ライブラリの関数オブジェクトである。`multiplies<double>` は double の乗算を行い、`multiplies<int>` は int の乗算を行う。他にも、`plus`（加算）、`minus`（減算）、`divides`（除算）、`modulus`（剰余）の 4 つの二項関数オブジェクトがある。これらはすべて `<functional>` で定義されている（§B.6.2）。

浮動小数点数の積の初期値が 1.0 であることに注意しよう。

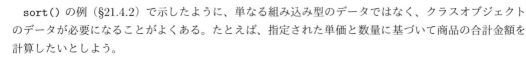`sort()` の例（§21.4.2）で示したように、単なる組み込み型のデータではなく、クラスオブジェクトのデータが必要になることがよくある。たとえば、指定された単価と数量に基づいて商品の合計金額を計算したいとしよう。

```
struct Record {
    double unit_price;    // 単価
    int units;            // 販売された個数
    ...
};
```

accumulate に指定された二項演算が Record から units と unit_price を取り出し、それらの積を求めるようにしてみよう。

```
double price(double v, const Record& r)
{
    return v + r.unit_price * r.units;    // 金額を計算して累積
}

void f(const vector<Record>& vr)
{
    double total = accumulate(vr.begin(),vr.end(),0.0,price);
    ...
}
```

ここでは「手抜き」をして、金額の計算に関数オブジェクトではなく関数を使用している。これは単に関数も使用できることを示すためだ。以下の状況では、関数オブジェクトを選択するほうが望ましい。

- 呼び出しにまたがって値を格納する必要がある場合。
- 基本的な演算がいくつかだけであるなど、インライン化の効果が期待できるほど短い場合。

この例では、2 つ目の理由で関数オブジェクトを選択していたかもしれない。

TRY THIS

`vector<Record>` を定義し、それを4つのレコードで初期化し、上記の関数を使って合計金額を計算してみる。

21.5.3 内積

2つの vector で同じ添字を持つ要素どうしを掛け合わせ、それらの積をすべて足していく — これは2つの vector の内積（*inner product*）と呼ばれるもので、物理学や線形代数など、多くの分野で非常に役立つ演算である（§24.6）。言葉で説明するのも何なので、STL バージョンのコードを見てみよう。

```
template<typename In, typename In2, typename T>
// Input_iterator<In>、Input_iterator<In2>、Number<T> を要求（19.3.3）
T inner_product(In first, In last, In2 first2, T init)
// 注意：これは2つの vector を掛け合わせる（スカラーを生成する）方法
{
    while(first!=last) {
        init = init + (*first) * (*first2);   // 要素どうしの掛け算
        ++first;
        ++first2;
    }
    return init;
}
```

このコードは、内積の概念をあらゆる要素型のあらゆる種類のシーケンスに対して一般化している。例として、株価指数について考えてみよう。株価指数は一連の企業を「重み付け」する仕組みである。たとえば、ダウ・ジョーンズ工業株価指数を最後に見たとき、アルコア社には 2.4808 の重みが付いていた。株価指数の現在の値を取得するには、各企業の株価にその重みを掛け、重み付けされた株価をすべて足し合わせる。これは明らかに株価と重みの内積である。

```
// Dow Jones Industrial Indexes の計算
vector<double> dow_price = {           // 各企業の株価
    81.86, 34.69, 54.45, ...
};
list<double> dow_weight = {            // 各企業の指数の重み
    5.8549, 2.4808, 3.8940, ...
};
```

```
double dji_index = inner_product(    // 重みと値を掛け、足し合わせる
    dow_price.begin(),dow_price.end(),dow_weight.begin(),0.0);

cout << "DJI value " << dji_index << '\n';
```

inner_product() はシーケンスを 2 つ使用するが、引数は 3 つしか要求しない。3 つ目の引数は 2 つ目のシーケンスの先頭だけを指定する。2 つ目のシーケンスには少なくとも 1 つ目のシーケンスと同じ個数の要素が含まれていることが前提となる。そうでない場合は、ランタイムエラーになる。inner_product() に関する限り、2 つ目のシーケンスの要素の個数が 1 つ目のシーケンスよりも多かったとしても問題はない。それらの「余った要素」は使用されないだけだ。

2 つのシーケンスの型が同じである必要はなく、要素の型も同じである必要はない。株価を vector に格納し、重みを list に格納したのは、この点を明らかにするためだ。

21.5.4 inner_product() の一般化

inner_product() も accumulate() と同じように一般化できる。ただし、inner_product() の場合は、引数を 2 つ追加する必要がある。1 つは、accumulate() の場合と同様に、アキュムレーターを新しい値と結合するための引数であり、もう 1 つは、要素値どうしを結合するための引数である。

```
template<typename In, typename In2, typename T,
         typename BinOp, typename BinOp2>
// Input_iterator<In>、Input_iterator<In2>、Number<T>、
// Binary_operation<BinOp,T,Value_type<In>()、
// Binary_operation<BinOp2,T,Value_type<In2>() を要求
T inner_product(In first, In last, In2 first2, T init,
                BinOp op, BinOp2 op2)
{
    while(first!=last) {
        init = op(init,op2(*first,*first2));
        ++first;
        ++first2;
    }
    return init;
}
```

「§21.6.3 map のもう 1 つの例」では、ダウ・ジョーンズ工業株価指数の例をもう一度取り上げ、この一般化された inner_product() を使ってより洗練された解決策を示す。

21.6 連想コンテナー

標準ライブラリのコンテナーのうち vector の次に便利なのはおそらく map である。map は、キーと値のペアからなる順序付きのシーケンスであり、キーに基づいて値を取り出すことができる。たとえば my_phone_book["Nicholas"] は Nicholas の電話番号かもしれない。人気コンテストで map のライバルになる可能性があるのは、unordered_map（§21.6.4）だけである。unordered_map は文字列のキーに合わせて最適化された map である。map や unordered_map などのデータ構造は、**連想配列**（*associate ayyay*）、**ハッシュテーブル**（*hash table*）、**赤黒木**（*red–black tree*）などと呼ばれる。よく使用される便利な概念には決まってさまざまな呼び名が付いている。標準ライブラリでは、このようなデータ構造はまとめて**連想コンテナー**（*associative container*）と呼ばれる。

標準ライブラリが提供している連想コンテナーは以下の 8 つである。

連想コンテナー	
map	キーと値のペアからなる順序付きコンテナー
set	キーの順序付きコンテナー
unordered_map	キーと値のペアからなる順不同コンテナー
unordered_set	キーの順不同コンテナー
multimap	同じキーが 2 つ以上含まれていてもよい map
multiset	同じキーが 2 つ以上含まれていてもよい set
unordered_multimap	同じキーが 2 つ以上含まれていてもよい unordered_map
unordered_multiset	同じキーが 2 つ以上含まれていてもよい unordered_set

これらのコンテナーは `<map>`、`<set>`、`<unordered_map>`、`<unordered_set>` で定義されている。

21.6.1 map

テキストに含まれている単語の出現回数のリストを作成する、という単純な発想のタスクについて考えてみよう。その方法としてすぐに思い浮かぶのは、検出された単語をその頻度とともにリストで管理するという方法だ。新しい単語を読み込んだら、すでに検出されている単語かどうかを確認する。すでに検出されている場合は、そのカウントをインクリメントする。まだ検出されていない場合は、リストに単語を挿入し、カウントを 1 にする。list や vector を使用するという手もあるが、そうすると単語を読み込むたびに検索を行わなければならず、処理に時間がかかる可能性がある。map のキーは、その有無を簡単に確認できるような方法で格納される。このため、このタスクの検索部分はとても簡単だ。

```
int main()
{
    map<string,int> words;   // 単語とカウントのペアを格納

    for (string s; cin>>s; ) ++words[s];   // 注意: 単語の添字は文字列
```

```
    for (const auto& p : words)
        cout << p.first << ": " << p.second << '\n';
}
```

このプログラムにおいて本当に興味深い部分は ++words[s] である。main() の最初の行が示しているように、words は string と int のペアからなる map である。つまり、words は string を int にマッピングする。言い換えれば、words では、string に基づいて対応する int にアクセスできる。string には、入力から読み込まれた単語が含まれている。したがって、words の添字として string を使用する場合、words[s] は s にマッピングされた int への参照である。

```
words["sultan"]
```

文字列 "sultan" がまだ検出されていない場合、"sultan" は words に挿入され、int 型のデフォルト値 0 が割り当てられる。これにより、("sultan", 0) というエントリーが words に追加される。つまり、"sultan" がまだ検出されていない場合は、++words["sultan"] によって値 1 が文字列 "sultan" に関連付けられる。要するにこういうことだ ── "sultan" が検出されていないことを知った map は、("sultan",0) を挿入する。続いて、++ によってその値がインクリメントされ、1 になる。

ここでプログラムをもう一度見てみよう。++words[s] は、入力から読み込まれた単語を受け取り、その値をインクリメントする。新しい単語が検出された場合、値は 1 になる。これで以下のループの意味がはっきりした。

```
for (string s; cin>>s; ) ++words[s];    // 注意: 単語の添字は文字列
```

このコードは、入力からホワイトスペースで区切られた単語を読み込み、それぞれの単語の出現回数を計算する。あとは、出力を生成するだけである。他の STL コンテナと同じように、この map をループで処理すればよい。map<string,int> の要素の型は pair<string,int> である。pair の 1 つ目のメンバーは first、2 つ目のメンバーは second という名前であるため、出力ループは以下のようになる。

```
for (const auto& p : words)
    cout << p.first << ": " << p.second << '\n';
```

テストとして、*The C++ Programming Language* [*1] の初版の冒頭の文章をプログラムに入力として渡してみよう。

> C++ is a general purpose programming language designed to make programming more enjoyable for the serious programmer. Except for minor details, C++ is a superset of the C programming language. In addition to the facilities provided by C, C++ provides flexible and efficient facilities for defining new types.

[*1] 『プログラミング言語 C++ 第 4 版』、柴田望洋 訳、SB クリエイティブ、2015 年

21.6 連想コンテナー

出力は以下のようになる。

```
C: 1
C++: 3
C,: 1
Except: 1
In: 1
a: 2
addition: 1
and: 1
by: 1
defining: 1
designed: 1
details,: 1
efficient: 1
enjoyable: 1
facilities: 2
flexible: 1
for: 3
general: 1
is: 2
language: 1
language.: 1
make: 1
minor: 1
more: 1
new: 1
of: 1
programmer.: 1
programming: 3
provided: 1
provides: 1
purpose: 1
serious: 1
superset: 1
the: 3
to: 2
types.: 1
```

大文字と小文字を区別したくない場合や、句読点を除外したい場合は、そうすることもできる（練習問題 13）。

21.6.2　map の概要

では、map とは何だろうか。map を実装する方法はさまざまだが、STL の map の実装は平衡二分探索木になる傾向にある。もう少し具体的に言うと、それらは赤黒木である。ここでは詳細を割愛するが、詳しく知りたい場合は、文献や Web でこれらの用語をあたってみるとよいだろう。

リストがリンクでできているように（§20.4）、ツリー（木）はノードでできている。ノード（Node）はキー、それに対応する値、2 つの派生ノードへのポインターで構成される。

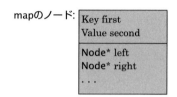

たとえば map<Fruit,int> という map があり、(Kiwi,100)、(Quince,0)、(Plum,8)、(Apple,7)、(Grape,2345)、(Orange,99) が挿入されているとすれば、そのメモリー表現は以下のようになるかもしれない。

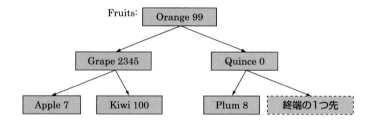

Node のキー値を持つメンバーの名前が first であるとすれば、二分探索木の基本ルールは以下のようになる。

```
left->first<first && first<right->first
```

つまり、すべてのノードで以下の要件が満たされる。

- その左のサブノードはノードのキーよりも小さいキーを持ち、
- ノードのキーはその右のサブノードのキーよりも小さい。

これがツリーの各ノードに当てはまることを確認してみよう。これにより、「ルートから下に向かって」ツリーを検索できる。コンピューターサイエンスの文献では、不思議なことに、ツリー（木）はルート（根）から下に向かって伸びる。この例では、ルートノードは (Orange,99) であり、探しているものが見つかるか、それがあるはずの場所まで、ツリーを下降しながら比較していく。この例のように、サブツリーのノードの数がそれぞれ同じ距離にある他のすべてのサブツリーと同じである場合、そ

のツリーは「平衡（balanced）」と呼ばれる。平衡ツリーでは、ノードに到達するまでに通過しなければならないノードの平均数が最小限に抑えられる。

`Node` には、`map` がノードのツリーを平衡に保つために使用するデータが含まれていることがある。ツリーが平衡となるのは、各ノードがその左右にほぼ同じ数の派生ノードを持つ場合である。N 個のノードを持つツリーが平衡である場合、ノードを見つけるには最大で $\log_2(N)$ 個のノードを調べる必要がある。キーがリストに含まれていて、先頭から検索した場合は、平均で $N/2$ 個のノードを調べなければならない — そう考えれば、ずっとましだ。そうした線形探索の最悪のケースは N である（§21.6.4）。例として、非平衡ツリーも見てみよう。

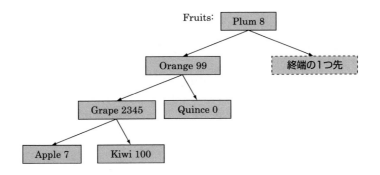

このツリーでは、すべてのノードのキーがその左のサブノードのキーよりも大きく、右のサブノードのキーよりも小さいという条件が依然として満たされている。

```
left->first<first && first<right->first
```

ただし、このツリーは平衡ではない。平衡ツリーでは Apple と Kiwi に 2 回で到達していたのが 3 回になっている。ノードの数が多いツリーでは、その差が歴然となってしまう可能性があるため、`map` が内包するツリーは平衡になるように実装される。

`map` を使用するにあたってツリーを理解する必要はない。職人なら自分の道具の基本原理くらい理解していて当然と思うかもしれないが、私たちが理解しなければならないのは、標準ライブラリが提供している `map` のインターフェイスである。少し単純化したバージョンを見てみよう。

```
template<typename Key, typename Value, typename Cmp = less<Key>>
    // Binary_operation<Cmp,Value>() を要求 (19.3.3)
class map {
    ...
    using value_type = pair<Key,Value>;    // マップは (Key,Value) を扱う

    using iterator = sometype1;     // ツリーのノードへのポインターと同様
    using const_iterator = sometype2;

    iterator begin();               // 最初の要素を指している
    iterator end();                 // 最後の要素の 1 つ先を指している
```

```
        Value& operator[](const Key& k);     // 添字として k を使用

        iterator find(const Key& k);         // k のエントリーは存在するか

        void erase(iterator p);              // p が指している要素を削除
        pair<iterator,bool> insert(const value_type&);   // (key,value) を挿入
        ...
    };
```

実際のコードは `<map>` で定義されている。イテレーターとして `Node*` をイメージしていたかもしれないが、イテレーターが特定の型であることを利用するような実装にしてはならない。

`vector` と `list` のインターフェイスには明らかに似ている（§20.5、§B.4）。主な違いは、ループで処理するときの要素の型が `pair<Key,Value>` であることだ。これも便利な STL 型の 1 つである。

```
    template<typename T1, typename T2>
    struct pair {
        using first_type = T1;
        using second_type = T2;
        T1 first;
        T2 second;
        ...
    };

    template<typename T1, typename T2>
    pair<T1,T2> make_pair(T1 x, T2 y)
    {
        return {x,y};
    }
```

`pair` とその便利なヘルパー関数 `make_pair` の完全な定義は、規格からコピーしたものだ。

`map` をループで処理する際、要素はキーによって定義された順序になる。たとえば、先のフルーツの例をループで処理した場合の出力は以下のようになる。

```
    (Apple,7) (Grape,2345) (Kiwi,100) (Orange,99) (Plum,8) (Quince,0)
```

これらのフルーツを挿入した順序は重要ではない。

`insert` 関数は、単純なプログラムではほとんどの場合に無視される奇妙な戻り値を持つ。それは `(Key,Value)` 要素へのイテレーターと `bool` 値のペアである。この `insert` 関数の呼び出しによって `(Key,Value)` が挿入された場合、`bool` 値は `true` になる。キーがすでに `map` に含まれている場合、

挿入は失敗し、bool 値は false になる。

map 宣言の 3 つ目のテンプレート引数である Cmp を指定すると、map が使用する順序の意味を変更できる。

```
map<string,double,No_case> m;
```

No_case は大文字と小文字を区別しない比較を定義する (§21.8)。デフォルトでは、順序は less<Key> によって定義され、「小なり」を意味する。

21.6.3 map のもう 1 つの例

map のユーザビリティをよく理解できるよう、ダウ・ジョーンズ工業株価指数の例 (§21.5.3) をもう一度見てみよう。この例では、会社名と重みがそれぞれリストの同じ位置にあることを前提としていた。これは暗黙の了解であり、わかりにくいバグの原因になりやすい。その問題に取り組む方法はいろいろあるが、魅力的な方法の 1 つは、("AA",2.4808) のように、重みをそれぞれそのティッカーシンボルとペアで管理するというものだ。「ティッカーシンボル」とは、証券コードに相当するもので、短い表記が必要な場所で使用される企業名の略記である。同様に、("AA",34.69) のように、企業のティッカーシンボルを株価とペアで管理することもできる。また、("AA","Alcoa Inc.") のように、企業のティッカーシンボルを企業名とペアで管理することもできる。つまり、対応する値の 3 つの map を管理できる。

まず、シンボルと対応する株価のマップを作成する。

```
// Dow Jones Industrial Indexes（シンボルと株価）
map<string,double> dow_price = {
    {"MMM",81.86},
    {"AA",34.69},
    {"MO",54.45},
    ...
};
```

次に、シンボルと重みのマップを作成する。

```
// Dow Jones Industrial Indexes（シンボルと重み）
map<string,double> dow_weight = {
    {"MMM",5.8549},
    {"AA",2.4808},
    {"MO",3.8940},
    ...
};
```

次に、シンボルと企業名のマップを作成する。

```
// Dow Jones Industrial Indexes（シンボルと企業名）
map<string,string> dow_name = {
    {"MMM","3M Co."},
    {"AA","Alcoa Inc."},
    {"MO","Altria Group Inc."},
    ...
};
```

これらの map を定義した後は、あらゆる種類の情報を簡単に取り出せるようになる。

```
double alcoa_price = dow_price ["AAA"];         // map から値を読み取る
double altria_price = dow_price ["BA"];

if (dow_price.find("INTC") != dow_price.end())  // map でエントリーを検索
    cout << "Intel is in the Dow\n";
```

map をループで処理するのは簡単だ。キーの名前が first、値の名前が second であることだけ覚えておけばよい。

```
// 各企業の株価を書き出す
for (const auto& p : dow_price) {
    const string& symbol = p.first;   // ティッカーシンボル
        cout << symbol << '\t'
             << p->second << '\t'
             << dow_name[symbol] << '\n';
}
```

map を使って何らかの計算を直接行うこともできる。たとえば株価指数を計算できる（§21.5.3）。この場合は、株価と重みをそれぞれの map から取り出し、それらの積を求める必要がある。これを任意の 2 つの map<string,double> で行う関数を記述するのは簡単だ。

```
double weighted_value(const pair<string,double>& a,
                      const pair<string,double>& b)
{
    return a.second * b.second;   // 値を取り出して積を求める
}
```

この関数をジェネリックバージョンの inner_product() に渡すだけで、株価指数の値が得られる。

```
double dji_index = inner_product(
        dow_price.begin(), dow_price.end(),    // すべての企業
        dow_weight.begin(),                    // それらの重み
```

```
                0.0,                         // 初期値
                plus<double>(),              // 加算
                weighted_value);             // 値と重みの抽出と乗算
```

このようなデータを vector ではなく map に格納するとしたら、それはなぜだろうか。ここでは、さまざまな値どうしの関係を明らかにするために map を使用している。これは共通する理由の 1 つである。もう 1 つは、map の要素がキーによって定義された順序で管理されることだ。先ほど dow をループで処理したときには、シンボルをアルファベット順に出力した。仮に vector を使用していたとしたら、ソートが必要になっていただろう。map を使用する最大の理由は、単にキーに基づいて値を調べたいからだ。シーケンスが大きい場合、find() を使って何かを検索するのは、map のようなソート済みの構造に比べてずっと時間がかかる。

TRY THIS
この小さな例を実際に動かしてみる。そして、いくつかの企業を選択して追加し、適当な重みを付けてみる。

21.6.4 unordered_map

vector で要素を検索するには、正しい値を持つ要素が見つかるか、終端に到達するまで、find() を使って先頭からすべての要素を調べる必要がある。その平均コストは vector の長さ（N）に比例する。そのコストは $O(N)$ である。

map で要素を検索するには、正しい値を持つ要素が見つかるか、リーフ（葉）に到達するまで、添字演算子を使ってツリーのルートからすべての要素を調べる必要がある。その平均コストはツリーの深さに比例する。N 個の要素を持つ平衡二分木の最大の深さは $\log_2(N)$、コストは $O(\log_2(N))$ である。$O(\log_2(N))$ — つまり $\log_2(N)$ に比例するコストは、$O(N)$ に比べて格段によい。

N	15	128	1023	16,383
$\log_2(N)$	4	7	10	14

実際のコストは、検索時に値がどれだけすぐに見つかるか、そして比較とイテレーションにどれくらいコストがかかるかによる。通常は、find() が vector で行うようにポインターをインクリメントするよりも、map での検索のようにポインターを追跡するほうが少し高くつく。

特に整数や文字列といった一部の型では、map のツリー検索よりもうまい方法がある。詳細は省くが、それはキーに基づいて vector へのインデックスを計算するというものだ。そのインデックスはハッシュ値（*hash value*）と呼ばれ、この手法を使用するコンテナーは一般にハッシュテーブル（*hash table*）と呼ばれる。キーの個数はハッシュテーブルのスロットの個数をはるかに超えることが予想される。たとえばハッシュ関数を使用して、1,000 個の要素を持つ vector のインデックスに数十億もの文字列をマッピングすることがよくある。少し注意が必要になるが、実際にうまくいくし、大きな map を実装するときには特に役立つ。ハッシュテーブルの主な利点は、検索コストが平均して（ほぼ）一定で

あることと、テーブルの要素の個数に依存しないこと — つまり $O(1)$ であることだ。たとえば 50 万個の Web アドレスが含まれたものなど、大規模な map でそれが大きな強みとなることは明らかである。ハッシュ検索の詳細については、Web で unordered_map のマニュアルを調べるか、データ構造に関する入門書が参考になるだろう。「ハッシュテーブル」や「ハッシュ化」で調べてみよう。

（ソートされていない）vector、平衡二分木、ハッシュテーブルでの検索を図解すると、以下のようになる。

- ソートされていない vector での検索

- map（平衡二分木）での検索

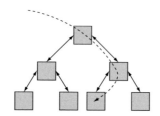

- unordered_map（ハッシュテーブル）での検索

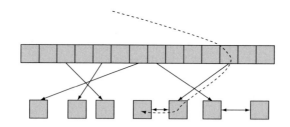

STL の map が平衡二分木を使って実装され、STL の vector が配列を使って実装されるのと同様に、STL の unordered_map はハッシュテーブルを使って実装される。このように、データの格納とアクセスの方法がすべてアルゴリズムとともに共通のフレームワークに組み込まれていることも、STL のユーザビリティの一部である。ガイドラインは以下のとおり。

- vector を使用しないもっともな理由がある場合を除いて、vector を使用する。
- 値に基づいて検索を行う必要があり、キーの型に効率のよい小なり演算が定義されている場合は、map を使用する。
- 大きな map で検索を繰り返し行う必要があり、順序付きの走査が不要で、キーの型に合わせて適切なハッシュ関数を見つけることができる場合は、unordered_map を使用する。

ここでは unordered_map について詳しく説明しない。map と同様に、unordered_map でも string または int 型のキーを使用できるが、要素をループで処理するときに要素の順序付けは発生しない。たとえばダウ・ジョーンズ工業株価指数の例（§21.6.3）の一部を以下のように書き換えることができる。

```
unordered_map<string,double> dow_price;

for (const auto& p : dow_price) {
    const string& symbol = p.first;   // ティッカーシンボル
        cout << symbol << '\t'
            << p.second << '\t'
            << dow_name[symbol] << '\n';
}
```

これで dow での検索は高速になったかもしれないが、この指数に含まれている企業が 30 社にすぎないことを考えると、たいした差ではないだろう。仮に、ニューヨーク証券取引所の上場企業の株価をすべて追跡していたとすれば、パフォーマンスに明らかな差が見られたかもしれない。ただし、論理的な違いがあることはわかるはずだ。それは、ループの出力がアルファベット順になっていないことである。

C++ 規格ではなく Technical Report で定義されていることからもわかるように、unordered_map は C++ では比較的新しいもので、まだ規格の一部ではない。ただし、unordered_map は広く提供されており、読者の環境では利用できなかったとしても、hash_map などの名前でその原型が提供されていることがある。

TRY THIS

`#include <unordered_map>` を使って簡単なプログラムを作成する。それがうまくいかないとしたら、その C++ 実装には unordered_map が含まれていない。その場合は、`http://www.boost.org/` などで提供されている実装のどれかをダウンロードする必要がある。

21.6.5 set

set については、値に興味がない場合に使用する map ── より正確には、値を持たない map として考えることができる。set のノードを図解すると以下のようになる。

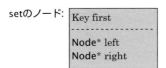

map の例（§21.6.2）で使用したフルーツの set は以下のように表現できる。

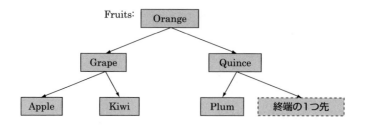

setは何に役立つのだろうか。たとえば（値段に関係なく）フルーツの在庫を管理したり、辞書を作成したりするなど、値が検出されているかどうかを記憶する必要がある問題は山ほどある。少し異なるスタイルの使用法は、「レコード」の集まりを使用することだ。つまり、要素は「多くの」情報を含んでいる可能性があるオブジェクトであり、そのメンバーの1つをキーとして使用するのである。

```
struct Fruit {
    string name;
    int count;
    double unit_price;
    Date last_sale_date;
    ...
};

struct Fruit_order {
    bool operator()(const Fruit& a, const Fruit& b) const
    {
        return a.name<b.name;
    }
};

set<Fruit,Fruit_order> inventory;    // Fruit_order(x,y) を使って Fruit を比較
```

この場合も、関数オブジェクトを使用すると、STLのコンポーネントが役立つ問題の範囲がぐっと広がることがわかる。

setには値の型がないため、添字（operator[]()）はサポートされない。代わりに、insert()やerase()といった「リスト演算」を使用しなければならない。残念ながら、mapとsetはpush_back()もサポートしない。その理由は明らかである。新しい値が挿入される位置を決定するのはプログラマーではなく、setだからだ。そこで、代わりにinsert()を使用する。

```
inventory.insert(Fruit("quince",5));
inventory.insert(Fruit("apple",200,0.37));
```

mapと比較したときのsetの利点の1つは、イテレーターから取得した値を直接使用できることだ。map（§21.6.3）のようなキーと値のペアは存在しないため、間接参照演算子は要素型の値を返す。

```
for (auto p=inventory.begin(); p!=inventory.end(); ++p)
    cout << *p << '\n';
```

もちろん、Fruit に << が定義されていることが前提となる。あるいは、以下のように記述しても同じである。

```
for (const auto& x : inventory)
    cout << x << '\n';
```

21.7 コピー

本章では、`find()` について「最も単純で便利なアルゴリズム」であると説明した（§21.2）。もちろん、この点については議論の余地がある。簡単に記述できてしまうものを含め、単純なアルゴリズムの多くは「便利なアルゴリズム」である。すでに誰かが記述してデバッグしたコードを利用できるというのに、いかに単純であろうとわざわざ新しいコードを記述する理由があるだろうか。単純さと実用性という点では、`copy()` と `find()` は互角である。STL は以下の 3 つのコピーを提供している。

コピー演算	
`copy(b,e,b2)`	[b:e) を [b2:b2+(e-b)) にコピーする
`unique_copy(b,e,b2)`	[b:e) を [b2:b2+(e-b)) にコピーする。隣り合わせに配置された重複する要素はコピーしない
`copy_if(b,e,b2,p)`	[b:e) を [b2:b2+(e-b)) にコピーするが、述語 p を満たす要素だけをコピーする

21.7.1 copy()

基本的な `copy()` アルゴリズムは以下のように定義されている。

```
template<typename In, typename Out>
    // Input_iterator<In>() と Output_iterator<Out>() を要求
Out copy(In first, In last, Out res)
{
    while (first!=last) {
        *res = *first;   // 要素をコピー
        ++res;
        ++first;
    }
    return res;
}
```

copy() はイテレーターのペアを使って一方のシーケンスをもう一方のシーケンスにコピーする。もう一方のシーケンスはその最初の要素へのイテレーターによって指定される。

```
void f(vector<double>& vd, list<int>& li)
// int 型の list の要素を double 型の vector へコピー
{
    if (vd.size() < li.size()) error("target container too small");
    copy(li.begin(),li.end(),vd.begin());
    ...
}
```

copy() の入力シーケンスの型は出力シーケンスの型と異なっていてもよい。これは、実装に余計な前提を設けずに、あらゆる種類のシーケンスに対応する、という STL アルゴリズムの有益な汎用性を示している。このコードが示しているように、出力シーケンスに要素を格納するための十分なスペースがあることをチェックする必要がある。そうしたサイズをチェックするのはプログラマーの役目である。STL アルゴリズムは、最大限の汎用性と最適なパフォーマンスを目的としてプログラムされており、範囲チェックなど、ユーザーを保護するための高くつくかもしれないテストは（デフォルトでは）行わないようになっている。それがあればよかったのに、と思うこともあるだろうが、チェックが必要であれば、このようにして追加すればよい。

21.7.2　ストリームイテレーター

「出力へのコピー」や「入力からのコピー」といった言い回しを聞いたことがあるかもしれない。これは何らかの形式の I/O について考えるのに便利な方法であり、実際に copy() を使ってまさにそのとおりのことを行える。

シーケンスが以下のようなものであることを思い出そう。

- 先頭と末尾を持つ。
- ++ を使って次の要素にアクセスできる。
- * を使って現在の要素の値を取得できる。

入力ストリームと出力ストリームをそのように表現するのは簡単だ。

```
ostream_iterator<string> oo{cout};  // *oo に代入すると cout に書き出される
*oo = "Hello, ";                    // cout << "Hello, " を意味する
++oo;                               // 次の出力演算の準備を整える
*oo = "World!\n";                   // cout << "World!\n" を意味する
```

これをどのように実装できるかは想像がつくだろう。標準ライブラリには、そのように動作する ostream_iterator 型がある。ostream_iterator<T> は T 型の値を書き出すために使用できるイテレーターである。

同様に、標準ライブラリには T 型の値を読み込むための istream_iterator<T> 型もある。

```
istream_iterator<string> ii{cin};    // *ii を代入すると cin が読み取られる
string s1 = *ii;                     // cin >> s1 を意味する
++ii;                                // 次の入力演算の準備を整える
string s2 = *ii;                     // cin >> s2 を意味する
```

ostream_iterator と istream_iterator を使用すれば、copy() を I/O に使用できるようになる。たとえば、以下に示すような「即席」の辞書を作成できる。

```
int main()
{
    string from, to;
    cin >> from >> to;    // コピー元とコピー先のファイル名を取得

    ifstream is {from};                       // 入力ストリームを開く
    ofstream os {to};                         // 出力ストリームを開く

    istream_iterator<string> ii {is};         // 入力イテレーターを作成
    istream_iterator<string> eos;             // 入力の終端を示す
    ostream_iterator<string> oo {os,"\n"};    // 出力イテレーターを作成

    vector<string> b {ii,eos};    // b は入力によって初期化される vector
    sort(b.begin(),b.end());                  // バッファーをソート
    copy(b.begin(),b.end(),oo);               // バッファーを出力にコピー
}
```

イテレーター eos は、ストリームイテレーターの EOI（End of Input）表現であり、多くの場合は EOF と呼ばれる。istream が EOF に達すると、その istream_iterator はデフォルトの istream_iterator（この場合は eos）に等しくなる。

vector をイテレーターのペアで初期化していることがわかる。コンテナーのイニシャライザーであるイテレーターのペア (a,b) は、「シーケンス [a:b) をコンテナーに読み込む」ことを意味する。ここで使用したイテレーターのペアが入力の先頭と末尾を表す (ii,eos) であるのは、偶然ではない。それにより、>> と push_back() を明示的に使用せずに済んでいる。これに代わる以下の方法は使用しないことを強くお勧めする。

```
vector<string> b(max_size);    // 入力の量を推測してはならない
copy(ii,eos,b.begin());
```

入力の最大サイズを推測しようとする人は、たいてい見通しが甘かったことを知るはめになり、その罰としてバッファーオーバーフローによる深刻な問題に悩まされる。これは本人だけでなくユーザーをも巻き込む。そうしたオーバーフローはセキュリティ問題の原因でもある。

TRY THIS

まず、数百語程度の小さなファイルを使ってテストするためのプログラムを作成する。次に、入力のサイズを推測して入力バッファー b がオーバーフローするとどうなるかを確認するという「絶対に勧められない」バージョンを試してみる。最悪のシナリオは、オーバーフローがそのときはたまたま何も悪さをしなかったために、プログラムをユーザーに配布してみようと考えることだ。

　この小さなプログラムでは、単語を読み込んでそれらをソートしている。そのときはそうするのが当然に思えたが、単語を「不適切な場所」に配置してあとからソートしなければならない理由がはたしてあるだろうか。さらに悪いことに、同じ単語を入力された数だけ出力してしまっている。

　後者の問題は、copy() の代わりに unique_copy() を使用するという方法で解決できる。unique_copy() は同じ値を2つ以上コピーしない。たとえば copy() を使用した場合、このプログラムは以下の入力に対して、

```
the man bit the dog
```

以下の出力を生成する。

```
bit
dog
man
the
the
```

unique_copy() を使用した場合、出力は以下のようになる。

```
bit
dog
man
the
```

　これらの単語は改行されているが、これはどのような仕組みでそうなったのだろうか。区切り文字を使用する出力は非常に一般的であるため、ostream_iterator のコンストラクターでは、各値の後に出力する文字列を（必要に応じて）指定できるようになっている。

```
ostream_iterator<string> oo {os,"\n"};   // 出力イテレーターを作成
```

21.7 コピー

人が読むための出力では改行を選択するのが一般的だが、区切り文字としてスペースを選択したとしよう。その場合は、以下のように記述すればよい。

```
ostream_iterator<string> oo {os," "};    // 出力イテレーターを作成
```

この場合、出力は以下のようになる。

```
bit dog man the
```

21.7.3 set を使って順序を保つ

この出力を生成するためのもっと簡単な方法がある。vector の代わりに set を使用するのである。

```
int main()
{
    string from, to;
    cin >> from >> to;          // コピー元とコピー先のファイル名を取得

    ifstream is {from};         // 入力ストリームを作成
    ofstream os {to};           // 出力ストリームを作成

    set<string> b { istream_iterator<string>{is},
                    istream_iterator<string>{} };
    copy(b.begin(),b.end(),     // バッファーを出力にコピー
        ostream_iterator<string>{os," "});
}
```

set に値を挿入するときには、重複するものは無視される。さらに、set では要素の順序が保たれるため、ソートを行う必要もない。正しいツールを使用すれば、ほとんどのタスクは簡単なのである。

21.7.4 copy_if()

copy() アルゴリズムのコピーは無条件に行われる。unique_copy() アルゴリズムのコピーでは、同じ値を持つ隣り合った要素が取り除かれる。3 つ目のコピーアルゴリズムでは、述語が true である要素だけがコピーされる。

```
template<typename In, typename Out, typename Pred>
// Input_iterator<In>()、Output_operator<Out>()、
// Predicate<Pred, Value_type<In>>() を要求
Out copy_if(In first, In last, Out res, Pred p)
// 述語を満たす要素をコピー
```

```
{
    while (first!=last) {
        if (p(*first)) *res++ = *first;
        ++first;
    }
    return res;
}
```

`Larger_than` 関数オブジェクト（§21.4）を使用して、シーケンスにおいて 6 よりも大きい値を持つ要素をすべてコピーしてみよう。

```
void f(const vector<int>& v)
// 6よりも大きい値を持つ要素をすべてコピー
{
    vector<int> v2(v.size());
    copy_if(v.begin(),v.end(),v2.begin(),Larger_than(6));
    ...
}
```

筆者の手違いで、このアルゴリズムは 1998 ISO 規格から抜けている。このミスは修正されているが、`copy_if()` のない実装がいまだに見つかることがある。その場合は、本節の定義を使用するとよいだろう。

21.8　ソートと検索

データに順序を付けたいことがよくある。それなら、`map` や `set` といった順序を保つデータ構造を使用するか、データをソートすればよい。STL において最も一般的で便利なソート演算は、すでに何度か使用している `sort()` である。デフォルトでは、`sort()` はソート条件として < を使用するが、独自の条件を指定することもできる。

```
template<typename Ran>    // Random_access_iterator<Ran>() を要求
void sort(Ran first, Ran last);


template<typename Ran, typename Cmp>
// Random_access_iterator<Ran>() と
// Less_than_comparable<Cmp,Value_type<Ran>>() を要求
void sort(Ran first, Ran last, Cmp cmp);
```

21.8 ソートと検索

ユーザー指定の条件に基づいたソートの例として、大文字と小文字を区別せずに文字列をソートする方法を見てみよう。

```
struct No_case {   // lowercase(x) < lowercase(y) であるか
    bool operator()(const string& x, const string& y) const
    {
        for (int i=0; i<x.length(); ++i) {
            if (i==y.length()) return false;      // y<x
            char xx = tolower(x[i]);
            char yy = tolower(y[i]);
            if (xx<yy) return true;               // x<y
            if (yy<xx) return false;              // y<x
        }
        if (x.length()==y.length()) return false; // x==y
        return true;   // x<y (x の文字数のほうが少ない)
    }
};

void sort_and_print(vector<string>& vc)
{
    sort(vc.begin(),vc.end(),No_case());
    for (const auto& s : vc)
        cout << *p << endl;
}
```

シーケンスをソートした後は、find() を使って先頭から検索する必要はなくなる。要素が順番に並んでいることを利用して、二分探索を行えばよい。二分探索の基本的な仕組みは以下のようになる。

値 x を探しているという想定で、中央の要素を調べる。

- 要素の値が x と等しい場合はビンゴである。
- 要素の値が x よりも小さい場合、x の値を持つ要素は右側にあるはずなので、右半分を調べる（その右半分で二分探索を行う）。
- x の値が要素の値よりも小さい場合、x の値を持つ要素は左側にあるはずなので、左半分を調べる（その左半分で二分探索を行う）。
- x が見つからないまま（左または右に向かって）最後の要素に到達した場合、その値を持つ要素は存在しない。

シーケンスが長い場合は、find()（線形探索）よりも二分探索のほうがずっと高速である。二分探索のための標準ライブラリのアルゴリズムは、binary_search() と equal_range() である。シーケンスが「長い」とはどういう意味だろうか。場合にもよるが、要素が 10 個もあれば通常は find() よりも binary_search() のほうが効率的であると言えるだろう。シーケンスの要素が 1,000 個の場合、

binary_search() のコストは $O(\log_2(N))$ であるため、find() の 200 倍ほど高速になる（§21.6.4）。
binary_search() アルゴリズムは 2 種類に分かれている。

```
template<typename Ran, typename T>
bool binary_search(Ran first, Ran last, const T& val);

template<typename Ran, typename T, typename Cmp>
bool binary_search(Ran first, Ran last, const T& val, Cmp cmp);
```

▼ 二分探索のアルゴリズムを適用するための前提条件は、入力シーケンスがソート済みであることだ。そうでない場合は、無限ループといった「とんでもないこと」が待ち受けている可能性がある。binary_search() は値が存在するかどうかを知らせるだけである。

```
void f(vector<string>& vs)   // vs はソート済み
{
    if (binary_search(vs.begin(),vs.end(),"starfruit")) {
        // starfruit は存在する
    }
    ...
}
```

● したがって、binary_search() が最適なのは、特定の値がシーケンスに含まれているかどうかにのみ関心がある場合だ。検索する要素のほうに関心がある場合は、lower_bound()、upper_bound()、equal_range() のいずれかを使用すればよい（§23.4、§B.5.4）。どの要素が検出されるのかに関心があるとしたら、通常は、それがキー以外の情報も含んでいるオブジェクトであるか、同じキーを持つ要素が 2 つ以上存在するか、どの要素が検索条件と一致するかが知りたいからだ。

21.9　コンテナーアルゴリズム

ここまでは、イテレーターによって指定される要素のシーケンスに基づいて標準ライブラリのアルゴリズムを定義してきた。入力シーケンスはイテレーターのペア [b:e) によって定義される。b はシーケンスの最初の要素を指し、e はシーケンスの最後の要素の 1 つ先を指す（§20.3）。出力シーケンスは、その最初の要素へのイテレーターによって指定される。

```
void test(vector<int> & v)
{
    sort(v.begin(),v.end());   // v.begin() から v.end() までの要素をソート
}
```

これはうまくいくし、一般的である。たとえば、vector の半分をソートすることもできる。

```
void test(vector<int> & v)
{
    sort(v.begin(),v.begin()+v.size());   // v の前半分の要素をソート
    sort(v.begin()+v.size(),v.end());     // v の後半分の要素をソート
}
```

ただし、要素の範囲を指定するのは少し手間であり、ほとんどの場合は、vector の半分ではなくすべての要素をソートする。したがって、ほとんどの場合は、以下のように記述したい。

```
void test(vector<int> & v)
{
    sort(v);   // v をソート
}
```

標準ライブラリには、このような sort() はない。それなら、独自に定義すればよい。

```
template<typename C>   // Container<C>() を要求
void sort(C& c)
{
    std::sort(c.begin(),c.end());
}
```

なお、実際に使ってみたらとても便利だったので、std_lib_facilities.h に追加してある。

入力シーケンスを処理するのはこのように簡単だが、すべてを単純に保つために、戻り値の型はイテレーターのままにすることが多い。

```
template<typename C, typename V>   // Container<C>() を要求
Iterator<C> find(C& c, V v)
{
    return std::find(c.begin(),c.end(),v);
}
```

必然的に、Iterator<C> は C のイテレーター型である。

■ ドリル

各ステップで定義する演算の後に vector を出力してみよう。

1. struct Item { string name; int iid; double value; /* ... */ }; を定義し、vi という名前の vector<Item> を作成し、ファイルから 10 個のアイテムを挿入する。
2. vi を name でソートする。
3. vi を iid でソートする。
4. vi を value でソートする。value は降順で出力する。つまり、最も大きな値から順に出力する。
5. Item("horse shoe",99,12.34) と Item("Canon S400", 9988,499.95) を挿入する。
6. name によって識別される 2 つの Item を vi から削除する。
7. iid によって識別される 2 つの Item を vi から削除する。
8. vector<Item> ではなく list<Item> で同じことを繰り返す。

次は map で試してみる。

1. msi という名前の map<string,int> を定義する。
2. たとえば msi["lecture"]=21 など、名前と値のペアを 10 個挿入する。
3. 名前と値のペアを適当な書式で cout に出力する。
4. msi から名前と値のペアを削除する。
5. cin から値のペアを読み込み、それらを msi に挿入する関数を記述する。
6. 入力から 10 個のペアを読み込み、それらを msi に挿入する。
7. msi の要素を cout に書き出す。
8. msi の（整数）値の合計を出力する。
9. mis という名前の map<int,string> を定義する。
10. msi から mis に値を入力する。つまり、msi が要素 ("lecture",21) を持つ場合、mis は要素 (21,"lecture") を持つはずだ。
11. mis の要素を cout に出力する。

さらに vector で試してみる。

1. vd という名前の vector<double> にファイルから浮動小数点数値を少なくとも 16 個読み込む。
2. vd を cout に出力する。
3. vd と同じ数の要素を持つ vi という vector<int> 型の vector を作成し、vd の要素を vi にコピーする。
4. (vd[i],vi[i]) のペアを cout に出力する。ペアは 1 行に 1 つずつ書き出す。
5. vd の要素の合計を出力する。
6. vd の要素の合計と vi の要素の合計の差を出力する。
7. 標準ライブラリには reverse というアルゴリズムがある。このアルゴリズムは、引数としてシーケンス（イテレーターのペア）を要求する。vd に reverse を適用し、vd を cout に出力する。
8. vd の要素の平均値を計算し、それを出力する。
9. vd2 という名前の新しい vector<double> を作成し、平均値よりも小さい値を持つ vd の要素

をすべて vd2 にコピーする。
10. vd をソートし、再び出力する。

■ 復習

1. 便利な STL アルゴリズムをいくつかあげる。
2. `find()` は何をするか。例を少なくとも5つあげる。
3. `count_if()` は何をするか。
4. `sort(b,e)` はソート条件として何を使用するか。
5. STL アルゴリズムは入力引数としてコンテナーをどのように取得するか。
6. STL アルゴリズムは出力引数としてコンテナーをどのように取得するか。
7. STL アルゴリズムは「見つからない」または「失敗」を通常はどのように示すか。
8. 関数オブジェクトとは何か。
9. 関数オブジェクトは関数とどのように異なるか。
10. 述語とは何か。
11. `accumulate()` は何を行うか。
12. `inner_product()` は何を行うか。
13. 連想コンテナーとは何か。例を3つあげる。
14. `list` は連想コンテナーか。そうではないとしたら、それはなぜか。
15. 二分探索の順序付けの基本特性は何か。
16. ツリーが平衡であるとは(大ざっぱに言って)どのような意味か。
17. `map` では要素1つにつきどれくらいの容量が必要か。
18. `vector` では要素1つにつきどれくらいの容量が必要か。
19. (順序付きの) `map` が利用できる場合に `unordered_map` を使用する人がいるのはなぜか。
20. `set` は `map` とどのように異なるか。
21. `multimap` は `map` とどのように異なるか。
22. 「単純なループを記述するだけ」でよい場合に `copy()` アルゴリズムを使用するのはなぜか。
23. 二分探索とは何か。

■ 用語

`accumulate()`	`lower_bound()`
`binary_search()`	`map`
`copy()`	`set`
`copy_if()`	`sort()`
`equal_range()`	`unique_copy()`
`find()`	`unordered_map`
`find_if()`	`upper_bound()`
`inner_product()`	アルゴリズム (algorithm)

関数オブジェクト（function object）
関数呼び出し演算子 ()（application operator ()）
検索（searching）
ジェネリック（generic）
シーケンス（sequence）

述語（predicate）
ソート（sorting）
ストリームイテレーター（stream iterator）
ハッシュ関数（hash function）
平衡ツリー（balanced tree）
ラムダ（lambda）

■ 練習問題

1. 本章の「TRY THIS」をまだ実行していない場合は実行する。
2. STL の信頼できる情報源を見つけ出し、標準ライブラリのすべてのアルゴリズムのリストを作成する。
3. `count()` を自分で実装し、テストする。
4. `count_if()` を自分で実装し、テストする。
5. 「見つからない」ことを示すために `end()` を返せない場合はどうすればよいか。`find()` と `count()` の設計を見直し、最初の要素と最後の要素へのイテレーターを要求するように実装し、結果を標準ライブラリのものと比較する。
6. フルーツの例（§21.6.5）では、`Fruit` を `set` にコピーしている。`Fruit` をコピーしたくない場合はどうすればよいか。代わりに `set<Fruit*>` を使用できるが、そのためには、その `set` の比較演算を定義しなければならない。`set<Fruit*,Fruit_comparison>` を使ってフルーツの例を実装し、2 つの実装の違いについて話し合ってみる。
7. `vector<int>` 用の二分探索関数を標準関数を使用せずに記述し、テストする。インターフェイスは自由に選択してかまわない。自分の二分探索関数が正しいことにどれくらい自信があるか。続いて、`list<string>` 用の二分探索関数を記述し、テストする。2 つの探索関数はどれくらい似ているか。もし STL について知らなかったとしたら、それらが似ていると感じただろうか。
8. 単語の使用頻度の例（§21.6.1）を書き換え、辞書式順序ではなく、使用頻度の高い順に行を出力するように変更する。たとえば、C++: 3 ではなく 3: C++ のような行になる。
9. `Order` クラスを定義する。このクラスのメンバーは、注文した顧客の名前、住所、データ、`vector<Purchase>` の 4 つである。`Purchase` は、注文された商品の名前、単価、数量をメンバーに持つクラスである。ファイルから `Order` を読み込み、ファイルに `Order` を書き込むためのメカニズムを定義し、`Order` を出力するメカニズムを定義する。少なくとも 10 個の `Order` が含まれたファイルを作成し、それを `vector<Order>` に読み込み、顧客の名前でソートした上でファイルに書き戻す。少なくとも 10 個の `Order` が含まれた別のファイルを作成し、それを `list<Order>` に読み込み、顧客の住所でソートした上でファイルに書き戻す。なお、`Order` の約 3 分の 1 は最初のファイルと同じであるとする。続いて、これら 2 つのファイルを、`std::merge()` を使って 3 つ目のファイルとしてマージする。
10. 練習問題 9 の 2 つのファイルに含まれている注文の合計金額を計算する。個々の `Purchase` の値は（もちろん）その「単価 × 数量」である。
11. `Order` をファイルに入力するための GUI を提供する。
12. `Order` のファイルを検索するための GUI を提供する。たとえば、「Joe からの注文をすべて検

索する」「Hardware ファイル内の注文の合計金額を求める」「Clothing ファイル内の注文をすべてリストアップする」といった操作を実行できるようにする。ヒント：最初に GUI ではないインターフェイスを設計し、それをもとに GUI を構築する。

13. 単語検索プログラムで使用するテキストファイルを「クリーンアップ」するプログラムを作成する。つまり、句読点をホワイトスペースと置き換え、単語を小文字に変換し、"don't" を "do not"（など）に置き換え、複数形を削除する（たとえば "ships" は "ship" になる）。あまり欲張らないようにする。たとえば、複数形を判断するのは一般に難しいため、"ship" と "ships" の両方が検出されたら 's' を削除するだけにする。そのプログラムを少なくとも 5,000 ワードのテキストファイル（研究論文など）で試してみる。

14. 練習問題 13 の出力を使用して、「ファイル内の "ship" の個数」「最も使用頻度の高い単語」「ファイル内で最も長い単語」「最も短い単語」「's' で始まるすべての単語」「4 文字の単語すべて」といった質問に答えるプログラムを作成する。

15. 練習問題 14 のプログラムに GUI を追加する。

■ 追記

　STL は ISO C++ 標準ライブラリのコンテナーとアルゴリズムに関係する部分であり、非常に汎用性が高く、柔軟で、有益な基本ツールを提供する。STL により、多くの作業が省かれる。一から作成するのも楽しいものだが、生産的であるとはとても言えない。そうせざるを得ない理由がなければ、STL のコンテナーと基本アルゴリズムを使用するようにしよう。また、STL はジェネリックプログラミングの一例であり、具体的な問題と具体的な解決策から強力で汎用的なツールを生み出せることを示している。データを操作する必要がある場合は ── そしてほとんどのプログラマーはデータを操作する ── STL の例、発想、手法が助けになることがよくある。

第 IV 部

視野を広げる

第22章
理想と歴史

「何がしたいか言えばよいだけのプログラミング言語がほしい」
と誰かが言ったら、
棒付きキャンディーを与えておけ。
— Alan Perlis

本章では、プログラミング言語の歴史とそれらの設計理念を抜粋し、簡単に説明する。理念とそれらを表現する言語は、プロフェッショナリズムの原点である。C++ は本書で使用している言語であるため、ここでは C++ と C++ に影響を与えた言語に焦点を合わせる。本書で示している理念の背景を示し、それを全体的に理解できるようにしたいと考えている。本章では、言語ごとにその設計者を紹介する。言語は単なる抽象的な創作物ではなく、それぞれの設計者がそのとき抱えていた問題に基づいて設計された具体的な解決策である。

22.1 歴史、理想、プロフェッショナリズム
    22.1.1 プログラミング言語の目的と哲学
    22.1.2 プログラミングの理想
    22.1.3 スタイルとパラダイム

22.2 プログラミング言語の略史
    22.2.1 最も初期の言語
    22.2.2 現代の言語の起源
    22.2.3 Algol ファミリー
    22.2.4 Simula
    22.2.5 C
    22.2.6 C++
    22.2.7 現在
    22.2.8 参考文献

第 22 章　理想と歴史

22.1　歴史、理想、プロフェッショナリズム

「歴史はでたらめだ」とは、Henry Ford の有名な言葉である。これに対して、古くから引用されている「歴史を知らない者はそれを繰り返す運命にある」という意見がある。問題は、歴史のどの部分を知り、どの部分を捨てるかである。それに関連して、「すべてのものは 95% がでたらめだ」という格言もある ── 95% はおそらく過小評価だが、まあそういうことにしておこう。現在の手法と過去との関係については、「歴史を知らずしてプロフェッショナリズムは存在し得ない」というのが筆者の見解である。どの分野の取り組みを見ても、その歴史を振り返ってみれば、うまくいきそうだったのにうまくいかなかったアイデアが点々と続いているものだ。このため、その分野の背景を知らなすぎると、ころっとだまされてしまう。歴史の「真髄」は、その実用的な価値を証明している発想と理想にある。

OS、データベース、グラフィックス、ネットワーキング、Web、スクリプティングなど、もっと多くの言語やあらゆる種類のソフトウェアの重要な概念の起源について説明したいのは山々だが、そうしたソフトウェアやプログラミングの重要かつ有益な分野については他の場所を調べてもらうことにした。本書では、プログラミング言語の理想と歴史の表面をなぞるので精一杯である。

プログラミングの究極目標は、常に、便利なシステムを作成することにある。プログラミング手法やプログラミング言語の議論に夢中になっていると、そのことを忘れてしまいやすい。だが、それを忘れてはならない。気を引き締める必要がある場合は、第 1 章を読み返そう。

22.1.1　プログラミング言語の目的と哲学

プログラミング言語とは何だろうか。プログラミング言語は何をするためにあるのだろうか。「プログラミング言語とは何か」に対する一般的な答えをあげてみよう。

- コンピューターに命令するためのツール
- アルゴリズムのための表記法
- プログラマーどうしの意思伝達の手段
- 実験のためのツール
- コンピューター化されたデバイスを制御する手段
- 複数の概念の関係を表現する方法
- 設計を俯瞰的に表現する手段

本書の答えは、「これらすべて、そしてそれ以上」である。ここでは明らかに汎用的なプログラミング言語を想定している ── それは本章全体を通じてそうである。それに加えて、特殊な用途の言語と適用範囲が限定された言語がある。それらは、より限定された、たいていより厳密に定義された目的で使用される。

私たちが望ましいと考えるプログラミング言語の特性とは何だろうか。

- 移植性
- 型の安全性
- 正確な定義
- 高いパフォーマンス

22.1 歴史、理想、プロフェッショナリズム

- アイデアを簡潔に表現する能力
- デバッグを容易にする何か
- テストを容易にする何か
- すべてのシステムリソースへのアクセス
- プラットフォームからの独立
- すべてのプラットフォーム（Linux、Windows、スマートフォン、組み込みシステム）上での実行
- 数十年におよぶ安定性
- 適用分野での変化に応じた迅速な改善
- 習得しやすいこと
- 小さいこと
- 一般的なプログラミングスタイル（オブジェクト指向プログラミング、ジェネリックプログラミングなど）のサポート
- プログラムの分析に役立つあらゆるもの
- 機能が豊富であること
- 大勢のユーザーからの支持
- 初心者（学生、学習者）に対して協力的であること
- インフラストラクチャを構築する開発者といった専門家のための機能が豊富であること
- 利用可能なソフトウェア開発ツールがそろっていること
- 利用可能なソフトウェアコンポーネント（ライブラリ）がそろっていること
- オープンソフトウェアコミュニティからの支持
- 大手プラットフォームベンダー（Microsoft、IBM など）からの支持

　これらの特性はどれも客観的にはよいことだが、残念ながら、すべてを同時に手に入れることはできない。どの特性にもメリットがあり、それらを提供しない言語はユーザーを追加の作業や複雑な状況に直面させる。すべてを手に入れられない理由も、互いに両立しがたい特性がいくつかあるという根本的なものである。たとえば、プラットフォームにまったく依存しないとしたら、すべてのシステムリソースにアクセスすることはできない。すべてのプラットフォームで提供されるとは限らないリソースにプログラムがアクセスするとしたら、そのプログラムをどこでも実行できるというわけにはいかない。同様に、私たちが望んでいるのは明らかに小さく習得しやすい言語（およびそれを使用するのに必要なツールとライブラリ）だが、あらゆる種類のシステムでのプログラミングと、あらゆる種類の適用分野を包括的にサポートするとしたら、それを同時に実現するのは不可能である。

　理想が重要となるのはここである。理想は、あらゆる言語、ライブラリ、ツール、プログラムの設計者が避けては通れない技術的な選択とトレードオフの指針となるものだ。プログラムを記述しているとき、読者は設計者であり、設計上の選択を下さなければならない。

22.1.2　プログラミングの理想

The C++ Programming Language[*1] の序文は、「C++ は、プログラミングに真剣に取り組むプログラマーにとってプログラミングをより楽しいものにすることを目標として設計された、汎用的なプログラミング言語である」で始まる。何だって？ プログラミングは製品を提供するためにあるんじゃないのか。正確さ、品質、保守性のためじゃないのか。製品化の工数を削るためじゃないのか。ソフトウェアエンジニアリングをサポートするためじゃないのか。もちろんそれもあるが、プログラマーを放っておくわけにはいかない。別の例をあげてみよう。Donald Knuth の発言に、「Alto のよさは何と言っても夜になると速くなったりしないことだ」というのがある。Alto は Xerox PARC（Palo Alto Research Center）のコンピューターであり、日中はアクセスが争奪戦となるシェアードコンピューターとは対照的な、初期の「パーソナルコンピューター」の 1 つだった。

プログラミングのためのツールと手法は、プログラマー（人）の作業を向上させ、よりよい結果を生み出すために存在する。そのことを忘れてはならない。では、プログラマーができるだけ手間をかけずに最高のソフトウェアを生成する手助けをするために、私たちが明確に示せるガイドラインとは何だろうか。本書では、私たちの理想を明確に示してきたため、本節はその集大成となる。

コードの構造をうまく整えたいと考える主な理由は、そうすれば、それほど苦労せずにコードを変更できるようになるからだ。コードがうまく構造化されていればいるほど、変更やバグの検出と修正、新しい機能の追加、新しいアーキテクチャへの移植、高速化などが容易になる。それはまさに、ここで言う「よいこと」である。

本節の残りの部分では、以下の内容を取り上げる。

- 私たちが達成しようとしていること、つまり、コードに何を望むのかに立ち返る。
- ソフトウェア開発に対する一般的なアプローチを 2 つ示し、どちらか一方を選択するよりも、それらを組み合わせるほうが効果的であることを示す。
- コードで表現されるプログラム構造の重要な側面について検討する:
  - アイデアの端的な表現
  - 抽象レベル
  - モジュール性
  - 一貫性とミニマリズム

理想は使用されるためにある。それらは上司や試験官を喜ばせるために持ち出される単なるしゃれた言い回しではなく、考えるための道具である。私たちのプログラムは私たちの理想に近づくための手段である。プログラムで行き詰まったときには、一歩下がって、何らかの理想に背いたために問題が生じたのかどうかを確認してみると、助けになることがある。プログラムを（できればユーザーに配布する前に）評価するときには、理想から逸脱していて将来問題になるかもしれない部分を探す。理想はできるだけ広い範囲に適用すべきだが、パフォーマンスや単純さといった実践上の関心と、完璧な言語は存在しないという言語の脆弱性により、理想に近づけるので精一杯なこともある。

理想は技術的な決断を下すときのガイドラインになる可能性がある。たとえば、ライブラリのインターフェイスをそれぞれ勝手に決めてよいわけがなく（§14.1）、その結果は無残なものだろう。そうではなく、最初の原理に立ち返り、このライブラリにとって重要なことは何かを確認した上で、一貫性の

[*1] 『プログラミング言語 C++ 第 4 版』、柴田望洋 訳、SB クリエイティブ、2015 年

あるインターフェイスを作成しなければならない。理想的には、その設計原理とトレードオフをドキュメントにまとめ、コードにコメントとして追加しておくとよいだろう。

プロジェクトを開始するときに理想をもう一度確認し、それらが問題とその最初の解決策とどのような関係にあるのかを調べてみよう。それらが新しいアイデアのヒントになったり、アイデアの手直しに役立つこともある。設計や開発で行き詰まったときには、一歩下がって、コードが理想から最も逸脱している部分を調べてみよう。そこにはたいていバグが潜んでおり、設計上の問題点はたいていそこで見つかる。バグは常にあなたの見ていないところにある。そうでなければ、すでに見つかっているはずだ。

22.1.2.1 私たちが望むものとは

一般に、私たちがプログラムに望むのは以下の特性である。

- **正確さ**
  「正確」の意味を定義するのはなかなか難しいが、それも作業を完遂するための重要な部分である。多くの場合は、特定のプロジェクトにとって何が正確であるかを誰かが定義してくれるが、その場合は彼らが何を言っているのかを解釈しなければならない。

- **保守性**
  成功したプログラムは徐々に変更される運命にある。新しいハードウェアプラットフォームやソフトウェアプラットフォームに移植され、新しい機能で拡張され、修正しなければならない新しいバグが見つかる。この理想については、プログラムの構造に対する理想について説明するときに取り上げる。

- **パフォーマンス**
  パフォーマンス（効率性）は相対的な言葉である。パフォーマンスはプログラムの目的に即したものでなければならない。多くの場合、効率的なコードは必然的に低レベルなコードであり、効率を低下させる原因は「よいもの」であるはずのコードの高レベルな構造にあるとされる。その反面、私たちが掲げる理想と手法に従えば、多くの場合は適度なパフォーマンスが達成されることもわかっている。STLは、抽象的でありながら非常に効率的なコードの一例である。低レベルの詳細に固執したり、そうした詳細を軽視したりすることも、パフォーマンスを低下させる一因である。

- **納期**
  プログラムの完成が1年も遅れるのは、通常は感心しないことだ。人は不可能なことを要求してくるものだが、私たちは品質のよいソフトウェアをしかるべき期間内に提供しなければならない。「スケジュールどおりの完成」は粗悪品を意味するという俗説がある一方で、よい構造やテストが容易な設計、適切なライブラリの使用が納期を守るためのよい方法であることもわかっている。よい構造とは、リソースの管理や不変条件、インターフェイスの設計などを意味する。また、特定のアプリケーションや分野に合わせて設計されたライブラリが見つかることもよくある。

これらのことから、私たちプログラマーはコードの構造に関心を持つ。

- プログラムにバグがある場合 — 大きなプログラムにバグはつきものである — 明確な構造を持つプログラムのほうがバグを見つけやすい。

- プログラムを新しいスタッフに理解してもらう必要がある、またはどうにかして修正する必要がある場合は、低レベルの詳細よりも明確な構造のほうがずっと理解しやすい。
- プログラムがパフォーマンスの問題に直面した場合は、低レベルなコードやぐちゃぐちゃなコードよりも、高レベルなコードのほうがたいてい調整しやすい。高レベルなコードとは、理想に十分に近く、明確な構造を持つコードのことだ。まず、高レベルなコードのほうが理解しやすい可能性がある。次に、高レベルなコードをテストしたり調整したりできる状態になるタイミングは、低レベルなコードよりもずっと早い。

プログラムが理解しやすいことに言及している点に注意しよう。プログラムを理解する助けとなり、プログラムについて推測する助けとなるものは、どのようなものでも歓迎される。基本的には、プログラムが規則的であることは、プログラムを単純にしすぎた結果でない限り、不規則であることよりも望ましい。

22.1.2.2 一般的な手法

正確なソフトウェアを記述する方法は2つある。

- ボトムアップ
  正確であることが証明されているコンポーネントだけを使ってシステムを組み立てる。
- トップダウン
  エラーが含まれていることが予想されるコンポーネントでシステムを組み立て、エラーをすべて捕捉する。

興味深いことに、最も信頼性の高いシステムは、（見たところ相反する）これら2つの手法を組み合わせたものである。その理由は単純だ。どちらかの手法だけでは、現実の大規模なシステムに必要な正確さ、適応性、保守性を実現できないからだ。

- 基本コンポーネントを作成して十分な「検証」を行ったとしても、すべてのエラーの原因を取り除くのは不可能である。
- ライブラリ、サブシステム、クラス階層など、バグを含んでいるかもしれない基本コンポーネントを最終的なシステムで組み合わせたときに、それらの欠陥を完全に補うことはできない。

ただし、2つの手法に近いものを組み合わせれば、どちらかを単体で使用する以上の成果を上げることができる。十分によいコンポーネントの作成（または借用、購入）は可能であるため、残りの問題はエラー処理と体系的なテストで埋め合わせることができる。また、少しでもよいコンポーネントを作成することを心がければ、それらを使ってシステムのより多くの部分を構築することができ、「その場しのぎのコード」の量を減らすことができる。

テストはソフトウェア開発に欠かせない部分である。これについては第26章で詳しく説明する。テストはエラーを体系的に検索することであり、「早い段階で頻繁にテストする」ことは、よく知られているスローガンである。テストが単純になるようにプログラムを設計し、ぐちゃぐちゃなコードにエラーが「埋もれる」ことがないようにしよう。

22.1 歴史、理想、プロフェッショナリズム

22.1.2.3 アイデアの端的な表現

高レベルか低レベルかに関係なく、何かを表現するときには、応急措置で間に合わせるのではなく、コードで端的に表現するのが理想である。アイデアをコードで端的に表現するという基本的な理念には、具体的な例がいくつかある。

- **アイデアを端的に表す**
  たとえば引数については、`int` といった一般的な型で表すよりも、`Month` や `Color` といった具体的な型で表すほうがよい。
- **独立したアイデアは別個に表す**
  たとえば標準ライブラリの `sort()` は、いくつかの例外を除いて、あらゆる要素型のあらゆる標準コンテナーをソートできる。ソート、ソートの条件、コンテナー、要素の型は、4 つの独立した概念である。たとえば、「`Object` の派生クラス型の要素を持ち、`vector::sort()` で使用するために定義された `before` メンバー関数を持つ、フリーストアで確保されたオブジェクトの `vector`」を作成するとしよう。この場合は、記憶域、クラス階層、利用可能なメンバー関数、順序付けなどを想定することになるため、`sort()` の汎用性が大きく低下することになる。
- **アイデアどうしの関係を端的に表す**
  端的に表すことができる関係のうち最も一般的なのは、階層とパラメーター化である。たとえば、`Circle` は `Shape` の一種であり、`vector<T>` は特定の要素型に依存しないすべての `vector` に共通するものを表す。
- **コードで表現されたアイデアを組み合わせる**
  コードで表現されたアイデアを自由に組み合わせることができるのは、その組み合わせが意味をなす場合だけである。たとえば `sort()` では、さまざまな要素の型やコンテナーを使用できるが、それらの要素の型が `<` をサポートしていることと、ソートの対象となるコンテナーがランダムアクセスイテレーターをサポートしていることが前提となる。要素の型が `<` をサポートしていない場合は、比較条件を指定する追加の引数を `sort()` に渡す必要がある。
- **単純なアイデアは単純に表現する**
  上記の理想に従うと、コードを一般化しすぎる可能性がある。たとえば、必要以上に複雑な継承構造を持つクラス階層や、(見るからに) 単純なクラスに引数を 7 つも渡すようなクラス階層が出来上がってしまうかもしれない。すべてのユーザーがありとあらゆる複雑さに直面することがないよう、最も一般的なケースや最も重要なケースを扱う単純なバージョンを提供するように心がける。たとえば、`op` を使ってソートする汎用の `sort(b,e,op)` に加えて、「小なり」を使って暗黙的にソートする `sort(b,e)` がある。また、「小なり」を使って標準コンテナーをソートする `sort(c)` と、`op` を使って標準コンテナーをソートする `sort(c,op)` を提供するという手もある。

22.1.2.4 抽象レベル

本書では、「可能な限り高い抽象レベルで作業を行う」ことが望ましいと考えている。つまり、解決策をできるだけ一般的な方法で表現することが理想となる。

たとえば、PDA や携帯電話で管理するような電話帳のエントリーを表す方法について考えてみよう。そうした名前と値のペアの集まりは `vector<pair<string,Value_type>>` として表す

793

ことができる。たたし、そうした集まりに原則として常に名前を使ってアクセスするとしたら、
`map<string,Value_type>` のほうが抽象度が高く、アクセス関数を作成したりデバッグしたりする
手間が省ける。一方で、`vector<pair<string,Value_type>>` 自体は 2 つの配列 `string[max]` と
`Value_type[max]` よりも抽象度が高く、文字列とその値との関係は暗黙的である。最も抽象度が低い
のは、要素の個数を表す `int` と 2 つの `void*` のようなものだろう。この場合、2 つの `void*` が何らか
の形式の表現を指すことは、プログラマーにはわかってもコンパイラーにはわからない。本書の例で
は、どのアドバイスも値のペアの「働き」ではなく「表現」に重点を置きものになっている。このため、
実際のアプリケーションからはかけ離れたアドバイスに思えたかもしれない。アプリケーションに近づ
けるには、用途を直接反映するようなクラスを定義すればよい。たとえば、使いやすさを目的として設
計されたインターフェイスを持つ Phonebook クラスを使って、アプリケーションのコードを記述でき
る。そしてこの Phonebook クラスを、本書で提案してきた表現のいずれかを使って実装すればよい。

　抽象度を引き上げることを推奨する理由は、そうした明確な表現のほうが、コンピューターハード
ウェアのレベルで表現された解決策よりも、私たちが問題と解決策について考える方法に近いからだ。
もちろん、抽象化のための適切なメカニズムがあり、そのメカニズムが言語によって適度な効率でサ
ポートされることが前提となる。

　抽象度を引き下げるとしたら、その理由はたいてい「効率化」である。これを選択するのは、どう
しても必要な場合だけにすべきである（§25.2.2）。低レベルのよりプリミティブな言語機能を使用した
からといって、パフォーマンスがよくなるとは限らないし、それによって最適化の機会を失うことも
ある。たとえば Phonebook クラスを使用する場合は、実装時に `string[max] + Value_type[max]`
と `map<string,Value_type>` のどちらかを選択できる。どちらが効率的であるかは、アプリケーショ
ン次第である。アプリケーションが扱うのが個人の電話帳だけであるとしたら、当然、パフォーマンス
は重大な関心ではないだろう。これに対し、数百万件ものエントリーを管理する必要がある場合は、こ
の種のトレードオフがにわかに重要性を帯びてくる。さらに深刻なのは、低レベルの機能をしばらく使用
しているうちにプログラマーの時間がすっかり奪われてしまい、パフォーマンスなどを改善する機会
が失われてしまうことだ。

22.1.2.5　モジュール性

　モジュール性は理想の 1 つである。私たちは、関数、クラス、クラス階層、ライブラリといった「コ
ンポーネント」を別個に開発し、理解し、テストした上で、そうしたコンポーネントを使ってシステム
を組み立てたいと考える。理想的には、そうしたコンポーネントを複数のプログラムで利用できるよう
に設計し、実装したいところである。そうした「再利用」は、すでに使用されているテスト済みのコン
ポーネントを使ってシステムを構築することと、そうしたコンポーネントの設計と使用を意味する。こ
れについては、クラス、クラス階層、インターフェイスの設計、そしてジェネリックプログラミングに
ついて説明するときにも触れた。「プログラミングスタイル」に関する説明（§22.1.3）の大部分は、「再
利用可能な」コンポーネントの設計、実装、使用に関連している。すべてのコンポーネントを複数のプ
ログラムで使用できるわけではないことに注意しよう。コードによっては、他の場所で使用するには特
化しすぎていて、そう簡単には改良できないことがある。

　コードのモジュール性は、アプリケーションの重要かつ論理的な区分を反映するものでなければなら
ない。2 つのまったく別々のクラス A とクラス B を C という名前の「再利用可能なコンポーネント」
にまとめただけでは、再利用は促進されない。A と B のインターフェイスを結合する C を導入すると、
コードはかえって複雑になる。

794

22.1 歴史、理想、プロフェッショナリズム

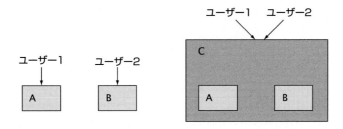

この場合、ユーザー1とユーザー2はどちらもCを使用する。Cを調べてみるまでは、よく使用されるコンポーネントをユーザー1とユーザー2が共有することにメリットがあると考えるかもしれない。共有（再利用）によるメリットとして、テスタビリティの向上、コードの総量の削減、ユーザーベースの拡大などが（この場合は誤って）見込まれる。残念ながら、少し単純に考えすぎている点を除けば、これは特に珍しいことではない。

では、どうすればよいだろうか。もしかすると、AとBに共通のインターフェイスを提供できるかもしれない。

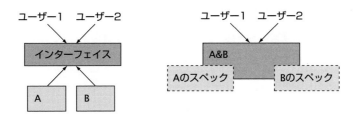

これらの図はそれぞれ継承とパラメーター化を提案するためのものだ。どちらの場合も、提供されるインターフェイスがAとBのインターフェイスを単に組み合わせたものよりも小さくなければ、実行に移す価値はない。言い換えるなら、AとBに基本的な共通点がなければ、ユーザーにとってメリットはない。

22.1.2.6　一貫性とミニマリズム

一貫性とミニマリズムは主にアイデアを表現するための理想である。このため、「見た目へのこだわり」としてそれらをそれらを片付けてしまうことがある。だが、複雑な設計をうまく表現するのは実際難しいため、一貫性とミニマリズムを設計上の条件として使用し、プログラムの細部にまで行き渡らせるという手がある。

- 有用性に疑問を感じる機能は追加しない。
- 類似性が不可欠である場合を除いて、同じような機能に同じようなインターフェイス（および名前）を与えない。
- 相違性が不可欠である場合を除いて、異なる機能には異なる名前（およびできるだけスタイルの異なるインターフェイス）を付ける。

名前の付け方やインターフェイスのスタイル、実装のスタイルに一貫性があると、メンテナンスの助けになる。コードに一貫性があると、新人プログラマーが大規模なシステムの部品ごとに新しい規約を学ぶ必要がなくなる。STLはその見本である（第20章〜第21章、§B.4〜B.6）。コードが古かったり、

別の言語で書かれているなど、一貫性を維持することが不可能な場合は、プログラムの残りの部分のスタイルと一致するようなインターフェイスを提供するのも1つの手である。それか、一貫性のないコードにアクセスする必要がある部分には「変則的な」スタイルを使用するようにするかである。

一貫性とミニマリズム貫くための方法の1つは、すべてのインターフェイスを丁寧に（そして常に）文書化することである。そうすれば、つじつまの合わない部分や重複に気づきやすくなる。事前条件、事後条件、不変条件を文書化することは、リソース管理やエラー報告に十分に配慮することと同じくらい有益かもしれない。一貫したエラー処理とリソース管理は、単純さを維持する上で不可欠である（§19.5）。

一部のプログラマーにとって、設計上の基本原理はKISS（Keep It Simple, Stupid：構造はできるだけ単純にしろ、この野郎）である。設計原理として価値があるのはKISSだけである、と言われることさえある。だがどちらかと言えば、「単純なものは単純に保つ」とか、「できるだけ単純に保つが、単純すぎてもいけない」といった穏便な表現のほうが好ましい。後者はアインシュタインの言葉であり、意味をなさなくなるほど単純さにこだわったあげく、設計を台無しにする危険があることを示している。肝心なのは、「誰のために、何と比較して単純か」である。

22.1.3　スタイルとパラダイム

プログラムを設計して実装するときには、一貫したスタイルを目指す。C++では、基本的なスタイルと見なせる主なスタイルが4つサポートされている。

- 手続き型プログラミング
- データの抽象化
- オブジェクト指向プログラミング
- ジェネリックプログラミング

これらは「プログラミングパラダイム」という（尊大な）表現で呼ばれることがある。関数型プログラミング、論理プログラミング、ルールベースのプログラミング、制約ベースのプログラミング、アスペクト指向プログラミングなど、さらに多くの「パラダイム」が存在する。ただし、C++はそれらを直接サポートしておらず、初心者向けの1冊の本でカバーしきれる内容でもない。このため、本書で取り上げるパラダイムやスタイルの多くの詳細を含め、それらについて説明するのはまたの機会にする。

- 手続き型プログラミング
  引数を処理する関数を使ってプログラムを組み立てるというスタイル。例としては、`sqrt()`や`cos()`といった数学関数のライブラリがあげられる。C++は、関数の概念（第8章）を通じてこのプログラミングスタイルをサポートしており、引数の値渡し、参照渡し、`const`参照渡しを選択できることが大きく役立つことがある。多くの場合、データは`struct`として表現されるデータ構造にまとめられる。クラスの`private`データメンバーやメンバー関数といった明示的な抽象化のメカニズムは使用されない。このプログラミングスタイルと関数は、他のすべてのスタイルに不可欠な部分である。
- データの抽象化
  あるアプリケーション分野に適した型を用意し、それらを使ってプログラムを作成するというスタイル。行列はその典型的な例である（§24.3～24.6）。クラスの`private`データメンバーを使用するといった明示的なデータの隠ぺいが頻繁に使用される。標準ライブラリの`string`と

vector はその代表的な例であり、ジェネリックプログラミングによって使用されるようなデータの抽象化とパラメーター化の間に強い結び付きがあることを示す。これが「抽象化」と呼ばれるのは、型の実装に直接アクセスするのではなく、型のインターフェイスを使用するためだ。

- オブジェクト指向プログラミング
  型どうしの関係をコードで直接表現するために型を階層化するというスタイル。第 14 章の Shape 階層はその典型的な例である。型の間に基本的な階層関係が成り立つ場合、その価値は明らかである。ただし、使いすぎの傾向にあることは否めない。つまり、グループにまとめる根本的な理由もないまま、型の階層が構築されている。型を派生させるときには、その理由を問いかけてみよう。何を表現しようとしているのだろうか。目下のケースにおいて基底と派生の区別はどのように役立つのだろうか。

- ジェネリックプログラミング
  具体的なアルゴリズムにパラメーターを追加することで抽象度を「引き上げる」というスタイル。それにより、アルゴリズムの本質を変えずに多様化できることを表現する。第 20 章の high() の例は、「引き上げ」の単純な例である。STL の find() アルゴリズムと sort() アルゴリズムは、ジェネリックプログラミングに基づいて非常に汎用的に表現されている（第 20 章〜第 21 章）。

ここで、これらをすべて組み合わせてみよう。プログラミングスタイル（パラダイム）について話をするときには、ジェネリックプログラミングを使用するか、オブジェクト指向プログラミングを使用するかといったように、それらがばらばらの選択肢であるかのように扱われることが多い。問題への解決策を最も効果的な方法で表現することが目的であれば、複数のスタイルを組み合わせて使用することになるだろう。「最も効果的」であるとは、読みやすく、書きやすく、メンテナンスしやすく、十分に効率的であることを意味する。たとえば、「Shape の例」の原典は Simula（§22.2.4）であり、通常はオブジェクト指向プログラミングの例であると考えられている。最初の解決策は以下のようなものであるとしよう。

```
void draw_all(vector<Shape*>& v)
{
    for(int i=0; i<v.size(); ++i) v[i]->draw();
}
```

確かに「かなりオブジェクト指向」であるように思える。クラス階層と、特定の Shape ごとに適切な draw 関数を検索する仮想関数呼び出しにひどく依存している。つまり、Circle では Circle::draw() が呼び出され、Open_polyline では Open_polyline::draw() が呼び出される。しかし、vector<Shape*> は基本的にジェネリックプログラミングの構造であり、コンパイル時に解決されるパラメーター（要素型）に依存する。このことを強調するには、すべての要素のループ処理に標準ライブラリの単純なアルゴリズムを使用すればよい。

```
void draw_all(vector<Shape*>& v)
{
    for_each(v.begin(),v.end(),mem_fun(&Shape::draw));
}
```

for_each() の 3 つ目の引数は、最初の 2 つの引数によって指定されたシーケンスの要素ごとに呼び出される関数である（§B.5.1）。その 3 つ目の関数呼び出しは、p->f() 構文を通じて呼び出されるメンバー関数ではなく、f(x) 構文を通じて呼び出される通常の関数（または関数オブジェクト）であると想定される。そこで、標準ライブラリの mem_fun 関数（§B.6.2）を使用して、本当はメンバー関数（仮想関数 Shape::draw()）を呼び出したい旨を示している。要するに、テンプレートである for_each() と mem_fun() は、実際にはあまりオブジェクト指向っぽくなく、明らかにジェネリックプログラミングと見なされて当然のものに属している。さらに興味深いのは、mem_fun() がクラスオブジェクトを返す自律した（テンプレート）関数であることだ。つまり、継承のない単純なデータ抽象化として、あるいはデータを隠ぺいしない手続き型プログラミングとして分類することもできる。よって、この 1 行のコードは、C++ によってサポートされる 4 つの基本スタイルの重要な特徴を兼ね備えていると言えるだろう。

　だが、そもそも「すべての Shape を描画する」例の 2 つ目のバージョンを記述するのはなぜだろうか。基本的には、1 つ目のバージョンと同じことを行っており、あのように記述したせいでコードはかえって増えている。for_each() を使ってループを表現するほうが for ループを記述するよりも「明白で間違いが起きにくい」と言えなくもないが、多くの人を納得させるほどの説得力はない。そうではなく、「for_each() はどのように行われるかではなく何が行われるか（シーケンスのループ処理）を示す」と言うのならまだわかる。だが、ほとんどの人が納得する言い分は、単にそれが「有益である」ことだ —— より多くの問題の解決を可能にする（ジェネリックプログラミングの極意である）一般化への道筋が示されている。Shape が vector に含まれているのはなぜだろうか。list を使用しないのはなぜだろうか。通常のシーケンスを使用しないのはなぜだろうか。そこで、3 つ目のより汎用的なバージョンを記述してみよう。

```
template<class Iter> void draw_all(Iter b, Iter e)
{
    for_each(b,e,mem_fun(&Shape::draw));
}
```

これで、これであらゆる種類の Shape のシーケンスに対応できるようになった。たとえばこれを Shape の配列の要素ごとに呼び出すこともできる。

```
Point p(0,100);
Point p2(50,50);
Shape* a[] = { new Circle(p,50), new Triangle(p,p2,Point(25,25)) };
draw_all(a,a+2);
```

対象をコンテナーに絞って、より単純に使用できるバージョンを定義することもできる。

```
template<class Cont> void draw_all(Cont& c)
{
    for (auto& p : c) p->draw();
}
```

あるいは、C++11 の概念を使用することもできる（§19.3.3）。

```
void draw_all(Container& c)
{
    for (auto& p : c) p->draw();
}
```

要するに、このコードはオブジェクト指向であり、ジェネリックであり、通常の手続き型コードに非常によく似ている。このコードはクラス階層でのデータの抽象化と個々のコンテナーの実装に依存している。うまい表現がないので、最も適切なスタイルを組み合わせて使用するプログラミングを**マルチパラダイムプログラミング**（*multi–paradigm programming*）と呼ぶことにする。だが、考えてみれば、これは単なる**プログラミング**（*programming*）である ── 「パラダイム」はもともと、問題を解決する方法と、解決策を表現するために使用されるプログラミング言語の弱点の一面しか捉えていないからだ。個人的には、プログラミングの未来は明るいと考えており、プログラミングの手法、プログラミング言語、サポートツールは大きく改善されることになるだろう。

22.2　プログラミング言語の略史

　本当に最初のころは、プログラマーは 0 と 1 を手で石に刻んでいた。まあ、それに近いものがあった。ここでは、C++ を使ったプログラミングに関連するプログラミング言語の歴史を最初から簡単に振り返ってみることにしよう。

　プログラミング言語は山ほどある。プログラミング言語は 10 年に 2,000 言語の割合で考案されており、「言語の死亡率」もだいたいそれくらいだ。ここでは、10 個の言語を例に、約 60 年の歴史を振り返る。詳細については、「History of Programming Languages Conferences」の Web サイト[*2]で確認するとよいだろう。この Web サイトには、ACM SIGPLAN HOPL カンファレンスのすべての論文へのリンクが含まれている。それらは査読論文であるため、Web の平均的な情報源よりもはるかに信頼性が高く、完全なものである。ここで取り上げる言語はすべて HOPL に掲載されている。有名な研究論文の完全な題名を Web 検索エンジンに入力すれば、その論文が見つかる可能性は十分にある。また、ここで紹介するコンピューター科学者のほとんどはホームページを持っているため、そこから彼らの研究に関する多くの情報が得られるはずだ。

　やむを得ない事情により、本章では言語を簡単に紹介するにとどめる。ここで取り上げないものを含め、どの言語も 1 冊の本に値する。また、言語についての説明は厳選されたものになっている。それを読んで「言語 X はそれだけなのか」と思うのではなく、その言語をもっと知りたいと思ってもらえることを願っている。ここで取り上げる言語はどれも偉業と言えるもので、プログラミングの世界に重要な貢献を果たしていることを覚えておこう。たったこれだけのスペースで、これらの言語を語り尽くすことはとてもできない。だからといって、言及しないわけにはいかない。各言語のコードを少し提供したかったが、残念ながら、ここはそうした活動のための場所ではない（練習問題 5〜6 を参照）。

　プログラミング言語といった成果物がそのまま、あるいは無名の「開発プロセス」の産物として示されることがよくある。これは歴史を誤って伝えている。特に初期から形成期にかけては、言語は 1 人以上の個人の理想、研究、個人的嗜好、外部の制約の結果である。そこで、ここでは言語に関わった主

[*2] http://research.ihost.com/hopl/HOPL.html

な人物に焦点を合わせる。言語を設計するのは IBM でもベル研究所でもケンブリッジ大学でもなく、そうした組織に属している個人である。それらの言語はたいてい友人や同僚の協力を得て設計されている。

私たちの歴史観をしばしばゆがめる興味深い現象に注意しよう。有名な科学者や技術者の写真は、たいていは彼らが有名になったときか、全米アカデミーや王立協会会員、ヨハネ騎士団の一員に選ばれたときか、チューリング賞の受賞者になったときに撮影されたものである。つまり、最大の偉業を成し遂げてから数十年後の写真である。ほとんどの人は、晩年まで最も精力的なメンバーの1人として活動していたか、今も活動している。だが、ひいきにしている言語の機能やプログラミング手法の起源を振り返るときには、恋人をちゃんとしたレストランに誘いたくて懐具合を気にしている若者や（科学/工学の分野はいまだに女性が少なすぎる）、休暇と重なりそうなカンファレンスに重要な研究論文を提出するかどうかを決めかねている、まだ幼い子供がいる家庭の親を想像してほしい。白いものが混じった顎ひげや薄くなった頭、やぼったい服装といった風貌になるのは、そのずっと後のことだ。

22.2.1　最も初期の言語

1949 年に最初の「現代的な」ストーアドプログラム方式の電子計算機（コンピューター）が登場したとき、コンピューターはそれぞれ独自の言語を使用していた。惑星軌道の計算といったアルゴリズムの式と特定のコンピューターの命令との間には、1 対 1 の関係があった。ほとんどの場合、ユーザーは科学者であり、当然ながら数式を操っていたが、プログラムは機械語のリストだった。最初の原始的なリストは 10 進数または 8 進数であり、コンピューターのメモリー内での表現とぴったり一致していた。その後、アセンブラーや「オートコード」が登場した ― つまり、機械語と（レジスターといった）コンピューターの機能にシンボル名を付けた言語が開発された。プログラマーはコンピューターのアドレス 123 の内容をレジスター 0 にロードするために "LD R0 123" などと記述していた。ただし、どのコンピューターでも独自の命令セットと独自の言語が使用されていた。

ケンブリッジ大学コンピューター研究所の David Wheeler は、紛れもなく当時のプログラミング言語の設計者を代表する 1 人である。1949 年、Wheeler はストアードプログラム方式のコンピューター上で動作する本物のプログラムを初めて記述した（§4.4.2.1 の「2 乗テーブル」プログラム）。Wheeler は（コンピューター固有のオートコード用の）最初のコンパイラーを作成したと主張できる約 10 人のうちの 1 人である。関数呼び出しを考案したのも Wheeler である ― どれほど単純に思えるものであっ

ても、何らかの時点で考案されている必要がある。1951 年には、ライブラリの設計方法に関するすばらしい論文を書いている。その論文は少なくとも 20 年は時代を先取りしていた。Wheeler は Maurice Wilkes と D. J. Gill とともにプログラミングに関する最初の本を執筆している。Wheeler は 1951 年にケンブリッジ大学からコンピューターサイエンスでは初めての博士号を取得した後、ハードウェアとアルゴリズムの分野で多大な貢献を果たしている。ハードウェアでは、キャッシュアーキテクチャと初期のローカルエリアネットワークを考案し、アルゴリズムでは、TEA 暗号化アルゴリズム（§25.5.6）や Burrows–Wheeler 変換などを考案している。Wheeler は偶然にも Bjarne Stroustrup の博士号論文の指導教官だった —— コンピューターサイエンスはかくも日の浅い分野なのだ。Wheeler の最も重要な研究の一部は大学院生時代のものである。研究を続けてケンブリッジ大学の教授となり、王立協会会員となった。

参考文献

- Burrows, M., and David Wheeler. "A Block Sorting Lossless Data Compression Algorithm." Technical Report 124, Digital Equipment Corporation, 1994.
- Bzip2：http://www.bzip.org/
- Cambridge Ring Web サイト：http://koo.corpus.cam.ac.uk/projects/earlyatm/cr82
- Campbell–Kelly, Martin. "David John Wheeler." *Biographical Memoirs of Fellows of the Royal Society*, Vol. 52, 2006.（David Wheeler の略歴）
- EDSAC（Electronic Delay Storage Automatic Calculator）：
http://en.wikipedia.org/wiki/EDSAC、
http://ja.wikipedia.org/wiki/EDSAC
- Knuth, Donald. *The Art of Computer Programming.* Addison–Wesley, 1968.
『The Art of Computer Programming Volume 1 Fundamental Algorithms Third Edition 日本語版』、有澤誠、和田英一 監修、青木孝、筧一彦、鈴木健一、長尾高弘 訳、KADOKAWA、2015 年
『The Art of Computer Programming Volume 2 Seminumerical Algorithms Third Edition 日本語版』、有澤誠、和田英一、斎藤博昭、長尾高弘、松井祥悟、松井孝雄、山内斉 訳、KADOKAWA、2015 年
『The Art of Computer Programming Volume 3 Sorting and Searching Second Edition 日本語版』、有澤誠、和田英一、石井裕一郎、伊知地宏、小出洋、高岡詠子、田中久美子、長尾高弘 訳、KADOKAWA、2015 年（以上、アスキー刊の再出版）
『The Art of Computer Programming, Volume 4, Fascicle 0 Introduction to Combinatorial Algorithms and Boolean Functions 日本語版』、和田英一 訳、アスキー・メディアワークス、2009 年
『The Art of Computer Programming, Volume 4, Fascicle 1 Bitwise Tricks & Techniques; Binary Decision Diagarms 日本語版』、和田英一 訳、アスキー・メディアワークス、2011 年
『The Art of Computer Programming, Volume 4, Fascicle 2: Generating All Tuples and Permutations 日本語版』、和田英一、有澤誠、小出洋 訳、アスキー・メディアワークス、2006 年
『The Art of Computer Programming, Volume 4, Fascicle 3: Generating All Combinations and Partitions 日本語版』、和田英一、有澤誠、筧一彦 訳、アスキー・メディアワークス、2008 年

『The Art of Computer Programming, Volume 4, Fascicle 4 Generating All Trees – History of Combinatorial Generation 日本語版』、和田英一、有澤誠、筧一彦、小出洋 訳、アスキー・メディアワークス、2010 年
- TEA（Tiny Encryption Algorithm）：
http://en.wikipedia.org/wiki/Tiny_Encryption_Algorithm
- Wheeler, D. J. "The Use of Sub-routines in Programmes." Proceedings of the 1952 ACM National Meeting.（1951 年のライブラリ設計論文）
- Wilkes, M. V., D. Wheeler, and D. J. Gill. *Preparation of Programs for an Electronic Digital Computer.* Addison–Wesley Press, 1951; Second Edition, 1957.（プログラミングに関する最初の本）

22.2.2　現代の言語の起源

以下に示すのは、初期の重要な言語の系譜である。

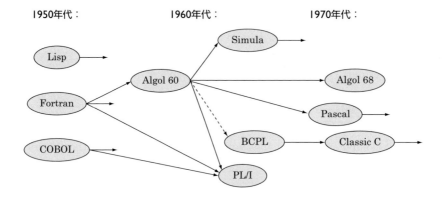

　これらの言語が重要なのは、広く使用されていた言語であるか、現代の重要な言語の原型になっているためだ。一部の言語は現在でも使用されている。そして多くの場合、直系の言語には同じ名前が付いている。ここでは、現代のほとんどの言語の祖先である Fortran、COBOL、Lisp の 3 つの言語を取り上げる。

22.2.2.1　Fortran

　1956 年の Fortran の登場が、プログラミング言語の発展において大きな節目となったことは間違いない。Fortran は「Formula Translation」の略語であり、機械ではなく人のために設計された表記から効率のよい機械語を生成することが当初の目論見だった。Fortran の表記のモデルとなったのは、当時としては最新の電子計算機の機械語ではなく、科学者や技術者が数学を使って問題を解くときに書いていたものだった。

　現代の感覚からすると、Fortran については、アプリケーションドメインをコードで直接表そうという最初の試みと見なすことができる。それにより、プログラマーは線形代数をほぼ教科書に書かれているとおりに記述できるようになった。Fortran には、配列、ループ、標準数学関数 —— x+y や sin(x) といった標準的な数学表記を使用する関数 —— が含まれていた。数学関数の標準ライブラリと I/O のメ

22.2 プログラミング言語の略史

カニズムもあり、ユーザーは新しい関数やライブラリを定義することができた。

Fortran の表記はコンピューターにほとんど依存していなかったため、Fortran コードに小さな変更を加えるだけで、別のコンピューターへ移行できることが多かった。これは当時の最先端技術からすると「途方もない」進歩だった。Fortran が最初の高級言語と見なされるのは、そのためだ。

Fortran ソースコードから生成される機械語が、最も効率がよいコードに近いものであることは至上命令だった。当時のコンピューターは部屋ほどの大きさがあり、とてつもなく高価で、現代の基準からすると話にならないほど低速で、申し訳程度のメモリーしか搭載されていなかった ── 当時のコンピューターの価格は当時の優秀なプログラマーチームの年収の数倍で、1 秒間に実行される命令の数は 10 万個ほどで、メモリーは 8K バイトほどしかなかった。それでも、人々はそれらのコンピューターに便利なプログラムを載せ、その邪魔になるような表記の改良は許されなかった ── つまり、プログラマーの生産性と移植性の向上につながるような改良を施す余地はなかった。

Fortran はその狙いどおりに科学/工学計算の分野で大きな成功を収め、それ以来進化し続けている。Fortran 言語の主なバージョンは II、IV、77、90、95、03 である。Fortran 77 と Fortran 90 のどちらが広く使用されているかをめぐる議論はまだ続いている。

Fortran の最初の定義と実装を手掛けたのは、IBM の John Backus が率いるチームだった。Backus は「何がしたかったのか、そしてそれをどのように行えばよいのか見当がつかなかった。Fortran は勝手に成長してしまったようなものだ」と言っているが、それは無理もないことだった。それは前例のない作業だったが、その過程で、字句解析、構文解析、意味解析、最適化といったコンパイラーの基本構造が開発または発見された。今日に至るまで、Fortran は数値計算の最適化を主導してきた。Fortran の後に登場したものの 1 つに、文法を指定するための BNF（Backus–Naur Form）という表記があった。BNF は Algol 60（§22.2.3.1）で最初に使用され、現在ではほとんどの言語に使用されている。本書では、第 6 章と第 7 章で BNF の一種を使用している。

それからしばらくして、John Backus はまったく新しい分野のプログラミング言語である「関数型プログラミング」を開発し、プログラミングへの数学的なアプローチを提唱した。これはメモリーアドレスの読み書きに基づくコンピューター視点とは対照的なものだった。純粋な数学には、代入の概念はもちろん、アクションの概念すら存在しない。一連の条件に基づいて、何が真でなければならないかを宣言するだけである。関数型プログラミングの起源の一部は Lisp にあり（§22.2.2.3）、関数型プログラミングのアイデアの一部は STL（第 21 章）に反映されている。

参考文献

- Backus, John. "Can Programming Be Liberated from the von Neumann Style?" *Communications of the ACM*, 1977.（チューリング賞受賞講演）
- Backus, John. "The History of FORTRAN I, II, and III." *ACM SIGPLAN Notices*, Vol. 13 No. 8, 1978. Special Issue: History of Programming Languages Conference.
- Hutton, Graham. *Programming in Haskell*. Cambridge University Press, 2007. ISBN 0521692695.
  『プログラミング Haskell』、山本和彦 訳、オーム社、2009 年
- ISO/IEC 1539. *Programming Languages—Fortran*（Fortran 95 規格）
- Paulson, L. C. *ML for the Working Programmer*. Cambridge University Press, 1991. ISBN 0521390222.

22.2.2.2 COBOL

COBOL（The Common Business–Oriented Language）は、Fortran が科学系のプログラマーを対象としていたように、ビジネスプログラマーを対象とした言語であり、データの操作に重点を置いていた。

- コピー
- 格納と検索（記録の管理）
- 印刷（レポート）

COBOL のメインのアプリケーションドメインでは、計算は取るに足らないことと見なされがちだった。COBOL については、マネージャーがプログラムを組めるようになり、プログラマーがすぐにお払い箱になるほど「ビジネス英語」に近いものになるだろうと期待されていたし、実際そういう触れ込みだった。それは、プログラミングのコストを削ることに余念がないマネージャー連中から口癖のように聞かされてきた願望そのものである — これっぽっちもかなっていないが。

最初の COBOL は、ビジネス関連のコンピューティングのニーズに対処するために、アメリカ国防総省と大手コンピューターメーカーのグループ主導のもとで、1959～1960 年に CODASYL によって設計された。その設計は、Grace Murray Hopper が考案した FLOW–MATIC 言語に直接基づくものだった。Hopper の功績の 1 つは、英語に近い構文を採用したことだった。それは、Fortran によって開拓され、現在もなお優勢な数学表記とは対照的なものだった。Fortran など成功しているすべての言語と同様に、COBOL は絶えず進化を遂げており、主なバージョンは 60、61、65、68、70、80、90、04 だった。

Hopper はエール大学で数学の博士号を取得し、第二次世界大戦中はアメリカ海軍で最初のコンピューターに取り組んだ。そして初期のコンピューター産業に数年身を置いた後、海軍に戻っている。

> 「海軍少将 Grace Murray Hopper 博士は、最初のコンピューターをプログラミングするという難題に堂々と挑んだ偉大な女性だった。生涯にわたってソフトウェア開発の概念に関する分野の主導者として活躍し、初期のプログラミング技法から高度なコンパイラーへの転換に貢献した。博士は「いつもそのようにしてきた」ことが、必ずしもそうし続ける理由にはならないことを確信していた。」

— Anita Borg, "Grace Hopper Celebration of Women in Computing" カンファレンス（1994 年）

Hopper は、コンピューターのエラーを「バグ」と呼んだ最初の人物であるとよく評されている。その用語を早くから使用していた 1 人であることは確かであり、そのように使った記録が残っている。

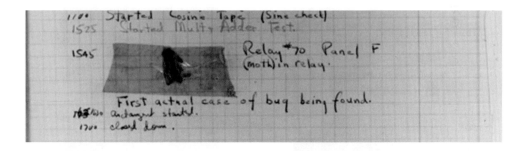

この写真が示しているように、そのバグは本物の蛾であり、ハードウェアに直接影響をおよぼした。現代のほとんどのバグはソフトウェアに潜んでおり、図で示したところでそれほど魅力的ではない。

参考文献

- Grace Murray Hopper の略歴：http://tergestesoft.com/~eddysworld/hopper.htm
- ISO/IEC 1989:2002. *Information Technology – Programming Languages – COBOL.*
- Sammet, Jean E. "The Early History of COBOL." *ACM SIGPLAN Notices*, Vol. 13 No. 8, 1978. Special Issue: History of Programming Languages Conference.

22.2.2.3　Lisp

最初の Lisp は、リンクリストと記号処理を目的として、1958 年に MIT の John McCarthy によって設計された。「LISt Processing」という名前が付いたのは、そのためだ。最初の Lisp はコンパイラー方式ではなくインタープリタ方式だった — そして多くはいまだにそうである。Lisp には数十（おそらく数百）種類もの方言がある。実際、「Lisp の複数形は Lisp である」と言われるほどだ。現在最もよく知られている方言は、Common Lisp と Scheme である。この言語ファミリーは人工知能（AI）研究の主力となってきたが、製品化はたいてい C/C++ で行われている。Lisp の主な発想の源は、ラムダ計算の数学的概念だった。

Fortran と COBOL は、それぞれの適用分野において現実の問題を解決する手助けをするために設計されていた。Lisp コミュニティの関心は、プログラミング自体とプログラムの的確さのほうにあった。多くの場合、そうした努力は実を結んでいる。Lisp は、その定義をハードウェアから切り離し、数学をベースとするセマンティクスを持つ最初の言語となった。仮に、Lisp のアプリケーションメインが特定のものであったとしたら、正確に定義するのはずっと難しくなる。「AI」や「記号計算」は、「業務処理」や「科学的プログラミング」のように日常的なタスクに明確につながっているわけではない。Lisp（および Lisp コミュニティ）の理念は、現代の多くの言語 — 特に関数型言語に反映されている。

John McCarthy は、カリフォルニア工科大学で理学士号を取得し、プリンストン大学で博士号を取得している。プログラミング言語の設計者の多くが数学を専攻していたことに気づいたかもしれない。MIT での記憶に残る研究の後、McCarthy は 1962 年にスタンフォード大学に移り、スタンフォード大学人工知能研究所の設立に尽力した。McCarthy は人工知能（AI：Artificial Intelligence）という用語を考案したことと、その分野での多大な貢献で広く知られている。

参考文献

- Abelson, Harold, and Gerald J. Sussman. *Structure and Interpretation of Computer Programs, Second Edition.* MIT Press, 1996. ISBN 0262011530.
『計算機プログラムの構造と解釈 第 2 版』、和田英一 訳、翔泳社、2014 年

- ANSI INCITS 226–1994. *American National Standard for Programming Language–Common LISP.*
- McCarthy, John. "History of LISP." *ACM SIGPLAN Notices*, Vol. 13 No. 8, 1978. Special Issue: History of Programming Languages Conference.
- Steele, Guy L. Jr. *Common Lisp: The Language.* Digital Press, 1990. ISBN 1555580416. 『COMMON LISP 第 2 版』、井田昌之、川合進、川辺治之、佐治信之、塩田英二、田中啓介、元吉文男、湯浦克彦、六条範俊 訳、共立出版、1992 年
- Steele, Guy L. Jr., and Richard Gabriel. "The Evolution of Lisp." Proceedings of the ACM History of Programming Languages Conference (HOPL–2). *ACM SIGPLAN Notices*, Vol. 28 No. 3, 1993.

22.2.3　Algol ファミリー

1950 年代の後期には、プログラミングがあまりにも複雑で、あまりにも場当たり的で、あまりにも非科学的になってきていると多くの人が感じていた。彼らにしてみれば、さまざまなプログラミング言語は意味もなく大がかりなもので、それらの言語は一般性やしっかりとした原理への配慮が不十分なまま組み立てられていた。こうした不信感はそれ以来たびたび表面化していたが、IFIP（International Federation of Information Processing）の呼びかけに応じて人々が集まり、ほんの数年のうちに、言語やそれらの定義についての考え方を大きく変えるような新しい言語が作成された。C++ を含む現代の言語のほとんどは、こうした努力の賜物である。

22.2.3.1　Algol 60

Algol（ALGOrithmic Language）は、IFIP 2.1 グループの尽力によって誕生した言語であり、現代のプログラミング言語の概念を大きく躍進させた。

- レキシカルスコープ
- 言語を定義するための文法の使用
- 構文ルールと意味ルールの明確な切り分け
- 静的（コンパイル時の）型の体系的な使用
- 構造化プログラミングの直接のサポート

Algol はまさに「汎用のプログラミング言語」と呼ぶにふさわしいものだった。それ以前の言語は、科学言語（Fortran）、ビジネス言語（COBOL など）、リスト操作言語（Lisp など）、シミュレーション言語などであった。これらの言語のうち、Fortran と最も関係が深い言語は Algol 60 である。

残念ながら、Algol 60 が学術以外の目的で広く使用されることはなかった。業界では「とっつきにくい」という意見が大勢を占めており、Fortran プログラマーからすると「あまりにも遅く」、COBOL プログラマーからすると「業務処理に向いておらず」、Lisp プログラマーからすると「柔軟性に乏しい」ものだった。ツールへの投資を管理していた管理職を含め、業界のほとんどの人からすると「学術的すぎていて」、多くのアメリカ人からすると「あまりにもヨーロッパ的」だった。批判のほとんどは正しかった。たとえば、Algol 60 レポートには I/O メカニズムがいっさい定義されていなかった。だが、同様の批判は現代のどの言語にも向けられていた可能性がある ─ そして Algol は多くの分野で新しい

基準を定めた。

　Algol 60 の問題点の 1 つは、その実装方法を誰も知らなかったことだ。この問題は、Algol 60 レポートの編集者だった Peter Naur と Edsger Dijkstra が率いるプログラマーチームによって解決された。

　Peter Naur は、コペンハーゲン大学で天文学者として教育を受け、コペンハーゲン工科大学とデンマークのコンピューターメーカー Regnecentralen に在籍していた。イギリスのケンブリッジ大学のコンピューター研究所で 1950〜51 年にプログラミングを学び、後に学術と産業の隔たりを埋めるという輝かしい経歴を残した。Naur は文法を表現するために使用される BNF（Backus–Naur Form）の開発者の 1 人であり、プログラムに関する形式的推論の最初の提唱者だった（Bjarne Stroustrup は 1971 年ごろに Naur の技術論文から不変条件の使用を初めて学んだ）。Naur はコンピューティングに関して大局的見地に立つ姿勢を崩さず、常にプログラミングの人間的な側面に注意を払っていた。その証拠に、後年の研究は哲学の一部と見なしてもよいものだった — Naur 本人は従来の学術的な哲学をまったくのナンセンスと見なしていたが。Naur はコペンハーゲン大学で Datalogi の最初の教授となった — デンマーク語の datalogi に最もうまく当てはまる言葉は「情報科学」である。Naur は、**コンピューターサイエンスは間違った呼び名である** — コンピューティングはそもそもコンピューターのことではない — として嫌っていた。

22.2 プログラミング言語の略史

　Edsger Dijkstra もコンピューターサイエンスにおける偉人の 1 人である。ライデン大学で物理学を学んだが、コンピューティングに関する初期の研究はアムステルダムの国立数学研究所で行っている。その後は、アイントホーヘン工科大学、バロース（Burroughs Corporation）、テキサス州オースティンのテキサス大学などに在籍していた。Algol での功績に加えて、プログラミングやアルゴリズムに初めて数学理論を応用し、それを強く提唱したことで知られ、THE オペレーティングシステムの設計者/実装者の 1 人でもあった。THE は並列処理に体系的に取り組む最初の OS の 1 つであり、Dijkstra が当時在籍していたアイントホーヘン工科大学（Technische Hogeschool Eindhoven）の略語である。Dijkstra の最も有名な研究論文は、ほぼ間違いなく、非構造化制御フローでの問題点を立証した "Go-To Statement Considered Harmful" である。

　Algol の系譜は印象的だ。

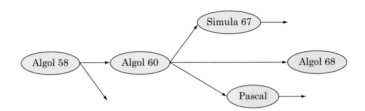

　注目すべきは Simula 67 と Pascal である。これらの言語は現代の多く（おそらくほとんど）の言語の原型となっている。

参考文献

- Dijkstra, Edsger W. "Algol 60 Translation: An Algol 60 Translator for the x1 and Making a Translator for Algol 60." Report MR 35/61. Mathematisch Centrum (Amsterdam), 1961.
- Dijkstra, Edsger W. "Go–To Statement Considered Harmful." *Communications of the ACM*, Vol. 11 No. 3, 1968.
- Lindsey, C. H. "The History of Algol68." Proceedings of the ACM History of Programming Languages Conference (HOPL–2). *ACM SIGPLAN Notices*, Vol. 28 No. 3, 1993.
- Naur, Peter, ed. "Revised Report on the Algorithmic Language Algol 60." A/S Regnecentralen (Copenhagen), 1964.
- Naur, Peter. "Proof of Algorithms by General Snapshots." *BIT*, Vol. 6, 1966, pp. 310–16. （プログラムが正しいことを証明する方法に関するおそらく最初の研究論文）
- Naur, Peter. "The European Side of the Last Phase of the Development of ALGOL 60." *ACM SIGPLAN Notices*, Vol. 13 No. 8, 1978. Special Issue: History of Programming Languages Conference.
- Perlis, Alan J. "The American Side of the Development of Algol." *ACM SIGPLAN Notices*, Vol. 13 No. 8, 1978. Special Issue: History of Programming Languages Conference.
- van Wijngaarden, A., B. J. Mailloux, J. E. L. Peck, C. H. A. Koster, M. Sintzoff, C. H. Lindsey, L. G. L. T. Meertens, and R. G. Fisker, eds. *Revised Report on the Algorithmic Language Algol 68* (Sept. 1973). Springer–Verlag, 1976.

22.2.3.2　Pascal

Algol の系譜に含まれている Algol 68 は、意欲的な一大プロジェクトだった。Algol 60 と同様に、Algol 68 に取り組んでいたのは「Algol 委員会」(IFIP ワーキンググループ 2.1) だったが、なかなか完成しなかったために多くの人がしびれを切らし、プロジェクトが何らかの成果を上げることは疑問視されていた。Algol 委員会のメンバーの 1 人だった Niklaus Wirth は、Algol の後継言語を独自に設計し、実装することをあっさり決定した。Pascal と呼ばれるその言語は、Algol 68 とは対照的に、Algol 60 を単純化したものだった。

Pascal は 1970 年に完成し、本当に単純であったため、柔軟性に乏しかった。もともと教育用のものだからという意見も多かったが、当初の論文では、当時のスーパーコンピューターにおいて Fortran に代わるものとして説明されている。Pascal は確かに習得しやすく、移植性の高い実装が提供されるようになると教育用の言語として広く知られるようになったが、Fortran を脅かす存在にはならなかった。

Pascal を研究していたのは、チューリッヒ工科大学の Niklaus Wirth 教授 (1969 年と 2004 年の写真) だった。Wirth はカリフォルニア大学バークレー校で電気工学とコンピューターサイエンスの博士号を取得し、生涯にわたってカリフォルニアにゆかりがある。Wirth は言語設計の専門家に最も近い存在であり、25 年以上にわたって以下の言語の設計と実装に携わった。

- Algol W
- PL/360
- Euler
- Pascal
- Modula
- Modula–2
- Oberon
- Oberon–2
- Lola (ハードウェア記述言語)

Wirth はこれを単純化への終わりなき探求と説明している。Wirth の業績は最も大きな影響力を

持っている。その一連の言語を学ぶことは最も興味深い課題である。HOPL に言語が 2 つ掲載されているのは Wirth だけだ。

最終的に、そのままの Pascal では商業的な成功を収めるにはあまりに単純で厳格であることが実証されたが、主に 1980 年代の Anders Hejlsberg らの研究を通じて Pascal は消滅を免れた。Hejlsberg は Borland を創設した 3 人のうちの 1 人であり、まず Turbo Pascal の設計と実装を行い、より柔軟な引数渡しの仕掛けを作った。その後、C++ に似たオブジェクトモデルを追加したが、単一継承と効果的なモジュールメカニズムを追加するにとどまった。Hejlsberg は Peter Naur がたまに講義を行っていたコペンハーゲン工科大学で教育を受けている — 世間はときに狭い。Hejlsberg はその後、Borland で Delphi を、Microsoft で C#を設計した。

Pascal の系譜は以下のようになる（やむを得ず簡略化してある）。

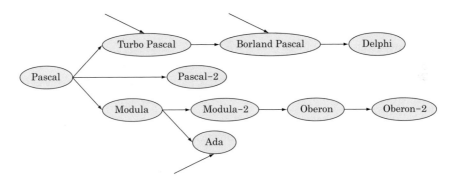

参考文献

- Borland/Turbo Pascal：
  http://en.wikipedia.org/wiki/Turbo_Pascal
  http://ja.wikipedia.org/wiki/Turbo_Pascal
- Hejlsberg, Anders, Scott Wiltamuth, and Peter Golde. *The C# Programming Language, Second Edition*. Microsoft .NET Development Series. ISBN 0321334434.
- Wirth, Niklaus. "The Programming Language Pascal." *Acta Informatics*, Vol. 1 Fasc 1, 1971.
- Wirth, Niklaus. "Design and Implementation of Modula." *Software — Practice and Experience*, Vol. 7 No. 1, 1977.
- Wirth, Niklaus. "Recollections about the Development of Pascal." Proceedings of the ACM History of Programming Languages Conference (HOPL–2). *ACM SIGPLAN Notices*, Vol. 28 No. 3, 1993.
- Wirth, Niklaus. *Modula–2 and Oberon*. Proceedings of the Third ACM SIGPLAN Conference on the History of Programming Languages (HOPL–III). San Diego, CA, 2007.
  http://portal.acm.org/toc.cfm?id=1238844

22.2.3.3　Ada

Ada プログラミング言語は、アメリカ国防総省のプログラミングニーズをすべて満たす言語として設計された。特に、組み込みシステムプログラミングのための信頼性と保守性を備えたコードを生成する

言語として設計され、PascalとSimulaの影響を色濃く受けている（§22.2.3.2、§22.2.4）。Adaを設計したグループのリーダーは、過去にSimula Users' Groupの代表を務めていたJean Ichbiahだった。Adaの設計は以下に重点を置いたものとなっている。

- データの抽象化（ただし、1995年まで継承は導入されなかった）
- 強く静的な型チェック
- 言語による並列処理の直接のサポート

　Adaの設計は、プログラミング言語でのソフトウェアエンジニアリングの具現化を目指すものだった。つまり、アメリカ国防総省が設計したのは言語ではなく、言語を設計するための精巧なプロセスだった。その設計プロセスには大勢の人や組織が貢献しており、競い合いながら前進した。彼らが目指したのは、最も効果的な仕様を完成させ、競争を勝ち抜いた仕様を具現化する最善の言語を完成させることだった。この20年間（1975〜1998年）におよぶ壮大なプロジェクトは、1980年以降はAJPO（Ada Joint Program Office）という部署によって管理されていた。

　1979年に完成した言語は、Augusta Ada Lovelace伯爵夫人（詩人バイロン卿の娘）の名をとってAdaと命名された。Lovelace伯爵夫人は、1840年代にCharles Babbageとともに画期的な機械式計算機に取り組んでいるため、近代の最初のプログラマーと言えるかもしれない — 何をもって「近代」というかはあいまいだが。Babbageはケンブリッジ大学でニュートンと同じLucasian Professor of Mathematicsの称号を得ている。残念ながら、Babbageのコンピューターは実用的なツールとしては成功しなかった。

　緻密なプロセスが功を奏し、Adaは「合議制によって設計された」言語と見なされている。勝利を収めた設計チームのリーダーはフランスのHoneywell Bull社のJean Ichbiahだったが、「合議制」をきっぱりと否定している。だが、（Ichbiahと話をしてみて）プロセスがそこまで制約されていなかったとしたら、Ichbiahはもっとよい言語を設計していたのではないかと感じている。

　アメリカ国防総省の取り決めにより、Adaは軍事目的で使用することが義務付けられていたため、「Adaは法である」と言われるようになった。当初、Adaの使用は「義務付けられていた」だけだったが、C++など他の言語を使用するための「免除」を受けるプロジェクトが相次いだ結果、連邦議会によってほとんどの軍事アプリケーションにAdaを使用するという法案が可決された。この法案は後に商業的および技術的な現実に直面して廃案となった。Bjarne Stroustrupは連邦議会によってその研究

成果を禁止された数少ない人物の 1 人である。

とはいうものの、Ada がその評判よりもずっとよい言語であることを強調しておきたい。Ada を使用することやその厳密な方法 ― アプリケーション開発プロセス、ソフトウェア開発ツール、文書化などの基準 ― に関してアメリカ国防総省があれほど高圧的でなければ、もっと輝かしい成功を収めていただろう。今日でも Ada は航空宇宙アプリケーションなどの高度な組み込みシステムアプリケーション分野において重要な存在である。

Ada は 1980 年に MIL 規格となり、1983 年に ANSI 規格、1987 年に ISO 規格となった。ANSI 規格が最初に実装されたのは、規格化の 3 年後である 1983 年のことである。ISO 規格は 1995 年の ISO 規格で広範囲にわたって見直されているが、もちろん互換性は維持されている。注目すべき改善点には、並列処理メカニズムにおける柔軟性の向上と継承のサポートが含まれている。

参考文献

- Barnes, John. *Programming in Ada 2005*. Addison–Wesley, 2006. ISBN 0321340787.
- Consolidated Ada Reference Manual, *Technical Corrigendum 1*（ISO/IEC 8652:1995:TC1: 2000）からの変更によって改訂された国際規格 *Information Technology–Programming Languages–Ada*（ISO/IEC 8652:1995）で構成された Ada の統合リファレンスマニュアル
- Ada の公式ホームページ：http://www.usdoj.gov/crt/ada/
- Whitaker, William A. *ADA–The Project: The DoD High Order Language Working Group*. Proceedings of the ACM History of Programming Languages Conference (HOPL–2). *ACM SIGPLAN Notices*, Vol. 28 No. 3, 1993.

22.2.4 Simula

Simula は、ノルウェーコンピューティングセンターの Kristen Nygaard とオスロ大学の Ole–Johan Dahl によって 1960 年代の初期から中期にかけて開発された。Simula が Algol 言語ファミリーのメンバーであることは誰もが認めるところである。それどころか、Simula は Algol 60 のほぼ完全なスーパーセットである。だが、Simula は現在「オブジェクト指向言語」と呼ばれている基本的な原理のほとんどの原点であるため、ここで特別な注意を払うことにした。Simula は継承と仮想関数を提供した最初の言語だった。「ユーザー定義型」に対する**クラス**（*class*）という用語と、基底クラスのインターフェイスを通じてオーバーライドと呼び出しが可能な関数に対する**仮想**（*virtual*）という用語は、Simula に由来する。

Simula の貢献は言語の機能にとどまらない。この言語には、現実の事象をコードで表現するという発想に基づく、オブジェクト指向設計の以下の原理が含まれていた。

- 考えをクラスおよびクラスオブジェクトとして表す。
- 階層関係をクラス階層（継承）として表す。

よって、プログラムはモノリシックなものではなく、相互にやり取りする一連のオブジェクトとなる。

Nygaard は Simula 67 を Dahl（左のめがねをかけている人物）と共同で開発した。Nygaard は（身長もそうだが）どの点から見ても偉大な存在であり、強さと優しさを併せ持っていた。Nygaard はオブジェクト指向プログラミングと設計（特に継承）という原理を思いつき、その数十年にわたってそれらの意味を探求し続けた。単純で、短期的で、先見の明のない答えには決して満足しなかった。また、社

第 22 章 理想と歴史

会貢献への取り組みも欠かさず、それは数十年にわたって続いた。ノルウェーが EU への加盟を拒否していることに関しては、Nygaard の功績を称えることができる。その先には EU の端っこに位置する小国のノルウェーの要求など意に介さない中央集権化と官僚政治が待っていることを Nygaard は見抜いていた。1970 年代の中ごろは、Bjarne Stroustrup が修士号を取得するために在籍していたデンマークのオーフス大学のコンピューターサイエンス学部で過ごしている。

Nygaard はオスロ大学で数学の修士号を取得しており、2002 年に他界した。それは、コンピューター科学者にとって紛れもなく最高の栄誉である ACM のチューリング賞を生涯の友である Dahl とともに受賞するちょうどひと月前のことだった。

Dahl のほうは昔気質の研究者で、仕様言語と形式手法のほうに興味があった。1968 年に、オスロ大学の情報科学（コンピューターサイエンス）の初の正教授となった。

2000 年 8 月、Dahl と Nygaard はノルウェー国王から Commanders of the Order of Saint Olav の称号を授与された。根っからのギークだって、故郷に錦を飾ることがあるのだ。

参考文献

- Birtwistle, G., O–J. Dahl, B. Myhrhaug, and K. Nygaard: *SIMULA Begin*. Studentlitter-

atur (Lund. Sweden), 1979. ISBN 9144062125.
- Holmevik, J. R. "Compiling SIMULA: A Historical Study of Technological Genesis." *IEEE Annals of the History of Computing*, Vol. 16 No. 4, 1994, pp. 25–37.
- Krogdahl, S. "The Birth of Simula." Proceedings of the HiNC 1 Conference in Trondheim, June 2003 (IFIP WG 9.7, in cooperation with IFIP TC 3).
- Nygaard, Kristen, and Ole–Johan Dahl. "The Development of the SIMULA Languages." *ACM SIGPLAN Notices*, Vol. 13 No. 8, 1978. Special Issue: History of Programming Languages Conference.
- SIMULA Standard. *DATA Processing — Programming languages — SIMULA*. Swedish Standard, Stockholm, Sweden (1987). ISBN 9171622349.

22.2.5 C

1970年には、本格的なシステムプログラミング — 特にOSの実装 — はアセンブリコードで行う必要があり、移植性を持たせることは不可能である、というのが「定説」だった。それはFortranよりも前の科学プログラミングに対する状況とほぼ同じだった。複数の個人やグループが、そうした正統主義に挑むために立ち上がった。長い目で見れば、そうした試みの中で圧倒的な成功を収めているのはCプログラミング言語（第27章）である。

Dennis Ritchieは、ニュージャージー州マレーヒルにあるベル研究所のコンピューターサイエンスリサーチセンターでCプログラミング言語を設計し、実装した。Cのすばらしいところは、ハードウェアの基本的な側面に非常に忠実で、それでいて単純なプログラミング言語に仕上がっていることだ。現在の複雑さのほとんどは、最初の設計の後に、いくつかのケースではRitchieの反対を押し切って追加されたものである — そのほとんどは、互換性の理由により、C++にも引き継がれている。Cが成功したのは早い段階で普及したということもあるが、その本当の強みは、言語の機能がハードウェアの機能に直接マッピングされていることにある（§25.4〜25.5）。Ritchieによれば、Cは「強く型指定されるが、チェックの弱い言語」である。つまり、Cは静的な（コンパイル時の）型システムを持ち、オブジェクトをその定義と異なる方法で使用するプログラムは正しくない。ただし、Cのコンパイラーはそれをチェックできない。Cのコンパイラーを48Kバイトのメモリーで実行しなければならなかったこ

第 22 章 理想と歴史

とを考えれば、無理もない。C が使用されるようになってまもなく、型システムへの準拠を検証するコンパイラーとは別に、lint と呼ばれるプログラムが考案された。

Ritchie と Ken Thompson は、史上最大の影響力を持つ OS である UNIX の共同開発者である。C は UNIX OS と切っても切れない関係にあり、そのせいで Linux やオープンソースの動向とも無関係ではなく、その状況は現在も続いている。

Ritchie はベル研究所のコンピューターサイエンスリサーチセンターに 40 年間在籍していた。Ritchie はハーバード大学の物理学課程を卒業しているが、60 ドルの手数料の支払いを忘れていたか、拒否したために、ハーバード大学から応用数学の博士号を授与されなかった。

1974〜1979 年にベル研究所に勤務していた人々の多くは、C の設計とその導入に影響を与えている。Doug McIlroy は、皆のお気に入りの批評家であり、議論仲間であり、アイデアマンだった。McIlroy は C、C++、UNIX、その他多くの言語に影響を与えている。

Brian Kernighan はプログラマーであり、非凡な執筆家である。Kernighan のコードと散文は明瞭さのモデルである。本書のスタイルの一部は Kernighan の傑作である *The C Programming Language* のチュートリアルセクションを手本にしている。

よいアイデアを思いつくだけでは不十分である。大規模な効果をねらうのであれば、それらのアイデアを最も単純な形式にまでそぎ落とし、対象となる大勢の人々にとってわかりやすい明確な表現にしなければならない。回りくどい表現はアイデアの最大の敵の 1 つであり、あいまいさや抽象的な表現もそうである。純正主義者はしばしばそうした大衆化の結果をあざ笑い、その道のプロだけが理解できる方法で表現された「最初の結果」のほうを好む。私たちは違う —— 単純ではないものの価値のあるアイデアを初心者に理解してもらうのは難しいことであり、プロ意識を高めるために欠かせないことであり、社会全体にとって価値がある。

Kernighan は長年にわたって多くの影響力を持つプログラミングプロジェクトや出版プロジェクトに携わってきた。そのうちの 2 つは、作成者（Aho、Weinberger、Kernighan）のイニシャルを名前に持つ初期のスクリプティング言語である AWK と、AMPL (A Mathematical Programming Language) である。

Kernighan は現在プリンストン大学の教授を務めている。もちろん教師としても優秀で、ともすれば複雑な話題をわかりやすく説明することを得意とする。ベル研究所のコンピューターサイエンスリサーチセンターには 30 年以上にわたって在籍していた。ベル研究所は後に AT&T ベル研究所となり、さらに AT&T ベル研究所と Lucent ベル研究所に分かれた。Kernighan はトロント大学（物理学課程）を卒業し、プリンストン大学で電気工学の博士号を取得している。

C 言語の系譜は以下のとおり。

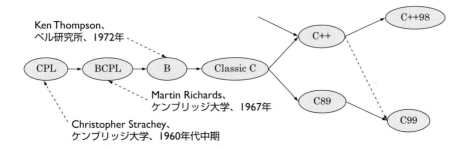

C の起源は、CPL プロジェクト、BCPL 言語、B 言語の 3 つである。CPL は決して完成することのなかったイギリスのプロジェクトであり、BCPL (Basic CPL) は Martin Richards がケンブリッジ大学の休暇中に MIT を訪れたときに作成した言語であり、B は Ken Thompson によって記述されたインタープリタ言語である。後に、C は ANSI と ISO によって規格化され、C++ から関数引数のチェックや `const` などさまざまな影響を受けている。

CPL はケンブリッジ大学とロンドンのインペリアルカレッジによる共同プロジェクトだった。当初はケンブリッジ大学のプロジェクトだったため、C は正式には「Cambridge」を意味していた。インペリアルカレッジとパートナーを組んだときに、C の正式な意味が「Combined」になった。本当のところは（聞いた話では）、CPL のメイン設計者だった Christopher Strachey にちなんで、常に「Christopher」を意味していた。

参考文献

- Brian Kernighan のホームページ：http://www.cs.princeton.edu/~bwk/
- Dennis Ritchie のホームページ：https://www.bell-labs.com/usr/dmr/www/

- ISO/IEIC 9899:1999. *Programming Languages — C*（C 規格）
- Kernighan, Brian W., and Dennis M. Ritchie. *The C Programming Language.* Prentice Hall, First Edition, 1978; Second Edition, 1988. ISBN 0131103628.
  『プログラミング言語 C 第 2 版』、石田晴久 訳、共立出版、1989 年
- Richards, Martin. *BCPL — The Language and Its Compiler.* Cambridge University Press, 1980. ISBN 0521219655.
  『BCPL 言語とそのコンパイラー』、和田英一 訳、共立出版、1985 年
- Ritchie, Dennis. "The Development of the C Programming Language." Proceedings of the ACM History of Programming Languages Conference (HOPL–2). *ACM SIGPLAN Notices*, Vol. 28 No. 3, 1993.
- Salus, Peter. *A Quarter Century of UNIX.* Addison–Wesley, 1994. ISBN 0201547775.
  『UNIX の 1/4 世紀』、QUIPU LLC 訳、アスキー、2000 年

22.2.6 C++

C++ は、以下に示すようなシステムプログラミング寄りの、汎用のプログラミング言語である。

- よりよい C である
- データの抽象化をサポート
- オブジェクト指向プログラミングをサポート
- ジェネリックプログラミングをサポート

C++ は、ベル研究所のコンピューターサイエンスリサーチセンターに在籍していた Bjarne Stroustrup によって設計され、実装された。つまり、Dennis Ritchie、Brian Kernighan、Ken Thompson、Doug McIlroy など、UNIX の偉人たちの部屋が並ぶ廊下の向こう側で設計され、実装された。

22.2 プログラミング言語の略史

　Stroustrup は、故郷デンマークのオーフスにある大学で数学とコンピューターサイエンスの修士号を取得し、その後ケンブリッジ大学の David Wheeler のもとでコンピューターサイエンスの博士号を取得している。C++ への主な功績としては以下があげられる。

- 抽象化の手法を主流のプロジェクトにとって手が届きやすいものにする。
- 効率が重視されるアプリケーション分野でオブジェクト指向プログラミングとジェネリックプログラミングの手法の用途を開拓する。

　C++ が登場するまで、これらの手法は業界でほとんど知られていなかった。これらの手法はよく「オブジェクト指向プログラミング」でひとくくりにされていた。Fortran が登場する前の科学プログラミングや C が登場する前のシステムプログラミングと同様に、これらの手法は実際に使用するにはコストがかかりすぎる、あるいは「普通のプログラマー」がマスターするには複雑すぎるというのが「定説」だった。

　C++ への取り組みは 1979 年に始まり、1985 年には製品化された。その最初の設計と実装の後、1990 年にその標準化が正式に開始されるまで、Stroustrup はベル研究所やその他の仲間とともに C++ をさらに発展させた。それ以来、C++ の定義は最初に ANSI によって策定され、1991 年以降は ISO によって策定されている。Stroustrup は、言語の新機能を担当する重要なサブグループの代表として、その作業において大きな役割を果たしている。最初の国際規格である C++98 は 1998 年に承認され、2 つ目の C++11 は 2011 年に承認された。次の ISO 規格は C++14 であり、暫定的に C++1y と呼ばれているその 1 つ後の規格は C++17 になる予定である。

　言語として成長を遂げた最初の 10 年間の後、C++ の開発が最も大きく動いたのは STL だった。STL はコンテナーとアルゴリズムのための標準ライブラリの機能である。STL は最も一般的で効率的なソフトウェアを作成するための — 主に Alexander Stepanov による — 数十年にわたる研究の成果であり、数学の美しさと有用性にヒントを得ていた。

　Stepanov は STL の生みの親であり、ジェネリックプログラミングの第一人者である。Stepanov はモスクワ大学を卒業した後、Ada、Scheme、C++ など、さまざまな言語を使ってロボット工学やアルゴリズムなどに取り組んできた。1979 年以降は、アメリカの学術機関や GE 研究所、AT&T ベル研究

第 22 章　理想と歴史

所、Hewlett–Packard、Silicon Graphics、Adobe などで活躍している。

C++ の系譜は以下のとおり。

1978〜1989年
Classic C
Simula 67
C with Classes　1979〜1984年
C++
ARM C++　1989年
C++98
C++11
C++14

「C with Classes」は、C と Simula のアイデアを融合させた Stroustrup による最初の試みだった。その後継者として C++ が実装されたため、それはすぐに姿を消した。

言語の議論では、的確さと高度な機能がよく注目を集める。その意味では、C と C++ はコンピューティングの歴史において最も成功を収めた言語ではなかった。C と C++ の長所は、柔軟性、パフォーマンス、安定性だった。主要なソフトウェアシステムの寿命は数十年におよび、多くの場合はハードウェアリソースを使い尽くし、予想だにしなかった要件の変化にたびたび振り回される。C と C++ はその環境で生き延びることができた。Dennis Ritchie の言葉で気に入っているのは、「主張が正しいことを証明するために設計される言語と、問題を解決するために設計される言語がある」というものだ。後者は主に C のことを指している。Stroustrup の口癖は、「私が C++ よりも魅力的な言語の設計方法を知っていたとしても」である。C の場合と同様に、C++ が目指しているのは抽象的な美しさではなく ― それを手に入れられるに越したことはないが ― 有益であることだ。

参考文献

- Alexander Stepanov の著作物：http://www.stepanovpapers.com
- Bjarne Stroustrup のホームページ：http://www.stroustrup.com/
- ISO/IEC 14882:2003. *Programming Languages — C++*（C++ 規格）
- Stroustrup, Bjarne. "A History of C++: 1979-1991." Proceedings of the ACM History of Programming Languages Conference(HOPL-2). *ACM SIGPLAN Notices*, Vol. 28 No. 3, 1993.
- Stroustrup, Bjarne. *The Design and Evolution of C++*. Addison–Wesley, 1994. ISBN 0201543303.
  『C++ の設計と進化』、επιστημη 監修、岩谷宏 訳、ソフトバンク クリエイティブ、2005 年
- Stroustrup, Bjarne. *The C++ Programming Language, Fourth Edition*. Addison–Wesley, 2013. ISBN 978-0321563842.
  『プログラミング言語 C++ 第 4 版』、柴田望洋 訳、SB クリエイティブ、2015 年
- Stroustrup, Bjarne. *A Tour of C++*. Addison–Wesley, 2013. ISBN 978-0321958310.
  『C++ のエッセンス』、柴田望洋 訳、SB クリエイティブ、2015 年
- Stroustrup, Bjarne. "C and C++: Siblings"; "C and C++: A Case for Compatibility"; and "C and C++: Case Studies in Compatibility." *The C/C++ Users Journal*, July, Aug., and Sept. 2002.
- Stroustrup, Bjarne. "Evolving a Language in and for the Real World: C++ 1991–2006." Proceedings of the Third ACM SIGPLAN Conference on the History of Programming Lan-

guages (HOPL–III). San Diego, CA, 2007.
http://portal.acm.org/toc.cfm?id=1238844

22.2.7 現在

現在、どのようなプログラミング言語がどのような目的で使用されているだろうか。それは「非常に」難しい質問だ。現在の言語の系譜は、最も簡略化したものでさえ、ぐちゃぐちゃである。

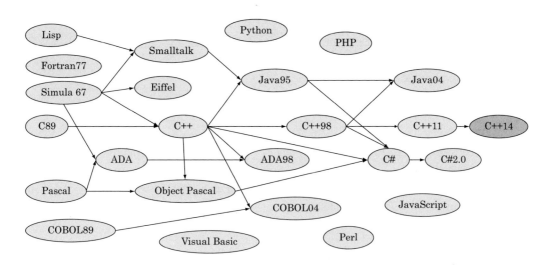

実際、Web やその他で見つかる統計データのほとんどはうわさの域を出ないものである。なぜなら、プログラミング言語の名前が含まれた Web 上の投稿の数、コンパイラーの出荷数、学術論文、書籍の売り上げなど、プログラミング言語を使用することとの関連性が薄いものまで計上されているからだ。そうした統計はとかく新しいものに飛びつきたがる。それはともかく、プログラマーとは何だろうか。日々プログラミング言語を使用している人のことだろうか。勉強のために簡単なプログラムを作成している学生はどうだろうか。プログラミングの話をしている教授はどうだろうか。ほぼ毎年のようにプログラムを書いている物理学者のことだろうか。毎週何種類かのプログラミング言語を使用している職業プログラマーは何度もカウントされるのだろうか。それとも 1 回だけだろうか。こうした質問のそれぞれに対する答えは、統計ごとに異なるようである。

とはいうものの、個人的な見解を披露しないわけにはいかないようだ。2014 年の時点では、全世界の職業プログラマーの数は約 1,000 万人である。この数字は、IDC のデータを調べたり、出版社やコンパイラーサプライヤと話をしたり、さまざまな Web のソースをあたってみた結果だ。遠慮なくケチをつけてもらってかまわないが、プログラマーの多少なりとも妥当な定義に対して、その数が 100 万以上 1 億未満であることはわかっている。彼らはどの言語を使用しているのだろうか。Ada、C、C++、C#、COBOL、Fortran、Java、Perl、PHP、Python、Visual Basic がおそらく（あくまでもおそらく）すべてのプログラムの 90 パーセント以上を占めるだろう。

ここで取り上げた言語の他に、さらに数十、あるいは数百あまりの言語を示すこともできただろう。興味深い言語や重要な言語に公平な態度でのぞむことを別にすれば、筆者はそうすることの意義を見出

せない。情報は必要に応じて自分で探してほしい。プロは複数の言語を理解し、必要に応じて新しい言語を習得する。すべての人とすべてのアプリケーションにとって「ただ 1 つの言語」というものは存在しない。それどころか、思いつく限りの主要なシステムはすべて、複数の言語を使用している。

22.2.8 参考文献

本章では、言語ごとに参考文献を示している。以下に示すのは、複数の言語をカバーする参考文献である。

- 言語設計者のリンクと写真
  http://www.angelfire.com/tx4/cus/people/

- 言語のいくつかの例
  http://dmoz.org/Computers/Programming/Languages/

- 教科書
  - Scott, Michael L. *Programming Language Pragmatics.* Morgan Kaufmann, 2000. ISBN 1558604421.
  - Sebesta, Robert W. *Concepts of Programming Languages,* Sixth Edition. Addison–Wesley, 2003. ISBN 0321193628.

- 歴史書
  - Bergin, Thomas J., and Richard G. Gibson, eds. *History of Programming Languages — Volume 2.* Addison–Wesley, 1996. ISBN 0201895021.
  - Hailpern, Brent, and Barbara G. Ryder, eds. Proceedings of the Third ACMSIGPLAN Conference on the History of Programming Languages (HOPL–III). San Diego, CA, 2007.
    http://portal.acm.org/toc.cfm?id=1238844
  - Lohr, Steve. *Go To: The Story of the Math Majors, Bridge Players, Engineers, Chess Wizards, Maverick Scientists and Iconoclasts – The Programmers Who Created the Software Revolution.* Basic Books, 2002. ISBN 9780465042265.
  - Sammet, Jean E. *Programming Languages: History and Fundamentals.* Prentice Hall, 1969. ISBN 0137299885.
  - Wexelblat, Richard L., ed. *History of Programming Languages.* Academic Press, 1981. ISBN 0127450408.

■ 復習

1. 歴史の用途は何か。
2. プログラミング言語の用途は何か。例をいくつかあげる。
3. 客観的に見てよいプログラミング言語の基本的な特性とは何か。例をいくつかあげる。
4. 抽象化は何を意味するか。抽象度の高さは何を意味するか。
5. コードの高レベルな4つの理想とは何か。
6. 高レベルのプログラミングの潜在的な利点とは何か。例をいくつかあげる。
7. 再利用とは何か。それは何に役立つか。
8. 手続き型言語とは何か。具体的な例をあげる。
9. データの抽象化とは何か。具体的な例をあげる。
10. オブジェクト指向プログラミングとは何か。具体的な例をあげる。
11. ジェネリックプログラミングとは何か。具体的な例をあげる。
12. マルチパラダイムプログラミングとは何か。具体的な例をあげる。
13. ストアードプログラム方式のコンピューターで最初にプログラムが実行されたのはいつか。
14. David Wheeler が行った注目に値する研究とは何か。
15. John Backus の最初の言語は主に何に貢献したか。
16. Grace Murray Hopper によって設計された最初の言語は何か。
17. John McCarthy は主にコンピューターサイエンスどの分野で研究を行っていたか。
18. Peter Naur は Algol 60 にどのような貢献を果たしたか。
19. Edsger Dijkstra が行った注目に値する研究とは何か。
20. Niklaus Wirth が設計し、実装した言語は何か。
21. Anders Hejlsberg が設計した言語は何か。
22. Ada プロジェクトにおける Jean Ichbiah の役割は何か。
23. Simula によって生み出されたプログラミングスタイルとは何か。
24. （オスロ以外で）Kristen Nygaard が教壇に立っていた場所はどこか。
25. Ole–Johan Dahl が行った注目に値する研究とは何か。
26. Ken Thompson が中心となって設計したオペレーティングシステムは何か。
27. Doug McIlroy が行った注目に値する研究とは何か。
28. Brian Kernighan の最も有名な著作は何か。
29. Dennis Ritchie はどこで研究を行っていたか。
30. Bjarne Stroustrup が行った注目に値する研究とは何か。
31. Alex Stepanov が STL を設計するために使用した言語は何か。
32. 「§22.2 プログラミング言語の略史」で説明されていない言語を10個あげる。
33. Scheme はどの言語の方言か。
34. C++ の最も重要な祖先を2つあげる。
35. C++ の「C」は何の略か。
36. Fortran は頭字語か。もしそうであれば、何の頭字語か。
37. COBOL は頭字語か。もしそうであれば、何の頭字語か。
38. Lisp は頭字語か。もしそうであれば、何の頭字語か。
39. Pascal は頭字語か。もしそうであれば、何の頭字語か。

第 22 章　理想と歴史

40. Ada は頭字語か。もしそうであれば、何の頭字語か。
41. 最も優れたプログラミング言語はどれか。

■ 用語

本章に登場する「用語」は、言語、人、組織に分類される。

- 言語：
    - Ada
    - Algol
    - BCPL
    - C
    - C++
    - COBOL
    - Fortran
    - Lisp
    - Pascal
    - Scheme
    - Simula
- 人：
    - Charles Babbage
    - John Backus
    - Ole–Johan Dahl
    - Edsger Dijkstra
    - Anders Hejlsberg
    - Grace Murray Hopper
    - Jean Ichbiah
    - Brian Kernighan
    - John McCarthy
    - Doug McIlroy
    - Peter Naur
    - Kristen Nygaard
    - Dennis Ritchie
    - Alex Stepanov
    - Bjarne Stroustrup
    - Ken Thompson
    - David Wheeler
    - Niklaus Wirth
- 組織：
    - ベル研究所
    - Borland
    - ケンブリッジ大学（イギリス）
    - ETH（スイス連邦工科大学）
    - IBM
    - MIT（マサチューセッツ工科大学）
    - ノルウェーコンピューティングセンター
    - プリンストン大学
    - スタンフォード大学
    - コペンハーゲン工科大学
    - アメリカ国防総省
    - アメリカ海軍

■ 練習問題

1. プログラミングの定義は何か。
2. プログラミング言語の定義は何か。
3. 本書を最初から読み、各章の最初にある引用文を調べる。コンピューター科学者の引用文であるものを突き止め、それらのコンピューター科学者がどのような貢献を果たしたのかを簡単にまとめる。
4. 本書を最初から読み、各章の最初にある引用文を調べる。コンピューター科学者の引用文ではないものを突き止め、その人物の出身地と専門分野を調べる。

5. 本章で取り上げた各言語で「Hello, World!」プログラムを作成する。
6. 本書で取り上げた言語ごとに、よく知られている教科書を開き、最初の完全なプログラムとして使用されているものを調べる。他のすべての言語でそのプログラムを記述する。**注意**：このプロジェクトのプログラムの数は 100 個を軽く超える可能性がある。
7. 本章では明らかに重要な言語の多くが「見逃されている」。特に、C++ の後の開発はどれもカットせざるを得なかった。本章で取り上げるべきだと考える現代の言語を 5 つ選び、本章の言語に関する節のスタイルで、そのうち 3 つの言語を 1 ページ半の説明にまとめる。
8. C++ は何のためになぜ使用されるかを 10～20 ページのレポートにまとめる。
9. C は何のためになぜ使用されるのかを 10～20 ページのレポートにまとめる。
10. （C または C++ 以外の）言語を 1 つ選び、その起源、目的、機能を 10～20 ページの説明にまとめる。具体的な例をふんだんに盛り込むようにし、誰が何の目的でそれを使用するのかを示す。
11. ケンブリッジ大学で現在 Lucasian Chair（ルーカス教授職）に就いているのは誰か。
12. 本章で紹介した言語設計者のうち、数学の学位を取得しているのは誰か。取得していないのは誰か。
13. 本章で紹介した言語設計者のうち、博士号を取得しているのは誰か。どの分野で取得しているか。博士号を取得していないのは誰か。
14. 本章で紹介した言語設計者のうち、チューリング賞を受賞しているのは誰か。チューリング賞とは何か。本書で紹介した受賞者について、実際のチューリング賞の典拠を探してみる。
15. (Algol,1960) や (C,1974) のような名前と年のペアが含まれたファイルを読み込み、名前を時系列に沿ってグラフ化するプログラムを作成する。
16. 練習問題 15 のプログラムを書き換え、(Fortran,1956,())、(Algol,1960,(Fortran))、(C++,1985,(C,Simula)) といった名前、年、祖先のタプルが含まれたファイルを読み込み、それらを時系列に沿ってグラフ化し、祖先から子孫へ矢印を描くように変更する。このプログラムを使って言語の系譜図（§22.2.2、§22.2.7）を描きかえる。

■ 追記

言うまでもなく、ここではプログラミング言語の歴史と、さらによいソフトウェアを探求するための理想の表面をなぞったにすぎない。歴史と理想は、それについて非常に気の毒に思うほど重要であると筆者は考えている。さらによいソフトウェアとプログラミングへの探究心がプログラミング言語の設計と実装から伝わってくるため、それに対する筆者の思いと、その計り知れなさを少しでも伝えることができればと願っている。とはいうものの、プログラミング —— 高品質なソフトウェアの開発 —— が根本的で重要なテーマであることと、プログラミング言語がそのための道具にすぎないことを忘れてはならない。

第23章
テキストの操作

> 明白であるということほど明白なものはない……。
> 「明白」という言葉の使用は
> 筋の通った議論が欠けていることを示す。
> ― Errol Morris

本章の内容のほとんどは、テキストから情報を引き出すことに関係している。私たちは、本、電子メールメッセージ、「印刷された」表といったドキュメントに多くの知識を単語として蓄え、計算に都合のよい方法であとからそれを引き出せるようにしておく。ここでは、テキスト処理に最もよく使用される標準ライブラリの機能である `string`、`iostream`、`map` をもう一度取り上げる。続いて、テキスト内のパターンを表現する方法として、正規表現（regex）を紹介する。最後に、正規表現を使用して、郵便番号といった特定のデータ要素を検索して抽出する方法と、テキストファイルの書式を検証する方法を示す。

- 23.1 テキスト
- 23.2 文字列
- 23.3 I/O ストリーム
- 23.4 マップ
    - 23.4.1 実装の詳細
- 23.5 問題
- 23.6 正規表現の概念
    - 23.6.1 生の文字列リテラル
- 23.7 正規表現を使った検索
- 23.8 正規表現構文
    - 23.8.1 文字と特別な文字
    - 23.8.2 文字クラス
    - 23.8.3 繰り返し
    - 23.8.4 グループ化
    - 23.8.5 選択
    - 23.8.6 文字セットと範囲
    - 23.8.7 正規表現のエラー
- 23.9 正規表現を使ったマッチング
- 23.10 参考文献

23.1 テキスト

私たちはそれこそ四六時中テキストをいじっている。本はテキストだらけだし、コンピューターの画面上に表示されるものの大部分はテキストだし、ソースコードもテキストである。（ありとあらゆる）通信経路は単語であふれかえっている。2 人の人間がやり取りするものはすべてテキストで表すことができるが、この辺でやめておこう。画像や音は、通常は画像や音（つまり大量のビット）として表すのが最も効果的だが、その他のものはほぼすべて、プログラムによるテキスト解析と変換の格好のターゲットである。

本書では第 3 章から `iostream` と `string` を使用してきたため、ここではそれらのライブラリをざっと振り返るだけにする。`map`（§23.4）はテキスト処理に非常に役立つため、それらを電子メール解析に使用する例を示す。続いて、正規表現を使ったパターン検索に取り組む（§23.5〜23.10）。

23.2 文字列

`string` は一連の文字で構成されており、`string` への文字の追加、`string` の長さの取得、`string` の連結といった便利な演算を提供する。実際には、標準ライブラリの `string` は相当な数の演算をサポートしているが、そのほとんどは、低レベルでかなり複雑なテキスト演算を行わなければならない場合にのみ役立つものだ。ここでは、より便利なものをいくつか紹介するにとどめる。それらの詳細と `string` の演算の全容については、マニュアルや上級者向けの教科書で調べればよい。それらは `<string>` で定義されている（`<string.h>` ではないことに注意）。

`string` の主な演算	
`s1 = s2`	s2 を s1 に代入する s2 は string または C スタイルの文字列のどちらか
`s += x`	x を末尾に追加する x は文字、string、または C スタイルの文字列のいずれか
`s[i]`	添字
`s1+s2`	連結。連結された string の文字は s1 の文字のコピーとそれに続く s2 の文字のコピーとなる
`s1==s2`	string の値を比較する s1 または s2 のどちらか（両方ではない）に C スタイルの文字列を使用できる `!=` もサポートされている
`s1<s2`	string の値を辞書式順序で比較する s1 または s2 のどちらか（両方ではない）に C スタイルの文字列を使用できる `<=`、`>`、`>=` もサポートされている
`s.size()`	s に含まれている文字の個数
`s.length()`	s に含まれている文字の個数
`s.c_str()`	s に含まれている文字を C スタイルの文字列にしたもの（0 で終端）
`s.begin()`	s の最初の文字へのイテレーター
`s.end()`	s の末尾の 1 つ先を指すイテレーター
`s.insert(pos,x)`	s[pos] の前に x を挿入する x は文字列または C スタイルの文字列のどちらか x の文字の場所を空けるために s が拡張される

stringの主な演算	
s.append(pos,x)	sの最後の文字の後にxを挿入するxは文字列またはCスタイルの文字列のどちらかxの文字の場所を空けるためにsが拡張される
s.erase(pos)	sのs[pos]以降の文字を削除するsのサイズはposになる
s.erase(pos,n)	sのs[pos]以降のn文字を削除するsのサイズはmax(pos,size-n)になる
pos = s.find(x)	sに含まれているxを検索するxは文字、string、Cスタイルの文字列のいずれかposは最初に見つかった文字のインデックスか、string::npos（sの末尾）
in»s	ホワイトスペースで区切られた単語をinからsに読み込む
getline(in,s)	inからsに1行を読み込む
out«s	sからoutに書き出す

I/O演算については、第10章〜第11章で説明しており、「§23.3 I/Oストリーム」にまとめてある。stringへの入力演算では、stringが必要に応じて拡張されるため、オーバーフローが発生しないことに注意しよう。

　insert()とappend()では、文字を移動して新しい文字のための場所を空けることがある。erase()では、stringの文字を「前方」へ移動することで、文字を削除した場合に隙間が残らないようにする。

　標準ライブラリのstringは、実際にはbasic_stringという名前のテンプレートであり、Unicodeなどさまざまな文字セットをサポートし、膨大な数の文字を提供する。通常の文字に加えて、£、Ω、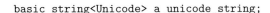などをサポートしている。たとえば、UnicodeなどのUnicode文字を格納する型がある場合は、以下のように記述する。

```
basic_string<Unicode> a_unicode_string;
```

ここまで使用してきた標準ライブラリのstringは、通常のcharからなるbasic_stringである（§20.5）。

```
using string = basic_string<char>;   // stringはbasic_string<char>
```

ここではUnicode文字やUnicode文字列の詳細は割愛するが、詳細を調べれば、それらを通常の文字や文字列とほぼ同じように（C++、string、iostream、正規表現によって）処理できることがわかるだろう［監注：処理できない。脚注*1 参照］。Unicode文字を使用する必要がある場合は、経験者にアドバイスを求めるのが得策である。また、C++のルールだけでなく、システムの規約にも従う必要がある。

---

*1 監注：この説明は間違っている。std::localeはマルチバイト文字を処理できるよう設計されておらず、iostreamのUnicode対応は未熟で、std::regexはUnicodeサポートを一切行っていない。std::regexをUnicode対応させる提案はあるが、UTF-8については考えられておらず、UTF-16はサポートしないか、UTF-32へのイテレーターアダプターを提供する形で対応させる提案で、ほぼ同じとは言いがたい。

第 23 章 テキストの操作

テキストの処理に関しては、ほぼすべてのものを文字列として表せることが重要となる。たとえば 12.333 という数字は 6 文字の文字列として表される。この数字を読み取る場合は、それらの文字を浮動小数点数に変換してからでなければ、その数字で算術演算を行うことはできない。このため、値を string に変換し、string を値に変換する必要が生じる。第 11 章の「§11.4 文字列ストリーム」では、ostringstream を使って整数を string に変換する方法を示した。この手法を、<< 演算子を持つ型に対して一般化してみよう。

```cpp
template<typename T> string to_string(const T& t)
{
    ostringstream os;
    os << t;
    return os.str();
}
```

たとえば以下のようになる。

```cpp
string s1 = to_string(12.333);
string s2 = to_string(1+5*6-99/7);
```

s1 の現在の値は "12.333" であり、s2 の値は "17" である。実際には、to_string() は数値で使用できるだけでなく、<< 演算子を持つ任意のクラス T でも使用できる。

string から数値への逆の変換も、ほぼ同じように簡単で便利である。

```cpp
// string キャストエラーを報告するクラス
struct bad_from_string : std::bad_cast
{
    const char* what() const override
    {
        return "bad cast from string";
    }
};

template<typename T> T from_string(const string& s)
{
    istringstream is {s};
    T t;
    if (!(is >> t)) throw bad_from_string{};
    return t;
}
```

たとえば以下のようになる。

```
double d = from_string<double>("12.333");

void do_something(const string& s)
try
{
    int i = from_string<int>(s);
    ...
}
catch (bad_from_string e) {
    error("bad input string",s);
}
```

to_string() と比べて from_string() のほうが複雑なのは、string がさまざまな型の値を表せるためだ。これは、string から抽出したい値の型を指定しなければならないことを意味する。また、期待している型の値の文字列表現が string に含まれていない可能性があることも意味する。

```
int d = from_string<int>("Mary had a little lamb");   // 問題あり
```

このため、エラーの可能性があることを bad_from_string 例外で表している。本格的なテキスト処理では、テキストフィールドから数値を抽出する必要がある。そこで「§23.9 正規表現を使ったマッチング」では、from_string()（または同等の関数）が不可欠であることを示す。第 16 章の「§16.4.3 In_box と Out_box」では、同等の関数 get_int() を GUI コードで使用する方法を示した。

to_string() と from_string() の動作が似ていることに注目しよう。実際には、それらは互いの逆関数のようなものだ。つまり、ホワイトスペースや丸めといった詳細を無視すれば、すべての「妥当な型 T」に対して以下の 2 つが成り立つ。

```
s==to_string(from_string<T>(s))   // すべての s に対して
```

および

```
t==from_string<T>(to_string(t))   // すべての t に対して
```

この場合の「妥当」は、デフォルトコンストラクター、>> 演算子、<< 演算子が T に定義されていることを意味する。

また、to_string() と from_string() の実装では、面倒な作業のすべてに stringstream を使用している。これは、<< 演算と >> 演算を持つ任意の 2 つの型の間で一般的な変換演算を定義するための措置だ。

```
template<typename Target, typename Source>
Target to(Source arg)
{
```

```
        stringstream interpreter;
        Target result;

        // ストリームにおいて ...
        if (!(interpreter << arg)                  // arg を書き込む
            || !(interpreter >> result)            // 結果を読み込む
            || !(interpreter >> std::ws).eof())    // まだ何か残っているか
                throw runtime_error{"to<>() failed"};

        return result;
    }
```

!(interpreter>>std::ws).eof() は、結果を取り出した後に stringstream に残っているかもしれないホワイトスペースをすべて読み込むためのものだ。ホワイトスペースはあってもかまわないが、入力に文字が残っているのを見逃すわけにはいかない。EOF に達したかどうかを調べれば、それをチェックできる。したがって、string から int を読み込もうとした場合、to<int>("123") と to<int>("123 ") は成功するが、to<int>("123.5") はその最後の .5 のせいで失敗する。

23.3　I/O ストリーム

文字列と他の型との関係について考えていると、I/O ストリームに行き着く。I/O ストリームライブラリは入力と出力を行うだけでなく、メモリー内で文字列表現と型との間の変換も行う。標準ライブラリの I/O ストリームは、文字列の読み込み、書き込み、書式設定のための機能を提供する。iostream ライブラリについては第 10 章～第 11 章で説明しているため、ここでは簡単にまとめることにする。

ストリーム I/O	
in >> x	x の型に従って in から x に読み込む
out << x	x の型に従って x を out に書き出す
in.get(c)	in から c に文字を読み込む
getline(in,s)	in から文字列 s に 1 行を読み込む

標準ライブラリのストリームは以下のクラス階層を築いている（§14.3）。

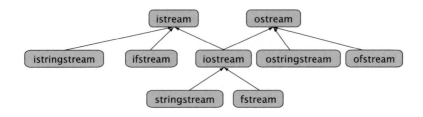

これらのクラスを組み合わせることで、ファイルと文字列との間でI/Oを行うための機能が手に入る。また、キーボードや画面など、ファイルや文字列と同じように扱えるものとの間でもI/Oが可能である（第10章）。第10章〜第11章で説明したように、`iostream`はかなり高度な書式設定機能を提供する。図の矢印は継承を表すため（§14.3）、たとえば`stringstream`を`iostream`として使用したり、`istream`や`ostream`として使用したりできる。

`string`と同様に、`iostream`は通常の文字とほぼ同じようにUnicodeなどのより大きな文字セットで使用できる。UnicodeのI/Oを使用する必要がある場合も、経験者にアドバイスを求めるのが得策である。また、C++のルールだけでなく、システムの規約にも従う必要がある。

23.4 マップ

マップやハッシュテーブルといった連想配列は、さまざまなテキスト処理への鍵（キー）となる。その理由は単に、テキストを処理するときには情報を収集し、その情報がたいてい名前、住所、郵便番号、社会保障番号、職業などに結び付けられることにある。そうしたテキスト文字列の一部を数値に変換できる場合であっても、それらをテキストとして扱い、そのテキストを識別に使用するほうがたいてい便利で単純である。単語を数える例（§21.6）は、その単純でよい見本である。`map`を使用するのが苦手な場合は、先へ進む前に第21章の「§21.6 連想コンテナー」を読み返しておこう。

電子メールについて考えてみよう。通常、メールのメッセージやログの検索と分析には、ThunderbirdやOutlookといったプログラムを使用する。ほとんどの場合は、そうしたプログラムのおかげでメッセージの完全なソースを調べずに済むが、送信者（Sender）、受信者（Recipient）、メッセージの途中経路などは、メッセージヘッダーに含まれているテキストとしてプログラムに提供される。それが完全なメッセージである。ヘッダーを分析するツールは山ほどあるが、そのほとんどは、正規表現（§23.5〜23.9）を使って情報や何らかの形式の連想配列を取り出し、関連するメッセージに結び付ける。たとえば、SenderやSubjectが同じであるメッセージや、特定の話題に関する情報を含んでいるメッセージをすべて集めるために、メールファイルを検索することがよくある。

ここでは、かなり単純なメールファイルを使用して、テキストファイルからデータを取り出す方法について説明する。ヘッダーは、RFC2822[*2]で定義されている本物のRFC2822ヘッダーである。

```
xxx
xxx
----
From: John Doe <jdoe@machine.example>
To: Mary Smith <mary@example.net>
Subject: Saying Hello
Date: Fri, 21 Nov 1997 09:55:06 -0600
Message-ID: <1234@local.machine.example>

This is a message just to say hello.
```

[*2] http://www.faqs.org/rfcs/rfc2822.html

```
    So, "Hello".
    ----
    From: Joe Q. Public <john.q.public@example.com>
    To: Mary Smith <@machine.tld:mary@example.net>, , jdoe@test .example
    Date: Tue, 1 Jul 2003 10:52:37 +0200
    Message-ID: <5678.21-Nov-1997@example.com>

    Hi everyone.
    ----
    To: "Mary Smith: Personal Account" <smith@home.example>
    From: John Doe <jdoe@machine.example>
    Subject: Re: Saying Hello
    Date: Fri, 21 Nov 1997 11:00:00 -0600
    Message-ID: <abcd.1234@local.machine.tld>
    In-Reply-To: <3456@example.net>
    References: <1234@local.machine.example> <3456@example.net>

    This is a reply to your reply.
    ----
    ----
```

　基本的には、情報のほとんどを捨ててファイルを短くし、解析しやすいように ----（4 つのハイフン）だけが含まれた行で各メッセージを終了している。ここでは、「John Doe」から送信されたメッセージをすべて検索し、それらの「Subject」を書き出すという、簡単な「トイアプリケーション」を作成する。この課題をクリアすれば、興味深いことをいろいろ行えるようになる。

　まず、データへのランダムアクセスが必要なのか、それとも入力ストリームから読み込まれたデータを分析したいだけなのかについて検討する必要がある。現実のプログラムでは、おそらく複数の Sender に関心があるか、特定の Sender からの複数の情報に関心があるため、ここでは前者を選択する。また、こちらのタスクのほうが難しいため、より多くの手法を調べることができる。特に言えば、ここでもイテレーターを使用することになる。

　基本的には、メールファイル全体を構造体（`Mail_file`）に読み込む。この構造体は、メールファイルの各行を `vector<string>` に格納し、個々のメッセージの始まりと終わりを示すインジケーターを `vector<Message>` に格納する。

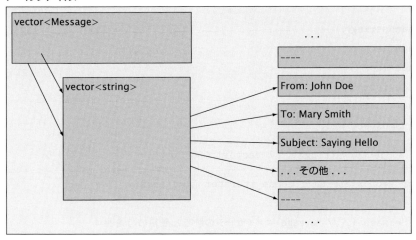

このため、イテレーター、begin 関数、end 関数を追加して、行とメッセージをこれまでと同じ方法で処理できるようにする。すでに知っている方法のほうが、メッセージにアクセスするのに都合がよい。それをもとに、トイアプリケーションを作成する。このアプリケーションでは、各 Sender からのメッセージをすべて収集し、それらにまとめてアクセスできるようにする。

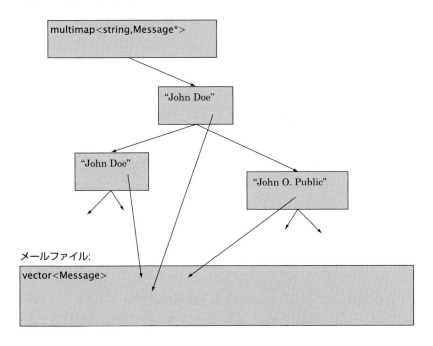

最後に、作成したアクセス構造の使用方法を示すために、「John Doe」からのすべてのメッセージの Subject ヘッダーを書き出す。

第23章　テキストの操作

ここでは、標準ライブラリの基本機能の多くを使用する。

```cpp
#include<string>
#include<vector>
#include<map>
#include<fstream>
#include<iostream>
using namespace std;
```

Message は、vector<string>（行の vector）へのイテレーターとして定義する。

```cpp
typedef vector<string>::const_iterator Line_iter;

class Message {   // Message はメッセージの最初と最初の行を指す
    Line_iter first;
    Line_iter last;
public:
    Message(Line_iter p1, Line_iter p2) :first{p1}, last{p2} { }
    Line_iter begin() const { return first; }
    Line_iter end() const { return last; }
    ...
};
```

Mail_file は、テキスト行とメッセージを格納する構造体として定義する。

```cpp
using Mess_iter = vector<Message>::const_iterator;

struct Mail_file {   // Mail_file はファイルの行をすべて格納し、
                     // メッセージへのアクセスを単純にする
    string name;                  // ファイル名
    vector<string> lines;         // 順番に並んだ行
    vector<Message> m;            // 順番に並んだメッセージ

    Mail_file(const string& n);   // ファイル n を lines に読み込む

    Mess_iter begin() const { return m.begin(); }
    Mess_iter end() const { return m.end(); }
};
```

データ構造にイテレーターを追加することで、体系的な走査を容易にしていることがわかる。標準ライブラリのアルゴリズムは使用していないが、それが必要であれば、イテレーターはすでに定義されている。

メッセージでの情報の検索と抽出には、ヘルパー関数が 2 つ必要である。

```
// Message で Sender の名前を検索する
// 見つかった場合は true を返し、Sender の名前を s に設定
bool find_from_addr(const Message* m, string& s);

// Message の Subject を返すか、" " を返す
string find_subject(const Message* m);
```

最後に、ファイルから情報を取り出すためのコードを記述する。

```
int main()
{
    Mail_file mfile {"my-mail-file.txt"};   // mfile をファイルで初期化

    // まず、各 Sender からのメッセージを multimap にまとめる
    multimap<string,const Message*> sender;

    for (const auto& m : mfile) {
        string s;
        if (find_from_addr(&m,s))
            sender.insert(make_pair(s,&m));
    }

    // 次に、multimap をループで処理し、
    // John Doe のメッセージから Subject を抽出
    auto pp = sender.equal_range("John Doe <jdoe@machine.example>");
    for (auto p=pp.first; p!=pp.second; ++p)
        cout << find_subject(p->second) << '\n';
}
```

マップの使用について詳しく見ていこう。標準ライブラリの multimap (§20.10、§B.4) を使用したのは、同じアドレスからのメッセージを 1 か所にまとめるためだ。multimap を使用すると、同じキーを持つ要素へのアクセスが容易になる。このタスクは明らかに以下の 2 つの部分で構成される。

- マップの作成
- マップの使用

multimap を作成するには、すべてのメッセージを走査し、insert() を使ってそれらを multimap に挿入する。

```
for (const auto& m : mfile) {
    string s;
    if (find_from_addr(&m,s))
        sender.insert(make_pair(s,&m));
}
```

`multimap` に挿入されるのは、`make_pair` 関数を使って作成されたキーと値のペアである。Sender の名前の検索には、「手製」の `find_from_addr` 関数を使用する。

最初に `Message` を `vector` に挿入してから `multimap` を作成するのはなぜだろうか。`Message` を `multimap` にすぐに挿入しないのはなぜだろうか。その理由は単純で根本的なことだ。

- まず、さまざまな用途に使用できる汎用的な構造体を作成する。
- 次に、それを特定のアプリケーションに使用する。

私たちはこのようにして多少なりとも再利用可能なコンポーネントを作成する。`Mail_file` で `multimap` を直ちに作成していたとしたら、別のタスクを実行したいときに再定義するはめになる。この `multimap`（`sender`）はメッセージの Address フィールドに基づいてソートされるが、他のほとんどのアプリケーションでは、その順序は特に意味を持たないだろう。そうしたアプリケーションでは、Return フィールド、Recipients、Copy-to フィールド、Subject フィールド、タイムスタンプなどを調べることになるかもしれない。

アプリケーションをこのように段階的に構築すると、プログラムの設計、実装、文書化、メンテナンスが劇的に単純になる可能性がある。段階的に作成される部分はそれぞれ**レイヤー**（*layer*）とも呼ばれる。重要なのは、それぞれの部分がただ 1 つのことを単純明快な方法で行うことだ。一方で、すべてのことを一度に行うには、うまい手が必要になる。もちろん、この「メールヘッダーから情報を抽出する」プログラムは、アプリケーションのほんの一例にすぎない。別のものを別にすること、モジュール化すること、そしてアプリケーションを少しずつ構築することの価値は、アプリケーションの規模が大きくなるに従って高くなる。

情報を取り出すには、`equal_range()`（§B.4.10）を使用して、"John Doe" というキーを持つエントリーをすべて検索する。次に、`equal_range()` から返されたシーケンス（[first,second]）の要素をループで処理し、`find_subject` 関数を使って Subject を取り出す。

```
auto pp = sender.equal_range("John Doe <jdoe@machine.example>");

for (auto p=pp.first; p!=pp.second; ++p)
    cout << find_subject(p->second) << '\n';
```

`multimap` の要素をループで処理するときに、キーと値のペアからなるシーケンスを取得する。`pair` の 1 つ目の要素（`string` 型のキー）の名前は `first`、2 つ目の要素（`Message` 型の値）の名前は `second` である（§21.6）。

23.4.1 実装の詳細

当然ながら、使用する関数を実装する必要がある。これを練習問題として残しておこうかとも思ったが、この例は完成させることにした。`Mail_file` のコンストラクターでは、ファイルを開き、`lines`と `m` の 2 つの `vector` を作成する。

```
Mail_file::Mail_file(const string& n)
// "n" という名前のファイルを開く
// "n" の行を lines に読み込む
// lines でメッセージを検索し、それらを m にまとめる
// メッセージはすべて "----" 行で終わっていると前提する
{
    ifstream in {n};             // ファイルを開く
    if (!in) {
        cerr << "no " << n << '\n';
        exit(1);                 // プログラムを終了
    }

    for (string s; getline(in,s); )   // lines を作成
        lines.push_back(s);

    auto first = lines.begin();       // Message の vector を作成
    for (auto p=lines.begin(); p!=lines.end(); ++p) {
        if (*p == "----") {           // メッセージの終わり
            m.push_back(Message(first,p));
            first = p+1;              // ---- はメッセージの一部ではない
        }
    }
}
```

このエラー処理は初歩的なものだ。友人に試してもらうだけならこれでもよいが、そうでなければ、もっとうまく行う必要があるだろう。

TRY THIS

この例を必ず実行し、結果を理解しておく。「もっとうまいエラー処理」とはどのようなものか。`Mail_file` のコンストラクターを書き換え、`"----"` の使用に関する書式エラーに対処するように変更してみる。

---

find_from_addr 関数と find_subject 関数は、正規表現（§23.6〜23.10）を使ってファイル内の情報をもっとうまく識別できるようになるまでは、プレースホルダにすぎない。

```cpp
int is_prefix(const string& s, const string& p)
// p は s の最初の部分か
{
    int n = p.size();
    if (string(s,0,n)==p) return n;
    return 0;
}

bool find_from_addr(const Message* m, string& s)
{
    for (const auto& x : *m)
        if (int n=is_prefix(x,"From: ")) {
            s = string(x,n);
            return true;
        }
    return false;
}

string find_subject(const Message* m)
{
    for (const auto& x : *m)
        if (int n=is_prefix(x,"Subject: ")) return string(x,n);
    return "";
}
```

◆ 部分文字列の使い方に注目しよう。string(s,n) は s[n] から s の末尾までの部分で構成される文字列 s[n]..s[s.size()-1] を生成し、string(s,0,n) は文字 s[0]..s[n-1] で構成される文字列を生成する。これらの演算は実際に新しい文字列を生成して文字をコピーするため、パフォーマンスが問題になる部分では慎重に使用するようにしよう。

◆ find_from_addr 関数と find_subject 関数がこうも違うのはなぜだろうか。たとえば、一方は bool を返し、もう一方は string を返す。それらが異なるのは、以下の点を強調したかったためだ。

- find_from_addr 関数は、空のアドレス（""）を持つ Address 行の検索と Address 行が存在しないことの検索を区別する。前者の場合は、（Address を検出しているため）true を返し、（Address がたまたま空であるため）s を "" に設定する。後者の場合は、（Address 行が存在しないため）false を返す。
- find_subject 関数は、空の Subject 行が存在する、または Subject 行が存在しない場合に "" を返す。

find_from_addr 関数による区別に意味はあるだろうか。それは必要だろうか。筆者の考えでは、この区別は役立つことがあり、それを理解しておく必要がある。この区別はデータファイルで情報を探すときに繰り返し必要になる — 探しているフィールドは見つかっただろうか、そこに何か有益な情報は含まれていただろうか。現実のプログラムでは、ユーザーがそれを区別できるよう、find_from_addr 関数と find_subject 関数はどちらも find_from_addr 関数のスタイルで記述されることになるだろう。

このプログラムでは特にパフォーマンスは考慮されていないが、おそらくほとんどのユーザーにとって十分な速さである。たとえば、入力ファイルを読み込むのは 1 回だけで、そのファイルのテキストのコピーをいくつも抱えたりしない。ファイルが大きい場合は、multimap を unordered_multimap に置き換えたほうがよいかもしれないが、パフォーマンスを計測してみるまでは何とも言えない。

標準ライブラリの連想コンテナー（map、multimap、set、unordered_map、unordered_multimap）の概要については、第 21 章の「§21.6 連想コンテナー」で説明している。

23.5　問題

I/O ストリームと string は、文字シーケンスの読み込みと書き込み、それらの格納、および基本的な操作を手助けする。だが、文字列のコンテキストを考慮しなければならないケースや、同じような文字列がいくつも含まれているテキストで演算を行わなければならないケースは少なくない。簡単な例として、電子メールメッセージ（単語のシーケンス）にアメリカの州の略記と郵便番号（2 文字とそれに続く 5 桁の数字）が含まれているかどうかを調べてみよう。

```
for (string s; cin>>s; ) {
    if (s.size()==7 && isalpha(s[0]) && isalpha(s[1]) && isdigit(s[2])
                   && isdigit(s[3]) && isdigit(s[4]) && isdigit(s[5])
                   && isdigit(s[6]))
        cout << "found " << s << '\n';
}
```

この場合、isalpha(x) は x が英字である場合に true となり、isdigit(x) は x が数字である場合に true となる（§11.6）。

この単純な（単純すぎる）解決策には、問題点がいくつかある。

- 冗長である（4 行に関数呼び出しが 8 つもある）。
- ホワイトスペースで区切られていない郵便番号（"TX77845"、TX77845-1234、ATX77845 など）をコンテキストから（わざと?）逃がしている。
- 英字と数字の間にスペースがある郵便番号（TX 77845 など）をすべて（わざと?）逃がしている。
- 小文字が含まれている郵便番号（tx77845 など）をすべて（わざと?）受け入れている。
- 別の書式の郵便番号（CB30FD など）を検索することにした場合は、コードを完全に書き直す必要がある。

もっとよい方法があるはずだ。その方法を示す前に、「古きよき単純な方法」に固執した場合は、以下の問題に直面することについて考えてみよう。その方法では、処理するケースが増えれば増えるほ

ど、記述するコードが増えることになる。

- 複数の書式に対処したい場合は、`if` 文または `switch` 文を追加する作業に取りかからなければならない。
- 大文字と小文字に対処したい場合は、明示的に（通常は小文字に）変換するか、`if` 文をもう 1 つ追加しなければならない。
- 検索したいもののコンテキストをどうにかして表現する必要がある。それは、文字列ではなく個々の文字に対処しなければならないことと、`iostream` によって提供される利点の多くを失うことを意味する（§7.8.2）。

何ならそのためのコードを記述してみてもよいが、そのまま行けば、特殊なケースを扱う `if` 文というやっかいな状況に首を突っ込むことは目に見えている。この単純な例でさえ、5 桁の郵便番号と 9 桁の郵便番号といった選択肢に対処する必要がある。その他多くの例では、繰り返し（123! や 123456! など感嘆符が続く任意の数の数字）に対処する必要がある。最終的には、プレフィックスとサフィックスにも対処しなければならないだろう。すでに示したように（§11.1〜§11.2）、規則性や単純さといったプログラマーの都合で、人々の出力書式の好みが制限されることはない。日付の記述 1 つにしても、いやになるほどいろいろな方法があることを考えてみればよい。

```
2007-06-05
June 5, 2007
jun 5, 2007
5 June 2007
6/5/2007
5/6/07
...
```

経験豊富なプログラマーは、ここで ── そうでなければ、とっくに ── ありきたりなコードを記述することよりも「もっとよい方法があるはずだ」と宣言し、その方法を探し始める。最も単純で最もよく使用される解決策は、正規表現（*regular expression*）と呼ばれるものを使用することだ。正規表現は多くのテキスト処理のバックボーンであり、UNIX の `grep` コマンド（練習問題 8）のベースであり、そうした処理によく使用される言語（AWK、Perl、PHP など）に不可欠な部分である。

ここで使用する正規表現は C++ の標準ライブラリの一部であり、Perl の正規表現と互換性がある。このため、多くの解説文やチュートリアル、マニュアルが利用できる。たとえば C++ 標準化委員会の WG21[3]、John Maddock の `boost::regex` ドキュメント[4]、そして Perl のほとんどのチュートリアルが参考になる。ここでは、基本的な概念を示し、正規表現を使用する最も基本的かつ効果的な方法をいくつか紹介する。

---

[3] http://www.open-std.org/jtc1/sc22/wg21/
[4] http://www.boost.org/libs/regex/

TRY THIS

最後の 2 つの段落では、いくつかの名前と頭字語を説明なしに「うっかり」使用した。それらの意味は Web を少し検索してみればわかる。

23.6　正規表現の概念

正規表現の基本的な考え方は、テキストで検索できるパターンを定義する、というものだ。TX77845 といった単純な郵便番号のパターンを簡潔に表現する方法について考えてみよう。まず、以下のパターンを試してみる。

```
wwdddd
```

この場合、w は「あらゆる英字」を表し、d は「あらゆる数字」を表す。w（word を意味する）を使用しているのは、l（letter を意味する）では数字の 1 と混同しやすいためだ。この表記は、この単純な例ではうまくいくが、TX77845-5629 のような 9 桁の郵便番号ではどうだろうか。

```
wwddddd-dddd
```

問題なさそうに見えるが、d が「あらゆる数字」を意味するのに、- がハイフンを意味するのはなぜだろうか。w と d が特別であることを示す必要がありそうだ。それらはその文字ではなく、文字クラスを表している。w は「a または b または c または …」を意味し、d は「1 または 2 または 3 または …」を意味する。どうもわかりにくい。C++ では、文字列リテラルで改行を意味する \n など、特別な文字を示すときには常にプレフィックスとしてバックスラッシュ（円記号）を付けるため、文字クラスの名前を表す文字でもそうしてみよう。

```
\w\w\d\d\d\d\d-\d\d\d\d
```

少し見た目が悪いが、少なくともあいまいではなくなり、バックスラッシュ（\）によって「何か普通ではないことが起きている」ことが明白になる。ここでは、文字の繰り返しを単に繰り返しで表している。それでは芸がないし、問題を招いているようなものだ。本当にハイフンの前に 5 桁の数字があり、ハイフンの後に 4 桁の数字があるだろうか。それはちゃんとあったが、5 と 4 はどこにも示されていないため、確認するには実際に数える必要があった。繰り返しを表すもう 1 つの方法は、文字の後にカウント（個数）を追加することだ。

```
\w2\d5-\d4
```

ただし、このパターンにおいて 2、5、4 が単なる英数字の 2、5、4 ではなく、カウントであることを示すには、何らかの構文を使用する必要がある。カウントを示すには、それらを中かっこ（{}）で囲む。

```
\w{2}\d{5}-\d{4}
```

そうすると、\ が特別であるのと同じように { も特別になってしまうが、それは仕方がないので、それで折り合いをつけるとしよう。

ここまではよいとして、やっかいな作業がまだ 2 つ残っている。郵便番号の最後の 4 桁はオプションであるため、TX77845 と TX77845-5629 がどちらも有効であることを指定できるようにしなければならない。それを表現する基本的な方法は 2 つある。

\w{2}\d{5} または \w{2}\d{5}-\d{4}

および

\w{2}\d{5} および必要に応じて -\d{4}

それを簡潔かつ正確に指定するには、まずグループ（サブパターン）を表現することにより、\w{2}\d{5}-\d{4} の \w{2}\d{5} 部分と -\d{4} 部分を指定できるようにしなければならない。グループを表現するには、慣例に従ってかっこ（()）を使用する。

(\w{2}\d{5})(-\d{4})

これでパターンが 2 つのサブパターンに分割されたので、あとはそれらを使って実行したいことを指定すればよい。毎度のことだが、新しい機能を追加するには、別の特別な文字を追加しなければならない。これで、(は \ や { と同じように「特別」になった。通常、「または」（選択）を表すには | を使用し、条件付き（オプション）のものを表すには ? を使用するため、コードは以下のようになる。

(\w{2}\d{5})|(\w{2}\d{5}-\d{4})

および

(\w{2}\d{5})(-\d{4})?

\w{2} といったカウント表記の中かっこと同じように、疑問符（?）はサフィックスとして使用する。たとえば (-\d{4})? は、「必要であれば -\d{4}」を意味する。つまり、ハイフンに続く 4 桁をサフィックスとして受け入れる。実際には、5 桁の郵便番号のパターン (\w{2}\d{5}) をかっこで囲むことはないため、かっこは省略してもよい。

\w{2}\d{5}(-\d{4})?

「§23.5 問題」で示した問題への解決策を完成させるには、2 つの英字の後にオプションのスペースを追加すればよい。

\w{2} ?\d{5}(-\d{4})?

この " ?" は少し奇妙に見えるが、それはもちろんスペース文字とそれに続く ? であり、スペース文字がオプションであることを示している。スペースがあまり目立たないためにバグのように見えるのを避けたい場合は、かっこで囲むとよいだろう。

\w{2}( )?\d{5}(-\d{4})?

23.6 正規表現の概念

それでもまだあいまいに思える場合は、\s（space を意味する）のように、ホワイトスペース文字のための表記を作成することもできる。そうすると、コードは以下のようになる。

\w{2}\s?\d{5}(-\d{4})?

だが、英字の後にスペースが 2 つある場合はどうなるだろうか。ここまでの定義では、このパターンは TX77845 と TX 77845（スペース 1 つ）は受け入れるが、TX　77845（スペース 2 つ）は受け入れない。これは少しわかりにくい。「0 個以上」を意味するサフィックス * を追加して、「0 個以上のホワイトスペース文字」を指定できるようにする必要がある。

\w{2}\s*\d{5}(-\d{4})?

論理的な流れを 1 つ 1 つ追っていけば、当然このようになる。このパターン表記は論理的で、まったく無駄がない。また、設計時の選択は適当にそうしたわけではない。この表記はきわめて一般的で、よく使用されるものだ。多くのテキスト処理タスクでは、この表記の読み取りと書き込みが必要になる。確かに、まるで猫がキーボードの上を歩いたかのようだし、1 文字でも（たとえスペースであっても）打ち間違えれば完全に意味が変わってしまうが、頑張って慣れるようにしよう。これよりも圧倒的によいものを提案することはできないし、この表記スタイルは UNIX の grep コマンドに最初に導入されてから 30 年以上にわたって広く愛用されている。そして、その当時でさえ、まったく新しいものではなかったのである。

23.6.1 生の文字列リテラル

正規表現パターンはこのようにバックスラッシュだらけである。C++ の文字列リテラルにバックスラッシュを追加するには、その前にバックスラッシュを付ける必要がある。郵便番号のパターンについて考えてみよう。

\w{2}\s*\d{5}(-\d{4})?

このパターンを文字列リテラルとして表現するには、以下のように記述する必要がある。

"\\w{2}\\s*\\d{5}(-\\d{4})?"

少し考えてみれば、マッチングしたいパターンの多くに二重引用符（"）が含まれることがわかる。二重引用符を文字列リテラルに追加するには、その前にバックスラッシュを付ける必要がある。これではすぐに手に負えなくなるだろう。実際、この「特別な記号問題」に業を煮やした C++ と他の言語は、現実的な正規表現パターンに対処できるよう、「生の文字列リテラル」という概念を導入している。生の文字列リテラルでは、バックスラッシュは（エスケープ文字ではなく）単にバックスラッシュ文字であり、二重引用符は（文字列の末尾ではなく）単に二重引用符である。郵便番号パターンを生の文字列リテラルとして表現すると、以下のようになる。

R"(\w{2}\s*\d{5}(-\d{4})?)"

生の文字列リテラルは、R"(で始まり、)" で終わる。したがって、この文字列のうち以下の22文字については、終端の0は考慮されない。

```
\w{2}\s*\d{5}(-\d{4})?
```

23.7 正規表現を使った検索

ここでは、前節の郵便番号パターンを使って郵便番号を検索する。このプログラムでは、パターンを定義した後、ファイルを1行ずつ読み込み、パターンと照合する。そのパターンが検出された場合は、行の番号とその内容を書き出す。

```cpp
#include <regex>
#include <iostream>
#include <string>
#include <fstream>
using namespace std;

int main()
{
    ifstream in {"file.txt"};              // 入力ファイル
    if (!in) cerr << "no file\n";

    regex pat {R"(\w{2}\s*\d{5}(-\d{4})?)"};  // 郵便番号パターン

    int lineno = 0;
    for (string line; getline(in,line); ) {   // 入力行を入力バッファーに
        ++lineno;                              // 読み込む
        smatch matches;                        // マッチした文字列を格納
        if (regex_search(line,matches,pat))
            cout << lineno << ": " << matches[0] << '\n';
    }
}
```

少し詳しい説明が必要だ。標準ライブラリの正規表現は <regex> で定義されている。それに基づき、パターン pat を定義している。

```cpp
regex pat {R"(\w{2}\s*\d{5}(-\d{4})?)"};  // 郵便番号パターン
```

regex パターンは string の一種であるため、文字列を使って初期化できる。ここでは生の文字列リテラルを使用している。ただし、regex は単なる string ではない。とはいうものの、regex を初期化（または代入）するときに生成されるパターンマッチングの高度なメカニズムは公開されておら

ず、本書でも取り上げない。`regex`を郵便番号パターンで初期化した後は、それをファイルの各行に適用できる。

```
smatch matches;
if (regex_search(line,matches,pat))
    cout << lineno << ": " << matches[0] << '\n';
```

`regex_search(line,matches,pat)`は、`pat`に格納された正規表現とマッチするものを`line`で検索し、マッチするものが検出された場合はそれらを`matches`に格納する。当然ながら、マッチするものが検出されない場合は`false`を返す。

`matches`は`smatch`型の変数であり、sは「sub」を意味する。基本的には、`smatch`は`string`型の`vector`である。最初の要素（`matches[0]`）は完全なマッチを表す。`i<matches.size()`の場合は、`matches[i]`を文字列として扱うことができる。したがって、特定の正規表現に対するサブパターンの最大数がNであるとすれば、`matches.size()==N+1`である。

では、サブパターンとは何だろうか。1つ目の適切な答えは、「パターンにおいてかっこで囲まれているもの」である。`"\w{2}\s*\d{5}(-\d{4})?"`を見てみると、郵便番号の4桁のオプション部分がかっこで囲まれている。これは唯一のサブパターンであるため、`matches.size()==2`であることを（正しく）推測できる。また、その最後の4桁に簡単にアクセスできることも想像がつく。例を見てみよう。

```
for (string line; getline(in,line); ) {
    ++lineno;
    smatch matches;
    if (regex_search(line,matches,pat)) {
        cout << lineno << ": " << matches[0] << '\n';   // 完全なマッチ
        if (1<matches.size() && matches[1].matched)
            cout << "\t: " << matches[1] << '\n';       // サブマッチ
    }
}
```

厳密に言えば、すでにパターンを詳しく調べた後なので、`1<matches.size()`を評価する必要はなかったが、疑い深くなっていた — `pat`ではさまざまなパターンを試しており、サブパターンが1つだけであるとは限らなかった。サブマッチングが成功したかどうかを確認するには、その`matched`メンバー（この場合は`matches[1].matched`）を調べればよい。念のために言っておくと、`matches[i].matched`が`false`の場合、マッチしなかったサブパターン`matches[i]`は空の文字列として出力される。同様に、先のパターンでは、`matches[17]`のような存在しないサブパターンはマッチしなかったサブパターンとして扱われる。

以下のデータが含まれたファイルでこのプログラムを試したところ、

```
address TX77845
ffff tx 77843 asasasaa
ggg TX3456-23456
howdy
zzz TX23456-3456sss ggg TX33456-1234
cvzcv TX77845-1234 sdsas
xxxTx77845xxx
TX12345-123456
```

以下の出力が得られた。

```
1: TX77845
2: tx 77843
5: TX23456-3456
    : -3456
6: TX77845-1234
    : -1234
7: Tx77845
8: TX12345-1234
    : -1234
```

以下の点に注意しよう。

- **ggg** で始まっている行（それのどこが問題なのか）の不適格な「郵便番号」にだまされなかった。
- **zzz** が含まれている行で 1 つ目の郵便番号だけを検出した（郵便番号を 1 行につき 1 つだけ要求した）。
- 5 行目と 6 行目で正しいサフィックスを検出した。
- 7 行目の xxx の間に「隠れていた」郵便番号を検出した。
- TX12345-123456 に「隠れていた」郵便番号を（残念ながら）検出した。

23.8 正規表現構文

正規表現マッチングのかなり基本的な例を見てきたが、次はもう少し体系的かつ完全な —— regex ライブラリで使用される形式の —— 正規表現について考えてみよう。

正規表現（*regular expression*：regexps または regexs）は、基本的には、文字のパターンを表現するための小さな言語である。正規表現は強力（表現豊か）で簡潔な言語であり、そのため非常に不可解なことがある。数十年にわたって使用されてきた結果、多くの難解な機能やいくつかの方言を持つに至っている。ここでは、現在最も広く使用されている方言と思われる、Perl の正規表現の一部を説明するにとどめる。正規表現を定義するために、あるいは他の人の正規表現を理解するためにさらに情報が必要な場合は、Web で調べてみよう。品質にばらつきはあるが、チュートリアルや仕様書が見つかるはずだ。

標準ライブラリでは、ECMAScript、POSIX、awk、grep、egrep の表記やさまざまな検索オプションもサポートされている。別の言語で指定されたパターンのマッチングが必要な場合は、これが大きく役立つことがある。ここで説明する基本的な機能では物足りない場合は、そうした選択肢を調べてみることができる。ただし、「ほとんどの機能を使用すること」がよいプログラミングの目的ではないことを覚えておこう。心に余裕があるときは、常に、あなたのコードを読んで理解しなければならない哀れなメンテナンスプログラマーのことを思いやってほしい —— それは数か月後のあなたかもしれない。意味もなく奇をてらったコードを書いたりせず、わかりにくい機能はなるべく避けるようにしよう。

23.8.1 文字と特別な文字

正規表現は文字列の文字とのマッチングに使用できるパターンを指定する。デフォルトでは、パターンの文字は文字列内のその文字とマッチする。たとえば正規表現（パターン）`"abc"` は、`Is there an abc here?` の `abc` とマッチする。

正規表現の真の威力は、パターンにおいて特別な意味を持つ「特別な文字」と文字との組み合わせにある。

特別な意味を持つ文字	
.	任意の1文字（ワイルドカード）
[	文字クラス
{	カウント
(	グループの開始
)	グループの終了
\	次の文字が特別な意味を持つ
*	0個以上
+	1個以上
?	オプション（0または1）
|	選択（または）
^	行の先頭または否定
$	行の末尾

たとえば以下のコードは、xxy、x3y、xay のように、x で始まり y で終わる 3 文字の文字列とマッチするが、yxy、3xy、xy とはマッチしない。

```
x.y
```

{...}、*、+、? がサフィックス演算子であることに注意しよう。たとえば \d+ は、「1 つ以上の 10 進数字」を意味する。

特別な文字のいずれかをパターンで使用したい場合は、バックスラッシュ（円記号）を使ってそれを「エスケープ」する必要がある。たとえばパターン内の + は 1 つ以上演算子だが、\+ はプラス記号である。

23.8.2 文字クラス

文字の最も一般的な組み合わせは、「特別な文字」として簡潔な形式で表現される。

文字クラスの特別な文字		
\d	10 進数字	[[:digit:]]
\l	小文字	[[:lower:]]
\s	スペース（スペース、タブなど）	[[:space:]]
\u	大文字	[[:upper:]]
\w	英字（a–z または A–Z）、数字（0–9）、アンダースコア（_）のいずれか	[[:alnum:]]
\D	\d 以外	[^[:digit:]]
\L	\l 以外	[^[:lower:]]
\S	\s 以外	[^[:space:]]
\U	\u 以外	[^[:upper:]]
\W	\w 以外	[^[:alnum:]]

大文字の特別な文字は、その「特別な文字の小文字バージョンではない」ことを意味する。たとえば \W は、「大文字」を意味するのではなく、「文字ではない」ことを意味する。

3 列目の [[:digit:]] などのエントリーは、より長い名前を使用する代替構文を示している。

string ライブラリや iostream ライブラリと同様に、regex ライブラリは Unicode などの大きな文字セットに対応している。string や iostream の場合と同様に、それらが必要であれば、ヘルプや情報を探してみるとよいだろう。

23.8.3 繰り返し

パターンの繰り返しはサフィックス演算子によって指定される。

繰り返し	
{n}	ちょうど n 回
{n,}	n 回以上
{n,m}	n 回以上 m 回以下
*	0 回以上（つまり {0,}）
+	1 回以上（つまり {1,}）
?	オプション（0 または 1 回、つまり {0,1}）

たとえば以下のパターンは、

    Ax*

以下に示すような、A とそれに続く 0 個以上の x とマッチする。

```
A
Ax
Axx
Axxxxxxxxxxxxxxxxxxxxxxxxxxx
```

少なくとも 1 つのマッチが必要な場合は、* ではなく + を使用する。以下のパターンは、

    Ax+

以下に示すような、A とそれに続く 1 つ以上の x とマッチする。

```
Ax
Axx
Axxxxxxxxxxxxxxxxxxxxxxxxxxx
```

ただし、以下とはマッチしない。

```
A
```

0または1つのマッチ（オプション）という一般的なケースは疑問符（?）によって表現される。たとえば以下のパターンは、

```
\d-?\d
```

以下に示すような、2つの数字またはハイフンを挟んだ2つの数字とはマッチするが、

```
1-2
12
```

以下の数字とはマッチしない。

```
1--2
```

特定の数のマッチまたは特定の範囲のマッチを指定するには、中かっこ（{}）を使用する。たとえば以下のパターンは、

```
\w{2}-\d{4,5}
```

以下に示すような、ちょうど2文字と、それに続くハイフン（-）、それに続く4または5桁の数字とはマッチするが、

```
Ab-1234
XX-54321
22-54321
```

以下とはマッチしない。

```
Ab-123
?b-1234
```

そのとおり、\w は数字ともマッチする。

23.8.4　グループ化

正規表現をサブパターンとして指定するには、かっこ () を使ってそれをグループ化する。

```
(\d*:)
```

このコードは、0 個以上の数字とそれに続くコロン（:）からなるサブパターンを定義する。グループは、より複雑なパターンの一部として使用できる。

```
(\d*:)?(\d+)
```

このパターンは、場合によっては空の可能性がある一連の数字と、それに続くコロン、それに続く 1 つ以上の数字を指定している。こうしたパターンを簡潔かつ正確に表現する方法が編み出されたのは、無理もないことだ。

23.8.5　選択

以下に示すように、| 文字は選択肢を指定する。

```
Subject: (FW:|Re:)?(.*)
```

このパターンは、電子メールの Subject 行とオプションの FW: または Re:、それに続く 0 個以上の文字を認識する。たとえば、以下の行は認識されるが、

```
Subject: FW: Hello, world!
Subject: Re:
Subject: Norwegian Blue
```

以下の行は認識されない。

```
SUBJECT: Re: Parrots
Subject FW: No subject!
```

空の選択肢は使用できない。

```
(|def)    // エラー
```

ただし、複数の選択肢を一度に指定できる。

```
(bs|Bs|bS|BS)
```

23.8.6　文字セットと範囲

数字（\d）、英字と数字とアンダースコア（\w）など、文字の最も一般的なクラスに対する省略表記は、特別な文字によって提供される（§23.7.2）。ただし、省略表記を独自に定義するのは簡単であり、何かと便利である。

```
[\w @]              単語構成文字、スペース、または @
[a-z]               a から z までの小文字
[a-zA-Z]            a から z までの大文字または小文字
[Pp]                大文字または小文字の P
[\w\-]              単語構成文字またはハイフン（- は範囲を意味する）
[asdfghjkl;']       US QWERTY キーボードの中段の文字
[.]                 ドット
[.[{(\\*+?^$]       正規表現において特別な意味を持つ文字
```

文字クラスの仕様では、-（ハイフン）は [1-3] や [w-z] といった範囲を指定するために使用される。[1-3] は 1、2、3 のいずれかを表し、[w-z] は w、x、y、z のいずれかを表す。こうした範囲を使用するときには注意が必要だ。すべての言語が同じ文字を使用するとは限らないし、すべての文字エンコーディングの順序が同じであるとも限らない。アルファベットの最も一般的な英数字の一部ではない範囲が必要な場合は、マニュアルを調べてみる必要がある。

文字クラスの仕様に \w などの特別な文字を使用できることに注意しよう。\w は任意の単語構成文字を意味する。となると、バックスラッシュ（円記号）を文字クラスに追加するにはどうすればよいだろうか。この場合も、バックスラッシュで「エスケープ」（\\）すればよい。

文字クラスの仕様の 1 文字目が ^ である場合、その ^ は否定を意味する。

```
[^aeiouy]           英語の母音以外
[^\d]               数字以外
[ ^aeiouy]          スペース、^、または英語の母音
```

最後の正規表現では、^ は [の直後の文字ではないため、否定演算子ではなく単なる文字である。正規表現は一筋縄ではいかない。

regex の実装では、マッチングに使用するための名前付きの文字クラスも提供される。たとえば、任意の英数字文字（a-z または A-Z または 0-9 の文字または数字）をマッチしたい場合は、正規表現 [[:alnum:]] を使用すればよい。この場合の alnum は、文字の集合（英数字の集合）の名前である。引用符で囲まれた空ではない英数字文字列に対するパターンは、"[[:alnum:]]+" になる。この正規表現を文字列リテラルに含めるには、引用符をエスケープする必要がある。

```
string s {"\"[[:alnum:]]+\""};
```

さらに、この文字列リテラルを regex に追加するには、バックスラッシュをエスケープする必要がある。

```
regex s {"\\\"[[:alnum:]]+\\\""};
```

生の文字列リテラルを使用するほうが単純だ。

```
regex s2 {R"(" [[:alnum:]]+")"};
```

バックスラッシュや二重引用符が含まれているパターンには、生の文字列リテラルを使用するほうが望ましい。それはつまり、多くのアプリケーションのほとんどのパターンである。

正規表現を使用するにあたっては、表記上の規約がいろいろある。それはともかく、標準の文字クラスを示しておこう。

文字クラス	
alnum	英数字またはアンダースコア
alpha	アルファベット文字
blank	改行以外のホワイトスペース文字
cntrl	制御文字
d	10進数字
digit	10進数字
graph	表示（図形）文字
lower	小文字
print	印字可能文字
punct	句読点文字
s	ホワイトスペース文字
space	ホワイトスペース文字
upper	大文字
w	単語構成文字（英数字とアンダースコア）
xdigit	16進数字

regexの実装がサポートする文字クラスは他にもあるかもしれないが、ここに載っていない名前付きクラスを使用する場合は、想定している用途に対する十分な移植性があることを必ず確認しておこう。

23.8.7 正規表現のエラー

不正な正規表現を指定した場合はどうなるだろうか。以下のコードについて考えてみよう。

```
regex pat1{"(|ghi)"};   // 選択肢がない
regex pat2{"[c-a]"};    // 範囲ではない
```

パターンを regex に代入するときには、そのパターンがチェックされる。そして、パターンが不正であるか、複雑すぎて正規表現マッチャーがそれをマッチングに使用できない場合は、bad_expression 例外がスローされる。

以下に示すのは、正規表現のマッチングがどのようなものであるかを確認してもらうための簡単なプログラムである[*5]。

```
#include <regex>
#include <iostream>
#include <string>
using namespace std;

// 入力からパターンと一連の行を取得する
// パターンをチェックし、パターンをそれらの行で検索する
int main()
{
    regex pattern;

    string pat;
    cout << "enter pattern: ";
    getline(cin,pat);    // パターンを読み込む

    try {
        pattern = pat;    // パターンをチェック
        cout << "pattern: " << pat << '\n';
    }
    catch (bad_expression) {
        cout << pat << " is not a valid regular expression\n";
        exit(1);
    }
```

[*5] 訳注：検証環境では、<regex> に bad_expression は定義されていないため、代わりに regex_error を使用した。
```
using namespace std;
using bad_expression = regex_error;
```

```
        cout << "now enter lines:\n";
        int lineno = 0;

        for (string line; getline(cin,line); ) {
            ++lineno;
            smatch matches;

            if (regex_search(line,matches,pattern)) {
                cout << "line " << lineno << ": " << line << '\n';
                for (int i=0; i<matches.size(); ++i)
                    cout << "\tmatches[" << i << "]: "
                         << matches[i] << '\n';
            }
            else
                cout << "didn't match\n";
        }
    }
```

TRY THIS

このプログラムを実行し、それを使って abc、x.*x、(.*)、\([^)]*\)、\w+ \w+(Jr\.)? などのパターンを試してみる。

23.9 正規表現を使ったマッチング

正規表現の基本的な使用法は以下の2つである。

- 検索
  任意の長さのデータストリームにおいて正規表現とマッチする文字列を検索する。`regex_search` 関数はそのパターンをストリーム内の部分文字列として検索する。
- マッチング
  既知のサイズの文字列に対して正規表現をマッチングする。`regex_match` 関数は文字列全体がそのパターンとマッチするかどうかを調べる。

郵便番号の検索（§23.6）は、検索の一例である。ここでは、マッチングの例を調べる。以下のようなテーブルからデータを抽出することについて考えてみよう。

KLASSE	ANTAL DRENGE	ANTAL PIGER	ELEVER IALT
0A	12	11	23
1A	7	8	15
1B	4	11	15
2A	10	13	23
3A	10	12	22
4A	7	7	14
4B	10	5	15
5A	19	8	27
6A	10	9	19
6B	9	10	19
7A	7	19	26
7G	3	5	8
7I	7	3	10
8A	10	16	26
9A	12	15	27
0MO	3	2	5
0P1	1	1	2
0P2	0	5	5
10B	4	4	8
10CE	0	1	1
1MO	8	5	13
2CE	8	5	13
3DCE	3	3	6
4MO	4	1	5
6CE	3	4	7
8CE	4	4	8

KLASSE	ANTAL DRENGE	ANTAL PIGER	ELEVER IALT
9CE	4	9	13
REST	5	6	11
Alle klasser	184	202	386

このテーブルは Web ページ（コンテキスト）から取り出したもので、Bjarne Stroustrup がかつて通っていた小学校の 2007 年度の生徒数を示している。見た目からして、いかにも私たちが分析する必要がある類いのデータである。

- 数値のデータフィールドがある。
- テーブルのコンテキストを理解している人でなければ意味をなさない文字列が含まれた文字フィールドがある。ここでは、そのことをデンマーク語で強調している。
- 文字列にスペースが含まれている。
- このデータのフィールドは「区切り文字」で区切られている。この場合、区切り文字はタブ文字である。

このテーブルを選んだのは、「すこぶる典型的」で、「あまり難しくない」からだが、避けては通れない問題点が 1 つある。それは、スペースとタブ文字を見た目では区別できないことだ。この問題はコードに任せるしかない。ここでは、正規表現を使って以下の点を検証する。

- このテーブルのレイアウトが正しいこと ― すべての行が正しい数のフィールドで構成されている。
- 数字が合計されている ― 最後の行は上の列の合計ということになっている。

これを検証できれば、あとは何だってできる。たとえば新しいテーブルを作成し、最初の数字が同じである行をマージできる。最初の数字は学年を表し、1 年生は 1 で始まる。あるいは、問題の年にかけて生徒数が増加または減少していることを調査できる（練習問題 10～11 を参照）。

このテーブルを分析するには、パターンが 2 つ必要だ。1 つは見出し行のためのパターンであり、もう 1 つは残りの行のためのパターンである。

```
regex header {R"(^[\w ]+(    [\w ]+)*$)"};
regex row {R"(^[\w ]+(    \d+)( \d+)( \d+)$)"};
```

正規表現の簡潔さと有用性を賞賛したが、初心者にも理解しやすいと言った覚えはない。それどころか、正規表現は「書き逃げの言語」として定評がある。見出しから始めることにしよう。見出しには数値データは含まれていないため、この最初の行を単に読み捨てることもできたが、手慣らしに解析してみよう。見出し行は、タブで区切られた 4 つの「単語フィールド」（英数字フィールド）で構成されている。これらのフィールドにはスペースが含まれていてもよいため、その文字を指定するために単なる \w を使用するわけにはいかない。そこで、代わりに単語構成文字（英字、数字、アンダースコアのいずれか）またはスペースを意味する [\w] を使用している。[\w]+ は、それらが 1 つ以上存在することを意味する。^[\w]+ を指定したのは、その 1 つが行の先頭にあるはずだからだ。「ハット」（^）は「行の先頭」を意味する。残りのフィールドはそれぞれ、タブに続く何らかの単語（([\w]+) と

して表すことができる。したがって、任意の数のそれらに続く行の終わりは（	[\w]+)*$ になる。ドル記号（$）は「行の終わり」（EOL）を意味する。

タブ文字が実際にタブであることは見てもわからないが、この場合はそれらを明らかにするために文字組みで広げている。

さて、次は最も興味深い部分である、数値データを抽出したい行のパターンを見てみよう。1つ目のフィールドは前と同じ ^[\w]+ である。それに、それぞれタブが先行するちょうど3つの数値フィールド（(	\d+)）が続くため、以下のようになる。

    ^[\w]+(	\d+)(	\d+)(	\d+)$

これを生の文字列リテラルにすると、以下のようになる。

    R"(^[\w]+(	\d+)(	\d+)(	\d+)$)"

あとは、それらのパターンを使用するだけだ。まず、テーブルのレイアウトが適切かどうかを検証してみよう。

```cpp
    int main()
    {
        ifstream in {"table.txt"};   // 入力ファイル
        if (!in) error("no input file\n");

        string line;                 // 入力バッファー
        int lineno = 0;

        regex header {R"(^[\w ]+(	[\w ]+)*$)"};          // 見出し行
        regex row {R"(^[\w ]+(	\d+)(	\d+)(	\d+)$)"};   // データ行

        if (getline(in,line)) {      // 見出し行をチェック
            smatch matches;
            if (!regex_match(line,matches,header))
                error("no header");
        }
        while (getline(in,line)) {   // データ行をチェック
            ++lineno;
            smatch matches;
            if (!regex_match(line,matches,row))
                error("bad line",to_string(lineno));
        }
    }
```

23.9 正規表現を使ったマッチング

なお、`#include` は省略している。この場合は各行の文字をすべてチェックするため、`regex_search()` ではなく `regex_match()` を使用している。`regex_match` が true となるのは入力文字列全体が正規表現とマッチしたときだが、`regex_search` が true となるのは正規表現とマッチする部分文字列が見つかったときである。`regex_search()` のつもりが誤って `regex_match()` と入力した、またはその逆のケースが、見つけるのに最も苦労するバグになるかもしれない。ただし、`match` 引数の使用法はどちらの関数でも同じである。

次に、このテーブル内のデータを検証してみよう。このテーブルには、男子生徒（"drange"）の列と女子生徒（"piger"）の列の合計が含まれている。最後のフィールド（"ELEVER IALT"）が実際に最初の2つのフィールドの合計であることを行ごとに確認する。最後の行（Alle klasser）には上の列の合計が含まれているはずだ。これを確認するには、row を修正してテキストフィールドをサブマッチにし、"Alle Klasser" を認識できるようにする。

```cpp
int main()
{
    ifstream in {"table.txt"};      // 入力ファイル
    if (!in) error("no input file");

    string line;                    // 入力バッファー
    int lineno = 0;

    regex header {R"(^[\w ]+(    [\w ]+)*$)"};       // 見出し行
    regex row {R"(^[\w ]+(    \d+)( \d+)( \d+)$)"};  // データ行

    if (getline(in,line)) {         // 見出し行をチェック
        smatch matches;
        if (!regex_match(line,matches,header)) {
            error("no header");
        }
    }

    // 列の合計
    int boys = 0;
    int girls = 0;

    while (getline(in,line)) {
        ++lineno;
        smatch matches;
        if (!regex_match(line,matches,row))
            cerr << "bad line: " << lineno << '\n';
```

```
            if (in.eof()) cout << "at eof \n";

            // 行をチェック
            int curr_boy = from_string<int>(matches[2]);
            int curr_girl = from_string<int>(matches[3]);
            int curr_total = from_string<int>(matches[4]);
            if (curr_boy+curr_girl != curr_total) error("bad row sum \n");

            if (matches[1]=="Alle klasser") {   // 最後の行
                if (curr_boy != boys) error("boys don't add up\n");
                if (curr_girl != girls) error("girls don't add up\n");
                if (!(in>>ws).eof()) error("characters after total line");
                return 0;
            }

            // 合計を更新
            boys += curr_boy;
            girls += curr_girl;
        }

        error("didn't find total line");
    }
```

最後の行は、他の行とは意味的に異なる ── それは他の行の合計であり、ラベル（Alle klasser）がそのことを示している。その最後の行の後は、to<>() の手法（§23.2）を使ってホワイトスペース以外の文字をそれ以上受け入れないことにし、ホワイトスペースが検出されなかった場合はエラーにすることにした。

データフィールドからの整数値の取り出しには、from_string 関数（§23.2）を使用した。それらのフィールドが数字だけで構成されていることはすでに確認済みであるため、string から int への型変換がうまくいくことを確認する必要はなかった。

23.10 参考文献

　正規表現はよく知られている便利なツールであり、多くのプログラミング言語で、さまざまな書式で利用できる。正規表現は、形式言語に基づく洗練された理論と、状態機械（ステートマシン）に基づく効率的な実装によって実現される。本書では、正規表現、それらの理論、それらの実装、そして状態機械の使用に関する詳細は割愛する。ただし、それらはコンピューターサイエンスのカリキュラムではかなり標準的なものである。また、正規表現がよく知られていることを考えると、必要に迫られて、あるいは単に興味があるだけであっても、さらに情報を見つけ出すのは難しくない。

　詳細については、以下の文献が参考になるだろう。

- Aho, Alfred V., Monica S. Lam, Ravi Sethi, and Jeffrey D. Ullman. *Compilers: Principles, Techniques, and Tools, Second Edition* ("The Dragon Book"). Addison–Wesley, 2007. ISBN 0321547985.
『コンパイラ — 原理・技法・ツール』、原田賢一 訳、サイエンス社、2009 年（原書第 2 版の翻訳）
- Cox, Russ. "Regular Expression Matching Can Be Simple and Fast (but Is Slow in Java, Perl, PHP, Python, Ruby, ...)."
http://swtch.com/~rsc/regexp/regexp1.html
- Maddock, J. boost::regex documentation. http://www.boost.org/
- Schwartz, Randal L., Tom Phoenix, and Brian D. Foy. *Learning Perl, Fourth Edition.* O'Reilly, 2005. ISBN 0596101058.
『初めての Perl 第 6 版』、近藤嘉雪 訳、オライリージャパン、2012 年（原書第 6 版の翻訳）

第 23 章　テキストの操作

■ ドリル

1. regex が標準ライブラリの一部として含まれているかどうかを確認する。ヒント：std::regex と tr1::regex を試してみる。
2. 「§23.7 正規表現を使った検索」の小さなプログラムを動作させる。そのためには、システムに（まだインストールされていなければ）boost::regex をインストールし、regex ライブラリをリンクして regex ヘッダーを使用するためのプロジェクトやコマンドラインオプションの設定方法を調べる必要があるかもしれない。
3. ステップ 2 のプログラムを使って「§23.7 正規表現を使った検索」のパターンをテストする。

■ 復習

1. テキストを検索するにはどうすればよいか。
2. テキスト解析に最も役立つ標準ライブラリの機能は何か。
3. insert() はその位置（またはイテレーター）の前と後のどちらに追加するか。
4. Unicode とは何か。
5. string 表現を（他の型との間で）変換するにはどうすればよいか。
6. s が string であるとすれば、cin>>s と getline(cin,s) の違いは何か。
7. 標準ストリームとは何か。
8. map のキーとは何か。便利なキー型の例をあげる。
9. map の要素をループで処理するにはどうすればよいか。
10. map と multimap の違いは何か。multimap にない map の便利な演算は何か。それが欠けているのはなぜか。
11. 前方イテレーターに必要な演算は何か。
12. 空のフィールドと存在しないフィールドの違いは何か。例を 2 つあげる。
13. 正規表現を表すためにエスケープ文字が必要なのはなぜか。
14. 正規表現を regex 型の変数にするにはどうすればよいか。
15. \w+\s\d{4} は何とマッチするか。例を 3 つあげる。regex 型の変数をそのパターンで初期化するために使用する文字列リテラルは何か。
16. 文字列が有効な正規表現であることをプログラムで調べるにはどうすればよいか。
17. regex_search() は何をするか。
18. regex_match() は何をするか。
19. 正規表現でドット文字（.）を表すにはどうすればよいか。
20. 正規表現で「少なくとも 3 つ」の概念を表すにはどうすればよいか。
21. 7 は \w 文字か。_（アンダースコア）はどうか。
22. 大文字の表記は何か。
23. 独自の文字セットを指定するにはどうすればよいか。
24. 整数フィールドから値を取り出すにはどうすればよいか。
25. 浮動小数点数を正規表現として表すにはどうすればよいか。
26. 浮動小数点数をマッチから取り出すにはどうすればよいか。

27. サブマッチとは何か。それにアクセスするにはどうすればよいか。

■ 用語

multimap
regex_match()
regex_search()
smatch
検索（search）

サブパターン（sub-pattern）
正規表現（regular expression）
パターン（pattern）
マッチ（match）

■ 練習問題

1. 電子メールファイルの例を実行可能な状態にし、自分で作成したものよりも大きなファイルを使ってテストする。Address 行が 2 つ含まれているメッセージ、同じ Address または Subject を持つ複数のメッセージ、空のメッセージなど、エラーを誘発するようなメッセージを必ず含める。また、---- 行を含んでいない大きなファイルなど、プログラムの仕様に照らしてメッセージでないものも使ってプログラムをテストする。
2. `multimap` を追加し、そこに Subject を格納する。プログラムがキーボードから入力を受け取るようにし、その文字列が Subject として含まれているメッセージをすべて出力する。
3. 電子メールの例（§23.4）を書き換え、正規表現を使って Subject と Sender を検索するように変更する。
4. 本物の電子メールメッセージを含んだ本物の電子メールファイルを用意し、電子メールの例（§23.4）を書き換え、ユーザーから入力として受け取った Sender 名から Subject 行を取り出すように変更する。
5. 数千個のメッセージが含まれたさらに大きな電子メールメッセージを用意し、`multimap` を使用した場合と、その `multimap` を `unordered_multimap` に置き換えた場合の時間を計測する。このアプリケーションが `multimap` の順序付けを利用しないことに注意。
6. テキストファイルで日付を検索するプログラムを作成する。日付が 1 つでも含まれている行は 行番号: 行 形式で書き出す。最初は「12/24/2000」のような単純な書式の正規表現を使ってプログラムをテストする。その後、書式をさらに追加する。
7. テキストファイルでクレジットカード番号を検索する練習問題 6 と同様のプログラムを作成する。実際に使用されているクレジットカード番号の書式を調べる。
8. 正規表現を検証するプログラム（§23.8.7）を書き換え、入力としてパターンとファイル名を受け取るように変更する。このプログラムの出力は、そのパターンとマッチしたものが含まれている番号付けされた行（行番号: 行）である。マッチするものが検出されない場合、出力は生成されないものとする。
9. `eof()`（§B.7.2）を使用すれば、テーブルの最後の行を判断することが可能である。これを利用して、テーブルチェックプログラム（§23.9）を単純化してみる。テーブルに続いて空の行で終了するファイルと、改行で終わらないファイルを使って必ずテストする。

10. テーブルチェックプログラム（§23.9）を書き換え、最初の数字が同じである行がマージされた新しいテーブルを作成するように変更する。最初の数字は学年を表し、1年生は1で始まる。
11. テーブルチェックプログラム（§23.9）を書き換え、問題の年にかけて生徒の数が増加または減少していることを調べるように変更する。
12. 日付が含まれている行を検索する練習問題6のプログラムをもとに、すべての日付を検索し、それらのフォーマットをISO $yyyy$–mm–dd 形式に変換するプログラムを作成する。このプログラムは、入力ファイルを受け取り、日付の書式が変更されていること以外は入力ファイルと同一の出力ファイルを生成する。
13. ドット（.）は '\n' とマッチするか。それを調べるプログラムを作成する。
14. 正規表現を検証するプログラム（§23.8.7）で示したような、パターンを入力してパターンマッチングを試してみることができるプログラムを作成する。ただし、ファイルをメモリーに読み込み（行文字 '\n' を使って改行を表す）、改行にまたがるパターンを試せるようにする。
15. 正規表現として表せないパターンとはどのようなものか。
16. 上級者のみ：練習問題15で見つかったパターンが本当に正規表現ではないことを証明する。

■ 追記

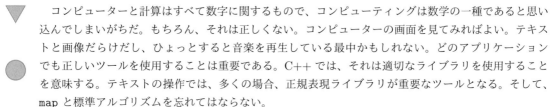

　コンピューターと計算はすべて数字に関するもので、コンピューティングは数学の一種であると思い込んでしまいがちだ。もちろん、それは正しくない。コンピューターの画面を見てみればよい。テキストと画像だらけだし、ひょっとすると音楽を再生している最中かもしれない。どのアプリケーションでも正しいツールを使用することは重要である。C++では、それは適切なライブラリを使用することを意味する。テキストの操作では、多くの場合、正規表現ライブラリが重要なツールとなる。そして、`map` と標準アルゴリズムを忘れてはならない。

第24章
数値

> 複雑な問題には決まって、
> 単純で、見つけやすく、
> 間違った答えがある。
> — H. L. Mencken

本章は、数値計算をサポートする C++ と標準ライブラリの基本的な機能の概要である。本章では、基本的な問題としてサイズ、精度、切り捨ての3つを取り上げる。続いて、C スタイルの多次元配列と Matrix ライブラリの多次元配列を重点的に見ていく。さらに、テスト、シミュレーション、ゲームでよく必要となる乱数を紹介する。最後に、標準的な数学関数をひととおり取り上げ、標準ライブラリの複素数の基本的な機能を簡単に示す。

- 24.1 はじめに
- 24.2 サイズ、精度、オーバーフロー
    - 24.2.1 数値の範囲
- 24.3 配列
- 24.4 C スタイルの多次元配列
- 24.5 Matrix ライブラリ
    - 24.5.1 次元とアクセス
    - 24.5.2 1 次元の Matrix
    - 24.5.3 2 次元の Matrix
    - 24.5.4 Matrix の I/O
    - 24.5.5 3 次元の Matrix
- 24.6 例：1 次方程式を解く
    - 24.6.1 伝統的なガウスの消去法
    - 24.6.2 ピボット
    - 24.6.3 テスト
- 24.7 乱数
- 24.8 標準数学関数
- 24.9 複素数
- 24.10 参考文献

第24章 数値

24.1 はじめに

多くの科学者、技術者、統計学者にとって、数値 — 本格的な数値計算 — はすべてである。そうした人々にとっては、数値がなければ話にならない。物理学者と共同で作業するコンピューター科学者は、この部類に含まれるだろう。ほとんどの人はどうかというと、整数や浮動小数点数の単純な計算以外の目的で数値が必要になることはめったにない。本章の目的は、単純な数値問題に対処するために必要な C++ の機能を示すことにあり、数値分析や浮動小数点演算の細かな部分を教えるつもりはない。本章では、以下の項目を取り上げる。

- 精度やオーバーフローなど、固定長の組み込み型に関連する問題
- 組み込みの多次元配列の概念と Matrix ライブラリ
- 乱数のかなり基本的な説明
- 標準ライブラリの数学関数
- 複素数

ここでは、行列(多次元配列)の処理を容易にする Matrix ライブラリを重点的に取り上げる。

24.2 サイズ、精度、オーバーフロー

組み込み型と通常の計算手法を使用する場合、数値は一定量のメモリーに格納される。つまり、int や long といった整数型は整数(自然数)という数学概念の近似値にすぎず、float や double といった浮動小数点数型は実数という数学概念の近似値にすぎない。つまり、数学的見地からすれば、一部の計算は不正確であるか、誤っているということになる。以下のコードを見てみよう。

```
float x = 1.0/333;
float sum = 0;
for (int i=0; i<333; ++i) sum+=x;
cout << setprecision(15) << sum << "\n";
```

このコードを実行すると、誰かが単純に期待していたかもしれない 1 ではなく、以下のような結果になる。

```
0.999999463558197
```

そんなことだろうとは思っていた。この結果は丸め誤差によるものだ。浮動小数点数のビット幅は固定である。だが、私たちプログラマーはそのことを忘れてはハードウェアが提供する以上のビット幅が必要になる計算をしてしまう。たとえば、小数をいくつ使用したところで、有理数の 1/3 を小数で正確に表すことはできない。それは 1/333 も同じである。1/333 を float として表す場合にコンピューターが生成できる最も近い値を x とすれば、x を 333 個コピーすると、1 にちょっとだけ足りない値になる。浮動小数点数を使いまくれば、そのたびに丸め誤差が生じるだろう。唯一の疑問は、その誤差が結果に重大な影響をおよぼすかどうかである。

24.2 サイズ、精度、オーバーフロー

それらしい結果が得られたかどうかを常に確認するようにしよう。計算を行うときには、妥当な結果がどのようなものになるかについて見当をつけておかなければならない。そうしないと、「つまらないバグ」や計算エラーに簡単にだまされてしまうだろう。丸め誤差の可能性に目を光らせ、疑わしい場合は詳しい人に相談するか、数値に関する手法を文献で調べてみよう。

TRY THIS

先の例の 333 を 10 に置き換えてもう一度実行してみる。どのような結果を期待したか。実際にどのような結果が得られたか（だから気をつけろと言ったのに）。

整数が固定長であることの影響がもっとあからさまになることがある。定義上、浮動小数点数は（実）数の近似値であるため、精度を失う — つまり最下位ビットを失う傾向にあるからだ。一方で、整数はオーバーフローする — つまり最上位ビットを失う可能性がある。それにより、浮動小数点エラーが紛れ込んだり、ど派手な整数エラーが紛れ込むことがある。初心者は浮動小数点エラーにたいてい気づかない。整数エラーのほうは、たいてい誰の目にも明らかである。エラーを修正することを考えれば、エラーが早い段階に派手に登場してくれたほうがありがたいことを覚えておこう。

整数の問題について考えてみよう。

```
short int y = 40000;
int i = 1000000;
cout << y << "    " << i*i << "\n";
```

このコードを実行すると、以下の出力が生成される。

```
-25536    -727379968
```

思ったとおりである。これはオーバーフローのなせるわざだ。整数型が表すのは、比較的小さい整数だけである。計算を効率よく行えるような方法ですべての数値を正確に表現できるだけのビット数はない。この場合、2 バイトの `short` 整数は 40,000 を表現できず、4 バイトの `int` は 1,000,000,000,000 を表現できない。C++ の組み込み型（§A.8）の正確なサイズはハードウェアとコンパイラーによる。`sizeof(x)` は変数 x または型 x のサイズをバイト数で示す。したがって、`sizeof(char)==1` となる。これらのサイズを図解すると以下のようになる。

第 24 章 数値

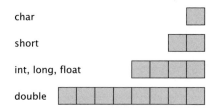

これらは Windows で Microsoft コンパイラーを使用したときのサイズである。C++ はさまざまなサイズの整数と浮動小数点数をサポートしているが、特に理由がなければ、char、int、double を使用するようにしよう。すべてではないものの、ほとんどのプログラムでは、他の整数型や浮動小数点数型は苦労のわりに見返りが少ない。

整数は浮動小数点数型の変数に代入できる。その整数がその浮動小数点数型で表現できるサイズを超えている場合は、精度が失われる。

```
cout << "sizes: " << sizeof(int) << ' ' << sizeof(float) << '\n';
int x = 2100000009;     // 大きな int
float f = x;
cout << x << ' ' << f << '\n';
cout << setprecision(15) << x << ' ' << f << '\n';
```

筆者のコンピューターでは、結果は以下のようになった。

```
sizes: 4 4
2100000009 2.1e+009
2100000009 2100000000
```

float と int はどちらも 4 バイトを消費する。float は「仮数部」と「指数部」で表されるため、最大の int を正確に表現できない。仮数部は一般に 0 と 1 の間の値であり、float の値は 仮数部 $\times 10^{指数部}$ で表される。最大の int を正確に表現しようとしても、指数部に必要なスペースを考えると、仮数部に必要な分のスペースはないだろう。期待にたがわず、f は 2100000009 をほぼ正確に表していた。だが、その最後の 9 まで正確に表せというのは無理な相談だった。この数字を選んだのは、もちろんそのためだ。

これに対し、浮動小数点数を整数型の変数に代入した場合は切り捨てが発生する。つまり、小数部（小数点以下の桁数）が削除されてしまう。

```
float f = 2.8;
int x = f;
cout << x << ' ' << f << '\n';
```

x の値は 2 になる。「四捨五入の法則」に慣れている人が想像するような 3 にはならない。C++ の float から int への変換は、四捨五入ではなく切り捨てである。

計算を行うときには、オーバーフローと切り捨ての可能性に注意しなければならない。C++ はそうした問題に気づいてくれない。以下のコードについて考えてみよう。

```
void f(int i, double fpd)
{
    char c = i;         // 実際問題として、char は非常に小さい整数である
    short s = i;        // 注意: int は short int に収まらないことがある
    i = i+1;            // i が最も大きい int だった場合はどうなるか
    long lg = i*i;      // 注意: long が int よりも大きいと限らない
    float fps = fpd;    // 注意: 大きな double は float に収まらないことがある
    i = fpd;            // 切り捨て: たとえば 5.7 -> 5
    fps = i;            // 精度が失われる可能性がある（int が非常に大きい場合）
}

void g()
{
    char ch = 0;
    for (int i=0; i<500; ++i)
        cout << int(ch++) << '\t';
}
```

疑わしい場合は、調査と実験あるのみである。あきらめてはならないし、マニュアルを読むだけで済ませてはならない。数値に関する専門書の内容は、実際に試してみないと誤解しやすい。

TRY THIS
g 関数を実行してみる。f 関数を書き換え、c、s、i などを出力するように変更し、それをさまざまな値でテストしてみる。

整数の表現とそれらの型変換については、第 25 章の「§25.5.3 符号付きと符号なし」で詳しく取り上げる。可能であれば、限られた数のデータ型で済ませるのが望ましい。そうすれば、混乱を最小限に抑えることができる。たとえば、プログラムでは float を使用せず、double のみを使用するようにすれば、double から float への型変換が問題になることはなくなる。実際には、int、double、complex （§24.9）は計算にのみ使用し、char は文字に、bool は論理値に制限するとよいだろう。他の算術型を使用するのは、必要なときだけにしよう。

第24章 数値

24.2.1 数値の範囲

　C++の実装はそれぞれ、組み込み型の特性を <limits>、<climits>、<limits.h>、<float.h> で示している。プログラマーはそれらの特性を利用して、範囲チェックや終端の判定などを行うことができる。それらの値（§B.9.1）は低レベルのツールビルダで非常に重要となるものだ。それらの必要性を感じたとしたら、おそらくハードウェアに近づきすぎている。だが、用途はそれだけではない。たとえば、「intの大きさ」や「charの符号」といったC++の実装上の側面に関心を持つのは決して珍しいことではない。システムマニュアルを読んで正しい明確な答えを見つけ出すのは難しいかもしれないし、規格が規定しているのは最低限の要件だけである。ただし、その答えを見つけ出すプログラムを作成するのは意外に簡単だ。

```cpp
cout << "number of bytes in an int: " << sizeof(int) << '\n';
cout << "largest int: " << INT_MAX << '\n';
cout << "smallest int value: " << numeric_limits<int>::min() << '\n';

if (numeric_limits<char>::is_signed)
    cout << "char is signed\n";
else
    cout << "char is unsigned\n";

char ch = numeric_limits<char>::min() ;   // 正の最小値
cout << "the char with the smallest positive value: " << ch << '\n';
cout << "the int value of the char with the smallest positive value: "
    << int(ch) <<'\n';
```

　数種類のハードウェアで実行するコードを記述するときには、この種の情報がプログラムに渡されるようにしておくと非常に役立つことがある。それに代わる一般的な方法は、答えをプログラムにハードコーディングすることだが、そうするとメンテナンスが非常に難しくなる。こうした制限値はオーバーフローを検出したい場合にも役立つことがある。

24.3 配列

配列（*array*）とは、要素のシーケンスのことであり、**ベクター**（*vector*）とも呼ばれる。配列の要素には、そのインデックス（位置）に基づいてアクセスできる。ここでは、多次元配列に焦点を合わせる。多次元配列とは、その要素自体が配列である配列のことであり、一般に**行列**（*matrix*）と呼ばれる。さまざまな名前で呼ばれている点からも、この概念の認知度と有用性がうかがえる。標準ライブラリのvector（§B.4）、array（§20.9）、組み込み配列（§A.8.2）は1次元である。では、2次元配列 ── つまり行列が必要な場合はどうすればよいだろうか。7次元配列が必要な場合はどうすればよいだろうか。

1次元配列と2次元配列を図解すると以下のようになる。

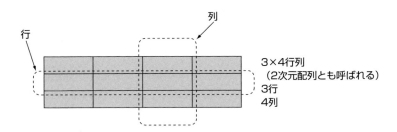

ほとんどの複雑な計算には配列が不可欠である。科学、工学、統計、金融の分野において最も興味深い計算は、配列に依存するところが大きい。

配列はよく行と列で構成されるものとして表される。

列とは、1つ目の（x）座標が同じである一連の要素のことであり、行とは、2つ目の（y）座標が同じである一連の要素のことである。

24.4　C スタイルの多次元配列多次元配列

C++ の組み込み配列は、多次元配列として使用できる。多次元配列は配列の配列として、つまり、要素として配列を持つ配列として扱われる。

```
int ai[4];              // 1 次元配列
double ad[3][4];        // 2 次元配列
char ac[3][4][5];       // 3 次元配列
ai[1] = 7;
ad[2][3] = 7.2;
ac[2][3][4] = 'c';
```

この手法は 1 次元配列の長所と短所を受け継いでいる。

- 長所
    - ハードウェアに直接マッピングされる。
    - 低レベルの演算において効率的である。
    - C++ で直接サポートされている。
- 短所
    - C スタイルの多次元配列は配列の配列である。
    - サイズは固定であり、コンパイル時に確定する。サイズを実行時に決定したい場合は、フリーストアを使用する必要がある。
    - うまく渡すことができない。配列はちょっとしたことで最初の要素へのポインターに変化してしまう。
    - 範囲チェックはない。例によって、配列は自身のサイズを知らない。
    - 配列の演算はない。代入（コピー）すらない。

組み込み配列は数値計算に広く使用されている。それらはバグや複雑さの「主な」原因でもある。ほとんどの人にとって、それらの記述とデバッグは苦痛でしかない。それらを使用せざるを得ない場合は、*The C++ Programming Language* [*1] などを調べる必要がある。残念ながら、C++ の多次元配列は C と共通であるため、それらを使用するコードはそれこそいくらでも見つかる。

最も根本的な問題は、多次元配列をうまく渡せないことであり、ポインターと多次元配列内の位置の明示的な計算に逆戻りとなる。

```
void f1(int a[3][5]);           // [3][5] 行列でのみ役立つ

void f2(int [ ][5], int dim1);  // 1 次元目を変数にできる

void f3(int [5][ ], int dim2);  // エラー：2 次元目は変数にできない
```

[*1] 『プログラミング言語 C++ 第 4 版』、柴田望洋 訳、SB クリエイティブ、2015 年

```
void f4(int[ ][ ], int dim1, int dim2);    // エラー

void f5(int* m, int dim1, int dim2)        // 見た目は悪いがうまくいく
{
    for (int i=0; i<dim1; ++i)
        for (int j=0; j<dim2; ++j) m[i*dim2+j] = 0;
}
```

m は 2 次元配列であるにもかかわらず、`int*` として渡されている。2 次元目を変数（パラメーター）にする必要がある限り、m が (dim1,dim2) 配列であることをコンパイラーに伝える方法はない。そこで、m を格納しているメモリーの先頭へのポインターを渡している。式 `m[i*dim2+j]` は、実際には `m[i,j]` を意味するが、コンパイラーは m が 2 次元配列であることを知らないため、`m[i,j]` のメモリー内での位置を計算しなければならない。

筆者が思うに、これはあまりにも複雑で、原始的で、エラーが起きやすい方法である。また、要素の位置を明示的に計算すると最適化が複雑になるため、時間がかかる可能性もある。それについて説明したいのはやまやまだが、ここではこれら組み込み配列の問題を排除した C++ のライブラリに専念することにしよう。

24.5　Matrix ライブラリ

数値計算を目的とした場合に配列と行列に求める基本的な「こと」とは何だろうか。

- 「コードは数学や工学の教科書に配列について書かれている内容に近いものになるはずだ」
    - あるいは、ベクター、行列、テンソルについて書かれていること
- コンパイル時と実行時のチェック
    - 任意の次元の配列
    - 次元内に任意の個数の要素を持つ配列
- 配列が適切な変数/オブジェクトであること
    - それらの受け渡しが可能
- 通常の配列演算
    - 添字：`()`
    - スライス：`[]`
    - 代入：`=`
    - スケーリング演算：`+=`、`-=`、`*=`、`%=` など
    - ベクターの融合演算：`res[i] = a[i]*c+b[2]` など
    - ドット積：`res = a[i]*b[i]` の合計（内積とも呼ばれる）
- 基本的に、従来の配列/ベクター表記を自分で苦労して書かなければならなかったコードに変換すること（そして、そうしたコードと同じくらい効率よく実行できること）
- 必要に応じて拡張できること（その実装に「魔法」の部分はない）

Matrix ライブラリが行うことは、これだけである。高度な配列関数、疎行列、メモリーレイアウトの制御といったそれ以上の「こと」を望む場合は、自分で記述するか、（なるべく）各自のニーズによ

り適したライブラリを使用する必要がある。ただし、そうしたニーズの大半は、Matrix ライブラリを用いてアルゴリズムとデータ構造を作成すれば対処できるものだ。Matrix ライブラリは ISO C++ の標準ライブラリの一部ではない。このライブラリは本書の Web サイト[*2] で Matrix.h として提供されているものであり、その機能は名前空間 Numeric_lib で定義されている。「matrix」という名前にしたのは、vector や array は C++ ライブラリで使い古された名前だからだ。なお、Matrix ライブラリの実装では高度な手法が使用されており、ここでは説明しない。

24.5.1　次元とアクセス

単純な例について考えてみよう。

```cpp
#include "Matrix.h"
using namespace Numeric_lib;

void f(int n1, int n2, int n3)
{
    Matrix<double,1> ad1(n1);       // 要素は doubles: 1 次元
    Matrix<int,1> ai1(n1);          // 要素は int: 1 次元
    ad1(7) = 0;                     // () を使った添字（Fortran スタイル）
    ad1[7] = 8;                     // [] でもうまくいく（C スタイル）

    Matrix<double,2> ad2(n1,n2);    // 2 次元
    Matrix<double,3> ad3(n1,n2,n3); // 3 次元
    ad2(3,4) = 7.5;                 // 多次元の添字
    ad3(3,4,5) = 9.2;
}
```

Matrix（Matrix クラスのオブジェクト）☆☆ blue ☆☆を定義するときには、要素の型と次元数を指定する。もちろん、Matrix はテンプレートであり、要素の型と次元数はテンプレートパラメーターである。Matrix に Matrix<double,2> といったペアの引数を渡すと、結果として、Matrix<double,2> ad2(n1,n2) といった引数を指定することによって定義できる型（クラス）が得られる。これらの引数は次元を指定する。よって、ad2 は次元 n1 と n2 を持つ 2 次元配列であり、n1 × n2 行列でもある。1 次元の Matrix から要素を取得するには、添字としてインデックスを 1 つ指定する。2 次元の Matrix から要素を取得するには、添字としてインデックスを 2 つ指定する。

組み込み配列や vector と同様に、Matrix は Fortran の配列のような 1 始まりではなく 0 始まりである。つまり、Matrix の要素には [0,max) 形式の番号が振られる。この場合の max は要素の個数を表す。

これは単純で、「教科書の内容そのまま」である。納得がいかなければ、プログラマー向けのマニュアルではなく数学の教科書を調べる必要がある。ここで「見逃してはならない」のは、Matrix の次元

[*2] http://www.stroustrup.com/Programming/Matrix/

数を省略できることであり、その場合のデフォルトは「1次元」である。また、添字にC/C++スタイルの [] か、Fortranスタイルの () を使用できることにも注意しよう。これらが両方ともサポートされているのは、そのほうが多次元にうまく対処できるからだ。[x]表記は常に添字を1つだけ要求し、Matrixの適切な行を生成する。a が N 次元の Matrix である場合、a[x] は $N-1$ 次元の Matrix である。(x,y,z)表記は添字を1つ以上要求し、Matrixの適切な要素を生成する。この場合、添字の個数は次元数と等しくなければならない。

間違えたらどうなるかも見ておこう。

```
void f(int n1, int n2, int n3)
{
    Matrix<int,0> ai0;          // エラー：0次元の行列は存在しない

    Matrix<double,1> ad1(5);
    Matrix<int,1> ai(5);
    Matrix<double,1> ad11(7);

    ad1(7) = 0;                 // Matrix_error 例外（7は範囲外）
    ad1 = ai;                   // エラー：要素の型が異なる
    ad1 = ad11;                 // Matrix_error 例外（次元が異なる）

    Matrix<double,2> ad2(n1);   // エラー：2次元目の長さが未指定
    ad2(3) = 7.5;               // エラー：添字の数が間違っている
    ad2(1,2,3) = 7.5;           // エラー：添字の数が間違っている

    Matrix<double,3> ad3(n1,n2,n3);
    Matrix<double,3> ad33(n1,n2,n3);
    ad3 = ad33;                 // OK：要素型も次元も同じ
}
```

宣言された次元数とそれらの使用の不一致はコンパイル時に検出される。範囲エラーは実行時に検出され、Matrix_error 例外がスローされる。

1次元目は行、2次元目は列であるため、2次元の行列（2次元配列）は（行, 列）でインデックス付けする。2次元行列の添字にインデックスを1つしか使用しない場合は行の1次元行列になるため、[行][列]表記を使用することもできる。これを図解すると以下のようになる。

第24章　数値

この `Matrix` はメモリー内で「行優先」の順序でレイアウトされる。

| 00 | 01 | 02 | 03 | 10 | 11 | 12 | 13 | 20 | 21 | 22 | 23 |

`Matrix` はその次元を「知っている」ため、引数として渡された `Matrix` の要素を特定するのはとても簡単だ。

```
void init(Matrix<int,2>& a)          // 各要素を固有の値で初期化
{
    for (int i=0; i<a.dim1(); ++i)
        for (int j=0; j<a.dim2(); ++j) a(i,j) = 10*i+j;
}

void print(const Matrix<int,2>& a)   // 要素を1行ずつ出力
{
    for (int i=0; i<a.dim1(); ++i) {
        for (int j=0; j<a.dim2(); ++j) cout << a(i,j) <<'\t';
        cout << '\n';
    }
}
```

したがって、`dim1()` は1次元目の要素の個数であり、`dim2()` は2次元目の要素の個数である。要素の型と次元数は `Matrix` 型の一部であるため、引数として `Matrix` を要求する関数は記述できない。ただし、そのためのテンプレートを記述することは可能である。

```
void init(Matrix& a);   // エラー: 要素の型と次元数が指定されていない
```

`Matrix` ライブラリでは、2つの4次元 `Matrix` の加算や、2次元 `Matrix` と1次元 `Matrix` の乗算といった行列演算はサポートされていない。現時点では、それを効率よく行うことは、このライブラリの目的に含まれていない。ただし、`Matrix` ライブラリを利用すれば、さまざまな行列ライブラリを設計することが可能である（練習問題12を参照）。

24.5.2　1次元の Matrix

最も単純な `Matrix` である1次元の `Matrix` では、何が行えるのだろうか。
1次元はデフォルトであるため、宣言時に次元数を省略できる。

```
Matrix<int,1> a1(8);    // a1 は int 型の1次元の Matrix
Matrix<int> a(8);       // Matrix<int,1> a(8); を意味する
```

したがって、`a` と `a1` の型はどちらも `Matrix<int,1>` である。次に、サイズ（要素の個数）と次元（1つの次元内の要素の個数）を問い合わせることもできる。1次元の `Matrix` では、それらは同じである。

```
a.size();              // Matrix の要素の個数
a.dim1();              // 1 次元目の要素の個数
```

次に、メモリーにレイアウトされたとおりの要素、つまり、最初の要素へのポインターを取得できる。

```
int* p = a.data();     // データを配列へのポインターとして取り出す
```

これは、ポインター引数を要求する C スタイルの関数に Matrix データを渡すのに役立つ。また、添字を指定することもできる。

```
a(i);                  // i 番目の要素（Fortran スタイル）: 範囲がチェックされる
a[i];                  // i 番目の要素（C スタイル）: 範囲がチェックされる
a(1,2);                // エラー: a は 1 次元 Matrix
```

アルゴリズムでは、よく Matrix の一部を参照する。そうした「一部」は slice() で表され、以下の 2 つのバージョンで提供される。slice() は「部分行列」や「要素の範囲」とも呼ばれる。

```
a.slice(i);            // a[i] から最後までの要素
a.slice(i,n);          // a[i] から a[i+n-1] までの n 個の要素
```

添字とスライスは、代入の右辺だけでなく左辺でも使用できる。それらは Matrix の要素をコピーするのではなく参照する。

```
a.slice(4,4) = a.slice(0,4);   // 前半分を後半分に代入
```

たとえば、a が以下のように始まる場合、

```
{ 1 2 3 4 5 6 7 8 }
```

出力は以下のようになる。

```
{ 1 2 3 4 1 2 3 4 }
```

最も一般的なスライスは、Matrix の「最初の部分の要素」と「最後の部分の要素」である。つまり、a.slice(0,j) は範囲 [0:j] であり、a.slice(j) は範囲 [j:a.size()) である。先の例を最も簡単に記述するとしたら、以下のようになる。

```
a.slice(4) = a.slice(0,4);     // 前半分を後半分に代入
```

つまり、この表記は最も一般的なケースを優遇する。a.slice(i,n) が a の範囲外になるような i と n を指定することは可能だが、結果として得られるスライスは、a に実際に含まれている要素だけを表すものとなる。たとえば、a.slice(i,a.size()) は範囲 [i:a.size()) を表し、a.slice(a.size()) と a.slice(a.size(),2) は空の Matrix を表す。これは偶然にも多くのアルゴリズムにとって都

第24章　数値

合のよいルールである。このルールは数学から拝借したものだ。もちろん、a.slice(i,0) は空の Matrix である。わざわざそのように書くことはないだろうが、n がたまたま 0 である a.slice(i,n) がエラーではなく空の Matrix である場合は、もっと単純になるアルゴリズムがある。

◆ まず、すべての要素をコピーする（C++ オブジェクトにとって）通常のコピー演算がある。

```
Matrix<int> a2 = a;    // コピー初期化
a = a2;                // コピー代入
```

◆ また、Matrix の各要素に組み込み演算を適用することもできる。

```
a *= 7;    // スケーリング: 各 i に対して a[i]*=7 (+=、-=、/= なども同様)
a = 7;     // 各 i に対して a[i]=7
```

これは、すべての代入演算子とすべての複合代入演算子（=、+=、-=、/=、*=、%=、^=、&=、|=、>>=、<<=）でうまくいくが、要素の型がその演算子をサポートしていることが前提となる。また、Matrix の各要素に関数を適用することもできる。

```
a.apply(f);       // 各要素 a[i] に対して a[i]=f(a[i])
a.apply(f,7);     // 各要素 a[i] に対して a[i]=f(a[i],7)
```

複合代入演算子と apply() は、引数である Matrix の要素を変更する。そうではなく、結果として新しい Matrix が作成されるようにしたい場合は、以下のコードを使用すればよい。

```
b = apply(abs,a);    // b(i)==abs(a(i)) に基づいて新しい Matrix を作成
```

この abs は、標準ライブラリの絶対値関数（§24.8）である。基本的には、+ が += と関連しているように、apply(f,x) は x.apply(f) と関連している。

```
b = a*7;              // 各 i に対して b[i] = a[i]*7
a *= 7;               // 各 i に対して a[i] = a[i]*7
y = apply(f,x);       // 各 i に対して y[i] = f(x[i])
x.apply(f);           // 各 i に対して x[i] = f(x[i])
```

この場合は、a==b および x==y になる。

◆ Fortran では、この 2 つ目の apply は「ブロードキャスト関数」と呼ばれ、一般に apply(f,x) ではなく f(x) と記述される。この関数を（Fortran のようにいくつかの選択された関数だけでなく）すべての関数 f で利用できるようにするには、ブロードキャス関数の名前が必要だ。apply を（再）利用するのは、そのためである。

さらに、引数を 2 つ要求する apply メンバー（a.apply(f,x)）に合わせて、以下のコードを提供する。

```
b = apply(f,a,x);    // 各 i に対して b[i]=f(a[i],x)
```

たとえば、以下のようになる。

```
double scale(double d, double s) { return d*s; }
b = apply(scale,a,7);   // 各 i に対して b[i] = a[i]*7
```

「関数」の `apply()` は、引数に基づいて結果を生成する関数を受け取り、生成された `Matrix` をそれらの結果で初期化する。通常は、適用先の `Matrix` の要素は変更されない。「メンバー」の `apply()` には、その引数を変更する関数を受け取るという違いがある。つまり、適用先の `Matrix` の要素は変更される。

```
void scale_in_place(double& d, double s) { d *= s; }
b.apply(scale_in_place,7);   // 各 i に対して b[i] *= 7
```

また、従来の数値ライブラリに含まれている最も便利な関数もいくつかサポートしている。

```
Matrix<int> a3 = scale_and_add(a,8,a2);   // FMA
int r = dot_product(a3,a);                // ドット積
```

`scale_and_add()` は、よく**融合積和演算**（Fused Multiply–Add：FMA）と呼ばれる。その定義は、`Matrix` 内の各 i に対して `result(i)=arg1(i)*arg2+arg3(i)` である。ドット積は内積または `inner_product()` とも呼ばれる（§21.5.3）。その定義は、`Matrix` 内の各 i に対して `result+=arg1(i)*arg2(i)` であり、`result` は 0 から始まる。

1 次元配列は非常に一般的であり、組み込み配列、`vector`、`Matrix` のいずれかで表すことができる。`Matrix` を使用するのは、`*=` といった行列演算のサポートが必要であるか、`Matrix` がより高次元の複数の `Matrix` とやり取りする必要がある場合だ。

こうしたライブラリの有用性について説明するとしたら、「数学により適合している」、あるいは「各要素で何かを行うためにいちいちループを書かずに済む」などが考えられる。いずれにしても、結果として得られるコードがかなり短くなり、書き間違いも少なくなる。コピー、すべての要素への代入、すべての要素での演算といった `Matrix` 演算により、ループを読んだり書いたりする必要がなくなり、ループが正しいかどうかを疑わずに済むようになる。

`Matrix` は、組み込み配列のデータを `Matrix` にコピーするためのコンストラクターを 2 つサポートしている。

```
void some_function(double* p, int n)
{
    double val[] = { 1.2, 2.3, 3.4, 4.5 };
    Matrix<double> data(p,n);
    Matrix<double> constants(val);
    ...
}
```

これらは、プログラムの `Matrix` を使用しない部分においてデータが配列や `vector` で提供されている場合に役立つことが多い。

初期化された配列の要素の個数はコンパイラーが推測できるため、constants を定義するときに要素の個数（4）を指定する必要はない。一方で、ポインターだけが指定されている場合は要素の個数を推測できないため、data についてはポインター（p）と要素の個数（n）の両方を指定する必要がある。

24.5.3　2 次元の Matrix

Matrix ライブラリでは、Matrix の次元を明示的に指定しなければならないことを除けば、次元の異なる Matrix どうしは実際のところ非常によく似ている。このため、1 次元の Matrix に関する内容のほとんどは 2 次元の Matrix にも当てはまる。

```
Matrix<int,2> a(3,4);

int s = a.size();      // 要素の個数
int d1 = a.dim1();     // 行の要素の個数
int d2 = a.dim2();     // 列の要素の個数
int* p = a.data();     // データを C スタイルの配列へのポインターとして取得
```

要素の合計数と各次元の要素の個数は問い合わせることができる。また、メモリー内での行列としてのレイアウトに従って要素へのポインターを取得することもできる。

また、添字を使用することもできる。

```
a(i,j);     // (i,j) 番目の要素（Fortran スタイル）：範囲がチェックされる
a[i];       // i 番目の行（C スタイル）：範囲がチェックされる
a[i][j];    // (i,j) 番目の要素（C スタイル）
```

2 次元の Matrix では、添字を [i] として指定すると、i 番目の行である 1 次元 Matrix が返される。つまり、取り出した行は、1 次元の Matrix を要求する演算や関数はもちろん、組み込み配列（a[i].data()）にも渡すことができる。コンパイラーとオプティマイザーに依存する部分は大きいものの、a(i,j) のほうが a[i][j] よりも高速かもしれない点に注意しよう。

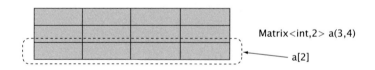

スライスを取得することもできる。

```
a.slice(i);     // a[i] から最後までの行
a.slice(i,n);   // a[i] から a[i+n-1] までの行
```

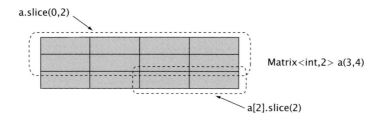

2次元のMatrixのスライス自体が、(ひょっとしたら行の数が少ない) 2次元のMatrixである点に注意しよう。

分散演算は1次元のMatrixに対するものと同じである。これらの演算は、要素がどのような構成になっていたとしても、メモリー内で要素がレイアウトされた順に適用される。

```
Matrix<int,2> a2 = a;    // コピー初期化
a = a2;                  // コピー代入
a *= 7;                  // スケーリング (+=、-=、/= なども同様)
a.apply(f);              // 各要素 a(i,j) に対して a(i,j)=f(a(i,j))
a.apply(f,7);            // 各要素 a(i,j) に対して a(i,j)=f(a(i,j),7)
b=apply(f,a);            // b(i,j)==f(a(i,j)) で新しい Matrix を作成
b=apply(f,a,7);          // b(i,j)==f(a(i,j),7) で新しい Matrix を作成
```

また、行の交換がしばしば役立つことがわかっているため、それもサポートしている。

```
a.swap_rows(1,2);   // 行の交換: a[1] <-> a[2]
```

swap_columns()はサポートされていない。この演算が必要な場合は、自分で記述する必要がある（練習問題11）。レイアウトは行優先であるため、行と列は完全に対称的な概念ではない。この非対称性は、[i]から行が得られる（そして列選択演算子が提供されていない）点にも現れている。その(i,j)では、最初のインデックスであるiは行を選択する。この非対称性は、難解な数学的性質をも反映している。

2次元の「もの」は無数にあるように思われる。それらは明らかに2次元のMatrixの適用候補である。

```
enum Piece {none, pawn, knight, queen, king, bishop, rook};
Matrix<Piece,2> board(8,8);    // チェス盤

const int white_start_row = 0;
const int black_start_row = 7;

Matrix<Piece> start_row
    = {rook, knight, bishop, queen, king, bishop, knight, rook};

Matrix<Piece> clear_row(8);    // デフォルト値の8つの要素
```

clear_row の初期化は none==0 をうまく利用しており、その要素はデフォルトで 0 に初期化される。
start_row と clear_row は以下のように使用できる。

```
board[white_start_row] = start_row;   // 白の駒をリセット
for (int i=1; i<7; ++i)
    board[i] = clear_row;             // チェス盤の真ん中をクリア
board[black_start_row] = start_row;   // 黒の駒をリセット
```

[i] を使って行を取り出すと、lvalue（§4.3）が得られる。つまり、board[i] の結果に代入できる。

24.5.4　Matrix の I/O

Matrix ライブラリでは、1 次元と 2 次元の Matrix を対象とした「非常」に単純な I/O がサポートされている。

```
Matrix<double> a(4);
cin >> a;
cout << a;
```

このコードは 4 つの double を読み取る。これらの double はホワイトスペースで区切られ、全体が中かっこ（{}）で囲まれている。

```
{ 1.2 3.4 5.6 7.8 }
```

出力もほぼ同様であるため、書き出したものを読み取ることもできる。
2 次元の Matrix の I/O は、中かっこで区切られた 1 次元の Matrix のシーケンスを読み書きするだけである。

```
Matrix<int,2> m(2,2);
cin >> m;
cout << m;
```

このコードは以下を読み取る。

```
{
{ 1 2 }
{ 3 4 }
}
```

出力もほぼ同じである。

Matrix の << 演算子と >> 演算子は、主に単純なプログラムを単純に記述できるようにするために提供されている。それよりも高度な用途については、それを独自に定義したものと置き換える必要があるだろう。このため、Matrix の << 演算子と >> 演算子は（Matrix.h ではなく）MatrixIO.h に含まれており、Matrix を使用するためにインクルードする必要がないようにしてある。

24.5.5　3 次元の Matrix

基本的には、3 次元（以上）の Matrix は、次元数が多いことを除けば、2 次元の Matrix と同様である。以下のコードについて考えてみよう。

```
Matrix<int,3> a(10,20,30);

a.size();              // 要素の個数
a.dim1();              // 次元 1 の要素の個数
a.dim2();              // 次元 2 の要素の個数
a.dim3();              // 次元 3 の要素の個数
int* p = a.data();     // データを C スタイルの配列へのポインターとして取得
a(i,j,k);   // (i,j,k) 番目の要素（Fortran スタイル）: 範囲がチェックされる
a[i];                  // i 番目の要素（C スタイル）: 範囲がチェックされる
a[i][j][k];            // (i,j,k) 番目の要素（C スタイル）
a.slice(i);            // i 番目から最後までの行
a.slice(i,j);          // i 番目から j 番目までの行
Matrix<int,3> a2 = a;  // コピー初期化
a = a2;                // コピー代入
a *= 7;                // スケーリング (+=、-=、/= なども同様)
a.apply(f);            // 各要素 a(i,j,k) に対して a(i,j,k)=f(a(i,j,k))
a.apply(f,7);          // 各要素 a(i,j,k) に対して a(i,j,k)=f(a(i,j,k),7)
b=apply(f,a);          // b(i,j,k)==f(a(i,j,k)) で新しい Matrix を作成
b=apply(f,a,7);        // b(i,j,k)==f(a(i,j,k),7) で新しい Matrix を作成
a.swap_rows(7,9);      // 行の交換: a[7] <-> a[9]
```

2 次元の Matrix を理解していれば、3 次元の Matrix を理解していることになる。たとえば、この場合の a は 3 次元であるため、a[i] は（i が範囲内であることを前提として）2 次元であり、a[i][j] は（j が範囲内であることを前提として）1 次元であり、a[i][j][k] は（k が範囲内であることを前提として）int 型の要素である。

私たちはこの世界を 3 次元で捉える傾向にある。このため、3 次元の Matrix はデカルト格子を使った物理学のシミュレーションなどに利用できそうだ。

```
int grid_nx;   // 格子分解能: 起動時に設定
int grid_ny;
int grid_nz;
```

```
Matrix<double,3> cube(grid_nx,grid_ny,grid_nz);
```

そして、4つ目の次元として時間を追加すると、4次元の `Matrix` を必要とする4次元空間が得られる、といった具合になる。

The C++ Programming Language [*3] の Chapter 29 で説明しているように、`Matrix` のより高度なバージョンでは、N 次元の行列がサポートされる。

24.6　例：1次方程式を解く

数値計算のコードは、それが表現している計算を理解していないとまったく意味不明なものに見えることが多い。ここで使用する例は、線形代数の基礎を学んでいれば説明するまでもないものだが、そうではない場合は、教科書の解をほとんど丸写しにしてコードに置き換えたものであると考えればよい。

この例は、`Matrix` のかなり現実的で重要な使用法を示すために選択されたものであり、以下の形式の1次方程式の（任意の）集合を解く。

$$a_{1,1}x_1 + \cdots + a_{1,n}x_n = b_1$$
$$\vdots$$
$$a_{n,1}x_1 + \cdots + a_{n,n}x_n = b_n$$

この場合、x は n を未知数として示しており、a と b には定数が与えられている。説明を単純にするために、これらの未知数と定数は浮動小数点数値であるものとする。ここでの目標は、n 個の方程式を同時に満たす未知数の値を見つけ出すことである。これらの方程式は、1つの行列と2つのベクトルで簡潔に表現できる。

$$Ax = b$$

この場合、A は係数によって定義された $n \times n$ の正方行列である。

$$A = \begin{bmatrix} a_{1,1} & \cdots & a_{1,n} \\ \vdots & \vdots & \vdots \\ a_{n,1} & \cdots & a_{n,n} \end{bmatrix}$$

ベクトル x と b はそれぞれ未知数と定数のベクトルである。

$$x = \begin{bmatrix} x_1 \\ \vdots \\ x_n \end{bmatrix} \text{ および } b = \begin{bmatrix} b_1 \\ \vdots \\ b_n \end{bmatrix}$$

行列 A とベクトル b の係数に応じて、この1次方程式は0、1、または無限数の解を持つ可能性がある。線形系を解く方法はさまざまだが、ここでは「ガウスの消去法」[*4]（Freeman、Phillips 共著 *Parallel Numerical Algorithms*、Stewart 著 *Matrix Algorithms, Volume I*、Wood 著 *Introduction to Numerical Analysis* を参照）と呼ばれる有名な手法を使用する。まず、A と b を変換して、A が上

[*3] 『プログラミング言語C++ 第4版』、柴田望洋 訳、SB クリエイティブ、2015 年
[*4] 脚注：ガウスの消去法は、掃き出し法としても知られている。

三角行列になるようにする。上三角とは、A の対角線の下にある係数がすべて 0 であることを意味する。つまり、1 次方程式は以下のようになる。

$$\begin{bmatrix} a_{1,1} & \cdots & a_{1,n} \\ 0 & \ddots & \vdots \\ 0 & 0 & a_{n,n} \end{bmatrix} \begin{bmatrix} x_1 \\ \vdots \\ x_n \end{bmatrix} = \begin{bmatrix} b_1 \\ \vdots \\ b_n \end{bmatrix}$$

これを実行するのは簡単だ。$a(i,j)$ の位置にある 0 を得るには、行 i の方程式と定数を掛け、$a(i,j)$ が列 j の別の要素 ($a(k,j)$ など) と等しくなるようにする。その後、2 つの方程式を引くと、$a(i,j) = 0$ と行 i のもう 1 つの値がそれに合わせて変化する。

対角線の係数をすべて 0 以外の値にできる場合、1 次方程式の解は一意であり、それは「後退代入」によって特定できる。最後の方程式を解くのは簡単だ。

$$a_{n,n} x_n = b_n$$

当然ながら、$x[n]$ は $b[n]/a(n,n)$ である。その後、1 次方程式から行 n を削除し、$x[1]$ の値が求められるまで $x[n-1]$ の値を検索する。各 n を $a(n,n)$ で割るため、対角線上の値は 0 であってはならない。その条件が満たされない場合、後退代入法は失敗し、1 次方程式の解は 0 または無限数になる。

24.6.1 伝統的なガウスの消去法

次に、これを C++ コードで表現してみよう。まず、ここで使用する 2 つの Matrix 型に従来どおりの名前を付けることで、表記を単純にする。

```
typedef Numeric_lib::Matrix<double,2> Matrix;
typedef Numeric_lib::Matrix<double,1> Vector;
```

次に、目的の計算を表現する。

```
Vector classical_gaussian_elimination(Matrix A, Vector b)
{
    classical_elimination(A,b);
    return back_substitution(A,b);
}
```

つまり、(値呼び出しを使って) 入力 A および b のコピーを作成し、方程式を解くための関数を呼び出し、結果を計算して後退代入によって返す。ここでの要点は、問題の分解と解の表記が教科書の丸写しであることだ。解を完成させるには、classical_elimination() と back_substitution() を実装する必要がある。この解も教科書どおりである。

```
void classical_elimination(Matrix& A, Vector& b)
{
    const Index n = A.dim1();
    // 最初の列から最後の次の列まで走査し、
```

```
        // 対角線の下にある要素をすべて 0 に設定
        for (Index j=0; j<n-1; ++j) {
            const double pivot = A(j,j);
            if (pivot==0) throw Elim_failure(j);

            // i 番目の行の対角線の下にある要素をそれぞれ 0 に設定
            for (Index i=j+1; i<n; ++i) {
                const double mult = A(i,j) / pivot;
                A[i].slice(j)
                    = scale_and_add(A[j].slice(j),-mult,A[i].slice(j));
                b(i) -= mult * b(j);    // b をそれに合わせて変更
            }
        }
    }
```

pivot（ピボット）は、現在処理している行の対角線上にある要素である。ピボットは除算に使用する必要があるため、0 であってはならない。ピボットが 0 である場合は、例外をスローして終了する。

```
    Vector back_substitution(const Matrix& A, const Vector& b)
    {
        const Index n = A.dim1();
        Vector x(n);

        for (Index i=n-1; i>=0; --i) {
            double s = b(i) - dot_product(A[i].slice(i+1),x.slice(i+1));

            if (double m = A(i,i))
                x(i) = s/m;
            else
                throw Back_subst_failure(i);
        }

        return x;
    }
```

24.6.2 ピボット

0 や小さい値が対角線から遠ざかるように行をソートすれば、0 による除算問題を回避し、より堅牢な解を求めることができる。「より堅牢である」とは、丸め誤差による影響を受けにくいことを意味する。ただし、対角線の下に 0 を配置するたびに値が変化するため、小さい値が対角線から遠ざかるようにそのつど順序を入れ替える必要もある。つまり、単に行列の順序を入れ替えて従来のアルゴリズムを使用するというわけにはいかない。

```
void elim_with_partial_pivot(Matrix& A, Vector& b)
{
    const Index n = A.dim1();

    for (Index j=0; j<n; ++j) {
        Index pivot_row = j;

        // 適切なピボットを検索
        for (Index k=j+1; k<n; ++k)
            if (abs(A(k,j)) > abs(A(pivot_row,j))) pivot_row = k;

        // より適切なピボットが見つかった場合は行を入れ替える
        if (pivot_row != j) {
            A.swap_rows(j,pivot_row);
            std::swap(b(j),b(pivot_row));
        }

        // 削除
        for (Index i=j+1; i<n; ++i) {
            const double pivot = A(j,j);
            if (pivot==0) error("can't solve: pivot==0");
            const double mult = A(i,j)/pivot;
            A[i].slice(j)
                = scale_and_add(A[j].slice(j),-mult,A[i].slice(j));
            b(i) -= mult * b(j);
        }
    }
}
```

`swap_rows()` と `scale_and_add()` を使ってコードを従来のものに近づけ、ループを明示的に記述する手間を省いている。

24.6.3 テスト

もちろん、コードをテストする必要がある。幸い、それを簡単に行う方法がある。

```
void solve_random_system(Index n)
{
    Matrix A = random_matrix(n);   // 24.7 を参照
    Vector b = random_vector(n);

    cout << "A = " << A << endl;
    cout << "b = " << b << endl;

    try {
        Vector x = classical_gaussian_elimination(A,b);
        cout << "classical elim solution is x = " << x << '\n';
        Vector v = A * x;
        cout << " A * x = " << v << '\n';
    }
    catch(const exception& e) {
        cerr << e.what() << '\n';
    }
}
```

catch 句に到達する方法は以下の3つである。

- コード内のバグ（ただし楽観的に考えて、バグはないものとする）
- classical_elimination をつまずかせる入力（多くの場合は elim_with_partial_pivot を使用するほうが適切だった）
- 丸め誤差

ただし、本当にランダムな行列で classical_elimination が問題になる可能性は低いため、このテストは思ったほど現実的ではない。

解を検証するには、A*x を出力する。それが b と等しい — または、丸め誤差を想定した場合に目的にかなり近い — ものでなければ、困ったことになる。以下のようにしなかったのは、単に丸め誤差の可能性があるからだ。

```
if (A*x!=b) error("substitution failed");
```

浮動小数点数は実数の近似値であるため、ほぼ正しい答えでよしとしなければならない。一般に、浮動小数点数の計算では、== と != の使用は避けるのが得策である。浮動小数点数は本質的に近似値である。

Matrix ライブラリでは、行列とベクターの乗算を定義していないため、このプログラムのためにそれを定義してみた。

```
Vector operator*(const Matrix& m, const Vector& u)
{
    const Index n = m.dim1();
    Vector v(n);
    for (Index i=0; i<n; ++i) v(i) = dot_product(m[i],u);
    return v;
}
```

この場合も、単純な Matrix 演算がほとんどの作業を肩代わりしてくれる。Matrix の出力演算は MatrixIO.h に定義されている（§24.5.4）。random_matrix 関数と random_vector 関数は乱数（§24.7）の単純な使用例であり、練習問題として残しておく。Index は Matrix ライブラリによって使用されるインデックス型の typedef（§A.16）であり、using 宣言を使ってスコープに取り込まれている。

```
using Numeric_lib::Index;
```

24.7 乱数

乱数を尋ねるとほとんどの人は 7 や 17 と答えるため、それらが「最もランダムな」数を連想させるようだ。基本的に 0 と答える人はいない。0 は「ランダムである」と認識されておらず、したがって「最もランダムではない」数と見なされる可能性を持つため、よい概数のようである。数学的見地からすると、これはナンセンスもいいところで、ランダムなのは個々の数字ではない。乱数としてよく必要になるもの、そしてよく乱数と呼ばれるものは、何らかの分布に従う数字のシーケンスである。そした分布は、シーケンス内の前の数字に基づいて次の数字を簡単に予測できないものだ。

そうした数字が最も役立つのは、テスト、ゲーム、シミュレーションの 3 つである。テストでは、さまざまなテストケースを生成する方法の 1 つとなる。ゲームでは、ゲームの次の実行が前の実行と異なるようにする方法の 1 つとなる。シミュレーションでは、シミュレーションされる要素をその設定の範囲内で「ランダム」に動作させることができる。

実用的な道具としても数学の問題としても、乱数の精巧さはその実世界での重要性に匹敵するレベルに達している。ここでは、簡単なテストとシミュレーションに必要な基礎に触れるにとどめる。標準ライブラリの `<random>` では、数学のさまざまな分布に従う乱数を生成するための高度な機能が提供されている。標準ライブラリの乱数機能は、以下の 2 つの基本概念に基づいている。

- 乱数エンジン … 一様に分布する整数値を生成する関数オブジェクト。
- 分布 … エンジンから入力として渡される一連の値に基づき、数式に従って一連の値を生成する関数オブジェクト。

第 24 章　数値

例として、random_vector 関数（§24.6.3）について考えてみよう。random_vector(n) 呼び出しは Matrix<double,1> を生成する。この行列は、[0:n) の範囲の乱数値を持つ double 型の n 個の要素で構成される。

```
Vector random_vector(Index n)
{
    Vector v(n);
    default_random_engine ran{};              // 整数を生成
    uniform_real_distribution<> ureal{0,max}; // [0:max) の int を
                                              // double にマッピング
    for (Index i=0; i<n; ++i)
        v(i) = ureal(ran);

    return v;
}
```

デフォルトのエンジンである default_random_engine は単純であり、実行コストが低いため、気軽に試してみることができる。標準ライブラリには、linear_congurential_engine、mersenne_twister_engine、random_device など、よりランダム性の高い、さまざまな実行コストのエンジンが用意されている。より専門的な用途には、それらを使用するとよいだろう。default_random_engine よりも高度なエンジンを使用したい場合は、関連する資料を調べてみる必要がある。使用しているシステムの乱数ジェネレーターの性能を調べたい場合は、練習問題 10 を解いてみよう。

std_lib_facilities.h には、乱数ジェネレーターが 2 つ定義されている。

```
int randint(int min, int max)
{
    static default_random_engine ran;
    return uniform_int_distribution<>{min,max}(ran);
}

int randint(int max)
{
    return randint(0,max);
}
```

これらは単純だが、最も役立つ関数かもしれない。ここでは参考までに、正規分布を生成してみよう。

```
auto gen = bind(normal_distribution<double>{15,4.0},
                default_random_engine{});
```

24.7 乱数

標準ライブラリの bind 関数は、関数オブジェクトを生成する。この関数オブジェクトは、実行時に 1 つ目の引数を呼び出し、2 つ目の引数を渡す。この場合、gen は正規分布に従って値を返す。正規分布の平均値は 15、標準偏差は 4.0 であり、エンジンとして default_random_engine を使用する。bind 関数は <functional> で定義されている。gen を使用する方法は以下のようになる。

```
vector<int> hist(2*15);

for (int i=0; i<500; ++i)   // 500 個の値からなるヒストグラムを生成
    ++hist[int(round(gen()))];

for (int i=0; i!=hist.size(); ++i) {   // ヒストグラムを出力
    cout << i << '\t';
    for (int j=0; j!=hist[i]; ++j)
        cout << '*';
    cout << '\n';
}
```

これにより、以下の出力が得られる。

```
0
1
2
3    **
4    *
5    *****
6    ****
7    ****
8    ******
9    ************
10   *************************
11   **************************
12   ****************************************
13   *************************************************************
14   ********************************************************
15   *********************************************************
16   ****************************
17   **************************************************
18   ***************************************
19   ********************************
```

第 24 章　数値

```
20   *************
21   ************
22   ************
23   *******
24   ******
25   *
26   *
27
28
29
```

　正規分布は非常によく使用される分布モデルであり、「ガウス分布」や単に「釣鐘曲線」とも呼ばれる。この他の分布モデルとして、bernoulli_distribution（ベルヌーイ分布）、exponential_distribution（指数分布）、chi_squared_distribution（カイ二乗分布）などがある。これらについては、*The C++ Programming Language* [5] で解説している。整数分布は閉区間 [a:b] の値を返し、実数（浮動小数点数）分布は半開区間 [a:b] の値を返す。

　デフォルトでは、（おそらく random_device を除く）エンジンはプログラムを実行するたびに同じシーケンスを返す。これは最初にデバッグするときにうってつけである。エンジンから異なるシーケンスを取得したい場合は、異なる値で初期化する必要がある。そうしたイニシャライザーは一般に「シード」と呼ばれる。

```
auto gen1 = bind(uniform_int_distribution<>{0,9},
                 default_random_engine{});
auto gen2 = bind(uniform_int_distribution<>{0,9},
                 default_random_engine{10});
auto gen3 = bind(uniform_int_distribution<>{0,9},
                 default_random_engine{5});
```

　なお、予測不能なシーケンスの取得には、（ナノ秒単位の）時刻などがよく使用される（§26.6.1）。

---

[5] 『プログラミング言語 C++ 第 4 版』、柴田望洋 訳、SB クリエイティブ、2015 年

24.8 標準数学関数

`cos`、`sin`、`log` といった標準数学関数は、標準ライブラリによって提供される。それらの宣言は `<cmath>` に含まれている。

標準数学関数	
`abs(x)`	絶対値
`ceil(x)`	>= x である最も小さい整数
`floor(x)`	<= x である最も大きい整数
`sqrt(x)`	平方根（x が負であってはならない）
`cos(x)`	余弦
`sin(x)`	正弦
`tan(x)`	正接
`acos(x)`	逆余弦（結果は負でない）
`asin(x)`	逆正弦（0 に最も近い結果が返される）
`atan(x)`	逆正接
`sinh(x)`	双曲線正弦
`cosh(x)`	双曲線余弦
`tanh(x)`	双曲線正接
`exp(x)`	e を底とする指数
`log(x)`	自然対数（x は正でなければならない）
`log10(x)`	常用対数

標準数学関数は、`float`、`double`、`long double`、`complex` 型の引数（§24.9）に対して定義されている。浮動小数点数の計算を行う場合は、これらの関数が役立つだろう。さらに詳細が必要な場合は、さまざまな資料がそろっている。まずオンラインドキュメントを調べてみるとよいだろう。

標準数学関数は、数学的に有効な結果を生成できない場合、変数 `errno` を設定する。

```
errno = 0;
double s2 = sqrt(-1);
if (errno) cerr << "something went wrong with something somewhere";
if (errno == EDOM)   // ドメインエラー
    cerr << "sqrt() not defined for negative argument";
pow(very_large,2);   // よい考えではない
if (errno==ERANGE)   // 範囲エラー
    cerr << "pow(" << very_large << ",2) too large for a double";
```

数学的な計算を真剣に行う場合は、結果を取得した後も `errno` の値が 0 のままかどうかを確認しなければならない。0 ではないとしたら、何かが間違っている。`errno` を設定できる数学関数と、それらが `errno` に使用する値については、マニュアルやオンラインドキュメントで調べてみよう。

この例で示したように、0 ではない errno は単に「何かが間違っている」ことを示す。標準ライブラリに含まれていない関数によって errno が設定されることは珍しくないため、問題を正確に理解するには、errno の値をさらに詳しく調べてみる必要がある。この例で EDOM と ERANGE を使用したのと同様に、標準ライブラリの関数を呼び出す前に errno==0 であることを確認し、関数を呼び出した直後に errno を評価する場合、それらの値は信頼できる。EDOM はドメインエラー（結果に問題がある）を表し、ERANGE は範囲エラー（引数に問題がある）を表す。

errno に基づくエラー処理は少し原始的であり、その起源は最初の（1975 年当時の）C の数学関数にさかのぼる。

24.9 複素数

複素数は科学計算や工学計算で広く使用されている。それらが必要であるとしたら、それらの数学的な性質について知っているはずであるため、ここでは ISO C++ 標準ライブラリにおいて複素数がどのように表現されているのかを示すにとどめる。複素数とそれらに関連する標準数学関数の宣言は <complex> に含まれている。

```
template<class Scalar> class complex {
    // complex はスカラー（基本的には座標）値のペア
    Scalar re, im;
public:
    constexpr complex(const Scalar & r, const Scalar & i)
        :re(r), im(i) { }
    constexpr complex(const Scalar & r) :re(r), im(Scalar ()) { }
    complex() :re(Scalar ()), im(Scalar ()) { }

    constexpr Scalar real() { return re; }   // 実数部
    constexpr Scalar imag() { return im; }   // 虚数部

    // 演算子: = += -= *= /=
};
```

標準ライブラリの complex では、スカラー型 float、double、long double のサポートが保証されている。<complex> には、complex のメンバーと標準数学関数（§24.8）に加えて、便利な演算がひととおり含まれている。

複素数の演算子	
z1+z2	加算
z1-z2	減算
z1*z2	乗算
z1/z2	除算
z1==z2	等しい

24.9 複素数

複素数の演算子	
z1!=z2	等しくない
norm(z)	abs(z) の 2 乗
conj(z)	共役（z が {re,im} の場合、conj(z) は (re,-im)）
polar(x,y)	極座標 (rho,theta) に基づいて複素数を作成
real(z)	実数部
imag(z)	虚数部
abs(z)	絶対値（ρ とも呼ばれる）
arg(z)	偏角（θ とも呼ばれる）
out << z	複素数出力
in >> z	複素数入力

complex は < または % を提供しないので注意しよう。
complex<T> を使用する方法は、double などの組み込み型とまったく同じである。

```
using cmplx = complex<double>;   // complex<double> は冗長な場合がある

void f(cmplx z, vector<cmplx>& vc)
{
    cmplx z2 = pow(z,2);
    cmplx z3 = z2*9.3+vc[3];
    cmplx sum = accumulate(vc.begin(),vc.end(),cmplx{});
    ...
}
```

int や double で使い慣れている演算がすべて complex で定義されているわけではないことに注意しよう。

```
if (z2<z3)   // エラー: 複素数用の < は存在しない
```

なお、標準ライブラリの複素数の表現（レイアウト）には、C および Fortran の対応する型との互換性がある。

24.10 参考文献

一般的には、丸め誤差、`Matrix` の演算、複素数の計算は、それだけで興味を引くものでも、意味をなすものでもない。本章では、数値計算を行う必要があり、そのための数学的な概念と手法に関する知識を持つ読者を対象に、C++ が提供しているサポート（の一部）を説明した。

そうした分野の知識がさびついている、あるいは単に興味がある読者のために推奨できる情報源がいくつかある。

- MacTutor History of Mathematics アーカイブ：
  `http://www-gap.dcs.st-and.ac.uk/~history`
    - 数学が好きな人、または単に数学を使用する必要がある人のためのすばらしいリンク
    - 数学の人間的な側面を知りたい人のためのすばらしいリンク。オリンピックでメダルを取った唯一の偉大な数学者や、有名な数学者の経歴や功績、エピソードなど
    - よく知られている曲線
    - よく知られている問題
    - 数学の話題（代数、解析、数と数論、幾何学と位相幾何学、数理天文学、数学の歴史など）
- Freeman, T. L., and Chris Phillips. *Parallel Numerical Algorithms.* Prentice Hall, 1992. ISBN 0136515975.
- Gullberg, Jan. *Mathematics – From the Birth of Numbers.* W. W. Norton, 1996. ISBN 039304002X. 基本的かつ有益な数学に関する最もおもしろい本の１つ。楽しく読めるし、行列といった特定の話題について調べることもできる（希少な）数学の本。
- Knuth, Donald E. *The Art of Computer Programming, Volume 2: Seminumerical Algorithms, Third Edition.* Addison–Wesley, 1998. ISBN 0201896842.
  『The Art of Computer Programming Volume 2 Seminumerical Algorithms Third Edition 日本語版』、有澤誠、和田英一、斎藤博昭、長尾高弘、松井祥悟、松井孝雄、山内斉 訳、KADOKAWA、2015 年
- Stewart, G. W. *Matrix Algorithms, Volume I: Basic Decompositions.* SIAM, 1998. ISBN 0898714141.
- Wood, Alistair. *Introduction to Numerical Analysis.* Addison–Wesley, 1999. ISBN 020134291X.

■ ドリル

1. (`<limits>` ではなく `sizeof` を使って) `char`、`short`、`int`、`long`、`float`、`double`、`int*`、`double*` のサイズを出力する。
2. `Matrix<int> a(10)`、`Matrix<int> b(100)`、`Matrix<double> c(10)`、`Matrix<int,2> d(10,10)`、`Matrix<int,3> e(10,10,10)` の `sizeof` によって報告されたサイズを出力する。
3. ステップ 2 の各 `Matrix` の要素の個数を出力する。
4. `cin` から `int` を取得し、各 `int` の `sqrt()` を出力するプログラムを作成する。`sqrt(x)` が何らかの `x` に対して有効ではない場合は、`"no square root"` を出力する。つまり、`sqrt()` の戻り値を確認する。
5. 入力から 10 個の浮動小数点数値を読み込み、それらを `Matrix<double>` に格納する。`Matrix` には `push_back()` がないため、間違った個数の `double` が入力されるケースに対処しなければならない。`Matrix` を出力する。
6. `[0,n)*[0,m)` の乗算表を計算し、それを 2 次元の `Matrix` として表す。`cin` から `n` と `m` を取得し、表をきれいに表示する。なお、結果が 1 行に収まるほど `m` が小さいことを前提とする。
7. `cin` から 10 個の `complex<double>` を読み込み、それらを `Matrix` に格納する (`cin` は `complex` で `>>` をサポートしている)。10 個の複素数の合計を計算し、出力する。
8. 6 個の `int` を `Matrix<int,2> m(2,3)` に読み込み、それらを出力する。

■ 復習

1. 数値を使用するのは誰か。
2. 精度とは何か。
3. オーバーフローとは何か。
4. `double` の一般的なサイズはいくつか。`int` の一般的なサイズはいくつか。
5. オーバーフローを検出するにはどうすればよいか。
6. 最も大きな `int` といった数値の範囲はどこで調べればよいか。
7. 配列とは何か。行とは何か。列とは何か。
8. C スタイルの多次元配列とは何か。
9. 言語が (ライブラリなどで) 行列計算をサポートする場合、その望ましい特性とは何か。
10. 行列の次元とは何か。
11. (理論上および数学において) 行列は次元をいくつ持つことができるか。
12. スライスとは何か。
13. ブロードキャスト関数とは何か。例をいくつかあげる。
14. Fortran スタイルと C スタイルの添字の違いは何か。
15. 行列の各要素に演算を適用するにはどうすればよいか。例をいくつかあげる。
16. 融合演算とは何か。
17. ドット積とは何か。
18. 線形代数とは何か。
19. ガウスの消去法とは何か。

第24章　数値

20. （線形代数および実世界において）ピボットとは何か。
21. 乱数は何で構成されるか。
22. 一様分布とは何か。
23. 標準数学関数はどこで見つかるか。それらはどの引数型に対して定義されているか。
24. 複素数の虚数部とは何か。
25. −1 の平方根は何か。

■ 用語

C	スケーリング（scaling）
`errno`	スライス（slicing）
Fortran	添字（subscripting）
`Matrix`	多次元（multidimensional）
`sizeof`	ドット積（dot product）
一様分布（uniform distribution）	配列（array）
行（row）	複素数（complex number）
虚数（imaginary）	融合演算（fused operation）
サイズ（size）	要素ごとの演算（element-wise operation）
次元（dimension）	乱数（random number）
実数（real）	列（column）

■ 練習問題

1. `a.apply(f)` と `apply(f,a)` では、関数引数 `f` は異なる。それぞれに対する `triple()` 関数を記述し、それらを使って配列 { 1 2 3 4 5 } の要素を 3 倍にする。`a.apply(triple)` と `apply(triple,a)` の両方で使用できる単一の `triple()` 関数を定義する。すべての関数を `apply()` でそのように使用できるように記述するのはよい考えではないかもしれない。それはなぜか。
2. 関数ではなく関数オブジェクトを使って練習問題1を繰り返す。ヒント：`Matrix.h` に例が含まれている。
3. この問題は本書で説明している機能を使って解くことはできない：`void (T&)`、`T (const T&)`、およびそれらの関数オブジェクトに相当するものを受け取ることができる `apply(f,a)` を記述する。ヒント：`boost::bind`。
4. ガウスの消去法プログラムを動かす。つまり、プログラムを完成させ、コンパイルし、単純な例を使ってテストしてみる。
5. ガウスの消去法プログラムを A=={ {0 1} {1 0} } と b=={ 5 6 } を使って試し、失敗することを確認する。続いて、`elim_with_partial_pivot()` を試してみる。
6. ガウスの消去法の例で、ベクトル演算 `dot_product()` と `scale_and_add()` をループに置き換え、テストする。コードは以前よりも明瞭か。

7. Matrixライブラリを使用せずにガウスの消去法プログラムを書き直す。つまり、Matrixの代わりに組み込み配列またはvectorを使用する。
8. ガウスの消去法をアニメーション化する。
9. メンバー関数ではないapply()を書き換え、適用された関数の戻り値の型のMatrixを返すようにする。つまり、apply(f,a)はMatrix<R>（Rはfの戻り値の型）を返す。**注意**：この問題を解くには、本書で取り上げていないテンプレートに関する情報が必要。
10. rand()はどれくらいランダムか。入力として2つの整数nとdを受け取り、randint(n)をd回呼び出し、結果を記録するプログラムを作成する。[0:n)の要素ごとにカウント数を書き出し、カウント数の類似性に目を光らせる。nを小さい値にした場合とdを小さい値にした場合を試して、乱数をいくつか生成しただけで顕著な傾向が見られるかどうかを確認する。
11. swap_rows()と対応するswap_columns()（§24.5.3）を記述する。当然ながら、そのためには既存のMatrixライブラリコードの一部を読み、理解する必要がある。効率にこだわる必要はない。swap_columns()をswap_rows()に匹敵する速さで実行するのは不可能である。
12. 以下の2つを実装する。必要であれば、数学の教科書で定義を調べる。

    Matrix<double> operator*(Matrix<double,2>&,Matrix<double>&);

および

    Matrix<double,N> operator+(Matrix<double,N>&,Matrix<double,N>&)

■ 追記

　数学が得意ではない読者は、きっと本章の内容が気に入らず、ここで示した情報が必要になりそうにない仕事を選ぶだろう。一方で、数学が得意な場合は、数学の基本概念をコードでどこまで表現できるかを理解してもらえたことを願っている。

第25章
組み込みシステムプログラミング

「安全じゃない」ということは
「誰かが死ぬかもしれない」ということだ。

— 安全管理者

本章では、組み込みシステムプログラミングの概要を示す。つまり、主に「ガジェット」用のプログラミングに関連する話題を取り上げる。ガジェットとは、画面とキーボードを持つ一般的なコンピューターのようには見えないマシンのことだ。ここでは、「ハードウェアの近く」で作業を行うために必要な原理、プログラミング手法、C++ の機能、コーディング規約に焦点を合わせる。C++ の機能として対象になるのは主にリソースの管理、メモリーの管理、ポインター、配列の使用、ビットの操作であり、それらを安全に使用する方法に加えて、低レベルの機能を使用する代わりになるものを重点的に取り上げる。具体的なマシンアーキテクチャやハードウェアデバイスへの直接のアクセスは取り上げない。それらは専門書やマニュアルに任せることにする。ここでは例として、暗号化と復号のアルゴリズムの実装を示す。

25.1 組み込みシステム
25.2 基本概念
    25.2.1 予測可能性
    25.2.2 理想
    25.2.3 障害への対処
25.3 メモリー管理
    25.3.1 フリーストアの問題
    25.3.2 フリーストアに代わるもの
    25.3.3 プールの例
    25.3.4 スタックの例
25.4 アドレス、ポインター、配列
    25.4.1 チェックされない型変換
    25.4.2 機能不全のインターフェイス
    25.4.3 解決策：インターフェイスクラス
    25.4.4 継承とコンテナー

25.5 ビット、バイト、ワード
    25.5.1 ビットとビット演算
    25.5.2 bitset
    25.5.3 符号付きと符号なし
    25.5.4 ビットの操作
    25.5.5 ビットフィールド
    25.5.6 例：単純な暗号化
25.6 コーディング規約
    25.6.1 コーディング規約はどうあるべきか
    25.6.2 ルールの例
    25.6.3 実際のコーディング規約

第25章 組み込みシステムプログラミング

25.1 組み込みシステム

　この世のほとんどのコンピューターは、すぐにコンピューターと認識できるものではない。それらはより大きなシステムや「ガジェット」の一部にすぎない。

- 自動車
  現代の自動車には、燃料噴射の制御、エンジン性能の監視、ラジオの調整、ブレーキの制御、タイヤの空気圧の監視、ワイパーの制御などを行うためのコンピューターがいくつも搭載されている可能性がある。
- 電話
  携帯電話には少なくともコンピューターが2つ搭載されている。多くの場合、そのうちの1つは信号処理を専門に行う。
- 飛行機
  現代の飛行機には、乗客用のエンターテインメントシステムを実行するコンピューターから、最適な飛行効力を得るために翼端を稼働させるコンピューターまで、ありとあらゆるコンピューターが搭載されている。
- カメラ
  5つのプロセッサを搭載し、さらにレンズごとに専用のプロセッサが搭載されたカメラがある。
- クレジットカード
  「スマートカード」に分類される。
- 医療機器のモニターとコントローラー
  CATスキャナーなど。
- エレベーター
- PDA (Personal Digital Assistant)
- プリンターコントローラー
- ステレオセット
- MP3プレイヤー
- 家庭用電化製品
  炊飯器、パン焼き機など。
- 電話交換機
  一般に数千個の専用コンピューターで構成される。
- ポンプ制御装置
  送水ポンプ、給油ポンプなど。
- 溶接ロボット
  溶接技師が立ち入ることのできない狭い場所や危険な場所で使用される。
- 風力タービン
  70メートルの高さでメガワット級の発電力を持つものがある。
- 堤防水門の制御装置
- 流れ作業の品質モニター
- バーコードリーダー

- 車組み立てロボット
- 遠心分離機の制御装置
  多くの医療分析工程で使用される。
- ディスクドライブコントローラー

　これらのコンピューターは、より大きなシステムの一部である。そうした「大きなシステム」は、通常はコンピューターのようには見えず、私たちは通常それらをコンピューターであるとは考えない。通りの向こうから走ってくる自動車を見て、「ほら、分散コンピューターシステムだ」とは言わない。自動車は確かに分散コンピューターシステムでもあるが、そのオペレーションは機械部分、電子部分、電気部分と統合されているため、コンピューターとして分けて考えるのは実際のところ無理である。それらの演算処理上の（時間的および空間的な）制約とプログラムの正確さの定義を、より大きなシステムから切り離すことはできない。多くの場合、組み込みコンピューターは物理デバイスを制御し、コンピューターの正しい振る舞いは物理デバイスの正しい振る舞いとして定義される。大型船舶用のディーゼルエンジンについて考えてみよう。

　左から5番目のシリンダーヘッドのところに人が立っている。これは巨大なエンジンであり、最も大きな船舶に動力を供給する類いのエンジンである。このようなエンジンが停止すれば、そのニュースは朝刊の1面を飾るだろう。このエンジンでは、3つのコンピューターからなるシリンダー制御システムが各シリンダーの先端に取り付けられている。各シリンダー制御システムは、2つの独立したネットワークを通じてエンジン制御システム（別の3つのコンピューター）に接続されている。エンジン制御システムは制御室に接続されており、そこでは技師が専用のGUIシステムを通じてエンジンを制御できるようになっている。完全なシステムを船会社の制御センターから（人工衛星を通じて）無線で遠隔監視することもできる。その他の例については、第1章でも説明した。

　そのエンジンの一部であるコンピューターで実行されるプログラムに関して、プログラマーから見て特別なものとは何だろうか。さらに言えば、「通常のプログラム」では一般にそれほど心配する必要はないものの、さまざまな組み込みシステムでは顕著となる関心にはどのようなものがあるだろうか。

- 信頼性が重要であること
  多くの場合、信頼性は重要である。システムの故障は異例の事態であり、大損害であり、場合によっては取り返しがつかない。損害は数十億ドルに上ることがあるし、難破船上の人々やその環境に取り残された動物にとっては取り返しのつかない事態である。
- リソースが限られていること
  多くの場合、メモリー、プロセッササイクル、電力といったリソースには限りがある。エンジンコンピューターでそれが問題になる可能性は低いが、携帯電話、センサー、宇宙探査ロケットに搭載されたコンピューターではどうだろうか。2GHz のデュアルプロセッサが搭載されたラップトップの世界では、8G バイトのメモリーはごく一般的である。だが、飛行機や宇宙探査ロケットの生命線とも言えるコンピューターでは、プロセッサは 60MHz で、メモリーは 256K バイトしかないかもしれない。小さなガジェットでは、1MHz 未満のプロセッサとわずかばかりの RAM が搭載されているだけかもしれない。また、振動、衝突、不安定な電力供給、暑さ、寒さ、湿気、作業員に踏まれるといった環境ハザードへの耐性を持つコンピューターは、たいてい、学生のラップトップよりもずっと低速である。
- リアルタイムの応答が不可欠であること
  多くの場合、リアルタイムの応答は不可欠である。10 万馬力の非常に複雑なシステムでは、燃料噴射器が噴射サイクルを 1 回逃しただけで、よくないことが起きる可能性がある。直径が最大 80m、重さが最大 35 トンもあるプロペラでは、噴射サイクルを数回逃しただけで — つまり、1 秒かそこら正常に動作しないだけでも — 不可解なことが起き始める可能性がある。
- システムが数年間にわたって稼働し続けること
  多くの場合、システムは数年間にわたって休みなく稼働し続けなければならない。それは地球を周回する通信衛星を実行しているシステムかもしれないし、修理率が高いとメーカーを傾かせるほど安価で出荷数の多いシステムかもしれない。MP3 プレイヤー、チップ内蔵のクレジットカード、自動車の燃料噴射器を思い浮かべてみよう。アメリカでは、基幹電話交換機の信頼性基準は 20 年間で 20 分のダウンタイムと規定されている — プログラムを変更するたびに交換機を停止させるなどもってのほかだ。
- 現場で整備を行うことは不可能であるか非常にまれであること
  多くの場合、現場で整備を行うことは不可能であるか、非常にまれである。大型船舶の場合は、船舶の他の部分を整備する必要があるときに、コンピューターの専門家をしかるべき場所にしかるべきタイミングで配置すれば、2 年おきくらいに船舶を港に停泊させてコンピューターを整備できるだろう。臨時の実地整備は実質的に不可能である — 船が太平洋の真ん中で大嵐に見舞われているときにバグは許されない。火星の軌道上にある宇宙探査機を修理するために誰かを送り出すわけにはいかない。

こうした制約をすべて受けるシステムはまれである。制約を 1 つでも受けるシステムはすべてエキスパートの管轄である。本書の目的は、読者を「即席のエキスパート」にすることではない。それを試みるのはばかげているし、あまりにも無責任である。本書の目的は、基本的な問題と、それらの解決策に必要な基本概念を示し、そうしたシステムを構築するために必要なスキルの一部を理解してもらうことにある。それをきっかけに、そうした重要なスキルの習得に興味を持つようになるかもしれない。組み込みシステムの設計や実装に携わる人々は、このテクノロジー社会のさまざまな側面にとって不可欠な存在である。この分野では、プロフェッショナルが存分に腕を振るうことができる。

これは初心者に関係があることなのだろうか。C++ プログラマーはどうだろうか。どちらにも関係がある。組み込みシステムプロセッサの数は従来の PC の数をはるかに上回る。プログラミングの世界では、組み込みシステムのプログラミングが多くの割合を占めているため、実際の初仕事が組み込みシステムプログラミングに関係していることもあるだろう。さらに、本節の最初に示した組み込みシステムの例は、C++ が使用されていることを個人的に知っているもので構成されている。

25.2　基本概念

組み込みシステムの一部であるコンピューターのプログラミングの大半は、他のプログラミングと同様のものであることが考えられる。このため、本書で説明している概念のほとんどが当てはまる。ただし、重要な部分はたいてい異なる。つまり、プログラミング言語の使用法をタスクの制約に合わせて調整しなければならず、多くの場合は、ハードウェアを最も低いレベルで操作しなければならない。

- 正確さ
  正確さは通常よりもさらに重要となる。「正確さ」は単なる抽象概念ではない。組み込みシステムでは、プログラムが正確であることの意味は、単に正しい結果を生成することではなく、それらを正しいタイミングで、正しい順序で、容認できるリソースだけを使って生成することでもある。理想的には、正確さを構成するものが何であるかは細かく指定されるが、そうした仕様はたいてい何らかの実験を行わなければ完成できないものだ。多くの場合、臨界実験を実施できるのは、完全なシステムが構築された後に限られる ― プログラムを実行するコンピューターは、そうしたシステムの一部である。組み込みシステムにとって正確さとは何かを完全に指定することはきわめて難しい反面、きわめて重要となる可能性もある。この場合の「きわめて難しい」は、「与えられた時間とリソースでは不可能である」という意味かもしれない。私たちは持てるすべてのツールと手法を駆使して最善を尽くさなければならない。幸い、さまざまな仕様、シミュレーション、テスト、特定の分野におけるその他の手法には目覚しいものがある。この場合の「きわめて重要である」とは、「失敗が損害や破壊につながる」ことを意味するかもしれない。

- フォールトトレランス（耐障害性）
  プログラムが対処することになる一連の状況を慎重に指定しなければならない。たとえば、通常の学習用プログラムをデモしている最中に誰かがコードを電源から抜いてしまったとしたら、それはフェアじゃないと考えるはずだ。電力を失うことは、通常の PC アプリケーションが対処すべき状況の 1 つには数えられない。ただし、組み込みシステムにとって停電は珍しいことではなく、システムによっては停電への対処が求められる。たとえばシステムの重要な部分では、電源が二重になっているか、予備のバッテリーが搭載されているかもしれない。それならまだしも、アプリケーションによっては、「ハードウェアは正常に動作するものと思っていた」という言い訳は通用しない。さまざまな状況をものともせずにハードウェアが正常に動作し続けることはあり得ない。たとえば、一部の電話交換機や航空宇宙アプリケーションは、コンピューターに搭載されているメモリーのビットが 0 から 1 になるなど、何かのはずみに変化することを計算に入れた上で書かれている。あるいは、メモリーが 1 の値を気に入っていて、1 から 0 への変更を無視するかもしれない。十分なメモリーを搭載したシステムを一定期間使用すれば、そうした誤動作がいつかは発生する。メモリーが大気圏外に置かれていて大量の放射線を浴びている場合、そうした誤動作が発生する時期は早まる。組み込みかどうかを問わず、システムに取り組むときに

第 25 章　組み込みシステムプログラミング

は、ハードウェアの障害に対してどのような耐性を提供しなければならないのかを決める必要がある。通常は、ハードウェアが仕様どおりに動作するという前提を立てることができるが、より重要なシステムに取り組むときには、そうした前提について考え直す必要がある。

- **ダウンタイムなし**
  一般には、ソフトウェアを変更したり、実装に詳しい熟練オペレータが操作したりしなくても、組み込みシステムは長時間にわたって動作し続けなければならない。「長時間」は、数日かもしれないし、数か月や数年かもしれないし、ハードウェアの寿命が来るまでかもしれない。これは組み込みシステムに限ったことではないが、それは圧倒的多数の「通常のアプリケーション」や本書のここまでの例や練習問題との違いである。この「永遠に動作し続けなければならない」という要件は、エラー処理とリソース管理の重要性を意味する。「リソース」とは何だろうか。リソースとは、マシンが限られた量しか提供できないもののことだ。プログラムは、「リソースの取得」や「確保」といった明示的なアクションを通じてリソースを獲得し、「解放」といったアクションを通じてリソースを明示的または暗黙的にシステムに返却する。リソースの例としては、メモリー、ファイルハンドル、ネットワーク接続（ソケット）、ロックがあげられる。プログラムが長期間にわたって稼働するシステムの一部である場合は、永続的に所有する一部のリソース以外はすべて解放しなければならない。たとえば、毎日のようにファイルを閉じ忘れるプログラムは、どの OS でもひと月以上は持たない。毎日 100 バイトの解放漏れがあるプログラムは、1 年間に 32K バイトを無駄にする計算になる。これは小型のガジェットを数か月でクラッシュさせるのに十分な量である。こうした「リソースリーク」のやっかいな点は、プログラムが何事もなく数か月ほど動作した後、突然動作しなくなることだ。プログラムがクラッシュするなら、できるだけ早い段階にクラッシュさせ、問題を修正できるようにしたい。特に、ユーザーの手に渡るずっと前にクラッシュさせたい。

- **リアルタイムの制約**
  特定の応答がいつまでに発生しなければならないという期限がある場合は、その組み込みシステムを**ハードリアルタイム**として分類できる。ほとんどの場合は応答が期限内に発生しなければならないが、たまに期限を過ぎるくらいなら大目に見てもよい、という場合、そのシステムは**ソフトリアルタイム**に分類される。ソフトリアルタイムの例としては、自動車のウィンドウのコントローラーやステレオアンプなどがあげられる。ウィンドウの動きが一瞬遅れたとしても人は気づかないし、音程の変化がミリ秒単位で遅れたとしてもそれを聞き分けられるのは訓練を受けた人だけである。ハードリアルタイムの例としては、ピストンの動きに合わせて正しいタイミングできっちりと「噴射」しなければならない燃料噴射器があげられる。タイミングがほんの一瞬でもずれれば、性能が低下してエンジンの調子が悪くなる。タイミングが大きくずれれば、エンジンが完全に停止して事故や惨事につながるおそれがある。

- **予測可能性**
  予測可能性は組み込みシステムのコードにおいて鍵を握る概念である。この用語はさまざまなことを連想させるが、ここでは組み込みシステムのプログラミングに関連する専門技術的な意味を用いる —— あるオペレーションが**予測可能**であるのは、特定のコンピューターで実行されるたびに同じ実行時間を要し、そうしたオペレーションの実行時間がすべて同じである場合だ。たとえば x と y が整数であるとすれば、x+y の実行にかかる時間は毎回同じである。xx と yy がそれぞれ別の整数であるとすれば、xx+yy の実行にかかる時間も同じである。通常は、キャッシュやパイプライン処理によって生じる差異など、マシンアーキテクチャに関連する実行速度のわずか

な変動は無視してもよく、必要な時間に固定された一定の上限があることをあてにしてもよい。その意味で予測可能ではないオペレーションは、ハードリアルタイムシステムでは使用できず、どのリアルタイムシステムでも十分に注意した上で使用しなければならない。予測不可能なオペレーションの典型的な例としては、要素の個数が不明で、境界があいまいなリストの線形探索（`find()`）があげられる。そうした探索をハードリアルタイムシステムで容認できるようになるのは、要素の個数または少なくとも要素の最大数を確実に予測できる場合だけである。つまり、一定時間内での応答を保証するには、場合によってはコード解析ツールの助けを借りて、考えられる限りのコードシーケンスの所要時間を計算し、期限を導き出せなければならない。

- 並列性
  一般に、組み込みシステムは外部からのイベントに応答しなければならない。このため、プログラムでは多くの事象が「一度に」発生することになる。なぜなら、それらは実際に同時に発生する現実のイベントに対応するからだ。複数のアクションに同時に対処するプログラムは**並列**（*concurrent*）または**並行**（*parallel*）と呼ばれる。並列性は魅力的で、難解で、重要なテーマだが、残念ながら本書では取り上げない。

25.2.1 予測可能性

予測可能性の観点からすると、C++ はまずまずだが、完璧ではない。仮想関数呼び出しを含め、C++ のすべての機能は、以下を除けば予測可能である。

- `new` と `delete`（§25.3）を使ったフリーストアの確保
- 例外（§19.5）
- `dynamic_cast`（§A.5.7）

これらは、ハードリアルタイムアプリケーションでは避けなければならない機能である。`new` と `delete` の問題については、「§25.3 メモリー管理」で詳しく説明する。それらは根本的な問題である。標準ライブラリの `string` と、`vector` や `map` といった標準コンテナーは、フリーストアを間接的に使用する。このため、それらも予測可能ではないことに注意しよう。`dynamic_cast` の問題は、現在の実装では問題だが、根本的な問題ではない。

例外の問題点は、特定の `throw` を調べているときに、プログラマーが（コードの大部分を調べずに）対の `catch` を見つけるのにどれくらいかかるか、あるいはそうした `catch` が存在するかどうかすらわからないことだ。組み込みシステムのプログラムでは、C++ プログラマーがデバッガを使用できる状況にあるという保証はないため、`catch` がないとまずいことになる。原則的には、各 `throw` に対してどの `catch` が呼び出されるのか、`throw` がそこに到達するまでにどれくらいかかるのかを明らかにするツールを利用すれば、例外の問題に対処することは可能である。だが現状では、研究課題の1つである。このため、予測可能性が必要な場合は、リターンコードといった従来の平凡だが予測可能な手法に基づくエラー処理で間に合わせる必要があるだろう。

25.2.2 理想

組み込みシステムのプログラムを記述するときには、パフォーマンスや信頼性を追求するあまり、プログラムが低レベルの言語の機能ばかり使用するという後退の危険がある。その戦略は、個々の小さな

コードではうまくいく可能性がある。一方で、全体的な設計がおそろかになり、正確であることを確信しにくくなり、システムの構築に必要な時間と費用が増える可能性もある。

　ここまでと同様に、理想として掲げられるのは、与えられた問題の制約に照らして無理のない、最も高い抽象レベルで作業を行うことである。アセンブラーコードを自慢げに書いてみせるような真似をしてはならない。この場合も、あらゆる制約のもとで、アイデアをコードで端的に表現すればよい。そして、できるだけ明白で、簡潔で、メンテナンスしやすいコードの記述を心がける。最適化は必要になるまで行ってはならない。組み込みシステムでは（時間的または空間的な）パフォーマンスは往々にして重要となるが、コードからパフォーマンスを最後の一滴まで搾り出そうとするのは見当違いである。また、多くの組み込みシステムでは、十分に正確で高速であることが鍵となる ── 「十分に高速」の域を超えれば、システムは他のアクションが必要になるまで待機するだけである。数行のコードを書くたびにできるだけ効率をよくしようとすれば時間がかかってしまい、バグの温床となり、アルゴリズムやデータ構造が理解しにくく変更しにくいものになってしまう。そして、たいてい最適化の機会を逃してしまう。たとえば、その「低レベルの最適化」手法によってメモリーの最適化の機会を逃してしまうのはよくあることだ。同じようなコードがあちこちにあっても、わずかな相違点のせいでそれらを共有できないからだ。

　非常に効率的なコードを書くことでよく知られている John Bentley は、「最適化の法則」として以下の2つを提案している。

- 法則その1：最適化しない。
- 法則その2（エキスパートのみ）：まだ最適化しない。

　最適化の前に、システムを確実に理解するようにしよう。システムが正しく信頼できるものである、あるいはそうなる可能性があることを確信できるのは、システムを理解している場合だけである。アルゴリズムとデータ構造に重点的に取り組み、システムの最初のバージョンが動作するようになった時点で、パフォーマンスを慎重に計測し、必要に応じて調整すればよい。うれしい驚きがあるのは珍しいことではない ── 無駄のないコードは十分な速さで実行され、メモリーを必要以上に消費しないことがある。ただし、それをあてにするのではなく、計測あるのみである。うれしくない驚きもまた珍しいことではない。

25.2.3　障害への対処

　障害が発生しないようにシステムを設計し、実装することが目的であるとしよう。この場合、「障害が発生しない」は、「人が介入せずにひと月動作する」ことを意味する。どのような種類の障害からシステムを保護する必要があるだろうか。太陽が新星に吸い寄せられることや、システムが象に踏まれることへの対処は除外してもよいだろう。だが、何がうまくいかなくなるかは一概には言えない。システムが具体的にわかっていれば、特に発生しやすいエラーの種類は推測することが可能であり、そうする必要がある。

- 電力サージや停電
- 振動によってソケットからコネクタが抜ける
- 落下してきたロケットの破片がシステムに衝突し、プロセッサが破砕する
- システムが落下し、衝撃でディスクが破壊されるかもしれない

25.2 基本概念

- X 線によって一部のメモリービットの値が言語の定義では不可能な方法で変化する

一過性のエラーはたいてい発見するのが難しい。**一過性のエラー**（*transient error*）とは、「たまに」発生するものの、プログラムを実行するたびに発生するわけではないエラーのことだ。たとえば、気温がセ氏 50 度を超えた場合にのみ誤動作するプロセッサの話を聞いたことがある。ラボでテストしているときに気温がそこまで上がることはないはずだが、手違いで梱包された状態のまま工場に置かれていたとしたらあり得る話だ。

ラボの外で発生するエラーは、修正するのが最も難しいエラーである。ジェット推進研究所（JPL）の技術者に（光の速度でラボから約 20 分の距離にある）火星探査機のソフトウェアとハードウェアの障害を診断させ、判明した問題を修正するためにソフトウェアを更新させるとしよう。それを可能にするために設計と実装に費やされる作業量は想像しがたいものがある。

エラーに強いシステムを設計および実装するには、システム、その環境、その使用法といった特定分野の知識が不可欠である。ここでは、一般的な概念に触れるだけにする。ここで言及する「一般的な概念」はどれも数千もの研究論文や数十年におよぶ研究や開発のテーマとなっている。

- リソースリークの防止
  リソースをリークさせてはならない。プログラムが使用するリソースを明確にし、それらを（完璧に）節約しなければならない。どのリークも最終的にはシステムやサブシステムをダウンさせる。最も根本的なリソースは時間とメモリーである。一般に、プログラムはロック、通信チャンネル、ファイルといった他のリソースも使用する。

- 複製
  コンピューター、出力デバイス、ハンドルといったハードウェアリソースがシステムの動作に不可欠である場合、設計者は重要なリソースをシステムに 2 つ以上搭載すべきかという基本的な選択を迫られる。ハードウェアがダウンしたら障害として対処するのだろうか。それともスペアを用意してそれを使用するようにソフトウェアを切り替えるのだろうか。たとえば、船舶用ディーゼルエンジンの燃料噴射制御装置は、二重のネットワークで接続された三重のコンピューターである。なお、「スペア」がオリジナルと同一のものである必要はない。たとえば宇宙探査機の場合は、強い主アンテナと予備の弱いアンテナを取り付けることができる。また、システムが正常に動作している間は、スペアを使ってパフォーマンスを向上させることもできる。

- 自己診断
  プログラムやハードウェアが誤動作したら、それを知る必要がある。この点に関して、記憶装置といったハードウェアコンポーネントは、エラーを監視し、小さなエラーを修正し、大きなエラーを報告するため、非常に助けになることがある。ソフトウェアでは、データ構造の一貫性をチェックし、不変条件（§9.4.3）をチェックし、内部の健全性チェック（アサーション）を利用することができる。残念ながら、自己診断自体が信頼性に欠けることがあり、エラーの報告そのものがエラーを引き起こさないように注意しなければならない。エラーチェックを完全にチェックするのはことのほか難しい。

- 誤動作しているコードからすばやく抜け出す方法
  システムをモジュール化し、モジュールに基づいてエラー処理を行う。モジュールはそれぞれ特定のタスクを行う。タスクを実行できないと判断したモジュールは、それを他のモジュールに報告できる。モジュールでのエラー処理は単純に保つ。そのほうが正確で効率がよい可能性がある。そして、重大なエラーは他のモジュールに処理させる。信頼性の高いシステムは、モジュー

ル型の多層形式になっている。各層で発生した重大なエラーは次の層のモジュールに報告され、最終的にはユーザーに報告される。重要なエラーの報告を受けたモジュールは、エラーの発生元であるモジュールを再起動したり、性能は劣るもののその分堅牢な「バックアップ」モジュールを実行したりするなど、適切な措置を講じることができる。特定のシステムにおける「モジュール」の正確な定義はシステムの全体的な設計の一部だが、クラス、ライブラリ、プログラム、またはコンピューター上のすべてのプログラムとして考えることができる。

- 監視サブシステム
  監視サブシステムとは、システムが問題を特定できない、または特定しない場合に使用されるサブシステムのことだ。多層形式のシステムでは、より高いレベルから低いレベルを監視できる。船舶用エンジンや宇宙ステーション制御装置のようにダウンすることが決して許されないシステムには、重要なサブシステムが3つ含まれている。この三重構造には、スペアを2つにするだけでなく、誤動作しているサブシステムがどれかについて意見が分かれた場合に多数決（2対1）で決着させるという目的もある。多層構成が難しい場合、三重構造は特に効果的である。

システムを気が済むまで設計し、知っている限りの方法で慎重に実装することは可能だが、それでもシステムは誤動作する。システムをユーザーに引き渡す前に、体系的かつ徹底的にテストしなければならない（第 26 章）。

25.3 メモリー管理

コンピューターの最も根本的なリソースは、時間と空間の 2 つである。時間は、命令を実行するために必要なリソースであり、空間はデータとコードを格納するためのメモリーである。C++ では、メモリーを確保する方法として以下の 3 つがある（§17.4、§A.4.2）。

- 静的メモリー：リンカーによって確保され、プログラムの実行が終了するまで維持される。
- スタック（自動）メモリー：関数を呼び出すときに確保され、関数から制御を戻すときに解放される。
- 動的（ヒープ）メモリー：`new` によって確保され、再利用を可能にするために `delete` によって解放される。

組み込みシステムプログラミングの観点からこれらについて考えてみよう。ここでは特に、ハードリアルタイムプログラミングや安全性が重視されるプログラミングなど、予測可能（§25.2.1）であることが不可欠と見なされるタスクという観点からメモリーの管理について考えてみたい。

組み込みシステムプログラミングでは、静的メモリーは特に問題を引き起こさない。プログラムの実行を開始する前、そしてシステムが導入されるずっと以前に、問題はすべて解決されている。

スタックメモリーの難点は使いすぎる可能性があることだが、これに対処するのは難しくない。システムの設計者が、プログラムのどの実行でも許容範囲を超えるほどスタックが消費されないように注意すればよい。通常、これは入れ子の関数呼び出しの最大数を制限しなければならないことを意味する。つまり、`f1` が `f2` を呼び出し、`f2` が `f3` を呼び出すといった呼び出しの連鎖が決して長くなりすぎないことを実証できなければならない。システムによっては、それにより再帰呼び出しは禁止される。そうした措置は、一部のシステムや再帰関数では妥当なものかもしれないが、根本的なものではない。たとえば、`factorial(10)` が `factorial` を最大で 10 回呼び出すことはわかっている。だが、組み込み

システムのプログラマーは、疑念やアクシデントを一掃するために、`factorial` の反復実装（§15.5）を進んで選択するかもしれない。

動的メモリーの確保は、通常は禁止されるか、厳しく制限される。つまり、`new` は使用禁止となるか、起動時の使用に制限され、`delete` は使用禁止となる。これには、以下に示す基本的な理由がある。

- 予測可能性
  フリーストアでの確保は予測可能ではない。つまり、定数時間の演算であることは保証されない。`new` の多くの実装では、多くのオブジェクトの確保や解放が繰り返された後、新しいオブジェクトを確保するのに必要な時間が劇的に増えることがある。
- 断片化
  フリーストアは断片化するかもしれない。つまり、オブジェクトの確保と解放を行った後、未使用のメモリーは無数の小さな「穴」となって残るかもしれない。それらの穴はアプリケーションが使用する種類のオブジェクトを格納するには小さすぎて、使いものにならないかもしれない。したがって、フリーストアの有効なサイズは、フリーストアの最初のサイズから確保されたオブジェクトのサイズを引いた値よりもずっと小さい可能性がある。

次項では、この見逃すことができない状況がいかにして発生するのかについて説明する。結論から言えば、ハードリアルタイムシステムや安全性が重視されるシステムでは、`new` と `delete` を使用するプログラミング手法は避けなければならない。ここでは、スタックとプールを使ってフリーストアの問題を体系的に回避する方法について説明する。

25.3.1 フリーストアの問題

`new` の何が問題なのだろうか。実際には、`new` と `delete` を同時に使用することに問題がある。以下に示す確保と解放の結果について考えてみよう。

```
Message* get_input(Device&);   // フリーストアで Message を作成

while(/* ... */) {
    Message* p = get_input(dev);
    ...
    Node* n1 = new Node(arg1,arg2);
    ...
    delete p;
    Node* n2 = new Node (arg3,arg4);
    ...
}
```

ループを繰り返すたびに `Node` を 2 つ作成し、その過程で `Message` を作成し、デリートしている。このようなコードは、何らかの「デバイス」からの入力に基づいてデータ構造を生成する部分としては、特に珍しいものではない。このコードを見て、ループを繰り返すたびに `2*sizeof(Node)` バイトのメモリー（およびフリーストアのオーバーヘッド）が「消費」されると考えたかもしれない。残念な

がら、メモリーの「消費」が期待どおりに 2*sizeof(Node) バイトで収まるという保証はない。それどころか、そうなる可能性は低い。

非現実的ではあるものの、単純なメモリーマネージャーがあるものとしよう。また、Message は Node よりもひと回り大きいと仮定する。Message を濃いグレー、Node を薄いグレー、穴（未使用領域）を白で表すとすれば、空き領域が使用される様子は以下のように表現できる。

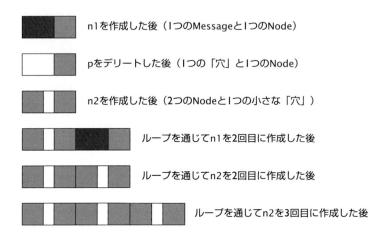

このように、ループを実行するたびにフリーストアに未使用領域が「穴」として残っていく。それはほんの数バイトかもしれないが、それらの穴を使用できないとしたら、それはメモリーリークと同じくらい悪いことだ。小さなリークであっても、プログラムが長期間にわたって実行されれば、いずれプログラムをダウンさせるだろう。このように、新しいオブジェクトを確保するには小さすぎる「穴」だらけになることを**メモリーの断片化**（*memory fragmentation*）と呼ぶ。基本的には、プログラムが使用しているオブジェクトを格納するのに十分な大きさの「穴」をフリーストアマネージャーが使い果たし、小さすぎて使いものにならない穴だけが残る。プログラムが new と delete を包括的に使用していて、長時間にわたって実行されるものであるとしたら、これはほぼ例外なく深刻な問題である ― そうした使い道のない断片がメモリーの大部分を占めるのも決して珍しいことではない。それにより、new を実行するのに必要な時間はたいてい劇的に増えることになる。なぜなら、多くのオブジェクトや断片をかき分けながら、ちょうどよいサイズのメモリーチャンクを見つけ出さなければならないからだ。組み込みシステムでは、このようなことは断じて受け入れられない。単純な設計の非組み込みシステムであっても、これが深刻な問題になることがある。

「言語」や「システム」がこれに対処できないのはなぜだろうか。あるいは、そうした「穴」を作らないようにプログラムを記述すればよいのではないだろうか。この問題に対する解決策としてすぐに思い浮かぶのは、Node を移動してすべての空き領域を 1 つの連続した領域にまとめ、より多くのオブジェクトを確保できるようにすることだ。

残念ながら、それを「システム」に行わせることはできない。その理由は、C++ コードがメモリー内のオブジェクトを直接参照することにある。たとえばポインター n1 と n2 には、実際のメモリーアドレスが含まれている。それらのポインターが指しているオブジェクトを移動すれば、それらのアドレスは正しいオブジェクトを指さなくなる。たとえば、作成したノードへのポインターを（どこかに）保存するとしよう。このデータ構造の該当する部分を図解すると、以下のようになる。

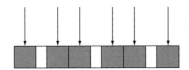
ノードへのポインターを含んでいるノード

次に、未使用のメモリーがすべて1か所に集まるようにメモリー内のオブジェクトを移動する。

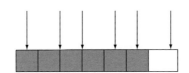
1つにまとめた後

ポインターを更新せずにそれらが指しているオブジェクトを移動したため、残念ながら、ポインターはめちゃめちゃになった。ということは、オブジェクトを移動するときにポインターを更新すれば済む話ではないだろうか。そのためのコードを記述することは可能だが、それはデータ構造の詳細を知っていればの話である。一般に、システム（C++のランタイムサポートシステム）はポインターがどこにあるのかを知らない。つまり、「現在このオブジェクトを指しているのはプログラムのどのポインターか」という質問にうまく答えられない。この問題をうまく解決できたとしても、この**圧縮ガベージコレクション**（*compacting garbage collection*）と呼ばれる手法が常に適切な方法であるとは限らない。たとえば、それを可能にするために必要となるメモリーは、一般に、ポインターの追跡とオブジェクトの移動に必要となるメモリーの2倍以上である。組み込みシステムには、そうした余分なメモリーは搭載されていないかもしれない。それに加えて、効率のよい圧縮ガベージコレクターを予測可能にするのは難しい。

もちろん、自分で定義したデータ構造であれば、「ポインターはどこにあるか」という質問に答え、それらを圧縮することは可能である。それはうまくいくだろうが、断片化を最初から回避するためのもっと単純な方法がある。この例では、メッセージを確保する前にNodeを両方とも確保してしまえばよい。

```
while(/* ... */) {
    Node* n1 = new Node;
    Node* n2 = new Node;
    Message* p = get_input(dev);
    // 情報をノードに格納
    delete p;
    ...
}
```

ただし、コードを整理して断片化を回避するのは、概して容易なことではない。それを確実に行うのは、よく見ても非常に難しく、「よいコード」のための他のルールと矛盾することが多い。そこで、ここではフリーストアの使用法を、最初から断片化を引き起こさない方法に限定したい。多くの場合は、問題を解決するよりも問題を回避するほうがましである。

TRY THIS

このプログラムを完成させ、作成されたオブジェクトのアドレスとサイズを出力し、「穴」が開いているかどうか、それらの「穴」がどのように現れるかを確認する。時間があれば、上記のようにメモリーのレイアウトを図に描き、状況を図で確かめてみるとよいだろう。

25.3.2　フリーストアに代わるもの

　というわけで、断片化を引き起こすわけにはいかない。では、どうすればよいだろうか。まず、`new` だけで断片化が発生するわけではない、という点に着目する。穴を開けるには、`delete` も必要だ。そこで、まず `delete` を使用禁止にする。つまり、一度確保されたオブジェクトは永遠にプログラムの一部であり続ける。

　`delete` がなければ、`new` は予測可能だろうか。`new` 演算にかかる時間は常に同じだろうか。一般的な実装では、その答えは常に「はい」である。ただし、規格がそれを実際に保証しているわけではない。通常、組み込みシステムには一連のスタートアップコードがあり、最初に電源を入れた後、または再起動の後に、システムを「実行できる状態」にする。その過程で、メモリーの最大許容サイズを超えない範囲で、メモリーを自由に確保できる。このため、`new` は起動時に使用するという手もあるし、（それに加えて）将来使用するためのグローバル（静的）メモリーを確保しておくという手もある。プログラムの構造上の理由により、グローバルメモリーは避けるに越したことはないが、このメカニズムを使ってメモリーを事前に確保しておくと功を奏することがある。そのための厳密なルールは、システムのコーディング規約に記されているはずだ（§25.6）。

　メモリーの確保を予測可能にするのに役立つデータ構造が 2 つある。

- スタック（*stack*）
  （特定の最大サイズまでの）任意の量のメモリーを確保でき、最後の確保（のみ）を解放できるデータ構造。つまり、拡大または縮小するのはスタックの先頭部分だけである。2 つの確保の間に「穴」が開くことはないため、断片化は発生しない。
- プール（*pool*）
  同じサイズのオブジェクトの集まり。プールのキャパシティを超える量のオブジェクトを確保しない限り、オブジェクトの確保と解放が可能。オブジェクトはすべて同じサイズであるため、断片化は発生しない。

　スタックとプールでは、確保と解放は予測可能であり、高速である。

　このため、ハードリアルタイムシステムやクリティカルシステムでは、必要に応じてスタックとプールを定義できる。しかも、（仕様とニーズが一致すれば）他の誰かによって指定、実装、テストされたとおりにスタックとプールを使用できるはずだ。

　`vector` や `map` といった標準コンテナと `string` は、`new` を間接的に使用するため、組み込みシステムでは使用されない。「標準と同様」のコンテナーを予測可能なものとして作成（購入または借用）することは可能だが、実装に含まれているデフォルトのコンテナーを組み込みシステムで無理に使用する必要はない。

25.3 メモリー管理

一般に、組み込みシステムの信頼性要件はかなり厳格であるため、どのような解決策を選択するとしても、低レベルの機能を直接使用する状況に後戻りしてプログラミングスタイルを曲げることがないようにしなければならない。ポインターや明示的な型変換であふれかえったコードの正確さを保証するのは、不合理なまでに難しい。

25.3.3 プールの例

プール（*pool*）とは、特定の型のオブジェクトを確保し、あとからそうした（フリー）オブジェクトを解放できるデータ構造のことだ。プールに含まれるオブジェクトの個数は、プールの作成時に指定された最大数までである。「確保されたオブジェクト」を濃いグレー、「オブジェクトとして確保する準備ができている領域」を薄いグレーで表すとすれば、プールは以下のようになる。

Pool は以下のように定義できる。

```
template<typename T, int N>
class Pool {          // T 型の N 個のオブジェクトからなるプール
public:
    Pool();           // プールを作成
    T* get();         // プールから T を取得：フリーの T がない場合は 0 を返す
    void free(T*);    // get() で取得した T をプールに戻す
    int available() const;  // フリーの T の個数
private:
    // T[N] のための領域と、確保されている T と確保されていない T を
    // 追跡するデータ（つまり、フリーオブジェクトのリスト）
};
```

Pool オブジェクトはそれぞれ要素の型とオブジェクトの最大数を持つ。Pool は以下のように使用できる。

```
Pool<Small_buffer,10> sb_pool;
Pool<Status_indicator,200> indicator_pool;

Small_buffer* p = sb_pool.get();
...
sb_pool.free(p);
```

プールを使い果たさないようにするのはプログラマーの役目である。「使い果たさないようにする」の正確な意味は、アプリケーションによって異なる。システムによっては、オブジェクトの確保が必要になるまで get() を呼び出さないようなコードを記述する必要があるかもしれないし、get() の結果

を評価して、その結果が 0 である場合は是正措置を講じることができるかもしれない。後者の典型的な例は、最大で 10 万件の通話を同時に処理するように設計された電話システムである。このシステムでは、通話ごとにダイヤルバッファーといったリソースが確保される。`dial_buffer_pool.get()` が 0 を返すなど、システムがダイヤルバッファーを使い果たした場合、新しい通話のセットアップは拒否される。そして、キャパシティを稼ぐために既存の通話をいくつか「強制終了」するかもしれない。その場合、発信者はあとで電話をかけ直すことができる。

当然ながら、この `Pool` テンプレートはプールという一般概念の一例にすぎない。たとえばメモリーの確保がそこまで制限されない状況では、要素の個数がコンストラクターで指定されるプールや、最初に指定された個数を超えるオブジェクトが必要になった場合はあとから要素の個数を変更できるプールを定義できる。

25.3.4 スタックの例

スタック（*stack*）とは、メモリーを確保し、最後に確保されたメモリーを解放できるデータ構造のことだ。「確保されたオブジェクト」を濃いグレー、「確保する準備ができている領域」を薄いグレーで表すとすれば、スタックは以下のようになる。

この図に示されているように、スタックは右に向かって「拡大」する。

オブジェクトのスタックを定義する方法は、オブジェクトのプールを定義したときと同じである。

```
template<typename T, int N>
class Stack {   // T 型の N 個のオブジェクトからなるスタック
    ...
};
```

ただし、ほとんどのシステムでは、サイズがまちまちのオブジェクトの確保が必要となる。それはプールでは不可能なことだが、スタックでは可能である。そこで、固定長のオブジェクトではなく、可変長の「生」のメモリーを確保するスタックの定義方法を見てみよう。

```
template<int N>
class Stack {                    // N バイトのスタック
public:
    Stack();                     // N バイトのスタックを作成
    void* get(int n);            // スタックから n バイトを確保
                                 // 空き領域がない場合は 0 を返す
    void free();                 // get() から返された最後の値をスタックに戻す
    int available() const;       // 利用可能なバイト数
private:
```

        // char[N] のための領域と、確保されているバイトと確保されていない
        // バイトを追跡するデータ（つまり、スタックの先頭のポインター）
    };

get() の戻り値は、要求されたバイト数のメモリーを指す void* である。そのメモリーを必要な種類のオブジェクトに変換するのはプログラマーの役目である。このようなスタックは以下のように使用できる。

    Stack<50*1024> my_free_store;   // スタックとして使用される 50K バイト分の記憶域

    void* pv1 = my_free_store.get(1024);
    int* buffer = static_cast<int*>(pv1);

    void* pv2 = my_free_store.get(sizeof(Connection));
    Connection* pconn = new(pv2) Connection(incoming,outgoing,buffer);

static_cast の使用法については、第 17 章の「§17.8 型の操作：void*とキャスト」で説明している。new(pv2) は「配置 new 式」であり、pv2 が指している領域でオブジェクトを生成することを意味するが、メモリーは確保しない。ここでは、Connection に引数リスト（incoming,outgoing,buffer）を受け取るコンストラクターがあることを前提としている。そうしたコンストラクターがない場合、このプログラムはコンパイルされない。

当然ながら、この Stack テンプレートはスタックという一般概念の一例にすぎない。たとえばメモリーの確保がそこまで制限されない状況では、確保するバイト数をコンストラクターで指定できるスタックを定義すればよい。

25.4　アドレス、ポインター、配列

予測可能性は一部の組み込みシステムで必要となるが、信頼性はすべての組み込みシステムで重要となる。このため、組み込みシステムプログラミングでは、エラーになりやすいことがわかっている C++ の機能やプログラミング手法は避けるようにすべきである。ポインターの不注意な使用は、その最たるものだ。問題になりそうなのは、以下の 2 つの領域である。

- 明示的な（チェックされず、安全ではない）型変換
- 配列の要素へのポインターの受け渡し

1 つ目の問題は、明示的な型変換（キャスト）の使用を厳しく制限すれば、たいてい対処できる。ポインターと配列の問題は少し微妙であり、理解を必要とする。これについては、単純なクラスや array（§20.9）といった標準ライブラリの機能を使って対処するのが得策である。ここでは、2 つ目の問題に対処する方法について見ていこう。

25.4.1 チェックされない型変換

外部デバイスの制御レジスターといった物理リソースとそれらの最も基本的なソフトウェア制御は、一般に、低レベルのシステムにおいて特定のアドレスに存在する。そうしたアドレスをプログラムに入力し、そうしたデータに型を与える必要がある（§17.8）。

```
Device_driver* p = reinterpret_cast<Device_driver*>(0xffb8);
```

この種のプログラミングは、マニュアルやオンラインドキュメントと首っ引きで行うものだ。ハードウェアリソースとそれを操作するソフトウェアへのポインターの対応付けは脆弱である。ハードウェアリソースとは、リソースの（1つ以上の）レジスターのアドレスのことであり、多くの場合は 16 進数の整数として表現される。これはプログラミング言語で対処すべき問題ではないため、コンパイラーはあまり助けにならない。そうした状況では、自分の力で何とかしなければならない。通常、int からポインター型への単純な（まったくチェックされないやっかいな）reinterpret_cast は、アプリケーションからそうしたハードウェアリソースへの一連の接続に不可欠なリンクとなる。

reinterpret_cast や static_cast といった明示的な型変換（§A.5.7）については、どうしても必要でなければ避けるようにしよう。そうした型変換が必要となる状況は、主に C/C++ を経験してきたプログラマーが一般に想像するよりもはるかに少ない。

25.4.2 機能不全のインターフェイス

多くの場合、配列は要素へのポインターとして関数に渡される（§18.6.1）。多くの場合は、最初の要素へのポインターが渡される。結果として、それらのサイズは「失われる」ため、そのポインターが指している要素の個数を受け手の関数が直接知ることはできない。これは発見や修正が困難な多くのバグの原因となる。ここでは、そうした配列とポインターの問題を取り上げ、代替策を示す。また、非常に問題のあるインターフェイスの例を示し、それを改善していく。残念ながら、そうしたインターフェイスは珍しくない。

```
void poor(Shape* p, int sz)   // 設計に問題のあるインターフェイス
{
    for (int i=0; i<sz; ++i) p[i].draw();
}

void f(Shape* q, vector<Circle>& s0)   // 非常によくないコード
{
    Polygon s1[10];
    Shape s2[10];
    // 初期化
    Shape* p1 = new Rectangle {Point{0,0},Point{10,20}};
    poor(&s0[0],s0.size());    // #1 (vector から配列を渡す)
    poor(s1,10);               // #2
```

```
            poor(s2,20);              // #3
            poor(p1,1);               // #4
            delete p1;
            p1 = 0;
            poor(p1,1);               // #5
            poor(q,max);              // #6
    }
```

poor関数は、設計に問題のあるインターフェイスの例である。このインターフェイスには、呼び出し元がミスをする機会が山ほどあるが、実装者がそうしたミスを防ぐ機会はほとんどない。

TRY THIS

先へ進む前に、f()でエラーがいくつ見つかるか確認してみる。具体的には、プログラムをクラッシュさせる可能性があるのはどのpoor()呼び出しだろうか。

一見すると、これらの呼び出しに問題はなさそうだが、この種のコードは、プログラマーを夜通しデバッグに付き合わせ、品質技術者にとっては悪夢を意味する。

1. poor(&s0[0],s0.size())など、渡されている要素型が正しくない。また、s0は空であるかもしれず、その場合、&s0[0]は誤りである。
2. 「マジック定数」poor(s1,10)を使用している（この場合は正しい）。また、間違った要素型を使用している。
3. 「マジック定数」poor(s2,20)を使用している（この場合は正しくない）。
4. 正しい（簡単に検証できる）poor(p1,1)の1回目の呼び出し。
5. nullポインターを渡しているpoor(p1,1)の2回目の呼び出し。
6. 正しいかもしれないpoor(q,max)の呼び出し。このコードを見ただけでは何とも言えない。qが少なくともmax個の要素の配列を指しているかどうかを確認するには、qとmaxの定義を探し、それらの値を使用時に特定する必要がある。

どのケースでも、エラーは単純である。ここでは、難解なアルゴリズムやデータ構造の問題は扱っていない。ここでの問題は、ポインターとして渡された配列を使用するpoor()のインターフェイスが、一連の問題への可能性を残すことである。pqやs0といった「技術的」に助けにならない名前を使用したせいで、問題が覆い隠されてしまったことに気づいたかもしれない。だが、記憶の助けになっても誤解を招きやすい名前を使用すれば、そうした問題がかえって特定しにくくなることがある。

理論的には、p1==0であるpoor(p1,1)の2つ目の呼び出しなど、エラーの一部をコンパイル時に特定できる可能性がある。現に、抽象クラスであるShape型のオブジェクトを定義しようとしていることがコンパイル時に検出されるため、この例では惨事を免れている。ただし、これはpoor()のインターフェイスの問題とは無関係であるため、それで安心している場合ではない。インターフェイスの問題から注意がそれないよう、次の例では、Shapeの具象派生クラスを使用する。

poor(&s0[0],s0.size()) 呼び出しがエラーになるのはなぜだろうか。&s0[0] は Circle 型の配列の最初の要素を指しており、それは Circle* である。ここで期待しているのは Shape* であり、Shape の派生クラスのオブジェクトへのポインター（この場合は Circle*）を渡している。これは明らかに問題ではない。オブジェクト指向プログラミングを実行し、共通のインターフェイス（この場合はShape）を通じてさまざまな型のオブジェクトにアクセスするには、この型変換が必要である（§14.2）。ただし、poor() はその Shape* を単にポインターとして使用するのでなく、配列として使用している。そして、その配列へのアクセスに添字を使用している。

```
for (int i=0; i<sz; ++i) p[i].draw();
```

つまり、メモリー位置 &p[0]、&p[1]、&p[2] などで始まるオブジェクトを参照している。

メモリーアドレスに関して言うと、これらのポインターは sizeof(Shape) ずつ離れている（§17.3.1）。poor() の呼び出し元にとっては残念なことだが、sizeof(Circle) は sizeof(Shape) よりも大きいため、メモリーレイアウトは以下のようになる。

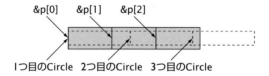

つまり、poor() は Circle の途中を指しているポインターで draw() を呼び出している。これはプログラムをすぐにクラッシュさせる可能性がある。

poor(s1,10) の呼び出しはさらに油断がならない。この呼び出しでは「マジック定数」が使用されているため、メンテナンスの問題がすぐに思い浮かぶが、それよりも深刻な問題がある。Polygon 型の配列を使用しても先の Circle の問題がすぐに表面化しないのは、単に、Polygon がその基底クラスである Shape にデータメンバーを追加していないからだ。対照的に、Circle はデータメンバーを追加している（§13.8、§13.12）。つまり、sizeof(Shape)==sizeof(Polygon) であり、さらに言えば、Polygon のメモリーレイアウトは Shape と同じである。要するに、私たちは「運がよかった」だけである。Polygon の定義を少しでも変更すれば、プログラムはクラッシュするだろう。したがって、poor(s1,10) はうまくいくが、問題がいつ発生してもおかしくない状況である。これは断じて品質のよいコードではない。

ここで示しているのは、「D は B である」ことが「Container<D> は Container<B> である」ことを意味しないという、C++ の一般的なルール（§19.3.3）の実装理由である。

25.4 アドレス、ポインター、配列

```
class Circle : public Shape { /* ... */ };

void fv(vector<Shape>&);
void f(Shape &);

void g(vector<Circle>& vd, Circle & d)
{
    f(d);     // OK: Circle から Shape への暗黙的な型変換
    fv(vd);   // エラー: vector<Circle> は vector<Shape> に型変換できない
}
```

このように、poor() を使用するコードには大きな問題があるが、そうしたコードを組み込みシステムのコードと見なすことは可能だろうか。つまり、安全性やパフォーマンスが重視される領域で、この種の問題に配慮する必要はあるだろうか。非クリティカルシステムのプログラマーに対し、それらを危険要因として却下できるだろうか。それとも「それを使用しない」ように忠告するだけでよいだろうか。現代の組み込みシステムの多くは GUI に大きく依存している。ほとんどの場合、GUI はここで示しているようなオブジェクト指向方式で構成されている。例としては、iPod のユーザーインターフェイス、一部の携帯電話のインターフェイス、飛行機を含む「ガジェット」のオペレータ画面があげられる。もう1つの例は、さまざまな電気モーターといった同様のガジェットのコントローラーが従来のクラス階層を構成する場合があることだ。つまり、この種のコード ─ 特にこの種の関数宣言は、まさに、私たちが警戒しなければならない類いのコードである。データの集まりに関する情報を渡すためのより安全な方法が必要であり、それは他の重大な問題を引き起こさないものでなければならない。

というわけで、組み込み配列を関数にポインターとサイズとして渡すのは避けたい。では、どうすればよいだろうか。最も単純な方法は、vector といったコンテナーへの参照を渡すことである。以下のコードで発生した問題は、

```
void poor(Shape* p, int sz);
```

以下のコードでは決して発生しない。

```
void general(vector<Shape>&);
```

std::vector や同等のものを使用できる場所でプログラミングを行っている場合、インターフェイスでは終始 vector や同等のものを使用すればよい。組み込み配列をポインターとサイズとして渡してはならない。

vector や同等のものに限定できない場合は、より困難な状況に足を踏み入れることになる。その場合は、そう単純ではない手法や機能が必要となる。ただし、次に示す Array_ref クラスを使用する方法は単純明快である。

25.4.3　解決策：インターフェイスクラス

　残念ながら、std::vector はフリーストアに依存するため、多くの組み込みシステムでは使用できない。この問題を解決するには、vector の特別な実装を使用するか、vector のように動作するものの、メモリーを管理しないコンテナーを使用するかである。この場合は、後者のほうが簡単だ。そのようなインターフェイスクラスの概要を示す前に、そのクラスに必要なものをまとめてみよう。

- メモリー内のオブジェクトへの参照である。オブジェクトを所有したり、オブジェクトを確保したり、オブジェクトをデリートしたりしない。
- 自身のサイズを知っている。このため、範囲チェックを行う可能性がある。
- 要素の正確な型を知っている。このため、型エラーの原因にはなり得ない。
- ポインターとカウントのペアとして渡す（コピーする）ことができる。
- ポインターへの暗黙的な型変換を行わない。
- インターフェイスオブジェクトによって表される一連の要素の一部を簡単に表現できる。
- 組み込み配列と同じように簡単に使用できる。

「組み込み配列と同じように簡単に使用できる」については、それに近づけるので精一杯である。エラーの可能性を作ってまで簡単に使用できるようにしたいとは考えていない。

　そのようなクラスの 1 つは、以下のようになる。

```cpp
template<typename T>
class Array_ref {
public:
    Array_ref(T* pp, int s) :p{pp}, sz{s} { }

    T& operator[](int n) { return p[n]; }
    const T& operator[](int n) const { return p[n]; }

    bool assign(Array_ref a)
    {
        if (a.sz!=sz) return false;
        for (int i=0; i<sz; ++i) { p[i]=a.p[i]; }
        return true;
    }

    void reset(Array_ref a) { reset(a.p,a.sz); }
    void reset(T* pp, int s) { p=pp; sz=s; }

    int size() const { return sz; }
```

```
            // デフォルトのコピー演算:
            //    Array_ref はリソースをいっさい所有しない
            //    Array_ref には参照のセマンティクスがある
        private:
            T* p;
            int sz;
        };
```

Array_ref は最低限のものに近い。

- フリーストアを必要とする push_back() がなく、例外を必要とする at() がない。
- Array_ref は参照の 1 つの形式であるため、コピーは単に (p,sz) をコピーするだけである。
- さまざまな配列で初期化することにより、型が同じでサイズが異なる Array_ref を使用できる。
- reset() を使って (p,size) を更新することにより、既存の Array_ref のサイズを変更できる。多くのアルゴリズムでは、部分範囲の仕様が必要となる。
- イテレーターのインターフェイスはないが、必要であれば簡単に追加できる。概念的には、Array_ref は 2 つのイテレーターによって表される範囲にかなり近いものだ。

Array_ref は要素を所有せず、メモリーを管理しない。Array_ref は一連の要素にアクセスしてそれらをやり取りするためのメカニズムにすぎない。その点で、標準ライブラリの array（§20.9）とは異なる。

Array_ref の作成を容易にするために、便利なヘルパー関数をいくつか提供する。

```
template<typename T> Array_ref<T> make_ref(T* pp, int s)
{
    return (pp) ? Array_ref<T>{pp,s} : Array_ref<T>{nullptr,0};
}
```

Array_ref をポインターで初期化する場合は、サイズを明示的に指定しなければならない。誤ったサイズを指定する機会を作っていることを考えると、これが弱点であることは明白だ。また、Polygon[10] から Shape* への型変換など、派生クラスの配列から基底クラスのポインターへの暗黙的な型変換の結果として得られたポインターを使用する機会も作ることになるが（§25.4.2）、プログラマーを信頼するしかないこともある。

問題の主な原因の 1 つである null ポインターに注意を払い、空の vector に対して同様の予防措置を取ることにした。

```
template<typename T> Array_ref<T> make_ref(vector<T>& v)
{
    return (v.size()) ? Array_ref<T>{&v[0],v.size()}
                      : Array_ref<T>{nullptr,0};
}
```

要するに、vector の要素を配列として渡す。ここで関心があるのは vector だが、Array_ref が役立つようなシステムにはたいてい適していない。Array_ref が役立つのは、プールベースのコンテナー（§25.3.3）など、そこで使用できるコンテナーと共通する重要な特性を備えているからだ。

最後に組み込み配列を処理する。コンパイラーはそのサイズを知っている。

```
template <typename T, int s> Array_ref<T> make_ref(T (&pp)[s])
{
    return Array_ref<T>{pp,s};
}
```

T(&pp)[s] という奇妙な表記は、引数 pp を T 型の s 個の要素からなる配列への参照として宣言する。それにより、Array_ref を配列で初期化し、そのサイズを記憶しておくことが可能となる。空の配列は宣言できないため、要素が 0 個かどうかを評価する必要はない。

```
Polygon ar[0];    // エラー: 要素がない
```

Array_ref を使って例を書き直してみよう。

```
void better(Array_ref<Shape> a)
{
    for (int i=0; i<a.size(); ++i) a[i].draw();
}

void f(Shape* q, vector<Circle>& s0)
{
    Polygon s1[10];
    Shape s2[20];
    // 初期化
    Shape* p1 = new Rectangle{Point{0,0},Point{10,20}};
    better(make_ref(s0));      // エラー: Array_ref<Shape> が必要
    better(make_ref(s1));      // エラー: Array_ref<Shape> が必要
    better(make_ref(s2));      // OK（変換は不要）
    better(make_ref(p1,1));    // OK: 要素は 1 つ
    delete p1;
    p1 = 0;
    better(make_ref(p1,1));    // OK: 要素なし
    better(make_ref(q,max));   // OK（max が OK である場合）
}
```

以下の点が改善されている。

- コードが単純になっている。プログラマーがサイズについて考える必要はほとんどないが、サ

イズが必要である場合、それらはコードのあちこちに散らばっているのではなく、特定の場所（`Array_ref` の作成）にある。
- `Circle[]` から `Shape[]` への型変換と `Polygon[]` から `Shape[]` への型変換の際に、型の問題が特定される。
- `s1` と `s2` の要素の個数が間違っているという問題が暗黙的に処理されている。
- `max` など、ポインターの要素の個数に関連する問題がより明らかとなる。サイズを明確にしなければならない場所は、そこだけである。
- `null` ポインターと空の `vector` が暗黙的かつ体系的に処理されている。

25.4.4　継承とコンテナー

しかし、`Circle` の集まりを `Shape` の集まりとして扱いたい場合はどうすればよいだろうか。つまり、ポリモーフィズムに対処するために、`draw_all()` の一種である `better()` がどうしても必要な場合はどうすればよいだろうか（§19.3.2、§22.1.3）。基本的には、無理な相談だ。型システムが `vector<Circle>` を `vector<Shape>` として受け入れない理由については、すでに説明したとおりである（§19.3.3、§25.4.2）。同じ理由により、型システムは `Array_ref<Circle>` を `Array_ref<Shape>` として受け入れない。その理由を忘れてしまった場合は、第 19 章の「§19.3.3 コンセプト」を読み返したほうがよいかもしれない。不便なことがあるかもしれないが、その理由はきわめて根本的なものだ。

さらに、実行時のポリモーフィックな振る舞いを維持するには、ポインターまたは参照を通じてポリモーフィックオブジェクトを操作しなければならない。`better()` の `a[i].draw()` のドット（.）は、それを示していた。矢印（->）ではなくドット（.）を見た瞬間に、ポリモーフィズムの問題を予想すべきだったのだ。

では、どうすればよいだろうか。まず、オブジェクトを直接使用するのでなく、ポインターまたは参照を使用しなければならない。そこで、`Array_ref<Circle>` や `Array_ref<Shape>` ではなく、`Array_ref<Circle*>` や `Array_ref<Shape*>` などを試してみることになる。

だが、やはり `Array_ref<Circle*>` を `Array_ref<Shape*>` に型変換するわけにはいかない。それにより、`Circle*` ではない要素を `Array_ref<Shape*>` に格納することになるかもしれないからだ。ただし、抜け道が 1 つある。

- ここでは `Shape` を描画したいだけであり、`Array_ref<Shape*>` を変更したいわけではない。これは興味深く、有益な、特別なケースである。`Array_ref<Circle*>` から `Array_ref<Shape*>` への型変換により `Circle*` 型以外の型が代入されてしまうといった問題は、`Array_ref<Shape*>` を変更しないケースでは発生しない。
- ポインターの配列のレイアウトはすべて —— それらが指しているオブジェクトの種類に関係なく —— 同じであるため、レイアウトの問題（§25.4.2）は発生しない。

つまり、`Array_ref<Circle*>` を「イミュータブル」な `Array_ref<Shape*>` として扱うことに関しては、何も問題はないはずだ。あとは、`Array_ref<Circle*>` をイミュータブルな `Array_ref<Shape*>` として扱う方法を見つけ出せばよい。以下の図を見てみよう。

第 25 章 組み込みシステムプログラミング

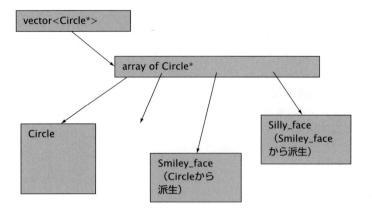

論理的には、Circle* の配列を（Array_ref の）Shape* のイミュータブルな配列として扱うことに何ら問題はない。

エキスパートの領域に迷い込んでしまったようだ。実際には、この問題はどうにも油断ならないもので、ここまで示してきたツールでは解決できない。このインターフェイススタイルとポインター＋要素カウント（§25.4.2）は正常に機能するが、あまりにも目につく。そこで、これに代わるほぼ完全な代替策の作成に必要なものを見てみよう。できるところを見せるために「エキスパートの領域」に立ち入ってはならない。ほとんどの場合は、エキスパートが設計、実装、テストをすでに済ませているライブラリを探すほうが得策である。

まず、ポインターを使用するように better() を書き換え、引数として渡されたコンテナーを「いじらない」ことを保証する。

```
void better2(const Array_ref<Shape*const> a)
{
    for (int i=0; i<a.size(); ++i)
        if (a[i])
            a[i]->draw();
}
```

ポインターを扱うようになったため、null ポインターをチェックする必要がある。const を 2 つ追加したのは、better2() が Array_ref を通じて配列と vector を安全ではない方法で変更することがないようにするためだ。1 つ目の const は、assign() や reset() といった変更（ミュータブル）演算を Array_ref に適用しないようにするためのものだ。2 つ目の const は * の後に配置されており、「定数へのポインター」ではなく「定数ポインター」が必要であることを示している。つまり、要素ポインターを変更する演算が利用できる場合であっても、それを利用したくない。

次に、肝心な問題を解決しなければならない。Array_ref<Circle*> を以下のように型変換できることを表現する方法が必要だ。

- better2() で利用可能な Array_ref<Shape*> のようなものへの変換
- ただし、better2() のイミュータブルバージョンにのみ変換

25.4 アドレス、ポインター、配列

そのためには、`Array_ref` に型変換演算子を追加すればよい。

```cpp
template<typename T>
class Array_ref {
public:
    // 以前と同じ

    template<typename Q>
    operator const Array_ref<const Q>()
    {
        // 要素の暗黙的な型変換をチェック
        static_cast<Q>(*static_cast<T*>(nullptr));

        // Array_ref の型変換
        return Array_ref<const Q>{reinterpret_cast<Q*>(p),sz};
    }

    // 以前と同じ
};
```

これは頭を悩ませるが、基本的にはこういうことだ。

- `Array_ref<T>` の要素を `Array_ref<Q>` の要素にキャストできるとすれば、この演算子はすべての型 `Q` に対して `Array_ref<const Q>` へのキャストを行う。このキャストの結果は使用しない。要素型のキャストが可能であることをチェックするだけである。
- `reinterpret_cast` を使って目的の要素型へのポインターを強引に取得することにより、新しい `Array_ref<const Q>` を生成する。強引な解決策にはたいてい犠牲が伴う。この場合は、多重継承を使用するクラスからの `Array_ref` の型変換は決して使用されない（§A.12.4）。
- `Array_ref<const Q>` の `const` により、`Array_ref<const Q>` を従来のミュータブルな `Array_ref<Q>` にコピーすることはできない。

これは「エキスパートの領域」であり、「頭痛の種」である。だが、このバージョンの `Array_ref` を使用するのは簡単だ。用心しなければならないのは、定義と実装だけである。

```cpp
void f(Shape* q, vector<Circle*>& s0)
{
    Polygon* s1[10];
    Shape* s2[20];
    // 初期化
    Shape* p1 = new Rectangle{Point{0,0},10};
    better2(make_ref(s0));      // OK: Array_ref<Shape*const> に型変換
```

第 25 章　組み込みシステムプログラミング

```
    better2(make_ref(s1));       // OK: Array_ref<Shape*const> に型変換
    better2(make_ref(s2));       // OK（型変換は不要）
    better2(make_ref(p1,1));     // エラー
    better2(make_ref(q,max));    // エラー
}
```

ポインターを使用しようとした場合はエラーになる。なぜなら、better2() は Array_ref<Shape*> を期待しているが、それらは Shape* だからだ。つまり、better2() が期待しているのはポインターではなく、複数のポインターを格納している何かである。better2() にポインターを渡したい場合は、それらを組み込み配列や vector といったコンテナーに格納した上で渡さなければならない。個々のポインターについては、make_ref(&p1,1) を使用することもできる。ただし、複数の要素を持つ配列への解決策に、オブジェクトへのポインターからなるコンテナーを作成しない解決策というものは存在しない。

まとめてみよう。配列の弱点を埋め合わせるために、単純で、安全で、使いやすく、効率のよいインターフェイスを作成できる。それは本節の主なテーマだった。「いかなる問題も別のレベルの間接化によって解決される」（David Wheeler）ことは、「コンピューターサイエンスの第一法則」として提唱されている。それは、このインターフェイスの問題を解決するために本章で使用した方法だ。

25.5　ビット、バイト、ワード

ビット、バイト、ワードといったハードウェアメモリーの概念についてはすでに説明したが、一般的なプログラミングでは、それらについてあまり考えることはない。プログラマーが考えるのは、double、string、Matrix、Simple_window といった特定の型のオブジェクトのほうである。ここでは、メモリーの実体をよく知っておかなければならないプログラミングについて見ていこう。

整数の 2 進表現と 16 進表現の知識に自信がない場合は、この機会に付録 A の「§A.2.1.1 記数法」を読んでおくとよいだろう。

25.5.1　ビットとビット演算

1 バイトを 8 ビットのシーケンスとして考えてみよう。

バイト内のビットを右（最下位）から左（最上位）に数える規約があることに注意しよう。次に、1 ワードを 4 バイトのシーケンスとして考えてみる。

```
        3:       2:       1:       0:
      ┌──────┬──────┬──────┬──────┐
      │ 0xff │ 0x10 │ 0xde │ 0xad │
      └──────┴──────┴──────┴──────┘
```

この場合も右から左に、つまり最下位バイト（LSB：Least Significant Bit）から最上位バイト（MSB：Most Significant Bit）に数える。これらの図は実世界にあるものをかなり単純に捉えたものだ。この

25.5 ビット、バイト、ワード

10年ほど見かけていないが、1バイトが9ビットのコンピューターも存在していたし、1ワードが2バイトのコンピューターも珍しくない。ただし、「8ビット」や「4バイト」を利用する前にシステムマニュアルを調べることさえ覚えておけば、問題はないはずだ。

コードに移植性を持たせたい場合は、<limits>（§24.2.1）を使ってサイズに関する想定が正しいことを確認する。コードにアサーションを挿入し、コンパイラーにチェックさせることもできる。

```
static_assert(4<=sizeof(int),"ints are too small");
static_assert(!numeric_limits<char>::is_signed,"char is signed");
```

static_assert の1つ目の引数は、true であることが想定される定数式である。この定数式が true ではなく、アサーションが失敗した場合、コンパイラーはエラーメッセージの一部として2つ目の string 引数を書き出す。

C++ でビットの集まりを表すにはどうすればよいだろうか。その答えは、必要なビット数と、便利さと効率のよさが求められる演算の種類による。整数型はビットの集まりとして使用できる。

- bool：1ビットだが、1バイト分のスペースを占める
- char：8ビット
- short：16ビット
- int：一般的には32ビットだが、多くの組み込みシステムは16ビットの int を使用
- long int：32ビットまたは64ビット（ビット数は少なくとも int と同じ）
- long long int：32ビットまたは64ビット（ビット数は少なくとも long と同じ）

ここで示したサイズは標準的ものだが、実装によってはサイズが異なるかもしれない。このため、サイズを知る必要がある場合は、テストが必要である。それに加えて、標準ライブラリでは、ビットを扱うための手段が用意されている。

- std::vector<bool>：8*sizeof(long) よりも多くのビットが必要な場合
- std::bitset：8*sizeof(long) よりも多くのビットが必要な場合
- std::set：順不同の名前付きのビットの集まり（§21.6.5）
- ファイル：大量のビット（§25.5.6）

さらに、C++ の2つの機能を使ってビットを表すこともできる。

- 列挙（enum、§9.5）
- ビットフィールド（§25.5.5）

「ビット」を表すためにこれほどさまざまな方法があることは、人々がビットを調べ、ビットに名前を付け、ビットで演算を行うさまざまな方法を提供したいという衝動に駆られていることを物語っている。コンピューターのメモリ内にあるものはすべて、突き詰めればビットの集まりだからだ。組み込みの機能はすべて、8、16、32、64といった決まった数のビットを操作する。このため、コンピューターはハードウェアによって直接提供される演算を使用することで、それらのビットでの論理演算を最適な速度で行うことができる。対照的に、標準ライブラリの機能はどれも、任意のビット数を提供するものだ。これにより、パフォーマンスは制限されるかもしれないが、効率に関して早まった決断を下してはならない。ハードウェアにうまくマッピングされるようなビット数を選択すれば、標準ライブラリ

の機能がうまく実行されるような最適化が可能となり、多くの場合はそのように最適化される。

まず、整数から見ていこう。C++では、基本的には、整数に対してハードウェアが直接実装しているビット単位の論理演算が提供される。これらの演算はオペランドの各ビットに適用される。

ビット演算

`|`	論理和（OR）	x|yのビットnは、xのビットnまたはyのビットnが1である場合に1である
`&`	論理積（AND）	x&yのビットnは、xのビットnとyのビットnが1である場合に1である
`^`	排他的論理和（XOR）	x^yのビットnは、xのビットnまたはyのビットnが1である場合に1だが、両方が1の場合は1ではない
`<<`	左シフト	x<<s は x を s ビットだけ左へシフトする（ずらす）。x のビット n は x<<s のビット n+s へ移動する
`>>`	右シフト	x>>s は x を s ビットだけ右へシフトする。x のビット n はビット n-s へ移動する
`~`	補数	~xのビットnはxのビットnを反転させたものである

基本演算に「XOR」（^）が含まれているのを見て違和感を覚えたかもしれない。だが、XOR は多くのグラフィックスコードや暗号コードに欠かせない演算である。

コンパイラーはビット演算子である << を出力演算子と混同したりしないが、読者は混同するかもしれない。混同しない秘訣は、出力演算子の左オペランドが ostream であるのに対し、ビット演算子の左オペランドが整数であることを覚えておくことだ。

& 演算子と | 演算子は、そのオペランドの1ビット1ビットに作用し（§A.5.5）、そのオペランドと同じビット数の結果を生成する点で、&& 演算子や || 演算子とは異なっている。&& 演算子と || 演算子は、true または fase を返すだけである。

例をいくつか見てみよう。通常、ビットパターンは16進表記を使って表現する。ハーフバイト（4ビット）に対しては、以下のようになる。

16進表記	ビット	16進表記	ビット
0x0	0000	0x8	1000
0x1	0001	0x9	1001
0x2	0010	0xa	1010
0x3	0011	0xb	1011
0x4	0100	0xc	1100
0x5	0101	0xd	1101
0x6	0110	0xe	1110
0x7	0111	0xf	1111

9までの数には10進数も使用できるが、16進数を使用すると、ビットパターンについて考えている

ことを思い出すのに役立つ。バイトとワードでは16進数が非常に役立つ。バイト内のビットは2つの16進数で表すことができる。

16進表記のバイト	ビット
0x00	0000 0000
0x0f	0000 1111
0xf0	1111 0000
0xff	1111 1111
0xaa	1010 1010
0x55	0101 0101

したがって、unsigned（§25.5.3）を使って物事をできるだけ単純に保てば、以下のように記述できる。

```
unsigned char a = 0xaa;
unsigned char x0 = ~a;   // a の補数
```

```
unsigned char b = 0x0f;
unsigned char x1 = a&b;  // a AND b
```

```
unsigned char x2 = a^b;  // a XOR b
```

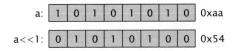

```
unsigned char x3 = a<<1; // 左シフト 1
```

a: | 1 | 0 | 1 | 0 | 1 | 0 | 1 | 0 | 0xaa

a<<1: | 0 | 1 | 0 | 1 | 0 | 1 | 0 | 0 | 0x54

バイトを埋めるためにビット 0（LSB：Least Significant Bit）の外側から 0 が「内側にシフト」されていることに注目しよう。左端のビット（ビット 7）は単に消滅する。

```
unsigned char x4 = a>>2;   // 右シフト 2
```

バイトを埋めるためにビット 7（MSB：Most Significant Bit）の外側から 2 つの 0 が「内側にシフト」されていることに注目しよう。右端の 2 ビット（ビット 1 とビット 0）は単に消滅する。

ビットパターンはこのように描画できる。ビットパターンがどのようなものであるかを感じ取る分にはそれでもよいが、すぐに飽きてしまうだろう。次に、整数をビット表現に変換する簡単なプログラムを見てみよう。

```
int main()
{
    for (unsigned i; cin>>i; )
        cout << dec << i << "=="
             << hex << "0x" << i << "=="
             << bitset<8*sizeof(unsigned)>{i} << '\n';  // *1
}
```

整数の個々のビットを出力するには、標準ライブラリの `bitset` を使用する。

```
bitset<8*sizeof(int)>{i}
```

`bitset` は固定数のビットである。この場合は、`int` のビット数（`8*sizeof(int)`）を使用し、その `bitset` を整数 `i` で初期化している。

TRY THIS

ビットの例を実行し、2 進表現と 16 進表現に対する感覚を養うためにいくつかの値を試してみる。負の値の表現で行き詰まってしまった場合は、「§25.5.3 符号付きと符号なし」を読んでからもう一度試してみよう。

[*1] 訳注：Visual Studio 2015 では、`itset<8*sizeof(unsigned)>{i}` の `{i}` が「'int' から '_ULonglong' への変換には縮小変換が必要」というエラーになる。`(i)` に置き換えるか、`{(_ULonglong)i}` のようにキャストする必要がある。

25.5.2 bitset

標準ライブラリのテンプレートクラスである bitset は、ビットの集まりを表現および操作するために使用されるクラスであり、<bitset> で定義されている。bitset はそれぞれ、生成時に指定されたサイズに固定される。

```
bitset<4> flags;
bitset<128> dword_bits;
bitset<12345> lots;
```

bitset はデフォルトで「オール 0」に初期化されるが、通常はイニシャライザーが指定される。bitset のイニシャライザーには、符号なし整数か、0 と 1 からなる文字列のどちらかを使用できる。

```
bitset<4> flags = 0xb;
bitset<128> dword_bits {string{"1010101010101010"}};
bitset<12345> lots;
```

この場合、lots は「オール 0」になり、dword_bits は 112 個の 0 に続いて 16 個のビットが明示的に指定された状態となる。'0' および '1' 以外の文字が含まれた文字列で初期化しようとした場合は、std::invalid_argument 例外がスローされる。

```
string s;
cin>>s;
bitset<12345> my_bits{s};   // std::invalid_argument がスローされる場合あり
```

bitset には、通常のビット演算子を使用できる。たとえば、b1、b2、b3 が bitset であるとしよう。

```
b1 = b2&b3;  // AND
b1 = b2|b3;  // OR
b1 = b2^b3;  // XOR
b1 = ~b2;    // 補数
b1 = b2<<2;  // 左シフト
b1 = b2>>3;  // 右シフト
```

基本的には、ビット単位の論理演算に対し、bitset はユーザーが指定したサイズの unsigned int （§25.5.3）のように機能する。算術演算を除いて、unsigned int で実行できることはすべて bitset でも実行できる。bitset は特に I/O に役立つ。

```
cin>>b;                  // 入力から bitset を読み込む
cout<<bitset<8>{'c'};    // 文字 'c' のビットパターンを出力
```

bitset への読み込みの際、入力ストリームは 0 と 1 を期待する。以下の入力は 101 として読み込まれ、21 は読み込まれずにストリームに残る。

```
10121
```

バイトとワードに関しては、bitset のビットには右（LSB）から左（MSB）に向かって番号が振られるため、たとえばビット7の数値は 2^7 である。

```
7: 6: 5: 4: 3: 2: 1: 0:
 1  0  1  0  0  1  1  1
```

bitset はビットの添字をサポートするため、bitset に関しては、番号付けは単なる規約ではない。

```
int main()
{
    constexpr int max = 10;
    for (bitset<max> b; cin>>b; ) {
        cout << b << '\n';
        for (int i=0; i<max; ++i) cout << b[i];    // 逆の順序
        cout << '\n';
    }
}
```

bitset の詳細が必要な場合は、オンラインドキュメント、マニュアル、または上級者向けの教科書を調べてみよう。

25.5.3 符号付きと符号なし

ほとんどの言語と同様に、C++ は符号付き整数と符号なし整数の両方をサポートしている。符号なし整数をメモリ内で表すのは簡単であり、ビット0は1、ビット1は2、ビット2は4を意味する、といった具合になる。これに対し、符号付き整数は問題である。正の数と負の数を区別するにはどうすればよいだろうか。C++ はハードウェア設計者にある程度の自由を与えているが、ほぼすべての実装が2の補数表現を使用している。左端（MSB）は「符号ビット」として解釈される。

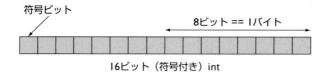

25.5 ビット、バイト、ワード

符号ビットが 1 である場合、その数は負である。2 の補数表現はほぼ普遍的に使用されている。ここでは、符号付き整数を 4 ビット整数で表す方法について考えてみよう。

```
正：   0      1      2      4      7
     0000   0001   0010   0100   0111
負：  1111   1110   1101   1011   1000
      −1     −2     −3     −5     −8
```

-(x+1) のビットパターンは、x のビットの補数（~x）として表すことができる（§25.5.1）。

ここまでは、int といった符号付き整数だけを使用してきた。ルールを少し改善すると、以下のようになる。

- 数値には int といった符号付き整数を使用する。
- 一連のビットには unsigned int といった符号なし整数を使用する。

原則としては悪くないが、算術演算の形式によっては符号なし整数を選択する人もおり、そのようなコードを使用しなければならないことがたまにある。このため、このルールを守るのは難しい。たとえば、vector の v.size() は符号なし整数である。これには、int が 16 ビットで、1 ビットも無駄にできなかった C の初期の時代にさかのぼる歴史的な理由がある。

```
vector<int> v;
...
for (int i=0; i<v.size(); ++i) cout << v[i] << '\n';
```

「親切な」コンパイラーは、符号付き（i）の値と符号なし（v.size()）の値が混在していることを警告してくれるかもしれない。符号なしの変数と符号付きの変数が混在していると大惨事につながることがあるからだ。たとえば、ループ変数 i のオーバーフローが考えられる。つまり、v.size() が符号付きの int の最大値を超えるかもしれない。その場合、i は符号付き int で表せる正の整数の最大値 — $2^{int\ のビット数-1} - 1$、つまり $2^{15} - 1$ — に達する。次の ++ は、次に大きい整数を生成できず、代わりに負の値を生成する。整数の最大値に達するたびに int の負の最小値から折り返すことになるため、ループは決して終了しなくなる。16 ビットの int では、このループは v.size() が 32×1024 以上である場合におそらく深刻なバグとなる。32 ビットの int では、i が $2 \times 1024 \times 1024 \times 1024$ に達した場合に問題が発生する。

したがって、厳密に言えば、本書に示されているループのほとんどは手抜きであり、問題の原因となる可能性がある。言い換えるなら、組み込みシステムでは、ループが臨界点に決して達しないことを検証するか、それを別の形式のループに置き換えるべきだった。この問題を回避するには、vector が提供している size_type を使用するか、イテレーターを使用するか、範囲 for 文を使用すればよい。

```
for (vector<int>::size_type i=0; i<v.size(); ++i)
    cout << v[i] << '\n';

for (vector<int>::iterator p=v.begin(); p!=v.end(); ++p)
    cout << *p << '\n';
```

```
for (int x : v) cout << x << '\n';
```

`size_type`は符号なしであることが保証されるため、最初の符号なし整数の形式では、先の`int`バージョンよりも操作できるビットが1つ多い。これは大きな違いだが、それでも1ビットの範囲しか得られない（ループを実行できる回数は2倍になる）。イテレーターを使用するループには、そうした制限はない。

TRY THIS
以下のコードは無害に思えるかもしれないが、実は無限ループである。

```
void infinite()
{
    unsigned char max = 160;   // 非常に大きい
    for (signed char i=0; i<max; ++i) cout << int(i) << '\n';
}
```

このコードを実行し、その理由を説明する。

符号なし整数を整数として使用し、単なるビットの集まりとして使用しない — つまり、+、-、*、/ を使用しない理由は、基本的には以下の2つである。

- その余分なビット分の精度を得るため。
- 整数を負にできない論理的な特性を表現するため。

1つ目の理由は、プログラマーが符号なしのループ変数を使用することによって得られるものだ。

C++では（Cの場合と同様に）、符号付きの型と符号なしの型を併用すると、それらが相互に変換されるという問題がある。その方法は意外なもので、そう簡単には覚えられない。

```
unsigned int ui = -1;

int si = ui;
int si2 = ui+2;
unsigned ui2 = ui+2;
```

驚いたことに、最初の初期化は成功し、`ui`に4,294,967,295の値が設定される。これは、符号付き整数の-1（オール1）と同じ表現（ビットパターン）を持つ符号なし32ビット整数である。これに目をつけ、-1を「オール1」の省略表現として使用する人もいれば、それを問題視する人もいる。符号なしから符号付きへの変換にも同じルールが適用されるため、`si`の値は-1になる。思ったとおり、`si2`は-1+2==1になり、`ui2`もそうなる。`ui2`の結果に一瞬ぎょっとしたはずだ。なぜ4294967295+2が1になるのだろうか。4294967295を16進数（0xffffffff）にしてみれば、状況が見えてくる。4294967295は符号なし32ビット整数の最大数であるため、4294967297を（符号の有無にかかわ

らず）32ビット整数で表すことはできない。言い換えるなら、4294967295+2 はオーバーフローである — より正確には、符号なし整数は合同算術をサポートしている。つまり、32ビット整数での算術は、32を法とする算術である。

ここまではよいだろうか。符号なし整数において余分なビットを精度にすることの危険性を認識してもらえたことを願っている。それは紛らわしいことがあり、よってエラーの原因になる可能性がある。

整数がオーバーフローした場合はどうなるだろうか。

```
Int i = 0;
while (++i) print(i);   // i を整数とそれに続くスペースとして出力
```

どのような値が出力されるだろうか。当然ながら、それは Int の定義次第である — この場合に限っては、大文字の I はタイプミスではない。ビット数が限られている整数型では、いつかはオーバーフローが発生する。Int が unsigned char、unsigned int、unsigned long long といった符号なし整数である場合、++ は合同算術であるため、表現可能な最大の数を超えると 0 になり、そこでループは終了する。Int が signed char といった符号なし整数である場合、数字は突如として負になり、ループを終了させる 0 に向かって増え始める。たとえば signed char である場合は、$1 \, 2 \cdots 126 \, 127 - 128 - 127 \cdots - 2 - 1$ になる。

整数がオーバーフローしたらどうなるだろうか。まるで十分なビットがあるかのように実行が進むが、結果を格納する整数に収まらない部分は捨てられる。この方法では、左端のビット（MSB）が失われる。この効果は代入時に見られるものと同じだ。

```
int si = 257;           // char に収まらない
char c = si;            // char への暗黙的な型変換
unsigned char uc = si;
signed char sc = si;
print(si); print(c); print(uc); print(sc); cout << '\n';

si = 129;               // signed char に収まらない
c = si;
uc = si;
sc = si;
print(si); print(c); print(uc); print(sc);
```

結果は以下のようになる。

257	1	1	1
129	-127	129	-127

このような結果になるのは、257 が 8 ビット（255 は 1 が 8 つ）から 2 つはみ出し、129 が 7 ビット（127 は 1 が 7 つ）から 2 つはみ出すために、符号ビットがセットされてしまうためだ。ちなみに、筆者のコンピューターでは、このプログラムは char が符号付きであることを示している — c は sc

のように振る舞い、uc のようには振る舞わない。

TRY THIS
ビットパターンを紙に描き、si=128 の答えを求める。次に、プログラムを実行し、コンピューターの答えがその答えと一致するかどうか確認してみる。

ちなみに、print() 関数を導入したのはなぜだろうか。以下の方法でもよかったはずだ。

```
cout << i << ' ';
```

だが、i が char である場合は、それを整数値ではなく文字として出力したいと考えた。そこで、すべての整数型を一様に扱うために、以下のように定義した。

```
template<typename T> void print(T i) { cout << i << '\t'; }

void print(char i) { cout << int(i) << '\t'; }

void print(signed char i) { cout << int(i) << '\t'; }

void print(unsigned char i) { cout << int(i) << '\t'; }
```

結論として、通常の算術演算を含め、符号なし整数は符号付き整数とまったく同じように使用できるが、注意していないとすぐにエラーになってしまう。このため、極力避けるようにしよう。

- 1 ビット分の精度を得るために符号なし整数を使用しない。
- 余分なビットが 1 つ必要であるとしたら、すぐにもう 1 つ必要になる。

残念ながら、符号なし演算を完全に避けることはできない。

- 標準ライブラリのコンテナーは添字に符号なし整数を使用する。
- 符号なし算術を好んで使用する人がいる。

25.5.4 ビットの操作

実際のところ、ビットをいじるのはなぜだろうか。ほとんどの人はビットなどいじりたくない。「ビットいじり」は低レベルでエラーになりやすいため、他に選択肢がある場合、私たちはそちらを使用する。ただし、ビットは根本的なものであり、非常に便利であるため、それらが存在しないふりをするわけにもいかない。少し否定的で消極的に聞こえるかもしれないが、それはよく考えた上でのことだ。ビットやバイトをいじるのが好きで仕方がない人もいるため、いざというときにはビットいじりが必要になるが、コードがビットだらけになるのはよくないことを覚えておこう。いずれにしても、ビットいじりは意外に楽しいかもしれない。John Bentley の言葉を借りれば、「ビット（bit）をいじると刺され（bitten）」、「バイト（byte）をいじるとかまれる（bytten）」。

では、ビットを操作するのはどのようなときだろうか。アプリケーションにとって自然なオブジェクトが単にビットであるために、アプリケーションドメインでの自然な演算にビット演算が含まれることがある。そうしたアプリケーションドメインの例としては、ハードウェアのフラグ、バイトストリームからさまざまな値を取り出す低レベルの通信、複数レベルのイメージから画像を組み立てるグラフィックス、そして次項で説明する暗号があげられる。

例として、整数から低レベルの情報を取り出す方法について考えてみよう。たとえばバイナリ I/O に合わせて、その情報をバイトとして送信したい。

```
void f(short val)    // 16 ビットの 2 バイトの短整数であるとする
{
    unsigned char right = val&0xff;    // 左端の（最下位）バイト
    unsigned char left = val>>8;       // 右端の（最上位）バイト
    ...
    bool negative = val&0x8000;        // 符号ビット
    ...
}
```

このような演算は一般的であり、「シフト&マスク」と呼ばれる。操作しやすいワードの右端（最下位）部分に問題のビットを配置するために、`<<` または `>>` を使って「シフト」する。そして、結果から不要なビットを取り除いて 0 にするために、AND（`&`）とビットパターン（`0xff`）を使って「マスク」する。

ビットに名前を付けるとしたら、多くの場合は列挙を使用する。

```
enum Printer_flags {
    acknowledge=1,
    paper_empty=1<<1,
    busy=1<<2,
    out_of_black=1<<3,
    out_of_color=1<<4,
    ...
};
```

これにより、各列挙子がその名が示すとおりの値を持つように定義される。

```
out_of_color   16   0x10   0001 0000
out_of_black    8   0x8    0000 1000
busy            4   0x4    0000 0100
paper_empty     2   0x2    0000 0010
acknowledge     1   0x1    0000 0001
```

このような値は、単体での組み合わせが可能なので便利である。

```
unsigned char x = out_of_color | out_of_black;   // x は 24 (16+8) になる
x |= paper_empty;                                // x は 26 (24+2) になる
```

|= については、「1 つ以上のビットをセットする」として解釈できる。同様に、& については、「ビットはセットされているか」として解釈できる。

```
if (x & out_of_color) {   // out_of_color はセットされているか
    ...
}
```

& を使ったマスクも依然として可能である。

```
unsigned char y = x & (out_of_color | out_of_black);   // y は 24 になる
```

この場合、y は x の 4 ビット目と 3 ビット目（out_of_color と out_of_black）のコピーを持つ。

enum を一連のビットとして使用するのは非常に一般的な方法である。その際には、ビットごとの論理演算の結果を enum に「戻す」ための型変換（キャスト）が必要となる。

```
Flags z = Printer_flags(out_of_color | out_of_black);   // キャストが必要
```

キャストが必要である理由は、out_of_color | out_of_black の結果が Flags 変数にとって有効な値であるかどうかをコンパイラーが判断できないことである。コンパイラーの懐疑主義については正当な理由がある。結局のところ、24（out_of_color | out_of_black）の値を持つ列挙子は存在しないが、この場合は代入が妥当であることがわかる — ただし、それはコンパイラーにはわからない。

25.5.5 ビットフィールド

ハードウェアインターフェイスはビットが頻繁に顔を出す領域の 1 つである。一般に、インターフェイスはさまざまなサイズのビットと数字の組み合わせとして定義される。これらの「ビットと数字」にはたいてい名前が付けられ、ワードの特定の位置に現れる。それらはよく**デバイスレジスター**（*device register*）と呼ばれる。C++ には、こうした固定のレイアウトに対処するための特別な機能として、**ビットフィールド**（*bitfield*）が用意されている。例として、OS のページマネージャーが使用するページ番号について考えてみよう。以下に示すのは、OS のマニュアルに描かれている図である。

位置:	31:	9:	6:	3:	2:	1:	0:
PPN	22	3	3	1	1	1	1
名前	PFN	未使用	CCA	nonreachable	dirty	valid	global

32 ビットワードは、2 つの数値フィールドと 4 つのフラグとして使用される。数値フィールドは 22 ビットと 3 ビット、フラグはそれぞれ 1 ビットである。これらのデータのサイズと位置は固定である。その途中には名前のない未使用フィールドもある。これを struct として表現してみよう。

```
struct PPN {                        // R6000 の物理ページ番号（PPN）
    unsigned int PFN : 22 ;         // ページフレーム番号（PFN）
    int : 3 ;                       // 未使用
    unsigned int CCA : 3 ;          // キャッシュコヒーレンシーアルゴリズム（CCA）
    bool nonreachable : 1 ;
    bool dirty : 1 ;
    bool valid : 1 ;
    bool global : 1 ;
};
```

PFN と CCA が符号なし整数として解釈されるはずであることを理解するには、マニュアルを読む必要がある。あるいは、この struct を図から直接書き起こすこともできる。ビットフィールドはワードを左から右へ埋めていく。ビット数はコロン（:）の後ろに整数値として指定する。ビット 8 といった絶対位置は指定できない。ワードに収まらない数のビットをビットフィールドで「消費」した場合、はみ出したフィールドは次のワードに挿入される ─ それが目的だったのなら、それでもよいが。定義されたビットフィールドは、他の変数とまったく同じように使用される。

```
void part_of_VM_system(PPN* p)
{
    ...
    if (p->dirty) {   // 内容が変更されている
        // ディスクにコピーするコード
        p->dirty = 0;
```

```
        }
        ...
    }
```

ビットフィールドの主な利点は、ワードの途中にある情報にアクセスするためのシフトやマスクの手間を省くことだ。たとえば、`pn` という名前の PPN が定義されている場合は、CCA を以下のように取り出すことができる。

```
unsigned int x = pn.CCA;            // CCA を取り出す
```

同じビットを表すために `pni` という名前の `int` を使用していた場合は、以下のように記述することもできる。

```
unsigned int y = (pni>>4)&0x7;      // CCA を取り出す
```

つまり、`pn` を右へシフトして CCA が左端のビットになるようにした後、他のすべてのビットを `0x7` でマスクし、最後の 3 ビットをセットする。マシンコードを見てみると、おそらく生成されたコードがこれら 2 行とまったく同じであることがわかるだろう。

CCA、PPN、PNF といった頭字語は、このレベルのコードにつきものであり、文脈を離ればほとんど意味をなさない。

25.5.6　例：単純な暗号化

データがビットとバイトで表現されるレベルでのデータ処理の例として、単純な暗号アルゴリズムである TEA（Tiny Encryption Algorithm）について考えてみよう。TEA はケンブリッジ大学の David Wheeler（§22.2.1）によって最初に記述されたアルゴリズムであり、単純であるものの、不正な復号を防御する。

コードは真剣に見なくてよい ─ コードが見たくてたまらず、頭痛を起こしてもかまわないのなら別だが。コードを示すのは、単に、現実の便利なビット操作コードがどのようなものであるかを見てもらうためだ。暗号について勉強したい場合は、そのための別の教科書が必要だ。アルゴリズムの詳細や他の言語のアルゴリズムについては、Wikipedia[*2] とイギリスのブラッドフォード大学の Simon Shepherd 教授による TEA の Web サイト[*3] が参考になるだろう。ただし、コードは読めばわかるようなものではないし、コメントも付いていない。

暗号化と復号（解読）の基本的な考え方は単純である。ある人にメッセージを送りたいが、他人に読まれたくないとしよう。そこで、メッセージの正確な変換方法を知らない人には読めないが、変換を元に戻せばメッセージを読めるような方法で、メッセージを変換する。これは「暗号化」と呼ばれる。メッセージを暗号化するには、アルゴリズムと「鍵」を使用する。アルゴリズムについては、招かれざる傍受者が知っていると想定しなければならない。鍵は文字列であり、送り手と受け手の両方が所有する。そして、招かれざる傍受者が鍵を持っていないことを願う。暗号化されたメッセージを受け取ったら、「鍵」を使ってそれを解読する。つまり、送り手が送信した「クリアテキスト（平文）」に戻す。

[*2] http://en.wikipedia.org/wiki/Tiny_Encryption_Algorithm
[*3] http://www.simonshepherd.com/

25.5 ビット、バイト、ワード

TEAの引数は、暗号化される8文字を表す2つの符号なしlong（v[0]、v[1]）の配列、暗号化された出力が書き込まれる2つの符号なしlong（w[0]、w[1]）の配列、そして鍵を表す4つの符号なしlong（k[0]..k[3]）の配列である。

```
void encipher(const unsigned long *const v, unsigned long *const w,
              const unsigned long * const k)
{
    static_assert(sizeof(long)==4,"size of long wrong for TEA");

    unsigned long y = v[0];
    unsigned long z = v[1];
    unsigned long sum = 0;
    const unsigned long delta = 0x9E3779B9;

    for (unsigned long n=32; n-- >0; ) {
        y += (z << 4 ^ z >> 5) + z^sum + k[sum & 3];
        sum += delta;
        z += (y << 4 ^ y >> 5) + y^sum + k[sum >>11 & 3];
    }
    w[0]=y;
    w[1]=z;
}
```

すべてのデータに符号が付いていないのは、負の数字が特別に扱われることにより驚きの展開が待ち受けているためであり、そうしたことに惑わされずにビット演算を実行できるようにするためだ。シフト（<<、>>）、XOR（^）、AND（&）は、おまけとして投入された通常の（符号なしの）加算とともに、基本的な演算を行う。このコードはlongが4バイトであるコンピューターを対象として記述されており、「マジック定数」だらけである ── たとえばsizeof(long)が4であることを前提としている。これは一般によい考えではないが、これなら1枚の紙に収まる。数式として封筒の裏に書けるし、プログラマーの記憶力がよければすぐに覚えられる。David Wheelerは、ノートやラップトップを持たずに出かけたとしても、何かを暗号化できるようにしたいと考えた。このコードは、小さいことに加えて、高速でもある。変数nはイテレーションの回数を決定する。イテレーションの回数が多いほど、暗号の強度も高くなる。筆者の知る限り、n==32の場合にTEAが解読されたことは一度もない。

対応する復号関数は以下のようになる。

```
void decipher(const unsigned long *const v, unsigned long *const w,
              const unsigned long * const k)
{
    static_assert(sizeof(long)==4,"size of long wrong for TEA");

    unsigned long y = v[0];
```

```cpp
        unsigned long z = v[1];
        unsigned long sum = 0xC6EF3720;
        const unsigned long delta = 0x9E3779B9;

        // sum = delta<<5 : 一般的には、sum = delta * n
        for (unsigned long n = 32; n-- > 0; ) {
            z -= (y << 4 ^ y >> 5) + y^sum + k[sum >> 11 & 3];
            sum -= delta;
            y -= (z << 4 ^ z >> 5) + z^sum + k[sum & 3];
        }
        w[0]=y;
        w[1]=z;
    }
```

安全ではない接続経由で送信されるファイルを、TEA を使って生成してみよう。

```cpp
    int main()      // 送り手
    {
        const int nchar = 2*sizeof(long);      // 64 ビット
        const int kchar = 2*nchar;             // 128 ビット

        string op;
        string key;
        string infile;
        string outfile;
        cout << "please enter input file name, output file name, and key:\n";
        cin >> infile >> outfile >> key;
        while (key.size()<kchar) key += '0';   // パディングキー
        ifstream inf(infile);
        ofstream outf(outfile);
        if (!inf || !outf) error("bad file name");

        const unsigned long* k =
            reinterpret_cast<const unsigned long*>(key.data());

        unsigned long outptr[2];
        char inbuf[nchar];
        unsigned long* inptr = reinterpret_cast<unsigned long*>(inbuf);
        int count = 0;
```

```
    while (inf.get(inbuf[count])) {
        outf << hex;                        // 16 進出力を使用
        if (++count == nchar) {
            encipher(inptr,outptr,k);
            // 前 0 でパディング
            outf << setw(8) << setfill('0') << outptr[0] << ' '
                 << setw(8) << setfill('0') << outptr[1] << ' ';
            count = 0;
        }
    }

    if (count) {                            // パディング
        while(count != nchar) inbuf[count++] = '0';
        encipher(inptr,outptr,k);
        outf << outptr[0] << ' ' << outptr[1] << ' ';
    }
}
```

最も重要なコードは while ループである。この while ループは、文字を入力バッファー inbuf に読み込み、TEA が要求する 8 文字を読み取るたびに、それらを encipher() に渡している。TEA は文字が何であるかに関知しない。それどころか、何を暗号化しているのかにまったく無頓着である。たとえば、写真や通話も暗号化できる。TEA の関心はもっぱら、渡された 64 ビット（2 つの符号なし long）から対応する 64 ビットを生成することにある。inbuf へのポインターを取得し、それを符号なし long* にキャストした上で TEA に渡しているのは、そのためだ。鍵についても同じことを行う。TEA が使用するのは鍵の最初の 128 ビット（4 つの符号なし long）であるため、ユーザーの入力を「パディング」して 128 ビットになるようにしている。最後の文は、メッセージを 0 でパディングし、TEA が要求する 64 ビット（8 バイト）にしている。

暗号化されたメッセージを送信するにはどうすればよいだろうか。選択は自由だが、それは ASCII 文字や Unicode 文字ではなく「単なるビット」であるため、通常のテキストとして扱うわけにはいかない。バイナリ I/O（§11.3.2）も選択肢の 1 つだが、ここでは出力ワードを 16 進数として出力することにした。

5b8fb57c	806fbcce	2db72335	23989d1d	991206bc	0363a308
8f8111ac	38f3f2f3	9110a4bb	c5e1389f	64d7efe8	ba133559
4cc00fa0	6f77e537	bde7925f	f87045f0	472bad6e	dd228bc3
a5686903	51cc9a61	fc19144e	d3bcde62	4fdb7dc8	43d565e5
f1d3f026	b2887412	97580690	d2ea4f8b	2d8fb3b7	936cfa6d
6a13ef90	fd036721	b80035e1	7467d8d8	d32bb67e	29923fde

第 25 章 組み込みシステムプログラミング

```
197d4cd6   76874951   418e8a43   e9644c2a   eb10e848   ba67dcd8
7115211f   dbe32069   e4e92f87   8bf3e33e   b18f942c   c965b87a
44489114   18d4f2bc   256da1bf   c57b1788   9113c372   12662c23
eeb63c45   82499657   a8265f44   7c866aae   7c80a631   e91475e1
5991ab8b   6aedbb73   71b642c4   8d78f68b   d602bfe4   d1eadde7
55f20835   1a6d3a4b   202c36b8   66a1e0f2   771993f3   11d1d0ab
74a8cfd4   4ce54f5a   e5fda09d   acbdf110   259a1a19   b964a3a9
456fd8a3   1e78591b   07c8f5a2   101641ec   d0c9d7e1   60dbeb11
b9ad8e72   ad30b839   201fc553   a34a79c4   217ca84d   30f666c6
d018e61c   d1c94ea6   6ca73314   cd60def1   6e16870e   45b94dc0
d7b44fcd   96e0425a   72839f71   d5b6427c   214340f9   8745882f
0602c1a2   b437c759   ca0e3903   bd4d8460   edd0551e   31d34dd3
c3f943ed   d2cae477   4d9d0b61   f647c377   0d9d303a   ce1de974
f9449784   df460350   5d42b06c   d4dedb54   17811b5f   4f723692
14d67edb   11da5447   67bc059a   4600f047   63e439e3   2e9d15f7
4f21bbbe   3d7c5e9b   433564f5   c3ff2597   3a1ea1df   305e2713
9421d209   2b52384f   f78fbae7   d03c1f58   6832680a   207609f3
9f2c5a59   ee31f147   2ebc3651   e017d9d6   d6d60ce2   2be1f2f9
eb9de5a8   95657e30   cad37fda   7bce06f4   457daf44   eb257206
418c24a5   de687477   5c1b3155   f744fbff   26800820   92224e9d
43c03a51   d168f2d1   624c54fe   73c99473   1bce8fbb   62452495
5de382c1   1a789445   aa00178a   3e583446   dcbd64c5   ddda1e73
fa168da2   60bc109e   7102ce40   9fed3a0b   44245e5d   f612ed4c
b5c161f8   97ff2fc0   1dbf5674   45965600   b04c0afa   b537a770
9ab9bee7   1624516c   0d3e556b   6de6eda7   d159b10e   71d5c1a6
b8bb87de   316a0fc9   62c01a3d   0a24a51f   86365842   52dabf4d
372ac18b   9a5df281   35c9f8d7   07c8f9b4   36b6d9a5   a08ae934
239efba5   5fe3fa6f   659df805   faf4c378   4c2048d6   e8bf4939
31167a93   43d17818   998ba244   55dba8ee   799e07e7   43d26aef
d5682864   05e641dc   b5948ec8   03457e3f   80c934fe   cc5ad4f9
0dc16bb2   a50aa1ef   d62ef1cd   f8fbbf67   30c17f12   718f4d9a
43295fed   561de2a0
```

TRY THIS

鍵は bs だった。メッセージは何だったか。

セキュリティの専門家に言わせれば、平文のファイルと暗号化されたファイルを一緒に保存するのは愚かな考えだろうし、パディングや2文字の鍵などについても言いたいことがあるだろう。だが、これはコンピューターセキュリティに関する本ではなく、プログラミングの本である。

このプログラムのテストでは、暗号化されたメッセージを読み込み、元のメッセージに戻すという方法をとった。プログラムを記述するときには、常に、正確さを確認するための単純なテストを実行できるようにしておくことが望ましい。

次に、復号プログラムの中心的な部分を見てみよう。

```
unsigned long inptr[2];
char outbuf[nchar+1];
outbuf[nchar] = 0;                                  // 終端記号
unsigned long* outptr = reinterpret_cast<unsigned long*>(outbuf);
inf.setf(ios_base::hex,ios_base::basefield);  // 16進数の入力を使用

while (inf>>inptr[0]>>inptr[1]) {
    decipher(inptr,outptr,k);
    outf<<outbuf;
}
```

16進数を読み取るために以下のコードを使用している点に注目しよう。

```
inf.setf(ios_base::hex ,ios_base::basefield);
```

復号では、キャストを使って出力バッファー outbuf をビットとして扱う。

TEA は組み込みシステムプログラミングの一例だろうか。厳密に言えばそうではないが、プライバシーが必要な場合や金融取引が実行される場所で TEA が使用される場面を想像できる。それには多くの「ガジェット」が含まれる可能性がある。いずれにしても、TEA はよい組み込みシステムコードの特性の多くを具体的に示している。TEA はその正確さを確信できる汎用的な（数学）モデルに基づいており、小さく、高速で、ハードウェアの特性に直接依存している。encipher() と decipher() のインターフェイスとしてのスタイルは、あまり筆者の好みではない。ただし、encipher() と decipher() は C および C++ の関数として設計されているため、C ではサポートされていない C++ の機能は使用できない。それに、「マジック定数」だらけなのは、数式を直接書き写したせいである。

25.6 コーディング規約

エラーの原因はさまざまである。最も深刻で最も修正が難しいエラーは、エラー処理の全体的な戦略、特定の規格への準拠（または準拠していないこと）、アルゴリズム、データの表現など、高レベルでの設計上の決断に関係している。ここでは、そうした問題には取り組まない。代わりに、うまく書かれていないコードが原因で発生するエラーに焦点を合わせる。うまく書かれていないコードとは、エラーを呼び寄せるかのような方法でプログラミング言語の機能を使用するコードや、意味がわかりにくい方法でアイデアを表現するコードのことだ。

コーディング規約は、「お作法」を定義することで、後者の問題を解決しようとする。お作法は、C++ 言語において特定のアプリケーションに必要だと思われる部分にプログラマーを誘導する。たとえば、組み込みシステムプログラミングのコーディング規約では、ハードリアルタイムの制約が必要かもしれない。「永遠」に動作し続けなければならないシステムのコーディング規約では、`new` の使用が禁止されるかもしれない。一般に、コーディング規約が目指すのは、2 人のプログラマーがあらゆる選択肢の中からスタイルを自由に選んだ場合よりも、彼らが書いたコードがより似通ったものになるようにすることだ。たとえばコーディング規約では、ループに `for` 文を使用することが要求されていて、`while` 文は使用できないとしよう。それにより、コードはより一貫したものになるかもしれない。大規模なプロジェクトでは、メンテナンス上の理由により、それが重要になるかもしれない。コーディング規約の目的は、特定の種類のプログラミングに合わせて特定の種類のプログラマーのコードを改善することにある。すべての C++ アプリケーションとすべての C++ プログラマーに適した 1 つのコーディング規約というものは存在しない。

したがって、コーディング規約が解決しようとしている問題は、アプリケーションを使って解決しようとしている問題特有の複雑さから生じる問題ではなく、解決策を表現する方法に起因する問題である。コーディング規約が対処するのは、付随的な複雑さであって、本質的な複雑さではない。

そうした付随的な複雑さの主な原因をあげてみよう。

- 技巧に走るプログラマー
  理解していない機能を使用する、または複雑な解決策にしたがる。
- 十分な教育を受けていないプログラマー
  言語やライブラリの最も適切な機能を使用しない。
- プログラミングスタイルが意味もなくばらばら
  同じようなタスクを実行するコードが違って見え、メンテナンス担当者を混乱させる。
- 不適切なプログラミング言語
  特定の適用分野や特定のプログラマーグループにあまり適していない言語の機能に手を出す原因となる。
- ライブラリの使用不足
  低レベルのリソースをその場しのぎで次々と操作するようになる。
- 不適切なコーディング規約
  かえって作業を増やしたり、ある種の問題に最適な解決策を禁止したりするために、それらのコーディング規約が解決するはずだった問題の原因になってしまう。

25.6.1　コーディング規約はどうあるべきか

　よいコーディング規約とは、プログラマーがよいコードを書くのに役立つものである。つまり、プログラマーがそれぞれケースバイケースで判断していたであろう多くの小さな質問への答えを提供することにより、プログラムを手助けするものでなければならない。昔の技術者が言ったように、「形式は自由である」。理想的には、コーディング規約は規範であり、何をすべきかを示すものでなければならない。それは当然のことに思えるが、多くのコーディング規約は禁止事項を並べたものにすぎない。「してはいけないこと」をさんざん並べ立てた挙句、ではどうすればよいかをまるで示さない。「してはいけないこと」を教えられるだけではほとんど助けにならず、たいていうっとうしいだけである。

　よいコーディング規約のルールは — できればプログラムによって — 検証可能でなければならない。つまり、コードを書き上げた後、それを見て、「コーディング規約に違反していないか」という質問に簡単に答えられるようなものでなければならない。

　よいコーディング規約は、そうしたルールの理論的根拠を示すはずである。プログラマーに「それが私たちのやり方だから」と告げるだけでは意味がない。そうしたコーディング規約は反感を買うだけである。それだけならまだしも、コーディング規約に無意味に思える部分やよい仕事をする妨げになる部分があれば、プログラマーは容赦なく抵抗を試みる。コーディング規約のすべてを気に入ってもらえると期待してはならない。どれだけよくできていたとしても、コーディング規約は妥協案である。ほとんどの場合は、問題の原因になりそうなプラクティスを — 実際に問題になったことがなくても — 禁止する。たとえば、一貫性のない命名規則は混乱のものだが、誰しも愛着を持っている命名規則があり、他の命名規則を忌み嫌っている。たとえば、筆者の感覚では `CamelCodingStyle` という識別子は「醜悪」であり、より明白で根本的に読みやすい `underscore_style` のほうがずっとましであり、多くの人がそれに同意している。一方で、それに異議を唱える人々の言い分にも一理ある。要するに、すべての人を満足させる命名基準というものは存在しないが、他の多くのケースと同様に、この場合も基準がないくらいなら一貫したスタイルを採用するほうが明らかによい。

　まとめてみよう。

- よいコーディング規約は、特定のアプリケーションドメインと特定のプログラマーグループを対象として設計される。
- よいコーディング規約は、制約的であると同時に規範的である。
  - ライブラリの「基本的な」機能を推奨することは、多くの場合、規範的なルールの最も効果的な使用法である。
- コーディング規約は、コードがどのようなものであるべきかを定める一連のルールである。
  - 「Stroustrup レイアウトを使用する」のように、通常は命名規則とインデント規則を指定する。
  - 「`new` または `throw` を使用しない」のように、通常は言語のサブセットを指定する。
  - 「どの関数にもそれが何をするのかを説明するコメントが含まれていなければならない」のように、通常はコメントのルールを指定する。
  - 「`<stdio.h>` ではなく `<iostream>` を使用する」や「組み込み配列と C スタイルの文字列の代わりに `vector` と `string` を使用する」のように、多くの場合は特定のライブラリの使用を要求する。
- ほとんどのコーディング規約に共通する目標は、以下の特性を向上させることである。

        – 信頼性
        – 移植性
        – 保守性
        – テスタビリティ
        – 再利用性
        – 拡張性
        – 読みやすさ
- よいコーディング規約があることは、コーディング規約がないことよりもよい。コーディング規約なしには、多くの人員と時間を要する大規模な事業プロジェクトは開始されない。
- まずいコーディング規約は、コーディング規約がないことよりも始末に負えない可能性がある。たとえば、C のサブセットのようなものにプログラミングを限定する C++ のコーディング規約は有害である。残念ながら、そうしたコーディング規約は珍しくない。
- すべてのコーディング規約は、たとえよいものであったとしても、プログラマーに嫌われる。ほとんどのプログラマーは、自分の好きなようにコードを書きたいと考える。

25.6.2　ルールの例

　ここでは、コーディング規約がどのようなものであるかを示すために、ルールをいくつか紹介する。当然ながら、読者にとって役立つと思われるルールを選んでいる。ただし、35 ページ以下で説明できるようなコーディング規約は現実的ではなく、ほとんどの場合はそれよりもずっと長いものになる。このため、完全なルール集を示そうとは考えていない。さらに、よいコーディング規約はどれも特定の適用分野と特定のプログラマーを対象として設計されている。このため、普遍性があるように見せかけることもしない。

　ルールには番号が振られており、（簡単な）理論的根拠が含まれている。多くのルールには、理解しやすいように例も含まれている。ここでは、プログラマーが無視することに決めるかもしれない**勧告**と、プログラマーが従わなければならない**不動のルール**とを区別する。現実のルール集では、不動のルールを破れるのは、通常は上司の許可を得ている場合に限られる。勧告や不動のルールに違反する場合は、そのつどコードにコメントを残す必要がある。ルールへの例外はすべてルールに記載できる。不動のルールは番号に大文字の R が付いているものであり、勧告の番号には小文字の r が付いている。

　ルールは以下のように分類される。

- 一般的なルール
- プリプロセッサのルール
- 命名とレイアウトのルール
- クラスのルール
- 関数と式のルール
- ハードリアルタイムのルール
- クリティカルシステムのルール

　「ハードリアルタイム」と「クリティカルシステム」のルールは、そうしたものとして分類されるプロジェクトにのみ適用される。

25.6 コーディング規約

現実の有効なコーディング規約からすると、本書の用語は不完全であり、ルールは少々そっけない。たとえば、「クリティカル」の本当の意味は何だろうか。これらのルールと JSF++ のルール (§25.6.3) との類似性は偶然によるものではない —— 筆者は JSF++ のルールの策定を手伝っている。ただし、本書のサンプルコードは以下のルールに従っていない。何しろ、本書のコードはクリティカルな組み込みシステムのコードではない。

一般的なルール

R100　1 つの関数またはクラスに 200 行以上の(コメント以外の)論理ソースコードを含めない。
理由　長い関数や長いクラスは複雑になりがちであり、理解したりテストしたりするのが難しい。

r101　1 つの関数またはクラスは 1 つの画面に収まるもので、1 つの論理目的に役立つものにすべきである。
理由　関数またはクラスの一部しか見ていないプログラマーが問題を見逃す可能性が高くなる。複数の論理機能を実行しようとする関数は、そうではない関数よりも長く複雑なものになりがちだ。

R102　コードはすべて ISO/IEC 14882:2011(E) 規格の C++ に準拠する。
理由　ISO/IEC 14882 の言語拡張やバリエーションは安定性に欠けており、あまり具体的に規定されておらず、移植性を損なう可能性がある。

プリプロセッサのルール

R200　`#ifdef` および `#ifndef` を使ったソース制御以外のマクロは使用しない。
理由　マクロはスコープと型のルールに従わない。ソーステキストを見てもマクロが使用されていることは明白ではない。

R201　`#include` はヘッダー (`*.h`) ファイルをインクルードする目的でのみ使用する。
理由　`#include` は実装上の詳細ではなくインターフェイスの宣言にアクセスするために使用される。

R202　`#include` ディレクティブはすべて非プリプロセッサ宣言の前に配置される。
理由　ファイルの中ほどに `#include` があると見落としやすく、別の場所で別の方法で解決される名前と矛盾する原因になる。

R203　非 const 変数の定義、またはインラインでもテンプレートでもない関数の定義はヘッダーファイル (`*.h`) に追加しない。
理由　ヘッダーファイルには、実装上の詳細ではなく、インターフェイスの宣言を追加すべきである。ただし、定数はよくインターフェイスの一部と見なされ、パフォーマンス上の理由から一部の非常に単純な関数をインラインにする(よってヘッダーに配置する)必要がある。また、現在のテンプレート実装では、テンプレートの完全な定義がヘッダーに含まれている必要がある。

命名とレイアウトのルール

R300 インデントを使用し、同じソースファイル内でそれらを一貫した方法で使用する。
理由 読みやすさとスタイル。

R301 新しい文はそれぞれ新しい行で始まる。
理由 読みやすさ。
例
```
int a = 7; x = a+7; f(x,9);   // 違反
int a = 7;                     // OK
x = a+7;                       // OK
f(x,9);                        // OK
```
例
```
if (p<q) cout << *p;           // 違反
```
例
```
if (p<q)
    cout << *p;                // OK
```

R302 識別子にはわかりやすい名前を付ける。
識別子には一般的な略語や頭字語が含まれていてもよい。
x、y、i、j などは、従来の方法で使用すればわかりやすい名前である。
`numberOfElements` スタイルではなく `number_of_elements` スタイルを使用する。
ハンガリアン記法は使用しない。
型、テンプレート、名前空間の名前（のみ）は大文字で始まる。
長すぎる名前は避ける。
例 `Device_driver`、`Buffer_pool`
理由 読みやすさ。
注意 アンダースコア（_）で始まる識別子は C++ 規格によって言語実装のために予約されているため、使用は禁じられている。
例外 承認されたライブラリを呼び出すときには、そのライブラリの名前を使用してもよい。

R303 識別子を以下の方法だけで区別しない。

- 大文字と小文字の組み合わせ
- アンダースコア文字の有無
- 文字 O と数字の 0 または文字 D の入れ替え
- 文字 I と数字の 1 または文字 l の入れ替え
- 文字 S と数字の 5 の入れ替え
- 文字 Z と数字の 2 の入れ替え
- 文字 n と文字 h の入れ替え

例 `Head` と `head` は違反。
理由 読みやすさ。

R304		識別子を大文字とアンダースコアだけで構成しない。
例		BLUE と BLUE_CHEESE は違反。
理由		すべて大文字の名前は、承認されたライブラリの `#include` ファイルで使用されるマクロで広く用いられている。
例外		`#include` ガードで使用されるマクロ名。

関数と式のルール

r400		内側のスコープの識別子は外側のスコープの識別子と同一であってはならない。
例		`int var = 9; { int var = 7; ++var; }   // 違反: var が var を隠ぺい`
理由		読みやすさ。

R401		宣言はできるだけ狭いスコープで宣言する。
理由		初期化と使用を近くに保つことで混乱を最小限に抑える。変数をスコープの外に出すと、そのリソースは解放される。

R402		変数は初期化する。
例		`int var;   // 違反: var は初期化されていない`
理由		初期化されない変数はエラーの主な原因の1つである。
例外		入力に基づいて初期化される変数は初期化しなくてもよい。
注意		`vector` や `string` を含め、多くの型には、初期化を保証するデフォルトコンストラクターがある。

R403		キャスト（型変換）は使用しない。
理由		キャストはエラーの主な原因の1つである。
例外		`dynamic_cast` は使用してもよい。
例外		ハードウェアアドレスからポインターへの型変換と、GUI ライブラリといったプログラムの外部ソースから受け取った `void*` から適切な型のポインターへの型変換には、キャストを使用してもよい。

R404		インターフェイスでは組み込み配列を使用しない。つまり、関数に引数として渡されるポインターは1つの要素へのポインターと見なされる。配列を渡すには、`Array_ref` を使用する。
理由		関数呼び出しでは、配列はポインターとして渡され、その要素の個数は渡されない。また、配列からポインターへの暗黙的な型変換と派生クラスから基底クラスへの暗黙的な型変換の組み合わせはメモリーの破壊につながるおそれがある。

クラスのルール

R500   public データメンバーを持たないクラスには class を使用する。private データメンバーを持たないクラスには struct を使用する。public データメンバーと private データメンバーを両方とも持たないクラスは使用しない。

理由   明瞭さ。

r501   クラスにデストラクターが定義されているか、ポインターまたは参照型のメンバーが定義されている場合は、コピーコンストラクターとコピー代入を定義するか、禁止しなければならない。

理由   通常、デストラクターはリソースを解放する。ポインターメンバーや参照メンバー、あるいはデストラクターを持つクラスでは、デフォルトの意味でのコピーは「正しいこと」をめったに行わない。

R502   仮想関数が定義されているクラスでは、仮想デストラクターを定義しなければならない。

理由   クラスに仮想関数を定義するのは、それを基底クラスのインターフェイスを通じて使用できるようにするためだ。その基底クラスを通じてしかオブジェクトのことを知らない関数がそれをデリートするかもしれないし、派生クラスには（デストラクターでの）クリーンアップの機会が必要である。

r503   引数を 1 つだけ要求するコンストラクターは explicit として宣言されなければならない。

理由   暗黙的な型変換に驚かないようにするため。

ハードリアルタイムのルール

R800   例外は使用しない。
理由   予測可能ではない。

R801   new は起動時にのみ使用する。
理由   予測可能ではない。
例外   （標準的な意味での）配置 new 式はスタックから確保されたメモリーで使用してもよい。

R802   delete は使用しない。
理由   予測可能ではなく、断片化を引き起こす可能性がある。

R803   dynamic_cast は使用しない。
理由   （一般的な実装手法を前提として）予測可能ではない。

R804   std::array 以外の標準ライブラリコンテナーは使用しない。
理由   （一般的な実装手法を前提として）予測可能ではない。

クリティカルシステムのルール

R900	インクリメント演算とデクリメント演算は部分式として使用しない。
例	`int x = v[++i];    // 違反`
例	`++i;`
	`int x = v[i];      // OK`
理由	こうしたインクリメントは見落とされるかもしれない。

R901	算術式のレベルに達しない優先順位のルールにコードを依存させない。
例	`x = a*b+c;         // OK`
例	`if( a<b || c<=d)   // 違反：（a<b）と（c<=d）のようにかっこで囲む`
理由	C/C++の経験が浅いプログラマーによって書かれたコードでは、優先順位に関する混乱がよく見受けられる。

ここでは間隔を空けて番号を振っている。このようにすれば、既存のルールの番号を変更せずに新しいルールを追加できるし、番号を見れば依然として大まかな区別がつく。ルールは番号で覚えることがよくあるので、番号の付け替えはユーザーの抵抗に遭うだろう。

25.6.3　実際のコーディング規約

C++のコーディング規約は山ほどある。ほとんどは企業のものであり、一般に公開されていない。多くの場合、それは外部の人間にとってよいことだろう。次に、それぞれの適用分野で適切に使用されればそれなりの効果が期待できるコーディング規約を示す。

- Google C++ Style Guide：
  どちらかと言えば古く厳格だが、現在進行形のスタイルガイド。
  `http://google-styleguide.googlecode.com/svn/trunk/cppguide.xml`
- Lockheed Martin Corporation. *Joint Strike Fighter Air Vehicle C++ Coding Standards for the System Development and Demonstration Program.* Document Number 2RDU00001 Rev C. December 2005.
  航空機ソフトウェアのためにLockheed-Martin Aeroで策定されたルール集であり、一般に「JSF++」と呼ばれる。これらのルールは、人命がかかっているソフトウェアを作成するプログラマーによって、そうしたプログラマーのために書かれたものである。
  `http://www.stroustrup.com/JSF-AV-rules.pdf`
- Programming Research. High-integrity C++ Coding Standard Manual Version 2.4.
  `http://www.programmingresearch.com/`
- Sutter, Herb, and Andrei Alexandrescu. *C++ Coding Standards: 101 Rules, Guidelines, and Best Practices.* Addison-Wesley, 2004. ISBN 0321113586.
  『C++ Coding Standards ― 101のルール、ガイドライン、ベストプラクティス』（ピアソン・エデュケーション、2005年）
  むしろ「メタコーディング規約」に近いものであり、特定のルールではなく、よいルールとその理由に関するガイドラインをまとめたものである。

第 25 章　組み込みシステムプログラミング

　適用分野、プログラミング言語、適切なプログラミング手法を知ることに代わるものはない。ほとんどのアプリケーション — そしてもちろんほとんどの組み込みシステムプログラミング — では、OS やハードウェアアーキテクチャを知る必要もある。低レベルのコーディングに C++ を使用する必要がある場合は、ISO C++ Committee のパフォーマンスに関するレポート[*4] を調べてみよう。このレポートや本書で言うところの「パフォーマンス」は、主に「組み込みシステムプログラミング」を指している。

　組み込みシステムの世界は言語の方言や独自の言語であふれているが、可能な限り、ISO C++ といった標準化された言語、ツール、ライブラリを使用するようにしよう。そうすれば、習得の苦労を最小限に抑えることができ、作成したコードが長く使用される可能性も高まるだろう。

[*4] ISO/IEC TR 18015：http://www.stroustrup.com/performanceTR.pdf

■ ドリル

1. 以下のコードを実行する。

   ```
   int v = 1;
   for (int i=0; i<sizeof(v)*8; ++i) { cout << v << ' '; v <<=1; }
   ```

2. `unsigned int` として宣言された v で、再びステップ 1 を実行する。
3. 16 進数リテラルを使って以下のような `short unsigned int` を定義する。
    a. すべてのビットをセット
    b. 最下位ビット（LSB）をセット
    c. 最上位ビット（MSB）をセット
    d. 最下位バイトをすべてセット
    e. 最上位バイトをすべてセット
    f. ビットを 1 つおきに（および最下位ビットを 1 に）セット
    g. ビットを 1 つおきに（および最下位ビットを 0 に）セット
4. それぞれを 10 進数と 16 進数で出力する。
5. ビット演算子（|、&、<<）とリテラルの 1 と 0（のみ）を使ってステップ 3 と 4 を実行する。

■ 復習

1. 組み込みシステムとは何か。本章で言及したものが少なくとも 3 つ含まれた 10 個の例をあげる。
2. 組み込みシステムの特徴は何か。一般的な特徴を 5 つあげる。
3. 組み込みシステムにおける予測可能性とは何か。
4. 組み込みシステムのメンテナンスやリペアが難しい場合があるのはなぜか。
5. パフォーマンスを向上させるためにシステムを最適化するのがよい考えではないとしたら、それはなぜか。
6. 低レベルのコードよりも抽象レベルが高いことが望ましいのはなぜか。
7. 一過性のエラーとは何か。それらが恐ろしいのはなぜか。
8. 障害を切り抜けるようにシステムを設計するにはどうすればよいか。
9. 障害を 1 つ残らず回避できないのはなぜか。
10. 特定分野の知識とは何か。アプリケーションドメインの例をあげる。
11. 組み込みシステムをプログラムするために特定分野の知識が必要なのはなぜか。
12. サブシステムとは何か。例をあげる。
13. C++ 言語の観点から見て、3 種類の記憶域とは何か。
14. フリーストアを使用したいのはどのようなときか。
15. 組み込みシステムでフリーストアを使用できないことが多いのはなぜか。
16. 組み込みシステムで new を安全に使用できるのはどのようなときか。
17. 組み込みシステムにおける `std::vector` の潜在的な問題とは何か。
18. 組み込みシステムにおける例外の潜在的な問題とは何か。
19. 再帰関数呼び出しとは何か。一部の組み込みシステムプログラマーがそれらを避けるのはなぜ

か。それらのプログラマは代わりに何を使用するか。
20. メモリーの断片化とは何か。
21. プログラミングにおけるガベージコレクターとは何か。
22. メモリーリークとは何か。それが問題になるのはなぜか。
23. リソースとは何か。例をあげる。
24. リソースリークとは何か。それを体系的に回避するにはどうすればよいか。
25. オブジェクトをメモリー内の別の場所へ簡単に移動できないのはなぜか。
26. スタックとは何か。
27. プールとは何か。
28. スタックとプールを使用するとメモリーの断片化が起きないのはなぜか。
29. `reinterpret_cast` が必要なのはなぜか。それがやっかいなのはなぜか。
30. 関数の引数としてポインターを使用するのが危険なのはなぜか。例をあげる。
31. ポインターと配列を使用するとどのような問題が発生する可能性があるか。例をあげる。
32. インターフェイスでは（配列への）ポインターの代わりに何を使用するか。
33. コンピューターサイエンスの第一法則とは何か。
34. ビットとは何か。
35. バイトとは何か。
36. 通常、1 バイトは何ビットか。
37. 一連のビットで行う演算は何か。
38. XOR とは何か。それが役立つのはなぜか。
39. ビットの集まりを表すにはどうすればよいか。
40. ワード内のビットに番号を振る従来の方法は何か。
41. ワード内のバイトに番号を振る従来の方法は何か。
42. ワードとは何か。
43. 通常、1 ワードは何ビットか。
44. `0xf7` の 10 進数値は何か。
45. `0xab` のビットシーケンスは何か。
46. `bitset` とは何か。それが必要になるのはどのようなときか。
47. `unsigned int` と `signed int` はどのように異なるか。
48. `signed int` よりも `unsigned int` を選択するのはどのようなときか。
49. ループの対象となる要素の個数が非常に多い場合、ループはどのように記述するか。
50. `unsigned int` に -3 を代入した後の値は何か。
51. （より高いレベルの型ではなく）ビットとバイトを操作したいことがあるのはなぜか。
52. ビットフィールドとは何か。
53. ビットフィールドは何に使用されるか。
54. 暗号化とは何か。それを使用するのはなぜか。
55. 写真の暗号化は可能か。
56. TEA は何の略語か。
57. 数字を 16 進表記で出力に書き出すにはどうすればよいか。
58. コーディング規約の目的は何か。それらを使用する理由をあげる。
59. 世界共通のコーディング規約を持つことができないのはなぜか。

60. よいコーディング規約の特徴とは何か。例をいくつかあげる。
61. コーディング規約が有害となるのはどのような場合か。
62. 個人的に便利であると感じているコーディングルールを少なくとも 10 個あげる。それらが便利なのはなぜか。
63. `ALL_CAPITAL`（すべて大文字）のような識別子を避けるのはなぜか。

■ 用語

`bitset`	ソフトリアルタイム（soft real time）
`unsigned`	ハードリアルタイム（hard real time）
XOR（eXclusive OR）	ビット（bit）
アドレス（address）	ビットフィールド（bitfield）
暗号化（encryption）	プール（pool）
ガジェット（gadget）	予測可能性（predictability）
ガベージコレクター（garbage collector）	リアルタイム（real time）
組み込みシステム（embedded system）	リーク（leak）
コーディング規約（coding standard）	リソース（resource）

■ 練習問題

1. 本章の「TRY THIS」をまだ実行していない場合は実行する。
2. 16 進表記でつづることができる単語のリストを作成する。たとえば Fool や Beef のように、0 は o、1 は l、2 は to のように解釈する。単位が必要なら下品な単語は慎んだほうがよい。
3. 32 ビット符号付き整数をビットパターンで初期化し、結果を出力する。オール 0、オール 1、1 と 0 の交互（左端が 1）、0 と 1 の交互（左端が 0）、110011001100... パターン、001100110011... パターン、オール 1 のバイトで始まるオール 1 のバイトとオール 0 のバイトのパターン、およびオール 0 のバイトで始まるオール 1 のバイトとオール 0 のバイトのパターンを使用する。これを 32 ビット符号なし整数でも行う。
4. 第 7 章の電卓プログラムにビット演算子 `&`、`|`、`^`、`~` を追加する。
5. 無限ループを記述し、それを実行する。
6. あるリソースを使い果たした後に終了するため実際には有限であるなど、無限ループであることがわかりにくい無限ループを記述する。
7. 0 から 400 までの 16 進数値をすべて書き出す。-200 から 200 までの 16 進数値をすべて書き出す。
8. キーボードの各文字の数値を書き出す。
9. `int` のビット数を計算し、各自の実装において `char` が符号付きかどうかを判断する。`<limits>` などの標準ヘッダーやドキュメントは使用しないようにする。
10. 本章のビットフィールドの例（§25.5.5）について考える。PPN を初期化した後、各フィールドの値を読み取って出力し、フィールドに値を代入することで各フィールドを変更し、結果を出力す

る。この練習問題をもう一度行い、今回は PPN 情報を 32 ビット符号なし整数に格納し、ビット演算子（§25.5.4）を使ってワードのビットにアクセスする。
11. 練習問題 10 を繰り返し、ビットを `bitset<32>` に格納する。
12. TEA の例（§25.5.6）の平文を書き出す。
13. TEA（§25.5.6）を使って 2 台のコンピューターを「安全に」やり取りさせる。電子メールはぎりぎり許容範囲内である。
14. プールから確保された要素を最大で N 個格納できる単純な `vector` を実装し、$N == 1000$ と整数の要素を使ってテストする。
15. `new` を使って [1000:0) バイトの範囲でランダムなサイズのオブジェクトを 10,000 個確保するにかかる時間を計測する（§26.6.1）。次に、`delete` を使ってそれらを解放するのにかかる時間を計測する。これを 2 回行い、1 回目は確保と逆の順序で解放し、2 回目はランダムな順序で解放する。続いて、プールから 500 バイトのサイズのオブジェクトを 10,000 個確保し、それらを解放するのにかかる時間を計測する。さらに、スタックから [1000:0) バイトの範囲でランダムなサイズのオブジェクトを 10,000 個確保し、それらを（逆の順序で）解放するのにかかる時間を計測する。計測値を比較する。それぞれ 3 回以上計測し、結果が一貫しているかどうか確認する。
16. コーディングスタイルに関するルールを 20 個策定する。「§25.6 コーディング規約」のルールを単にコピーしてはならない。最近書いた 300 行以上のプログラムにそれらを適用し、その結果を短い（1〜2 ページの）コメントにまとめる。コードからエラーは見つかったか。コードは明瞭になったか。不明瞭になったコードはあるか。その経験に基づいてルールを修正する。
17. 本章では、配列の要素へのアクセスをより単純で安全なものにするために `Array_ref` クラスを定義した（§25.4.3〜25.4.4）。特に、継承を正しく処理することにこだわった。`Array_ref<Shape*>` を使用し、未定義の振る舞いに関連するキャストやその他の演算を使用せずに、`Rectangle*` を `vector<Circle*>` にするためのさまざまな方法を試してみよう。それは不可能であるはずだ。

追記

組み込みシステムプログラミングは基本的に「ビットいじり」なのだろうか。正確さを脅かす問題としてビットいじりを最小限にとどめようとしている場合は特にそうだが、まったくそんなことはない。ただし、システムのどこかでビットとバイトを「いじる」必要がある。問題はその場所と方法だけである。ほとんどのシステムでは、低レベルのコードは局所化（ローカライズ）が可能であり、またそうすべきである。私たちが取り組む最も興味深いシステムの多くは組み込みシステムであり、最も興味深くやりがいのあるプログラミングタスクの一部はこの分野に属している。

第 26 章
テスト

> アルゴリズムが正しいことを証明しただけでは
> テストしたことにはならない。
> — Donald Knuth

本章では、正確さを目指す設計とテストについて説明する。これは広大なテーマなので、ここではその表面をなぞるので精一杯であり、関数やクラスといったプログラムの単位（ユニット）をテストするための実践的なアイデアと手法を示すことに重点を置く。インターフェイスの使用と、それらに対して実行するテストの選択について説明する。テストを単純にするためのシステムの設計と、開発の最初の段階からテストを使用することの重要性を強調する。プログラムが正しいことを検証し、パフォーマンスの問題に対処することについても簡単に説明する。

26.1　私たちが望むもの
　　　26.1.1　注意点
26.2　証明
26.3　テスト
　　　26.3.1　回帰テスト
　　　26.3.2　ユニットテスト
　　　26.3.3　アルゴリズムとアルゴリズムではないもの
　　　26.3.4　システムテスト
　　　26.3.5　有効ではない前提
26.4　テストのための設計
26.5　デバッグ
26.6　パフォーマンス
　　　26.6.1　時間の計測
26.7　参考文献

第26章 テスト

26.1 私たちが望むもの

簡単な実験を行ってみよう。二分探索を記述する。さあ、今すぐに。本章を読んでからとか、もう少し読んでからとか言ってないで。実際に試してみることが重要なのだ。今すぐに！ 二分探索は、ソート済みのシーケンスの真ん中から始まる検索である。

- 真ん中の要素が検索対象と等しい場合は、そこで終了する。
- 真ん中の要素が検索対象よりも小さい場合は、右半分で二分探索を行う。
- 真ん中の要素が検索対象よりも大きい場合は、左半分で二分探索を行う。
- 結果は、検索が成功したかどうかを示すインジケーターと、要素が検出された場合にそれを変更できるようにするインデックス、ポインター、イテレーターなどである。

比較（ソート）条件として小なり（<）を使用する。データ構造、呼び出し規約、結果を返す方法はどれでも好きなものを使用してよいが、検索コードは自分で記述する。これは誰かの関数を使用したのでは効果が台無しになるまれなケースである。特に言うと、ほとんどの状況では、標準ライブラリのアルゴリズムである binary_search() または equal_range() が最初の選択肢となるが、それらを使用してはならない。好きなだけ時間をかけてよい。

さて、このくだりを読んでいるとしたら、二分探索関数は完成しているはずだ。そうでなければ、前の段落に戻ろう。作成した二分探索関数が正しいことはどうすればわかるだろうか。そのコードが正しいと信じて疑わない理由を書き出してみよう。その論拠にどれくらい自信があるだろうか。その論拠にどこか弱い部分はあるだろうか。

これはいたって単純なコードであり、非常に規則的でよく知られているアルゴリズムを実装している。コンパイラーは 20 万行ほどのコードでできており、OS は 1,000〜5,000 万行ものコードでできている。次の旅行や会議のときに乗る飛行機のプログラムは安全性が最優先であるため、50〜200 万行ものコードでできている — 気持ちが落ち着いてきただろうか。二分探索関数に使用した手法は、現実のソフトウェアのサイズと比較してどうだろうか。

不思議なことに、これほど複雑なコードでできていても、ほとんどのソフトウェアはたいてい正しく動作する。ゲームだけの家庭用 PC で実行されるソフトウェアは、「クリティカル」であるとは見なされない。さらに重要なのは、安全性が最優先のソフトウェアがほぼ 100% 正しく動作することだ。この 10 年間にソフトウェアの障害が原因で発生した飛行機や自動車の事故はまるで思い出せない。額面が 0 ドルの小切手が銀行を窮地に陥らせるソフトウェアの話は過去のものだ。基本的に、もうそうしたことは起きない。だが、ソフトウェアを書いているのはあなたのような人である。あなたがミスを犯すように、誰だってミスを犯す。では、「彼ら」はどのようにしてそれをやってのけるのだろうか。

最も根本的な答えはこうなる — 信頼できない部品から信頼できるシステムを組み立てる方法を「私たち」が考え出したのである。私たちは、すべてのプログラム、すべてのクラス、すべての関数を正しいものにしようと努力するが、たいていその最初の試みで失敗する。そこで、デバッグ、テスト、設計の見直しを行い、できるだけ多くのエラーを洗い出し、取り除く。だが、複雑なシステムには何かしらバグが潜んでいる。バグが潜んでいることは確かだが、見つからない。いや、私たちに許され、私たちが費やすことをいとわない時間と作業量では、それらを見つけ出せない。そして、「起きるはずのない」予想外の出来事からシステムを復旧させるために、システムの設計をもう一度見直す。結果として、システムの信頼性が劇的に向上することがある。どれほど信頼できるシステムであっても、まだバグを隠

し持っているかもしれないし、通常はそうである。それに、期待したほどうまく動作しないこともある。とはいうものの、そうしたシステムはクラッシュせず、常に最低限のサービスを提供する。たとえば電話システムの場合は、通話が殺到した場合にすべての通話を接続できないことがあるとしても、多くの通話を接続できないことは決してない。

さて、ここで冷静になり、私たちが推測して対処した予想外のエラーが本当にエラーなのかどうかについて議論することもできるが、それはやめておこう。システムを構築する者にとっては、システムの信頼性を向上させる方法を突き止めることに専念するほうが有益であり、生産的である。

26.1.1　注意点

テストは広大なテーマである。テストを行う方法については諸説があり、業界や適用分野によってテストの流儀や標準は異なっている。それは自然なことである —— テレビゲームと航空電子工学ソフトウェアの信頼性基準を同じにする必要はまったくない。だが、そのせいで用語やツールにややこしい相違が見られる。本章の内容については、個人的なプロジェクトの発想の源として、そして重要なシステムのテストに直面した場合の発想の源として受け止めてほしい。重要なシステムのテストは、さまざまなツールや組織構造の組み合わせを伴うが、それはここで説明してもほとんど意味のないものだ。

26.2　証明

ちょっと待った。テストについてあれこれ言う前に、私たちのプログラムが正しいことを証明しないのはなぜだろうか。Edsger Dijkstra がぴしりと指摘したように、「テストはエラーの存在を明らかにできるが、それらが存在しないことは明らかにできない」。このため、「数学者が定理を証明する」のと同じようにプログラムが正しいことを証明したくなるのは当然のなりゆきである。

残念ながら、それなりに複雑なプログラムが正しいことを証明するのは、現在の技術の域を超えている。その証明自体にエラーが含まれている可能性があり、プログラムの証明という分野自体が高度なテーマである。プログラムが正しいことを証明するのは、アプリケーションドメインという非常に制約された領域の範囲外であり、数学者が導き出した証明にもエラーが含まれていることがある。そこで私たちは、プログラムを構造化するにあたって、プログラムを論証し、それらが正しいことを納得できるような構造にしようと努力する。一方で、プログラムをテストし（§26.3）、残っているエラーから回復できるような構造にすることも目指す（§26.4）。

26.3　テスト

第 5 章の「§5.11 テスト」では、テストを「エラーを見つけ出す体系的な方法」として説明した。そのための手法について見ていこう。

人々は**ユニットテスト**（*unit testing*）と**システムテスト**（*system testing*）を区別する。「ユニット」とは、完全なプログラムの一部である関数やクラスといった単位のことだ。そうしたユニットを切り離した状態でテストすれば、エラーが見つかったときに問題の原因をどこで探せばよいかがわかる。エラーが含まれているのは、テストしているユニットか、テストを実行するために使用しているコードである。対照的に、システム全体をテストするシステムテストでは、エラーが「システムのどこかにある」ことしかわからない。一般的には、ユニットテストをうまく行っているとすれば、システムテスト

で見つかるエラーは、ユニット間の望ましくないやり取りに関係している。それらは個々のユニットのエラーよりも見つけるのが難しく、その修正にはたいてい、より多くのコストがかかる。

当然ながら、クラスといったユニットは、関数や他のクラスといった他のユニットで構成される可能性がある。そして、電子商取引システムといったシステムは、データベース、GUI、ネットワーキングシステム、注文確認システムといった他のシステムで構成される可能性がある。このため、ユニットテストとシステムテストの区別は思ったほど明確ではないかもしれないが、一般的には、ユニットをきちんとテストすれば、プログラマーの作業を減らし、エンドユーザーの苦痛を和らげることができる。

テストについて考える方法の1つは、それなりに複雑なシステムはどれもユニットで構成されており、そうしたユニット自体がより小さなユニットで構成されている、と考えることだ。そこで、最も小さいユニットからテストし、次にそれらで構成されたユニットをテストするといった要領で、システム全体がテストされるまで次に大きなユニットをテストしていく。つまり、他のシステムのユニットとして使用されない「システム」は最も大きなユニットということになる。

そこで、関数、クラス、クラス階層、テンプレートといったユニットをテストする方法についてまず考えてみよう。テスト担当者は、ホワイトボックステストとブラックボックステストを区別する。ホワイトボックステストは、テスト対象の詳細な実装を調べられるテストであり、ブラックボックステストは、テスト対象のインターフェイスだけを調べられるテストである。ここでは、ホワイトボックステストとブラックボックステストを特に区別せず、テストの対象となるユニットの実装をどうにかして理解する。ただし、その実装をあとから誰かが書き換えるかもしれないため、インターフェイスで保証されていないものをあてにしてはならないことを覚えておこう。基本的には、何かをテストするときには、それが妥当な反応を示すかどうかを確認するために、そのインターフェイスで実行できることをすべて試してみることになる。

コードをテストした後に誰か（おそらくあなた自身）がそれを変更するかもしれないということは、回帰テストが必要であるということだ。基本的には、変更を加えるたびに再びテストを行い、動かなくなったものが1つもないことを確認しなければならない。したがって、ユニットに手を加えたら、そのユニットテストを再び実行する。そして、完全なシステムを誰かに提供する前に、あるいは何か現実的な用途に使用する前に、完全なシステムテストを実行する。

そうしたシステムの完全なテストが**回帰テスト**（regression testing）と呼ばれるのは、通常は以前にエラーが見つかっているテストを実行し、そのエラーが依然として修正された状態かどうかを確認する作業が含まれるためだ。エラーが復活しているとしたら、そのプログラムは「回帰」しているため、再び修正を行う必要がある。

26.3.1　回帰テスト

システムのための効果的なテストスイートを作成する作業の大部分は、過去にエラーの発見に役立ったテストを集めることに費やされる。たとえば、ユーザーがバグを送信してくるとしよう。バグレポートは決して捨ててはならない。プロはそのためにバグ追跡システムを使用する。とにかく、バグレポートはシステム内のエラーを示すか、ユーザーがシステムを正しく理解していないことを示す。どちらにしても有益である。

通常、バグレポートは無関係な情報であふれている。バグレポートに対処する最初の作業は、報告された問題を再現する最も小さなプログラムを作成することである。多くの場合は、送信されてきたコードの大部分を削る作業が必要となる。具体的には、そのエラーとは無関係なライブラリやアプリケー

ションコードを使用している部分を取り除く。無駄な部分を極力取り除いたテストプログラムは、システムのコードのバグをローカルにとどめるのに役立つ。そうしたプログラムは回帰テストスイートに追加される。そうしたプログラムを見つけ出す方法は、エラーが発生しなくなるまでコードを削っていき、エラーが発生しなくなったところで、最後に削ったコードを元に戻す、というものだ。この作業を削るものがなくなるまで繰り返す。

古いバグレポートに基づいて生成される数百あるいは数万ものテストを実行することのどこが体系的なのかと思っているかもしれない。だが実際のところ、ユーザーと開発者の体験が体系的に利用されている。回帰テストスイートは、開発者グループの組織としての記憶の大部分を占める。大規模なシステムでは、最初の開発者に設計および実装上の詳細を説明してもらうことはあてにできない。回帰テストスイートは、開発者とユーザーが同意した正しい振る舞いからシステムが逸脱しないようにするためのものだ。

26.3.2　ユニットテスト

説明はこれくらいにして、具体的な例として二分探索をテストしてみよう。以下に示すのは、ISO 規格の `binary_search()` の仕様である（§25.3.3.4）。

---

template<class ForwardIterator, class T>
bool binary_search(ForwardIterator first, ForwardIterator last,
　　　　　const T& value);

template<class ForwardIterator, class T, class Compare>
bool binary_search(ForwardIterator first, ForwardIterator last,
　　　　　const T& value, Compare comp);

Requires: The elements e of [first,last) are partitioned with respect to the expressions e<value and !(value<e) or comp(e,value) and !comp(value,e). Also, for all elements e of [first,last), e<value implies !(value<e) or comp (e,value) implies !comp(value,e).
Returns:　true if there is an iterator i in the range [first,last) that satisfies the corresponding conditions:　!(*i<value) && !(value<*i) or comp(*i,value)==false && comp(value,*i)==false.
Complexity: At most log(last–first)+2 comparisons.

正式（実際には準正式）な仕様が初心者にとって読みやすかった試しはない。だが、本章の冒頭の強引な提案に従って二分探索の設計と実装を実際に行っていれば、二分探索が何を行い、それをどのようにテストすればよいかについてはよくわかっているはずだ。この（標準）バージョンは、引数として前方イテレーター（§20.10.1）のペアと値を要求し、その値がイテレーターによって定義された範囲内にあれば `true` を返す。イテレーターはソート済みのシーケンスを定義するものでなければならない。比較（ソート）の条件は < である。追加の引数として比較条件を要求する `binary_search()` の 2 つ目のバージョンについては、練習問題として残しておく。

第26章 テスト

ここで対処するのは、コンパイラーによって検出されないエラーだけである。したがって、以下のような例については他人事として無視する。

```
binary_search(1,4,5);       // エラー: int は前方イテレーターではない
vector<int> v(10);
binary_search(v.begin(),v.end());       // エラー: 値を忘れている
binary_search(v.begin(),v.end(),"7");   // エラー: int 型の vector で
                                        // 文字列は検索できない
```

binary_search()を「体系的」にテストするにはどうすればよいだろうか。当然ながら、ありとあらゆる引数を試すわけにはいかない。それではテストの数が際限なく増えてしまう。そこで、テストを選択しなければならないが、そのためには選択基準が必要だ。

- 「ありがちな間違い」のテスト（ほとんどのエラーを特定する）
- 「とんでもない間違い」のテスト（最悪の結果につながりかねないエラーを特定する）

「とんでもない」とは、悲惨な結果をもたらすエラーを意味する。一般的には漠然とした考え方だが、特定のプログラムでは明確にできる。二分検索で言えば、どのエラーも同じくらい「とんでもない」が、結果を二重にチェックするようなプログラムでbinary_search()を使用することについて考えてみよう。この場合、binary_search()の結果が間違っているというエラーは「ありがちな間違い」だが、binary_search()が無限ループに陥って制御を戻さないというエラーは「とんでもない間違い」である。その場合は、binary_search()からわざと間違った答えが返されるようにすることよりも、binary_search()をわざと無限ループに陥らせることのほうがずっと難しいはずだ。ここで「わざと」という表現を使用していることに注意しよう。テストは、「このコードを誤動作させるにはどうすればよいか」という問題への独創的な取り組みである。優秀なテスト担当者は、体系的であるだけでなく、（もちろんよい意味で）非常にずる賢い。

26.3.2.1 テスト戦略

binary_search()を失敗させるにはどうすればよいだろうか。まず、binary_search()の要件——つまり、その入力の前提条件を調べることから始める。テスト担当者の立場からすれば、[first,last)がソート済みのシーケンスでなければならないことは残念ながら明記されている。つまり、それを確実にするのは呼び出し元の役目であるため、binary_search()を失敗させようとしてソートされていない入力やlast<firstである[first,last)を渡すわけにはいかない。binary_search()の要件には、その要件を満たさない入力が渡されたらどうなるかは記載されていない。規格の別の場所には、その場合にエラーがスローされる可能性があるという記載があるが、それは必須ではない。ただし、binary_search()をテストするときにそれらの事実を覚えておいて損はない。なぜなら、binary_search()などの関数の要件を満たしていない呼び出し元がエラーの原因かもしれないからだ。

binary_search()では、以下の4種類のエラーが発生することが考えられる。

- 制御を戻さない（無限ループなど）。
- クラッシュする（不正な間接参照、無限再帰など）。
- シーケンスに値があるにもかかわらず検出されない。

- シーケンスに値がないにもかかわらず検出される。

これらに加えて、以下に示すユーザーエラーの「機会」もある。

- シーケンスがソートされていない（2,1,5,-7,2,10 など）。
- シーケンスが有効なシーケンスではない（binary_search(&a[100],&a[50],77) など）。

binary_search(p1,p2,v) のような単純な呼び出しで、実装者が何かを間違えるとしたら、それはどのようなものだろうか。エラーは「特別なケース」で発生することがよくある。たとえば、（任意の種類の）シーケンスを扱うときには、私たちは常に先頭と末尾を調べる。特に、空のシーケンスかどうかを常に評価する必要がある。そこで、要求どおりに正しい順序で並んでいる整数の配列をいくつか調べてみよう。

```
{ 1,2,3,5,8,13,21 }              // 通常のシーケンス
{ }                              // 空のシーケンス
{ 1 }                            // 要素は 1 つだけ
{ 1,2,3,4 }                      // 要素は偶数個
{ 1,2,3,4,5 }                    // 要素は奇数個
{ 1,1,1,1,1,1,1 }                // すべての要素が同じ
{ 0,1,1,1,1,1,1,1,1,1,1,1,1 }    // 最初の要素だけが異なる
{ 0,0,0,0,0,0,0,0,0,0,0,0,0,1 }  // 最後の要素だけが異なる
```

テストシーケンスによっては、プログラムで生成するのが最も効果的である。

- 非常に大きいシーケンス

    ```
    vector<int> v;
    for (int i=0; i<100000000; ++i) v.push_back(i);
    ```

- ランダムな個数の要素を持つシーケンス
- ランダムな（ただし順序付けられた）要素を持つシーケンス

これは思っていたほど体系的ではない。結局のところ、いくつかのシーケンスを「適当に選んだだけ」である。ただし、値の集合を扱うときに役立つ原則がいくつか用いられている。

- 空の集合
- 小さい集合
- 大きい集合
- 極端な分布の集合
- 「該当するもの」が最後のほうにある集合
- 重複した要素を持つ集合
- 偶数個の要素を持つ集合と奇数個の要素を持つ集合
- 乱数を使って生成された集合

ランダムシーケンスを使用したのは、考えていなかったものでもエラーが見つかるかどうかを単に試

してみるためだ。それは強引な手法だが、時間の節約になることがある。

なぜ「偶数と奇数」なのだろうか。アルゴリズムの多くは入力シーケンスを（たとえば）前半分と後半分に分けるが、プログラマーは偶数のケースか奇数のケースしか考えていなかったかもしれない。さらに言えば、シーケンスを分割すると、分割したところがサブシーケンスの末尾になる。そして、エラーはシーケンスの末尾の近くで発生しやすいことがわかっている。

一般的には、以下の2つを調べる。

- 極端なケース（大きい、小さい、入力の奇妙な分布など）
- 境界条件（境界の近くにあるもの）

それが実際に何を意味するかは、テストしているプログラムによる。

26.3.2.2 単純なテストハーネス

テストには、シーケンスに含まれている値を検索するといった成功すべきテストと、空のシーケンスで値を検索するといった失敗すべきテストの2種類がある。ここでは、シーケンスごとに成功するテストと失敗するテストを作成する。最も単純で明白なものから始めて、binary_search()の例にとって十分によいものになるまで改善していく。

```
vector<int> v { 1,2,3,5,8,13,21 };
if (binary_search(v.begin(),v.end(),1) == false) cout << "failed";
if (binary_search(v.begin(),v.end(),5) == false) cout << "failed";
if (binary_search(v.begin(),v.end(),8) == false) cout << "failed";
if (binary_search(v.begin(),v.end(),21) == false) cout << "failed";
if (binary_search(v.begin(),v.end(),-7) == true) cout << "failed";
if (binary_search(v.begin(),v.end(),4) == true) cout << "failed";
if (binary_search(v.begin(),v.end(),22) == true) cout << "failed";
```

繰り返しが多くてつまらないが、出発点としてはよいだろう。実際、多くの単純なテストでは、このように呼び出しがずらずら並んでいる。この熟慮に欠けるアプローチには、単純そのものであるという利点がある。テストチームに新しく入ってきたメンバーであっても、テストセットに新しいテストを追加できる。ただし、通常はもっとよい方法がある。たとえば、何かがうまくいかなくなった場合、これではどのテストが失敗したのかわからないが、わからないでは済まされない。また、作成しているのがテストだからといって、「カット＆ペースト」プログラミングで済ませる口実にはならない。テストコードの設計についても他のコードと同じように検討する必要がある。

```
vector<int> v { 1,2,3,5,8,13,21 };
for (int x : { 1,5,8,21,-7,2,44 })
    if (binary_search(v.begin(),v.end(),x) == false)
        cout << x << " failed";
```

最終的にテストの数が数十個になることを考えれば、これは大きな違いを生むだろう。現実のシステムのテストでは、テストの数が数千個になることもよくあるため、どのテストが失敗したのかを明確にすることは不可欠である。

先に進む前に、別の半体系的なテスト手法についても見ておこう。これは、シーケンスの最後と「真ん中」から選択した正しい値を使ってテストするという手法である。このシーケンスの値をすべて試してみることも可能だが、一般に、それは現実的な選択肢ではない。失敗する値はそれぞれの端と真ん中から選択する。これも完全に体系的とは言えないが、値のシーケンスや値の範囲を扱うといったよくあるケースでは、常に有益なパターンが見えてくる。

これらのテストにはどのような問題があるだろうか。

- 同じものを（最初は）繰り返し記述している。
- テストに（最初は）手作業で番号を振っている。
- 出力が非常に限られている（あまり助けにならない）。

これについて少し考えてみた後、テストをデータとしてファイルに保存することにした。以下に示すように、テストにはそれぞれ、識別ラベル、調べる値、シーケンス、期待される結果が含まれている。

```
{ 27 7 { 1 2 3 5 8 13 21} 0 }
```

これはテスト番号 27 であり、シーケンス{ 1,2,3,5,8,13,21 } で 7 を検索し、結果が 0（`false`）になることを期待している。テストの入力をテストプログラムのテキストに直接配置するのではなく、このようにファイルに保存するのはなぜだろうか。このケースでは、テストをプログラムテキストに直接入力することは可能だが、ソースコードファイルに大量のデータが含まれているとごちゃごちゃする可能性がある。そして、プログラムを使ってテストケースを生成するのはよくあることである。コンピューターによって生成されるテストケースは、通常はデータファイルに保存される。また、このようにすれば、さまざまなテストケースファイルを使って実行することが可能なテストプログラムを作成できるようになる。

```cpp
struct Test {
    string label;
    int val;
    vector<int> seq;
    bool res;
};

istream& operator>>(istream& is, Test& t);   // 上記のフォーマットを使用

int test_all(istream& is)
{
    int error_count = 0;
    for (Test t; is>>t; ) {
        bool r = binary_search(t.seq.begin(),t.seq.end(),t.val);
        if (r!=t.res) {
```

```
            cout << "failure: test " << t.label << " binary_search: "
                << t.seq.size() << " elements, val==" << t.val
                << " -> " << t.res << '\n';
            ++error_count;
        }
    }
    return error_count;
}

int main()
{
    int errors = test_all(ifstream("my_tests.txt"));
    cout << "number of errors: " << errors << '\n';
}
```

先のシーケンスを使ったテスト入力は以下のようになる。

```
{ 1.1 1 { 1 2 3 5 8 13 21 } 1 }
{ 1.2 5 { 1 2 3 5 8 13 21 } 1 }
{ 1.3 8 { 1 2 3 5 8 13 21 } 1 }
{ 1.4 21 { 1 2 3 5 8 13 21 } 1 }
{ 1.5 -7 { 1 2 3 5 8 13 21 } 0 }
{ 1.6 4 { 1 2 3 5 8 13 21 } 0 }
{ 1.7 22 { 1 2 3 5 8 13 21 } 0 }

{ 2 1 { } 0 }

{ 3.1 1 { 1 } 1 }
{ 3.2 0 { 1 } 0 }
{ 3.3 2 { 1 } 0 }
```

これを見れば、数字ではなく文字列のラベルを使用した理由がわかる。それにより、より柔軟な方法でテストに「番号」を振ることができる。ここでは、10進法を使って同じシーケンスに対する個々のテストを示している。もう少し凝った書式を使用すれば、テストデータファイルでシーケンスを繰り返す必要もなくなるだろう。

26.3.2.3 ランダムシーケンス

テストで使用する値を選択するときには、複雑な条件が並んでいる場所、シーケンスの最後、ループなど、バグが隠れていそうな場所に狙いを定めた値を使用することで、実装者（たいていは自分）を出し抜いてあっと言わせようと画策する。だがそれは、コードを記述してデバッグしたときにも行っていることだ。このため、テストを設計するときに論理的なミスを繰り返すと、問題を完全に見失ってしまうおそれがある。テストの設計を担当した開発者とは別の誰かがいることが望ましいのには、そうした理由もある。そうした問題にときどき役立つ方法の1つは、（大量の）乱数値を生成することだ。たとえば、randint()（§24.7）とstd_lib_facilities.hを使ってテストの詳細をcoutに書き出す関数は、以下のようになる。

```
void make_test(const string& lab, int n, int base, int spread)
// ラベル lab のテストの詳細を cout に書き出す
// base から始まる n 個の要素のシーケンスを生成する
// 要素間の平均的な距離は [0:spread) の一様分布
{
    cout << "{ " << lab << " " << n << " { ";
    vector<int> v;
    int elem = base;
    for (int i=0; i<n; ++i) {                    // 要素を作成
        elem += randint(spread);
        v.push_back(elem);
    }

    int val = base + randint(elem - base);       // 検索する値を作成
    bool found = false;
    for (int i=0; i<n; ++i) {   // 要素を出力し、val の有無を確認
        if (v[i]==val) found = true;
        cout << v[i] << " ";
    }
    cout << "} " << found << " }\n";
}
```

乱数値valがランダムシーケンスに含まれているかどうかを確認するにあたって、binary_search()を使用しなかったことに注意しよう。テストの正しい値を判断するために、テストしているものを使用するわけにはいかない。

実際には、binary_search()は乱数によるテストという強引なアプローチにそれほどふさわしい例ではない。先の「手動による」テストで見つからなかったバグが見つかるとは考えにくいが、この手法が役立つこともよくある。とりあえず、乱数テストをいくつか作成してみよう。

```
    int no_of_tests =randint(100);        // 約50個のテストを作成
    for (int i=0; i<no_of_tests; ++i) {
        string lab = "rand_test_";
        make_test(lab + to_string(i),   // 23.2のto_string
            randint(500),                // 要素の個数
            0,                           // base
            randint(50));                // spread
    }
```

乱数に基づいて生成されたテストが特に役立つのは、多くの演算の累積的な結果を検証する必要がある場合だ。つまり、システムが状態を持つ場合である（§5.2）。この場合、演算の結果は、それよりも前の演算がどのように処理されたかに依存する。

乱数が`binary_search()`にそれほど役立たない理由は、シーケンスでの検索がそれぞれ、そのシーケンスでの他の検索の影響を受けないことにある。もちろん、`binary_search()`の実装がシーケンスを変更するといったふざけた真似をしていないことが前提となる。それについては、もっとよいテストがある（練習問題5）。

26.3.3 アルゴリズムとアルゴリズムではないもの

ここまでは、例として`binary_search()`を使用してきた。`binary_search()`は、以下の特性を持つ正真正銘のアルゴリズムである。

- 入力に関する要件が明確に指定されている。
- 入力への影響が明確に指定されている（この場合、影響はない）。
- 明示的な入力ではないオブジェクトに依存しない。
- 環境によって重大な制約が課されたりしない。つまり、時間、空間、またはリソース共有の要件は指定されていない。

事前条件と事後条件が明確かつ明示的に指定されている（§5.10）。つまり、テスト担当者にとって夢のような状況である。多くの場合、そこまで恵まれた状況になることはない。そっけない文章といくつかの図が定義として示されているだけの、ぐちゃぐちゃなコードをテストするのが関の山だ。

ちょっと待った。そのようなだらけたことでよいのだろうか。コードが何を実行するはずなのかが正確に指定されていないというのに、正確さやテストの話ができるわけがない。問題は、ソフトウェアで実行しなければならないことの大半が、完全に明確な数学表現で簡単に指定できるわけではないことだ。また、理論的にはそのようなことが可能であったとしても、コードを書いてテストするプログラマーの能力では数学に歯が立たないこともよくある。したがって、完全に正確な仕様があるのが理想ではあるものの、誰かが現実の条件や時間の制約のもとで仕上げられるもの、というのが現実である。

テストしなければならないひどい関数があるとしよう。「ひどい」とは、以下のような意味である。

- 入力
  明示的または暗黙的な入力に課される要件が、私たちが期待したほどうまく指定されていない。
- 出力
  明示的または暗黙的な出力が、私たちが期待したほどうまく指定されていない。

- リソース
  時間、メモリー、ファイルといったリソースの使用が、私たちが期待したほどうまく指定されていない。

「明示的または暗黙的」とは、仮パラメーターや戻り値だけでなく、グローバル変数、iostream、ファイル、フリーストアでのメモリーの確保などへの影響についても検討しなければならないことを意味する。では、何ができるだろうか。まず、このような関数はほぼ間違いなく長すぎる。つまり、その要件と効果をもっと明確に指定できた可能性がある。それは長さが 5 ページの関数のことかもしれないし、「ヘルパー関数」をわざと複雑な方法で使用する関数のことかもしれない。5 ページは関数にしては長いと思ったかもしれない。確かにそうだが、それよりもずっと長い関数を見たことがある。残念なことに、そうした関数は珍しくない。

それが私たちのコードであり、時間があるとしたら、真っ先にそうした「ひどい関数」をより小さな関数に分割し、それぞれの関数を明確に定義された関数という理想に近づけ、それらを先にテストするところだ。だがここでは、ソフトウェアをテストすることが目的であると仮定する ── つまり、バグが見つかったときに（単に）修正するのではなく、できるだけ多くのエラーを体系的に見つけ出すことが目的となる。

では、何を探せばよいだろうか。テスト担当者の仕事はエラーを洗い出すことである。バグが隠れていそうな場所はどこだろうか。バグを含んでいそうなコードにはどのような特徴があるだろうか。

- 「他のコード」への巧妙な依存：グローバル変数、非 const 参照引数、ポインターなどが使用されている部分を探す。
- リソース管理：メモリー管理（new、delete）、ファイルの使用、ロックなどを探す。
- ループ：ループを探し、（binary_search() に関する限りでは）終了条件を確認する。
- if 文と switch 文：それらのロジックの誤りを探す。

if 文と switch 文はよく「分岐」と呼ばれる。

26.3.3.1 依存

以下に示す無意味な関数について考えてみよう。

```
int do_dependent(int a, int& b)    // ひどい関数: 無秩序な依存
{
    int val;
    cin>>val;
    vec[val] += 10;
    cout<<a;
    b++;
    return b;
}
```

do_dependent() をテストするにあたって、単に一連の引数を合成し、それらを使って何をするのかを調べるというわけにはいかない。この関数がグローバル変数 cin、cout、vec を使用することを考慮

に入れなければならない。このように小さく無意味な関数だからこそ、それはわかきったことだが、現実のコードでは、大量のコードの陰に埋もれてしまうことがある。ありがたいことに、そうした依存関係を見つけ出すのに役立つソフトウェアが存在する。残念なのは、容易に手に入るものでも、広く使用されているものでもないことだ。ここでは、私たちを助けてくれる解析ソフトウェアは存在しないものと想定し、関数を 1 行ずつ調べて、その依存関係をすべて洗い出す。

do_dependent() をテストするには、以下の点について検討する必要がある。

- 入力
  - a の値
  - b の値と、b によって参照される int の値
  - cin から（val への）入力と cin の状態
  - cout の状態
  - vec の値、特に vec[val] の値
- 出力
  - 戻り値
  - b によって参照される int の（インクリメント後の）値
  - cin の状態（ストリームと書式の状態に注意）
  - cout の状態（ストリームと書式の状態に注意）
  - （vec[val] に代入した）vec の状態
  - vec がスローしたかもしれない例外（vec[val] は範囲外かもしれない）

項目の数が多い。それどころか、このリストのほうが関数よりも長い。このリストは、私たちがグローバル変数を嫌い、非 const 参照またはポインターに注意を払う理由を説明するのに役立つ。この関数は、引数を読み取り、結果を戻り値として生成するだけだが、そうした関数には理解してテストするのが容易であるという大きな利点がある。

入力と出力の確認が済んだら、基本的には、binary_search() のケースに戻る。明示的な入力と暗黙的な入力の値を使ってテストを生成し、明示的な出力と暗黙的な出力に期待される結果を生成するかどうかを確認すればよい。do_dependent() の場合は、おそらく非常に大きな val と負の val を使ったテストから始めて、どうなるかを確認することになるだろう。vec は範囲チェック付きの vector でなければならないように思える。そうではないとしたら、非常にまずいエラーを発生させることになるかもしれない。もちろん、そうした入力や出力をドキュメントで調べるだろうが、このようなひどい関数では、仕様が完全かつ正確であることはまず期待できない。そこで、関数をわざと失敗させ、何が正しいかという質問に答える作業を開始する。多くの場合、そうしたテストや問いかけは設計の見直しにつながるはずだ。

26.3.3.2 リソース管理

以下の無意味な関数について考えてみよう。

```
void do_resources1(int a, int b, const char* s)    // ひどい関数
// 無秩序なリソースの使用
{
    FILE* f = fopen(s,"r");         // ファイルを開く（C スタイル）
```

```
        int* p = new int[a];           // メモリーを確保
        if (b<=0) throw Bad_arg();     // 場合によっては例外をスロー
        int* q = new int[b];           // さらにメモリーを確保
        delete[] p;                    // p が指しているメモリーを解放
    }
```

do_resources1() をテストするには、確保したリソースがすべて正しく処理されているかどうかについて検討しなければならない。つまり、それらのリソースはすべて解放されているか、他の関数に渡されていなければならない。

この場合は、明らかな点が3つある。

- s という名前のファイルが閉じられていない。
- p に確保されたメモリーは、b<=0 の場合、または2つ目の new が例外をスローした場合にリークする。
- q に確保されたメモリーは、0<b の場合にリークする。

それに加えて、ファイルが開けない可能性を常に考慮に入れなければならない。そうした悲惨な結果を再現するために、ここでは古いプログラミングスタイルをわざと使用している ── fopen() はファイルを開くための C の標準的な手段である。以下のように記述されていれば、テスト担当者の作業はもっと楽になったはずだ。

```
    void do_resources2(int a, int b, const char* s)   // 少しましな関数
    {
        ifstream is(s);                // ファイルを開く
        vector<int>v1(a);              // vector を作成（メモリーを所有）
        if (b<=0) throw Bad_arg();     // 場合によっては例外をスロー
        vector<int> v2(b);             // 別の vector を作成（メモリーを所有）
    }
```

これにより、リソースはそれぞれオブジェクトによって所有されるようになった。それらのオブジェクトには、そのリソースを解放するデストラクターが定義されている。関数をより単純（明快）に記述するにはどうすればよいかについて考えると、テストの方法について考えるのに役立つことがある。RAII（Resource Acquisition Is Initialization）手法は、この種のリソース管理問題に対する一般的な戦略を提供する（§19.5.2）。

注意してほしいのは、確保されたリソースがすべて解放されるかどうかを確認することだけがリソースの管理ではないことだ。別の場所からたとえば引数としてリソースを取得したり、関数からたとえば戻り値としてリソースを渡すこともある。そうしたケースでは、何が正しいかを判断するのがきわめて難しい可能性がある。以下のコードについて考えてみよう。

```
    FILE* do_resources3(int a, int* p, const char* s)   // ひどい関数
        // 無秩序なリソースの受け渡し
    {
        FILE* f = fopen(s,"r");
```

```
        delete p;
        delete var;
        var = new int[27];
        return f;
    }
```

do_resources3() にとって、開いたファイルを戻り値として返すのは正しいことだろうか。do_resources3() にとって、引数 p として渡されたメモリーをデリートするのは正しいことだろうか。また、グローバル変数 var が姑息な方法で使用されている。この変数は明らかにポインターである。基本的には、関数との間でリソースをやり取りするのは一般的で便利な方法だが、それが正しいことかどうかを知るには、リソース管理戦略の知識が必要である。リソースを所有しているのは誰だろうか。それを解放することになっているのは誰だろうか。ドキュメントには、そうした質問への答えが明記されていなければならない（夢のような話だ）。いずれにしても、リソースのやり取りはバグの温床であり、テストの格好のターゲットである。

グローバル変数を使ってリソース管理の例を（意図的に）複雑にしたことに注目しよう。状況が手に負えなくなるのは、バグの発生源を一緒くたにするようになったときだ。プログラムはそれを回避しようとし、テスト担当者は簡単にだまされないような例を探す。

26.3.3.3 ループ

binary_search() の説明では、ループに着目した。基本的には、ほとんどのエラーはループの最後に発生する。

- ループを開始するときにすべてが正しく初期化されているか。
- 最後のケース（多くの場合は最後の要素）で正しく終了するか。

間違いを犯している例を見てみよう。

```
    int do_loop(const vector<int>& v)    // ひどい関数: 無秩序なループ
    {
        int i;
        int sum;
        while(i<=v.size()) sum+=v[i];
        return sum;
    }
```

明白なエラーが3つあるが、どれがエラーかわかるだろうか。それに加えて、優秀なテスト担当者は sum への加算にオーバーフローの可能性があることをすぐに見抜く。

- 多くのループでは、データが使用される。大きな入力が与えられると、何らかのオーバーフローを引き起こす可能性がある。

バッファーオーバーフローは、よく知られている特にやっかいなループエラーだ。このカテゴリーに属するエラーは、ループに関する2つの重要な質問を体系的に問いかけることによって捕捉できる。

```
    char buf[MAX];      // 固定長のバッファー
    char* read_line()   // 危険なほど手抜き
    {
        int i = 0;
        char ch;
        while(cin.get(ch) && ch!='\n') buf[i++] = ch;
        buf[i+1] = 0;
        return buf;
    }
```

もちろん、あなたはこんなコードを書かないだろう ─ どうして？ read_line()の何がいけないというのか。だが、悲しことに、このようなコードは後を絶たず、さまざまな形で出現する。

```
    // 危険なほど手抜き
    gets(buf);          // 1行を buf に読み込む*1
    scanf("%s",buf);    // 1行を buf に読み込む
```

ドキュメントでgets()とscanf()を調べ、とにかくそれらを使用しないようにしよう。この場合の「危険」は、そうしたバッファーオーバーフローがコンピューターの「クラッキング」 ─ つまり、侵入の主な手口であることを意味する。多くの実装では、まさにそうした理由により、gets()とその従兄弟に釘を刺している。

26.3.3.4 分岐

選択を迫られ、判断を誤ってしまうのはよくあることだ。このため、if文とswitch文はテストの格好のターゲットとなる。注意しなければならない主な問題は以下の2つである。

- すべての可能性がカバーされているか。
- 正しいアクションが正しい可能性に結び付けられているか。

以下の無意味な関数について考えてみよう。

```
    void do_branch1(int x, int y)   // ひどい関数: if の無秩序な使用
    {
        if (x<0) {
            if (y<0)
                cout << "very negative\n";
            else
                cout << "somewhat negative\n";
        }
        else if (x>0) {
```

[*1] 訳注：Visual Studio 2015 のバージョンによっては、stdio.h に gets 関数が含まれていない場合がある。

```
        if (y<0)
            cout << "very positive\n";
        else
            cout << "somewhat positive\n";
    }
}
```

　最も明白なエラーは、xが0のケースを忘れていることである。0に対する評価では、あるいは負の値と正の値に対する評価でもよいが、0が忘れられたり、負と見なされるなど、間違ったケースとひとまとめにされたりすることがよくある。また、そこにはエラーも潜んでいる。これは少しわかりにくいエラーだが、珍しいものではない。(x>0 && y<0)と(x>0 && y>=0)に対するアクションが、どういうわけか入れ替わっているのである。これは編集にカット&ペーストを使用するときによくあることだ。

　if文の使い方が複雑になるほど、そうしたエラーが起きやすくなる。ここではテスト担当者の視点に立って、こうしたコードを調べ、すべての分岐が評価されていることを確認する。do_branch1()のテストセットとしてすぐに思い浮かぶのは、以下のようなものだ。

```
do_branch1(-1,-1);
do_branch1(-1,1);
do_branch1(1,-1);
do_branch1(1,1);
do_branch1(-1,0);
do_branch1(0,-1);
do_branch1(1,0);
do_branch1(0,1);
do_branch1(0,0);
```

　基本的には、<と>を使ってdo_branch1()を0に対して評価していることを見抜いた後、「選択肢を片っ端から試す」という強引な手法である。xが正の値である場合のアクションの間違いを捕捉するには、呼び出しをそれらに期待される出力と組み合わせる必要がある。
　switch文を使用する方法は、基本的には、if文を使用する方法に似ている。

```
void do_branch1(int x, int y)    // ひどい関数: switchの無秩序な使用
{
    if (y<0 && y<=3)
        switch (x) {
        case 1:
            cout << "one\n";
            break;
        case 2:
            cout << "two\n";
```

```
        case 3:
            cout << "three\n";
    }
}
```

このコードには、典型的な間違いが 4 つある。

- 間違った変数（x ではなく y）の範囲をチェックしている。
- `break` 文を忘れたために x==2 のアクションが不正なものになっている。
- `default` のケースを忘れている（それは `if` 文によって処理されていると思っている）。
- 0<y と書いたつもりが y<0 と書いている。

テスト担当者は常に処理されていないケースを探す。「問題を修正するだけ」では十分ではないことに注意しよう。それは見ていないときに再発するかもしれない。テスト担当者としては、エラーを体系的に捕捉するテストを作成したいところだ。この単純なコードを修正するだけでは、修正が間違っていて問題が解決されなかったり、新しいエラーが紛れ込んだりする可能性がある。コードを調べる目的は、実はエラーを特定することではなく（それ自体は常に有益だが）、エラーをすべて捕捉するような適切なテストセットを設計することにある。現実的には、すべてとはいかないまでも、多くのエラーを捕捉できるようにしたい。

これらのループに暗黙的な「if」が含まれていることに注意しよう。つまり、それらのループは終端に達したかどうかを評価する。よって、ループは分岐文でもある。分岐が含まれているプログラムを調べるときの最初の質問は、常に、「すべての分岐をカバー（テスト）しているか」である。意外なことに、現実のコードでは、それが常に可能であるとは限らない。現実のコードでは、関数は必要に応じて他の関数から呼び出され、考えられるすべての方法で呼び出されるとは限らないからだ。したがって、「コードカバレッジは何か」がテスト担当者の一般的な質問となる。その答えが「ほとんどの分岐をテストした」であり、それに続いて残りの分岐をテストするのが難しい理由が説明されていれば、まずまずである。理想はコードカバレッジが 100% であることだ。

26.3.4 システムテスト

　重要なシステムのテストは熟練を要する作業である。たとえば、電話システムを制御するコンピューターのテストは、特別にあつらえられた部屋で行われる。その部屋には、数万人規模の利用者のトラフィックをシミュレートするコンピューターを満載したラックが置かれている。そうしたシステムは数百万ドルもし、熟練エンジニアで構成されたチームが担当する。主力の電話交換機は、いったん導入されたら、停電、洪水、地震を含めどのような理由であっても、最大で 20 分のダウンタイムで、20 年間稼働し続けなければならない。その詳細は控えるが ── 物理学部の新入生に火星探査機の軌道修正の計算について教えるほうが楽だろう ── ここでは、小規模なプロジェクトに役立つと思われるアイデアをいくつか披露したい。それらは、大規模なシステムのテストを理解するのにも役立つだろう。

　まず、エラーを見つけ出すことがテストの目的であることを思い出そう。特に、頻繁に発生する深刻なエラーを見つけ出す必要がある。これは単にテストを大量に作成して実行するということではない。このため、テストの対象となるシステムを多少なりとも理解していれば断然有利である。効果的なシステムテストは、ユニットテストよりもアプリケーションの知識（専門分野の知識）に依存する。システ

ムの開発には、プログラミング言語やコンピューターサイエンスの知識はもちろん、それ以上のものが要求される —— そのためには、適用分野やアプリケーションを使用する人々を理解する必要がある。それは私たちがコードに取り組む重要な動機となる —— それは多くの興味深いアプリケーションやおもしろい人々と出会うきっかけとなる。

完全なシステムをテストするには、そのシステムがすべての部品（ユニット）で組み立てられていなければならない。それには時間がかかる可能性があるため、多くのシステムテストは、すべてのユニットテストが完了した後、1日に1回実行されるだけである。多くの場合は、開発者が寝ている時間帯に実行される。ここで、回帰テストが重要な要素となる。プログラムからエラーが見つかる可能性が最も高いのは、新しいコードと、以前にエラーが見つかっている部分のコードである。このため、古いテスト（回帰テスト）をひととおり実行することは不可欠となる。回帰テストを済ませないうちは、そうした大規模なシステムは安定しない。古いバグを取り除くそばから、新しいバグを生み出すことになるからだ。

ここでは、いくつかのエラーを修正するときに、いくつかの新しいエラーをうっかり紛れ込ませてしまうことを当然のように受け止めている。新しいバグの数が取り除いたバグの数よりも少ないことと、新しいバグによる影響がそれほど深刻ではないことを願っている。ただし、少なくとも回帰テストを再び実行し、新しいコードに合わせて新しいテストを追加するまでは、システムが（バグ修正のせいで）無効な状態になっていると想定しなければならない。

26.3.5　有効ではない前提

`binary_search()`の仕様には、検索するシーケンスはソート済みでなければならないことが明記されている。それにより、姑息なユニットテストを行う機会はごっそり奪われた。だが、（システムテストを除いて）私たちが考え出したテストでは検出されない不正なコードが記述されることは目に見えている。関数やクラスといったシステムの「ユニット」に関する知識に基づき、もっとよいテストを考え出すことは可能だろうか。

残念ながら、最も単純な答えは「ノー」である。テスト担当者である手前、コードを変更するわけにはいかない。だが、インターフェイスの要件（事前条件）への違反を検出するには、誰かがそれをチェックしなければならない。それは各呼び出しの前に、あるいは各呼び出しの実装の一部としてチェックされなければならない（§5.5）。ただし、自分のコードをテストしている場合は、そうしたテストを挿入できる。自分がテスト担当者で、コードを書く人がテスト担当者の話を聞いてくれる場合は（常にそうであるとは限らない）、チェックされていない要件があることを教えて、それらがチェックされるようにしてもらえばよい。

`binary_search()`についてもう一度考えてみよう。入力シーケンス[first:last)が実際にシーケンスであることと、それがソート済みであることはテストできなかった（§26.3.2.2）。ただし、それをチェックする関数を記述するという手がある。

```
template<class Iter, class T>
bool b2(Iter first, Iter last, const T& value)
{
    // [first:last) がシーケンスかどうかをチェック
    if (last<first) throw Bad_sequence();
```

```
        // シーケンスが順序付けられているかどうかをチェック
        if (2 <= last - first)
            for (Iter p=first+1; p<last; ++p)
                if (*p<*(p-1)) throw Not_ordered();

        // すべて OK なので、binary_search() を呼び出す
        return binary_search(first,last,value);
}
```

binary_search() の作成時にそうしたテストが作成されない理由は、以下を含め、さまざまである。

- last<first の評価を前方イテレーターで行うことはできない。たとえば、std::list のイテレーターには < 演算子がない (§B.3.2)。一般に、イテレーターのペアがシーケンスを定義しているかどうかをテストする決定的な方法はない。first からイテレーションを開始して last に到達することを期待するのは、よい考えではない。
- シーケンスを走査して値が順番に並んでいることを確認するとしたら、binary_search() 自体の実行よりもはるかにコストがかかる。binary_search() の目的はそもそも、シーケンスにやみくもにアクセスして std::find と同じ方法で値を探すことではない。

では、どうすればよかったのだろうか。テストの最中は binary_search() を b2 に置き換えるという手がある。ただし、ランダムアクセスイテレーターを引数として binary_search() を呼び出すことが前提となる。あるいは、テスト担当者が有効にできるコードを binary_search() の実装者に挿入してもらうという手もある。

```
template<class Iter, class T>   // 警告: 擬似コードが含まれている
bool binary_search (Iter first, Iter last, const T& value)
{
    if (test enabled) {
        if (Iter is a random access iterator) {
            // [first:last) がシーケンスかどうかをチェック
            if (last<first) throw Bad_sequence();
        }

        // シーケンスが順序付けられているかどうかをチェック
        if (first!=last) {
            Iter prev = first;
            for (Iter p=++first; p!=last; ++p, ++prev)
                if (*p<*prev) throw Not_ordered();
        }
    }
```

```
        // binary_search() を実行
    }
```

　`test enabled` を擬似コードにしたのは、その意味が、コードのテストが（特定の組織の特定のシステムに対して）どのように準備されるかによるためだ。自分のコードをテストする場合は、単に`test_enabled` 変数を使用すればよい。また、「イテレーターの特性」について説明していないため、`Iter is a random access iterator` 条件も擬似コードにしてある。そうした条件が実際に必要な場合は、C++ の上級者向けの本でイテレーターの特性について調べてみよう。

26.4　テストのための設計

　プログラムの作成に着手するときには、最終的に完全で正しいものにしたいと考えている。また、それを実現するには、テストしなければならないこともわかっている。そこで、正確さとテストを念頭に置いた設計を最初の日から心がける。実際、多くの優秀なプログラマーは、「早めに頻繁にテストする」ことをスローガンとして掲げ、コードをテストする方法を思いつかないうちはコードを決して書かない。早い段階からテストについて考えると、エラーを最初から回避するのに役立つ。もちろん、あとからエラーを見つけるのにも役立つ。筆者もこの考えに同意する。ユニットを実装する前にユニットテストを書き始めるプログラマーもいるくらいだ。

　「§26.3.2.1 テスト戦略」と「§26.3.3 アルゴリズムとアルゴリズムではないもの」の例は、以下の重要な概念を具体的に示している。

- 明確に定義されたインターフェイスを使用することで、そうしたインターフェイスを使用するためのテストを作成できるようにする。
- 演算の格納、分析、再現が可能になるよう、それらをテキストとして表現する方法を考える。これは出力演算にも当てはまる。
- チェックされていない前提（アサーション）のテストを呼び出し元のコードに埋め込み、システムテストの前に不正な引数を捕捉する。
- 依存関係をできるだけ少なくし、依存関係を明白にする。
- 単純明快なリソース管理戦略を考える。

　哲学的に言えば、サブシステムと完全なシステムとでユニットテスト手法を可能にすることであると言えるだろう。

　パフォーマンスが問題でなければ、他の方法ではチェックされない要件や事前条件のテストはいつでも有効にできる。だが通常は、それらが体系的にチェックされない理由がある。たとえば、シーケンスがソート済みかどうかをチェックする方法は複雑で、`binary_search()` を使用するよりもはるかに高くつくことがわかっている。このため、そうしたチェックを必要に応じて有効または無効にできるようにシステムを設計するのが得策である。多くのシステムでは、それほど負荷のかからないチェックを最終（出荷）バージョンに適度に残しておくとよいだろう。「あり得ない」こともたまには起きる。システムをただクラッシュさせるよりも、具体的なエラーメッセージからそれらを知るほうがましである。

26.5 デバッグ

　デバッグでは、手法と姿勢が重要となる。もちろん、姿勢のほうが重要である。第 5 章を読み返そう。デバッグとテストがどのように異なるかに注意しよう。どちらもバグを捕捉するが、デバッグのほうがはるかに臨機応変であり、通常は既知のバグを取り除くことと機能を実装することに関係している。デバッグをテストに近づけるためにできることはすべて行うべきである。テストを愛しているというのは少し大げさだが、私たちがデバッグを嫌っていることは間違いない。早い段階からユニットテストと「テストのための設計」を十分に行うようにすれば、デバッグを最小限に抑えるのに役立つ。

26.6 パフォーマンス

　プログラムを有益なものにするには、プログラムを正確なものにするだけでは不十分である。プログラムを有益なものにする機能が十分にそろっていたとしても、適度なパフォーマンスも提供しなければならない。よいプログラムは「十分に効率的」である。つまり、利用可能なリソースに基づき、許容範囲内の時間で実行される。絶対的な効率性はつまらないものであることに注意しよう。プログラムを高速に実行することにこだわると、コードが複雑になり、バグとデバッグが増えることになる。また、移植やパフォーマンスの調整を含め、メンテナンスもより難しくなり、コストが跳ね上がる。このため、開発に大きな打撃を与える可能性がある。

　では、プログラムまたはプログラムのユニットが「十分に効率的」であることはどうすればわかるだろうか。理論的には、それを知ることはできない。そして多くのプログラムでは、その質問が出ないほどハードウェアは高速である。筆者は、導入後に発生するエラーをより的確に診断できるよう、デバッグモードでコンパイルされた製品が出荷されているのを見たこともある。つまり、25 倍も無駄に低速な製品である。「別のどこか」で開発されたコードと共存しなければならない場合は、それ以上ないほどよいコードであっても、そのようなことが起きる。

　したがって、「十分に効率的か」という質問に対する答えは、「興味のあるテストケースの所要時間を計測する」ことである。そのためにはもちろん、エンドユーザーについて十分に知る必要がある。そうすれば、エンドユーザーが何に「興味」を示していて、そうした興味深い用途にどれくらい時間がかかってもよいかがわかる。論理的には、ストップウォッチでテストのタイムを計り、不当に時間がかかっている部分がないことを確認すればよい。実際には、`system_clock`（§26.6.1）などの機能を使ってタイムを計り、テストにかかった時間を妥当な時間の目安と自動的に比較できる。あるいは（またはそれに加えて）、テストにかかった時間を記録し、それらを以前に実行したテストと比較すればよい。これはパフォーマンスのための回帰テストにもなる。

　パフォーマンスにとって最悪のバグの一部は、アルゴリズムに問題があるために発生する。それらはテストを通じて検出できる。大量のデータを使ってテストする理由の 1 つは、効率に問題のあるアルゴリズムを明らかにすることだ。たとえば、Matrix ライブラリ（第 24 章）を使って行列の行ごとに要素の合計を求めなければならないとしよう。そのための関数を誰かが用意している。

```
double row_sum(Matrix<double,2> m, int n);   // m[n] の要素の合計
```

　誰かがこの関数を使用して、合計が含まれた `vector` を生成する。この場合、`v[n]` は最初の n 行の要素の合計である。

```
double row_accum(Matrix<double,2> m, int n)    // m[0:n) の要素の合計
{
    double s = 0;
    for (int i=0; i<n; ++i) s+=row_sum(m,i);
    return s;
}

// m の行の合計を累計
vector<double> v;
for (int i=0; i<m.dim1(); ++i) v.push_back(row_accum(m,i+1));
```

これがユニットテストの一部として使用される、あるいはシステムテストの対象となるアプリケーションの一部として実行される場面を想像できるはずだ。いずれにしても、行列がかなり大きくなれば、おかしなことに気づくだろう。基本的には、所要時間が m のサイズの 2 乗になるのである。なぜだろうか。1 行目の要素をすべて合計し、続いて（1 行目のすべての要素に再びアクセスして）2 行目の要素をすべて合計し、続いて（1 行目と 2 行目のすべての要素に再びアクセスして）3 行目の要素をすべて合計するという方法をとっているからだ。

この例をまずいと考える場合は、`row_sum()` がデータを取得するためにデータベースにアクセスしなければならない場合はどうなるかについて考えてみよう。ディスクからの読み込みは、メインメモリーからの読み込みの何千倍も低速だ。

ここであなたは「そんなばかげたコードを誰が書くものか」と文句を言うかもしれない。残念ながら、筆者はもっとひどいコードを見てきた。そして通常は（パフォーマンスに関して）アルゴリズムに問題があったとしても、アプリケーションコードに埋もれていればそう簡単には見つからない。コードをひと目見てパフォーマンスの問題に気づいただろうか。その種の問題を特に探していたのでなければ、問題を特定するのはかなり難しいかもしれない。以下に示すのは、あるサーバーで見つかった実際の単純な例である。

```
for (int i=0; i<strlen(s); ++i) { /* s[i] を使った何らかの処理 */ }
```

多くの場合、s は約 20,000 文字からなる文字列だった。

パフォーマンスの問題がすべてアルゴリズムに関係しているわけではない。実際には、私たちが記述するコードの大半は、正式なアルゴリズムに分類されない（§26.3.3）。そうした「アルゴリズムとは無関係な」パフォーマンスの問題は、一般に、「設計上の問題」という広いカテゴリーに分類される。これには、以下の 3 つが含まれる。

- 情報の再計算を繰り返すこと。先の「行の合計」の問題など。
- 同じ事実のチェックを繰り返すこと。インデックスがループで使用されるたびに範囲内かどうかをチェックしたり、関数から関数へそのまま渡される引数をそのつどチェックするなど。
- ディスクや Web へのアクセスを繰り返すこと。

「繰り返す」が繰り返されていることに注意しよう。これはもちろん「意味もなく繰り返される」ことを意味しているが、肝心なのは、何かを何度も行わない限り、パフォーマンスへの影響はないこと

だ。関数の引数とループ変数の徹底的なチェックには全面的に同意するが、同じ値で同じチェックを繰り返しているうちに、そうした重複するチェックによってパフォーマンスが低下することになるかもしれない。パフォーマンスの低下が ── 計測によって ── 判明した場合は、繰り返し実行されるアクションを取り除くことができるかどうか調べてみよう。ただし、パフォーマンスが本当に問題であることが確定するまで、それを行ってはならない。早まった最適化は多くのバグのもとであり、多くの時間が無駄になる。

26.6.1 時間の計測

　コードのパフォーマンスが十分であることを知るにはどうすればよいだろうか。演算にどれくらい時間がかかるかを知るにはどうすればよいだろうか。多くの場合は、ストップウォッチや掛け時計、腕時計で計ればよい。それは科学的でも正確でもないが、その方法が現実的ではないとしたら、たいていプログラムの速さは十分である。それ以上パフォーマンスにこだわるのは得策ではない。

　より細かな単位で時間を計測する必要がある、あるいはストップウォッチを持って座っているのが我慢できない場合は、コンピューターに手伝わせる必要がある。コンピューターは時間を知っていて、それを示すことができる。たとえば UNIX システムでは、コマンドの前に `time` を付けるだけで、システムが処理に費やした時間が出力される。`x.cpp` というソースファイルのコンパイルにかかった時間を、`time` を使って突き止めることもできる。通常は、以下のようにコンパイルする。

```
g++ x.cpp
```

このコンパイルにかかった時間を計測したい場合は、`time` を追加するだけでよい。

```
time g++ x.cpp
```

これにより、`x.cpp` がコンパイルされ、それにかかった時間が画面上に出力される。これは小さなプログラムの時間を計測する単純で効果的な方法である。ただし、コンピューター上で実行されている「他のアクティビティ」の干渉を受けることがあるため、常に何度か計測するようにしよう。ほぼ同じ結果が3回得られたら、通常はその結果を信頼してよいだろう。

　これに対し、ほんの数ミリ秒しかかからないものを計測したい場合はどうすればよいだろうか。プログラムの一部をより細かく計測したい場合はどうすればよいだろうか。そのような場合は `<chrono>` で定義されている標準ライブラリの機能を使用する。たとえば、`do_something()` の所要時間を計測するには、以下のようなコードを記述する。

```
#include <chrono>
#include <iostream>
using namespace std;

int main()
{
```

```
    int n = 10000000;        // do_something() を n 回繰り返す

    auto t1 = system_clock::now();              // 開始時刻

    for (int i=0; i<n; i++) do_something();     // 計測ループ

    auto t2 = system_clock::now();              // 終了時刻

    cout << "do_something() " << n << " times took "
         << duration_cast<milliseconds>(t2 - t1).count()
         << "milliseconds\n";
}
```

`system_clock` は標準タイマーの 1 つであり、`system_clock::now()` は呼び出し時の時刻 (`time_point`) を返す。2 つの `time_point` の差を求めると (`t2 - t1`)、時間の長さ (`duration`) が得られる。ここでは、`duration` 型と `time_point` 型の詳細を省くために `auto` を使用している。時間を腕時計の時間として認識しているとしたら、これらの型は驚くほど複雑である。実際には、標準ライブラリの時間に関する機能は高度な物理アプリケーションのために設計されたものであり、ほとんどのユーザーが必要とするものよりもはるかに柔軟で汎用的である。

`second`、`millisecond`、`nanosecond` といった特定の単位で `duration` を取得するには、`duration_cast` という変換関数を使って変換する必要がある。`duration_cast` のようなものが必要となるのは、時間を計測する単位がシステムやクロックによって異なるためだ。`.count()` を忘れてはならない。`duration` から取り出される経過時間には、クロックティックとそれらの個数の両方が含まれている。

`system_clock` は秒単位以下の経過時間を計測するためのものであり、1 時間を超えるような計測には使用しないようにしよう。

▽ この場合も、ほぼ同じ結果を 3 回繰り返すことができない場合は、その計測値を信頼してはならない。「ほぼ同じ」とはどのような意味だろうか。「10% 以内」が妥当な答えである。現代のコンピューターが「高速」であることを思い出そう。1 秒間に 10 億個の命令を処理することもざらにある。これは、数万回繰り返すことができるものや、ディスクへの書き込みや Web へのアクセスといった非常に時間がかかるものを実行できる場合を除いて、何も計測できないことを意味する。Web へのアクセスの場合は数百回繰り返せれば十分だが、行われることが多すぎて結果を理解できない可能性があることに注意しよう。

26.7　参考文献

- Stone, Debbie, Caroline Jarrett, Mark Woodroffe, and Shailey Minocha. *User Interface Design and Evaluation*. Morgan Kaufmann, 2005. ISBN 0120884364.
- Andrews, Mike, and James A. Whittaker. *How to Break Web Software: A Practical Guide to Testing*. Addison–Wesley, 2003. ISBN 0321194330.

■ ドリル

ここでは、`binary_search()` のテストを動かしてみる。

1. Test（§26.3.2.2）の入力演算子を実装する。
2. 「§26.3.2.1 テスト戦略」のシーケンスに対するテストファイルを完成させる。
    a. { 1 2 3 5 8 13 21 }　　// 通常のシーケンス
    b. { }
    c. { 1 }
    d. { 1 2 3 4 }　　　　　　// 要素は偶数個
    e. { 1 2 3 4 5 }　　　　　// 要素は奇数個
    f. { 1 1 1 1 1 1 1 }　　　// すべての要素が同じ
    g. { 0 1 1 1 1 1 1 1 1 1 1 1 1 }　　// 最初の要素だけが異なる
    h. { 0 0 0 0 0 0 0 0 0 0 0 0 1 }　　// 最後の要素だけが異なる
3. 「§26.3.2.1 テスト戦略」に基づき、以下のシーケンスを生成するプログラムを完成させる。
    a. 非常に大きなシーケンス（何を非常に大きいと見なすか。その理由は何か）
    b. ランダムな個数の要素を持つ 10 個のシーケンス
    c. 0, 1, 2, ..., 9 個のランダムな（ただし順序付けられた）要素を持つ 10 個のシーケンス
4. { Bohr Darwin Einstein Lavoisier Newton Turing } といった文字列シーケンスに対してこれらのテストを繰り返す。

■ 復習

1. アプリケーションのリストを作成し、それぞれにバグが存在する場合に起きる可能性がある最悪の事態について簡単に説明する。飛行機の制御、クラッシュ、231 人の乗客が死亡、5 億ドルの装置の損失など。
2. プログラムが正しいことを単に証明できないのはなぜか。
3. ユニットテストとシステムテストの違いは何か。
4. 回帰テストとは何か。それが重要なのはなぜか。
5. テストの目的は何か。
6. `binary_search()` がその要件を単にチェックしないのはなぜか。
7. 考えられるすべてのエラーをチェックできない場合は、主にどのような種類のエラーを探せばよいか。
8. 一連の要素を操作するコードにおいて、バグが発生する可能性が最も高いのはどこか。
9. 大きな値をテストするのがよい考えなのはなぜか。
10. テストをコードではなくデータとして表すことが多いのはなぜか。
11. ランダムな値に基づく大量のテストを使用するのはなぜか。それらを使用するのはどのようなときか。
12. GUI を使用するプログラムのテストが難しいのはなぜか。
13. ユニットを切り離した状態でテストするのに必要なものは何か。
14. テスタビリティと移植性はどのような関係にあるか。

第26章 テスト

15. クラスのテストが関数のテストよりも難しいのはなぜか。
16. テストを繰り返せることが重要なのはなぜか。
17. チェックされていない事前条件に「ユニット」が依存していることが判明した場合、テスト担当者にできることは何か。
18. 設計者と実装者がテストを改善するためにできることは何か。
19. テストとデバッグはどのように異なるか。
20. パフォーマンスはどのような状況で重要となるか。
21. パフォーマンスの問題を(簡単に)再現できる方法の例を2つ以上あげる。

■ 用語

`system_clock`	テストカバレッジ(test coverage)
回帰(regression)	テストのための設計(design for testing)
時間の計測(timing)	テストハーネス(test harness)
事後条件(post-condition)	入力(inputs)
事前条件(pre-condition)	ブラックボックステスト(black-box testing)
システムテスト(system test)	
出力(outputs)	分岐(branching)
状態(state)	ホワイトボックステスト(white-box testing)
証明(proof)	
前提(assumptions)	ユニットテスト(unit test)
テスト(testing)	リソースの使用状況(resource usage)

■ 練習問題

1. 「§26.3.2.1 テスト戦略」で示したテストを使って`binary_search()`(§26.1)アルゴリズムを実行する。
2. 任意の要素型に対処するように`binary_search()`のテストを変更する。続いて、`string`のシーケンスと浮動小数点数のシーケンスを使ってテストする。
3. 練習問題1を、比較条件を要求する`binary_search()`を使って繰り返す。その追加の引数によって新しいエラーがもたされる機会を洗い出す。
4. シーケンスを一度定義すれば、それに対して複数のテストを実行できるようなテストデータのフォーマットを考え出す。
5. `binary_search()`がシーケンスを変更するという(起こりそうにない)エラーを捕捉するために、`binary_search()`のテストセットにテストを1つ追加する。
6. 第7章の電卓プログラムに最低限の変更を加えて、ファイルから入力を取得し、ファイルに出力を書き出すようにする(または、OSのI/Oリダイレクト機能を使用する)。続いて、そのプログラムを包括的にテストする方法を考え出す。
7. 第20章の「§20.6 例:単純なテキストエディタ」で示した単純なテキストエディタをテストする。

8. 第12章〜第15章のGUIライブラリにテキストベースのインターフェイスを追加する。たとえば、文字列 Circle(Point(0,1),15) から Circle(Point(0,1),15) 呼び出しを生成する。このテキストインターフェイスを使用して、屋根、2つの窓、ドアがある「子供が描いた」2次元の家を作成する。
9. GUIライブラリにテキストベースの出力フォーマットを追加する。たとえば、Circle(Point(0,1),15) 呼び出しが実行されたら、Circle(Point(0,1),15) のような文字列が出力ストリームに書き出されるようにする。
10. 練習問題9のテキストインターフェイスを使用して、GUIライブラリに対するより効果的なテストを記述する。
11. 「§26.6 パフォーマンス」で示した合計の例を計測する。m は、100次元、10,000次元、100万次元、1,000万次元の正方行列であるとし、要素の値として [-10:10) の範囲のランダムな値を使用する。v の計算を書き直し、より効率的な ($O(N^2)$ ではない) アルゴリズムを使用し、計測された時間を比較する。
12. ランダムな浮動小数点数を生成し、std::sort() を使ってそれらをソートするプログラムを作成する。50万個の double と500万個の double のソートにかかった時間を計測する。
13. [0:100) の範囲の長さを持つランダムな文字列を使って練習問題12を繰り返す。
14. ソートの必要がないように vector の代わりに map を使って練習問題13を繰り返す。

■ 追記

　プログラマーである私たちは、できれば一発で動作する美しいプログラムを記述することを夢見ている。だが、現実はそうはいかない。プログラムを正しく記述することは難しく、改良中のプログラムを正しい状態に保つことも難しい。テストのための設計を含め、テストは私たちが配布するシステムが実際にうまくいくことを保証するための主な手段となる。この高度に技術化された世界では、1日の終わりに（しばしば忘れられがちな）テスト担当者に心から感謝すべきである。

第27章
C プログラミング言語

> C は強く型付けされた、
> チェックの弱いプログラミング言語である。
> — Dennis Ritchie

本章では、C プログラミング言語とその標準ライブラリの概要を、C++ を知っている人の視点で捉える。C にはない C++ の機能をあげ、C プログラマーがそうした機能なしでうまく対処する方法を示す。C/C++ の互換性のない部分を示し、C/C++ の相互運用性について説明する。また、I/O、リスト操作、メモリー管理、文字列操作の例を具体的に示す。

- 27.1 C と C++：同胞
  - 27.1.1 C/C++ の互換性
  - 27.1.2 C にはない C++ の機能
  - 27.1.3 C の標準ライブラリ
- 27.2 関数
  - 27.2.1 関数名のオーバーロードはない
  - 27.2.2 関数の引数の型チェック
  - 27.2.3 関数の定義
  - 27.2.4 C++ からの C の呼び出しと C からの C++ の呼び出し
  - 27.2.5 関数へのポインター
- 27.3 C と C++ の小さな相違点
  - 27.3.1 構造体タグ名前空間
  - 27.3.2 キーワード
  - 27.3.3 定義
  - 27.3.4 C スタイルのキャスト
  - 27.3.5 void* の変換
  - 27.3.6 enum
  - 27.3.7 名前空間
- 27.4 フリーストア
- 27.5 C スタイルの文字列
  - 27.5.1 C スタイルの文字列と const
  - 27.5.2 バイト演算
  - 27.5.3 例：strcpy()
  - 27.5.4 スタイル
- 27.6 入出力：stdio
  - 27.6.1 出力
  - 27.6.2 入力
  - 27.6.3 ファイル
- 27.7 定数とマクロ
- 27.8 マクロ
  - 27.8.1 関数のようなマクロ
  - 27.8.2 構文マクロ
  - 27.8.3 条件付きコンパイル
- 27.9 例：おしつけがましいコンテナー

第 27 章　C プログラミング言語

27.1　C と C++：同胞

C プログラミング言語は、ベル研究所の Dennis Ritchie によって設計および実装された言語であり、Brian Kernighan と Dennis Ritchie の著書 *The C Programming Language* によって普及した。この「K&R」と呼ばれる本は今もなお C の最高の入門書であり、プログラミングに関する名著の 1 つと言ってよいだろう（§22.2.5）。C++ の最初の定義の文章は、Dennis Ritchie によって提供された 1980 年の C の定義の文章を編集したものだった。こうして最初に枝分かれした後、2 つの言語はさらに発展を遂げた。C++ と同様に、C は現在 ISO 規格によって定義されている。

私たちは C を主に C++ のサブセットと見なしている。このため、C++ の観点から C について説明するという問題は、以下の 2 点に帰着する。

- C++ のサブセットではない部分について説明する。
- C にはない C++ の機能と、それを埋め合わせるために使用できる機能と手法について説明する。

歴史的に見て、現代の C と現代の C++ は同胞である。どちらも「Classic C」の直系の子孫であり、「K&R」の初版と、構造体と列挙によって普及した C の方言である。

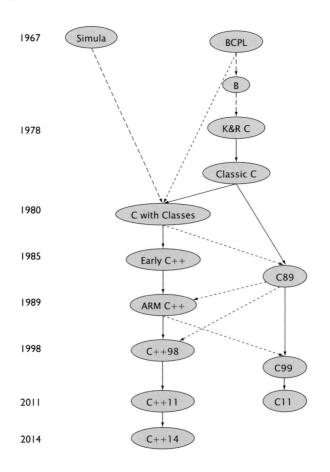

27.1　CとC++：同胞

「K&R」の第2版で説明されているように、現在ほぼ例外なく使用されているCのバージョンはC89であり、本章ではそれについて説明する。一部ではClassic Cが依然として使用されており、C99が使用されている例もあるが、C++とC89を知っていれば困ることはないはずだ。

CとC++はどちらもニュージャージー州マレーヒルにあるベル研究所のコンピューターサイエンスリサーチセンターで誕生した。一時期、筆者のオフィスはDennis RitchieとBrian Kernighanのオフィスから廊下を挟んで数部屋しか離れていなかった。

どちらの言語も、現在はISO標準化委員会によって定義され、管理されている。どちらについても、サポートされている実装の多くが使用されている。多くの場合、実装は両方の言語をサポートし、コンパイラーのスイッチやソースファイルのサフィックスを通じて目的の言語を選択するようになっている。どちらの言語も、他のどの言語よりも多くのプラットフォームで利用できる。どちらも以下に示すような手ごわいシステムプログラミングタスクを対象として主に設計されており、現在ではそれらに頻繁に使用されている。

- OS カーネル
- デバイスドライバー
- 組み込みシステム
- コンパイラー
- 通信システム

同等のCプログラムとC++プログラムの間にパフォーマンス上の差はない。

C++と同様に、Cは非常に広く使用されている。C/C++コミュニティは地球上で最も大きなソフトウェア開発コミュニティである。

27.1.1　C/C++の互換性

「C/C++」という言い回しは特に珍しいものではない。ただし、そのような言語が存在するわけではなく、「C/C++」という使い方は一般に無知の現れである。ここでは、C/C++の互換性問題と、C/C++が共有する大規模なコミュニティについて言及する場合にのみ、「C/C++」を使用することにする。

第 27 章　C プログラミング言語

　C++ は、完全とは言えないまでも、おおむね C のスーパーセットである。非常にまれないくつかの例外を除いて、C と C++ に共通する構文はどちらの言語でも同じ意味（セマンティクス）を持つ。C++ は以下の目的で、「C にできるだけ近く、だが近づきすぎないように」設計されている。

- 移行を容易にするために
- 共存のために

互換性のない部分のほとんどは、C++ の型チェックがより厳格であることに関連している。

C としては有効だが、C++ としては有効ではないプログラムの例としては、C++ ではキーワードだが、C ではキーワードではないものを識別子として使用するプログラムがあげられる (§27.3.2)。

```
int class(int new, int bool);   /* C だが、C++ ではない */
```

どちらの言語でも構文として有効で、その意味が異なるとなるともっと見つけにくいが、1 つ例をあげてみよう。

```
int s = sizeof('a');   /* C では sizeof(int) でたいてい 4、C++ では 1 */
```

'a' といった文字リテラルの型は、C では `int`、C++ では `char` である。ただし、ch が `char` 型の変数であるとすれば、どちらの言語でも `sizeof(ch)==1` となる。

互換性と言語の相違点に関する情報は、ワクワクするようなものではまったくない。ぜひとも習得しておきたい新しいプログラミング手法というものは存在しない。`printf()`（§27.6）が気に入るかもしれないが、それは例外として、本章の内容は無味乾燥なものである。その目的は単純で、必要に応じて C を読み書きできるようにすることである。これには、経験豊富な C プログラマーにとってはわかりきったことでも、C++ プログラマーにとっては一般に予想外の危険要因を指摘することが含まれる。ここでは、そうした危険要因をできるだけ回避することを学んでもらえればと考えている。

ほとんどの C プログラマーが C++ コードを扱わなければならないのと同様に、ほとんどの C++ プログラマーは何らかの時点で C コードを扱わなければならない。本章で説明する内容の多くはほとんどの C プログラマーがよく知っているものだが、「エキスパートレベル」と見なされるものがいくつか含まれている。その理由は単純だ。「エキスパートレベルとはこれこれである」と決まっているわけではなく、ここでは単に現実のコードでよく見られるものについて説明するからだ。互換性の問題を理解すれば、「C のエキスパート」という不当な称号が転がり込んでくるかもしれない。だが、本物の知識は、互換性問題について考えることによって明らかとなる言語の難解なルールを理解するときではなく、言語（この場合は C）を使用するときに発揮されることを覚えておこう。

参考文献

- ISO/IEC 9899:1999. *Programming Languages — C*. C99 の定義。ほとんどの実装は C89（そして多くの場合はいくつかの拡張）を実装している。
- ISO/IEC 9899:2011. *Programming Languages — C*. C11 の定義。
- ISO/IEC 14882:2003–04–01. *Programming Languages — C++*.
- Kernighan, Brian W., and Dennis M. Ritchie. *The C Programming Language*. Prentice Hall, First Edition, 1978; Second Edition, 1988. ISBN 0131103628.
  『プログラミング言語 C 第 2 版』、石田晴久 訳、共立出版、1989 年

- Stroustrup, Bjarne. "Learning Standard C++ as a New Language." *C/C++ Users Journal*, May 1999.
- Stroustrup, Bjarne. "C and C++: Siblings"; "C and C++: A Case for Compatibility"; and "C and C++: Case Studies in Compatibility." *C/C++ Users Journal*, July, Aug., and Sept. 2002.

Stroustrup の論文は筆者の出版物のホームページに掲載されている。

27.1.2 C にはない C++ の機能

C++ の観点からすると、C（C89）には多くの機能が欠けている（→ は C での代替策を示す）。

- クラスとメンバー関数
    → `struct` とグローバル関数を使用する。
- 派生クラスと仮想関数
    → `struct`、グローバル関数、関数へのポインター（§27.2.3）を使用する。
- テンプレートとインライン関数
    → マクロ（§27.8）を使用する。
- 例外
    → エラーコード、エラー戻り値などを使用する。
- 関数のオーバーロード
    → 関数にそれぞれ明確に区別される名前を付ける。
- `new` / `delete`
    → `malloc()` / `free()` と別個の初期化/クリーンアップコードを使用する。
- 参照
    → ポインターを使用する。
- `const`、`constexpr`、または定数式の関数
    → マクロを使用する。
- `bool`
    → `int` を使用する。
- `static_cast`、`reinterpret_cast`、`const_cast`
    → C スタイルのキャストを使用する。たとえば、`static_cast<int>(a)` ではなく `(int)a` を使用する。

実用的なコードの多くが C で書かれていることを考えると、このリストから、どうしても必要な言語の機能など 1 つもないことがわかる。ほとんどの機能は — C のほとんどの言語機能でさえ — プログラマーにとって（単に）便利だからという理由で存在している。結局のところ、十分な時間と知恵、根気があれば、どのプログラムもアセンブラーで書けるわけである。C と C++ は現実のコンピューターにかなり近いマシンモデルを共有しているため、さまざまなプログラミングスタイルをエミュレートするのにうってつけだ。

本章の残りの部分では、これらの機能を使用せずに有益なプログラムを作成する方法について説明する。C を使用するにあたっての基本的なアドバイスは以下のとおり。

- C++ の機能がサポートするように設計されているプログラミング手法を、C が提供する機能でエミュレートする。
- C を記述するときには、C++ のサブセットとしての C で記述する。
- コンパイラーの警告レベルについては、関数の引数のチェックを保証するものを使用する。
- 大きなプログラムでは lint を使用する（§27.2.2）。

C/C++ の互換性がない部分については、詳細の多くはかなりあいまいで、技術的である。だが実際には、C を読み書きするにあたって覚えておかなければならないものはほとんどない。

- C にない C++ の機能を使用していることはコンパイラーが教えてくれる。
- 上記のルールに従う場合、C において C++ とは意味の異なるものに直面する可能性は低い。

こうした C++ の機能がない場合に、C においてその重要性が増す機能がいくつかある。

- 配列とポインター
- マクロ
- typedef
- sizeof
- キャスト（型変換）

typedef は C と C++98 において単純な using 宣言を使用することに相当する（§20.5、§A.16）。本章では、これらの機能を使用する例をいくつか示す。

筆者は /* ... */ コメントを入力するのがほとほと嫌になり、C の原型である BCPL から // コメントを C++ に取り入れることにした。// コメントは、C99 や C11 をはじめとするほとんどの C の方言でサポートされているため、それらを使用することにおそらく問題はないだろう。ここでは、C を想定した例では /* ... */ のみを使用する。C99 と C11 では、C++ とは互換性のない機能に加えて、C++ の機能がさらにいくつか追加されている。ただし、C89 のほうがはるかに広く使用されているため、ここでは C89 を重点的に見ていく。

27.1.3　C の標準ライブラリ

C++ ライブラリのクラスとテンプレートに依存する機能は、当然ながら、C では利用できない。これには以下の機能が含まれる。

- vector
- map
- set
- string
- STL アルゴリズム（sort()、find()、copy() など）
- iostream
- regex

これらについては、その埋め合わせとして配列、ポインター、関数に基づく C ライブラリがたいてい用意されている。C の標準ライブラリの主な部分は以下のとおり。

- `<stdlib.h>`：malloc() や free() といった一般的なユーティリティ（§27.4）
- `<stdio.h>`：標準 I/O（§27.6）
- `<string.h>`：C スタイルの文字列操作とメモリー操作（§27.5）
- `<math.h>`：標準浮動小数点数学関数（§24.8）
- `<errno.h>`：`<math.h>` のエラーコード（§24.8）
- `<limits.h>`：整数型のサイズ（§24.2）
- `<time.h>`：日付と時刻（§26.6.1）
- `<assert.h>`：デバッグアサーション（§27.9）
- `<ctype.h>`：文字の分類（§11.6）
- `<stdbool.h>`：Boolean マクロ

完全な説明は「K&R」などの C の教科書に載っている。これらのライブラリ（およびヘッダーファイル）はすべて C++ でも利用できる。

27.2　関数

C には以下の特徴がある。

- 特定の名前の関数は 1 つしか存在できない。
- 関数の引数型のチェックは任意である。
- 参照はない（よって参照渡しもない）。
- メンバー関数はない。
- インライン関数はない（C99 は例外）。
- 代わりとなる関数定義構文がある。

これらを除けば、C++ で使い慣れているものとほとんど同じである。それが何を意味するのか見ていこう。

27.2.1　関数名のオーバーロードはない

以下のコードについて考えてみよう。

```
void print(int);             /* int を出力 */
void print(const char*);     /* string を出力 */   /* エラー */
```

2 つ目の宣言がエラーになるのは、同じ名前の関数を 2 つ持つことはできないためだ。したがって、それらしい名前を 2 つ考え出さなければならない。

```
void print_int(int);                  /* int を出力 */
void print_string(const char*);       /* string を出力 */
```

これは利点と称されることがある。これにより、int を出力するために間違った関数をうっかり使用することがなくなる、というわけだ。もちろん、それは納得のいかない話である。ジェネリックプログラミングは意味がよく似ている関数に同じ名前を付けることに基づいているため、関数のオーバーロー

ドがないことによってジェネリックプログラミングの実装が難しくなることは確実だ。

27.2.2 関数の引数の型チェック

以下のコードについて考えてみよう。

```
int main()
{
    f(2);
}
```

これは C コードとしてコンパイルできるだろう。つまり、関数を呼び出す前に宣言する必要はない — ただし、それは可能であり、そうすべきである。f() の定義はどこかに存在するかもしれない。その f() は別の翻訳単位に含まれているかもしれないが、そうでなければリンカーで止まる。

残念ながら、別のソースファイルに含まれているその定義が以下のようなものだったとしよう。

```
/* other_file.c ファイル */
int f(char* p)
{
    int r = 0;
    while (*p++) r++;
    return r;
}
```

リンカーはこれをエラーとして報告しない。ランタイムエラーになるか、でたらめな結果が生成されるかである。

このような問題にどのように対処すればよいだろうか。ヘッダーファイルを一貫して使用するというのが現実的な答えである。プログラマーが呼び出す関数、または定義する関数がすべてヘッダーで宣言されていて、そのヘッダーが必要に応じて常に #include されれば、この問題はチェックされる。ただし、大規模なプログラムでは、それは難しいかもしれない。このため C コンパイラーには、宣言されていない関数の呼び出しに対して警告を生成するためのオプションがある — それらを使用しよう。また、あらゆる種類の整合性問題をチェックするために使用できるプログラムが、C が誕生したころから存在している。それらは一般に lint と呼ばれる。重要なプログラムは必ず lint にかけるようにしよう。lint が推し進める C の使用スタイルは、C++ のサブセットを使用するかのようなスタイルであることがわかるだろう。lint にかけたプログラムの（すべてではないものの）多くがすんなりコンパイルできたことも、C++ を設計するきっかけの 1 つだった。

C では、関数の引数のチェックを要求できる。その場合は、(C++ の場合と同様に) 関数を宣言するときにその引数の型を指定すればよい。そうした宣言は**関数プロトタイプ**（*function prototype*）と呼ばれる。ただし、引数を指定しない関数宣言には要注意である。それらは関数プロトタイプではなく、関数の引数をチェックするという意味合いはない。

```
    int g(double);     /* プロトタイプ: C++ の関数宣言と同様 */
    int h();           /* プロトタイプではない: 引数の型は指定されない */

    void my_fct()
    {
        g();           /* エラー: 引数がない */
        g("asdf");     /* エラー: 引数の型が不正 */
        g(2);          /* OK: 2 は 2.0 に変換される */
        g(2,3);        /* エラー: 引数が 1 つ余計 */

        h();           /* コンパイルを通る: 結果は予測がつかない */
        h("asdf");     /* コンパイルを通る: 結果は予測がつかない */
        h(2);          /* コンパイルを通る: 結果は予測がつかない */
        h(2,3);        /* コンパイルを通る: 結果は予測がつかない */
    }
```

h() の宣言には、引数の型は指定されていない。これは h() が引数を要求しないという意味ではなく、「引数は何でも受け入れ、呼び出された関数にとってそれらが正しいことを期待する」という意味になる。この場合も、コンパイラーがよくできていれば警告が生成され、lint によって問題が検出されるだろう。

C++	C でそれに相当するもの
void f(); // 望ましい	void f(void);
void f(void);	void f(void);
void f(...); // 引数は任意	void f(); /* 引数は任意 */

関数プロトタイプがスコープに含まれていない場合に変数を変換するための特別なルールがある。たとえば、char と short は int に変換され、float は double に変換される。たとえば long がどうなるのかを知る必要がある場合は、C の教科書で調べてみよう。筆者のアドバイスは単純だ —— プロトタイプのない関数を呼び出してはならない。

int 型のパラメーターに char* 型の引数を渡すなど、不正な型の引数が渡されるのをコンパイラーが許したとしても、そうした不正な型の引数を使用するのは間違いである。Dennis Ritchie が言ったように、「C は強く型付けされた、チェックの弱いプログラミング言語である」。

27.2.3 関数の定義

関数はC++の場合とまったく同じように定義できる。そうした定義は関数プロトタイプである。

```
double square(double d)
{
    return d*d;
}

void ff()
{
    double x = square(2);       /* OK: 2 が 2.0 に変換された上で呼び出される */
    double y = square();        /* 引数がない */
    double y = square("Hello"); /* エラー: 引数の型が正しくない */
    double y = square(2,3);     /* エラー: 引数の個数が多すぎる */
}
```

引数が指定されない関数の定義は、関数プロトタイプではない。

```
void f() { /* 何らかの処理 */ }

void g()
{
    f(2);   /* C では OK、C++ ではエラー */
}
```

以下の定義があるとしよう。

```
void f();   /* 引数の型が指定されていない */
```

これが「`f()`は任意の型の引数をいくつでも取得できる」という意味になるのは、よく考えてみればおかしなことだった。そこで筆者は、`void`キーワードを使って「何もない」を明記する新しい表記を考え出した。`void`は「何もない」を意味する4文字の単語である。

```
void f(void);   /* 引数は受け取らない */
```

しかし、筆者はすぐに後悔した。それは見た目が悪かったし、引数の型のチェックが一律に適用されれば完全に余計である。しかも、Cの生みの親であるDennis Ritchieと、ベル研究所のコンピューターサイエンスリサーチセンターにおいてセンスのよさでは右に出る者がいなかったDoug McIlroyの2人に、「あんないやなもの」と呼ばれる始末だ（§22.2.5）。まずいことに、「あんないやなもの」がCコミュニティで受けてしまった。だが、C++では使用しないでほしい。見苦しいだけでなく、論理的に余計である。

Cには、Algol 60 スタイルの2つ目の関数定義もある。この定義では、パラメーターの型が（必要に応じて）それらの名前とは別に指定される。

```
int old_style(p,b,x) char* p; char b;
{
    /* ... */
}
```

この「古いスタイルの定義」は C++ よりも前からあるもので、プロトタイプではない。型が宣言されていない引数は、デフォルトで int 型である。したがって、x は old_style() の int 型のパラメーターである。old_style() は以下のように呼び出すことができる。

```
old_style();                   /* OK: 引数がどれも指定されていない */
old_style("hello",'a',17);     /* OK: すべての引数が正しい型である */
old_style(12,13,14);           /* OK: 12 は型が間違っているが、*/
                               /* old_style() は p を使用しないかもしれない */
```

これらの呼び出しはコンパイルを通るはずである。ただし、最初と最後の呼び出しでは警告が生成されることを願っている。

以下に、関数の引数のチェックに関するアドバイスをまとめておく。

- 関数プロトタイプを一貫して使用する（ヘッダーファイルを使用する）。
- 引数型のエラーが検出されるようにコンパイラーの警告レベルを設定する。
- （多少なりとも）lint を使用する。

そうすれば、C++ でも有効なコードになるだろう。

27.2.4　C++ からの C の呼び出しと C からの C++ の呼び出し

C コンパイラーでコンパイルされたファイルは、C++ コンパイラーでコンパイルされたファイルとリンクできる。ただし、2つのコンパイラーがそのように設計されていることが前提となる。たとえば GCC（GNU C and C++）コンパイラーを使用すれば、C と C++ から生成されたオブジェクトファイルをリンクできる。また、MSC++（Microsoft C and C++）コンパイラーを使用すれば、C と C++ から生成されたオブジェクトファイルをリンクできる。どちらか一方の言語を使用する場合よりも多くのライブラリを利用できるようになるため、これは一般的で便利な方法である。

C++ の型チェックは C よりも厳格である。具体的には、C++ のコンパイラーとリンカーは、2つの関数 f(int) と f(double) が別々のソースファイルに含まれている場合であっても、それらが一貫した方法で定義され、使用されていることをチェックする。C のリンカーは、そのようなチェックを行わない。C で定義された関数を C++ から呼び出し、C++ で定義された関数を C から呼び出すには、そのことをコンパイラーに伝える必要がある。

```cpp
// C の関数を C++ から呼び出す
extern "C" double sqrt(double);    // C の関数としてリンク

void my_c_plus_plus_fct()
{
    double sr = sqrt(2);
}
```

基本的には、extern "C" はコンパイラーに C のリンカーの規約を使用させる。それを除けば、C++ からはすべてが通常どおりに見える。実際、C++ の標準の sqrt(double) は、通常は C の標準ライブラリの sqrt(double) である。このようにして C++ から関数を呼び出せるようにするために、C プログラムで何かを行う必要はない。C++ は単に C のリンカー規約を受け入れる。

extern "C" を使って C++ 関数を C から呼び出せるようにしてみよう。

```cpp
// C から呼び出せる C++ 関数
extern "C" int call_f(S* p, int i)
{
    return p->f(i);
}
```

これにより、メンバー関数 f() を C プログラムから間接的に呼び出せるようになる。

```c
/* C から C++ 関数を呼び出す */
int call_f(S* p, int i);
struct S* make_S(int,const char*);

void my_c_fct(int i)
{
    /* ... */
    struct S* p = make_S(i,"foo");
    int x = call_f(p,i);
    /* ... */
}
```

C から C++ の関数を呼び出せるように C 側で指定する方法はない（それは不可能である）。

この相互運用性の利点は明らかであり、C と C++ を組み合わせてコードを記述できるようになる。具体的には、C++ プログラムでは C で書かれたライブラリを使用でき、C プログラムでは C++ で書かれたライブラリを使用できる。さらに、ほとんどの言語（特に Fortran）には、C との間で呼び出しを行うためのインターフェイスがある。

先の例では、p が指しているクラスオブジェクトを C と C++ が共有できることを前提としている。それはほとんどのクラスオブジェクトに当てはまる。たとえば以下のようなクラスが定義されている場合、C との間でオブジェクトへのポインターをやり取りせずに済む。

```
// C++ コード:
class complex {
    double re, im;
public:
    // すべて通常の演算
};
```

以下の宣言を使って C プログラム内の re と im にアクセスすることもできる。

```
/* C のコード: */
struct complex {
    double re, im;
    /* 演算なし */
};
```

どの言語でも、レイアウトのルールは複雑になりがちだ。複数の言語に共通するレイアウトのルールを指定するとなれば、なおのことそうである。ただし、C と C++ の間では、組み込み型はもちろん、仮想関数を持たないクラス（struct）もやり取りできる。クラスに virtual 関数が含まれている場合は、そのオブジェクトへのポインターを渡すだけにし、実際の操作は C++ コードに任せるべきである。call_f() はその例である —— f() は virtual の可能性があり、その場合は C から仮想関数を呼び出す方法を示す例となる。

組み込み型だけを使用する方法を別にすれば、型を共有する手段として最も単純で最も安全なのは、共通の C/C++ ヘッダーファイルで定義された struct である。ただし、そうすると C++ のユーザビリティを大幅に制限することになるため、わざわざそうするのはやめておこう。

27.2.5　関数へのポインター

オブジェクト指向の手法（§14.2〜14.4）を C で使用したい場合はどうすればよいだろうか。基本的には、virtual 関数に代わるものが必要である。ほとんどの人が最初に思いつくのは、「型フィールド」を持つ struct を使用することだ。このフィールドは、特定のオブジェクトが表す図形の種類を示す。

```
struct Shape1 {
    enum Kind { circle, rectangle } kind;
    /* ... */
};

void draw(struct Shape1* p)
{
    switch (p->kind) {
    case circle:
        /* 円として描画 */
        break;
```

```
        case rectangle:
            /* 四角形として描画 */
            break;
        }
    }

    int f(struct Shape1* pp)
    {
        draw(pp);
        /* ... */
    }
```

これはうまくいく。ただし、問題になりそうな点が2つある。

- draw() のような「擬似仮想関数」ごとに新しい switch 文を記述しなければならない。
- 新しい図形を追加するたびに switch 文に case を追加することになるため、draw() をはじめとする「擬似仮想関数」をすべて書き換えなければならない。

2つ目の問題は、「擬似仮想関数」をライブラリの一部として提供できないことを意味するため、非常にやっかいである。なぜなら、そうした関数はユーザーによって頻繁に修正されることになるからだ。これに代わる最も効果的な方法は、関数へのポインターを使用することである。

```
    typedef void (*Pfct0)(struct Shape2*);
    typedef void (*Pfct1int)(struct Shape2*,int);

    struct Shape2 {
        Pfct0 draw;
        Pfct1int rotate;
        /* ... */
    };

    void draw(struct Shape2* p)
    {
        (p->draw)(p);
    }

    void rotate(struct Shape2* p, int d)
    {
        (p->rotate)(p,d);
    }
```

この Shape2 は、Shape1 と同じように使用できる。

```
int f(struct Shape2* pp)
{
    draw(pp);
    /* ... */
}
```

ほんの少し作業すれば、擬似仮想関数ごとにオブジェクトが関数へのポインターを 1 つ保持する必要はなくなる。代わりに、virtual 関数が C++ で実装される場合とほぼ同じように、関数へのポインターからなる配列へのポインターを保持できるようになる。そうした手法を現実のプログラムで使用する場合の主な問題点は、そうした関数へのポインターをすべて正しく初期化することである。

27.3　C と C++ の小さな相違点

ここでは、C/C++ の小さな相違点の例を示す。それらを知らないままでは、足をすくわれかねない。こうした相違点には明らかな解決策があり、プログラミングに重大な支障を与えるものはほとんどない。

27.3.1　構造体タグ名前空間

C では、struct の名前は他の識別子とは別の名前空間（スコープ）に属する（class というキーワードはない）。このため、struct の名前の前に struct キーワードが付いていなければならない。struct の名前は**構造体タグ**（*structure tag*）と呼ばれる。

```
struct pair { int x,y; };
pair p1;            /* エラー: スコープ内に pair という識別子はない */
struct pair p2;     /* OK */
int pair = 7;       /* OK: スコープ内に pair という構造体タグはない */
struct pair p3;     /* OK: 構造体タグ pair は int によって隠ぺいされない */
pair = 8;           /* OK: pair は int を表す */
```

驚いたことに、油断ならない互換性ハックのおかげで、これは C++ でもうまくいく。struct と同じ名前の変数（または関数）を使用するのは、C ではかなり一般的なイディオムだが、本書ではお勧めしない。

構造体の名前の前にいちいち struct と書きたくない場合は、typedef（§20.5）を使用すればよい。以下のイディオムがよく使用される。

```
typedef struct { int x,y; } pair;
pair p1 = { 1, 2 };
```

typedef は C で使用するほうが便利であり、一般的である。C には、関連する演算を新しい型として定義するという選択肢はないからだ。

Cでは、入れ子の struct の名前は、それらの外側の struct と同じスコープに属する。

```
struct S {
    struct T { /* ... */ };
    /* ... */
};

struct T x;   /* C では OK（C++ ではエラー）*/
```

C++ では、以下のように記述する。

```
S::T x;   // C++ では OK（C ではエラー）
```

C では、struct はなるべく入れ子にしないようにしよう。struct のスコープルールは、ほとんどの人が単純に（そして当然のように）期待するものとは異なっている。

27.3.2　キーワード

C++ の多くのキーワードは、C のキーワードではない（つまり、C ではそれらの機能は提供されない）。このため、C ではそれらを識別子として使用できる。

C のキーワードではない C++ のキーワード				
alignas	class	inline	private	true
alignof	compl	mutable	protected	try
and	concept	namespace	public	typeid
and_eq	const_cast	new	reinterpret_cast	typename
asm	constexpr	noexcept	requires	using
bitand	delete	not	static_assert	virtual
bitor	dynamic_cast	not_eq	static_cast	wchar_t
bool	explicit	nullptr	template	xor
catch	export	operator	this	xor_eq
char16_t	false	or	thread_local	
char32_t	friend	or_eq	throw	

これらの名前を C で識別子として使用してはならない。さもなければ、そのコードを C++ に移植することは不可能になる。これらの名前を 1 つでもヘッダーファイルで使用すれば、そのヘッダーファイルを C++ から利用することも不可能になる[*1]。

[*1] 監注：concept と requires はコンセプト TS に基づくキーワードであり C++14 の標準規格にはまだ入っていない。

C++ の一部のキーワードは、C ではマクロとして使用されている。

C のマクロである C++ のキーワード				
and	bitor	false	or	wchar_t
and_eq	bool	not	or_eq	xor
bitand	compl	not_eq	true	xor_eq

C では、これらは `<iso646.h>` と `<stdbool.h>` (bool、true、false) で定義されている。それらが C ではマクロであることを利用してはならない。

27.3.3 定義

C++ では、C89 よりも多くの場所で定義が許可されている。

```
for (int i=0; i<max; ++i) x[i] = y[i];   // i の定義は C では許可されない*2

while (struct S* p = next(q)) {          // p の定義は C では許可されない
    /* ... */
}

void f(int i)
{
    if (i< 0 || max<=i) error("range error");
    int a[max];    // エラー：文の後の宣言は C では許可されない*3

    /* ... */
}
```

C (C89) では、for 文のイニシャライザー、条件、またはブロック内の文の後ろでの宣言は許可されない。以下のように記述しなければならない。

```
int i;
for (i=0; i<max; ++i) x[i] = y[i];

struct S* p;
while (p = next(q)) {
    /* ... */
```

[*2] 訳注：Visual Studio 2013 以降はほぼ C99 に準拠しているため、i の定義はエラーにならない。
[*3] 訳注：Visual Studio 2015 では、定数式が必要であることを示すエラーになる。max を 10 などの定数にすると、エラーは発生しなくなる。

```
    }

    void f(int i)
    {
        if (i<0 || max<=i) error("range error");
        {
            int a[max];*4
            /* ... */
        }
    }
```

C++ では、初期化されていない宣言は定義である。C では、それは単なる宣言であるため、それらが 2 つ存在していてもよい。

```
    int x;
    int x;   /* C では x という整数を 1 つ定義または宣言するが、C++ ではエラー */*5
```

C++ では、エンティティは一度だけ定義されなければならない。2 つの int が異なる翻訳単位に含まれている場合は、ちょっとおもしろいことになる。

```
    /* x.c ファイル */
    int x;

    /* y.c ファイル */
    int x;
```

C または C++ コンパイラーは、x.c または y.c ファイルでの間違いに気づかない。ただし、x.c ファイルと y.c ファイルが C++ としてコンパイルされた場合は、リンカーによって定義が二重であることを示すエラーが生成される。x.c ファイルと y.c ファイルが C としてコンパイルされた場合、プログラムはリンカーを通り、(C のルールに則って) x.c のコードと y.c のコードで共有される x は 1 つしか存在しないと見なされる。プログラムにグローバル変数 x を共有させたい場合は、それを明示的に指定する必要がある。

```
    /* x.c ファイル */
    int x = 0;       /* 定義 */

    /* y.c ファイル */
    extern int x;    /* 定義ではなく宣言 */
```

ヘッダーファイルを使用するとさらによい。

---

*4 訳注：Visual Studio 2015 では、定数式が必要であることを示すエラーになる。
*5 訳注：Visual Studio 2015 では、再定義されたことを意味するエラーになる。

```
/* x.h ファイル */
extern int x;    /* 定義ではなく宣言 */

/* x.c ファイル */
#include "x.h"
int x = 0;       /* 定義 */

/* y.c ファイル */
#include "x.h"
/* x の宣言はヘッダーに含まれている */
```

グローバル変数を使用しないことにすれば、さらによい。

27.3.4　C スタイルのキャスト

C（および C++）では、たったこれだけの表記で、値 v を型 T に明示的に変換できる。

```
(T)v
```

この「C スタイルのキャスト」、つまり「古いスタイルの型変換」は、入力が苦手な人や考え方がルーズな人に重宝されている。何しろ、たったこれだけで済むし、v を T にするために必要なことを知らなくてもよい。一方で、このスタイルのキャストは見分けがつかず、書き手の意図についての手がかりを何も残さないため、メンテナンスプログラマーからは当然のごとく恐れられている。C++ のキャストは、「名前付きのキャスト」あるいは「テンプレートスタイルのキャスト」であり（§A.5.7）、明示的な型変換を（いやでも）目につくようにし、明確にするために導入された。C では、選択の余地はない。

```
int* p = (int*)7;    /* ビットパターンの再解釈: reinterpret_cast<int*>(7) */
int x = (int)7.5;    /* double の切り詰め: static_cast<int>(7.5) */

typedef struct S1 { /* ... */ } S1;
typedef struct S2 { /* ... */ } S2;
S2 a;
const S2 b;          /* C では初期化されていない const が許可される */

S1* p = (S1*)&a;     /* ビットパターンの再解釈: reinterpret_cast<S1*>(&a) */
S2* q = (S2*)&b;     /* const のキャスト: const_cast<S2*>(&b) */
S1* r = (S1*)&b;     /* const の削除と型の変更: おそらくバグ */
```

たとえ C であってもマクロ（§27.8）を推奨するのはためらわれるが、意図を明らかにする 1 つの手かもしれない。

```
#define REINTERPRET_CAST(T,v) ((T)(v))
#define CONST_CAST(T,v) ((T)(v))

S1* p = REINTERPRET_CAST(S1*,&a);
S2* q = CONST_CAST(S2*,&b);
```

reinterpret_cast と const_cast によって行われる型チェックは提供されないものの、こうした本質的に醜い演算が目につくようになり、プログラマーの意図が明確になる。

27.3.5 void*の変換

C では、任意のポインター型の変数への代入または初期化の右オペランドとして、void* を使用できる。C++ では、それは不可能である。

```
void* alloc(size_t x);              /* x バイトを確保 */

void f (int n)
{
    int* p = alloc(n*sizeof(int));  /* C では OK、C++ ではエラー */
    /* ... */
}
```

この場合、alloc() の結果である void* は int* に暗黙的に型変換される。C++ では、その行を以下のように書き換えなければならない。

```
int* p = (int*)alloc(n*sizeof(int));   /* C および C++ で OK */
```

ここでは、C スタイルのキャスト（§27.3.4）を使用することで、C と C++ の両方で有効になるようにしている。

void* から T* への暗黙的な型変換が C++ において文法的に正しくないのはなぜだろうか。そうした型変換が安全であるとは言えないためだ。

```
void f()
{
    char i = 0;
    char j = 0;
    char* p = &i;
    void* q = p;
    int* pp = q;   /* 安全ではない: C では OK、C++ ではエラー */
    *pp = -1;      /* &i で始まるメモリーを上書き */
}
```

この場合は、どのメモリーが上書きされるのかさえ見当がつかない。j かもしれないし、p の一部かもしれないし、f() の呼び出しを管理していたメモリー（f のスタックフレーム）かもしれない。ここで上書きされるデータが何であろうと、f() の呼び出しはまずい。

T* から void* への（逆方向の）型変換がまったく安全であることと、それらが C と C++ の両方で有効であることに注意しよう。void ポインターは間接参照できないため、メモリーが上書きされる心配はない。

残念なことに、void* から T* への暗黙的な型変換は C でよく行われていることであり、現実のコードでは C/C++ の互換性に影響を与える主な原因となっている（§27.4）。

27.3.6 enum

C では、キャストを行わずに int を enum に代入できる。

```
enum color { red, blue, green };
int x = green;         /* C および C++ で OK */
enum color col = 7;    /* C では OK、C++ ではエラー */
```

これには、C では列挙型の変数でインクリメント（++）とデクリメント（--）を使用できるという言外の意味がある。それは便利かもしれないが、危険要因であることは間違いない。

```
enum color x = blue;
++x;  /* x は green になる: C++ ではエラー */
++x;  /* x は 3 になる: C++ ではエラー */
```

列挙子の「最後からはみ出す」ことは計算どおりかもしれないし、そうではないかもしれない。

構造体タグと同様に、列挙の名前は独自の名前空間（スコープ）に属する。このため、それらを使用するたびに、名前の前に enum キーワードを付ける必要がある。

```
color c2 = blue;       /* C では color はスコープ外: C++ では OK */
enum color c3 = red;   /* OK */
```

27.3.7 名前空間

C++ において名前空間を意味するものは、C には存在しない。では、大規模な C プログラムで名前の衝突を避けたい場合はどうすればよいだろうか。一般的には、プレフィックスまたはサフィックスを使用する。

```
/* bs.h ファイル */
typedef struct bs_string { /* ... */ } bs_string;  /* Bjarne の string */
typedef int bs_bool;       /* Bjarne の Boolean 型 */


/* pete.h ファイル */
```

```c
typedef char* pete_string;    /* Pete の string */
typedef char pete_bool;       /* Pete の Boolean 型 */
```

これはよく使用されている手法であるため、通常は 1～2 文字のプレフィックスでは不十分である。

27.4　フリーストア

C には、オブジェクトを扱うための `new` 演算子と `delete` 演算子はない。フリーストアを使用するには、メモリーを扱う関数を使用する。最も重要な関数は、「一般的なユーティリティ」の標準ヘッダーである `<stdlib.h>` で定義されている。

```c
void* malloc(size_t sz);              /* sz バイトを確保 */
void free(void* p);                   /* p が指しているメモリーを解放 */
void* calloc(size_t n, size_t sz);    /* n*sz バイトを確保し、0 に初期化 */
void* realloc(void* p, size_t sz);    /* p が指していたメモリーを
                                         sz サイズの領域に確保し直す */
```

`typedef size_t` も `<stdlib.h>` で定義されている符号なしの型である。

`malloc()` が `void*` を返すのはなぜだろうか。`malloc()` には、ユーザーがそのメモリーに配置しようしているオブジェクト型がわからないからだ。初期化はプログラマーが行わなければならない。

```c
struct Pair {
    const char* p;
    int val;
};

struct Pair p2 = {"apple",78};
struct Pair* pp = (struct Pair*) malloc(sizeof(Pair));  /* 確保 */
pp->p = "pear";                                         /* 初期化 */
pp->val = 42;
```

C と C++ のどちらにおいても、以下のように記述できないことに注意しよう。

```c
*pp = {"pear",42};  /* C または C++98 ではエラー */
```

ただし C++ では、`Pair` のコンストラクターを定義することで、以下のように記述できる。

```c
Pair* pp = new Pair("pear",42);
```

C では、`malloc()` の前のキャストを省略してもよい。ただし、C++ では省略できない（§27.3.4）。なお、以下のように記述することはお勧めしない。

```c
int* p = malloc(sizeof(int)*n);  /* このように記述しない */
```

27.4 フリーストア

キャストの省略は当たり前のように行われている。入力の手間が省けるし、`malloc()` を使用する前に `<stdlib.h>` をインクルードするのを（うっかり）忘れるという珍しいエラーが検出されるからだ。ただし、サイズの計算を誤ったことを示す視覚的な手がかりまで失われる可能性がある。

```
p = malloc(sizeof(char)*m);   /* おそらくバグ: m 個の int 分の空きはない */
```

C++ プログラムでは、`malloc()` / `free()` を使用してはならない。`new` / `delete` を使用する場合は、キャストは要求されず、初期化（コンストラクター）とクリーンアップ（デストラクター）が実行され、例外を通じてメモリーの確保に関するエラーが報告され、速さも同じくらいである。`malloc()` で確保したオブジェクトを `delete` で解放してはならない。あるいは、`new` で確保したオブジェクトを `free()` で解放してはならない。

```
int* p = new int[200];
...
free(p);   // エラー


X* q = (X*)malloc(n*sizeof(X));
...
delete q;  // エラー
```

これはうまくいくかもしれないが、移植性のあるコードではない。しかも、コンストラクターやデストラクターを持つオブジェクトで C スタイルと C++ スタイルのフリーストア管理を組み合わせるのは、惨事を招くようなものだ。

`realloc()` 関数は、一般に、バッファーを拡大するために使用される。

```
int max = 1000;
int count = 0;
int c;
char* p = (char*)malloc(max);
while ((c=getchar())!=EOF) {   /* 読み読み: eof 行の文字を無視 */
    if (count==max-1) {        /* バッファーを拡大する必要がある */
        max += max;            /* バッファーのサイズを2倍にする */
        p = (char*)realloc(p,max);
        if (p==0) quit();
    }
    p[count++] = c;
}
```

C の入力演算については、「§27.6.2 入力」と付録 B の「§B.11.2 printf() ファミリー」で説明している。

`realloc()` 関数は、古いメモリーの内容を新たに確保されたメモリーへ移動する場合と移動しない場合がある。`new` で確保したメモリーで `realloc()` を使用するなどもってのほかだ。

1015

C++ の標準ライブラリを使用した場合の（ほぼ）同等のコードは以下のようになる。

```
vector<char> buf;
char c;
while (cin.get(c)) buf.push_back(c);
```

入力と確保の手法については、"Learning Standard C++ as a New Language"（§27.1 の参考文献を参照）に詳しい説明がある。

27.5　C スタイルの文字列

C の文字列は 0 で終端する文字配列であり、C++ の文献ではよく「C 文字列」または「C スタイルの文字列」と呼ばれる。

```
char* p = "asdf";
char s[] = "asdf";
```

C では、メンバー関数を持つことも、関数をオーバーロードすることも、struct 用の == などの演算子を定義することもできない。したがって、C スタイルの文字列を操作するための（非メンバー）関数が必要である。C と C++ の標準ライブラリでは、そうした関数が <string.h> で提供されている。

```
size_t strlen(const char* s);                    /* 文字を数える */
char* strcat(char* s1, const char* s2);          /* s2 を s1 の最後にコピー */
int strcmp(const char* s1, const char* s2);      /* 辞書式順序で比較 */
char* strcpy(char* s1, const char* s2);          /* s2 を s1 にコピー */

char* strchr(const char *s, int c);              /* s で c 検索 */
char* strstr(const char *s1, const char *s2);    /* s1 で s2 を検索 */

char* strncpy(char*, const char*, size_t n);     /* 最大 n 文字の strcpy */
char* strncat(char*, const char*, size_t n);     /* 最大 n 文字の strcat */
int strncmp(const char*, const char*, size_t n); /* 最大 n 文字の strcmp */
```

これですべてではないが、これらは最も便利で最もよく使用される関数である。ここでは、それらの使用法について簡単に説明する。

まず、文字列の比較が可能である。等値演算子（==）はポインターの値を比較する。標準ライブラリの関数 strcmp() は、C スタイルの文字列の値を比較する。

27.5 Cスタイルの文字列

```
const char* s1 = "asdf";
const char* s2 = "asdf";

if (s1==s2) {                  /* s1 と s2 は同じ配列を指しているか */
                               /* (おそらくプログラマーの意図とは異なる) */
}

if (strcmp(s1,s2)==0) {   /* s1 と s2 は同じ文字で構成されているか */

}
```

strcmp() 関数は、2 つの引数の 3 値比較（小さい、等しい、大きい）を行う。s1 と s2 に上記の値が含まれているとすれば、strcmp(s1,s2) は完全な一致を意味する 0 を返す。s1 が辞書式順序において s2 の手前にある場合は負の数値を返し、s1 が辞書式順序において s2 の後ろにある場合は正の数値を返す。「辞書式順序」とは、大ざっぱに言うと、「辞書にあるように」を意味する。

```
strcmp("dog","dog")==0
strcmp("ape","dodo")<0     /* "ape" は辞書において "dodo" の手前にある */
strcmp("pig","cow")>0      /* "pig" は辞書において "cow" の後ろにある */
```

ポインターの比較 s1==s2 の値が 0（false）であるという保証はない。文字リテラルのすべてのコピーの格納に同じメモリーを使用する実装では、1（true）の値が返されることになる。C スタイルの文字列を比較するとしたら、通常は strcmp() が正しい選択肢である。

C スタイルの文字列の長さを調べるには、strlen() を使用する。

```
int lgt = strlen(s1);
```

strlen() は、終端の 0 を除いた文字の数をカウントする。この場合は strlen(s1)==4 であり、"asdf" を格納するのに 5 バイトを使用している。この小さな相違が、多くの 1 つ違いエラーの原因となる。

C スタイルの文字列を（終端の 0 を含め）別の C スタイルの文字列にコピーすることもできる。

```
strcpy(s1,s2);   /* s2 の文字を s1 にコピー */
```

コピー先の文字列（配列）にコピー元の文字を格納するのに十分なスペースを確保するのは、プログラマーの役目である。

strncpy()、strncat()、strncmp() の 3 つの関数は、strcpy()、strcat()、strcmp() に最大で n 文字という制限を追加したバージョンであり、n はそれらの 3 つ目の引数である。コピー元の文字列の文字数が n よりも多い場合、strncpy() は終端の 0 をコピーしないため、結果が有効な C スタイルの文字列にならないことに注意しよう。

strchr() と strstr() は、1 つ目の引数である文字列で 2 つ目の引数を検索し、最初に一致した文字へのポインターを返す。find() と同様に、それらは文字列を左から右へ検索する。

こうした単純な関数を使って驚くほどさまざまなことができる一方で、小さな間違いを驚くほど簡単に犯してしまう。ユーザー名とアドレスを連結して間に @ 文字を配置するという簡単な問題について考えてみよう。`std::string` を使用する場合は簡単だ。

```
string s = id + '@' + addr;
```

標準の C スタイルの文字列関数を使用する場合は、以下のように記述できる。

```
char* cat(const char* id, const char* addr)
{
    int sz = strlen(id)+strlen(addr)+2;
    char* res = (char*) malloc(sz);
    strcpy(res,id);
    res[strlen(id)] = '@';
    strcpy(res+strlen(id)+1,addr);
    res[sz-1]=0;
    return res;
}
```

うまくいっただろうか。`cat()` から返された文字列は誰が解放（`free()`）するのだろうか。

TRY THIS

`cat()` をテストしてみる。マジックナンバー 2 はなぜ必要か。`cat()` には初歩的なパフォーマンスエラーが残されている。それを見つけて取り除いてみる。コードにコメントを付けるのを忘れていた。標準の C の文字列関数を知っているはずの人にふさわしいコメントを追加してみる。

27.5.1 C スタイルの文字列と const

以下のコードについて考えてみよう。

```
char* p = "asdf";
p[2] = 'x';
```

このコードは、C では文法的に正しいが、C++ では文法的に正しくない。C++ では、文字列リテラルは定数（イミュータブルな値）であるため、`p[2]='x'` を使ってポインターが指している値を `"asxf"` にすることはできない。残念ながら、問題となる p への代入に気づいてくれるコンパイラーはほとんどない。運がよければランタイムエラーになるが、それをあてにしてはならない。代わりに、以下のように記述する。

```
const char* p = "asdf";   // p を使った "asdf" への書き込みは不可能になる
```

このアドバイスは、C と C++ の両方に当てはまる。
C の `strchr()` にも同様の問題があるが、さらに発見しにくい。

```
char* strchr(const char* s, int c);   /* 定数 s で c を検索: C++ では不可能 */

const char aa[] = "asdf";              /* aa は定数の配列 */
char* q = strchr(aa,'d');              /* 'd' を検索 */
*q = 'x';                              /* aa の 'd' を 'x' に変更 */
```

これも C と C++ の両方で文法的に正しくないが、C コンパイラーには捕捉できない。これは const を非 const に変換し、コードに関する合理的な前提を覆すもので、「変移（transmutation）」とも呼ばれる。

C++ では、`strchr()` を異なる方法で宣言する標準ライブラリによって、この問題は解決されている。

```
const char* strchr(const char* s, int c);   // 定数 s で c を検索
char* strchr(char* s, int c);                // s で c を検索
```

`strstr()` についても同様である。

27.5.2 バイト演算

`void*` が登場する以前の、はるか昔の暗黒時代（1980 年代初期）のこと、C（および C++）プログラマーはバイトを操作するために文字列演算を使用していた。現在、標準ライブラリにおいて基本的なメモリー操作を行う関数には、`void*` のパラメーターと戻り値がある。これらは、そもそも型を持たないメモリーを直接操作することに関するユーザーへの警告である。

```
/* (strcpy のように) s2 から n バイトを s1 にコピー */
void* memcpy(void* s1, const void* s2, size_t n);

/* s2 から n バイトを s1 にコピー:
   [s1:s1+n) は [s2:s2+n) とオーバーラップするかもしれない */
void* memmove(void* s1, const void* s2, size_t n);

/* (strcmp のように) s2 の n バイトを s1 と比較 */
int memcmp(const void* s1, const void* s2, size_t n);

/* s の最初の n バイトで (unsigned char に変換された) c を検索 */
void* memchr(const void* s, int c, size_t n);

/* s が指している最初の n バイトのそれぞれに
   (unsigned char に変換された) c をコピー */
```

```
void* memset(void* s, int c, size_t n);
```

これらの関数を C++ で使用してはならない。特に、`memset()` はたいていコンストラクターが提供している保証を台無しにする。

27.5.3 例：`strcpy()`

`strcpy()` の定義は、C（および C++）の質素なスタイルの例してよく知られている一方で、ひどく評判が悪い。

```
char* strcpy(char* p, const char* q)
{
    while (*p++ = *q++);
    return p;
}
```

これが実際に C スタイルの文字列 q を p にコピーする理由については、読者に説明してもらうことにしよう。`p++` の値はインクリメントする前の p の値である（§A.5）。

TRY THIS
`strcpy()` のこの実装は正しいか。それはなぜか。

理由を説明できなければ、（他の言語のプログラミングでどれだけ優秀であっても）C プログラマーとは見なされない。どの言語にも独自のイディオムがあり、これは C のイディオムの 1 つである。

27.5.4 スタイル

本書では、スタイルの問題を横目に見ながら、独自のスタンスを貫いてきた。これは長年にわたってくすぶり続けている問題であり、しばしば白熱した議論となるが、大半が的外れである。本書では、ポインターを以下のように宣言している。

```
char* p;    // p は char へのポインター
```

そして、以下のようには宣言しない。

```
char *p;    /* p は char* を取得するために間接参照できる何か */
```

ホワイトスペースの位置は、コンパイラーにとってはまったく重要ではないが、プログラマーにとっては気になる。これは C++ においてよく使用されるスタイルであり、宣言される変数の型を強調する。これに対し、さらによく使用されるもう一方のスタイルは、変数の使用を強調する。本書では、1 つの宣言で複数の変数を宣言することはお勧めしない。

```
char c, *p, a[177], *f();   /* 文法的には正しいが、紛らわしい */
```

このような宣言は、古いコードでは珍しくない。代わりに複数の行を使用し、余った横のスペースはコメントとイニシャライザーに利用するようにしよう。

```
char c = 'a';      /* f() を使用する入力の終了文字 */
char* p = 0;       /* f() によって読み込まれる最後の文字 */
char a[177];       /* 入力バッファー */
char* f();         /* バッファー a に読み込み、最初の文字へのポインターを返す */
```

また、意味のある名前を選択するようにしよう。

27.6　入出力 : stdio

C には、iostream はない。このため、C では <stdio.h> で定義されている標準 I/O を使用する。標準 I/O は一般に stdio と呼ばれる。cin と cout に相当する標準 I/O は stdin と stdout である。標準 I/O と iostream を 1 つのプログラムで（同じ I/O ストリームで）併用することは可能だが、それはお勧めしない。組み合わせが必要であると感じた場合は、上級者向けの教科書で標準 I/O と iostream（特に ios_base::sync_with_stdio()）について調べてみよう。また、付録 B の「§B.11 C の標準ライブラリの関数」も参考になるだろう。

27.6.1　出力

標準 I/O において最も便利で最もよく知られている関数は printf() である。printf() の最も基本的な使用法は、（C スタイルの）文字列を単に出力することだ。

```
#include<stdio.h>

void f(const char* p)
{
    printf("Hello, World!\n");
    printf(p);
}
```

これは特におもしろくない。おもしろいのは、printf() が引数をいくつでも受け取ることができ、最初の文字列が残りの引数を出力するかどうかと、どのように出力するかを制御することだ。C の printf() は以下のように宣言されている。

```
int printf(const char* format, ...);
```

... は「必要に応じてさらなる引数」を意味する。printf() は以下のように呼び出すことができる。

```c
void f1(double d, char* s, int i, char ch)
{
    printf("double%g string%s int%d char%c\n", d, s, i, ch);
}
```

この場合、%g は「汎用書式を使って浮動小数点数を出力する」ことを意味し、%s は「C スタイルの文字列を出力する」ことを意味し、%d は「10 進数字を使って整数を出力する」ことを意味し、%c は「文字を出力する」ことを意味する。こうした書式指定子はそれぞれ未使用の次の引数を取得するため、%g は d を出力し、%s は s を出力し、%d は i を出力し、%c は ch を出力する。printf() のフォーマットの詳細については、付録 B の「§B.11.2 printf() ファミリー」で説明している。

▽ 残念ながら、printf() は型セーフではない。

```c
char a[] = { 'a', 'b' };          /* 終端の 0 がない */

void f2(char* s, int i)
{
    printf("goof%s\n", i);        /* 捕捉されないエラー */
    printf("goof%d:%s\n", i);     /* 捕捉されないエラー */
    printf("goof%s\n", a);        /* 捕捉されないエラー */
}
```

最後の printf() の出力は目を引く ── メモリーから 0 が検出されるまで、a[1] から続くバイトをただひたすら出力する。その文字数は相当な数になる可能性がある。

この「型の安全性」の欠落は、標準 I/O の動作が C でも C++ でもまったく同じであるにもかかわらず、iostream のほうを選択する理由の 1 つである。もう 1 つの理由は、標準 I/O の関数が拡張可能ではないことだ。iostream を使用する場合とは異なり、独自の型の値を出力するために printf() を拡張するというわけにはいかない。たとえば、struct Y を出力するために %Y を独自に定義する方法はない。

printf() には、1 つ目の引数としてファイル記述子を要求する便利なバージョンがある。

```c
int fprintf(FILE* stream, const char* format, ...);
```

たとえば、以下のように使用する。

```c
fprintf(stdout,"Hello, World!\n");    // printf() の場合とまったく同様
FILE* ff = fopen("My_file","w");      // My_file を書き込みモードで開く
fprintf(ff,"Hello, World!\n");        // "Hello,World!\n" を My_file に書き出す
```

ファイルハンドルについては、「§27.6.3 ファイル」で説明する。

27.6.2 入力

最もよく知られている標準 I/O の関数は以下のようなものだ。

```
int scanf(const char* format, ...);   /* format を使って stdin を読み込む */
int getchar(void);                    /* stdin から 1 文字を取り出す */
int getc(FILE* stream);               /* stream から 1 文字を取り出す */
char* gets(char* s);                  /* stdin から文字を取り出す */
```

文字列を読み込む最も簡単な方法は、gets() [*6] を使用することである。

```
char a[12];
gets(a);   /* '\n' が検出されるまで入力を a (char 配列) に読み込む */
```

決してこのようにしてはならない。gets() は毒入りであると考えよう。その一味である scanf() ともども gets() はクラッキングの格好の標的となる。ハッキングを受けたプログラムの約 4 分の 1 がこれらの関数の脆弱性を突かれている。gets() は依然として重大なセキュリティホールの 1 つである。この単純な例でさえ、改行までに読み込まれる文字が 11 文字を超えないという保証はない。このため、gets() がメモリー（のバッファーの後ろにあるバイト）を破壊するのはほぼ確実であり、メモリーの破壊はクラッキングの主な手口の 1 つである。「すべての用途にとって十分な大きさ」のバッファーの最大サイズを推測できると考えてはならない。入力ストリームの向こう側にいる「相手」は、あなたの適正基準を満たさないプログラムかもしれない。

printf() が書き込みに書式を適用するのと同じように、scanf() 関数は読み込みに書式を適用する。printf() の場合と同様に、これが非常に役立つことがある。

```
void f()
{
    int i;
    char c;
    double d;
    char* s = (char*)malloc(100);
    /* ポインターとして渡された変数に読み込む */
    scanf("%i%c%g%s", &i, &c, &d, s);
    /*%s は最初のホワイトスペースを読み飛ばし、
        ホワイトスペースで終端する */
}
```

printf() と同様に、scanf() は型セーフではない。書式設定文字と引数（すべてポインター）は正確に一致していなければならず、そうでなければ実行時におかしなことが起きるだろう。また、s

---

[*6] 訳注：Visual Studio 2015 のバージョンによっては、stdio.h に gets 関数が含まれていない場合がある。

に読み込まれた %s がオーバーフローを引き起こすかもしれないことにも注意しよう。gets() や scanf("%s") は決して使用してはならない。

では、文字を安全に読み込むにはどうすればよいだろうか。読み込まれる文字の個数を制限する形式の %s を使用すればよい。

```
char buf[20];
scanf("%19s",buf);
```

scanf() によって提供される終端の 0 の分のスペースが必要であるため、buf に読み込むことができる文字の最大数は 19 である。だが、誰かが 20 文字以上を入力したらどうなるかという問題が残っている。「余分な」文字は入力ストリームに残り、その後の入力演算によって「検出」される。

scanf() が抱えている問題は、getchar() を使用することで、簡単かつ安全に解決できることが多い。getchar() を使って文字を読み込む一般的な方法は以下のようになる。

```
while((x=getchar())!=EOF) {
    /* ... */
}
```

EOF は「ファイルの終端」を意味する標準 I/O マクロである（§27.4）。

scanf("%s") と gets() に代わる C++ の標準ライブラリの機能では、こうした問題は起きない。

```
string s;
cin >> s;            // 単語を読み込む
getline(cin,s);      // 行を読み込む
```

27.6.3　ファイル

C（または C++）では、fopen() を使ってファイルを開き、fclose() を使って閉じることができる。これらの関数は、ファイルハンドルの表現である FILE と、EOF マクロとともに、<stdio.h> で定義されている。

```
FILE *fopen(const char* filename, const char* mode);
int fclose(FILE *stream);
```

ファイルを使用する方法は、基本的には以下のようになる。

```
void f(const char* fn, const char* fn2)
{
    FILE* fi = fopen(fn,"r");    /* fn を読み込みモードで開く */
    FILE* fo = fopen(fn2,"w");   /* fn2 を書き込みモードで開く */

    if (fi == 0) error("failed to open input file");
    if (fo == 0) error("failed to open output file");
```

```
    /* stdio の入力関数（getc() など）を使ってファイルから読み込む */
    /* stdio の出力関数（fprintf() など）を使ってファイルに書き込む */

    fclose(fo);
    fclose(fi);
}
```

C に例外が存在しないことについて考えてみよう。では、何らかのエラーが発生した場合、ファイルが確実に閉じられるようにするためにはどうすればよいだろうか。

27.7　定数とマクロ

C では、const はコンパイル時の定数ではない。

```
const int max = 30;
const int x;     /* 初期化されない const: C では OK（C++ ではエラー）*/

void f(int v)
{
    int a1[max];  /* エラー：配列の境界が定数ではない（C++ では OK）*/
                  /* （max は定数式で使用できない）*/
    int a2[x];    /* エラー：配列の境界が定数ではない */

    switch (v) {
    case 1:
        /* ... */
        break;
    case max:     /* エラー：case ラベルが定数ではない（C++ では OK）*/
        /* ... */
        break;
    }
}
```

const がコンパイル時の定数ではない技術的な理由は、const に他の翻訳単位から暗黙的にアクセスできることである。ただし、これは C++ には当てはまらない。

```
/* x.c ファイル */
const int x;     /* どこかで初期化 */

/* xx.c ファイル */
```

```
    const int x = 7;   /* これが実際の定義 */
```

C++ では、これらは 2 つの異なるオブジェクトであり、それぞれのファイルで x という名前を持つ。C プログラマーは、const を使ってシンボル定数を表すのではなく、マクロを使用する傾向にある。

```
#define MAX 30

void f(int v)
{
    int a1[MAX];   /* OK */

    switch (v) {
    case 1:
        /* ... */
        break;
    case MAX:      /* OK */
        /* ... */
        break;
    }
}
```

マクロの名前である MAX は、マクロの値である文字 30 と置き換えられる。つまり、a1 の要素の個数は 30 であり、2 つ目の case ラベルの値は 30 である。ここでは慣例に従い、MAX マクロをすべて大文字にしている。この命名規則は、マクロによって引き起こされるエラーを最小限に抑えるのに役立つ。

27.8 マクロ

マクロには要注意である。C には、マクロを回避するための効果的な方法はこれといってないが、マクロは通常の C（または C++）のスコープや型のルールに従わないため、それらの使用には重大な副作用が伴う。マクロはテキスト置換の 1 つの形式である（§A.17.2）。

それらをできるだけ使用しないようにする（C++ の代わりの機能を使用する）こと以外に、マクロの潜在的な問題から身を守るにはどうすればよいだろうか。

- 定義するマクロのすべてに ALL_CAPS（すべて大文字）の名前を付ける。
- マクロではないものに ALL_CAPS の名前を付けない。
- max や min といった短い名前や「気の利いた」名前をマクロに付けない。
- 他のすべての人がこの単純で一般的な命名規則に従ってくれることを願う。

マクロは主に以下の場所で使用される。

- 「定数」の定義
- 関数のような構成要素の定義

- 構文の「改善」
- 条件付きコンパイルの制御

これに加えて、あまり一般的ではないものの、さまざまな用途がある。

筆者はマクロの乱用が目に余ると考えているが、Cのプログラムにおいてマクロの使用に完全に置き換えられるような妥当な方法はない。C++のプログラムでも、それらを回避するのがかなり難しいことがある。かなり古いコンパイラーや独特の制約があるプラットフォームに移植できるようにプログラムを記述しなければならない場合は、特にそうである。

ここで説明する手法を「小細工」であると考えていて、公共の場でそのようなことを口にするのはどうかと考えている人々には申し訳ないが、プログラミングは現場で行われるものであり、こうしたマクロの使用例や誤用例を（ほどほどに）示すことで、新人プログラマーを数時間におよぶ苦しみから解放できると信じている。マクロに関して、知らぬが仏は通用しない。

27.8.1 関数のようなマクロ

以下に示すのは、一般的な関数のように見えるマクロである。

```
#define MAX(x, y) ((x)>=(y)?(x):(y))
```

大文字の `MAX` を使用しているのは、（さまざまなプログラムで）`max` という名前を持つ多くの関数と区別するためだ。これは関数とは見るからに異なる。引数の型も、ブロックも、`return` 文もない。これらのかっこは何のためにあるのだろうか。以下のコードについて考えてみよう。

```
int aa = MAX(1,2);
double dd = MAX(aa++,2);
char cc = MAX(dd,aa)+2;
```

このコードは以下のように展開される。

```
int aa = ((1)>=( 2)?(1):(2));
double dd = ((aa++)>=(2)?(aa++):(2));
char cc = ((dd)>=(aa)?(dd):(aa))+2;
```

「すべてのかっこ」がなかったとすれば、最後の展開は以下のようになっていただろう。

```
char cc = dd>=aa?dd:aa+2;
```

つまり、cc の定義を見て合理的に期待するものとは異なる値が cc に設定されていた可能性がある。マクロを定義するときには、引数の使用をそれぞれかっこで囲まれた式にすることを忘れてはならない。

一方で、2つ目の展開に関しては、かっこで囲めば助けになるとは限らない。マクロパラメーター x には aa++ の値が指定されており、x は MAX で2回使用されているため、a が2回インクリメントされる可能性がある。副作用のある引数をマクロに渡してはならない。

よりによって、ある「天才」がそのようなマクロを定義し、それをよく使用されるヘッダーファイルに入れてしまった。しかもさらにまずいことに、このマクロには MAX ではなく max という名前が付いている。このため、C++ の標準ヘッダーに以下の定義が含まれている場合、

```
template<class T> inline T max(T a,T b) { return a<b?b:a; }
```

max は引数 T a と T b によって展開され、コンパイル時に以下のコードが生成される。

```
template<class T> inline T ((T a)>=(T b)?(T a):(T b)) { return a<b?b:a; }
```

コンパイラーのエラーメッセージは「興味深い」が、あまり助けにならない。いざというときには、マクロを「未定義」にすればよい。

```
#undef max
```

幸い、問題のマクロはそれほど重要なものではなかった。ただし、よく使用されるヘッダーファイルには、膨大な数のマクロが含まれている。それらをすべて未定義にすれば、ただでは済まない。

すべてのマクロパラメーターが式として使用されるわけではない。以下のコードを見てみよう。

```
#define ALLOC(T,n) ((T*)malloc(sizeof(T)*n))
```

これは実際の例であり、メモリーの確保に想定された型と sizeof で使用された型が一致しない問題を回避するのに大きく役立つかもしれない。

```
double* p = malloc(sizeof(int)*10);   /* エラーの可能性 */
```

残念ながら、メモリーの枯渇まで検出するマクロを記述するのは容易なことではない。error_var と error() がどこかで適切に定義されているとすれば、これでうまくいくかもしれない。

```
#define ALLOC(T,n) (error_var = (T*)malloc(sizeof(T)*n), \
                    (error_var==0) \
                    ?(error("memory allocation failure"),0) \
                    :error_var)
```

\ で終わっている行は誤植ではない。これは複数の行にわたってマクロを定義するための方法である。C++ で記述するときは、new を使用するのが望ましい。

27.8.2　構文マクロ

ソースコードの見た目を自分の好みに合わせるためのマクロを定義することもできる。

```
#define forever for(;;)
#define CASE break; case
#define begin {
#define end }
```

これはまったくお勧めできない。これは大勢の人が試してみたことがあるアイデアである。これを試してみた人（またはそうした人が書いたコードをメンテナンスする人）は、以下のことに気づく。

- その構文のほうがよいという考えに同意しない人が大勢いる。
- 「改善された」構文は規格外の思いがけないものであり、他の人を混乱させる。
- 「改善された」構文には、わかりにくいコンパイルエラーを引き起こす使用法がある。
- あなたが見ているものとコンパイラーが見ているものは異なる。コンパイラーはあなたの言葉ではなく自分が知っている言葉でエラーを報告する（そしてソースコードを見る）。

コードの見た目をよくするための構文マクロを作成してはならない。あなたとあなたの友人にとってはすばらしいマクロかもしれないが、経験から言うと、あなたはコミュニティの少数派であり、（そのコードが生き延びたとすれば）誰かがあなたのコードを書き直すはめになる。

27.8.3　条件付きコンパイル

ヘッダーファイルに2つのバージョンがあるとしよう。1つはLinux用で、もう1つはWindows用である。コードでヘッダーファイルを選択するにはどうすればよいだろうか。よくあるのは以下のような方法だ。

```
#ifdef WINDOWS
    #include "my_windows_header.h"
#else
    #include "my_linux_header.h"
#endif
```

さて、コンパイラーがこれを検出する前に誰かが`WINDOWS`を定義していた場合、結果は以下のようになる。

```
#include "my_windows_header.h"
```

そうではない場合は、以下の結果となる。

```
#include "my_linux_header.h"
```

`#ifdef WINDOWS`という評価は、`WINDOWS`がどのように定義されているかに関知しない。それが定義されているかどうかを評価するだけである。

OSのすべてのバージョンを含め、主要なシステムのほとんどでマクロが定義されているため、チェックしてみるとよいだろう。C++としてコンパイルするか、Cとしてコンパイルするかのチェックは、以下のようになる。

```
#ifdef __cplusplus
    // C++
#else
    /* C */
```

```
#endif
```

ヘッダーファイルが2回インクルード（`#include`）されるのを防ぐために、同様の構文がよく使用される。この構造はよくインクルードガード（*include guard*）と呼ばれる。

```
/* my_windows_header.h ファイル */
#ifndef MY_WINDOWS_HEADER
#define MY_WINDOWS_HEADER
     /* ヘッダー情報 */
#endif
```

`#ifndef` の評価は、何かが定義されていないことをチェックする。つまり、`#ifndef` は `#ifdef` の逆である。論理的には、ソースファイルの管理に使用されるこれらのマクロは、ソースコードの変更に使用されるマクロとはまったく異なる。それらは目的を果たすためにたまたま同じメカニズムを使用しているにすぎない。

27.9 例：おしつけがましいコンテナー

vector や map といった C++ の標準ライブラリのコンテナーは、おしつけがましくない。つまり、要素として使用されている型でデータを要求したりしない。それらの型がコピーできる型である限り、事実上、すべての型に迎合する。これには、組み込み型とユーザー定義型が含まれる。C と C++ には、それとは別に「おしつけがましいコンテナー」が存在する。ここでは、struct、ポインター、フリーストアを C で使用する方法を示すために、「おしつけがましくないリスト」を使用することにしよう。

ここで定義するのは、以下の9つの演算を持つ双方向リンクリストである。

```
void init(struct List* lst);         /* lst を空に初期化 */
struct List* create();               /* フリーストアで空のリストを作成 */
void clear(struct List* lst);        /* lst の要素をすべて解放 */
void destroy(struct List* lst);      /* 要素をすべて解放した後、lst を解放 */

void push_back(struct List* lst, struct Link* p);   /* lst の末尾に p を追加 */
void push_front(struct List*, struct Link* p);      /* lst の先頭に p を追加 */

/* lst の p の前に q を追加 */
void insert(struct List* lst, struct Link* p, struct Link* q);
struct Link* erase(struct List* lst, struct Link* p);   /* lst から p を削除 */

/* p から前方または後方に n 個目のリンクを返す */
struct Link* advance(struct Link* p, int n);
```

これらの演算を定義するのは、ユーザーが List* と Link* だけを使用すればよいようにするためだ。これは、それらの関数の実装を根本的に変更したとしても、それらのユーザーに影響がおよばない

ことを意味する。当然ながら、命名は STL の影響を受けている。List と Link は単純明快な方法で定義できる。

```
struct List {
    struct Link* first;
    struct Link* last;
};

struct Link {   /* 双方向リンクリストのリンク */
    struct Link* pre;
    struct Link* suc;
};
```

List を図解すると以下のようになる。

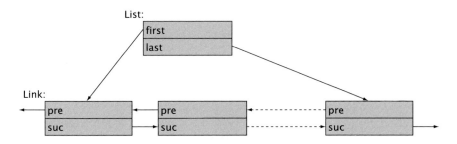

巧妙な表現方法やアルゴリズムを示すことが目的ではないため、そうしたものはまったくない。ただし、List の要素である Link が格納するデータのことはどこにも書かれていない。先の関数をもう一度見てみると、2 つの抽象クラス Link と List を定義する場合とよく似たことが行われている。Link のデータはあとから提供される。Link* と List* は「不透明な型へのハンドル」とも呼ばれる。つまり、Link* と List* を関数に渡せば、Link や List の内部構造について何も知らなくても、List の要素を操作できる。

List の関数を実装するには、まず標準ライブラリのヘッダーをいくつかインクルード（#include）する。

```
#include<stdio.h>
#include<stdlib.h>
#include<assert.h>
```

C には名前空間がないため、using 宣言や using ディレクティブについて考える必要はない。ただし、Link、insert、init といったごくありふれた短い名前を使用しているため、このような「トイプログラム」以外では、それらの関数を「そのまま」ではおそらく使用できないことを覚悟しておこう。

初期化は単純なものだが、assert() を使用している点に注意しよう。

```
void init(struct List* lst)   /* *lst を空のリストとして初期化 */
```

```
    {
        assert(lst);
        lst->first = lst->last = 0;
    }
```

実行時の不正なリストポインターのエラー処理は行わないことにし、`assert()`を使用することで、リストポインターが null である場合に（ランタイム）システムエラーを生成するだけにした。この「システムエラー」は、失敗した `assert()` のファイル名と行番号を示す。`assert()` は `<assert.h>` で定義されているマクロであり、そのチェックはデバッグ時にのみ有効となる。例外が存在しない以上、不正なポインターをどう処理すればよいかは簡単にはわからない。

`create()` はフリーストア上に List を作成するだけである。これはコンストラクターと new を組み合わせたようなものだ。ここでは、`init()` による初期化をコンストラクターに見立て、`malloc()` による確保を new に見立てている。

```
    struct List* create()    /* 空のリストを作成 */
    {
        struct List* lst = (struct List*)malloc(sizeof(struct List));
        init(lst);
        return lst;
    }
```

`clear()` は、すべての Link がフリーストア上で作成されると想定し、それらを解放（`free()`）する。

```
    void clear(struct List* lst)    /* lst の要素をすべて解放 */
    {
        assert(lst);
        {
            struct Link* curr = lst->first;
            while(curr) {
                struct Link* next = curr->suc;
                free(curr);
                curr = next;
            }
            lst->first = lst->last = 0;
        }
    }
```

Link の走査に suc メンバーを使用している点に注目しよう。struct オブジェクトが解放（`free()`）された後は、そのオブジェクトのメンバーに何事もなかったかのようにアクセスするというわけにはいかない。そこで、Link の解放中（`free()`）に List 内での位置を保持するための変数 next を追加している。

27.9 例：おしつけがましいコンテナー

Link のすべてがフリーストアで確保されたものではないとしたら、clear() を呼び出せばまずいことになる。

destroy() は、基本的には create() の逆である。つまり、デストラクターと delete を組み合わせたようなものだ。

```
void destroy(struct List* lst)    /* 要素をすべて解放した後、lst を解放 */
{
    assert(lst);
    clear(lst);
    free(lst);
}
```

Link によって表される要素に対してクリーンアップ関数（デストラクター）を呼び出す準備をしていない点に注意しよう。これは C++ の手法や一般概念を忠実に模倣するような設計ではない。それは不可能であり、おそらくそうすべきではない。

Link を新しい最後の Link として追加する push_back() は、とても単純だ。

```
void push_back(struct List* lst, struct Link* p)   /* lst の末尾に p を追加 */
{
    assert(lst);
    {
        struct Link* last = lst->last;
        if (last) {
            last->suc = p;    /* p を last の後に追加 */
            p->pre = last;
        }
        else {
            lst->first = p;   /* p は最初の要素 */
            p->pre = 0;
        }
        lst->last = p;        /* p は新しい最後の要素 */
        p->suc = 0;
    }
}
```

ただし、いくつかの四角形と矢印の絵を描いてみなければ、これをきちんと理解することはできないだろう。引数 p が null であるケースが抜け落ちている点に注意しよう。Link へのポインターの代わりに 0 が渡された場合、このコードはあえなく失敗する。これは本質的に悪いコードではないが、実務に耐えるものではない。その目的はあくまでも、一般的で便利な手法 — そしてこの場合は、主な弱点とバグ — を示すことにある。

erase() は以下のように記述できる。

```c
struct Link* erase(struct List* lst, struct Link* p)
/* lst から p を削除し、p の後ろのリンクへのポインターを返す */
{
    assert(lst);
    if (p==0) return 0;                    /* erase(0) は OK */

    if (p == lst->first) {
        if (p->suc) {
            lst->first = p->suc;           /* suc が first になる */
            p->suc->pre = 0;
            return p->suc;
        }
        else {
            lst->first = lst->last = 0;    /* リストは空になる */
            return 0;
        }
    }
    else if (p == lst->last) {
        if (p->pre) {
            lst->last = p->pre;            /* pre が last になる */
            p->pre->suc = 0;
        }
        else {
            lst->first = lst->last = 0;    /* リストは空になる */
            return 0;
        }
    }
    else {
        p->suc->pre = p->pre;
        p->pre->suc = p->suc;
        return p->suc;
    }
}
```

残りの関数については、この（ひどく単純な）テストには必要ないため、練習問題として残しておく。だがここで、この設計の最大の謎と向き合うときが来たようだ。リストの要素のデータはどこにあるのだろうか。C スタイルの文字列によって表現された名前からなる単純なリストを実装するにはどうすればよいのだろうか。以下のコードについて考えてみよう。

27.9　例：おしつけがましいコンテナー

```
struct Name {
    struct Link lnk;    /* List の演算に必要な Link */
    char* p;            /* 名前文字列 */
};
```

ここまではよいだろう。だが、その Link メンバーをどうすれば使用できるようになるのかが謎である。Link がフリーストア上にあれば List にとって都合がよいことはわかっているため、Name をフリーストア上で作成する関数を作成してみよう。

```
struct Name* make_name(char* n)
{
    struct Name* p = (struct Name*)malloc(sizeof(struct Name));
    p->p = n;
    return p;
}
```

これを図解すると以下のようになる。

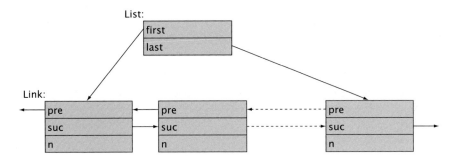

さっそく試してみよう。

```
int main()
{
    int count = 0;
    struct List names;    /* リストを作成 */
    struct Link* curr;
    init(&names);

    /* Name をいくつか作成し、それらをリストに追加 */
    push_back(&names,(struct Link*)make_name("Norah"));
    push_back(&names,(struct Link*)make_name("Annemarie"));
    push_back(&names,(struct Link*)make_name("Kris"));
```

```
    /* 2つ目の名前 (インデックス 1) を削除 */
    erase(&names,advance(names.first,1));

    curr = names.first;   /* すべての名前を書き出す */
    for (; curr!=0; curr=curr->suc) {
        count++;
        printf("element%d:%s\n", count, ((struct Name*)curr)->p);
    }
}
```

というわけで「いんちき」をした ─ Name* を Link* として扱うためにキャストを使用している。そのようにすると、ユーザーに「ライブラリ型」の Link のことがわかる。ただし、「ライブラリ」は「アプリケーション型」の Name のことを知らない。それは許されるのだろうか ─ 許される。C（および C++）では、struct へのポインターをその最初の要素へのポインターとして扱うことができ、その逆もまた同様である。

もちろん、この List の実装は C++ でも動作する。

TRY THIS

C プログラマーと話をしている C++ プログラマーの決まり文句は、「あなたができることは何もかも、もっとうまくやってみせる」である。そこで、おしつけがましい List の例を C++ で書き直し、コードを短くして使いやすくする方法について考えてみる。コードが遅くなったり、オブジェクトが大きくなったりしないようにする。

ドリル

1. Cで「Hello World!」プログラムを作成し、コンパイルし、実行する。
2. "Hello" と "World!" をそれぞれ格納する 2 つの変数を定義する。それらを連結して間にスペースを 1 つ入れ、"Hello World!" として出力する。
3. `char*` 型の引数 p と `int` 型の引数 x を要求し、それらの値を以下の書式で出力する C 関数を定義する。この関数をいくつかの引数ペアで呼び出す。

    ```
    p is "foo" and x is 7
    ```

復習

ここでは、C は ISO 規格 C89 を意味するものとする。

1. C++ は C のサブセットか。
2. C の生みの親は誰か。
3. 高く評価されている C の教科書は何か。
4. C と C++ が考案された組織は何か。
5. C++ が C との互換性を（ほぼ）維持しているのはなぜか。
6. C++ が C との互換性を完全に維持していないのはなぜか。
7. C にはない C++ の機能は何か。それらを 10 個あげる。
8. C と C++ の仕様を定義し、管理しているのは何という組織か。
9. C++ の標準ライブラリの構成要素のうち、C で使用できないのは何か。それらを 6 つあげる。
10. C の標準ライブラリの構成要素のうち、C++ で使用できるのは何か。
11. C で関数の引数の型チェックを実現するにはどうすればよいか。
12. C++ の関数に関連する機能のうち、C に存在しないものは何か。それらを少なくとも 3 つあげ、例を示す。
13. C++ から C 関数を呼び出すにはどうすればよいか。
14. C から C++ 関数を呼び出すにはどうすればよいか。
15. C と C++ の間でレイアウトの互換性がある型は何か。例をあげるだけでよい。
16. 構造体タグとは何か。
17. C のキーワードでない C++ のキーワードのうち、C のキーワードではないものはどれか。それらを 20 個あげる。
18. `int x;` は C++ の定義か。C ではどうか。
19. C スタイルのキャストとは何か。それが危険なのはなぜか。
20. `void*` とは何か。C と C++ での違いは何か。
21. C の列挙と C++ の列挙はどのように異なるか。
22. よく使われる名前のリンク時の問題を回避するために C では何をするか。
23. フリーストアの使用において最も一般的な C の 3 つの関数は何か。
24. C スタイルの文字列の定義とは何か。
25. `==` と `strcmp()` は C スタイルの文字列に関してどのように異なるか。
26. C スタイルの文字列をコピーするにはどうすればよいか。

27. Cスタイルの文字列の長さを調べるにはどうすればよいか。
28. `int` 型の大きな配列をコピーするにはどうすればよいか。
29. `printf()` の利点は何か。`printf()` にはどのような問題と制限があるか。
30. `gets()` を決して使用すべきでないのはなぜか。代わりに何を使用できるか。
31. C で読み込みモードでファイルを開くにはどうすればよいか。
32. C の `const` と C++ の `const` の違いは何か。
33. マクロが望ましくないのはなぜか。
34. マクロの一般的な用途は何か。
35. インクルードガードとは何か。

■ 用語

3値比較（three-way comparison）	`strcpy()`
`#define`	`void`
`#ifdef`	`void*`
`#ifndef`	オーバーロード（overloading）
Brian Kernighan	構造体タグ（structure tag）
C/C++	互換性（compatibility）
Cスタイルのキャスト（C-style cast）	条件付きコンパイル（conditional compilation）
Cスタイルの文字列（C-style string）	
Dennis Ritchie	辞書式順序（lexicographical）
`FILE`	書式文字列（format string）
`fopen()`	不透明な型（opaque type）
K&R	ベル研究所（Bell Labs）
`malloc()`	マクロ（macro）
`printf()`	リンク（linkage）

■ 練習問題

以下の練習問題では、すべてのプログラムを C コンパイラーと C++ コンパイラーの両方でコンパイルするとよいかもしれない。C++ コンパイラーだけを使用すると、誤って C の機能ではないものを使ってしまうことがある。C コンパイラーだけを使用すると、型エラーが検出されないままになることがある。

1. `strlen()`、`strcmp()`、`strcpy()` のいくつかのバージョンを実装する。
2. おしつけがましい List の例（§27.9）を完成させ、すべての関数を使ってテストする。
3. おしつけがましい List の例（§27.9）をできるだけ「きれいに」整え、利用しやすくする。できるだけ多くのエラーを検出して処理する。`struct` 定義の詳細を変更したり、マクロを使用したりすれば、槍玉にあげられる。
4. おしつけがましい List の例（§27.9）を C++ で記述し、すべての関数を使ってテストする。

5. 練習問題 3 と 4 の結果を比較する。
6. `Link` と `List` (§27.9) の表現を変更する。ただし、関数によって提供されるユーザーインターフェイスは変更しない。`Link` をリンクの配列として確保し、`first`, `last`, `pre`, `suc` の 4 つのメンバーを `int` 型（配列へのインデックス）にする。
7. C++ の標準の（おしつけがましくない）コンテナーと比較して、おしつけがましいコンテナーの長所と短所は何か。長所と短所のリストを作成する。
8. 使用しているコンピューターの辞書式順序はどのようなものか。キーボードにあるすべての文字とその整数値を書き出し、文字をそれらの整数値によって決定される順序で書き出す。
9. C の標準ライブラリを含め、C の機能だけを使って `stdin` から一連の単語を読み込み、それらを辞書式順序で `stdout` に書き出す。ヒント：C のソート関数は `qsort()` である。それをどこかで調べる必要がある。あるいは、読み込んだ単語を順序付きのリストに挿入する。C の標準ライブラリにリストは存在しない。
10. C++ または C with Classes (§27.1) から採用された C 言語の機能のリストを作成する。
11. C++ に採用されていない C 言語の機能のリストを作成する。
12. `find(struct table*, const char*)`、`insert(struct table*, const char*, int)`、`remove(struct table*, const char*)` などの演算を持つ C スタイルのルックアップテーブルを実装する。このテーブルの表現は、`struct` のペアの配列か、配列のペア（`const char*[]` と `int*`）のどちらかになる。どちらでも好きなほうを選択する。また、関数の戻り値の型も選択する。設計上の決定事項はドキュメントにまとめる。
13. `string s; cin>>s;` に相当する機能を実行するプログラムを C で作成する。つまり、ホワイトスペースで区切られた任意の長さの文字シーケンスを、0 で終端する `char` 型の配列に読み込む入力演算を定義する。
14. 入力として `int` 型の配列を要求し、要素の最大値と最小値を検索する関数を記述する。中央値と平均値も計算する。`struct` を使って結果を戻り値として格納する。
15. C で単一継承をシミュレートする。基底クラスにはそれぞれ関数へのポインターの配列へのポインターが含まれるようにする。「仮想関数」については、基底クラスオブジェクトへのポインターを 1 つ目の引数として要求する別個の関数としてシミュレートする (§27.2.3)。「派生」については、基底クラスを派生クラスの最初のメンバーの型にするという方法で実装する。クラスごとに「仮想関数」の配列を適切に初期化する。このシミュレーションをテストするために、「古い `Shape` の例」を実装する。この場合、基底クラスと派生クラスの `draw()` はそれらのクラスの名前を出力するだけである。標準の C で利用可能な言語の機能とライブラリの機能だけを使用する。
16. マクロを使って練習問題 15 の実装の表記を単純にする。

■ 追記

少し前に、互換性の問題はそれほどワクワクするものではないと述べた。だが、C のコードはちまたにあふれており、それこそ数十億行もある。C のコードを読み書きする必要がある場合は、本章を読んでその準備を整えよう。個人的に気に入っているのは C++ のほうであり、本章ではその理由の一部を示している。そして、「おしつけがましい `List`」の例を軽く見てはならない。「おしつけがましい `List`」と不透明な型はどちらも重要であり、C でも C++ でも強力な手法である。

第28章
C++ と日本語対応

この章は監修者によって書かれた原書にはない章である。

28.1	多言語対応の無理解	28.7	Unicode と可変長エンコード
28.2	文字を扱う方法	28.8	Unicode とエンディアン
28.3	文字コード	28.9	OS
28.4	エンコード	28.10	C++ の標準規格
28.5	現実の文字コード	28.11	C++ の標準ライブラリと Unicode
28.6	Unicode のエンコード		

28.1 多言語対応の無理解

本書には多言語対応に対する無理解による誤った記述がある。

- 1文字は1バイトである。
- 多言語対応するにはC++のロケールライブラリについて調べるとよい。
- C++の正規表現ライブラリは多言語に対応している。

これらの記述はすべて間違っている。

監修者として、本書の記述は捨ておけず、よってこの章を書いてC++における日本語対応についての概要を説明する。

28.2 文字を扱う方法

コンピューター上で文字を扱う過程を大きく分けると、以下の3つになる。

1. 文字をビット列で表現する。
2. 文字を連続させた文字列を処理する。
3. 文字を描画する。

本章では、主に1.と2.の一部を解説する。3.については解説しない。

28.3 文字コード

コンピューターで文字を扱うには、まず個々の文字を表現しなければならない。コンピューターは、情報をビット列で扱う。C++では、アドレス可能な最小単位の情報はバイト単位である。

文字を表現するには、個々の文字に対して数値（コードポイント）を割り当て、その数値をバイト列で表現（エンコード）する。

たとえば、`'A'`という文字に1を割り当て、`'B'`という文字に2を割り当てる。1文字を1バイトで表現する場合、`01-02-01-02`という4バイトは、`ABAB`を意味する。多くの現実の文字コードは、基本的にはこのような設計をしている。

28.4 エンコード

コードポイントのエンコード方法には、大きく分けて2つある。

固定長

1文字に対して固定のサイズを割り当てるエンコード方法。たとえば、サポートする文字の種類が256文字以下であれば、1文字1バイトで表現する。文字の種類が65,536文字以下であれば、2バイトで表現する。

このエンコード方法は処理が楽だが、残念ながら世の中の文字コードのほとんどは固定長ではない。

可変長

1文字を表現するサイズが文字によって変わるエンコード方法。処理も面倒。現在使われているほとんどの文字コードはこちらに属する。

28.5 現実の文字コード

ASCII

ASCIIは最も普及した文字コードだ。英語アルファベットの大文字小文字、アラビア数字、記号文字、空白改行、制御文字がコードポイントとして規定されている。エンコード方法は、1つのコードポイントを1バイトで表現する。たとえば、`'A'`という文字のコードポイントは`0x41`で、`'B'`は`0x42`だ。`ABAB`を表現するには`41-42-41-42`という4バイトになる。

読者が大昔のレガシーシステムを保守するのでもない限り、扱う文字コードはASCIIから影響を受けているだろう。

ISO–2022–JP、JIS コード

ISO–2022–JP、またはJISコードと呼ばれている文字コードは、日本語で使われる多数の漢字、記号を規定した文字コードだ。可変長エンコードで、エスケープシーケンスによって後続する数値の表現する文字が変わるため、とても処理が面倒だ。

Shift JIS、Microsoft CP932、MacJapanese

この3つの文字コードは、厳密に言うと違うものだが、その起源は同じで、わずかな互換性の問題を除けば、ほとんど同じものだ。

JISコードのエンコードがきわめて使いづらかったので、エスケープシーケンスを使わず、コードポイントをうまくシフトすることで1バイトから2バイトの可変長でのエンコードを実現したのが、Shift JISだ。JISコードよりは比較的扱いやすくなった。ASCIIとの互換性のため、ASCIIの文字には同じコードポイントが割り当てられ、1バイトで表現される。

Microsoft CP932とMacJapaneseは、それぞれMicrosoftとAppleによる独自拡張で、一部のコードポイントの文字割り当てが違ったり、一部の独自の文字を割り当てていたりする。

EUC

中国語、日本語、韓国語をサポートした文字コード。固定長エンコードもあるが、一般に使われるのは可変長のエンコードだ。1バイトから3バイトで1文字を表現する。

Unicode、Universal Coded Character Set (UCS)

Unicodeはユニコードコンソーシアムという団体が策定した文字コード規格である。UCSは内容的に同等のISO規格である。現在主流の文字コードはこのUnicodeである。

Unicodeは文字とコードポイントの規格で、Unicodeのエンコード方法として、UTF–8、UTF–16、UTF–32がある。

28.6 Unicodeのエンコード

UTF–16

　Unicodeの策定当初は、16ビットあれば全世界の文字を表現できると考えていた。そこで、コードポイントの最大も2バイトあれば表現できるだろうという見込みで、2バイト固定長のエンコード方式、UCS–2が策定された。しかし、全世界の文字を表現するには6万程度では足りないことは当然の話で、可変長のエンコード方式、UTF–16が策定された。

　UTF–16では、1コードポイントは2バイトか4バイトになる。4バイトになる表現はサロゲートペアと呼ばれている。

　UTF–16には後述するエンディアンの問題がある。

UTF–32

　コードポイントは32ビットで表現可能なので、1コードポイントを4バイトで表現するエンコード方法。コードポイントのエンコード方法としてみると固定長のエンコードだが、文字のエンコードとしてみると可変長のエンコード方法となる。その理由は、結合文字列と異体字セレクターだ。

　UTF–32には後述するエンディアンの問題もある。

UTF–8

　UTF–8は1コードポイントを1バイトから4バイトで表現するエンコード方法だ。ASCIIとの互換性のために、ASCII文字はすべて同等の1バイトでエンコードされる。

28.7 Unicodeと可変長エンコード

　Unicodeの1コードポイントは4バイトで表現できるが、UTF–32は固定長エンコードではない。その理由は、結合文字と異体字セレクターのためだ。

結合文字

　1文字とは何だろうか。

　'が'という文字を考える。Unicodeでは、コードポイントとしてU+304Cが割り当てられている文字だ。すると、'が'は1文字だろうか。しかしちょっと考えてみるとこの文字は'か'に濁点'゛'が付いている文字と考えることもできる。つまり、'か'のコードポイント、U+304Bに続いて、濁点のコードポイントU+3099が現れる文字列も、'が'を表現するのに適切な文字列ではないだろうか。

　しかし、'か'に続いて濁点が現れる文字列を表現したい場合はどうするのだろうか。そういう場合は、濁点を単独で表現するU+309Bが存在する。

　Unicodeでは、このように複数のコードポイントを組み合わせて人間が1文字と認識する文字を表現することができる。濁点、半濁点や、文字に付与するアクセント記号などに使われている。そのため、1コードポイントは1文字ではない。

　同じ文字を表現するのに複数通りの方法がある。これを1つの統一した方法にまとめる処理を、正規化と呼ぶ。

異体字セレクター

サイトウという苗字のサイという漢字にはさまざまな表記がある。斎藤、斉藤、齋藤、齊藤などなど。このサイという漢字は表記が微妙に違うとはいえ、同じ文字であると考えることができる。

絵文字には人間の顔を模したものがある。人間の肌の色はさまざまであるので、一色で固定してしまうのは政治上正しくない。しかし、肌の色が異なったとしても、同じ絵文字であると考えることができる。

このような場合に、Unicode では異体字セレクターというコードポイントが定められていて、本質的には同じ文字の異体字を選択できる。そのため、1 コードポイントは 1 文字ではない。

28.8　Unicode とエンディアン

UTF–16 と UTF–32 は、複数のバイトを 1 単位とするエンコードである。そのために、エンディアンの影響を受ける。

エンディアンとは、複数のバイトによる整数の表現方法のことだ。

たとえば、0x11223344 という 4 バイトの符号なし整数はどのように表現されるだろうか。

```cpp
union U
{
    std::uint32_t num ;
    std::uint8_t bytes[4] ;
} ;

int main()
{
    U u ;
    u.num = 0x11'22'33'44 ;

    for ( auto x : u.bytes )
    {
        std::cout << std::hex << static_cast<unsigned int>(x) << ' ' ;
    }
}
```

このプログラムを実行した結果の出力を予想してみよう。読者の大半は、以下のような出力を予想するはずだ。

```
11 22 33 44
```

しかし、筆者のコンピューター上で実行した結果は、以下のようになる。

```
44 33 22 11
```

なぜか。筆者のコンピューターはリトルエンディアンだからである。

ビッグエンディアンとリトルエンディアン

複数のバイト列で構成される整数があるとき、桁の大きいほうのバイトを上位バイト、桁の小さいほうのバイトを下位バイトと言う。上位バイトから順番に並べていくバイト列で整数を表現する方法を、ビッグエンディアンと呼ぶ。

一方、下位バイトから並べていく方法を、リトルエンディアンと呼ぶ。リトルエンディアンには、プロセッサーを設計するにあたって便利な点がいくつかあるので、多くのアーキテクチャがリトルエンディアンを採用している。

エンディアンの違いは、UTF–16 や UTF–32 でエンコードされた文字列をストレージに書き出したり、ネットワーク越しに送信したりするときに、問題になる。UTF–8 は 1 バイト単位なので、エンディアンの問題はない。

28.9　OS

文字コードについての概要を踏まえた上で、読者がコードを書いて実行までする環境となる、主要な OS について見ていこう。OS はどの文字コードを採用しているのか。

Microsoft Windows

Microsoft Windows は早くから Unicode に対応してきた。問題は、Microsoft Windows が選択したエンコードは UTF–16 だということだ。UTF–32 と違ってコードポイント単位での固定長ではないし、エンディアンの問題もある。

しかも、Microsoft Windows は長らく日本語のエンコードとして CP932 を用いており、なかなか捨てることができていない。

UTF–8 に使用が非推奨の BOM を付けることでも悪名が高い。

Apple Mac OS X、iOS

Apple Mac OS X は UTF–8 を利用している。問題は、他の大多数の OS とは異なる Unicode の正規化のルールを採用しており、やはり扱いづらい。

GNU/Linux、Android

UTF–8 を利用している。

28.10　C++ の標準規格

ここまでは、現実の文字コードと、OS による対応を見てきた。では、C++ の標準規格は、文字についてどのような規定をしているのかを見ていこう。

文字の種類

C++ では、基本ソース文字集合として、96 文字が規定されている。空白、水平タブ、垂直タブ、フォームフィード、改行と、以下の 91 文字だ。

```
a b c d e f g h i j k l m n o p q r s t u v w x y z
A B C D E F G H I J K L M N O P Q R S T U V W X Y Z
0 1 2 3 4 5 6 7 8 9
_ { } [ ] # ( ) < > % : ; . ? * + - / ^ & |
~ ! = , \ " '
```

これらの文字は、C++ のソースコードを記述するのに安全に使うことができる。

文字型

C++ では、文字型として `char`、`wchar_t`、`std::char16_t`、`std::char32_t` が存在する。

char 型

`char` 型は最も古くから存在する。`char` 型の文字のリテラルとしては、通常の文字と UTF-8 が存在する。

通常の文字リテラルと文字列リテラル

通常の文字リテラルは文字を単一引用符（'）で囲むことで記述できる。

通常の文字列リテラルは文字を二重引用符（"）で囲むことで記述できる。

```
'a'
"abc"
```

通常の文字と文字列リテラルの文字コードは規定されていない。

環境ごとに文字コードが違うが、少なくともサポートされている環境では日本語を表示することもできる。

Microsoft Windows では、CP932 が使われる。その他の UNIX と POSIX 互換 OS では、最近は UTF-8 が使われている。

ワイド文字リテラルと文字列リテラル

ワイド文字リテラルと文字列リテラルは、プレフィックス L を付ける。

```
L'a'
L"abc"
```

ワイド文字の型は `wchar_t` となる。

ワイド文字は、1990 年代に日本が C++ 標準化委員会に根回しして追加させた機能だ。当時としてはこれが最も現実的な設計だったと関係者は回顧するが、現代から評価すると、机上の空論であった。

`wchar_t` のオブジェクト 1 つは、実装がサポートする任意の 1 文字を表現可能であると規定されている。そのような固定長エンコードの文字コードはいまだかつて実用化されていない。

Microsoft Windows は早くから Unicode に対応した関係上、`wchar_t` を UTF-16 として使っている。

その他の OS は、UTF-32 を使っているものが多い。

いずれにせよ、規格の要件を満たしていない。

UTF–8 の文字リテラルと文字列リテラル

UTF–8 の文字リテラルと文字列リテラルは、プレフィックス u8 を付ける。

```
u8'a'
u8"abc"
```

文字型は char となる。UTF–8 文字が独自の型を持っていないことについて、C++11 規格の制定当時に、筆者は異議を唱えたが、「char は生のバイト列を表現するのに慣習的に使われている型で問題はない」という意見でそのまま押し通された。そのため、通常の文字と UTF–8 文字を型システムで区別できないという問題が生じている。C++ 標準化委員会では、いまさらになって、「やっぱり区別しておけばよかったなぁ」などと言っている。

UTF–8 文字リテラルは、8 ビットで表現できない文字に使うことはできない。たとえば、以下のように書くことはできない。

```
u8'あ'
```

'あ' は U+3042 で、UTF–8 でエンコードすると、0xE3 0x81 0x82 という 3 バイトの表現が必要になるからだ。

UTF–16 の文字リテラルと文字列リテラル

UTF–16 の文字リテラルと文字列リテラルは、プレフィックス u を付ける。

```
u'a'
u"abc"
```

UTF–16 文字の型は std::char16_t となる。

UTF–16 文字リテラルは、16 ビットで表現できない文字に使うことはできない。

UTF–32 の文字リテラルと文字列リテラル

UTF–32 の文字リテラルと文字列リテラルは、プレフィックス U を付ける。

```
U'a'
U'abc'
```

28.11 C++の標準ライブラリとUnicode

C++の標準ライブラリはUnicodeをサポートしていない。一見サポートしているように見えるライブラリも、その実態は、単なるバイト列として受け取っているだけだ。

IOstream

Unicodeをサポートしていない。環境によっては通常の文字列リテラルやワイド文字列リテラルがUnicodeのいずれかのエンコードであるので、結果的にサポートしている。

std::basic_string<T>

Unicodeをサポートしていない。単なる文字型の配列として扱っているだけだ。

```cpp
std::string s = u8"いろは" ;

s.size() ; // 9
s.length() ; // 9
```

`std::basic_string<T>`の`size`や`length`メンバー関数は、単に文字型の要素数を返すだけで、文字数を返すわけではない。

std::regex

Unicodeをサポートしていない。単なる文字型の配列として扱っているだけだ。

```cpp
int main()
{
    std::regex re{R"(...-...)"} ;
    std::string text1{ "abc-def" } ;
    std::string text2{ "いろは-にほへ" } ;

    bool result1 = std::regex_match( text1, re ) ;
    bool result2 = std::regex_match( text2, re ) ;

    std::cout << result1 << '\n' << result2 << std::endl ;
}
```

結果:

```
1
0
```

このように、C++14の正規表現ライブラリはUnicodeの1文字を1文字として認識できない。

<locale>

C++ のロケールライブラリのほとんどはマルチバイト文字を考慮していない。C++11 には、UTF–8、UTF–16、UTF–32 間の文字コードの変換を行う機能が入ったが、きわめて使いづらい。

■ まとめ

- 現実世界の文字は可変長エンコードされている。
- Unicode が業界標準になっている。
- いまだに実行環境ごとに対応が必要。
- C++ のコア言語は Unicode をサポートしている。
- C++ の標準ライブラリは Unicode をほとんどサポートしていない。

第 V 部

付録

付録 A
言語のまとめ

願い事には気をつけろ。
本当にかなうかもしれないから。
—— 言い伝え

本付録では、C++ の主な言語機能をまとめる。本付録の内容は厳選されたものであり、本書の一連の話題をもう少し詳しく調べてみたいと考えている初心者を対象としている。完全であることよりも、簡潔なものになるように努めている。

付録 A　言語のまとめ

A.1　概要

本付録はリファレンスであり、章のように最初から最後まで読むことを目的としていない。ここでは、C++ 言語の主な要素を（ほぼ）体系的に説明する。ただし、完全なリファレンスではなく、あくまでもまとめである。何に焦点を合わせ、どこに重点を置くかについては、生徒からの質問を参考にして決めている。より完全な説明については、本書の該当する章を調べる必要があるだろう。ここでは、規格並みの正確さや用語にこだわるのではなく、手に取りやすいものになるように努めた。詳細については、*The C++ Programming Language* [*1] で解説している。C++ の定義は ISO C++ 規格だが、そのドキュメントは初心者を対象としたものではなく、初心者向けではない。オンラインドキュメントを使用することを忘れてはならない。最初のほうの章を読みながら本付録を読んでいる場合は、後の章で説明されているものがいろいろ現れることを覚悟しておこう。

標準ライブラリの機能については、付録 B で説明している。

標準 C++ は、標準化のための国際機関 ISO が統括する委員会と、INCITS（アメリカ）、BSI（イギリス）、AFNOR（フランス）といった国家標準化機関との連携によって定義されている。最新の定義は ISO/IEC 14882:2011 *Standard for Programming Language C++* [*2] であり、オンラインで、または *The C++ Standard*（Wiley、ISBN 0470846747）として提供されている。

A.1.1　用語

C++ 規格は、C++ プログラムとは何か、そしてさまざまな構成要素が何を意味するのかを定義している。

- **準拠**
  C++ 規格に照らして正しいプログラムは、**準拠している**と呼ばれる。口語的には、**文法的に正しい**または**有効**とも呼ばれる。
- **実装定義**
  プログラムが依存してもよいのは、`int` のサイズや `'a'` の数値など、特定のコンパイラー、OS、アーキテクチャなどで明確に定義されている機能だけであり、通常はそうなる。実装定義の機能は規格に指定されており、実装時のドキュメントに明記されていなければならない。それらの多くは `<limits>` といった標準ヘッダーに反映される（§B.1.1）。したがって、準拠していることと、すべての C++ 実装への移植性があることは、同じではない。
- **未定義**
  一部の構成要素は未確定であるか、未定義であるか、準拠していないが、それを確認する必要はない。当然ながら、そうした機能は避けるのが得策である。本書では、それらの使用を避けている。避けるべき未定義の機能には、以下が含まれる：
  - 別々のソースファイルに含まれている矛盾した定義。常にヘッダーファイルを使用するようにしよう（§8.3）。
  - 1 つの式で同じ変数の読み取りと書き込みを繰り返すこと。主な例は `a[i]=++i;`。

[*1] 『プログラミング言語 C++ 第 4 版』、柴田望洋 訳、SB クリエイティブ、2015 年
[*2] 訳注：翻訳時点の最新の定義は ISO/IEC 14882:2014。
http://www.iso.org/iso/catalogue_detail.htm?csnumber=64029

– `reinterpret_cast` など、明示的な型変換（キャスト）を繰り返し使用すること。

A.1.2　プログラムの開始と終了

　C++ プログラムには、`main()` というグローバル関数が 1 つだけ含まれていなければならない。プログラムは `main()` を実行することによって開始される。`main()` の戻り値の型は `int` である — `void` は C++ 規格に準拠していない。`main()` によって返される値は、プログラムからシステムへの戻り値である。一部のシステムではその値を無視するが、一般的には、戻り値が 0 の場合は正常終了を表し、0 ではない戻り値や未処理の例外は異常終了を表す。ただし、未処理の例外はよいスタイルではないと見なされる。

　`main()` の引数は実装定義でもよいが、どの実装でも 2 つのバージョンを受け入れなければならない。ただし、1 つのプログラムで使用するのはどちらか一方である。

```
int main();                           // 引数なし
int main(int argc, char* argv[]);     // argv[] は argc 個の
                                      // C スタイルの文字列を保持
```

　`main()` の定義では、値を明示的に返す必要はない。値を返さない場合は、「一番下まで進み」、そこで 0 を返す。最も小さい C++ プログラムは、以下のようになる。

```
int main() { }
```

　コンストラクターとデストラクターを持つグローバル（名前空間）スコープのオブジェクトを定義した場合は、必然的に、コンストラクターは「`main()` の前」に実行され、デストラクターは「`main()` の後」に実行される — 厳密には、そうしたコンストラクターの実行は `main()` 呼び出しの一部であり、デストラクターの実行は `main()` からの制御の戻しの一部である。グローバルオブジェクトはできるだけ使用しないようにしよう。自明ではないコンストラクションとデストラクションを要求するグローバルオブジェクトには、特に注意が必要だ。

A.1.3　コメント

　コードで表現できることはコードで表現すべきだが、コードとしてうまく表現できないことをプログラマーが説明できるよう、C++ では以下の 2 つのコメントスタイルをサポートしている。

```
// 1行コメント

/*
    コメントブロック
*/
```

　ブロックコメントは主に複数行にわたるコメントに使用されるが、複数行にわたるコメントでも 1 行コメントが好まれることがある。

```
// 3行の
// コメントを使って表現された
// 複数行のコメント

/* ブロックコメントを使って表現された1行のコメント */
```

コメントはコードの意図を文書化するのに不可欠である（§7.6.4）。

A.2 リテラル

リテラルはさまざまな型の値を表す。たとえば、リテラルの 12 は整数値の 12 を表し、"Morning" は文字列値の Morning を表し、true は Boolean 値の true を表す。

A.2.1 整数リテラル

整数リテラル（*integer literal*）には、以下の 4 種類がある。

- 10 進数リテラル：一連の 10 進数字
  10 進数字：0、1、2、3、4、5、6、7、8、9
- 8 進数リテラル：0 から始まる一連の 8 進数字
  8 進数字：0、1、2、3、4、5、6、7
- 16 進数リテラル：0x または 0X から始まる一連の 16 進数字
  16 進数字：0、1、2、3、4、5、6、7、8、9、a、b、c、d、e、f、A、B、C、D、E、F
- 2 進数リテラル：0b または 0B から始まる一連の 2 進数字（C++14）
  2 進数字：0、1

10u、3456UL のように、サフィックス u または U は整数リテラルを unsigned にし（§25.5.3）、サフィックス l または L は long にする。

C++14 では、数値リテラルの桁区切りとして単一引用符（')を使用できるようになった。たとえば 0b0000'0001'0010'0011 は 0b0000000100100011 を意味し、1'000'000 は 1000000 を意味する。

A.2.1.1 記数法

通常、数字は 10 進法で記述される。123 は、1 つの 100 と 2 つの 10 と 3 つの 1 を足したもの、つまり 1*100+2*10+3*1 を意味し、1*10^2+2*10^1+3*10^0 となる。^ は累乗を意味する。10 進数は、言い換えれば 10 を基数とする数である。この 10 は何も特別なものではなく、base==10 であるとすれば、1*base^2+2*base^1+3*base^0 である。10 進法を使用する理由は諸説あるが、一説によれば、10 進法は一部の自然言語に根付いている。指の数は 10 本であり、位取り表記法において値を直接表す 0、1、2 などの記号はそれぞれ桁（digit）と呼ばれる。digit はラテン語で「指」を意味する。

他の基数が使用されることもある。一般に、コンピューターのメモリでは、正の整数値が 2 進数で表される。低レベルのハードウェアの問題に取り組む人々は、メモリーの内容を表すために 8 進法を使用することがあり、多くの場合は 16 進法を使用する。たとえば、0 と 1 を電圧の高低のような物理状態として確実に表すのは比較的容易である。

A.2 リテラル

16進数について考えてみよう。0 から 15 までの 16 個の値に名前を付ける必要がある。通常は、0、1、2、3、4、5、6、7、8、9、A、B、C、D、E、F を使用し、A の 10 進数値は 10、B の 10 進数値は 11 を表すといったようになる。

    A==10, B==11, C==12, D==13, E==14, F==15

16進表記を使用すると、123 は 7B になる。これを理解するには、16進表記では 7B が 7*16+11 を意味し、それが 10 進数の 123 であることに注目すればよい。16 進数の 123 は 1*16^2+2*16+3 を意味し、10進数の 291 に相当する。これまでに 10 進整数以外の表記を扱ったことがない場合は、いくつかの数字を 10 進数から 16 進数に変換してみることを強くお勧めする。16 進数と 2 進数の対応付けが非常に単純であることに注目しよう。

16進数と2進数							
16進数	0	1	2	3	4	5	6	7
2進数	0000	0001	0010	0011	0100	0101	0110	0111
16進数	8	9	A	B	C	D	E	F
2進数	1000	1001	1010	1011	1100	1101	1110	1111

これを見れば、16 進表記に人気があるのもうなずけるというものだ。たとえば、1 バイトの値は 2 つの 16 進数として簡単に表現される。

特に明記されていない限り、C++ では、(ありがたいことに)数字は 10 進数である。数字が 16 進数であることを示すには、先頭に 0X (hex の X) を付ける。よって、123==0X7B、0X123==291 である。小文字の x を使用してもよいため、123==0x7B、0x123==291 でもよい。同様に、123==0x7b のように、16 進数に小文字の a、b、c、d、e、f を使用することもできる。

8 進数は 8 を基数とする数であり、必要な数字は 0、1、2、3、4、5、6、7 の 8 つだけである。C++ では、8 進数は先頭の 0 で表されるため、0123 は 10 進数の 123 ではなく 1*8^2+2*8+3 (1*64+2*8+3) であり、8 進数の 83 を表す。逆に言うと、8 進数の 83 (083) は 8*8+3 であり、それは 10 進数の 67 を表す。C++ の表記では、0123==83、083==67 である。

2 進数は 2 を基数とする数であり、必要な数字は 0 と 1 の 2 つだけである。C++14 以降は、プレフィックス 0b を使って 2 進数をリテラルとして表すことができる。たとえば、10 進数の 123 は 0b1111011 になる。C++14 よりも前の規格では、1*64+1*32+1*16+1*8+0*4+1*2+1 のようになる。

リテラルの桁数が多い場合は読みにくいかもしれない。そのような場合は、C++14 のもう 1 つの機能である桁区切り文字を使用すればよい。

    0b1010'1111'0110   0xFF00'AAAA'77BB'00FF   1'000'000'345.75

桁区切り文字を使用してもリテラルの値は変化せず、人が読みやすくなるため、エラーを防ぐのに役立つかもしれない。

A.2.2　浮動小数点リテラル

浮動小数点リテラル（*floating-point-literal*）は、小数点（.）、指数（e3 など）、または浮動小数点サフィックス（d または f）で構成される。

```
123        // int（小数点、サフィックス、指数なし）
123.       // double: 123.0
123.0      // double
.123       // double: 0.123
0.123      // double
1.23e3     // double: 1230.0
1.23e-3    // double: 0.00123
1.23e+3    // double: 1230.0
```

サフィックスで指定されない限り、浮動小数点リテラルは double 型である。

```
1.23       // double
1.23f      // float
1.23L      // long double
```

A.2.3　Boolean リテラル

bool 型のリテラルは、true と false である。true の整数値は 1、false の整数値は 0 である。

A.2.4　文字リテラル

文字リテラル（*character literal*）とは、'a' や '@' のように、単一引用符（'）で囲まれた文字のことだ。それに加えて、特別な文字がいくつかある。

名前	ASCII 名	C++ 表記
改行	NL	\n
水平タブ	HT	\t
垂直タブ	VT	\v
バックスペース	BS	\b
キャリッジリターン	CR	\r
改ページ	FF	\f
アラート	BEL	\a
バックスラッシュ（円記号）	\	\\
疑問符	?	\?
単一引用符	'	\'

名前	ASCII 名	C++ 表記
二重引用符	"	\"
8 進数	ooo	\ooo
16 進数	hhh	\xhhh

特別な文字は、'\n'（改行）や '\t'（タブ）のように、単一引用符で囲まれた文字として表される。文字セットには、以下の可視文字が含まれる。

abcdefghijklmnopqrstuvwxyz
ABCDEFGHIJKLMNOPQRSTUVWXYZ
0123456789
!@#$%^&*()_+|~`{}[]:";'<>?,./

コードに移植性を持たせたい場合は、他の可視文字は使用できない。a に対する 'a' といった文字の値は、実装依存である。ただし、cout << int('a') を試してみるなど、調べるのは簡単だ。

A.2.5 文字列リテラル

文字列リテラル（*string literal*）とは、"Knuth" や "King Canute" のように、二重引用符（"）で囲まれた一連の文字のことだ。改行は文字列の一部として使用できない。文字列内の改行を表すには、代わりに \n を使用する。

```
"King
Canute"          // エラー: 文字列リテラルをただ改行している
"King\nCanute"   // OK: 文字列リテラルに改行を含むための正しい方法
```

ホワイトスペースで区切られただけの 2 つの文字列リテラルは、1 つの文字列リテラルと見なされる。

```
"King" "Canute"   // "KingCanute"（スペースなし）に等しい
```

\n といった特別な文字を文字列リテラル内で表せることに注意しよう。

A.2.6 ポインターリテラル

ポインターリテラル（*pointer literal*）は、null ポインター、つまり nullptr だけである。0 に評価される定数式はすべて null ポインターとして使用できる。

```
int* p1 = 0;       // OK: null ポインター
int* p2 = 2-2;     // OK: null ポインター
int* p3 = 1;       // エラー: 1 は int であり、ポインターではない
int z = 0;
int* p4 = z;       // エラー: z は定数ではない
```

付録 A　言語のまとめ

この場合は、0 の値が null ポインターに暗黙的に型変換される。

C++ では、NULL は 0 を意味するものとして定義される（ただし、C には当てはまらないため、C のヘッダーに注意しよう）。このため、以下のように記述できる。

```
int* p4 = NULL;    // （NULL の定義が正しいとすれば）null ポインター
```

A.3　識別子

識別子（*identifier*）とは、英字またはアンダースコア（_）で始まり、0 個以上の小文字または大文字の英数字またはアンダースコアが続く文字の連続のことだ。

```
int foo_bar;      // OK
int FooBar;       // OK
int foo bar;      // エラー：スペースは識別子に使用できない
int foo$bar;      // エラー：$ は識別子に使用できない
```

アンダースコアで始まる識別子、または二重のアンダースコアを含んでいる識別子は、実装で使用するために予約されているため、使用してはならない。

```
int _foo;         // 使用してはならない
int foo_bar;      // OK
int foo__bar;     // 使用してはならない
int foo_;         // OK
```

A.3.1　キーワード

キーワード（*keyword*）とは、C++ 言語の構成要素を表すために C++ によって使用される識別子のことだ。

キーワード（予約されている識別子）[3]					
alignas	class	explicit	noexcept	signed	typename
alignof	compl	export	not	sizeof	union
and	concept	extern	not_eq	static	unsigned
and_eq	const	false	nullptr	static_assert	using
asm	const_cast	float	operator	static_cast	virtual
auto	constexpr	for	or	struct	void
bitand	continue	friend	or_eq	switch	volatile
bitor	decltype	goto	private	template	wchar_t
bool	default	if	protected	this	while
break	delete	inline	public	thread_local	xor
case	do	int	register	throw	xor_eq

キーワード（予約されている識別子）[*3]				
catch	double	long	reinterpret_cast	true
char	dynamic_cast	mutable	requires	try
char16_t	else	namespace	return	typedef
char32_t	enum	new	short	typeid

A.4 スコープ、ストレージクラス、ライフタイム

C++ では、プリプロセッサの名前を除いて（§A.17）、すべての名前がスコープ内に存在する。つまり、名前はそれを使用できるテキストの範囲に属している。データ（オブジェクト）はメモリー内のどこかに保存される。オブジェクトを格納するために使用される種類のメモリーは**ストレージクラス**（*storage class*）と呼ばれる。オブジェクトのライフタイムとは、オブジェクトの寿命または有効期間のことだ。オブジェクトのライフタイムは、オブジェクトが最初に初期化されたときから最終的に削除されるまでである。

A.4.1 スコープ

スコープ（*scope*）は以下の 5 種類である（§8.4）。

- グローバルスコープ（*global scope*）
  クラスや関数といった言語の何らかの構造の中で宣言される場合を除いて、名前はグローバルスコープに属する。
- 名前空間スコープ（*namespace scope*）
  名前空間の中で定義され、クラスや関数といった言語の何らかの構造の内側に存在しない名前は、名前空間スコープに属する。厳密には、グローバルスコープは「空の名前」を持つ名前空間スコープである。
- ローカルスコープ（*local scope*）
  名前がローカルスコープに属するのは、関数のパラメーターを含め、関数の中で宣言された場合である。
- クラススコープ（*class scope*）
  クラスのメンバーの名前は、クラススコープに属する。
- 文スコープ（*statement scope*）
  for、while、switch、if 文の（...）部分で宣言された名前は、文スコープに属する。

変数のスコープは、その変数が定義された文の最後までである。

```
for (int i=0; i<v.size(); ++i) {
    // i はここで使用できる
```

[*3] 監注：concept と requires はコンセプト TS のキーワードで、C++14 標準規格にはまだ入っていない。

```
            }
            if (i < 27)    // エラー: for 文の i はスコープを外れている
```

クラススコープと名前空間スコープには名前が付いているため、そのメンバーを「別の場所」から参照できる。

```
    void f();           // グローバルスコープ

    namespace N {
        void f()        // 名前空間スコープ N
        {
            int v;      // ローカルスコープ
            ::f();      // グローバルスコープの f() を呼び出す
        }
    }

    void f()
    {
        N::f();         // N の f() を呼び出す
    }
```

ところで、このプログラムで実際に N::f() または ::f() を呼び出した場合はどうなるだろうか（§A.15）。

A.4.2 ストレージクラス

ストレージクラス（*storage class*）は以下の3種類である（§17.4）。

- 自動記憶域（*automatic storage*）（スタック）
  関数のパラメーターを含め、関数内で定義された変数は、static として明示的に宣言された場合を除いて、スタックに配置される。スタックは関数が呼び出されるときに確保され、呼び出しから制御を戻すときに解放される。したがって、関数が直接または間接的に自身を呼び出した場合は、自動データのコピーが呼び出しごとに1つ存在する可能性がある（§8.5.8）。
- 静的記憶域（*static storage*）
  グローバルスコープや名前空間スコープで宣言された変数は、関数またはクラス内で static として明示的に宣言された変数と同様に、静的記憶域に格納される。リンカーはプログラムが実行を開始する前に静的記憶域を確保する。

- フリーストア (*free store*)（ヒープ (*heap*)）
  new によって作成されたオブジェクトは、フリーストアで確保される。

例を見てみよう。

```
vector<int> vg(10);    // プログラムの開始時（main()の前）に一度だけ作成

vector<int>* f(int x)
{
    static vector<int> vs(x);    // f() の最初の呼び出しでのみ作成
    vector<int> vf(x+x);         // f() の呼び出しごとに作成

    for (int i=1; i<10; ++i) {
        vector<int> vl(i);       // イテレーションのたびに作成
        ...
    }   // vl は（繰り返しのたびに）ここで破壊される

    return new vector<int>(vf);  // vf のコピーとしてフリーストアで作成
}   // vf はここで破壊される

void ff()
{
    vector<int>* p = f(10);      // f() から vector を取得
    ...
    delete p;                    // vector をデリート
}
```

静的に確保された変数 vg と vs は、それらの作成が完了していれば、プログラムの終了時（main() の後）に破壊される。

クラスのメンバーは、単体では確保されない。クラスのオブジェクトがどこかで確保されたときに、非静的メンバーも — それらが属しているオブジェクトと同じストレージクラスで — そこに配置される。

コードはデータとは別に格納される。たとえば、メンバー関数はそのクラスのオブジェクトごとに格納されるのではなく、プログラムの残りのコードとともにそのコピーが 1 つだけ格納される（§14.3、§17.4）。

A.4.3　ライフタイム

オブジェクトを（文法的に正しく）使用するには、それを初期化しなければならない。初期化はオブジェクトイニシャライザーを使って明示的に行うか、コンストラクターや組み込み型のデフォルトの初期化のルールに基づいて暗黙的に行う。オブジェクトのライフタイムは、そのスコープとストレージク

ラスによって決定されたタイミングで終了する（§17.4、§B.4.2）。

- ローカル（自動）オブジェクト（*local (sutomatic) object*）は、実行スレッドがそれらに到達したときに作成され、スコープの終わりで削除される。
- 一時オブジェクト（*temporary object*）は、特定の部分式によって作成され、完全な式の最後に削除される。完全な式とは、他の式の部分式ではない式のことである。
- 名前空間オブジェクト（*namespace object*）と静的クラスメンバー（*static class member*）は、プログラムの開始時（main()の前）に作成され、プログラムの終了時（main()の後）に削除される。
- ローカル静的オブジェクト（*local static object*）は、実行スレッドがそれらに初めて到達したときに一度だけ作成され、（作成されている場合は）プログラムの終了時に削除される。
- フリーストアオブジェクト（*free-store object*）は、newによって作成され、deleteによって削除される。

ローカル参照または名前空間参照に関連付けられた一時変数は、その参照が無効になるまで存在し続ける。

```
const char* string_tbl[] = { "Mozart", "Grieg", "Haydn", "Chopin" };
const char* f(int i) { return string_tbl[i]; }
void g(string s){}

void h()
{
    const string& r = f(0);    // 一時文字列を r に関連付ける
    g(f(1));                   // 一時文字列を作成して渡す
    string s = f(2);           // s を一時文字列で初期化
    cout << "f(3): " << f(3)   // 一時文字列を作成して渡す
        << " s: " << s
        << " r: " << r << '\n';
}
```

結果は以下のようになる。

```
f(3): Chopin s: Haydn r: Mozart
```

f(1)、f(2)、f(3)の呼び出しで生成されたstring型の一時変数は、それらが生成された式の最後に削除される。ただし、f(0)の呼び出しで生成された一時変数はrに関連付けられ、h()の最後まで存在し続ける。

A.5 式

ここでは、C++ の演算子について簡単に説明する。メンバー名を表す m、型名を表す T、ポインターを返す式を表す p、式を表す x、lvalue 式を表す v、引数リストを表す lst など、覚えやすい略記を使用する。算術演算の結果の型は、通常の算術型変換（§A.5.2.2）によって決定される。ここで説明する内容は組み込み演算子に対するもので、独自に定義する演算子に対するものではないが、演算子を独自に定義するときには、組み込み演算子のセマンティクスルールに従うことが推奨される（§9.6）。

スコープ解決	
N::m	m は名前空間 N に属する（N は名前空間またはクラスの名前）
::m	m はグローバル名前空間

メンバーは N::C::m のように入れ子にできる（§8.7）。

後置型の式	
x.m	メンバーアクセス。x はクラスオブジェクトでなければならない
p->m	メンバーアクセス。p はクラスオブジェクトを指していなければならない。(*p).m に相当する
p[x]	添字アクセス。*(p+x) に相当する
f(lst)	関数呼び出し。lst を引数リストとして f を呼び出す
T(lst)	lst を引数リストとして T を作成する
v++	後置インクリメント。v++ の値はインクリメントする前の v の値
v--	後置デクリメント。v-- の値はデクリメントする前の v の値
typeid(x)	x の実行時の型 ID
typeid(T)	T の実行時の型 ID
dynamic_cast<T>(x)	実行時にチェックされる x から T への型変換
static_cast<T>(x)	コンパイル時にチェックされる x から T への型変換
const_cast<T>(x)	const を追加または削除する、x の型から T へのチェックなしの型変換
reinterpret_cast<T>(x)	x のビットパターンを再解釈することによる x から T へのチェックなしの型変換

typeid 演算子とその使用法については本書で取り上げていないため、上級者向けのリファレンスで調べる必要がある。キャストがそれらの引数を変更しないことに注意しよう。キャストはどうにかして、引数の値に相当するそれらの型の値を生成する（§A.5.7）。

単項式

sizeof(T)	T のサイズ（バイト単位）
sizeof(x)	x の型のオブジェクトのサイズ（バイト単位）
++v	前置インクリメント。v+=1 に相当する
--v	前置デクリメント。v-=1 に相当する
~x	x の補数。~ はビット演算
!x	x の否定。true または false を返す
&v	v のアドレス
*p	p が指しているオブジェクトの内容
new T	フリーストアから T を作成
new T(lst)	フリーストアから T を作成し、lst で初期化
new(lst) T	lst の場所に T を作成
new(lst) T(lst2)	lst の場所に T を作成し、lst2 で初期化
delete p	p が指しているオブジェクトを解放
delete[] p	p が指しているオブジェクトの配列を解放
(T)x	C スタイルのキャスト。x を T に型変換する

delete p や delete[] p において p が指している（1 つ以上の）オブジェクトは、new で確保されたものでなければならない（§A.5.6）。(T)x は、より具体的なキャスト演算子と比べてずっとあいまいであるため、エラーの原因になりやすい（§A.5.7）。

メンバー選択

x.*ptm	メンバーへのポインター ptm によって識別される x のメンバー
p->*ptm	メンバーへのポインター ptm によって識別される *p のメンバー

これらについては、上級者向けのリファレンスで調べる必要がある。

乗除演算子

x*y	x と y を掛ける
x/y	x を y で割る
x%y	x を y で割った余り（浮動小数点数型には対応しない）

y==0 の場合の x/y と x%y の結果は未定義である。x または y が負の場合の x%y の結果は実装定義である。

加減演算子

x+y	x と y を足す
x-y	x から y を引く

シフト演算子

x<<y	x を y ビット左へシフトする
x>>y	x を y ビット右へシフトする

ビットをシフトするための >> と << の（組み込みの）使用法については、第 25 章の「§25.5.4 ビットの操作」で説明している。一番左の演算子が `iostream` である場合、これらの演算子は I/O に使用される（第 10 章～第 11 章）。

関係演算子

x<y	x は y よりも小さい（`bool` を返す）
x<=y	x は y 以下
x>y	x は y よりも大きい
x>=y	x は y 以上

関係演算子の結果は `bool` である。

等価演算子

x==y	x は y と等しい（`bool` を返す）
x!=y	x は y と等しくない

x!=y が !(x==y) であることに注意しよう。等価演算子の結果は `bool` である。

ビット単位の AND

x&y	x と y のビット単位の論理積（AND）

^、|、~、>>、<< と同様に、& はビットの集合を生成する。たとえば a と b が `unsigned char` である場合、a&b は `unsigned char` であり、その各ビットは a と b の該当するビットに & を適用した結果である（§A.5.5）。

付録 A 言語のまとめ

ビット単位の XOR

x^y	x と y のビット単位の排他的論理和（XOR）

ビット単位の OR

x|y	x と y のビット単位の論理和（OR）

AND

x&&y	論理積（true または false を返す）。x が true の場合にのみ y を評価する

OR

x||y	論理和（true または false を返す）。x が false の場合にのみ y を評価する

詳細については、「§A.5.5 論理式」を参照。

条件式

x?y:z	x の場合、結果は y、そうでない場合、結果は z

以下に例を示す。

```
template<class T> T& max(T& a, T& b) { return (a>b)?a:b; }
```

?: 演算子（条件演算子）については、第 8 章の「§8.4 スコープ」で説明している。

代入

v=x	x を v に代入する（結果は代入後の v）
v*=x	v=v*(x) にほぼ相当する
v/=x	v=v/(x) にほぼ相当する
v%=x	v=v%(x) にほぼ相当する
v+=x	v=v+(x) にほぼ相当する
v-=x	v=v-(x) にほぼ相当する
v>>=x	v=v>>(x) にほぼ相当する
v<<=x	v=v<<(x) にほぼ相当する
v&=x	v=v&(x) にほぼ相当する
v^=x	v=v^(x) にほぼ相当する
v|=x	v=v|(x) にほぼ相当する

「v=v*(x) にほぼ相当する」とは、v が 1 回だけ評価されることを除けば、v*=x が v=v*(x) と同じになることを意味する。たとえば、v[++i]*=7+3 は、(v[++i]=v[++i]*(7+3)) ではなく、(++i, v[i]=v[i]*(7+3)) を意味する。なお、前者は未定義となる（§8.6.1）。

スロー式	
throw x	x の値をスローする

throw 式の型は void である。

コンマ式	
x,y	x を実行した後に y を実行する（結果は y）

各表には、同じ優先順位を持つ演算子が含まれている。先にある表に含まれている演算子は、それよりも後にある表の演算子よりも優先順位が高い。たとえば、* は + よりも優先順位が高いため、a+b*c は (a+b)*c ではなく a+(b*c) を意味する。同様に、*p++ は (*p)++ ではなく*(p++) を意味する。単項演算子と代入演算子は右結合であり、その他の演算子はすべて左結合である。たとえば、a=b=c は a=(b=c) を意味し、a+b+c は (a+b)+c を意味する。

lvalue は、原則として変更することが可能で、アドレスの取得が可能なオブジェクトを識別する式である。ただし、const 型の lvalue の変更はもちろん型システムによって阻止される。lvalue を補うのは rvalue である。rvalue は、関数から返される値など、変更できないもの、またはそのアドレスを取得できないものを識別する式である。f(x) は rvalue であるため、&f(x) はエラーである。

A.5.1　ユーザー定義演算子

ここで定義しているルールは、組み込み型に対するものである。ユーザー定義の演算子が使用される場合、式は適切なユーザー定義演算子関数の呼び出しに変換され、何が起きるかは関数呼び出しのルール次第となる。

```
class Mine { /* ... */ };
bool operator==(Mine, Mine);

void f(Mine a, Mine b)
{
    if (a==b) {    // a==b は operator==(a,b) を意味する
        ...
    }
}
```

ユーザー定義型は、クラス（§A.12、第 9 章）または列挙（§A.11、§9.5）である。

A.5.2 暗黙的な型変換

整数型と浮動小数点数型（§A.8）は、代入や式で自由に組み合わせることができる。値はなるべく情報が失われないように型変換される。残念なことに、値を無効にするような型変換も暗黙的に実行される。

A.5.2.1 昇格

暗黙的な型変換のうち、値が維持されるものは一般に**昇格**（*promotion*）と呼ばれる。算術演算を実行する前に、`int` をそれよりも短い型から作成するために**整数の昇格**（*integral promotion*）が使用される。昇格の目的は、オペランドを算術演算に適したサイズにすることである。また、`float` から `double` への型変換も昇格と見なされる。

昇格は、通常の算術型変換の一部として使用される（§A.5.2.2）。

A.5.2.2 型変換

基本的な型を相互に型変換する方法は、それこそさまざまである。コードを記述するときには、情報をこっそりと捨ててしまう未定義の振る舞いや型変換は常に避けるべきである（§3.9、§25.5.3）。あやしい型変換の多くはコンパイル時に警告される可能性がある。

- 整数型変換（*integral conversion*）
  整数は別の整数型に変換できる。列挙値は整数型に変換できる。型変換後の型が `unsigned` である場合、結果の値のビット数は、型変換後の型に収まる型変換前の型のビット数となり、必要に応じて、上位ビットが破棄される。型変換後の型が符号付きで、値を型変換後の型で表せる場合、値は変化しない。型変換後の型で表せない値は、実装定義となる。`bool` と `char` が整数型であることに注意しよう。

- 浮動小数点数型変換（*floating-point conversion*）
  浮動小数点数値は別の浮動小数点数型に変換できる。型変換前の値を型変換後の型で完全に表せる場合、結果は型変換前の値である。精度の関係上、型変換前の値が型変換後の型で表現可能な隣接する2つの値の間にある場合、結果はそのどちらかの値になる。それ以外の場合の振る舞いは未定義となる。`float` から `double` への型変換が昇格と見なされることに注意しよう。

- ポインター型変換と参照型変換（*pointer and reference conversion*）
  オブジェクト型へのポインターは、`void*` に暗黙的に型変換できる（§17.8、§27.3.5）。派生クラスへのポインター（参照）は、アクセス可能で、あいまいではない基底クラスに暗黙的に型変換できる（§14.3）。0 に評価される定数式は、任意のポインター型に暗黙的に型変換できる（§A.5、§4.3.1）。`T*` は `const T*` に暗黙的に型変換でき、`T&` は `const T&` に暗黙的に型変換できる。

- Boolean 型変換（*boolean conversion*）
  ポインター、整数、浮動小数点数の値は `bool` に暗黙的に型変換できる。0 ではない値は `true` に変換され、0 は `false` に変換される。

- 浮動小数点数と整数の間での型変換（*floating-to-integer conversion*）
  浮動小数点数値を整数値に変換する際、小数部は切り捨てられる。つまり、浮動小数点数型から整数型への型変換は切り捨てである。切り捨てられた値を型変換後の型で表せない場合の振る舞いは未定義である。整数型から浮動小数点数型への変換が数学的にどれくらい正しいかはハード

ウェアによる。整数値を浮動小数点数型の値として完全に表せない場合は、精度が失われる。
- **通常の算術型変換**（*usual arithmetic conversion*）
 以下の型変換は、二項演算子のオペランドを共通の型にし、それを結果の型として使用するために実行される。
 1. どちらかのオペランドが long double 型である場合、もう一方のオペランドは long double 型に変換される。そうではなく、どちらかのオペランドが double 型である場合、もう一方のオペランドは double 型に変換される。そうではなく、どちらかのオペランドが float 型である場合、もう一方のオペランドは float 型に変換される。それ以外の場合は、両方のオペランドで整数の昇格が実行される。
 2. 次に、どちらかのオペランドが unsigned long 型である場合、もう一方のオペランドは unsigned long 型に変換される。そうではなく、一方のオペランドが long int 型、もう一方のオペランドが unsigned int 型で、long int が unsigned int の値をすべて表せる場合、unsigned int 型は long int 型に変換され、そうではない場合は両方のオペランドが unsigned long int 型に変換される。そうではなく、どちらかのオペランドが long 型である場合、もう一方のオペランドは long 型に変換される。そうではなく、どちらかのオペランドが unsigned 型である場合、もう一方のオペランドは unsigned 型に変換される。それ以外の場合、両方のオペランドは int 型である。

暗黙的な型変換の必要性を最小限に抑えるには、当然ながら、型を複雑に組み合わせるのを控えることが望ましい。

A.5.2.3 ユーザー定義の型変換

標準の昇格と型変換に加えて、ユーザー定義型の型変換も定義できる。引数を 1 つだけ要求するコンストラクターは、その引数の型からその型への変換を定義する。そのコンストラクターが explicit である場合（§18.4.1）、型変換が行われるのは、プログラマーが型変換を明示的に要求したときだけである。そうではない場合は、暗黙的な型変換が実行される可能性がある。

A.5.3 定数式

定数式（*constant expression*）とは、コンパイル時に評価できる式のことだ。

```
const int a = 2.7*3;
const int b = a+3;


constexpr int a = 2.7*3;
constexpr int b = a+3;
```

const は、変数を含んでいる式を使って初期化できる。constexpr は、定数式を使って初期化しなければならない。定数式は、配列の範囲、case ラベル、列挙子のイニシャライザー、int 型のテンプレート引数など、いくつかの場所で必要となる。

```
int var = 7;
switch (x) {
```

```
    case 77:    // OK
    case a+2:   // OK
    case var:   // エラー: var は定数式ではない
        ...
};
```

A.5.4 sizeof

sizeof(x) の x には、型または式を使用できる。x が式である場合、sizeof(x) の値は結果のオブジェクトのサイズである。x が型である場合、sizeof(x) の値は x 型のオブジェクトのサイズである。サイズはバイト単位で表され、sizeof(char)==1 である。

A.5.5 論理式

C++ には、整数型のための論理演算子がある。

ビット単位の論理演算子	
x&y	x と y のビット単位の論理積（AND）
x|y	x と y のビット単位の論理和（OR）
x^y	x と y のビット単位の排他的論理和（XOR）

論理演算子	
x&&y	論理積（true または false を返す）。x が true の場合にのみ y を評価する
x||y	論理和（true または false を返す）。x が false の場合にのみ y を評価する

ビット演算子の演算がオペランドの各ビットで行われるのに対し、論理演算子 &&、|| は 0 を false の値として扱い、そうではないものを true の値として扱う。演算の定義は以下のとおり。

&	0	1		|	0	1		^	0	1
0	0	0		0	0	1		0	0	0
1	0	1		1	1	1		1	1	0

A.5.6 new と delete

フリーストア（動的ストア、ヒープ）上のメモリーは、new を使って確保され、個々のオブジェクトの場合は delete、配列の場合は delete[] を使って解放される。メモリーが使い果たされた場合、new は bad_alloc 例外をスローする。new が成功した場合は、少なくとも 1 バイトが確保され、確保されたオブジェクトへのポインターが返される。確保されるオブジェクトの型は new の後に指定される。

```
int* p1 = new int;          // (初期化されていない) int を確保
int* p2 = new int(7);       // int を確保し、7 に初期化
int* p3 = new int[100];     // (初期化されていない) int を 100 個確保
...
delete p1;                  // 個々のオブジェクトを解放
delete p2;
delete[] p3;                // 配列を解放
```

new を使って組み込み型のオブジェクトを確保する場合は、イニシャライザーを指定しない限り、それらは初期化されない。new を使ってコンストラクターを持つクラスのオブジェクトを確保する場合は、そのコンストラクターが呼び出される。イニシャライザーを指定しなければ、デフォルトコンストラクターが呼び出される（§17.4.4）。

delete は、そのオペランドにデストラクターが定義されている場合は、そのデストラクターを呼び出す。デストラクターは virtual の場合があるので注意しよう（§A.12.3.1）。

A.5.7 キャスト

型変換（キャスト）演算子は以下の 4 種類である。

型変換演算子	
x=dynamic_cast<D*>(p)	p から D* への変換を試みる。0 を返すことがある
x=dynamic_cast<D&>(*p)	*p から D& への変換を試みる。bad_cast をスローすることがある
x=static_cast<T>(v)	T を v の型に変換できる場合に、v を T に変換する
x=reinterpret_cast<T>(v)	v を同じビットパターンによって表される T に変換する
x=const_cast<T>(v)	const を追加または削除することにより、v を T に変換する
x=(T)v	C スタイルのキャスト。旧式のキャストを行う
x=T(v)	関数キャスト。旧式のキャストを行う
X=Tv	v から T を生成する。縮小変換は行われない

dynamic_cast は、一般に、クラス階層の操作に使用される。この場合、p は基底クラスへのポインターであり、D はその派生クラスである。p が D* ではない場合は、0 を返す。dynamic_cast が 0 を返すのではなく例外（bad_cast）をスローするようにしたい場合は、ポインターではなく参照に変換する。dynamic_cast は実行時のチェックに依存する唯一のキャストである。

static_cast は、「そこそこ正しい型変換」に使用される。つまり、v が T からの暗黙的な型変換の結果であってもおかしくない場合に使用される（§17.8）。

reinterpret_cast は、ビットパターンを再解釈するために使用される。移植性は保証されない。それどころか、reinterpret_cast の使用はどれも移植性がないと想定したほうがよい。典型的な例は、プログラムにアドレスを与えるための int からポインターへの型変換である（§17.8、§25.4.1）。

C スタイルのキャストと関数キャストでは、static_cast または reinterpret_cast を const_cast と組み合わせた場合に可能となる変換を実行できる。

キャストは避けるのが得策である。それらが使用されているのを見たら、ほとんどの場合は、プログ

ラミングに問題があることの証であると考えよう。このルールの例外については、第 17 章の「§17.8 型の操作：void*とキャスト」と第 25 章の「§25.4.1 チェックされない型変換」で説明している。C スタイルのキャストと関数キャストには、キャストが何を行うのかをプログラマーが正確に理解する必要がないというやっかいな特性がある（§27.3.4）。明示的な型変換が避けられない場合は、名前付きのキャストを選択するほうがましである。

A.6　文

ここでは、C++ の文の文法を示す。$_{opt}$ はオプション、すなわち省略可であることを意味する。

文：
    宣言
    { 文リスト $_{opt}$ }
    try { 文リスト $_{opt}$ } ハンドラーリスト
    式 $_{opt}$;
    選択文
    反復文
    ラベル付き文
    制御文
選択文：
    if (条件) 文
    if (条件) 文 else 文
    switch (条件) 文
反復文：
    while (条件) 文
    do 文 while (式) ;
    for (for 初期化文 条件 $_{opt}$; 式 $_{opt}$) 文
    for (宣言 : 式) 文
ラベル付き文：
    case 定数式 : 文
    default : 文
    identifier : 文
制御文：
    break ;
    continue ;
    return 式 $_{opt}$;
    goto 識別子 ;
文リスト：
    文 文リスト $_{opt}$
条件：
    式

　　　　型指定子 宣言子 = 式
　　for 初期化文：
　　　　式 $_{opt}$ ；
　　　　型指定子 宣言子 = 式 ；
　　ハンドラーリスト：
　　　　catch （ 例外宣言 ） { 文リスト $_{opt}$ }
　　　　ハンドラーリスト ハンドラーリスト $_{opt}$

宣言が文であることと、代入文やプロシージャ呼び出し文が存在しないことに注意しよう。代入と関数呼び出しは式である。詳細については、以下を参照。

- イテレーション（for および while）：§4.4.2
- 選択（if、switch、case、break）：§4.4.1。break はすぐ外側の switch 文、while 文、do 文、または for 文から抜け出す。つまり、次に実行される文は、その外側の文の次の文である
- 式：§A.5、§4.3
- 宣言：§A.7、§8.2
- 例外（try および catch）：§5.6、§19.4

以下に示すのは、さまざまな文を具体的に示すために適当に作った例である。

```cpp
int* f(int p[], int n)
{
    if (p==0) throw Bad_p(n);
    vector<int> v;
    int x;
    while (cin>>x) {
        if (x==terminator) break;   // while ループを抜ける
        v.push_back(x);
    }
    for (int i=0; i<v.size() && i<n; ++i) {
        if (v[i]==*p)
            return p;
        else
            ++p;
    }
    return 0;
}
```

A.7 宣言

宣言（*declaration*）は、以下の3つの部分で構成される。

- 宣言されるエンティティの名前
- 宣言されるエンティティの型
- 宣言されるエンティティの初期値（ほとんどの場合はオプション）

以下の宣言が可能である。

- 組み込み型とユーザー定義型のオブジェクト（§A.8）
- ユーザー定義型のクラスと列挙（§A.10〜A.11、第9章）
- クラステンプレートと関数テンプレート（§A.13）
- エイリアス（§A.16）
- 名前空間（§A.15、§8.7）
- メンバー関数と演算子を含めた関数（§A.9、第8章）
- 列挙子（§A.11、§9.5）
- マクロ（§A.17.2、§27.8）

イニシャライザーは、0個以上の要素からなるリストを {} で囲んだ式として指定できる（§3.9.2、§9.4.2、§18.2）。

```
vector<int> v {a,b,c,d};
int x {y*z};
```

定義に含まれているオブジェクトの型が auto である場合、そのオブジェクトはイニシャライザーで初期化されなければならず、オブジェクトの型はイニシャライザーの型となる（§13.3、§21.2）。

```
auto x = 7;              // x は int
const auto pi = 3.14;    // pi は double
for (const auto& x : v)  // x は v の要素への参照
```

A.7.1 定義

初期化やメモリーの確保など、プログラムにおいて名前を使用するために必要なすべての情報を提供する宣言は定義（*definition*）と呼ばれる。プログラムで使用される型、オブジェクト、関数の定義はそれぞれ1つだけでなければならない。

```
double f();               // 宣言
double f() { /* ... */ }; // 宣言と定義
extern const int x;       // 宣言
int y;                    // 宣言と定義
```

```
    int z = 10;              // イニシャライザーが明示的に指定された定義
```

const で修飾されたオブジェクトは初期化されなければならない。これについては、その宣言に extern が明示的に指定されているか、デフォルトコンストラクターを持つ型の宣言である場合を除いて (§A.12.3)、const のイニシャライザーを要求するという方法で実現される。extern が指定されている場合は、他の場所にある定義にイニシャライザーが指定されていなければならない。const で修飾されたクラスメンバーは、どのコンストラクターでもメンバーイニシャライザーを使って初期化されなければならない (§A.12.3)。

A.8 組み込み型

C++ には、多くの基本型と、修飾子を使って基本型から作成される型がある。

組み込み型	
`bool x`	x は Boolean（true および false の値）
`char x`	x は文字（通常は 8 ビット）
`short x`	x は短整数（通常は 16 ビット）
`int x`	x はデフォルトの整数型
`float x`	x は（単精度）浮動小数点数
`double x`	x は（倍精度）浮動小数点数
`void* p`	p は更地のメモリー（未知の型のメモリー）へのポインター
`T* p`	p は T へのポインター
`T *const p`	p は T への定数（イミュータブル）ポインター
`T a[n]`	a は n 個の T の配列
`T& r`	r は T への参照
`T f(arguments)`	f は arguments を要求して T を返す関数
`const T x`	x は T の定数（イミュータブル）バージョン
`long T x`	x は long T
`unsigned T x`	x は unsigned T
`signed T x`	x は signed T

この場合、T は「何らかの型」を表すため、`long unsigned int`、`long double`、`unsigned char`、`const char *`（定数 char へのポインター）を使用できることになる。ただし、このシステムに完全な汎用性があるわけではない。たとえば、`short double`（`float` でよい）、`signed bool`（無意味である）、`short long int` や `long long long long int`（冗長である）は存在しない。`long long` は少なくとも 64 ビットを保持することが保証されている。

浮動小数点数型（*floating-point type*）は、`float`、`double`、`long double` である。それらは C++ での実数の近似値である。

整数型（*integer type*）は、`bool`、`char`、`short`、`int`、`long`、`long long` とそれらの符号なしバージョンであり、**汎整数型**（*integral type*）とも呼ばれる。整数型または整数値が必要な場所ではたいてい列挙型や列挙値を使用できることに注意しよう。

組み込み型のサイズについては、第 3 章の「§3.8 型とオブジェクト」、第 17 章の「§17.3.1 sizeof 演算子」、第 25 章の「§25.5.1 ビットとビット演算」で説明している。ポインターと配列については、第 17 章と第 18 章で説明している。参照については、第 8 章の「§8.5.4 const 参照渡し」から「§8.5.6 値渡しと参照渡し」で説明している。

A.8.1 ポインター

ポインター (*pointer*) とは、オブジェクトまたは関数のアドレスのことだ。ポインターはポインター型の変数に格納される。有効なオブジェクトポインターは、オブジェクトのアドレスを保持する。

```
int x = 7;
int* pi = &x;          // pi は x を指している
int xx = *pi;          // *pi は pi が指しているオブジェクトの値（つまり 7）
```

無効なポインターとは、オブジェクトの値を保持しないポインターのことだ。

```
int* pi2;              // 初期化されていない
*pi2 = 7;              // 未定義の振る舞い
pi2 = nullptr;         // null ポインター（pi2 は依然として無効）
*pi2 = 7;              // 未定義の振る舞い

pi2 = new int(7);      // pi2 は有効になっている
int xxx = *pi2;        // OK: xxx は 7 になる
```

無効なポインターには null ポインター（nullptr）を持たせることで、それらを評価できるようにする。

```
if (p2 == nullptr) {   // 無効である場合
    // *p2 を使用しない
}
```

または

```
if (p2) {              // 有効である場合
    // *p2 を使用する
}
```

詳細については、第 17 章の「§17.4 フリーストアとポインター」と第 18 章の「§18.6.4 ポインターの問題」を参照。

（void ではない）オブジェクトポインターでは、次の演算を行うことができる。

ポインター演算	
*p	間接参照
p[i]	間接参照/添字アクセス
p=q	代入と初期化
p==q	等しい
p!=q	等しくない
p+i	i 要素分後ろ（前方）の位置を表す
p-i	i 要素分手前（後方）の位置を表す
p-q	距離：ポインターの減算
++p	前置インクリメント（前方へ移動）
p++	後置インクリメント（前方へ移動）
--p	前置デクリメント（後方へ移動）
p--	後置デクリメント（後方へ移動）
p+=i	i 要素分後ろへ移動
p-=i	i 要素分手前へ移動

++p や p+=7 など、何らかの形式のポインター算術演算は、配列へのポインターでのみ許可される。配列の外側を指しているポインターを間接参照した結果は未定義である。そして、コンパイラーや言語のランタイムシステムによってチェックされない可能性が高い。比較演算 <、<=、>、>= は、同じオブジェクトまたは配列への同じ型のポインターとしても使用できる。

void* ポインターで許可される演算は、コピー（代入または初期化）、キャスト（型変換）、比較（==、!=、<、<=、>、>=）だけである。

関数へのポインター（§27.2.5）では、コピーと呼び出しだけが許可される。

```
using Handle_type = void (*)(int);
void my_handler(int);
Handle_type handle = my_handler;
handle(10);    // my_handler(10) に等しい
```

A.8.2 配列

配列（*array*）とは、特定の型を持ち、長さが固定の、連続するオブジェクト（要素）のシーケンスのことだ。

```
int a[10];    // 10 個の int
```

配列がグローバルである場合、その要素はその型に適したデフォルト値に初期化される。たとえば、a[7] の値は 0 になる。配列がローカル（関数内で宣言された変数）であるか、new を使って確保されている場合、組み込み型の要素は初期化されず、クラス型の要素はクラスのコンストラクターの要求どおりに初期化される。

配列の名前は、その最初の要素へのポインターに暗黙的に変換される。

```
int* p = a;    // p は a[0] を指している
```

配列または配列の要素へのポインターは、[] 演算子を使って添字にできる。

```
a[7] = 9;
int xx = p[6];
```

配列の要素には、0 始まりの番号を振ることができる（§18.6）。

配列の範囲はチェックされない。多くの場合、配列はポインターとして渡されるため、それらの範囲をチェックするための情報を確実に手に入れることはできない。配列よりも vector を使用するのが望ましい。

配列のサイズは、その要素のサイズの合計である。

```
int a[max];    // sizeof(a)==sizeof(int)*max
```

配列の配列（2次元配列）や配列の配列の配列など（多次元配列）を定義して使用することもできる。

```
double da[100][200][300];   // 300 個の要素からなる配列を 1 つの要素とする、
                            // 200 個の要素からなる配列を 1 つの要素とする、
                            // double 型の 100 個の要素からなる配列
da[7][9][11] = 0;
```

多次元配列をひねった方法で使用すると、理解するのが難しくなり、エラーが起きやすくなる（§24.4）。選択の余地がある場合は、（第 24 章で示しているように）Matrix ライブラリを使用するようにしよう。

A.8.3 参照

参照（*reference*）とは、オブジェクトの別名のことだ。

```
int a = 7;
int& r = a;
r = 8;         // a は 8 になる
```

参照は、コピーを避ける目的で、主に関数パラメーターとして使用される。

```
void f(const string& s);
...
f("this string could be somewhat costly to copy, so we use a reference");
```

詳細については、第 8 章の「§8.5.4 const 参照渡し」〜「§8.5.6 値渡しと参照渡し」を参照。

A.9　関数

関数（*function*）とは、名前が付いたコードのことであり、一連の引数を受け取り、必要に応じて値を返す。引数は空の場合がある。関数を宣言するには、戻り値の型、関数の名前、パラメーターリストを順に指定する。

```
char f(string, int);
```

この宣言の場合、f は string と int を要求し、char を返す関数である。関数を宣言するだけの場合は、その宣言をセミコロン（;）で終了する。関数を定義する場合は、引数宣言の後に関数の本体を記述する。

```
char f(string s, int i) { return s[i]; }
```

関数の本体は、ブロック（§8.2）または try ブロック（§5.6.3）でなければならない。
値を返すように宣言された関数は、return 文を使って値を返さなければならない。

```
char f(string s, int i) { char c = s[i]; }   // エラー: 値が返されない
```

main() 関数は、このルールに対する特異な例外である（§A.1.2）。main() 関数を除いて、値を返したくない関数は void として宣言する。つまり、void を戻り値の型として使用する。

```
void increment(int& x) { ++x; }              // OK: 値を返す必要はない
```

関数を呼び出すには、関数呼び出し演算子 () を使用し、有効な引数のリストを指定する。

```
char x1 = f(1,2);   // エラー: f() の 1 つ目の引数は string でなければならない
string s = "Battle of Hastings";
char x2 = f(s);     // エラー: f() は引数を 2 つ要求する
char x3 = f(s,2);   // OK
```

関数の詳細については、第 8 章を参照。

関数は constexpr として宣言できる。その場合は、引数として定数式を使って呼び出されたときにコンパイラーが評価できるほど単純な関数でなければならない。constexpr 関数は定数式で使用できる（§8.5.9）。

A.9.1　オーバーロードの解決

オーバーロードの解決（*overload resolution*）は、一連の引数に基づいて呼び出しの対象となる関数を選択するプロセスである。

```
void print(int);
void print(double);
void print(const std::string&);
```

```
print(123);      // print(int) を使用
print(1.23);     // print(double) を使用
print("123");    // print(const string&) を使用
```

言語のルールに従って正しい関数を選択するのはコンパイラーの役目である。残念ながら、複雑な例に対処すべく、言語のルールはかなり複雑だ。ここでは、単純なルールを示すことにする。

複数のオーバーロード関数の中から正しいものを特定するには、引数の型と関数のパラメーター(仮引数)とが最も適合するものを検索する。私たちが妥当であると考えるものに近づけるために、以下の条件が順番に試される。

1. 完全な適合。つまり、型変換を使用しないか、配列名からポインター、関数名から関数へのポインター、T から const T といった自明な変換のみを使用する適合。
2. 昇格に基づく適合。つまり、bool から int、char から int、short から int、およびそれらの符号なしバージョン(§A.8)からなる整数の昇格と、float から double への型変換を使用する適合。
3. 標準型変換に基づく適合。たとえば、int から double、double から int、double から long double、Derived* から Base* (§14.3)、T* から void* (§17.8)、int から unsigned int (§25.5.3)といった型変換を使用する適合。
4. ユーザー定義の型変換に基づく適合(§A.5.2.3)。
5. 関数宣言での省略記号(...)に基づく適合(§A.9.3)。

適合するものが見つかった条件のうち、最も優先順位が高い条件で適合するものが 2 つ見つかった場合、その呼び出しはあいまいであるとして拒否される。解決ルールがこれほど複雑なのは、主に組み込みの数値型の複雑なルールを考慮に入れるためだ(§A.5.3)。

複数の引数に基づくオーバーロードの解決では、まず各引数に最も適合するものが調べられる。ある関数がどの引数についても他の関数と同じかそれ以上にうまく適合し、ある引数に関して他のどの関数よりもうまく適合した場合は、その関数が選択される。そうではない場合、その呼び出しはあいまいである。

```
void f(int,const string&,double);
void f(int,const char*,int);

f(1,"hello",1);                // OK: f(int,const char*,int) を呼び出す
f(1,string("hello"),1.0);      // OK: f(int,const string&,double) を呼び出す
f(1,"hello",1.0);              // エラー: あいまい
```

最後の呼び出しでは、"hello" は型変換なしで const char* と適合するが、const string& とは型変換しなければ適合しない。一方で、1.0 は型変換なしで double と適合するが、int とは型変換しなければ適合しないため、一方の f() がもう一方の f() よりもうまく適合するという結果にはならない。

これらの単純なルールがコンパイラーの見解と一致しない場合は、まずコードが必要以上に複雑になっていないかどうかを確認しよう。コードが複雑である場合は、それを単純にする。そうでなけれ

A.9.2　デフォルト引数

汎用的な関数では、最も一般的なケースで必要となる以上の引数が必要になることがある。そうしたケースに対処するために、関数の呼び出し元が引数を指定しない場合に使用されるデフォルト引数をプログラマーが指定することがある。

```
void f(int,int=0,int=0);
f(1,2,3);
f(1,2);    // f(1,2,0) を呼び出す
f(1);      // f(1,0,0) を呼び出す
```

デフォルト引数を使用できるのは後続の引数だけであり、それらは呼び出し時に省略できる。

```
void g(int,int =7,int);   // エラー：途中の引数にデフォルトを指定している
f(1,,1);                  // エラー：2つ目の引数が指定されていない
```

デフォルト引数を使用する代わりに、オーバーロードを使用することもできる。

A.9.3　指定されない引数

引数の個数または型を指定せずに、関数を指定することも可能である。これは、さらに引数があるかもしれないことを意味する省略記号（...）によって示される。たとえば以下のコードは、ほぼ間違いなく最も有名な C 関数である printf() の宣言と、いくつかの呼び出しを示している（§27.6.1、§B.11.2）。

```
void printf(const char* format ...);   // 書式文字列の他にも
                                       // 引数があるかもしれない
int x = 'x';
printf("hello, world!");
printf("print a char '%c'\n",x);       // int x を char として出力
printf("print a string \"%s\"",x);     //「自分で自分の足を撃つ」
```

%c や %s といった書式文字列の指定子によって、追加の引数がいつどのように使用されるのかが決まる。ここで示したように、これはやっかいな型エラーの原因になりかねない。C++ では、指定されない引数は避けるに限る。

A.9.4　リンク指定

C++ コードは、C コードと同じプログラムで使用されることがよくある。つまり、プログラムの一部は C++ で書かれていて（そして C++ コンパイラーによってコンパイルされ）、他の部分は C で書かれている（そして C コンパイラーによってコンパイルされる）。これを容易にするために、C++ に

は、C のリンク規約に従うことを示すための**リンク指定**（*linkage specification*）がある。C のリンク指定は、関数宣言の前に配置できる。

```
extern "C" void callable_from_C(int);
```

あるいは、ブロック内のすべての宣言に適用することもできる。

```
extern "C" {
    void callable_from_C(int);
    int and_this_one_also(double, int*);
    /* ... */
}
```

詳しい使用法については、第 27 章の「§27.2.3 関数の定義」を参照のこと。

C は関数のオーバーロードをサポートしないため、C のリンク指定は、C++ のオーバーロード関数の最大で 1 つのバージョンにしか使用できない。

A.10 ユーザー定義型

プログラマーが新しい（ユーザー定義）型を定義する方法は 2 つある。クラス（class、struct、union）として定義するか（§A.12）、列挙（enum）として定義するかである（§A.11）。

A.10.1 演算子のオーバーロード

プログラマーはユーザー定義型に対してほとんどの演算子を定義できる。ただし、組み込み型の演算子の意味を変更したり、新しい演算子を追加したりすることはできない。ユーザー定義の演算子 —— つまり「オーバーロードされた演算子」の名前は、演算子の前に operator が付いたものとなる。たとえば、+ を定義する関数の名前は operator+ である。

```
Matrix operator+(const Matrix&, const Matrix&);
```

例については、std::ostream（第 10 章～第 11 章）、std::vector（第 17 章～第 19 章、§B.4）、std::complex（§B.9.3）、および Matrix（第 24 章）を参照。

以下を除く演算子はすべてオーバーロードできる。

```
?:   .   .*   ::   sizeof   typeid   alignas   noexcept
```

以下の演算子を定義する関数は、クラスのメンバーでなければならない。

```
=   []   ()   ->
```

その他の演算子はすべて、メンバー関数または独立した関数として定義できる。

ユーザー定義型の =（代入と初期化）、&（アドレス）、,（コンマ）がデフォルトで定義されるとは限らないことに注意しよう。

演算子のオーバーロードはほどほどに、慣例的に使用するようにしよう。

A.11 列挙

列挙 (*enumeration*) は、名前の付いた値 (列挙子 (*enumerator*)) からなる型を定義する。

```
enum Color { green, yellow, red };                    // 通常の列挙
enum class Traffic_light { yellow, red, green };      // スコープ付きの列挙
```

enum class の列挙子は、その列挙のスコープに含まれる。通常の enum の列挙子は、その enum のスコープにエクスポートされる。

```
Color col = red;           // OK
Traffic_light tl = red;    // エラー: Color::red などの整数値は
                           // Traffic_light に変換できない
```

最初の列挙子の値はデフォルトで 0 であるため、Color::green==0 である。値は 1 ずつ増えていくため、Color は yellow==1、red==2 のようになる。また、列挙子の値を明示的に定義することもできる。

```
enum Day { Monday=1, Tuesday, Wednesday };
```

この場合は、Monday==1、Tuesday==2、Wednesday==3 となる。

通常の enum の列挙子と列挙値は整数に暗黙的に型変換されるが、整数は列挙型に暗黙的に型変換されない。

```
int x = green;        // OK: Color から int への暗黙的な型変換
Color c = green;      // OK
c = 2;                // エラー: int は Color に暗黙的に型変換されない
c = Color(2);         // OK: (チェックなしの) 明示的な型変換
int y = c;            // OK: Color から int への暗黙的な型変換
```

enum class の列挙子と列挙値は整数に型変換されない。そして、整数は列挙型に暗黙的に型変換されない。

```
int x = Traffic_light::green;    // エラー: Traffic_light は int に
                                 // 暗黙的に型変換されない
Traffic_light c = green;         // エラー: int は Traffic_light に
                                 // 暗黙的に型変換されない
```

列挙の使用法については、第 9 章の「§9.5 列挙」で説明している。

A.12 クラス

クラス（*class*）とは、ユーザーがそのオブジェクトの表現とそれらのオブジェクトで許可される演算を定義する型のことだ。

```
class X {
public:
    // ユーザーインターフェイス
private:
    // 実装
};
```

クラス宣言の中で定義される変数、関数、型はクラスのメンバー（*member*）と呼ばれる。クラスの詳細については、第9章で説明している。

A.12.1 メンバーアクセス

`public` メンバーは、ユーザーがアクセスできるメンバーである。`private` メンバーは、そのクラスのメンバーだけがアクセスできるメンバーである。

```
class Date {
public:
    ...
    int next_day();
private:
    int y, m, d;
};

int Date::next_day() { return d+1; }    // OK

void f(Date d)
{
    int nd = d.d+1;                     // エラー: Date::d は private
    ...
}
```

`struct` は、メンバーがデフォルトで `public` となるクラスである。

```
struct S {
    // メンバー（明示的に private と宣言されない限り public）
};
```

protected の詳細を含め、メンバーアクセスの詳細については、第 14 章の「§14.3.4 アクセス」で説明している。

オブジェクトのメンバーにアクセスするには、変数を使用するか、．（ドット）演算子を使って参照するか、->（アロー）演算子を使ってポインターを通じてアクセスする。

```
struct Date {
    int d, m, y;
    int day() const { return d; }   // クラス内で定義されている
    int month() const;   // 宣言だけであり、別の場所で定義される
    int year() const;    // 宣言だけであり、別の場所で定義される
};

Date x;
x.d = 15;                // 変数を通じたアクセス
int y = x.day();         // 変数を通じたアクセス
Date* p = &x;
p->m = 7;                // ポインターを通じたアクセス
int z = p->month();      // ポインターを通じた呼び出し
```

クラスのメンバーを参照するには、::（スコープ解決）演算子を使用する。

```
int Date::year() const { return y; }   // クラスの外側での定義
```

メンバー関数の内側では、他のメンバーを非修飾名で参照できる。

```
struct Date {
    int d, m, y;
    int day() const { return d; }
    ...
};
```

そうした非修飾名は、メンバー関数が呼び出されたオブジェクトのメンバーを指し示す。

```
void f(Date d1, Date d2)
{
    d1.day();   // d1.d にアクセス
    d2.day();   // d2.d にアクセス
    ...
}
```

A.12.1.1　this ポインター

メンバー関数が呼び出されるオブジェクトを明示的に参照したい場合は、あらかじめ定義されているポインターである this を使用できる。

```
struct Date {
    int d, m, y;
    int month() const { return this->m; }
    ...
};
```

const 宣言されたメンバー関数（const メンバー関数）は、その関数が呼び出されたオブジェクトのメンバーの値を変更できない。

```
struct Date {
    int d, m, y;
    int month() const { return ++m; }   // エラー: month() は const
    ...
};
```

const メンバー関数の詳細については、第 9 章の「§9.7.4 const メンバー関数」で説明している。

A.12.1.2　フレンド

クラスのメンバーではない関数に対して、クラスのすべてのメンバーへのアクセスを許可するには、friend 宣言を使用する。

```
// Matrix メンバーと Vector メンバーへのアクセスが必要
Vector operator*(const Matrix&, const Vector&);

class Vector {
    friend
    Vector operator*(const Matrix&, const Vector&);   // アクセスを許可
    ...
};

class Matrix {
    friend
    Vector operator*(const Matrix&, const Vector&);   // アクセスを許可
    ...
};
```

ここで示したように、friend 宣言は、通常は 2 つのクラスにアクセスする必要がある関数に対して行われる。friend のもう 1 つの用途は、メンバーアクセス構文を使って呼び出すべきではない関数にアクセスできるようにすることだ。

```cpp
class Iter {
public:
    int distance_to(const Iter& a) const;
    friend int difference(const Iter& a, const Iter& b);
    ...
};

void f(Iter& p, Iter& q)
{
    int x = p.distance_to(q);   // メンバー構文を使って呼び出す
    int y = difference(p,q);    // 「数学構文」を使って呼び出す
    ...
}
```

なお、friend 宣言された関数を virtual 宣言することは不可能なので注意しよう。

A.12.2　クラスメンバーの定義

整数型の定数、関数、または型であるクラスメンバーの定義と初期化は、「クラス内」または「クラス外」で行うことができる。

```cpp
struct S {
    int c = 1;
    int c2;

    void f() { }
    void f2();

    struct SS { int a; };
    struct SS2;
};
```

クラス内で定義されていないメンバーは、他の場所で定義されていなければならない。

```
int S::c2 = 7;*4

void S::f2() { }

struct S::SS2 { int m; };
```

データメンバーをオブジェクトの作成者によって指定された値で初期化したい場合は、それをコンストラクターで行う。

メンバー関数は、オブジェクト内でメモリーを消費しない。

```
struct S {
    int m;
    void f();
};
```

この場合は、sizeof(S)==sizeof(int) である。これが規格によって実際に保証されているわけではないが、筆者が知っている実装はどれもそうなっている。ただし、仮想関数を持つクラスには、仮想呼び出しを可能にするための「隠しメンバー」が 1 つ存在することに注意しよう（§14.3.1）。

A.12.3 コンストラクター、デストラクター、コピー

クラスのオブジェクトに対する初期化の意味を定義するには、コンストラクター（*constructor*）を 1 つ以上定義する。コンストラクターとは、そのクラスと同じ名前を持ち、戻り値の型を持たないメンバー関数のことだ。

```
class Date {
public:
    Date(int yy, int mm, int dd) :y{yy}, m{mm}, d{dd} { }
    ...
private:
    int y,m,d;
};

Date d1 {2006,11,15};   // OK: 初期化はコンストラクターによって実行される
Date d2;                // エラー: イニシャライザーがない
Date d3 {11,15};        // エラー: イニシャライザーが 3 つ必要
```

データメンバーを初期化するにあたって、コンストラクターで基底クラスとメンバーのイニシャライザーリストを使用できることに注目しよう。メンバーはクラスで宣言された順番に初期化される。

---

*4 訳注：Visual Studio 2015 では、ここでエラーとなる。上記のクラス S の c2 メンバーを static にすれば、エラーは発生しなくなる。

一般的には、コンストラクターはクラスの不変条件を確立し、リソースを獲得するために使用される（§9.4.2〜9.4.3）。

クラスのオブジェクトの作成はボトムアップ方式で実行される。つまり、基底クラスのオブジェクト（§14.3.1）とメンバーがそれぞれ宣言された順に処理され、続いてコンストラクター自体のコードが実行される。プログラマーがおかしな行動に出ない限り、これにより、すべてのオブジェクトが使用される前に確実に作成される。

`explicit` 宣言されている場合を除いて、引数を 1 つだけ要求するコンストラクターは、その引数型からクラス型への暗黙的な型変換を定義する。

```
class Date {
public:
    Date(const char*);
    explicit Date(long);    // 日付の整数エンコーディングを使用
    ...
};

void f(Date);

Date d1 = "June 5, 1848";           // OK
f("June 5, 1848");                  // OK

Date d2 = 2007*12*31+6*31+5;        // エラー: Date(long) は explicit
f(2007*12*31+6*31+5);               // エラー: Date(long) は explicit

Date d3(2007*12*31+6*31+5);         // OK
Date d4 = Date(2007*12*31+6*31+5);  // OK
f(Date(2007*12*31+6*31+5));         // OK
```

明示的な引数を要求する基底クラスまたはメンバーがクラスに存在する場合、またはクラスが他のコンストラクターを持っている場合を除いて、デフォルトコンストラクターは自動的に生成される。デフォルトコンストラクターは、デフォルトコンストラクターを持っている基底クラスまたはメンバーをそれぞれ初期化する。デフォルトコンストラクターを持っていないメンバーは初期化しない。

```
struct S {
    string name, address;
    int x;
};
```

この場合、S は暗黙的なコンストラクターを持つ。このコンストラクターは、`name` と `address` は初期化するが、`x` は初期化しない。さらに、コンストラクターを持たないクラスは、イニシャライザーリストを使って初期化できる。

```
    S s1 {"Hello!"};            // s1 は {"Hello!",0} になる
    S s2 {"Howdy!", 3};         // エラー: string メンバーは2つ
    S* p = new S{"G'day!"};     // *p は {"G'day",0} になる
```

ここで int の値が 0 になるように、最後の値が指定されない場合は、デフォルト値になる。

A.12.3.1 デストラクター

オブジェクトがスコープを外れるなど、オブジェクトが破壊されることの意味を定義するには、デストラクター（*destructor*）を定義する。デストラクターの名前は、~（補数演算子）とそれに続くクラス名で構成される。

```
class Vector {   // double 型の vector
public:
    explicit Vector(int s): sz{s}, p{new double[s]}{}   // コンストラクター
    ~Vector() { delete[] p; }                            // デストラクター
    ...
private:
    int sz;
    double* p;
};

void f(int ss)
{
    Vector v(ss);
    ...
}   // v は f() を抜けるときに破壊される: Vector のデストラクターが呼び出される
```

クラスのメンバーのデストラクターを呼び出すデストラクターがコンパイラーによって生成されることがある。クラスが基底クラスとして使用される場合、通常は virtual デストラクターが必要である（§17.5.2）。

一般的には、デストラクターは「クリーンアップ」を行ってリソースを解放するために使用される。

クラスのオブジェクトの破壊は、クラスのオブジェクトの作成とは逆にトップダウン方式で行われる。つまり、デストラクター自体のコードが実行された後、メンバーおよび基底クラスのオブジェクトがそれぞれ宣言された順に処理される。

A.12.3.2 コピー

クラスのオブジェクトをコピー（*copying*）することの意味も定義できる。

```
class Vector {   // double 型の vector
public:
    explicit Vector(int s): sz{s}, p{new double[s]}{}   // コンストラクター
```

```
    ~Vector() { delete[] p; }            // デストラクター
    Vector(const Vector&);               // コピーコンストラクター
    Vector& operator=(const Vector&);    // コピー代入
    ...
private:
    int sz;
    double* p;
};

void f(int ss)
{
    Vector v(ss);
    Vector v2 = v;   // コピーコンストラクターを使用
    ...
    v = v2;          // コピー代入を使用
    ...
}
```

デフォルトでは — つまり、コピーコンストラクターとコピー代入を定義しない限り — コピー演算はコンパイラーによって自動的に生成される。コピーのデフォルトの意味は、メンバーごとのコピーである（§14.2.4、§18.3）。

A.12.3.3　ムーブ

クラスのオブジェクトを移動（*moving*）することの意味も定義できる。

```
class Vector {   // double 型の vector
public:
    explicit Vector(int s): sz{s}, p{new double[s]}{}   // コンストラクター
    ~Vector() { delete[] p; }            // デストラクター
    Vector(Vector&&);                    // ムーブコンストラクター
    Vector& operator=(Vector&&);         // ムーブ代入
    ...
private:
    int sz;
    double* p;
};

Vector f(int ss)
{
    Vector v(ss);
```

```
        ...
        return v;    // ムーブコンストラクターを使用
    }
```

デフォルトでは — つまり、ムーブコンストラクターとムーブ代入を定義しない限り — ムーブ演算はコンパイラーによって自動的に生成される。ムーブのデフォルトの意味は、メンバーごとの移動である（§18.3.4）。

A.12.4　派生クラス

クラスは他のクラスから派生したものとして定義できる。その場合は、派生元（基底クラス）からクラスのメンバーを継承する。

```
    struct B {
        int mb;
        void fb() { };
    };

    class D : B {
        int md;
        void fd();
    };
```

この場合、B は mb と fb() の 2 つのメンバーを持ち、D は mb、fb()、md、fd() の 4 つのメンバーを持つ。

メンバーと同様に、クラスも public または private にできる。

```
    class DD : public B1, private B2 {
        ...
    };
```

したがって、B1 の public メンバーは DD の public メンバーになり、B2 の public メンバーは DD の private メンバーになる。派生クラスはその基底クラスのメンバーに特別にアクセスできるわけではない。したがって、DD は B1 と B2 の private メンバーにアクセスできない。

DD のように、直接の基底クラスが複数存在するクラスは、**多重継承**（*multiple inheritance*）を使用するクラスと呼ばれる。

派生クラス D へのポインターは、その基底クラスである B へのポインターに暗黙的に型変換できる。ただし、B がアクセス可能であり、D においてあいまいではないことが前提となる。

```
    struct B { };
    struct B1: B { };    // B は B1 の public 基底クラス
    struct B2: B { };    // B は B2 の public 基底クラス
```

```
struct C { };
struct DD : B1, B2, private C { };

DD* p = new DD;
B1* pb1 = p;        // OK
B* pb = p;          // エラー: B1::B なのか B2::B なのかがあいまい
C* pc = p;          // エラー: DD::C は private
```

同様に、派生クラスへの参照は基底クラスへの参照に暗黙的に型変換できる。ただし、派生クラスにおいて基底クラスがあいまいではなく、アクセス可能であることが前提となる。

派生クラスの詳細については、第 14 章の「§14.3 基底クラスと派生クラス」で説明している。`protected` の詳細については、上級者向けの教科書やリファレンスが参考になるだろう。

A.12.4.1 仮想関数

仮想関数（*virtual function*）とは、派生クラスにおいて同じ名前と引数型を使用する関数への呼び出しインターフェイスを定義するメンバー関数のことだ。仮想関数を呼び出したときに呼び出される関数は、最終派生クラス（実際に生成されるオブジェクトのクラス）で定義されている関数である。つまり、派生クラスは基底クラスの仮想関数をオーバーライド（再定義）できる。

```
class Shape {
public:
    virtual void draw();   // virtual はオーバーライド可能を意味する
    virtual ~Shape() { }   // 仮想デストラクター
    ...
};

class Circle : public Shape {
public:
    void draw();           // Shape::draw をオーバーライド
    ~Circle();             // Shape::~Shape() をオーバーライド
    ...
};
```

基本的には、基底クラス（`Shape`）の仮想関数は、派生クラス（`Circle`）の呼び出しインターフェイスを定義する。

```
void f(Shape& s)
{
    ...
    s.draw();
}
```

```
    void g()
    {
        Circle c{Point{0,0},4};
        f(c);    // Circle の draw を呼び出す
    }
```

f() が知っているのは Shape のことだけであり、Circle のことは知らない。仮想関数を持つクラスのオブジェクトには、オーバーライド関数の検索を可能にするための追加のポインターが 1 つ含まれている（§14.3）。

仮想関数を持つクラスには、通常は（Shape にあるような）仮想デストラクターが必要である（§17.5.2）。

基底クラスの仮想関数をオーバーライドするという意思表示をしたい場合は、override サフィックスを使用すればよい。

```
    class Square : public Shape {
    public:
        void draw() override;    // Shape::draw をオーバーライド
        ~Square() override;      // Shape::~Shape() をオーバーライド
        void silly() override;   // エラー: 仮想関数 Shape::silly() は存在しない
        ...
    };
```

A.12.4.2　抽象クラス

抽象クラス（*abstract class*）とは、基底クラスとしてのみ使用できるクラスのことだ。抽象クラスのオブジェクトは作成できない。

```
    Shape s;           // エラー: Shape は抽象クラス

    class Circle : public Shape {
    public:
        void draw();   // Shape::draw をオーバーライド
        ...
    };

    Circle c{p,20};    // OK: Circle は抽象クラスではない
```

クラスを抽象クラスにする最も一般的な方法は、純粋仮想関数を少なくとも 1 つ定義することである。**純粋仮想関数**（*pure virtual function*）とは、オーバーライドを必要とする仮想関数のことだ（§14.3.5）。

```
class Shape {
public:
    virtual void draw() = 0;   // = 0 は「純粋」を意味する
    ...
};
```

クラスを抽象クラスにするもう1つの方法は、すべてのコンストラクターを protected として宣言することだ (§14.2.1)。これはめったに使用されない方法だが、同じように有効である。

A.12.4.3 生成される演算

クラスを定義すると、そのオブジェクトのために複数の演算がデフォルトで定義される。

- デフォルトコンストラクター
- コピー演算（コピー代入とコピー初期化）
- ムーブ演算（ムーブ代入とムーブ初期化）
- デストラクター

これらの演算は、その基底クラスとメンバーごとに再帰的に適用されるように（この場合もデフォルトで）定義される。コンストラクターはボトムアップ方式で実行される。つまり、メンバーの前に基底クラスのオブジェクトが作成される。デストラクターはトップダウン方式で実行され、基底クラスのオブジェクトの前にメンバーが破壊される。メンバーと基底クラスのオブジェクトは定義された順序で作成され、逆の順序で破壊される。そのようにすることで、コンストラクターとデストラクターのコードは常に明確に定義されたメンバーと基底クラスのオブジェクトに依存するようになる。

```
struct D : B1, B2 {
    M1 m1;
    M2 m2;
};
```

B1、B2、M1、M2 がこのように定義されているとすれば、以下のように記述できる。

```
D f()
{
    D d;         // デフォルトの初期化
    D d2 = d;    // コピー初期化
    d = D{};     // デフォルトの初期化とそれに続くコピー代入
    return d;    // d が f() の外に出る
}   // d と d2 はここで破壊される
```

たとえば、d のデフォルトの初期化では、4つのデフォルトコンストラクターが B1::B1()、B2::B2()、M1::M1()、M2::M2() の順に呼び出される。それらの1つが存在しない、または呼び出せない場合、d の作成は失敗する。return 文の呼び出しでは、4つのムーブコンストラクターが B1::B1()、B2::B2()、M1::M1()、M2::M2() の順に呼び出される。それらの1つが存在しない、または呼び出せない場合、

return 文は失敗する。d の破壊では、4 つのデストラクターが M2::~M2()、M1::~M1()、B2::~B2()、B1::~B1() の順に呼び出される。それらの 1 つが存在しない、または呼び出せない場合、d の破壊は失敗する。これらのコンストラクターとデストラクターはそれぞれユーザー定義でもよいし、生成されたものでもよい。

クラスがユーザー定義のコンストラクターを持つ場合、暗黙的なデフォルトコンストラクターは定義されない。つまり、コンパイラーによってデフォルトコンストラクターは生成されない。

A.12.5 ビットフィールド

ビットフィールド (*bitfield*) は、多くの小さな値をワードに格納したり、デバイスレジスターなど、外部から要求されたビットレイアウト形式に適合させたりするためのメカニズムである。

```
struct PPN {                        // R6000 の物理ページ番号 (PPN)
    unsigned int PFN : 22 ;         // ページフレーム番号 (PFN)
    int : 3 ;                       // 未使用
    unsigned int CCA : 3 ;          // キャッシュコヒーレンシーアルゴリズム (CCA)
    bool nonreachable : 1 ;
    bool dirty : 1 ;
    bool valid : 1 ;
    bool global : 1 ;
};
```

ビットフィールドを左から順にワードに詰め込んでいくと、ワード内のビットレイアウトは以下のようになる (§25.5.5)。

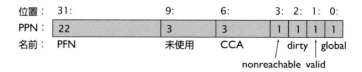

ビットフィールドに名前を付ける必要はない。ただし、名前を付けなければ、ビットフィールドにはアクセスできない。

意外なことに、多くの小さな値を 1 つのワードに詰め込んだからといって、必ずしもスペースの節約にはならない。それどころか、そうした値を使用すると、たった 1 ビットを表すために char や int を使用することと比べても、スペースが無駄になることが多い。その理由は、ワードの他のビットを変更せずにワードからビットを取り出したり、ワードの 1 ビットを書き込んだりするために複数の命令が必要になり、それらをメモリーのどこかに格納しなければならないからだ。小さなデータフィールドを持つオブジェクトが大量に必要にならない限り、スペースを節約するためにビットフィールドを使用してはならない。

A.12.6　共用体

共用体（*union*）とは、すべてのメンバーが同じアドレスを先頭として確保されるクラスのことだ。共用体が保持できる要素は常に 1 つだけである。読み取りの対象となるメンバーは、最後に書き込んだメンバーと同じでなければならない。

```
union U {
    int x;
    double d;
};

U a;
a.x = 7;
int x1 = a.x;    // OK
a.d = 7.7;
int x2 = a.x;    // しまった！
```

この一貫した読み取りと書き込みを要求するルールは、コンパイラーによってチェックされない。

A.13　テンプレート

テンプレート（*template*）とは、一連の型や整数によってパラメーター化されるクラスまたは関数のことだ。

```
template<typename T>
class vector {
public:
    ...
    int size() const;
private:
    int sz;
    T* p;
};

template<class T>
int vector<T>::size() const
{
    return sz;
}
```

テンプレートの引数リストにおいて、class は型を意味する。代わりに typename と書いても同じである。テンプレートクラスのメンバー関数は、暗黙的に、そのクラスと同じテンプレート引数を持つテンプレート関数となる。

整数のテンプレート引数は定数式でなければならない。

```
template<typename T, int sz>
class Fixed_array {
public:
    T a[sz];
    ...
    int size() const { return sz; };
};

Fixed_array<char,256> x1;    // OK
int var = 226;
Fixed_array<char,var> x2;    // エラー：テンプレート引数が const ではない
```

A.13.1　テンプレート引数

テンプレートクラスの引数は毎回指定しなければならない。

```
vector<int> v1;        // OK
vector v2;             // エラー：テンプレート引数が指定されていない
vector<int,2> v3;      // エラー：テンプレート引数の数が多すぎる
vector<2> v4;          // エラー：型のテンプレート引数が必要
```

テンプレート関数の引数は、一般に、関数の引数から推論される。

```
template<class T>
T find(vector<T>& v, int i)
{
    return v[i];
}

vector<int> v1;
vector<double> v2;
...
int x1 = find(v1,2);   // find() の T は int
int x2 = find(v2,2);   // find() の T は double
```

関数の引数からテンプレート引数を推論できないテンプレート関数を定義することは可能である。その場合は、欠けているテンプレート引数を明示的に（テンプレート宣言のとおりに）指定しなければならない。

```cpp
template<class T, class U> T* make(const U& u) { return new T{u}; }
int* pi = make<int>(2);
Node* pn = make<Node>(make_pair("hello",17));
```

これがうまくいくのは、Node を pair<const char *,int>（§B.6.3）で初期化できる場合である。（推論される）明示的な引数の特殊化から除外できるのは、後続のテンプレート引数だけである。

A.13.2 テンプレートのインスタンス化

特定のテンプレート引数に対するテンプレートは**特殊化**（*specialization*）と呼ばれる。コンパイラーがテンプレートと一連の引数から特殊化を生成するプロセスはテンプレートのインスタンス化（*template instantiation*）と呼ばれる。通常、コンパイラーはテンプレートと一連のテンプレート引数から特殊化を生成するが、プログラマーが特定の特殊化を定義することもできる。通常、これは汎用テンプレートが特定の引数セットに適していない場合に行われる。

```cpp
template<class T> struct Compare {          // 一般的な比較
    bool operator()(const T& a, const T& b) const
    {
        return a<b;
    }
};

template<> struct Compare<const char*> {   // Cスタイルの文字列の比較
    bool operator()(const char* a, const char* b) const
    {
        return strcmp(a,b)==0;
    }
};

Compare<int> c2;              // 一般的な比較
Compare<const char*> c;       // Cスタイルの文字列の比較
bool b1 = c2(1,2);            // 一般的な比較を使用
bool b2 = c("asd","dfg");     // Cスタイルの文字列の比較を使用
```

関数の場合は、オーバーロードを通じてほぼ同等のことが行われる。

```cpp
template<class T> bool compare(const T& a, const T& b)
{
```

```cpp
    return a<b;
}

bool compare (const char* a, const char* b)    // Cスタイルの文字列の比較
{
    return strcmp(a,b)==0;
}

bool b3 = compare(2,3);            // 一般的な比較を使用
bool b4 = compare("asd","dfg");    // Cスタイルの文字列の比較を使用
```

テンプレートを分割コンパイルする ── ヘッダーファイルに宣言だけを含め、.cpp ファイルに一意な定義を含める ── と、テンプレートの移植性が損なわれる。テンプレートを複数の .cpp ファイルで使用する必要がある場合は、その完全な定義をヘッダーファイルに追加するようにしよう。

A.13.3 テンプレートのメンバー型

テンプレートは、型であるメンバーと、データメンバーやメンバー関数といった型ではないメンバーで構成できる。一般的には、これはメンバー名が型を指しているのか、型以外のものを指しているのかを区別するのが難しい場合があることを意味する。言語の技術的な理由により、コンパイラーはそれを特定する必要があるため、それを教えてやらなければならないことがある。これには、typename キーワードを使用する。

```cpp
template<class T> struct Vec {
    typedef T value_type;    // 型メンバー
    static int count;        // データメンバー
    ...
};


template<class T> void my_fct(Vec<T>& v)
{
    int x = Vec<T>::count;   // デフォルトでは、メンバー名は型以外を
                             // 参照するものと想定される
    v.count = 7;             // 型メンバー以外を参照するより単純な方法
    typename Vec<T>::value_type xx = x;   // ここでは "typename" が必要
    ...
}
```

テンプレートの詳細については、第 19 章を参照。

A.14 例外

例外は、ローカルでは処理できないエラーを呼び出し元に伝えるために、throw 文を通じて使用される。たとえば、Bad_size を Vector の外に出すとしよう。

```
struct Bad_size {
    int sz;
    Bad_size(int s) : sz{s} { }
};

class Vector {
    Vector(int s) { if (s<0 || maxsize<s) throw Bad_size{s}; }
    ...
};
```

通常は、特定のエラーを表すために特別に定義された型をスローする。呼び出し元は例外をキャッチできる。

```
void f(int x)
{
    try {
        Vector v(x);   // 例外をスローする場合がある
        ...
    }
    catch (Bad_size bs) {
        cerr << "Vector with bad size (" << bs.sz << ")\n";
        ...
    }
}
```

「キャッチオール」句を使ってすべての例外をキャッチすることもできる。

```
try {
    /* ... */
} catch (...) {   // すべての例外をキャッチ
    /* ... */
}
```

通常は、try と catch をいくつも使用するよりも、RAII（Resource Acquisition Is Initialization）手法を使用するほうがよい。そのほうが単純で、簡単で、確実である（§19.5）。

引数のない throw は、現在の例外を再スローする。

```
try {
    /* ... */
} catch (Some_exception& e) {
    // ローカルでクリーンアップを行うコード
    throw;   // 呼び出し元に後始末をさせる
}
```

例外として使用するための型を独自に定義してもよいし、標準ライブラリに定義されている例外型を使用してもよい（§B.2.1）。組み込み型を例外として使用することは推奨しない —— 他の誰かもそうしていたら、自分の例外と混同されてしまうおそれがある。

例外がスローされると、C++ のランタイムサポートシステムは、スローされたオブジェクトの型と適合する型が指定された catch 句を探して、コールスタックをさかのぼる。つまり、例外をスローした関数内で try 文を調べ、その関数を呼び出した関数を調べ、さらにその関数を呼び出した関数を調べるといった具合に、適合するものが見つかるまでコールスタックをさかのぼる。適合するものが見つからない場合、プログラムは終了する。適合する catch 句の検索でアクセスした関数と、その途中のスコープのそれぞれで、クリーンアップのためにデストラクターが呼び出される。このプロセスを**スタックの巻き戻し**（*stack unwinding*）と呼ぶ。

オブジェクトが作成されたと見なされるのは、そのコンストラクターが完了した後である。オブジェクトは巻き戻しやその他の方法でスコープを外れるときに破壊される。これは部分的に作成されたオブジェクトや、配列、変数が正しく処理されることを意味する —— オブジェクトによっては、一部のメンバーや基底クラスしか作成されていない場合がある。そうしたサブオブジェクトが破壊されるのは、それらが作成されている場合だけである。

デストラクターを置き去りにするような例外をスローしてはならない。つまり、デストラクターを失敗させてはならない。

```
// 決してこのようにしてはならない
X::~X() { if (in_a_real_mess()) throw Mess{}; }
```

なぜここまで厳格なのかというと、巻き戻しの最中にデストラクターが例外をスローした場合 —— そして、そこで例外をキャッチしない場合 —— どの例外を処理すればよいかわからなくなってしまうからだ。例外をスローして終了するデストラクターは何としても避けなければならない。そうしたことが起きるかもしれないコードを正しく記述するための体系的な方法など聞いた試しがない。たとえば、そうなった場合にうまくいくことが保証されている標準ライブラリの機能はない。

A.15　名前空間

名前空間（*namespace*）は、関連する宣言をグループにまとめ、名前の衝突を防ぐために使用される。

```
int a;

namespace Foo {
    int a;
    void f(int i)
    {
        a+= i;   // Foo の a (Foo::a)
    }
}

void f(int);

int main()
{
    a = 7;       // グローバルの a (::a)
    f(2);        // グローバルの f (::f)
    Foo::f(3);   // Foo の f
    ::f(4);      // グローバルの f (::f)
}
```

名前は、Foo::f(3) のようにそれらの名前空間の名前で明示的に修飾するか、::f(2) のようにグローバルスコープを表す :: で修飾できる。

namespace ディレクティブを1つ指定すれば、その名前空間に属しているすべての名前にアクセスできるようになる。標準ライブラリの名前空間 std の場合は以下のようになる。

```
using namespace std;
```

using ディレクティブは控えめに使用するようにしよう。using ディレクティブによって提供される表記上の便利さは、名前の衝突という危険と隣り合わせである。特に、ヘッダーファイルでは using ディレクティブを使用しないようにしよう。名前空間内の1つの名前にアクセスしたい場合は、名前空間宣言を使用できる。

```
using Foo::g;
g(2);   // Foo の g (Foo::g)
```

名前空間の詳細については、第8章の「§8.7 名前空間」で説明している。

付録 A 言語のまとめ

A.16 エイリアス

名前にはエイリアス（*alias*）を定義できる。つまり、ほとんどの場合は、その名前が指しているものとまったく同じものを意味するシンボル名を定義できる。

```
using Pint = int*;                    // Pint は int へのポインターを意味する

namespace Long_library_name { /* ... */ }
namespace Lib = Long_library_name;    // Lib は Long_library_name を意味する

int x = 7;
int& r = x;                           // r は x を意味する
```

参照（§8.5.5、§A.8.3）は、オブジェクトを指し示すための実行時のメカニズムである。using（§20.5）と namespace は、名前を指し示すためのコンパイル時のメカニズムである。特に、using は新しい型を導入するのではなく、型の新しい名前を導入するだけである。

```
using Pchar = char*;   // Pchar は char* の名前
Pchar p = "Idefix";    // OK: p は char*
char* q = p;           // OK: p と q はどちらも char*s
int x = strlen(p);     // OK: p は char*
```

古いコードでは、型エイリアスの定義に（C++ の）using 表記ではなく typedef キーワードが使用されている（§27.3.1）。

```
typedef char* Pchar;   // Pchar は char* の名前
```

A.17 プリプロセッサディレクティブ

C++ の実装には必ずプリプロセッサ（*preprocessor*）が含まれている。原則として、プリプロセッサはコンパイラーの前に実行され、プログラマーが書いたソースコードをコンパイラーが理解できるものに変換する。現実的には、この処理はコンパイラーに組み込まれており、それが問題の原因にならない限り、特に興味を引くものではない。`#` で始まる行はすべてプリプロセッサディレクティブである。

A.17.1 #include

本書では、ヘッダーをインクルードするために全面的にプリプロセッサを使用してきた。

```
#include "file.h"
```

これは、ソーステキストのディレクティブが検出された場所で、`file.h` の内容をプリプロセッサにインクルードさせるディレクティブである。標準ヘッダーの場合は、`"..."` の代わりに `<...>` も使用できる。

```
#include <vector>
```

標準ヘッダーのインクルードでは、この表記が推奨される。

A.17.2 #define

プリプロセッサは**マクロ置換**（*macro substitution*）と呼ばれる文字操作を実装する。たとえば、文字列に対して名前を定義できる。

```
#define FOO bar
```

これにより、`FOO` が検出されるたびに、それが `bar` に置き換えられる。コンパイラーは以下のコードを、

```
int FOO = 7;
int FOOL = 9;
```

以下のように解釈する。

```
int bar = 7;
int FOOL = 9;
```

プリプロセッサが C++ の名前のことをよく知っていて、`FOOL` の一部である `FOO` を置き換えないことに注目しよう。

パラメーターを要求するマクロも定義できる。たとえば以下のマクロを、

```
#define MAX(x,y) (((x)>(y))?(x) : (y))
```

付録 A 言語のまとめ

以下のように使用できる。

```
int xx = MAX(FOO+1,7);
int yy = MAX(++xx,9);
```

これは以下のように展開される。

```
int xx = (((bar+1)>( 7))?(bar+1) : (7));
int yy = (((++xx)>( 9))?(++xx) : (9));
```

FOO+1 の正しい結果を得るには、かっこが必要であることに注意しよう。また、xx が非常にわかりにくい方法で 2 回インクリメントされたことも注目に値する。マクロがこれほど広まったのは、主に、C プログラマーにはそれに代わる選択肢がほとんどないためだ。一般的なヘッダーファイルには、数千個ものマクロが定義されている。

マクロを使用しなければならない場合は、ALL_CAPITAL_LETTERS のように、すべて大文字の名前を付けることになっている。このため、マクロ以外の通常の名前は大文字だけで構成すべきではない。ただし、誰もがこのもっともなアドバイスに従うことをあてにしてはならない。たとえば、筆者はある有名なヘッダーファイルに max という名前のマクロが含まれていることを知っている（§27.8）。

付録 B
標準ライブラリのまとめ

> 複雑なものはすべて、
> なるべく見えないところに隠すべきである。
> — David J. Wheeler

本付録では、C++ の標準ライブラリの主な機能をまとめる。本付録の内容は、標準ライブラリの機能をひととおり確認し、本書で取り上げたこと以外についても少し調べてみたいと考えている初心者のために厳選されたものだ。

B.1 概要

本付録はリファレンスであり、章のように最初から最後まで読むことを目的としていない。ここでは、C++ の標準ライブラリの主な要素を（ほぼ）体系的に説明する。ただし、完全なリファレンスではなく、あくまでも重要な例をいくつ含んだまとめである。より完全な説明については、本書の該当する章を調べる必要があるだろう。また、規格並みの正確さや用語にもこだわっていない。詳細については、*The C++ Programming Language* [*1] で解説している。C++ の完全な定義は ISO C++ 規格だが、そのドキュメントは初心者を対象としたものではなく、初心者向けではない。オンラインドキュメントを使用することを忘れてはならない。

厳選された（それゆえ不完全な）まとめは何の役に立つのだろうか。既知の演算をすばやく調べたり、各節にざっと目を通して一般的に利用できる演算を確認したりできる。詳細な説明についてはおそらく他の場所を調べることになるだろうが、どこを探せばよいかはわかっているため、問題はない。また、本付録には各章のチュートリアルへの相互参照も含まれている。ここでは、標準ライブラリの機能をコンパクトにまとめる。ここで提供する情報を暗記しようとしてはならない。それは本付録の目的ではない。それどころか、無駄な暗記を避けるために用意したのが、本付録である。

本付録は、便利な機能を自分で作成するのではなく、それらを探すための場所である。標準ライブラリに含まれているものはすべて — そして本付録で取り上げるすべてのことも — 大勢の人々の役に立っている。標準ライブラリの機能が、読者が手早く設計/実装できるものよりもうまく設計され、実装され、文書化されていることと、それらにより移植性があることはほぼ確実である。このため、できるだけ「自家製」のものよりも標準ライブラリの機能を使用することが望ましい。そうすれば、他の人にとってもより理解しやすいコードになる。

常識的な読者なら、その機能の数に圧倒されることだろう。心配はいらない。必要のないものは無視すればよい。「細かいことが気になる」場合は、見当たらないものがいろいろあることに気づくだろう。だが、完全性は上級者向けのガイドやオンラインドキュメントによって提供されるものだ。いずれにしても、何やら謎めいていて、ひょっとしたら興味深いものがいくつも見つかるだろう。それらを掘り下げてみよう。

B.1.1 ヘッダーファイル

標準ライブラリの機能に対するインターフェイスはヘッダーで定義されている。本節の内容は、利用可能な機能をおおまかに理解し、機能が定義および説明されている場所の見当をつけるのに役立つだろう。

STL（コンテナー、イテレーター、アルゴリズム）	
`<algorithm>`	`sort()`、`find()` などのアルゴリズム（§B.5、§21.1）
`<array>`	固定長配列（§20.9）
`<bitset>`	`bool` 型の配列（§25.5.2）
`<deque>`	両頭キュー

[*1] 『プログラミング言語 C++ 第 4 版』、柴田望洋 訳、SB クリエイティブ、2015 年

STL（コンテナー、イテレーター、アルゴリズム）

`<functional>`	関数オブジェクト（§B.6.2）
`<iterator>`	イテレーター（§B.4.4）
`<list>`	双方向リンクリスト（§B.4、§20.4）
`<forward_list>`	単方向リンクリスト
`<map>`	（キーと値の）map および multimap（§B.4、§21.6.1〜21.6.3）
`<memory>`	コンテナーのアロケーター
`<queue>`	queue および priority_queue
`<set>`	set および multiset（§B.4、§21.6.5）
`<stack>`	stack
`<unordered_map>`	ハッシュマップ（§21.6.4）
`<unordered_set>`	ハッシュセット
`<utility>`	演算子と pair（§B.6.3）
`<vector>`	vector（動的に拡張可能）（§B.4、§20.8）

I/O ストリーム

`<iostream>`	I/O ストリームオブジェクト（§B.7）
`<fstream>`	ファイルストリーム（§B.7.1）
`<sstream>`	string ストリーム（§B.7.1）
`<iosfwd>`	I/O ストリーム機能の宣言（ただし定義しない）
`<ios>`	I/O ストリーム基底クラス
`<streambuf>`	ストリームバッファー
`<istream>`	入力ストリーム（§B.7）
`<ostream>`	出力ストリーム（§B.7）
`<iomanip>`	書式設定とマニピュレーター（§B.7.6）

文字列操作

`<string>`	string（§B.8.2）
`<regex>`	正規表現（第 23 章）

数値

`<complex>`	複素数と算術演算（§B.9.3）
`<random>`	乱数の生成（§B.9.6）
`<valarray>`	数値配列
`<numeric>`	accumulate() などの汎用数値アルゴリズム（§B.9.5）
`<limits>`	数値の範囲（§B.9.1）

付録 B 標準ライブラリのまとめ

ユーティリティと言語サポート

`<exception>`	例外型 (§B.2.1)
`<stdexcept>`	例外階層 (§B.2.1)
`<locale>`	カルチャー固有の書式設定
`<typeinfo>`	(`typeid` からの) 標準型情報
`<new>`	確保関数と解放関数
`<memory>`	`unique_ptr` などのリソース管理ポインター (§B.6.5)

並列性のサポート

`<thread>`	スレッド (本書では取り上げない)
`<future>`	スレッド間通信 (本書では取り上げない)
`<mutex>`	相互排他機能 (本書では取り上げない)

C の標準ライブラリ

`<cstring>`	C スタイルの文字列の操作 (§B.11.3)
`<cstdio>`	C スタイルの I/O (§B.11.2)
`<ctime>`	`clock()`、`time()` など (§B.11.5)
`<cmath>`	標準浮動小数点数学関数 (§B.9.2)
`<cstdlib>`	その他の関数: `abort()`、`abs()`、`malloc()`、`qsort()` など (第 27 章)
`<cerrno>`	C スタイルのエラー処理 (§24.8)
`<cassert>`	アサートマクロ (§27.9)
`<clocale>`	カルチャー固有の書式設定
`<climits>`	C スタイルの数値の範囲 (§B.9.1)
`<cfloat>`	C スタイルの浮動小数点数の範囲 (§B.9.1)
`<cstddef>`	C 言語サポート (`size_t` など)
`<cstdarg>`	変数引数処理のためのマクロ
`<csetjmp>`	`setjmp()` および `longjmp()` (決して使用してはならない)
`<csignal>`	シグナル処理
`<cwchar>`	ワイド文字
`<cctype>`	文字型の分類 (§B.8.1)
`<cwctype>`	ワイド文字型の分類

C の標準ライブラリのヘッダーには、`<ctime>` に対する `<time.h>` など、名前の先頭に c がなく、最後に `.h` が付いたバージョンもある。`.h` バージョンは、`std` 名前空間の名前ではなくグローバル名を定義する。

ここでは、これらのヘッダーで定義されている機能の一部を取り上げるが、それらは該当する章でも説明されている。さらに情報が必要な場合は、オンラインドキュメントや上級者向けの C++ の本を調べてみよう。

B.1.2 std 名前空間

標準ライブラリの機能は std 名前空間で定義されているため、それらを使用するには、明示的な修飾、using 宣言、または using ディレクティブが必要である。

```
std::string s;          // 明示的な修飾

using std::vector;      // using 宣言
vector<int> v(7);

using namespace std;    // using ディレクティブ
map<string,double> m;
```

本書では、std に using ディレクティブを使用している。using ディレクティブはほどほどに使用するようにしよう（§A.15）。

B.1.3 説明スタイル

コンストラクターやアルゴリズムといった標準ライブラリの単純な演算でさえ、完全な説明には数ページを要することがある。そこで、本書では以下に示すような極度に短縮したスタイルを使用している。

表記の例	
p=op(b,e,x)	op は範囲 [b:e] と x に対して何かを行い、p を返す
foo(x)	foo は x に対して何かを行い、結果を返さない
bar(b,e,x)	x は [b:e] と何か関係があるか

識別子は覚えやすいものを選択するように心がけている。よって、b と e は範囲を指定するイテレーターであり、p はポインターまたはイテレーターであり、x は何らかの値であり、それらはすべてコンテキストに依存する。この表記では、結果なしと Boolean の結果を区別するにはコメントを読むしかないため、よほど注意していないとそれらを混同してしまうおそれがある。bool を返す演算の説明は、通常は疑問形で終わる。

アルゴリズムが「失敗した」ことや「見つからない」ことを示すために入力シーケンスの終端を返すという通常のパターン（§B.3.1）に従う場合は、それを明記しない。

B.2 エラー処理

標準ライブラリの構成要素の開発には 40 年の歳月を要している。このため、エラー処理に対するスタイルやアプローチにはばらつきが見られる。

- C スタイルのライブラリは関数で構成されており、それらの多くはエラーが発生したことを示すために errno を設定する（§24.8）。
- 一連の要素を操作するアルゴリズムの多くは、「見つからない」ことや「失敗した」ことを示すために、最後の要素の 1 つ先を指すイテレーターを返す。
- I/O ストリームライブラリは、エラーを示すために各ストリームの状態を使用する。ユーザーの要求に応じて、エラーを示すために例外をスローすることがある（§10.6、§B.7.2）。
- vector、string、bitset といった標準ライブラリの一部のコンポーネントは、エラーを示すために例外をスローする。

標準ライブラリでは、すべての機能が「基本的な保証」を提供するように設計されている（§19.5.3）。つまり、例外がスローされたとしても、メモリーなどのリソースがリークしたり、標準ライブラリクラスの不変条件が無効になったりすることはない。

B.2.1 例外

標準ライブラリの一部の機能は、例外をスローするという方法でエラーを報告する。

標準ライブラリ例外	
bitset	invalid_argument、out_of_range、overflow_error をスローする
dynamic_cast	型変換を実行できない場合に bad_cast をスローする
iostream	例外が有効である場合に ios_base::failure をスローする
new	メモリーを確保できない場合に bad_alloc をスローする
regex	regex_error をスローする
string	length_error、out_of_range をスローする
typeid	type_info を提供できない場合に bad_typeid をスローする
vector	out_of_range をスローする

これらの例外は、これらの機能を直接または間接的に使用するすべてのコードで発生する可能性がある。例外がスローされるような方法では機能が使用されないことがわかっている場合を除いて、exception といった標準ライブラリの例外階層のルートクラスの 1 つをどこか（main() など）でキャッチするのが得策である。

重ねて注意しておきたいのは、int や C スタイルの文字列といった組み込み型をスローしないことである。そうではなく、例外として使用するために特別に定義された型のオブジェクトをスローするようにしよう。これには、標準ライブラリの exception クラスから派生したクラスを使用できる。

```
class exception {
public:
    exception();
    exception(const exception&);
    exception& operator=(const exception&);
    virtual ~exception();
    virtual const char* what() const;
};
```

例外の原因となったエラーについて何かを示すはずの文字列を取得するには、what()関数を使用する。

例外を分類したい場合は、以下に示す標準ライブラリの例外クラスの階層が役立つだろう。

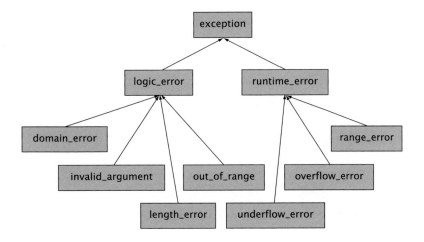

例外を定義するには、標準ライブラリの例外から派生させる。

```
struct My_error : runtime_error {
    My_error(int x) : interesting_value{x} { }
    int interesting_value;
    const char* what() const override { return "My_error"; }
};
```

B.3 イテレーター

イテレーターは、標準ライブラリのアルゴリズムをそれらのデータとくっつける「接着剤」のようなものだ。逆に言えば、アルゴリズムがその適用先となるデータ構造に依存するのを最小限に抑えるためのメカニズムがイテレーターであると言えるだろう（§20.3）。

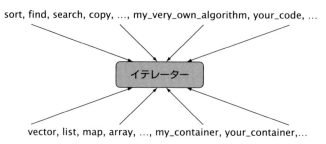

B.3.1 イテレーターモデル

イテレーターは、間接参照のための * など、間接的なアクセスのための演算や、次の要素へ移動するための ++ など、新しい要素へ移動するための演算を提供する点で、ポインターと似ている。要素のシーケンスは、半開範囲 [begin:end] を定義する2つのイテレーターによって定義される。

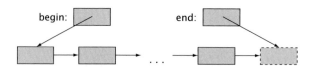

つまり、begin はシーケンスの最初の要素を指し、end はシーケンスの最後の要素の1つ先を指す。*end の読み込みや書き込みは厳禁である。空のシーケンスでは begin==end であることに注意しよう。つまり、[p:p] は任意のイテレーター p に対する空のシーケンスである。

アルゴリズムはシーケンスを読み込むために、通常はイテレーターのペア (b,e) を取得し、終端に達するまで ++ を使ってイテレーションを繰り返す。

```
while (b!=e) {     // < ではなく != を使用
    // 何らかの処理を行うコード
    ++b;           // 次の要素に進む
}
```

シーケンスで何かを検索するアルゴリズムは、通常は「見つからない」ことを示すためにシーケンスの終端を返す（§20.3）。

```
p = find(v.begin(),v.end(),x);   // v で x を探す
if (p!=v.end()) {
```

```
        // x が p で見つかる
    }
    else {
        // x は [v.begin():v.end()) で見つからなかった
    }
```

アルゴリズムがシーケンスへの書き込みを行う場合は、その最初の要素へのイテレーターだけが与えられることが多い。その場合、そのシーケンスの終端を超えて書き込まないようにするのはプログラマーの責任である。

```
template<class Iter> void f(Iter p, int n)
{
    while (n>0) *p++ = --n;
}

vector<int> v(10);
f(v.begin(),v.size());   // OK
f(v.begin(),1000);       // 大問題
```

標準ライブラリの実装によっては、f() の最後の呼び出しで範囲チェックを行う ── つまり、例外をスローする。ただし、コードに移植性を持たせたい場合は、それをあてにするわけにはいかない。多くの実装は範囲チェックを行わない。

イテレーターでの演算は以下のとおり。

イテレーターの演算	
++p	前置インクリメント p にシーケンス内の次の要素または最後の要素の 1 つ先を参照させる（1 つ前進する）。結果の値は p+1
p++	後置インクリメント p にシーケンス内の次の要素または最後の要素の 1 つ先を参照させる（1 つ前進する）。結果の値はインクリメントする前の p
--p	前置デクリメント p に前の要素を参照させる（1 つ後退する）。結果の値は p-1
p--	後置デクリメント p に前の要素を参照させる（1 つ後退する）。結果の値はデクリメントする前の p
*p	アクセス（間接参照）*p は p が指している要素を参照する
p[n]	アクセス（添字）p[n] は p+n が指している要素を参照する *(p+n) に相当する
p->m	アクセス（メンバーアクセス）(*p).m に相当する
p==q	等しい p と q が同じ要素を指しているか、どちらも最後の要素の 1 つ先を指している場合は true
p!=q	等しくない !(p==q)
p<q	p は q が指している要素よりも手前の要素を指しているか

イテレーターの演算

p<=q	p<q & || p==q
p>q	p は q が指している要素よりも後ろの要素を指しているか
p>=q	p>q & || p==q
p+=n	n だけ前進する p は現在参照している要素から n 番目の要素を指す
p-=n	n だけ後退する p は現在参照している要素から n 個手前の要素を指す
q=p+n	p が指している要素から n 番目の要素を q に参照させる
q=p-n	p が指している要素から n 個手前の要素を q に参照させる。その後 q+n==p になる
advance(p,n)	p+=n と同様だが advance() は p がランダムアクセスイテレーターではない場合でも使用できる（リスト内を n だけ前進する場合がある）
x=distance(p,q)	q-p と同様だが distance() は p がランダムアクセスイテレーターではない場合でも使用できる（リスト内を n だけ前進する場合がある）

全種類のイテレーター（§B.3.2）がすべてのイテレーター演算をサポートするわけではないことに注意しよう。

B.3.2　イテレーターのカテゴリー

標準ライブラリには、5種類のイテレーター、つまり5つの「イテレーターカテゴリー」がある。

イテレーターのカテゴリー

入力イテレーター	++ を使って前方へのイテレーションを行い、* を使って要素の値を1回だけ読み取ることができる。== と != を使ってイテレーターを比較できる。これは istream がサポートする種類のイテレーターである（§21.7.2）
出力イテレーター	++ を使って前方へのイテレーションを行い、* を使って要素の値を1回だけ書き出すことができる。これは ostream がサポートする種類のイテレーターである（§21.7.2）
双方向イテレーター	++ を使って前方へのイテレーションを行い、-- を使って後方へのイテレーションを行い、（要素が const ではなければ）* を使って要素の値を読み書きできる。これは list、map、set がサポートする種類のイテレーターである

B.3 イテレーター

イテレーターのカテゴリー	
ランダムアクセスイテレーター	++ または += を使って前方へのイテレーションを行い、-- または -= を使って後方へのイテレーションを行い、（要素が const でなければ）* または [] を使って要素の値を読み書きできる。添字を使用でき、+ を使ってイテレーターに整数を足すことができ、- を使って整数を引くことができる。同じシーケンスに対する 2 つのランダムアクセスイテレーター間の距離を割り出すには、一方のイテレーターからもう一方のイテレーターを引く。イテレーターを比較するには、<、<=、>、>= を使用する。これは vector がサポートする種類のイテレーターである

論理的には、これらのイテレーターを階層にまとめることができる（§20.8）。

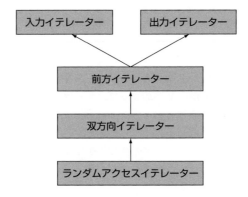

イテレーターカテゴリーはクラスではないため、この階層が派生に基づいて実装されるクラス階層ではないことに注意しよう。イテレーターカテゴリーで何か高度なことを行う必要がある場合は、上級者向けのリファレンスで iterator_traits を調べてみよう。

各コンテナは、指定されたカテゴリーのイテレーターを提供する。

- vector — ランダムアクセスイテレーター
- list — 双方向イテレーター
- forward_list — 前方イテレーター
- deque — ランダムアクセスイテレーター
- bitset — なし
- set — 双方向イテレーター
- multiset — 双方向イテレーター
- map — 双方向イテレーター
- multimap — 双方向イテレーター
- unordered_set — 前方イテレーター
- unordered_multiset — 前方イテレーター

- `unordered_map` — 前方イテレーター
- `unordered_multimap` — 前方イテレーター

B.4 コンテナー

コンテナーはオブジェクトのシーケンスを格納する。シーケンスの要素は `value_type` という名前のメンバー型を持つ。最もよく使用されるコンテナーは以下のとおり。

シーケンスコンテナー	
`array<T,N>`	T 型の N 個の要素からなる固定長配列
`deque<T>`	両頭キュー
`list<T>`	双方向リンクリスト
`forward_list<T>`	単方向リンクリスト
`vector<T>`	T 型の要素からなる動的配列

連想コンテナー	
`map<K,V>`	K から V へのマップ。K と V のペアからなるシーケンス
`multimap<K,V>`	K から V へのマップ。キーは重複していてもよい
`set<K>`	K のセット
`multiset<K>`	K のセット。キーは重複していてもよい
`unordered_map<K,V>`	ハッシュ関数を使用する K から V へのマップ
`unordered_multimap<K,V>`	ハッシュ関数を使用する K から V へのマップ。キーは重複していてもよい
`unordered_set<K>`	ハッシュ関数を使用する K のセット
`unordered_multiset<K>`	ハッシュ関数を使用する K のセット。キーは重複していてもよい

`map` や `set` といった順序付きの連想コンテナーには、追加のテンプレート引数がある。この引数はコンパレーターに使用する型を指定する。たとえば `set<K,C>` は、C を使って K の値を比較する。

コンテナーアダプター	
`priority_queue<T>`	プライオリティキュー
`queue<T>`	`push()` と `pop()` を持つキュー
`stack<T>`	`push()` と `pop()` を持つスタック

これらのコンテナーは `<vector>` や `<list>` などで定義されている（§B.1.1）。シーケンスコンテナーは、`value_type` 型（上記の表記では T）の要素が連続的に確保されたリストか、リンクリストである。連想コンテナーは、`value_type`（上記の表記では `pair(K,V)`）のノードからなるリンク構造（ツリー）である。`set`、`map`、`multimap` のシーケンスは、そのキー値（K）によって順序付けられる。

unordered_* のシーケンスの順序は保証されない。multimap は、キー値が重複していてもよい点で、map とは異なる。コンテナーアダプターは特別な演算を持つコンテナーであり、他のコンテナーから生成される。

迷ったら vector を使用するようにしよう。もっともな理由がなければ、vector を使用しよう。

コンテナーはアロケーターを使ってメモリーの確保と解放を行う (§19.3.7)。ここではアロケーターを取り上げないため、必要であれば、上級者向けのリファレンスを調べてみよう。アロケーターでは、その要素のためのメモリーを取得または解放する必要がある場合に、デフォルトでは new と delete が使用される。

また、const オブジェクト用と非 const オブジェクト用にアクセス演算が別々に存在することがあるが、そうすることに意味がある場所に限られる (§18.5)。

ここでは、標準コンテナーに共通するメンバーとほぼ共通するメンバーをまとめる。詳細については、第 20 章で説明している。list の splice() など、特定のコンテナーに固有のメンバーについては、上級者向けのリファレンスを調べる必要がある。

データ型によっては、標準コンテナーに必要なものがほとんど提供されているものの、すべてがそろっているわけではないことがある。本書では、それらを「ほぼコンテナー (almost container)」と呼ぶことがある。以下に示すのは、それらの中でも最も興味深いものだ。

ほぼコンテナー	
T[n] 組み込み配列	size() または他のメンバー関数を持たない。選択の余地がある場合は、配列ではなく vector、string、array などのコンテナーを使用する
string	文字しか格納しないが、連結 (+、+=) などのテキスト操作に役立つ演算を提供する。他の文字列には標準の string が望ましい
valarray	vector の演算が可能だが、高性能な実装を促進するためにさまざまな制限を持つ数値ベクター。ベクター演算を頻繁に使用する場合にのみ使用する

B.4.1 概要

標準コンテナーによって提供される演算は以下のようにまとめることができる。

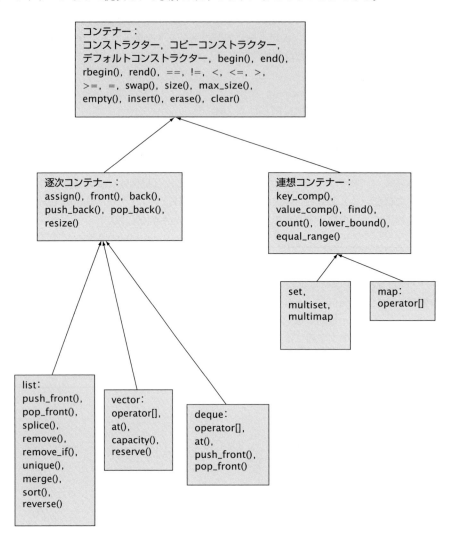

`array` と `forward_list` が含まれていないのは、標準ライブラリの互換性の理想にそぐわないためだ。

- `array` はハンドルではなく、初期化の後は要素の個数を変更できず、コンストラクターではなくイニシャライザーリストを使って初期化しなければならない。
- `forward_list` は後退演算をサポートせず、`size()` を定義していない。空または空に近いシーケンスに合わせて最適化されたコンテナーとして考えるのが妥当だろう。

B.4.2　メンバー型

コンテナーは以下のメンバー型を定義している。

メンバー型	
value_type	要素の型
size_type	添字、要素カウントなどの型
difference_type	2つのイテレーターの差を表す型
iterator	value_type* のような振る舞いを表す型
const_iterator	const value_type* のような振る舞いを表す型
reverse_iterator	value_type* のような振る舞いを表す型
const_reverse_iterator	const value_type* のような振る舞いを表す型
reference	value_type&
const_reference	const value_type&
pointer	value_type* のような振る舞いを表す型
const_pointer	const value_type* のような振る舞いを表す型
key_type	キーの型（連想配列のみ）
mapped_type	マッピングされた値の型（連想配列のみ）
key_compare	比較条件の型（連想配列のみ）
allocator_type	メモリーマネージャーの型

B.4.3　コンストラクター、デストラクター、代入

コンテナーはさまざまなコンストラクターと代入演算をサポートする。C という名前の vector<double> または map<string,int> 型のコンテナーがあるとすれば、以下の演算がサポートされる。

コンストラクター、デストラクター、代入	
C c;	c は空のコンテナー
C{}	空のコンテナーを作成
C c(n);	デフォルト値を持つ n 個の要素で初期化された c（連想コンテナーは対象外）
C c(n,x);	x の n 個のコピーで初期化された c（連想コンテナーは対象外）
C c{b,e};	[b:e) の範囲の要素で初期化された c
C c {elems};	elems を持つ initializer_list の要素で初期化された c
C c {c2};	c は c2 のコピー
~C()	C とそのすべての要素を削除（通常は暗黙的に呼び出される）
c1=c2	コピー代入。c2 の要素をすべて c1 にコピーする。代入後は c1==c2 になる
c.assign(n,x)	x のコピーを n 個代入する（連想コンテナーは対象外）
c.assign(b,e)	[b:e) から代入する

一部のコンテナーと要素型では、コンストラクターまたは要素のコピーによって例外がスローされる可能性があることに注意しよう。

B.4.4 イテレーター

コンテナーについては、コンテナーの `iterator` によって定義された順序または逆の順序のシーケンスと見なすことができる。連想コンテナーの場合、その順序はコンテナーの比較条件（デフォルトでは `<`）に基づく。

イテレーター	
p=c.begin()	p は c の最初の要素を指す
p=c.end()	p は c の最後の要素の 1 つ先を指す
p=c.rbegin()	p は c の逆のシーケンスの最初の要素を指す
p=c.rend()	p は c の逆のシーケンスの最後の要素の 1 つ先を指す

B.4.5 要素へのアクセス

要素に直接アクセスする方法がいくつかある。

要素へのアクセス	
c.front()	c の最初の要素を参照する
c.back()	c の最後の要素を参照する
c[i]	c の要素 i を参照する。チェックなしのアクセス（リストは対象外）
c.at(i)	c の要素 i を参照する。チェック付きのアクセス（vector と deque のみ）

デバッグバージョンであるなど、範囲チェックを常に行う実装もあるが、コードに移植性を持たせるには、そうしたチェックが正確であることや、パフォーマンスを考慮してチェックが行われないことをあてにするわけにはいかない。そうしたことが重要である場合は、自分の実装を調べてみよう。

B.4.6 スタックとキューの演算

標準ライブラリの `vector` と `deque` は、それらの要素シーケンスの終端で効率的な演算をサポートする。さらに、`list` と `deque` は、それらのシーケンスの先頭で同等の演算をサポートする。

スタックとキューの演算	
c.push_back(x)	c の最後に x を追加する
c.pop_back()	c の最後の要素を削除する
c.emplace_back(args)	c の最後に T{args} を追加する。T は c の値型
c.push_front(x)	c の最初の要素の手前に x を追加する（list と deque のみ）

スタックとキューの演算	
c.pop_front()	c から最初の要素を削除する（list と deque のみ）
c.emplace_front(args)	c の最初の要素の手前に T{args} を追加する。T は c の値型

push_front() と push_back() は、要素をコンテナーにコピーする。これはコンテナーのサイズが（1 ずつ）増えることを意味する。その要素型のコピーコンストラクターが例外をスローできる場合、プッシュは失敗することがある。

push_front() と push_back() は、それらの引数オブジェクトをコンテナーにコピーする。

```
vector<pair<string,int>> v;
v.push_back(make_pair("Cambridge",1209));
```

オブジェクトを作成してからコピーするのは無駄に思える、あるいは効率的ではない可能性がある場合は、シーケンスの要素スロットを新たに確保し、そこで直接オブジェクトを生成できる。

```
v.emplace_back("Cambridge",1209);
```

「emplace」は「配置する」や「はめ込む」といった意味を持つ。

ポップ演算では値が返されないことに注意しよう。それらが値を返すとしたら、例外をスローするコピーコンストラクターによって実装がひどく複雑になっていたかもしれない。スタックとキューの要素にアクセスするには、front() と back()（§B.4.5）を使用する。ここでは要件を完全にカバーしていないため、自由に推測し（推測が間違っていればコンパイラーが教えてくれる）、さらに詳しいドキュメントを調べてみよう。

B.4.7 リスト演算

コンテナーは以下のリスト演算を提供する。

リスト演算	
q=c.insert(p,x)	p の手前に x を追加する
q=c.insert(p,n,x)	p の手前に x のコピーを n 個追加する
q=c.insert(p,first,last)	p の手前に [first:last) の範囲の要素を追加する
q=c.emplace(p,args)	p の手前に T{args} を追加する。T は c の値型
q=c.erase(first,last)	c から [first:last) の範囲にある要素を削除する
c.clear()	c の要素をすべて削除する

insert() 関数の場合、結果の q は最後に挿入された要素を指している。erase() 関数の場合は、最後に削除された要素の次の要素を指している。

B.4.8 サイズとキャパシティ

サイズはコンテナーに含まれている要素の個数であり、キャパシティはさらにメモリーを確保する前にコンテナーに格納できる要素の個数である。

サイズとキャパシティ	
x=c.size()	x は c の要素の個数
c.empty()	c は空か
x=c.max_size()	x は c の要素の最大数
x=c.capacity()	x は c に確保されたスペース（vector と string のみ）
c.reserve(n)	c のために n 要素分のスペースを確保する（vector と string のみ）
c.resize(n)	c のサイズを n に変更する（vector、string、list、deque のみ）

サイズやキャパシティを変更すると、要素が新しいメモリー位置へ移動することがある。これは、要素へのイテレーター（およびポインターと参照）が無効になるかもしれないことを意味する。たとえば、それらのイテレーターは要素の古い位置を指しているかもしれない。

B.4.9 その他の演算

コンテナーでは、コピー（§B.4.3）、比較、入れ替えが可能である。

比較と入れ替え	
c1==c2	c1 と c2 の対応する要素はすべて等しいか
c1!=c2	c1 と c2 の対応する要素のうち等しくないものはあるか
c1<c2	c1 は辞書式順序で c2 の手前にあるか
c1<=c2	c1 は辞書式順序で c2 の手前か同じ位置にあるか
c1>c2	c1 は辞書式順序で c2 の後ろにあるか
c1>=c2	c1 は辞書式順序で c2 の後ろか同じ位置にあるか
swap(c1,c2)	c1 と c2 の要素を入れ替え
c1.swap(c2)	c1 と c2 の要素を入れ替え

演算子（< など）を使ってコンテナーを比較する際、それらの要素は要素の同等の演算子（< など）を使って比較される。

B.4.10　連想コンテナーの演算

連想コンテナーはキーに基づく演算を提供する。

連想コンテナーの演算	
c[k]	キー k を持つ要素を参照する（一意なキーを持つコンテナー）
p=c.find(k)	p はキー k を持つ最初の要素を指す
p=c.lower_bound(k)	p はキー k を持つ最初の要素を指す
p=c.upper_bound(k)	p は k よりも大きいキーを持つ最初の要素を指す
pair(p1,p2)=c.equal_range(k)	[p1:p2] はキー k を持つ要素
r=c.key_comp()	r はキー比較オブジェクトのコピー
r=c.value_comp()	r は mapped_value 比較オブジェクトのコピー。キーが見つからない場合は c.end() が返される

equal_range() から返されるペアの 1 つ目のイテレーターは lower_bound、2 つ目のイテレーターは upper_bound である。multimap<string,int> においてキー "Marian" を持つ要素をすべて出力するコードは以下のようになる。

```
string k = "Marian";
auto pp = m.equal_range(k);
if (pp.first!=pp.second)
    cout << "elements with value ' " << k << " ':\n";
else
    cout << "no element with value ' " << k << " '\n";
for (auto p=pp.first; p!=pp.second; ++p)
    cout << p->second << '\n';
```

以下の方法でも、同等の結果が得られる。

```
auto pp = make_pair(m.lower_bound(k),m.upper_bound(k));
```

ただし、その場合は実行に約 2 倍の時間がかかる。equal_range()、lower_bound()、upper_bound() の 3 つのアルゴリズムは、ソート済みのシーケンスでもサポートされる（§B.5.4）。pair の定義については、「§B.6.3 pair と tuple」を参照。

B.5 アルゴリズム

`<algorithm>` では、約 60 個の標準アルゴリズムが定義されている。それらはすべて、入力用のイテレーターのペアか、出力用の単一のイテレーターによって定義されるシーケンスに適用される。

2 つのシーケンスのコピーや比較などを行う場合、1 つ目のシーケンスはイテレーターのペア [b:e] によって表されるが、2 つ目のシーケンスは単一のイテレーター b2 のみで表される。b2 は、1 つ目のシーケンスと同じ個数の要素など（[b2:b2+(e-b))）、そのアルゴリズムにとって十分な要素が含まれているシーケンスの先頭と見なされる。

sort といった一部のアルゴリズムではランダムアクセスイテレーターが必要となるが、find といった多くのアルゴリズムでは、前方イテレーターだけで済ませることができるよう、それらの要素を順番に読み取るだけである。

多くのアルゴリズムは通常の規約に従い、「見つからない」ことを表すためにシーケンスの終端を返す。ここでは、アルゴリズムごとの詳細は割愛する。

B.5.1 値を変更しないシーケンスアルゴリズム

値を変更しないアルゴリズムは、シーケンスの要素を読み取るだけである。シーケンスの位置を変更したり、要素の値を変更したりすることはない。

値を変更しないシーケンスアルゴリズム	
f=for_each(b,e,f)	[b:e) の要素ごとに f を実行し、f を返す
p=find(b,e,v)	p は [b:e) において最初の v を指す
p=find_if(b,e,f)	p は [b:e) において f(*p) に該当する最初の要素を指す
p=find_first_of(b,e,b2,e2)	p は、[b2:e2) の q に対して *p==*q となる、[b:e) の最初の要素を指す
p=find_first_of(b,e,b2,e2,f)	p は、[b2:e2) の q に対して f(*p,*q) となる、[b:e) の最初の要素を指す
p=adjacent_find(b,e)	p は [b:e) において*p==*(p+1) となる最初の要素を指す
p=adjacent_find(b,e,f)	p は [b:e) において f(*p,*(p+1)) となる最初の要素を指す
equal(b,e,b2)	[b:e) と [b2:b2+(e-b)) の要素はすべて等しいか
equal(b,e,b2,f)	f(*p,*q) をテストとして使用する場合、[b:e) と [b2:b2+(e-b)) の要素はすべて等しいか
pair(p1,p2)=mismatch(b,e,b2)	(p1,p2) は [b:e) および [b2:b2+(e-b)) において !(*p1==*p2) となる最初の要素のペアを指す
pair(p1,p2)=mismatch(b,e,b2,f)	(p1,p2) は [b:e) および [b2:b2+(e-b)) において !f(*p1,*p2) となる最初の要素のペアを指す
p=search(b,e,b2,e2)	p は、*p が [b2:e2) の要素と等しくなる、[b:e) の最初の *p を指す

B.5 アルゴリズム

値を変更しないシーケンスアルゴリズム	
p=search(b.e,b2,e2,f)	p は、[b2:e2) の要素 *q に対して f(*p,*q) となる、[b:e) の最初の *p を指す
p=find_end(b,e,b2,e2)	p は、*p が [b2:e2) の要素と等しくなる、[b:e) の最後の *p を指す
p=find_end(b,e,b2,e2,f)	p は、[b2:e2) の要素 *q に対して f(*p,*q) となる、[b:e) の最後の *q を指す
p=search_n(b,e,n,v)	p は、[p:p+n) の各要素が値 v を持つ、[b:e) の最初の要素を指す
p=search_n(b,e,n,v,f)	p は、[p:p+n) の各要素 *q が f(*q,v) となる、[b:e) の最初の要素を指す
x=count(b,e,v)	x は [b:e) において v に該当する要素の個数を表す
x=count_if(b,e,v,f)	x は [b:e) において f(*p,v) となる要素の個数を表す

for_each() に渡される演算は要素の変更を阻止しない。つまり、それは容認できるものと見なされる。調査対象の要素を変更する演算を count や == といった他のアルゴリズムに渡すことは容認されない。

以下に、アルゴリズムを適切に使用する例を示す。

```
bool odd(int x) { return x&1; }

int n_even(const vector<int>& v)   // v の偶数値の数を数える
{
    return v.size() - count_if(v.begin(),v.end(),odd);
}
```

B.5.2　値を変更するシーケンスアルゴリズム

値を変更するアルゴリズムでは、引数として渡されたシーケンスの要素を変更でき、多くの場合は変更する。こうしたアルゴリズムは**変更シーケンスアルゴリズム**（*mutating sequence algorithms*）とも呼ばれる

値を変更するシーケンスアルゴリズム	
p=transform(b,e,out,f)	[b:e) のすべての *p1 に *p2=f(*p1) を適用し、[out:out+(e-b)) の対応する *p2 に書き込む。p=out+(e-b)
p=transform(b,e,b2,out,f)	[b:e) の *p1 のすべての要素と [b2:b2+(e-b)) の対応する要素 *p2 に *p3=f(*p1,*p2) を適用し、[out:out+(e-b)) の *p3 に書き込む。p=out+(e-b)

値を変更するシーケンスアルゴリズム	
p=copy(b,e,out)	[b:e) を [out:p) にコピーする
p=copy_backward(b,e,out)	[b:e) をその最後の要素から順番に [out:p) にコピーする
p=unique(b,e)	[b:e) の要素を移動し、[b:p) の重複（連続する同じ値）を削除する。「重複」は == によって定義される
p=unique(b,e,f)	[b:e) の要素を移動し、[b:p) の重複を削除する。「重複」は f によって定義される
p=unique_copy(b,e,out)	[b:e) を [out:p) にコピーする。重複はコピーしない
p=unique_copy(b,e,out,f)	[b:e) を [out:p) にコピーする。重複はコピーしない。「重複」は f によって定義される
replace(b,e,v,v2)	[b:e) において *q==v となる要素 *q を v2 と置き換える
replace(b,e,f,v2)	[b:e) において f(*q) となる要素 *q を v2 と置き換える
p=replace_copy(b,e,out,v,v2)	[b:e) を [out:p) にコピーし、[b:e) において *q==v となる要素 *q を v2 と置き換える
p=replace_copy(b,e,out,f,v2)	[b:e) を [out:p) にコピーし、[b:e) において f(*q) となる要素 *q を v2 と置き換える
p=remove(b,e,v)	[b:e) の要素 *q を移動し、[b:p) に !(*q==v) となる要素が含まれるようにする
p=remove(b,e,v,f)	[b:e) の要素 *q を移動し、[b:p) に !f(*q) となる要素が含まれるようにする
p=remove_copy(b,e,out,v)	[b:e) において !(*q==v) となる要素を [out:p) にコピーする
p=remove_copy_if(b,e,out,f)	[b:e) において !f(*q,v) となる要素を [out:p) にコピーする
reverse(b,e)	[b:e) の要素の順序を逆にする
p=reverse_copy(b,e,out)	[b:e) を [out:p) に逆の順序でコピーする
rotate(b,m,e)	要素を回転させる。[b:e) を、最後の要素の次に最初の要素が来る円として扱う。*b を *m へ移動し、一般的には *(b+i) を *((b+(i+(e-m))%(e-b)) へ移動する
p=rotate_copy(b,m,e,out)	[b:e) を回転シーケンス [out:p) にコピーする
random_shuffle(b,e)	デフォルトの一様乱数ジェネレーターを使って [b:e) の要素をシャッフルする
random_shuffle(b,e,f)	乱数ジェネレーターとして f を使って [b:e) の要素をシャッフルする

シャッフルアルゴリズムは、トランプをシャッフルするようにシーケンスをシャッフルする。つまり、シャッフル後の要素はランダムな順序になる。この場合の「ランダム」は、乱数ジェネレーターによって生成される分布によって定義される。

これらのアルゴリズムは引数として渡されるシーケンスがコンテナかどうかを知らないため、要

素を追加または削除する機能はないことに注意しよう。したがって、remove() などのアルゴリズムでは、要素を削除することによってその入力シーケンスを短くすることはできない。代わりに、それらの要素をシーケンスの先頭のほうへ移動する。

```
template<typename Iter>
void print_digits(const string& s, Iter b, Iter e)
{
    cout << s;
    while (b!=e) { cout << *b; ++b; }
    cout << '\n';
}

void ff()
{
    vector<int> v {1,1,1, 2,2, 3, 4,4,4, 3,3,3, 5,5,5,5, 1,1,1};
    print_digits("all: ",v.begin(),v.end());

    auto pp = unique(v.begin(),v.end());
    print_digits("head: ",v.begin(),pp);
    print_digits("tail: ",pp,v.end());

    pp=remove(v.begin(),pp,4);
    print_digits("head: ",v.begin(),pp);
    print_digits("tail: ",pp,v.end());
}
```

結果として得られる出力は以下のようになる。

```
all: 1112234443335555111
head: 1234351
tail: 443335555111
head: 123351
tail: 1443335555111
```

B.5.3 ユーティリティアルゴリズム

厳密に言えば、これらのユーティリティアルゴリズムは値を変更するシーケンスアルゴリズムでもあるが、ここでは、それらを別々に掲載すれば見落とされることはないだろうと考えた。

ユーティリティアルゴリズム	
swap(x,y)	x と y を入れ替える
iter_swap(p,q)	*p と *q を入れ替える
swap_ranges(b,e,b2)	[b:e) と [b2:b2+(e-b)) の要素を入れ替える
fill(b,e,v)	[b:e) のすべての要素に v を代入する
fill_n(b,n,v)	[b:b+n) のすべての要素に v を代入する
generate(b,e,f)	[b:e) のすべての要素に f() を代入する
generate_n(b,n,f)	[b:b+n) のすべての要素に f() を代入する
uninitialized_fill(b,e,v)	[b:e) のすべての要素を v で初期化する
uninitialized_copy(b,e,out)	[out:out+(e-b)) のすべての要素を [b:e) の対応する要素で初期化する

初期化されないシーケンスが発生するのは、プログラミングの最も低いレベルに限られるはずだ。通常、それはコンテナーの実装の中である。uninitialized_fill() または uninitialized_copy() のターゲットとなる要素は組み込み型でなければならず、そうでなければ初期化されない。

B.5.4 ソートと検索

ソートと検索は基本的なアルゴリズムであり、プログラマーのニーズはそれこそさまざまである。デフォルトでは、比較は < 演算子を使って行われ、値 a と b が等しいかどうかは演算子 == を要求するのではなく !(a<b)&&!(b<a) によって判断される。

ソートと検索	
sort(b,e)	[b:e) をソートする
sort(b,e,f)	f(*p,*q) をソート条件として [b:e) をソートする
stable_sort(b,e)	同等の要素の順序を維持した上で [b:e) をソートする
stable_sort(b,e,f)	f(*p,*q) をソート条件とし、同等の要素の順序を維持した上で、[b:e) をソートする
partial_sort(b,m,e)	[b:e) をソートして [b:m) を順番に並べる。[m:e) をソートする必要はない
partial_sort(b,m,e,f)	f(*p,*q) をソート条件とし、[b:e) をソートして [b:m) を順番に並べる。[m:e) をソートする必要はない
partial_sort_copy(b,e,b2,e2)	最初の e2-b2 の要素を [b2:e2) にコピーできるように [b:e) の一部をソートする

B.5 アルゴリズム

ソートと検索	
partial_sort_copy(b,e,b2,e2,f)	最初の e2-b2 の要素を [b2:e2) にコピーできるように [b:e) の一部をソートする。比較には f を使用する
nth_element(b,e)	[b:e) の n 番目の要素をその正しい位置に配置する
nth_element(b,e,f)	[b:e) の n 番目の要素をその正しい位置に配置する。比較には f を使用する
p=lower_bound(b,e,v)	p は [b:e) の最初の v を指す
p=lower_bound(b,e,v,f)	p は [b:e) の最初の v を指す。比較には f を使用する
p=upper_bound(b,e,v)	p は [b:e) において v よりも大きい最初の値を指す
p=upper_bound(b,e,v,f)	p は [b:e) において v よりも大きい最初の値を指す。比較には f を使用する
binary_search(b,e,v)	v はソート済みのシーケンス [b:e) に含まれているか
binary_search(b,e,v,f)	v はソート済みのシーケンス [b:e) に含まれているか。比較には f を使用する
pair(p1,p2)=equal_range(b,e,v)	[p1:p2) は値 v を持つ [b:e) のサブシーケンス。基本的には v の二分探索
pair(p1,p2)=equal_range(b,e,v,f)	[p1:p2) は値 v を持つ [b:e) のサブシーケンス。基本的には v の二分探索であり、比較には f を使用する
p=merge(b,e,b2,e2,out)	2 つのソート済みシーケンス [b2:e2) と [b:e) を [out:p) にマージする
p=merge(b,e,b2,e2,out,f)	2 つのソート済みシーケンス [b2:e2) と [b:e) を [out,out+p) にマージする。比較には f を使用する
inplace_merge(b,m,e)	2 つのソート済みサブシーケンス [b:m) と [m:e) をソート済みシーケンス [b:e) としてマージする
inplace_merge(b,m,e,f)	2 つのソート済みサブシーケンス [b:m) と [m:e) をソート済みシーケンス [b:e) としてマージする。比較には f を使用する
p=partition(b,e,f)	f(*p1) に該当する要素を [b:p) に配置し、他の要素を [p:e) に配置する
p=stable_partition(b,e,f)	相対順序を維持した上で、f(*p1) に該当する要素を [b:p) に配置し、他の要素を [p:e) に配置する

以下に例を示す[*2]。

```
vector<int> v {3,1,4,2};
list<double> lst {0.5,1.5,3,2.5};    // lst は順番に並んでいる
sort(v.begin(),v.end());             // v を順番どおりに配置
```

[*2] 訳注：Visual Studio 2015 では、lst がソートされていないことを示すエラーになる。sort() 呼び出しの次の行に lst.sort(); を追加するとうまくいく。

```
vector<double> v2;
merge(v.begin(),v.end(),lst.begin(),lst.end(),back_inserter(v2));
for (auto x : v2) cout << x << ", ";
```

インサーターについては、「§B.6.1 インサーター」で説明する。出力は以下のようになる。

```
0.5, 1, 1.5, 2, 2, 2.5, 3, 4,
```

`equal_range()`、`lower_bound()`、`upper_bound()` の 3 つのアルゴリズムは、連想コンテナーでそれらに相当するアルゴリズムと同じように使用される（§B.4.10）。

B.5.5　セットアルゴリズム

これらのアルゴリズムは、シーケンスを要素の集合として扱い、基本的な集合演算を提供する。入力シーケンスはソート済みであることが前提となり、出力シーケンスもソートされる。

セットアルゴリズム	
`includes(b,e,b2,e2)`	`[b2:e2)` の要素がすべて `[b:e)` にも含まれているか
`includes(b,e,b2,e2,f)`	`[b2:e2)` の要素がすべて `[b:e)` にも含まれているか。比較には `f` を使用する
`p=set_union(b,e,b2,e2,out)`	`[b:e)` または `[b2:e2)` のどちらかに含まれている要素から、ソート済みのシーケンス `[out:p)` を作成する
`p=set_union(b,e,b2,e2,out,f)`	`[b:e)` または `[b2:e2)` のどちらかに含まれている要素から、ソート済みのシーケンス `[out:p)` を作成する。比較には `f` を使用する
`p=set_intersection(b,e,b2,e2,out)`	`[b:e)` と `[b2:e2)` の両方に含まれている要素から、ソート済みのシーケンス `[out:p)` を作成する
`p=set_intersection(b,e,b2,e2,out,f)`	`[b:e)` と `[b2:e2)` の両方に含まれている要素から、ソート済みのシーケンス `[out:p)` を作成する。比較には `f` を使用する
`p=set_difference(b,e,b2,e2,out)`	`[b:e)` には含まれているが `[b2:e2)` には含まれていない要素から、ソート済みのシーケンス `[out:p)` を作成する

セットアルゴリズム	
p=set_difference(b,e,b2,e2,out,f)	[b:e) には含まれているが [b2:e2) には含まれていない要素から、ソート済みのシーケンス [out:p) を作成する。比較には f を使用する
p=set_symmetric_difference(b,e,b2,e2,out)	[b:e) または [b2:e2) のどちらかに含まれているが、両方には含まれていない要素から、ソート済みのシーケンス [out:p) を作成する
p=set_symmetric_difference(b,e,b2,e2,out,f)	[b:e) または [b2:e2) のどちらかに含まれているが、両方には含まれていない要素から、ソート済みのシーケンス [out:p) を作成する。比較には f を使用する

B.5.6 ヒープ

ヒープは最も大きい値を持つ要素が先頭に来るデータ構造である。ヒープアルゴリズムを利用すれば、ランダムアクセスシーケンスをヒープとして扱うことができる。

ヒープ演算	
make_heap(b,e)	ヒープとして使用できる状態のシーケンスを作成する
make_heap(b,e,f)	ヒープとして使用できる状態のシーケンスを作成する。比較には f を使用する
push_heap(b,e)	要素をヒープ（の適切な場所）に追加する
push_heap(b,e,f)	要素をヒープに追加する。比較には f を使用する
pop_heap(b,e)	ヒープから最大（最初）の要素を削除する
pop_heap(b,e,f)	ヒープから要素を削除する。比較には f を使用する
sort_heap(b,e)	ヒープをソートする
sort_heap(b,e,f)	ヒープをソートする。比較には f を使用する

ヒープの特徴は、要素のすばやい追加と、最も大きい値を持つ要素へのすばやいアクセスである。ヒープは主にプライオリティキューの実装に使用される。

B.5.7 順列

順列はシーケンスの要素の組み合わせを生成するために使用される。たとえば、abc の順列は、abc、acb、bac、bca、cab、cba である。

順列	
x=next_permutation(b,e)	[b:e) を辞書式順序において次の順列にする
x=next_permutation(b,e,f)	[b:e) を辞書式順序において次の順列にする。比較には f を使用する
x=prev_permutation(b,e)	[b:e) を辞書式順序において前の順列にする
x=prev_permutation(b,e,f)	[b:e) を辞書式順序において前の順列にする。比較には f を使用する

next_permutation() の戻り値 x は、[b:e) にすでに最後の順列（cba）が含まれている場合は false である。その場合は、最初の順列（abc）を返す。prev_permutation() の戻り値は、[b:e) にすでに最初の順列（abc）が含まれている場合は false である。その場合は、最後の順列（cba）を返す。

B.5.8 min と max

値の比較はさまざまな状況で役立つ。

min と max	
x=max(a,b)	x は a と b のどちらか大きいほう
x=max(a,b,f)	x は a と b のどちらか大きいほう。比較には f を使用する
x=max({elems})	x は {elems} において最も大きい要素
x=max({elems},f)	x は {elems} において最も大きい要素。比較には f を使用する
x=min(a,b)	x は、a と b のどちらか小さいほう
x=min(a,b,f)	x は a と b のどちらか小さいほう。比較には f を使用する
x=min({elems})	x は {elems} において最も小さい要素
x=min({elems},f)	x は {elems} において最も小さい要素。比較には f を使用する
pair(x,y)=minmax(a,b)	x は max(a,b)、y は min(a,b)
pair(x,y)=minmax(a,b,f)	x は max(a,b,f)、y は min(a,b,f)
pair(x,y)=minmax({elems})	x は max({elems})、y は min({elems})
pair(x,y)=minmax({elems},f)	x は max({elems},f)、y は min({elems},f)
p=max_element(b,e)	p は [b:e) において最も大きい要素を指す

min と max	
p=max_element(b,e,f)	p は [b:e) において最も大きい要素を指す。要素の比較には f を使用する
p=min_element(b,e)	p は [b:e) において最も小さい要素を指す
p=min_element(b,e,f)	p は [b:e) において最も小さい要素を指す。要素の比較には f を使用する
lexicographical_compare(b,e,b2,e2)	[b:e)<[b2:e2) か
lexicographical_compare(b,e,b2,e2,f)	[b:e)<[b2:e2) か。要素の比較には f を使用する

B.6　STL ユーティリティ

標準ライブラリには、標準ライブラリのアルゴリズムを使いやすくするための機能がいくつか含まれている。

B.6.1　インサーター

コンテナーへのイテレーターを通じて出力を生成することは、イテレーターが指している要素とそれ以降の要素が上書きされる可能性があることを意味する。これは、オーバーフローの可能性とその結果としてメモリーが破壊される可能性があることも意味する。

```
void f(vector<int>& vi)
{
    fill_n(vi.begin(),200,7);   // vi[0]..[199] に 7 を割り当てる
}
```

vi の要素の個数が 200 に満たない場合は、困ったことになる。

標準ライブラリの <iterator> には、この問題に対処するためのイテレーターが 3 つ含まれている。それらは、古い要素を上書きするのではなく、コンテナーに要素を追加（挿入）することにより、この問題に対処する。それらの挿入イテレーターを生成するために、以下の 3 つの関数が提供されている。挿入イテレーターは**インサーター**とも呼ばれる。

インサーター	
r=back_inserter(c)	*r=x によって c.push_back(x) が実行される
r=front_inserter(c)	*r=x によって c.push_front(x) が実行される
r=inserter(c,p)	*r=x によって c.insert(p,x) が実行される

inserter(c,p) では、p はコンテナー c の有効なイテレーターでなければならない。当然ながら、挿入イテレーターによって値が書き込まれるたびに、コンテナーは要素 1 つ分大きくなる。値が書き

込まれる際、インサーターは既存の要素を上書きするのではなく、push_back(x)、c.push_front()、または insert() を使って新しい要素をシーケンスに挿入する。

```
void g(vector<int>& vi)
{
    fill_n(back_inserter(vi),200,7);   // vi の末尾に 200 個の 7 を追加
}
```

B.6.2　関数オブジェクト

標準アルゴリズムの多くは、それらの動作方法を制御するために、引数として関数オブジェクト（または関数）を要求する。一般的には、比較条件、述語、算術演算に使用される。述語とは、bool を返す関数のことだ。標準ライブラリの <functional> には、一般的な関数オブジェクトがいくつか含まれている。

述語	
p=equal_to<T>{}	p(x,y) は x と y が T 型である場合に x==y を意味する
p=not_equal_to<T>{}	p(x,y) は x と y が T 型である場合に x!=y を意味する
p=greater<T>{}	p(x,y) は x と y が T 型である場合に x>y を意味する
p=less<T>{}	p(x,y) は x と y が T 型である場合に x<y を意味する
p=greater_equal<T>{}	p(x,y) は x と y が T 型である場合に x>=y を意味する
p=less_equal<T>{}	p(x,y) は x と y が T 型である場合に x<=y を意味する
p=logical_and<T>{}	p(x,y) は x と y が T 型である場合に x&&y を意味する
p=logical_or<T>{}	p(x,y) は x と y が T 型である場合に x||y を意味する
p=logical_not<T>{}	p(x) は x が T 型である場合に !x を意味する

以下に例を示す。

```
vector<int> v;
...
sort(v.begin(),v.end(),greater<int>{});   // v を降順でソート
```

logical_and と logical_or が常に両方の引数を評価することに注意しよう（ただし、&& と || はそうではない）。

また、単純な関数オブジェクトの代わりにラムダ式（§15.3.3）がよく使用される。

```
sort(v.begin(),v.end(),
    [] (int x, int y) { return x>y; });   // v を降順でソート
```

算術演算

f=plus<T>{}	f(x,y) は x と y が T 型である場合に x+y を意味する
f=minus<T>{}	f(x,y) は x と y が T 型である場合に x-y を意味する
f=multiplies<T>{}	f(x,y) は x と y が T 型である場合に x*y を意味する
f=divides<T>{}	f(x,y) は x と y が T 型である場合に x/y を意味する
f=modulus<T>{}	f(x,y) は x と y が T 型である場合に x%y を意味する
f=negate<T>{}	f(x) は x が T 型である場合に -x を意味する

アダプター

f=bind2nd(g,args)	f(x) は g(x,args) を意味する。args は 1 つ以上の引数を表す
f=mem_fn(mf)	f(p,args) は p->mf(args) を意味する。args は 1 つ以上の引数を表す
function<F> f {g}	f(args) は g(args) を意味する。args は 1 つ以上の引数を表す。F は g の型である
f=not1(g)	f(x) は !g(x) を意味する
f=not2(g)	f(x,y) は !g(x,y) を意味する

function はテンプレートであるため、function<T> 型の変数を定義し、呼び出し可能オブジェクトを代入できる。

```
int f1(double);
function<int(double)> fct {f1};   // f1 に初期化
int x = fct(2.3);                 // f1(2.3) を呼び出す
function<int(double)> fun;        // fun は int(double) を保持できる
fun = f1;
```

B.6.3 pair と tuple

標準ライブラリの <utility> には、pair をはじめとする「ユーティリティコンポーネント」がいくつか含まれている。

```
template <class T1, class T2>
    struct pair {
        typedef T1 first_type;
        typedef T2 second_type;
        T1 first;
        T2 second;

        // コピー演算とムーブ演算
    };
```

```cpp
template <class T1, class T2>
constexpr pair<T1,T2> make_pair(T1 x, T2 y) { return pair<T1,T2>{x,y}; }
```

`make_pair()` 関数は、ペアを簡単に使用できるようにする。たとえば以下に示す関数は、値とエラーコードを返す。

```cpp
pair<double,error_indicator> my_fct(double d)
{
    errno = 0;  // C スタイルのグローバルエラーコード
    // x を計算するための d を使った処理
    error_indicator ee = errno;
    errno = 0;  // C スタイルのグローバルエラーコード
    return make_pair(x,ee);
}
```

この便利なイディオムの例は以下のように使用できる。

```cpp
pair<int,error_indicator> res = my_fct(123.456);
if (res.second==0) {
    // res.first を使用するコード
}
else {
    // エラー
}
```

pair を使用するのは、要素がちょうど 2 つあり、特定の型を定義する必要がない場合である。0 個以上の要素が必要な場合は、`<tuple>` で定義されている tuple を使用できる。

```cpp
template <typename... Types>
struct tuple {
    explicit constexpr tuple(const Types&...);        // N 個の値から生成
    template<typename... Atypes>
    explicit constexpr tuple(const Atypes&&...);      // N 個の値から生成

    // コピー演算とムーブ演算
};


template <class... Types>
constexpr tuple<Types...> make_tuple(Types&&...);    // N 個の値から
                                                      // tuple を生成
```

tuple の実装には、本書で取り上げない可変長引数テンプレートという機能が使用される。省略記号 (...) の部分は、それを表している。ただし、tuple は pair とほぼ同じように使用できる。

```
auto t0 = make_tuple();                          // 要素なし
auto t1 = make_tuple(123.456);                   // double 型の要素が 1 つ
auto t2 = make_tuple(123.456,'a');               // double 型と char 型の 2 つの要素
auto t3 = make_tuple(12,'a',string{"How?"});     // int、char、string 型の
                                                 // 3 つの要素
```

tuple には多くの要素を格納できるため、first と second を使ってアクセスするのではなく、get 関数を使ってアクセスする。

```
auto d = get<0>(t1);   // double
auto n = get<0>(t3);   // int
auto c = get<1>(t3);   // char
auto s = get<2>(t3);   // string
```

get の添字はテンプレート引数として指定される。この例に示されているように、tuple の添字は 0 始まりである。

tuple は主にジェネリックプログラミングに使用される。

B.6.4　initializer_list

<initializer_list> では、initializer_list が以下のように定義されている。

```
template<typename T>
class initializer_list {
public:
    initializer_list() noexcept;

    size_t size() const noexcept;        // 要素の個数
    const T* begin() const noexcept;     // 最初の要素
    const T* end() const noexcept;       // 最後の要素の 1 つ先
    ...
};
```

コンパイル時に検出された {} 形式のイニシャライザーリストと X 型の要素は、initializer_list<X> の生成に使用される（§14.2.1、§18.2）。残念ながら、initializer_list は添字演算子 [] をサポートしていない。

B.6.5 リソース管理ポインター

組み込みポインターは、参照先のオブジェクトの所有権を表すかどうかを示さない。これは非常に複雑なプログラミングになる可能性がある（§19.5）。この問題に対処するために、リソース管理ポインターである `unique_ptr` と `shared_ptr` が `<memory>` で定義されている。

- `unique_ptr`（§19.5.4）は排他的所有権を表す。オブジェクトへの `unique_ptr` は 1 つしか存在せず、その `unique_ptr` が破壊されるとオブジェクトも解放される。
- `shared_ptr` は共有所有権を表す。オブジェクトへの `shared_ptr` は 2 つ以上存在する可能性があり、オブジェクトが解放されるのは最後の `shared_ptr` が破壊されるときである。

`unique_ptr<p>` の概要	
`unique_ptr up {};`	デフォルトコンストラクター。up に nullptr を格納する
`unique_ptr up {p};`	up に p を格納する
`unique_ptr up {up2};`	ムーブコンストラクター。up に up2 の p を格納し、up2 に nullptr を格納する
`up.˜unique_ptr()`	up に格納されているポインターをデリートする
`p=up.get()`	p は up に格納されているポインター
`p=up.release()`	p は up に格納されているポインター。up に nullptr を格納する
`up.reset(p)`	up に格納されているポインターをデリートし、up に p を格納する
`up=make_unique<X>(args)`	up に new<X>(args) を格納する（C++14）

`unique_ptr` では、`*`、`->`、`==`、`<` といった通常のポインター演算を使用できる。それに加えて、通常の `delete` とは異なるデリートアクションを使用するように定義できる。

`shared_ptr<p>` の概要	
`shared_ptr sp {};`	デフォルトコンストラクター。sp に nullptr を格納する
`shared_ptr sp {p};`	sp に p を格納する
`shared_ptr sp {sp2};`	コピーコンストラクター。sp と sp2 に sp2 の p を格納する
`shared_ptr sp {move(sp2)};`	ムーブコンストラクター。sp に sp2 の p を格納し、sp2 に nullptr を格納する
`sp.˜shared_ptr()`	sp がそのポインターに対する最後の shared_ptr である場合、sp に格納されたポインターをデリートする
`sp = sp2`	コピー代入。sp がそのポインターに対する最後の shared_ptr である場合に、そのポインターをデリートし、sp と sp2 に sp2 の p を格納する
`sp = move(sp2)`	ムーブ代入。sp がそのポインターに対する最後の shared_ptr である場合、そのポインターをデリートし、sp に sp2 の p を格納し、sp2 に nullptr を格納する

shared_ptr<p> の概要	
p=sp.get()	p は sp に格納されているポインター
n=sp.use_count()	sp に格納されているポインターを参照している shared_ptr の個数
sp.reset(p)	sp がそのポインターに対する最後の shared_ptr である場合、そのポインターをデリートし、sp2 に p を格納する
sp=make_shared<X>(args)	sp に new<X>(args) を格納する

shared_ptr では、*、->、==、< といった通常のポインター演算を使用できる。それに加えて、通常の delete とは異なるデリートアクションを使用するように定義できる。

さらに、shared_ptr のループを断ち切る weak_ptr も定義されている。

B.7　I/O ストリーム

I/O ストリームライブラリは、テキストと数値のバッファー処理付きの I/O を提供する。これには、書式設定をサポートするものとサポートしないものがある。I/O ストリームの機能は、<istream>、<ostream> などで定義されている（§B.1.1）。

ostream は、型指定されたオブジェクトを文字（バイト）ストリームに変換する。

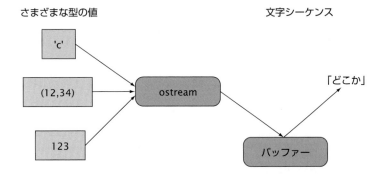

istream は、文字（バイト）ストリームを型指定されたオブジェクトに変換する。

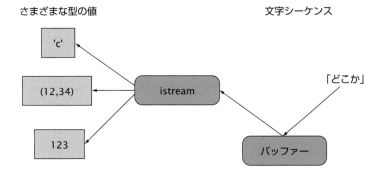

iostream は、istream と ostream の両方の機能を併せ持つストリームである。図中のバッファーは「ストリームバッファー」(streambuf) である。iostream から新しい種類のデバイス、ファイル、メモリーへのマッピングを定義する必要がある場合は、上級者向けの教科書を調べる必要がある。

標準ストリームは以下の3つである。

標準 I/O ストリーム	
cout	標準文字出力（多くの場合はデフォルトで画面）
cin	標準文字入力（多くの場合はデフォルトでキーボード）
cerr	標準文字エラー出力（バッファー処理されない）

B.7.1　I/O ストリーム階層

istream は、キーボードなどの入力デバイス、ファイル、または string に接続できる。同様に、ostream は、テキストウィンドウなどの出力デバイス、ファイル、または string に接続できる。I/O ストリームの機能はクラス階層にまとめられる。

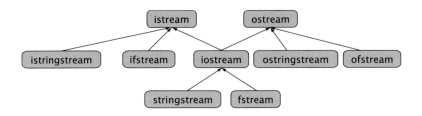

ストリームを開くには、コンストラクターまたは open() 呼び出しのどちらかを使用する。

ストリームの種類	
stringstream(m)	空の文字列ストリームを m モードで作成する
stringstream(s,m)	string s を含んでいる文字列ストリームを m モードで作成する
fstream()	あとで開くためのファイルストリームを作成する
fstream(s,m)	s という名前のファイルを m モードで開き、それを参照するためのファイルストリームを作成する
fs.open(s,m)	s という名前のファイルを m モードで開き、それを fs に参照させる
fs.is_open()	fs は開いているか

ファイルストリームのファイル名は C スタイルの文字列である。
ファイルは以下のいずれかのモードで開くことができる。

B.7 I/Oストリーム

ファイルストリームを開くモード	
`ios_base::app`	アペンド（ファイルの末尾に追加）
`ios_base::ate`	ファイルを開いて末尾へ移動
`ios_base::binary`	バイナリモード（システム固有の振る舞いに注意）
`ios_base::in`	読み取りモード
`ios_base::out`	書き込みモード
`ios_base::trunc`	ファイルの長さを0にする

どの場合も、ファイルを開いたら実際にどうなるかは、OSによって異なる可能性がある。OSがファイルを特定の方法で開くためのリクエストを処理できない場合、ストリームの状態はgood()ではなくなる（§11.3）。

```
void my_code(ostream& os);     // 任意の ostream を使用できる

ostringstream os;              // "output" の o
ofstream of("my_file");
if (!of) error("couldn't open 'my_file' for writing");
my_code(os);                   // 文字列を使用
my_code(of);                   // ファイルを使用
```

B.7.2 エラー処理

`iostream`は以下の4つの状態のいずれかとなる。

ストリームの状態	
`good()`	演算が成功した
`eof()`	入力の末尾（EOF）に達した
`fail()`	数字を調べていたら`'x'`が検出されるなど、予想外の事態が発生した
`bad()`	ディスクが読み込みエラーになるなど、予想外の深刻な事態が発生した

`s.exceptions()`を使用すれば、`iostream`が`good()`から別の状態に変化した場合に例外をスローさせることができる（§10.6）。

`good()`状態ではないストリームで処理を試みたとしても効果はない。それはNO-OPである。

`iostream`は状態として使用できる。その場合の状態は、`iostream`の状態が`good()`であれば`true`（成功）である。これは値のストリームを読み込むための一般的なイディオムのベースとなる。

```
for (X buf; cin>>buf; ) { // buf は X 型の値を 1 つ保持するための入力バッファー
    // buf を使った何らかの処理
```

1145

```
}
// >> がそれ以上 cin から X を読み取れなければ、ここに来る
```

B.7.3 入力演算

入力演算は `<istream>` で定義されているが、string に読み込むものだけは `<string>` で定義されている。

書式設定付きの入力	
in >> x	x の型に従って in から x に読み込む
getline(in,s)	in から s に 1 行を読み込む

特に明記されていなければ、istream の演算ではその istream への参照が返されるため、cin>>x>>y; のように処理を「連結」できる。

書式設定なしの入力	
x=in.get()	in から 1 文字を読み込み、その整数値を返す
in.get(c)	in から 1 文字を c に読み込む
in.get(p,n)	in から最大 n 文字を p から始まる配列に読み込む
in.get(p,n,t)	in から最大 n 文字を p から始まる配列に読み込む。t を終了文字と見なす
in.getline(p,n)	in から最大 n 文字を p から始まる配列に読み込み、in から終了文字を削除する
in.getline(p,n,t)	in から最大 n 文字を p から始まる配列に読み込む。t を終了文字と見なし、in から終了文字を削除する
in.read(p,n)	in から最大 n 文字を p から始まる配列に読み込む
x=in.gcount()	x は in で最後に行われた書式設定なしの入力演算によって読み取られた文字数を表す
in.unget()	ストリームに文字を戻し、次に読み込む文字が前の読み込みと同じようになるようにする
in.putback(x)	x をストリームに戻し、次に読み込む文字にする

get() 関数と getline() 関数は、p[0] ··· に書き込まれた文字の最後に 0 を書き込む。getline() は入力から終了文字 (t) を検出した場合にそれを削除するが、get() は終了文字を削除しない。read(p,n) は、配列に読み込んだ文字の後に 0 を書き込まない。当然ながら、書式設定付きの入力演算子は書式設定なしの入力演算子よりも使いやすく、エラーも起きにくい。

B.7.4　出力演算

出力演算は `<ostream>` で定義されているが、`string` に書き込むものだけは `<string>` で定義されている。

出力演算	
`out << x`	`x` の型に従って `x` を `out` に書き出す
`out.put(c)`	文字 `c` を `out` に書き出す
`out.write(p,n)`	`p[0] .. p[n-1]` の文字を `out` に書き出す

特に明記されていなければ、`ostream` の演算ではその `ostream` への参照が返されるため、`cout<<x<<y;` のように処理を「連結」できる。

B.7.5　書式設定

ストリーム I/O の書式設定は、オブジェクトの型、ストリームの状態、ロケール情報（`<locale>` を参照）、明示的な演算によって制御される。これについては、第 10 章と第 11 章で詳しく説明している。ここでは、標準マニピュレーターを示すにとどめる。マニピュレーターはストリームの状態を変更する演算であり、書式設定を変更する最も単純な方法を提供する。

なお、ロケールについて説明するのはまたの機会にする。

B.7.6　標準マニピュレーター

標準ライブラリには、さまざまな書式設定状態や状態の変化に対応するマニピュレーターが含まれている。標準マニピュレーターは、`<ios>`、`<istream>`、`<ostream>`、`<iostream>`、`<iomanip>` で定義されている。引数を要求するマニピュレーターは `<iomanip>` で定義されている。

I/O マニピュレーター	
`s<<boolalpha`	`true` と `false` のシンボル表現を使用する（入力と出力）
`s<<noboolalpha`	`s.unsetf(ios_base::boolalpha)`
`s<<showbase`	出力において `oct` の前に `0`、`hex` の前に `0x` を付ける
`s<<noshowbase`	`s.unsetf(ios_base::showbase)`
`s<<showpoint`	常に小数点を付ける
`s<<noshowpoint`	`s.unsetf(ios_base::showpoint)`
`s<<showpos`	正の数に `+` を付ける
`s<<noshowpos`	`s.unsetf(ios_base::showpos)`
`s>>skipws`	ホワイトスペースを読み飛ばす
`s>>noskipws`	`s.unsetf(ios_base::skipws)`
`s<<uppercase`	数値出力で大文字を使用する。たとえば 1.2e10 と 0x1a2 ではなく 1.2E10 と 0X1A2 を使用する

I/O マニピュレーター

s<<nouppercase	X と E の代わりに x と e を使用する
s<<internal	書式設定パターンで指定された場所をパディングする
s<<left	値の後をパディングする
s<<right	値の前をパディングする
s<<dec	10 進整数
s<<hex	16 進整数
s<<oct	8 進整数
s<<fixed	浮動小数点数書式 dddd.dd
s<<scientific	科学書式 d.ddddEdd
s<<defaultfloat	最も精度の高い浮動小数点数出力を提供する書式
s<<endl	'\n' を追加してフラッシュする
s<<ends	'\0' を追加する
s<<flush	ストリームをフラッシュする
s>>ws	ホワイトスペースを取り除く
s<<resetiosflags(f)	フラグ f をクリアする
s<<setiosflags(f)	フラグ f をセットする
s<<setbase(b)	b 進整数を出力する
s<<setfill(c)	c を埋め文字にする
s<<setprecision(n)	n 桁の精度
s<<setw(n)	次のフィールド幅を n 文字にする

これらの演算はそれぞれ、その最初の（ストリーム）オペランド s への参照を返す。たとえば、以下の処理では、

```
cout << 1234 << ',' << hex << 1234 << ',' << oct << 1234 << endl;
```

出力は以下のようになる。

```
1234,4d2,2322
```

以下の処理では、

```
cout << '(' << setw(4) << setfill('#') << 12 << ") (" << 12 << ")\n";
```

出力は以下のようになる。

```
(##12) (12)
```

浮動小数点数の汎用出力フォーマットを明示的に設定するには、以下のコードを使用する。

```
b.setf(ios_base::fmtflags(0), ios_base::floatfield)
```

詳細については、第 11 章を参照。

B.8 文字列の操作

標準ライブラリでは、文字分類を <cctype> で提供し、関連する演算を持つ文字列を <string> で提供し、正規表現マッチングを <regex> で提供し、C スタイルの文字列を <cstring> で提供している。

B.8.1 文字分類

基本実行文字セットに含まれている文字は以下のように分類できる。

文字分類	
isspace(c)	c はホワイトスペース（' '、'\t'、'\n' など）か
isalpha(c)	c は英字（'a' .. 'z'、'A' .. 'Z'）か（注：'_' は英字ではない）
isdigit(c)	c は 10 進数（'0' .. '9'）か
isxdigit(c)	c は 16 進数（10 進数または 'a' .. 'f'、'A' .. 'F'）か
isupper(c)	c は大文字か
islower(c)	c は小文字か
isalnum(c)	c は英数字か
iscntrl(c)	c は制御文字（ASCII の 0 .. 31 および 127）か
ispunct(c)	c は英数字でも、ホワイトスペースでも、不可視の制御文字でもないか
isprint(c)	c は印字可能文字（ASCII の ' ' .. '~'）か
isgraph(c)	c は isalpha(c)、isdigit(c)、または ispunct(c) か（注：スペースは含まれない）

さらに、標準ライブラリには、大文字と小文字の区別をなくすのに役立つ関数が 2 つある。

大文字と小文字	
toupper(c)	c または c の大文字に相当するもの
tolower(c)	c または c の小文字に相当するもの

Unicode などの拡張文字セットはサポートされているが、ここでは割愛する。

B.8.2　文字列

標準ライブラリの文字列クラス `string` は、文字型 `char` の汎用文字列テンプレート `basic_string` の特殊化である。つまり、`string` は `char` のシーケンスである。

文字列演算	
s=s2	s2 を s に代入する。s2 は文字列または C スタイルの文字列のどちらか
s+=x	x を s の末尾に追加する。x は文字、文字列、C スタイルの文字列のいずれか
s[i]	添字アクセス
s+s2	連結。結果は s の文字に続いて s2 の文字で構成される新しい文字列
s==s2	文字列値の比較。s または s2 のどちらかが C スタイルの文字列であることは許可されるが、両方は許可されない
s!=s2	文字列値の比較。s または s2 のどちらかが C スタイルの文字列であることは許可されるが、両方は許可されない
s<s2	辞書式順序による文字列値の比較。s または s2 のどちらかが C スタイルの文字列であることは許可されるが、両方は許可されない
s<=s2	辞書式順序による文字列値の比較。s または s2 のどちらかが C スタイルの文字列であることは許可されるが、両方は許可されない
s>s2	辞書式順序による文字列値の比較。s または s2 のどちらかが C スタイルの文字列であることは許可されるが、両方は許可されない
s>=s2	辞書式順序による文字列値の比較。s または s2 のどちらかが C スタイルの文字列であることは許可されるが、両方は許可されない
s.size()	s に含まれている文字の個数
s.length()	s の長さ
s.c_str()	s に含まれている文字を C スタイルの文字列にしたもの（0 で終端する）
s.begin()	最初の文字へのイテレーター
s.end()	s の最後の 1 つ先を指すイテレーター
s.insert(pos,x)	s[pos] の前に x を挿入する。x は文字列または C スタイルの文字列のどちらか
s.append(pos,x)	s の最後の文字の後に x を挿入する。x は文字列または C スタイルの文字列のどちらか
s.erase(pos)	s の s[pos] 以降の文字を削除する。s のサイズは pos になる
s.erase(pos,n)	s[pos] 以降の n 文字を削除する。s のサイズは max(pos,size-n) になる
s.push_back(c)	文字 c を追加する
pos=s.find(x)	s で x を検索する。x は文字、文字列、C スタイルの文字列のいずれか。pos は最初に検出された文字のインデックスか、`string::npos`（s の末尾からの距離）
in>>s	in から s に単語を読み込む

B.8.3 正規表現マッチング

正規表現の機能は `<regex>` で定義されている。主な機能は以下のとおり。

- **検索**
  任意の長さのデータストリームにおいて正規表現とマッチする文字列を検索する。`regex_search()` によってサポートされる。
- **マッチング**
  既知のサイズの文字列に対して正規表現をマッチングする。`regex_match()` によってサポートされる。
- **置換**
  マッチしたものを置き換える。`regex_replace()` によってサポートされる。本書では取り上げていないため、上級者向けの教科書かマニュアルで調べる必要がある。

`regex_search()` と `regex_match()` の結果はマッチしたものの集まりであり、通常は `smatch` として表される。

```
regex row("^[\\w ]+(  \\d+)(  \\d+)(  \\d+)$");    // データ行

while (getline(in,line)) {    // データ行をチェック
    smatch matches;
    if (!regex_match(line,matches,row))
        error("bad line",lineno);

    // 行をチェック
    int field1 = from_string<int>(matches[1]);
    int field2 = from_string<int>(matches[2]);
    int field3 = from_string<int>(matches[3]);
    ...
}
```

正規表現の構文は、特別な意味を持つ文字に基づいている（第 23 章）。

正規表現の特別な文字	
.	任意の 1 文字（ワイルドカード）
[	文字クラス
{	カウント
(	グループの開始
)	グループの終了
\	次の文字が特別な意味を持つ
*	0 個以上

正規表現の特別な文字

+	1つ以上
?	オプション（0または1）
|	選択（または）
^	行の先頭または否定
$	行の末尾

繰り返し

{n}	ちょうど n 回
{n,}	n 回以上
{n,m}	n 回以上 m 回以下
*	0 回以上、つまり {0,}
+	1 回以上、つまり {1,}
?	オプション（0または1回）、つまり {0,1}

文字クラス

alnum	英数字またはアンダースコア
alpha	アルファベット文字
blank	改行以外のホワイトスペース文字
cntrl	制御文字
d	10 進数字
digit	10 進数字
graph	表示（図形）文字
lower	小文字
print	印字可能文字
punct	句読点文字
s	ホワイトスペース文字
space	ホワイトスペース文字
upper	大文字
w	単語構成文字（英数字とアンダースコア）
xdigit	16 進数字

いくつかの文字クラスでは省略表記がサポートされている。

文字クラスの略記		
\d	10 進数字	[[:digit:]]
\l	小文字	[[:lower:]]
\s	スペース（スペース、タブなど）	[[:space:]]
\u	大文字	[[:upper:]]
\w	英字（a–z または A–Z）、数字（0–9）、アンダースコア（_）のいずれか	[[:alnum:]]
\D	\d 以外	[^[:digit:]]
\L	\l 以外	[^[:lower:]]
\S	\s 以外	[^[:space:]]
\U	\u 以外	[^[:upper:]]
\W	\w 以外	[^[:alnum:]]

B.9 数値

C++ の標準ライブラリは、数学（科学、工学など）計算の最も基本的な要素を提供する。

B.9.1 数値の範囲

組み込み型の特性は C++ の実装ごとに規定されており、プログラマーはそれらの特性に基づいて範囲チェックや終端の設定などを行うことができる。

各組み込み型またはライブラリ型 T に対する numeric_limits<T> は、<limits> で定義されている。それに加えて、ユーザー定義の数値型 X に対する numeric_limits<X> も定義できる。

```
template<> class numeric_limits<float> {
public:
    static const bool is_specialized = true;

    static constexpr int radix = 2;        // 指数の底（この場合は 2 進数）
    static constexpr int digits = 24;      // 仮数部の桁数
    static constexpr int digits10 = 6;     // 仮数部の 10 進数の桁数

    static constexpr bool is_signed = true;
    static constexpr bool is_integer = false;
    static constexpr bool is_exact = false;
```

```cpp
    // 以下の 5 つはサンプル値
    static constexpr float min() { return 1.17549435E-38F; }
    static constexpr float max() { return 3.40282347E+38F; }
    static constexpr float lowest() { return -3.40282347E+38F; }

    static constexpr float epsilon() { return 1.19209290E-07F; }
    static constexpr float round_error() { return 0.5F; }

    static constexpr float infinity() { return /* 何らかの値 */; }
    static constexpr float quiet_NaN() { return /* 何らかの値 */; }
    static constexpr float signaling_NaN() { return /* 何らかの値 */; }
    static constexpr float denorm_min() { return min(); }

    // 以下の 4 つはサンプル値
    static constexpr int min_exponent = -125;
    static constexpr int min_exponent10 = -37;
    static constexpr int max_exponent = +128;
    static constexpr int max_exponent10 = +38;

    static constexpr bool has_infinity = true;
    static constexpr bool has_quiet_NaN = true;
    static constexpr bool has_signaling_NaN = true;
    static constexpr float_denorm_style has_denorm = denorm_absent;
    static constexpr bool has_denorm_loss = false;

    static constexpr bool is_iec559 = true;    // IEC-559 に準拠
    static constexpr bool is_bounded = true;
    static constexpr bool is_modulo = false;
    static constexpr bool traps = true;
    static constexpr bool tinyness_before = true;

    static constexpr float_round_style round_style = round_to_nearest;
};
```

`<limits.h>` と `<float.h>` では、以下を含め、整数と浮動小数点数の重要な特性を指定するマクロが定義されている。

制限マクロ	
`CHAR_BIT`	`char` のビット数（通常は 8）
`CHAR_MIN`	`char` の最小値
`CHAR_MAX`	`char` の最大値（通常、`char` が符号付きの場合は 127、`char` が符号なしの場合は 255）

B.9.2 標準数学関数

標準ライブラリでは、最も一般的な数学関数が `<cmath>` および `<complex>` で定義されている。

標準数学関数	
`abs(x)`	絶対値
`ceil(x)`	>= x である最も小さい整数
`floor(x)`	<= x である最も大きい整数
`round(x)`	最も近い整数に丸める（小数部が .5 の場合は 0 から遠いほうに丸める）
`sqrt(x)`	平方根（x が負であってはならない）
`cos(x)`	余弦
`sin(x)`	正弦
`tan(x)`	正接
`acos(x)`	逆余弦（結果は負ではない）
`asin(x)`	逆正弦（0 に最も近い結果が返される）
`atan(x)`	逆正接
`sinh(x)`	双曲正弦
`cosh(x)`	双曲余弦
`tanh(x)`	双曲正接
`exp(x)`	e を底とする指数
`log(x)`	自然対数（x は正でなければならない）
`log10(x)`	常用対数

標準数学関数は、`float`、`double`、`long double`、`complex` 型の引数を受け取る。各関数の戻り値の型は引数の型と同じである。

標準数学関数は、数学的に有効な結果を生成できない場合、変数 `errno` を設定する。

B.9.3 複素数

標準ライブラリには、complex<float>、complex<double>、complex<long double> の 3 つの複素数型がある。complex<Scalar> は、Scalar が通常の算術演算をサポートする他の型である場合はたいていうまくいくが、移植性は保証されない。

```
template<class Scalar> class complex {
    // complex はスカラー値のペア: 基本的には座標値のペア
    Scalar re, im;
public:
    constexpr complex(const Scalar & r, const Scalar & i) :re(r), im(i){}
    constexpr complex(const Scalar & r) :re(r), im(Scalar ()){}
    complex() :re(Scalar ()),im(Scalar ()){}

    Scalar real() { return re; }  // 実数部
    Scalar imag() { return im; }  // 虚数部

    // 演算子: = += -= *= /=
};
```

complex のメンバーに加えて、<complex> には便利な演算が多数含まれている。

複素数の演算子	
z1+z2	加算
z1-z2	減算
z1*z2	乗算
z1/z2	除算
z1==z2	等しい
z1!=z2	等しくない
norm(z)	abs(z) の 2 乗
conj(z)	共役（z が {re,im} の場合、conj(z) は {re,-im}）
polar(x,y)	極座標 (ρ,θ) に基づいて複素数を作成
real(z)	実数部
imag(z)	虚数部
abs(z)	絶対値（ρ とも呼ばれる）
arg(z)	偏角（θ とも呼ばれる）
out << z	複素数出力
in >> z	複素数入力

標準数学関数（§B.9.2）は複素数でも利用できる。complex は < または % をサポートしないので注意しよう（§24.9）。

B.9.4 valarray

標準ライブラリの valarray は 1 次元の数値配列である。つまり、（第 24 章の Matrix とほぼ同様に）配列型に対する算術演算に加えて、スライスとストライドをサポートしている。

B.9.5 汎用数値アルゴリズム

これらのアルゴリズムは <numeric> で定義されており、数値シーケンスで行われる一般的な演算の汎用バージョンを提供する。

数値アルゴリズム	
x = accumulate(b,e,i)	x は i と [b:e] の要素の合計
x = accumulate(b,e,i,f)	+ の代わりに f で累算する
x = inner_product(b,e,b2,i)	x は [b:e] と [b2:b2+(e-b)] の内積。つまり、i と (*p1)*(*p2)（[b:e] のすべての p1 と、[b2:b2+(e-b)] でそれに対応するすべての p2）の合計
x = inner_product(b,e,b2,i,f,f2)	+ の代わりに f、* の代わりに f2 を使用する inner_product
p=partial_sum(b,e,out)	[out:p] の要素 i は [b:e] の要素 0 .. i の合計
p=partial_sum(b,e,out,f)	+ の代わりに f を使用する partial_sum
p=adjacent_difference(b,e,out)	[out:p] の要素 i は i>0 に対する *(b+i)-*(b+i-1)。e-b>0 の場合、*out は *b
p=adjacent_difference(b,e,out,f)	- の代わりに f を使用する adjacent_difference
iota(b,e,v)	[b:e] の各要素に ++v を割り当てる

たとえば以下のようになる。

```
vector<int> v(100);
iota(v.begin(),v.end(),0);    // v=={1,2,3,4,5...100}
```

B.9.6 乱数

<random> では、標準ライブラリの乱数エンジンと分布が定義されている（§24.7）。デフォルトでは、用途が広く、コストの低い default_random_engine が使用される。

標準ライブラリの分布は以下の5つである。

分布	
`uniform_int_distribution<int>{low,high}`	`[low:high]` の値
`uniform_real_distribution<int>{low,high}`	`[low:high]` の値
`exponential_distribution<double>{lambda}`	$[0:\infty)$ の値
`bernoulli_distribution{p}`	`[true:false]` の値
`normal_distribution<double>{median,spread}`	$(-\infty:\infty)$ の値

分布はエンジンを引数として呼び出すことができる。

```
uniform_real_distribution<> dist;
default_random_engine engn;
for (int i=0; i<10; ++i)
    cout << dist(engn) << ' ';
```

B.10　時間

`<chrono>` では、標準ライブラリの時間の計測に関する機能が定義されている。クロックは、クロックティックの数として時間を数え、`now()` の呼び出しの結果としてその時点の時刻を返す。標準ライブラリには、以下の3つのクロックが定義されている。

クロック	
`system_clock`	デフォルトのシステムクロック
`steady_clock`	`now()` を連続的に呼び出すと `c.now()<=c.now()` になり、クロックティックの間隔が一律であるクロック c
`high_resolution_clock`	システムにおいて分解能が最も高いクロック

特定のクロックのクロックティック（クロック刻み）の数は、`duration_cast<>()` 関数によって `seconds`、`milliseconds`、`nanoseconds` といった従来の時間の単位に変換される。

```
auto t = steady_clock::now();
// 何らかの処理を行うコード
auto d = steady_clock::now()-t;   // 所要時間は d × 単位時間
cout << "something took "
     << duration_cast<milliseconds>(d).count() << "ms";
```

これにより、「何らかの処理」にかかった時間がミリ秒単位で出力される（§26.6.1）。

B.11 C の標準ライブラリの関数

C 言語の標準ライブラリは、C++ の標準ライブラリに非常に細かな変更を加えたものである。C の標準ライブラリには、比較的低レベルのプログラミングを含め、さまざまな状況で役立つことが実証されている関数がひととおり含まれている。ここでは、それらを以下の慣例的なカテゴリーに分類する。

- C スタイルの I/O
- C スタイルの文字列
- メモリー
- 日付と時刻
- その他

ここで C の標準ライブラリ関数をすべて示すことはできない。詳細については、Brian Kernighan、Dennis Ritchie 共著 *The C Programming Language*（K&R）[3] といった C の良書が参考になるだろう。

B.11.1 ファイル

`<cstdio>` I/O システムは「ファイル」に基づいている。ファイル（`FILE*`）は、1 つのファイルを参照するか、標準入出力ストリーム `stdin`、`stdout`、`stderr` のいずれかを参照できる。標準ストリームはデフォルトで利用可能となっているが、他のファイルは開く必要がある。

ファイルのオープン/クローズ	
`f=fopen(s,m)`	s という名前のファイルのためのファイルストリームを m モードで開く
`x=fclose(f)`	ファイルストリーム f を閉じる。正常終了の場合は 0 を返す

「モード」とは、ファイルを開く方法を指定するディレクティブを 1 つ以上含んだ文字列のことだ。

ファイルモード	
`"r"`	読み込み
`"w"`	書き込み（元の内容を削除）
`"a"`	アペンド（最後に追加）
`"r+"`	読み込みと書き込み
`"w+"`	読み込みと書き込み（元の内容を削除）
`"b"`	バイナリ（他の 1 つ以上のモードとともに使用）

システムによっては、オプションが他にもあるかもしれない（通常はある）。オプションによっては組み合わせが可能である。たとえば `fopen("foo","rb")` は、foo というファイルをバイナリ読み込み

---

[3] 『プログラミング言語 C 第 2 版』、石田晴久 訳、共立出版、1989 年

モードで開こうとする。なお、標準 I/O と iostream の I/O モードは同じにすべきである（§B.7.1）。

B.11.2　printf() ファミリー

最もよく知られている C の標準ライブラリ関数は I/O 関数である。ただし、iostream ライブラリは型セーフであり、拡張可能であるため、こちらを使用することをお勧めする。書式設定付きの出力関数である printf() は広く使用されており、C++ プログラムでも使用されている。他の多くのプログラミング言語もそれにならっている。

printf()	
n=printf(fmt,args)	書式設定文字列 fmt を stdout に出力し、必要に応じて引数 args を挿入する
n=fprintf(f,fmt,args)	書式設定文字列 fmt をファイル f に出力し、必要に応じて引数 args を挿入する
n=sprintf(s,fmt,args)	書式設定文字列 fmt を C スタイルの文字列 s に出力し、必要に応じて引数 args を挿入する

どのバージョンでも、n は書き出された文字の個数を示す。出力に失敗した場合は負の値となる。printf() の戻り値は実質的に無視される。

printf() の宣言は以下のとおり。

```
int printf(const char* format ...);
```

つまり、C スタイルの文字列（通常は文字列リテラル）に続いて、任意の型の引数を適切な個数だけ指定できる。そうした「追加の引数」の意味は、書式設定文字列の %c（文字として出力）や %d（10 進整数として出力）といった変換仕様に基づいて制御される。

```
int x = 5;
const char* p = "asdf";
printf("the value of x is '%d' and the value of p is '%s'\n",x,p);
```

% に続く文字は、引数の処理を制御する。1 つ目の % は 1 つ目の「追加の引数」に適用され、2 つ目の % は 2 つ目の「追加の引数」に適用される。この場合、%d は x に適用され、%s は p に適用される。この printf() の呼び出しの出力は、以下とそれに続く改行である。

```
the value of x is '5' and the value of p is 'asdf'
```

一般に、% 変換ディレクティブとそれが適用される型との対応付けはチェックできない。それが可能であったとしても、通常はチェックされない。

```
printf("the value of x is '%s' and the value of p is '%d'\n",x,p);   // エラー
```

変換仕様の種類は豊富であり、非常に高い柔軟性が得られる —— それは混乱する可能性があるということでもある。% に続いて以下の文字を指定できる。

- フィールド内で変換された値の左寄せを指定するオプションのマイナス記号
+ 符号付きの型の値が常に + または − 記号で始まることを指定するオプションのプラス記号
0 先頭の 0 が数値のパディングに使われることを指定するオプションの 0。− または精度が指定される場合、この 0 は無視される
オプションの #。0 以外の数字が続かない場合でも浮動小数点数値の小数点が出力されることと、小数点に続いて 0 が出力されること、8 進数値の先頭の 0 が出力されること、そして 16 進数値の先頭の 0x または 0X が出力されることを指定する
d フィールド幅を指定するオプションの桁文字列。変換された値の文字数がフィールド幅よりも少ない場合は、フィールド幅が埋まるように左側（左寄せが指定されている場合は右側）が空白でパディングされる。フィールド幅が 0 で始まる場合は、空白の代わりに 0 でパディングされる
. フィールド幅を次の桁文字列と区別するのに役立つオプションのピリオド
dd 精度を指定するためのオプションの桁文字列。e 変換と f 変換のために小数点以下の桁数を指定するか、文字列から出力される文字の最大数を指定する
* フィールド幅または精度が桁文字列ではなく * である場合は、整数引数がフィールド幅または精度を指定する
h 後続の d、o、x、u が short int 型の引数に対応することを指定するオプションの文字 h
l 後続の d、o、x、u が long int 型の引数に対応することを指定するオプションの文字 l（小文字の L）
% 文字 % が出力されることを示す。引数は使用されない
c 適用される変換の種類を示す文字。変換文字とそれらの意味は以下のとおり:

    d 整数引数が 10 進表記に変換される
    i 整数引数が 10 進表記に変換される
    o 整数変数が 8 進表記に変換される
    x 整数引数が 16 進表記に変換される
    X 整数引数が 16 進表記に変換される
    f float または double 型の引数が [-]$ddd.ddd$ スタイルの 10 進表記に変換される。小数点以下の d の個数は引数の精度と同じ。必要に応じて数字が丸められる。精度が指定されない場合は 6 桁が与えられる。精度が明示的に 0、# が指定されない場合、小数点は出力されない
    e float または double 型の引数が科学スタイルの [-]$d.ddde+dd$ または [-]$d.ddde-dd$ の 10 進表記に変換され、小数点の前に 1 桁の数字と小数点の後に引数の精度指定と同じ桁数がある。数字は必要に応じて丸められる。精度が指定されない場合は 6 桁が与えられる。精度が明示的に 0 で、# が指定されない場合、数字と小数点は出力されない
    E e と同様だが、指数を示すために大文字の E が使用される

g	float または double 型の引数が、スタイル d、f、e のうち、最小限のスペースで最大の精度が得られるスタイルで出力される
G	g と同様だが、指数を示すために大文字の E が使用される
c	文字引数が出力される。null 文字は無視される
s	引数は文字列（文字ポインター）と解釈され、null 文字または精度指定によって示された文字数に達するまで、文字列から文字が出力される。精度が 0 または指定されない場合は、null 文字までの文字がすべて出力される
p	引数はポインターとして解釈される。出力される表現は実装依存
u	符号なし整数引数が 10 進表記に変換される
n	printf()、fprintf()、sprintf() の呼び出しによってこれまでに書き出された文字の個数が、int 型の引数へのポインターが指している int に書き出される

フィールド幅が存在しない、または狭いからといって、フィールドが切り捨てられることは決してない。パディングが行われるのは、指定されたフィールド幅が実際の幅を超える場合に限られる

C には C++ で言うところのユーザー定義型がないため、complex、vector、string といったユーザー定義型の出力書式を定義するための規定はない。

C の標準出力 stdout は、cout に相当する。C の標準入力 stdin は、cin に相当する。C の標準エラー出力 stderr は、cerr に相当する。この C の標準 I/O と C++ の I/O ストリームの対応付けは緊密であるため、C スタイルの I/O と I/O ストリームはバッファーを共有できる。たとえば、cout 演算と stdout 演算を組み合わせて、単一の出力ストリームを生成できる。C と C++ が混在しているコードでは、これは珍しいことではない。この柔軟性にはそれなりの代償がある。パフォーマンスを向上させるには、1 つのストリームで標準 I/O と iostream の演算を組み合わせないようにし、最初の I/O 演算の前に ios_base::sync_with_stdio(false) を呼び出すようにする。

標準 I/O ライブラリには、printf() のスタイルを真似た入力演算である scanf() 関数がある。

```
int x;
char s[buf_size];
int i = scanf("the value of x is '%d' and the value of s is '%s'\n",&x,s);
```

この場合、scanf() は整数を x に、ホワイトスペースではない一連の文字を s に読み込もうとする。書式設定ではない文字は、入力にその文字が含まれているはずであることを指定する。たとえば以下の例では、123 が x に読み込まれ、string とそれに続く 0 が s に読み込まれる。

```
the value of x is '123' and the value of s is 'string '\n"
```

scanf() の呼び出しが正常終了した場合、結果の値は代入された引数ポインターの個数になる。したがって上記の呼び出しでは、i はうまくいけば 2 になる。正常終了しなかった場合は EOF になる。入力をこのように指定すると、エラーになりやすい。たとえば、その入力行で string の後にスペースを忘れたらどうなるだろうか。scanf() への引数はすべてポインターでなければならない。scanf()

は使用しないことを強くお勧めする。

では、標準 I/O を使用せざるを得ない場合、入力に対して何ができるだろうか。よく知られている答えの 1 つは、「標準ライブラリ関数 gets() を使用する」ことだ。

```
// 非常に危険なコード
char s[buf_size];
char* p = gets(s);   // 1 行を s に読み込む
```

p=gets(s) の呼び出しは、改行または EOF が検出されるまで s に文字を読み込み、s に最後の文字が書き込まれた後、0 文字を書き込む。EOF が検出されるかエラーになった場合、p は NULL (0) に設定される。それ以外の場合は、s に設定される。gets(s) またはその同類（scanf("%s",s)）は使用しないようにしよう。それらは長年にわたってウイルス作成者の手先となってきた。入力バッファー（この例では s）をあふれさせる入力が渡されれば、プログラムは破壊され、コンピューターは攻撃者に乗っ取られてしまうかもしれない。sprintf() 関数についても、同じようなバッファーオーバーフローの問題がある。

標準 I/O ライブラリには、文字を読み書きするための単純で便利な関数も含まれている。

標準 I/O の文字関数	
x=getc(st)	入力ストリーム st から文字を読み込み、文字の整数値を返す。EOF が検出されるかエラーが発生した場合は x==EOF になる
x=putc(c,st)	出力ストリーム st に文字 c を書き込み、書き込まれた文字の整数値を返す。エラーが発生した場合は x==EOF になる
x=getchar()	stdin から文字を読み込み、文字の整数値を返す。EOF が検出されるかエラーが発生した場合は x==EOF になる
x=putchar(c)	stdout に文字 c を書き込み、書き込まれた文字の整数値を返す。エラーが発生した場合は x==EOF になる
x=ungetc(c,st)	入力ストリーム st に c を戻し、戻された文字の整数値を返す。エラーが発生した場合は x==EOF になる

これらの関数の結果が（char ではなく）int であることに注意しよう —— そうでなければ、EOF を返すことはできない。たとえば、C スタイルの典型的な入力ループは以下のようになる。

```
int ch; /* char ch; ではない */
while ((ch=getchar())!=EOF) { /* 何らかの処理 */ }
```

1 つのストリームで 2 つの ungetc() を連続して実行してはならない。その結果は未定義であり、（よって）移植性はない。

標準 I/O 関数は他にもある。詳細については、「K&R」といった C の良書で調べてみよう。

B.11.3 C スタイルの文字列

C スタイルの文字列は、0 で終端する char 型の配列である。文字列のこの概念は、<cstring> と <cstdlib> で定義されている関数によってサポートされる。これらの関数は <string.h> で定義されていることがあるが、<string> ではないことに注意しよう。これらの関数は char* ポインターを通じて C スタイルの文字列を操作する。読み込み専用のメモリーでは、const char* ポインターを使用する。

C スタイルの文字列演算	
x=strlen(s)	（最後の 0 を除く）文字の数を数える
p=strcpy(s,s2)	s2 を s にコピーする。[s:s+n] と [s2:s2+n] はオーバーラップしない場合がある。p=s。最後の 0 はコピーされる
p=strcat(s,s2)	s2 を s の最後にコピーする。p=s。最後の 0 はコピーされる
x=strcmp(s,s2)	辞書式順序で比較する。s<s2 の場合、x は負である。if s==s2 の場合、x==0 である。s>s2 の場合、x は正である
p=strncpy(s,s2,n)	最大で n 文字をコピーする strcpy。最後の 0 のコピーに失敗する場合がある。p=s
p=strncat(s,s2,n)	最大で n 文字をコピーする strcat。最後の 0 のコピーに失敗する場合がある。p=s
x=strncmp(s,s2,n)	最大で n 文字を比較する strcmp
p=strchr(s,c)	p は s の最初の c を指す
p=strrchr(s,c)	p は s の最後の c を指す
p=strstr(s,s2)	p は s において s2 に等しい部分文字列の最初の文字を指す
p=strpbrk(s,s2)	p は s2 でも検出される s の最初の文字を指す
x=atof(s)	s から double を抽出する
x=atoi(s)	s から int を抽出する
x=atol(s)	s から long int を抽出する
x=strtod(s,p)	s から double を抽出する。p を double の後の最初の文字に設定する
x=strtol(s,p)	s から long int を抽出する。p を long の後の最初の文字に設定する
x=strtoul(s,p)	s から unsigned long int を抽出する。p を long の後の最初の文字に設定する

C++ では、strchr() と strstr() はそれらを型セーフにするために複製されている。C でそれらに相当する関数のように、const char* を char* に変換することはできない（§27.5）。

抽出関数は、C スタイルの文字列である引数を調べて、"124" や " 1.4" といった従来の書式で表現された数値を探す。そうした表現が見つからない場合は 0 を返す。

```
int x = atoi("fortytwo");   /* x は 0 になる */
```

B.11.4 メモリー

メモリー操作関数は、void* ポインターを通じて「更地のメモリー」を操作する。更地のメモリーとは、型を明示しないメモリーのことだ。読み込み専用のメモリーでは、const void* ポインターを使用する。

C スタイルのメモリー演算	
q=memcpy(p,p2,n)	（strcpy のように）p2 から n バイトを p にコピーする。[p:p+n] と [p2:p2+n] はオーバーラップしない場合がある。q=p
q=memmove(p,p2,n)	p2 から n バイトを p にコピーする。q=p
x=memcmp(p,p2,n)	（strcmp のように）p2 の n バイトと p の同等の n バイトを比較する
q=memchr(p,c,n)	p[0]..p[n-1] で c（unsigned char に変換される）を検索し、q がその要素を指すようにする。c が見つからない場合は q=0
q=memset(p,c,n)	c（unsigned char に変換される）を p[0]..[n-1] のそれぞれにコピーする。q=p
p=calloc(n,s)	0 に初期化された n*s バイトをフリーストアで確保する。n*s バイトを確保できない場合は p=0
p=malloc(s)	初期化されていない s バイトをフリーストアで確保する。s バイトを確保できない場合は p=0
q=realloc(p,s)	s バイトをフリーストアで確保する。p は malloc() または calloc() によって返されたポインターでなければならない。可能であれば、p が指しているメモリーを再利用する。それが不可能な場合は、p が指しているメモリーのバイトをすべて新しいメモリーへコピーする。s バイトを確保できない場合は q=0
free(p)	p が指しているメモリーを解放する。p は malloc()、calloc()、realloc() のいずれかによって返されたポインターでなければならない

malloc() などがコンストラクターを呼び出さないことと、free() がデストラクターを呼び出さないことに注意しよう。コンストラクターまたはデストラクターを持たない型には、これらの関数を使用してはならない。また、コンストラクターを持つ型に memset() を使用すべきではない。

mem* 関数は <cstring> で定義されており、メモリーの確保に関する関数は <cstdlib> で定義されている（§27.5.2）。

B.11.5　日付と時刻

`<ctime>` では、日付と時刻に関連するさまざまな型と関数が定義されている。

日付と時刻の型	
`clock_t`	ほんの数分の間隔など、短い時間間隔を格納するための算術型
`time_t`	数世紀など、長い時間間隔を格納するための算術型
`tm`	1900 年以降の日付と時刻を格納するための struct

`struct tm` は以下のように定義されている。

```cpp
struct tm {
    int tm_sec;     // 秒 [0:61]: 60 と 61 はうるう秒を表す
    int tm_min;     // 分 [0,59]
    int tm_hour;    // 時 [0,23]
    int tm_mday;    // 日 [1,31]
    int tm_mon;     // 月 [0,11]: 0 は January を表す（[1:12] ではない）
    int tm_year;    // 1900 年からの経過年数: 0 は 1900、102 は 2002 を表す
    int tm_wday;    // 曜日 [0,6]: 0 は Sunday を表す
    int tm_yday;    // 1 月 1 日からの経過日数 [0,365]: 0 は 1 月 1 日を表す
    int tm_isdst;   // 夏時間での時刻
};
```

日時に関する関数は以下のとおり。

```cpp
clock_t clock();    // プログラムが開始してからのクロックティックの数

time_t time(time_t* pt);                    // 現在のカレンダー時間
double difftime(time_t t2, time_t t1);      // t2-t1（秒数）

tm* localtime(const time_t* pt);            // *pt のローカル時間
tm* gmtime(const time_t* pt);               // *pt の GMT tm または 0

time_t mktime(tm* ptm);                     // *ptm の time_t または time_t(-1)

char* asctime(const tm* ptm);               // *ptm の C スタイルの文字列表現
char* ctime(const time_t* t) { return asctime(localtime(t)); }
```

`asctime()` 呼び出しの結果は `"Sun Sep 16 01:03:52 1973\n"` などになる。

`tm` の書式設定オプションは `strftime()` という関数によって提供されている。必要であれば、この関数を調べてみよう。

B.11.6 その他

`<cstdlib>` には、以下の関数が定義されている。

その他の `stdlib` 関数	
`abort()`	プログラムを「異常」終了させる
`exit(n)`	`n` の値でプログラムを終了させる。n==0 は正常終了を意味する
`system(s)`	C スタイルの文字列をコマンドとして実行する（システム依存）
`qsort(b,n,s,cmp)`	サイズ s の n 個の要素を持つ b で始まる配列を、比較関数 cmp を使ってソートする
`bsearch(k,b,n,s,cmp)`	サイズ s の n 個の要素を持つ b で始まるソート済み配列で、比較関数 cmp を使って k を検索する

`qsort()` と `bsearch()` で使用される比較関数（`cmp`）は、以下の型で定義されていなければならない。

```
int (*cmp)(const void* p, const void* q);
```

つまり、配列を単にバイトシーケンスと見なすソート関数には、型情報は知らされない。返される整数は以下のようになる。

- `*p` が `*q` よりも小さいと見なされる場合は負
- `*p` が `*q` と同じであると見なされる場合は 0
- `*p` が `*q` よりも大きいと見なされる場合は正

`exit()` と `abort()` がデストラクターを呼び出さないことに注意しよう。作成された自動/静的オブジェクト（§A.4.2）でデストラクターが呼び出されるようにしたい場合は、例外をスローする。

その他の標準ライブラリ関数については、K&R またはその他の評判のよい C 言語リファレンスを調べてみよう。

B.12 その他のライブラリ

標準ライブラリの機能をひととおり調べてみて、利用できそうなものが見つからないことがあるのは間違いないだろう。プログラマーが直面する課題や世界中で提供されているライブラリの数を考えると、C++ の標準ライブラリはあまりにも小さい。そこで、以下を対象とした多くのライブラリが提供されている。

- GUI
- 高等数学
- データベースアクセス
- ネットワーキング
- XML
- 日付と時刻
- ファイルシステムの操作
- 3D グラフィックス
- アニメーション
- その他

ただし、こうしたライブラリは規格の一部ではない。それらを見つけるには、Web を検索するか、友人や同僚に教えてもらう必要がある。標準ライブラリに含まれているものだけが有益なライブラリではないことを覚えておこう。

付録 C
Visual Studio の使用

> 宇宙は私たちが想像する以上に奇妙などころか、
> 想像を絶するほど奇妙なのである。
> — J. B. S. Haldane

ここでは、Visual Studio を使ってプログラムを入力し、コンパイルし、実行するために必要な作業について説明する。

C.1　プログラムを実行するための準備

プログラムを実行するには、たとえばソースファイルで参照されているヘッダーファイルが見つかるようにするなど、どうにかしてファイルを 1 つの場所にまとめて配置する必要がある。次に、コンパイラーと ── 少なくとも C++ の標準ライブラリをリンクするために ── リンカーを実行し、最後にプログラムを実行する必要がある。そのための方法はいくつかあり、その規約やツールセットは Windows や Linux といったシステムごとに異なる。ただし、本書に掲載されているサンプルはどれも、主流のツールセットを使って主流のシステムのすべてで実行できるはずだ。ここでは、人気の高いシステムの 1 つである Microsoft の Visual Studio を使用する方法について説明する。

初めてさわるシステムでプログラムを動かすのと同じくらいもどかしく感じることがいくつがある。そうした作業は人に助けてもらうに限る。だが、人に助けてもらうときは、それを代わりに行ってもらうのではなく、必ずその方法を教えてもらうようにしよう。

C.2　Visual Studio のインストール

Visual Studio は Windows 用の対話型の統合開発環境（IDE）である。Visual Studio がコンピューターにインストールされていない場合は、Visual Studio を購入して取扱説明書の指示に従うか、Visual C++ Express Edition をダウンロードしてインストールする必要がある [*1]。以下の説明は Visual Studio 2015 に基づいており、他のバージョンでは少し異なる可能性がある。

C.3　プログラムの作成と実行

手順は以下のとおり。

1. 新しいプロジェクトを作成する。
2. C++ ソースファイルをプロジェクトに追加する。
3. ソースコードを入力する。
4. 実行ファイルをビルドする。
5. プログラムを実行する。
6. プログラムを保存する。

C.3.1　新しいプロジェクトの作成

Visual Studio の「プロジェクト」とは、Windows でプログラム（アプリケーション）を作成して実行するために必要なものをまとめて提供するファイルの集まりのことだ。

1. Visual Studio アイコンをクリックして Visual C++ IDE を開くか、［スタート］→［すべてのプログラム］→［Microsoft Visual Studio 2015］→［Microsoft Visual Studio 2015］をクリックする。Windows 8/10 では、［アプリ］画面で［Visual Studio 2015］をクリックするという

[*1] http://www.microsoft.com/express/download

方法もある。
2. ［ファイル］メニューを開き、［新規作成］→［プロジェクト］をクリックする。
3. ［プロジェクトの種類］で［Visual C++］を選択する。Windows 8/10 では、左部分で［テンプレート］を展開し、［Visual C++］を選択する。
4. ［テンプレート］または［インストールされたテンプレート］セクションで［Win32 コンソールアプリケーション］を選択する。
5. ［プロジェクト名］または［名前］テキストフィールドにプロジェクトの名前（たとえば Hello,World!）を入力する。
6. プロジェクトのフォルダ（ディレクトリ）を選択する。通常はデフォルトでよい。Windows 8/10 では、 `C:\Users\<ユーザー名>\Documents\Visual Studio 2015\Projects` などを選択する。
7. ［OK］をクリックする。［Win32 アプリケーションウィザード］が起動する。
8. ページの左側で［アプリケーションの設定］をクリックするか、［次へ］をクリックする。
9. ［追加のオプション］から［空のプロジェクト］を選択する。
10. ［完了］をクリックする。これで、すべてのコンパイラー設定がコンソールプロジェクトに合わせて初期化されるはずだ。

C.3.2 std_lib_facilities.h ヘッダーファイルの使用

最初のプログラムでは、カスタムヘッダーファイル `std_lib_facilities.h`[*2] を使用することを強くお勧めする。このヘッダーファイルを前項のステップ 6 で選択したフォルダに配置する。HTML ではなくテキストとして保存するよう注意しよう。このヘッダーファイルを使用するには、プログラムに以下の行を追加する必要がある。

```
#include "../../std_lib_facilities.h"
```

「`../../`」は、すべてのプロジェクトが使用できる場所である `C:\Users\<ユーザー名>\Documents\Visual Studio 2015\Projects` にヘッダーを配置したことをコンパイラーに知らせる。このようにしないと、たとえばヘッダーをプロジェクトのソースファイルの隣に配置してしまい、プロジェクトごとにヘッダーをコピーするはめになる。

C.3.3 プロジェクトへの C++ ソースファイルの追加

プログラムには、ソースファイルが少なくとも 1 つ必要である。

1. ［プロジェクト］メニューの［新しい項目の追加］をクリックするか、ソリューションエクスプローラーでプロジェクト名を右クリックして［追加］→［新しい項目］をクリックする。［新しい項目の追加］ダイアログボックスが表示される。
2. ［Visual C++］カテゴリーから［コード］を選択する。
3. テンプレートセクションで［C++ ファイル（.cpp）］アイコンを選択する。

[*2] http://www.stroustrup.com/Programming/std_lib_facilities.h

4. ［名前］テキストフィールドにプログラムファイルの名前（Hello,World!）を入力し、［追加］をクリックする。

これで、空のソースコードファイルが作成され、ソースコードを入力する準備が整った。

C.3.4　ソースコードの入力

ソースコードを IDE に直接入力するか、別のソースからコピーして貼り付ける。

C.3.5　実行プログラムのビルド

プログラムのソースコードを正しく入力できたという自信がある場合は、［ビルド］メニューから［ソリューションのビルド］を選択するか、IDE ウィンドウの上部にあるアイコンリストで右向き三角形アイコンをクリックする。そうすると、IDE がプログラムのコンパイルとリンクを試みる。それらが正常終了した場合は、［出力］ウィンドウに以下のメッセージが表示される。

```
ビルド: 1 正常終了、0 失敗、0 更新不要、0 スキップ
```

正常終了しなかった場合は、エラーメッセージが表示される。プログラムをデバッグしてエラーを修正し、再び［ソリューションのビルド］を実行する。

右向き三角形アイコンを使用した場合、エラーがなければ、プログラムの実行が自動的に開始される。［ソリューションのビルド］メニュー項目を使用した場合は、プログラムを自分で開始する必要がある（§C.3.6）。

C.3.6　プログラムの実行

エラーをすべて取り除いたら、［デバッグ］メニューで［デバッグなしで開始］を選択し、プログラムを実行する。

C.3.7　プログラムの保存

［ファイル］メニューの［すべて保存］をクリックする。保存するのを忘れて IDE を閉じようとした場合は、IDE がそれを教えてくれる。

C.4　その後

IDE の機能やオプションは無数にあるように思えるかもしれないが、この段階からそれらについて理解しようとする必要はない。これらすべてを理解しようとすれば、途方に暮れてしまうことになるだろう。プロジェクトに何か余計なことをしてしまい、「おかしな振る舞い」をするようになった場合は、経験豊富な友人に助けてもらうか、新しいプロジェクトを一から構築する必要がある。新しい機能やオプションは徐々に試していけばよい。

付録 D
FLTK のインストール

> コードとコメントが食い違っているとしたら、
> おそらく両方とも間違っている。
> — Norm Schryer

ここでは、FLTK グラフィックス/GUI ツールキットをダウンロードし、インストールし、リンクする方法について説明する。

D.1 概要

FLTK（Fast Light Tool Kit）[*1] をグラフィックスと GUI の表示に関する問題のベースとして選択したのは、移植性があり、比較的単純で、比較的慣習的で、インストールが比較的容易だからだ。筆者の生徒の大半は Visual Studio を使用しており、Visual Studio でのインストールが最も難しいことから、ここでは Visual Studio で FLTK をインストールする方法について説明する[*2]。読者が他のシステムを使用している場合は、ダウンロードされたファイルのメインフォルダ（ディレクトリ）に、そのシステムでのインストール方法が含まれている（§D.3）。

標準以外のライブラリを使用する場合は、それをダウンロードし、インストールし、自分のコードから正しく使用する必要がある。これを簡単に完了できることはめったにない。FLTK のインストールはきっとよい練習になるだろう。ダウンロードとインストールを行った経験がなければ、ライブラリがどれだけよくできていたとしても、その作業はストレスのたまるものになるだろう。経験者にアドバイスを求めることをためらっている場合ではないが、代わりにやってもらったのでは意味がない。経験者に教えてもらおう。

ファイルや手順はここで説明するものと少し異なる場合があるので注意しよう。たとえば FLTK の新しいバージョンがリリースされているかもしれないし、「§D.4 Visual Studio での FLTK の使用」で説明するものとは Visual Studio のバージョンが異なるかもしれない。あるいは、まったく別の C++ 実装を使用していることも考えられる。

D.2 FLTK のダウンロード

何かを行う前に、まず FLTK がすでにインストールされているかどうかを確認する（§D.5）。まだインストールされていない場合、最初の作業はファイルをダウンロードすることだ。

1. FLTK の Web サイト[*3] で［Download］をクリックし、最新の安定版のダウンロードファイルをクリックする。
2. 適当なミラーサイトを選択し、［click here］をクリックする。
3. ［ファイルのダウンロード］ダイアログボックスで［保存］をクリックする。
4. ［名前を付けて保存］ダイアログボックスで保存する場所を指定して、［保存］をクリックすし、続いて［閉じる］をクリックする。

ファイルは .zip フォーマットでダウンロードされる。.zip はインターネット経由で大量のファイルを転送するのに適した圧縮フォーマットである。それを通常のファイルに「解凍」するためのプログラム（Windows では WinZip、7–Zip など）がコンピューターにインストールされている必要がある。

D.3 FLTK のインストール

次の手順に進むにあたって主に問題になりそうなのは、本書が執筆されてテストされた後に何かが変化しているか、読者が専門用語に疎いかのどちらかだろう。前者は避けられない問題である。後者に

[*1] 「フルティック」と読む。
[*2] 訳注：検証環境では、FLTK 1.3.3 を使用した。
[*3] http://fltk.org

ついては、気の毒だが、それについてはどうしようもない。その場合は、意味を教えてくれる友人を探そう。

1. ダウンロードしたファイルを解凍し、メインフォルダ `fltk-1.3.?` を開く。
2. Visual C++ フォルダ（`fltk-1.3.3\ide\VisualC2010` など）で `fltk.sln` を開く。［Visual Studio 変換ウィザード］が表示される。
3. ファイルが読み込まれ、［ソリューション操作の再ターゲット］ウィンドウが表示される。［OK］をクリックすると、アップグレード作業が開始される。
4. ［ビルド］→［ソリューションのビルド］をクリックする。これには数分かかることがある。新しいプロジェクトを作成するたびに FLTK ソースコードを再コンパイルせずに済むよう、ソースコードは静的リンクライブラリとしてコンパイルされる。ビルドが完了したら、Visual Studio を閉じる。
5. FLTK のメインフォルダから `lib` フォルダを開く。`README.lib` を除くすべての `.lib` ファイルを `C:\Program Files (x86)\Microsoft Visual Studio 14.0\VC\lib` などにコピーする。
6. FLTK のメインフォルダに戻り、`FL` フォルダを `C:\Program Files (x86)\Microsoft Visual Studio 14.0\VC\include` などにコピーする。

`C:\Program Files (x86)\Microsoft Visual Studio 14.0\VC\lib` と `C:\Program Files (x86)\Microsoft Visual Studio 14.0\VC\include` にコピーするよりもよい方法があるという意見もあるだろう。それは確かだが、ここでの目的は読者を Visual Studio のエキスパートにすることではない。相手が食い下がってきたら、その方法を教えてもらえばよい。

D.4　Visual Studio での FLTK の使用

1. Visual Studio で新しいプロジェクトを作成する。通常の手順と異なるのは、プロジェクトの種類を選択するときに「Win32 コンソールアプリケーション」ではなく「Win32 プロジェクト」を作成することだ。必ず「空のプロジェクト」を作成するようにしよう。そうしないと、必要のない、または理解できそうにないものがソフトウェアウィザードによってプロジェクトにいくつも追加されてしまう。
2. ［プロジェクト］→［プロパティ］をクリックする。
3. ［プロパティページ］ダイアログボックスの左のメニューで［構成プロパティ］→［リンカー］フォルダをクリックする。これにより、サブメニューが展開される。このサブメニューで［入力］をクリックする。
4. 右側の［追加の依存ファイル］テキストフィールドに以下のテキストを入力する。

```
fltkd.lib wsock32.lib comctl32.lib fltkjpegd.lib fltkimagesd.lib
```

5. ［特定の既定のライブラリの無視］テキストフィールドに以下のテキストを入力する（現時点ではこれがデフォルトとなっているため、このステップは必要がない可能性がある）。

```
libcd.lib
```

6. 同じ［プロパティページ］ウィンドウの左のメニューで、［C/C++］をクリックして別のサブメニューを展開し、［コード生成］をクリックする。右側のメニューで［ランタイムライブラリ］ドロップダウンを［マルチスレッドデバッグ DLL（/MDd）］に変更する（現時点では「/MDd」がデフォルトとなっているため、このステップは必要がない可能性がある）。なお、作成したプロジェクトにソースファイルがない場合、［C/C++］メニューは表示されない。プロジェクトにソースファイルを追加すると、［C/C++］メニューが表示される。
7. ［OK］をクリックし、［プロパティページ］ウィンドウを閉じる。

D.5　動作テスト

新しく作成したプロジェクトで新しい .cpp ファイルを1つ作成し、以下のコードを入力する。これは問題なくコンパイルされるはずだ。

```
#include <FL/Fl.H>
#include <FL/Fl_Box.H>
#include <FL/Fl_Window.H>

int main()
{
    Fl_Window window(200,200,"Window title");
    Fl_Box box(0,0,200,200,"Hey, I mean, Hello, World!");
    window.show();
    return Fl::run();
}
```

うまくいかなかった場合は、以下の点を確認する

- .lib ファイルが見つからなかったことを示すコンパイルエラー
  おそらくインストール手順に問題がある。リンクライブラリ（.lib）ファイルをコンパイラーが検出しやすい場所に配置することを示すステップ3に注意する。
- .h ファイルを開けなかったことを示すコンパイルエラー
  おそらくインストール手順に問題がある。ヘッダー（.h）ファイルをコンパイラーが検出しやすい場所に配置することを示すステップ4に注意する。
- 未解決の外部シンボルに関連するリンクエラー
  おそらくプロジェクトの作成手順に問題がある。

それでもうまくいかない場合は、友人に相談してみよう。

付録 E
GUI の実装

> ようやく状況がつかめたときに、
> 物事がうまくいくようになる。
> — Bill Fairbank

ここでは、コールバック、Window、Widget、Vector_ref の実装上の詳細について説明する。第 16 章では、より完全な説明に必要となるポインターとキャストの知識があることを前提にできなかったため、その説明を付録にまとめることにした。

付録 E　GUI の実装

E.1　コールバックの実装

本書では、コールバックを以下のように実装した。

```
void Simple_window::cb_next(Address, Address addr)
// addr に位置するウィンドウに対して Simple_window::next() を呼び出す
{
    reference_to<Simple_window>(addr).next();
}
```

第 17 章を理解していれば、Address が void* でなければならないことはすぐにわかる。そして当然ながら、reference_to<Simple_window>(addr) は addr という名前の void* から Simple_window への参照をどうにかして作成しなければならない。だが、プログラミングの経験がないとしたら、第 17 章を読むまでは、「わかりきった」ことや「当然の」ものは何 1 つもなかったはずだ。ここでは、Address の使用法を詳しく見ていこう。

C++ には、型に名前を付ける方法がある（§A.16）。

```
typedef void* Address;    // Address は void* の同義語
```

これは void* の代わりに Address という名前を使用できるようになったことを意味する。ここでは、Address を使ってアドレスが渡されることを強調する一方で、void* が不明な型のオブジェクトへのポインターの型の名前であるという事実を隠ぺいしている。

よって、cb_next() は addr という名前の void* を引数として要求し、それをどうにかして Simple_window& に変換する。

```
reference_to<Simple_window>(addr)
```

reference_to はテンプレート関数（§A.13）である。

```
template<class W>W& reference_to(Address pw)
// アドレスを W への参照として扱う
{
    return *static_cast<W*>(pw);
}
```

ここでは、void* から Simple_window& へのキャスト（型変換）として機能する演算を、テンプレート関数を使って記述している。型変換 static_cast については、第 17 章の「§17.8 型の操作：void* とキャスト」で説明している。

コンパイラーには、addr が Simple_window を指していることを検証する方法はない。ただしここでは、言語のルールにより、プログラマーを信用することがコンパイラーに求められる。そして幸いなことに、この場合、それは正しい。なぜそれがわかるかというと、FLTK から返されるポインターは私たちが渡したものだからだ。ポインターの型はポインターを FLTK に渡すときに判明しているため、

reference_to() を使ってそれを取り戻すことができる。これはややこしいし、コンパイラーによってチェックされないが、低レベルのシステムでは特に珍しいことではない。

Simple_window への参照を取得した後は、それを使って Simple_window のメンバー関数を呼び出すことができる（§16.3）。

```
void Simple_window::cb_next(Address, Address pw)
// pw にあるウィンドウに対して Simple_window::next() を呼び出す
{
    reference_to<Simple_window>(pw).next();
}
```

コールバック関数 cb_next() を使用しているのは、何の変哲もないメンバー関数 next() を呼び出すために、必要に応じて型を適応させるためだ。

E.2　Widget の実装

インターフェイスクラスである Widget は以下のように定義されている。

```
class Widget {
// Widget は Fl_widget へのハンドルである（Fl_widget ではない）
// ここではインターフェイスクラスと FLTK の間に一定の距離を置く
public:
    Widget(Point xy, int w, int h, const string& s, Callback cb)
        :loc(xy), width(w), height(h), label(s), do_it(cb) { }

    virtual ~Widget() { }   // デストラクター

    virtual void move(int dx, int dy)
        { hide(); pw->position(loc.x+=dx,loc.y+=dy); show(); }

    virtual void hide() { pw->hide(); }
    virtual void show() { pw->show(); }

    virtual void attach(Window&) = 0;   // Widget ごとにウィンドウに
                                        // 対するアクションを1つ以上定義

    Point loc;
    int width;
    int height;
    string label;
```

```
        Callback do_it;

    protected:
        Window* own;        // Widget はそれぞれ 1 つの Window に属する
        Fl_Widget* pw;      // Widget はその Fl_Widget のことを知っている
    };
```

Widget は、FLTK のウィジェットとそれに関連付けられている Window のことを知っている。そのポインターが必要なのは、Widget をそのライフタイム中に別の Window に関連付けることが可能だからであり、参照や名前付きオブジェクトでは不十分である（それはなぜだろうか）。

Widget には、位置 (loc)、四角い形状 (width、height)、ラベル (label) がある。興味深いのは、Widget にコールバック関数 do_it() が定義されていることだ。このコールバック関数は、Widget の画面上のイメージを私たちのコードに結び付ける。move()、show()、hide()、attach() の意味については説明するまでもないだろう。

Widget の完成度は「半分」といったところだ。このクラスは継承され拡張されることを想定した実装クラスであるため、ユーザーが何度も調べるようなものではない。これは設計を見直すのに好都合である —— これらの public メンバーはすべて怪しいとにらんでいるからだ。「わかりきった」演算ほど案外無計画なものになりがちであるため、調べ直す必要がある。

Widget は仮想関数を持ち、基底クラスとして使用できるため、virtual デストラクターが定義されている（§17.5.2）。

E.3　Window の実装

ポインターを使用するのはどのような状況で、ポインターの代わりに参照を使用するのはどのような状況だろうか。この一般的な質問については、第 8 章の「§8.5.6 値渡しと参照渡し」で検討した。ここでは、ポインターを好んで使用するプログラマーがいることと、プログラム内でさまざまなオブジェクトを参照したいときにポインターが必要になることだけ指摘しておこう。

GUI ライブラリの中心的なクラスの 1 つである Window は、まだ秘密のベールに包まれたままだ。その最大の理由は、Window クラスがポインターを使用していることと、その FLTK を使用する実装がフリーストアを要求することにある。Window クラスは、Window.h において以下のように定義されている。

```
    class Window : public Fl_Window {
    public:
        // システムに位置を選択させる
        Window(int w, int h, const string& title);
        // 左上角の XY 位置
        Window(Point xy, int w, int h, const string& title);

        virtual ~Window() { }
```

```
        int x_max() const { return w; }
        int y_max() const { return h; }

        void resize(int ww, int hh) { w=ww, h=hh; size(ww,hh); }

        void set_label(const string& s) { label(s.c_str()); }

        void attach(Shape& s) { shapes.push_back(&s); }
        void attach(Widget&);

        void detach(Shape& s);      // Shape から w を削除
        void detach(Widget& w);     // Window から w を削除
                                    //（コールバックを無効にする）

        void put_on_top(Shape& p);  // 他の Shape の上に p を配置
    protected:
        void draw();
    private:
        vector<Shape*> shapes;      // Window にアタッチされた Shape
        int w,h;                    // ウィンドウのサイズ

        void init();
    };
```

Shape をアタッチ（attach()）するときに、ポインターを shapes に格納し、Window がそれを描画できるようにする。ポインターが必要となるのは、その Shape をあとからデタッチ（detach()）できるためだ。基本的には、アタッチされた Shape は引き続きコードによって所有されている。つまり、Window にはその参照を与えるだけである。Window::attach() は、引数として渡された参照をポインターに変換し、それを格納できるようにする。先に示したように、attach() は単純で、detach() はそれよりもほんの少しだけ複雑だ。Window.cpp では、以下のように定義されている。

```
    void Window::detach(Shape& s)
    // 最後のアタッチが最初に解放されるものとする
    {
        for (vector<Shape*>::size_type i=shapes.size(); 0<i; --i)
            if (shapes[i-1]==&s)
                shapes.erase(shapes.begin()+(i-1));
    }
```

erase() メンバー関数は、vector から値を削除し、vector のサイズを 1 つ小さくする（§20.7.1）。

Window は基底クラスとして使用するように設計されているため、virtual デストラクター (§17.5.2) が定義されている。

E.4 Vector_ref

Vector_ref は、基本的には、参照の vector をシミュレートする。Vector_ref は参照またはポインターで初期化できる。

- オブジェクトが Vector_ref に参照として渡される場合、そのオブジェクトはスコープ付きの変数と同様に、そのライフタイムを管理している呼び出し元によって所有されるものとする。
- オブジェクトが Vector_ref にポインターとして渡される場合、そのオブジェクトは new によって確保される。それを解放する責任は Vector_ref にあるものとする。

要素はオブジェクトのコピーではなくオブジェクトへのポインターとして Vector_ref に格納され、参照のセマンティクスを持つ。たとえば、Circle はスライスせずに Vector_ref<Shape> に配置できる。

```
template<class T> class Vector_ref {
    vector<T*> v;
    vector<T*> owned;
public:
    Vector_ref() {}
    Vector_ref(T* a, T* b=0, T* c=0, T* d=0);

    ~Vector_ref() { for (int i=0; i<owned.size(); ++i) delete owned[i]; }

    void push_back(T& s) { v.push_back(&s); }
    void push_back(T* p) { v.push_back(p); owned.push_back(p); }

    T& operator[](int i) { return *v[i]; }
    const T& operator[](int i) const { return *v[i]; }

    int size() const { return v.size(); }
};
```

Vector_ref のデストラクターは、ポインターとして渡されたオブジェクトをすべてデリート (delete) する。

E.5　例：Widget の操作

ここでは、完全なプログラムを示す。このプログラムでは、Widget と Window の機能の多くを実際に使用する。コメントは最小限にとどめている。残念ながら、このようにコメントが不十分であることは珍しくない。ここでの目的は、このプログラムを動作させ、それについて説明することにある。

このプログラムを実行すると、ボタンが 4 つ定義されているように見える。

```cpp
#include "../GUI.h"
using namespace Graph_lib;

class W7 : public Window {
// ボタンが移動するように見せる 4 つの方法
// 表示と非表示、位置の変更、新しいボタンの作成、アタッチとデタッチ
public:
    W7(int w, int h, const string& t);

    Button* p1;      // 表示と非表示
    Button* p2;
    bool sh_left;

    Button* mvp;     // 移動
    bool mv_left;

    Button* cdp;     // 作成と削除
    bool cd_left;

    Button* adp1;    // アクティブ化と非アクティブ化
    Button* adp2;
    bool ad_left;

    void sh();       // アクション
    void mv();
    void cd();
    void ad();

    static void cb_sh(Address, Address addr)    // コールバック
        { reference_to<W7>(addr).sh(); }
    static void cb_mv(Address, Address addr)
```

```
        { reference_to<W7>(addr).mv(); }
    static void cb_cd(Address, Address addr)
        { reference_to<W7>(addr).cd(); }
    static void cb_ad(Address, Address addr)
        { reference_to<W7>(addr).ad(); }
};
```

ただし、W7 (Window 実験番号 7) は、実際にはボタンを 6 つ持っていて、2 つのボタンを非表示にしているだけだ。

```
W7::W7(int w, int h, const string& t)
    :Window{w,h,t},
    sh_left{true}, mv_left{true}, cd_left{true}, ad_left{true}
{
    p1 = new Button{Point{100,100},50,20,"show",cb_sh};
    p2 = new Button{Point{200,100},50,20,"hide",cb_sh};

    mvp = new Button{Point{100,200},50,20,"move",cb_mv};

    cdp = new Button{Point{100,300},50,20,"create",cb_cd};

    adp1 = new Button{Point{100,400},50,20,"activate",cb_ad};
    adp2 = new Button{Point{200,400},80,20,"deactivate",cb_ad};

    attach(*p1);
    attach(*p2);
    attach(*mvp);
    attach(*cdp);
    p2->hide();
    attach(*adp1);
}
```

コールバックが 4 つ定義されている。これらのコールバックはそれぞれ、ボタンを押すとそれが消え、新しいボタンが現れるように見せる。ただし、これは以下の 4 種類の方法で実現される。

```
void W7::sh()    // ボタンを非表示にし、別のボタンを表示
{
    if (sh_left) {
        p1->hide();
        p2->show();
    }
```

```cpp
    else {
        p1->show();
        p2->hide();
    }
    sh_left = !sh_left;
}

void W7::mv()    // ボタンを移動
{
    if (mv_left) {
        mvp->move(100,0);
    }
    else {
        mvp->move(-100,0);
    }
    mv_left = !mv_left;
}

void W7::cd()    // ボタンを削除し、新しいボタンを作成
{
    cdp->hide();
    delete cdp;
    string lab = "create";
    int x = 100;
    if (cd_left) {
        lab = "delete";
        x = 200;
    }
    cdp = new Button{Point{x,300},50,20,lab,cb_cd};
    attach(*cdp);
    cd_left = !cd_left;
}

void W7::ad()    // ウィンドウからボタンをデタッチし、別のボタンをアタッチ
{
    if (ad_left) {
        detach(*adp1);
        attach(*adp2);
```

付録E　GUIの実装

```cpp
        }
        else {
            detach(*adp2);
            attach(*adp1);
        }
        ad_left = !ad_left;
    }

    int main()
    {
        W7 w{400,500,"move"};
        return gui_main();
    }
```

このプログラムは、ウィジェットをウィンドウに追加し、ウィンドウから削除する ── あるいはそのように見せるための基本的な方法を示している。

用語集

> 選ばれし言葉は百見に値する。
> ― 作者不明

　用語集は、本文で使われている用語の簡単な説明である。この用語集では、特にプログラミングを習いたての人にとって最も必要であると思われる用語を簡単にまとめてみた。索引と各章の用語集も役立つだろう。特に C++ に関連するより広範囲な用語集は本書の Web サイト[*1] に用意してある。Web 上には、それこそさまざまな種類（および品質）の用語集がある。1 つの用語が関連する複数の意味を持つこともあるため、その場合は複数の意味を記載している。ここで示す用語のほとんどは、他の状況では（多くの場合は関連の弱い）別の意味を持つ。たとえばここでは、抽象の定義を現代絵画や法的措置、哲学とは結び付けていない。

RAII（Resource Acquisition Is Initialization）　スコープに基づくリソース管理のための基本的な手法。
アサーション　プログラムのこの時点で何かが常に真でなければならないことを宣言するためにプログラムに挿入される文。
値　型に基づいて解釈されるメモリー内のビットの集合。
アドレス　コンピューターのメモリーからオブジェクトを探し出せるようにする値。
アプリケーション　ユーザーにとって実体と見なされる 1 つのプログラムまたは複数のプログラムの集まり。
アルゴリズム　問題を解決するための手順または方式。結果を生成するための有限の計算ステップ。
イテレーション　コードを繰り返し実行すること。「再帰」を参照。
イテレーター（反復子）　シーケンスの要素を識別するオブジェクト。
インターフェイス　関数やクラスといったコードを呼び出すための方法を指定する宣言、または一連の宣言。
隠ぺい　情報を直接見たりアクセスしたりできないようにすること。たとえば、入れ子（内側）のスコープにある名前を外側のスコープから直接使用できないようにする。
エイリアス　オブジェクトを参照する別の方法。多くの場合は、名前、ポインター、参照のいずれか。
エラー　プログラムの振る舞いに関する妥当な期待とプログラムの実際の振る舞いとの不一致。多くの場合、振る舞いは要件またはユーザーへの手引きとして表現される。
演算　関数や演算子など、何らかのアクションを実行できるもの。
オーバーフロー　指定された格納先に格納できない値を生成すること。
オーバーライド　基底クラスの仮想関数と同じ名前と引数型を持つ関数を派生クラスで定義し、基

[*1] http://www.stroustrup.com/glossary.html

用語集

底クラスで定義されたインターフェイスを通じてその関数を呼び出せるようにすること。

オーバーロード 名前は同じで、引数（オペランド）の型が異なる 2 つの関数または演算子を定義すること。

オブジェクト (1) 既知の型で確保された、初期化された状態のメモリー領域であり、その型の値を保持する。(2) メモリー領域。

オブジェクトコード リンカーが実行可能なコードを生成するための入力として使用されるコンパイルからの出力。

オブジェクト指向プログラミング クラスおよびクラス階層の設計と使用に重点を置いたプログラミングスタイル。

オブジェクトファイル オブジェクトコードを含んでいるファイル。

仮想関数 派生クラスでオーバーライドできるメンバー関数。

型 オブジェクトにおいて有効な値および演算を定義するもの。

カプセル化 実装上の詳細など、非公開にすべきものを不正アクセスから保護すること。

関数 プログラムの別の場所から呼び出せる名前付きのコードの単位。計算の論理的な単位。

擬似コード プログラミング言語ではなく口語的な表記で書かれた計算の内容。

基底クラス クラス階層の基底として使用されるクラス。一般に、基底クラスには 1 つ以上の仮想関数が含まれる。

切り捨て 値を別の型に変換するときに、変換先の型がその値を正確に表させないために情報を失うこと。

近似 完全または理想に近い値や設計など。近似は複数の理想の妥協点を模索した結果であることが多い。

具象クラス オブジェクトを作成できるクラス。

クラス データメンバー、関数メンバー、およびメンバー型を含むことができるユーザー定義型。

計算 何らかのコードの実行。通常は、何らかの入力を受け取り、何らかの出力を生成する。

コード プログラムまたはプログラムの一部。ソースコードとオブジェクトコードの両方で多義的に使用される。

コスト プログラムを生成または実行するためのプログラマーの実行、実行時間、スペースといった費用。理想的には、複雑さと相関関係にあることが望ましい。

コピー 等しいと評価される値を持つ 2 つのオブジェクトを作成する演算。「ムーブ」も参照。

コンストラクター オブジェクトを初期化する演算（コンストラクション）。一般に、コンストラクターは不変条件を確立し、多くの場合はオブジェクトを使用するために必要なリソースを獲得する。それらのリソースは一般にデストラクターによってあとから解放される。

コンセプト (1) 概念、アイデア。(2) 要件の集まり、通常はテンプレート引数。

コンテナー 要素（他のオブジェクト）を格納するオブジェクト。

コンパイラー ソースコードをオブジェクトコードに変換するプログラム。

再帰 関数が自身を呼び出すこと。「イテレーション」も参照。

サブ型 派生型。型のすべての特性に加えて、必要に応じて別の特性を持つ。

参照 (1) 型付けされた値のメモリー内での位置を示す値。(2) そうした値を保持する変数。

シーケンス 直線的にアクセスできる要素。

ジェネリックプログラミング アルゴリズムの設計と効率的な実装に重点を置いたプログラミングスタイル。ジェネリックアルゴリズムはその要件を満たしているすべての引数型に対応する。

C++ のジェネリックプログラミングでは、一般にテンプレートを使用する。
事後条件　関数やループといったコードを出るときに有効でなければならない条件。
システム　（1）コンピューター上でタスクを実行するためのプログラムまたは一連のプログラム。（2）OS の略称。つまり、コンピューターの基本的な実行環境とツール。
事前条件　関数やループといったコードに入るときに有効でなければならない条件。
実行ファイル　コンピューター上で実行できる状態にあるプログラム。
実装　（1）コードを記述し、テストすること。（2）プログラムを実装するコード。
出力　関数の結果や画面上に書き出された文字列など、計算によって生成された値。
純粋仮想関数　派生クラスでオーバーライドしなければならない仮想関数。
仕様　コードが実行すべき振る舞いを表現したもの。
状態　値の集合。
情報の隠ぺい　インターフェイスと実装とを切り離すことで、ユーザーにとって意味のない実装上の詳細を覆い隠し、抽象化すること。
初期化　オブジェクトに最初の（初期）値を与えること。
所有者　リソースの解放に責任を持つオブジェクト。
スーパー型　基底型。型の特性の部分集合を持つ。
スコープ　名前を参照できるプログラムテキスト（ソースコード）の範囲。
スタイル　言語の機能が一貫した方法で使用されるようにするためのプログラミング手法をまとめたもの。命名やコードの見た目に対する低レベルのルールのみを指す、かなり限定的な意味で使用されることがある。
正確さ　プログラムまたはプログラムの一部がその仕様を満たしていること。残念ながら、仕様が不完全である、あるいは矛盾しているために、ユーザーの妥当な期待に添わないことがある。このため、容認できるコードを生成するには、正式な仕様に従う以上の作業が必要になることがある。
正規表現　文字列内のパターンを表記する方法。
整数　42 や −99 といった自然数。
設計　ソフトウェアがその仕様を満たすにはどのように動作すべきかを示す総合的な説明。
宣言　プログラムにおける名前とその型の仕様。
ソースコード　プログラマーによって作成され、（原則として）他のプログラマーが読めるコード。
ソースファイル　ソースコードを含んでいるファイル。
ソフトウェア　コードと関連するデータの集まり。プログラムと同じ意味で使用されることが多い。
単位　（1）距離を表す km など、値に意味を与える標準的な尺度。（2）より大きなものの一部として識別される（たとえば名前付きの）部分。
抽象化　実装上の詳細などの情報を選択的かつ意図的に無視または隠ぺいすること。選択的な無視。
抽象クラス　オブジェクトを作成する目的では直接使用できないクラス。多くの場合は、派生クラスのインターフェイスを定義するために使用される。クラスを抽象クラスにするには、純粋仮想関数または protected コンストラクターを追加する。
定義　実体の宣言。その実体により、プログラムを完成させるために必要なすべての情報が提供される。簡易的な定義は、メモリーを確保する宣言。
定数　（指定されたスコープ内で）変更できない値（イミュータブル）。
データ　計算で使用される値。

用語集

テスト　プログラムのエラーを体系的に調査すること。

デストラクター　オブジェクトがスコープを外れるなどして破壊されるときに暗黙的に呼び出される演算。多くの場合はリソースを解放する。

デバッグ　プログラムのエラーを探して取り除くこと。通常はテストのほうがはるかに体系的である。

テンプレート　1つ以上の型または（コンパイル時の）値によってパラメーター化されるクラスまたは関数。ジェネリックプログラミングをサポートする C++ の基本的な言語構造。

トレードオフ（妥協点）　複数の設計と実装上の基準のバランスを保った結果。

入力　関数の引数やキーボードで入力された文字など、計算に使用される値。

バイト　ほとんどのコンピューターにおけるアドレス指定の基本単位。一般に1バイトは8ビット。

配列　$[0:max)$ のように、通常は番号付けされた同種の要素のシーケンス。

バグ　プログラム内のエラー。

派生クラス　基底クラスを1つ以上継承するクラス。

パラダイム　設計またはプログラミングスタイルに対する尊大な表現。他のどれよりも優れたパラダイムが存在するという（誤った）意味で使用されることがある。

パラメーター（仮引数）　関数またはテンプレートへの明示的な入力を宣言すること。関数は呼び出されたときに、そのパラメーターの名前を通じて渡された引数にアクセスできる。

範囲（区間）　始点と終点によって表せる値のシーケンス。たとえば $[0:5)$ は $0, 1, 2, 3, 4$ を意味する。

ハンドル　メンバーポインターまたは参照を通じて別のクラスにアクセスできるクラス。「コピー」「ムーブ」「リソース」も参照。

引数　関数またはテンプレートに渡される値。パラメーターを通じてアクセスされる。

ビット　コンピューターにおける情報の基本単位。0または1の値を持つことができる。

標準（規格）　プログラミング言語をはじめ、正式に合意された何らかの定義。

ファイル　コンピューターにおける永続的な情報のコンテナー。

フィーチャークリープ　「万が一に備えて」プログラムに余計な機能を追加する傾向のこと。

複雑さ　正確に定義するのが難しい概念、または問題に対する解決策の作成や解決策自体の難易度。アルゴリズムを実行するために必要な演算の数の概算という（単純な）意味で使用されることがある。

浮動小数点数　7.93 や 10.78e-3 など、コンピューターによる実数の近似値。

不変条件　プログラムの特定（または複数）の時点で常に真でなければならないもの。主に、繰り返し実行される文に入る前のオブジェクトの状態（一連の値）またはループの状態を表現するために使用される。

プログラミング　問題に対する解決策をコードとして表現する技術。

プログラミング言語　プログラムを表現するための言語。

プログラム　コンピューターで実行するのに十分な完成度のコード（データが関連付けられることがある）。

ヘッダー　プログラムの各部分でインターフェイスを共有するための宣言が含まれたファイル。

変数　指定された型の名前付きオブジェクト。初期化されていない場合を除いて値を含んでいる。

ポインター　(1) メモリー内で型指定されたオブジェクトを識別するために使用される値。(2) そのような値を保持する変数。

丸め　型の精度が低い場合に、その値を数学的に最も近い値に変換すること。

未初期化　初期化される前のオブジェクトの（未定義の）状態。

ミュータブル　変更可能であること。イミュータブル、定数、変数の逆。

ムーブ（移動）　値をオブジェクトからオブジェクトへ移動させ、「空」であることを表す値を残す演算。「コピー」も参照。

無限再帰　呼び出しを保持するためのメモリーを使い果たすまで終了しない再帰。現実的には、そのような再帰は無限とは言えないが、何らかのハードウェアエラーによって止まる。

無限ループ　終了条件を決して満たすことのないループ。「イテレーション」を参照。

文字列　文字のシーケンス。

ユースケース（使用事例）　プログラムの機能をテストしたり、その目的を明らかにしたりするための、プログラムの特定の（通常は単純な）使用法。

要件　(1) プログラムまたはプログラムの一部の望ましい振る舞いを表現すること。(2) 関数またはテンプレートがその引数に対して定める前提を表現すること。

ライフタイム　オブジェクトを初期化してから、スコープを外れるか、デリートされるか、プログラムが終了することによって使用不能になるまでの期間。

ライブラリ　一連の機能（抽象概念）を実装する型、関数、クラスなどを集めたもの。複数のプログラムの一部として使用できるように設計されている。

理想　私たちが追い求めている何かの完璧なバージョン。通常は妥協点を模索してそれに近いもので手を打つ。

リソース　ファイル、ハンドル、ロック、メモリーなどのように、獲得され、あとから解放しなければならないもの。「ハンドル」「所有者」も参照。

リテラル　整数値の 12 を指定する 12 など、値を直接指定する表記。

リンカー　オブジェクトコードファイルとライブラリを組み合わせて実行可能なプログラムを作成するためのプログラム。

ループ　繰り返し実行されるコード。C++ では一般に `for` 文か `while` 文のどちらか。

ワード　コンピューターにおけるメモリーの基本単位。通常は整数を保持するために使用される。

参考文献

1. Aho, Alfred V., Monica S. Lam, Ravi Sethi, and Jeffrey D. Ullman. *Compilers: Principles, Techniques, and Tools, Second Edition* ("The Dragon Book"). Addison–Wesley, 2006. ISBN 0321486811.
  『コンパイラ — 原理・技法・ツール』、原田賢一 訳、サイエンス社、2009 年（原書第 2 版の翻訳）

2. Andrews, Mike, and James A. Whittaker. *How to Break Web Software: Functional and Security Testing of Web Applications and Web Services*. Addison–Wesley, 2006. ISBN 0321369440.

3. Bergin, Thomas J., and Richard G. Gibson, eds. *History of Programming Languages Volume 2*. Addison–Wesley, 1996. ISBN 0201895021.

4. Blanchette, Jasmin, and Mark Summerfield. *C++ GUI Programming with Qt 4, Second Edition*. Prentice Hall, 2008. ISBN 0132354160.

5. Boost.org. "A Repository for Libraries Meant to Work Well with the C++ Standard Library."
  `http://www.boost.org/`

6. Cox, Russ. "Regular Expression Matching Can Be Simple and Fast (but Is Slow in Java, Perl, PHP, Python, Ruby, ...)."
  `http://swtch.com/~rsc/regexp/regexp1.html`

7. dmoz.org.
  `http://dmoz.org/Computers/Programming/Languages`

8. Freeman, T. L., and Chris Phillips. *Parallel Numerical Algorithms*. Prentice Hall, 1992. ISBN 0136515975.

9. Gamma, Erich, Richard Helm, Ralph Johnson, and John M. Vlissides. *Design Patterns: Elements of Reusable Object–Oriented Software*. Addison–Wesley, 1994. ISBN 0201633612.
  『オブジェクト指向における再利用のためのデザインパターン 改訂版』、本位田真一、吉田和樹 訳、ソフトバンク クリエイティブ、1999 年

10. Goldthwaite, Lois, ed. *Technical Report on C++ Performance*. ISO/IEC PDTR 18015.
  `http://www.stroustrup.com/performanceTR.pdf`

11. Gullberg, Jan. *Mathematics-From the Birth of Numbers*. W. W. Norton, 1996. ISBN 039304002X.

12. Hailpern, Brent, and Barbara G. Ryder, eds. *Proceedings of the Third ACMSIGPLAN Conference on the History of Programming Languages (HOPL–III)*. San Diego, CA, 2007.
  `http://portal.acm.org/toc.cfm?id=1238844`

参考文献

13. ISO/IEC 9899:2011. *Programming Languages C.* The C standard.
14. ISO/IEC 14882:2011. *Programming Languages C++.* The C++ standard.
15. Kernighan, Brian W., and Dennis M. Ritchie. *The C Programming Language, Second Edition.* Prentice Hall, 1988. ISBN 0131103628.
    『プログラミング言語 C 第 2 版』、石田晴久 訳、共立出版、1989 年
16. Knuth, Donald E. *The Art of Computer Programming, Volume 2: Seminumerical Algorithms, Third Edition.* Addison–Wesley, 1997. ISBN 0201896842.
    『The Art of Computer Programming Volume 2 Seminumerical Algorithms Third Edition 日本語版』、有澤誠、和田英一、斎藤博昭、長尾高弘、松井祥悟、松井孝雄、山内斉 訳、KADOKAWA、2015 年（アスキー刊、2004 年の再出版）
17. Koenig, Andrew, and Barbara E. Moo. *Accelerated C++: Practical Programming by Example.* Addison–Wesley, 2000. ISBN 020170353X.
    『Accelerated C++ ― 効率的なプログラミングのための新しい定跡』、小林健一郎 訳、ピアソンエデュケーション、2001 年
18. Langer, Angelika, and Klaus Kreft. *Standard C++ IOStreams and Locales: Advanced Programmer's Guide and Reference.* Addison–Wesley, 2000. ISBN 0321585585.
19. Lippman, Stanley B., Josèe Lajoie, and Barbara E. Moo. *The C++ Primer. Fifth Edition.* Addison–Wesley, 2005. ISBN 0321714113.
20. Lockheed Martin Corporation. "Joint Strike Fighter Air Vehicle C++ Coding Standards for the System Development and Demonstration Program."（JSF++）Document Number 2RDU00001 Rev C. December 2005.
    http://www.stroustrup.com/JSF-AV-rules.pdf
21. Lohr, Steve. *Go To: The Story of the Math Majors, Bridge Players, Engineers, Chess Wizards, Maverick Scientists and Iconoclasts— The Programmers Who Created the Software Revolution.* Basic Books, 2002. ISBN 9780465042265.
22. Meyers, Scott. *Effective STL: 50 Specific Ways to Improve Your Use of the Standard Template Library.* Addison–Wesley, 2001. ISBN 0201749629.
    『Effective STL ― STL を効果的に使いこなす 50 の鉄則』、細谷昭 訳、ピアソンエデュケーション、2002 年
23. Meyers, Scott. *Effective C++: 55 Specific Ways to Improve Your Programs and Designs, Third Edition.* Addison–Wesley, 2005. ISBN 0321334876.
    『Effective C++ 第 3 版』、小林健一郎 訳、丸善出版、2014 年
24. Programming Research. *High-integrity C++ Coding Standard Manual Version 2.4.*
    http://www.programmingresearch.com/
25. Richards, Martin. *BCPL— The Language and Its Compiler.* Cambridge University Press, 1980. ISBN 0521219655.
    『BCPL 言語とそのコンパイラー』、和田英一 訳、共立出版、1985 年
26. Ritchie, Dennis. "The Development of the C Programming Language." *Proceedings of the ACM History of Programming Languages Conference (HOPL–2). ACM SIGPLAN Notices,* Vol. 28 No. 3, 1993.
27. Salus, Peter. *A Quarter Century of UNIX.* Addison–Wesley, 1994. ISBN 0201547775.

『UNIX の 1/4 世紀』、QUIPU LLC 訳、アスキー、2000 年

28. Sammet, Jean E. *Programming Languages: History and Fundamentals.* Prentice Hall, 1969. ISBN 0137299885.

29. Schmidt, Douglas C., and Stephen D. Huston. *C++ Network Programming, Volume 1: Mastering Complexity with ACE and Patterns.* Addison–Wesley, 2002. ISBN 0201604647.

30. Schmidt, Douglas C., and Stephen D. Huston. *C++ Network Programming, Volume 2: Systematic Reuse with ACE and Frameworks.* Addison–Wesley, 2003. ISBN 0201795256.

31. Schwartz, Randal L., Tom Phoenix, and Brian D. Foy: *Learning Perl, Fourth Edition.* O'Reilly, 2005. ISBN 0596101058.

    『初めての Perl 第 6 版』、近藤嘉雪 訳、オライリージャパン、2012 年（原書第 6 版の翻訳）

32. Scott, Michael L. *Programming Language Pragmatics.* Morgan Kaufmann, 2000. ISBN 1558604421.

33. Sebesta, Robert W. *Concepts of Programming Languages, Sixth Edition.* Addison–Wesley, 2003. ISBN 0321193628.

34. Shepherd, Simon. "The Tiny Encryption Algorithm (TEA)."
    http://www.tayloredge.com/reference/Mathematics/TEA-XTEA.pdf
    http://143.53.36.235:8080/tea.htm

35. Stepanov, A. Alexander.
    http://www.stepanovpapers.com/

36. Stewart, G. W. *Matrix Algorithms, Volume I: Basic Decompositions.* SIAM, 1998. ISBN 0898714141.

37. Stone, Debbie, Caroline Jarrett, Mark Woodroffe, and Shailey Minocha. *User Interface Design and Evaluation.* Morgan Kaufmann, 2005. ISBN 0120884364.

38. Stroustrup, Bjarne. "A History of C++: 1979–1991." *Proceedings of the ACM History of Programming Languages Conference (HOPL-2). ACM SIGPLAN Notices*, Vol. 28 No. 3, 1993.

39. Stroustrup, Bjarne. *The Design and Evolution of C++.* Addison–Wesley, 1994. ISBN 0201543303.

    『C++ の設計と進化』、επιστημη 監修、岩谷宏 訳、ソフトバンク クリエイティブ、2005 年

40. Stroustrup, Bjarne. "Learning Standard C++ as a New Language." *C/C++ Users Journal*, May 1999.

41. Stroustrup, Bjarne. "C and C++: Siblings"; "C and C++: A Case for Compatibility"; and "C and C++: Case Studies in Compatibility." *The C/C++ Users Journal*, July, Aug., and Sept. 2002.

42. Stroustrup, Bjarne. "Evolving a Language in and for the Real World: C++ 1991-2006." *Proceedings of the Third ACM SIGPLAN Conference on the History of Programming Languages (HOPL–III).* San Diego, CA, 2007.
    http://portal.acm.org/toc.cfm?id=1238844

43. Stroustrup, Bjarne. *The C++ Programming Language, Fourth Edition.* Addison–Wesley, 2013. ISBN 0321563840.

『プログラミング言語 C++ 第 4 版』、柴田望洋 訳、SB クリエイティブ、2015 年

44. Stroustrup, Bjarne. *A Tour of C++*. Addison–Wesley, 2013. ISBN 978–0321958310.

    『C++ のエッセンス』、柴田望洋 訳、SB クリエイティブ、2015 年

45. Stroustrup, Bjarne.

    `http://www.stroustrup.com`

46. Sutter, Herb. *Exceptional C++: 47 Engineering Puzzles, Programming Problems, and Solutions.* Addison–Wesley, 1999. ISBN 0201615622.

    『Exceptional C++ ― 47 のクイズ形式によるプログラム問題と解法』、浜田光之 監修、浜田真理 訳、ピアソンエデュケーション、2000 年

47. Sutter, Herb, and Andrei Alexandrescu. *C++ Coding Standards: 101 Rules, Guidelines, and Best Practices*. Addison–Wesley, 2004. ISBN 0321113586.

    『C++ Coding Standards ― 101 のルール、ガイドライン、ベストプラクティス』、浜田光之 監修、浜田真理 訳、ピアソンエデュケーション、2005 年

48. University of St. Andrews. The MacTutor History of Mathematics archive.

    `http://www.gap-system.org/~history/`

49. Wexelblat, Richard L., ed. *History of Programming Languages*. Academic Press, 1981. ISBN 0127450408.

50. Whittaker, James A. *How to Break Software: A Practical Guide to Testing*. Addison–Wesley, 2002. ISBN 0201796198.

51. Wood, Alistair. *Introduction to Numerical Analysis*. Addison–Wesley, 2000. ISBN 020134291X.

索引

■ 記号・数字
.cpp, 43
.h, 43
[, 正規表現, 849, 1151
[], 1077
[], 演算子, 580, 592, 635, 1065
[], 演算子, string, 828
[], 組み込み配列, 735
[], 配列, 635
[], 文字の配列, 725
[], ラムダ導入子, 514
#define, ディレクティブ, 1107
#else, C, 1029
#endif, C, 1029
#ifdef, C, 1029
#ifndef, C, 1030
#include, ディレクティブ, 42, 251, 1107
!, 演算子, 518, 1066
!=, イテレーター, 706, 712
!=, 演算子, 60, 897, 1067
(), 演算子, 749, 1065, 1073
(), 初期化リスト, 299
(), 正規表現, 844, 853
(, 正規表現, 849, 1151
), 正規表現, 849, 1151
*, イテレーター, 706, 712
*, 演算子, 60, 574, 580, 635, 896, 1066
*, サフィックス, 573
*, 正規表現, 845, 849, 851, 1151
*, ポインター, 1077
*=, 演算子, 60, 66, 1068
*const, 1077
+, 演算子, 60, 896, 1067
+, 演算子, string, 828
+, 正規表現, 849, 851, 1152
++, イテレーター, 706, 712
++, 演算子, 60, 1065, 1066
++, ポインター算術, 637
+=, 演算子, 60, 66, 1068
+=, 演算子, string, 828
, (コンマ), 演算子, 1069
-, 演算子, 60, 896, 1066, 1067
--, イテレーター, 712
--, 演算子, 60, 1065
--, ポインター算術, 637
-=, 演算子, 66, 1068
-> (アロー), 演算子, 594, 1065, 1066, 1087
-> (アロー), メンバーアクセス, 594

. (ドット), 演算子, 594, 1065, 1066, 1087
. (ドット), 正規表現, 849, 1151
. (ドット), メンバーアクセス, 169, 594
..., 1083
/, 演算子, 60, 896, 1066
//, 41
/=, 演算子, 60, 66, 1068
:, ビット数, 943
::, 完全修飾名, 282
:: (スコープ解決), 演算子, 1065, 1087
; (セミコロン), 91, 107
<...>, テンプレート, 140
<, 演算子, 60, 1067
<, 演算子, string, 828
<=, 演算子, 60, 1067
<<, 演算子, 41, 60, 349, 367, 832, 897, 932, 1067, 1147
<<, 演算子, string, 829
<<=, 演算子, 1068
=, 演算子, 60, 62, 1068
=, 演算子, string, 828
=, 初期化, 299
==, イテレーター, 706, 712
==, 演算子, 60, 896, 1067
==, 演算子, string, 828
>, 演算子, 60, 1067
>, プロンプト, 209
>=, 演算子, 60, 1067
>>, 1146
>>, 演算子, 55, 57, 60, 350, 369, 382, 388, 832, 897, 932, 1067
>>, 演算子, string, 829
>>=, 演算子, 1068
?, 正規表現, 844, 849, 851, 1152
?:, 演算子, 1068
?:, 構文, 255
$, 正規表現, 849, 1152
%, 演算子, 60, 1066
%=, 演算子, 60, 66, 1068
%c, C, 1022
%d, C, 1022
%g, C, 1022
%s, C, 1022
&, 1077
&, 演算子, 574, 932, 1066, 1067, 1072
&, 参照, 264
&&, rvalue 参照, 624
&&, 演算子, 1068, 1072
&=, 演算子, 1068

^, 正規表現, 849, 1152
{}, イニシャライザー, 75, 250
{}, 初期化リスト, 299
{}, 正規表現, 843, 851
{}, ブロック, 101
\, 正規表現, 849, 1151
|, 演算子, 375, 932, 1068, 1072
|, 正規表現, 844, 849, 853, 1152
||, 演算子, 1068, 1072
|=, 演算子, 1068
0, 8 進数, 368, 1057
0X/0x, 16 進数, 368, 1057
1 次元 Matrix, 878
1 次元配列, 873
　　短所, 874
　　長所, 874
1 次式, 電卓プログラム, 187
1 次方程式, 886
1 つ違いエラー, 136
10 進数, 367, 1056
10 進数リテラル, 1056
16 進数, 367, 1057
16 進数リテラル, 1056
2 次元 Matrix, 882
2 進数, 71, 1057
2 進数リテラル, 1056
2 の補数表現, 936
3 次元 (以上) の Matrix, 885
8 進数, 367, 1057
8 進数リテラル, 1056

■ A
abort(), 1167
abs(), 880, 895, 1155, 1156
abs(), 演算子, 897
accumulate(), 742, 753–755, 1157
　　一般化, 755
acos(), 895, 1155
Ada, 811
add(), 434, 436, 443, 446, 447, 476, 483
　　List, 601
Address, 542
adjacent_difference(), 753, 1157
adjacent_find(), 1128
advance(), 723, 1118
　　List, 602
AI (人工知能), 806
Algol (ALGOrithmic Language), 807
Algol W, 810

1197

索引

\<algorithm\>, 742, 1110, 1128
Allocator, コンセプト, 671
allocator, 676
allocator_type, 1123
alnum, 正規表現, 855, 1152
alpha, 正規表現, 855, 1152
AMPL (A Mathematical Programming Language), 817
AND, 932, 1068
append(), 829
　文字列, 1150
apply(), Matrix, 880
arg(), 1156
　演算子, 897
\<array\>, 1110
array, 674, 731, 733, 873, 1120
Array_ref, 924, 927
as_bytes(), 378
as_int(), 440
ASCII, 1043
asin(), 895, 1155
assert(), C, 1031
\<assert.h\>, C, 999, 1032
at()
　vector, 679, 680
　要素, 1124
atan(), 895, 1155
atof(), 1164
atoi(), 1164
atol(), 1164
attach(), 466, 476, 541, 547
auto, 717, 743
　型, 743
AWK, 817
Axis, 412, 430, 509, 515

B

B, 817
Babbage, Charles, 812
back(), 721
　要素, 1124
back_inserter(), 1137
back_substitution(), 887
Backus, John, 803
bad(), 340
　ストリーム, 1145
bad_expression, 856
bad_from_string, 831
Bad_image, 468
basic_string, 829
basic_string\<T\>, 1049
BCPL (Basic CPL), 817
begin, イテレーター, 706
begin(), 828
　イテレーター, 1124
　文字列, 1150
[begin:end], 区間, 706
bernoulli_distribution, 894
better(), 例, 926
Binary_operation, コンセプト, 671
Binary_predicate, コンセプト, 671
binary_search(), 777, 967, 1133
bind(), 893
bind2nd()

アダプター, 1139
\<bitset\>, 935, 1110
bitset, 931, 935
　例外, 1114
blank, 正規表現, 855, 1152
BNF (Backus–Naur Form), 803, 808
bool, 1077
boolalpha, マニピュレーター, 1147
Boolean 型変換, 1070
Boolean リテラル, 1058
Borland, 811
break, swith 文, 96
bsearch(), 1167
buffer, 電卓プログラム, 196
Burrows–Wheeler 変換, 801
Button, 431, 546–548
button_pushed, 541, 544

C

C, 815, 994
　C++ の呼び出し, 1003
　〜の標準ライブラリ, 998
The C Programming Language, 994
C++, 40, 818
　C++11, vi
　C++14, vi
　C++98, vi
　C との互換性, 995
　C にはない機能, 997
　C の呼び出し, 1003
　ISO 規格, vi
　他言語対応, 1042
　日本語対応, 1042
The C++ Programming Language, 4
C++11
　初期化の表記, 75
C#, 811
c_str(), 381, 828
　文字列, 1150
CAD (Computer–Aided Design), 23
calculate(), 電卓プログラム, 221, 225
Calculation, 電卓プログラム, 230
calloc(), 1165
CAM (Computer–Aided Manufacture), 23
can_open(), 469
capacity(), vector, 659
capacity(), コンテナー, 1126
case ラベル, swith 文, 96
\<cassert\>, 1112
catch
　(...), 139
　例外, 134
cb_next(), 541
\<cctype\>, 1112, 1149
ceil(), 895, 1155
cerr, ストリーム, 1144
\<cerrno\>, 1112
\<cfloat\>, 1112
char, 1047, 1077
CHAR_BIT, 制限マクロ, 1155
CHAR_MAX, 制限マクロ, 1155
CHAR_MIN, 制限マクロ, 1155
chi_squared_distribution, 894

\<chrono\>, 987, 1158
cin, 55, 333
　clear(), 341
　ストリーム, 1144
Circle, 430, 457
class, 169, 1086
classical_elimination(), 887
classical_gaussian_elimination(), 887
clean_up(), vector, 587
clean_up_mess(), 電卓プログラム, 226
clear(), 341, 342
　リスト演算, 1125
clear_row(), Matrix, 884
\<climits\>, 872, 1112
\<clocale\>, 1112
clock_t, 1166
clone(), 489
close(), 337
Closed_polyline, 430, 444
\<cmath\>, 514, 1112, 1155
Cmp, 765
Cmp_by_addr, 751
Cmp_by_name, 751
cntrl, 正規表現, 855, 1152
COBOL (The Common Business–Oriented Language), 804
CODASYL, 804
Color, 430, 438, 474
　invisible, 440
　visible, 440
Color::red, 404
Color_type, 439
Common Lisp, 806
\<complex\>, 896, 1111, 1155
complex, 896
complex\<double\>, 1156
complex\<float\>, 1156
complex\<long double\>, 1156
complex\<Scalar\>, 1156
conj(), 1156
　演算子, 897
const, 87, 88, 219, 249, 318, 1071
　C, 1025
const_cast, 演算子, 595, 1065, 1073
constexpr, 87, 670, 1071
constexpr 関数, 277
const_iterator, 1123
const_pointer, 1123
const_reference, 1123
const_reverse_iterator, 1123
const 参照渡し, 263, 268
const メンバー関数, 318
Container, コンセプト, 671
copy(), 616, 742, 771, 1130
copy_backward(), 1130
copy_if(), 771, 775
cos(), 513, 895, 1155
cosh(), 895, 1155
count(), 742, 988, 1129
count_if(), 742, 1129
cout, 41, 333
　ストリーム, 1144
CPL, 817

<csetjmp>, 1112
<csignal>, 1112
<cstdarg>, 1112
<cstddef>, 1112
<cstdio>, 1112, 1159
<cstdlib>, 1112, 1164, 1167
<cstring>, 1112, 1149, 1164
<ctime>, 1112, 1166
<ctype.h>, C, 999
<cwchar>, 1112
<cwctype>, 1112
C スタイルの文字列, 640, 1016
 const, 1018
C 文字列, 1016

■ D
d, サフィックス, 1058
d, 正規表現, 855, 1152
\D, 正規表現, 850, 1153
\d, 正規表現, 843, 850, 1153
Dahl, Ole–Johan, 813
data(), Matrix, 882
Date, 例, 296, 321
Day, 例, 354
dec, マニピュレーター, 367, 369, 1148
decipher(), 暗号, 945
Declaration, 電卓プログラム, 230
declaration(), 電卓プログラム, 231, 232
default_random_engine, 892
defaultfloat, 精度, 373
defaultfloat, マニピュレーター, 372, 1148
default ラベル, swith 文, 96
delete, 488
delete, 演算子, 585, 1066, 1072
 vector, 例, 593
Delphi, 811
<deque>, 1110
deque, 733, 1120
detach(), 520
difference_type, 1123
digit, 正規表現, 855, 1152
Dijkstra, Edsger, 809
dim1(), Matrix, 878, 882
dim2(), Matrix, 882
distance(), 1118
Distribution, 例, 525
divides(), 756, 1139
Document, 例, 721
 begin(), 722
 end(), 722
 find_txt(), 725
 Text_iterator, 722
 イテレーター, 721
dot_product, Matrix, 881
double, 57, 868, 896, 1077
draw(), 485
draw_lines(), 436, 447, 452, 456, 462, 485
duration, 988
duration_cast(), 988
duration_cast<>(), 1158
dynamic_cast
 演算子, 1065, 1073

例外, 1114

■ E
Element, 179
 コンセプト, 670, 671
elim_with_partial_pivot(), 889
Ellipse, 430, 459
else, if 文, 94
emplace(), リスト演算, 1125
emplace_back(), スタック, キュー, 1124
emplace_front(), スタック, キュー, 1125
empty(), コンテナー, 1126
encipher(), 暗号, 945
end, イテレーター, 706
end(), 828
 イテレーター, 1124
 文字列, 1150
endl, マニピュレーター, 1148
ends, マニピュレーター, 1148
enum, 306, 307, 931, 942, 1085
 C, 1013
enum class, 306
EOF, 340, 773
 C, 1024
eof(), 340, 832
 ストリーム, 1145
EOI (End of Input), 773
eos, 773
equal(), 742, 1128
Equal_comparable, コンセプト, 671
equal_range(), 742, 777, 778, 838, 1133
 連想コンテナー, 1127
equal_to(), 1138
erase(), 727, 729, 829
 List, 601
 文字列, 1150
 リスト演算, 1125
<errno.h>, C, 999
error(), エラー処理の例, 129, 131
EUC, 1043
Euler, 810
<exception>, 1112
exception, 139
exceptions(), 342
exit(), 1167
exp(), 513, 519, 895, 1155
expe, 519
explicit コンストラクター, 628
exponential_distribution, 894
Expression, 電卓プログラム, 174, 181
expression(), 電卓プログラム, 180, 181, 191
extern "C", 1004

■ F
f, サフィックス, 1058
fac(), 518
fail(), 340
 ストリーム, 1145
false, 1058
fclose(), 1159

fclose(), C, 1024
fct(), 例, 698
FILE, C, 1024
fill, 1132
fill_n(), 1132
find(), 725, 742, 743, 777, 829, 1128
 List, 601
 list, 745
 vector, STL, 745
 使用, 743
 定義, 743
 文字列, 1150
 戻り値, 743
 用途, 745
 連想コンテナー, 1127
find_end(), 1129
find_first_of(), 1128
find_from_addr(), 837, 840
find_if(), 742, 746, 1128
find_subject(), 837, 838, 840
fixed
 精度, 373
 マニピュレーター, 372, 1148
fl_arc(), 459
Fl_Color, 440
Fl_GIF_Image, 469
Fl_JPEG_Image, 469
fl_line(), 436, 445
float, 868, 870, 896, 1077
 仮数部, 870
 指数部, 870
<float.h>, 872, 1155
floating–point–literal, 電卓プログラム, 174
floor(), 895, 1155
FLOW–MATIC 言語, 804
FLTK (Fast Light Tool Kit), 406, 1174
flush, マニピュレーター, 1148
FMA (Fused Multiply–Add), 881
Font, 457
fopen(), 1159
 C, 1024
for_each(), 1128
Fortran (Formula Translation), 802
Forward_iterator, コンセプト, 671
forward_list, 1120
<forward_list>, 1111
for 文, 102
 範囲 for 文, 109
fprintf(), 1160
free(), 1165
 C, 1015
friend, 1088
from_string(), 830
front(), 要素, 1124
front_inserter(), 1137
<fstream>, 1111
fstream(), 1144
full, 電卓プログラム, 196
Function, 414, 430, 510
<functional>, 756, 893, 1111, 1138
<future>, 1112

1199

索引

■ G
gcount(), 1146
gen(), 893
generate(), 1132
generate_n(), 1132
get(), 383, 832, 1141, 1146
    Pool, 917
    Stack, 919
    vector, 592
    電卓プログラム, 191, 195, 197
get_complex(), 549
get_encoding(), 469
get_floating_point(), 549
get_int(), 549, 553
get_string(), 549
get_token(), 電卓プログラム, 180, 188
get_value(), 電卓プログラム, 229
getc(), 1163
    C, 1023
getchar(), 1163
    C, 1023
getline(), 382, 829, 832, 1146
gets(), 979
    C, 1023
GIF, 467
good(), 340
    ストリーム, 1145
graph, 正規表現, 855, 1152
Graph.cpp, 431
Graph.h, 403, 409, 431
Graph_lib, 403, 409
greate(), 1138
greater_equal(), 1138
grep, 842
guesstimation, 144
GUI (Graphical User Interface), 400, 538
    ボタン, 539
GUI.cpp, 431
GUI.h, 431
gui_main(), 486, 553
GUI ライブラリ, 401, 406, 430, 538

■ H
Hejlsberg, Anders, 811
Hello, World!, 40
hex, マニピュレーター, 367, 369, 1148
hide(), 547
high(), 例, 708
high_resolution_clock, 1158
Hopper, Grace Murray, 804
HTML, 401

■ I
I/O (Input/Output), 83
IBM, 803
Ichbiah, Jean, 812
IDE (Interactive Development Environment), 47
IFIP (International Federation of Information Processing), 807
ifstream, 336, 375
if 文, 92
    組み合わせ, 94

ignore(), 電卓プログラム, 227
imag(), 1156
    演算子, 897
Image, 420, 431, 466, 467
In_box, 431, 548
includes(), 1134
initializer_list, 615
<initializer_list>, 1141
inner_product(), 742, 753, 758, 766, 1157
    アルゴリズム, 758
    一般化, 758
inner_product(), Matrix, 881
inplace_merge(), 1133
Input_iterator, コンセプト, 671
insert(), 601, 727, 729, 764, 828, 837
    Link, 605
    List, 601
    文字列, 1150
    リスト演算, 1125
inserter(), 1137
int, 56, 868, 870, 1077
internal, マニピュレーター, 1148
invalid_argument, 935
<iomanip>, 1111, 1147
<ios>, 1111, 1147
<iosfwd>, 1111
<iostream>, 1111, 1147
IOstream, 1049
iostream, 366, 832, 1144
    ios_base::app, 375
    ios_base::ate, 375
    ios_base::binary, 375, 377
    ios_base::failbit, 342
    ios_base::failure, 342
    ios_base::in, 375
    ios_base::out, 375
    ios_base::trunc, 375
    状態, 1145
    状態フラグ, 342
    例外, 1114
iostream ライブラリ, 333
iota(), 1157
I/O エラー処理, 340
I/O ストリーム, 333, 832, 1143
I/O デバイス, 332
is_open(), 1144
is_palindrome(), 644–646
isalnum(), 384, 1149
isalpha(), 384, 841, 1149
iscntrl(), 384, 1149
isdigit(), 384, 841, 1149
isgraph(), 384, 1149
islower(), 384, 1149
ISO–2022–JP, 1043
<iso646.h>, C, 1009
isprint(), 384, 1149
ispunct(), 384, 1149
isspace(), 384, 1149
<istream>, 1111, 1143, 1146, 1147
istream, 333, 1143
    clear(), 342
    read(), 378
istream_iterator, 773

istringstream, 380, 830
isupper(), 384, 1149
isxdigit(), 384, 1149
iter_swap(), 1132
<iterator>, 1111, 1137
Iterator, 716
iterator, 712, 1123
iterator_traits, 1119

■ J
JIS コード, 1043
JPEG, 467

■ K
K&R, 994
Kernighan, Brian, 816, 994
key_comp()
    連想コンテナー, 1127
key_compare, 1123
key_type, 1123

■ L
L, プレフィックス, 1047
\L, 正規表現, 850, 1153
\l, 正規表現, 850, 1153
label, 515
Larger_than, 748
Larger_than(), 776
left, マニピュレーター, 1148
length(), 828
    文字列, 1150
less(), 1138
Less_comparable, コンセプト, 671
less_equal(), 1138
lexicographical_compare(), 1137
LIFO (Last In, First Out), 276
<limits>, 872, 1111, 1153
<limits.h>, 872, 1155
    C, 999
Line, 430, 432, 474
Line_style, 430, 440
linear_congruential_engine, 892
Lines, 430, 434
Lines_window, 551, 558
    コンストラクター, 551
Link, 600, 601, 710
    C, 1031
lint, 816, 1000
Lisp (LISt Processing), 806
<list>, 1111
List, 179
    C, 1031
list, 710, 716, 719, 726, 733, 1120
    iterator, 712
    イテレーター, 712
l/L, サフィックス, 1056
<locale>, 1050, 1112
log(), 513, 895, 1155
log10(), 895, 1155
logical_and(), 1138
logical_not(), 1138
logical_or(), 1138
Lola, 810
long, 868, 1077

long double, 896
Lovelace, Augusta Ada, 812
lower, 正規表現, 855, 1152
lower_bound(), 778, 1133
　　連想コンテナー, 1127
LSB (Least Significant Bit), 934
lvalue, 86

■ M
MacJapanese, 1043
Mail_file, 834, 836
　　コンストラクター, 839
main, 42
main(), 1055
　　グラフィックス, 409
　　電卓プログラム, 188, 193, 209, 212, 214, 219
　　引数, 1055
　　戻り値, 42, 139
major(), 460
make_heap(), 1135
make_pair(), 764, 838, 1140
make_vec(), vector, 687
malloc(), 1165
　　C, 1014
<map>, 759, 1111
map, 733, 759, 1120
　　概要, 762
mapped_type, 1123
Mark, 430, 464
Marked_polyline, 430, 461
Marks, 430, 463
match(), 724
<math.h>, C, 999
Matrix, 875, 876
　　(), 877
　　[], 877
　　1 次元〜, 878
　　2 次元〜, 882
　　3 次元 (以上) の〜, 885
　　apply(), 880
　　clear_row(), 884
　　data(), 882
　　dim1(), 882
　　dim2(), 882
　　inner_product(), 881
　　I/O, 884
　　scale_and_add(), 881
　　size(), 882
　　slice(), 879, 882
　　start_row(), 884
　　swap_rows(), 883, 889
　　行の交換, 883
　　組み込み演算, 880
　　コンストラクター, 881
　　次元数, 876
　　スライス, 879
　　添字, 877
　　定義, 876
　　要素の型, 876
matrix, 876
Matrix.h, 876
Matrix_error, 877
max(), 1136

max_element(), 1136
max_size(), コンテナー, 1126
McCarthy, John, 806
McIlroy, Doug, 816
mem_fn(), アダプター, 1139
memchr(), 1165
　　C, 1020
memcmp(), 1165
　　C, 1020
memcpy(), 1165
　　C, 1020
memmove(), 1165
　　C, 1020
<memory>, 688, 1111, 1112
memset(), 1165
　　C, 1020
Menu, 431, 547, 549
merge(), 742, 1133
mersenne_twister_engine, 892
Message, 836
Microsoft, 811
Microsoft CP932, 1043
min(), 1136
min_element(), 1137
minmax(), 1136
minor(), 460
minus(), 756, 1139
mismatch(), 1128
MIT, 806
Modula, 810
Modula–2, 810
modulus(), 756, 1139
Month, 例, 306, 354
move(), 487, 515, 547
MSB (Most Significant Bit), 934
multimap, 733, 759, 837, 1120
multiplies(), 756, 1139
multiset, 733, 759, 1120
<mutex>, 1112

■ N
\n (改行), 41, 1059
namespace ディレクティブ, 258, 1105
narrow_cast, 140
Naur, Peter, 808
negate(), 1139
<new>, 1112
new, 演算子, 453, 578, 579, 1066, 1072
　　vector, 例, 593
　　イニシャライザーリスト, 583
　　初期化, 583
　　問題, 913
　　例外, 1114
next(), 543, 544, 552
　　Link, 605
next_button, 540
next_permutation(), 1136
No_case, 765
noboolalpha, マニピュレーター, 1147
Node, ツリー, 762
norm(), 1156
　　演算子, 897
noshowbase, マニピュレーター, 369, 1147

noshowpoint, マニピュレーター, 1147
noshowpos, マニピュレーター, 1147
noskipws, マニピュレーター, 1147
not_equal_to(), 1138
not1(), アダプター, 1139
not2(), アダプター, 1139
notches, 515
nouppercase, マニピュレーター, 1148
now(), 1158
　　system_clock, 988
nth_element(), 1133
nullptr, 584, 1059, 1078
null ポインター, 584, 641, 1059, 1078
Number
　　コンセプト, 671
　　電卓プログラム, 174
number_of_points(), 437, 484
<numeric>, 753, 1111
Numeric_lib, 876
numeric_limits, 1153
Nygaard, Kristen, 813

■ O
Oberon, 810
Oberon–2, 810
oct, マニピュレーター, 367, 369, 1148
odd(), 747
ofstream, 336, 375
open(), 337, 1144
Open_polyline, 430, 443
operator, 309, 1084
operator bool(), 390
operator(), 749
operator++(), 309
operator=(), vector, 661
operator[](), 632
　　operator[](), vector, 680
　　vector, 678
operator<<(), 309, 349
operator>>(), 350, 356
OR, 932, 1068
Orientation, 517
<ostream>, 1111, 1143, 1147
ostream, 333, 1143
　　write(), 378
ostream_iterator, 772
ostringstream, 380, 830
Out_box, 431, 548
out_of_range, 136
　　vector, 680
Output_iterator, コンセプト, 671
override, 495, 1096

■ P
pair, 764, 1139
partial_sort(), 1132
partial_sort_copy(), 1132
partial_sum(), 753, 1157
partition(), 1133
Pascal, 810
path, 467
Petersen, Lawrence, 13
pivot, 888, 889
PL/360, 810

1201

plus(), 756, 1139
POD (Plain Old Data), 310
Point, 403, 430, 432, 474, 475
point(), 437
Point.h, 431
pointer, 1123
polar(), 1156
polar(), 演算子, 897
Polygon, 404, 415, 430, 446
polyline, 443
Pool, 917
poor(), 例, 921
　　問題, 921
pop_back(), スタック, キュー, 1124
pop_front(), スタック, キュー, 1125
pop_heap(), 1135
pow(), 518
pred(), 746
Predicate, コンセプト, 671
pressed(), 558
prev_permutation(), 1136
previous(), Link, 605
Primary, 電卓プログラム, 174, 187, 215
primary(), 電卓プログラム, 180, 187, 216, 219
print, 正規表現, 855, 1152
printf(), 1160
　　C, 1021
printout(), 674
priority_queue, 1120
private, 195, 294, 490, 496
　　メンバー, 295, 1086
protected, 480, 490, 496
public, 195, 294, 496
　　関数, 295
　　メンバー, 1086
punct, 正規表現, 855, 1152
Punct_stream, 例, 386
push_back(), 488, 727
　　push_back(), vector, 677
　　vector, 570
　　vector, STL, 109
　　スタック, キュー, 1124
　　文字列, 1150
push_back(), vector, 656, 660
push_front(), スタック, キュー, 1124
push_heap(), 1135
put(), 549, 1147
put_on_top(), 450
putback(), 1146
putback(), 電卓プログラム, 191, 195
putc(), 1163
putchar(), 1163

■ Q

qsort(), 1167
<queue>, 1111
queue, 1120
quit(), 552

■ R

RAII (Resource Acquisition Is Initialization), 686, 977
randint(), 乱数ジェネレーター, 892

<random>, 891, 1111
Random_access_iterator, コンセプト, 671
random_device, 892
random_shuffle(), 1130
random_vector(), 892
Range_error, 682
rbegin(), イテレーター, 1124
read(), 378, 1146
Reading, 例, 338
real(), 1156
　　演算子, 897
realloc(), 1165
　　C, 1015
Recipient, 833
Record, 例, 750
Rectangle, 416, 430, 448
redraw(), 545, 553
reference, 1123
<regex>, 846, 1111, 1149, 1151
regex, 1049
　　例外, 1114
regex_match(), 858, 1151
regex_replace(), 1151
regex_search(), 847, 858, 1151
regex パターン, 846
reinterpret_cast, 920
reinterpret_cast, 演算子, 576, 595, 1065, 1073
release(), vector, 689
remove(), 1130
remove_copy(), 1130
remove_copy_if(), 1130
rend(), イテレーター, 1124
replace(), 1130
replace_copy(), 1130
reserve()
　　vector, 658, 677, 690
　　コンテナ, 1126
reset(), 750
resetiosflags(), マニピュレーター, 1148
resize()
　　vector, 656, 659, 678
　　コンテナ, 1126
return 文, 261
reverse(), 1130
reverse_copy(), 1130
reverse_iterator, 1123
RFC2822, 833
Richards, Martin, 817
right, マニピュレーター, 1148
Ritchie, Dennis, 815, 994
rotate(), 1130
rotate_copy(), 1130
round(), 1155
runtime_error, 129, 138
rvalue, 86
rvalue 参照, 624

■ S

s, 正規表現, 855, 1152
\S, 正規表現, 850, 1153
\s, 正規表現, 845, 850, 1153
Scale, 例, 528

scale_and_add(), 889
scale_and_add(), Matrix, 881
scanf(), 979
　　C, 1023
Scheme, 806
scientific, 精度, 373
scientific, マニピュレーター, 372, 1148
search(), 1128
search_n(), 1129
seekg(), 380
seekp(), 380
Sender, 833
Sequence, 179
<set>, 759, 1111
set, 733, 759, 769, 931, 1120
set(), 775
　　vector, 592
set_color(), 438, 442
set_difference(), 1134
set_fill_color(), 449
set_intersection(), 1134
set_label(), 413
set_major(), 460
set_mask(), 467
set_minor(), 460
set_point(), 483
set_style(), 441
set_symmetric_difference(), 1135
set_union(), 1134
set_value(), 電卓プログラム, 229
setbase(), マニピュレーター, 1148
setfill(), マニピュレーター, 1148
setiosflags(), マニピュレーター, 1148
setprecision(), マニピュレーター, 372, 1148
setw(), マニピュレーター, 373, 1148
Shape, 408, 474, 479, 797
　　プリミティブ, 409
shared_ptr, 689, 1142, 1143
Shepherd, Simon, 944
Shift JIS, 1043
short, 1077
show(), 547
showbase, マニピュレーター, 369, 1147
showpoint, マニピュレーター, 1147
showpos, マニピュレーター, 1147
signed, 936, 1077
Simple_window, 404, 431, 540
　　コンストラクター, 541, 545
Simple_window.cpp, 431
Simple_window.h, 403, 409, 431, 540
Simula, 813
sin(), 414, 513, 895, 1155
sinh(), 895, 1155
size(), 484, 716, 828
　　Matrix, 878, 882
　　vector, 570, 587
　　vector, STL, 109
　　コンテナ, 1126
　　文字列, 1150
size_type, vector, 937
sizeof, 演算子, 576, 869, 1066, 1072
size_type, 1123
skipws, マニピュレーター, 1147

slice(), Matrix, 879, 882
sloping_cos(), 513
solve_random_system(), 890
sort(), 84, 112, 742, 776, 779, 1132
sort_heap(), 1135
space, 正規表現, 855, 1152
sprintf(), 1160
sqrt(), 895, 1155
<sstream>, 1111
stable_partition(), 1133
stable_sort(), 1132
<stack>, 1111
Stack, 918
stack, 1120
start_row(), Matrix, 884
state(), 750
Statement, 電卓プログラム, 230
statement(), 電卓プログラム, 231
static, 542
static_assert, 931
static_cast, 920
static_cast, 演算子, 595, 1065, 1073
static ローカル変数, 281
std::char16_t, 1048
std_lib_facilities.h
　　使用, 1171
<stdbool.h>, C, 999, 1009
<stdexcept>, 1112
stdin, C, 1021
stdio, C, 1021
<stdio.h>, C, 999, 1021
<stdlib.h>, C, 999, 1014
stdout, C, 1021
std 名前空間, 1113
steady_clock, 1158
Stepanov, Alexander, 819
STL (Standard Template Library), 702, 705, 819
　　アルゴリズム, 742
　　コンテナー, 733
　　理念, 702
STL ユーティリティ, 1137
str(), 381
Strachey, Christopher, 817
strcat(), 1164
　　C, 1017
strchr(), 1164
　　C, 1017
strcmp(), 1164
　　C, 1017
strcmp(), C, 1016
strcpy(), 1164
　　C, 1017
strcpy(), C, 1020
<streambuf>, 1111
streambuf, 393
<string>, 828, 1111, 1149
string, 56, 644, 726, 735, 828, 1121, 1150
　　+, 演算子, 828
　　+=, 演算子, 828
　　<, 演算子, 828
　　<<, 演算子, 829
　　=, 演算子, 828

==, 演算子, 828
>>, 演算子, 829
[], 演算子, 828
append(), 829
begin(), 828
c_str(), 828
end(), 828
erase(), 829
find(), 829
getline(), 829
insert(), 828
length(), 828
size(), 828
例外, 1114
<string.h>, C, 999, 1016
stringstream, 381, 831
stringstream(), 1144
strlen(), 638, 1164
　　C, 1017
strncat(), 1164
　　C, 1017
strncmp(), 751, 1164
　　C, 1017
strncpy(), 1164
　　C, 1017
Stroustrup, Bjarne, 12, 818
strpbrk(), 1164
strrchr(), 1164
strstr(), 1164
　　C, 1017
strtod(), 1164
strtol(), 1164
strtoul(), 1164
struct, 295, 296
　　C, 1007
Subject, 833–835
Suffix, 467
swap(), 692, 1132
　　コンテナー, 1126
swap_ranges(), 1132
swap_rows(), Matrix, 883, 889
switch 文, 95
　　特性, 96
system(), 1167
system_clock, 988, 1158
system_clock(), 985

■ T
\t (タブ), 367, 1059
tan(), 895, 1155
tanh(), 895, 1155
TEA (Tiny Encryption Algorithm), 944
TEA 暗号化アルゴリズム, 801
template, 1099
template<typename T>, 664
Term, 電卓プログラム, 174, 185
term(), 518
　　電卓プログラム, 180, 185, 192
Test, 971
test_all(), 例, 971
Text, 419, 430, 454, 509
this ポインター, 605, 606, 1088
Thompson, Ken, 816

<thread>, 1112
throw
　　演算子, 1069
　　例外, 134
time, UNIX, 987
<time.h>, C, 999
time_point, 988
time_t, 1166
tm, 1166
to<>(), 832
to_string(), 830
Token, 電卓プログラム, 168
Token_stream, 電卓プログラム, 191, 194, 195, 227
　　実装, 196
tolower(), 384, 389, 1149
toupper(), 384, 1149
transform(), 1129
true, 1058
try ブロック, 例外, 134
<tuple>, 1140
tuple, 1140
Turbo Pascal, 811
typedef, C, 1007
typedef size_t, C, 1014
typeid
　　演算子, 1065
　　例外, 1114
<typeinfo>, 1112
typename, 1100, 1102

■ U
U, プレフィックス, 1048
u, プレフィックス, 1048
\U, 正規表現, 850, 1153
\u, 正規表現, 850, 1153
u8, プレフィックス, 1048
UCS (Universal Coded Character Set), 1043
unget(), 342, 1146
ungetc(), 1163
Unicode, 1043
　　UTF–16, 1044
　　UTF–32, 1044
　　UTF–8, 1044
　　異体字セレクター, 1045
　　エンディアン, 1045
　　可変長エンコード, 1044
　　結合文字, 1044
uninitialized_copy(), 692, 1132
uninitialized_fill(), 1132
union, 1099
unique(), 1130
unique_copy(), 742, 771, 774, 1130
unique_ptr, 688, 1142
UNIX, 816
<unordered_map>, 759, 1111
unordered_map, 733, 759, 767, 1120
unordered_multimap, 733, 759, 1120
unordered_multiset, 733, 759, 1120
<unordered_set>, 759, 1111
unordered_set, 733, 759, 1120
unsetf(), 370
unsigned, 933, 936

unsined, 1077
upper, 正規表現, 855, 1152
upper_bound(), 778, 1133
　　連想コンテナー, 1127
uppercase, マニピュレーター, 1147
using 宣言, 283
using ディレクティブ, 283, 1105
UTF-16, 1044
UTF-32, 1044
UTF-8, 1044
<utility>, 1111, 1139
u/U, サフィックス, 1056

■ V
<valarray>, 1111
valarray, 735, 1121, 1157
value_comp()
　　連想コンテナー, 1127
Value_type, 671, 716
value_type, 1123
Variable, 電卓プログラム, 228
<vector>, 1111
vector, STL, 108, 570, 701, 714, 719, 726, 733, 873, 924, 1120
　　begin(), 714
　　end(), 714
　　iterator, 714
　　push_back(), 656
　　resize(), 656
　　size(), 716
　　size_type, 715
　　拡大, 109
　　効率, 680
　　互換性, 680
　　サイズ変更, 656
　　数値, 110
　　制約, 681
　　走査, 109
　　代入, 656
　　テキスト, 113
　　必要に応じたチェック, 681
　　問題点, 727
　　例外, 1114
vector, 例, 615, 654, 665
　　(), 要素の個数, 616
　　{}, 要素のリスト, 616
　　at(), 679, 680
　　capacity(), 659
　　double 型の〜, 662
　　operator=(), 661
　　operator[](), 678, 680
　　push_back(), 660, 677
　　reserve(), 658, 677
　　resize(), 659, 678
　　〜へのポインター, 593
　　空き領域, 657
　　一般化, 675
　　基礎, 572
　　コピー, 617
　　コピーコンストラクター, 618
　　コンストラクター, 593
　　サイズ, 654
　　サイズ変更, 658
　　初期化, 615

代入, 660
デストラクター, 593
範囲外アクセス, 654
範囲チェック, 678, 680
引数, 654
問題, 654
要素の型, 654
要素の個数, 654, 657
要素の領域, 577
要素へのアクセス, 592, 632
例外, 680
vector_base, vector, 691
Vector_ref, 431, 453, 1182
virtual, 486, 493
virtual 関数, 591
virtual デストラクター, 591, 627
visibility(), 436
Visual Studio
　　FLTK, 1174
　　インストール, 1170
void, 260, 1002
void*, 595, 1077
　　C, 1012
vptr, 491
vtbl, 491

■ W
w, 正規表現, 855, 1152
\W, 正規表現, 850, 1153
\w, 正規表現, 843, 850, 1153
wait(), 544
wait_for_button(), 487, 539, 544
wchar_t, 1047
Web, 28
Web ブラウザー, 538
what(), 138, 1115
Wheeler, David, 800, 944
while 文, 99, 100
Widget, 542, 546, 547, 1179
　　Button, 548
　　In_box, 548
　　Menu, 549
　　Out_box, 548
win, 404
Window, 431, 474, 479, 540, 544, 547, 1180
Window.cpp, 431
Window.h, 409, 431
Wirth, Niklaus, 810
write(), 378, 1147
ws, マニピュレーター, 1148

■ X
xdigit, 正規表現, 855, 1152
XOR, 932

■ Y
Year, 例, 354

■ あ
赤黒木, 759, 762
アキュムレーター, 754
アクセス関数, 481
アクセス制御, 481

アクティベーションレコードのスタック, 275
アサーション, 149, 931
アサート, 149
アセンブラー, 800
値, 70
　　構造化された〜, 356
　　読み取り, 344
値, ツリー, 762
値, 変数, 56
値セマンティクス, 623
値渡し, 262, 268
圧縮ガベージコレクション, 915
アドホックポリモーフィズム, 668
アドレス, 574
アドレス演算子, 574
アニメーション化, 518
アプリケーションドメイン, 474
アルゴリズム, 570, 667, 742, 1128
　　accumulate(), 742, 753, 754
　　adjacent_difference(), 753
　　binary_search(), 777
　　copy(), 742, 771
　　copy_if(), 771, 775
　　count(), 742
　　count_if(), 742
　　equal(), 742
　　equal_range(), 742, 777, 778
　　find(), 742, 743, 777
　　find_if(), 742, 746
　　inner_product(), 742, 753, 758, 766
　　lower_bound(), 778
　　merge(), 742
　　partial_sum(), 753
　　set(), 775
　　sort(), 84, 742, 776, 779
　　unique_copy(), 742, 771, 774
　　upper_bound(), 778
　　検索, 776
　　コピー, 771
　　正真正銘の〜, 974
　　数値〜, 753
　　ソート, 776
暗号
　　関数, 945
暗号化, 944
暗黙的な型変換, 1070

■ い
以下, 60
以上, 60
依存関係, 976
異体字セレクター, 1045
一時オブジェクト, 269, 1064
一過性のエラー, 911
一般化, 497
イテレーション, 99
イテレーター, 706, 1116
　　!=, 706, 712
　　*, 706, 712
　　++, 706, 712
　　--, 712
　　==, 706, 712

begin, 706
begin(), 1124
end, 706
end(), 1124
eos, 773
istream_iterator, 773
iterator, 712
ostream_iterator, 772
rbegin(), 1124
rend(), 1124
〜の演算, 1117, 1118
概念, 706
基本演算, 706
出力〜, 735, 1118
種類, 735, 736
ストリーム〜, 772
前方〜, 735
双方向〜, 735, 1118
入力〜, 735, 1118
ランダムアクセス〜, 1119
移動, オブジェクト, 1093
イニシャライザー, 75, 249, 626
イニシャライザーリスト, 302
イミュータブル（不変）, 318
イメージ, 417, 466
入れ子
 関数, 258
 クラス, 257
 ブロック, 258
色, 438, 474
インクリメント, 60
インクルード, 42, 251
インクルードガード, 1030
インサーター, 1137
インターフェイス, 294
 機能不全の〜, 920
 公開〜, 294
インターフェイスクラス, 924
インターフェイスの継承, 498
インデックス, 108
インデックス, vector, 570
インライン関数, 303

■ う
ウィジェット, 546
ウィンドウ, 404, 407, 474
 キャンバス, 407
 サイズ, 407
 ほとんど空の〜, 410
ウィンドウ, GUI, 540

■ え
エイリアス, 1106
エラー, 122
 1つ違い〜, 136
 error(), 129, 131
 〜処理, 129, 131
 〜に強いシステム, 911
 一過性の〜, 911
 型〜, 122, 125
 キャッチされない例外, 140
 境界〜, 136
 原因, 123
 構文〜, 122, 124

コンパイル〜, 46, 122, 124
実行時〜, 47
縮小〜, 140
バグ, 145
範囲〜, 135, 136
不正な入力, 137
不正な引数, 134
報告, 132, 304
ランタイム〜, 47, 122, 128
リンク〜, 47, 122, 127
論理〜, 47, 122, 141
エラー処理, 1114
 I/O, 340
 電卓プログラム, 210
エラー値, 132
エラーに強いシステム, 911
 監視サブシステム, 912
 誤動作しているコード, 911
 自己診断, 911
 複製, 911
 リソースリーク, 911
円, 457
エンコード, 1042
演算, 59, 475
 以下, 60
 以上, 60
 インクリメント, 60
 書き出し, 60
 加算, 60
 減算, 60
 乗算, 60
 乗算代入, 60
 剰余（法）, 60
 剰余代入, 60
 初期化, 63
 除算, 60
 除算代入, 60
 代入, 60, 62, 63
 足す, 60
 デクリメント, 60
 等しい, 60
 等しくない, 60
 読み込み, 60
 より大きい, 60
 より小さい, 60
 連結, 60
演算子, 88, 1065
 !, 1066
 !=, 60, 897, 1067
 !=, イテレーター, 706, 712
 (), 749, 1065, 1073
 *=, 60, 66, 1068
 *, 60, 580, 896, 1066
 *, イテレーター, 706, 712
 ++, 60, 1065, 1066
 ++, イテレーター, 706, 712
 +=, 60, 66, 1068
 +=, string, 828
 +, 60, 896, 1067
 +, string, 828
 ,（コンマ）, 1069
 -=, 66, 1068
 -> (アロー), 594, 1065, 1066, 1087
 -, 60, 896, 1066, 1067

 --, 60
 --, イテレーター, 712
 . (ドット), 594
 /=, 60, 66, 1068
 /, 60, 896, 1066
 :: (スコープ解決), 1065, 1087
 <=, 60, 1067
 <, 60, 1067
 <, string, 828
 <<, 41, 60, 832, 897, 1067
 <<, string, 829
 =, 60, 62, 1068
 =, string, 828
 ==, 60, 896, 1067
 ==, イテレーター, 706, 712
 ==, string, 828
 >=, 60, 1067
 >, 60, 1067
 >>, 55, 57, 60, 832, 897, 1067
 >>, string, 829
 ?:, 1068
 [], 580, 592, 1065
 [], string, 828
 %=, 60, 66, 1068
 %, 60, 1066
 &=, 1068
 &&, 1068, 1072
 &, 1066, 1067, 1072
 --, 1065
 . (ドット), 1065, 1066, 1087
 <<=, 1068
 >>=, 1068
 |=, 1068
 ||, 1068, 1072
 |, 1068, 1072
 abs(), 897
 AND, 1068
 arg(), 897
 conj(), 897
 const_cast, 595, 1065, 1073
 delete, 585, 1066, 1072
 dynamic_cast, 1065, 1073
 imag(), 897
 new, 453, 578, 579, 1066, 1072
 norm(), 897
 OR, 1068
 polar(), 897
 real(), 897
 reinterpret_cast, 595, 1065, 1073
 sizeof, 576, 869, 1066
 static_cast, 1065, 1073
 throw, 1069
 typeid, 1065
 アドレス〜, 574
 加減〜, 1067
 型変換〜, 1073
 関係〜, 1067
 関数適用〜, 749
 関数呼び出し〜, 749
 関節参照〜, 574, 580, 635
 逆参照〜, 575
 後置型, 1065
 コンマ式, 1069
 条件式, 1068

1205

索引

乗除～, 1066
スロー式, 1069
添字～, 580
代入, 1068
単項式, 1066
等価～, 1067
ビット単位の AND, 1067
ビット単位の OR, 1068
ビット単位の XOR, 1068
ビット単位の論理演算, 1072
複合代入～, 66
メンバーアクセス～, 594
優先順位, 86, 1069
ユーザー定義～, 1069
論理演算, 1072
演算子のオーバーロード, 309, 1084
エンディアン, 1045
 ビッグ～, 1046
 リトル～, 1046
エンティティ, 249

■ お
大きなシステム, 904
オートコード, 800
オーバーフロー, 869, 939
オーバーライド, 486, 493, 497, 1095
オーバーロード, 309, 1081
 const での～, 633
オブジェクト, 54, 56, 70
 一時～, 269, 1064
 型, 56
 関数～, 748
 コピー, 313, 614
 参照, 304
 状態, 292, 301
 初期化, 299
 静的クラスメンバー, 1064
 テンポラリ, 269
 名前, 56
 名前空間～, 1064
 名前のない～, 452
 フリーストア～, 1064
 変数, 56
 ムーブ, 623, 624
 有効な状態, 301
 レイアウト, 491
 ローカル（自動）～, 1064
 ローカル静的～, 1064
オブジェクトコード, 43
オブジェクト指向, 813
オブジェクト指向プログラミング, 490, 668, 796
 利点, 498
温度, 110

■ か
回帰テスト, 966
概算, 144
カイ二乗分布, 894
階乗, 518
解読, 暗号, 944
回文, 644
ガウスの消去法, 886
ガウス分布, 894

鍵, 暗号, 944
書き出し, 60
加減演算子, 1067
加算, 60
ガジェット, 904
仮数部, 870
火星探査機, 28
仮想, 813
画像, 420
仮想関数, 489, 497, 1095
 定義, 492
仮想関数テーブル, 491
仮想テーブル, 491
画像ファイル, 466
画像フォーマット, 467
仮想ポインター, 491
カーソル, 41
型, 54, 56, 70, 474, 1077
 bool, 1077
 char, 1047, 1077
 Date, 例, 296
 Distribution, 例, 525
 double, 57, 868, 1077
 float, 868, 870, 1077
 int, 56, 868, 870, 1077
 istream, 333
 long, 868, 1077
 ostream, 333
 pair, 764
 short, 1077
 signed, 1077
 std::char16_t, 1048
 string, 56
 Token, 電卓プログラム, 168
 Token_stream, 電卓プログラム, 195
 unsigned, 1077
 void*, 595, 1077
 wchar_t, 1047
 ～セーフ, 71
 ～の安全性, 71
 安全ではない変換, 73
 安全な変換, 72
 切り捨て, 74
 組み込み～, 1077
 サイズ, 869
 縮小変換, 73
 整数～, 868
 操作, 292
 テンプレートパラメーター, 664
 パラメーター化された～, 667
 表現, 292
 浮動小数点数～, 868
 変換, 72, 90
 文字～, 1047
 ユーザー定義～, 168, 292, 1084
型エラー, 122, 125
型ジェネレーター, 666
型パラメーター, 673
型フィールド, C, 1005
型変換, 140, 1070, 1073
 Boolean～, 1070
 暗黙的な～, 1070
 算術～, 1071

 参照～, 1070
 整数～, 1070
 浮動小数点数～, 1070
 浮動小数点数と整数の間での～, 1070
 ポインター～, 1070
 ユーザー定義の～, 1071
型変換演算子, 1073
稼働期間, 906
可搬性, 488
カプセル化, 490
ガーベジコレクション, 586
 圧縮～, 915
可変性, 478
可変長, 1043
カラーチャート, 452
空の文, 92
空の文字列, 109
仮引数, 259
 省略, 259
簡易関数, 320
関係演算子, 1067
監視サブシステム, 912
関数, 42, 104, 259, 1081
 constexpr, 277
 const 参照渡し, 263, 268
 public, 295
 virtual, 591
 void, 260
 ～宣言, 107
 ～定義, 105
 ～本体, 104
 アクセス～, 481
 値渡し, 262, 268
 ～の, 268
 入れ子～, 258
 インライン関数, 303
 仮引数, 259
 簡易～, 320
 グラフ化, 506
 グラフ表示, 414
 コールバック～, 540, 541
 参照渡し, 265, 268
 事後条件, 152
 事前条件, 150
 純粋仮想～, 481, 497
 制御の戻し, 259
 宣言, 259
 名前, 259
 パラメーター, 259
 パラメーター化された～, 667
 パラメーターリスト, 105
 引数, 259
 ひどい～, 974
 ブロードキャスト～, 880
 ヘルパー～, 298, 319
 補助～, 320
 メンバー～, 298
 メンバー～呼び出し, 110
 呼び出し, 259, 272
 ローカル～, 258
関数, C, 999
 定義, 1002
関数アクティベーションレコード, 273
関数オブジェクト, 748, 1138
 Cmp_by_addr, 751

Cmp_by_name, 751
divides(), 756
Larger_than(), 776
minus(), 756
modulus(), 756
multiplies(), 756
plus(), 756
reset(), 750
state(), 750
メカニズム, 749
ラムダ式, 752
関数型プログラミング, 803
関数定義, C, 1002
関数適用演算子, 749
関数テンプレート, 667
関数プロトタイプ, 1000
関数へのポインター, C, 1005
関数メンバー, 293
関数呼び出し演算子, 749
関節参照演算子, 574, 580, 635
完全修飾名, 282

■ き
キー、ツリー, 762
木, 762
機械語, 43, 800
幾何学図形, 415
ギガバイト, 27
刻み目, 412
擬似仮想関数, C, 1006
疑似コード, 164
記数法, 367, 1056
基底クラス, 432, 481, 489, 492, 1094
キーボード, 538
基本的な保証, 688
逆参照演算子, 575
逆正弦, 895
逆正接, 895
逆余弦, 895
キャスト, 140, 595, 1073
 C スタイル, 1011
キャッシュアーキテクチャ, 801
キャッチ
 ～されない例外, 140
 例外, 134
キャンバス, 407
級数, 518
行, 873
境界エラー, 136
共役, 897
共有基盤, 139
共用体, 1099
行列, 873
極座標, 897
虚数部, 897
切り捨て, 870
キーワード, 1060
 C の～ではない C++ の～, 1008
近似, 518

■ く
区間, 706
具象クラス, 481
組み込み型, 1077

組み込みコンピューター, 905
組み込みシステム, 904
 vector, STL, 924
 インターフェイス, 920
 型変換, 920
 稼働期間, 906
 基本概念, 907
 実地整備, 906
 障害への対処, 910
 信頼性, 906
 正確さ, 907
 制約, 905
 耐障害性, 907
 並列性, 909
 ダウンタイム, 908
 フォールトトレランス, 907
 予測可能性, 908, 909
 リアルタイム, 908
 リアルタイムの応答, 906
 理想, 909
 リソース, 906
組み込み配列, 1121
クラス, 293, 813, 1086
 class, 169
 friend, 1088
 override, 1096
 private, 294, 490
 private メンバー, 295, 1086
 protected, 490
 public, 294
 public 関数, 295
 public メンバー, 1086
 アクセス, 496
 アクセス関数, 481
 ～内イニシャライザー, 316
 移動、オブジェクト, 1093
 入れ子の～, 257
 インターフェイス, 294, 310
 インライン関数, 303
 オーバーライド, 486, 493, 497, 1095
 階層, 497
 仮想関数, 489, 492, 497, 1095
 カプセル化, 490
 基底～, 432, 481, 489, 492, 1094
 具象クラス, 481
 継承, 1094
 公開インターフェイス, 294
 コピー、オブジェクト, 1092
 コンストラクター, 299, 1090
 サブ～, 489
 実装, 294
 純粋仮想関数, 497, 1096
 初期値, 299
 スーパー～, 489
 設計原理, 474
 宣言, 294
 多重継承, 1094
 抽象, 497, 1096
 抽象クラス, 480, 481
 デストラクター, 1092
 デフォルトコンストラクター, 314, 315, 1091
 派生～, 489, 492, 1094
 パラメーター化された～, 667

不可欠な演算, 626
フレンド, 1088
ベース, 432
ヘルパー関数, 319
メンバー, 293, 1086
メンバー～, 257
メンバーアクセス, 1086
メンバー関数, 257, 301
メンバーの定義, 1089
列挙, 306
ローカル～, 257
クラス階層, 497
クラススコープ, 254, 1061
クラステンプレート, 665, 667
クラス内イニシャライザー, 316
グラフ, 506
 Axis, 515
 アニメーション化, 518
 一般的なレイアウト, 527
 色, 510
 軸, 509
 指数, 513
 指数関数, 518
 斜線, 506
 水平線, 506
 正弦, 513
 対数, 513
 データ, 524
 放物線, 506
 余弦, 513
 ラベル, 508
グラフィックス, 400
 ヘッダー, 409
グラフィックスクラス, 430
 Circle, 457
 Closed_polyline, 444
 Color, 438, 474
 Ellipse, 459
 Function, 510
 Image, 466
 Line, 432, 474
 Line_style, 440
 Lines, 434
 Mark, 464
 Marked_polyline, 461
 Marks, 463
 Open_polyline, 443
 Point, 474
 Polygon, 446
 Rectangle, 448
 Shape, 479
 Text, 454
 Window, 474
 アクセス制御, 481
 演算, 475
 概要, 430
 型, 474
 可搬性, 488
 可変性, 478
 基底～, 489
 コピー, 488
 図形, 474
 図形の描画, 485
 設計原理, 474

派生〜, 489
ポイント（点）, 432
命名, 476
グラフィックスライブラリ, 401, 430
プリミティブ, 409
クリアテキスト, 944
繰り返し, 99
グリッド, 435
グローバルスコープ, 254, 1061
グローバル変数, 247, 280
グローバルメモリー, 916

■ け
継承, 599, 672, 1094
インターフェイス, 498
実装, 498
結果, 83
結合文字, 1044
検索, 743, 746, 776, 1132
正規表現を使った〜, 846
減算, 60

■ こ
項, 電卓プログラム, 185
公開インターフェイス, 195, 294
構造化された
〜値, 356
〜データ, 354
〜ファイル, 353
構造体タグ, C, 1007
後置型の式, 1065
構文アナライザー, 174
構文エラー, 122, 124
構文解析, 174
構文マクロ, C, 1028
固定長, 1042
コーディング規約, 950
一般的なルール, 953
関数と式のルール, 955
クラスのルール, 956
クリティカルシステムのルール, 957
実際の〜, 957
ハードリアルタイムのルール, 956
プリプロセッサのルール, 953
命名とレイアウトのルール, 954
例, 952
コード, 43
一般化, 700
レイアウト, 222
誤動作しているコード, 911
コード記憶部, 577
コードポイント, 1042
コピー, 488, 771
シャロー〜, 622
ディープ〜, 622
コピー, オブジェクト, 313, 1092
コピー演算, 488
コピーコンストラクター, 488, 618, 627
コピー代入, 620, 627
コマンドラインウィンドウ, 47
コメント, 41, 223, 1055
1行〜, 1055
ブロック〜, 1055
コールスタック, 276

コールバック関数, 540, 541
マッピング, 545
コンストラクター, 234, 299, 590, 626, 1090
explicit〜, 628
Simple_window, 541
vector, 例, 593
コピー〜, 488, 618, 627
デフォルト〜, 251, 314, 315, 626
電卓プログラム, 235
ムーブ〜, 625, 627
呼び出し, 629
コンセプト, 670
コンソール, 411
コンソール入出力, 538
コンテナー, 672, 704, 733, 1120
array, 733
deque, 733
list, 733
map, 733, 759
multimap, 733, 759
multiset, 733, 759
set, 733, 759, 769
unordered_map, 733, 759, 767
unordered_multimap, 733, 759
unordered_multiset, 733, 759
unordered_set, 733, 759
vector, STL, 733
〜アダプター, 1120
シーケンス〜, 1120
走査, 716
定義, 734
標準〜, 733
変更, 704
ほぼ〜, 734, 1121
メンバー型, 1123
連想〜, 759, 1120
コンテナーアダプター, 1120
コントロール, 546
コンパイラー, 43
最初の〜, 800
コンパイルエラー, 44, 46, 122, 124
コンピューター, 16
医学, 26
運輸, 23
大型船舶, 905
画面の有無, 22
組み込み〜, 905
出力, 82
情報, 26
ディーゼルエンジン, 905
電気通信, 24
入出力, 83
入力, 82
コンピューターサイエンス, 21
コンピュテーション, 82
コンポーネント, 794
コンマ式, 1069

■ さ
最下位ビット, 869
再帰, 182, 275
最上位ビット, 869
最適化の法則, 910

再利用, 794
サーバーファーム, 27
座標, 403, 407
サフィックス, C, 1013
サブクラス, 489
サブツリー, ツリー, 762
三角形, 404
算術 if 文, 255
算術型変換, 1071
参照, 264, 599, 700, 1080
ポインターとの違い, 596
参照型変換, 1070
参照セマンティクス, 623
参照パラメーター, 597
参照引数, 598
参照渡し, 265, 268

■ し
ジェネリック, 476
ジェネリックグラミング, 796
ジェネリックプログラミング, 667
アルゴリズム, 667
四角形, 416, 448
時間, 1158
時間の計測, 987
式, 85, 1065
条件〜, 255
定数〜, 87, 1071
電卓プログラム, 181
変数の名前, 85
論理〜, 1072
識別子, 1060
軸, 412
シーケンス, 108, 706
半開 (half-open), 706
シーケンスコンテナー, 1120
時刻, 1166
事後条件, 152, 974
自己診断, 911
四捨五入, 870
辞書, 113
辞書式順序, 1017
指数, 513, 895
指数関数, 518
指数部, 870
指数分布, 894
システムテスト, 965, 981
事前条件, 150, 974
自然数, 868
自然対数, 895
持続性, 367
実行時エラー, 47
実行時ディスパッチ, 490
実行時ポリモーフィズム, 490
実行ファイル, 43
実数, 868
実数部, 897
実装, 31, 294
実装の継承, 498
実地整備, 906
指定されない引数, 1083
シード, 894
自動ガーベージコレクション, 586
自動記憶域, 577, 1062

自動メモリー, 912
シフト&マスク, 941
斜線, 506
シャローコピー, 622
終端記号, 179
縮小エラー, 140
縮小変換, 73
受信者, 833
述語, 747
出力, 82, 332
　　書式設定, 366
　　整数, 367
　　浮動小数点数, 371
出力イテレーター, 735, 1118
出力ストリーム, 333, 772
循環呼び出し, 248
順序, 775
純粋仮想関数, 481, 497, 1096
順列, 1136
仕様, 161
障害への対処, 910
昇格, 1070
　　整数の〜, 1070
条件式, 255, 1068
条件付きコンパイル, C, 1029
乗算, 60
乗算代入, 60
乗除演算子, 1066
状態
　　オブジェクト, 292, 301
　　データ, 82
　　有効な〜, 301
衝突, スコープ, 254
情報処理, 28
剰余（法）, 60
常用対数, 895
剰余代入, 60
初期化, 63, 299
　　vector, 例, 615
　　イニシャライザー, 75
　　デフォルト〜, 250
　　統一した〜, 75
初期値, 299
除算, 60
除算代入, 60
書式設定, 366
所有者
　　リソース, 683
人工知能 (AI), 806
シンボル定数, 218
信頼性, 906

■ す
水平線, 412, 506
数学関数, 895, 1155
　　abs(), 895
　　acos(), 895
　　asin(), 895
　　atan(), 895
　　ceil(), 895
　　cos(), 895
　　cosh(), 895
　　exp(), 895
　　floor(), 895

　　log(), 895
　　log10(), 895
　　sin(), 895
　　sinh(), 895
　　sqrt(), 895
　　tan(), 895
　　tanh(), 895
　　逆正弦, 895
　　逆正接, 895
　　逆余弦, 895
　　指数, 895
　　自然対数, 895
　　常用対数, 895
　　正弦, 895
　　正接, 895
　　絶対値, 895
　　双曲線正弦, 895
　　双曲線正接, 895
　　双曲線余弦, 895
　　平方根, 895
　　最も大きい整数, 895
　　最も小さい整数, 895
　　余弦, 895
数値, 868, 1153
　　範囲, 872, 1153
数値アルゴリズム, 753
　　accumulate(), 753, 754
　　adjacent_difference(), 753
　　inner_product(), 753, 758
　　partial_sum(), 753
　　内積, 757
　　累積, 754
スカラー型, 896
　　double, 896
　　float, 896
　　long double, 896
スクリプティング言語, 817
マーク
　　マーク, 464
図形, 474
　　Axis, 412
　　Circle, 457
　　Ellipse, 459
　　Line, 432
　　Polygon, 415, 446
　　Rectangle, 416
　　Shape, 408
　　Text, 454
　　円, 457
　　幾何学〜, 415
　　グラフ表示, 414
　　グリッド, 435
　　座標, 407
　　三角形, 404
　　四角形, 416, 448
　　線分, 404, 418
　　楕円（だえん）, 459
　　多角形, 443
　　直線, 432, 434
　　テキスト, 454
　　塗りつぶし, 418
　　ピクセル, 407
　　描画, 485
　　ポリゴン, 446

　　ポリライン, 443
　　マーク, 463
　　マーク付きポリライン, 461
スケーリング, 66
スコープ, 253, 1061
　　クラス〜, 254, 1061
　　グローバル〜, 254, 1061
　　衝突, 254
　　名前空間〜, 254, 1061
　　文〜, 254, 1061
　　ローカル〜, 254, 1061
スコープ付きの列挙, 307
スタック, 276, 577, 912, 916, 918, 1062
　　〜の巻き戻し, 1104
スタック記憶域, 577
ステップ実行, 149
ストアドプログラム方式, 800
ストリーム, 332
　　I/O, 333
　　出力, 333
　　出力〜, 772
　　状態, 340
　　ストリームバッファー, 1144
　　入力, 333
　　入力〜, 772
　　バイト〜, 335
　　標準出力〜, 41
　　標準入力〜, 55
　　文字列〜, 380
ストリームイテレーター, 772
ストレージクラス, 1061, 1062
　　自動記憶域, 1062
　　静的記憶域, 1062
　　フリーストア, 1063
スーパー型, 139
スーパークラス, 489
スマートポインター, 689
スライス, 672, 879
スロー, 例外, 134
スロー式, 1069

■ せ
正確さ, 907
正規表現, 843, 1151
　　エラー, 856
　　概念, 843
　　カウント, 843
　　グループ, 844, 853
　　検索, 846, 1151
　　構文, 849, 1151
　　サブパターン, 844
　　選択, 853
　　置換, 1151
　　パターン, 843, 849
　　範囲, 854
　　マッチング, 858, 1151
　　文字クラス, 850, 855
　　文字セット, 854
正規分布, 892
制御変数, 100
正弦, 513, 895
正弦曲線, 414
整数, 57, 868
　　2 の補数表現, 936

1209

索引

オーバーフロー, 939
出力, 367
入力, 369
符号付き〜, 936
符号なし〜, 936
符号ビット, 936
整数型, 868
　切り捨て, 870
　サイズ, 931
　四捨五入, 870
整数型変換, 1070
整数の昇格, 1070
整数パラメーター, 673
整数リテラル, 1056
生成記号, 179
正接, 895
静的記憶域, 577, 1062
静的クラスメンバー, 1064
静的メモリー, 912, 916
精度, 372, 869
設計上の問題, 986
設計の見直し, 964
絶対値, 895, 897
線形探索, 777
宣言, 46, 70, 245, 1076
　クラス, 294
　種類, 249
　順序, 200
　先行〜, 248
　定義との区別, 247
　定数, 249
　変数, 249
先行宣言, 248
選択, 92
前方イテレーター, 735

■ そ

双曲線正弦, 895
双曲線正接, 895
双曲線余弦, 895
送信者, 833
双方向イテレーター, 735, 1118
双方向リスト, 600, 710
双方向リンクリスト, C, 1030
添字, 108
添字, vector, 570
添字演算子, 580
ソースコード, 43
ソート, 750, 776, 1132
　条件, 776
ソフトウェア, 16
ソフトリアルタイム, 908

■ た

待機ループ, 544
耐障害性, 907
対数, 513
代入, 60, 62, 63, 1068
タイマー, 988
大容量記憶デバイス, 335
ダウ・ジョーンズ工業株価指数, 757, 758, 765
ダウンタイム, 908
楕円（だえん）, 459

多角形, 443
他言語対応, C++, 1042
多次元配列, 873, 874
　C スタイル, 874
多重継承, 1094
足す, 60
多相性, 668
単一引用符（'）
　数値リテラル, 1056
　文字リテラル, 1058
単項&, 演算子, 574
単項*, 演算子, 574
単項式, 1066
断片化, 913
単方向リスト, 600, 710

■ ち

中央値, 111
抽象化, 497
抽象概念, 497
抽象クラス, 480, 481, 497, 1096
抽象レベル, 793
直線, 432, 434, 474
　スタイル, 440

■ つ

強い保証, 688
ツリー, 762
　サブ〜, 762
　葉, 767
　非平衡, 763
　平衡, 763
　リーフ, 767
釣鐘曲線, 894

■ て

定義, 55, 56, 70, 246, 1076
　C, 1009
　宣言との区別, 247
定義済みの名前, 237
定数, 87, 318
　宣言, 249
　マジック〜, 87
定数式, 87, 1071
ディスク, 335
ティッカーシンボル, 765
ディープコピー, 622
ディレクティブ
　#define, 1107
　#include, 42, 251, 1107
　namespace, 258
　using, 283
テキスト, 366, 419, 454, 828
　色, 456
　フォントサイズ, 456
テキストエディタ, 例, 718
　begin(), 722
　Document, 721
　end(), 722
　find_txt(), 725
　Text_iterator, 722
　イテレーター, 721
　行, 720
　ドキュメント, 718

テキスト記憶域, 577
デクリメント, 60
テスト, 31, 153, 211, 792, 964, 965
　if 文, 980
　switch 文, 980
　〜を念頭に置いた設計, 984
　依存関係, 976
　回帰〜, 966
　時間の計測, 987
　システム〜, 965, 981
　前提, 982
　戦略, 968
　パフォーマンス, 985
　分岐, 979
　ユニット〜, 965, 967
　リソース, 976
　ループ, 978
テストケース, 153
テストコード, 970
テストシーケンス, 969
　ランダム〜, 973
デストラクター, 588–590, 627, 676, 1092
　vector, 例, 593
　virtual, 591
　virtual〜, 627
　呼び出し, 629
データ
　格納, 698, 704
　グラフ化, 524
　コンテナー, 704
　シーケンス, 706
　取得, 704
　処理, 698
　数値演算, 704
　スケーリング, 528
　整理, 704
　大量の〜, 703
　読み込み, 525
データ構造, 82
データの抽象化, 796
データメンバー, 293
手続き型プログラミング, 796
デバイスドライバー, 332
デバイスレジスター, 943
デバッグ, 47, 145, 964, 985
　GUI プログラム, 560
デフォルトコンストラクター, 251, 314, 315, 626, 1091
デフォルト初期化, 250
デフォルト値, 251, 675
デフォルト引数, 511, 1083
テラバイト, 27
電子メール, 833
電卓プログラム, 164
　エラーからの回復, 225
　剰余, 217
　全体像, 200
　テスト, 188, 193
　複数の式, 171
　負の数字, 215
テンプレート, 664, 1099
　〜のインスタンス化, 666
　〜引数, 140, 1100

インスタンス化, 1101
型ジェネレーター, 666
型パラメーター, 673
関数～, 667
クラス～, 665, 667
継承, 672
コンセプト, 670
整数パラメーター, 673
デストラクター, 676
デフォルト値, 675
特殊化, 666, 1101
パラメーター化された～, 667
引数, 665
メンバー型, 1102
メンバー関数, 667
テンプレート引数, 140, 665
推測, 675
テンポラリ, 269

■ と
統一した初期化, 75
等価演算子, 1067
統合開発環境, 47
動的ディスパッチ, 490
動的メモリー, 912
特殊化, 666
　テンプレート, 1101
トークン, 167
　値, 168
　実装, 168
　種類, 168
　使用, 170
　読み取り, 197
トークンストリーム, 191, 194
ドット積, 881

■ な
内積, 757, 881
名前, 245
　オブジェクト, 56
　関数, 259
　パラメーター, 260
　変数, 67
名前空間, 281, 1105
　C, 1013
　完全修飾名, 282
名前空間オブジェクト, 1064
名前空間スコープ, 254, 1061
名前空間変数, 280
名前のないオブジェクト, 452
生の文字列リテラル, 845

■ に
二重引用符 (")
　文字列リテラル, 41, 1059
二分探索, 777
二分探索木, 762
日本語対応, C++, 1042
入出力, 83
入出力の種類, 333
入力, 54, 82, 332
　暗黙的な～, 976
　行指向, 382
　整数, 369

範囲外の～, 345
標準入力ループ, 351
不正な型の～, 345
明示的な～, 976
入力イテレーター, 735, 1118
入力ストリーム, 333, 772

■ ぬ
塗りつぶし, 418

■ ね
根, ツリー, 762

■ の
ノード, ツリー, 762
　ルート～, 762

■ は
葉, ツリー, 767
倍精度浮動小数点数, 57
排他的論理和, 932
バイト, 27, 930
バイト演算, C, 1019
バイトシーケンス, 574
バイトシーケンス（バイト列）, 335
バイトストリーム, 335
バイト列, 574
バイナリ I/O, 377
バイナリファイル, 376
配列, 634, 701, 731, 873, 1079
　1 次元～, 873
　～の配列, 874
　アクセス, 635
　インデックス, 873
　行, 873
　組み込み～, 735, 873
　次元, 873
　使用, 回文, 645
　初期化, 640
　存在しない要素, 642
　多次元～, 873, 874
　名前, 638
　名前が付いた～, 635
　ポインター, 638
　要素, 873
　要素の位置, 873
　要素へのポインター, 636
　列, 873
掃き出し法, 886
バグ, 145, 805
　隠れていそうな場所, 975
バグレポート, 966
パーサー, 174, 180
派生クラス, 489, 1094
　定義, 492
派生ノード, ツリー, 762
ハッシュ値, 767
ハッシュテーブル, 759, 767, 833
バッファー, 334
　フラッシュ, 337
バッファーオーバーフロー, 773, 978
バッファリング, 334
ハードリアルタイム, 908
パフォーマンス, 985

パラメーター, 259
　型～, 673
　参照～, 597
　整数～, 673
　名前, 260
　ポインター～, 597
パラメーター化された
　型, 667
　関数, 667
　クラス, 667
パラメーターリスト, 42, 105
パラメトリックポリモーフィズム, 668
範囲 for 文, 109, 716
範囲エラー, 135, 136
範囲外アクセス, 581
範囲外の入力, 345
半開 (half–open), 706
半開区間, 109
半開シーケンス, 109
ハンドル
　リソース, 683
反復子, 706
反復処理, 99
汎用書式, 371

■ ひ
引数, 83, 259
　const 参照渡し, 263, 268
　値渡し, 262, 268
　型, 311
　参照～, 598
　参照渡し, 265, 268
　指定されない～, 1083
　デフォルト～, 511, 1083
　ポインター, 598
ピクセル, 407
非終端記号, 179
左シフト, 932
日付, 296, 1166
ビット, 71, 930
　シフト&マスク, 941
　操作, 941
　名前, 941
ビット演算, 930, 932
ビット演算子, 375
ビット単位の
　AND, 1067
　OR, 1068
　XOR, 1068
　論理演算子, 1072
ビットパターン, 941
ビットフィールド, 931, 943, 1098
ひどい関数, 974
等しい, 60
等しくない, 60
非標準セパレーター, 385
ヒープ, 578, 912, 1063, 1135
ビープ音, 115
非平衡, ツリー, 763
ピボット, 888, 889
表示エンジン, 401
表示モデル, 401
標準出力ストリーム, 41
標準入力ストリーム, 55

1211

標準入力ループ, 351
標準ライブラリ
 C言語の〜, 1159
 STL ユーティリティ, 1137
 アルゴリズム, 1128
 イテレーター, 1116
 エラー処理, 1114
 コンテナー, 1120
 ヘッダーファイル, 1110
平文, 944

■ ふ

ファイル, 335
 位置, 375
 書き込み, 338
 書き込み/配置位置, 379
 画像〜, 466
 構造化された〜, 353
 閉じる, 337
 バイナリ〜, 376
 開く, 336
 開くモード, 375
 フォーマット, 335
 読み込み, 338, 353, 356, 525
 読み取り/取得位置, 379
ファイルストリーム
 開くモード, 1145
フィードバック, 31
フィールド, 373
フォールスルー, 261
フォールトトレランス, 907
フォント, 419, 456
 サイズ, 456
復号, 944
 関数, 945
複合代入演算子, 66
複合文, 101
複製, 911
複素数, 896, 1156
符号付き整数, 936
符号なし整数, 936
符号ビット, 936
不正な型の入力, 345
浮動小数点数, 57
 出力, 371
浮動小数点数型, 868
浮動小数点数型変換, 1070
浮動小数点リテラル, 1058
部分行列, 879
不変条件, 149, 301, 484
プライオリティキュー, 1135
フリー（空き領域）, 577
フリーストア, 578, 579, 1063
 未使用領域, 914
 問題, 913
フリーストアオブジェクト, 1064
プリプロセッサ, 1107
プリプロセッシング, 252
プリミティブ, 409
プール, 916, 917
プレフィックス, 368
 C, 1013
フレンド, 1088
プログラマー, 18, 30

プログラミング, 31, 40
 オブジェクト指向〜, 490
プログラミング言語, 40, 47
 Ada, 811
 Algol, 807
 Algol W, 810
 B, 817
 BCPL, 817
 C, 815
 C++, 818
 C#, 811
 COBOL, 804
 CPL, 817
 Delphi, 811
 Euler, 810
 Fortran, 802
 Lisp, 806
 Lola, 810
 Modula, 810
 Modula–2, 810
 Oberon, 810
 Oberon–2, 810
 Pascal, 810
 PL/360, 810
 Simula, 813
 〜とは, 788
 アセンブラー, 800
 特性, 788
 略史, 799
プログラミングスタイル, 796
 オブジェクト指向プログラミング, 796
 ジェネリックグラミング, 796
 データの抽象化, 796
 手続き型プログラミング, 796
プログラミングパラダイム, 796
プログラム, 40
 GUI〜の実行制御, 554
 Hello, World!, 40
 一貫性, 795
 解決したい問題, 160
 開始, 1055
 開発, 31
 繰り返し, 99
 コードの構造, 791
 コンポーネント, 794
 再利用, 794
 式, 85
 式の評価, 279
 実行, 278
 実行制御, 554
 実行制御の反転, 554
 実行パス, 278
 終了, 1055
 正確さ, 791
 設計, 31
 選択, 92
 相違性, 795
 抽象化, 84
 抽象レベル, 793
 テスト, 31
 電卓, 164
 納期, 791
 パフォーマンス, 791

評価順序, 278
表現, 793
 プログラミング, 31
分割統治, 84
分析, 31
保守性, 791
ミニマリズム, 795
モジュール性, 794
有用性, 795
類似性, 795
プログラム開発, 161
 疑似コード, 164
 実装, 161
 仕様, 161
 設計, 161
 戦略, 162
 テスト, 792
 トップダウン, 792
 プロトタイプ, 163
 分析, 161
 ボトムアップ, 792
 要件, 161
プログラム開発環境, 47
プログラムテキスト, 43
ブロック, 101
 入れ子の〜, 258
 空の〜, 101
ブロードキャスト関数, 880
プロトタイプ, 163
プロンプト, 54
文, 43, 91, 1074
 C++の文法, 1074
 for, 102
 if, 92
 return, 261
 switch, 95
 while, 99
 空の〜, 92
 算術if〜, 255
 範囲for, 109
 複合文, 101
 ブロック, 101
文スコープ, 254, 1061
分析, 161
分布, 乱数, 891
分布モデル, 894
文法
 英語, 177
 記述, 179
 コードへの変換, 180
 電卓プログラム, 173
 ルールの実装, 180

■ へ

平均値, 111
平衡, ツリー, 763
平衡二分探索木, 762
平方根, 895
並列性, 909
ベクター, 873
ベース, 432
ペタバイト, 27
ヘッダー, 42, 251
ヘッダーファイル, 42, 251, 1110

ベル研究所, 815, 818
ベルヌーイ分布, 894
ヘルパー関数, 298, 319
変移, 1019
偏角, 897
変換, 90
変更シーケンスアルゴリズム, 1129
変数, 54, 56, 67, 70
 auto, 717
 const, 318
 static ローカル〜, 281
 グローバル〜, 280
 初期化, 249
 宣言, 249
 名前空間〜, 280

■ ほ

ポインター, 573, 574, 579, 599, 700, 1078
 null, 584, 641, 1059, 1078
 nullptr, 584, 1059, 1078
 this, 605, 606, 1088
 アクセス, 580
 値, 575, 579
 オブジェクトへの〜, 593
 参照との違い, 596
 使用, 回文, 646
 初期化, 582, 642
 デリートされた〜, 643
 配列, 636
 範囲, 581
 問題, 641
 問題点, 581
 ローカル変数への〜, 643
ポインター演算, 1079
ポインター型変換, 1070
ポインター算術, 637
ポインターセマンンティクス, 623
ポインターパラメーター, 597
ポインター引数, 598
ポインターリテラル, 1059
ポインティングデバイス, 538
ポイント, 404
ポイント（点）, 432, 474
放物線, 506
保証
 基本的な〜, 688
 強い〜, 688
 例外をスローしない〜, 688
補助関数, 320
補数, 932
ボタン, 405
 クリック, 539
ボタン, GUI, 539
ポップアップメニュー, 556
ほぼコンテナー, 734, 1121
 [], 組み込み配列, 735
 string, 735
 valarray, 735
ポリゴン, 404, 446
 色, 404
ポリモーフィズム, 668
 アドホック〜, 668
 パラメトリック〜, 668

ポリライン, 443
 マーク付き〜, 461
ホワイトスペース, 57
翻訳単位, 46, 127

■ ま

マウス, 538
 位置, 539
 クリック, 539
前処理, コンパイラー, 252
マーク, 463, 464
マークアップ言語, 401
マクロ, 682
 C の〜である C++ のキーワード, 1009
マクロ, C, 1026
 関数のような〜, 1027
 構文〜, 1028
マクロ置換, 1107
マジック定数, 87, 355
マップ, 833
マニピュレーター, 367, 1147
 dec, 367, 369
 defaultfloat, 372, 373
 fixed, 372, 373
 hex, 367, 369
 noshowbase, 369
 oct, 367, 369
 scientific, 372, 373
 setprecision(), 372
 showbase, 369
マルチパラダイムプログラミング, 799
丸め誤差, 868

■ み

右シフト, 932

■ む

ムーブ, 624
ムーブ演算, vector, 690
ムーブコンストラクター, 625, 627
ムーブ代入, 624, 627

■ め

明示的な型変換, 595
命名, 476
無限再帰, 182
メッセージ, 833
メッセージヘッダー, 833
メニュー, 555
 ポップアップ〜, 556
メモリー, 571, 572, 574, 577, 1165
 C, 1014
 解放, 584
 確保, 579
 ガベージコレクション, 586
 管理, 912
 グローバル〜, 916
 自動〜, 912
 自動ガベージコレクション, 586
 スタック, 912, 916, 918
 静的〜, 912, 916
 操作関数, 1165
 断片化, 913, 914

 動的〜, 912
 ヒープ, 578, 912
 フリーストア, 578, 579
 プール, 916, 917
 予測可能性, 913
 リーク, 586
メンバー, 169, 293, 1086
 const〜関数, 318
 private, 295, 490, 496
 protected, 490, 496
 public, 496
 アクセス, 169, 293, 496
 イニシャライザーリスト, 302
 型, 293
 関数, 293, 298
 初期化, 302
 定義, 1089
 データ, 293
メンバーアクセス, 1086
メンバーアクセス演算子, 594
メンバー型, テンプレート, 1102
メンバー関数, 257, 298
 const〜, 318
 const バージョン, 633
 定義, 301
メンバー関数呼び出し, 110
メンバークラス, 257

■ も

文字, 57
 扱う方法, 1042
 色, 456
 エンコード, 1042
 可変長, 1043
 固定長, 1042
 コードポイント, 1042
 サイズ, 419
 種類, 1046
 フォント, 419
 分類, 383
文字型, 1047
文字コード, 1042, 1043
 Android, 1046
 ASCII, 1043
 EUC, 1043
 GNU/Linux, 1046
 iOS, 1046
 ISO–2022–JP, 1043
 JIS コード, 1043
 Mac OS X, 1046
 MacJapanese, 1043
 Microsoft CP932, 1043
 Microsoft Windows, 1046
 Shift JIS, 1043
 UCS (Universal Coded Character Set), 1043
 Unicode, 1043
モジュール性, 794
文字リテラル, 1047, 1058
 UTF–16, 1048
 UTF–32, 1048
 UTF–8, 1048
文字列, 57, 828
 0 で終端する文字配列, 1016

C スタイル, 640
文字列, C スタイル, 1016
文字列ストリーム, 380
文字列操作, 1149
文字列リテラル, 1047, 1059
 UTF-16, 1048
 UTF-32, 1048
 UTF-8, 1048
 生の〜, 845
最も大きい整数, 895
最も小さい整数, 895
戻り値, 42, 261
 void, 260
 関数, 104, 259

■ ゆ
融合積和演算, 881
有効な状態, オブジェクト, 301
優先順位, 演算子, 86, 1069
ユーザーインターフェイス, 28, 538
ユーザー定義
 出力演算子, 349
 入力演算子, 350
ユーザー定義演算子, 1069
ユーザー定義型, 168, 292, 1084
 クラス, 293
 列挙, 306
ユースケース, 164
ユニット, 965
ユニットテスト, 965, 967

■ よ
要件, 161
要素の範囲, 879
余弦, 513, 895
予測可能性, 908, 909, 913
読み込み, 60
より大きい, 60
より小さい, 60

■ ら
ライフタイム
 オブジェクト, 1063
ライブラリ, 46
ラムダ式, 514, 752
 コールバックとしての〜, 545
ラムダ導入子, 514
乱数, 891, 1157
 ジェネレーター, 892
 シード, 894
乱数エンジン, 891
 default_random_engine, 892
 linear_congurential_engine, 892

mersenne_twister_engine, 892
random_device, 892
ランタイムエラー, 47, 122, 128
ランダムアクセスイテレーター, 1119
ランダムシーケンス, テスト, 973

■ り
リアルタイム, 908
リアルタイムの応答, 906
リークディテクター, 631
リスト, 599, 709, 718
 演算, 601, 711
 双方向〜, 600, 710
 単方向〜, 600, 710
 利用, 603
リスト演算, 1125
リソース, 683, 906
 管理の問題, 684
 空間, 912
 時間, 912
 所有者, 683
 ハンドル, 683
リソースマネージャー, 683
リソースリーク, 911
リテラル, 57, 1056
 10 進数〜, 1056
 16 進数〜, 1056
 2 進数〜, 1056
 8 進数〜, 1056
 Boolean〜, 1058
 整数〜, 1056
 浮動小数点〜, 1058
 ポインター〜, 1059
 文字〜, 1058
 文字列〜, 1059
リーフ, ツリー, 767
リンカー, 46
リンク, 46
リンク, リスト, 599
リンクエラー, 47, 122, 127
リンク指定, 1084
リンクリスト, 709

■ る
累積, 754
ルート, ツリー, 762
ルートノード, ツリー, 762
ループ, 100
 〜変数, 100
 エラー, 978
 制御変数, 100
 待機〜, 544
 本体, 100

■ れ
例外, 134, 1103, 1114
 catch, 134
 throw, 134
 try ブロック, 134
 キャッチ, 134
 キャッチされない〜, 140
 スロー, 134
例外をスローしない保証, 688
レイヤー, アプリケーション, 838
列, 873
列挙, 306, 931, 1085
 class なしの〜, 307
 スコープ付きの〜, 307
列挙子, 306, 1085
 初期化, 306
連結, 60
連想コンテナー, 759, 1120
 map, 759
 multimap, 759
 multiset, 759
 set, 759, 769
 unordered_map, 759, 767
 unordered_multimap, 759
 unordered_multiset, 759
 unordered_set, 759
連想配列, 759

■ ろ
ローカルエリアネットワーク, 801
ローカル（自動）オブジェクト, 1064
ローカル関数, 258
ローカルクラス, 257
ローカルスコープ, 254, 1061
ローカル静的オブジェクト, 1064
ログ, 833
ロケール, 393
ロボット
 〜外科, 26
 〜手術, 26
 溶接〜, 23
論理エラー, 47, 122, 141
論理演算子, 1072
論理式, 1072
論理積, 932
論理和, 932

■ わ
ワイド文字リテラル, 1047
ワード, 930

写真クレジット

Page 12.	Photo of Bjarne Stroustrup, 2005. Source: Bjarne Stroustrup.
Page 13.	Photo of Lawrence "Pete" Petersen, 2006. Source: Dept. of Computer Science, Texas A&M University.
Page 22.	Photo of digital watch from Casio. Source: `www.casio.com`.
Page 22.	Photo of analog watch from Casio. Source: `www.casio.com`.
Page 23.	MAN marine diesel engine 12K98ME; MAN Burgmeister & Waine. Source: MAN Diesel A/S, Copenhagen, Denmark.
Page 23.	Emma Maersk; the world's largest container ship; home port Århus, Denmark. Source: Getty Images.
Page 24.	Digital telephone switchboard. Source: Alamy Images.
Page 24.	Sony–Ericsson W–920 cell phone with music system, cell phone, and web connectivity. Source: `www.sonyericsson.com`.
Page 25.	Trading floor of the New York Stock Exchange in Wall Street. Source: Alamy Images.
Page 25.	A representation of parts of the internet backbone by Stephen G. Eick. Source: S. G. Eick.
Page 26.	CAT scanner. Source: Alamy Images.
Page 26.	Computer–aided surgery. Source: Da Vinci Surgical Systems, `www.intuitivesurgical.com`.
Page 27.	Ordinary computer setup (the left–hand screen is connected to a Unix desktop box, the right–hand screen is a Windows laptop). Source: Bjarne Stroustrup.
Page 27.	Computer rack from a server farm. Source: Istockphoto.
Page 28.	View from a Mars rover. Source: NASA, `www.nasa.gov`.
Page 800.	The EDSAC team 1949. Maurice Wilkes center, David Wheeler without a tie. Source: The Cambridge University Computer Laboratory.
Page 800.	David Wheeler lecturing circa 1974. Source: University of Cambridge Computer Laboratory.
Page 804.	John Backus 1996. Copyright: Louis Fabian Bachrach. For a collection of photographs of computer pioneers, see Christopher Morgan: Wizards and their wonders: portraits in computing. ACM Press. 1997. ISBN 0–89791–960–2.
Page 805.	Grace Murray Hopper. Source: Computer History Museum.
Page 805.	Grace Murray Hopper's bug. Source: Computer History Museum.
Page 806.	John C. McCarthy, 1967, at Stanford. Source: Stanford University.
Page 806.	John C. McCarthy, 1996. Copyright: Louis Fabian Bachrach.
Page 808.	Peter Naur photographed by Brian Randell in Munich in 1968 when they together edited the report that launched the field of Software Engineering. Reproduced by permission from Brian Randell.

Page 808.	Peter Naur, from oil painting by Duo Duo Zhuang 1995. Reproduced by permission from Erik Frøkjær.
Page 808.	Edsger Dijkstra. Source: Wikimedia Commons.
Page 810.	Niklaus Wirth. Source: N. Wirth.
Page 810.	Niklaus Wirth. Source: N. Wirth.
Page 812.	Jean Ichbiah. Source: Ada Information Clearinghouse.
Page 812.	Lady Lovelace, 1838. Vintage print. Source: Ada Information Clearinghouse.
Page 813.	Kristen Nygaard and Ole–Johan Dahl, circa 1968. Source: University of Oslo.
Page 814.	Kristen Nygaard, circa 1996. Source: University of Oslo.
Page 814.	Ole–Johan Dahl, 2002. Source: University of Oslo.
Page 815.	Dennis M. Ritchie and Ken Thompson, approx. 1978. Copyright: AT&T Bell Labs.
Page 815.	Dennis M. Ritchie, 1996. Copyright: Louis Fabian Bachrach.
Page 816.	Doug McIlroy, circa 1990. Source: Gerard Holzmann.
Page 817.	Brian W. Kernighan, circa 2004. Source: Brian Kernighan.
Page 818.	Bjarne Stroustrup, 1996. Source: Bjarne Stroustrup.
Page 819.	Alex Stepanov, 2003. Source: Bjarne Stroustrup.
Page 905.	Photo of diesel engine. Source: Mogens Hansen, MAN B&W, Copenhagen.
Page 995.	AT&T Bell Labs' Murray Hill Research center, approx. 1990. Copyright: AT&T Bell Labs.

監修者紹介

江添 亮（えぞえ りょう）

Mail   : boostcpp@gmail.com
Blog   : http://cpplover.blogspot.jp/
GitHub : https://github.com/EzoeRyou

2010 年 C++ 標準化委員会 エキスパートメンバー
2014 年 株式会社ドワンゴ入社
2015 年 C++ 標準化委員会 委員

訳者紹介

遠藤 美代子（えんどう みよこ）

エンジニア兼技術系翻訳者。PC/AT 互換機の BIOS や X Window System と格闘した後、CORBA の仕様策定中にアメリカに飛ばされ、CORBA と格闘する。1995 年に株式会社クイープの前身である QUIPU LLC を共同設立。

株式会社クイープ

1995 年、米国サンフランシスコに設立。コンピュータシステムの開発、ローカライズ、コンサルティングを手がけている。2001 年に日本法人を設立。主な翻訳書に『Azure Active Directory 完全解説』（日経 BP 社）、『Python 機械学習プログラミング』（インプレス）、『サイバーセキュリティ完全ガイド』（マイナビ出版）、『C++ プライマー 第 5 版』（翔泳社）などがある。ホームページは http://www.quipunet.com/。

●本書に対するお問い合わせは、電子メール（info@asciidwango.jp）にてお願いいたします。
但し、本書の記述内容を越えるご質問にはお答えできませんので、ご了承ください。

C++によるプログラミングの原則と実践

2016年9月2日 初版発行

著　者　　Bjarne Stroustrup
　　　　　（ビャーネ　ストラウストラップ）
監　修　　江添　亮
　　　　　（えぞえ　りょう）
翻　訳　　株式会社クイープ／遠藤　美代子
　　　　　　　　　　　　　（えんどう　みよこ）
発行者　　川上量生
発　行　　株式会社ドワンゴ
　　　　　〒104-0061
　　　　　東京都中央区銀座 4-12-15 歌舞伎座タワー
　　　　　編集 03-3549-6153
　　　　　電子メール info@asciidwango.jp
　　　　　http://asciidwango.jp/

発　売　　株式会社KADOKAWA
　　　　　〒102-8177
　　　　　東京都千代田区富士見 2-13-3
　　　　　営業 0570-002-301（カスタマーサポート・ナビダイヤル）
　　　　　受付時間 9：00～17:00（土日 祝日 年末年始を除く）
　　　　　http://www.kadokawa.co.jp/

印刷・製本　　株式会社リーブルテック
Printed in Japan

本書（ソフトウェア／プログラム含む）の無断複製（コピー、スキャン、デジタル化等）並びに無断複製物の譲渡および配信は、著作権法上での例外を除き禁じられています。また、本書を代行業者などの第三者に依頼して複製する行為は、たとえ個人や家庭内での利用であっても一切認められておりません。
落丁・乱丁本はお取り替えいたします。下記KADOKAWA読者係までご連絡ください。
送料小社負担にてお取り替えいたします。
但し、古書店で本書を購入されている場合はお取り替えできません。
電話　　049-259-1100（9:00-17:00/土日、祝日、年末年始を除く）
〒354-0041　埼玉県入間郡三芳町藤久保 550-1
定価はカバーに表示してあります。

ISBN: 978-4-04-893051-2

アスキードワンゴ編集部
編　集　　星野浩章